lonely planet

Floride

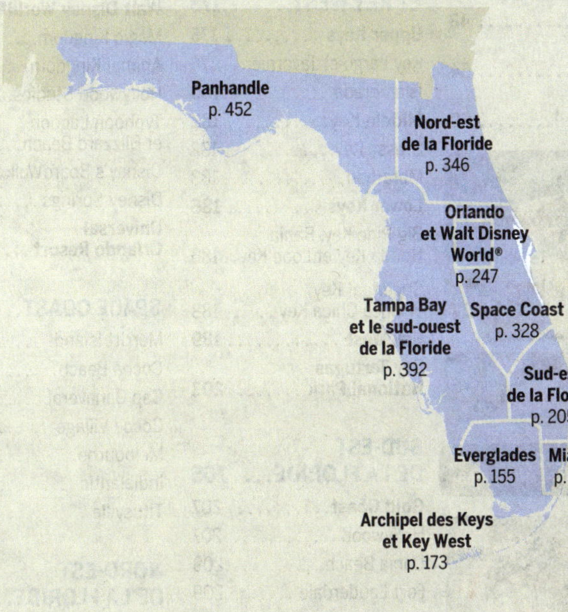

ÉDITION ÉCRITE ET ACTUALISÉE PAR
Adam Karlin, Kate Armstrong,
Ashley Harrell et Regis St Louis

PRÉPARER SON VOYAGE

POSTE DE SECOURS, SOUTH BEACH, MIAMI P. 68

ALEXANDER DEMYANENKO/SHUTTERSTOCK ©

COCKTAIL À KEY WEST P. 201

JUSTIN FOULKES/LONELY PLANET ©

SUR LA ROUTE

Sommaire

L'OURAGAN IRMA

Le 10 septembte 2017, l'un des ouragans les plus puissants jamais enregistrés a déferlé sur la Floride, provoquant inondations et chaos. Irma, cyclone de catégorie 4 de la taille du Texas, est arrivé par les Keys. À Everglades City, l'eau est montée jusqu'à 2,40 m, endommageant gravement habitations et commerces ; dans les Keys, un rapport de la FEMA a indiqué que 25% des bâtiments avaient été détruits, 65% d'autres endommagés.

Les recherches effectuées pour la rédaction de ce guide ont été faites avant le passage d'Irma, et l'impression a commencé peu après, alors qu'il était encore impossible de déterminer les conséquences à long terme de la catastrophe. La plupart des villes ont d'ores et déjà annoncé qu'elles seraient rapidement prêtes à accueillir à nouveau les visiteurs. Nous conseillons cependant aux voyageurs prévoyant un séjour en Floride, notamment dans les Keys (www.fla-keys.com) et les Everglades (www.nps.gov/ever), de consulter les sites Web officiels pour des informations actualisées.

Bienvenue en Floride

Mille mondes différents ponctuent cette plate péninsule, qu'il s'agisse des royaumes magiques de Disney, de villes marquées par les cultures latino-américaine et caribéenne, d'îles de mangroves, de marécages sauvages ou de petites colonies d'artistes.

Rêve en bord de mer

Le sable fin des plages, le turquoise des flots, le frémissement de la nature dans les marécages : tout ici concourt à dissoudre notre moi quotidien. On vient y laisser derrière soi ses soucis, l'hiver et ses inhibitions, bref, la réalité. Certains cherchent simplement un havre de paix où conjuguer les plaisirs de la plage : baignade, fruits de mer, et sublimes couchers de soleil. D'autres aspirent aux plaisirs de South Beach, du Spring Break (les vacances universitaires de printemps) et de Key West.

Troublants marécages

Dans les paysages sauvages semi-tropicaux de Floride, les alligators guettent leurs proies près des cours d'eau, les hérons paradent dans les étangs, les lamantins hivernent, et les tortues marines viennent pondre leurs œufs en été. Balbuzards et aigles, dauphins et tarpons, forêts de récifs coralliens, océans de marisque : d'immenses parties de la Floride sont encore sauvages, souvent à la grande surprise du visiteur. Dans un pays où la nature se mesure souvent par la topographie, les adeptes d'activités de plein air ont tendance à sous-estimer la plate Floride. On peut pourtant y frôler, en kayak, un alligator endormi et se retrouver, sous l'eau, face à des lamantins et des tortues caouannes.

Mosaïque tropicale

Si la plupart des gens associent la Floride à ses plages et à ses parcs à thème, peu savent qu'il s'agit de l'un des États les plus peuplés du pays. Incarnation du melting-pot à l'américaine, il tient d'une mosaïque culturelle à l'extraordinaire richesse. Entre les chasseurs et trappeurs de sa partie nord imprégnée de la culture du Sud, et les communautés juives voisinant avec des représentants de toutes les nations hispanophones du monde, difficile d'imaginer plus vivant et bigarré.

Arts et culture

La Floride, belle plante tropicale et bronzée, est davantage tournée vers les choses de l'esprit que ne le laisserait supposer son apparente frivolité. Cet État, et en particulier la Floride du Sud, est réputé attirer les excentriques et originaux des quatre coins des États-Unis, mais aussi d'Amérique latine et d'Europe. Nombre de ces personnages, et leurs descendants, ont offert une terre d'accueil aux arts, comme en témoignent les gigantesques salles de concerts de Miami, les musées pléthoriques de la côte du Golfe, et une longue tradition littéraire. La Floride a en effet donné à l'Amérique plus que sa part de grands auteurs.

Pourquoi j'aime la Floride

Adam Karlin, auteur

J'ai grandi sur la côte humide du Maryland, donc les zones marécageuses m'attirent. À mon avis, la Floride est la destination qui marie au mieux cette nature-là, que j'adore, à mes autres grands plaisirs en voyage : la gastronomie, la diversité, le beau temps et les jolies plages. Avec l'océan d'un côté, les marais de l'autre, des conques frites et du thé glacé au déjeuner, de préférence dans un restaurant au bord de l'eau… Je suis le plus heureux des hommes !

Plus de détails sur nos auteurs en p. 580

Ci-dessus : Everglades National Park (p. 156)

Floride

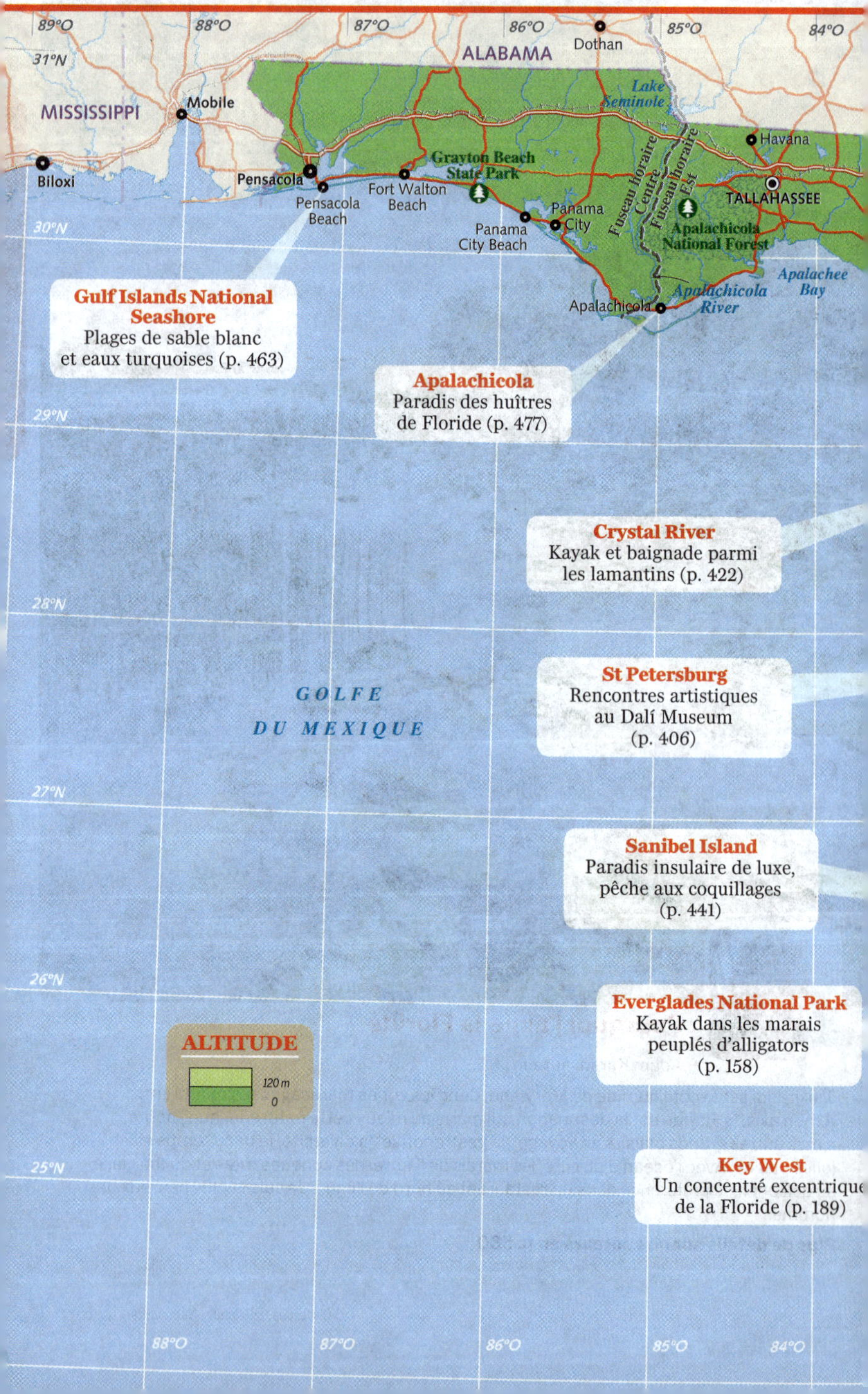

89°O
88°O
87°O
86°O
85°O
84°O
31°N
30°N
29°N
28°N
27°N
26°N
25°N
ALABAMA
Dothan
MISSISSIPPI
Mobile
Biloxi
Pensacola
Pensacola Beach
Fort Walton Beach
Grayton Beach State Park
Panama City Beach
Panama City
Lake Seminole
Fuseau horaire Centre
Fuseau horaire Est
Havana
TALLAHASSEE
Apalachicola National Forest
Apalachee Bay
Apalachicola River
Apalachicola
Gulf Islands National Seashore
Plages de sable blanc et eaux turquoises (p. 463)
Apalachicola
Paradis des huîtres de Floride (p. 477)
Crystal River
Kayak et baignade parmi les lamantins (p. 422)
GOLFE DU MEXIQUE
St Petersburg
Rencontres artistiques au Dalí Museum (p. 406)
Sanibel Island
Paradis insulaire de luxe, pêche aux coquillages (p. 441)
Everglades National Park
Kayak dans les marais peuplés d'alligators (p. 158)
ALTITUDE
120 m
0
Key West
Un concentré excentrique de la Floride (p. 189)

0 100 km
0 60 miles
83°O
82°O
81°O
80°O
79°O
31°N
30°N
29°N
27°N
26°N
25°N
ORGIE
OCÉAN ATLANTIQUE
St Augustine
Saut dans le passé dans la plus vieille ville du pays (p. 354)
Gainesville
Scène musicale indépendante pleine de peps (p. 385)
Ocala National Forest
Paradis de la randonnée et des sources cristallines (p. 383)
Canaveral National Seashore
Kayak au milieu des lamantins et des dauphins (p. 332)
Universal Orlando Resort
Excellents manèges et mondes merveilleux (p. 311)
Walt Disney World®
Le plus grand parc d'attractions du monde (p. 277)
Miami
Culture latino et vie nocturne chic, sensuelle et pimentée (p. 64)
John Pennekamp Coral Reef State Park
Découverte de la mangrove et plongée parmi les récifs multicolores (p. 176)
Fernandina Beach
Amelia Island
Jacksonville
St John's River
St Augustine
Anastasia Island
Suwannee River
Gainesville
Ocala National Forest
Ocala
Daytona Beach
Canaveral National Seashore
Crystal River
Homosassa Springs
Orlando
Cape Canaveral
Cocoa Beach
Melbourne
Lakeland
Tampa
Caladesi Island
Clearwater
St Petersburg
DeSoto Park
Tampa Bay
Bradenton
Sarasota
Venice
Florida's Turnpike (péage)
Fort Pierce
Lake Okeechobee
Palm Beach
Delray Beach
Boca Raton
Fort Lauderdale
Dania Beach
Fort Myers
Captiva Island
Sanibel Island
Corkscrew Swamp Sanctuary
Big Cypress National Preserve
Alligator Alley
Naples
The Everglades
Shark Valley
Miami Beach
Miami
Everglades National Park
Florida City
John Pennekamp Coral Reef State Park
Flamingo
Key Largo
Florida Bay
Détroit de Floride
Archipel des Keys
Key West
Dry Tortugas National Park

15 façons
de voir la Floride

1

La capitale des Amériques

1 De nombreux Latino-Américains n'apprécient guère que les citoyens des États-Unis se disent simplement "américains", puisque eux-mêmes sont bel et bien des citoyens *des Amériques*. Et de ce point de vue, Miami (p. 64) est à l'aune du Nord et du Sud, car nulle autre ville ne marie aussi bien le caractère anglo-saxon de l'Amérique du Nord à l'énergie latine de l'Amérique du Sud et des Caraïbes. Une touche de patrimoine culturel afro-américain, l'avant-gardisme gastronomique, une vie nocturne endiablée, une architecture d'exception, et des kilomètres de plages sublimes : c'est cela, la Magic City. Célébrations du carnaval de Miami (p. 115) dans la Calle Ocho

La magie de Disney

2 Vous en rêviez ? Vous voilà à "l'endroit le plus joyeux du monde". Walt Disney World® (p. 277) met tout en œuvre pour donner à chacun le sentiment enivrant d'être le vrai héros de la fête. La frénésie des manèges, les animations et la nostalgie ont beau faire, la vraie magie opère lorsque le visage des enfants s'illumine après avoir fait rire Dingo, reçu une révérence de Cendrillon, protégé la galaxie avec Buzz l'Éclair et combattu Dark Vador comme un véritable Jedi. Château de Cendrillon, Magic Kingdom (p. 291), Walt Disney World®

JEFF GREENBERG/GETTY IMAGES ©

2

STEPHEN SEARLE/ALAMY STOCK PHOTO ©

3

4

Kayak dans les Everglades

3 Dans les Everglades (p. 155), nul relief dressé majestueusement vers le ciel ou de vallée découpée par un glacier à la beauté poignante. Leur magie est tout autre, lovée dans l'humidité des eaux stagnantes et dans une "rivière d'herbe", ouatées de dense végétation de *hammocks* et de mangroves. Pour explorer comme il se doit les Everglades et rencontrer de près ses habitants préhistoriques, oubliez la marche et la randonnée. Poussez plutôt un canoë ou un kayak depuis une rive boueuse et explorez les canaux peu profonds, selon les modalités uniques de ce lieu inoubliable.

La Conch Republic

4 La Floride a toujours été terre de bien des exilés volontaires, y compris de communautés entières... C'est en tout cas le souhait des Conchs (p. 189) de Key West. Cette île à part est devenue, "pour rire", un micro-État autonome, indépendant de la nation et de la Floride – et même des autres îles. À la nuit tombée, la fête anime Mallory Square et Duval Street, à mi-chemin entre le traquenard alcoolisé et une authentique tolérance face à l'expression de toutes les pulsions licencieuses et anticonformistes dont l'homme est capable. Duval Street (p. 193), Key West

5

6

Canaveral National Seashore

5 La côte atlantique de Floride est densément peuplée et urbanisée. D'où le caractère remarquable de ces 38 km de littoral intact qu'offre l'île-barrière du Canaveral National Seashore (p. 332). Là, dunes, lagons et plages de sable blanc n'ont guère changé depuis l'arrivée des Espagnols il y a un demi-millénaire. On peut se promener en kayak dans la mangrove au milieu des dauphins et des lamantins, observer des tortues marines pondre leurs œufs, se baigner sur des plages immaculées et camper au milieu de nulle part.

Symphonie corallienne

6 Les paysages les plus incroyables de Floride se cachent sous l'eau. Le cordon de récifs coralliens qui ourle la côte rivalise avec ceux de Hawaï et des Caraïbes. Zones protégées entre toutes, le Biscayne National Park (p. 171), le John Pennekamp Coral Reef State Park (p. 176) et Looe Key (p. 186) réservent bien des surprises. On peut y contempler la vie récifale grâce à des bateaux à fond de verre, y pratiquer le snorkeling et la plongée, ou encore passer la nuit en compagnie des poissons (au parc John Pennekamp). John Pennekamp Coral Reef State Park (p.176)

St Augustine : l'histoire en s'amusant

7 La légende veut que la fontaine de jouvence recherchée par Ponce de León appartienne à cette cité, la plus ancienne des États-Unis. Cette anecdote traduit bien l'ampleur de l'héritage historique de St Augustine (p. 354). Cathédrales, forts espagnols, et complexes hôteliers opulents érigés par Henry Flagler s'offrent ici au regard. Fantômes et pirates font partie du folklore, tout comme les immanquables reconstitutions en costume d'époque.

Choc des cultures à St Pete

8 À évoquer la Floride, on est souvent tenté d'user et d'abuser de l'adjectif "surréaliste". Mais dans le cas du Salvador Dalí Museum, il n'existe nul terme plus exact. Le peintre n'ayant eu aucun lien avec la Floride, c'est presque par hasard que cette magnifique collection est arrivée à St Petersburg (p. 406). Terre d'accueil pour la culture sous toutes ses formes, qu'il s'agisse de gastronomie, de concerts de qualité ou de musées d'art, "St Pete" est la preuve que farniente et culture peuvent faire bon ménage sur la côte du golfe du Mexique. The Dalí Museum (p. 407)

7

8

ROBERT HOETINK/SHUTTERSTOCK ©

COLIN D. YOUNG/SHUTTERSTOCK ©

Sanibel Island : la bosse du ramasseur de coquillages

9 Renommée pour l'abondance et les couleurs de ses coquillages exotiques, la magnifique Sanibel Island (p. 441) attire mille et un ramasseurs de coquillages allant le dos voûté (*stooping* en anglais) ; d'où l'expression courante de *Sanibel stoop* (bosse de Sanibel) pour désigner cette posture caractéristique du glaneur de mollusques (désormais équipé d'un outil à long manche pour soulager ses lombaires).

Kennedy Space Center

10 Sur ce site de plus de 560 km², ancienne base de construction et de lancement des navettes spatiales, les plus grands scientifiques du XXe siècle ont touché les étoiles… avant de retomber sur Terre avec l'arrêt du programme de la NASA en 2011. Le désir qui a animé le Kennedy Space Center (p. 330) est toujours palpable dans ce temple de l'aéronautique. Vous découvrirez dans l'un des endroits les plus visités de Floride la rigueur de l'entraînement nécessaire à l'exploration de l'espace. Vous pourrez même y goûter une "astronaut ice cream" !

Moteurs de la fusée Saturn V

Gulf Islands National Seashore

11 Près de Pensacola, les îles-barrières du Panhandle couvrent une étroite superficie, notamment les délicates bandes de terre qui s'étirent pour former le Gulf Islands National Seashore (p. 463). L'effervescence des stations balnéaires réputées s'évanouit à l'instant où l'on foule le sable blanc. Si vous souhaitez bouger, visitez les ruines historiques de Fort Pickens ou enfoncez-vous au cœur des forêts sableuses.

12

13

Randonnée dans l'Ocala National Forest

12 Les forêts subtropicales, sources cristallines, lacs et pins ancestraux de l'Ocala National Forest (p. 383) et des parcs nationaux voisins offrent des moments irréels, dépaysants, un peu hors du temps. Les amateurs de plein air pourront se perdre à loisir sur des centaines de kilomètres de sentiers forestiers et parmi d'innombrables lacs, en passant d'un camping à l'autre, et s'imprégner de cette atmosphère de la Floride d'antan.

Universal Orlando Resort

13 Les thèmes, l'originalité des manèges, la facilité d'accès grâce à l'Express Pass, les sensations fortes : tout concourt à faire de l'Universal Orlando Resort (p. 311) un parc à part, largement à la hauteur de son éminent concurrent, Walt Disney World®. En préparant quelque peu votre visite, vous pourrez profiter d'attractions comme le Wizarding World of Harry Potter sans devoir attendre des heures pour entrer ou accéder aux manèges. Hogwarts Express, Wizarding World of Harry Potter (p. 314)

14

15

Apalachicola

14 Apalachicola (p. 477) est une ravissante station balnéaire mais pas seulement. Elle donne aussi l'occasion de rencontrer la Floride des crackers, celle des premiers colons britanniques et américains. Tout ce qui brille se résume ici aux flamboyants couchers de soleil et aux plateaux de savoureuses huîtres de la baie d'Apalachicola. Un centre historique bien entretenu, de nombreux espaces arborés, des équipements touristiques : "Apalach" parvient à conjuguer accueil des visiteurs et authenticité.

Gainesville

15 Si feu Tom Petty, originaire de la ville, et Bo Diddley qui y vécut, sont les saints patrons de la scène rock de Gainesville (p. 385), l'université de Floride (UF ; 4e plus grande faculté des États-Unis) est le moteur qui continue de l'alimenter. Gainesville (p. 385) jouit, dans un cadre résidentiel propret et une ambiance détendue, d'une belle énergie intellectuelle et estudiantine, à laquelle s'ajoute une floppée de bons restaurants et de bars sympathiques, sans l'agitation et les tarifs élevés pratiqués ailleurs en Floride.

L'essentiel

Pour plus de détails, consultez la section *Floride pratique* (p. 529)

Monnaie
Dollar américain ($)

Langues
L'anglais, mais aussi l'espagnol à Tampa, à Miami et dans le sud de la Floride.

Visas
Pas de visa requis pour les ressortissants des pays bénéficiant du Visa Waiver Program et ayant obtenu une autorisation ESTA (pour un séjour n'excédant pas 90 jours). Les Canadiens n'ont pas besoin de visa ni d'ESTA.

Argent
Distributeurs de billets disponibles partout.

Téléphone
La norme européenne GSM 900/1800 est incompatible avec la norme américaine. Vérifiez que vous pouvez utiliser votre portable. Attention aux frais d'itinérance.

Heure locale
À l'est de l'Apalachicola River, fuseau horaire est (GMT moins 5 heures). À l'ouest de l'Apalachicola (le Panhandle), fuseau horaire central (GMT moins 6 heures).

Quand partir

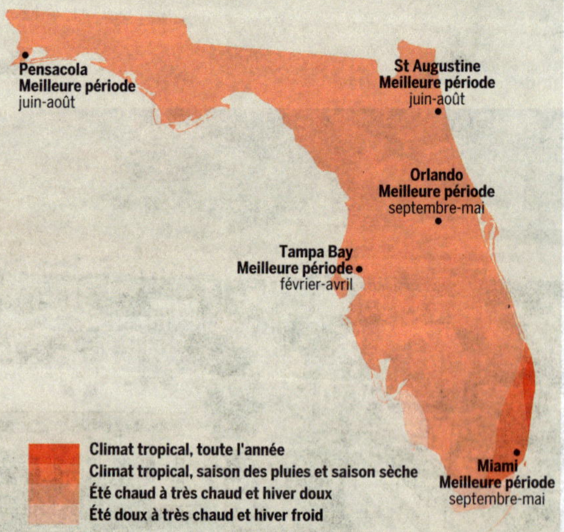

Haute saison
(mars-août)

- Les plages du Sud sont bondées au printemps.
- Le Panhandle, les plages du Nord et les parcs à thème d'Orlando font le plein en été.
- De mai à septembre, c'est la saison des pluies.

Saison intermédiaire
(février et septembre)

- Le sud de la Floride jouit d'un temps sec en février.
- Septembre reste chaud, mais les parcs à thème et les plages du Nord sont moins bondés.
- Les prix baissent de 20 à 30%.

Basse saison
(octobre-janvier)

- Le calme revient dans les stations balnéaires.
- L'hébergement peut coûter moitié moins, sauf pendant les vacances de fin d'année.
- La saison sèche (nov-avril) est idéale pour randonner et camper.

Sites Internet

Visit Florida (www.visitflorida.com/fr.html). Site officiel du tourisme en Floride.

My Florida (www.myflorida.com). Site officiel du gouvernement de l'État de Floride.

The French District (www.thefrenchdistrict.com). Reportages en français et adresses par des français vivant aux États-Unis.

Snowbirds de la Floride (snowbirds-de-la-floride.com). Portail des Québécois vivant en Floride.

Florida State Parks (www.floridastateparks.org). Principale source d'information pour les parcs d'État de Floride.

Miami Herald (www.miamiherald.com). Principal quotidien du comté de Miami.

Lonely Planet (www.lonelyplanet.fr). Infos sur le pays, forum de voyageurs et informations pratiques.

Numéros utiles

Code d'accès international	011
Indicatif du pays	1
Renseignements téléphoniques	411
Urgences	911

Taux de change

Zone euro	1 €	1,22 $
Suisse	1 CHF	1,06 $
Canada	1 $C	0,79 $

Pour connaître les derniers taux de change, consultez www.xe.com/fr

Budget quotidien

Moins de 140 $

- Dortoir/camping : 30-50 $
- Courses au supermarché (par jour) : 20 $
- Plages (gratuites)
- Location de vélo (par jour) : 24-35 $

De 140 à 250 $

- Hôtels : 100-200 $
- Repas en chambre ou restaurant : 50 $
- Billet d'entrée parc à thème : 40-100 $
- Location de voiture (par jour) : 40-50 $

Plus de 250 $

- Hôtel en bord de mer/*resort* en haute saison : 250-400 $
- Repas gastronomique à Miami (2 pers) : 150-300 $
- Séjour tout compris de 4 à 7 jours dans un parc à thème : 1 500-4 000 $

Heures d'ouverture

Banques 8h30-16h30 lun-jeu, jusqu'à 17h30 ven ; parfois 9h-12h30 sam

Bars 17h-minuit, jusqu'à 2h ven-sam

Bureaux 9h-17h lun-ven

Commerces 10h-18h lun-sam, 12h-17h dim ; horaires plus étendus pour les centres commerciaux

Poste 9h-17h lun-ven ; parfois 9h-12h sam

Restaurants Petit-déjeuner 7h-10h30 lun-ven ; brunch 9h-14h sam-dim ; déjeuner 11h30-14h30 lun-ven ; dîner 17h-21h30, plus tard les week-ends

Arriver en Floride

Miami International Airport (p. 541). Les bus Metrobus (2,25 $) circulent toutes les 30 minutes de 6h à 23h ; Miami Beach est à 35 minutes. Une navette (minibus) coûte environ 22 $. Un taxi pour South Beach revient à 35 $.

Orlando International Airport (p. 541). Les bus Lynx (2 $) circulent de 6h à minuit. Le bus n°11 dessert le centre-ville d'Orlando (40 min), le n°42 va jusqu'à International Dr (1 heure) et le n°111 se rend à SeaWorld (45 min). Les voyageurs séjournant au Walt Disney World® Resort bénéficient de la prise en charge gratuite de leurs bagages et du transfert gratuit depuis l'aéroport (Disney's Magical Express). Une navette (minibus) coûte 20-30 $. Tarifs des taxis : secteur de Disney 65 $, International Dr et Universal Orlando Resort 48 $, centre-ville d'Orlando 42 $ et Winter Park 50 $.

Comment circuler

En Floride, la plupart des déplacements se font en voiture.

Voiture Le moyen de transport le plus courant. Agences de location présentes dans quasiment toutes les villes.

Bus Les compagnies Greyhound et Megabus assurent des liaisons lentes mais bon marché vers les grandes villes.

Train Le *Silver Service/Palmetto* d'Amtrak circule entre Miami et Tampa, d'où il est relié au réseau ferroviaire national. L'Auto Train circule entre Washington DC et Sanford, près d'Orlando.

Vélo Le relief est plat, mais la chaleur et le manque de pistes cyclables sont gênants.

Pour plus de détails sur **Comment circuler**, voir p. 544

Quoi de neuf ?

Volcano Bay sort de terre
Universal Studios vient d'ouvrir un troisième parc d'attractions, aquatique celui-là : Volcano Bay, construit autour d'un volcan artificiel haut de 60 m. Cela vous paraît franchement démesuré ? Bienvenue en Floride ! Pas moins de 18 attractions agrémentent le site, destinées aux familles autant qu'aux amateurs de sensations fortes (p. 317).

L'appel des Everglades
Si l'entrée au parc national des Everglades a augmenté, le visiteur bénéficie dorénavant de nombreuses activités gratuites organisées par le parc : balades en canoë et à vélo, randonnées de nuit, découverte des zones marécageuses, etc. (p. 158).

Legoland
Il ne nous faudra pas plus d'un mot pour décrire ce parc à thème, avec ses attractions innovantes, ses formidables manèges et autres Ninjago World et Heartlake City : fantastique (p. 276) !

Randonner dans le Panhandle
Les réserves naturelles, notamment Tarkiln Bayou Preserve (p. 465) et Topsail Hill Preserve State Park (p. 470), permettent de découvrir la nature à l'état brut de la côte du golfe du Mexique, qui s'étend jusqu'à l'intérieur des terres du Panhandle de Floride.

Microbrasseries dans les Keys
L'ouverture de nouvelles microbrasseries dans les Keys change la donne en matière d'offre de bière dans le sud de la Floride. Sur Islamorada, l'excellente Florida Keys Brewing Co, par exemple, produit des bières parmi les meilleures de l'État (p. 182).

Sciences et design
Ouvert en grande pompe en 2017, le musée hig-tech Phillip and Patricia Frost Museum of Science occupe à Miami un incroyable bâtiment en front de mer et d'une superficie de plus de 20 000 m² (p. 87).

Les fresques de St Pete
Un tout nouveau circuit pédestre proposé le samedi matin permet de découvrir une trentaine de fresques murales qui ornent les murs du centre-ville de St Pete. Comparables en qualité aux Wynwood Walls de Miami (p. 409).

Star Wars : A Galactic Spectacular
Que le rachat par Disney des droits de *Star Wars* vous réjouisse ou vous désole, vous vous doutiez que l'entreprise allait faire un énorme spectacle de la saga, et cette impressionnante représentation pyrotechnique en est l'illustration (p. 304).

"Brew Bus" à Tampa
Quelqu'un a eu idée d'organiser la tournée des brasseries locales, omniprésentes dans la baie de Tampa, à bord d'un bus dédié. C'est d'ailleurs une brasserie qui sert de terminal, à Seminole Heights (p. 403).

Heroes & Legends et le U.S. Astronaut Hall of Fame du Kennedy Space Center
Heroes & Legends, la toute dernière attraction du Kennedy Space Center, inaugurée en 2017, met à l'honneur les pionniers des premiers vols de la NASA, notamment grâce à un film à 360° consacré à leurs vies, mais également à une impressionnante exposition interactive et au U.S. Astronaut Hall of Fame (p. 330), complètement rénové.

Envie de...

Îles isolées

Un cordon d'îles-barrières et des *keys* ourlées de mangroves marquent la séparation entre la terre et l'océan. Nombre de chaussées et de ponts les relient à la terre ferme. Alors, pour s'isoler vraiment sur ces beautés cachées, il faut prendre le bateau.

Cayo Costa Island Majestueuse et dépourvue d'urbanisation... Pour apprécier le calme, passez la nuit dans un bungalow ou sous la tente (p. 440).

Caladesi Island Vingt minutes de ferry pour gagner ce paradis de sable blanc (p. 420).

St Vincent Island Tout près du rivage du Panhandle. Superbe vie sauvage et agréables randonnées (p. 477).

Cedar Keys National Wildlife Refuge Des dizaines de petites îles sauvages à découvrir au rythme de la pagaie (p. 490).

Dry Tortugas Au très grand large de Key West, on s'adonne au snorkeling, on observe la voûte céleste ou l'on troque une langouste avec les pêcheurs contre quelques bières (p. 203).

Curiosités sur la route

Sirènes, école de sorcellerie Poudlard, *botánicas* haïtiennes, et... pas moins de trois fontaines de jouvence. Vous n'avez pas fini d'être intrigué le long de l'I-75 !

Coral Castle À Homestead, ce monument à l'amour déçu défie l'entendement (p. 165).

Robert Is Here Robert est toujours là, à Homestead, avec ses produits fermiers et son zoo d'animaux domestiques (p. 169).

Skunk Ape Research Headquarters Le *Shunk Ape*, cousin éloigné du légendaire Bigfoot, vivraient dans les marais (p. 161).

Ochopee Post Office Dans le plus petit bureau de poste des États-Unis travaille le préposé le plus patient au monde (p. 161).

Vélo

Un relief plat et un climat très doux : la Floride peut être un rêve pour cyclistes, même si les vététistes peuvent parfois s'y ennuyer.

Florida Keys Overseas Heritage Trail Roulez sur le bas-côté, avec vue sur l'océan et Florida Bay (p. 178).

Paisley Woods Bicycle Trail La Floride, pas une terre de vététistes ? Vous reverrez votre jugement après avoir affronté les bosses de ce parcours de 35 km à travers l'Ocala National Forest (p. 384).

West Orange Trail Ce sentier de 38 km traverse sur 16 km une jolie région équestre, juste à l'ouest d'Orlando et de ses parcs à thème (p. 260).

Sanibel Island Ce havre de paix, dépourvu de grandes routes, est sillonné par des dizaines de pistes cyclables (p. 441).

Legacy Trail Long de 32 km, ce charmant sentier à travers forêts et ponts permet de découvrir à vélo la campagne des environs de Sarasota (p. 428).

Nature sauvage

Certaines zones de Floride évoquent l'Amérique des premiers jours : pins d'Elliott, sources cristallines, sable blanc et kilomètres de marécages infestés de reptiles et bordés de mangroves impénétrables. Les sites suivants sont de superbes exemples de ces paysages subtropicaux.

Grayton Beach State Park Un environnement extrêmement varié : brousse, marécages et d'exceptionnels lacs côtiers entourés de dunes, tels qu'on n'en trouve nulle part ailleurs aux États-Unis (p. 470).

Tarkiln Bayou Preserve State Park Sentiers et promenades en planches sillonnent une nature sauvage, composée de bois et de marais envahis de plantes carnivores (p. 465).

Egan's Creek Greenway
Sur plus de 150 ha, des sentiers herbeux longent des forêts et des ruisseaux limpides, sur Amelia Island, réputée pour la richesse de sa faune et de sa flore (p. 374).

Canaveral National Seashore
Avec 38 km de plages sauvages, c'est le plus long tronçon de littoral vierge sur la côte est de la Floride (p. 332).

Wekiwa Springs State Park
Parcourez les promenades de planches et explorez les eaux de la Wekiva River, classée "Wild and Scenic" (sauvage et pittoresque) (p. 262).

Canoë et kayak

Peu d'États peuvent se targuer d'une telle variété de sites pour la pratique du canoë et du kayak. Qu'ils soient aménagés ou non, ceux-ci offrent en quelques coups de pagaie des paysages aquatiques hors du commun.

Les Everglades Cette vaste étendue sauvage, formée de prairies inondées, de marécages et d'îles côtières, n'est réellement accessible qu'en bateau (p. 10).

Amelia Island Cette île côtière marécageuse abrite une nature luxuriante, que l'on pourra mieux appréhender en kayak ou en canoë (p. 374).

Islamorada Ces îles des Florida Keys couvertes de mangrove comprennent des milliers de cours d'eau et leurs affluents (p. 180).

Dr Von D. Mizell-Eula Park
Cette ancienne route de contrebandiers offre désormais une magnifique balade en kayak à travers la mangrove (p. 209).

Fort Lauderdale La Middle River Loop permet aux kayakistes d'arriver jusque dans le cœur de cette métropole florissante du sud de la Floride (p. 211).

En haut : Le mojito, boisson emblématique de Miami

En bas : Coral Castle (p. 165), curiosité en bord de route à Homestead, conçue et érigée par Edward Leedskalnin

Musique live

Dans les villes du nord de la Floride, le rockabilly, le blues et les parades de rue caribéennes ont des accents du Sud. Un héritage musical riche et de nombreuses bonnes salles de concerts.

Gainesville Berceau de l'immence université de Floride, la ville est réputée pour sa scène rock indé et ses clubs de punk (p. 385).

Skipper's Smokehouse Rock à la belle étoile dans cet excellent établissement en plein air de Tampa (p. 404).

Bradfordville Blues Club Ce club est une véritable légende (p. 488) à Tallahassee, ville réputée pour ses formidables concerts de blues.

Naples Philharmonic Orchestre régional de grande qualité (p. 448).

Ball & Chain Un club de Miami où se mêlent musique cubaine traditionnelle et sonorités latines plus contemporaines (p. 146).

Papilles en fête

Riche d'une offre culinaire en constante progression, la Floride oscille entre cuisine locale et internationale, inspirée par une importante population immigrée. L'État attire toujours autant les chefs renommés, désireux de mettre à l'honneur les produits locaux gorgés de soleil.

Būccan À Palm Beach, de petites assiettes embarquent ici les gourmets pour un voyage gastronomique autour du globe (p. 230).

Havana Cafe Qui aurait cru pouvoir savourer une cuisine locale d'une telle qualité dans les Everglades ? Défi relevé par ce restaurant (p. 165).

Ulele Cet excellent établissement de Tampa sert une délicieuse cuisine de tradition amérindienne de Floride (p. 400).

27 Restaurant Cuisine créative, multiples influences internationales et le charme d'une ancienne demeure de Miami Beach (p. 132).

Cress Éblouissante cuisine contemporaine à... DeLand ?! Eh bien oui, et l'un des bijoux gastronomiques de Floride qui plus est (p. 381).

Cirque

Si le mythique cirque Barnum des frères Ringling, à Saratosa, n'est plus, l'esprit du cirque n'en a pas moins survécu en Floride, cocktail de nostalgie, de frissons et d'adrénaline.

Ringling Museum Complex Ce sanctuaire dédié à l'homme de spectacle John Ringling et au monde merveilleux du cirque est aussi amusant et excitant qu'un spectacle de cirque (p. 426).

Sailor Circus Entièrement animé par des enfants et spécialisé dans l'acrobatie, c'est peut-être le cirque le plus original du pays et certainement celui qui fait le plus chaud au cœur (p. 429).

Cirque du Soleil – La Nouba Disney World a conçu ce petit chapiteau pour accueillir ce spectacle de cirque, le meilleur spectacle vivant du parc (p. 310).

Circus Arts Conservatory Un conservatoire des arts du cirque présentant des performances des compagnies Sailor Circus, Circus Saratosa et Cirque des Voix. Une partie des bénéfices sont reversés à des associations caritatives (p. 430).

Histoire

La Floride fut parmi les premières terres colonisées par les Européens en Amérique continentale. Depuis, l'État a connu des périodes espagnole, anglaise, américaine, confédérée, puis à nouveau américaine.

St Augustine La plus ancienne ville des États-Unis est bâtie autour d'un vaste centre historique des plus romantiques (p. 356).

Key West Cet ancien repaire de pirates et de contrebandiers est riche de superbes bâtiments historiques et d'élégantes demeures (p. 189).

Mission San Luis Cette ancienne mission espagnole de Tallahassee offre une plongée dans l'histoire de la conquête de la Floride (p. 482).

Historic Pensacola Les premières heures de la Floride représentées par des comédiens en costume d'époque (p. 453).

Vie nocturne gay

La Floride est une destination appréciée des homosexuel(le)s.

Key West Dans la Conch Republic, toutes les différences ont le droit de s'afficher. Si vous vous demandez jusqu'à quel point, sachez qu'il existe même un circuit gay en tramway (p. 189).

Miami Vie nocturne gay et vie nocturne tout court ne font pratiquement qu'une, en particulier à South Beach. On affiche ouvertement son orientation sexuelle au milieu des célébrités (p. 142).

Fort Lauderdale D'innombrables voyageurs gays apprécient les B&B et les bars de cette ville moins snob que South Beach (p. 209).

West Palm Beach Plus branchée que Palm Beach ; la communauté gay y est importante (p. 231).

Orlando Tout au long de l'année, Orlando est une destination

Dry Tortugas National Park (p. 203), île isolée au large de Key West

gay, mais début juin c'est *le* débarquement pour les Gay Days (p. 250).

Pensacola Durant la fête du Memorial Day à Pensacola, le Panhandle change totalement de visage (p. 453).

Cocktails

L'éventail des boissons à siroter en Floride s'est bien élargi depuis le règne du mojito au début du XXIe siècle. Nombre de bars proposent désormais de délicieux breuvages concoctés, avec art, de mille et une façons.

Broken Shaker Miami Beach se distingue dans la catégorie "cocktails branchés", grâce à cet excellent établissement à ciel ouvert (p. 143).

Stache Boissons artisanales et clientèle distinguée, à Fort Lauderdale (p. 215).

Hanson's Shoe Repair La déco "bar clandestin des années 1920" n'est sans doute pas très originale, mais vous êtes à Orlando. Passez outre et savourez un bon cocktail (p. 269).

Vagabond Pool Bar Venez siroter un cocktail dans la plus pure tradition de Miami (comprenez entouré de la jeunesse dorée en tenue légère) dans cet hôtel branché (p. 145).

The Dime Boissons agréables, personnel élégant et clientèle cultivée définissent ce bar de Gainesville (p. 389).

Plongée sur épaves

D'innombrables bateaux ont heurté les récifs et sombré au large de la côte atlantique. Certaines épaves, proches de la surface, sont accessibles sans bouteilles.

Panama City Beach La "capitale des épaves du Sud" s'enorgueillit d'une dizaine de bateaux, dont le *Liberty* de la Seconde Guerre mondiale – sans compter les récifs naturels (p. 473).

Pensacola Explorez l'épave de l'*Oriskany*, un porte-avions de 275 m volontairement coulé en 2006 (p. 463).

Fort Pierce Rejoignez en snorkeling un galion espagnol, l'*Urca de Lima*, immergé à moins de 5 m de profondeur (p. 242).

Fort Lauderdale Les fonds marins autour de Fort Lauderdale sont jonchés de cargos, de bateaux à vapeur, de remorqueurs et de barges (p. 209).

Biscayne National Park Le Maritime Heritage Trail ne compte pas moins de six épaves, dont une accessible en snorkeling (p. 171).

Mois par mois

LE TOP 5

Carnaval de Miami, mars

SunFest, mai

Gay Days, juin

Goombay Festival, juin ou juillet

Fantasy Fest, octobre

Janvier

College Football Bowl Games

Le 1er janvier, les Floridiens se passionnent pour le championnat de football américain des universités (www.ncaa.com). Les matchs principaux se disputent à Orlando (Capital One Bowl), Tampa (Outback Bowl), Jacksonville (Gator Bowl), et Miami (Orange Bowl, le 3 janvier).

Gasparilla Pirate Festival

Le dernier samedi de janvier, la ville de Tampa se mue en gigantesque fête pirate (p. 398).

Février

Un mois idéal pour les plages peu fréquentées du sud de la Floride, avant la haute saison. Il fait encore trop frais dans le Nord pour les touristes.

Art Wynwood

Au milieu du mois, l'art contemporain et les galeries branchées prennent les rênes du quartier bohème de Wynwood (p. 92).

Edison Festival of Light

Durant 2 semaines, Fort Myers rend hommage à Thomas Edison avec une fête de quartier, des concerts et un grand Salon scientifique. Le 11 février, date anniversaire de l'inventeur, culmine avec une parade (p. 438).

Florida State Fair

Cette foire de Tampa existe depuis plus d'un siècle : durant 2 semaines à la mi-février, présentation de bétail, nourriture bien grasse, musique tonitruante et carnaval à l'ancienne (p. 398).

Street Painting Festival

Vous ne verrez plus les rues de Lake Worth de la même manière après ce festival, qui se déroule fin février. Il ne s'agit pas juste de simples dessins à la craie sur le bitume : des fresques dignes de la chapelle Sixtine tapissent le paysage urbain de cette cité balnéaire (p. 224).

South Beach Wine & Food Festival

Fin février, cet événement financé par Food Network célèbre la cuisine, les chefs étoilés et les grands crus (p. 115).

Mardi Gras

Qu'il tombe fin février ou début mars, le Mardi Gras s'accompagne de fêtes dans tout l'État, mais celle de Pensacola Beach, proche de La Nouvelle-Orléans, est la plus animée (www.pensacolamardigras.com).

Mars

La haute saison pour les stations balnéaires en raison du Spring Break. Le climat est idéal pour la randonnée, le camping et l'observation des lamantins.

Spring Break

De mars à mi-avril, durant leurs vacances de printemps, les étudiants débarquent en meutes sur les plages de Floride pour des beuveries et des soirées animées. Les lieux les plus chauds ? Panama City Beach, Pensacola, Daytona et Fort Lauderdale.

Baseball Spring Training

La Floride accueille l'entraînement de printemps des équipes de base-ball de la Major League. Les 15 équipes professionnelles de la *grapefruit league* ("ligue pamplemousse" ; www.floridagrapefruitleague.com) s'entraînent et disputent des matchs dans la région d'Orlando, de Tampa Bay et dans le Sud-Est.

Carnaval de Miami

Pendant 9 jours début mars, cette fête (www.carnavalmiami.com) comprend spectacles de drag-queens, compétition de rollers, tournoi de dominos, élection de miss Carnaval, grande fête de la Calle Ocho – entre autres réjouissances (p. 115).

Captain Robert Searle's Raid

St Augustine organise une reconstitution grandeur nature du pillage de la ville par le pirate anglais Robert Searle en 1668 (www.visitstaugustine.com). Les pirates remettent leur costume en juin pour le Sir Francis Drake's Raid. Les bénévoles sont les bienvenus.

Winter Music Conference

Durant 5 jours fin mars, DJ, musiciens, producteurs et autres acteurs de l'industrie musicale convergent à Miami pour faire la fête, négocier des contrats, écouter les nouvelles tendances et découvrir les dernières technologies (www.wmcon.com ; p. 115).

Avril

Avec la fin du Spring Break, les prix baissent. La saison sèche hivernale s'achève.

Florida Film Festival

Organisé à Winter Park, près d'Orlando, ce festival de films indépendants est en passe de devenir l'un des plus importants du sud-est des États-Unis. Il a parfois lieu fin mars (p. 261).

Interstate Mullet Toss

Fin avril à Perdido Key, près de Pensacola, les habitants lancent des poissons morts de l'autre côté de la frontière Floride-Alabama. Si la distance prime sur le style, certains lancers ne manquent pas d'allure (p. 465) !

Conch Republic Independence Celebration

La (pseudo)-indépendance de la (pseudo)-république de Key West est célébrée lors de fêtes débridées et de (pseudo)-élections présidentielles (p. 196).

Mai

Début de la saison humide : pluie, moiteur et insectes augmentent, ainsi que la température. Les plages du Nord inaugurent la haute saison tandis que celles du Sud entrent dans la basse saison.

Période de ponte des tortues de mer

De mai à octobre, des tortues de mer viennent pondre sur les plages de Floride ; 2 mois plus tard (du milieu de l'été à l'automne), les petits sortent des œufs et rejoignent la mer.

Isle of Eight Flags Shrimp Festival

Le premier week-end de mai, une foule joyeuse envahit Amelia Island pour fêter les crevettes, l'art et les pirates (p. 374).

SunFest

Durant 5 jours en mai, West Palm Beach organise le plus grand festival d'art et de musique du sud de la Floride (p. 235).

Memorial Day Circuit Party

Fin mai, lors du week-end du Memorial Day, Pensacola se transforme durant 3 jours en une immense fête gay avec DJ et danse (p. 459).

Palatka Blue Crab Festival

Les 4 derniers jours de mai, Palatka célèbre le crabe bleu et accueille le championnat de Floride de *chowder* (soupe de palourdes) et de *gombo* (p. 377).

Juin

La chaleur devient suffocante. C'est le début de la saison des ouragans, qui culmine en septembre/octobre. Les vacances scolaires débutent et les parcs à thème sont bondés.

Gay Days

Pendant une semaine à partir du premier samedi de juin, quelque 40 000 membres de

En haut : *A Tribute to The Golden Girls*, œuvre hommage à la série TV des années 1980, signée Erik Greenawalt et Lori Hughes, Street Painting Festival de Lake Worth (p. 224)

En bas : Les tortues de mer pondent sur les plages de Floride de mai à octobre

la communauté LGBT envahissent le Magic Kingdom et d'autres parcs à thème, hôtels et clubs d'Orlando. Habillez-vous en rouge (p. 261).

Miami Fashion Week

Miami plus que jamais au top du glamour lors de sa Fashion Week (p. 116).

Juillet

La haute saison perdure pour les plages du Nord et les parcs à thème. Les marais sont envahis de boue et de moustiques. Privilégiez la côte.

4 juillet

La fête de l'Indépendance s'accompagne de défilés et de feux d'artifice dans tout l'État. Les feux d'artifice et le spectacle laser de Miami attirent une foule importante.

Saison des coquilles Saint-Jacques à Steinhatchee

Lors de l'ouverture de la saison des Saint-Jacques à Steinhatchee, un millier de personnes vient pêcher ce précieux bivalve. La chasse au trésor, ouverte à tous, dure 2 mois (www.steinhatcheescalloping.com).

Goombay Festival

Dans le quartier de Coconut Grove, ce gigantesque festival de rue célébrant la culture des Bahamas attire quelque 300 000 personnes. Au menu : musique, danse et défilés pour l'un des principaux festivals afro-américains du pays (p. 116).

Août

Les Floridiens se cloîtrent dans les intérieurs climatisés, tandis que les touristes cuisent sur les plages entre deux orages.

Miami Spice

Les restaurants de Miami proposent tous des menus à prix fixe midi et soir pour attirer les citadins hors de leurs tanières (p. 116).

Octobre

Halloween chez Mickey

À Disney World, certains soirs pendant 2 mois (à partir de septembre), les enfants peuvent fêter Halloween au pied du château de Cendrillon, avec les personnages de Disney et un défilé sur le thème de Halloween (p. 293).

Fantasy Fest et Goombay Festival

Key West se déchaîne pendant cette semaine d'extravagance costumée, qui culmine avec Halloween. Le Goombay Festival (festival de percussions) de Key West a lieu la même semaine (p. 196).

MoonFest

West Palm Beach organise une fête de quartier débridée pour Halloween, le 31 octobre. On vient costumé, tandis que des dizaines de groupes locaux se produisent gratuitement (www.moonfest.me).

"Ding" Darling Days

À Sanibel Island, la réserve naturelle de Ding Darling est à l'honneur lors de ce festival, une semaine consacrée à la protection de la nature (p. 443).

Halloween Horror Nights d'Universal

Superbes maisons hantées, personnages sanguinolents et incroyables spectacles de Halloween. Prenez garde aux esprits maléfiques, aux monstres et autres momies qui déambulent dans les rues. Attention : il s'agit d'Universal, pas de Disney. Ces nuits de l'horreur sont déconseillées aux enfants de moins de 13 ans (p. 317).

Novembre

Début de la saison sèche. Les *snowbirds* (Canadiens et Québécois fuyant le rude hiver de leur pays) migrent vers leurs appartements floridiens. La randonnée redevient agréable. Les vacances de Thanksgiving provoquent un pic touristique d'une semaine.

Tampa Cigar Heritage Festival

Ybor City, à Tampa, a longtemps été la capitale de la fabrication des cigares aux États-Unis. Une fête d'une journée célèbre cet héritage (www.cigarheritagefestival.com).

St Augustine Pirate Gathering

Pendant 3 jours à la mi-novembre, St Augustine fête les pirates.

White Party

Turbulente célébration gay et lesbienne (et levée de fonds pour la lutte contre le sida), la White Party est un joyeux mélange de fêtes et d'événements organisés pendant une semaine, fin novembre, dans les clubs de Miami Beach et de Fort Lauderdale. Tenue blanche de rigueur (p. 116)

Frank Brown International Songwriters' Festival

Des auteurs-compositeurs-interprètes se produisent sur différentes scènes de la côte du golfe du Mexique, notamment à Pensacola et Perdido Key (p. 465).

Décembre

La haute saison débute sur les plages du Sud. Les lamantins arrivent dans les eaux chaudes.

Art Basel Miami Beach

Début décembre, l'une des plus grandes foires d'art international au monde, avec plus de 150 galeries représentées et 4 jours de festivités (p. 116).

Victorian Christmas Stroll

À Tampa, le Henry B. Plant Museum fête Noël pendant 3 semaines dans le style victorien, avec des acteurs en costume d'époque (www.ut.edu/plantmuseum).

King Mango Strut

À Miami, Coconut Grove célèbre le Nouvel An avec ce défilé farfelu, qui parodie l'actualité et les politiciens locaux (p. 117).

Itinéraires

7 JOURS Les icônes de la Floride

Comment passer à côté de Miami, des Everglades et des Keys ? Compter une semaine pour découvrir ces incontournables, en commençant par explorer **Miami** durant 3 jours (plus si possible). Au programme : les hôtels Art déco aux tons pastel et l'hédonisme de South Beach, les sandwichs cubains, les *botánicas* haïtiennes et l'art contemporain, les tapis rouges, le hip-hop latino et les *mojitos*.

Dédiez une journée aux alligators de l'**Everglades National Park**. En chemin, faites halte à **Homestead** (Coral Castle, Robert Is Here) et au centre des visiteurs de **Flamingo** pour partir sillonner les mangroves en kayak.

Consacrez ensuite 3 jours (ou plus) à l'**archipel des Keys** (Florida Keys), où vous pourrez admirer les récifs coralliens de **Key Largo** et déguster des beignets de conque et une tarte au citron vert. Essayez-vous à la pêche au tarpon à **Islamorada**, faites une sieste sur la plage du **Bahia Honda State Park**, puis rejoignez **Key West** pour regarder les passants sur Mallory Sq et boire un verre en regardant le soleil orange plonger dans l'océan.

3 SEMAINES

La côte atlantique sud par l'A1A

La côte atlantique sud de la Floride est une symphonie de plages et de barrières insulaires, de mangroves et de tortues marines, de nostalgie d'autrefois et de célébrités liftées, d'aisance et de richesse obscène. Si trois routes la desservent (I-95, Hwy 1 et A1A), l'A1A, qui longe la côte au plus près, offre un trajet agréable avec vue panoramique sur l'océan.

L'A1A débute à **Miami Beach**, le quartier Art déco. Comptez 3 jours pour vous familiariser avec **Miami**, puis louez une décapotable, mettez vos lunettes de soleil et prenez la route.

Premier arrêt : **Fort Lauderdale**. Flânez sur la promenade ombragée de palmiers, faites une balade en gondole sur les canaux et régalez-vous d'œuvres d'art et de cuisine gastronomique : autant de plaisirs typiques de la Gold Coast.

Après 2-3 jours, direction les somptueuses plages de **Boca Raton**, avant de répéter l'expérience de Lauderdale à **Palm Beach**. Guettez les milliardaires vaquer entre leur demeure, leur Bentley et la plage, visitez le Flagler Museum pour comprendre comment tout a commencé et évadez-vous à **West Palm Beach**, plus branchée et plus vivante.

Il est temps ensuite de vous mettre au vert. Au nord, la Treasure Coast est renommée pour sa nature préservée, sans immeubles ni foule cosmopolite. Faites halte à **Jupiter** ; parmi ses jolis parcs, ne manquez pas le Blowing Rocks Preserve et son geyser en front de mer.

Mieux encore, passez quelques jours à **Stuart**. Vous pourrez faire du kayak sur la Loxahatchee River, organiser une sortie de pêche, admirer les récifs du St Lucie Inlet au cours d'une sortie de snorkeling et échapper aux foules sur les plages de **Hutchinson Island**.

Si vous disposez de trois semaines, vous pourrez en outre découvrir les endroits suivants. À **Fort Pierce**, observez les lamantins en hiver et explorez un galion espagnol en snorkeling. Les surfeurs feront halte au **Sebastian Inlet State Park** et les amoureux des oiseaux visiteront **Pelican Island**, le premier refuge faunique national du pays.

3 SEMAINES La côte du Golfe

Beaucoup préfèrent la côte ouest, sur le golfe du Mexique : les plages sont moins construites, des eaux chaudes lèchent le sable blanc et le soleil se couche (au lieu de se lever) sur la mer. On peut facilement conjuguer sophistication urbaine, escapades balnéaires et aventures dans les marais – comme à Miami, mais en plus familial et moins coûteux.

Consacrez les 3 ou 4 premiers jours à **Tampa** et à **St Petersburg**. Visitez les musées et les parcs qui longent le Riverwalk à Tampa et passez une journée à Ybor City ; la cuisine espagnole, les cigares et les night-clubs y sont à l'honneur. St Pete offre à peu près les mêmes plaisirs, le Dalí Museum en prime.

Mettez le cap à l'ouest vers les barrières insulaires. Après une journée passée sur les îles préservées de **Honeymoon Island** et **Caladesi Island**, profitez de l'ambiance survoltée de **St Pete Beach**.

Séjournez ensuite 3 jours à **Sarasota**, pour découvrir le Ringling Museum Complex, flâner dans le jardin botanique Marie Selby, aller à l'Opéra, paresser sur les plages de **Siesta Key** et vous balader en kayak parmi les alligators au **Myakka River State Park**.

Descendez jusqu'à **Fort Myers** pour rayonner (2 jours) dans la région, puis prenez le ferry pour **Cayo Costa Island** où vous attendent des plages désertes. Si vous préférez une ambiance festive, gagnez les plages bondées de **Fort Myers Beach**.

Gardez au moins 2 jours pour **Sanibel Island**, mondialement réputée pour ses coquillages. Au programme ici : balades à vélo, pauses restaurants (excellents) et sorties en kayak de baie en baie pour observer la faune.

Terminez votre périple à **Naples** (3 jours), cité balnéaire emblématique de la Gulf Coast : haut de gamme, artistique, accueillante pour tous les âges, avec peut-être la plus belle plage urbaine de Floride. Et vous pourrez y satisfaire vos envies de shopping et de gastronomie. Une escapade d'une journée dans les **Everglades** s'impose toutefois. Là, suivez le Tamiami Trail jusqu'à **Shark Valley**, puis faites un circuit en tram ou louez un vélo pour traverser les plaines de marisques peuplées d'alligators.

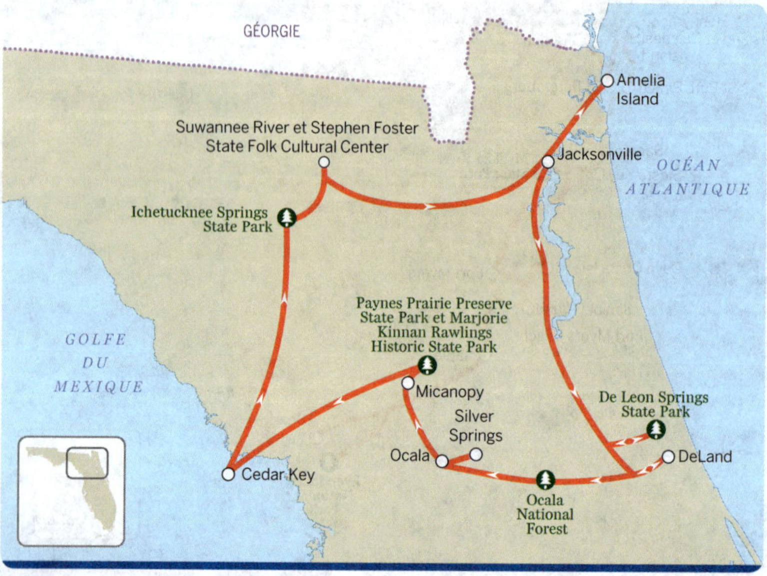

3 SEMAINES

Les routes secondaires du nord de la Floride

Le nord de la Floride séduit les amoureux de grand air qui préfèrent consacrer leurs journées aux forêts, sources et rivières et leurs soirées à conter autour d'un feu de camp.

Prenez l'avion pour **Jacksonville**, où vous passerez la première journée sur les plages de Jax, face à l'océan. Imprégnez-vous de la gastronomie du sud de la Floride lors d'un dîner au Southern Charm, puis terminez la soirée dans le quartier des bars de Little Five Points.

Roulez ensuite vers le sud jusqu'à la charmante petite ville de **DeLand** et explorez le **De Leon Springs State Park** et ses eaux cristallines, parfaites pour le kayak. Toutefois, l'**Ocala National Forest** remporte la palme avec son fabuleux terrain karstique propice aux randonnées à pied ou à vélo. Si la faune locale sait se faire discrète, soyez prudents : alligators, renards, coyotes et ours noirs ne manquent pas.

Poursuivez votre route jusqu'à **Ocala**, ville traditionnelle et centre névralgique de l'agriculture en Floride. Optez pour un circuit en bateau à fond de verre à **Silver Springs** et admirez les dragsters du Don Garlits Museums. Puis cap au nord vers **Micanopy**, “la ville oubliée du temps”, pour de fantastiques randonnées dans le **Paynes Prairie Preserve State Park**. Découvrez l'histoire des Crackers au **Marjorie Kinnan Rawlings Historic State Park**, qui doit son nom à l'auteur de *The Yearling* (*Jody et le faon*), qui raconte la vie d'une enfant pauvre du Sud lors de la Grande Dépression.

Consacrez ensuite 2 à 4 jours à **Cedar Key**, à l'ouest, où vous pourrez faire du kayak parmi les oiseaux marins et des îles ourlées de mangrove, et à l'**Ichetucknee Springs State Park**, plus au nord, pour une demi-journée de *tubing* dans ses sources cristallines. Prévoyez au moins une journée pour un circuit fluvial sur la **Suwannee River**, une rivière brune et moussue qui serpente à travers le nord de la Floride. Réservez votre séjour camping le long du fleuve ; visitez le **Stephen Foster State Folk Cultural Center** pour découvrir le passé rural et les Crackers, colons blancs de la région.

Retournez enfin à **Jacksonville** et passez un jour ou plus sur **Amelia Island**. Offrez-vous un excellent repas de fruits de mer suivi d'une nuit dans un B&B victorien, ou préférez les plaisirs du plein air en longeant en kayak la barrière insulaire.

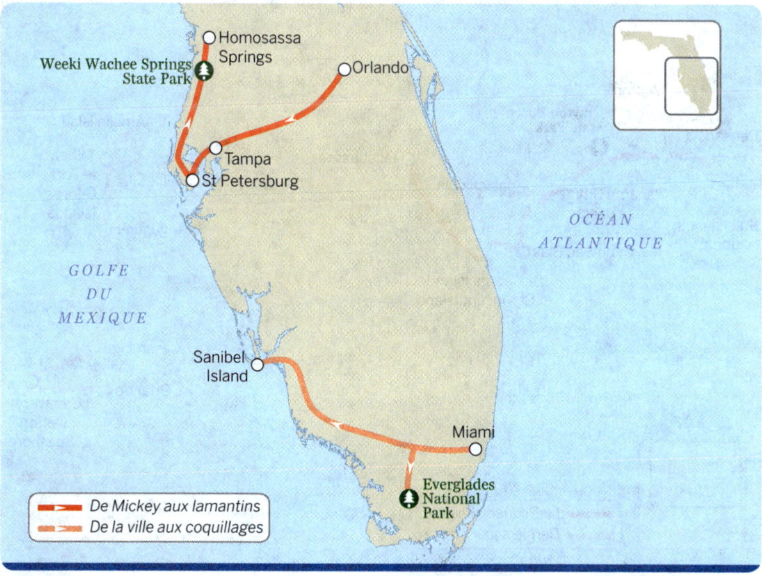

1 SEMAINE De Mickey aux lamantins

Les enfants ne rêvent que de Disney World, mais vous souhaitez aussi profiter de la plage, savourer un bon repas et découvrir la culture de la Floride. Et vous ne disposez que d'une semaine !

Les 3 ou 4 premiers jours, restez à **Orlando**. Consacrez 2 jours à **Walt Disney World®** et le troisième à l'**Universal Orlando Resort**, surtout si vous êtes un fan inconditionnel de *Harry Potter*.

Les 3 ou 4 jours suivants, rejoignez Tampa Bay. Durant la journée à **Tampa**, choisissez entre son zoo, son superbe aquarium et ses excellents musées, puis terminez par Ybor City avec un repas espagnol sur fond de flamenco. À **St Petersburg**, même les enfants seront fascinés par le Dalí Museum. Terminez par une excursion d'une journée au nord pour assister à un spectacle de sirènes à **Weeki Wachee Springs** et voir des lamantins au **Homosassa Springs Wildlife State Park**.

1 SEMAINE De la ville aux coquillages

Si Miami, dynamique et séduisante, reste incontournable, vous aurez ensuite besoin d'une parenthèse de solitude et de calme pour rentrer en forme.

Passez les trois premiers jours à **Miami**. Pour prendre le pouls de la ville, faites la fête, visitez le quartier des hôtels Art déco, explorez les musées d'art, renouvelez votre garde-robe et franchissez les cordons de velours pour danser toute la nuit sur du hip-hop latino avec des célébrités.

Consacrez ensuite une journée entière à épier les alligators, en pleine nature, dans les **Everglades**, afin de pouvoir fanfaronner à votre retour.

Les trois derniers jours, paressez à **Sanibel Island** pour clore votre voyage en beauté. Dénichez un hôtel avec plage privée et contentez-vous de profiter du soleil, de lire, de dormir et de ramasser des coquillages. Envisagez peut-être une balade à vélo et un dîner raffiné. Mais, chaque soir, admirez le coucher du soleil les pieds dans le sable en savourant ces magnifiques moments de solitude.

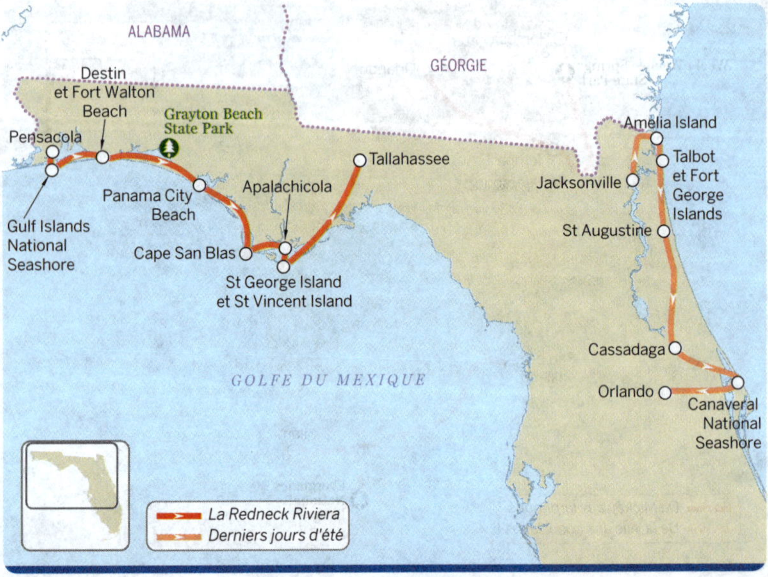

10 JOURS La Redneck Riviera

Le chaleureux Panhandle (au nord-ouest) offre une sophistication inattendue, ainsi que de superbes plages de sable blanc.

Commencez par quelques jours à **Pensacola**. Détendez-vous sur les plages du **Gulf Islands National Seashore**, découvrez le village historique de Pensacola et l'histoire de son aviation navale. Vous aurez peut-être la chance de voir un spectacle de la patrouille des Blue Angels.

Passez les deux jours suivants dans les villes touristiques de **Destin** et de **Fort Walton Beach**, sans manquer la plage du **Grayton Beach State Park**, fabuleuse. Si vous avez des enfants, les distractions du front de mer de **Panama City Beach** figureront à votre programme.

Ensuite, découvrez la nature sauvage du **Cape San Blas** et d'**Apalachicola**, une surprenante bourgade historique où se régaler d'huîtres.

St George Island et **St Vincent Island** sont des refuges plus éloignés ; si le temps vous manque, passez la dernière journée à **Tallahassee** – certes située à l'écart de la côte. Détendez-vous et offrez-vous une soirée animée dans une petite salle de concerts.

10 JOURS Derniers jours d'été

Des températures clémentes et moins de touristes ? Vive septembre ! Si cet itinéraire est plaisant en toute saison, le nord de la Floride est particulièrement agréable à la fin de l'été.

Prenez un avion jusqu'à **Jacksonville** et filez à **Amelia Island** pour profiter de la plage et d'une cuisine délicieuse. Explorez en kayak les plages immaculées de **Talbot Island** et de **Fort George Island**.

Passez ensuite 2-3 jours à **St Augustine**. La plus ancienne cité d'Amérique préserve jalousement son patrimoine et des histoires de pirates planent sur les forts et les basiliques espagnols.

Lorsque vous aurez fait le tour des bons restaurants et des reconstitutions historiques, partez pour **Cassadaga**, ville située au beau milieu de nulle part et à l'ambiance New Age, peuplée de spirites : votre avenir n'aura plus de secrets pour vous.

Une semaine s'est écoulée... S'il vous reste quelques jours, sillonnez en kayak le **Canaveral National Seashore** et passez 1 ou 2 jours dans les parcs à thème d'**Orlando**... sans faire la queue (école oblige) !

Montagnes russes Kumba, Busch Gardens (p. 398)

Préparer son voyage

Séjour dans les parcs à thème

Chaque année, Walt Disney World®, Universal Orlando Resort et Legoland attirent des millions de visiteurs à Orlando, capitale mondiale des parcs à thème, et il existe d'autres parcs moins connus dans le secteur. Voici quelques conseils essentiels pour bien choisir votre destination.

Quand partir

Périodes de pointe

Le nombre de visiteurs et les tarifs explosent pendant les vacances scolaires américaines, notamment en été (de juin à août), au printemps (de mars à mi-avril), le week-end de Thanksgiving (fin novembre) et surtout la semaine entre Noël et le Jour de l'an. Dans la mesure du possible, évitez de venir pendant ces périodes de forte fréquentation.

Périodes creuses

Les périodes les plus calmes s'étalent de mi-janvier à fin février, de septembre à mi-octobre, en plus de la première moitié de mai et des quelques semaines entre le week-end de Thanksgiving et la mi-décembre.

Événements spéciaux

Parmi les événements à ne pas manquer, citons l'Epcot International Food & Wine Festival (Festival international du vin et de la gastronomie, fin septembre à début novembre), la Mickey's Very Merry Christmas Party (fête de Noël de Mickey, novembre à mi-décembre) et les Halloween Horror Nights d'Universal Orlando (les Nuits de l'horreur, octobre).

Parcs à thème de Floride

Walt Disney World®

Disney World (p. 277) couvre 103 km² et englobe quatre parcs à thème séparés et différents, chacun avec manèges et spectacles : le Magic Kingdom (p. 291), Epcot (p. 297), les Hollywood Studios (p. 304) et Animal Kingdom (p. 301). Il y a également deux parcs aquatiques, Typhoon Lagoon (p. 306) et Blizzard Beach (p. 307), plus de 20 hôtels, près de 140 restaurants et deux secteurs de shopping et d'animation nocturne, Disney Springs (p. 308) et Disney's BoardWalk (p. 307), quatre terrains de golf, deux minigolfs, des lagons pour les sports aquatiques et un stade accueillant des rencontres sportives. Le tout est relié par un système compliqué de bus, bateaux et monorails gratuits.

Le légendaire Magic Kingdom, avec le château de Cendrillon, des manèges, des parades et des spectacles est un classique. Truffé de jardins, Epcot est divisé en une partie futuriste, tandis que l'autre moitié reproduit les pays du monde. Les Hollywood Studios sont assez dispersés dans la masse et éclipsés par les attractions phares comme *American Idol* (*La Nouvelle Star*). Animal Kingdom est un parc animalier avec manèges et spectacles, et interactions avec la faune. C'est ici que vous pourrez assister à l'un des meilleurs spectacles de Disney : *Finding Nemo: The Musical* (*Le monde de Nemo, la comédie musicale*).

Universal Orlando Resort

L'Universal Orlando Resort (p. 311) est un domaine plus intime où l'on peut se déplacer à pied, avec deux excellents parcs à thème – Islands of Adventure (p. 311) et Universal Studios (p. 313) –, un parc aquatique Volcano Bay (p. 317), plus quatre luxueux complexes hôteliers et un agréable quartier de restaurants et de vie nocturne, CityWalk (p. 311).

Les parcs à thème d'Universal offrent une myriade de divertissements pour toute la famille, avec certains des meilleurs manèges à sensations d'Orlando, des simulateurs et des toboggans aquatiques.

Islands of Adventure se compose de différentes sections thématiques dotées chacune de leur propre ambiance. Le Wizarding World of Harry Potter – Hogsmeade, par exemple, rencontre un succès phénoménal et mérité.

Juste à côté, Universal Studios propose essentiellement des manèges et des spectacles sur le thème du cinéma et de la télévision, en mettant l'accent sur les superhéros de bandes dessinées et les films récents comme *Moi, moche et méchant* et *Les Simpson*. N'oublions pas un joli spectacle consacré au personnage Barney (un dinosaure violet d'une émission télévisée pour enfants), une formidable aire de jeux, et bien sûr Diagon Alley, extension des attractions à succès de Harry Potter. Les visiteurs munis de billets pour les deux parcs à thème peuvent monter à bord du Poudlard Express et traverser la campagne anglaise entre Pré-au-Lard et le Chemin de Traverse.

Volcano Bay ouvrait au moment où nous rédigions ce guide. On a reconstitué pour les besoins de ce parc aquatique une île du Pacifique, avec en son centre un volcan haut de 60 mètres. Les visiteurs profitent de 18 attractions, de tranquilles descentes de rivières familiales aux décharges d'adrénaline dans différents toboggans.

Legoland

Aussi génialement innovant que les créations en Lego de votre enfance, la démesure en plus, Legoland (p. 276) vous offre l'occasion unique d'une plongée dans son univers ludique.

Région de Tampa Bay

- **Busch Gardens** (p. 398). Rencontres avec la faune africaine, spectacles, concerts et des montagnes russes parmi les plus impressionnantes de l'État.
- **Adventure Island** (p. 394). Un superbe parc aquatique qui jouxte Busch Gardens.
- **Weeki Wachee Springs** (p. 421). Ce parc kitsch de la Floride d'antan est mondialement connu pour ses spectacles de sirènes. Il comprend également un petit parc aquatique alimenté par une source, des présentations d'animaux et des balades en canoë sur une rivière.

KATJA KREDER/GETTY IMAGES ©

Epcot (p. 297), Walt Disney World®

Séjourner dans les complexes hôteliers

Disney et Universal offrent des avantages aux clients de leurs hôtels, et disposent d'hébergements pour les petits budgets.

Si vous souhaitez séjourner ailleurs, quantité de complexes hôteliers et de chaînes sont installés autour des parcs, et beaucoup proposent des forfaits pour ces derniers. Lake Buena Vista, Kissimmee et la ville de Celebration sont pratiques pour rejoindre les parcs Disney. International Drive convient mieux pour l'Universal Orlando Resort et SeaWorld. La plupart des hôtels assurent des navettes pour certains, voire pour tous les parcs à thème, mais ce système peut s'avérer pénible. Les navettes partent à des horaires préétablis, marquent de nombreux arrêts et doivent souvent être réservées. Dans les parcs Disney, vous devrez parfois emprunter un moyen de transport Disney une fois que la navette vous aura déposé. Demandez toujours des détails *précis* sur les transports.

Comme pour tous les hôtels d'Orlando en général, les tarifs des hôtels de Disney et d'Universal varient énormément selon la saison et la demande. Renseignez-vous sur les forfaits et les offres spéciales. Dans la plupart des hôtels, les chambres peuvent loger 4 personnes sans supplément, et il y a aussi des suites et des villas pour les groupes plus nombreux.

Hôtels du Walt Disney World Resort®

Disney compte plus de 20 hôtels et dispose d'hébergements pour toutes les bourses. Les prix varient selon la facilité d'accès,

MYMAGIC+

MyMagic+ est un système prévu par Disney pour aider les visiteurs à planifier et à profiter pleinement de leurs vacances à Disney World. Il comprend l'application gratuite My Disney Experience, le FastPass+ et des MagicBands (voir p. 285).

Dragon cracheur de feu de Gringotts Bank, Wizarding World of Harry Potter (p. 31

l'emplacement, les activités proposées et le thème. En ce qui concerne la qualité, à l'exception des meilleurs complexes de luxe, les chambres correspondent à un hôtel de chaîne de catégorie moyenne, et même les options les plus onéreuses font pâle figure par rapport à d'autres établissements.

Avantages pour les hôtes

Extra Magic Hours Chaque jour, un parc étend ses horaires pour les clients des hôtels Disney.

Réservations FastPass+ Réservez un créneau de 1 heure afin d'accéder aux files FastPass+ (coupe-file) pour trois attractions par personne et par jour, jusqu'à 60 jours à l'avance (les visiteurs séjournant en dehors des parcs ne peuvent réserver les attractions que jusqu'à 30 jours à l'avance ; la différence peu paraître minime mais elle est considérable).

Transports Disney Les bus, bateaux et monorails Disney peuvent être bien plus pratiques que les navettes des hôtels situées en dehors du WDW.

Disney's Magical Express Prise en charge gratuite de vos bagages et transport en bus de luxe depuis l'Orlando International Airport.

Transfert de bagages Si vous changez d'hôtel Disney en cours de séjour, on transfère vos bagages de l'un à l'autre.

Forfait repas Seuls les hôtes des hôtels Disney bénéficient des forfaits repas.

Parking gratuit Dans les parcs et les hôtels.

Hôtels d'Universal Orlando Resort

Universal ne compte que cinq complexes hôteliers, tous luxueux et très bien situés.

Avantages pour les hôtes

Ouverture anticipée du Wizarding World of Harry Potter Les portes du parc ouvrent 1 heure plus tôt pour les hôtes.

Express Pass illimité Un accès illimité aux files express est automatiquement accordé à un maximum de 5 hôtes par chambre, gain considérable permettant d'économiser plusieurs centaines de dollars, mais attention toutefois : sachez que les deux principales attractions du Wizarding World of Harry Potter n'ont pas de file express. Par ailleurs, cet avantage ne s'applique qu'aux clients des *resorts* suivants : Loews Portofino Bay, Hard Rock et Loews Royal Pacific.

La Twilight Zone Tower of Terror (p. 304), Hollywood Studios

Il n'est pas valable si vous séjournez au Loews Sapphire Falls ou au Cabana Bay Beach Resort.

Transports Universal Des petits bateaux circulent entre les parcs et les hôtels de luxe et une navette gratuite dessert Cabana Bay (un complexe hôtelier d'Universal), Wet 'n Wild, Aquatica et SeaWorld.

Placement prioritaire Permet d'obtenir les premières places disponibles dans des restaurants haut de gamme. Là encore, ne sont concernés que clients de Loews Portofino Bay, Hard Rock et Loews Royal Pacific Resort.

Restauration

Les parcs à thème proposent deux types d'établissement : les fast-foods et les restaurants.

Hormis à Disney et à Universal, les repas n'ont pas grand-chose d'original. Il est certainement possible de dénicher un plat sain et goûteux, mais en général vous devrez vous contenter des sempiternels hamburgers et pizzas à des prix exorbitants. Dans le Magic Kingdom, seul un restaurant sert de l'alcool, mais vous en trouverez dans tous les autres établissements du parc.

Disney accepte les réservations dans ses restaurants jusqu'à 180 jours à l'avance. Pour un repas avec un personnage Disney, un dîner-spectacle ou dans les établissements les plus populaires, vous devrez impérativement réserver dès le 180e jour avant la date souhaitée. Les établissements Disney plus courus sont la table de Cendrillon (Cinderella's Royal Table, p. 296), dans le château, Be Our Guest (p. 296), sur le thème de *la Belle et la Bête*, California Grill (p. 284) avec une vue imprenable sur les feux d'artifice, et l'ultra-chic Victoria & Albert's (enfants non autorisés ; p. 284). Renseignez-vous sur les conditions d'annulation – généralement sans frais jusqu'à 24h à l'avance.

Obtenir une table à Universal est beaucoup moins compliqué. Chaque parc compte deux restaurants, qui acceptent les réservations.

Pour accéder aux restaurants situés à l'intérieur des parcs, il faut être en possession d'un billet d'entrée. Toutefois, nombre d'excellents établissements, dont certains proposent des repas avec des personnages, sont installés dans les secteurs de loisirs et les hôtels du Walt Disney World Resort® et de l'Universal Orlando Resort, accessibles sans billet.

BILLETS

À Disney World et Universal, le tarif journalier des parcs à thème baisse considérablement si vous choisissez une formule de plusieurs jours. Consultez les sites Web des parcs pour des détails sur les offres spéciales du moment et les forfaits avec hébergements et/ou repas, plus économiques.

Vous n'avez pas besoin d'un billet pour accéder aux complexes hôteliers. Les billets d'entrée sont uniquement nécessaires pour pénétrer dans les parcs, et il existe toutes sortes d'activités et de loisirs en dehors des parcs à thème (surtout à Disney).

CHIP LITHERLAND ©

En haut : Montagne russe, Busch Gardens (p. 398)

En bas : Legoland (p. 276), image © 2013 Legoland Florida/ Merlin Entertainments Group, Chip Litherland Photography

Stratégies de base

À l'avance

Achetez vos billets à l'avance Dans de nombreux parcs, le prix des billets peut baisser de 10 à 20 $ s'ils sont achetés à l'avance. Les calendriers en ligne vous permettent de voir les différents prix sur plusieurs mois.

Achetez des billets valables plusieurs jours et soyez souple Il est épuisant d'enchaîner les parcs. Vous en profiterez beaucoup plus si vous prévoyez des moments de détente au bord d'une piscine ou des excursions dans les environs.

Réservez votre restaurant Disney jusqu'à 180 jours à l'avance Sélectionnez quelques expériences culinaires incontournables pour définir le reste de votre séjour à Disney, et tenez bien compte de l'emplacement des restaurants.

Séjournez dans un complexe hôtelier du parc si vous souhaitez visiter le *Wizarding World of Harry Potter* d'Universal Orlando La qualité de l'hébergement, des équipements et du service, le gain de temps et la facilité d'accès aux parcs sont pratiques, si vous pouvez vous le permettre. Les hôtes séjournant sur place ont accès aux attractions Harry Potter 1 heure avant les autres visiteurs.

Sur place

Arrivez tôt Arrivez avant l'ouverture des portes, dirigez-vous tout droit vers les manèges les plus courus, avant que la file ne se forme, et résolvez-vous à partir à l'heure du déjeuner, quand l'affluence est à son comble. Quelques matinées bien remplies peuvent s'avérer plus efficaces qu'une journée entière à piétiner sur place.

Prévoyez des en-cas Des sandwichs et un fruit glissés dans votre sac à dos vous permettront de gagner du temps, de l'argent et de la sérénité.

Prenez en compte les temps de transport En planifiant la journée, tenez compte des temps de transport jusqu'aux parcs et à l'intérieur. À Disney en particulier, les déplacements peuvent prendre des heures et s'avérer éreintants.

Dudley Do-Right's Ripsaw Falls (p. 311), Islands of Adventure

Sites Internet et applications

Il existe des dizaines et des dizaines d'applications pour vous aider à profiter des parcs en temps réel. On peut facilement être gêné, voire stressé, par une overdose de renseignements, mais certains sites sont très utiles. Voici notre sélection (sites en anglais) :

Walt Disney World® (www.disneyworld.disney.go.com). Le site officiel de Disney World.

Universal Orlando Resort (www.universalorlando.com). Le site officiel d'Universal.

SeaWorld Parks (www.seaworldparks.com). Le site officiel des parcs SeaWorld.

My Disney Experience (www.disneyworld.disney.go.com/plan/my-disney-experience). L'application indispensable de Disney pour créer vos itinéraires et réserver FastPass+ et restaurants.

Orlando Informer (www.orlandoinformer.com). Tout ce qu'il faut savoir sur Universal, avec notamment un calendrier de fréquentation.

Theme Park Insider (www.themeparkinsider.com). Des nouvelles des parcs à thème du monde entier, avec des détails extrêmement précis.

Undercover Tourist (www.undercovertourist.com). Réductions pour Disney, Universal et SeaWorld, location de voiture, temps d'attente...

À EMPORTER

- De la crème solaire ! Le soleil de Floride brûle la peau en moins de temps qu'il n'en faut pour le dire.
- Des vêtements légers et passe-partout et une tenue plus habillée pour les sorties au restaurant ou en club
- Du répulsif antimoustiques – évidemment, vous pourrez vous le procurer sur place, mais n'attendez pas !
- Un justificatif d'assurance.
- Un permis de conduire émis dans votre pays d'origine.

All Ears (www.allears.net). Infos sur Disney World. Menus des restaurants, hébergements, conseils.

WDW Info (www.wdwinfo.com). L'information à la source.

MouseSavers (www.mousesavers.com). Des tuyaux pour faire des économies.

Our Laughing Place (www.ourlaughingplace.com). Le Transportation Wizard (TW) de Disney World concocte les meilleurs itinéraires. Plusieurs applications, utiles notamment pour la préparation du séjour, le TW et les restaurants.

Touring Plans (touringplans.com). Des conseils pour optimiser le FastPass+.

Disney Tourist Blog (www.disneytouristblog.com). Un guide des manèges et d'autres infos.

Préparer son voyage

Activités de plein air

La Floride n'a ni montagnes, ni vallées, ni neige. Qu'y trouve-t-on ? Elle offre de l'eau en abondance, qu'elle soit douce, iodée ou saumâtre, de pluie ou de source. Avec un littoral de quelque 1 930 km, la péninsule floridienne compte plus de 1 000 km de plages parmi les plus belles des États-Unis. Elle est festonnée de récifs coralliens, de marais et de forêts préhistoriques, où prospèrent une flore et une faune remontant, pour certaines espèces, à l'époque des dinosaures.

Randonnée et camping

Si l'altitude n'est jamais un souci en Floride, les randonneurs devront tenir compte du climat. Dans le sud de l'État, la meilleure période pour la marche et le camping s'étend de novembre à mars – la "saison sèche" –, quand la pluie, la température, l'humidité et les moustiques décroissent à des niveaux supportables. En été, marchez avant midi pour éviter la chaleur de la mi-journée et les orages de l'après-midi.

Le **Florida National Scenic Trail** (www.fs.usda.gov/fnst), l'un des 11 chemins de randonnée nationaux, couvre 2 250 km en discontinu. Il file vers le nord des marais de la Big Cypress National Preserve, fait le tour du Lake Okeechobee, traverse l'Ocala National Forest, puis court vers l'ouest jusqu'au Gulf Islands National Seashore, près de Pensacola. Tous ces parcs s'ouvrent à de superbes randonnées.

Parmi les autres secteurs propices à la marche figurent les forêts de pins, le terrain karstique et les dolines de l'Apalachicola National Forest et du Paynes Prairie Preserve State Park. Le Wekiwa Springs State Park est idéal pour la marche, le canoë-kayak et le snorkeling.

Nombre des marais de Floride du Sud sont sillonnés d'excellentes promenades en planches de 1,5 à 3 km, presque toujours

Sur le sable

Les plus belles plages de la côte du golfe

Siesta Key (p. 432)

Fort DeSoto Park (p. 415)

Honeymoon Island State Park (p. 420)

Sanibel Island (p. 441)

Naples Municipal Beach (p. 446)

Les plus belles plages de la côte atlantique

Apollo Beach (p. 333)

Bahia Honda State Park (p. 186)

Bill Baggs Cape Florida State Park (p. 105)

Fort Lauderdale (p. 209)

Lake Worth Beach (p. 223)

Hutchinson Island (p. 241)

Les plus belles plages du Panhandle

Grayton Beach State Park (p. 470)

St George Island State Park (p. 480)

Pensacola Beach (p. 462)

Blue Mountain Beach (p. 470)

accessibles en fauteuil roulant. Mais pour une véritable exploration, empruntez un kayak ou un canoë. Dans les Everglades, vous pourrez aussi opter pour une "promenade humide", qui revient à patauger dans les eaux bourbeuses des marais. Il peut paraître insensé de parcourir des eaux hantées d'alligators et de crocodiles, mais de telles balades ont cours depuis plus d'une dizaine d'années.

Les sites de campings prisés incluent les berges ombragées du Stephen Foster Folk Culture Center State Park, l'Ocala National Forest, le St Joseph State Park dans le Panhandle, le Myakka River State Park, les *chickees* (plateformes surélevées) qui jalonnent les cours d'eau des Everglades et les Ten Thousand Islands, et le Bahia Honda State Park, dans les Florida Keys.

Sachez que les moustiques sont omniprésents, en particulier au printemps et en été. Il est indispensable, pour toute randonnée, de se munir de crème solaire, d'un bon antimoustiques et de vêtements traités contre les insectes.

Pour les courtes randonnées des parcs nationaux ou régionaux, les plans gratuits fournis sur place conviennent tout à fait. La plupart des magasins de sports de plein air et les postes de rangers vendent de bonnes cartes topographiques (*topo*).

Documentation

Florida Greenways & Trails (www.visitflorida.com/trails). Descriptions de parcours à pied, à vélo ou en kayak téléchargeables du Florida Department of Environmental Protection.

Florida Hikes (www.floridahikes.com). Guide en ligne de randonnées dans tout l'État, complet, mis à jour et facile d'utilisation.

COUPS DE CHALEUR

En Floride, les dénivelés ne sont jamais un problème pour les randonneurs. Mais la météo peut en poser d'autres. Si vous êtes dans le sud de l'État, il vaut mieux randonner et camper entre novembre et mars. C'est la saison "sèche", la pluviométrie, les températures et les moustiques descendent à des niveaux acceptables. En été, randonnez avant midi pour éviter le pic de chaleur et les orages de l'après-midi.

Florida Office of Greenways & Trails (www.dep.state.fl.us/gwt). La principale base de données officielle des itinéraires, actuels et futurs.

Florida State Parks (www.floridastateparks.org). Renseignements exhaustifs sur les parcs de Floride et les réservations de bungalows et de campings.

Florida Trail Association (www.floridatrail.org). Chargé de l'entretien du Florida National Scenic Trail (FNST) ; nombreux conseils, descriptions et plans en ligne.

Leave No Trace (www.lnt.org). Littéralement "Ne laissez pas de traces". Conseils pour randonner et camper avec un impact réduit sur l'environnement.

National Geographic (www.natgeomaps.com). Cartes personnalisées et GPS.

Rails-to-Trails Conservancy (www.railstotrails.org). Transforme des voies de chemin de fer abandonnées en sentiers de randonnée à pied ou à vélo, avec une section Floride, et description des itinéraires sur www.traillink.com.

Recreation.gov (www.recreation.gov). Réservation de campings dans tous les parcs nationaux et les forêts domaniales, et dans beaucoup de parcs d'État.

Trails.com (www.trails.com). Création de cartes topographiques personnalisées et téléchargeables.

US Geological Survey (www.usgs.gov). Boutique en ligne complète qui vend des cartes topographiques et géologiques couvrant tous les États-Unis.

Baignade

Incroyablement diverses, les plages de Floride sont les plus belles du pays. Choisissez en fonction de vos préférences : lever ou coucher du soleil, surf et body-board, ou farniente et châteaux de sable ? Pour l'aurore et le surf, privilégiez la forte houle de la côte atlantique face à l'est ; pour les châteaux de sable au crépuscule, rejoignez les eaux calmes de la Gulf Coast, orientée à l'ouest et le Panhandle.

Si vous souhaitez affiner votre choix, plusieurs autres éléments peuvent entrer en compte. Vous trouverez votre bonheur, que vous souhaitiez une "plage détente", une "destination familiale", un "lieu de beuverie des Spring Breakers", ou une "plage glamour, où mettre en avant votre sens de la mode et voir des célébrités". Palm Beach, Fort Lauderdale et Miami Beach répondent aux critères de cette dernière catégorie. C'est là que vous verrez votre content de stars et de top-modèles. Les voyageurs cherchant une plage à l'atmosphère décontractée ou une étendue sablonneuse pour toute la famille apprécieront plutôt les eaux calmes et tièdes du golfe ; Sanibel Island, au large de Fort Myers, a l'attrait des plages les mieux adaptées aux familles de toute la Floride. Mieux encore : la dictature de l'apparence y sévit bien moins que dans le sud-est de la Floride et à Miami. Si vous désirez une ambiance festive, mettez le cap vers les villes comme Panama City et Daytona Beach. Méfiez-vous des Florida Keys : elles ne sont pas ourlées de belles plages de sable comme on pourrait se l'imaginer, mais festonnées de mangroves, et rares sont les plages naturelles dignes d'intérêt (les grands complexes hôteliers doivent plutôt créer des plages artificielles).

Vous devrez ensuite affiner votre choix en fonction de votre souhait d'isolement ou de sociabilité. Même dans les canyons les plus construits du sud de la Floride, il est possible de trouver des parcs d'État ou locaux où jouir d'une relative solitude.

À de rares exceptions près, les plages de Floride sont sûres pour la baignade ; les vagues les plus dangereuses se forment juste avant ou après une tempête. Des raies pastenagues en été et parfois des méduses peuvent déranger les nageurs (consultez les avertissements des postes de secours).

Ne négligez pas les lacs, rivières et sources. Un plongeon dans l'une des 700 sources de l'État, toutes à 22°C et cristallines, est un délice. Parmi les innombrables endroits propices à la baignade en eau douce, citons la Suwannee River, l'Ichetucknee River et le Ponce de Leon Springs State Park.

Canoë et kayak

Pour réellement explorer les marais, rivières, estuaires, criques, lagunes et lidos de la Floride, vous aurez besoin d'un bateau, de préférence à rames. Surprendre des alligators et des ibis dans les profondeurs paisibles des mangroves constitue une expérience exceptionnelle.

L'hiver, la saison "sèche" est la meilleure période pour canoter. Même si l'humidité reste importante en Floride, à cette période, l'évaporation et la baisse du niveau de l'eau obligent les animaux à se regrouper autour des étangs et des cours d'eau encore présents, ce qui les rend plus faciles à observer. En été, pagayez à proximité des sources fraîches et des plages pour en profiter sitôt la chaleur devenue écrasante.

MARIAKRAYNOVA/SHUTTERSTOCK ©

Kayak au parc national des Everglades (p. 158)

Idéale pour un circuit de plusieurs jours, la Suwannee River (333 km), long ruban d'eau boueuse ponctué de 60 sources cristallines, serpente du marais d'Okefenokee, en Géorgie, jusqu'au golfe du Mexique. Sur environ 274 km, elle est officiellement classée **wilderness trail** (www.floridahikes.com/suwannee-river-wilderness-trail), et le tronçon proche du Big Shoals State Park comporte des rapides de niveau III.

Citons aussi la Loxahatchee River, sur la côte atlantique, et la Wekiva River, à Orlando, toutes deux classées "Wild and Scenic" (sauvages et pittoresques), la paisible Hillsborough River, dans la région de Tampa, et la Myakka River, peuplée d'alligators.

Explorer en kayak le parc national des Everglades vous laissera des souvenirs impérissables. Tout près, les Ten Thousand Islands sont tout aussi extraordinaires, et rien ne surpasse une nuit dans un *chickee* (plateforme couverte sur pilotis, inspirée de l'habitat séminole) au cœur des Everglades. Canoter dans la mangrove qui borde la totalité de la côte du sud de la Floride est une autre expérience mémorable, unique en Amérique du Nord.

CRISTIANL/SHUTTERSTOCK ©

La Floride regorge de beaux endroits pour le snorkeling

N'oubliez pas les côtes. Vous regretteriez de ne pas avoir découvert en kayak le Bill Baggs Cape Florida State Park à Miami, la Caladesi Island de Tampa Bay, le JN "Ding" Darling National Wildlife Refuge de Sanibel Island's et le Cedar Key de Big Bend. Il existe même un "chemin bleu"- une collection de cours d'eau, de côtes et de rivières - au cœur du Lee County dans le sud-ouest de la Floride.

Sur la côte atlantique, mangroves, oiseaux, dauphins et lamantins vous attendent au Canaveral National Seashore, en particulier au Mosquito Lagoon et à l'Indian River Lagoon. Les îles Big Talbot et Little Talbot sont des lieux magiques.

Documentation

Les sites des Florida State Parks (www.floridastateparks.org) et Florida Greenways & Trails (www.floridadep.gov/parks/ogt) vous renseigneront sur les parcours aquatiques et le kayak. Voici quelques sources supplémentaires :

American Canoe Association (www.americancanoe.org). L'ACA édite une lettre d'informations, dispose de base de données sur les parcours aquatiques et propose des cours.

Florida Paddling Trails Association (www.floridapaddlingtrails.com). Informations sur les parcours aquatiques via une carte interactive, qui divise l'État en 15 sections.

Florida Professional Paddlesports Association (www.paddleflausa.com). Offre une liste des magasins de kayak affiliés.

Kayak Online (www.kayakonline.com). Renseignements sur le matériel de kayak, avec des liens vers les revendeurs de Floride.

Paddle Florida (www.paddleflorida.net). Cartes, photos et guides détaillés sur 85 destinations dans tout l'État.

Plongée et snorkeling

Les récifs coralliens et les épaves de Floride sont connus de la plupart des plongeurs, mais le nord de l'État est idéal pour de la plongée-spéléo. Le soubassement calcaire de la péninsule est criblé de trous, pour la plupart remplis d'une eau cristalline, mais glaciale.

De nombreux sites de plongée longent la Suwannee River, tels le **Peacock Springs State Park** (www.floridastateparks.org/peacocksprings), l'un des plus grands réseaux de grottes subaquatiques du continent, le **Troy Spring State Park** (www.floridastateparks.org/troyspring) et le Manatee Springs State Park. Signalons aussi le Blue Spring State Park.

Du fait de la limpidité de leurs eaux, les sources sont idéales pour le snorkeling : la vue plonge dans les profondeurs, où les bancs de poissons et autres créatures semblent presque à portée de main.

La Floride possède également le plus grand récif corallien du continent, peuplé de poissons multicolores. Le John Pennekamp Coral Reef State Park, à Key Largo et le Biscayne National Park, au sud de Miami, à la pointe de la Floride continentale, sont les meilleurs sites de plongée. Biscayne est en fait, avec 95% de sa surface sous l'océan, le seul parc national principalement maritime des États-Unis. En continuant l'exploration des Keys, le Bahia Honda State Park et Key West ne vous décevront pas.

La plongée sur épaves est tout aussi exaltante, et certaines sont accessibles en snorkeling. Tant de galions espagnols ont sombré au large de l'Emerald Coast, près de Panama City Beach, qu'on la surnomme "capitale du naufrage". Vous pourrez aussi plonger sur des épaves à Pensacola, au Sebastian Inlet State Park, à Troy Springs, à Fort Lauderdale, au Biscayne National Park et à Key West, une ville qui tirait autrefois ses revenus des épaves et de la récupération des navires coulés.

Les Dry Tortugas, des îlots de sable, ainsi nommées du fait de leurs nombreuses tortues de mer, récompensent largement les efforts pour les rejoindre.

Il faut un brevet PADI Open Water I pour pouvoir plonger en mer en Floride, et il existe dans l'État de nombreux cours pour l'obtenir (comptez 3 jours si la météo est clémente). Vous aurez besoin d'un brevet de plongée-spéléo pour plonger dans une source (un brevet Open Water ne suffit pas) et la plongée en solo n'est généralement pas autorisée. Les centres de plongée locaux vous aideront. Vortex Spring propose des cours de plongée.

Documentation

Florida Springs Recreation (www.floridasprings.org/visit/recreation). Renseignements sur les plongées dans les écosystèmes uniques des sources de l'État.

National Association for Underwater Instruction (www.naui.org). Informations sur les brevets de plongée et liste des moniteurs de Floride certifiés par l'association.

Professional Diving Instructors Corporation (www.pdic-intl.com). Semblable à la NAUI, avec sa propre liste de moniteurs certifiés, en Floride.

Cyclotourisme

Si la Floride est trop plate pour le VTT, elle recèle d'innombrables possibilités hors route, ainsi que des centaines de kilomètres de pistes asphaltées. Comme pour la randonnée, mieux vaut pratiquer le cyclotourisme en hiver.

Parmi les meilleurs itinéraires hors route, citons le **Big Shoals State Park** (www.floridastateparks.org/bigshoals), avec 40 km de piste le long de la Suwannee River, et le Paynes Prairie Preserve State Park, avec 32 km de pistes à travers son étrange paysage. Sans oublier l'Ocala National Forest et l'Apalachicola National Forest, avec notamment le Munson Hills Loop, une boucle sablonneuse.

L'abondance des pistes cyclables rend le choix difficile. Le Timpoochee Trail, longue de 30 km et parallèle à la Hwy 30A, rejoint les plages de sable fin du Panhandle. À Tallahassee, le Tallahassee-St Marks Historic Railroad State Trail (25 km) aboutit au golfe du Mexique. Des chemins de terre et des pistes asphaltées font le tour du lac Okeechobee, et permettent d'admirer la campagne alentour. Le Lake Trail de Palm Beach, ou "chemin de la consommation ostentatoire" en raison des demeures et des yachts somptueux, et le Shark Valley Tram Road Trail (24 km), qui traverse le fleuve d'herbe infesté d'alligators des Everglades, comptent parmi les plus belles pistes.

Pour un plus long parcours, empruntez le Florida Keys Overseas Heritage Trail, qui longe la Keys Hwy sur 112 km en discontinu, et le Pinellas Trail urbain et côtier, qui court sur 69 km entre St Petersburg et Tarpon Springs.

On peut louer, dans toutes les villes côtières de Floride, des vélos de type cruiser. Ces lourdes bicyclettes sont idéales pour flâner le long des promenades planes – exercice tranquille qui convient bien aux voyageurs moyennement en forme.

De nombreuses associations offrent des renseignements sur les parcours cyclistes. La loi en Floride exige que tous les cyclistes de moins de 16 ans portent un casque (moins de 18 ans dans les parcs nationaux).

Documentation

Bike Florida (www.bikeflorida.net). Bon site sur les parcours à vélo de Floride.

Florida Bicycle Association (www.floridabicycle.org). Association de promotion qui offre des tonnes de conseils, une liste des clubs cyclistes de l'État, et des liens vers des associations de vélo hors route, des clubs de course, un calendrier des événements et plus encore.

Pêche

La Floride est incontestablement *la* capitale mondiale de la pêche sportive. Elle offre les meilleures possibilités de pêche aux États-Unis et peu d'endroits au monde peuvent rivaliser en termes de variété et d'abondance.

L'achigan à grande bouche est la prise de choix dans les nombreux lacs et rivières. Les sites privilégiés, bien équipés et faciles d'accès, sont le **Lake Manatee State Park** (www.floridastateparks.org/lakemanatee), au sud de St Petersburg, le Myakka River State Park pour la pêche à la mouche, et **Jacksonville** (www.jacksonvillefishing.com) pour des sorties de pêche sur la St Johns River, le Lake George et l'océan, ainsi que la pêche en kayak.

Près du rivage, le sébaste, le tarpon, le brochet de mer et l'acoupa pintade font

DAMSEA/SHUTTERSTOCK ©

En haut : *chickee* (hutte) des Everglades (p. 155)

En bas : golf de Crandon (p. 112), Key Biscayne, Miami

partie des prises les plus courantes le long des deux côtes. Les jetées de Sebastian Inlet sont prisées des pêcheurs à la ligne sur la côte atlantique ; du côté du golfe du Mexique, le Skyway Fishing Pier de Tampa est surnommé le plus long quai de pêche au monde. Dans les Keys, Bahia Honda et l'Old Seven Mile Bridge sur Pigeon Key sont de hauts lieux pour la pêche en bord de mer.

Toutefois, comme le dirait Hemingway, la vraie pêche se déroule en mer, où se côtoient marlins, tassergals et dorades coryphènes. Pour des sorties de pêche hauturière, rendez-vous à Stuart, Fort Lauderdale, Lauderdale-by-the-Sea, Destin, Steinhatchee et Miami. Le mieux consiste à se promener sur le port et à bavarder avec les capitaines pour trouver celui qui correspond à vos attentes.

Documentation

Pour tous les non-résidents de plus de 16 ans, un permis pour pêcher poissons et crabes est nécessaire. L'État de Floride propose plusieurs options de courte durée. Les règlements pour ce qu'on peut pêcher, où et en quelles quantités, sont complexes. Les habitants vous renseigneront mais pour faire les choses dans les règles et savoir ce qui est autorisé ou non, consultez le site Internet de la Florida Fish & Wildlife Conservation Commission.

Florida Fish & Wildlife Conservation Commission (www.myfwc.com). Source officielle pour toute la réglementation et les permis (qu'on peut acheter en ligne ou par téléphone). Renseignements sur la navigation et la chasse également.

Florida Fishing Capital of the World (www.visitflorida.com/fishing). Site de l'État de Floride, avec renseignements et conseils généralistes sur la pêche.

Florida Sportsman (www.floridasportsman.com). Tout savoir sur les concours, la pêche sportive, la location de bateaux, le matériel et des conseils par région.

Voile

Si vous aimez la voile, vous aimerez la Floride. Miami compte de multiples marinas ; Key Biscayne est un véritable joyau. Fort Lauderdale recèle abondance de possibilités. À Key West, vous pourrez naviguer sur une goélette armée de vrais canons. Les tour-opérateurs sont légion dans les Keys. Pour des cours de voile, adressez-vous à la Lanier Sailing Academy de Pensacola.

Golf

Avec plus de 1 250 golfs (et d'autres à venir), la Floride détient un record national. On ignore si ce phénomène est lié à la présence de nombreux retraités aisés, mais vous trouverez facilement un endroit où pratiquer votre swing.

Palm Beach, Naples, Fort Myers, Orlando, Jacksonville, Miami et St Augustine font partie des villes réputées pour le golf. Le World Golf Hall of Fame se situe près de St Augustine.

Pour une liste exhaustive des parcours en Floride, consultez Florida Golf (www.floridagolf.com) ou Florida Golfer Guide (www.floridagolferguide.com).

Surf

Malgré ses nombreux kilomètres de côte, la Floride n'est pas optimale pour la pratique du surf. La Gulf Coast est connue pour son calme, et les Bahamas forment une barrière aux vagues régulières dans l'extrême sud de la côte atlantique.

Les vagues les plus constantes de l'État sont à New Smyrna Beach. Celles de sa voisine Cocoa Beach sont également fiables, quoiqu'un peu moins fortes (c'est là qu'on trouve la boutique Ron Jon). Plus au nord, St Augustine et l'Anastasia State Recreation Area offrent toutes deux de bons spots, qui peuvent être très fréquentés. Il y a moins de monde à Flagler Beach, célèbre pour ses breaks d'hiver. Les plages autour de Jacksonville ont bonne réputation, notamment Atlantic Beach qui est parfaite pour les débutants.

Si on peut surfer à South Beach, nous pensons que Jupiter Beach est le meilleur choix dans le sud de la Floride pour trouver des vagues régulières de qualité. La paisible Gulf Coast n'est pas idéale pour le surf, mais certains s'essayent sur les petites vagues aux environs de Pensacola Beach ou de Destin, surtout quand la météo est agitée.

Documentation

Florida Surfing Association (www.floridasurfing.org). Gère les compétitions de surf en Floride, ainsi que l'école de surf de Jacksonville Beach.

Surf Guru (www.surfguru.com). Site de référence des surfeurs du monde entier (météo, vents...).

Surfer (www.surfermag.com). Récits de voyages de surfeurs qui couvrent la Floride et quasiment tous les breaks des États-Unis.

Préparer son voyage

À table !

Les richesses de l'océan, un terroir au parfum d'agrumes et les influences venues d'ailleurs valent sa popularité à la cuisine de Floride. À l'inverse, les centres commerciaux, le penchant pour la facilité et le clônage des tendances culinaires tendraient à desservir la réputation gastronomique de l'État. La réalité se situe entre les deux. Les amateurs d'exploits culinaires iront néanmoins rendre hommage aux chefs les plus célèbres, tandis que les simples gourmands resteront à l'affût des saveurs inédites : serpent, alligator...

L'essentiel

Les restaurants de Floride sont très divers, des établissements raffinés avec nappes blanches aux gargotes de bord de route vendant des fruits de mer frits en passant par les restaurants à thème des villes touristiques et des complexes hôteliers. Pour les plus chics, surtout dans les grandes villes comme Miami, la réservation est obligatoire, mais dans les établissements plus modestes et dans les petites villes, vous trouverez facilement une table.

Restaurants

Dans toutes les villes ou presque de Floride, les restaurants proposent tout type de cuisine.

Bars

Dans les quartiers animés le soir, la cuisine de pub et les bars où on peut manger sont de plus en plus en vogue.

Parcs à thème

La cuisine est souvent trop chère, mais l'ambiance est en général très réjouissante.

Destination gourmande

Si riche soit l'héritage culinaire de la Floride, sa réputation gastronomique ne date que des années 1990, époque où une vague de grands chefs a transformé le paysage culinaire de Miami. Pour flatter les palais raffinés des citadins, ils ont épicé leur carte d'un mélange unique d'influences cubaines, caribéennes et latino-américaines propres au sud de la Floride, que l'on désigne désormais sous le nom cuisine "floribéenne" (voir l'encadré page ci-contre).

Épicentre de la gastronomie floridienne, Miami possède le plus large choix de tables ethniques. C'est une ville qui fonctionne beaucoup sur l'effet de mode ; lors de notre passage, on ne parlait que de cuisine à base de produits de la ferme et d'accents mis sur la simplicité rustique.

La scène culinaire de Miami a depuis fait des émules dans tout l'État. Dans les grandes villes et partout où les touristes et les *snowbirds* argentés se rendent, vous trouverez des chefs talentueux à la tête de restaurants de haute volée et au décor contemporain, avec vue sur l'océan.

Au nord de Miami et Miami Beach, à Fort Lauderdale, Palm Beach et West Palm Beach, les gastronomes fortunés trouvent leur content de tables originales. Key West se distingue par une cuisine fusion créative, et, malgré sa petite taille, elle possède une kyrielle d'excellentes options.

La côte sud du Golfe est tout aussi remarquable : Tampa et St Petersburg surfent sur la vague de la renaissance culinaire, offrant un large panel de choix, des classiques espagnols à la cuisine moderne d'inspiration locavore. Un saut jusqu'aux opulentes cités balnéaires de Sarasota, Sanibel Island et Naples offrira l'occasion d'un repas mémorable.

En remontant vers le nord, la robuste cuisine sudiste prédomine et les grandes tables jouent la carte de la gastronomie française, italienne, et des spécialités de poisson et fruits de mer. Sans jouer dans la cour des grands, Orlando, Jacksonville et Tallahassee affichent quelques bonnes adresses. Sur la côte atlantique, Amelia Island et St Augustine sont des haltes gastronomiques reconnues tandis que les stations balnéaires du Panhandle ne manquent pas de restaurants de fruits de mer haut de gamme.

L'offre culinaire en Floride est duale, à l'image de ses deux types majeurs de destinations touristiques. Les stations balnéaires et les villes touristiques comptent des établissements familiaux, qui privilégient les portions copieuses à bas prix. Plus l'établissement est chic, plus l'atmosphère est guindée, mais la Floride reste la Floride, et il n'est pas rare que des clients se présentent en tongs pour un dîner raffiné.

LA CUISINE "FLORIBÉENNE"

Notion récente, la cuisine floribéenne désigne le mélange gastronomique de produits de la mer, de fruits tropicaux et de piments forts, que l'on combine à des saveurs d'influences nicaraguayennes, salvadoriennes, caribéennes, haïtiennes, cajuns, cubaines et même sudistes. Certains parlent de cuisine "fusion", "*nuevo latino*", "*New World*", "nouvelle *Floridian*" ou "*palm-tree cuisine*". Une chose est certaine : elle englobe nombre de spécialités, du *ceviche* de conques au citron vert, poivrons et piment antillais, au mérou grillé accompagné de mangues, d'*adobo* et de bananes plantains frites.

Richesses de l'océan

Depuis toujours, la Floride se nourrit de la mer, qui ne se trouve qu'à un jet de pierre de presque tous les coins de l'État. Tout ce qui vit dans l'océan a de bonnes chances de se retrouver bientôt écaillé ou décortiqué, enrobé de pâte et plongé dans une friteuse, avant d'être posé sur une assiette à côté de deux coupelles de sauces (tartare et cocktail).

Les Floridiens ont un faible pour le mérou. Le sandwich au mérou est à la Floride ce qu'est la pizza à Manhattan, une spécialité emblématique et le mètre étalon auquel on peut mesurer la popularité d'un restaurant. La quête du parfait sandwich au mérou (grillé ou frit) tient d'une obsession locale, tout comme celle de la plus savoureuse *chowder* (soupe de palourdes).

Naturellement, il existe un grand nombre d'autres poissons à déguster, en particulier le vivaneau (de toutes les variétés), la dorade coryphène (ou *mahi-mahi*, mais qui peut apparaître sous le nom de *dolphin* sur les cartes, ce qui choque quantité de touristes) et le poisson-chat.

Les amateurs de crustacés seront à la fête, à savourer crevettes roses et grises et à faire l'expérience inédite du crabe bleu (*blue crab*) à carapace molle – la Floride est en effet le seul endroit où l'on trouve des élevages de crabe bleu, ce qui explique qu'ils y soient proposés toute l'année. Si les Floridiens font bouillir leurs crabes, comme il est courant dans tout le Sud des États-Unis, la présence de nombreux exilés venus du Nord-Est explique qu'ils soient également servis cuits à la vapeur. Goûtez-les en même temps pour savoir quelle méthode de cuisson vous plaît le mieux.

L'hiver est la saison de la langouste (*lobster*) et du crabe caillou (*stone crab*). La langouste de Floride a une longue queue mais pas de grosses pinces, et le crabe caillou est délicieusement sucré et onctueux, servi bouilli avec du beurre ou une sauce à la moutarde. Hors saison, ces produits sont surgelés.

Enfin, les Keys ont popularisé la conque (*conch*), laquelle provient désormais des Bahamas. Ce mollusque a une texture légèrement caoutchouteuse et une saveur agréablement salée. De juillet à septembre, Steinhatchee met les coquilles Saint-Jacques à l'honneur, et en automne-hiver, l'Apalachicola Bay produit 90% des huîtres de Floride, petites mais savoureuses.

Cuisine du Sud

Plus on remonte vers le nord de la Floride, plus la cuisine prend des accents du sud des États-Unis – et cela en graisses tout en perdant en raffinement. Typiquement sudiste, la formule *meat and three* désigne un plat de viande – poulet frit, côtelettes, escalope de poulet panée ou *chitlins* (intestins de porc), mais aussi du poisson-chat – accompagné de trois garnitures où se retrouvent souvent, au choix, *hush puppies* (galettes de maïs frites), *cheese grits* (gruau au fromage), *cornbread* (pain de maïs), *coleslaw*, purée de pommes de terre, cornilles, chou et *buttery corn* (maïs au beurre). On terminera par une tarte aux noix de pécan, typiquement sudiste. Version sudiste du *hoagie* de la côte Est, le *Po'boy* est un sandwich baguette garni de viande (généralement du rôti de bœuf) ou de fruits de mer frits (crevettes, crabe, huîtres...).

Aujourd'hui, la cuisine sudiste n'est plus confinée au nord de la Floride. Des versions raffinées de ces recettes – une sorte de haute cuisine sudiste – font fureur de Jacksonville à Key West. Dans tout l'État, une nouvelle vague de restaurants a élevé la cuisine sudiste au rang de haute gastronomie... Ou presque : leurs meilleurs chefs assument la modestie des racines de leur style culinaire, et proposent une cuisine primée dans des lieux à l'atmosphère de cafétéria.

Dans le Sud, le barbecue n'est pas qu'une simple grillade jetée sur le grill. En fait, les grillades sur des feux ouverts sont une hérésie pour le véritable barbecue américain qui consiste en une cuisson lente à base de fumée, d'épices (parfois), de vinaigre (peut-être), et d'un peu plus de fumée.

PAPILLES EN FÊTE

Les fêtes célébrant la cuisine en Floride affichent l'ambiance des foires de village, avec manèges, parades, concours de beauté et autres réjouissances typiquement floridiennes.

C'est dans *Food Fest!* de Joan Steinbacher, guide exhaustif (en anglais) doublé d'un site Internet (www.foodfestguide.com) que sont mentionnées les manifestations du trimestre.

Everglades Seafood Festival (p. 164 ; Everglades City). Week-end de 3 jours, début février. Fruits de mer, bien sûr, mais aussi alligator, cuisses de grenouilles et serpent !

Swamp Cabbage Festival (www.swampcabbagefestival.org ; LaBelle ; ⏲fin fév). Week-end de 3 jours, fin février. Autour du cœur de palmier (*swamp cabbage*), courses de tatous et élection de la reine des cœurs de palmier !

Grant Seafood Festival (✆321-723-8687 ; www.grantseafoodfestival.com ; Grant ; ⏲début mars). Week-end de 2 jours, début mars. Cette bourgade de la Space Coast organise l'une des plus grandes fêtes des fruits de mer de Floride.

Florida Strawberry Festival (www.flstrawberryfestival.com ; Plant City ; ⏲début mai). Onze jours, début mars. Depuis 1930, plus de 500 000 personnes se retrouvent ici pour cueillir, déguster et honorer la fraise.

Carnaval de Miami (p. 115 ; Miami). Deux semaines, début mars. Contournez drag-queens et skateurs pour atteindre les stands de restauration cubaine de la Calle Ocho.

Isle of Eight Flags Shrimp Festival (p. 374 ; Amelia Island). Week-end de 3 jours, début mai. À l'abordage ! Invasion de pirates amateurs de crevettes et débauche d'expositions d'art.

Palatka Blue Crab Festival (p. 377 ; Palatka). Week-end de Memorial Day (dernier lundi de mai), 4 jours. En l'honneur du crabe bleu, championnat de Floride de *chowder* (soupe de palourdes) et de *gombo* (ragoût épicé).

Florida Seafood Festival (p. 478 ; Apalachicola). Deux jours, début novembre. Gardez bien vos distances pendant les concours d'ouverture et de dégustation d'huîtres.

Ribfest (p. 410 ; St Petersburg). Trois jours, mi-novembre. Des travers de porc, du rock et des Harleys.

En haut : pinces de crabe caillou

En bas : rangée de *mojitos* attendant preneur, Mallory Square (p. 192)

Les saveurs sudistes floridiennes sont à l'honneur dans le célèbre livre de cuisine *Cross Creek Cookery* de l'écrivaine Marjorie Kinnan Rawlings. Près de son ancienne maison, le Yearling Restaurant (p. 384) est une bonne adresse pour découvrir cette cuisine.

Le thé glacé (*iced tea*), omniprésent, est surnommé le "vin du Sud". À ne pas confondre avec le *sweet tea*, autre boisson du Sud radicalement différente, un thé très (très !) sucré. N'hésitez pas à demander que votre thé ne soit pas sucré (*unsweetened*).

La cuisine des Crackers ressemble beaucoup à la cuisine du Sud, avec un petit supplément de reptiles et d'amphibiens. Les cuisines créole et cajun sont aussi bien présentes, avec leurs *gombos* (ragoûts ou soupes épicés composés de viande ou de crustacés, et de légumes, et accompagnés de riz) et leurs bisques de Louisiane.

De la ferme à la table

La Floride a travaillé dur à devenir une riche contrée agricole. Célèbre pour ses agrumes, elle est de fait le premier producteur aux États-Unis d'oranges, de pamplemousses, de mandarines et de citrons verts, mais aussi de mangues et de canne à sucre. Bananes, fraises, noix de coco, avocats (jadis appelés "poires alligator") et une kyrielle de fruits et de légumes tropicaux sont également cultivés ici. La première région agricole s'étend tout autour du lac Okeechobee, avec des champs et des plantations à perte de vue.

Le mouvement locavore explique l'émergence récente des légumes frais dans la cuisine et leur promotion. Les grandes spécialités de Floride, héritées des cuisines sudistes et latino-américaines, mettent peu à l'honneur les légumes verts. Mais aujourd'hui tout restaurant qui se veut un peu haut de gamme ou gastronomique fait la publicité des produits d'origine locale et les travaille, pour le plus grand bonheur des végétariens.

Cela dit, les vieilles habitudes ont la vie dure. Les vrais restaurants végétariens se font de plus en plus rares à mesure que l'on s'éloigne de Miami, Orlando, Sanibel, Fort Lauderdale, St Petersburg et des villes universitaires. Salade verte ou pâtes : voici souvent le seul choix qu'affichera en la matière la carte des petits restaurants de campagne ou du nord de la Floride.

Le croquant doux et délicat du cœur de palmier ou *swamp cabbage* (chou des marais), fruit du chou palmiste (ou palmetto), le palmier symbole de la Floride, était un aliment classique des pionniers. Laissez-vous tenter, mais à condition qu'il soit frais (ceux en conserve ne viennent pas de Floride) !

Libations

À l'exception de quelques villes prônant l'abstinence, la Floride fait montre d'un intérêt prodigieux pour l'alcool. Quand on se penche sur cette tradition – des contrebandiers de la prohibition aux étudiants en goguette, en passant par les magasins d'alcool en drive-in, Ernest Hemingway et Jimmy Buffett –, on constate que la quantité prime le plus souvent sur la qualité.

Mais ne jugez pas les bars locaux trop vite. À coup sûr, le grand brasseur Anheuser-Busch de Jacksonville n'est pas près de manquer de clients, tout comme les microbrasseries artisanales de Tampa. Si les plages de Daytona peuvent être jonchées de ces verres à cocktail qu'on appelle *hurricane glasses* (en raison de leur ressemblance avec les lampes-tempêtes), les barmen de Miami n'en soignent pas moins leur réputation en revisitant martinis et *mojitos*.

Les barmen cubains ont acquis leur notoriété dans les années 1920 du fait de leurs créations à base de sucre de canne et d'agrumes. Les deux classiques sont le *Cuba libre* (rhum, citron vert et cola) et le *mojito* (rhum, sucre, menthe, citron, eau gazeuse), traditionnellement accompagnés de *chicharrónes* (couenne de porc frite).

Hemingway, lui, préférait la *piña colada*, surtout au pluriel. Depuis que Jimmy Buffett a immortalisé la *margarita* dans sa chanson *Margaritaville*, il n'est plus un bar de la plage sur la péninsule qui ne revendique de concocter la meilleure.

Cuisine cubaine et latino-américaine

Considérée jadis comme "exotique", la cuisine cubaine, qui mêle influences caribéennes, africaines et latino-américaines, fait aujourd'hui partie intégrante du quotidien à Tampa et à Miami. Installez-vous dans une *lonchería* (snack-bar cubain) et commandez un *pan cubano* : du pain

PLATS TYPIQUES

Du nord au sud, voici quelques plats parfois étranges, mais typiques de la Floride : ne partez pas sans y avoir goûté !

Cacahuètes bouillies Dans le nord rural de la Floride, les cacahuètes encore vertes sont bouillies jusqu'à devenir moelleuses et savoureuses, et parfois agrémentées d'un mélange d'épices cajuns ou autres. La sensation dans la bouche est étrange, mais on y prend vite goût.

Salade grecque de Tarpon Springs Ne nous demandez pas pourquoi, mais les restaurants grecs de Tarpon Springs ont un jour commencé à mettre des pommes de terre dans la traditionnelle salade grecque. Cette recette étonnante est aujourd'hui servie dans tout le centre de la Floride.

Alligator La viande d'alligator a un goût subtil, au croisement entre le poisson et le porc. Prélevée de la queue, préférez-la grillée plutôt qu'en nuggets frits, qui en masquent la saveur et la rendent un peu élastique. Très répandue, elle provient d'élevages légaux et s'achète même à l'épicerie.

Cuisses de grenouilles Les Everglades produisent d'excellentes cuisses de grenouilles ; renseignez-vous, car il est conseillé d'éviter celles qui sont importées d'Inde, plus petites et jugées "fades". Les bonnes cuisses de grenouilles ont un goût de poulet, mais avec une texture différente.

Crevettes entières Délice résolument passéiste de l'ancienne Floride, les crevettes à décortiquer sont bouillies et servies entières, avec la carapace. On les trempe dans une sauce cocktail.

Crabe caillou Le premier crustacé recyclable : on prélève une pince au crabe caillou (*stone crab*), qui est ensuite relâché en mer (la pince repousse en 12 à 18 mois ; les crabes prélevés plusieurs fois sont dits *retreads*, "rechapés"). Bien sûr, tout cela peut sembler n'être qu'une triste métaphore de la futilité de l'existence, mais on revient vite au présent au moment de la dégustation. Les pinces sont des denrées très périssables, toujours vendues cuites. La pleine saison, d'octobre à avril, est l'occasion de véritables orgies de crabe caillou. Cette pratique a été inventée par Joe Weiss, du Joe's Stone Crab Restaurant à Miami (p. 131).

Tarte au citron vert Le citron vert (*lime*) des Keys n'est pas vert, mais jaune, comme doit l'être l'authentique *Key lime pie* : de la crème à base de jus de citron vert, de lait concentré et de jaunes d'œufs, une pâte croustillante, le tout surmonté de meringue. Si on vous sert une tarte verte ou pas du tout croustillante une fois coupée, abstenez-vous.

grillé et beurré, avec jambon, rôti de porc, fromage, moutarde et pickles.

De nombreux plats cubains sont à base de *mojo* (vinaigrette aillée pour les sandwichs), d'*adobo* (marinade pour viande à base d'ail, de sel, de cumin, d'origan et de jus d'orange amère) ou de *sofrito* (mélange d'ail, d'oignon et de piment pour faire revenir le ragoût). La cuisine cubaine, si elle peut sembler étrange de prime abord, se révèle en fait très accessible, même aux palais les plus traditionnels. De fait, les plats sont principalement à base de viande et de fécule, et sont souvent copieux. On sert les viandes agrémentées de riz, de haricots et de bananes plantains frites.

Miami compte une multitude de petits établissements typiques des pays d'Amérique centrale et du Sud. On y mange du griot haïtien (porc mariné et frit), du *jerk chicken* jamaïcain (poulet mariné et grillé), des grillades brésiliennes, du *gallo pinto* d'Amérique centrale (riz aux haricots rouges) et du *tres leches* nicaraguayen (gâteau "aux trois laits").

Le matin, ne manquez pas le café cubain (*café cubano* ou *cortadito*). Cet expresso sucré aux reflets d'or est emblématique de Miami. En commandant un *café con leche*, vous boirez 50% de café et 50% de lait.

Autre délice cubain, le *guarapo* est du jus de canne à sucre frais. Les snack-bars cubains servent ce liquide verdâtre pur ou sur de la glace pilée, et c'est l'ingrédient essentiel du *mojito* authentique. On le retrouve aussi parfois dans le *batido*, un rafraîchissant milk-shake latino aux fruits.

Préparer son voyage

Voyager avec des enfants

L'"État du soleil" est une destination tellement plaisante pour les familles que beaucoup reviennent chaque année. Mais avec autant de plages, de parcs à thème et d'activités idéales pour les enfants, le plus difficile est de décider d'un itinéraire et d'un programme précis.

Les meilleures régions avec des enfants

Orlando

D'innombrables parcs à thème et une kyrielle d'activités pour les familles.

Tampa Bay et la côte du Golfe

Excellents zoos, aquariums et musées, et de jolies plages familiales.

Archipel des Keys

Snorkeling, plongée, pêche, sorties en bateau et atmosphère décontractée.

Space Coast (Hwy A1A)

Excellents spots de surf, réserves naturelles, stations balnéaires paisibles, avions de collection et installations spatiales : une destination coup de cœur pour cette île-barrière de 120 km de long.

Emerald Coast

Le littoral du Panhandle, avec d'incroyables plages de sable blanc, des eaux cristallines et des promenades de front de mer ponctuées d'animations.

Miami

Zoos et musées conçus pour les enfants, mais aussi la ville elle-même, cosmopolite et fascinante.

La Floride et les enfants

Les enfants adorent la Floride et il faut bien avouer que l'État a tout pour leur plaire : des châteaux de sable et des vagues, des dauphins et des alligators, Cendrillon et Harry Potter... Bien sûr, il y a les classiques, mais aussi des pépites méconnues. Curiosités en bord de route, refuges d'animaux, interactions avec la faune sauvage, festivals de rue, etc.

Parcs à thème

Les gigantesques complexes que sont Walt Disney World® et Universal Orlando Resort recèlent de multiples parcs à thème et parcs aquatiques, hôtels et moyens de transport. Tout juste sorti, vous pourrez enchaîner avec Legoland. Le seul autre parc à thème majeur hors d'Orlando est Busch Gardens.

Plages

Si, dans l'État du soleil, les plages familiales typiques s'accompagnent généralement de galeries marchandes bondées, il y a aussi une multitude de plages incarnant la Floride d'antan. Beaucoup sont situées dans des parcs d'État, des réserves de faune sauvage et des îles protégées, et de fabuleux trajets en voiture le long du littoral vous feront découvrir des kilomètres d'étendues désertes ponctuées de petites villes sympathiques.

Les plages du golfe du Mexique sont très différentes de celles de l'Atlantique : les eaux paisibles et peu profondes du golfe conviennent aux plus petits, tandis que les plages de l'Atlantique s'étendent souvent sur des îles-barrières, baignées par les eaux calmes d'une rivière ou d'un bras de mer du côté ouest. Notez que les courants peuvent être dangereux sur les deux côtes ; en toute situation, tenez compte des panneaux signalant des contre-courants.

Zoos et musées

Les rencontres rapprochées avec des animaux sont une spécialité de la Floride, et l'État se targue de certains des meilleurs zoos et aquariums du pays. Mais il y a également des sites de taille plus modeste et des classiques axés sur les interactions avec la faune et les spectacles insolites.

Dans les villes, vous trouverez aussi d'excellents musées pour les enfants, et partout dans l'État, quasiment tous les musées et centres d'art proposent des activités pour les plus jeunes.

Dans la nature

Ici, rien de plus facile que de faire une escapade en pleine nature : il existe des réserves de faune sauvage et des parcs d'État un peu partout, rapidement accessibles, avec la quasi-garantie de rencontrer des spécimens de la faune locale.

L'absence de relief de la Floride rend les rivières et les sentiers facilement accessibles aux enfants. Les cours d'eau et les baies intérieures paisibles semblent prévus spécialement pour les pagayeurs débutants, et les eaux étant souvent peu profondes et calmes, il suffit de se pencher par-dessus bord pour admirer les animaux marins.

La Floride est aussi une destination idéale pour s'initier aux joies du surf ou du snorkeling. Réservez une croisière d'observation de la faune, une baignade avec des lamantins ou une sortie nocturne pour assister à la ponte des tortues de mer, ou baladez-vous sur des promenades en planches à travers les marais infestés d'alligators des Everglades.

À ne pas manquer

Voici une liste non exhaustive :

Stations balnéaires familiales

Côté Atlantique

St Augustine (p. 354). Pirates, forts, prisons et reconstitutions historiques.

Cocoa Beach (p. 334). Cours de surf pour enfants dans les vagues de l'Atlantique et accès facile à la Banana River, idéale pour le kayak.

Vero Beach (p. 244). Des parcs verdoyants, un centre-ville agréable pour les piétons et de larges plages surveillées.

Indialantic (p. 343). Une ambiance balnéaire à l'ancienne, rehaussée d'une touche bohème.

Lauderdale-by-the-Sea (p. 217). Moins snob que les villes opulentes juste au sud ; superbe parc de papillons.

Stuart (p. 241). Pour les activités de plein air, les plages sauvages et la Smithsonian Marine Station sur Hutchinson Island.

Amelia Island (p. 372). À la fois décontractée et haut de gamme.

Côté golfe du Mexique

Anna Maria Island (p. 431). La Floride d'antan, avec des constructions basses en bord de mer, des hôtels indépendants et un petit port de pêche historique.

Archipel des Keys (p. 173). L'archipel offre diverses activités pour tous les âges ; admirez les spectacles de rue de Mallory Square, à Key West.

Naples (p. 445). L'élégant centre-ville entre chaque soir en ébullition ; accès facile à des kilomètres de larges plages magnifiques.

Sanibel Island (p. 441). Vélo, kayak et farniente ; les plages sont préservées mais le centre-ville n'est pas très plaisant pour les piétons.

Siesta Key (p. 432). Croissant de sable blanc, multiples activités et ambiance animée de village en soirée.

Fort Myers Beach (p. 439). Atmosphère festive, nombreuses activités et des plages plus calmes juste au sud (nous adorons le Lovers Key State Park).

Gasparilla Island (p. 449). Ambiance intimiste et décontractée. L'absence de grands édifices et de restaurants et hôtels de chaîne est très appréciable ; délaissez la voiture et circulez en voiturette de golf.

St Pete Beach (p. 414). Centre de la vie sociale de la région de Tampa Bay.

Pensacola Beach (p. 462). Plages immaculées et un centre touristique discret.

South Walton (p. 469). Toute la beauté du Panhandle. Le rêve pour les familles.

Apalachicola (p. 477). Une bourgade de pêcheurs historique, sur la baie d'Apalachicola, proche d'excellents parcs d'État en bord de mer.

Zoos

Lowry Park Zoo (p. 396, Tampa). Un zoo épatant où approcher les animaux.

Homosassa Springs Wildlife State Park (p. 421, Gulf Coast, 112 km au nord de Tampa). Parc de la Floride d'antan, consacré à la faune et à la flore locales, avec un observatoire sous-marin pour se familiariser avec les lamantins.

Zoo Miami (p. 107, Miami). Un immense zoo avec toutes les espèces stars.

Monkey Jungle (p. 108, Miami). Le slogan : "Ici les humains sont en cage et les singes en liberté" explique tout. Ne manquez pas la piscine des singes sauvages.

Jungle Island (p. 92, Miami). Des oiseaux tropicaux et des espèces exotiques comme le ligre.

Lion Country Safari (p. 233, West Palm Beach). Un immense safari-parc à traverser en voiture et un centre de soins pour les animaux.

Brevard Zoo (p. 341, Melbourne). Sur la Space Coast, un adorable petit zoo à l'ancienne. Nourrissez les girafes et les loriquets.

Centres nature, parcs et réserves de faune sauvage

Everglades National Park (p. 158). Ne manquez pas l'Anhinga Trail, une promenade en planches qui permet d'observer des alligators et de beaux oiseaux. Pour des sorties familiales en kayak, rendez-vous à Everglades City et Flamingo.

Marjory Stoneman Douglas Biscayne Nature Center (p. 107, Key Biscayne). Présentation du milieu subtropical du sud de la Floride à l'intention des enfants.

Environmental Learning Center (p. 245, Vero Beach). Présentation des écosystèmes de la Floride et aquariums interactifs.

Loggerhead Marinelife Center (p. 244, Juno Beach). À 29 km au nord de West Palm Beach ; petit centre de soins et de sauvetage des tortues, avec des programmes pour les enfants.

McCarthy's Wildlife Sanctuary (p. 232, West Palm Beach). Dans un jardin botanique, excellent refuge pour espèces menacées et animaux de compagnie exotiques abandonnés. Interactions avec la faune.

Florida Keys Eco-Discovery Center (p. 193, Key West). Expositions amusantes sur l'environnement de l'archipel des Keys.

JN "Ding" Darling National Wildlife Refuge (p. 442, Sanibel Island). Agréable circuit en tram. Le parc possède un centre éducatif épatant.

Nancy Forrester's Secret Garden (p. 193, Key West). Centre de soins pour perroquets dans un jardin privé ; activités éducatives, interactions avec les oiseaux et séances de contes.

Naples Botanical Garden (p. 445). Ce jardin est spécialement conçu pour les enfants.

Vie sauvage : sur terre

National Key Deer Refuge (p. 187, Big Pine Key, Florida Keys). Observation d'adorables bambis.

Bill Baggs Cape Florida State Park (p. 105, Key Biscayne). Promenade facile pour découvrir l'environnement de l'île.

John D. Macarthur State Park (p. 239, West Palm Beach). Observation des tortues de mer, belles plages et kayak sur des eaux paisibles.

Corkscrew Swamp Sanctuary (p. 446). À 48 km à l'est de Naples ; la promenade en planches à travers un marais qui offre sans doute l'expérience la plus diverse et mémorable.

Myakka River State Park (p. 428, Sarasota). Circuit en tram et en hydroglisseur, canoë, petites balades et alligators par dizaines.

Six Mile Cypress Slough Preserve (p. 436, Fort Myers). Autre promenade en planches ombragée, idéale pour observer la faune.

Paynes Prairie Preserve State Park (p. 389, Gainesville). Sentiers pédestres traversant prairies, bois et marécages peuplés d'alligators, de tatous et d'autres animaux.

Leon Sinks Geological Area (p. 491, Tallahassee). Un étrange terrain parsemé de trous d'eau.

St George Island State Park (p. 480, Apalachicola). Nidification des tortues caouannes.

En haut : Anhinga Trail (p. 170), Everglades National Park

En bas : Zoo de Miami (p. 107)

Merritt Island National Wildlife Refuge (p. 331, Cocoa Beach). Black Point Wildlife Dr et un excellent centre d'accueil des visiteurs.

Butterfly World (p. 219, Coconut Creek, près de Lauderdale-by-the-Sea). Réserve de papillons et d'oiseaux exotiques.

Vie sauvage : en milieu aquatique

Biscayne National Park (p. 171, Homestead). Circuits en bateau à fond de verre et snorkeling au-dessus de superbes récifs.

John Pennekamp Coral Reef State Park (p. 176, Key Largo, Florida Keys). Récifs coralliens, à admirer en bateau à fond de verre ou avec masque et tuba.

Loxahatchee River (p. 240, Jupiter). L'une des deux rivières de Floride classées "sauvage et pittoresque". Cette rivière paisible de 12,8 km de long est idéale pour le kayak et le canoë.

Canaveral National Seashore (p. 332, Titusville). Balades faciles en kayak sur l'Indian River et observation des tortues de mer le long de 38 km de plages sauvages, sur la côte atlantique.

Crystal River National Wildlife Refuge (p. 422). Un site légendaire pour nager et canoter avec les lamantins.

Ichetucknee Springs State Park (p. 390, Fort White). Laissez-vous flotter sur une chambre à air (*tubing*), sur des eaux calmes et limpides, au milieu des lamantins, des loutres et des tortues.

Blue Spring State Park (p. 380, Deland). Canoë et croisières au milieu des lamantins.

Suwannee River State Park (p. 489). Pittoresque rivière boueuse ponctuée de sources cristallines, idéales pour la baignade.

Dolphin Study (p. 450, Naples). Circuits écologiques pour observer les dauphins.

Fin Expeditions (p. 336, Cocoa Beach). Kayak à travers la mangrove. Les circuits nature sont conçus spécialement pour les enfants.

Musées pour enfants

Glazer Children's Museum (p. 398, Tampa). Une myriade d'excellentes activités interactives.

Museum of Science & Industry (p. 398, Tampa). Activités ludiques sur le thème des sciences ; cinéma IMAX et planétarium.

Miami Children's Museum (p. 92). Immense, avec des installations se prêtant aux jeux de rôles.

Golisano Children's Museum of Naples (p. 446). Des équipements modernes destinés aux enfants de moins de 8 ans.

Préparer son voyage

En Floride, où les sites touristiques sont pris d'assaut durant la haute saison, une bonne préparation est nécessaire. Définissez à l'avance vos étapes, vos hébergements et quelques activités phares. Vérifiez systématiquement les conditions d'annulation, car une fois sur place, la famille aura peut-être envie de rester tranquillement sur la plage au soleil.

Hôtels et complexes hôteliers

La grande majorité des hôtels de Floride disposent de tout le nécessaire pour les familles : lits bébés, lits d'appoint, suites et chambres communicantes, réfrigérateurs et fours à micro-ondes, et la plupart ne facturent pas de supplément pour les enfants de moins de 18 ans.

Beaucoup de complexes hôteliers concoctent des programmes pour les enfants, avec notamment des balades sur la plage, des activités artistiques et des ateliers éducatifs pour découvrir la vie aquatique de la Floride. Dans les hôtels des parcs à thème d'Orlando, vous pourrez profiter de projections de films tout public au bord d'une piscine.

À emporter

Mettez dans vos bagages un vêtement de pluie léger, une petite laine polaire, des sandales en plastique, de l'antimoustiques, une trousse de premiers soins... Et le plus important : de la crème solaire ! Quelques jeux peuvent être utiles, pour les longs trajets en voiture ou si vous logez dans des motels.

En Floride, la loi exige que les enfants soient installés dans un siège auto, dos à la route, jusqu'à ce qu'ils atteignent un poids de 9 kg (20 pounds) et l'âge de un an. Ils doivent être assis sur un siège auto jusqu'à l'âge de 5 ans, et sur un rehausseur tant que la ceinture de sécurité ne s'ajuste pas correctement (plus de 1,40 m et de 36 kg

- 80 pounds). Les agences de location de voitures sont obligées de fournir des sièges enfants, à condition de les réserver tôt. Évitez les surprises en apportant, si possible, votre siège enfant.

Louer du matériel pour bébés

Si vous préférez voyager léger, plusieurs prestataires louent des équipements pour bébés (lits-parapluies, poussettes, sièges autos, etc.) et vendent des produits de puériculture (couches, petits pots, etc.), livrés à votre hôtel ou parfois à l'aéroport.

Babies Travel Lite (www.babiestravellite.com)

Jet Set Babies (www.jetsetbabies.com)

Traveling Baby Company (www.travelingbabyco.com)

Baby-sitting et garderies

Voyager avec ses enfants ne signifie pas forcément faire tout en famille. Plusieurs prestataires, dont Sunshine Babysitting (www.sunshinebabysitting.com), the Babysitting Company (www.thebabysittingcompany.com) et l'agence très réputée de Disney et Universal, Kid's Nite Out (p. 255), assurent un service de baby-sitting à l'hôtel par des nounous agréées. Beaucoup de complexes hôteliers disposent d'une garderie, d'un club pour enfants et d'une liste de baby-sitters recommandées. À Disney World, vous n'êtes pas obligé de séjourner dans un des hôtels du complexe pour profiter des Disney's Children Activity Center (p. 255) ; 5 garderies, situées dans les hôtels, accueillent les enfants âgés de 3 à 12 ans.

La région en un clin d'œil

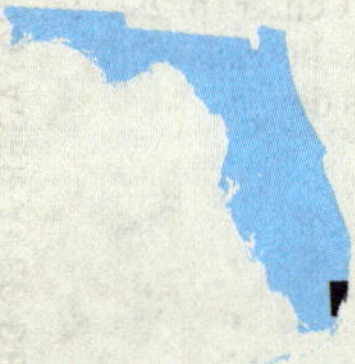

Miami

Musées
Vie nocturne
Gastronomie

Musées
Miami a tout d'un spectacle vivant. Ici, les institutions culturelles côtoient les quartiers de galeries d'art, comme Wynwood, et les chefs-d'œuvre Art déco de South Beach.

Folles nuits de Miami
Insouciance, beauté, jeunesse et fun sont les ingrédients des nuits de Miami. Bien sûr, il y a les stars glamour et les discothèques huppées. Mais les petits clubs cubains et les troquets sombres sont la garantie d'une ambiance authentique. Des bars bohèmes et des lounges à l'ambiance artistique sont disséminés un peu partout.

Cuisine ethnique et gastronomique
Miami offre un mélange propice à la gastronomie : de la richesse, des immigrés et une agriculture prospère. Miami Beach et Coral Gables se targuent de fabuleux laboratoires culinaires dirigés par des chefs stars branchés. Mais ne manquez pas les gargotes ethniques qui feront le bonheur de vos papilles.

p. 64

Everglades

Observation de la faune
Activités
Floride d'antan

Observation de la faune
La Floride compte 1,5 million d'alligators. Dans les Everglades, vous aurez parfois l'impression que la moitié d'entre eux se concentrent dans un rayon de 100 m. Plus de 350 espèces d'oiseaux habitent les marais des Everglades.

Activités de plein air
Même une courte marche sur une promenade en planches surélevée peut ressembler à une aventure. Enfoncez-vous en kayak dans l'univers aquatique des Everglades pour une expérience inoubliable.

Curiosités en bord de route
Étranges légendes de créatures mythiques, échoppes isolées, monuments à des amours perdues jalonnent les routes de cette partie du monde, qui vit à son propre rythme.

p. 155

Archipel des Keys et Key West

Activités
Plages
Vie nocturne

Sur terre et dans l'eau
Les touristes viennent dans les Keys pour les multiples activités : pêche, snorkeling, plongée, kayak, randonnée, vélo et observation des cerfs des Keys. On y découvre aussi les plus beaux récifs d'Amérique du Nord.

Mangroves et plages
À l'exception de Bahia Honda, qui figure souvent parmi les meilleures plages de Floride, les plages des Keys ne sont pas extraordinaires, mais elles offrent l'essentiel : sorties et nuits reposantes.

Nuits de Key West
La vie nocturne de Key West est à part, mélange de folie, de performances engagées, d'humour gay et de beuveries. Hemingway découvrit ici le bar du bout du monde dont il rêvait.

p. 173

Sud-est de la Floride

Plages
Activités
Divertissements

Plages de rêve

Certaines des villes de la région sont tellement riches que cela frise l'indécence. Comment sont leurs plages ? Bien évidemment parfaites !

Activités

Circuits en gondole sur les canaux de Fort Lauderdale, croisières fluviales sur la Loxahatchee, plongées mémorables sur épaves, snorkeling au-dessus d'un galion espagnol, bonnes vagues pour le surf, pêche sportive, observation des tortues de mer : le choix est large dans le sud-est de la Floride.

Divertissements balnéaires

Les cités balnéaires du Sud-Est offrent mille occasions de s'amuser : déambuler sur Hollywood Broadwalk, faire la fête dans les bars de Fort Lauderdale, se détendre à Jupiter ou simplement admirer les demeures grandioses de Palm Beach.

p. 205

Orlando et Walt Disney World®

Parcs à thème
Divertissements
Activités

Royaumes magiques

Si les parcs à thème étaient des planètes, Orlando serait une véritable galaxie et Disney World un système solaire d'attractions à lui seul. Plus petit, Universal Orlando Resort est tout aussi attrayant.

Divertissements en famille

Commencez par Disney, qui propose chaque soir une parade nocturne féerique, la *Magical Light Parade*, et le Cirque du Soleil, ou misez sur Universal pour une fête hawaïenne ou un spectacle du Blue Man Group. Orlando même compte d'innombrables bars, salles de concerts et cinémas.

Activités de plein air

Orlando et ses alentours offrent de nombreuses possibilités d'activités sportives : cyclotourisme, golf, kayak et même chute libre indoor. Ajoutez à cela les joies aquatiques dans les complexes hôteliers des parcs à thème.

p. 247

Space Coast

Activités
Plages
Histoire

Surf et kayak

Le surf et le kayak sont les activités phares sur la Space Coast, et Cocoa Beach est le paradis des surfeurs. Parmi les animaux qui peuplent les lagons et les cours d'eau préservés et protégés figurent notamment des lamantins et des dauphins.

Plaisirs de la plage

Les plages de la Space Coast sont superbes, avec une ambiance bien plus détendue que dans les stations balnéaires au nord et au sud. Rejoignez la jolie Vero Beach ou la splendide Apollo Beach.

Kennedy Space Center

Si les lancements de navette ont cessé, le centre spatial Kennedy reste passionnant et permet de découvrir le programme spatial américain et la vie d'un astronaute.

p. 328

Nord-est de la Floride

Activités
Floride d'antan
Soleil et sable

Aventures de plein air

L'Ocala National Forest est une destination hors pair en matière de randonnées, de sources cristallines et de sites de camping, innombrables. Dans l'arrière-pays, les parcs d'État sont tous exceptionnels. Les cours d'eau du Nord-Est se prêtent à l'exploration en kayak.

Floride d'antan

La Floride des premiers colons perdure dans quelques lieux comme Cross Creek, où le mode de vie des Crackers est préservé au Marjorie Kinnan Rawlings Historic State Park. Découvrez une Floride plus ancienne à St Augustine. Vous ferez un superbe voyage au temps des explorateurs et des pirates.

Sable et spiritualité

Pour une escapade maritime, Amelia Island est tout indiquée avec ses célébrations autour des pirates et autres festivals de la crevette. Autre choix, Cassadaga, où vous pourrez découvrir votre avenir auprès d'un des nombreux médiums des lieux.

p. 346

Tampa Bay et le sud-ouest de la Floride

Plages
Cuisine
Musées

Côte du golfe du Mexique

Au sud de Tampa, la Gulf Coast s'enorgueillit de plages de sable blanc. Siesta Key, Fort Myers Beach, Honeymoon Island, Naples, Fort DeSoto et Sanibel Island comptent parmi les plus belles.

Cuisine de la côte

Tampa est réputée pour sa scène culinaire, et St Petersburg n'est pas en reste. Les villes sophistiquées de Sarasota, Naples et Sanibel figurent aussi dans le peloton de tête en matière de tables gourmandes.

Arts et culture

La région compte deux des meilleurs musées de Floride, qui méritent le déplacement : le Dalí Museum et le Ringling Museum. Les villes de la région dénombrent également des institutions culturelles et artistiques de premier plan.

p. 392

Panhandle

Plages
Activités
Divertissements

Côte rustique

Le Panhandle, surnommé la "Redneck Riviera" ("côte des ploucs"), peut tout aussi bien se résumer à cette description : "étendue de sable blanc immaculée, baignée d'une eau émeraude". Les plages sont splendides et l'on peut éviter facilement les stations balnéaires parfois turbulentes.

Baignades

Le kayak dans les cours d'eau de Cedar Key n'a pas son pareil et le canoë sur la Suwannee River est un classique de la région. Vous pourrez aussi faire du snorkeling et de la plongée dans des sources cristallines, et effectuer de superbes randonnées, à pied ou à vélo, dans l'Apalachicola National Forest.

Plages et blues

À vous les clubs de blues de Tallahassee, les plages et les boutiques de South Walton, et les circuits en bateau à fond de verre dans le Wakulla Springs State Park.

p. 452

Sur la route

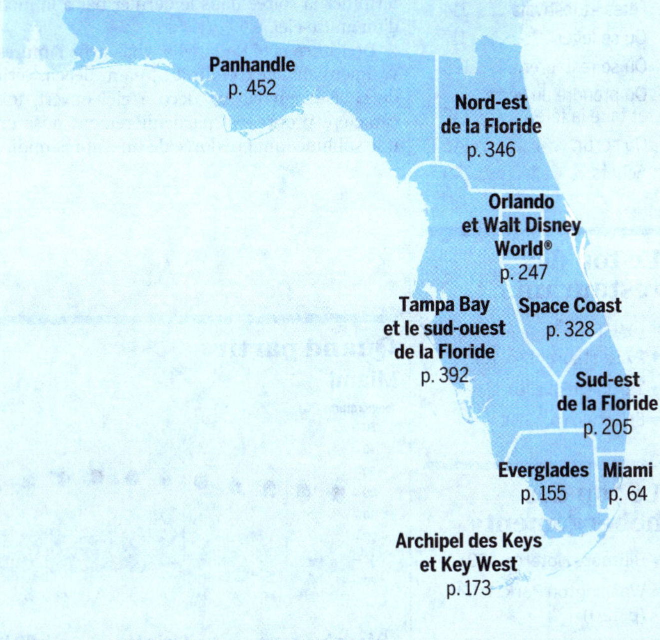

Panhandle
p. 452
Nord-est
de la Floride
p. 346
Orlando
et Walt Disney
World®
p. 247
Tampa Bay
et le sud-ouest
de la Floride
p. 392
Space Coast
p. 328
Sud-est
de la Floride
p. 205
Everglades
p. 155
Miami
p. 64
Archipel des Keys
et Key West
p. 173

Miami

☎305, 786 / 509 000 HABITANTS

Dans ce chapitre ➡

Le top des restaurants

- Kyu (p. 135)
- 27 Restaurant (p. 132)
- Yardbird (p. 130)
- El Carajo (p. 138)

Le top des hébergements

- Biltmore Hotel (p. 103)
- Washington Park Hotel (p. 120)
- Langford Hotel (p. 125)
- Betsy Hotel (p. 121)
- Freehand Miami (p. 124)
- EAST, Miami (p. 125)

Pourquoi y aller

Avec autant de facettes et de diversité, difficile de voir en Miami une seule et même entité. Le jour, on admire les fresques murales hyper-réalistes de Wynwood, et le soir, place au jazz afro-cubain dans Little Havana, avant de terminer la soirée dans le dernier bar à la mode sur le toit d'un gratte-ciel.

De l'autre côté de la ville, vous avez l'impression d'avoir vraiment changé d'endroit : Miami Beach, véritable galerie de chefs-d'œuvres Art déco à ciel ouvert, tous avec leur caractère propre, est particulièrement mise en valeur par une sublime lumière dorée de fin d'après-midi.

Quand partir

Miami

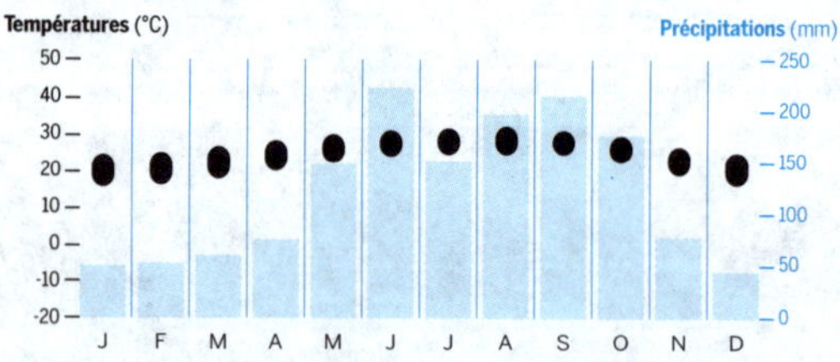

Décembre-mars Météo clémente, abondance de festivals et d'activités : les touristes apprécient.

Avril-juin Moins étouffant qu'en plein été, mais plus vert et luxuriant qu'en hiver.

Juillet-novembre La chaleur augmente et les prix chutent : c'est la saison des ouragans.

À voir

South Beach

Le quartier de South Beach, le plus emblématique de l'agglomération de Miami, offre un déluge éblouissant de plages, d'architecture Art déco, de boutiques de luxe, de restaurants et bars animés. Pourtant, South Beach est bien plus que paillettes, glamour, et hébergements onéreux : on y trouve quelques bars sans prétention, une cuisine traditionnelle locale de qualité, ainsi que d'excellents musées.

Wolfsonian-FIU — MUSÉE

(carte p. 82 ; 305-531-1001 ; www.wolfsonian.org ; 1001 Washington Ave ; adulte/6-12 ans 10/6 $, gratuit 18h-21h ven ; 10h-18h lun, mar, jeu et sam, 10h-21h ven, 12h-18h dim, fermé mer). Visitez cet excellent musée du design assez tôt durant votre séjour afin de replacer l'esthétique de Miami Beach dans son contexte. Voir comment la richesse, les loisirs et l'idéal de beauté se manifestent à Miami Beach est une chose, comprendre les racines et les nuances des mouvements artistiques locaux en est une autre. En faisant, de l'intérieur, la chronique de l'évolution de la vie quotidienne, le Wolfsonian éclaire la manière dont ces tendances se sont manifestées dans l'architecture des édifices Art déco de SoBe (diminutif de South Beach) – et notamment sur la belle façade du musée lui-même.

Art Deco Historic District — QUARTIER

(carte p. 78 ; Ocean Dr). Célèbre dans le monde entier, le quartier Art déco de Miami Beach affiche une belle exubérance : lignes architecturales affirmées, motifs tropicaux et palette de couleurs en écho à la beauté des paysages locaux. Quelque 800 édifices Art déco sont inscrits au Registre national des bâtiments historiques, tous avec leur individualité. Difficile de ne pas succomber, au fil d'une balade, au charme désuet de tous ces bâtiments parfaitement entretenus.

Les plus belles réalisations Art déco de Miami Beach sont, pour beaucoup, rassemblées sur une partie d'Ocean Drive. Entre 11th St et 14th St, on découvre les éléments décoratifs typiques de la période, au travers d'ouvrages de caractère et de belle facture. À proximité de 11th St, le Congress Hotel (p. 81) présente une façade sur trois niveaux, agrémentée d'avancées horizontales pour offrir le plus d'ombre, et d'une symétrie parfaite de part et d'autre de sa marquise verticale, réminiscence des cinémas luxueux des années 1930. Quelques dizaines de mètres plus au nord, le **Tides** (carte p. 78 ; 305-250-0784 ; www.tidessouthbeach.com ; 1220 Ocean Dr ; ch à partir de 340 $;) est le plus bel hôtel sur le thème nautique : des hublots surplombent l'entrée, le bureau de la réception est en calcaire des Keys (avec incrustations de fossiles marins), et d'étonnantes flèches sur le sol évoquent les marées montantes et descendantes. Près de 13th St, le Cavalier (p. 119) décline, lui, des représentations stylisées d'hippocampes, dans un écrin de palmiers.

Préférez une balade en début de matinée, pour éviter la foule et bénéficier d'une lumière parfaitement adaptée à la photographie. Si vous souhaitez une découverte plus approfondie de l'architecture locale, offrez-vous une visite guidée du quartier, proposée chaque jour par la Miami Design Preservation League (p. 113).

SoundScape Park — PARC

(carte p. 78 ; www.nws.edu ; 500 17th St). Entourant le New World Center (p. 68), ce parc est un site exceptionnel pour les projections en plein air. Certains concerts de l'orchestre du New World Symphony y sont difusés en simultané sur un écran de 650 m².

D'octobre à mai, des films sont projetés gratuitement chaque semaine (actuellement le mercredi) à 20h. Il n'y a plus qu'à s'installer avec un pique-nique et apprécier.

Art Deco Museum — MUSÉE

(carte p. 82 ; www.mdpl.org/welcome-center/art-deco-museum ; 1001 Ocean Dr ; 5 $; 10h-17h mar-dim, 10h-19h jeu). Ce petit musée présente l'une des meilleures vues d'ensemble du quartier Art déco. Il rassemble photos, films et maquettes consacrés au travail visionnaire de Barbara Baer Capitman, qui a contribué dans les années 1970 à la sauvegarde des bâtiments Art déco voués à la destruction. Également mise en lumière, sa collaboration avec Leonard Horowitz, artiste de talent qui créa la palette de couleurs pastel devenue depuis indissociable de l'architecture de Miami.

D'autres styles architecturaux locaux sont également à l'honneur, notamment le Mediterranean Revival (représenté par la Villa Casa Casuarina ; p. 122) ou encore le mouvement post-Art déco du MiMo (Miami Modern), apparu après la Seconde Guerre mondiale et particulièrement présent au nord de Miami Beach.

À ne pas manquer

1. Une promenade tôt le matin sur Ocean Drive parmi les bijoux architecturaux de l'**Art Deco Historic District** (p. 65).
2. La dernière expo d'art contemporain au **Pérez Art Museum Miami** (p. 85), suivie d'une promenade parmi les sculptures du parc, au bord de l'eau.
3. Les fresques aux couleurs éclatantes des **Wynwood Walls** (p. 93), en plein cœur de Wynwood.
4. Une pause détente sur le sable à **South Beach** (p. 65), pour un bain de foule et de cultures cosmopolites.
5. L'opulente collection d'art et d'antiquités au **Vizcaya Museum & Gardens** (p. 99) et une promenade

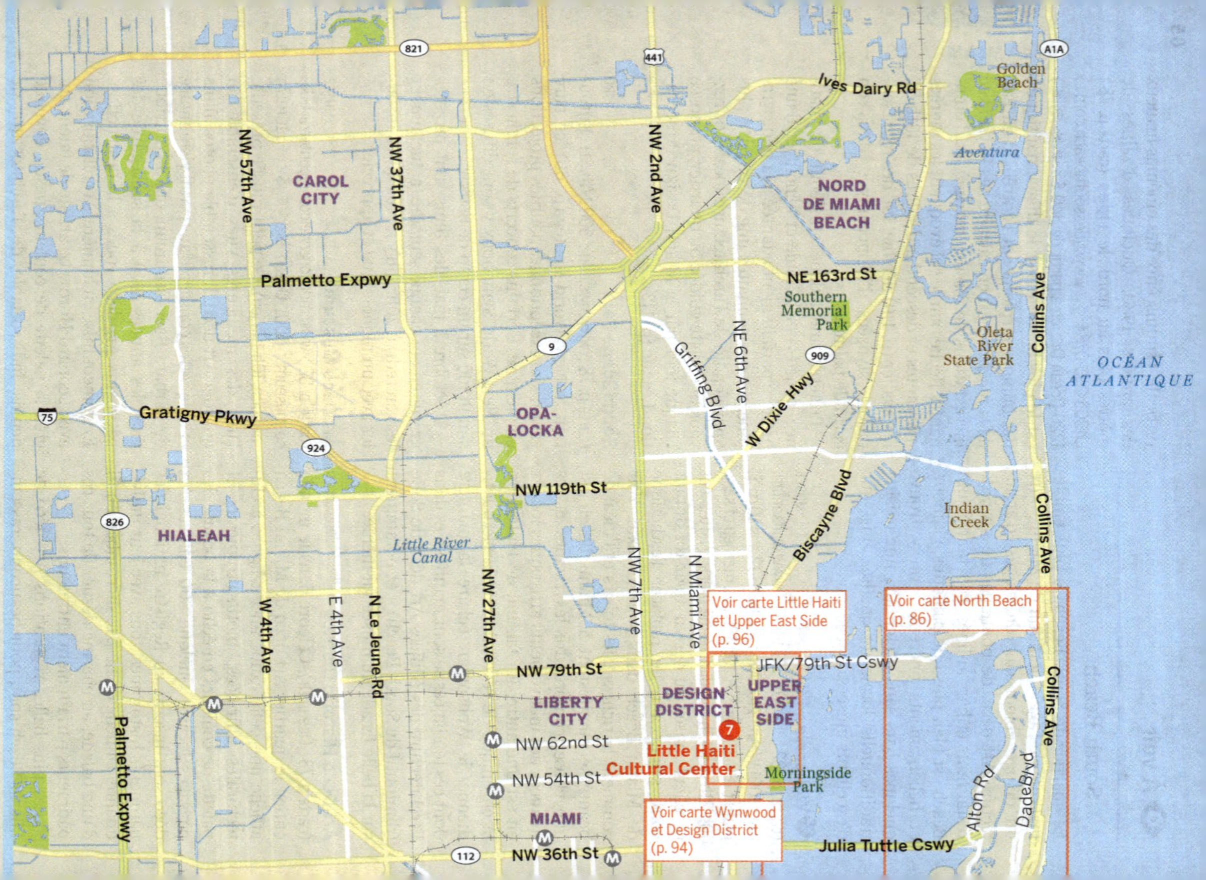

dans son jardin à l'européenne.

6 Les sentiers et la promenade aménagée du **Bill Baggs Cape Florida State Park** (p. 105), un moment de farniente sur la plage et une belle photo du phare de Cape Florida.

7 Une visite de l'éclatant centre culturel et artistique **Little Haiti Cultural Center** (p. 97).

8 Les œuvres des XIXe et XXe siècles au **Wolfsonian-FIU** (p. 65), musée consacré aux arts décoratifs et au design.

9 Un concert au **Cubaocho** (p. 148), pour découvrir des artistes en vue de Cuba et d'ailleurs.

10 Un plongeon dans les fausses grottes et les rochers de corail de la magnifique **Venetian Pool** (p. 112).

South Beach PLAGE

(carte p. 78 ; Ocean Dr ; plage 5h-minuit). Lorsque l'on évoque Miami Beach, on pense généralement à South Beach (ou "SoBe"), un quartier au vernis Art déco, où des mannequins hantent les innombrables clubs, bars et restaurants. La plage de sable blond, ponctuée de postes de secours colorés de style Art déco, rassemble une foule bigarrée, habitants bronzés et touristes pâlots, particulièrement nombreuse pendant la haute saison (de décembre à mars) et les week-ends ensoleillés.

Vous échapperez à l'affluence en évitant les parties les plus fréquentées (5th St-15th St). Attention, animaux et alcool sont interdits sur la plage.

New World Center ÉDIFICE REMARQUABLE

(carte p. 78 ; 305-673-3330 ; résa visite guidée 305-673-3331 ; www.newworldcenter.com ; 500 17th St ; visite guidée 5 $; visite guidée 16h mar et jeu, 13h ven-sam). Conçue par Frank Gehry, cette salle de spectacle, entourée d'une pelouse impeccable, surplombe majestueusement Lincoln Rd. En écho à la puissance et au sublime des œuvres qui y sont jouées, la façade de verre et d'acier aux formes de voiles, habituelles chez Gehry et qui accentuent encore la qualité acoustique de la salle, confère à l'ensemble une dimension futuriste. Elle se situe dans un parc public d'un hectare, le SoundScape Park (p. 65).

Certains spectacles sont retransmis en direct grâce à un écran extérieur de 650 m² ("Wallcast"), ce qui permet d'assister à des représentations en plein air dans des conditions exceptionnelles.

Holocaust Memorial MÉMORIAL

(carte p. 78 ; www.holocaustmemorialmiamibeach.org ; angle Meridian Ave et Dade Blvd ; 9h30-22h). Ce mémorial particulièrement sombre consacré à l'Holocauste compte plus d'une centaine de sculptures. La pièce maîtresse, la *Sculpture of Love and Anguish* ("Sculpture de l'amour et de l'angoisse"), est une œuvre monumentale en bronze oxydé : un bras tatoué d'un numéro d'Auschwitz – choisi pour n'avoir jamais été attribué au camp afin de représenter l'ensemble des prisonniers. Des familles terrifiées escaladent le bras, tentant de mettre leurs proches à l'abri, leurs enfants notamment, mais ne pouvant qu'assister à leur supplice, tandis qu'au pied de la statue se trouvent des personnages d'âges divers, pétrifiés par la souffrance.

Des dizaines de panneaux explicatifs autour du mémorial montrent bien le contexte historique qui aboutit au plus grand génocide du XXe siècle. Les noms de nombreuses victimes viennent ensuite. Le lieu, fidèle à l'histoire, n'édulcore rien. La lumière émanant d'une étoile de David est masquée par l'inscription raciste *Jude* (le mot allemand pour "juif"), symbole de l'étoile jaune que devaient porter les juifs dans les ghettos ; deux sculptures de menorah, de part et d'autre du *Dome of Contemplation*, mènent vers le centre et représentent le passage de la vie à la mort de façon assez marquante. Impossible de ne pas ressortir bouleversé.

Le mémorial fut achevé en 1990 grâce aux efforts conjugués de survivants de l'Holocauste résidant à Miami Beach, d'entrepreneurs locaux et du sculpteur Kenneth Treister. Une application (Holocaust Memorial Miami Beach) permet de découvrir la sculpture, des témoignages de survivants, des diaporamas, des cartes interactives et des suppléments audio et vidéo.

The Bass MUSÉE

(carte p. 78 ; 305-673-7530 ; www.thebass.org ; 2121 Park Ave ; adulte/enfant 8/6 $; 12h-17h mer, jeu, sam, dim, 12h-21h ven). Le meilleur musée d'art de Miami Beach se dissimule derrière une amusante façade futuriste, tenant d'un habile jeu de lignes et de murs d'un blanc lumineux. On doit ce bâtiment à l'imagination de Russell Pancoast (petit-fils de John A Collins, qui a donné son nom à Collins Ave) en 1930. La collection permanente est tout aussi passionnante et va des œuvres religieuses européennes du XVIe siècle aux peintures d'Europe du Nord de la Renaissance. The Bass a récemment bénéficié d'une rénovation de 12 millions de dollars, et ainsi gagné 50% d'espace supplémentaire. Trois nouvelles galeries, un "Creativity Center", une nouvelle boutique et un café ont ouvert. The Bass est également un nouveau nom – celui que les gens du quartier utilisaient officieusement depuis toujours à la place de "Bass Museum of Art", plus formel. Le Bass est l'un des points du triangle du Collins Park Cultural Center, qui comprend aussi le bâtiment sur trois niveaux du Miami City Ballet (p. 147) et la jolie Miami Beach Regional Library, une bibliothèque idéale pour profiter de la connexion Wi-Fi gratuite.

(suite du texte p. 77)

GLOWIMAGES/GETTY IMAGES ©

Miami Art déco

Surnommée la "Riviera américaine", South Beach doit bien plus son cachet à ses édifices Art déco qu'aux paillettes et au glamour des stars, même si elles sont nombreuses à fouler ses trottoirs. C'est en 1925, à l'occasion de l'Exposition internationale des arts décoratifs et industriels modernes de Paris que s'est affirmé le mouvement Art déco. Miami Beach devint l'un des fleurons de ce style architectural dans les années 1930 et 1940.

Sommaire

Ci-dessus Détail d'un mur Art déco sculpté, Miami

1

2

Cardozo Hotel **2.** Poste de secours à South Beach
Essex House Hotel

Édifices Art déco classiques à South Beach

L'Art déco de Miami Beach se caractérise par des façades "en retrait". Des pare-soleil maçonnés font saillie au-dessus des fenêtres pour protéger les intérieurs du soleil. Les différents architectes de South Beach ont joué sur les faîteaux décoratifs, les parapets et les enseignes en néon pour animer les façades.

Cardozo Hotel (p. 81)

Ce ravissant bâtiment et le Carlyle Hotel furent les premiers à être sauvés par la Miami Beach Preservation League quand, dans les années 1980, les promoteurs menacèrent de raser les édifices Arts déco de South Beach. Avec ses deux emblèmes en haut de la façade, qui ressemblent à des enjoliveurs, et ses courbes pures, le Cardozo a été comparé au Studebaker de 1937. Il appartient à Gloria Estefan.

Essex House Hotel (p. 122)

Ses fenêtres en forme de hublots et sa flèche s'élançant telle une fusée rappellent les racines de l'Art déco, complément esthétique du modernisme et de l'architecture industrielle. À l'intérieur, de magnifiques sols en mosaïque embellissent le hall d'entrée.

Postes de secours sur South Beach (p. 68)

Avec leurs traits géométriques, ces postes colorés incarnent l'inspiration cubiste du mouvement Art déco. On les trouve le long de la plage entre 1st St et 17th St.

Bureau de poste (p. 77)

Cet incroyable bâtiment présente une façade ronde et un dôme en forme de phare. Au-dessus de la porte, l'ensemble de blocs de verre décoratifs est caractéristique du style. À l'intérieur, il est possible de voir les boîtes aux lettres (peintes en doré) disposées de manière géométrique et un plafond exceptionnel orné d'un luminaire ressemblant à un soleil et entouré d'étoiles.

Éléments décoratifs

Bien que singuliers, les bâtiments de South Beach partagent une harmonie de style. Pour renvoyer la chaleur, les édifices étaient à l'origine peints en blanc, couleur ensuite remplacée par des tons pastel, des touches colorées soulignant les petits éléments architecturaux. Nombre d'édifices disposent de vérandas offrant une ombre fraîche. Certains hôtels évoquent des temples méso-américains, d'autres des paquebots de croisière.

Room Mate Waldorf Towers Hotel (p. 120)

C'est à L. Murray Dixon, gourou de l'Art déco, que l'on doit la conception de cet hôtel, dominé par une tour aux allures de phare.

Colony Hotel (p. 77)

Le Colony est le plus ancien établissement Art déco de Miami Beach, et il fut le premier hôtel de Miami, - et peut-être même aux États-Unis - à faire de son enseigne une partie intégrante du décor. L'intérieur du hall évoque la conquête spatiale avec ses lampes en forme de planète Saturne et ses ascenseurs à la Flash Gordon.

Cavalier South Beach (p. 119)

Le mot "cavalier" vient d'un jeu de mots avec l'"hippocampe" (respectivement *horseman* et *seahorse* en anglais), dont des représentations plutôt stylisées ornent la façade. Le thème tropical est présent avec des palmiers, dont les troncs descendent des deux côtés de la façade.

Wolfsonian-FIU (p. 65)

Le hall abrite un exemple spectaculaire de "fontaine gelée". Habillée de feuilles d'or, cette fontaine qui ornait autrefois le hall d'un cinéma retombe en arabesques.

Crescent Resort (p. 81)

Outre sa façade, l'une des plus facilement identifiables de Miami Beach, le Crescent possède une signalétique qui attire le regard vers l'intérieur de son hall.

1. Cavalier South Beach **2.** Crescent Resort
3. Room Mate Waldorf Towers

FELIX MIZIOZNIKOV/SHUTTERSTOCK ©

1

2

Royal Palm **2.** La façade blanche du Delano Hotel **3.** The Tides

"Nouveaux" hôtels Art déco

Les hôtels les plus récents, tels le W et le Gansevoort South, possèdent des racines Art déco, mais ont fait exploser les proportions architecturales, intégrant le style d'origine à l'échelle (gigantesque) du style Miami Modern.

Delano Hotel (p. 123)

La tour à son sommet évoque une fusée Art déco à l'ancienne, mais son intérieur, semblable à un décor de théâtre halluciné, est une lubie purement moderne. L'énorme piscine à l'arrière mélange l'élégance des années 1920 à l'opulence ostentatoire de Miami.

Carlyle Hotel (p. 81)

Construit en 1941, cet hôtel Art déco est l'un des derniers à avoir été érigé à Miami Beach. Au-dessus des fenêtres, les avant-toits sont de forme semi-circulaire (et non rectangulaire). Son nom (emprunté à un hôtel de New York) fut choisi pour évoquer la richesse et le luxe. C'est ici que furent tournés *Birdcage*, ainsi que la scène d'ouverture de *Miami Vice*.

The Tides (p. 65)

Véritable temple du mouvement Art déco, The Tides fut en son temps le plus imposant bâtiment de ce style. Aujourd'hui, son hall évoque l'antichambre du dieu de la Mer, et ses chambres incarnent parfaitement l'esthétique design contemporaine.

Royal Palm (p. 121)

Vous ne trouverez pas meilleur endroit pour imaginer le mouvement des vagues que dans le vaste hall arrière aux airs de paquebot de cet hôtel imposant, magnifiquement restauré. La mezzanine aux proportions modernes gigantesques présente une décoration Art déco typique.

Surfcomber (p. 120)

L'une des plus belles rénovations Art déco de la plage, réveillée par les lignes modernes du salon et par une ravissante série d'avant-toits arrondis.

Ford Thunderbird vintage devant l'Avalon Hotel

Fantaisies Art déco

L'Art déco "tropical", avec ses touches colorées, cherche surtout à stimuler l'imagination. Ici, presque tous les bâtiments protégés semblent vouloir prolonger le merveilleux de l'enfance.

Winter Haven Hotel (p. 123)

À l'extérieur, on note les avant-toits protégeant l'édifice du soleil et une fascinante géométrie, avec les fenêtres qui zigzaguent élégamment, formant une frise verticale au milieu de la façade. À l'intérieur, les incroyables luminaires semblent venus du futur (sans doute inspirés du film réalisé en 1927 par Fritz Lang, *Metropolis*).

Avalon Hotel (p. 120)

Avec ses lignes pures et son enseigne en néon, la façade de l'Avalon est un fantastique exemple d'architecture Art déco classique - soigneusement mise en valeur par des palmiers et par une voiture des années 1950.

11th St Diner (p. 129)

De nombreux bâtiments Art déco de Miami Beach évoquent des avions, des trains et des automobiles. Mais dans cet authentique *diner*, on s'attable réellement dans un ancien wagon Pullman !

(suite de la p. 68)

Jewish Museum of Florida – FIU MUSÉE

(carte p. 82 ; 305-672-5044 ; www.jmof.fiu.edu ; 301 Washington Ave ; tarif plein/étudiant et senior 6/5 $, gratuit sam ; 10h-17h mar-dim, fermé les jours de fêtes juives). Hébergé dans une synagogue orthodoxe de 1936, qui accueillit la première congrégation de Miami, ce petit musée relate la très importante contribution de la communauté juive à l'État de Floride. On pourrait dire que si les Cubains ont construit Miami, ce sont les juifs qui ont fait Miami Beach, tant d'un point de vue matériel que culturel. Pourtant, il fut un temps où ces derniers furent exclus de la Riviera américaine qu'ils avaient fait naître du sable. Ce musée raconte cet épisode et présente des pièces intéressantes (notamment une robe de Pourim en coquillages).

ArtCenter/South Florida GALERIE D'ART

(carte p. 78 ; 305-674-8278 ; www.artcentersf.org ; 924 Lincoln Rd, 2e niv ; 11h-19h lun-ven, 12h-20h sam-dim). Créée en 1984 par un petit groupe d'artistes visionnaires, cette galerie constitue le cœur créatif de South Beach. Outre les 52 ateliers d'artistes (pour beaucoup ouverts au public), l'ArtCenter propose un panel très intéressant de cours et de conférences.

Les résidences sont réservées à des artistes peu exposés ailleurs, ce qui permet de découvrir de nouveaux talents. Les expositions changent chaque mois pour un ensemble en perpétuelle évolution.

Bureau de Poste ARCHITECTURE

(US Post Office ; carte p. 78 ; 1300 Washington Ave ; 8h-17h lun-ven, 8h30-14h sam). Ne partez pas sans glisser une carte dans la boîte aux lettres de ce bureau de poste, véritable bijou Art déco datant de 1937 et tout premier projet de rénovation lancé par les défenseurs de South Beach dans les années 1970. Ce bâtiment moderniste datant de la Grande Dépression fut construit dans le style dénudé classique, sous la présidence de Roosevelt, grâce au financement de la Works Progress Administration (WPA), qui soutenait les artistes sans travail pendant la crise. À l'extérieur, remarquez l'aigle à tête blanche et la tourelle avec un garde-fou en fer et, à l'intérieur, une grande fresque représentant les guerres séminoles.

Colony Hotel ARCHITECTURE

(carte p. 82 ; 736 Ocean Dr). Premier hôtel Art déco de Miami Beach, le Colony fut également le premier à Miami, voire aux États-Unis, à faire de son enseigne au néon une partie intégrante de sa conception globale. La réception est un exemple typique d'intérieur des années de la conquête spatiale, notamment avec ses lampes ornées d'anneaux de Saturne et ses ascenseurs dignes de Flash Gordon.

World Erotic Art Museum MUSÉE

(carte p. 78 ; 305-532-9336 ; www.weam.com ; 1205 Washington Ave ; plus de 18 ans 15 $; 11h-22h lun-jeu, 11h-minuit ven-dim). Dans un quartier où rien ne choque, ce musée met en avant des œuvres érotiques signées notamment Rembrandt ou Picasso. C'est en 2005 que Naomi Wilzig, alors âgée de 70 ans, céda sa collection privée, composée de 5 000 objets, pour en faire un musée à South Beach.

Le WEAM, qui se considère comme un musée à part entière, regroupe une impressionnante collection toutes époques confondues de vieux ouvrages sur la sexualité aux photos licencieuses de l'époque victorienne en passant par un lit Kamasutra à colonnes (à phallus, plutôt), ouvrage très travaillé dévoilant une sculpture pour chaque position intime (138 au total). Parmi les autres curiosités se trouve un os pénien de baleine recouvert de têtes de loups gravées à la main, ainsi que le phallus géant utilisé comme arme dans *Orange mécanique*.

South Pointe Park PARC

(carte p. 82 ; 305-673-7779 ; 1 Washington Ave ; lever du soleil-22h ;). La pointe située à l'extrême sud de Miami Beach a été transformée en un parc ravissant. Il fait bon s'allonger sur ses pelouses soigneusement entretenues et profiter de la fraîcheur et de la vue sur l'océan. On y trouve un restaurant, un stand de rafraîchissements, un petit parc aquatique pour les enfants, des promenades en dalles de pierre. De nombreux flâneurs y viennent profiter du temps magnifique et de la vue loin des parades de South Beach.

Española Way Promenade PROMENADE

(carte p. 78 ; entre 14th St et 15th St). Il s'agit d'une "authentique" promenade espagnole, dans l'esprit... des parcs d'attractions floridiens. Cette jolie rue pavée, coiffée d'une arcade en terre cuite rose, à l'architecture espagnole surchargée, est parfaite pour regarder le ballet des passants depuis l'un des nombreux restaurants.

South Beach (11th-23rd Street)

OCÉAN ATLANTIQUE
South Beach
Lummus Park
Promenade
Ocean Dr
Collins Ave
Ocean Ct
Collins Ct
Washington Ave
Drexel Ave
Pennsylvania Ave
Española Way
Euclid Ave
Meridian Ave
Jefferson Ave
Michigan Ave
Lenox Ave
Alton Rd
Alton Ct
West Ave
Bay Rd
Lincoln Rd
Lincoln Rd Mall
Lincoln La S
16th St
15th St
14th La
14th Pl
14th St
14th Ct
14th Tce
15th Tce
13th St
13th Tce
12th St
11th St
Flamingo Way
Flamingo Park
MIAMI BEACH
LGBT Visitor Center
Old City Hall
Courtyard
Sun Trust Bank
A1A
907
Voir carte South Beach (1st-11th Street) (p. 82)

South Beach (11th-23rd Street)

À voir

1	1111 Lincoln Rd	B5
2	Art Deco Historic District	F8
3	ArtCenter/South Florida	C5
4	Cardozo Hotel	F7
5	Crescent Resort	F7
6	Española Way Promenade	E6
7	Holocaust Memorial	D3
8	Maurice Gibb Memorial Park	A4
9	Miami Beach Botanical Garden	D3
10	Miami Beach Community Church	E5
11	New World Center	E4
12	SoundScape Park	E4
13	South Beach	G8
14	Temple Emanu-El	E4
15	The Bass	F2
16	The Carlyle	F8
17	World Erotic Art Museum	E8

Activités

18	Fritz's Skate, Bike & Surf	E5
19	Glow Hot Yoga	B6
20	Green Monkey Yoga	A3
	Spa at the Setai	(voir 36)

Où se loger

21	1 Hotel	G1
22	Aqua Hotel	F6
23	Bed & Drinks	F4
24	Betsy Hotel	F7
25	Catalina Hotel	F4
	Cavalier South Beach	(voir 4)
26	Clay Hotel	E6
27	Delano	F4
28	Gale South Beach	F4
29	HI Miami Beach	F6
30	National Hotel	F4
31	Raleigh Hotel	F3
32	Redbury South Beach	F3
33	Rock Hostel	F7
34	Royal Palm	F6
35	Sagamore	F4
36	Setai	G2
37	Shore Club	F3
38	Surfcomber	F4
39	Tides	F8
40	Townhouse Hotel	G3
41	W Hotel	G2
42	Winter Haven Hotel	F7

Où se restaurer

43	A La Folie	E6
44	Front Porch Cafe	F6
45	Gelateria 4D	D5
46	Juvia	B5
47	La Sandwicherie	F7
48	Moshi Moshi	E6
	Mr Chow Chinese	(voir 41)
49	Nexxt Cafe	D5
50	Osteria del Teatro	F8
51	Panther Coffee	A3
52	Paradigm Kitchen	A3
53	Paul	E5
54	Pubbelly	A3
55	Segafredo L'Originale	C5
56	Taquiza	F6
57	Tocaya Organica	C5
58	True Loaf	A3
59	Yardbird	B5

Où prendre un verre et faire la fête

60	Abbey Brewery	B5
61	Bay Club	A3
62	Bodega	B5
63	Campton Yard	F6
64	Kill Your Idol	F6
65	Lost Weekend	F6
66	Mac's Club Deuce Bar	F7
67	Rose Bar at the Delano	F4
68	Score	F6
69	Skybar	G3
70	Sweet Liberty	F2

Où sortir

71	Colony Theater	B5
72	Fillmore Miami Beach	E4
73	Miami City Ballet	F1
	New World Symphony	(voir 11)

Achats

	Alchemist	(voir 1)
74	Books & Books	C5
75	Sunset Clothing Co	A3
	Taschen	(voir 1)

Promenade FRONT DE MER

(carte p. 82 ; Ocean Dr). Cette promenade qui serpente entre la plage et Ocean Drive s'étend de 5th St à 15th St. Il s'agit d'un site très photogénique, en particulier tôt le matin avant l'arrivée de la foule. Caressée par la brise, cette allée bordée de palmiers est appréciée des habitants, touristes, adeptes du roller, cyclistes, volleyeurs (il y a un filet à la hauteur de 11th St) et personnes promenant leur chien. La plage elle-même, appelée **Lummus Park**, est jalonnée de six postes de secours très colorés. Les toilettes publiques au niveau de 11th St sont souvent fréquentées par les sans-abri.

1111 Lincoln Rd ÉDIFICE D'INTÉRÊT

(carte ci-dessus ; www.1111lincolnroad.com ; P). La partie ouest de Lincoln Rd est ancrée autour d'un parking particulièrement impressionnant, pastiche géométrique fait d'arêtes saillantes, de couloirs tortueux et d'angles incongrus. Ce bâtiment de 2010 a été conçu par le cabinet d'architecture suisse Herzog & de Meuron, qui décrivent la construction comme "tout en muscles et sans vêtements". Le 1111 Lincoln accueille également des boutiques et des logements.

A1A PONT

"L'avenue du bord de mer" ! La chaussée de l'A1A, associée à la Rickenbacker Causeway de Key Biscayne, est l'un des grands ponts d'Amérique et relie Miami à Miami Beach en surplombant les eaux turquoise de Biscayne Bay. Parcourir cette route en décapotable, un coucher de soleil dans le dos, d'énormes bateaux de croisière sur votre flanc, la brise marine jouant dans les palmiers et de la bonne musique dans les oreilles, c'est goûter l'essence même de Miami.

Miami Beach Community Church ÉGLISE

(carte ci-contre ; www.miamibeachcommunitychurch.com ; 1620 Drexel Ave ; ⏲8h-16h mar-ven, office 10h30 dim). Offrant un contraste saisissant avec les nombreuses constructions ultramodernes qui jouent des coudes pour se faire une place dans le cadre Art déco de South Beach, cette église évoque une ancienne mission espagnole : humble, modeste, d'une discrète élégance dans une zone où l'état d'esprit global est plutôt à l'emphase.

L'extérieur de style néo-espagnol cache un intérieur assez simple où s'alignent quatorze vitraux. La congrégation est LGBT-*friendly* et accueille volontiers les visiteurs extérieurs ; sermon à 10h30 le dimanche.

Temple Emanu-El SYNAGOGUE

(carte ci-contre ; www.tesobe.org ; Washington Ave au niveau de 17th St). Le dôme lisse et les lignes fluides, presque aériennes, de cette synagogue fondée en 1938 s'inscrivent parfaitement dans la profusion Art déco de SoBe. Les offices du shabbat ont lieu le vendredi à 19h et le samedi à 10h.

Cardozo Hotel ARCHITECTURE

(carte ci-contre ; 1300 Ocean Dr ; P). Le Cardozo et son voisin le **Carlyle Hotel** (carte ci-contre ; 1250 Ocean Dr) furent les deux premiers hôtels Art déco sauvegardés par la Miami Design Preservation League. En ce qui concerne le Cardozo, ils ont, selon nous, fait le meilleur des choix : les lignes épurées et courbes rappellent celles des automobiles des années 1930.

Congress Hotel ARCHITECTURE

(carte p. 82 ; 1052 Ocean Dr). Non loin de 11th St, le Congress Hotel est un classique de l'Art déco : symétrie parfaite de la façade sur trois niveaux, pare-soleil en saillie au-dessus des fenêtres, et une longue marquise en ornement central, semblable à celles des grands cinémas des années 1930.

Miami Beach Botanical Garden JARDIN

(carte ci-contre ; www.mbgarden.org ; 2000 Convention Center Dr ; don suggéré 2 $; ⏲9h-17h mar-sam). Relativement méconnu, ce jardin luxuriant d'un peu plus de 2 ha est géré par le Miami Beach Garden Conservancy. C'est une oasis bien cachée au milieu de la jungle urbaine, avec de nombreux palmiers, des hibiscus et des étangs. Un lieu tout indiqué pour un pique-nique.

Maurice Gibb Memorial Park PARC

(carte ci-contre ; 18th St et Purdy Ave, Sunset Harbour). Ce petit espace vert surplombe l'eau et dispose d'une aire de jeux, de bancs et de carrés d'herbe d'où apprécier la vue. Nombreuses places de parking.

Crescent Resort ARCHITECTURE

(carte ci-contre ; 1420 Ocean Dr). Outre sa façade au néon, l'une des plus facilement identifiables de Miami Beach, le Crescent possède une signalétique qui attire le regard vers l'intérieur de son hall.

North Beach

En dehors de la plage, nombre de sites touristiques du nord de Miami Beach sont assez difficiles d'accès. Une voiture et une journée entière seront nécessaires.

Faena Forum CENTRE CULTUREL

(carte p. 86 ; www.faena.com ; Collins Ave et 33rd St). Dans le cadre du projet à 1 milliard de dollars de Faena District, ce centre culturel ne passe guère inaperçu depuis son inauguration fin 2016. Dessiné par Rem Koolhaas, le bâtiment circulaire regroupe salles de spectacle, d'exposition, de conférences, etc. Consultez le programme sur le site Internet.

Oleta River State Park PARC

(☎305-919-1844 ; www.floridastateparks.org/oletariver ; 3400 NE 163rd St ; véhicule/piéton/vélo 6/2/2 $; ⏲8h-crépuscule ; P). Déjà, en 500 av. J.-C., le peuple amérindien des Tequesta voguait dans l'estuaire de l'Oleta River. Vous ne ferez donc que suivre une tradition ancestrale si vous décidez de faire du canoë ou du kayak dans ce parc. Avec quelque 500 hectares, il s'agit du plus vaste parc urbain de l'État de Floride et l'un des

South Beach (1st-11th Street)

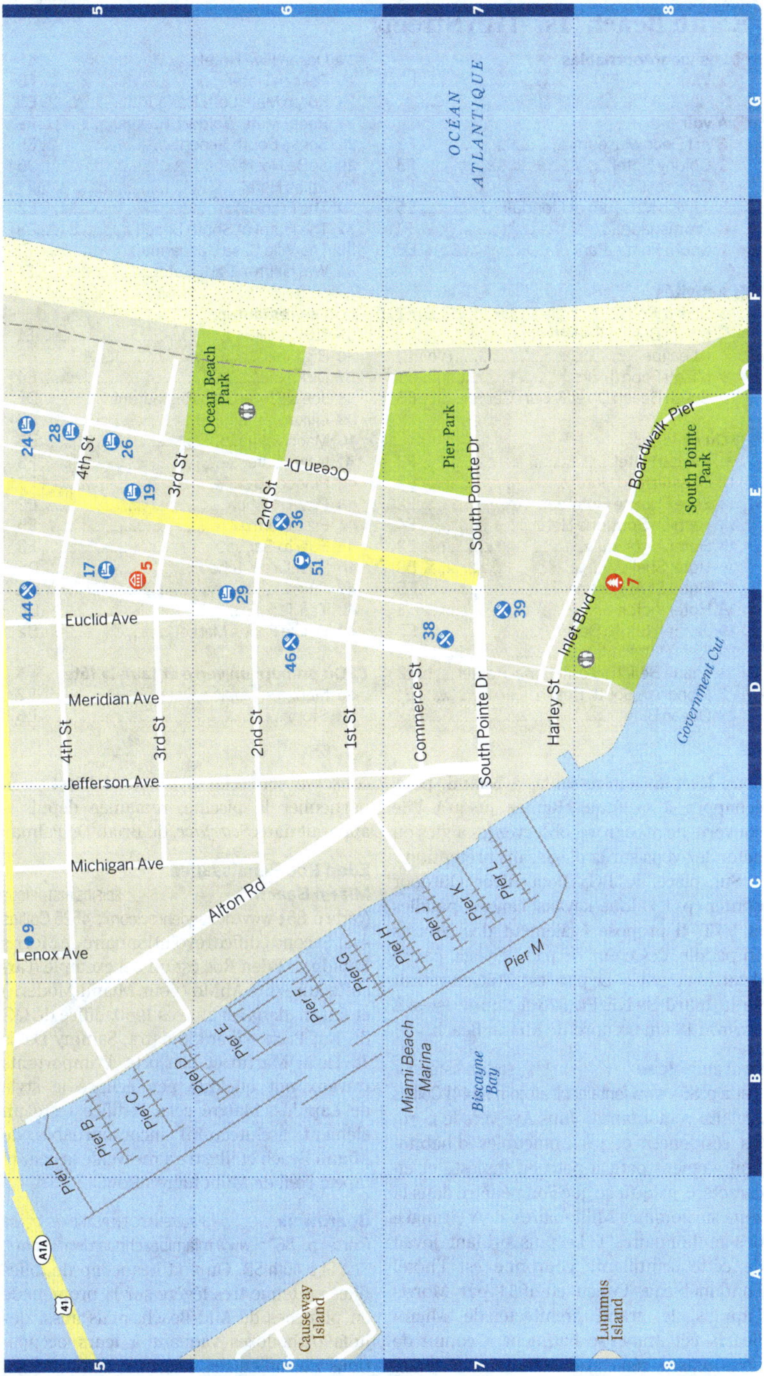
OCÉAN ATLANTIQUE
Ocean Beach Park
Pier Park
South Pointe Park
Boardwalk Pier
Government Cut
Ocean Dr
South Pointe Dr
Inlet Blvd
Harley St
Commerce St
1st St
2nd St
3rd St
4th St
Euclid Ave
Meridian Ave
Jefferson Ave
Michigan Ave
Lenox Ave
Alton Rd
Pier A
Pier B
Pier C
Pier D
Pier E
Pier F
Pier G
Pier H
Pier J
Pier K
Pier L
Pier M
Miami Beach Marina
Biscayne Bay
Causeway Island
Lummus Island
A1A
41
A
B
C
D
E
F
G
5
6
7
8
24
28
26
19
17
5
44
29
36
51
46
38
39
7
9

South Beach (1st -11th Street)

Les incontournables

1 Wolfsonian-FIU....E2

À voir

2 Art Deco Museum....F2
3 Colony Hotel....F3
4 Congress Hotel....F2
5 Jewish Museum of Florida-FIU....E5
6 Promenade....F1
7 South Pointe Park....E8

Activités

8 Bike & Roll....F2
Miami Design Preservation League....(voir 2)
9 Miami Food Tours....C5
10 South Beach Diver & Surf Center....E3

Où se loger

11 Avalon Hotel....F3
12 Chesterfield Hotel....E3
13 Essex House Hotel....F2
14 Fashion Boutique Hotel....E4
15 Hotel Astor....E2
16 Hotel Shelley....E3
17 Hotel St Augustine....E5
18 Hotel Victor....F1
19 Jazz on South Beach....E5
20 Kent Hotel....F1
21 Miami Beach International Hostel....E2
22 Mondrian South Beach....B1
23 Ocean Blue....F2
24 Ocean Five Hotel....E5
25 Pelican Hotel....F3
26 Room Mate Lord Balfour....E5
27 Room Mate Waldorf Towers....F2
28 Sense South Beach....E5
29 SoBe Hostel....D6
30 Stiles Hotel....F1
31 The Franklin....E2
32 The Hotel of South Beach....E3
33 The Villa Casa Casuarina....F1
34 Washington Park Hotel....E1

Où se restaurer

35 11th St Diner....E1
36 Big Pink....E6
37 Dirt....E4
38 Joe's Stone Crab Restaurant....D7
39 Lilikoi....D7
40 Macchialina....B3
41 News Cafe....F3
42 Pinocchio....F3
43 Pizza Rustica....E2
44 Pizzarium....E5
45 Puerto Sagua....E3
46 Rosella's Kitchen....D6
47 Spiga....F1
48 Tap Tap....D4
49 Whole Foods Market....B2

Où prendre un verre et faire la fête

50 Mango's Tropical Café....F2
51 Story....E6

lieux les plus intéressants, à Miami, pour échapper à la foule. Ramez jusqu'à l'île couverte de mangrove, observez les aigles ou détendez-vous sur la plage sans prétention.

Sur place, le BG Oleta River Outdoor Center (p. 111) loue kayaks, canoës, paddles et VTT. Il propose également des circuits en paddle, des cours de paddle-yoga, parmi d'autres activités. Le parc est situé en retrait de la 163rd St NE/FL 826 à Sunny Isles, à environ 13 km au nord de Miami Beach.

Fontainebleau — ÉDIFICE HISTORIQUE

(carte p. 86 ; www.fontainebleau.com ; 4441 Collins Ave). En remontant Collins Ave vers le nord, les résidences et les immeubles d'habitation gagnent petit à petit en majesté et en caractère, jusqu'à ce que l'on pénètre dans la zone surnommée Millionaire's Row ("rangée des millionnaires"). Le plus brillant joyau de cette scintillante couronne est l'hôtel Fontainebleau. Conçu en 1954 par Morris Lapidus, le grand architecte de Miami Beach, cet immense bâtiment a connu de nombreuses rénovations mais a toujours conservé son éclat d'origine. L'hôtel – en particulier la piscine, remaniée depuis – apparaît dans *Scarface*, de Brian De Palma.

Eden Roc Renaissance Miami Beach — ÉDIFICE HISTORIQUE

(carte p. 86 ; www.nobuedenroc.com ; 4525 Collins Ave). Second édifice révolutionnaire de Morris Lapidus, l'Eden Roc est un bel exemple d'architecture dite MiMo (pour Miami Modern) et faisait, dans les années 1960, office de QG du Rat Pack – Frank Sinatra, Sammy Davis Jr, Dean Martin et consorts. D'importants travaux ont quelque peu éclipsé le style de Lapidus. Malgré cela, l'édifice reste un élément architectural incontournable de Miami Beach et illustre à merveille la beauté tape à l'œil de Millionaire's Row.

Boardwalk — PROMENADE EN PLANCHES, PLAGE

(carte p. 86 ; www.miamibeachboardwalk.com ; 21st St à 46th St). On voit beaucoup de jolies filles en tenue très légère sur la promenade en planches de Mid-Beach, mais aussi des juifs orthodoxes vaquant à leurs occupations au milieu des joggeurs, des touristes en balade et des adeptes du bronzage. Les nombreux immeubles résidentiels alentour sont occupés par des Latinos et des juifs de la classe moyenne qui viennent ici promener leur chien et jouer avec leurs enfants, donnant au lieu une atmosphère authentique et détendue, qui tranche avec le glamour permanent de South Beach.

Haulover Beach Park PARC

(☎305-947-3525 ; www.miamidade.gov/parks/haulover.asp ; 10800 Collins Ave ; par voiture lun-ven/sam-dim 5/7 $; ⏲aube-crépuscule ; P). Ce parc de 20 ha abrite une plage naturiste isolée des immeubles, des voies express et des regards indiscrets par un rideau de végétation. Mais ce n'est pas là son seul atout. La plus grande partie de la plage est en effet "classique" (on y trouve même un parc à chiens) et assurément l'une des plus agréables des environs. Le parc est situé sur Collins Ave, à environ 7 km au nord de 71st St.

Downtown Miami (centre-ville)

Downtown Miami est le centre bancaire et financier international de la ville. Il compte d'un côté des centres commerciaux défraîchis et, de l'autre, dans le secteur connu sous le nom de Brickell, des immeubles récents et des hôtels de luxe logés dans des tours. La paresseuse Miami River divise le centre-ville en une partie nord et une partie sud. Miami se développe à un rythme souvent frénétique : chaque mois ou presque, de luxueuses tours font leur apparition.

♥ Pérez Art Museum Miami MUSÉE

(PAMM ; carte p. 88 ; ☎305-375-3000 ; www.pamm.org ; 1103 Biscayne Blvd ; tarif plein/senior et étudiant 16/12 $, gratuit 1er jeu et 2e sam du mois ; ⏲10h-18h ven-mar, fermé mer). Le Pérez Art Museum accueille d'intéressantes expositions temporaires sur l'art international de l'après-guerre. On y vient aussi pour son architecture et son emplacement dans le Museum Park, un espace verdoyant qui s'avance sur les eaux bleues de Biscyane Bay. Conçu par l'agence d'architecture suisse Herzog & de Meuron, le nouveau bâtiment du musée intègre feuillage, verre et métal dans un ensemble de vitalité et de modernisme, qui constitue une belle analogie plastique de la ville de Miami.

Le PAMM programme souvent les meilleures expositions d'art contemporain de Miami. La collection permanente, modifiée plusieurs fois par an, pioche dans son fonds des œuvres exceptionnelles de ces 80 dernières années, mises en scène dans des expositions de grande qualité. Les expos temporaires et autres rétrospectives connaissent un succès considérable (citons notamment celles consacrées à Ai Weiwei, artiste chinois renommé, et Julio Le Parc, représentant de l'Art cinétique). L'extérieur sert lui de parc de sculptures.

Si l'envie de faire une pause vous prend, le musée dispose d'un excellent café et il est possible d'aller se détendre dans le parc, grâce aux transats surplombant l'eau.

HistoryMiami MUSÉE

(carte p. 88 ; ☎305-375-1492 ; www.historymiami.org ; 101 W Flagler St ; adulte/enfant 10/5 $; ⏲10h-17h mar-sam, 12h-17h dim ; 👪). La Floride du Sud, terre d'esclaves en fuite, de guérilleros amérindiens, de gangsters, de colons, de pirates, de touristes, de trafiquants de drogue et d'alligators, possède une histoire singulière, et il fallait un musée tout aussi singulier pour la raconter. Installé dans le **Miami-Dade Cultural Center**, il parvient à tisser entre elles les histoires des différentes vagues de populations, des Amérindiens aux Nicaraguayens.

La collection occupe deux bâtiments. Commencez par la collection permanente de présentations interactives sur la vie des Séminoles, les premières industries de Floride, comme la pêche à l'éponge, et les trésors accumulés par les *wreckers*, ces chasseurs d'épaves échouées sur les récifs. Concernant les périodes plus récentes, des expositions s'intéressent à la Seconde Guerre mondiale, quand un important contingent était stationné à Miami Beach, à l'histoire des Afro-Américains et à celle des

MIAMI BEACH CASHER

Arthur Godfrey Rd (41st St) et Harding Ave, entre 91st St et 96th St à Surfside, sont des artères très prisées de la communauté juive de Miami Beach. Ici, les traditions juives se mêlent à l'ambiance de plage : on mange du *lox y arroz con moros* (saumon fumé, riz et haricots), et, si les orthodoxes portent le foulard (pour les femmes) et la kippa (pour les hommes), nombreux sont ceux qui – presque comme un cliché – soignent aussi leur bronzage et conduisent des voitures clinquantes.

North Beach

0 1 km
0 0,5 mile
Normandy Isle
N Shore Dr
Normandy Shores Golf Course
S Shore Dr
Normandy Dr
Trouville Esplanade
71st St Bridge
77th St
71st St
Harding Ave
Collins Ave
Aquatic Rental Center & Sailing School (1,3 km)
JFK/79th St Cswy
NORTH BAY VILLAGE
W 63rd St
La Gorce Country Club
La Gorce Dr
Pine Tree Dr
Biscayne Bay
Alton Rd
Dade Blvd
Collins Ave
A1A
907
41st St/Arthur Godfrey Rd
Julia Tuttle Cswy
195
Indian Creek Dr
Sheridan Ave
Pine Tree Dr
N Chase Ave
N Bay Rd
Alton Rd
Bayshore Municipal Golf Course
W 28th St
South Beach
Collins Ave
Sunset Islands
N Chase Ave

North Beach

À voir

Activités

Où se loger

Où se restaurer

Où prendre un verre et faire la fête

Où sortir

réfugiés cubains (on peut voir en particulier un authentique bateau de fortune ayant survécu à l'éprouvante traversée vers la Floride). Descendez à la station Government Center du Metromover.

♥ Bayfront Park — PARC

(carte p. 88 ; ☎305-358-7550 ; www.bayfrontpark-miami.com ; 301 N Biscayne Blvd). Peu de parcs américains sont ourlés par des eaux aussi turquoise que celles de Biscayne Bay. Le parc compte deux salles de spectacle : le **Klipsch Amphitheater** (p. 147), jouissant d'une très belle vue sur Biscayne Bay, est une bonne adresse pour des concerts ; plus petit, avec seulement 200 places (800 personnes de plus peuvent s'installer sur les pelouses), le **Tina Hills Pavilion** accueille au printemps des spectacles gratuits. Remarquez au nord la **JFK Torch of Friendship**, une fontaine qui salue le travail accompli par Claude Pepper, longtemps membre du Congrès américain. De nombreuses activités sont organisées sur place : cours de trapèze volant, cours gratuit de yoga (p. 111), et une superbe aire de jeux pour les enfants.

Le célèbre artiste et paysagiste américano-japonais Isamu Noguchi a redessiné une bonne partie de Bayfront Park dans les années 1980 et y a disposé trois sculptures. Dans l'angle sud-ouest se trouve le **Challenger Memorial** en hommage aux astronautes ayant péri, en 1986, dans l'explosion de la navette spatiale. Il figure à la fois la structure hélicoïdale de l'ADN humain et la navette elle-même. Haute de 12 m, la **Light Tower** est une évocation quelque peu abstraite des lanternes japonaises et du clair de lune au-dessus de Miami. Notre préférée est la **Slide Mantra**, une spirale de marbre appréciée aussi des enfants.

Patricia & Phillip Frost Museum of Science — MUSÉE

(carte p. 88 ; ☎305-434-9600 ; www.frostscience.org ; 1101 Biscayne Blvd ; adulte/enfant 28/20 $; ⏲9h-18h ; P 👪). Ce nouveau musée de Downtown s'étend sur plus de 23 000 m² et comprend notamment un aquarium sur trois niveaux, un planétarium à la pointe de la technologie de 250 places et deux ailes dédiées aux merveilles de la nature et des sciences. Les expositions proposées vont des phénomènes météorologiques à différentes bestioles, dinosaures à plumes et autres micro-organismes vitaux ; les Everglades et les récifs coralliens de Floride y tiennent une place majeure.

Inauguré en 2017, ce musée, qui a coûté 305 millions de dollars, a été construit dans un esprit de développement durable.

Brickell City Centre — QUARTIER

(carte p. 88 ; www.brickellcitycentre.com ; 701 S Miami Ave ; ⏲10h-21h30 lun-sam, 12h-19h dim). L'un des ensembles les plus intéressants de Miami a ouvert ses portes fin 2016, quatre ans après le début de travaux colossaux (un milliard d'euros !). Le complexe se prolonge sur trois pâtés de maisons, comprend de belles tours résidentielles, des immeubles de bureaux futuristes, ainsi qu'un hôtel 5 étoiles

Downtown Miami

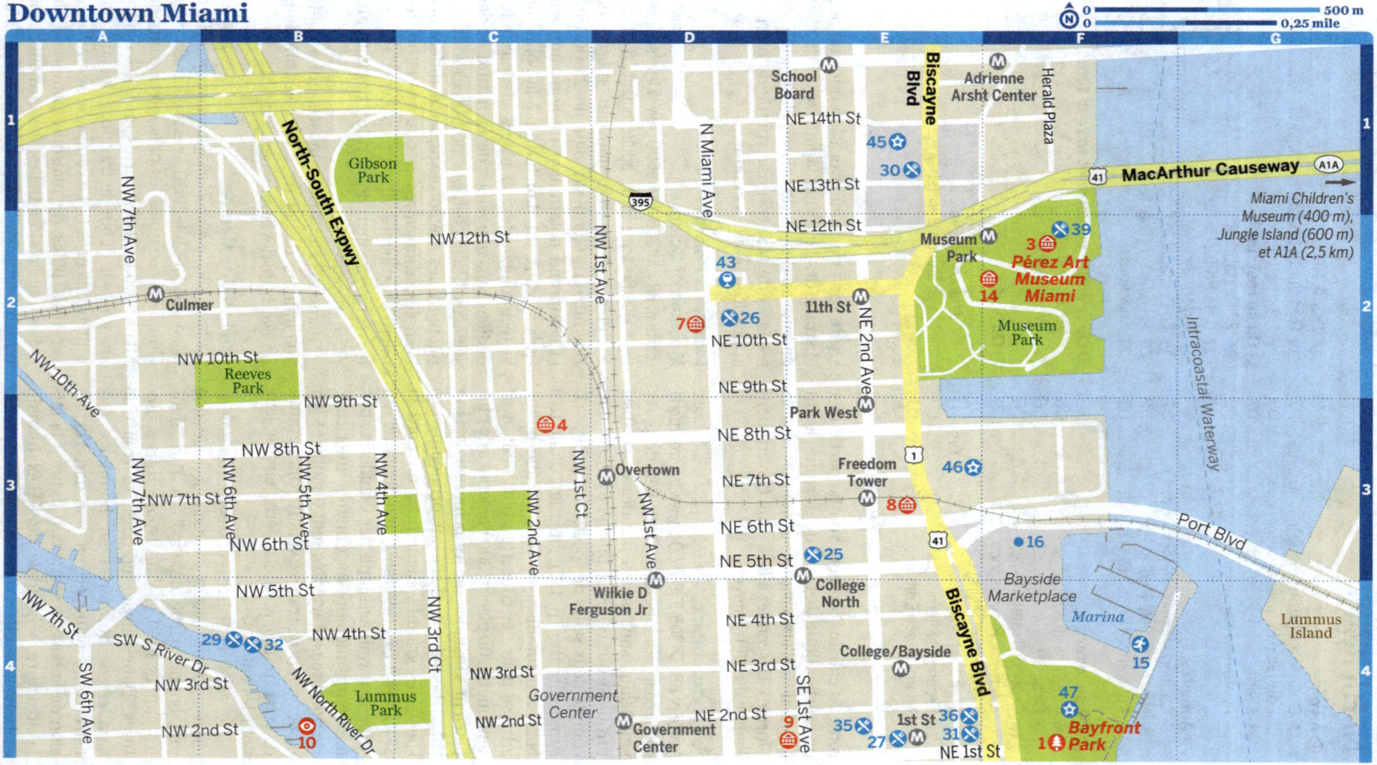

Biscayne Bay
Intracoastal Waterway
Brickell Key
Brickell Key Dr
24
5
11
Chopin Plaza
18
Miami Riverwalk
Bayfront Park
SE 3rd St
Biscayne Blvd Way
40
Brickell Ave Bridge
Brickell Park
Greater Miami & the Beaches Convention & Visitors Bureau
Brickell Bay Dr
Brickell Ave
Vizcaya Museum & Gardens (2,2 km), Ermita de la Caridad (2,9 km)
21
1
Financial District
10th St Promenade
S Miami Ave
SE 2nd St
Knight Center
SE 4th St
Riverwalk
22
Miami River
5th St
SE 5th St
SE 6th St
8th St
20
6
90
38
34
44
48
19
50
23
E Flagler St
SE 1st St
Third St
28
SW 9th St
49
Brickell
SW 12th St
41
SW 13th St (Coral Way)
W Flagler St
Miami Ave
SW 2nd St
Miami River Bridges
42
33
SW 1st Ave
SW 1st Ct
SW 10th St
SW 11th St
SW 2nd Ave
12
2
13
HistoryMiami
SW 1st St
Metrorail
Miami Riverwalk
SW 7th St
SW 8th St (Calle Ocho)
SW 3rd Ave
José Martí Riverfront Park
17
968
SW 4th Ave
SW 5th Ave
SW 6th Ave
NW 1st St
SW 3rd St
SW 4th St
SW 5th St
SW 6th St
SW 19th Rd
SW 20th Rd
SW 21st Rd
37
A
B
C
D
E
F
G
5
6
7
8

Downtown Miami

Les incontournables
1 Bayfront Park F4
2 HistoryMiami D5
3 Pérez Art Museum Miami F2

À voir
4 Black Archives Historic Lyric Theater C3
5 Brickell Avenue Bridge & Brickell Key F7
6 Brickell City Centre D7
7 Cisneros Fontanal Arts Foundation D2
8 Freedom Tower E3
MDC Museum of Art & Design .... (voir 8)
9 Miami Center for Architecture & Design E4
10 Miami River B4
11 Miami Riverwalk F5
12 Miami-Dade County Courthouse D5
13 Miami-Dade Public Library C5
14 Patricia & Phillip Frost Museum of Science F2

Activités
15 Blue Waters II F4
16 Island Queen F3
17 Miami Yoga C8
Spa at Mandarin Oriental Miami .... (voir 24)
18 Tina Hills Pavilion F5
19 Urban Tour Host E5

Où se loger
20 EAST, Miami D7
21 Four Seasons Miami E8
22 Kimpton EPIC Hotel E6
23 Langford Hotel E5
24 Mandarin Oriental Miami F7

Où se restaurer
25 180° at DRB E3
26 All Day D2
27 Bali Cafe E4
28 Bonding D6
29 Casablanca B4
30 Chef Allen's Farm-to-Table Dinner E1
31 CVI.CHE 105 .... E4
32 Garcia's Seafood Grille & Fish Market B4
33 La Moon D7
34 Manna Life Food E5
35 NIU Kitchen E4
36 Pollos & Jarras E4
River Oyster Bar .... (voir 28)
37 San Pocho A7
38 Soya e Pomodoro E5
39 Verde F2

Où prendre un verre et faire la fête
40 Area 31 .... E6
41 Batch Gastropub D8
42 Blackbird Ordinary D7
43 Eleven Miami D2
44 Pawnbroker E5
Sugar .... (voir 20)

Où sortir
45 Adrienne Arsht Center for the Performing Arts E1
46 American Airlines Arena E3
47 Klipsch Amphitheater F4
48 Olympia Theater E5

Achats
49 Mary Brickell Village D7
50 Supply & Advise E5

(le EAST, Miami ; p. 125). Tout est fait pour séduire les visiteurs, qu'ils soient de passage ou résidents de Miami : restaurants, bars, un cinéma et quantité de boutiques de marque (Ted Baker, All Saints, Kendra Scott).

Les boutiques jalonnent de part et d'autre S Miami Ave entre 7th St et 8th St, en particulier l'énorme Saks Fifth Ave. Un temple dédié à la gastronomie italienne était en construction lors de nos recherches : des restaurants et cafés, une boulangerie, une *enoteca* (bar à vins italiens) et une école de cuisine, le tout réparti sur trois niveaux, avec ouverture prévue début 2018.

Miami Riverwalk VOIE SUR BERGES

(carte p. 88). Cette voie piétonne, qui longe les abords du fleuve du nord jusqu'à Downtown, offre une atmosphère paisible dans un paysage urbain ponctué de ponts et de gratte-ciel. Vous pourrez débuter la balade à la pointe sud de Bayfront Park et poursuivre le long du fleuve, sous les ponts, pour arriver à l'ouest du SW 2nd Ave Bridge.

Le Riverwalk n'est qu'une infime partie de l'ambitieux programme Miami River Greenway, qui a pour objectif le prolongement d'une voie verte sur les deux rives du fleuve, jusqu'à l'intersection du fleuve avec la Dolphin Expressway.

Freedom Tower ÉDIFICE HISTORIQUE

(carte p. 88 ; 600 Biscayne Blvd ; ⏲10h-17h). Édifice emblématique du vieux Miami, cette très belle tour est l'une des deux constructions érigées d'après la Giralda, le clocher de la cathédrale de Séville. Dans les années 1960, près d'un demi-million de réfugiés cubains sont passés par cette "Ellis Island du Sud", alors bureau de l'immigration. Classée au

Registre américain des sites historiques en 1979, elle a également hébergé le *Miami Daily News* pendant 32 ans. Au-dessus des ascenseurs du hall, impeccablement restauré, et jusqu'au plafond à caissons, un bas-relief représente des imprimeurs en plein travail. La tour abrite également le MDC Museum of Art & Design.

Black Archives Historic Lyric Theater ÉDIFICE HISTORIQUE
(carte p. 88 ; ☎786-708-4610 ; www.bahlt.org ; 819 NW 2nd Ave ; ⊙musée 10h-18h lun-sam, 12h-17h dim). Duke Ellington et Ella Fitzgerald comptent parmi les célébrités qui ont jadis foulé la scène du Lyric, alors étape incontournable du "Chitlin' Circuit" – une série de salles de concerts réservés aux artistes et au public noirs avant la fin de la ségrégation aux États-Unis. Au fil des ans, le théâtre et son quartier, Overtown, tombèrent en désuétude. Racheté par le **Black Archives History & Research Foundation of South Florida**, le théâtre accueille de temps en temps des spectacles, tandis que les archives font office de centre d'information pour les visiteurs intéressés par la culture afro-américaine de Miami.

Brickell Avenue Bridge et Brickell Key ÎLE
(carte p. 88). Ce joli pont enjambe la Miami River entre SE 4th St et SE 5th St. Voici quelques années, il fut élargi et surélevé, ce qui se révéla bien commode pour les Zodiac des trafiquants de drogue pris en chasse par les agents de la Drug Enforcement Administration le jour même de sa réouverture ! En haut de la colonne Pillar of History, observez la statue de bronze de 5 m de hauteur, réalisée par le sculpteur d'origine cubaine Manuel Carbonell et représentant un guerrier tequesta et sa famille. C'est à pied que vous apprécierez le mieux les sculptures, et vous éviterez par la même occasion de vous perdre dans un système de circulation automobile particulièrement complexe. Brickell Key ressemble, quant à elle, davantage à un porc-épic flottant hérissé de tours de verre qu'à une île. Pour percer le mystère du beau monde de Miami, faites semblant d'être client dans un repaire de nantis comme le Mandarin Oriental Miami (p. 126), où le hall et les salons intimistes offrent une vue imprenable sur Biscayne Bay.

MDC Museum of Art & Design MUSÉE
(Freedom Tower ; carte p. 88 ; ☎305-237-7700 ; www.mdcmoad.org ; 600 Biscayne Blvd). Le Miami-Dade College a un petit musée bien organisé en centre-ville. Sa collection permanente compte des œuvres de Matisse, Picasso et Chagall, tout en mettant l'accent sur le minimalisme, le pop art et l'art contemporain d'Amérique latine.
Le bâtiment est en lui-même une œuvre : la Freedom Tower (p. 90), haute de 78 m, est un chef-d'œuvre de style Mediterranean Revival, érigé en 1925.

Lors de nos recherches, le musée était en rénovation et la collection fermée au public ; la date de réouverture est à retrouver sur le site Internet, ainsi que des manifestations d'art éphémère.

Miami City Cemetery CIMETIÈRE
(carte p. 94 ; 1800 NE 2nd Ave ; ⊙7h-15h30 lun-ven, 8h-16h30 sam-dim). Ossements, poussière et pierres tombales racontent l'histoire de la ville dans ce paisible cimetière municipal, dernière demeure de certains des plus importants citoyens de la région de Miami. La dichotomie entre passé et modernité est marquée par les vertigineux gratte-ciel qui dominent l'ultime séjour des premiers colons de Floride. Plus de 9 000 tombes sont regroupées dans différentes sections pour les Blancs, les Noirs et les juifs. Des maires et des vétérans de guerre (dont près de 90 soldats confédérés) sont enterrés ici, ainsi que la marraine de la Floride du Sud, Julia Tuttle, qui acheta les premières orangeraies, attirant ainsi les colons dans la région.

Miami Center for Architecture & Design MUSÉE
(Old US Post Office ; carte p. 88 ; ☎305-448-7488 ; www.miamicad.org ; 100 NE 1st Ave ; ⊙10h-17h lun-ven). GRATUIT L'American Institute of Architects a choisi cet ancien bureau de poste

100% MIAMI

DOWNTOWN MIAMI

Marché Le lundi, on se mêle aux habitants pour un excellent repas végétarien en extérieur au Chef Allen's Farm-to-Table Dinner (p. 133).

Yoga dans le parc Avec la baie comme toile de fond idéale pour des salutations au soleil, on rejoint un cours gratuit à proximité du Tina Hills Pavilion (p. 111).

Lieu de prédilection des habitants Attardez-vous devant un excellent café et un petit-déjeuner servi à toute heure chez All Day (p. 132).

pour accueillir le siège local de son Centre pour l'architecture et le design. Construit en 1912, l'édifice fut le premier bâtiment fédéral à Miami. Il comporte un toit à faible pente, des portes ouvragées et des entrées sculptées. Le musée accueille aujourd'hui des conférences et des manifestations ayant trait à l'architecture, au design et à l'urbanisme, et présente une exposition modeste mais dynamique sur ces thèmes. Des visites guidées (2 heures) partent d'ici un samedi sur deux à 10h pour un circuit englobant quelques bâtiments historiques de Downtown. Horaires et réservations disponibles sur le site Internet.

Miami River — RIVIÈRE

(carte p. 88). La Floride d'antan n'a pas complètement disparu : on la retrouve le temps d'une balade le long de la Miami River, sur des berges (p. 90) jalonnées d'entrepôts recouverts de graffitis et de luxueuses tours d'habitation. On croise quelques remorqueurs, mais aussi des pêcheurs avec leur prise du jour, en route vers le Casablanca (p. 133), par exemple, ou encore des plaisanciers à bord de leur yacht.

Pour de belles photos, rejoignez l'un des ponts – en particulier le pont de Brickell Ave à la tombée de la nuit, quand les lumières de la ville se détachent du ciel assombri.

Miami Children's Museum — MUSÉE

(305-373-5437 ; www.miamichildrensmuseum.org ; 980 MacArthur Causeway ; 20 $; 10h-18h ;). Ce musée pour enfants, situé entre South Beach et Downtown Miami, n'en est pas exactement un. Il se rapproche plus d'une super salle de jeux dans laquelle les enfants peuvent mener des activités d'adultes : aller à la banque, au supermarché, s'occuper d'animaux ou encore se transformer en policier ou pompier.

D'autres aires de jeux hors du commun permettent aux enfants de jouer de la musique, dessiner sur les murs, vivre une aventure sous les mers ou encore partir à la découverte d'un petit château en verre coloré... Ils pourront aussi se contenter de jeux en extérieur.

Jungle Island — ZOO

(305-400-7000 ; www.jungleisland.com ; 1111 Parrot Jungle Trail, près de MacArthur Causeway ; tarif plein/senior/enfant 40/38/33 $; 10h-17h ; P). On s'amuse énormément à Jungle Island, un lieu rempli d'oiseaux tropicaux, d'alligators, d'orangs-outans, de lémuriens... On y trouve même un ligre (croisement entre un lion et un tigre) et suffisamment d'autres animaux pour peupler une arche de Noé. L'île est un lieu très prisé des enfants, qui adorent observer les oiseaux colorés de cette jungle artificielle.

Cisneros Fontanal Arts Foundation — MUSÉE

(CIFO ; carte p. 88 ; 305-455-3380 ; www.cifo.org ; 1018 N Miami Ave ; 10h-18h jeu-ven, 10h-16h sam-dim). Cette fondation présente les œuvres d'artistes latino-américains contemporains et dispose d'un espace impressionnant. L'extérieur marie habilement une sobriété postindustrielle et des touches de nature, une synthèse qu'incarne la monumentale mosaïque murale formant un immense motif tropical. Les heures d'ouverture ne s'appliquent que lorsque des expositions y sont organisées, mais des visites informelles peuvent être arrangées en appelant à l'avance.

Miami-Dade Public Library — BIBLIOTHÈQUE

(carte p. 88 ; 305-375-2665 ; www.mdpls.org ; 101 W Flagler St ; 10h-18h lun-sam). Pour en savoir plus sur la Floride (et en particulier sur le sud de l'État), venez arpenter les allées de la vaste Florida Collection, ou bien demandez à voir la Romer Photograph Collection – ces archives comptent 17 500 photos et images relatant l'histoire de la ville, de ses débuts aux années 1945. Sur place, vous pourrez obtenir plus de détails auprès de John Shipley, directeur de la Florida Collection.

Miami-Dade County Courthouse — ÉDIFICE HISTORIQUE

(carte p. 88 ; 73 W Flagler St). Ce tribunal compte parmi les plus imposants des États-Unis. Construit dans le style néoclassique entre 1925 et 1929, l'édifice de 28 étages est, avec son allure sévère, tout à fait approprié à sa fonction. Petite anecdote : dans le passé, les neuf étages supérieurs servaient de prison, d'où s'évadèrent plus de 70 détenus.

Wynwood et Design District

Wynwood et le Design District sont les quartiers artistiques officiels de Miami, réputés à juste titre pour leur vitalité en la matière. Wynwood abrite de nombreuses galeries d'art, ainsi que des œuvres de street art grand format sur les anciens murs d'usines. La vie nocturne n'est pas en reste et des restaurants s'installent les uns après les autres. Plus petit, le Design District comprend lui aussi des galeries, ainsi que des boutiques haut de gamme et des bars et restaurants variés.

Wynwood Walls ART PUBLIC

(carte p. 94 ; www.thewynwoodwalls.com ; NW 2nd Ave, entre 25th St et 26th St) GRATUIT Street art et explosion de couleurs aux Wynwood Walls. En plein cœur de Wynwood, au milieu des entrepôts rouillés et des constructions bétonnées, cet ensemble de peintures et de fresques murales ornant une cour ouverte séduit par son emplacement insolite et la qualité des œuvres. Ce que l'on y trouve dépend en général des grands événements artistiques organisés à Miami, comme l'Art Basel (p. 116), mais l'endroit mérite toujours une visite.

Les adeptes du genre désireux de découvrir les dernières fresques pourront s'inscrire à un circuit pédestre individuel auprès de Wynwood Walls (25 $/pers, réservation en ligne), guidé par un artiste de street art. Si vous êtes à Miami le deuxième samedi du mois, la Wynwood Art Walk (p. 114) est une occasion rêvée de découvrir le quartier dans tout son éclat.

Margulies Collection at the Warehouse GALERIE D'ART

(carte p. 94 ; ☎305-576-1051 ; www.margulieswarehouse.com ; 591 NW 27th St ; tarif plein/étudiant 10/5 $; ⏲11h-16h mar-sam mi-oct à avr). Sur quelque 4 200 m², ce hall d'exposition à but non lucratif abrite l'une des plus belles collections de Wynwood. Une attention particulière est accordée aux œuvres grand format qui donnent matière à réflexion, signées parfois des plus grands artistes du XXIe siècle.

Des expositions tournantes empruntent à l'impressionnante collection de Martin Margulies (4 000 œuvres), notamment des sculptures d'Isamu Noguchi, George Segal, Richard Serra et Olafur Eliasson, mais aussi des installations sonores de Susan Philipsz et des œuvres magistrales et démesurées d'Anselm Kiefer.

Bakehouse Art Complex CENTRE ARTISTIQUE

(BAC ; carte p. 94 ; ☎305-576-2828 ; www.bacfl.org ; 561 NW 32nd St ; ⏲12h-17h ; P). GRATUIT Centre névralgique des arts à Wynwood, le Bakehouse servit d'incubateur bien avant la création des Wynwood Walls. Cette ancienne boulangerie accueille désormais des galeries d'art et une soixantaine d'ateliers d'artistes pour un large éventail d'œuvres. Programme des conférences et autres manifestations artistiques consultable en ligne.

> 100% MIAMI
>
> ## WYNWOOD ET LE DESIGN DISTRICT
>
> **Lieu de prédilection des habitants** Le Wynwood Yard (p. 134) représente bien l'esprit de ce quartier cosmopolite avec ses food-trucks, un bar (à l'avant et au centre), des tables de pique-nique en extérieur et un fond sonore varié.
>
> **Culture de la bière** Boxelder (p. 145) est un incontournable pour les amateurs, avec ses variétés de bières locales et son cadre chaleureux et sans prétention.
>
> **Art Walk** Le deuxième samedi du mois, Wynwood et le Design District organisent un "Art Walk" (p. 113), festivités à la découverte des expositions éphémères organisées par les galeries. Concerts et marché de l'artisanat sont aussi au rendez-vous.

De La Cruz Collection GALERIE D'ART

(carte p. 94 ; ☎305-576-6112 ; www.delacruzcollection.org ; 23 NE 41st St ; ⏲10h-16h mar-sam). GRATUIT Cette collection privée, l'une des plus belles de Miami, est à découvrir en accès libre dans une galerie de 2 800 m², véritable trésor d'œuvres contemporaines réparties sur trois niveaux. Rosa et Carlos de La Cruz, tous deux originaires de Cuba, possèdent des toiles allemandes d'après-guerre particulièrement marquantes, ainsi que des tableaux de Jim Hodges, Ana Mendieta et Félix González-Torres.

Il faut sonner à l'entrée et ne pas s'étonner si un garde vous suit pendant votre visite – ce fut le cas pour nous. Que cela ne vous décourage pas, car cette galerie gratuite vaut largement cet inconvénient.

Fly's Eye Dome SCULPTURE

(carte ci-dessus ; 140 NE 39th St, Palm Court). Installé pendant l'Art Basel de 2014, le dôme géodésique de Buckminster Fuller semble venu d'ailleurs, comme en suspension au-dessus d'un petit bassin, entouré de palmiers bercés par les vents. D'une hauteur de 7 m, la sculpture fut conçue en 1965 par Fuller comme un "habitacle autonome".

Les amateurs de photographie apprécieront les différents points de vue, intérieurs et extérieurs, du dôme – qui sert également

Wynwood et Design District

de sas d'entrée et de sortie entre le parking souterrain et le centre commercial.

Palm Court COUR

(carte ci-dessus ; 140 NE 39th St). Au cœur du Design District se trouve cette cour pleine de charme, inaugurée peu de temps avant l'Art Basel de 2014. Agrémenté de hauts palmiers, le lieu donne sur deux niveaux de boutiques haut de gamme et présente une étonnante sculpture, le Fly's Eye Dome.

Locust Projects GALERIE D'ART

(carte ci-dessus ; ☎305-576-8570 ; www.locustprojects.org ; 3852 N Miami Ave ; ⏲10h-18h mar-sam). GRATUIT Locust Projects est devenu un incontournable pour les artistes en devenir de la scène contemporaine. Gérée par des artistes depuis 1998, cette galerie à but non lucratif a déjà exposé plus de 250 créateurs locaux, nationaux et internationaux. La galerie accueille régulièrement des installations d'artistes habituellement écartées par des galeries plus commerciales.

Art Fusion GALERIE D'ART

(carte ci-contre ; www.artfusionartists.com ; 3550 N Miami Ave ; ⏲11h-18h lun-sam). GRATUIT Cette vaste galerie de Midtown présente une collection

Wynwood et Design District

Les incontournables
1 Margulies Collection at the Warehouse ... A4
2 Wynwood Walls ... B5

À voir
3 Art Fusion ... C2
4 Bacardi Building ... C4
5 Bakehouse Art Complex ... A3
6 De La Cruz Collection ... C2
7 Fly's Eye Dome ... C2
8 Living Room ... B2
9 Locust Projects ... C2
10 Miami City Cemetery ... C5
Palm Court ... (voir 7)
11 Rubell Family Art Collection ... B3

Où se loger
12 Fortuna House ... D4
13 Real Living Residence ... C4

Où se restaurer
14 Alter ... B5
15 Buena Vista Deli ... C1
16 Cake Thai ... B3
17 Cheese Course ... C2
18 Coyo Taco ... B5
19 Crumb on Parchment ... C2
20 Della Test Kitchen ... C3
21 Enriqueta's ... C3
22 Harry's Pizzeria ... B2
23 Kush ... C5
24 Kyu ... B5
25 Lemoni Café ... C1
26 Mandolin ... C1
27 Michael's Genuine ... C2
28 Ono Poke ... C4
29 Panther Coffee ... B5
30 Salty Donut ... B4
31 SuViche ... C4
32 The Butcher Shop ... B5
Wynwood Yard ... (voir 20)
33 Zak the Baker ... A4

Où prendre un verre et faire la fête
34 Boxelder ... B4
35 Concrete Beach Brewery ... A5
Coyo Taco ... (voir 18)
36 Gramps ... B5
37 Lagniappe ... C2
38 Wood Tavern ... B5
39 Wynwood Brewing Company ... A4

Où sortir
40 Light Box at Goldman Warehouse ... A5
41 O Cinema Wynwood ... B3

Achats
42 Art by God ... C4
43 Brooklyn Vintage & Vinyl ... A3
44 Genius Jones ... C3
45 Malaquita ... B4
46 Nomad Tribe ... B5
47 Out of the Closet ... C3
48 Shinola ... B5

extrêmement variée d'œuvres signées d'artistes internationaux. On y découvre sculptures, portraits, paysages et techniques mixtes sur deux niveaux et un espace de 740 m^2.

Living Room ART PUBLIC
(carte ci-contre ; angle NW 40th St et N Miami Ave). Signe que vous pénétrez dans le Design District, voici une énorme installation d'art public représentant un salon posé au milieu de la rue. Créé par un couple d'Argentins, Roberto Behar et Rosario Marquardt, ce *Living Room* est une "intervention urbaine" visant à critiquer la disparition de l'espace public. À notre sens, on peut y voir une belle métaphore du Design District en général : un intérieur contemporain posé au beau milieu d'un paysage urbain délabré.

Bacardi Building ARCHITECTURE
(carte ci-contre ; 2100 Biscayne Blvd). GRATUIT Nul besoin d'être un amateur de rhum pour apprécier l'édifice de l'ancien siège de Bacardi, la plus grande entreprise familiale de spiritueux au monde. En point d'orgue, un bâtiment de 1973 évoque une boîte à bijoux richement décorée, qui semble léviter grâce à un pilier central soutenant tout l'édifice. Des copeaux de verre martelé, épais de plus de 2 cm, recouvrent les façades dans un style mésoaméricain libre, inspiré d'une mosaïque de l'artiste allemand Johannes M. Dietz.

Ne repartez pas sans avoir fait le tour du bâtiment : l'ouvrage, qui occupe toutes les façades, est décliné en quatre couleurs différentes. On découvrira également sur place un bâtiment plus ancien (1963), une tour recouverte de faïence fabriquée à la main et constituée de quelque 28 000 pièces, œuvre du Brésilien Francisco Brennand.

Rubell Family Art Collection MUSÉE
(carte p. 94 ; ☎305-573-6090 ; www.rfc.museum ; 95 NW 29th St ; tarif plein/étudiant et - 18 ans 10/5 $; ⏰10h-17h30 mer-sam). La famille Rubell – plus précisément la nièce et le neveu de feu Steve, l'un des deux fondateurs du

Little Haiti et Upper East Side

légendaire Studio 54 à New York – gère des hôtels de luxe à Miami Beach et a rassemblé cette impressionnante collection d'art contemporain couvrant les 30 dernières années. Plutôt que d'exposer une ou deux pièces de chaque artiste, l'objectif du musée est de présenter l'intégralité de la carrière d'un créateur.

Installée pour l'instant à Wynwood, la collection prendra ses quartiers fin 2018 dans un nouvel espace de près de 9 300 m², à Allapattah (p. 108).

Little Haiti et Upper East Side

À voir
1 Little Haiti Cultural Center A5
2 Miami Ironside.................................... B1
3 Morningside Park C6

Activités
4 Kundalini Yoga.................................... C3

Où se loger
5 Motel Bianco B6
6 Motel Blu B1
7 New Yorker... C4
8 Vagabond Hotel................................... C2

Où se restaurer
9 Andiamo B5
10 Blue Collar B3
11 Choices C1
12 Jimmy's East Side Diner...................... C2
13 Mina's... C1
14 Phuc Yea B3

Où prendre un verre et faire la fête
15 Boteco.. D1
16 Churchill's.. A6
17 The Anderson C1
Vagabond Pool Bar .... (voir 8)

Achats
18 Libreri Mapou..................................... A5
19 Marky's Gourmet................................ C1
20 Sweat Records.................................... A6
21 Upper East Side Farmers Market......... C4

Little Haiti et Upper East Side

Tout au nord de Wynwood et du Design District, ces deux quartiers très étendus attirent relativement peu de visiteurs. Par endroits encore assez défavorisé, Little Haiti est riche d'une communauté haïtienne dynamique et de son Little Haiti Cultural Center, qui concentre une bonne part de l'activité. Plus à l'est, l'Upper East Side, réputé pour les tours ultramodernes de Biscayne Blvd, est en quelque sorte la "conquête de l'Est" de Miami, une terre conquise par les restaurants, hôtels et galeries d'art qui s'y sont installés récemment.

Little Haiti Cultural Center GALERIE D'ART
(carte ci-contre ; ☎305-960-2969 ; www.littlehaiticulturalcenter.com ; 212 NE 59th Tce ; ⏲10h-21h mar-ven, 9h-16h sam, 11h-19h dim). GRATUIT La galerie d'art de ce centre culturel accueille régulièrement des expositions stimulantes de peintres, sculpteurs et artistes multimédias venus d'Haïti. On peut également y prendre des cours de danse, assister à des spectacles d'art dramatique et se procurer des produits caribéens au marché qui se tient lors de différentes manifestations. Le bâtiment est par lui-même un mélange hétéroclite et chatoyant de couleurs tropicales, de toits fortement inclinés et de dentelle décorative. Ne manquez pas la fresque murale exécutée dans la cour aux palmiers.

Le festival musical et culinaire Sounds of Little Haiti (p. 114) constitue le moment privilégié pour une visite.

Miami Ironside CENTRE ARTISTIQUE
(carte ci-contre ; www.miamiironside.com ; 7610 NE 4th Ct). Véritable oasis dans le cadre essentiellement industriel de Little River, ce nouveau carrefour des arts à Miami regroupe plusieurs ateliers d'art et de design, des salles d'exposition, des galeries, ainsi que quelques espaces dédiés à la restauration. L'ensemble occupe un écrin paysager luxuriant, parsemé d'intéressantes œuvres d'art public.

Les horaires d'ouverture, variables selon les lieux, sont à vérifier en ligne.

Morningside Park PARC
(carte ci-contre ; 750 NE 55 Tce). Ce parc situé au bord de l'eau porte bien son nom : c'est un lieu idéal pour aller prendre l'air le matin et profiter de la lumière du levant. Très complet, on y trouve des sentiers pédestres, des terrains de sport, dédiés notamment au basket, ainsi que des courts de tennis, une aire de jeux pour enfants et une piscine (3 $).

Le samedi, vous pourrez louer un kayak (à partir de 12 $/heure) et des paddles (à partir de 20 $/heure).

PanAmerican Art Projects GALERIE
(PAAP ; ☎305-573-2400 ; www.panamericanart.com ; 6300 NW 2nd Ave ; ⏲10h-18h mar-ven, 12h-18h sam). Malgré son nom, la galerie PanAmerican expose aussi des artistes européens et chinois. La plupart des œuvres sont néanmoins signées par des artistes talentueux d'Amérique latine, des Caraïbes et des États-Unis.

Anciennement située à Wynwood, la galerie est venue s'installer à Little Haiti en 2016

Little Havana

Little Havana

– tendance forte parmi les propriétaires de galerie d'art, qui ont dû faire face à la montée des prix de l'immobilier dans un quartier qu'ils avaient contribué à populariser.

Little Havana

L'artère principale de Little Havana, la Calle Ocho (SW 8th St), ne se contente pas de traverser le quartier en son milieu : elle *est* le cœur du quartier. Par maints aspects, Little Havana ressemble à toutes les enclaves d'immigrants des États-Unis avec ses restaurants, ses épiceries familiales et ses boutiques de cartes téléphoniques. Si son caractère cubain est un peu mis en avant à l'intention des visiteurs, Little Havana reste un endroit à découvrir, avec le claquement des dominos, les effluves de cigares et la musique latino venant des boutiques bigarrées.

♥ Máximo Gómez Park PARC

(carte ci-dessus ; SW 8th St au niveau de SW 15th Ave ; 9h-18h). Le Máximo Gómez Park, ou "Domino Park", cristallise à merveille la Cuba d'antan. Les discussions des vieux immigrés penchés au-dessus d'une partie d'échecs sont ponctuées par le claquement des dominos. Le brouhaha ambiant, l'épaisse fumée des cigares et la fresque représentant un lever de soleil – qui commémore le sommet des Amériques de 1994 – font de ce parc l'un des sites les plus évocateurs (et l'un des plus touristiques) de Miami.

Cuban Memorial Park MONUMENT

(carte ci-dessus ; SW 13th Ave, entre 8th St et 11th St). Les deux pâtés de maisons de SW 13th Ave au sud de Calle Ocho (SW 8th St) comportent une série de monuments dédiés aux héros cubains et cubano-américains.

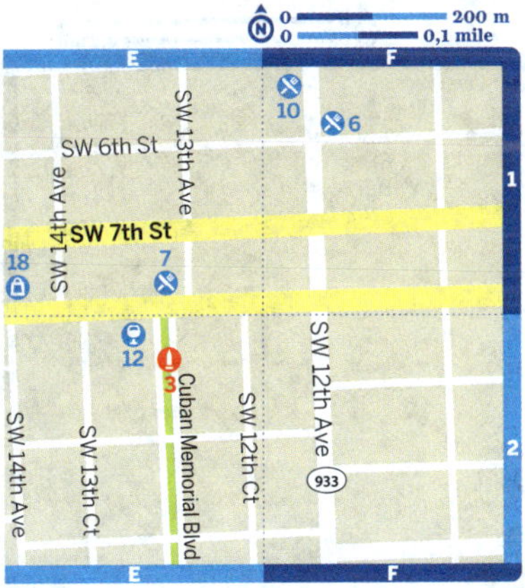

Parmi les mémoriaux, citons la **Torche éternelle en l'honneur de la 2506e brigade** pour les exilés morts pendant le débarquement de la baie des Cochons ; un **mémorial à José Martí** ; et une **statue de la Madone**, censée être éclairée par une aura de lumière tous les après-midi.

Une carte de Cuba, accompagnée d'une citation de José Martí, comprend en son centre un énorme fromager, qui reste objet de vénération pour les pratiquants de la *santeria* (religion syncrétique développée à Cuba par les esclaves africains au XVIIIe siècle).

Bay of Pigs Museum & Library
MUSÉE, BIBLIOTHÈQUE

(carte ci-dessus ; ☎305-649-4719 ; 1821 SW 9th St ; ⏲9h-16h lun-sam). Ce petit musée s'apparente plutôt à un monument à la 2506e brigade, l'équipage du désastreux débarquement de la baie des Cochons. Quel que soit votre avis concernant Fidel Castro et les Américano-Cubains, la visite vous dévoilera une facette de cet épisode controversé. Peut-être aurez-vous l'occasion de croiser des survivants de l'opération, venus se recueillir parmi les photos de leurs frères d'armes disparus. Le musée doit malheureusement être transféré dans un nouveau site situé très à l'écart, à Hialeah Gardens ; vérifiez l'adresse actuelle avant de vous déplacer.

Little Havana Art District
SECTEUR

(carte ci-contre ; Calle Ocho, entre SW 15th Ave et 17th Ave). Certes, on ne peut pas comparer avec Wynwood, et l'appellation "Art District" ("quartier artistique") est surdimensionnée pour ces quelques galeries et ateliers d'artistes disséminés dans une poignée de rues. L'endroit n'en mérite pas moins le coup d'œil. Ce secteur de Little Havana est par ailleurs l'épicentre des *Viernes Culturales* ("vendredis culturels", p. 114).

Coconut Grove

Ancienne enclave hippie, Coconut Grove attire aujourd'hui les classes moyennes, les jeunes cadres de Miami et les étudiants de l'université. L'endroit ne manque pas de charme, avec ses boutiques, ses cafés et son ambiance de village à taille humaine. Particulièrement agréable en fin de journée, quand les résidents investissent les terrasses des bars et restaurants. En bord de mer, Coconut Grove profite d'une jolie marina et de beaux espaces verts.

♥ Vizcaya Museum & Gardens
ÉDIFICE HISTORIQUE

(☎305-250-9133 ; www.vizcayamuseum.org ; 3251 S Miami Ave ; tarif plein/enfant 6-12 ans/étudiant et senior 18/6/12 $; ⏲9h30-16h30 mer-lun ; P). Si Miami est surnommée "la ville magique", alors cette villa italienne a tout d'un véritable château de conte de fées. En 1916, l'industriel James Deering lança une mode qui allait s'y perpétuer : ayant amassé une fortune, il fit construire une maison aux dimensions ahurissantes. Il employa 1 000 personnes (soit 10% de la population locale) et agrémenta sa maison de meubles, tapisseries, peintures et éléments de décoration datant du XVe au XIXe siècle. Aujourd'hui, la villa et les

100% MIAMI

LITTLE HAVANA

Style cubain Procurez-vous une tenue à la Havana Collection (p. 151). Les *guayaberas*, chemises emblématiques du quartier, permettent de passer rapidement pour un habitant.

Vendredi festif Le dernier vendredi du mois, Little Havana est en fête pour *Viernes Culturales* (p. 114). Au programme, concerts et expositions spéciales.

Repas au supermarché Installé dans l'enceinte du supermarché éponyme, El Nuevo Siglo (p. 138) est un restaurant apprécié des habitants pour sa délicieuse cuisine à prix raisonnable.

Coconut Grove

Coconut Grove

À voir

1 Barnacle Historic State Park B2
2 Coconut Grove Playhouse A2
3 Eva Munroe's Grave C2
4 Peacock Park B2
5 Plymouth Congregational Church A3

Activités

6 Yoga by the Sea B3

Où se loger

7 Mutiny Hotel C2
8 Ritz-Carlton Coconut Grove C1
9 Sonesta Hotel & Suites Coconut Grove B2

Où se restaurer

10 Bianco Gelato B2
11 Boho B2
12 Bombay Darbar B1
13 Glass & Vine B2
14 GreenStreet Cafe B2
15 Jaguar B2
16 Last Carrot B2
17 LoKal A2
18 Lulu B2
19 The Spillover B2

Où prendre un verre et faire la fête

20 Barracuda B2
Taurus .... (voir 2)
21 Tavern in the Grove B2

Achats

22 Bookstore in the Grove C2
23 First Flight Out B2
24 Polished Coconut B2

jardins accueillent des expositions d'art contemporain.

Inspirée par la Renaissance, le manoir est un classique du style Mediterranean Revival de Miami. La plus grande pièce, le salon, est parfois surnommé "Hall Renaissance" en raison des œuvres datant du XIVe au XVIIe siècle, qui le décorent. Le salon de musique étonne par la beauté de ses tentures murales venues d'Italie du Nord. La salle de réception évoque par ses meubles de style la splendeur des salles à manger impériales d'Europe.

Au sud de la villa s'étend une succession de jolis jardins tout aussi impressionnants que l'intérieur. Sur le modèle des jardins italiens des XVIIe et XVIIIe siècles, ces espaces verts parfaitement entretenus offrent un contraste saisissant avec la mangrove qui les prolonge. Sculptures, fontaines et vignes confèrent au lieu une ambiance antique, tandis qu'une terrasse en hauteur (the Garden Mound) bénéficie d'un beau point de vue sur les jardins environnants.

Sur place, le Vizcaya Cafe vend du café et des en-cas corrects : de quoi faire le plein d'énergie pour la découverte des richesses du site.

Kampong SITE HISTORIQUE, JARDINS

(☎305-442-7169 ; www.ntbg.org/tours/kampong ; 4013 Douglas Rd ; adulte/enfant 15/5 $; ⊙visite sur rdv uniquement 10h-15h lun-sam). David Fairchild, véritable Indiana Jones du monde botanique et fondateur du Fairchild Tropical Garden, se reposait au Kampong (qui signifie "village" en indonésien/malais), entre ses voyages à la recherche de plantes se distinguant par leur beauté et leur intérêt économique. Aujourd'hui, le lieu est inscrit au Registre américain des sites historiques et les jolis jardins servent de salle de classe au National Tropical Botanical Garden. Il est possible de le visiter sur rendez-vous (comptez au moins 1 heure), ou de réserver une visite guidée d'1 heure (20 $).

Peacock Park PARC

(carte ci-contre ; 2820 McFarlane Rd). S'étirant jusqu'au rivage, ce parc sert de terrain de jeux aux habitants de Coconut Grove. Des familles avec jeunes enfants profitent de l'aire de jeux et des terrains de sport, tandis que les adeptes de marche sportive s'entraînent dans l'environnement superbe de la baie.

Plymouth Congregational Church ÉGLISE

(carte ci-contre ; ☎305-444-6521 ; www.plymouthmiami.org ; 3400 Devon Rd ; ⊙horaires variables ; P). Datant de 1917, cette église bâtie dans le style d'une mission espagnole est fascinante, depuis la maçonnerie en calcaire à corail jusqu'à la porte sculptée provenant d'un monastère des Pyrénées.

Souvent fermée, l'église est ouverte à tous pour l'office du dimanche, avec orgue et chœur, à 10h.

Ermita de la Caridad MONUMENT

(☎305-854-2404 ; www.ermitadelacaridad.org ; 3609 S Miami Ave). Le diocèse catholique a acheté cette parcelle appartenant à la villa Vizcaya de Deering et a construit ce sanctuaire sur le rivage pour ses paroissiens cubains exilés. Symbolisant un phare, il se dresse face à la mère patrie, qui se trouve à exactement 466 km au sud. Par ailleurs, une fresque dépeint l'histoire cubaine. À l'extérieur, pelouse idéale pour un pique-nique au bord de l'eau.

Barnacle Historic State Park PARC

(carte ci-contre ; ☎305-442-6866 ; www.floridastateparks.org/thebarnacle ; 3485 Main Hwy ; 2 $, visite de la propriété adulte/enfant 3/1 $; ⊙9h-17h ven-lun ; 👪). Au centre du village de Coconut Grove, la propriété de Ralph Munroe, bâtie en 1891 sur une superficie de 2 ha, est désormais la plus ancienne demeure de Miami. Ouverte aux visites guidées (toutes les 1 heure 30 entre 10h et 14h30), la propriété offre un parc ombragé où il fait bon se promener. De très plaisants concerts au clair de lune, de jazz ou de classique, sont régulièrement organisés.

Tombe d'Eva Munroe SITE HISTORIQUE

(carte ci-contre ; 2875 McFarlane Rd). Dans une petite zone entourée d'une grille, non loin de la Coconut Grove Library, se trouve l'humble pierre tombale d'une certaine Eva Amelia Hewitt Munroe. Eva, née en 1856 dans le New Jersey et morte à Miami en 1882, gît dans la plus ancienne sépulture américaine du comté de Miami-Dade (triste précision : des colons afro-américains moururent avant Eva mais leur décès ne fut jamais enregistré officiellement).

Coconut Grove Playhouse ÉDIFICE HISTORIQUE

(carte ci-contre ; 3500 Main Hwy). Construit en 1927, le plus ancien théâtre de Miami siège en plein cœur du Grove. Ce bâtiment majestueux et son auvent très voyant accueillaient jadis les célébrités ainsi que de nombreuses personnalités artistiques – c'est ici que se déroula en 1956 la première américaine d'*En attendant Godot*, de Samuel Beckett (un fiasco à l'époque, apparemment).

Le théâtre fut malheureusement contraint de fermer durant sa 50e saison en raison de graves difficultés financières, et il se dresse aujourd'hui au-dessus de Main Hwy telle une coquille vide. Début 2017, un projet de restauration de ce théâtre de 300 places a été engagé. À sa réouverture (en 2020 au plus tôt), c'est la compagnie théâtrale primée GableStage qui doit en prendre la direction. En outre, une seconde salle, plus grande (700 places), sera construite à l'arrière.

Coral Gables

La charmante ville de Coral Gables, avec ses bâtiments de style méditerranéen, semble

Coral Gables

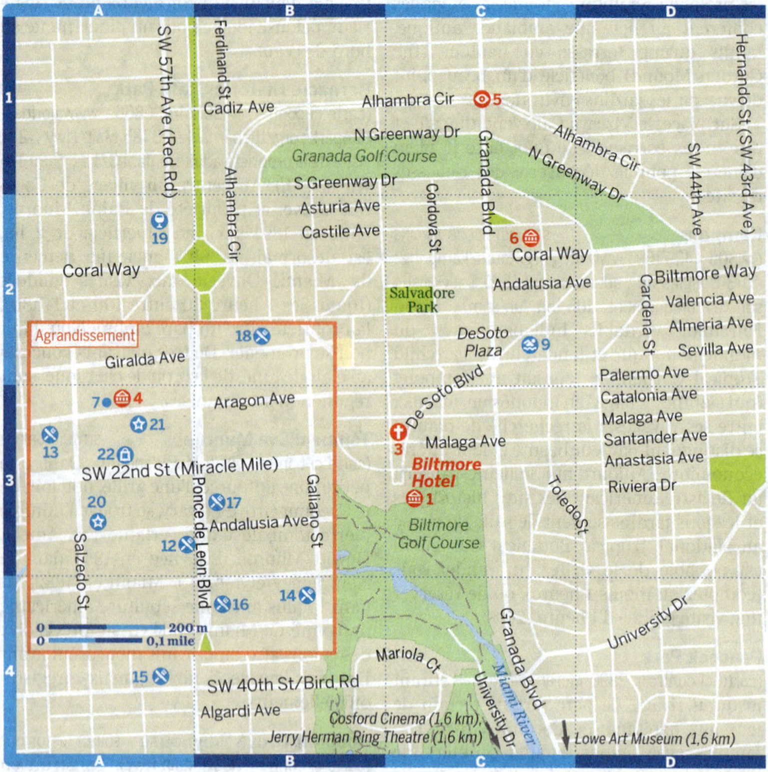

Coral Gables

Les incontournables
1 Biltmore Hotel C3

À voir
2 Coral Gables City Hall E2
3 Coral Gables Congregational Church C3
4 Coral Gables Museum A3
5 Granada Entrance C1
6 Merrick House C2

Activités
7 Coral Gables Tours A3
8 Prana Yoga Center E2
9 Venetian Pool C2

Où se loger
Biltmore Hotel ..... (voir 1)
10 Extended Stay F2
11 Hotel St Michel E1

Où se restaurer
12 Bulla Gastrobar A3
13 Caffe Abbracci A3
14 Frenchie's Diner B4
La Palme d'Or ..... (voir 1)
15 Matsuri A4
16 Pascal's on Ponce B4
17 Swine B3
18 Threefold B2

Où prendre un verre et faire la fête
19 Seven Seas A2

Où sortir
20 Actors Playhouse A3
21 Coral Gables Art Cinema A3
GableStage ..... (voir 1)

Achats
Books & Books ..... (voir 21)
22 Retro City Collectibles A3

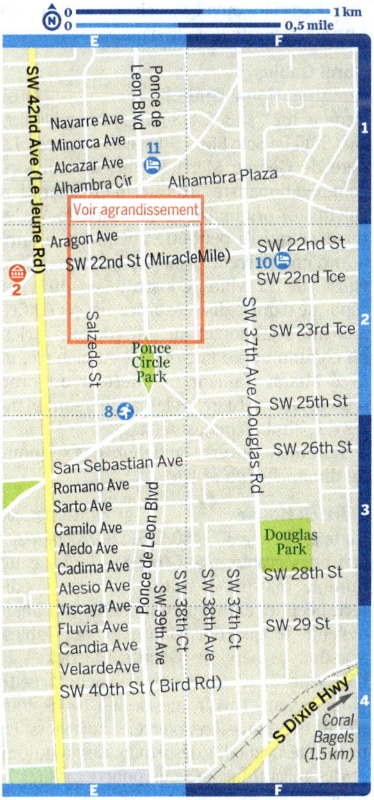

bien loin des autres quartiers de Miami. On vient ici pour les jolies rues bordées de banians, le centre à taille humaine, jalonné de boutiques, de cafés et de restaurants, mais surtout pour le superbe Biltmore Hotel, le luxuriant jardin tropical et la piscine, sans conteste l'une des plus belles du pays.

Fairchild Tropical Garden JARDIN

(☎305-667-1651 ; www.fairchildgarden.org ; 10901 Old Cutler Rd ; tarif plein/enfant/senior 25/12/18 $; ⏲9h30-16h30 ; P). Pour fuir la circulation de Miami, venez passer une journée au vert dans le plus vaste jardin botanique tropical du pays. Découvrez le bosquet à papillons, les biosphères de la jungle et les panoramas sur les marécages et les îles, ainsi que de fréquentes installations d'artistes tels que Roy Lichtenstein. Outre les sentiers pédestres autoguidés bien aménagés, un circuit gratuit en tram de 45 minutes parcourt tout le parc de 10h à 15h (jusqu'à 16h le week-end).

Les plus jeunes apprécient particulièrement l'exposition **Wings of the Tropics** (“ailes des tropiques”) : des centaines de papillons évoluent librement dans une galerie intérieure, leurs ailes réfléchissant la lumière. Parmi la quarantaine d'espèces représentées, on découvrira des papillons exotiques d'Amérique centrale et du Sud, notamment le morpho bleu et le papillon hibou. Les visiteurs pourront également assister à la sortie de papillons de leurs chrysalides au **Vollmer Metamorphosis Lab**.

On croise dans les allées luxuriantes du **Tropical Plant Conservatory** et de la **Rare Plant House** des philodendrons, orchidées, bégonias, espèces rares de palmiers, rhododendrons, fougères, mousse... La **Richard H. Simons Rainforest**, de taille plutôt modeste, permet pourtant une incursion dans les tropiques, grâce à un petit cours d'eau, une cascade et des arbres imposants parés de leurs lianes et des épiphytes formant la canopée d'une forêt humide.

Sur place, des cafés proposent des plats simples et légers. On peut également prévoir un pique-nique et manger sur les pelouses.

Le jardin étant à 10 km au sud de Coral Gables, il est conseillé de venir en voiture ou en taxi, mais il est possible de prendre le metrorail jusqu'à South Miami, puis le bus n°57.

Biltmore Hotel ÉDIFICE HISTORIQUE

(carte ci-dessus ; ☎855-311-6903 ; www.biltmorehotel.com ; 1200 Anastasia Ave ; ⏲visites guidées 13h30 et 14h30 dim ; P). Érigé dans le quartier opulent d'une des villes les plus tape-à-l'œil du monde, le Biltmore est l'un des hôtels les plus prestigieux de l'âge d'or du jazz américain. Al Capone détenait un bar clandestin dans cet hôtel, et la suite Capone serait encore hantée par l'esprit du gangster Fats Walsh, assassiné ici. À l'époque, des célébrités comme Judy Garland et les riches Vanderbilt voguaient en gondoles importées sur le réseau de canaux artificiels aménagé à l'arrière. Ces canaux n'existent plus, mais la piscine évoquant un bassin des *Mille et Une Nuits* est toujours là, et elle reste sans équivalent dans tout le pays. Un pass à la journée (35 $) permet de profiter de la piscine et du centre de fitness.

Lowe Art Museum MUSÉE

(www.miami.edu/lowe ; 1301 Stanford Dr ; tarif plein/étudiant/enfant 13/8 $/gratuit ; ⏲10h-16h

100% MIAMI

CORAL GABLES

Théâtre Les résidents de Coral Gables bénéficient d'une offre théâtrale réduite mais pas inintéressante. Les représentations ont lieu à l'**Actors Playhouse** (carte p. 102 ; ☎305-444-9293 ; www.actorsplayhouse.org ; Miracle Theater, 280 Miracle Mile ; billets 20-64 $) et à Gablestage (p. 148), Biltmore.

Marché Installé devant l'hôtel de ville (p. 104), le marché de Coral Gables permet de se procurer des fruits et légumes de saison et du pain, notamment. Il se tient chaque samedi de 8h à 14h de mi-janvier à mars.

Lieu de prédilection des habitants Threefold (p. 140) est une véritable institution locale, l'endroit idéal pour bien démarrer la journée.

mar-sam, 12h-16h dim). Le Lowe, situé sur le campus de l'université de Miami, saura combler les penchants artistiques les plus divers. Si vous aimez l'art moderne et contemporain, vous aurez de quoi faire. Si vous vous intéressez à l'art et à l'archéologie des civilisations d'Asie, d'Afrique et du Pacifique Sud, vous serez ravi. Et si l'art précolombien et méso-américain vous passionne, alors vous ne pouviez pas mieux tomber. Ne manquez pas la belle collection permanente d'art baroque et de la Renaissance, de sculptures occidentales du XVIIIe au XXe siècle, ainsi que les superbes toiles de Gauguin, Picasso et Monet.

Coral Gables City Hall — ÉDIFICE HISTORIQUE

(carte p. 102 ; 405 Biltmore Way ; ⏲8h-17h lun-ven). Cet imposant hôtel de ville, qui accueille les conseils municipaux depuis son ouverture en 1928, est impressionnant quel que soit l'angle de vue adopté. Observez la peinture des *Quatre Saisons* de Denman Fink, sur le plafond de la tour, ainsi que la peinture sans cadre et sans titre, qui représente le monde sous-marin, au 2e niveau. Un petit marché de producteurs se tient sur place de 8h à 14h le samedi, de mi-janvier à mars.

Granada Entrance — PORTE

(carte p. 102 ; angle Alhambra Circle et Granada Blvd). George Edgar Merrick, le bâtisseur de Coral Gables, avait prévu une série de portes sophistiquées pour accéder à la ville. Parmi les ouvrages achevés, la Granada Entrance mérite le coup d'œil.

Coral Gables Congregational Church — ÉGLISE

(carte p. 102 ; ☎305-448-7421 ; www.gablesucc.org ; 3010 De Soto Blvd ; ⏲horaires variables). Le père de George Merrick était un ministre congrégationaliste (mouvement chrétien calviniste) originaire de la Nouvelle-Angleterre, ce qui l'a peut-être encouragé à faire don d'une parcelle pour élever la première église de la ville. Construit en 1924 et réplique d'une église costaricaine, cet édifice aux murs jaunes et au toit rouge n'a rien en commun avec la Nouvelle-Angleterre, ni avec Miami d'ailleurs. L'intérieur est orné d'un beau sanctuaire et les jardins sont plantés de palmiers majestueux.

Rarement ouverte en dehors des sermons du dimanche (9h et 11h).

Merrick House — BÂTIMENT HISTORIQUE

(carte p. 102 ; ☎305-460-5361 ; 907 Coral Way ; tarif plein/enfant/senior 5/1/3 $). Jadis, cette humble maison, à l'allure un rien méditerranéenne, était au cœur de ce qui allait devenir le quartier clinquant de Gables. Lorsque le père de George Merrick – le bâtisseur de Coral Gables – acheta cette parcelle, sans l'avoir vue, pour 1 100 $, tout n'était que poussière, pierre et goyaviers. La propriété accueille désormais des réunions et des réceptions, et vous pourrez visiter la maison et son adorable jardin biologique. La modeste demeure, restaurée telle qu'elle était en 1925, est agrémentée de photos de famille, de meubles et d'œuvres d'art.

Renseignez-vous au préalable sur les horaires actuels des visites. Le bâtiment était fermé pour rénovation lors de nos recherches.

Coral Gables Museum — MUSÉE

(carte p. 102 ; ☎305-603-8067 ; www.coralgablesmuseum.org ; 285 Aragon Ave ; tarif plein/étudiant/enfant 10/8/3 $; ⏲12h-18h mar-ven, 11h-17h sam, 12h-17h dim). Ce musée est une introduction instructive et bien conçue pour appréhender l'histoire loufoque de la fondation et de l'expansion de la "City Beautiful" (Coral Gables). La collection comprend des objets historiques et des témoignages des générations successives qui ont vécu dans ce petit village excentrique et soudé. Le bâtiment principal est l'ancienne caserne des pompiers (remarquez les visages de pompiers, stylisés façon Art déco, sur la façade) et commissariat de police de la ville.

Son architecture est un ravissant mélange entre le style néo-méditerranéen de Gables et le style années 1930 plus musclé que l'on retrouve à Miami Beach.

Matheson Hammock Park PARC
(305-665-5475 ; www.miamidade.gov/parks/matheson-hammock.asp ; 9610 Old Cutler Rd ; sem/week-end 5/7 $ par voiture ; aube-crépuscule ; P). Ce parc de 255 ha est le plus ancien et le plus beau de la ville. Les enfants pourront se baigner dans un bassin naturel d'eau de mer. Il y a également quantité de ratons laveurs en quête de nourriture, des marécages de mangrove et même de très rares alligators. Au sud de Coral Gables.

Key Biscayne

Key Biscayne et l'île voisine de Virginia Key permettent de changer rapidement d'ambiance depuis le centre-ville de Miami. Une fois parcourues les routes pittoresques, le dépaysement sera total : végétation tropicale dense, sublimes plages, sentiers pédestres en pleine nature dans les parcs d'État et activités aquatiques à foison. La vue sur les gratte-ciel de Miami mérite à elle seule le trajet.

Bill Baggs Cape Florida State Park PARC
(carte p. 106 ; 305-361-5811 ; www.floridastateparks.org/capeflorida ; 1200 S Crandon Blvd ; 8 $/véhicule, 2 $/pers ; 8h-crépuscule, phare 9h-17h ; P). Si les Keys de Floride ne font pas partie de votre programme, visiter ce parc vous donnera une idée des écosystèmes uniques de ces îles. Cet espace de 200 ha, occupé par une faune tropicale et une épaisse mangrove – remarquez les racines plongeantes qui fournissent de l'air aux arbres à demi submergés –, est sillonné de sentiers sablonneux et de passerelles en bois, et entouré d'océan à perte de vue. Une cabane assure la location de kayaks, vélos, rollers, transats et parasols.

Situé à l'extrémité sud de cette aire de loisirs, le **Cape Florida Lighthouse** en brique de 1845 est le phare le plus ancien de Floride. Il fut érigé pour remplacer un autre phare, gravement endommagé en 1836 lors de la deuxième guerre séminole. Des visites gratuites sont organisées à 10h et à 13h du jeudi au lundi. Si vous n'avez pas prévu de pique-nique, vous pourrez vous restaurer dans l'un des bons établissements du parc, notamment au **Boater's Grill** (carte p. 106 ; 305-361-0080 ; plats 14-32 $, burgers 7-10 $; 9h-20h dim-jeu, 9h-22h ven-sam) et au **Lighthouse Cafe** (carte p. 106 ; 305-361-8487 ; 9h-17h30).

Virginia Key Beach North Point Park PARC
(carte p. 106 ; 3801 Rickenbacker Causeway, Virginia Key ; semaine/week-end 6/8 $ par véhicule ; 7h-18h). Ce beau parc comprend plusieurs plages, petites mais agréables, et de courts sentiers. Outre les beaux panoramas sur le front de mer, deux raisons principales motivent les visiteurs : premièrement, la possibilité de louer un kayak ou un paddle au Virginia Key Outdoor Center (p. 112) ; deuxièmement, la pratique du VTT dans une partie délimitée, connue sous le nom de Virginia Key North Point Trails (p. 112) et aménagée de plusieurs sentiers allant du niveau débutant à avancé.

Les sentiers pour VTT, à l'écart à la pointe nord du parc, sont en accès libre pour les visiteurs équipés (vélo et casque). On peut aussi louer le matériel au Virginia Key Outdoor Center, non loin. Depuis Miami, prenez la première entrée, la seconde menant à l'Historic Virginia Key Beach Park, plus modeste.

Historic Virginia Key Beach Park PARC
(carte p. 106 ; www.virginiakeybeachpark.net ; 4020 Virginia Beach Dr, Virginia Key ; semaine/week-end 5/8 $ par véhicule, gratuit vélo et piéton ; 7h-crépuscule). Rapidement accessible en voiture ou à vélo depuis le centre-ville de Miami, ce parc est agréable pour un moment en pleine nature. On y trouvera une jolie petite plage, des aires de jeux pour enfants et même un manège de chevaux de bois. Des manifestations s'y tiennent parfois, concerts, pique-nique familiaux et écologiques notamment. Depuis le centre-ville de Miami, empruntez la seconde entrée sur votre gauche, après celle menant au Virginia Key Beach North Point Park.

Pendant les années sombres de la ségrégation, cette plage, à l'origine accessible par bateau uniquement, était une aire de loisirs réservée exclusivement aux Noirs (l'accès à toute autre plage étant interdit aux Afro-Américains). Créé en 1945, le site demeura une destination prisée des communautés noires, cubaines, haïtiennes et d'Amérique du Sud qui souhaitaient profiter de la côte. Ce n'est qu'au début des

Key Biscayne

Key Biscayne

Les incontournables
1 Bill Baggs Cape Florida State Park....C6

À voir
2 Crandon Park....C3
3 Historic Virginia Key Park....C1
4 Marjory Stoneman Douglas Biscayne Nature Center....C3
5 Village of Key Biscayne Community Center....B5
6 Virginia Key Beach North Point Park....C1

Activités
7 Crandon Golf Course....C3
8 Miami Kiteboarding....C3

Où se loger
9 Ritz-Carlton Key Biscayne....C5
10 Silver Sands Beach Resort....C5

Où se restaurer
11 Boater's Grill....C6
12 Golden Hog Gourmet....B4
13 La Boulangerie Boul'Mich....B5
14 Lighthouse Cafe....C7
15 Oasis....B4

Achats
16 Metta Boutique....B4

années 1960 que les plages de la ville finirent par ouvrir à tous.

Marjory Stoneman Douglas Biscayne Nature Center MUSÉE

(carte ci-contre ; ☎305-361-6767 ; www.biscaynenaturecenter.org ; 6767 Crandon Blvd, Crandon Park ; 🕙10h-16h ; P 👪). GRATUIT Ce musée naturel, bien adapté aux enfants, doit son nom à Marjory Stoneman Douglas, pionnière passionnée de l'écologie. Il offre une formidable introduction aux écosystèmes du sud de la Floride, grâce à une exposition interactive et des aquariums, où vivent poissons-perroquets, conques, oursins, fasciolaires, ainsi qu'une impressionnante murène verte. On peut également emprunter un sentier à travers la végétation côtière, ou profiter de la jolie plage.

Vous pourrez découvrir la vie marine locale grâce au circuit pédestre naturaliste proposé par le centre une fois par mois à travers la zostère marine (14 $/pers). Très prisé des familles – il est conseillé de réserver.

Crandon Park PARC

(carte ci-contre ; ☎305-361-5421 ; www.miamidade.gov/parks/parks/crandon_beach.asp ; 6747 Crandon Blvd ; sem/week-end 5/7 $ par véhicule ; 🕙aube-crépuscule ; P 👪 🐾). Ce parc de plus de 500 hectares comprend une magnifique plage, **Crandon Park Beach**, qui s'étend sur plus de 3 km. L'essentiel de la végétation côtière du parc est constitué par des *hammocks*, ces terrains surélevés typiques de Floride où se mêlent chênes et espèces tropicales, et par des marécages de mangrove. Face à des eaux turquoise, la plage, propre et peu fréquentée par les touristes, apparaît régulièrement en tête de classement des plus belles plages du pays. À la pointe sud du parc, de jolis cabanons peuvent être loués à la journée (40 $).

Village of Key Biscayne Community Center CENTRE DE LOISIRS

(carte ci-contre ; ☎305-365-8900 ; www.activeislander.org ; 10 Village Green Way, près de Crandon Blvd ; pass journée adulte/enfant 9/6 $; 🕙centre de loisirs 6h-22h lun-ven, 10h-20h sam-dim ; 👪 🐾). Lieu incontournable pour les plus jeunes, ce centre de loisirs offre une piscine et une salle de jeux de rêve ! À l'extérieur, une gigantesque aire de jeux entoure un baobab centenaire habité par des oiseaux tropicaux. Les adultes pourront, eux, profiter de la salle de sport ou suivre un cours de yoga.

Agglomération de Miami

Deering Estate at Cutler SITE TOURISTIQUE

(☎305-235-1668 ; www.deeringestate.org ; 16701 SW 72nd Ave ; tarif plein/-14 ans 12/7 $; 🕙10h-17h ; P 👪). La propriété de Deering rappelle la villa Vizcaya, et pour cause : elle fut construite par Charles, frère de James Deering – le créateur de Vizcaya. Les jardins de 61 ha sont agrémentés de plantes tropicales et d'une fosse renfermant des fossiles d'animaux vieux de 50 000 ans et des vestiges amérindiens remontant à 2 000 ans. Le prix d'entrée comprend la visite gratuite des jardins à 15h. La propriété accueille souvent des soirées jazz sous les étoiles.

Zoo Miami ZOO

(Metrozoo ; ☎305-251-0400 ; www.zoomiami.org ; 12400 SW 152nd St ; adulte/enfant 22/18 $; 🕙10h-17h). Avec le climat tropical de Miami, une balade dans le Metrozoo prend des airs d'expédition en pleine nature. Au programme : éléphants asiatiques et africains, tigres royaux du Bengale rôdant dans un beau temple hindou, des hippopotames nains, des condors des Andes, une meute de hyènes, d'adorables koalas, des colobes, des rhinocéros noirs et un couple de dragons de Komodo d'Indonésie. Pour un aperçu rapide et complet de cet immense zoo, grimpez à bord du Safari Monorail – il part toutes les 20 minutes.

Rubell Family Art Collection (Allapattah) — GALERIE D'ART

(1100 NW 23rd St). L'une des galeries phares de Miami emménagera fin 2018 dans ses nouveaux locaux d'Allapattah, à temps pour l'Art Basel (p. 116), qui se déroule en décembre. Avec près de 10 000 m², le gain d'espace est significatif par rapport à son emplacement précédent, à Wynwood. À terme, le campus d'1 ha accueillera 40 galeries, un jardin de sculptures, une bibliothèque pour la recherche et un restaurant.

Arch Creek Park — PARC

(☎305-944-6111 ; www.miamidade.gov/parks/arch-creek.asp ; 1855 NE 135 St ; ⏲9h-17h mer-dim ; P 👪). Ce ravissant petit parc, près de l'Oleta River, englobe une agréable enclave où poussent des espèces de feuillus tropicaux autour d'un joli pont calcaire naturel. Des spécialistes proposent des circuits nature adaptés aux enfants, qui passent, entre autres, par un charmant jardin de papillons. Les visiteurs peuvent aussi découvrir un musée conservant de nombreux objets des populations amérindiennes et des pionniers. L'excellent Miami EcoAdventures (p. 111) est installé ici. Le parc est à deux pas de North Biscayne Blvd, à 11 km au nord du Design District.

Ancient Spanish Monastery — ÉGLISE

(☎305-945-1461 ; www.spanishmonastery.com ; 16711 W Dixie Hwy ; adulte/enfant 10/5 $; ⏲10h-16h30 lun-sam, 11h-16h30 dim ; P). Le surnom de "ville magique" est mérité pour bien des raisons, parmi lesquelles ce monastère médiéval intact en plein North Miami Beach. Érigé en 1141 à Ségovie, en Espagne, le monastère de Saint Bernard de Clairvaux, de style roman et gothique primitif, avait en effet peu de chance de se retrouver dans le sud de la Floride. L'église, qui appartient aujourd'hui au diocèse épiscopal, célèbre des mariages. Il est donc préférable de se renseigner avant de faire la route jusqu'ici, à environ 25 km au nord de Downtown.

Pinecrest Gardens — PARC

(☎305-669-6990 ; www.pinecrestgardens.org ; 11000 SW 57th Ave ; tarif plein/senior/enfant 5/3 $/gratuit ; ⏲10h-18h avr-sept, 9h-17h oct-mars ; P 👪). Lorsque la Parrot Jungle (aujourd'hui Jungle Island ; p. 92) se rapprocha de la grande ville, le village de Pinecrest racheta la jolie propriété pour en faire un parc municipal. Il s'agit désormais d'un havre de paix et d'un des plus beaux jardins tropicaux de ce côté du golfe du Mexique, avec, en son centre, un splendide banian. Des projections cinématographiques et des concerts de jazz y sont organisés en plein air. Ce petit bijou est, pour couronner le tout, délicieusement éloigné des grands circuits touristiques.

Monkey Jungle — ZOO

(☎305-235-1611 ; www.monkeyjungle.com ; 14805 SW 216th St ; tarif plein/senior/enfant 30/24/28 $; ⏲9h30-17h, dernière entrée à 16h ; P 👪). Ici, les rôles sont inversés. En effet, préparez-vous à marcher derrière des vitres tandis que les primates évolueront sans contrainte tout autour de vous. L'expérience est très amusante, en dépit de l'odeur. Le moment des repas constitue le point d'orgue : les macaques crabiers et autres singes d'Asie du Sud-Est plongent dans le bassin pour attraper des fruits et des friandises. Une ravissante volière abrite également des nuées de magnifiques perroquets.

Museum of Contemporary Art North Miami — MUSÉE

(MoCA ; www.mocanomi.org ; 770 NE 125th St ; tarif plein/étudiant/enfant 5/3 $/gratuit ; ⏲11h-17h mar-ven et dim, 13h-21h sam ; P). Ce musée d'art contemporain constitue depuis longtemps une bonne raison de monter jusqu'à North Miami. Ses salles présentent d'excellentes expositions temporaires, avec des artistes américains et internationaux.

Gold Coast Railroad Museum — MUSÉE

(☎305-253-0063 ; www.gcrm.org ; 12450 SW 152nd St ; adulte/enfant 3-11 ans 8/6 $; ⏲10h-16h lun-ven, 11h-16h sam-dim ; P). Particulièrement intéressant pour les amateurs de trains, ce musée expose plus de 30 wagons anciens, notamment la voiture présidentielle Ferdinand Magellan, dans laquelle le président Harry Truman brandit un journal portant un titre erroné, "Dewey Defeats Truman" ("Dewey a battu Truman").

Durant les week-ends, le musée propose des balades de 25 minutes à bord d'anciens fourgons de queue (6 $), de locomotives standards (12 $). Il est prudent de réserver.

Miami Beach **Promenade Art déco**

DÉPART ART DECO MUSEUM
ARRIVÉE OCEAN'S TEN
DISTANCE 1,9 KM ; 2-3 HEURES

Partez du 1 **Art Deco Museum** (p. 65), à l'angle d'Ocean Dr et 10th St (ou "Barbara Capitman Way", du nom de la fondatrice de la Miami Design Preservation League). L'intérieur abrite une exposition permanente sur le style Art déco. En sortant, prenez la direction nord dans Ocean Dr. Entre 12th St et 14th St s'élèvent trois exemples classiques d'hôtels Art déco : le 2 **Leslie**, à la forme cubique caractéristique et dont la façade blanche est soulignée d'éléments jaune vif ; le 3 **Carlyle** (p. 81) aux lignes modernistes ; et le charmant 4 **Cardozo Hotel** (p. 81), création du légendaire architecte Henry Hohauser et propriété de la chanteuse Gloria Estefan. À hauteur de 14th St, jetez un coup d'œil au 5 **Winter Haven Hotel** (p. 123) inondé de soleil, pour admirer les sols en granito. Tournez à gauche et descendez 14th St jusqu'à Washington Ave et le 6 **US Post Office** (p. 77), au niveau de 13th St, un ensemble blanc tout en courbes, très épuré. À l'intérieur, découvrez la fresque, le plafond voûté et les tables en marbre. Déjeunez au 7 **11th St Diner** (p. 129), un *diner* installé dans un wagon Pullman en aluminium étincelant. Installez-vous côté fenêtre et dirigez votre regard vers l'angle de 10th St où se trouve l' 8 **Hotel Astor** (p. 119), dessiné par T. Hunter Henderson en 1936 et très bien restauré. Après le repas, marchez un demi-pâté de maisons vers l'est jusqu'à l'imposant 9 **Wolfsonian-FIU** (p. 65), un excellent musée du design. Les riches vacanciers des années 1930 y entreposaient leurs biens de valeur avant de regagner le Nord. Continuez dans Washington Ave et prenez à gauche dans 7th St, puis continuez au nord le long de Collins Ave jusqu'à l' 10 **Hotel of South Beach** (p. 123), dont l'intérieur et la terrasse sur le toit sont l'œuvre de Todd Oldham. L. Murray Dixon le conçut sous le nom de Tiffany Hotel, avec une belle flèche Art déco, en 1939. Tournez à droite dans 9th St et longez deux pâtés de maisons pour rejoindre Ocean Dr, où se succèdent les merveilles Art déco. Au 960 Ocean Dr, où se tient le passable restaurant 11 **Ocean's Ten**, vous verrez une façade réalisée en 1935 par Henry Hohauser.

VÉLO À MIAMI

Le Miami-Dade County Parks and Recreation Department propose sur son site Internet (www.miamidade.gov/parksmasterplan/bike-trails-map.asp) une liste de pistes cyclables et des plans téléchargeables. Pour une promenade sans difficulté, optez pour les petites rues de South Beach ou les rues ombragées de Coral Gables et de Coconut Grove. Parmi les itinéraires agréables, l'**Old Cutler Bike Path** démarre au bout de Sunset Dr à Coral Gables, traverse Coconut Grove et arrive au Matheson Hammock Park and Fairchild Tropical Garden. La **Rickenbacker Causeway** qui va jusqu'à Key Biscayne en passant par le pont offre une excellente sortie sportive agrémentée de panoramas superbes. Un peu plus loin, l'**Oleta River State Park** permet, sur une piste non goudronnée assez difficile via les collines, une balade hors des sentiers battus. S'il vous faut un vélo, vous pourrez emprunter un Citi Bike (p. 154), service de vélos en libre-service.

Hialeah Park PARC
(www.hialeahparkcasino.com ; 2200 E 4th Ave ; casino 9h-15h ; P). À Hialeah, on est plus proche de La Havane que de Little Havana : plus de 90% de la population pratique l'espagnol en première langue. Majestueux, l'ancien hippodrome constitue à la fois le symbole et le centre de cette communauté d'ouvriers cubains. En 2013, l'hippodrome est devenu un casino, où l'on peut, entre autres, parier sur des courses retransmises en direct.

Activités

Ce ne sont pas les activités qui manquent à Miami. Excursions en bateau, randonnées dans la végétation tropicale, yoga dans les parcs et même trapèze volant : la "ville magique" a de quoi séduire les amateurs de vacances énergiques.

South Beach

Fritz's Skate, Bike & Surf ROLLERS, VÉLO
(carte p. 78 ; 305-532-1954 ; www.fritzsmiamibeach.com ; 1620 Washington Ave ; location vélo et skate heure/jour/5 jours 10/24/69 $; 10h-21h lun-sam, 10h-20h dim). Tout ce qui roule sans moteur se loue ici : skateboards, longboards, rollers en ligne, patins à roulettes, trottinettes et vélos (*cruisers*, VTT, vélos pour enfants). Protections comprises pour les rollers ; antivol fourni avec le vélo.

Spa at the Setai SPA
(carte p. 78 ; 855-923-7908 ; www.thesetaihotel.com ; 101 20th St ; 1 heure de massage à partir de 180 $; 9h-21h). Un paradis balinais dans l'un des plus beaux hôtels de South Beach.

Green Monkey Yoga YOGA
(carte p. 78 ; 305-397-8566 ; www.greenmonkey.net ; 1800 Bay Rd ; cours occasionnel 25 $). Cette salle de yoga offre un cadre agréable et lumineux au dernier étage d'un bâtiment de Sunset Harbour. Large choix de cours proposés toute la journée, yoga vinyasa, power yoga, hip-hop flow et méditation, notamment. Si vous prévoyez de séjourner longuement à Miami, envisagez le nouveau forfait étudiant (69 $/mois, accès illimité).

SoBe Surf SURF
(786-216-7703 ; www.sobesurf.com ; cours collectif/individuel à partir de 70/120 $). Cours de surf à Miami Beach et à Coca Beach, où les vagues sont souvent meilleures. À Miami Beach, les cours se déroulent généralement vers South Point. Réservation par téléphone ou e-mail.

Glow Hot Yoga YOGA
(carte p. 78 ; 305-534-2727 ; www.glowhotyogamiami.com ; 1560 Lenox Ave ; cours occasionnel/forfait semaine accès illimité 27/59 $). Excellents cours de "hot yoga" dans une salle spacieuse et accueillante, impeccablement tenue. Un patio extérieur permet un agréable moment de détente après l'intensité d'un cours de yoga Bikram. Au sud de Lincoln Rd.

North Beach

Russian & Turkish Baths MASSAGE
(carte p. 86 ; 305-867-8316 ; www.russianandturkishbaths.com ; 5445 Collins Ave ; soins à partir de 40 $; 12h-minuit). Aimer prendre soin de son corps n'implique pas nécessairement l'envie d'aller dans un spa clinquant où la même musique douce passe en boucle. Pourquoi ne pas tenter l'un des lieux favoris des amateurs de spa que le décorum laisse froids ? Ce dédale de petits *banyas* (bains de vapeur) offre une pléthore de "soins".

On peut ainsi s'y faire tranquillement flageller avec des branches de bouleau, appelées *venik*, dans un sauna brûlant (pour 40 $... une expérience !), ou profiter d'un gommage à la boue et au sel de la mer Morte (55 $). Le café sur place sert de délicieux bortschs, blinis, tranches de pain noir et du poisson fumé, le tout accompagné de bière. La clientèle y est tout aussi intéressante : jeunes branchés, juifs plus âgés, mannequins, citoyens européens, russes ou membres des anciens pays soviétiques.

Carillon Miami Wellness Resort SPA
(carte p. 86 ; ☎866-276-2226 ; www.carillonhotel.com ; 6801 Collins Ave, Carillon Hotel ; soin 165-300 $; ⏰8h-21h). Avec ses 6 500 m² dévolus au bien-être, ce spa semble difficile à surpasser. Le lieu propose des soins variés, des cours de fitness (spinning, power yoga, méditation, core training) et une jolie vue sur les flots.

BG Oleta River Outdoor Center SPORTS NAUTIQUES
(☎786-274-7945 ; www.bgoletariveroutdoor.com ; 3400 NE 163rd St ; location kayak/canoë 1 heure 30 25/30 $; ⏰8h-1 heure avant le coucher du soleil ; 👪). Ce prestataire de l'Oleta River State Park propose à la location quantité d'équipements pour sports nautiques. Parmi les locations de 2 heures, citons : kayak individuel/tandem (30/60 $), canoë (35 $), paddle (40 $), vélo (à partir de 25 $).

Des circuits en groupe au fil de l'eau sont aussi proposés : en matinée (samedi et dimanche à 10h, à partir de 45 $), au coucher de soleil (le vendredi, à partir de 35 $), sous la pleine lune une fois par mois, cours de stand-up paddle et cours de yoga sur paddle (le dimanche à 9h, 30 $).

Normandy Isle Park & Pool PISCINE
(carte p. 86 ; ☎305-673-7750 ; 7030 Trouville Esplanade ; adulte/enfant 10/6 $; ⏰6h30-20h30 ; 👪). Pour une journée loisirs en famille, cette piscine de quatre lignes d'eau est ouverte à tous à l'exception des horaires réservés aux longueurs (avant 9h et après 19h). À l'extérieur, une aire de jeux les pieds dans l'eau avec cascades attend les plus jeunes.

Downtown Miami

Tina Hills Pavilion YOGA
(carte p. 88 ; Biscayne Blvd, Bayfront Park). GRATUIT
Installé en plein air, ce petit centre organise des manifestations gratuites, notamment des cours de yoga (1 heure 15) adaptés à tous niveaux (les lundis et mercredis à 18h, et à 9h le samedi matin).

Spa at Mandarin Oriental Miami SPA
(carte p. 88 ; ☎305-913-8332 ; www.mandarin-oriental.com/miami/luxury-spa ; 500 Brickell Key Dr, Mandarin Oriental Miami ; manucure 75 $, soins 175-425 $; ⏰8h30-21h30). Parler pour cet établissement de la crème des spas relève encore de l'euphémisme. Bambou ou papier de riz sont utilisés dans les soins, et on y propose des bains aux plantes ayurvédiques, de l'aromathérapie, des massages aux huiles et de nombreux autres plaisirs raffinés.

Miami Yoga YOGA
(carte p. 88 ; ☎305-856-1387 ; www.miamiyoga.com ; 301 SW 17th Rd, Brickell ; forfait 1/5/10 cours 22/95/180 $). D'un style peu conventionnel, cette école propose des cours de power vinyasa yoga mêlant toutes les pratiques (renforcement, étirements, méditation) dans une salle chauffée, sans inconfort toutefois.

Les cours ont lieu la semaine et sont accessibles à tous.

Blue Waters II PÊCHE
(carte p. 88 ; ☎305-373-5016 ; www.fishingmiami.net ; 401 Biscayne Blvd, Bayside Marketplace, Pier 5). Si vous êtes à la recherche d'une journée bien remplie en mer, réservez une sortie pêche auprès de cet excellent prestataire. John Barker, le commandant, a l'expérience de plus de 30 années passées à pêcher dans ces eaux ; ses différents circuits individuels de 4, 6, ou 8 heures contournent Miami et Key Biscayne.

À NE PAS MANQUER

MIAMI ECOADVENTURES

Le réseau de parcs du comté de Miami-Dade propose différents circuits sous la rubrique **Miami EcoAdventures** (☎305-666-5885 ; www.miamidade.gov/ecoadventures ; circuit à vélo 45 $, canoë 30-70 $), notamment d'excellents itinéraires à vélo sur Key Biscayne et dans les Everglades. On peut aussi opter pour l'un des six circuits en canoë sur l'Oleta River, un trek dans la mangrove de Matheson ou rejoindre Indian Key, une île des Keys, en canoë. Sont également proposés, entre autres, des excursions en kayak, des sorties snorkeling, des randonnées et des circuits d'observation des oiseaux. Points de départ variables : consultez le site Internet ou appelez.

Little Haiti et Upper East Side

Kundalini Yoga YOGA

(carte p. 96 ; ☎305-603-8540; www.kymiami.com; 6901 Biscayne Blvd; cours occasionnel 20 $, location de tapis 2 $; ⏲10h-18h30 lun-sam, 10h-16h dim). Très prisé des gens du coin pour ses cours (1 heure 30), cette école de yoga est orientée vers une pratique spirituelle et méditative, comme souvent dans les centres kundalini.

Coral Gables

Venetian Pool NATATION

(carte p. 102 ; ☎305-460-5306 ; www.coralgables-venetianpool.com ; 2701 De Soto Blvd ; adulte/enfant sept-mai 15/10 $, juin-août 20/15 $; ⏲11h-17h30 mar-ven, 10-16h30 sam-dim, fermé déc-fév ; 👪). En 1923, des tonnes de pierre avaient été extraites pour construire l'un des plus beaux quartiers de Miami. Il en resta un trou béant qu'on décida de remplir d'eau et d'habiller de mosaïques pour en faire une aire de jeux aquatiques digne d'un empereur romain. Au final, il s'agit de l'une des rares piscines inscrites au Registre américain des sites historiques, un merveilleux ensemble de style vénitien, bordé de palmiers, avec des grottes en corail et des cascades.

Prana Yoga Center YOGA

(carte p. 102 ; ☎305-567-9812 ; www.pranayoga-miami.com ; 247 Malaga Ave ; forfait 1/5/10 cours 20/95/180 $; ⏲8h30-21h lun-ven, 8h30-16h sam-dim). À Coral Gables, cette école est très appréciée pour ses cours de yoga iyengar et kundalini, ainsi que pour ses entraînements à la méditation et à la relaxation.

YOGA ET BRISE MARINE

La plage n'est pas le seul endroit à Miami où effectuer ses salutations au soleil. De relaxants cours de **yoga en bord de mer** (carte p. 100 ; www.thebarnacle.org ; cours 15 $; ⏲18h30-19h45 lun et mer) sont proposés au Barnacle Historic State Park (p. 101) de Coconut Grove. Pour faire des économies, essayez les cours de yoga gratuits du Bayfront Park (p. 87), organisés trois fois par semaine en plein air au Tina Hills Pavilion, à l'extrémité sud du parc.

Les écoles de yoga proposent un large choix de cours ; apportez votre tapis (location parfois possible pour un tarif d'environ 2 $/cours).

Key Biscayne

Virginia Key Outdoor Center ACTIVITÉS EN EXTÉRIEUR

(VKOC ; www.vkoc.net ; 3801 Rickenbacker Causeway, Virginia Key ; location kayak ou vélo 25 $ 1re heure, 10 $/heure supp ; ⏲9h-16h30 lun-ven, à partir de 8h sam-dim). Ce prestataire de grande qualité vous emmènera pagayer en un rien de temps grâce à ses locaux les pieds dans l'eau. En kayak ou en paddle, on commence par se familiariser avec l'engin dans cette petite baie (Lamar Lake) bordée par la mangrove, où vivent des lamantins, avant de s'aventurer plus loin.

Parmi les incontournables : les circuits au coucher du soleil (plusieurs fois par mois) ou sous la pleine lune.

On peut aussi louer un VTT et rejoindre les Virginia Key North Point Trails.

Virginia Key North Point Trails VTT

(3801 Rickenbacker Causeway, Virginia Key Beach North Point Park). GRATUIT Dans une partie boisée à la pointe nord du Virginia Key Beach North Point Park se trouve une succession de courts sentiers VTT, balisés selon le niveau (débutant, intermédiaire et avancé). L'accès aux sentiers est gratuit mais le parking du Virginia Key Beach North Point Park est, lui, payant.

Si vous n'avez pas de vélo, vous pourrez en louer un au Virginia Key Outdoor Center.

Miami Catamarans BATEAU

(☎305-345-4104 ; www.facebook.com/miamicatamarans ; 3300 Rickenbacker Causeway, Virginia Key ; à partir de 64 $/heure ; ⏲11h-18h lun-ven, 10h-18h sam-dim). Prenez le large à bord d'un petit catamaran Hobie Cat. Les débutants pourront suivre un cours (120 $/1 heure).

Crandon Golf Course GOLF

(carte p. 106 ; ☎305-361-9129 ; www.golfcrandon.com ; 6700 Crandon Blvd ; 18 trous 200 $, après 14h/15h30 70/35 $). Superbe vue maritime pour ce parcours de Key Biscayne. Les habitués vous diront qu'il s'agit de l'un des plus beaux (et des plus exigeants) par 72 de Floride.

SoSUP Key Biscayne SPORTS NAUTIQUES

(☎786-301-3557 ; www.sosupkeybiscayne.com ; 3979 Rickenbacker Causeway, Virginia Key ; vélo/kayak/paddle 10/20/25 $/heure ; ⏲10h-17h). Spécialisé dans les activités d'extérieur, ce prestataire loue depuis un étal sur la plage des paddles, kayaks, pédalos et des vélos. Situé à Virginia Key (en dépit de son nom).

Miami Kiteboarding KITESURF
(carte p. 106 ; ☎305-345-9974 ; www.miamikiteboarding.com ; 6747 Crandon Blvd, Crandon Park ; ⏲10h-18h avr-sept, 9h-17h oct-mars). Divers cours individuels de kitesurf sont proposés ici, à partir de 150 $ l'heure (tarif réduit pour les couples).

Sailboards Miami SPORTS NAUTIQUES
(☎305-892-8992 ; www.sailboardsmiami.com ; 1 Rickenbacker Causeway ; cours planche à voile 85 $, location planche à voile/kayak/paddle 30/20/30 $ l'heure ; ⏲10h-18h ven-mar). Une bonne adresse pour se mettre à l'eau. On peut y suivre un cours de prise en main de la planche à voile (2 heures) ou, pour ceux qui sont déjà familiarisés, louer le matériel. Location de kayaks et paddles.

Circuits organisés et cours

Les marins confirmés pourront louer un voilier auprès de l'**Aquatic Rental Center & Sailing School** (☎305-751-7514 ; www.arcmiami.com ; 1275 NE 79th St ; voilier 2 heures/3 heures/4 heures/journée entière 90/130/160/225 $; ⏲9h-21h). Les autres pourront apprendre à naviguer (cours de voile 450/600 $ pour 1/2 pers).

South Beach

Miami Design Preservation League À PIED
(carte p. 82 ; ☎305-672-2014 ; www.mdpl.org ; 1001 Ocean Dr ; circuit guidé tarif plein/étudiant 25/20 $; ⏲circuits 10h30 tlj et 18h30 jeu). Dévoile les histoires fascinantes qui se cachent derrière les bâtiments Art déco de South Beach, avec un guide de la Miami Design Preservation League. Les parcours durent 1 heure 30. Propose également des visites du Miami Beach juif, du Miami Beach gay et lesbien, ainsi qu'un circuit mensuel (premier samedi à 9h30) du quartier MiMo de North Beach. Consultez le site Internet pour plus d'informations.

Miami Food Tours GASTRONOMIE
(carte p. 82 ; ☎786-361-0991 ; www.miamifoodtours.com ; 429 Lenox Ave ; circuit de South Beach adulte/enfant 58/35 $, circuit de Wynwood 75/55 $; ⏲circuits South Beach 11h et 16h30 lun-dim, Wynwood 10h30 lun-sam). Ce circuit très réputé explore différentes facettes de la ville – culture, histoire, arts et gastronomie – et passe à ce titre par plusieurs restaurants et cafés. Ces circuits pédestres, accessibles à tous, concernent South Beach et Wynwood.

Bike & Roll À VÉLO
(carte p. 82 ; ☎305-604-0001 ; www.bikemiami.com ; 210 10th St ; location 2 heures/4 heures/journée à partir de 10/18/24 $, circuits 40 $; ⏲9h-19h). Ce prestataire sérieux propose un choix satisfaisant de vélos, notamment des *cruisers* mono-vitesse, des VTC et des vélos de route performants. Le personnel est efficace et rapide pour une optimisation de votre temps, et propose par ailleurs des circuits à vélo (tous les jours à 10h).

Downtown Miami

History Miami Tours CIRCUITS
(www.historymiami.org/city-tour ; circuits 30-60 $). Universitaire passionné d'histoire, le Dr Paul George organise d'extraordinaires circuits pédestres à visée culturelle, notamment à Little Haiti, Little Havana, Downtown et Coral Gables à la tombée de la nuit, ainsi qu'une excursion en bateau (occasionnelle) vers Stiltsville et Key Biscayne. Les circuits se déroulent environ une fois par semaine. Programmation et réservations en ligne.

Urban Tour Host À PIED
(carte p. 88 ; ☎305-416-6868 ; www.miamiculturaltours.com ; 25 SE 2nd Ave, Ste 1048 ; circuits à partir de 20 $). Propose un programme varié de circuits permettant une réelle interaction avec tous les quartiers de Miami. Originale, la visite guidée culturelle des communautés de Miami passe par Little Haiti et Little Havana, avant de découvrir Overtown, Liberty City et Allpattah.

Parmi les autres circuits, citons : South Beach, Downtown et Coral Gables ; Wynwood et le Design District ; et les Everglades.

Island Queen EN BATEAU
(carte p. 88 ; ☎305-379-5119 ; www.islandqueencruises.com ; 401 Biscayne Blvd ; adulte/enfant à partir de 28/20 $). Excursions de 1 heure 30 en bateau via Millionaire's Row, Miami River et Fisher Island. Fréquents départs quotidiens (toutes les heures entre 11h et 18h).

Wynwood et Design District

Wynwood Art Walk À PIED
(☎305-814-9290 ; www.wynwoodartwalk.com ; circuits à partir de 29 $). Ne confondez pas cette visite guidée de 1 heure 30 avec le festival

des arts du même nom : on vous propose ici de découvrir les meilleures expositions du moment ainsi que les plus belles œuvres de street art des environs.

Coral Gables

Coral Gables Tours PLEIN AIR

(carte p. 102 ; ☎305-603-8067 ; www.coralgablesmuseum.org/tours ; 285 Aragon Ave). Le Coral Gables Museum organise des circuits répartis sur le mois : circuit guidé dans le centre-ville (samedi à 11h, 10 $), visite guidée du musée (dimanche à 13h, tarif compris dans l'entrée) et des circuits à vélo (3e dim du mois à 10h, 10 $).

Le meilleur des circuits est celui où l'on pagaye 2 heures durant au fil du Coral Gables Waterway (dernier dimanche du mois à 9h30, 40 $), une succession pittoresque de canaux, en profitant du cadre. Réservation par téléphone.

Key Biscayne

Stiltsville Boat Tour EN BATEAU

(☎305-379-5119 ; www.islandqueencruises.com/stiltsville.htm ; croisière 60 $). Island Queen Cruises, prestataire installé à proximité de Bayside Marketplace, propose des excursions en bateau (3 heures) vers Stiltsville commentées par un historien, le Dr Paul George. Fréquence variable, une fois par mois environ – horaires mis à jour consultables sur www.historymiami.org/city-tour.

Fêtes et festivals

Viernes Culturales CULTURE

(Vendredis culturels ; www.viernesculturales.org ; ⏲19h-23h dernier ven du mois). Bien loin des habituels vernissages feutrés, les vendredis culturels de Little Havana rappellent davantage les festivités de carnaval : musique, anciens crooners en *guayaberas* (chemises cubaines) chantant sous les étoiles et galeries ouvrant grandes leurs portes pour l'occasion.

Si le quartier artistique de Little Havana n'a pas l'ampleur d'un Wynwood, il compte une rue dynamique regroupant des galeries et des ateliers d'artistes (sur 8th St entre SW 15th Ave et SW 17th Ave). Prévoyez une visite le dernier vendredi du mois lors de ces *viernes culturales*.

Wynwood Art Walk ART

(www.artcircuits.com ; ⏲19h-22h 2e sam du mois). GRATUIT L'un des meilleurs moyens pour appréhender les courants artistiques naissants de Miami. Malgré un nom qui laisse présager un circuit pédestre, il s'agit bien d'un festival : de nombreuses galeries d'art de Wynwood programment à cette occasion événements et vernissages, avec musique live et boissons à foison (parfois payantes), food-trucks et marchés éphémères.

Très sympathique en dépit de la forte affluence, la soirée se prolonge dans le Design District, qui organise à son tour son Art Walk, moins festif que celui de Wynwood et davantage centré sur les arts.

Sounds of Little Haiti CULTURE

(www.rhythmfoundation.com/series/big-night-in-little-haiti ; 212 NE 59 Terrace, Little Haiti Cultural Center ; ⏲18h-22h 3e ven du mois). GRATUIT Aperçu de la culture caribéenne, ce festival familial est proposé le troisième vendredi du mois. Au rendez-vous, musique, cuisine antillaise et activités pour les enfants.

100% MIAMI

MIAMI CRITICAL MASS

Le dernier vendredi du mois, les vélos, mais aussi quelques skates, rollers et autres engins de glisse envahissent les rues de la ville.

Il s'agit de la Miami Critical Mass. Cette manifestation, initiée par la Miami Bike Scene (www.themiamibikescene.com), vise à attirer l'attention sur le vélo et la nécessité de développer les infrastructures qui lui sont dédiées. Ouverte à tous, cette "randonnée de groupe" réunit les participants à Government Center (près du musée HistoryMiami ; p. 85) à 18h30 le dernier vendredi du mois.

Le départ a lieu à 19h15 pour un circuit de 12 à 18 miles (19 à 28 km). La vitesse de croisière ne dépasse guère les 20 km/h, allure qu'il faudra maintenir, sans la dépasser (difficile de doubler les organisateurs). Un moment sympathique, idéal pour rencontrer d'autres cyclistes !

Janvier

Miami Jewish Film Festival CINÉMA
(www.miamijewishfilmfestival.com ; 4200 Biscayne Blvd ; ⏲jan). Occasion unique d'aller à la rencontre, dans les salles obscures, de l'une des plus grandes communautés juives des États-Unis.

Art Deco Weekend CULTURE
(www.artdecoweekend.com ; Ocean Dr entre 1st St et 23rd St ; ⏲mi-jan). Mi-janvier, ce week-end festif fait la part belle aux circuits guidés, concerts, parades de voitures anciennes, terrasses de cafés et brocanteurs.

Miami Marathon SPORT
(www.themiamimarathon.com ; ⏲fin jan). Principale course à pied du sud de la Floride, le marathon de Miami rassemble plus de 25 000 athlètes, le long d'un magnifique parcours. Un semi-marathon est également organisé.

Février

Original Miami Beach Antiques Show FOIRE
(www.originalmiamibeachantiqueshow.com ; Miami Beach Convention Center ; ⏲fév). L'une des plus grandes foires des États-Unis regroupe pendant quatre jours plus de 800 exposants en provenance de 20 pays.

Art Wynwood ART
(www.artwynwood.com ; ⏲mi-fév). Les nombreuses galeries d'art de Wynwood exposent leurs créations au cours de ce festival, qui présente le meilleur de la scène artistique émergente de Miami. La manifestation a un petit côté commercial et les acheteurs au portefeuille bien garni sont particulièrement courtisés. Attendez-vous à voir fleurir des fresques et des installations dans tout le quartier. Se tient généralement le troisième week-end de février.

South Beach Wine & Food Festival GASTRONOMIE
(www.sobefest.com ; ⏲fin fév). Ce festival gastronomique, qui s'étire sur cinq jours fin février, assure la promotion de la cuisine et des vins du sud de la Floride : démonstrations culinaires, brunchs, dîners et barbecues avec *guest-stars*, happy hours...

Coconut Grove Arts Festival CULTURE
(www.coconutgroveartsfest.com ; Bayshore Dr, Coconut Grove ; ⏲fin fév). L'un des festivals artistiques les plus prestigieux du pays, fin février, avec plus de 350 artistes. On peut également assister à des concerts, des spectacles de danse et d'art dramatique, et des démonstrations culinaires. Un village mondial accueille des étals alimentaires internationaux.

LE TOP DES MANIFESTATIONS

Art Basel Miami, décembre

Art Deco Weekend (p. 115), janvier

Coconut Grove Arts Festival, février

Carnaval Miami, mars

Ultra Music Festival, mars

Mars

Carnaval Miami CARNAVAL
(Calle Ocho Festival ; www.carnavalmiami.com ; ⏲mars). L'une des manifestations annuelles majeures de Little Havana, ce festival latino prend les rennes du quartier neuf jours durant, début mars : spectacles de drag-queens, compétition de rollers en ligne, tournoi de dominos, gigantesque fête de rue Calle Ocho, élection de Miss Carnaval Miami, etc.

Miami International Film Festival CINÉMA
(www.miamifilmfestival.com ; ⏲mars). Ce festival de 10 jours est subventionné par le Miami-Dade College et présente des documentaires et des films du monde entier. Plus d'une demi-douzaine de cinémas y participent, partout dans la ville.

Winter Music Conference MUSIQUE
(www.wintermusicconference.com ; ⏲mars). DJ, organisateurs de soirées, producteurs et amateurs de fêtes viennent du monde entier pour découvrir de nouveaux artistes et de nouvelles technologies, jusqu'au petit matin.

Calle Ocho Festival CULTURE
(Carnaval Miami ; www.carnavalmiami.com ; ⏲mars). Cette gigantesque fête de rue dans Little Havana constitue le point d'orgue du Carnaval Miami – 9 jours de festivités qui célèbrent la culture latino.

Ultra Music Festival MUSIQUE
(www.ultramusicfestival.com ; Bayfront Park, 301 N Biscayne Blvd). Les amateurs de dance se retrouvent en nombre à Bayfront Park fin mars pour trois jours de fête. Des DJ réputés affluent du monde entier pour mixer depuis huit scènes éparpillées dans le parc. Sons et lumières, tenues folles et sonos délirantes bien au-delà du parc...

Réservez le plus tôt possible. Avec plus de 150 000 spectateurs, le festival est complet chaque année.

Avril

Miami Beach Gay Pride — PARADE

(www.miamibeachgaypride.com ; avr). En avril, le temps d'un week-end, Miami Beach hisse fièrement le drapeau arc-en-ciel lors de ce festival animé, qui culmine dans un défilé coloré sur Ocean Dr.

Outshine Film Festival — CINÉMA

(www.mifofilm.com ; avr). Pendant environ dix jours fin avril, projections de courts métrages, films et documentaires consacrés à la communauté LGBT dans différents cinémas de South Beach. Plus de 65 films sont présentés, parfois en avant-première.

Wynwood Life — MUSIQUE

(www.wynwoodlife.com ; avr). En avril, lors d'un week-end, ce festival assez récent met à l'honneur tout ce qui fait Wynwood. Concerts, DJ, grand marché de l'art et de l'artisanat, défilés de mode, food-trucks, démonstrations culinaires et installations éphémères d'artistes talentueux.

Billboard Latin Music Awards — MUSIQUE

(www.billboardevents.com ; fin avril). Fin avril, cette prestigieuse cérémonie attire des grands noms de l'industrie musicale, des artistes latinos et des fans de musique latine.

Mai, juin et juillet

Miami Museum Month — CULTURE

(www.miamimuseummonth.com ; mai). Le mois de mai est une excellente occasion de visiter quelques-uns des plus beaux musées de la ville, et de profiter des happy hours, expos temporaires et autres conférences.

Miami Fashion Week — MODE

(www.miamifashionweek.com ; Miami Beach Convention Center ; mai ou juin). Avec l'arrivée massive des stylistes dans la ville, les podiums sont omniprésents, tout comme les mannequins.

Goombay Festival — CULTURE

(www.goombayfestivalcoconutgrove.com ; juin/juil). En juin ou juillet, ce vaste festival met à l'honneur la culture bahamienne.

Independence Day Celebration — FÊTE NATIONALE

(Bayfront Park ; 4 juil). Feux d'artifice grandioses, spectacles laser et concerts commémorent le 4 juillet, avec plus de 100 000 personnes rassemblées dans le Bayfront Park.

Août et septembre

Miami Spice Restaurant Month — GASTRONOMIE

(www.facebook.com/ilovemiamispice ; août-sept). Les grands restaurants de Miami offrent des déjeuners et des dîners de 3 plats à prix réduit pour attirer le chaland en période de canicule. Les prix tournent autour de 25 $ le midi et 40 $ le soir. Réservation fortement conseillée.

International Ballet Festival — DANSE

(www.internationalballetfestival.org ; août-sept). De célèbres corps de ballet du monde entier viennent se produire dans des salles de la ville. Les spectacles sont donnés sur plusieurs week-ends, d'août à septembre.

Novembre

Miami Book Fair International — CULTURE

(www.miamibookfair.com ; 401 NE 2nd Ave ; nov). Cette foire du livre qui se tient mi- ou fin novembre est l'une des plus importantes du pays. Des centaines d'écrivains, des centaines d'éditeurs et des centaines de milliers de lecteurs.

White Party — MUSIQUE

(www.whiteparty.org ; nov). Un événement incontournable de la communauté homosexuelle. Durant une semaine de folie, plus de 15 000 gays et lesbiennes se rassemblent pour faire la fête dans les clubs et autres lieux, partout en ville.

Décembre

Design Miami — ART

(www.designmiami.com ; début déc). Organisé conjointement avec l'Art Basel, début décembre en général, Design Miami est une manifestation sélecte qui accueille des grands noms du design à travers le monde. Des conférences et des expositions sur le thème du design ont lieu au sein du Miami Beach Convention Center.

Art Basel Miami Beach — ART

(www.artbasel.com/miami-beach ; début déc). Un événement majeur de l'art contemporain international, avec des œuvres de plus de 250 galeries et une kyrielle de soirées branchées. L'exposition principale se tient au Miami Beach Convention Center (billets à partir de 50 $), mais tout le monde peut profiter de ce festival de quatre jours, avec installations en plein air partout en ville, expositions spéciales dans de nombreuses galeries de Miami et projections de films en extérieur, parmi bien d'autres manifestations.

King Mango Strut PARADE
(www.kingmangostrut.org ; Main Ave et Grand Ave, Coconut Grove ; ⏲déc). Depuis 1982, chaque année juste après Noël, cette parade loufoque se déroule à Coconut Grove et consiste à caricaturer l'actualité politique et l'Orange Bowl Parade, qui n'existe plus.

Art Miami ART
(www.art-miami.com ; ⏲déc). Organisée en décembre, cette énorme exposition rassemble des œuvres d'art moderne et contemporain de plus de 100 galeries et d'artistes internationaux.

Orange Bowl SPORTS
(www.orangebowl.org ; Hard Rock Stadium, 347 Don Shula Dr, Miami Gardens). Les supporters de football américain convergent vers Miami pour le Super Bowl des équipes universitaires. Le match se joue soit fin décembre (généralement le 30 ou 31) soit tout début janvier.

Où se loger

Certaines adresses de Miami ont un tel pouvoir d'attraction qu'elles peuvent parfois constituer la motivation principale d'un séjour ici. La palme de la notoriété revient à South Beach et à ses boutiques-hôtels installés dans de beaux bâtiments Art déco. Ailleurs le choix ne manque pas, des gratte-ciel de Downtown offrant une vue spectaculaire et tous les équipements imaginables, aux bâtiments chargés d'histoire de Coral Gables, Coconut Grove et d'autres quartiers moins touristiques.

South Beach

SoBe Hostel AUBERGE DE JEUNESSE $
(carte p. 82 ; ☎305-534-6669 ; www.sobe-hostel.com ; 235 Washington Ave ; dort 22-52 $; ❄@📶). Dans un coin tranquille de SoFi (au sud de 5th St, à South Beach), cette imposante auberge de jeunesse cosmopolite dispose d'une salle commune animée et de chambres spartiates. Le personnel est sympathique, et le bar (ouvert jusqu'à 5h) est propice aux rencontres. Petit-déjeuner et dîner sont compris. Nombreuses activités proposées : volley, soirées confection de mojitos, retransmission de grands matchs, tournées des bars...

HI Miami Beach AUBERGE DE JEUNESSE $
(carte p. 78 ; ☎305-787-3122 ; www.hi-miamibeach.com/contact ; 1506 Collins Ave ; dort 30-50 $; 📶). Bonne adresse Hostelling International pour petits budgets : personnel accueillant, chambres bien tenues et nombreuses activités – en particulier en soirée. Une cuisine et une terrasse complètent l'offre, ainsi que d'excellents tacos. Emplacement idéal, à courte distance de la plage.

Rock Hostel AUBERGE DE JEUNESSE $
(carte p. 78 ; ☎305-763-8146 ; www.miamirockhostel.com ; 1351 Collins Ave ; dort 30-50 $; ❄📶). Située à quelques minutes de la plage, cette auberge animée et bien tenue semble conçue pour les fêtards. Les dortoirs (certains réservés aux femmes), simples, comptent 6 à 10 lits. Le lieu vaut surtout pour les activités proposées, notamment des soirées tournée des bars et clubs. Sur place, la SoCal Cantina sert de savoureux tacos et cocktails des tropiques ; une terrasse est installée sur le trottoir. Autres bonus, le transfert gratuit depuis/vers l'aéroport, une cuisine commune et un petit-déjeuner compris (mais frugal).

Bed & Drinks AUBERGE DE JEUNESSE $
(carte p. 78 ; ☎786-230-1234 ; www.bedsndrinks.com ; 1676 James Ave ; dort/d à partir de 29/154 $). Voici un établissement qui assume sans complexe de cibler une clientèle jeune et peu exigeante – comme son nom, "un lit et des boissons", le laisse entendre –, mais son emplacement à quelques rues de la plage joue en sa faveur. Les chambres sont au mieux passables, mais les clients, plus intéressés par la fête, s'en contentent (généralement). Personnel aimable, bar animé sur place, sorties organisées en discothèque... de quoi passer sur les côtés négatifs.

Aqua Hotel BOUTIQUE-HÔTEL $
(carte p. 78 ; ☎305-538-4361 ; www.aquamiami.com ; 1530 Collins Ave ; ch 110-200 $; P❄📶). Une déco marine en façade en accord avec son nom, des chambres toutes blanches, avec du parquet au sol et quelques toiles au mur. Il n'y a pas de piscine, mais on peut échapper au bruit de Collins Ave dans le petit jardin à l'arrière du bâtiment.

Miami Beach International Hostel AUBERGE DE JEUNESSE $
(carte p. 82 ; ☎305-534-0268 ; www.hostelmiamibeach.com ; 236 9th St ; dort/ch à partir de 34/150 $; ❄@📶). Après d'amples travaux de rénovation, cette bonne vieille auberge de

PISCINES D'HÔTEL

Il existe à Miami de magnifiques piscines d'hôtel, où l'idée est plutôt de se montrer que de faire des longueurs. La plupart sont agrémentées de bars, d'espaces lounge, voire de discothèques. Certains établissements limitent l'accès à leur clientèle, mais, si vous consommez sur place, vous devriez pouvoir profiter de la piscine.

- Delano Hotel (p. 123)
- Shore Club (p. 123)
- Kimpton Epic Hotel (p. 126)
- Biltmore Hotel (p. 127)
- Raleigh Hotel (p. 123)
- Fontainebleau (p. 125)

jeunesse a pris des allures de boutique-hôtel équipé de dortoirs. D'une blancheur impeccable, décorées de touches de marbre et d'accessoires modernes, les chambres sont très propres. Une excellente base pour explorer South Beach. Bonne ambiance et soirées animées.

Ocean Blue AUBERGE DE JEUNESSE **$**
(carte p. 82 ; ☎305-763-8212 ; www.oceanblue.miami ; 928 Ocean Dr, 1er ét ; dort à partir de 35 $; P❄📶). L'une des rares auberges de jeunesse d'Ocean Dr, cet établissement modeste propose des chambres colorées, avec vue sur l'océan pour certaines. Malheureusement, on s'y sent plutôt à l'étroit, notamment à cause des trois lits superposés qui prennent tout l'espace jusqu'au plafond. Par ailleurs, les contacts entre voyageurs sont peu favorisés (pas de cuisine ni de pièce commune, à l'exception de la réception). Reste l'emplacement, imbattable.

Jazz on South Beach AUBERGE DE JEUNESSE **$**
(carte p. 82 ; ☎305-672-2137 ; www.jazzhostels.com/jazzlocations/jazz-on-south-beach ; 321 Collins Ave ; dort 22-40 $, d à partir de 75 $; ❄📶). À l'extrémité sud de South Beach, plus tranquille, cette auberge de jeunesse est un bon choix pour ceux qui ne recherchent pas la compagnie – il n'y a pas de bar, et le salon, agréable pour un moment de détente, n'est guère propice aux rencontres entre voyageurs. Les chambres, qui peuvent accueillir jusqu'à 12 personnes, sont basiques au mieux, les matelas peu épais et la clim bruyante. La plage est, elle, juste à côté.

Townhouse Hotel BOUTIQUE-HÔTEL **$$**
(carte p. 78 ; ☎305-534-3800 ; www.townhousehotel.com ; 150 20th St à Collins Ave ; ch 200-400 $; ❄📶). Déco élégante et minimaliste dès la belle réception, toute blanche, et dans les chambres aux allures d'igloos, relevées de quelques touches de rouge vif. L'établissement tout entier est accueillant, parfois un peu décalé – les habituels bonbons sur l'oreiller sont ici remplacés par des ballons de plage.

Sur le toit, un bar lounge festif vous attend (de 18h à minuit) ; en bas, un bar animé (ouvert jusqu'à 4h) sert des burgers et autres *ramen* ; enfin, un espace pâtisserie et café est ouvert (de 7h à 13h) à la réception. S'il n'y pas de piscine sur place, les clients peuvent utiliser celle de l'hôtel Raleigh, voisin.

Fashion Boutique Hotel BOUTIQUE-HÔTEL **$$**
(carte p. 82 ; ☎786-398-4408 ; www.fashionhaushotel.com ; 534 Washington Ave ; ch à partir de 179 $; P❄📶🏊). Une ambiance théâtrale règne dans cet hôtel aux tarifs raisonnables, situé dans un endroit calme de South Beach. Les 48 chambres bien équipées sont décorées de linge de lit rouge rubis, de murs gris clair et d'épais rideaux en accordéon. Ce qui distingue surtout l'établissement, ce sont les photos de mannequins format géant au-dessus du lit – un mélange des genres détonant dans ces chambres feutrées. Terrasse sur le toit.

Catalina Hotel BOUTIQUE-HÔTEL **$$**
(carte p. 78 ; ☎305-674-1160 ; www.catalinahotel.com ; 1732 Collins Ave ; ch à partir de 220 $; P❄📶🏊). Le Catalina est un ravissant exemple d'hôtel Art déco de catégorie moyenne. Outre des chambres à la décoration minimaliste et gaie, il offre une ambiance particulièrement plaisante, sans rien de prétentieux, que semblent apprécier le personnel comme la clientèle. La façade d'un blanc immaculé dissimule à l'arrière une charmante piscine, à l'ombre des bambous.

Clay Hotel HÔTEL **$$**
(carte p. 78 ; ☎305-250-0759 ; www.clayhotel.com ; 1438 Washington Ave ; ch 140-250 $; ❄📶). Combien d'hôtels sont installés dans une villa centenaire de style espagnol ? Le Clay propose des chambres propres et confortables, ni trop clinquantes ni trop spartiates, situées dans un dédale de bâtiments adjacents. Parfait si votre budget est serré mais que vous n'avez pas envie de passer la

nuit dans un dortoir. Encore un endroit où Al Capone a séjourné.

Chesterfield Hotel BOUTIQUE HOTEL **$$**
(carte p. 82 ; ☎877-762-3477 ; www.thechesterfield-hotel.com ; 855 Collins Ave ; ch à partir de 215 $; P❄📶). Le Safari Bar du petit hall, ponctué de coussins et de rideaux zébrés, est l'une des adresses les plus courues de Collins Ave au moment de l'happy hour, quand le jour décline. Dans les chambres, les meubles en bois sombre sont réveillés par le blanc immaculé des lits et les touches de couleur tropicales jetées ici et là. Ne manquez pas la vue depuis la terrasse sur le toit.

Stiles Hotel BOUTIQUE-HÔTEL **$$**
(carte p. 82 ; ☎844-289-8145 ; www.thestileshotel.com ; 1120 Collins Ave ; ch 170-340 $; P❄📶🏊). Voici une adresse prisée pour ses tarifs (relativement) raisonnables, son personnel sympathique et ses chambres attrayantes : tons neutres et clairs, moquette en fibres naturelles, lampes de chevet modulables et rideaux occultants. L'extérieur, agrémenté de trois bassins hydromassants, est tout indiqué pour un moment détente.

Room Mate Lord Balfour BOUTIQUE-HÔTEL **$$**
(carte p. 82 ; ☎305-673-0401 ; www.lordbalfour-miami.com ; 350 Ocean Dr ; ch 150-340 $; P❄📶). Curieusement baptisé du nom d'un Premier ministre britannique, cet hôtel offre des chambres minimalistes agrémentées de notes pop art typiques de Miami Beach. Pour compléter le tableau : parquet, grandes fenêtres et douches à effet pluie – sans oublier le portrait d'une femme tatouée à la chevelure proéminente en guise de tête de lit.

Le hall et son bar sont une réussite mêlant habilement rétro, pop art et lignes épurées. La terrasse extérieure permet de profiter du calme de cette partie d'Ocean Dr.

Cavalier South Beach BOUTIQUE-HÔTEL **$$**
(carte p. 78 ; ☎305-673-1199 ; www.cavaliersouth-beach.com ; 1320 Ocean Dr ; ch à partir de 240 $; P❄📶). La façade décline les thèmes tropicaux et marins : des hippocampes stylisés sont encadrés par deux troncs de palmier. À l'intérieur, une rénovation de 2015 a privilégié une décoration rare sous ces latitudes – boiseries sombres et murs en brique apparente, sdb en marbre, toiles étonnamment colorées et tous les équipements high-tech récents (notamment des écrans TV connectés 124 cm).

Dans le hall, le mobilier ancien côtoie des équipements modernes et des murs aux couleurs éclatantes pour un résultat... déroutant.

Hotel Astor BOUTIQUE-HÔTEL **$$**
(carte p. 82 ; ☎305-531-8081 ; www.hotelastor.com ; 956 Washington Ave ; ch/ste à partir de 220/375 $; P❄📶🏊). Cet établissement joue dès le hall la carte de l'élégance rétro-chic, sans jamais en faire trop : palmiers en pots, lignes épurées, sol en marbre aux formes géométriques qui mène à un bar convivial puis jusqu'à une petite piscine extérieure, à l'ombre d'un palmier. Agréablement meublées, les chambres aux couleurs douces offrent une ambiance relaxante.

Des espaces attrayants ont été conçus pour les cocktails, notamment un repaire glamour des années 1920 aux fauteuils recouverts d'imprimés léopard.

Kent Hotel BOUTIQUE-HÔTEL **$$**
(carte p. 82 ; ☎305-604-5068 ; www.thekenthotel.com ; 1131 Collins Ave ; ch 120-290 $; P❄📶). Construit en 1936, cet établissement présente une façade Art déco typique, avec des lignes verticales et horizontales franches qui semblent inviter le passant à entrer. Les chambres aux couleurs contemporaines, dans les tons gris-blanc, sont plutôt petites et carrées, et parfois bruyantes les week-ends.

Le restaurant en terrasse (le Limetree Lounge) est agréable, avec ses tables en extérieur et son petit bar sous un toit de chaume.

Hotel St Augustine BOUTIQUE-HÔTEL **$$**
(carte p. 82 ; ☎305-532-0570 ; www.hotelstau-gustine.com ; 347 Washington Ave ; ch 210-345 $; P❄📶). Boiseries claires, palette de couleurs apaisantes et décoration épurée créent l'un des meilleurs rapports qualité/prix de SoFi. Service chaleureux, douches vitrées – se transformant en hammam privatif en un clin d'œil – viennent compléter ce tableau accueillant.

Il reste que l'hôtel montre des signes de fatigue, notamment dans certaines chambres, qui mériteraient une rénovation.

Hotel Shelley BOUTIQUE-HÔTEL **$$**
(carte p. 82 ; ☎305-531-3341 ; www.hotelshel-ley.com ; 844 Collins Ave ; ch à partir de 170 $; ❄📶). Ce petit bijou Art déco ne passe pas inaperçu. La façade aux tons blanc et bleu lavande semble crier “Admirez-moi !”, et le salon est aussi animé que coloré (sols carrelés en terracotta, lustres originaux et

murs patinés recouverts de vieilles photos). Les chambres, plutôt petites, ne manquent toutefois pas de style.

On appréciera les boissons gratuites (de 19h à 20h).

Room Mate Waldorf Towers BOUTIQUE-HÔTEL $$
(carte p. 82 ; ☎786-439-1600 ; www.room-matehotels.com ; 860 Ocean Dr ; ch 190-440 $; 📶). Un hall d'un blanc immaculé, des chambres élégantes semblables à celles des autres boutiques-hôtels d'Ocean Dr – couleurs douces, mobilier haut de gamme et vue sur l'océan (pour certaines chambres). Ce qui est remarquable en revanche, ce sont la façade fuselée et la coupole sur le toit. Conçu par le grand architecte de l'Art déco L. Murray Dixon, le bâtiment représente un phare qui éclairerait Ocean Dr.

Ocean Five Hotel BOUTIQUE-HÔTEL $$
(carte p. 82 ; ☎305-532-7093 ; www.oceanfive.com ; 436 Ocean Dr ; ch/ste à partir de 210/270 $; P❄📶). Installé dans un bâtiment Art déco aux couleurs gaies, cet établissement propose des chambres confortables et au calme, qui rappellent l'esthétisme des bungalows : murs blancs et jaune pâle, sols en travertin italien, posters de paisibles paysages marins au mur. Sans prétention et un bon rapport qualité/prix pour South Beach.

Avalon Hotel HÔTEL $$
(carte p. 82 ; ☎800-933-3306, 305-538-0133 ; www.avalonhotel.com ; 700 Ocean Dr ; ch 200-340 $; ❄📶). Dans un bâtiment traditionnel aux lignes fuselées, construit en 1941, cet hôtel est sans doute davantage connu pour la Lincoln 1955 cabriolet jaune et blanc garée devant son entrée que pour ses chambres, simples aux meubles standards. Les nuisances sonores sur Ocean Dr peuvent fortement déranger, et l'établissement mériterait une rénovation.

♥ **1 Hotel** HÔTEL $$$
(carte p. 78 ; ☎866-615-1111 ; www.1hotels.com/south-beach ; 2341 Collins Ave ; ch à partir de 400 $; ❄📶🏊). 🍃 Cet hôtel compte parmi les plus beaux des États-Unis, avec pas moins de 400 chambres, superbement décorées, mêlant luxe et souci écologique – tables/bureaux fabriqués à partir de troncs d'arbres, matelas sur mesure en chanvre, murs parés de bois flotté… jusqu'à un système de filtration de l'eau qui permet d'éviter l'usage de bouteilles plastique. Les espaces communs impressionnent tout autant : quatre piscines, dont une à débordement sur le toit, réservée aux adultes.

Le restaurant sert des mets à base de produits locaux passant de la ferme à la table (sous la supervision du chef primé Tom Colicchio). La liste des prestations est longue : luxueux spa, salle de sport de 1 300 m² (nombreux cours proposés), activités nautiques, club pour enfants, sans oublier, évidemment, un accès direct au sable de South Beach.

♥ **Washington Park Hotel** BOUTIQUE-HÔTEL $$$
(carte p. 82 ; ☎305-421-6265 ; www.wphsouthbeach.com ; 1050 Washington Ave ; ch 250-500 $; ❄📶🏊). Idéalement situé à deux rues de la plage, cet établissement comprend cinq bâtiments Art déco impeccablement restaurés, avec piscine et cour à l'ombre des palmiers. Les chambres, toutes superbes, offrent des tons doux, des parquets patinés et d'élégantes touches design, notamment des appliques de chevet en forme de globe et des bureaux en bois et fer forgé.

Ambiance accueillante et conviviale, avec pétanque dans la cour, cocktail chez Employees Only (bar new-yorkais dont l'annexe a ouvert ici en 2017) et beaux vélos Martone pour circuler en ville.

♥ **Surfcomber** HÔTEL $$$
(carte p. 78 ; ☎305-532-7715 ; www.surfcomber.com ; 1717 Collins Ave ; ch 250-480 $; P❄📶🏊🐾). Avec ses lignes affirmées et ses avancées semi-circulaires prodiguant de l'ombre au-dessus des fenêtres, cet établissement constitue un exemple typique d'architecture Art déco. C'est pourtant l'intérieur qui séduit le plus : charme indéniable des chambres, élégance des lignes pures en harmonie avec le lieu, quelques touches de couleur pour l'apport contemporain.

Le hall et le restaurant qui le jouxte sont éclatants de couleurs et de motifs tropicaux joyeux, animés de boiseries et de puits de lumière ; une terrasse surplombe Collins Ave et sert de lien entre les espaces intérieur et extérieur. À l'arrière, une superbe vue vous attend sur une grande piscine à l'ombre des palmiers, avec pour toile de fond l'océan et la plage, à quelques pas.

♥ **Pelican Hotel** BOUTIQUE-HÔTEL $$$
(carte p. 82 ; ☎305-673-3373 ; www.pelicanhotel.com ; 826 Ocean Dr ; ch 260-420 $; ❄📶). Quand les propriétaires de la marque de

jeans Diesel ont acheté le Pelican en 1999, ils ont couru les vide-greniers à la recherche des ingrédients parfaits pour une recette folle : 29 chambres aux thèmes fantaisistes et tendance. De la déco western de "High Corral, OK Chaparral" aux rayures de tigre et ambiance jungle électrique de "Me Tarzan, You Vain", toutes les chambres sont différentes, avec pour point commun des équipements de qualité (systèmes audio performants et autres).

Betsy Hotel BOUTIQUE-HÔTEL $$$

(carte p. 78 ; 844-862-3157 ; www.thebetsyhotel.com ; 1440 Ocean Dr ; ch à partir de 310 $; P ✻). Élégance, excellence du service et qualité des équipements sont les maîtres mots d'une des plus belles adresses de South Beach. Installé de longue date, ce bijou est réparti sur deux ailes, pour des chambres de style colonial ou Art déco. Ne manquez pas depuis l'extérieur la vue sur la surréaliste "Orb" qui relie les deux bâtiments.

Un souci du détail vient compléter l'offre : des orchidées dans les chambres, une salle de sport ouverte 24h/24, deux piscines... et même un écran TV LCD intégré dans votre miroir de sdb !

Gale South Beach HÔTEL $$$

(carte p. 78 ; 305-673-0199 ; www.galehotel.com ; 1690 Collins Ave ; ch 220-410 $; P ✻). De l'extérieur, le Gale présente une esthétique cubique classique, revisitée à l'échelle d'un grand hôtel moderne de SoBe. Ce mélange de classicisme et de touches branchées se prolonge à l'intérieur, où l'on découvre des chambres lumineuses aux couleurs claires et aux lignes épurées, ainsi qu'une ambiance rétro-chic inspirée du "modernisme" des années 1950. Assez étroite, la piscine sur le toit est ensoleillée toute la journée ; le bar et le restaurant valent le détour, y compris pour ceux qui ne séjournent pas sur place.

Royal Palm HÔTEL $$$

(carte p. 78 ; 305-604-5700 ; www.royalpalmsouthbeach.com ; 1545 Collins Ave ; ch/ste à partir de 260/510 $; P ✻). Tout ici rappelle l'esthétisme Art déco, jusqu'à un aquarium chromé et tout en courbes, et un bar aux lignes fuselées et aux touches de couleur vert menthe. L'ensemble en fait un cas d'école du style "paquebot" à South Beach. Le thème est également décliné dans les luxueuses chambres, d'un blanc lumineux rehaussé de subtiles touches de bleu.

Comme pour les autres grands hôtels installés entre la plage et Collins Ave, le Royal Palm offre de nombreux équipements, notamment deux piscines et d'agréables espaces où se restaurer et prendre un verre, parmi lesquels le Byblos, un restaurant grec recommandé.

Standard BOUTIQUE-HÔTEL $$$

(305-673-1717 ; www.standardhotels.com/miami ; 40 Island Ave ; ch/ste à partir de 240/510 $; P ✻). Cherchez l'enseigne "Standard" renversée sur l'ancien bâtiment du Lido, sur Belle Island (entre South Beach et Downtown Miami), et vous trouverez le Standard – qui porte mal son nom. Cet excellent boutique-hôtel allie la décontraction branchée à la sensualité de South Beach, pour offrir un motel des années 1950 version glamour. Lits blancs surélevés, douches pluie et voilages ouvrant sur une cour des délices, dotée notamment d'un hammam.

The Franklin BOUTIQUE-HÔTEL $$$

(carte p. 82 ; 305-432-7061 ; www.franklinsouthbeach.com ; 860 Collins Ave ; ch 240-490 $; ✻). Érigé en 1934, ce bel hôtel typique de la période Art déco a été magnifiquement restauré. Il loue désormais de spacieuses chambres contemporaines d'esprit loft – sols en béton ciré, élégantes surfaces modulables d'un blanc immaculé, quelques touches de pop art aux murs et une belle luminosité. Les kitchenettes (équipées de machines à café) sont appréciables.

Un service aimable et une situation idéale à proximité de la plage (sans les nuisances d'Ocean Dr) ajoutent au rapport qualité/prix intéressant.

Redbury South Beach BOUTIQUE-HÔTEL $$$

(carte p. 78 ; 855-220-1776 ; www.theredbury.com/southbeach ; 1776 Collins Ave ; ch 250-700 $; ✻). Ce qui fait la spécificité du Redbury, c'est d'avoir refusé la tendance contemporaine minimaliste omniprésente à South Beach. L'intérieur a conservé ses clins d'œil à l'art du XXe siècle, dans un souci constant de confort et d'originalité (moquettes rayées, tissus italiens, tourne-disques – albums compris ! – disponibles sur demande).

Piscine sur le toit très appréciable pour un moment de détente ; exotisme extrême-oriental dans le hall ; et gigantesque cage décorative devant l'entrée.

W Hotel RESORT $$$

(carte p. 78 ; 305-938-3000 ; www.wsouthbeach.com ; 2201 Collins Ave ; ch à partir de 440 $;

P ❄ ≈ ≋). La diversité des chambres disponibles dans cet établissement de la chaîne W, qui a décidé de voir les choses en grand, est impressionnante. Dans les "studios spectaculaires", les longues tablettes en marbre cipolin font écho aux grands panneaux en verre réfléchissant ; la suite Oasis est si lumineuse que l'on croirait que le soleil se lève dans la chambre elle-même.

Les bars, restaurants, discothèques et la piscine de ce complexe comptent parmi les plus réputés de la plage.

Setai BOUTIQUE-HÔTEL **$$$**

(carte p. 78 ; ☎ 305-520-6000 ; www.thesetaihotel.com ; 2001 Collins Ave ; ch à partir de 745 $; P ❄ ≈ ≋). Installé dans un bâtiment Art déco, cet établissement présente un intérieur de grand standing qui mêle des éléments d'architecture des temples d'Asie du Sud-Est au luxe contemporain. Les chambres spacieuses se distinguent par un teck couleur chocolat, des lignes pures et des ornementations chinoises et khmères. Les équipements sont de qualité : un sublime spa, trois piscines bordées de palmiers, un excellent restaurant et un emplacement idéal, donnant sur la plage.

Sagamore BOUTIQUE-HÔTEL **$$$**

(carte p. 78 ; ☎ 305-535-8088 ; www.sagamorehotel.com ; 1671 Collins Ave ; ch 270-455 $; P ❄ @ ≋). Cet hôtel doublé d'un espace d'exposition aime dépasser les limites entre art, décoration intérieure et fonctions hôtelières classiques. Du salon aux chambres, la quasi-totalité de l'espace joue ici les galeries d'art grâce à un conservateur talentueux et à un impressionnant catalogue d'artistes. Les chambres sont dans les tons crème, mis en valeur par des photos artistiques et d'élégantes touches design.

The Villa Casa Casuarina RESORT **$$$**

(carte p. 82 ; ☎ 786-485-2200 ; www.vmmiamibeach.com ; 1116 Ocean Dr ; ch 750-1 400 $; P ❄ ≈ ≋). Autrefois propriété du styliste Gianni Versace, cette sublime demeure est devenue l'un des hôtels les plus cotés de South Beach. L'impression d'être dans un manoir royal est forte : de la piscine entourée de mosaïque de la Rome antique aux couloirs en marbre, en passant par les chambres luxueusement meublées d'antiquités et les fresques murales.

Sense South Beach BOUTIQUE-HÔTEL **$$$**

(carte p. 82 ; ☎ 305-538-5529 ; www.sensebeachhouse.com ; 400 Ocean Dr ; ch à partir de 280 $; P ❄ ≈ ≋). Le Sense semble flotter dans une ambiance design : la douceur des murs blancs s'efface devant une vue splendide sur les eaux bleues de South Beach, les angles formés par les panneaux de bois, loin de s'imposer, sont une invitation et, dans les 18 chambres, les duos blanc et bleu-gris ou blanc et sable forment un contraste impeccable. Des lampes géométriques et un mobilier épuré viennent compléter l'ensemble.

Essex House Hotel BOUTIQUE-HÔTEL **$$$**

(carte p. 82 ; ☎ 305-534-2700 ; www.clevelander.com ; 1001 Collins Ave ; ch 246-600 $; ❄ ≈ ≋). Jetez un œil au hall, l'un des intérieurs les mieux préservés du quartier Art déco, et vous aurez un aperçu de l'âge d'or des gangsters de South Beach. L'Essex dispose par ailleurs d'un personnel compétent, de chambres aux teintes douces et d'une véranda agrémentée de mobilier en rotin, parfaite pour observer le ballet des passants.

Malgré sa proximité avec la plage, l'Essex bénéficie d'un calme inhabituel pour South Beach. La piscine offre peu d'espace mais les clients ont accès à la piscine plus vaste et agréable du Clevelander voisin.

Inn at the Fisher Island Club RESORT **$$$**

(☎ 305-535-6000 ; www.fisherislandclub.com ; ch 700-4 050 $; P ❄ ≈ ≋). Ce complexe de luxe, parmi les plus sélects de Floride, offre un bel hébergement, qui ne réussit pas toujours à faire oublier les tarifs pratiqués. Les prestations sont toutefois exceptionnelles : un spa réputé, un parcours de golf, des terrains de tennis (terre battue, herbe et surface dure), une salle de sport avec cours (yoga, crossfit, spinning...) ainsi qu'une demi-douzaine de restaurants (de la gastronomie dans une demeure des années 1930 à un dîner en extérieur face à la mer).

N'oublions pas la charmante plage (au sable blanc importé des Bahamas, cela va sans dire) et une piscine d'eau de mer.

National Hotel HÔTEL **$$$**

(carte p. 78 ; ☎ 305-532-2311 ; www.nationalhotel.com ; 1677 Collins Ave ; ch 280-490 $, ste à partir de 600 $; P ❄ ≈ ≋). Le National est une icône des débuts de l'Art déco, avec sa façade à la fois élancée et massive, coiffée d'une sorte de clocheton. Dans les élégantes chambres, le mobilier en acajou se marie à une décoration traditionnelle. Le hall et les couloirs sont envahis de tableaux et des accords dynamiques de Rachmaninov en fond sonore, tandis qu'à l'extérieur une ravissante piscine tout en longueur accueille clients et visiteurs.

Les suites Cabana offrent une expérience du luxe total, avec un accès illimité à la piscine, aux terrasses privatives et aux jardins tropicaux.

Delano Hotel BOUTIQUE-HÔTEL **$$$**
(carte p. 78 ; ☎305-672-2000 ; www.delano-hotel.com ; 1685 Collins Ave ; ch à partir de 360 $; P❄📶≋). Le Delano a ouvert ses portes dans les années 1990 et s'est aussitôt imposé comme un fleuron de South Beach. Quintessence de la sensualité des lieux, le hall évoque un décor de théâtre au budget surréaliste. Les chambres blanches et lumineuses sont tout en longues lignes douces, surfaces miroitantes et aménagements luxueux.

L'espace piscine semble sorti d'un conte de fées, avec son échiquier géant.

Mondrian South Beach RESORT **$$$**
(carte p. 82 ; ☎305-514-1500 ; www.mondrian-miami.com ; 1100 West Ave ; ch/ste à partir de 350/475 $; P❄📶≋). Le Morgan Hotel Group a fait appel à la star du design néerlandais Marcel Wanders pour faire du Mondrian le summum du luxe. La décoration s'inspire du château de la *Belle au bois dormant*, avec colonnes sculptées comme des pieds de table géants, escalier "flottant" et immenses baies vitrées offrant une vue d'exception sur la baie. À l'étage, luxe et élégance règnent dans les chambres : céramiques de Delft ornées de scènes de plage au lieu des habituels moulins à vent, et douche effet pluie aux allures de lustre.

Winter Haven Hotel BOUTIQUE-HÔTEL **$$$**
(carte p. 78 ; ☎305-531-5571 ; www.winterhaven-hotelsobe.com ; 1400 Ocean Dr ; ch 265-390 $; P❄📶≋). Al Capone, qui avait ses habitudes ici, appréciait peut-être les énormes lustres Art déco du hall, aux lignes angulaires et futuristes, ainsi que les étonnants miroirs orientaux. Les chambres offrent un esthétisme assez conventionnel mais apaisant, par ses tons neutres blanc et crème réchauffés par des boiseries.

Au rez-de-chaussée, un bon restaurant italien est agrémenté de tables en extérieur.

Raleigh Hotel BOUTIQUE-HÔTEL **$$$**
(carte p. 78 ; ☎305-534-6300 ; www.raleigh-hotel.com ; 1775 Collins Ave ; ch/ste à partir de 335/520 $; P❄📶≋). Tandis que beaucoup cherchaient la modernité à tout prix, le Raleigh a lutté pour retrouver son âme de début du XXe siècle, et a réussi haut la main. Le célèbre hôtelier André Balazs a su restituer l'ambiance d'un club de gentlemen, avec force boiseries sombres et élégance à l'ancienne, tout en intégrant des éléments design et des prestations modernes. Vous pourrez en outre plonger dans la superbe piscine où Esther Williams avait l'habitude de nager.

Shore Club BOUTIQUE-HÔTEL **$$$**
(carte p. 78 ; ☎305-695-3100 ; www.shoreclub.com ; 1901 Collins Ave ; ch à partir de 250 $; P❄@≋). Profitant d'un emplacement convoité de South Beach (à l'arrière d'une jolie plage), cet hôtel loue des chambres claires et spacieuses mais meublées simplement, où domine le blanc réveillé par quelques touches de couleur. Parmi les séduisants espaces communs, citons le **Skybar** (carte p. 78 ; ☎305-695-3100 ; 16h-2h lun-mer, 16h-3h jeu-sam), au rez-de chaussée, où il fait bon s'installer pour un verre dans un cadre verdoyant.

Hotel Victor BOUTIQUE-HÔTEL **$$$**
(carte p. 82 ; ☎305-779-8700 ; www.hotelvictor-southbeach.com ; 1144 Ocean Dr ; ch 260-700 $; P❄📶≋). Surplombant Ocean Dr, cet établissement accueille ses clients dans un hall de style Art déco agrémenté d'une fresque murale d'origine représentant des flamants roses et de superbes portraits de célébrités sur papier journal signés Gregory Auerbach. Les chambres, confortables et traditionnelles, sont pour certaines équipées d'une terrasse face à l'océan. Lorsqu'il fait chaud, la piscine est la bienvenue.

The Hotel of South Beach BOUTIQUE-HÔTEL **$$$**
(carte p. 82 ; ☎305-531-2222 ; www.thehotelof-southbeach.com ; 801 Collins Ave ; ch 265-440 $; P❄📶≋). Voici un établissement qui ne manque pas de classe : des chambres de caractère décorées par Todd Oldham, une palette de couleurs "sable, mer et ciel" qui met en valeur le mobilier, tout comme les poignées uniques en mosaïque et les vasques en acier brossé. Belle piscine sur le toit, uniquement ombragée par une jolie flèche Art déco.

North Beach

♥ **Croydon Hotel** BOUTIQUE-HÔTEL **$$**
(carte p. 86 ; ☎305-938-1145 ; www.hotelcroydon-miamibeach.com ; 3720 Collins Ave ; ch à partir de

MIMO ON BIBO

Cette contraction de "Miami Modern on Biscayne Boulevard" fait référence au style architectural des bâtiments situés sur la partie nord de Biscayne Blvd, après 55th Street. On peut voir en particulier de superbes motels le long de la route, signalés par de jolis néons des années 1950, la belle époque du Rat Pack (Sinatra et consorts). Longtemps négligé, ce quartier possède toujours quelques adresses malfamées. Mais le nord de BiBo, à l'instar d'autres quartiers de Miami, connaît un embourgeoisement rapide, et les propriétaires de motel avisés se refont une beauté et une virginité afin d'attirer une clientèle branchée, gay et artiste. On y trouve déjà de bons restaurants, et les hébergements commencent aussi à être intéressants. Les adresses suivantes offrent tout le confort de South Beach, à moitié prix.

- Vagabond Hotel (p. 126)
- New Yorker (p. 126)
- Motel Blu (p. 126)

190 $;). Des chambres lumineuses au mobilier traditionnel et parquet foncé, une literie de luxe et des salles de bains contemporaines, avec gamme de produits CO Bigelow, font l'excellente réputation de cet établissement. Au rez-de-chaussée, la délicieuse cuisine du restaurant vous attend dans un cadre élégant. Entourées de palmiers, la terrasse et la piscine sont modernes.

Un transfert vers la plage est prévu – même si l'hôtel n'est qu'à quelques encablures de l'océan.

♥ Freehand Miami BOUTIQUE-HÔTEL **$$**

(carte p. 86 ; 305-531-2727 ; www.thefreehand.com ; 2727 Indian Creek Dr ; dort 35-55 $, ch 160-250 $;). Voici une réécriture brillante d'un grand classique de Miami, l'Indian Creek Hotel. Les chambres sont baignées de soleil et joliment décorées d'œuvres d'artistes locaux et de boiseries. La belle ambiance rétro des espaces communs justifie à elle seule un séjour ici – tout particulièrement la piscine et le jardin à l'arrière, qui fait office de bar, l'un des meilleurs de la ville.

Les habitués des auberges de jeunesse trouveront des dortoirs et des chambres privatives plaisantes.

Daddy O Hotel BOUTIQUE-HÔTEL **$$**

(305-868-4141 ; www.daddyohotel.com ; 9660 E Bay Harbor Dr ; ch 170-290 $; P). Cet hôtel est une adresse joyeuse et branchée. L'impression se confirme en entrant : le hall comme les chambres affichent des lignes pures équilibrées par des couleurs vives. La liste des équipements est longue : TV à écran plat, machines à café Keurig dans chaque chambre, armoire sur mesure, accès à la salle de sport...

À environ 5 km au nord de North Miami Beach.

Circa 39 BOUTIQUE-HÔTEL **$$**

(carte p. 86 ; 305-538-4900 ; www.circa39.com ; 3900 Collins Ave ; ch 180-290 $; P). Si vous adorez l'esthétique de South Beach mais détestez son ambiance, le Circa est fait pour vous : un hall aux meubles moulés et à la décoration loufoque, un personnel attentionné envers la clientèle, des chambres chic (mais petites) jouant sur le vert et les couleurs sobres... de quoi satisfaire les amateurs d'ambiance design.

Red South Beach BOUTIQUE-HÔTEL **$$**

(carte p. 86 ; 305-531-7742 ; www.redsouthbeach.com ; 3010 Collins Ave ; ch 165-400 $;). Comme son nom l'indique, le rouge (*red*) tient ici la vedette : depuis les coussins disposés sur les élégants fauteuils du hall jusqu'aux lumières dansant autour de la piscine en marbre, en passant par les têtes de lit carmin et les murs qui vous entourent de leur chaleureuse sensualité dans les petites chambres magnifiques. Une fois le soir venu, le bar et la piscine sont parfaits pour se relaxer et faire connaissance avec d'autres visiteurs.

En profitant d'un tarif réduit en ligne, le Red s'avère d'un bon rapport qualité/prix. Le personnel est par ailleurs sympathique et efficace.

Faena Hotel Miami Beach HÔTEL **$$$**

(carte p. 86 ; 305-534-8800 ; www.faena.com/miami-beach ; 3201 Collins Ave ; ch à partir de 525 $;). Parmi les derniers hôtels installés à Miami Beach, celui-ci déploie des espaces particulièrement réussis, tant à l'intérieur qu'à l'extérieur. Les très belles chambres, déclinant une palette de rouge royal et de bleu turquoise, sont d'une réelle originalité : tissus à motifs animaliers, coraux et coquillages par touches, tapis réalisés sur mesure, banquettes sous les fenêtres (ou terrasses) pour profiter de la vue. *Room service* pour toutes les chambres.

Des colonnes dorées et de belles fresques tropicales ornent le hall et une jolie piscine se trouve à l'arrière – à quelques pas d'un squelette de mammouth recouvert d'or, créé par Damien Hirst. Sur place également : 2 excellents restaurants (ainsi qu'un troisième à côté de la piscine), un imposant spa occupant un étage entier de l'hôtel, des salons et une salle de 150 places inspirée des grands théâtres européens.

Miami Beach Edition HÔTEL **$$$**
(carte p. 86 ; ☎786-257-4500 ; www.editionhotels.com/miami-beach ; 2901 Collins Ave ; d à partir de 420 $;). Un classique du Mid-Beach des années 1950 relooké par le gourou du design Ian Schrager. Résultat ? Une très luxueuse propriété de 294 chambres (dont 28 bungalows), où le hall, magistralement mis en scène, donne accès à des chambres minimalistes en accord avec le style des fifties.

Et plus fort encore : la piscine et ses jardins suspendus, le luxueux spa, l'excellent restaurant Matador, de Jean-Georges, le club digne du Studio 54 (le "Basement Miami") et la patinoire intérieure.

Fontainebleau RESORT **$$$**
(carte p. 86 ; ☎305-535-3283 ; www.fontainebleau.com ; 4441 Collins Ave ; ch à partir de 360 $;). Le Fontainebleau a ouvert en 1954 et s'est aussitôt transformé en repaire de célébrités en quête de soleil. De nombreuses rénovations ont permis d'ajouter des cabines de plage, un centre commercial, une fabuleuse piscine et l'un des meilleurs clubs de Miami. Les chambres sont étonnamment gaies et lumineuses : on aurait pu s'attendre à un parti pris "tendance" plus radical, mais leur disposition profitant de l'ensoleillement est une agréable surprise.

Eden Roc Renaissance RESORT **$$$**
(carte p. 86 ; ☎305-531-0000 ; www.nobuedenroc.com ; 4525 Collins Ave ; ch à partir de 360 $;). L'immense hall intérieur de l'Eden Roc s'inspire de la glorieuse époque du Rat Pack (Sinatra et consorts), quand Miami Beach attirait déjà tous les regards. Les chambres présentent une décoration moderne et rafinée, et celles situées dans l'Ocean Tower jouissent d'une ravissante vue sur l'Intracoastal Waterway. L'emplacement, face à une plage immaculée de Mid-Beach, est l'atout majeur du lieu.

Pour couronner le tout : trois piscines, deux Jacuzzi, un vaste spa, une salle de sport ouverte 24h/24 et d'excellents restaurants.

Casa Faena HÔTEL **$$$**
(carte p. 86 ; ☎305-604-8485 ; www.faena.com/casa-faena ; 3500 Collins Ave ; ch à partir de 275 $;). Prise du groupe Faena, en plein essor à Mid-Beach, ce palais méditerranéen de 1928 ressemble à une villa toscane (américanisée), avec sa cour ensoleillée, ses fresques et ses sols en pierre étincelants. Les chambres ensoleillées dégagent un charme désuet, et certaines profitent d'une terrasse. Personnel à l'écoute.

Palms Hotel HÔTEL **$$$**
(carte p. 86 ; ☎305-534-0505 ; www.thepalmshotel.com ; 3025 Collins Ave ; ch/ste à partir de 270/460 $;). Le hall est majestueux et confortable : son haut plafond pourvu d'énormes ventilateurs en rotin, qui brassent l'air mollement, lui donne un air tout à la fois de villa coloniale et de centre de congrès. À l'étage, les chambres sont irréprochables ; la décoration, assez masculine, reprend des tons couleur tabac et marron orangé pour les moquettes. Parmi les petits plus appréciables, une literie haut de gamme, des stations iPod, des machines à café dans chaque chambre et des produits de soin corporel Aveda.

Downtown Miami

Langford Hotel HÔTEL HISTORIQUE **$$**
(carte p. 88 ; ☎305-250-0782 ; www.langfordhotelmiami.com ; 121 SE 1st St ; ch à partir de 180 $;). Installé dans une tour Beaux-Arts de 1925 impeccablement restaurée, l'établissement a été inauguré en grande pompe en 2016. Ses 126 chambres conjuguent confort et nostalgie avec des équipements élégants et rétro – parquet en chêne blanchi, paroi de douche en verre et douche effet pluie. Décoration élaborée ; bar sur le toit et excellent restaurant au rez-de chaussée.

EAST, Miami HÔTEL **$$$**
(carte p. 88 ; ☎305-712-7000 ; www.east-miami.com ; 788 Brickell Plaza ; ch à partir de 260 $;). Les 352 suites et chambres spacieuses de cet hôtel cosmopolite, un des fleurons du Brickell City Centre, ne manquent pas de style. À l'exception de la plage (située à 20 min en voiture), tout est

à votre disposition sur place : piscines, salle de sport ultramoderne, un excellent grill de style uruguayen, et un bar sur le toit d'inspiration tropicale.

Kimpton Epic Hotel HÔTEL $$$
(carte p. 88 ; ☎305-424-5226 ; www.epichotel.com ; 270 Biscayne Blvd Way ; ch 285-550 $, ste à partir de 605 $; P❄📶🏊). Épique est le mot ! Cet énorme hôtel Kimpton est l'une des plus séduisantes adresses de Downtown et n'a rien à envier aux lieux les plus tendance de Miami Beach. Sa piscine extérieure et son solarium dominent une partie de Brickell. Les chambres sont dotées d'un mobilier chic et design et certaines offrent une vue splendide sur l'agglomération de Miami-Dade. Le lieu dégage une touche de jeunesse et d'énergie qui fait défaut aux autres hôtels d'affaires du centre-ville.

Mandarin Oriental Miami HÔTEL $$$
(carte p. 88 ; ☎305-913-8288 ; www.mandarinoriental.com/miami ; 500 Brickell Key Dr ; ch 400-820 $, ste à partir de 1 100 $; P❄📶🏊). Le Mandarin scintille sur Brickell Key, emplacement qui l'isole un peu du reste de la ville. Ce qui n'est pas gênant puisque c'est un royaume du luxe à lui tout seul, avec des restaurants huppés, une plage privée et une perspective sur la ligne d'horizon de Miami.

Four Seasons Miami HÔTEL $$$
(carte p. 88 ; ☎305-358-3535 ; www.fourseasons.com/miami ; 1435 Brickell Ave ; ch/ste à partir de 435/640 $; P❄📶🏊). Les espaces communs en marbre servent de galerie d'art, l'immense spa vise une clientèle d'hommes d'affaires et certaines chambres offrent un point de vue absolument imbattable sur Biscayne Bay. Au 7e étage, la terrasse du bar Edge met à l'honneur le mojito et le chic latin.

Wynwood et Design District

Fortuna House APPARTEMENTS $
(carte p. 94 ; ☎954-232-4705 ; www.fortunahouse.com ; 432 NE 26th St ; 90-190 $; ❄📶). Parmi les rares hébergements à proximité de Wynwood, voici une adresse abordable et bien adaptée à la découverte des galeries d'art et des bars du quartier – comptez toutefois une bonne vingtaine de minutes à pied (1,5 km) pour rejoindre le cœur de Wynwood. Installé au calme dans un bâtiment de trois étages, l'établissement est plaisant mais vieillissant. Les appartements sont petits, le mobilier limité au strict minimum, mais c'est un choix intéressant pour un séjour court.

Real Living Residence APPARTEMENTS $$$
(carte p. 94 ; ☎877-707-0461 ; www.rlmiami.com ; 2700 N Miami Ave, entrée sur N 28th St ; app 250-350 $; P❄📶🏊). À quelques minutes à pied des galeries d'art et des restaurants de Wynwood, cet établissement moderne compte 11 studios avec sol en béton ciré, belle hauteur sous plafond et mobilier haut de gamme. Les plus beaux (et les plus chers), assez spacieux, comprennent un espace séjour. Tous sont équipés de kitchenettes, lave-linge séchant, TV sat et parking gratuit.

Little Haiti et Upper East Side

New Yorker HÔTEL $
(carte p. 96 ; ☎305-759-5823 ; www.hotelnewyorkermiami.com ; 6500 Biscayne Blvd ; ch à partir de 105 $; P❄📶🏊). Construit dans les années 1950, le New Yorker attire l'œil par son architecture, en harmonie avec celle du quartier MiMo. Rénové en 2009, il offre désormais de confortables chambres décorées de pop art, de motifs géométriques et de couleurs affirmées ; ce n'est pas luxueux, mais les tarifs sont raisonnables.

Petite cour avec piscine. En revanche, la rue qui longe l'établissement est bruyante – les bouchons d'oreilles gratuits fournis par le personnel sont les bienvenus.

Motel Bianco MOTEL $
(carte p. 96 ; ☎305-751-8696 ; www.motelbianco.com ; 5255 Biscayne Blvd ; ch à partir de 100 $; P❄📶). Des chambres orange et crème entourent une cour, où le café est servi, permettant aux clients de faire connaissance. L'art contemporain a inspiré les chambres les plus spacieuses mais l'établissement dans son ensemble aurait bien besoin d'une rénovation.

Motel Blu MOTEL $
(carte p. 96 ; ☎305-757-8451 ; www.motelblu.com ; 7700 Biscayne Blvd ; ch 85-190 $; P❄📶🏊). Situé au dessus de la Little River, ce motel ne paie peut-être pas de mine de l'extérieur mais les chambres, couleur pastel, sont confortables et profitent de tous les équipements modernes.

Vagabond Hotel BOUTIQUE-HÔTEL $$
(carte p. 96 ; ☎305-400-8420 ; www.thevagabondhotel.com ; 7301 Biscayne Blvd ; ch 170-275 $; P❄📶🏊). Icône du MiMo, ce

motel-restaurant, ouvert en 1953, fut un des repaires du Rat Pack (Sinatra et consorts). Réhabilité en boutique-hôtel, l'établissement a su conserver son âme : superbes chambres rétro, beau restaurant (plats 18-25 $) et une piscine dans un cadre paysagé luxuriant avec fontaine.

Sympathique bar (p. 145) en face de la piscine – qui vaut le détour même si vous ne séjournez pas sur place.

Coconut Grove

Sonesta Hotel & Suites Coconut Grove HÔTEL $$

(carte p. 100 ; ☎305-529-2828 ; www.sonesta.com/coconutgrove ; 2889 McFarlane Rd ; ch 230-420 $, ste 305-680 $; P ❄ 📶 🏊). Cet établissement d'une chaîne de luxe a imaginé des chambres d'un blanc immaculé, avec çà et là des éclats de couleurs (dans le style de South Beach). Les équipements, des télévisions à écran plat aux kitchenettes, contribuent au faste de cet hôtel tendance. Une magnifique piscine avec solarium occupe le toit du bâtiment. Centre de fitness et 2 courts de squash.

Mutiny Hotel HÔTEL $$

(carte p. 100 ; ☎305-441-2100 ; www.providentresorts.com/mutiny-hotel ; 2951 S Bayshore Dr ; ste 1 ch 170-320 $, ste 2 ch 400-600 $; P ❄ 📶 🏊). Ce petit hôtel de luxe en bordure de la baie loue des suites de 1 ou 2 chambres avec balcon. Personnel efficace, literie de qualité, décoration soignée, prestations haut de gamme, petite piscine chauffée et Jacuzzi. En dépit de la circulation intense, on n'entend aucun bruit à l'intérieur. Belle vue sur l'océan.

Palmeiras Beach Club at Grove Isle RESORT $$$

(☎305-858-8300 ; www.groveisle.com ; 4 Grove Isle Dr ; ch 232-520 $; P ❄ 📶 🏊). Occupant une petite île privée (Grove Isle) au large de Coconut Grove, ce superbe boutique-hôtel se prévaut d'une allure coloniale, de jardins tropicaux, d'un spa charmant, d'une luxueuse piscine, de beaux couchers de soleil sur Biscayne Bay, d'innombrables prestations et d'une situation sans égale.

Ritz-Carlton Coconut Grove RESORT $$$

(carte p. 100 ; ☎305-644-4680 ; www.ritzcarlton.com ; 3300 SW 27th Ave ; ch 310-440 $; P ❄ 📶 🏊 🐾). Encore une enseigne du Ritz-Carlton à Miami, cette fois-ci au-dessus de la baie. Les chambres sont immaculées, les maîtres d'hôtel répondent à tous vos besoins. Si la piscine chauffée est l'endroit idéal pour se détendre ou nager, que dire alors de l'imposant spa ?

Coral Gables

Extended Stay HÔTEL $

(carte p. 102 ; ☎305-443-7444 ; www.extendedstayamerica.com ; 3640 22nd St ; ch à partir de 125 $; P ❄ 📶 🐾). Cet établissement d'une chaîne hôtelière loue des chambres modernes et spacieuses, pour un rapport qualité/prix convenable. L'hôtel est accessible à pied depuis les restaurants et les boutiques de Coral Gables. Les chambres sont très lumineuses et bien équipées, avec kitchenette.

Hotel St Michel HÔTEL $$

(carte p. 102 ; ☎305-444-1666 ; www.hotelstmichel.com ; 162 Alcazar Ave ; ch 162-282 $; P ❄ 📶). Construit en 1926, ce bâtiment d'une élégance rare rappelle plus la vieille Europe que le sud de la Floride. Rénové récemment, l'endroit a gagné en luminosité, ses chambres en raffinement sans rien perdre de son charme d'antan.

Un excellent restaurant italien a ouvert sur place en 2017. Sinon, l'emplacement de l'hôtel, proche du centre-ville de Coral Gables, vous laissera l'embarras du choix pour vous restaurer.

♥ Biltmore Hotel HÔTEL HISTORIQUE $$$

(carte p. 102 ; ☎855-311-6903 ; www.biltmorehotel.com ; 1200 Anastasia Ave ; ch/ste à partir de 409/560 $; P ❄ 📶 🏊). Même si les chambres standards du Biltmore sont un peu petites, y passer une nuit est l'occasion de découvrir l'un des temples du luxe américain. L'ensemble est si vaste qu'une semaine entière suffirait à peine à l'explorer. Quelques recommandations : bouquiner dans le hall à l'opulence digne des *Mille et Une Nuits*, se prélasser sur un transat sous d'énormes colonnes, avant de piquer une tête dans la plus grande piscine d'hôtel des États continentaux du pays.

Key Biscayne

Silver Sands Beach Resort RESORT $$

(carte p. 106 ; ☎305-361-5441 ; www.silversandskeybiscayne.net ; 301 Ocean Dr ; ch 169-189 $, bungalow 329-349 $; P ❄ 📶 🏊). Cet adorable petit ensemble en stuc d'inspiration tropicale a su résister à la concurrence féroce. Son style désuet, chaleureux et accueillant séduira tous ceux qui préfèrent les lieux intimistes – mais aussi les cours ensoleillées, les jardins et les piscines extérieures.

Ritz-Carlton Key Biscayne RESORT $$$

(carte p. 106 ; ☎305-365-4500 ; www.ritzcarlton.com ; 455 Grand Bay Dr ; ch/ste à partir de 391/625 $; P❄📶🏊). Certes, les hôtels de l'empire Ritz-Carlton se ressemblent, mais celui-ci a un cachet unique. Le magnifique hall voûté est soutenu par quatre colonnes géantes dignes d'un décor de Cecil B. DeMille, comme d'ailleurs le reste de l'hôtel. Le murmure des fontaines, la vue sur la baie et le marbre somptueux évoquent moins une chaîne hôtelière que le glamour du début du XXe siècle. Chambres et prestations sont, bien sûr, irréprochables.

Où se restaurer

Miami est une grande cité d'immigration, où s'expriment de nombreuses tendances culinaires. On y trouve donc un bon mélange d'adresses ethniques bon marché et de cuisine haut de gamme de grande qualité, mais aussi de regrettables pièges à touristes, à Miami Beach notamment. Les meilleures adresses récemment ouvertes se trouvent dans les quartiers de Downtown, Wynwood et de l'Upper East Side. Coral Gables est aussi un haut lieu de la gastronomie.

South Beach

Dirt CAFÉ $

(carte p. 82 ; www.dirteatclean.com ; 232 5th St ; plats 12-15 $; ⏲9h-21h). Cet élégant café baigné de soleil ouvre sur l'animation de 5th St. La clientèle, variée et conviviale, apprécie la qualité des cafés et la délicieuse cuisine diététique. Parmi les plats à succès, citons les wraps végans aux champignons rôtis et betterave crue, le houmous de haricots blancs, et les "bols" (*bowls*) de poêlée de pois chiches, chou kale et autres délices.

Également des soupes, tartines d'avocat, vin et bière artisanale. Tables en extérieur.

Panther Coffee CAFÉ $

(carte p. 78 ; www.panthercoffee.com ; 1875 Purdy Ave, Sunset Harbour ; café 3-6 $; ⏲7h-21h). L'emplacement est peu pratique si l'on est sur la plage, mais on y boit le meilleur café de Miami Beach. Chic vintage et tables extérieures pour déguster des pâtisseries de chez True Loaf.

Taquiza MEXICAIN $

(carte p. 78 ; ☎305-748-6099 ; www.taquizamiami.com ; 1506 Collins Ave ; tacos 3,50-5 $; ⏲8h-minuit dim-jeu, 8h-2h ven-sam). Le Taquiza s'est forgé une solide réputation parmi les adeptes de cuisine de rue de Miami. Ce stand équipé de quelques tables prépare de succulents tacos (steak, porc, crevettes et végétariens, mais pas de poisson) dans des tortillas maison de maïs bleu. Il sont petits, n'hésitez pas à en commander plusieurs.

Pour un plat plus original, essayez les *chapulines* (sauterelles), à accompagner d'une bière artisanale.

Tocaya Organica MEXICAIN $

(carte p. 78 ; ☎305-909-0799 ; www.tocayaorganica.com ; 920 Lincoln Rd ; plats 11-16 $; ⏲11h-minuit lun-jeu, 11h-2h ven-dim ; ✎). Situé à côté d'une fontaine dans Lincoln Rd, cet établissement joue avec bonheur la carte de la cuisine mexicaine moderne à dominante végétarienne et saine. À vous la composition : salades, tacos, burritos, à accompagner de protéines (*mahi-mahi*, saucisse végétarienne, steak grillé...), avant de terminer par un choix de fromage.

Des boissons originales (telles l'Adios Felisha – tequila-mûre, servie avec une glace à l'eau), un bon menu enfants et de savoureux amuse-bouche complètent l'offre.

True Loaf BOULANGERIE $

(carte p. 78 ; ☎786-216-7207 ; 1894 Bay Rd, Sunset Harbour ; pâtisseries 3-5 $; ⏲7h-18h lun-sam, 8h-18h dim). Voici la meilleure boulangerie de South Beach, où l'on trouve croissants, tartes aux fruits rouges, et même un *kouign-amann* ! On ne peut pas déguster sur place, mais le Maurice Gibb Memorial Park (p. 81), face à la mer, est à quelques pas de là, tout comme le Panther Coffee.

Pizzarium PIZZERIA $

(carte p. 82 ; ☎786-452-7261 ; www.pizzarium.us ; 540 Washington Ave ; part environ 4 $; ⏲11h-22h dim-jeu, 11h-23h ven-sam). Adresse idéale pour un repas rapide, avec de riches pizzas très généreusement garnies. Prenez place en terrasse pour assister au ballet de la ville.

Paradigm Kitchen AMÉRICAIN MODERNE $

(carte p. 78 ; ☎786-453-2488 ; www.paradigmkitchen.com ; 1834 Bay Rd ; plats 9-17 $; ⏲8h-21h lun-jeu, 8h-17h ven, 9h-15h sam-dim ; 📶). Ce nouveau venu de Sunset Harbour s'est forgé une clientèle avec de délicieux petits-déjeuners copieux et une carte du midi, pour l'essentiel végétarienne : tartines d'avocat, *dosas* de légumes rôtis, wraps de viande d'agneau épicée, savoureux bols de légumes du marché.

L'endroit, bien conçu et décontracté (on commande au comptoir), permet d'attaquer la matinée (ou l'après-midi) du bon pied.

Moshi Moshi JAPONAIS $

(carte p. 78 ; ☎ 305-531-4674 ; www.moshimoshi.us ; 1448 Washington Ave ; plats 10-15 $, sushis 4 $; ⌚12h-5h ; 📶). L'adresse la plus réputée de South Beach pour les sushis, et à juste titre : rouleaux, salades de daikon et soupes de nouilles sont tous irréprochables. Les tarifs raisonnables et les horaires larges en font un endroit prisé des noctambules.

Puerto Sagua CUBAIN $

(carte p. 82 ; ☎ 305-673-1115 ; 700 Collins Ave ; plats 8-18 $; ⌚7h30-2h). Au milieu des paillettes de South Beach se cache une communauté secrète de vieux travailleurs cubains et d'ouvriers du bâtiment, et le Puerto Sagua est leur cantine. L'endroit prouve que la cuisine cubaine n'a rien à envier aux chaînes américaines quant à l'utilisation de matières grasses. Les classiques comme le *picadillo* (bœuf haché épicé avec du riz, des haricots et des bananes plantains) sont servis en portions gargantuesques. Le café cubain y est très fort.

La Sandwicherie SANDWICHS $

(carte p. 78 ; ☎ 305-532-8934 ; www.lasandwicherie.com ; 229 14th St ; plats 6-11 $; ⌚8h-5h dim-jeu, 8h-6h ven-sam ; 🖉). Quasiment ouvert 24h/24, ce restaurant aux allures de container sert de bon sandwichs baguette à prix abordables. Si les ingrédients de base restent classiques (roastbeef, saumon fumé, avocat, ou des mélanges comme prosciutto et mozzarella), il est possible d'en faire un repas consistant grâce aux généreuses garnitures.

Les places assises se limitent à des tabourets placés en extérieur le long du comptoir.

Pinocchio CAFÉ $

(carte p. 82 ; ☎ 305-672-3535 ; 760 Ocean Dr, entrée sur 8th St ; plats 7-11 $; ⌚8h-18h). S'il est rare de trouver un expresso digne de ce nom sur le front de mer de South Beach, ce petit café tenu par des Italiens est l'exception qui confirme la règle. Tout proche de la plage, il sert aussi des cappuccinos mousseux, des glaces maison, des bruschettas croustillantes et des paninis à personnaliser au comptoir. Très prisé des expatriés italiens.

Segafredo L'Originale CAFÉ $

(carte p. 78 ; ☎ 305-673-0047 ; www.sze-originale.com ; 1040 Lincoln Rd ; plats 8-16 $; ⌚10h-1h ; 🖉). Cet élégant café, plébiscité par les Européens et des Sud-Américains, sert de bons en-cas – pizzas, sandwichs, antipasti – ainsi, bien entendu, qu'un excellent café Segafredo. L'établissement aurait été le premier à ouvrir en extérieur sur Lincoln Rd.

Paul BOULANGERIE $

(carte p. 78 ; 450 Lincoln Rd ; plats 8-18 $; ⌚8h-20h ; 📶🖉). L'enseigne parisienne a son adresse floridienne. On y trouve du pain croustillant à l'extérieur et moelleux à l'intérieur. Sandwichs et pâtisseries en font une bonne halte déjeuner.

11th St Diner DINER $

(carte p. 82 ; ☎ 305-534-6373 ; 1065 Washington Ave ; plats 10-20 $; ⌚24h/24 jeu-sam, 7h-minuit dim-mer). Après avoir admiré les joyaux Art déco, il ne vous reste plus qu'à manger dans ce wagon Pullman d'époque, acheminé en camion depuis Wilkes-Barre, Pennsylvanie. Côté assiette, le choix est tout aussi classique, avec notamment de la dinde rôtie au four, des travers de porc et du gratin de macaronis (*mac 'n' cheese*), ainsi qu'un petit-déjeuner servi à toute heure.

A La Folie FRANÇAIS $

(carte p. 78 ; ☎ 305-538-4484 ; www.alafoliecafe.com ; 516 Española Way ; plats 10-17 $; ⌚9h-minuit ; 🖉). Difficile de ne pas succomber au charme de ce café français, installé le long de la pittoresque Española Way. Au menu par exemple : confit de canard en salade, soupe à l'oignon, galettes de sarrasin et crêpes sucrée – mention spéciale pour la Normande (pommes caramélisées et crème de Calvados).

Les tables en extérieur entre bois et jardin paysager offrent un cadre paisible.

Gelateria 4D GLACES $

(carte p. 78 ; ☎ 305-538-5755 ; 670 Lincoln Rd ; 2/3 boules 6/8 $; ⌚9h-minuit dim-jeu, 9h-1h30 ven-sam). Il fait chaud. Vous avez marché toute la journée. Il vous faut cette glace. À vous la 4D ! Cette adresse est réputée pour ses créations à la mode européenne, et, si l'on en juge par la file d'attente, ce pourrait être le meilleur glacier de South Beach.

News Cafe AMÉRICAIN $

(carte p. 82 ; www.newscafe.com ; 800 Ocean Dr ; plats 11-19 $; ⌚24h/24 ; 📶). Cette adresse incontournable d'Ocean Dr attire les voyageurs par milliers. La cuisine n'a rien d'exceptionnel, mais l'endroit est un poste d'observation intéressant. Installez-vous à une table pour vous lancer dans l'étude anthropologique de South Beach et de ses amateurs de roller, de salsa et autres.

Pizza Rustica

PIZZERIA $

(carte p. 82 ; ☎305-674-8244 ; www.pizza-rustica.com ; 863 Washington Ave ; part 4-6 $, plats 9-20 $; 🕑11h-6h). Une pâte croustillante et des garnitures variées et originales font le succès de cette chaîne de South Beach. Les parts sont copieuses et une seule peut suffire, surtout en pleine nuit...

♥ Yardbird

SUD $$

(carte p. 78 ; ☎305-538-5220 ; www.runchickenrun.com/miami ; 1600 Lenox Ave ; plats 18-38 $; 🕑11h-minuit lun-ven, à partir de 8h30 sam-dim ; ✎). La gastronomie du Sud à son meilleur vaut au Yardbird une solide clientèle de fidèles. On savoure ici crevettes et gruau de maïs, travers de porc façon St Louis, gombo grillé, poitrine de bœuf fumée briochée... mais la spécialité reste l'excellent poulet frit, accompagné de pastèque aux épices et de gaufres nappées de sirop d'érable et de bourbon.

Cadre "shabby chic" plein de charme : bois patiné, piliers en brique apparente blanchie, suspensions en osier et grandes baies vitrées pour ne rien manquer du spectacle de la rue.

♥ Pubbelly

FUSION $$

(carte p. 78 ; ☎305-532-7555 ; www.pubbellyboys.com/miami/pubbelly ; 1418 20th Street ; assiettes à partager 11-24 $, plats 19-30 $; 🕑18h-minuit mar-jeu et dim, 18h-1h ven-sam). Difficile de choisir une épithète autre que délicieuse à la cuisine du Pubbelly. Elle s'inspire des saveurs asiatiques, nord-américaines et latino-américaines, en prenant le meilleur de chacune. Une suggestion ? Le risotto aux truffes, les raviolis de poitrine de porc ou le très appétissant *kimchi* au riz frit et fruits de mer sont à essayer. Le tout à accompagner d'un cocktail maison.

Lilikoi

CAFÉ $$

(carte p. 82 ; ☎305-763-8692 ; www.lilikoiorganicliving.com ; 500 S Pointe Dr ; plats 12-20 $; 🕑8h-19h lun-mer, 8h-20h30 jeu-dim ; ✎). Situé sur la pointe sud de South Beach, au calme, ce sympathique établissement avec tables en intérieur et en extérieur sert une cuisine essentiellement bio et végétarienne. Au petit-déjeuner, optez pour un grand bol d'açaí et granola, des bagels au saumon fumé (ou œufs Bénédicte, le week-end) ; le midi, salade César au chou kale, risotto aux champignons et wraps de falafels.

Rosella's Kitchen

ITALIEN $$

(carte p. 82 ; ☎305-397-8852 ; www.rossellassobe.com ; 110 Washington Ave ; plats midi 12-18 $, soir 16-29 $; 🕑8h-23h mar-ven, à partir de 9h sam-dim ; ✎). La cuisine de qualité du Rosella, installé dans le quartier de SoFi ("South of Fifth St"), attire une clientèle nombreuse le matin, le midi et le soir. Les tables en extérieur offrent un cadre idéal aux plats italiens, préparés avec grand soin, notamment panini croustillant au prosciutto et mozzarella, salade de crabe et feta, spaghetti aux palourdes, et, au dîner, *branzino* (bar) grillé ou filet mignon.

Nexxt Cafe

FUSION $$

(carte p. 78 ; ☎305-532-6643 ; www.nexxtcafe.com ; 700 Lincoln Rd ; plats 14-26 $; 🕑11h30-23h lun-ven, à partir de 10h sam-dim ; ✎). Lincoln Rd, l'une des rues les plus à la mode de Miami Beach, compte d'innombrables restaurants à ciel ouvert, qui permettent de regarder le flot des passants. Le Nexxt se détache du lot avec un emplacement au cœur de l'action et une carte variée – salades originales, calmars frits, rouleaux de printemps vietnamiens, tacos au thon ahi et pâtes carbonara.

Big Pink

DINER $$

(carte p. 82 ; ☎305-532-4700 ; 157 Collins Ave ; plats 13-26 $; 🕑8h-minuit dim-mer, 8h-2h jeu, 8h-5h ven-sam). Le Big Pink sert une cuisine réconfortante avec bonne humeur et une touche de fantaisie. À toute heure, on peut trouver ici son compte dans le menu 100% américain, où l'effiloché de porc braisé d'un Carolina Sandwich roboratif côtoie, par exemple, un Reuben (sandwich avec corned-beef ou blanc de dinde, choucroute et fromage fondu) bien préparé. L'intérieur est à mi-chemin entre une salle de danse des années 1950 et un club de South Beach. Vous serez sans doute installé à une longue table commune.

Spiga

ITALIEN $$

(carte p. 82 ; ☎305-534-0079 ; www.spigarestaurant.com ; 1228 Collins Ave ; plats 16-32 $; 🕑18h-minuit). Ce restaurant romantique est idéal pour échanger des regards langoureux lors d'un dîner aux chandelles, tout en savourant l'excellente cuisine italienne traditionnelle, avec des plats tels que les *linguine* aux petites palourdes, ou le vivaneau rouge aux olives de Kalamata, tomates et câpres.

Front Porch Cafe

AMÉRICAIN $$

(carte p. 78 ; ☎305-531-8300 ; www.frontporchoceandrive.com ; 1458 Ocean Dr ; plats 10-25 $;

⌚7h-23h ; 📶). Refuge apaisant, le Porch sert d'excellentes salades et des sandwichs depuis 1990 (une éternité à l'échelle de South Beach). Le petit-déjeuner est très prisé, à juste titre : la *challah* façon pain perdu est délicieuse, tout comme les généreuses omelettes, les œufs Bénédicte et le café noir.

Tap Tap HAÏTIEN **$$**

(carte p. 82 ; ☎305-672-2898 ; www.taptapmiamibeach.com ; 819 5th St ; plats 15-35 $; ⌚12h-23h). À Haïti, les *tap-tap* sont des camionnettes bigarrées transformées en taxis collectifs et leurs motifs tropicaux psychédéliques ont inspiré la décoration de ce restaurant haïtien très apprécié. La cuisine marie les saveurs d'Afrique de l'Ouest, de France et des Caraïbes : soupe de citrouille épicée, vivaneau sauce au citron vert, ragoût de bœuf et gombo, conques des îles Turks-et-Caïques.

Macchialina ITALIEN **$$$**

(carte p. 82 ; ☎305-534-2124 ; www.macchialina.com ; 820 Alton Rd ; plats 23-32 $). Cette *trattoria* animée offre tous les ingrédients indispensables à une soirée exceptionnelle : un service irréprochable, une cuisine magnifiquement exécutée, un cadre chaleureux rustique-chic de brique apparente et de belles tables en bois massif (en extérieur pour certaines).

Joe's Stone Crab Restaurant AMÉRICAIN **$$$**

(carte p. 82 ; ☎305-673-0365 ; www.joesstonecrab.com ; 11 Washington Ave ; plats midi 14-30 $, soir 19-60 $; ⌚11h30-14h30 mar-sam et 17h-22h lun-dim). L'attente est longue et les prix élevés ! Si cela ne vous rebute pas, faites la queue pour savourer, serviette autour du cou, des pinces de crabe caillou d'une grande fraîcheur dans un des plus célèbres restaurants de Miami (inauguré en 1913).

Juvia FUSION **$$$**

(carte p. 78 ; ☎305-763-8272 ; www.juviamiami.com ; 1111 Lincoln Rd, entrée via l'ascenseur sur Lenox Ave ; plats 27-46 $; ⌚18h-23h lun-dim et 12h-15h sam-dim). Le Juvia combine les cuisines les plus tendance à Miami, à savoir les saveurs françaises, latino-américaines et japonaises. Le loup du Chili accompagne une aubergine caramélisée au sirop d'érable, tandis que les Saint-Jacques sont servies avec un gombo et des pleurotes en forme d'huîtres. La majestueuse salle à manger et la terrasse occupent les étages supérieurs du 1111 Lincoln Rd (p. 80), quintessence du glamour de South Beach.

Osteria del Teatro ITALIEN **$$$**

(carte p. 78 ; ☎305-538-7850 ; www.osteriadelteatro.miami ; 1200 Collins Ave ; plats 28-40 $; ⌚18h-23h dim-jeu, 18h-minuit ven-sam). Il ne faut jurer de rien, sauf peut-être que la cuisine du nord de l'Italie de l'Osteria en fait l'un des meilleurs restaurants italiens de l'agglomération de Miami. En entrant, laissez-vous guider et choyer par les aimables serveurs italiens. Une fois installé, découvrez l'exceptionnelle carte : polenta aux champignons sauvages, linguine à l'encre de seiche, vivaneau issu de la pêche locale. Difficile de ne pas succomber !

Mr Chow Chinese CHINOIS, FUSION **$$$**

(carte p. 78 ; ☎305-695-1695 ; www.mrchow.com ; 2201 Collins Ave, W Hotel ; plats 24-51 $; ⌚17h45-23h30). Situé dans le W Hotel (p. 121), Mr Chow donne à la cuisine sino-américaine des envolées gastronomiques. On pourrait presque être intimidé par le décor branché où des lustres modernes côtoient un énorme bar tout droit sorti de *Sex and the City*. Mais le service est sympathique et les plats délicieux : crevettes et châtaignes d'eau, magret de canard croustillant et pancakes nappés de sauce à la prune, nouilles de vermicelles au homard...

POUR CUISINER

Quand vous ne serez plus tenté par les sandwichs cubains, les restaurants de célébrités et les formidables petits établissements "de la ferme à la table", sachez que Miami vous offre un choix satisfaisant de produits frais et d'ingrédients insolites à cuisiner soi-même.

Les quelque 25 supermarchés Publix présents à Miami sont pour la plupart assez haut de gamme, et l'épicerie fine **Whole Foods Market** (carte p. 82 ; ☎305-938-2800 ; www.wholefoodsmarket.com ; 1020 Alton Rd ; ⌚8h-23h) propose un rayon de produits frais d'exception, d'assez bonnes spécialités et un bar à salades correct. Le lieu est particulièrement prisé des végétariens (pour qui le choix est limité dans la région) et de ceux qui ne jurent que par une marque spécifique de lait de soja ou de pâtes sans gluten.

North Beach

Roasters' n Toasters TRAITEUR $

(carte p. 86 ; ☎305-531-7691 ; www.roastersntoasters.com ; 525 Arthur Godfrey Rd ; plats 10-18 $; ⏲6h30-15h30). Au vu des foules qui s'y pressent et du sourire heureux des clients, Roasters' n Toasters semble satisfaire les exigences de l'importante population juive de Miami Beach : viande juteuse, pain frais, bagels croustillants et *latkes* (galettes de pommes de terre) tièdes. Des mini-sandwichs sont servis sur du pain *challah*, une innovation aussi ravissante que savoureuse.

Josh's Deli TRAITEUR $

(☎305-397-8494 ; www.joshsdeli.com ; 9517 Harding Ave ; plats 14-16 $; ⏲8h30-15h30). Le Josh's est la simplicité même. Pour le déjeuner, de généreux sandwichs au pastrami (fumé sur place) et une soupe aux boulettes de *matzo* ; au petit-déjeuner, *challah* façon pain perdu, œufs et saumon fumé maison. Une tranche d'authentique culture de Mid-Beach au cœur du Miami juif.

La Perrada de Edgar RESTAURATION RAPIDE $

(carte p.72 ; ☎305-866-4543 ; www.laperradadeedgar.com ; 6976 Collins Ave ; hot-dogs 5,50-8 $; ⏲12h-minuit). Les hot-dogs de La Perrada sont si délicieux qu'ils ont sûrement été conçus par quelque esprit diabolique. Vous avez des doutes ? Goûtez un *especial*, agrémenté de prunes, d'ananas et de crème fouettée. Ou la version crevettes-frites.

♥ **27 Restaurant** FUSION $$

(carte p. 86 ; ☎786-476-7020 ; www.freehandhotels.com/miami/27-restaurant ; 2727 Indian Creek Dr ; plats 17-28 $; ⏲18h30-2h lun-sam, 11h-16h et 18h30-2h dim ; ✎). Nouveau venu dans le jardin du célèbre Broken Shaker (p. 143 ; l'un des bars à cocktails les plus prisés de Miami Beach), le 27 joue la carte du vieux chic tropical, avec plusieurs pièces joliment décorées de toiles et de bric et de broc, parquet vieilli et bougies. Cuisine fusion d'exception et agréable terrasse.

Cafe Prima Pasta ARGENTIN $$

(carte p. 86 ; ☎305-867-0106 ; www.cafeprimapasta.com ; 414 71st St ; plats 17-26 $; ⏲17h-23h30 lun-sam, 16h-23h dim). Difficile de dire ce que nous apprécions le plus dans ce restaurant italo-argentin : les pâtes à la solide réputation tout à fait méritée, ou l'ambiance, empreinte de la sensualité chic de Buenos Aires. Si la carte est réduite, elle saura satisfaire les palais les plus exigeants. Citons notamment les *gnocchi formaggi*, le filet de bar cuit au four, ou encore les linguine à l'encre de seiche aux fruits de mer sauce homard.

Indomania INDONÉSIEN $$

(carte p. 86 ; ☎305-535-6332 ; www.indomaniarestaurant.com ; 131 26th St ; plats 18-32 $; ⏲17h30-22h30 lun-dim et 12h-16h sam-dim). Les adresses asiatiques "édulcorées" ne manquent pas à Miami. L'Indomania va à l'encontre de cette tendance avec des plats indonésiens authentiques, à la mesure de la diversité du pays : du bœuf braisé sauce coco et épices au copieux *rijsttafel*, sorte de buffet de petites portions de style tapas reflétant les particularismes culinaires des différentes régions d'Indonésie.

Shuckers AMÉRICAIN $$

(carte p. 86 ; ☎305-866-1570 ; www.shuckersbarandgrill.com ; 1819 79th St Causeway ; plats 12-27 $; ⏲11h-1h ; ᯤ). La très belle vue sur les flots depuis la 79th St Causeway fait du Shuckers l'un des établissements les mieux placés des environs. Cuisine de pub : burgers, poisson frit et autres plats rapides. Leurs fameuses ailes de poulet et leurs accompagnements aussi variés qu'appétissants ont la particularité d'être grillées après friture.

Downtown Miami

Manna Life Food VÉGAN $

(carte p. 88 ; ☎786-717-5060 ; www.mannalifefood.com ; 80 NE 2nd Ave ; plats 8-12 $; ⏲10h-17h lun-ven, 11h-16h sam). Cet établissement, aéré et élégant, fait le délice de ses clients grâce à son menu à base de plantes et de super-aliments. Les *life bowls* très nourrissants, les *arepas* (cakes à la farine de maïs) et autres *noritos* (sorte de burrito enveloppé dans une feuille d'algue à la place de la tortilla) explosent de saveurs – quinoa rouge, tofu au four, légumes grillés, riz complet au coco, falafel cru...

All Day CAFÉ $

(carte p. 88 ; www.alldaymia.com ; 1035 N Miami Ave ; café 3,50 $, petit-déj 10-14 $; ⏲7h-19h lun-ven, 9h-19h sam-dim ; ᯤ). Voici l'un des meilleurs endroits dans Downtown pour un café ou le petit-déjeuner – à toute heure. Chaises style scandinave, tables en bois et marbre et, en fond sonore, Françoise Hardy : tout contribue à une ambiance paisible et décontractée.

Bali Cafe INDONÉSIEN $

(carte p. 88 ; ☎305-358-5751 ; 109 NE 2nd Ave ; plats 10-16 $; ⌚11h-16h lun-dim, 18h-22h lun-ven ; ✎). Difficile d'imaginer une cuisine mêlant la simplicité du sushi et la richesse des mets indonésiens, pourtant le défi est relevé avec brio par ce petit établissement sans prétention. Commencez par des sushis épicés au thon, suivis d'un *soto betawi* – soupe de bœuf au lait de coco, gingembre et échalotes.

La Moon COLOMBIEN $

(carte p. 88 ; ☎305-860-6209 ; www.lamoonrestaurant.com ; 97 SW 8th St ; plats 7-17 $; ⌚10h-minuit dim et mar-jeu, 10h-6h ven-sam). Rien de tel après une nuit de fête qu'un hot-dog colombien garni d'œufs et de frites, ou un *arepa* (gâteau au maïs) au steak et au fromage. Le week-end, on peut se procurer ces délices de la cuisine de rue jusqu'au petit matin, d'autant que La Moon n'est qu'à quelques encablures de bars tel le Blackbird Ordinary (p. 144).

180° at DRB BISTROT $

(carte p. 88 ; www.gastronomyredefined.com ; 501 NE 1st Ave ; plats 7-16 $; ⌚12h-23h lun-jeu, 12h-minuit ven-sam, 12h-16h dim). Situé en plein cœur de Downtown, ce pub-restaurant convivial propose un choix satisfaisant de plats à partager et de recettes nourrissantes, parmi lesquels de petits sandwichs farcis d'effiloché de porc, ou un ceviche à l'espadon et aux quatre fromages gratinés. Quant à son nom, comprenez "Democratic Republic of Beer", et "180°" en référence aux dizaines de marques de bière artisanales et imports rares proposés.

Pollos & Jarras PÉRUVIEN $

(carte p. 88 ; www.pollosyjarras.com ; 115 NE 3rd Ave ; ⌚12h-22h dim-jeu, 12h-23h ven-sam). Jouxtant le CVI.CHE105 (p. 134) et géré par la même remarquable équipe, cet établissement festif doté d'un patio propose, lui, une cuisine à base de viande plus que de poisson, notamment un barbecue de poulet de premier ordre, mais aussi des plats emblématiques comme le ceviche.

♥ **Casablanca** POISSON ET FRUITS DE MER $$

(carte p. 88 ; www.casablancaseafood.com ; 400 N River Dr ; plats 15-34 $; ⌚11h-22h dim-jeu, 11h-23h ven-sam). Si le cadre est exceptionnel, avec des tables installées sur une longue terrasse en bois au-dessus de la Miami River, survolée de temps à autre par des mouettes, les produits de la mer de toute première fraîcheur restent au cœur du succès mérité de l'établissement.

Chef Allen's Farm-to-Table Dinner VÉGÉTARIEN $$

(carte p. 88 ; ☎786-405-1745 ; 1300 Biscayne Blvd ; soir 25 $, menu vin compris 40 $; ⌚18h30 lun ; ✎). Un délicieux repas végétarien et familial, composé de cinq plats, est servi chaque lundi soir en terrasse, face à l'Arsht Center. Excellent rapport qualité/prix, plats créatifs à base d'ingrédients du marché local du jour. Réservation par téléphone.

Verde AMÉRICAIN $$

(carte p. 88 ; ☎786-345-5697 ; www.pamm.org/dining ; 1103 Biscayne Blvd, Pérez Art Museum Miami ; plats 13-19 $; ⌚ven-jeu 11h-17h, 11h-21h jeu, fermé mer ; ✎). Situé dans l'enceinte du Pérez Art Museum Miami (p. 85), cet établissement très apprécié pour la qualité de ses ingrédients du marché autant que pour son emplacement, en terrasse au-dessus de la baie. Parmi les nombreux plats alléchants : croustillants tacos au mahi-mahi, pizza au chèvre et fleurs de courgette, salade d'endives braisées...

River Oyster Bar POISSON ET FRUITS DE MER $$

(carte p. 88 ; ☎305-530-1915 ; www.therivermiami.com ; 650 S Miami Ave ; plats 16-32 $; ⌚12h-22h30 lun-jeu, 12h-minuit ven, 16h30-minuit sam, 16h30-21h30 dim). À quelques pas de la Miami River, ce petit établissement très animé et assez distingué sert de très appétissantes assiettes de la mer. On commence par des huîtres et un ceviche d'exception, on poursuit par un vivaneau rouge grillé ou un thon jaune. Pour un repas extatique, optez pour le plateau de fruits de mer (125 $) débordant de trésors culinaires de Neptune.

NIU Kitchen ESPAGNOL $$

(carte p. 88 ; ☎786-542-5070 ; www.niukitchen.com ; 134 NE 2nd Ave ; assiettes à partager 14-25 $; ⌚12h-15h30 et 18h-22h lun-ven, 13h-16h et 18h-23h sam, 18h-22h dim ; ✎). Le NIU, élégant restaurant de la taille d'une salle à manger, prépare une succulente cuisine espagnole contemporaine. Cette éblouissante démonstration culinaire met en scène des plats à partager aux noms catalans : Ous (œufs pochés, mousse de pommes de terre aux truffes, *jamon iberico* aux truffes noires) ou Toninya (thon fumé, *guindillas* verts et pignons de pin). Le tout à accompagner d'un bon vin.

Garcia's Seafood Grille & Fish Market POISSON, FRUITS DE MER $$

(carte p. 88 ; 305-375-0765 ; www.garciasmiami.com ; 398 NW N River Dr ; plats 10-25 $; 11h-22h lun-ven, 11h-23h sam-dim). Les employés du quartier viennent en nombre déjeuner ici, dans une ambiance bien plus proche de celle d'une petite échoppe de fruits de mer que d'un restaurant de quartier financier. Produits de la mer frais et agréable vue sur la Miami River.

CVI.CHE 105 PÉRUVIEN $$

(carte p. 88 ; 305-577-3454 ; www.ceviche105.com ; 105 NE 3rd Ave ; 12h-22h dim-jeu, 12h-23h ven-sam). Un cadre décliné autour du blanc, des ceviches soigneusement présentés, ce restaurant péruvien très prisé de Downtown sert des plats à partager, tels le *lomo saltado* (steak mariné) et l'*arroz con mariscos* (riz aux fruits de mer), idéalement arrosés de *Pisco Fuegos* (pisco et jalapeño) ou d'autres cocktails péruviens.

Soya e Pomodoro ITALIEN $

(carte p. 88 ; 305-381-9511 ; www.soyaepomodoro.com ; 120 NE 1st St ; déj 11-18 $, dîner 16-26 $; 11h30-16h30 lun-ven, 19h-23h30 mer-sam). Soya e Pomodoro évoque une enclave bohème pour artistes et cinéastes italiens, qui peuvent y savourer de copieuses portions de pâtes fraîches sous des affiches anciennes, des tableaux arc-en-ciel et de curieuses tentures. Pour compléter cette ambiance, concerts de latin jazz (jeudi de 21h à minuit), conférences et autres événements artistiques y sont parfois organisés en soirée.

Bonding FUSION $$

(carte p. 88 ; 786-409-4796 ; www.bondingmiami.com ; 638 S Miami Ave ; plats 16-30 $; 12h-23h lun-ven, 12h-minuit sam, 17h-minuit dim ;). Le Bonding réussit à merveille le mariage des cuisines asiatiques – thaïlandaise, japonaise et coréenne, entre autres. Poulet savamment cuisiné au piment et au basilic, curry rouge bien relevé et sushis originaux avec sauce à la mangue et mayonnaise piquante. Très bon saké.

Wynwood et Design District

Wynwood Yard FOOD-TRUCKS $

(carte p. 94 ; www.thewynwoodyard.com ; 56 NW 29th St ; plats 7-14 $; 12h-23h mar-jeu, 12h-1h ven-dim ;). Installé sur un ancien terrain vague, Wynwood Yard évoque une oasis urbaine pour amateurs de cuisine de rue de qualité. Avec une douzaine de food-trucks le choix est large – gratin de macaroni gourmet, salade sans protéine animale, escalope pannée, tacos goûteux, desserts... Un bar et des concerts complètent l'offre.

Ancré ici, le **Della Test Kitchen** (carte p. 94 ; 305-351-2961 ; www.dellabowls.com ; plats 11-14 $; 12h-22h mar-dim ;) sert une savoureuse cuisine végane, dont certains ingrédients sont cultivés sur place. Les concerts se tiennent généralement du mercredi au samedi à partir de 21h, et à partir de 14h le dimanche. Les manifestations exceptionnelles, à retrouver sur le site Internet, consistent en des dégustations, cours de yoga et Pilates, et des ateliers pratiques pour les enfants.

Coyo Taco MEXICAIN $

(carte p. 94 ; 305-573-8228 ; www.coyo-taco.com ; 2300 NW 2nd Ave ; plats 7-12 $; 11h-2h lun-sam, 11h-23h dim ;). Vous êtes à Wynwood et soudainement vous prend l'envie de manger des tacos ? Au vu de la file d'attente, vous êtes au bon endroit ! Des tacos magnifiquement préparés, originaux et variés, sauront récompenser votre patience : poulpe cuit au feu de bois, champignons marinés, canard croustillant, en plus des habituels steak, poisson grillé ou porc rôti.

Kush AMÉRICAIN $

(carte p. 94 ; 305-576-4500 ; www.kushwynwood.com ; 2003 N Miami Ave ; plats 13-15 $; 12h-23h dim-mar, 12h-minuit mer-sam ;). Burgers gourmets et bières artisanales, voici la recette simple mais efficace de ce restaurant-bar animé, situé à l'extrémité sud de Wynwood. Les généreux burgers, garnis de pastrami épicé, d'avocat de Floride et d'autres succulents ingrédients s'accompagnent parfaitement de différentes bières, de la Sixpoint à la Funky Buddha. Les végétariens ne sont pas oubliés, avec, notamment, un burger maison aux haricots noirs et un *jambalaya* végan.

SuViche FUSION $

(carte p. 94 ; 305-501-5010 ; www.suviche.com ; 2751 N Miami Ave ; ceviches 8-14 $; 12h-23h). Une adresse tout indiquée pour commencer la soirée. Une terrasse couverte agrémentée de balancelles, des murs de graffitis et de la bonne musique composent le cadre. La carte mêle plats péruviens (parmi lesquels une demi-douzaine de variétés de ceviches) et sushis, agréablement accompagnés de *macerados* (cocktails au pisco).

Salty Donut
DOUGHNUTS $

(carte p. 94 ; ☎305-925-8126 ; www.saltydonut.com ; 50 NW 23rd St ; doughnuts 3-6 $; ⏲8h-18h mar-dim ;). Si le terme "*doughnuts* artisanaux" peut paraître inadapté, ces délices à base d'ingrédients de qualité et de saison ont une dimension créative et artistique indéniable et sont parmi les meilleurs du sud de la Floride. Sirop d'érable et bacon, goyave et fromage, beurre noisette salé... ces classiques côtoient des versions éphémères comme celle au chocolat blanc et pistache, ou fraise et crème au citron.

Panther Coffee
CAFÉ $

(carte p. 94 ; ☎305-677-3952 ; www.panthercoffee.com ; 2390 NW 2nd Ave ; café 3-6 $; ⏲7h-21h lun-sam, à partir de 8h dim ;). Meilleur café indépendant de Miami, le Panther propose d'exceptionnelles torréfactions artisanales d'origine unique. Outre les cafés (et *latte* crémeux), préparés à la demande dans des cafetières Chemex, vous pourrez déguster des bières artisanales, des vins et des douceurs. Agréable patio extérieur.

Buena Vista Deli
CAFÉ $

(carte p. 94 ; ☎305-576-3945 ; www.buenavistadeli.com ; 4590 NE 2nd Ave ; plats 8-15 $; ⏲7h-21h). Ne vous fiez pas à son nom : ce café à la parisienne, tenu par des Français, vaut le détour, et ce à n'importe quelle heure de la journée. Le matin, croissants frais et autres viennoiseries ; dans la journée, généreuses parts de quiche, copieuses salades et autres sandwichs. Côté boissons, vin, bière et café de qualité vous attendent.

Enriqueta's
LATINO-AMÉRICAIN $

(carte p. 94 ; ☎305-573-4681 ; 186 NE 29th St ; plats 6-9 $; ⏲6h-15h45 lun-ven, 6h-2h sam). Il fut un temps où les Portoricains avaient la mainmise sur Wynwood, avant l'arrivée des artistes contemporains. Pour une réminiscence de cette époque, entrez dans ce restaurant de bord de route continuellement bondé. L'ambiance latino est aussi corsée que les *cortaditos* (moitié expresso, moitié lait) servis au comptoir. Avant d'aller faire un tour dans une galerie branchée, croquez donc un juteux sandwich cubain.

Ono Poke
HAWAÏEN $

(carte p. 94 ; ☎786-618-5366 ; www.onopokeshop.com ; 2320 N Miami Ave ; plats 10-16 $; ⏲12h-20h lun-sam, 12h-18h dim). Ce petit restaurant remporte tous les suffrages depuis son ouverture en 2016. La clé de son succès ? Les clients dressent eux-mêmes leur *poke bowl* à l'aide d'un appétissant poisson frais à sushi, à surmonter de légumes et de riz, puis d'une garniture (gingembre, concombre, ciboule) et d'éventuels compléments (petits pois au wasabi) ; il ne reste plus que la sauce, au choix, avant de savourer ce repas délicieusement simple et équilibré.

Crumb on Parchment
BOULANGERIE $

(carte p. 94 ; ☎305-572-9444 ; 3930 NE 2nd Ave ; plats 9-15 $; ⏲9h-16h lun-ven ;). Si l'envie vous prend d'une petite sucrerie ou de quelque chose de plus substantiel, poussez sans hésiter la porte de cette excellente boulangerie-café du Design District. Outre les brownies au chocolat, les scones et autres pâtisseries, vous pourrez vous installer dans le café ensoleillé pour de délicieux en-cas créatifs (sandwichs, salades et soupes).

Lemoni Café
CAFÉ $

(carte p. 94 ; ☎305-571-5080 ; www.mylemonicafe.com ; 4600 NE 2nd Ave ; plats 10-18 $; ⏲11h-22h30 lun-sam, 11h-18h dim ;). Inspiration méditerranéenne pour ce petit café aux lumières tamisées : paninis, salades et hors-d'œuvre (houmous, bruschetta, aubergine épicée à la Marocaine, etc.). Le week-end, le brunch (jusqu'à 14h le samedi, 17h le dimanche) compte un excellent pain perdu et des pancakes à la myrtille. Situé dans l'agréable quartier de Buena Vista, l'endroit est parfait pour un déjeuner ou un dîner en terrasse.

Cheese Course
FROMAGE $

(carte p. 94 ; ☎786-220-6681 ; www.thecheesecourse.com ; 3451 NE 1st Ave ; planche 3 fromages 18 $, sandwichs 9-13 $; ⏲11h-20h dim, 11h-21h lun-mer, 11h-23h jeu-sam ;). Le concept est séduisant : sélectionnez quelques fromages avec l'aide du personnel et faites-vous composer votre planche avec du pain frais, des noix confites, des cornichons ou tout autre accompagnement de votre choix. Également des sandwichs, pâtes à tartiner et confitures, ainsi que des bières artisanales et du vin au verre – accompagnement incontournable de ces très bons fromages.

♥ Kyu
FUSION $$

(carte p. 94 ; ☎786-577-0150 ; www.kyumiami.com ; 251 NW 25th St ; assiettes à partager 17-38 $; ⏲12h-23h30 lun-sam, 11h-23h30 dim, bar ouvert jusqu'à 1h ven-sam ;). Parmi les meilleurs restaurants récemment ouverts à Wynwood, le Kyu fait l'unanimité chez les habitués et les critiques gastronomiques pour sa cuisine novatrice aux influences asiatiques, souvent cuite au feu de bois. La déco industrielle est réchauffée par un éclairage élaboré et quelques boiseries (tables et chaises, étagères du grill).

Cake Thai THAÏ $$

(carte p. 94 ; ☎305-573-5082 ; www.cakethai-miami.com ; 180 NW 29th St ; plats 16-25 $; ⏰12h-minuit mar-dim ; ✎). Les amateurs de cuisine thaïe de Wynwood ont beaucoup de chance : le Cake Thai est venu jusqu'à eux ! Toujours aux commandes, le chef Phuket Thongsodchaveondee (surnommé "Cake") est un véritable magicien.

Michael's Genuine AMÉRICAIN MODERNE $$

(carte p. 94 ; ☎305-573-5550 ; www.michaelsgenuine.com ; 130 NE 40th St ; plats midi 16-26 $, soir 19-44 $; ⏰11h30-23h lun-sam, 11h30-22h dim). Installée de longue date, cette taverne haut de gamme est l'établissement le plus animé du Design District. Excellent service pour un menu réussi : plats cuits au feu de bois, copieuses salades et buffet de crudités (avec huîtres et crabe caillou, entre autres). La clientèle est généralement bien habillée et l'établissement souvent complet. Tables en extérieur, sur la voie piétonne.

Zak the Baker TRAITEUR $$

(carte p. 94 ; ☎786-347-7100 ; www.zakthebaker.com ; 405 NW 26th St ; sandwichs 14-18 $; ⏰8h-17h dim-ven). Le *deli* casher le plus prisé de Miami vend de délicieux (et onéreux) sandwichs : essayez celui au corned-beef braisé coupé à la main, ou le copieux gravlax. Venez tôt et vous pourrez déguster des *latkes* (galettes de pommes de terre) aux œufs.

The Butcher Shop AMÉRICAIN $$

(carte p. 94 ; ☎305-846-9120 ; www.butchershop-miami.com/tbs ; 165 NW 23rd St ; plats 13-34 $; ⏰11h-23h dim-jeu, 11h-2h ven-sam). Cet établissement de Wynwood, qui porte bien son nom (La Boucherie), fait résolument de l'œil aux carnivores. Entrecôte, saucisses fumées, charcuterie… Les amateurs de viande seront comblés. Avis à ceux qui aiment la bière : cette boucherie est aussi un *beer garden*, qui s'anime dès le coucher du soleil.

Harry's Pizzeria PIZZERIA $$

(carte p. 94 ; ☎786-275-4963 ; www.harryspizzeria.com ; 3918 N Miami Ave ; pizza 13-17 $, plats 16-21 $; ⏰11h30-23h dim-jeu, 11h30-minuit ven-sam ; ✎). Cette adresse de Midtown, réduite à l'essentiel, enchantera littéralement les amateurs de pizzas. En dépit d'une salle et d'une cuisine minuscules, le Harry's concocte en effet des pizzas au feu de bois d'une simplicité trompeuse, garnies d'ingrédients originaux (porc cuit à feu doux, chou kale et oignons caramélisés). Ajoutez à cela quelques hors-d'œuvre à ne surtout pas rater (frites à la polenta, notamment) et vous voilà face à un repas copieux pour un budget raisonnable.

Mentions spéciales aussi pour le mahi-mahi saisi à la poêle et le poulet rôti au four accompagné de fenouil en salade.

Mandolin GREC $$

(carte p. 94 ; ☎305-749-9140 ; www.mandolin-miami.com ; 4312 NE 2nd Ave ; plats 18-34 $; ⏰12h-23h ; ✎). Une petite virée en mer Égée vous tente ? Réservez une table dans cet établissement. La cuisine grecque ne vous décevra pas, que vous optiez pour le filet de bar grillé arrosé d'un trait d'huile d'olive et de citron, un kebab d'agneau sauce épicée au yaourt, ou pour de délicieux mezze, aubergine fumée ou poulpe grillé par exemple.

♥ **Alter** AMÉRICAIN MODERNE $$$

(carte p. 94 ; ☎305-573-5996 ; www.altermiami.com ; 223 NW 23rd St ; menu 5/7 plats 69/89 $; ⏰19h-23h mar-dim). Ce nouvel établissement, qui s'attire les louanges des critiques gastronomiques, a introduit la haute cuisine à Wynwood, grâce au travail du jeune et talentueux chef Brad Kilgore. Le menu, régulièrement changé, met à l'honneur des ingrédients de grande qualité produits et pêchés en Floride, pour des plats de saison inspirés des cuisines asiatique et européenne. Réservation obligatoire.

Little Haiti et Upper East Side

♥ **Phuc Yea** VIETNAMIEN $

(carte p. 96 ; ☎305-602-3710 ; www.phucyea.com ; 7100 Biscayne Blvd ; ⏰18h-minuit mar-sam, 11h30-15h30 et 18h-21h dim). Comme le laisse présager son nom/jeu de mots international, cet établissement franchit les frontières avec une excellente cuisine vietnamienne servie dans un cadre façon hip-hop et graffitis. Les anglophones s'étonneront sans doute d'être "Phuc'd up" mais qu'ils soient rassurés, "phuc" signifie "bonheur et prospérité" ! Rouleaux de printemps au homard, curry de poisson et ailes de poulet aux épices comptent parmi les délicieux plats à partager.

Le bar à crudités propose un choix de sushis, huîtres et cocktails créatifs (happy hour de 17h à 19h). On peut également s'installer en extérieur, dans un jardin illuminé de lanternes en papier.

Chef Creole HAÏTIEN **$**

(305-754-2223 ; www.chefcreole.com ; 200 NW 54th St ; plats 7-20 $; 11h-22h lun-sam). S'il vous prend l'envie de spécialités caribéennes bon marché, mettez le cap sur ce secteur de Little Haiti et découvrez cette excellente baraque de vente à emporter. Au menu : conque, queue de bœuf ou poisson frits, riz servi à la louche et haricots. De quoi être rassasié pour la semaine ! À déguster sur les bancs de pique-nique non loin, au son de la musique haïtienne diffusée par les petits haut-parleurs. Une expérience unique. Le service peut paraître lent, mais ici, le rythme est celui des îles !

Jimmy's East Side Diner DINER **$**

(carte p. 96 ; 305-754-3692 ; 7201 Biscayne Blvd ; plats 7-13 $; 6h30-16h). Une adresse classique pour les copieux petits-déjeuners avec omelettes bon marché, pain perdu ou pancakes et les sandwichs à la dinde ou les hamburgers dans la journée. La clientèle gay y est nombreuse, remarquez le drapeau arc-en-ciel sur la devanture.

Sachez que ce *diner* a joué un rôle majeur dans la scène finale du magnifique film de Barry Jenkins, *Moonlight*, Oscar du meilleur film en 2017.

Choices VÉGAN **$$**

(carte p. 96 ; 786-408-9122 ; www.choicescafe-miami-ues.com ; 646 NE 79th St ; plats 10-17 $; 8h-21h lun-ven, 9h-21 h sam, 9h-20h dim ;). Comme dans tous les bons établissements végans, on ne regrette pas l'absence de viande. Avec des combinaisons intéressantes comme la "viande" de noix et le "fromage" Daiya, ce restaurant tient ses promesses et propose burgers, tacos et pizzas, tous 100% végans et délicieux.

Mina's MÉDITERRANÉEN **$$**

(carte p. 96 ; 786-391-0300 ; www.minasmiami.com ; 749 NE 79th St ; plats 16-30 $, plats à partager 6-16 $; 17h-22h mar-jeu, 17h-23h ven, 12h-23h sam, 11h-21h dim ;). Belle hauteur sous plafond, affiches de voyage vintage, ambiance chaleureuse feront de votre repas un moment réussi. Les plats d'influence méditerranéenne peuvent être partagés, avec, pour bien commencer, houmous crémeux, *dolmas* rafraîchissantes, *spanakopita* (gâteau aux épinards) et savoureux calmars frits.

Andiamo PIZZERIA **$$**

(carte p. 96 ; 305-762-5751 ; www.andiamopizza-miami.com ; 5600 Biscayne Blvd ; pizzas 12-20 $; 11h-23h dim-jeu, 11h-minuit ven-sam ;). Installée dans ce qui fut un magasin de pneus, cette pizzeria confectionne certaines des meilleures pizzas à pâte fine de Miami dans son four central à briques réfractaires. Vous aurez l'embarras du choix parmi une trentaine de déclinaisons. L'endroit parfait pour débuter la soirée, avec torches tiki illuminant les tables en extérieur et retransmissions sportives sur écran géant.

Blue Collar AMÉRICAIN **$$**

(carte p. 96 ; 305-756-0366 ; www.bluecollar-miami.com ; 6730 Biscayne Blvd ; plats 16-27 $; 11h30-15h30 lun-dim, 18h-22h dim-jeu, 18h-23h ven-sam ; P). En accord avec son nom (le "col bleu"), cet établissement délaisse toute prétention et sert une cuisine américaine généreuse et préparée avec soin, dans une déco intérieure typique des cafés des années 1960. Commencez par un gruau de maïs aux crevettes ou un gratin de macaroni aux quatre fromages, poursuivez par une truite arc-en-ciel poêlée, une assiette fumante de viande de bœuf ou un succulent *jambalaya*. Les végétariens ne sont pas oubliés et repartiront tout aussi satisfaits.

Little Havana

Versailles CUBAIN **$**

(305-444-0240 ; www.versaillesrestaurant.com ; 3555 SW 8th St ; plats 6-21 $; 8h-1h lun-jeu, 8h-2h30 ven-sam, 9h-1h dim). Ce Versailles des îles est ici une institution – l'un des piliers de la cuisine cubaine de Miami. Goûtez l'excellente soupe de haricots noirs ou la friture de racines de yuca, puis continuez avec une assiette plus consistante de viande ou de poisson. L'élite politique latino de Miami et les anciennes générations de Cubains restent de grands fidèles du lieu, c'est donc une occasion pour le visiteur de les côtoyer.

Lung Yai Thai Tapas THAÏ **$**

(carte p. 98 ; 786-334-6262 ; 1731 SW 8th St ; plats 10-15 $; 12h-15h et 17h-minuit). Signe irréfutable de l'actuel métissage culinaire, ce petit bijou de Little Havana propose une cuisine thaï alléchante. Le chef Bas réalise des prouesses pour un menu idéal à partager. Impossible de faire le mauvais choix – ailes de poulet aux épices, salade de magret de canard, ou un *Kaho Soi Gai* (copieux curry de nouilles) des plus réputés.

El Nuevo Siglo LATINO-AMÉRICAIN **$**

(carte p. 98 ; 1305 SW 8th St ; plats 8-12 $; 7h-20h). Installé dans l'enceinte du supermarché du même nom, El Nuevo Siglo attire une clientèle de gourmets venus pour sa délicieuse cuisine à prix modique, plus que pour son ambiance assez terne. Prenez place au comptoir d'un noir rutilant et régalez-vous de viandes rôties, racines de yuca, sandwichs cubains acidulés, filet de vivaneau accompagné de riz, haricots et bananes plantains, parmi les plats du jour.

Viva Mexico MEXICAIN **$**

(carte p. 98 ; 786-350-6360 ; 502 SW 12th Ave ; tacos 2 $; 11h-21h mar-jeu, 11h-23h ven-sam, 11h-18h dim). Remontez 12th Ave et venez déguster les meilleurs tacos de Little Havana. Au comptoir des plats à emporter, de souriantes vendeuses vous tendent d'appétissants tacos garnis de steak, tripes, saucisses et autres viandes. Quelques tables en extérieur sont disponibles.

Malheureusement, les végétariens repartiront, eux, bredouilles.

Yambo LATINO-AMÉRICAIN **$**

(1643 SW 1st St ; plats 5-12 $; 24h/24). Si vous trouvez une bonne âme, taxi ou ami, pour vous conduire jusqu'à Little Havana au beau milieu de la nuit après une soirée très… festive, foncez chez Yambo. En effet, vous pourrez y trouver à toute heure des plats à emporter, emballage débordant de juteux morceaux de *carne asada* (rôti de bœuf) et de riz, haricots et bananes plantains frites en accompagnement.

San Pocho COLOMBIEN **$**

(carte p. 88 ; 305-854-5954 ; www.sanpocho.com ; 901 SW 8th St ; plats 9-15 $; 7h-20h lun-jeu, 7h-21h ven-dim). Pour une petite virée en Colombie, venez découvrir cet établissement accueillant et convivial. Le menu, à base de viande pour l'essentiel, propose notamment de copieuses assiettes de *bandeja paisa* (steak grillé, riz, haricots, bananes plantains frites, œuf, *arepa* et peau de porc grillée). On peut aussi opter pour un *mondongo* (soupe de tripes) ou des *tamales* colombiennes et, en accompagnement, des *arepas* (gâteaux de maïs), notamment.

Azucar GLACE **$**

(carte p. 98 ; 305-381-0369 ; www.azucaricecream.com ; 1503 SW 8th St ; glace 4-6 $; 11h-21h lun-mer, 11h-23h jeu-sam, 11h-22h dim). L'une des petites échoppes les plus facilement repérables de Little Havana (grâce à son cornet géant en façade) qui vend de délicieuses glaces. Le choix n'est pas simple parmi des dizaines de parfums tentants : rhum raisins, *dulce de leche*, goyave, mangue, cannelle, jacquier, citron basilic…

Exquisito Restaurant CUBAIN **$**

(carte p. 98 ; 305-643-0227 ; www.elexquisitomiami.com ; 1510 SW 8th St ; plats 9-13 $; 7h-23h). Idéal pour une succulente cuisine cubaine au cœur de Little Havana. Le rôti de porc présente des notes acidulées d'agrumes et la *ropa vieja* (effiloché de poitrine de bœuf braisé) est délicieusement revigorante. Même les accompagnements standards comme le riz, les haricots et les bananes plantains rôties sont préparés avec soin et savoureux. Excellent rapport qualité/prix.

♥ **El Carajo** ESPAGNOL **$$**

(305-856-2424 ; www.el-carajo.com ; 2465 SW 17th Ave ; tapas 5-15 $; 12h-22h lun-mer, 12h-23h jeu-sam, 13h-21h dim ;). Découvrir un restaurant dans un lieu inattendu est toujours amusant, mais on reste d'abord perplexe face à cette station-service Citgo sur SW 17th Ave. Dépassez les bidons d'huile de moteur sans vous laisser impressionner et pénétrez dans une cave à vins à l'architecture digne de Grenade. Optez pour de succulentes dates farcies dans une tranche de bacon, ou de généreuses tortillas. Les sardines cuites avec une pointe de sel et d'huile d'olive donnent le tournis.

Doce Provisions AMÉRICAIN MODERNE **$$**

(carte p. 98 ; 786-452-0161 ; www.doceprovisions.com ; 541 SW 12th Ave ; plats 11-25 $; 12h-15h30 et 17h-22h lun-jeu, 12h-15h30 et 17h-23h ven, 12h-23h sam, 11h-21h dim). Cet établissement évoque davantage Wynwood que Little Havana et son cortège de restaurants latinos typiques. Élégante ambiance industrielle, cuisine américaine créative – gratin de macaroni aux crevettes, poulet rôti accompagné d'une gaufre de banane plantain, entrecôte en burger, frites à la truffe – sans oublier quelques bières artisanales locales.

Le brunch rencontre à juste titre un grand succès (dimanche de 11h à 15h).

Xixón ESPAGNOL **$$**

(305-854-9350 ; www.xixonspanishrestaurant.com ; 2101 SW 22nd St ; tapas 7-16 $; 11h-22h lun-jeu, 11h-23h ven-sam, 12h-17h dim ;). Il faut de la constance pour rester debout dans les restaurants à tapas très fréquentés de Miami. Pain croustillant et moelleux comme il faut, savoureux *bacalao* (beignets de morue), crevettes et anguilles rôties à l'ail... voilà qui explique le succès phénoménal de cet établissement. Les *bocatas* (sandwichs) au jambon serrano et fromage manchego vous garantiront un pique-nique hors pair.

Coconut Grove

Bianco Gelato GLACE $

(carte p. 100 ; ☎786-717-5315 ; 3137 Commodore Plaza ; glace 3,50-7 $). Glacier de quartier très prisé à Coconut Grove, surtout chez les plus jeunes, pour ses préparations exceptionnelles, à base de lait bio et d'ingrédients 100% naturels. Les parfums changent fréquemment, mais parmi les grands succès récents, citons goyave et fromage, avocat et noix caramélisées, noisettes et chocolat végan.

Last Carrot VÉGÉTARIEN $

(carte p. 100 ; ☎305-445-0805 ; 3133 Grand Ave ; plats 6-8 $; 🕙10h30-18h lun-sam, 11h-16h30 dim ;). Ayant pignon sur rue depuis les années 1970, cet établissement sert des jus de fruits frais, d'excellents sandwichs pita, purées d'avocat, burgers végétariens et autres tartes aux épinards dans une ambiance de quartier comme autrefois. La longévité de Carrot à proximité de l'énorme CocoWalk prouve qu'une nourriture saine servie dans un cadre agréable est une recette gagnante.

Coral Bagels TRAITEUR $

(☎305-854-0336 ; 2750 SW 26th Ave ; plats 7-11 $; 🕙6h30-15h lun-ven, 7h-16h sam-dim ; P). Même s'il est assez excentré (à 1,5 km environ du cœur de Coconut Grove), ce petit *deli* animé est parfait pour démarrer la journée avec de véritables *bagels*, de généreuses omelettes et de délicieux pancakes de pommes de terre, avec nappage aux pommes et crème aigre. Seule l'addition sera légère, vous repartirez repu.

LoKal AMÉRICAIN $

(carte p. 100 ; ☎305-442-3377 ; 3190 Commodore Plaza ; burgers 14-16 $; 🕙12h-22h dim-mar, 12h-23h mer-sam ;). Ce petit établissement de Coconut Grove possède deux points forts : ses bières artisanales et ses burgers. Ces derniers se déclinent sous différentes variantes, toutes à base de bœuf de qualité (sauf dans la version végétarienne où le "steak" est fait de flocons d'avoine et de riz brun) – mention spéciale pour le *frita* et sa sauce à la goyave, gruyère fondu et bacon croustillant.

The Spillover AMÉRICAIN MODERNE $$

(carte p. 100 ; ☎305-456-5723 ; www.spillovermiami.com ; 2911 Grand Ave ; plats 13-25 $; 🕙11h30-22h dim-mar, 11h30-23h mer-sam ;). Installé à l'écart, dans une rue piétonnière près du CocoWalk, ce restaurant sert du poisson de la pêche locale et une cuisine de bistrot originale, le tout dans un séduisant cadre vintage (tabourets en fer forgé, portes en bois recyclé autour du bar, personnel en chemise et bretelles, cuivres jazz en fond sonore). On vient pour leur cake au crabe, tacos aux crevettes et viande de buffle, *fish-and-chips* à base de poisson pêché au lancer ou leur Reuben au homard fondant en bouche.

Boho MÉDITERRANÉEN $$

(carte p. 100 ; ☎305-549-8614 ; 3433 Main Hwy ; plats 19-26 $, pizzas 12-17 $; 🕙12h-23h lun-ven, 10h-23h sam-dim). Cet établissement de charme et sa remarquable cuisine méditerranéenne contribuent à la renaissance culinaire de Coconut Grove, notamment avec un tendre poulpe mariné, un risotto crémeux, des pizzas à pâte fine nappée d'huile parfumée à la truffe, de délicieuses salades de quinoa et betterave. L'agréable cadre (papier peint jungle, grandes baies vitrées et ambiance décontractée) donne envie de s'attarder. Tables sur le trottoir.

Glass & Vine AMÉRICAIN MODERNE $$

(carte p. 100 ; www.glassandvine.com ; 2820 McFarlane Rd ; plats midi 9-14 $, soir 17-32 $; 🕙11h30-15h30 et 17h30-22h dim-jeu, 17h30-23h ven-sam). On fait difficilement plus attrayant que ce restaurant en plein air situé à l'entrée de Peacock Park. Au déjeuner, faites une escale pour un taboulé et un sandwich aux crevettes, ou, au dîner, pour un gratin de chou-fleur et des coquilles Saint-Jacques. La cuisine est accompagnée d'une belle carte des vins et cocktails. Excellent brunch le week-end.

Bombay Darbar INDIEN $$

(carte p. 100 ; ☎305-444-7272 ; 2901 Florida Ave ; plats 15-23 $; 🕙12h-15h jeu-dim et 18h-22h mer-lun, fermé mar ;). Miami la latine laisse peu de place à la cuisine indienne, et c'est d'autant plus vrai à Coconut Grove – ce qui fait de ce restaurant une véritable rareté. Géré par un couple de Mumbai, cet établissement haut de gamme a tout bon : *tandooris* et *tikkas* sont savamment préparés et accompagnés de *naan* brûlants et de *samosas* aux saveurs bien affirmées.

Lulu AMÉRICAIN MODERNE $$
(carte p. 100 ; ☎305-447-5858 ; 3105 Commodore Plaza ; plats midi 12-19 $, soir 15-29 $; ⏰11h30-22h30 dim-jeu, 11h30-23h30 ven-sam ; ✎). Lulu est le représentant à Coconut Grove d'une cuisine utilisant des produits bio locaux. Les recettes de bistrot, préparées avec soin, sont à savourer en extérieur. Les hors-d'œuvre pourraient à eux seuls suffire à votre repas (dates grillées, houmous toscan, tartare de thon Ahi), ou, pour un plat plus consistant, essayez les tacos de porc braisé lentement ou les Saint-Jacques cueillies à la main.

GreenStreet Cafe AMÉRICAIN $$
(carte p. 100 ; ☎305-567-0662 ; www.greenstreet-cafe.net ; 3468 Main Hwy ; plats 15-29 $; ⏰7h30-1h dim-mar, 7h30-3h mer-sam). Le GreenStreet fait partie des établissements avec terrasse les plus courus, et la jeunesse du quartier vient s'y rassembler au coucher du soleil. Cuisine de pub de grande qualité, avec, notamment, poêlées de légumes, lasagnes au chèvre, salades d'endives mesclun, mahi-mahi noirci et entrecôte braisée accompagnée de polenta.

Jaguar LATINO-AMÉRICAIN $$
(carte p. 100 ; ☎305-444-0216 ; www.jaguarhg.com ; 3067 Grand Ave ; plats midi 15 $, soir 22-33 $; ⏰11h30-23h lun-sam, 11h-22h dim). La carte propose toutes les spécialités latines, mais tout le monde vient pour le "bar à *ceviche*" (poisson et fruits de mer crus, marinés). L'idée : créer soi-même son mélange à partir de six sortes de ceviches, depuis le thon au gingembre jusqu'à la *corvina* (courbine) au jus de citron vert. Un principe original et amusant, d'autant que les divers ceviches sont exquis.

Coral Gables

Threefold CAFÉ $$
(carte p. 102 ; ☎305-704-8007 ; 141 Giralda Ave ; plats 13-19 $; ⏰8h-16h30 ; 📶✎). Le café le plus en vue de Coral Gables est géré par des Australiens et prépare des expressos parfaits (et un bon café crème), ainsi que des petits-déjeuners et déjeuners créatifs. Pour bien commencer la journée : gaufres et compote de fruits rouges, tartine d'avocat et feta, ou gigot d'agneau et œufs au plat.

Frenchie's Diner FRANÇAIS $$
(carte p. 102 ; ☎305-442-4554 ; www.frenchies-diner.com ; 2618 Galiano St ; plats midi 14-24 $, soir 24-34 $; ⏰11h-15h et 18h-22h mar-sam). Il est facile de passer à côté de cet établissement installé à l'écart dans une petite rue. Une fois à l'intérieur, le Frenchie's rappelle les *diners* d'autrefois, sol à damier noir et blanc, menu écrit à la craie sur un grand mur noir, et sur les autres nombreux miroirs et photographies rétro. La cuisine, quant à elle, met à l'honneur les grands classiques du bistrot parisien.

Matsuri JAPONAIS $$
(carte p. 102 ; ☎305-663-1615 ; 5759 Bird Rd ; plats 12-19 $, plat du jour midi 10 $; ⏰11h30-14h30 mar-ven, 17h30-22h30 mar-sam). Niché dans un centre commercial insignifiant, le Matsuri ne désemplit pas, car la clientèle, presque exclusivement japonaise, vient retrouver les saveurs du pays. Cependant, beaucoup sont des Japonais d'Amérique du Sud qui commandent leurs *unagi* (anguilles) en espagnol, ce qui ajoute à l'ambiance plaisante. *Toro* (thon gras) épicé et ciboule, maquereaux grillés au sel et un océan de poissons crus tous plus *oishi* (délicieux) les uns que les autres.

Bulla Gastrobar ESPAGNOL $$
(carte p. 102 ; ☎305-441-0107 ; www.bullagastrobar.com ; 2500 Ponce de Leon Blvd ; petite assiette 7-19 $; ⏰12h-22h dim-jeu, 12h-minuit ven-sam ; ✎). Une clientèle nombreuse qui bavarde devant des tapas, un cadre chic, une bonne ambiance… on est à Madrid. Le lieu ne désemplit pas de la soirée, grâce à ses *patatas bravas* (pommes de terre aux épices), *huevos* Bulla (œufs, jambon serrano et huile aromatisé à la truffe) et ses *croquetas* au jambon ibérique.

Swine SUD $$$
(carte p. 102 ; ☎786-360-6433 ; 2415 Ponce de Leon Blvd ; plats 20-38 $, assiettes à partager 10-25 $; ⏰10h-22h dim-jeu, 10h-minuit ven-sam). Porc fumé rustique et cocktails maison sont la marque de fabrique de cet élégant établissement de Coral Gables, situé près du Miracle Mile. Murs en brique apparente, cascade d'ampoules décoratives, bois recyclé… ne serait-on pas plutôt à Brooklyn ?

Pascal's on Ponce FRANÇAIS $$$
(carte p. 102 ; ☎305-444-2024 ; www.pascalmiami.com ; 2611 Ponce de Leon Blvd ; plats midi 22-31 $, soir 31-45 $; ⏰11h30-14h30 lun-ven, 18h-22h lun-jeu, 18h-23h ven-sam). On ne se trompe pas de cible, ici : Saint-Jacques et côtes de bœuf, confit de canard et fricassée de champignons sauvages, entre autres spécialités françaises, donnent le ton dans cet élégant

UN CAFÉ À SOUTH BEACH

La qualité du café s'est nettement améliorée ces dernières années à Miami. Nous ne prenons pas en compte les comptoirs à café cubains, car on ne peut pas s'y asseoir pour lire ou travailler sur son ordinateur portable – les hispanophones y apprécieront néanmoins de pouvoir suivre les potins locaux. Même si Miami Beach reste à la traîne, on peut toutefois y dénicher quelques établissements convenables.

- Panther Coffee (p. 128) Cette chaîne de Wynwood a ouvert un excellent établissement à Sunset Harbour.
- Pinocchio (p. 129) À proximité immédiate d'Ocean Dr, ce petit établissement italien sert un excellent expresso. Rares places assises.
- À la Folie (p. 129) Un café très français, et des serveurs qui parlent français.
- Dirt (p. 128) Nourriture saine et très bons expressos.
- Lilikoi (p. 130) Meilleure adresse de SoFi pour un petit coup de fouet.

restaurant, point de rendez-vous des gourmets de Gables qui apprécient ces standards intemporels. L'ambiance et la carte ne changent guère, mais loin de nous l'idée de nous en plaindre.

La Palme d'Or FRANÇAIS $$$
(carte p. 102 ; ☎305-913-3200 ; 1200 Anastasia Ave, Biltmore Hotel ; menu dégustation 6 plats 115 $; ⏲18h30-22h30 mar-sam). Fort d'une excellente réputation, cet établissement témoigne du même faste dans l'assiette que dans le cadre. Avec ses serveurs gantés, son service irréprochable et attentif, mais sans snobisme, l'établissement possède à lui seul plus de classe qu'une douzaine de restaurants de South Beach réunis.

Caffe Abbracci ITALIEN $$
(carte p. 102 ; ☎305-441-0700 ; www.caffeabbracci.com ; 318 Aragon Ave ; plats 19-45 $; ⏲11h30-15h30 lun-ven, 18h-23h tlj). La recette pour un instant de rêve à Coral Gables : vous, l'élu(e) de votre cœur, une chaude soirée, une table à la terrasse de l'Abbracci (l'un des meilleurs restaurants italiens de Gables), des pâtes italiennes et un verre de vin rouge.

Key Biscayne

Oasis CUBAIN $
(carte p. 106 ; ☎305-361-9009 ; 19 Harbor Dr ; plats 8-12 $; ⏲8h-21h). Cet excellent café cubain est fréquenté par des clients de toutes les classes sociales, et les barrières tombent aussi vite que l'or noir coule dans les tasses. Sandwichs cubains débordant de viande, assiettes de porc, riz, haricots et bananes plantains... une chose est sûre, le repas s'achèvera par un café serré.

La Boulangerie Boul'Mich CAFÉ $
(carte p. 106 ; www.laboulangerieusa.com ; 328 Crandon Blvd ; plats 12-15 $, pâtisseries 3-6 $; ⏲7h30-20h lun-sam, 8h-15h dim ; 📶🌶). Cette boulangerie à la française propose de très bonnes quiches, de roboratives *empanadas* végétariennes ou à la viande, de délicieuses pâtisseries et, bien sûr, de parfaits croissants au beurre. On peut aussi prendre le petit-déjeuner sur place (fruits, omelettes, œufs Bénédicte) ou le déjeuner (sandwich au prosciutto et mozzarella, gnocchi quatre fromages, salades de quinoa).

Situé dans un centre commercial, l'établissement n'en dégage pas moins un certain chic vintage. Quelques tables devant l'entrée.

Golden Hog Gourmet SUPERMARCHÉ $
(carte p. 106 ; 91 Harbor Dr ; plats 8-15 $; ⏲8h-20h lun-sam, 8h-18h30 dim). Dans un petit centre commercial, voici la meilleure adresse sur Key Biscayne pour prévoir le pique-nique de la journée sur la plage ou dans l'un des parcs. Outre d'excellents fromages, pains, pâtes à tartiner savoureuses et fruits frais, on pourra acheter à emporter des sandwichs, soupes du jour et plats préparés (saumon cuit au four, paëlla, haricots verts).

Agglomération de Miami

Fritanga Montelimar NICARAGUAYEN $
(☎305-388-8841 ; 15722 SW 72nd St ; plats 8-14 $; ⏲9h-23h). Cette *fritanga* (café nicaraguayen servant des plats en généreuse quantité), située au fin fond de Kendall, est formidable. Elle propose des grillades de porc, du poulet en ragoût, du bœuf très tendre et d'autres spécialités fondantes servies dans

des assiettes en plastique, sous une tonne de riz et de haricots.

Lots of Lox TRAITEUR $

(☎305-252-2010 ; www.originallotsoflox.com ; 14995 S Dixie Hwy ; plats petit-déj 7-16 $, midi 12-16 $, soir 15-19 $; ⏲7h-21h lun-ven). Dans cette ville où les traiteurs sont légion, surtout à Miami Beach, qui aurait cru qu'il faille aller jusqu'à ce modeste établissement perdu à Palmetto Bay pour trouver le meilleur foie haché sur pain de seigle ? Un endroit chaleureux et animé pour une plongée dans le Miami d'antan.

♥ **Steve's Pizza** PIZZERIA $$

(☎305-891-0202 ; www.facebook.com/stevespizzanorthmiami ; 12101 Biscayne Blvd ; part 4 $, pizzas 12-23 $; ⏲11h-3h lun-jeu, 11h-4h ven-sam, 11h-2h dim). D'innombrables chaînes s'arrachent les faveurs des touristes à South Beach, mais si vous demandez à des habitants où déguster la meilleure pizza, ils vous indiqueront Steve's. Celle que l'on sert ici ressemble à celle de New York : soigneusement faite maison avec une pâte fine et de bons ingrédients. De nouveaux établissements Steve's ouvrent ailleurs dans Miami, toujours dans des quartiers très peu touristiques, préservant ainsi cette touche d'authenticité. L'enseigne principale se trouve dans South Miami – l'établissement indiqué ici est plus proche de North Miami, à 10 km (15 min en voiture) au nord du Design District, et séduit particulièrement les noctambules.

Où prendre un verre et faire la fête

On a tendance à imaginer que la vie nocturne de Miami est réservée à une élite de gens très beaux, très riches et très snobs. C'est une erreur ! En réalité, cela ne concerne qu'une toute petite partie de South Beach. Dans le reste de la ville, la diversité des établissements est stupéfiante, du repaire obscur aux bars à cocktails et clubs fabuleux, mais toujours décontractés.

South Beach

♥ **Sweet Liberty** BAR

(carte p. 78 ; www.mysweetliberty.com ; 237 20th St ; ⏲16h-5h lun-sam, à partir de 12h dim). Tout est réuni pour passer une excellente soirée dans ce bar très couru situé près de Collins Park : un personnel sympathique et décontracté, d'excellents cocktails (essayez le *mint-julep*), de délicieux plats en happy hour (des huîtres, notamment, 75 ¢), ainsi qu'une clientèle sans chichis. Le lieu, vaste et éclairé aux bougies, est doté d'un long bar en bois et accueille parfois des concerts.

Des tartines de crabe aux nachos de chou-fleur en passant par des sandwichs à la poitrine de bœuf et un risotto de betterave et farro, les plats (6-31 $) sont corrects.

♥ **Bodega** BAR À COCKTAILS

(carte p. 78 ; ☎305-704-2145 ; www.bodegasouthbeach.com ; 1220 16th St ; ⏲12h-5h). La petite caravane vintage n'est pas la seule surprise qui vous attend dans ce fast-food mexicain où l'on sert de délicieux tacos (3-5 $). En poussant la petite porte bleue sur le côté, vous découvrirez un vaste espace à l'ambiance glamour rétro.

Miroirs vieillis, canapés en cuir, murs recouverts de graffitis, bois de cerf en guise de suspension, sans oublier de curieux portraits de personnages célèbres, d'excellents cocktails et une clientèle sympa… il y a tout ce qu'il faut pour une soirée réussie. L'endroit ayant du succès, mieux vaut arriver tôt pour éviter l'attente !

♥ **Mango's Tropical Café** BAR

(carte p. 82 ; ☎305-673-4422 ; www.mangostropicalcafe.com ; 900 Ocean Dr ; 10 $; ⏲11h45-5h). Touristes et gens du coin épris de musique latina se pressent dans ce célèbre établissement d'Ocean Dr. Fiesta tous les soirs et ambiance *caliente* garantie avec danseuses aux costumes colorés et personnel qui fait son show sur le comptoir.

L'atmosphère est plutôt kitsch, sans parler de la petite piste de danse à l'arrière, embrasée par quelques cuivres sur scène. Comme souvent sur Ocean Dr, les boissons affichent un prix particulièrement élevé (comptez 10 $/bière et 20 $/cocktail).

Bay Club BAR À COCKTAILS

(carte p. 78 ; ☎305-695-4441 ; 1930 Bay Rd ; ⏲17h-2h). Ce sympathique bar de nuit situé à Sunset Harbour baigne dans une ambiance vintage et cosy : banquettes rouges, papier peint, lambris et lustres à l'ancienne. Idéal pour un tête-à-tête, avec cocktails maison, et, parfois, un concert de guitare jazz ou autre musique douce.

Kill Your Idol BAR

(carte p. 78 ; ☎305-672-1852 ; www.killyouridol.com ; 222 Española Way ; ⏲20h-5h). Bar très cool, le Kill Your Idol ne manque pas d'attraits, avec ses graffitis, ses étagères pleines d'objets de brocante, ses spectacles de drag-queens le lundi et ses DJ qui vous font danser sur des airs rétro ! La clientèle, plutôt tranquille, réunit gens du coin et de passage. L'espace étant très réduit, il faut jouer des coudes en fin de semaine.

Rose Bar at the Delano BAR
(carte p. 78 ; ☎305-674-5752 ; www.delano-hotel.com ; ⌚12h-2h). L'ultrachic Rose Bar, installé dans cet élégant établissement créé par Ian Schrager, est un repaire pour ceux qui aiment se montrer – un spectacle que l'on peut apprécier, mais qui se paie cher. Le bar de la piscine à l'arrière du Delano (p. 123) remporte également les suffrages. Quand le personnel vous aura installé à une table en fer forgé à côté de la piscine, vous réviserez peut-être vos idées sur l'opulence.

Campton Yard BEER GARDEN
(carte p. 78 ; 1500 Collins Ave, Hall Hotel ; ⌚17h-minuit lun-ven, à partir de 12h sam-dim). Un énorme figuier trône dans cette petite cour tapissée de graviers et illuminée le soir par des lampions. Jeux (Jenga géant, Connect 4, ping-pong, cornhole), bière artisanale, tables de pique-nique et une simplicité rafraîchissante y attirent une clientèle jeune. On y accède en traversant le Hall Hotel.

Story DISCOTHÈQUE
(carte p. 82 ; ☎305-479-4426 ; www.storymiami.com ; 136 Collins Ave ; ⌚23h-5h jeu-dim). Les meilleurs DJ (de dance essentiellement) du monde se succèdent dans ce club immense pour des nuits de fête jusqu'au petit matin. La piste est vaste, mais vite envahie par la foule le week-end. Soignez votre look, le filtrage à l'entrée est parfois sévère.

Score GAY
(carte p. 78 ; ☎305-535-1111 ; www.scorebar.net ; 1437 Washington Ave ; ⌚22h-5h jeu-dim). Des gaillards moustachus aux tablettes de chocolat luisantes se déchaînent sur le podium devant une foule d'hommes au torse nu. Ce bar à la clientèle essentiellement gay est le plus couru du genre à South Beach.

Lost Weekend BAR
(carte p. 78 ; ☎305-672-1707 ; www.sub-culture.org/lost-weekend-miami ; 218 Española Way ; ⌚12h-5h). Pas de paillettes ici : des billards, des consommations bon marché et même des bornes d'arcade pour les amateurs de jeux vidéo. Très prisé des serveurs, barmen et cuisiniers du quartier.

Abbey Brewery MICROBRASSERIE
(carte p. 78 ; www.abbeybrewinginc.com ; 1115 16th St ; ⌚13h-5h). C'est dans un secteur peu touristique, à la sortie du quartier (près d'Alton Rd), que vous trouverez le seul pub-brasserie de South Beach. L'ambiance est sympa et les clients, nombreux, écoutent de la musique grunge et new wave des années 1980 tout en buvant de bonnes bières maison. Essayez la Father Theo ou l'Immaculate IPA.

Mac's Club Deuce Bar BAR
(carte p. 78 ; ☎305-531-6200 ; www.macsclubdeuce.com ; 222 14th St ; ⌚8h-5h). Ne cherchez pas le bling-bling ici. Le bar le plus ancien de Miami Beach (fondé en 1926) est un véritable bar de quartier sans artifices. La clientèle hétéroclite va des transexuels aux ouvriers du bâtiment : on racole, on jure, mais on passe un bon moment.

North Beach

♥ **Broken Shaker** BAR
(carte p. 86 ; ☎305-531-2727 ; www.freehandhotels.com/miami/broken-shaker ; 2727 Indian Creek Dr, Freehand Miami Hotel ; ⌚18h-3h lun- ven, 14h-3h sam-dim). Les cocktails artisanaux ont le vent en poupe à Miami, et le Broken Shaker figure parmi les lieux phares du moment avec ses mixologistes réputés. Situé au fond de l'hôtel Freehand Miami (p. 124),

ART WALKS : QUAND L'ART RENCONTRE LA NUIT

Bière et vin à gogo (parfois payant), l'art à l'honneur, une foule festive, aucun droit d'entrée (ni filtrage) : bienvenue dans le monde magique où l'art a rendez-vous avec la nuit. Les "circuits artistiques" (Art Walks) de Wynwood et du Design District constituent l'une des meilleures expériences nocturnes de Miami. Attention toutefois, de nombreuses galeries sont assez distantes les unes des autres à Wynwood (le Design District est plus compact). Ces festivités (p. 114) sont organisées le deuxième samedi du mois, de 19h à 22h (certaines galeries ferment à 23h). En fin de soirée, beaucoup se dirigent vers la Wood Tavern. Consultez le site artofmiami.com/maps/art-walks pour plus de détails sur les galeries partenaires.

LES ROOFTOPS DE MIAMI

De nombreux bars ont élu domicile sur le toit des immeubles de Miami, le plus souvent dans les hôtels haut de gamme de Miami Beach et de Downtown. On y vient pour la vue – souvent sublime, sur Biscayne Bay ou sur une plage étincelante. Bien qu'ils appartiennent à des hôtels, certains bars attirent une clientèle locale, et sont dignes d'une véritable scène, avec DJ, tenues habillées et filtrage à l'entrée aux heures les plus fréquentées du week-end. Si vous venez pour le panorama et non pour la fête, arrivez tôt ! L'happy hour est le meilleur moment pour profiter du coucher du soleil et entrer sans problème.

il possède une minuscule salle et une cour fleuri, où des *beautiful people* consomment de délicieux breuvages.

WunderBar LOUNGE
(carte p. 86 ; ☎305-503-1120 ; www.circa39.com/wunderbar ; 3900 Collins Ave ; ⏲11h-23h dim-jeu, jusqu'à minuit ven-sam). Niché derrière le grand hall du Circa 39, ce bar design offre une ambiance accueillante et chaleureuse. N'hésitez pas à venir y prendre un cocktail avant de traverser la rue pour aller admirer les vagues sur la plage.

Downtown Miami

♥ **Blackbird Ordinary** BAR
(carte p. 88 ; ☎305-671-3307 ; www.blackbirdordinary.com ; 729 SW 1st Ave ; ⏲15h-5h lun-ven, 17h-5h sam-dim). Ce bar qui n'a pourtant rien d'ordinaire sert d'excellents cocktails (mention spéciale pour le London Sparrow, à base de gin, poivre de Cayenne, jus de citron et fruits de la passion). Il possède une immense cour. L'ambiance est décontractée, voire amicale.

Quand il n'y a pas un concert épatant, le billard est là pour assurer l'animation. Le mardi soir, c'est "ladies' night", avec consommations gratuites pour les femmes jusqu'à 1h30.

Eleven Miami CLUB
(carte p. 88 ; ☎305-570-4803 ; www.11miami.com ; 29 NE 11th St ; ⏲24h/24). Ouverte en 2014, l'Eleven Miami reste la plus déjantée des discothèques de Downtown. Ici, le spectacle est total (la clientèle en fait partie) : *go-go dancers*, trapézistes et strip-teaseuses, le tout avec sono hors pair, faisceaux laser et écrans géants. D'excellents DJ finissent d'électriser la foule.

Sugar LOUNGE
(carte p. 88 ; 788 Brickell Plaza, EAST, Miami Hotel, 39e ét ; ⏲16h-1h lun-jeu, 16h-3h ven-sam, 16h-minuit dim). L'un des bars les plus branchés du moment à Miami est perché au 40e étage de l'EAST, Miami Hotel (p. 125). Plus qu'un simple bar sur le toit, c'est une véritable "oasis" avec sa vaste terrasse envahie par la végétation et une vue (époustouflante !) sur la ville et Key Biscayne.

Batch Gastropub BAR
(carte p. 88 ; www.batchgastropub.com ; 30 SW 12th St ; ⏲12h-3h dim-jeu, 12h-4h ven-sam). Ce pub gastronomique de Brickell attire une clientèle assez guindée. Si les tenues un peu chics et le sport à la TV ne vous rebutent pas, vous apprécierez l'excellent choix de bières pression artisanales et cocktails pétillants, ainsi que les délicieux en-cas (frites à la truffe, tacos au mérou, burgers de poitrine de bœuf et pizzas aux champignons sauvages).

Offres intéressantes pendant l'happy hour (17h-20h en semaine).

Area 31 BAR SUR LE TOIT
(carte p. 88 ; www.area31restaurant.com ; 270 Biscayne Blvd Way, Kimpton Epic Hotel ; ⏲17h-23h dim-jeu, 17h-minuit ven-sam). Installé sur le toit du Kimpton Epic Hotel, ce bar, prisé par une clientèle venue profiter de l'happy hour à la sortie du travail, offre une ambiance plus festive en début de soirée. Vue magique sur le fleuve et les buildings de Downtown.

Pawnbroker BAR SUR LE TOIT
(carte p. 88 ; ☎305-420-2200 ; www.pawnbrokermiami.com ; 121 SE 1st St, Langford Hotel ; ⏲17h-minuit lun-jeu, 17h-2h ven-sam, 16h-22h dim). Tout en haut (penthouse) du Langford Hotel (p. 125), les cocktails sont délicieux, l'ambiance est chaleureuse et décontractée, et la vue superbe sur Downtown. Le lieu commence à s'animer durant l'happy hour (17h-19h en semaine), au coucher du soleil. Arrivez tôt pour éviter la foule.

Wynwood et Design District

♥ **Lagniappe** BAR
(carte p. 94 ; ☎305-576-0108 ; www.lagniappehouse.com ; 3425 NE 2nd Ave ; ⏲19h-2h dim-jeu, 19h-3h ven-sam). Avec son comptoir à l'ancienne, ses tableaux accrochés sur des murs

patinés et ses meubles vintage, ce bar à vins et à fromages a un petit côté Nouvelle-Orléans. Une clientèle décontractée vient y écouter d'extraordinaires concerts (tous les soirs de 21h à minuit), et profiter du grand jardin à l'arrière agrémenté de palmiers et de guirlandes lumineuses.

Boxelder BAR

(carte p. 94 ; ☎305-942-7769 ; www.bxldr.com ; 2817 NW 2nd Ave ; ⊙16h-minuit lun, 13h-minuit mar-jeu, 16h-2h ven-sam, 16h-22h dim). Cet espace tout en longueur est un paradis pour amateurs de bière : la carte, exceptionnelle, rassemble en effet une centaine de crus d'ici et d'ailleurs vendus en bouteille, et quelque 20 pressions pour la plupart du sud de la Floride. Une excellente adresse qui a du succès.

Wynwood Brewing Company MICROBRASSERIE

(carte p. 94 ; ☎305-982-8732 ; www.wynwoodbrewing.com ; 565 NW 24th St ; ⊙12h-22h dim et lun, 12h-minuit mar-sam). Première brasserie artisanale de Wynwood, cet établissement familial chaleureux reste inégalé malgré le boom de cette activité à Miami. Il compte 15 tonneaux, et un personnel aussi sympathique que connaisseur sert d'excellentes bières toute l'année (notamment une blonde, une stout robuste, et une délicieuse IPA) ainsi que des bières de saison. Un food-truck est installé en permanence devant l'entrée.

Wood Tavern BAR

(carte p. 94 ; ☎305-748-2828 ; www.woodtavernmiami.com ; 2531 NW 2nd Ave ; ⊙17h-3h mar-sam, 15h-minuit dim). Nombreux sont les nouveaux bars de Miami qui se veulent à la fois décontractés et branchés. Le Wood y parvient très bien, tant par son ambiance que par son cadre. Les plats du jour sont bon marché, le choix de bières est excellent, et la clientèle, très sympathique !

Gramps BAR

(carte p. 94 ; ☎786-752-6693 ; www.gramps.com ; 176 NW 24th St ; ⊙11h-1h dim-mer, 11h-3h jeu-sam). Chaleureux et bon enfant, comme son nom ("les papis") le laisse entendre, ce bar a toujours quelque chose à proposer, qu'il s'agisse d'un concert, d'une séance DJ (vendredi et samedi), d'une soirée bingo et autres jeux (mardi et mercredi) ou d'un karaoké (jeudi). Son atout majeur, toutefois, reste la vaste cour, idéale pour prendre un verre et faire des rencontres.

Coyo Taco BAR

(carte p. 94 ; www.coyo-taco.com ; 2300 NW 2nd Ave ; ⊙17h-minuit dim-mer, 17h-3h jeu-sam). Actuellement à Miami, la mode est aux bars cachés derrière des *taquerias* (fast-foods mexicains). Pour dénicher celui-ci, entrez dans le Coyo Taco, allez au bout du couloir après les toilettes et poussez la porte qui ne porte aucune indication. Vous tomberez sur un élégant établissement aux lumières tamisées, au beau sol carrelé et au long comptoir en bois. Le DJ a un faible pour les rythmes latinos et funk afro-cubains.

Concrete Beach Brewery BRASSERIE

(carte p. 94 ; ☎305-796-2727 ; www.concretebeachbrewery.com ; 325 NW 24th St ; ⊙17h-23h lun-jeu, 17h-1h ven, à partir de 13h sam-dim). Voici une très agréable brasserie de quartier, agrémentée d'une cour fermée. On peut y déguster une délicieuse IPA, bière de froment aux notes de citron, ou une Pilsner rafraîchissante, ainsi que des bières de saison (notamment la "Miami Gras" à base de genièvre, vendue généralement en février, d'où son nom). Le lieu manque parfois d'animation, mais les connaisseurs apprécieront.

Little Haiti et Upper East Side

Vagabond Pool Bar BAR

(carte p. 96 ; ☎305-400-8420 ; www.vagabondkitchenandbar.com ; 7301 Biscayne Blvd ; ⊙17h-23h dim-jeu, 17h-minuit ven-sam). Dissimulée à l'arrière du Vagabond Hotel, voici une excellente adresse pour débuter la soirée par de délicieux cocktails, tel le "Lost in Smoke" (mezcal, amaro, amaretto et orange amère). La gentillesse du personnel, le cadre en plein air surplombant une piscine entourée de palmiers et la clientèle hétéroclite, tout concorde à l'harmonie du lieu.

The Anderson BAR

(carte p. 96 ; www.theandersonmiami.com ; 709 NE 79th St ; ⊙17h-2h dim-jeu, 17h-4h ven-sam). Cet excellent bar de quartier comprend un intérieur aux lumières tamisées, des touches de couleur rouge, des tissus aux motifs d'animaux, un papier peint insolite et un jukebox comme neuf. À l'arrière, l'ambiance est plus tropicale dans le patio où l'on peut même marcher pieds nus dans le sable (en essayant d'oublier l'absence de l'océan).

Churchill's BAR

(carte p. 96 ; ☎305-757-1807 ; www.churchillspub.com ; 5501 NE 2nd Ave ; ⊙15h-3h dim-jeu, jusqu'à

5h ven-sam). Inauguré en 1979, ce pub anglais incontournable à Miami est dans un quartier qui évoque plutôt Port-au-Prince. Quantité de concerts y sont organisés, le punk et le rock indé s'y taillant la part du lion, dans la lignée des Ramones et des Sex Pistols plutôt que des courants modernes.

Boteco BAR
(carte p. 96 ; ✆305-757-7735 ; www.botecomiami.com ; 916 NE 79th St ; ⏲12h-minuit). Amoureux du Brésil, c'est ici qu'il faut venir le vendredi soir pour se mêler au plus grand rassemblement d'expatriés brésiliens de Miami ! Au programme : samba et bossa-nova, ambiance et caïpirinhas (les meilleures de la ville).

Little Havana

Ball & Chain BAR
(carte p. 98 ; www.ballandchainmiami.com ; 1513 SW 8th St ; ⏲12h-minuit lun-mer, 12h-3h jeu-sam, 14h-22h dim). En 1935, alors que 8th St était plus un quartier juif que latino, Billie Holiday aurait eu sa place au Ball & Chain. Fermé en 1957, il a rouvert plus tard, avec, aujourd'hui, une préférence pour la musique latina et les délicieux cocktails aux saveurs tropicales.

Los Pinareños Frutería BAR À JUS
(carte p. 98 ; 1334 SW 8th St ; en-cas et boissons 3-6 $; ⏲7h-18h lun-sam, 7h-15h dim). Quoi de plus rafraîchissant par un torride après-midi qu'un verre de jus (ou un smoothie) de fruits ou de légumes frais ? Ici, les ingrédients sont particulièrement savoureux, et les mélanges réussis, tel l'*abuelo* (jus de canne à sucre, ananas et citron).

Coconut Grove

Barracuda BAR
(carte p. 100 ; ✆305-918-9013; 3035 Fuller St ; ⏲12h-3h mar-dim, à partir de 18h lun). Après une séance de shopping dans les centres commerciaux aseptisés de la ville, une virée au Barracuda, le meilleur des nombreux bars sans chichis de Coconut Grove, est réjouissante. Avec son beau jukebox, son billard, son jeu de fléchettes et ses écrans de TV qui diffusent des matchs, le changement d'ambiance est radical. Le bois qui a servi à la décoration provient d'un vieux bateau de pêche à la crevette de Floride.

Taurus BAR
(carte p. 100 ; ✆305-529-6523 ; 3540 Main Hwy ; ⏲16h-3h lun-ven, 13h-3h sam-dim). Le plus vieux bar de Coconut Grove est un agréable mélange de boiseries et de fauteuils en cuir, dans lesquels on s'installe pour faire son choix parmi la centaine de bières disponibles et profiter de la convivialité des lieux. L'un des meilleurs bars de quartier de Miami.

Tavern in the Grove BAR
(carte p. 100 ; ✆305-447-3884 ; 3416 Main Hwy ; ⏲15h-3h lun-sam, 12h-3h dim). Le repaire des étudiants de l'université de Miami. En semaine, le Tavern est davantage fréquenté par les habitants du quartier.

Coral Gables

Seven Seas BAR
(carte p. 102 ; ✆305-266-6071 ; 2200 SW 57th Ave ; ⏲12h-1h dim-mer, 12h-2h jeu-sam). Le Seven Seas est un authentique bar de quartier de Miami, au décor nautique qui attire une clientèle bigarrée d'étudiants, de travailleurs cubains, de gays et d'hétéros, venus d'un peu partout. On y trouve les meilleures soirées karaoké de Miami les mardis, jeudis et samedis ; pour les soirées quiz, revenez le lundi.

Titanic Brewing Company MICROBRASSERIE
(✆305-668-1742 ; www.titanicbrewery.com ; 5813 Ponce de Leon Blvd ; ⏲11h30-1h dim-jeu, 11h30-2h ven-sam). Pub américain des plus classiques en journée, le Titanic se transforme le soir en un bar particulièrement apprécié des étudiants de l'université de Miami. Beau choix de bières rafraîchissantes – notamment la White Star IPA – et cuisine de pub délicieuse (ailes Sriracha, maïs et beignets d'écrevisse).

☆ Où sortir

La scène artistique est bouillonnante à Miami. Quel meilleur creuset pour la créativité qu'une ville qui additionne le talent des natifs du Sud, les moyens des *snowbirds* – apportant avec eux l'argent et l'aval des galeries du Nord-Est – et une population d'immigrés venus des quatre coins des Amériques ? Autant de richesses donnent lieu à d'excellentes productions de musique, de danse et de théâtre – laissant le champ libre à l'expérimentation.

South Beach

New World Symphony MUSIQUE CLASSIQUE
(NWS ; carte p. 78 ; ✆305-673-3330 ; www.nws.edu ; 500 17th St). Logé dans le New World

Center (p. 68), une joyeuse explosion de lignes cubistes et de courbes géométriques dont le blanc se détache sur le bleu du ciel de Miami, le prestigieux New World Symphony donne des représentations d'octobre à mai. L'orchestre assure des programmes de formation de trois ou quatre ans pour des artistes talentueux de prestigieuses écoles de musique.

Colony Theater ARTS DU SPECTACLE
(carte p. 78 ; ☎305-674-1040, billetterie 800-211-1414 ; www.colonymb.org ; 1040 Lincoln Rd). Véritable bijou Art déco avec son auvent classique et sa façade crénelée de style inca – où l'on imagine très bien des gangsters venus applaudir *Hamlet* –, le Colony est aujourd'hui l'une des principales salles de spectacle : shows d'humoristes, comédies musicales, pièces de théâtre, productions "off-Broadway" et danse. Il accueille également des projections et des petits festivals de cinéma.

Miami City Ballet DANSE
(carte p. 78 ; ☎305-929-7000 ; www.miamicityballet.org ; 2200 Liberty Ave). Fondée en 1985, cette troupe occupe un joli bâtiment sur trois niveaux imaginé par Arquitectonica, un cabinet d'architectes renommé dans la région. De larges baies vitrées permettent aux passants d'observer les répétitions.

Fillmore Miami Beach ARTS DU SPECTACLE
(carte p. 78 ; ☎305-673-7300 ; www.fillmoremb.com ; 1700 Washington Ave). Édifiée en 1951, cette salle de South Beach– 2 700 places et une acoustique idéale – accueille pour l'essentiel des créations de Broadway, des orchestres et de grandes productions musicales. Dans les années 1960, Jackie Gleason en fit le cadre de son émission télévisée fleuve. Aujourd'hui, la programmation est très variée : musique pop catalane ou rock indé, show de l'humoriste Bill Maher ou spectacle de variétés.

☆ North Beach

North Beach Bandshell MUSIQUE LIVE
(carte p. 86 ; www.northbeachbandshell.com ; 7275 Collins Ave). C'est en plein air que sont données ici tout au long de l'année, parfois gratuitement, toutes sortes de spectacles épatants : concerts, danse, théâtre, opéra et lectures. Sous la houlette de l'association à but non lucratif Rhythm Foundation, la programmation couvre un large répertoire international, souvent adapté à un public familial. Calendrier des manifestations consultable en ligne.

Chopin Foundation of the United States MUSIQUE CLASSIQUE
(carte p. 86 ; ☎305-868-0624 ; www.chopin.org ; 1440 JFK/79th St Causeway). Cet organisme national est à l'origine du Chopin Festival, une série de concerts mensuels gratuits, et de la National Chopin Piano Competition, un concours international qui a lieu tous les cinq ans à Miami.

☆ Downtown Miami

♥ **Adrienne Arsht Center for the Performing Arts** ARTS DU SPECTACLE
(carte p. 88 ; ☎305-949-6722 ; www.arshtcenter.org ; 1300 Biscayne Blvd ; ⏲billetterie 10h-18h lun-ven et 2 heures avant les représentations). Ne quittez pas Miami sans avoir assisté à une représentation dans cet espace impressionnant qui accueille les événements culturels les plus importants de la ville. Il faut descendre à la station Adrienne Arsht Center du Metromover.

Véritable bijou, cette salle a très largement contribué à la réhabilitation de Downtown. Conçue par César Pelli (l'architecte à l'origine des Petronas Towers de Kuala Lumpur), elle comprend deux entités, reliées par un étroit pont piétonnier.

L'intérieur évoque un paysage maritime et terrestre sculpté par le vent ; les balcons arrondis s'élèvent en spirales, rappelant un coquillage ouvert. Une excellente acoustique ultramoderne empêche toute pénétration de sons extérieurs, créant les conditions idéales d'écoute pour les 300 représentations annuelles.

Klipsch Amphitheater MUSIQUE LIVE
(carte p. 88 ; www.klipsch.com/klipsch-amphitheater-at-bayfront-park ; 301 N Biscayne Blvd, Bayfront Park). Situé à Bayfront Park, dans Downtown, le Klipsch Amphitheater programme des concerts variés tout au long de l'année. Il est difficile de trouver plus beau cadre en plein air, qui plus est à proximité de Biscayne Bay.

American Airlines Arena STADE
(carte p. 88 ; ☎786-777-1000 ; www.aaarena.com ; 601 N Biscayne Blvd). Tel un gigantesque vaisseau spatial à l'entrée de Biscayne Bay, ce stade accueille la franchise locale de la NBA, le **Miami Heat**, depuis 2000. Le **Waterfront Theater**, plus vaste théâtre de Floride, y

a également élu domicile et programme concerts et spectacles de Broadway toute l'année.

Olympia Theater ARTS DU SPECTACLE
(carte p. 88 ; ☎305-374-2444 ; www.olympiatheater.org ; 174 E Flagler St). Ce grand cinéma des années 1920, joliment rénové, accueille nombre de manifestations, parmi lesquelles des festivals de cinéma, des concerts de musique classique, de la danse et des spectacles en tournée. Excellente acoustique.

Si Miami aime le contemporain, l'Olympia Theater du Gusman Center for the Performing Arts fait honneur au passé. Le visiteur est impressionné par le plafond, qui arbore 246 étoiles scintillantes et des nuages sur un fond nuit, ainsi que par les sculptures grecques classiques et les éléments de décor dignes de l'Opéra de Vienne. Le théâtre a été inauguré en 1925.

Wynwood et Design District

O Cinema Wynwood CINÉMA
(carte p. 94 ; ☎305-571-9970 ; www.o-cinema.org ; 90 NW 29th St). Ce cinéma à but non lucratif de Wynwood est très apprécié pour sa programmation de films indépendants, productions étrangères et documentaires – des œuvres remarquables, introuvables ailleurs.

Light Box at Goldman Warehouse ARTS DU SPECTACLE
(carte p. 94 ; ☎305-576-4350 ; www.miamilightproject.com ; 404 NW 26th St). La fondation culturelle du Miami Light Project présente dans ce théâtre intimiste de Wynwood un large choix de pièces, de spectacles musicaux ou de danse et de films. L'endroit idéal pour découvrir des artistes d'avant-garde encore peu connus. Un soutien particulier est accordé aux troupes du sud de la Floride.

Little Havana

♥ **Cubaocho** ARTS DU SPECTACLE
(carte p. 98 ; ☎305-285-5880 ; www.cubaocho.com ; 1465 SW 8th St ; 🕒11h-22h mar-jeu, 11h-3h ven-sam). Véritable bijou du Little Havana Art District, le Cubaocho est réputé pour ses excellents concerts de groupes hispanophones. Il fait également office de maison de quartier, galerie d'art et centre culturel cubain. Un décor qui évoque un vieux bar à cigares de La Havane, avec, sur les murs, des références à l'art cubain, classique et d'avant-garde.

Outre une programmation musicale dense, le Cubaocho propose projections, théâtre et lectures, entre autres manifestations.

Tower Theater CINÉMA
(carte p. 98 ; ☎305-237-2463 ; www.towertheatermiami.com ; 1508 SW 8th St). Ce théâtre emblématique de 1926 présente une splendide façade Art déco et un intérieur magnifiquement rénové grâce au soutien du Miami-Dade Community College. Il fut au cœur de la vie sociale de Little Havana, et les films qu'il projetait étaient un pont entre les immigrés cubains et la culture populaire américaine. Aujourd'hui, on peut y voir des films indépendants ou en langue espagnole (ce sont parfois les mêmes).

Hoy Como Ayer MUSIQUE LIVE
(carte p. 98 ; ☎305-541-2631 ; www.hoycomoayer.us ; 2212 SW 8th St ; 🕒20h30-4h jeu-sam). Ce haut lieu des nuits cubaines combine mojitos d'exception, musique authentique, boiseries aux murs et petite piste de danse. Arrêtez-vous ici pour écouter *son*, *boleros* et rythmes cubains modernes.

Marlins Park BASE-BALL
(miami.marlins.mlb.com ; Marlins Park, 501 Marlins Way ; billets à partir de 15 $). La saison régulière de la Ligue majeure de base-ball court d'avril à septembre.

Coral Gables

Coral Gables Art Cinema CINÉMA
(carte p. 102 ; ☎786-385-9689 ; www.gablescinema.com ; 260 Aragon Ave). Situé en plein centre de Coral Gables, ce cinéma compte parmi les salles d'art et d'essai les plus réputées de Miami. La salle moderne de 144 places est dédiée aux projections de films indépendants et étrangers. Le samedi, autour de minuit, la séance "After Hours" permet de revoir de grands classiques en 35 mm, leur format original.

Gablestage THÉÂTRE
(carte p. 102 ; ☎305-445-1119 ; www.gablestage.org ; 1200 Anastasia Ave ; billets 48-65 $). Fondée sous le nom de Florida Shakespeare Theatre en 1979 et désormais hébergée au Biltmore Hotel à Coral Gables, cette compagnie joue toujours une pièce de Shakespeare de temps à autre, mais présente surtout d'autres œuvres, classiques et contemporaines.

Agglomération de Miami

Miami Symphony Orchestra MUSIQUE CLASSIQUE
(☎305-275-5666 ; www.themiso.org ; billets 20-50 $). Ovationné par un public fidèle, l'orchestre symphonique de Miami accompagne chaque année des solistes de réputation mondiale dans l'enceinte de l'Adrienne Arsht Center for the Performing Arts (p. 147) ou au Fillmore Miami Beach (p. 147). Spectacles de novembre à mai.

Ifé-Ilé Afro-Cuban Dance DANSE
(☎786-704-8609 ; www.ife-ile.org). Organisation à but non lucratif, Ifé-Ilé encourage les échanges entre cultures à travers la danse. Différents styles sont abordés : danse traditionnelle afro-cubaine, mambo, rumba, conga, *chancleta*, *son* (danse de type salsa née dans la province cubaine d'Oriente), salsa et ballets rituels. La manifestation majeure, un festival de danse afro-cubaine, se tient en août.

Hard Rock Stadium FOOTBALL AMÉRICAIN
(☎305-943-8000 ; www.hardrockstadium.com ; 347 Don Shula Dr, Miami Gardens ; billets à partir de 35 $). Rénové et rebaptisé, l'ancien Sun Life Stadium reste le stade officiel des Miami Dolphins. Les supporters des Dolphins (les bien nommés "Dol-fans") sont fous de leur équipe, même si elle rate sa participation au Super Bowl depuis 1985. Les matchs sont très suivis, les Dolphins suscitant énormément d'espoirs... qu'ils ne comblent presque jamais.

University of Miami Hurricanes FOOTBALL AMÉRICAIN
(☎800-462-2637 ; www.hurricanesports.com ; billets 25-70 $). Il fut un temps où les Hurricanes étaient les titans du football américain universitaire, mais ils connaissent depuis 2004 une période de lent déclin. Peu importe, on passe un bon moment en assistant à un match au milieu des supporters déchaînés de l'UM. La saison dure d'août à décembre.

Achats

Les tentations ne manquent pas à Miami ! Les adeptes du shopping trouveront forcément leur bonheur, entre vêtements haut de gamme ou vintage, lunettes de soleil, livres, disques, artisanat sud-américain, toiles et dessins, délices culinaires... Les immenses centres commerciaux climatisés sont un refuge en cas de mauvais temps, et, partout, de bons restaurants jalonnent le trajet, offrant une pause salutaire dans une longue virée shopping.

South Beach

Taschen LIVRES
(carte p. 78 ; ☎305-538-6185 ; www.taschen.com ; 1111 Lincoln Rd ; ⏲11h-21h lun-jeu, 11h-22h ven-sam, 12h-21h dim). Une excellente collection de livres d'art, de photo, de design et de beaux livres. Parmi les ouvrages à feuilleter, ne ratez pas ceux de David Hockney, ainsi que le *New Erotic Photography* (idéal pour briser la glace !) et les suberbes photos humanistes signées Sebastião Salgado.

Books & Books LIVRES
(carte p. 78 ; ☎305-532-3222 ; www.booksandbooks.com ; 927 Lincoln Rd ; ⏲10h-23h dim-jeu, 10h-minuit ven-sam). Cette excellente librairie indépendante propose un beau choix de fiction contemporaine, d'ouvrages d'art et de photo, de littérature jeunesse à succès... Le lieu – une succession de salles meublées avec goût – donne envie de s'attarder, tout comme le café-restaurant situé à l'entrée.

Sunset Clothing Co MODE ET ACCESSOIRES
(carte p. 78 ; www.facebook.com/SunsetClothingCo ; 1895 Purdy Ave ; ⏲10h-20h lun-sam, 11h-18h dim). Installée à Sunset Harbour, cette excellente petite boutique de mode pour homme et femme vend des vêtements élégants à prix raisonnable (sans être bon marché) : chemises à manches longues bien taillées, T-shirts en coton de qualité, chaussures à lacets en toile, jeans bien coupés (notamment des Levi's vintage), pulls chauds et autres vêtements de tous les jours. Personnel serviable.

Alchemist MODE ET ACCESSOIRES
(carte p. 78 ; ☎305-531-4653 ; 1111 Lincoln Rd ; ⏲10h-22h). Située dans l'un des bâtiments les plus remarquables de Lincoln Rd, cette boutique haut de gamme propose une incroyable collection d'objets luxueux, tels ces bougeoirs d'esprit warholien fabriqués à partir de canettes de soupe, ou encore ces tire-bouchons plaqués or, ces casques *Beats by Dr Dre*, et ces lunettes de soleil effet miroir indispensables à la plage... Quant aux vêtements, ils sont à la pointe de l'avant-garde.

Downtown Miami

Mary Brickell Village CENTRE COMMERCIAL
(carte p. 88 ; ☎305-381-6130 ; www.marybrickell-village.com ; 901 S Miami Ave ; ⏲10h-21h lun-sam, 12h-18h dim). Ce complexe commercial dédié à la mode et à la restauration a contribué à la réhabilitation du quartier de Brickell. Grâce à sa situation en plein cœur du quartier financier et à ses boutiques, ses restaurants et bars en extérieur, il attire désormais des résidents aisés.

Supply & Advise VÊTEMENTS
(carte p. 88 ; www.supplyandadvise.com ; 223 SE 1st St ; ⏲11h-19h lun-sam). Installé dans un bâtiment des années 1920, Supply & Advise est un temple de la mode masculine dans Downtown, avec ses vêtements impeccablement taillés, ses chaussures et ses accessoires, tous ou presque fabriqués aux États-Unis. On peaufinera un impeccable look rétro sur le fauteuil vintage du barbier.

Wynwood et Design District

Nomad Tribe VÊTEMENTS
(carte p. 94 ; ☎305-364-5193 ; www.nomadtribeshop.com ; 2301 NW 2nd Ave ; ⏲12h-20h). Cette boutique réputée pour ses produits éthiques vend des bijoux de l'artiste Kathe Cuervo, des chaussettes Osom (fabriquées à partir de tissu recyclé), de beaux T-shirts écologiques Thinking MU, du café et des bougies de chez THX (qui reverse 100% des profits à des associations), et bien d'autres articles.

Brooklyn Vintage & Vinyl MUSIQUE
(carte p. 94 ; www.facebook.com/brooklynvintageandvinyl ; 3454 NW 7th Ave ; ⏲12h-21h mar-sam). Ouvert depuis fin 2016 seulement, ce disquaire situé à l'entrée de Wynwood s'est déjà fait une clientèle fidèle. L'endroit compte environ 5 000 références, vinyles pour la plupart, ainsi que quelques cassettes audio et des T-shirts. Le personnel est là pour vous aider à trouver une pépite.

Shinola MODE ET ACCESSOIRES
(carte p. 94 ; ☎786-374-2994 ; www.shinola.com ; 2399 NW 2nd Ave ; ⏲11h-19h lun-sam, 12h-18h dim ; 📶). Cette élégante enseigne de la marque de Detroit est la preuve que le *made in America* a encore de beaux jours devant lui. De jolis articles sont proposés ici : montres, portefeuilles, carnets, stylos, mais aussi des vélos et même des platines disques en édition limitée. Si les prix affichés sont élevés, la qualité des produits est irréprochable.

Art by God SOUVENIRS
(carte p. 94 ; ☎305-573-3011 ; www.artbygod.com ; 60 NE 27th St ; ⏲10h-17h lun-ven, 11h-16h sam). Sorte de cabinet de curiosités, cet immense entrepôt recèle fossiles, minéraux, pierres semi-précieuses et animaux empaillés de toutes sortes : girafes, lions, ours et zèbres.

On y trouve aussi des têtes de rhinocéros, des ossements de dinosaures (dont une corne de tricératops) et, plus proches de nous, des crânes trépanés (pratique chirurgicale primitive) de peuples précolombiens.

Out of the Closet FRIPERIE
(carte p. 94 ; ☎305-764-3773 ; www.outofthecloset.org ; 2900 Biscayne Blvd ; ⏲10h-19h lun-sam, 10h-18h dim). Cette importante friperie de Biscayne Blvd recèle bien des trésors : vêtements pour homme et femme, accessoires, livres, CD, disques et articles pour la maison, notamment. Le personnel vous aidera volontiers dans votre recherche.

Soutien de la Fondation d'aide aux malades du sida (AIDS Healthcare Foundation), le magasin propose un dépistage gratuit du VIH.

Malaquita ARTISANAT
(carte p. 94 ; www.malaquitadesign.com ; 2613 NW 2nd Ave ; ⏲11h-19h). Cette élégante boutique d'artisanat vend des articles introuvables ailleurs : jolis vases soufflés à la main, vêtements brodés, tapisseries mésoaméricaines, vaisselle aux couleurs vives, paniers en feuille de palmier, parmi d'autres objets de commerce équitable – pour certains fabriqués par des artisans indiens du Mexique.

Genius Jones JOUETS
(carte p. 94 ; ☎305-571-2000 ; www.geniusjones.com ; 2800 NE 2nd Ave ; ⏲10h-19h lun-sam, 12h-18h dim). Jouets, poupées et équipements de qualité pour les bébés, les enfants et les parents (poufs poires Fatboy, voitures de course à pédales et poussettes Bugaboo...).

Little Haiti et Upper East Side

Sweat Records MUSIQUE
(carte p. 96 ; ☎786-693-9309 ; www.sweatrecordsmiami.com ; 5505 NE 2nd Ave ; ⏲12h-22h mar-sam, 12h-17h dim). Sweat rassemble presque tous les stéréotypes du disquaire indépendant : tableaux colorés et graffitis sur les murs, jeux japonais insolites et clients dissertant

sur un 33-tours ou un maxi-album totalement inconnu. Café et en-cas végétariens.

Marky's Gourmet ÉPICERIE FINE
(carte p. 96 ; ☎305-758-9288 ; www.markys.com ; 687 NE 79th St ; ⏲9h-19h lun-ven, 10h-18h sam, 10h-17h dim). Cet établissement, prisé par la communauté russe et russophile de Miami, mais aussi par les amateurs de produits du monde entier, connaît un succès jamais démenti depuis 1983. Les gourmets avertis se pressent ici pour les fromages d'exception, olives, saucisses à l'européenne, vins, gâteaux, thés, confitures, chocolats, caviar... Le service est peu souriant, dommage.

Upper East Side Farmers Market MARCHÉ
(carte p. 96 ; Biscayne Blvd at 66th St, Legion Park ; ⏲9h-14h sam). Venez un samedi découvrir ce petit marché de produits fermiers locaux, situé dans Legion Park (Upper East Side). Fruits et légumes frais, biscuits, pâtisseries, fromages, confitures, miel et jus de fruits : il y a tout ce qu'il faut pour un pique-nique mémorable. Ouvert toute l'année

Libreri Mapou LIVRES
(carte p. 96 ; ☎305-757-9922 ; www.librerimapou.com ; 5919 NE 2nd Ave ; ⏲12h-19h ven, sam et lun-mer, 12h-17h dim, fermé jeu). Cette librairie est spécialisée dans la culture haïtienne et créole. Ouvrages et périodiques en créole, français et anglais.

Little Havana

Guantanamera CIGARES
(carte p. 98 ; www.guantanameracigars.com ; 1465 SW 8th St ; ⏲10h30-20h dim-jeu, 10h30-minuit ven-sam). Bien située dans Little Havana, cette boutique vend des cigares roulés à la main de grande qualité, ainsi que du café cubain. Un endroit où on s'arrête avec plaisir pour fumer, prendre un verre, discuter, regarder la foule passer installé dans un rocking-chair, et même, certains soirs, écouter un concert

Havana Collection VÊTEMENTS
(carte p. 98 ; ☎786-717-7474 ; 1421 SW 8th St ; ⏲10h-18h). Voici le lieu où dénicher les plus belles *guayaberas* (chemises cubaines) de Miami. Les prix sont élevés (comptez environ 85 $ la chemise), mais la qualité est au rendez-vous.

Cuba Tobacco Cigar Co CIGARES
(carte p. 98 ; www.cubatobaccocigarco.com ; 1528 SW 8th St ; ⏲10h-17h). La famille Bellos fabrique des cigares depuis plus d'un siècle. Poussez la porte de cette petite échoppe : vous assisterez à leur élaboration... et repartirez sans doute avec une boîte souvenir !

Coconut Grove

Polished Coconut MODE ET ACCESSOIRES
(carte p. 100 ; 3444 Main Hwy ; ⏲11h-18h lun-sam, 12h-17h dim). Cette belle boutique en plein cœur de Coconut Grove propose des tissus colorés en provenance d'Amérique centrale et d'Amérique du Sud qui servent à la confection d'articles de décoration et d'accessoires. Vous y trouverez sacs à main, sacoches, ceintures, chapeaux, coussins, couvre-lits ou chemins de table, tous de fabrication artisanale et inspirés de motifs amérindiens traditionnels.

First Flight Out MODE ET ACCESSOIRES
(carte p. 100 ; www.thefirstflightout.com ; 3015 Grand Ave, CocoWalk ; ⏲11h-22h lun-jeu, 11h-23h ven-dim). Installée dans la galerie commerçante de CocoWalk, cette boutique vend des articles d'origine de la Pan Am – sacoches en cuir, porte-étiquettes, T-shirts et protège-passeports pour nostalgiques d'une époque révolue. On peut également trouver des maillots de bain, chemises, robes d'été et autres vêtements pour homme et femme, pour un voyage d'aujourd'hui.

Bookstore in the Grove LIVRES
(carte p. 100 ; ☎305-483-2855 ; www.thebookstoreinthegrove.com ; 3390 Mary St ; ⏲7h-20h lun-jeu, 7h-21h ven-sam, 8h-20h dim). La librairie indépendante de Coconut Grove dispose d'un grand choix de livres et comporte un café très agréable (petit-déjeuner à toute heure, excellentes *empanadas*, et même boissons spéciales en happy hour).

Coral Gables

Retro City Collectibles MUSIQUE
(carte p. 102 ; ☎786-879-4407 ; 277 Miracle Mile, 1er ét ; ⏲17h-21h lun-jeu, 12h-19h sam-dim). Installé à l'étage, ce petit disquaire propose notamment de véritables collectors de la culture américaine : BD, disques, cartes de base-ball, distributeurs de bonbons Pez, vieilles affiches de films et figurines de films d'action (Star Wars, Star Trek, Dr Who...).

Books & Books LIVRES
(carte p. 102 ; ☎305-442-4408 ; 265 Aragon Ave ; ⏲9h-23h dim-jeu, 9h-minuit ven-sam). La meilleure librairie indépendante du sud de la Floride est un endroit fantastique où des

lectures sont régulièrement organisées. Il y a également un bon restaurant et une agréable terrasse installée devant la librairie.

On trouve d'autres enseignes Books & Books sur Lincoln Rd et dans le centre commercial de Bal Harbour.

Boy Meets Girl ENFANTS
(☎305-445-9668 ; www.bmgkids.com ; 358 San Lorenzo Ave, Village of Merrick Park ; ⊙10h-21h lun-sam, 12h-19h dim). Des vêtements tout ce qu'il y a de plus chic, tendance et résolument cher pour les petits. Mieux vaut chercher ailleurs pour les adolescents.

Key Biscayne

Metta Boutique SOUVENIRS
(carte p. 106 ; ☎305-763-8230 ; 200 Crandon Blvd ; ⊙10h-18h lun-sam). Une adorable boutique éthique bienvenue à Miami. Tous les articles – vêtements, carnets, accessoires, cadeaux et babioles – sont écolo/bio/durables/issus du commerce équitable.

Renseignements

SERVICES MÉDICAUX

Mount Sinai Medical Center (☎305-674-2121, urgences 305-674-2200 ; www.msmc.com ; 4300 Alton Rd ; ⊙24h/24). Les meilleures urgences de la ville. Sachez que les soins sont payants et que les tarifs pratiqués sont élevés.

OFFICES DU TOURISME

Art Deco Welcome Center (carte p. 82 ; ☎305-672-2014 ; www.mdpl.org ; 1001 Ocean Dr, South Beach ; ⊙9h30-17h ven-mer, 9h30-19h jeu). Ce centre géré par la Miami Design Preservation League (MDPL) dispense une foule d'informations concernant le quartier Art déco et organise d'excellents circuits à pied. Sur place, un musée (p. 65) offre une belle introduction à l'Art déco, emblématique du quartier.

Greater Miami & the Beaches Convention & Visitors Bureau (carte p. 88 ; ☎305-539-3000 ; www.miamiandbeaches.com ; 701 Brickell Ave, 27e ét ; ⊙8h30-18h lun-ven). Nombreuses infos sur Miami et liste des manifestations, culturelles ou autres. Bizarrement perché dans un gratte-ciel.

LGBT Visitor Center (carte p. 78 ; ☎305-397-8914 ; www.gogaymiami.com ; 1130 Washington Ave ; ⊙9h-18h lun-ven, 11h-16h sam-dim). Excellente source d'infos pour la communauté LGBT de Miami, ce centre convivial vous orientera sur les différents sites, restaurants, établissements nocturnes et manifestations culturelles du moment. Organise également des rencontres et réunions.

Le site Internet dresse une liste d'hôtels certifiés "Pink Flamingo" qui réservent un accueil chaleureux à la communauté LGBT.

Depuis/vers Miami

La plupart des visiteurs arrivent à Miami en avion, même s'il est possible d'y venir en voiture ou en bus, voire en train. Miami est un centre majeur de liaisons aériennes internationales et dessert à ce titre de nombreuses destinations aux États-Unis, en Amérique du Sud et en Europe. La plupart des vols transitent par l'aéroport international de Miami (MIA), même si de nombreux vols passent également par l'aéroport international de Fort Lauderdale-Hollywood (FLL). Comptez 3 heures 30 depuis New York, 5 heures depuis Los Angeles, et 10 heures depuis Londres ou Paris.

AVION

Miami International Airport

Situé à 6 miles (10 km) à l'ouest de Downtown, le très fréquenté **Miami International Airport** (MIA ; ☎305-876-7000 ; www.miami-airport.com ; 2100 NW 42nd Ave) compte trois terminaux et accueille 40 millions de passagers par an et une soixantaine de compagnies aériennes. L'aéroport est ouvert 24h/24 et se déploie en forme de fer à cheval. Il y a deux consignes à bagages, une entre les terminaux B et C et l'autre au terminal G. Les tarifs varient en fonction de la taille des bagages.

Fort Lauderdale-Hollywood International Airport

L'aéroport international de Fort Lauderdale-Hollywood (www.fll.net), situé à environ 26 miles (40 km) au nord de Downtown, est une porte d'entrée intéressante vers la Floride.

BATEAU

Il est peu probable que vous débarquiez d'un cargo transatlantique, mais vous pouvez très bien arriver en Floride à bord d'un bateau de croisière. En effet, le **port de Miami** (☎305-347-5515 ; www.miamidade.gov/portmiami), qui voit défiler environ 5 millions de passagers chaque année, est connu pour être la "capitale mondiale des croisières". Le port se situe à la limite du centre-ville de Miami – des taxis et des bus de ville partent de Biscayne Blvd, non loin, et permettent de gagner les autres quartiers.

BUS

Les trajets longue distance sont effectués essentiellement par **Greyhound** (www.greyhound.com). **Megabus** (p. 154) dessert Tampa et Orlando.

Pour les bus Greyhound, le **principal terminal** (☎305-871-1810 ; 3801 NW 21st) se trouve à proximité de l'aéroport, mais d'autres liaisons empruntent également le **terminal de Cutler**

Bay (Cutler Bay ; ☎305-296-9072 ; 10801 Caribbean Blvd) et le **terminal de North Miami** (☎305-688-7277 ; 16000 NW 7th Ave).

Si vous parcourez de très longues distances (traversant plusieurs États), des billets d'avion à prix réduit peuvent s'avérer avantageux. Pour des trajets plus modestes, louer une voiture revient parfois moins cher. Il reste que des billets à prix réduits (jusqu'à -50%) pour les bus longue distance sont fréquemment proposés en ligne, de sept à quatorze jours avant le départ.

TRAIN

À Miami, la principale gare **Amtrak** (☎305-835-1222 ; www.amtrak.com ; 8303 NW 37th Ave, West Little River) se trouve à environ 9 miles (15 km) au nord-ouest de Downtown. Plusieurs villes de Floride (notamment Orlando et Jacksonville) sont desservies sur la ligne "Silver Service" qui rallie New York. Il faut compter de 27 à 31 heures pour relier New York à Miami. La gare Amtrak de Miami est accessible par Tri-Rail depuis Downtown et est équipée d'une consigne à bagages.

Comment circuler

DEPUIS/VERS L'AÉROPORT

Miami International Airport

Airport Express Le Miami Beach Airport Express (bus n°150) coûte 2,65 $ et marque des arrêts tout le long de Miami Beach, de 41st St jusqu'à sa pointe sud. SuperShuttle assure une liaison en minibus, pour un coût de 22 $ jusqu'à South Beach.

Bus Des lignes de Metrobus partent de la station Miami Airport (reliée à l'aéroport par Metrorail) et sillonnent toute la ville pour un tarif de 2,25 $. Le Miami Beach Airport Express (bus n°150) coûte 2,65 $ et marque des arrêts tout le long de Miami Beach, de 41st St jusqu'à sa pointe sud.

Minibus On peut également emprunter le **SuperShuttle** (☎305-871-8210 ; www.supershuttle.com), service de minibus qui revient à environ 22 $ jusqu'à South Beach. Le billet doit être réservé la veille.

Navettes Certains hôtels assurent un service de navettes gratuit.

Taxis Les taxis appliquent un tarif fixe, qui dépend de votre destination : comptez 22 $ jusqu'à Downtown, Coconut Grove ou Coral Gables ; 35 $ jusqu'à South Beach ; 44 $ jusqu'à Key Biscayne. Comptez environ 40 minutes jusqu'à South Beach dans des conditions de circulation habituelles, et environ 25 minutes jusqu'à Downtown.

Fort Lauderdale-Hollywood International Airport

GO Airport Shuttle assurent des liaisons en minibus vers Miami, pour un tarif d'environ 25 $ jusqu'à South Beach. En taxi, comptez environ 75 $ (tarif avec compteur) jusqu'à South Beach et 65 $ jusqu'à Downtown.

BUS

Les bus locaux **Metrobus** (☎305-891-3131 ; www.miamidade.gov/transit/routes.asp ; billets 2,25 $) desservent toute la ville mais sont parfois peu fiables. Chaque ligne fonctionne selon ses horaires propres, généralement entre 5h30 et 23h, parfois 24h/24. Le ticket coûte 2,25 $ et l'appoint est demandé (en pièces ou en pièces et billets) ; on peut opter pour une Easy Card (abonnement disponible à la vente dans les stations Metrorail, ainsi que certains magasins et pharmacies). Un plan des lignes bien conçu est disponible en ligne. Attention, en cas de correspondance, il faut s'acquitter d'un nouveau titre de transport (correspondances gratuites avec l'Easy Card).

Megabus (www.us.megabus.com ; Miami International Center, 3801 NW 21st St) dessert Orlando et Tampa, au départ d'un arrêt proche de l'aéroport.

"TROLLEYS" DE MIAMI

Un tout nouveau service de transport, gratuit, a fait son apparition dans les rues de Miami, Miami Beach, Coconut Grove, Little Havana et Coral Gables, entre autres. Ce *trolley* (www.miamigov.com/trolley) est en fait un bus hybride sous un habillage orange et vert de tramway. De nombreuses lignes ont été créées, plutôt adaptées à la découverte des différents quartiers qu'à une véritable liaison entre eux.

Les lignes suivantes sont les plus utiles pour les voyageurs :

Biscayne Longe Biscayne Blvd ; pratique pour relier Brickell à Downtown, jusqu'aux abords de Wynwood.

Coral Way De Downtown (près de la Freedom Tower) jusqu'au centre de Coral Gables.

Brickell Relie le quartier de Brickell (au sud de la Miami River, dans Downtown) au Vizcaya Museum & Gardens.

Wynwood Sillonne la ville, depuis l'Adrienne Arsht Center for the Performing Arts jusqu'à Wynwood, de NW 2nd Ave jusqu'à 29th St.

"TROLLEYS" DE MIAMI BEACH

Miami Beach (www.miamibeachfl.gov/transportation) compte quatre lignes de *trolleys*, pour des fréquences de 10 à 15 minutes entre 8h et minuit (à partir de 6h du lundi au samedi pour certaines lignes) :

Alton-West Loop Remonte Alton Rd en direction du nord, puis prend direction sud sur West Ave, entre 6th St et Lincoln Rd.

Middle Beach Loop Emprunte Collins Ave puis descend Indian Creek Dr, entre 20th St et 44th St (en direction du sud, il emprunte également Lincoln Rd).

Collins Link Longe Collins Ave entre 37th St et 73rd St. Direction sud, passe par Abbott Ave et Indian Creek Dr.

North Beach Loop Relie 65th St à 88th St.

TRAIN

Le **Metromover** (☎305-891-3131; www.miamidade.gov/transit/metromover.asp ; ⏲5h-minuit dim-jeu, jusqu'à 2h ven-sam), à la fois bus, monorail et train aérien, est pratique pour se déplacer dans le centre-ville. Il permet de réaliser un circuit gratuit offrant une superbe perspective sur la ville.

Géré par Metro-Dade Transit, le **Metrorail** (www.miamidade.gov/transit/metrorail.asp ; billet aller 2,25 $) est un réseau ferroviaire de 33,8 km, doté d'une ligne aérienne qui part de Hialeah, traverse le centre-ville et relie Kendall/Dadeland au sud. Les trains partent toutes les 15 minutes, de 6h à minuit. Un billet coûte 2,25 $. Le paiement s'effectue par Easy Card (rechargeable) ou par ticket individuel (Easy Ticket), en vente aux distributeurs des stations du Metrorail.

Le train régional à deux étages **Tri-Rail** (☎800-874-7245 ; www.tri-rail.com) couvre 115 km dans les comtés de Dade, de Broward et de Palm Beach. Les tarifs sont calculés selon un système de zones. Le trajet le plus court coûte 4,40 $ aller-retour. Le parcours le plus cher relie l'aéroport de Miami (MIA) à West Palm Beach (11,55 $ aller-retour). Il est impossible d'acheter les billets à bord, prévoyez d'effectuer cette démarche avant le départ. Les trains et les gares sont tous accessibles aux personnes à mobilité réduite. Pour une liste des gares, consultez le site Internet de Tri-Rail.

VÉLO

Citi Bike (☎305-532-9494 ; www.citibikemiami.com ; location 30 min/1/2/4 heures/journée 4,50/6,50/10/18/24 $) est un système de vélos en libre-service, disponibles dans des dizaines de stations réparties sur Miami et Miami Beach. Si la ville est plate, la circulation s'avère souvent très dense et rapide, et les déplacements à vélo sont encore peu répandus (de même que l'attention portée au cycliste). Des cartes gratuites des pistes cyclables sont disponibles dans certains kiosques et en ligne. Une application pour iPhone permet de voir où se trouvent les stations les plus proches.

Pour les distances plus conséquentes, l'équipement assez moyen des Citi Bikes est peu adapté (pas de casque ni d'antivol, et trois vitesses seulement).

Vous pourrez aussi louer un vélo auprès de :

Bike & Roll (p. XXX) Organise également des circuits découverte à vélo.

Brickell Bikes (☎305-373-3633 ; www.brickellbikes.com ; 70 SW 12th St ; location vélo 4/8 heures 20/25 $; ⏲10h-19h lun-ven, 10h-18h sam).

Everglades

78 000 HABITANTS / ☎ 305, 736, 239

Dans ce chapitre ➡

Le top des restaurants

- Havana Cafe (p. 165)
- Robert Is Here (p. 169)
- Joannie's Blue Crab Café (p. 162)
- Schnebly Redland's Winery (p. 168)
- Camellia Street Grill (p. 165)
- Oyster House (p. 165)

Le top des hébergements

- Ivey House Bed & Breakfast (p. 164)
- Everglades International Hostel (p. 168)
- Outdoor Resorts of Chokoloskee (p. 164)
- Swamp Cottage (p. 162)

Pourquoi y aller

Nulle autre zone sauvage des États-Unis ne ressemble aux Everglades. Appelée le "Rivière d'herbe" par ses habitants d'origine, cette région entremêle prairies, marais, marécages, lacs et rivières pour former une série d'horizons paisibles embrasés de couchers de soleil à perte de vue, qu'observe d'un œil torve une importante population de sauriens aux allures préhistoriques.

À observer l'essor d'un anhinga (ou "oiseau-serpent") avant un plongeon en piqué, le lent battement d'ailes d'un grand héron survolant son domaine ou le soleil effleurant des étendues de laîches avant de disparaître derrière des cyprès squelettiques, vous apprécierez le charme subtil des Everglades, détonnant dans un pays où la beauté naturelle se mesure à l'aune du spectaculaire.

Quand partir

Everglades City

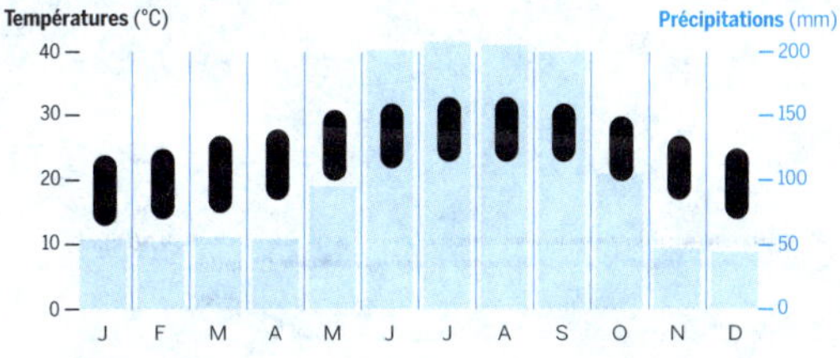

Décembre-mars
La saison sèche, idéale pour observer la faune le long des cours d'eau, mais peu propice au kayak par endroits.

Avril-juin
Malgré la chaleur, un climat favorabe avec précipitations moyennes et bonnes possibilités d'observation de la faune.

Juillet-novembre
Une chaleur torride, des nuées d'insectes et (sauf en octobre-novembre) des risques d'ouragans.

À ne pas manquer

1 L'observation, diurne ou nocturne, d'alligators et d'oiseaux aquatiques nichant le long de l'**Anhinga Trail** (p. 170).

2 Une balade en canoë ou en kayak sur les cours d'eau bordés de superbes mangroves de **Flamingo** (p. 170).

3 Le coucher de soleil sur la route du **Pa-hay-okee Overlook** (p. 170), assis sur le toit de sa voiture.

4 Une randonnée dans la gadoue de **Slough Slog** (p. 159), entouré d'orchidées, d'oiseaux et d'imposants cyprès.

5 L'histoire fascinante des premiers colons dans les

Everglades au **Museum of the Everglades** (p. 162).

6 Les créatures exotiques du refuge animalier de l'**Everglades Outpost** (p. 168).

7 La découverte des alligators et des oiseaux de **Shark Valley** (p. 158), à vélo ou en tram.

8 Une expédition en canoë ou en kayak à travers l'archipel des **Ten Thousand Islands** (p. 162).

9 Un road trip à travers les paysages marécageux de la **Loop Road** (p. 160).

EVERGLADES NATIONAL PARK

Les paysages sauvages de l'**Everglades National Park** (☎305-242-7700 ; www.nps.gov/ever ; 40001 SR-9336, Homestead ; entrée véhicule/vélo/piéton 25/8/8 $; centre des visiteurs 9h-17h ;), qui s'étendent sur 600 000 ha, constituent l'un des joyaux naturels des États-Unis. Il y a beaucoup à voir et à faire dans le principal site touristique du sud de la Floride. Observer les alligators paressant sous le soleil au zénith tandis que des hérons fouissent les marais à la recherche de nourriture ; partir en kayak dans les mangroves et sur des lacs paisibles ou patauger à travers des marais parsemés de cyprès chauves. À l'aube, bercé par le chant des oiseaux, se promener sur des passerelles en planches et, au clair de lune, apercevoir l'inquiétante silhouette d'un alligator patrouillant dans d'étroits canaux en quête de son dîner. Camping sauvage, excursions à vélo et activités organisées par les rangers permettent de s'imprégner à fond de la magie des lieux.

Un seul problème se pose : par où commencer ? Le parc comprend trois entrées principales et trois secteurs majeurs : le long de la lisière sud-est près de Homestead et de Florida City (secteur Ernest Coe ; p. 170) ; du côté centre-nord du Tamiami Trail (secteur Shark Valley ; ci-contre) ; sur la rive nord-ouest après Everglades City (secteur Gulf Coast ; p. XXX). Les secteurs de Shark Valley et de Gulf Coast se suivent géographiquement, mais le secteur d'Ernest Coe est entièrement séparé.

Les droits d'entrée, valables 7 jours, donnent accès à l'ensemble du parc.

OURAGAN IRMA

Le secteur des Everglades ayant été sévèrement touché par le passage de l'ouragan Irma en septembre 2017, de nombreuses infrastructures ont été endommagées. Lors de la rédaction de ce guide, plusieurs structures du parc national étaient encore fermées, sans date de réouverture annoncée et certaines activités suspendues jusqu'à nouvel ordre. Renseignez-vous auprès des autorités du parc avant de vous rendre sur place (www.nps.gov/ever).

Tamiami Trail

Calle Ocho, dans Little Havana à Miami, constitue l'extrémité est du Tamiami Trail (US 41), qui traverse les Everglades jusqu'au golfe du Mexique. Suivez l'US 41 vers l'ouest sur quelques dizaines de kilomètres pour vous retrouver à mille lieues de la ville. Ce trajet conduit aux confins nord du parc en passant devant des paysages de forêts inondées, des agences de croisières dans les marais, des salles de jeu, des gargotes le long de la route et d'autres bâtiments de la Floride d'antan.

En continuant vers l'ouest, forêts de pins et publicités touristiques se succèdent. Si les circuits en hydroglisseur constituent un moyen classique de découvrir les Everglades, il existe d'autres façons d'explorer le parc.

À voir et à faire

Shark Valley PARC

(☎305-221-8776 ; www.nps.gov/ever/planyourvisit/svdirections.htm ; 36000 SW 8th St, N 25°45.27.60', W 80°46.01.01' ; voiture/vélo/piéton 25/8/8 $; 9h-17h ; P) Si son nom semble menaçant, la "vallée du Requin" fait partie du National Park Service et abonde en panneaux d'information et en rangers compétents. Point de requins (son nom viendrait du marais se déversant dans la Shark River, plus au sud, infestée de requins) dans cette zone tout à fait plate, mais de nombreux alligators et oiseaux que l'on peut observer facilement dans leur environnement naturel.

Une **piste asphaltée** formant une boucle de 24 km passe par des ruisseaux, la forêt tropicale et des *borrow pits* (des fosses creusées par l'homme et prisées des alligators, des tortues et des oiseaux). Totalement plate, la piste est idéale pour les vélos, que l'on peut louer à l'entrée pour 9 $ l'heure. Emportez de l'eau. À mi-chemin, la **Shark Valley Observation Tower**, une affreuse tour en béton de 15 m de hauteur, offre une vue superbe sur le parc.

Moyen le plus prisé et le moins fatigant de s'immerger dans les Everglades, le **circuit en tram** (sorte de petit train) parcourt en 2 heures la piste asphaltée (voir *Circuits organisés*). Si vous devez choisir une seule activité dans les Everglades, n'hésitez pas : les guides sont bien informés et amusants, et vous verrez sans doute des alligators lézardant au soleil sur la route (mais ils se font plus rares en été). Emportez de l'eau.

À l'entrée du parc, le **Bobcat Boardwalk Trail** (800 m), une promenade en planches, décrit une boucle à travers un épais taillis d'essences tropicales avant de revenir au parking de Shark Valley. Un peu plus loin, l'**Otter Cave Trail** (400 m) grimpe sur une falaise calcaire, criblée de trous par l'eau de pluie. Des Amérindiens vivaient jadis au sommet de cette falaise où des animaux occupent les creux formés par l'érosion (vous aurez peu de chances de les apercevoir).

Fakahatchee Strand Preserve PARC

(☎239-695-4593 ; www.floridastateparks.org/fakahatcheestrand ; 137 Coastline Dr, Copeland ; voiture/piéton/vélo 3/2/2 $; ⏲8h-crépuscule ; P 🚻). Cette réserve comprend un marais estuarien de 32 km sur 8 km qui pourrait sortir de *Jurassic Park*. Une promenade en planches de 600 m traverse cette merveille sauvage et humide, où des panthères de Floride traquent encore leur proie dans les eaux sombres. Si vous avez peu de chances d'en voir une, vous pourrez apercevoir un grand nombre d'orchidées, beaucoup d'oiseaux et divers reptiles, allant des petits lézards aux alligators.

Miccosukee Indian Village MUSÉE

(☎305-552-8365 ; www.miccosukee.com ; Mile 70, Hwy 41 ; adulte/6-12 ans/-6 ans 12/6 $/gratuit ; ⏲9h-17h ; P 🚻). Juste à l'ouest de la sortie vers Shark Valley, cet "Indian village" est en fait un musée en plein air, instructif et ludique, qui présente la culture des Miccosukee : visite guidée des maisons traditionnelles, boutique d'artisanat, spectacles de musique et de danse, promenade en hydroglisseur (20 $ supplémentaires) dans un village de huttes *chickee* (plateformes en bois construites au-dessus de l'eau) et "combats" d'alligators. Ces derniers ne sont pas aussi violents que le nom le suggère, il s'agit davantage d'une présentation de l'emblématique reptile.

Les œuvres d'art et les objets artisanaux faits main vendus dans la galerie constituent de bons souvenirs. Pour qui souhaite manger, on trouve sur place un restaurant de qualité inégale.

Miccosukee Resort & Gaming CASINO

(☎305-222-4600 ; www.miccosukee.com ; 500 SW 177th Ave). L'une des particularités de l'histoire de la tribu indépendante des Miccosukee, reconnue en 1962 par l'État fédéral, est la création de ce complexe hôtelier avec casinos – des rangées interminables de machines à sous –, qui génère d'énormes revenus à la tribu. L'établissement loue également des chambres confortables (139-189 $).

Circuits organisés

Shark Valley Tram Tour PETIT TRAIN

(☎305-221-8455 ; www.sharkvalleytramtours.com ; adulte/-12 ans/senior 25/19/12,75 $; ⏲départs 9h30, 11h, 14h, 16h mai-déc, 9h-16h jan-avr aux heures piles). Durant ces excellentes visites

LE TOP DES ACTIVITÉS GRATUITES

Les droits d'entrée de 25 $ pour l'Everglades National Park peuvent paraître élevés, mais valent le coup si vous profitez des nombreuses activités gratuites proposées par les rangers. Réservez les activités les plus prisées (canoë, randonnées à vélo) jusqu'à une semaine à l'avance.

Slough Slog Échappez à la foule et imprégnez-vous de la nature sauvage lors de ces randonnées de 1,5 à 3 km traversant des marécages boueux jusqu'à un bois de cyprès. Mettez un pantalon, des chaussettes et des chaussures ne craignant pas l'eau. Départ au Royal Palm Visitor Center (p. 170).

Starlight Walk Randonnée à la tombée de la nuit sur l'Anhinga Trail (p. 170), à la recherche d'alligators et d'autres créatures des marais. Prévoyez une lampe torche.

Bike Hike Randonnée cycliste de 2 heures 30 à travers les Everglades (vélos et casques fournis). Départ à l'Ernest Coe Visitor Center (p. 170).

Canoe the Wilderness Sortie matinale en canoë de 3 heures à travers des paysages parmi les plus beaux des Everglades. Départ au Flamingo Visitor Center (p. 170) et au Gulf Coast Visitor Center (p. 163).

Early Bird Walk Randonnée matinale à la découverte des oiseaux des Everglades. Départ au Flamingo Visitor Center (p. 170).

Glades Glimpse Découverte des merveilles et secrets des Everglades à travers la présentation des rangers du Royal Palm Visitor Center (p. 170) et du Shark Valley Visitor Center (p. 160) – généralement de 13h30 à 14h.

HORS DES SENTIERS BATTUS

ESCAPADE SUR LA LOOP ROAD

La Loop Rd de 38 km, qui part du Tamiami Trail (US 41), recèle quelques sites uniques : les maisons des **Miccosukee**, dont certaines ont été considérablement agrandies grâce aux revenus des immenses casinos – qu'il s'agisse de huttes *chickee* traditionnelles ou de caravanes dotées d'ailes démesurées devant lesquelles sont parqués des pick-up flambant neufs ; des points de vue superbes sur des forêts inondées, où les aigrettes sont perchées sur les arbres et les alligators rôdent dans les marais alentour ; des maisons ornées de grands drapeaux des confédérés et de panneaux : *Stay off my property* ("Restez en dehors de ma propriété"), qui font autant partie du paysage que les marais ; et le **Tree Snail Hammock Nature Trail**, un court et plaisant chemin dans une végétation luxuriante. Bien que non goudronnée, la route nivelée est adaptée aux voitures standards. Comme son nom l'indique (*loop* signifie "boucle"), elle rejoint le Tamiami Trail après 1 à 2 heures de route.

de 2 heures le tram (à mi-chemin entre le petit train et le bus touristique) parcourt un circuit de 24 km sur une piste asphaltée permettant de voir de nombreux alligators pendant les mois d'hiver, avec une fascinante présentation des Everglades par des rangers aguerris.

Coopertown CROISIÈRES

(☎305-226-6048 ; www.coopertownairboats.com ; 22700 SW 8th St ; adulte/enfant 23/11 $; ⏲9h-17h ; 👪). L'un des premiers tour-opérateurs d'hydroglisseurs sur la Hwy 41 en allant vers l'ouest, Coopertown est aussi l'un des meilleurs. Les sympathiques guides savent dénicher les animaux sauvages comme personne et font une présentation intéressante de l'écosystème unique des Everglades.

Renseignements

Shark Valley Visitor Center (☎305-221-8776 ; www.nps.gov/ever/planyourvisit/svdirections.htm ; entrée parc national véhicule/vélo/piéton 25/8/8 $; ⏲9h-17h). Un bon centre de visiteurs doté de documentation sur les Everglades : sentiers, observation d'animaux et activités gratuites organisées par les rangers.

Depuis/vers le Tamiami Trail

Le Tamiami Trail (US 41) est accessible depuis Miami. Une voiture est nécessaire pour l'explorer. L'entrée de la Shark Valley est à 65 km à l'ouest du centre de Miami.

Big Cypress et Ochopee

Le plus beau tronçon du Tamiami Trail (US 41), frangé de hauts cyprès moussus, offre la vue sur des prairies qui s'étendent à l'infini, inondées à la saison des pluies.

À voir

Big Cypress National Preserve PARC

(☎239-695-4758 ; www.nps.gov/bicy ; 33000 Tamiami Trail E ; ⏲24h/24 ; P👪). GRATUIT D'une superficie de 1 833 km², cette réserve est le fruit d'un compromis entre écologistes, éleveurs de bétail et exploitants d'hydrocarbures. Elle joue un rôle dans l'écosystème des Everglades : les pluies qui inondent les prairies et les marais de la réserve filtrent lentement à travers les Everglades. Environ 45% du marécage de cyprès (un groupe d'îlots de mangrove, de feuillus, d'orchidées, de pins, de prairies et de marais) est protégé.

Si l'exploitation forestière a presque fait disparaître le cyprès chauve avant la création de la réserve, le cyprès nain des étangs, à la discrète beauté, prospère dans la région. Très utile, l'Oasis Visitor Center (p. 162), à environ 32 km à l'ouest de la Shark Valley, propose d'excellentes expositions pour les enfants, et compte un fossé rempli d'eau très apprécié des alligators.

Ah-Tah-Thi-Ki Seminole Indian Museum MUSÉE

(☎877-902-1113 ; www.ahtahthiki.com ; Big Cypress Seminole Indian Reservation, 34725 West Boundary Rd, Clewiston ; adulte/senior/enfant 10/7,50/7,50 $; ⏲9h-17h). Si vous vous intéressez aux Amérindiens de Floride, ne manquez pas l'Ah-Tah-Thi-Ki Seminole Indian Museum, à 27 km au nord de l'I-75. Toutes les excellentes expositions pédagogiques sur l'histoire, le quotidien et la situation actuelle des Séminoles ont été financés grâce à l'argent des casinos, qui fournissent à la tribu un budget annuel de plusieurs millions de dollars.

Le musée est niché au cœur d'un bois de cyprès traversé d'une promenade en planches pédagogiques qui met l'accent sur l'éducation et la défense de l'environnement. L'exposition permanente compte plusieurs dioramas de scènes avec personnages à taille réelle illustrant les traditions séminoles, tandis que les expositions temporaires sont présentées de manière plus académique (explorant par exemple en profondeur la structure économique des Everglades). Les Séminoles ont tout fait pour que le musée ne se résume pas à un parc à thème kitsch, et c'est un succès.

Kirby Storter Roadside Park RÉSERVE NATURELLE

(www.nps.gov/bicy/planyourvisit/kirby-storter-roadside-park.htm ; 24h/24). GRATUIT Cette passerelle en bois est certes courte (1,6 km aller-retour), mais elle mène à un superbe point de vue d'où l'on aperçoit parmi les imposants cyprès et les figuiers étrangleurs toutes sortes d'oiseaux (ibis, buses à épaulettes) et, bien sûr, des alligators.

Big Cypress Gallery GALERIE D'ART

(239-695-2428 ; www.clydebutcher.com ; 52388 Tamiami Trail ; 10h-17h ; P). Incontournable, cette galerie présente le travail de Clyde Butcher, un photographe américain dans la lignée d'Ansel Adams. Ses photos grand format en noir et blanc offrent une autre vision des Everglades. Butcher a trouvé dans les eaux saumâtres un équilibre spirituel. Pour rapporter un souvenir atypique de votre séjour ici, vous pouvez acheter de superbes tirages mais il faudra y mettre le prix. La galerie propose des visites privées de 1 heure 30 de pataugeage dans les marais, mais les prix sont prohibitifs (à partir de 380 $ pour 4 personnes), d'autant que le parc propose des randonnées gratuites dans les marais avec des rangers au départ du Royal Palm Visitor Center.

Skunk Ape Research Headquarters CURIOSITÉ

(239-695-2275 ; www.skunkape.info ; 40904 Tamiami Trail E ; adulte/enfant 12/6 $; 9h-17h ; P). Ce site singulier en bord de route se consacre à la recherche d'une sorte de Bigfoot, dont on ne parle qu'aux États-Unis du Sud-Est, le Skunk Ape (un grand anthropoïde, supposé sentir mauvais). Si nous n'avons jamais vu cette créature, nous avons découvert une immense statue de panthère, une boutique de souvenirs kitsch et, à l'arrière, un vivarium et une volière tenus par un personnage excentrique, qui aime se mettre un python albinos autour du cou.

Ce zoo amusera les enfants, qui pourront tenir dans leurs mains de tout petits alligators et des serpents (non venimeux), et voir de gros oiseaux dont un ara bleu et or nommé Patches et un cacatoès bruyant nommé Sassy. Il y a aussi un python birman de près de 7 m et quelques tortues.

Ochopee VILLAGE

(38000 Tamiami Trail E ; N 25°54.4.64', W 81°17.50.42' ; 8h-10h et 12h-16h lun-ven, 10h-11h30 sam). Facile à manquer, le hameau d'Ochopee (4 habitants) doit sa célébrité à son **bureau de poste**, le plus petit du pays. Installé dans un ancien cabanon, il se détache sur le ciel immense. L'aimable postier pose patiemment pour la photo-souvenir.

Activités

Florida National Scenic Trail RANDONNÉE

(850-523-8501 ; www.fs.usda.gov/fnst). Un tronçon de 50 km du Florida National Scenic Trail traverse la Big Cypress National Preserve. De l'extrémité sud, accessible via la Loop Rd (voir l'encadré ci-contre), le chemin court sur 13 km vers le nord jusqu'à l'US 41. Bien que plat, il est difficile : vous devrez sans doute patauger dans l'eau et avancer avec précaution entre une série de *solution holes* (trous de plusieurs mètres de diamètre) et de *hammocks* feuillus, sans mentionner l'ombre rare et la multitude d'insectes !

Trois campings rudimentaires avec puits jalonnent l'itinéraire ; prenez une carte à l'Oasis Visitor Center (p. 162) et un permis de randonner gratuit (obligatoire). La plupart des campings sont gratuits et vous n'aurez pas besoin de vous enregistrer. Celui de Monument Lake dispose d'eau courante et de toilettes.

Circuits organisés

Everglades Adventure Tours CIRCUITS ORGANISÉS

(EAT ; 800-504-6554 ; www.evergladesadventuretours.com ; 40904 Tamiami Trail E ; circuit 2 heures canoë/yole 89/109 $ par pers). Installé au même endroit que le Skunk Ape Research Headquarters, l'EAT propose parmi les meilleurs circuits privés dans les Everglades : randonnées dans les marais, "safaris", circuit nocturne et de fabuleuses excursions en canoë ou en yole avec de joyeux lurons connaissant parfaitement le secteur.

L'EAT possède un camping au Skunk Ape Research Headquarters (empl 25 $, 30 $ avec électricité) avec accès Wi-Fi.

Où se loger et se restaurer

Monument Lake CAMPING $
(www.recreation.gov ; 50215 Tamiami Trail E ; empl tente/camping-car 24/28 $; 15 août-15 avr). Il faut réserver plusieurs mois à l'avance pour obtenir l'un des 10 emplacements pour tentes (ou des 26 pour camping-cars) de ce charmant camping de la Big Cypress National Preserve. Le lac est tentant, mais la baignade est interdite (alligators...).

Swamp Cottage COTTAGE $$
(239-695-2428 ; www.clydebutcher.com/big-cypress/vacation-rentals ; 52388 Tamiami Trail ; cottage 250-350 $; P). Ces bungalow et cottage de 2 chambres, qui se trouvent juste à l'arrière du Big Cypress Gallery, sont parfaits pour quiconque souhaite rester proche des marécages sans renoncer à son confort. Pas le grand luxe, mais il y a tout ce qu'il faut et vous serez en pleine nature.

Joannie's Blue Crab Café AMÉRICAIN $$
(239-695-2682 ; www.joaniesbluecrabcafe.com ; 39395 Tamiami Trail E ; plats 12-17 $; 11h-17h jeu-mar, fermé hors saison, appeler pour confirmer). À l'est d'Ochopee, cette gargote typique, avec tables de pique-nique et décor kitsch sur le thème de l'alligator, sert de délicieuses fritures dans des assiettes en carton. Ne passez pas à côté du *crab cake*. Musique live les samedis et dimanches à partir de 12h30 ; le jukebox rockabilly assure la relève le reste du temps.

Renseignements

Big Cypress Swamp Welcome Center (239-695-4758 ; www.nps.gov/bicy/planyourvisit/big-cypress-swamp-welcome-center.htm ; 33000 Tamiami Trail E ; 9h-16h30). À 4 km à l'est de la sortie pour Everglades City, ce grand centre d'information est idéal pour les enfants, qui peuvent écouter dans le petit espace nature des enregistrements de cris de différentes créatures des marécages. Une plateforme d'observation donne sur un canal où l'on aperçoit parfois des lamantins. Bons renseignements sur la réserve.

Oasis Visitor Center (239-695-1201 ; www.nps.gov/bicy ; 52105 Tamiami Trail E ; 9h-16h30 ;). Ce centre des visiteurs propose des expositions intéressantes et des renseignements sur les sentiers des alentours dans la Big Cypress National Preserve. La plateforme donnant sur un petit étang artificiel est un bon endroit pour voir des alligators, notamment à la saison sèche (déc-mai).

Depuis/vers Big Cypress et Ochopee

L'Oasis Visitor Center est à environ 30 km à l'ouest de l'entrée de Shark Valley. Les sites mentionnés dans cette section sont tous sur le Tamiami Trail (US 41). Aucun transport en commun ne dessert la région.

Everglades City et Chokoloskee Island

À la limite de Chokoloskee Bay, la piste aboutit à un vieux village de pêcheurs floridien avec des maisons surélevées, une eau turquoise et des îlots de mangrove vert émeraude. Si le suffixe de "City" semble bien ambitieux, vous passerez cependant quelques jours agréables dans ce village accueillant. Vous y trouverez des vestiges du passé, un excellent musée régional et de succulents produits de la mer.

La Hwy 29 continue vers le sud jusqu'à la petite île résidentielle paisible de Chokoloskee, d'où l'on aperçoit l'archipel sauvage des Ten Thousand Islands. Des îles préservées que l'on peut visiter en bateau au départ d'Everglades City ou de Chokoloskee.

À voir et à faire

Museum of the Everglades MUSÉE
(239-695-0008 ; www.evergladesmuseum.org ; 105 W Broadway, Everglades City ; 9h-16h lun-sam ; P). GRATUIT Ne manquez pas ce petit musée, tenu par de généreux bénévoles qui sont en outre des puits de science sur la région. Aménagé dans l'ancien lavoir du village, le lieu présente une collection retraçant la présence humaine dans la région depuis les pionniers des années 1800 jusqu'au boom démographique des années 1920, évoquant les tragédies (le village fut dévasté par l'ouragan Donna en 1960), pour finir sur les transformations profondes des villages d'aujourd'hui.

Ten Thousand Islands ÎLES
L'un des meilleurs moyens de profiter de la sérénité des Everglades est de pagayer dans le réseau de bras d'eau qui longent la partie nord-ouest du parc. Les Ten Thousand Islands (10 000 îles) se composent en réalité de nombreux îlots et de mangroves qui bordent la frontière sud-ouest de la Floride.

Le **Wilderness Waterway**, un parcours de 160 km entre Everglades City et Flamingo, est le plus long circuit de canoë de la région,

HYDROGLISSEUR ET BUGGY DES MARAIS

Les hydroglisseurs sont des bateaux à fond plat propulsés par de puissants ventilateurs. Leur impact environnemental n'a pas été déterminé, mais une chose est sûre : ils ne sont pas inoffensifs et, pour cette raison, ils sont interdits dans le parc. Le buggy des marais est un énorme véhicule à pneus ballons qui peut traverser les marécages, créant des ornières et endommageant la nature.

Des promenades en hydroglisseur et en buggy des marais sont proposées tout le long de l'US 41 (Tamiami Trail), mais réfléchissez à deux fois avant de choisir un de ces circuits "nature" : le vrombissement des ventilateurs et des jeeps gâche la sérénité des Glades. Cela étant, nombre de touristes viennent dans les Everglades au motif qu'ils s'intéressent à l'environnement et recherchent des excursions qui permettent de le découvrir. Les pilotes des hydroglisseurs connaissent parfaitement la région et leur activité dépend de la préservation des Glades. Nous recommandons Cooperstone (p. 160), l'un des premiers tour-opérateurs d'hydroglisseurs sur la Hwy 41 en direction de l'ouest. Attendez-vous cependant à une expérience plus touristique que dans le parc national.

avec d'autres itinéraires plus courts près de Flamingo. La plupart des îles sont bordées d'étroites plages de sable blanc, baignées d'une eau saumâtre et souvent très peu profonde. Ce sont des endroits fascinants. Vous pouvez camper sur une île de votre choix à hauteur d'une semaine.

Explorer les Ten Thousand Islands ne présente aucune difficulté, à condition de suivre scrupuleusement les cartes et les horaires des marées de la National Oceanic & Atmospheric Administration (NOAA). Pagayer à contre-courant est le meilleur moyen de gâcher votre excursion. Le Gulf Coast Visitor Center (voir ci-contre) vend des cartes nautiques et distribue gratuitement les horaires des marées. Vous pourrez toutefois vous procurer ces documents avant votre arrivée – appelez le ☎305-247-1216 et demandez les cartes 11430, 11432 et 11433.

Smallwood Store MUSÉE

(☎239-695-2989 ; www.smallwoodstore.com ; 360 Mamie St, Chokoloskee ; adulte/enfant 5 $/gratuit ; ⏲10h-17h déc-avr, 11h-17h mai-nov). Perchée sur pilotis au-dessus de Chokoloskee Bay, cette bicoque de bois rudimentaire fut bâtie en 1906 par un pionnier nommé Ted Smallwood, qui y installa un comptoir, un bureau de poste et une épicerie. Antiquités, vieux bric-à-brac, descriptions d'événements et de personnages de la rude époque des pionniers sur cette île isolée recouvrent les étagères en bois.

Circuits organisés

Everglades Adventures CANOË

(☎877-567-0679 ; www.evergladesadventures.com ; 107 Camellia St, Everglades City ; location canoë/kayak à partir de 35/49 $ par jour, excursion 3/4 heures à partir de 89/99 $). C'est en explorant les eaux des Everglades que l'on apprécie le mieux la nature. Ce tour-opérateur hautement recommandé propose des sorties en kayak d'une demi-journée à travers les mangroves, à l'aube ou au crépuscule avec, au retour, la voûte céleste parée de milliers d'étoiles.

Smallwood Store Boat Tour CROISIÈRES

(☎239-695-0016 ; www.smallwoodstoreboattour.com ; 360 Mamie St, Chokoloskee ; croisière 1 heure 40 $/pers ; 👪). Cette petite agence familiale organise d'excellentes visites guidées, au départ du ponton au pied du magasin, vers les paysages aquatiques sauvages des Ten Thousand Islands. Vous verrez une myriade d'oiseaux, et quelques dauphins ne manqueront pas de venir nager dans le sillon du bateau.

Gulf Coast Visitor Center CROISIÈRES

(☎239-695-2591 ; evergladesnationalparkboattoursgulfcoast.com ; 815 Oyster Bar Lane, en retrait de la Hwy 29 ; canoë/kayak simple/double 38/45/55 $ par jour ; ⏲9h-16h30 mi-avr à mi-nov, 8h-16h30 mi-nov à mi-avr ; 👪). La station de rangers la plus au nord-ouest de l'Everglades National Park donne accès aux Ten Thousand Islands. À l'heure où nous écrivions ces lignes, les croisières étaient suspendues depuis le passage de l'ouragan Irma ; renseignez-vous sur la reprise des excursions. Les espaces marins demeuraient ouverts, notamment autour des Ten Thousand Islands, ainsi que la rampe d'accès des canoës.

En temps normal, les croisières d'un peu moins de 2 heures partent du bas de la marina, soit vers la mangrove (adulte/enfant

48/25 $), soit vers les îles vertes (38/20 $), où avec un peu de chance des dauphins s'amuseront à suivre l'embarcation.

En ouvrant l'œil, vous apercevrez peut-être des lamantins dans la marina. Canoë ou kayak constituent d'excellents moyens de découvrir les îles ; vous pouvez en louer à la marina, mais partez avec une carte (distribuée au centre des visiteurs). Procurez-vous les NOAA 11430 et 11432.

Fêtes et festivals

Everglades Seafood Festival GASTRONOMIE
(www.evergladesseafoodfestival.org ; fév). Ce festival de 3 jours égaye Everglades City avec des festins de roi, des manèges pour enfants et des concerts. En vedette : les succulents fruits de mer (crabes de roche, beignets de conques, *crab cakes*, crevettes à la noix de coco, moules et calamars), mais on déguste aussi de l'alligator, des cuisses de grenouilles, du porc effiloché au barbecue et des tartes au citron vert... en bâtonnets !

Où se loger

Outdoor Resorts of Chokoloskee MOTEL $
(239-695-2881 ; www.outdoorresortsofchokoloskee.com ; 150 Smallwood Dr, Chokoloskee ; ch 119 $;). À l'extrémité nord de Chokoloskee Island, cette adresse d'un bon rapport qualité/prix possède de vastes parties communes comprenant plusieurs piscines, des Jacuzzi, des courts de tennis, des terrains de jeu de palets et une salle de sport. Les chambres basiques de style motel sont dotées de kitchenettes et de terrasses donnant sur la marina. Location de bateaux également.

Parkway Motel & Marina MOTEL $
(239-695-3261 ; www.parkwaymotelandmarina.com ; 1180 Chokoloskee Dr, Chokoloskee ; ch 110-150 $;). Tenu par Bill et Greci, un couple sympathique connaissant très bien la région, ce motel de plain-pied à l'ancienne compte de jolies petites chambres et un appartement confortable, dans un coin tranquille de l'île de Chokoloskee.

Rod & Gun Club Lodge B&B $$
(239-695-2101 ; everglades-rodandgunclub.com ; 200 Riverside Dr, Everglades City ; ch 100-160 $;). Occupant un pavillon de chasse construit dans les années 1920 par Barron Collier (qui venait s'y reposer après avoir supervisé les travaux du Tamiami Trail), ce lodge de style très “chasse et pêche” propose des chambres simples dont les meilleures ont vue sur l'eau. Le restaurant cuisine tout ce qui bouge dans les eaux de la région. Paiement en espèces.

Everglades City Motel MOTEL $$
(239-695-4224 ; www.evergladescitymotel.com ; 310 Collier Ave, Everglades City ; ch 150-250 $;). Une adresse d'un bon rapport qualité/prix pour qui souhaite explorer les Ten Thousand Islands, avec de grandes chambres rénovées et bien équipées (TV à écrans plats, réfrigérateurs, machines à café). Le personnel sympathique peut vous réserver des excursions dans l'archipel. L'hôtel a bénéficié d'une rénovation partielle après les dégâts causés par le passage de l'ouragan Irma.

Ivey House Bed & Breakfast B&B $$
(877-567-0679 ; www.iveyhouse.com ; 107 Camellia St, Everglades City ; auberge 100-180 $, lodge 90-100 $, cottage 180-230 $;). Cette auberge tropicale familiale et conviviale propose une belle gamme d'hébergements bien équipés : chambres “auberge” lumineuses donnant sur une jolie cour, chambres “lodge”, moins chères, avec sdb partagée, et un cottage indépendant de 2 chambres avec cuisine et perron. Il fait bon se baigner toute l'année dans la piscine (couverte l'hiver).

C'est l'endroit idéal pour réserver des excursions nature, des sorties kayak à la journée aux packages de 6 jours incluant hébergement, visites et certains repas (voir p. 163).

Où se restaurer

Sweet Mayberry's CAFÉ $
(239-695-0092 ; 207 W Broadway Ave, Everglades City ; salades et wraps 10-12 $; 9h-16h mar-sam ;). Meilleur café en ville (la concurrence est maigre), cet établissement plein de charme et au personnel agréable sert des bagels au petit-déjeuner, de savoureux wraps maison, de succulents desserts et de bons expressos. Installez-vous sur la terrasse et laissez le temps filer.

Triad Seafood Cafe POISSON ET FRUITS DE MER $
(239-695-0722 ; www.triadseafoodmarketcafe.com ; 401 School Dr, Everglades City ; plats 10-17 $, menu crabe de roche 26-44 $; 10h30-18h dim-jeu, 10h30-19h ven-sam). Célèbre pour ses pattes de crabe à volonté, ce restaurant sert également toutes sortes de poissons et fruits de mer à déguster sur les tables de pique-nique en surplomb de la rivière. Les

propriétaires pourront vous épingler au "tableau des gloutons" si vous les impressionnez en avalant un grand nombre de pattes de crabe !

Havana Cafe LATINO-AMÉRICAIN $$
(239-695-2214 ; www.havanacafeoftheeverglades.com ; 191 Smallwood Dr, Chokoloskee ; plats déj 10-19 $, dîner 22-30 $; 7h-15h lun-jeu, 7h-20h ven-sam, fermé mi-avr à mi-oct). Le Havana Cafe est réputé à des kilomètres à la ronde pour ses produits de la mer préparés à la sauce latino, comme ses *enchiladas* de crabe de roche, son mérou grillé avec riz et haricots et ses sandwichs cubains à se damner. Le personnel plus que sympathique et la terrasse parsemée de palmiers et de bougainvilliers ne gâchent rien. Les vendredis et samedis soir, on vient de toute la région se gaver de crabe de roche – réservation indispensable. Commandez bien à l'avance la délicieuse paëlla de la mer ou les pâtes aux fruits de mer (50 $, pour au moins deux personnes).

Camellia Street Grill POISSON ET FRUITS DE MER $$
(239-695-2003 ; 202 Camellia St, Everglades City ; plats 13-26 $; 12h-21h ;). Dans un décor aux airs de grange, avec guirlandes lumineuses suspendues aux poutres du plafond et babioles nautiques aux murs, le Camellia est un endroit décontracté où l'on se régale de spécialités locales de fruits de mer. Venez tôt pour profiter du coucher du soleil depuis la terrasse au bord de l'eau, et, en saison, ne manquez pas les pinces de crabe de roche. Autrement, vous pourrez savourer une corbeille de beignets (poisson-chat, mérou ou crevettes), de belles assiettes de fruits de mer grillés, de côtes de porc au barbecue ou de crevettes au gruau ou encore des sandwichs au *crab cake*, des tacos de poisson ou des wraps végétariens maison.

Oyster House POISSON ET FRUITS DE MER $$
(239-695-2073 ; www.facebook.com/OysterHouseRestaurant ; 901 Copeland Ave, Everglades City ; plats déj 12-18 $, dîner 19-30 $; 11h-21h dim-jeu, 11h-22h ven-sam ;). Outre les excellentes spécialités de la mer typiques des Everglades (huîtres, crabe, mérou, cobia, langouste), ce restaurant familial toujours plein sert des plats à base d'alligator (tacos, jambalaya, assiettes de beignets) et d'autres plus simples (burgers, beignets de fruits de mer), ainsi que d'incontournables desserts. La salle décorée d'un bric-à-brac d'objets vintage et d'animaux empaillés a des airs de cabane forestière.

Renseignements

Everglades Area Chamber of Commerce
(239-695-3941 ; angle US Hwy 41 et Hwy 29 ; 9h-16h). Renseignements sur la région.

Depuis/vers Everglades City et Chokoloskee Island

La région n'est desservie par aucun transport en commun. En voiture, c'est à peu près tout droit sur 135 km vers l'ouest depuis Miami. Sans embouteillages, comptez 1 heure 45.

Sud des Everglades

Dirigez-vous au sud de Miami pour rejoindre le cœur du parc et les plus beaux horizons des Everglades. De nombreux chemins de traverse et des cours d'eau à explorer en canoë permettent de découvrir des paysages sublimes et de s'enfoncer dans les marécages, loin des sentiers battus.

Homestead et Florida City

Homestead et sa voisine Florida City, 3 km plus au sud, ne sont pas très engageantes de prime abord. Avalées par les subdivisions en expansion constante de South Miami, les deux villes sont une succession sans fin de centres commerciaux, de fast-foods, de concessionnaires automobiles et de stations-service. Mais en y regardant à deux fois, on trouve des curiosités locales intrigantes : un "château" érigé par un immigrant au cœur brisé, un refuge pour animaux exotiques, une cave à vins faisant honneur aux productions locales, une microbrasserie promise à un bel avenir et l'un des meilleurs marchés de produits fermiers d'Amérique. C'est également un emplacement parfait pour explorer les incroyables paysages de l'Everglades National Park.

À voir

Coral Castle CHÂTEAU
(305-248-6345 ; www.coralcastle.com ; 28655 S Dixie Hwy ; adulte/senior/enfant 15/12/7 $; 8h-18h dim-jeu, 8h-20h ven et sam). "Vous allez découvrir une réalisation inhabituelle" promet l'inscription sur le mur grossièrement taillé. C'est peu dire. Il n'y a pas de plus grand hommage à tout ce que la Floride du Sud a d'étrange et d'excentrique que cette histoire : abandonné par sa fiancée la veille de leur mariage, Edward Leedskalnin, un Letton, émigra aux États-Unis et gagna la Floride. Il façonna alors secrètement, nuit

PRÉSENTATION DES EVERGLADES

S'il est tentant d'imaginer les Everglades comme un vaste marais, parler de "plaine herbeuse" semble plus juste. Les Glades sont en fait des prairies inondées la majeure partie de l'année.

D'où vient toute cette eau ? Du nord, du lac Okeechobee et des petits lacs et rivières qui se rejoignent autour de Kissimmee. La Floride plonge dans le golfe du Mexique à sa pointe immergée, partie la plus basse de l'État en termes de géographie et de topographie. Les eaux de ruissellement coulent du centre à travers la péninsule par des ruisseaux et des rivières, traversant les Glades jusqu'à la Florida Bay. Sous une apparente immobilité, le paysage est perpétuellement en mouvement. Les Indiens Calusa appelaient la région "*Pa-hay-okee*" (eaux herbeuses) et Marjory Stoneman Douglas (1890-1998), la célèbre écologiste, l'appelait "*River of Grass*" (Rivière d'herbe) ; dans son ouvrage éponyme, elle raconte que Gerard de Brahm, un cartographe régional, avait nommé la région "*River Glades*" (Rivière des clairières), qui devint Ever Glades sur les cartes anglaises ultérieures.

Que se passe-t-il lorsque l'eau riche en nutriments coule sur une plaque de calcaire ? Au niveau cellulaire, les organismes se multiplient, s'associent et créent des bancs d'algues, des nutriments ainsi que du périphyton, un amalgame d'algues, de bactéries et de détritus. Semblable à une traînée de vomi dans l'eau et à des excréments d'hippopotame une fois sec, le périphyton forme la base d'une immense pyramide organique dans l'écosystème des Everglades. La moindre variation de hauteur modifie le flux de l'eau, donc la composition de ce bouillon de culture et le paysage lui-même : tous ces bosquets de cyprès et ces *hammocks* (terme propre à la Floride désignant une forêt de feuillus, principalement tropicaux ou subtropicaux) sont des secteurs où quelques centimètres de plus en hauteur provoquent d'énormes différences entre les écosystèmes.

Le combat pour les Everglades

Les Everglades furent totalement sauvages pendant des milliers d'années. Même les Amérindiens les évitaient. Les Séminoles et les Miccosukee ne s'y installèrent que pour fuir la guerre et les déplacements forcés. Après la colonisation européenne de la Floride, certains pionniers flairèrent le potentiel économique des "Eaux herbeuses".

Les éleveurs de bétail et les planteurs de canne à sucre, séduits par les eaux saumâtres et le climat subtropical de la Floride (un paradis pour la canne à sucre), obtinrent du gouvernement qu'il leur aménage des terres. En 1905, le gouverneur de Floride, Napoleon Bonaparte Broward, creusa la première pelletée d'un canal entre le fleuve Caloosahatchee et le lac Okeechobee. Des centaines de canaux furent tracés à travers les Everglades jusqu'au rivage pour "gagner" les terres, et l'écoulement du lac fut contrôlé par une série de digues. L'agriculture commença à occuper des secteurs jusque-là inhabités.

Malheureusement, toute la *River of Grass* a besoin du fleuve pour survivre. Paradis pour les oiseaux, les Everglades servent aussi de barrière aux ouragans et ses marais filtrent les polluants de la nappe aquifère (la réserve d'eau douce de l'État). L'agriculture n'a pas seulement modifié le cheminement de l'eau, elle a aussi rejeté ses eaux usées chargées d'engrais. En conséquence, des bactéries et des plantes se sont développées à une vitesse alarmante, bouleversant l'équilibre fragile des ressources indispensables à la survie des Everglades.

Si Marjory Stoneman Douglas réussit à sensibiliser l'opinion à la protection des Everglades, malgré ses efforts et ceux d'autres écologistes, la nappe aquifère est aujourd'hui gravement menacée de contamination et d'assèchement. Le nombre de nids d'échassiers a décliné de 90% à 95% depuis les années 1930. Actuellement, on recense plus de 60 espèces d'animaux et de plantes menacées ou en voie de disparition dans le parc.

Le détournement des eaux et la pollution sont les principales causes de la dégradation environnementale des Glades. Cet écosystème délicat avoisine une zone urbaine dont la croissance est l'une des plus rapides du pays. Le système hydrographique actuel du sud de la Floride a été conçu pour 2 millions d'habitants, or la population a atteint 6 millions d'âmes en 2010. Si Miami est limitée par Fort Lauderdale au nord et Homestead au sud, elle peut s'étendre à l'ouest, directement dans les Everglades. Les scientifiques estiment que les marais ont déjà été réduits de 50% à 75%.

L'homme n'est pas le seul ennemi des Everglades. La nature les a également endommagés. Ainsi, durant l'ouragan Wilma de 2005, six zones de traitement des eaux pluviales (marais artificiels filtrant l'excédent de nutriments) ont été gravement endommagées. Sans ces filtres naturels, les Glades sont beaucoup plus sensibles à l'excès de nutriments et à la pollution externe.

Les incendies ravagent chaque année un peu plus la Floride. En 2016, plus de 1 500 ha de forêts sont partis en fumée autour de Long Pine Key.

Restauration des Everglades

Les efforts pour sauver les Everglades débutèrent à la fin des années 1920, mais ils furent abandonnés lors de la Grande Dépression de 1929. En 1926 et 1928, deux ouragans majeurs provoquèrent le débordement du lac Okeechobee, et les inondations qui s'ensuivirent firent des centaines de victimes. Si le barrage construit par le génie militaire permit d'éviter d'autres catastrophes, il priva les Glades de leur source, le bassin hydrographique de la Kissimmee.

À la même époque, des défenseurs de la nature commencèrent à céder des terres pour les protéger, à l'exemple d'un club de jardiniers qui donna un terrain de 1,6 km². Les Everglades furent déclarés parc national en 1947, l'année où parut *The Everglades : River of Grass* de Marjory Stoneman Douglas.

L'assèchement des marais lors de la construction du barrage sur le lac transforma d'immenses parties de l'arrière-pays en zones habitables. Cependant, les problèmes environnementaux créés par le détournement du cours naturel de l'eau et l'augmentation constante de la population menacent de rendre la région inhabitable. Le système de canaux rejette en moyenne 6,4 millions de litres d'eau chaque *jour* dans l'océan. Dans le même temps, des eaux de ruissellement non traitées s'infiltrent dans les réserves d'eau naturelles. L'eau pure disparaît du cycle tandis que la population du sud de la Floride croît de jour en jour.

Le **Comprehensive Everglades Restoration Plan** (CERP ; www.evergladesrestoration.gov) a été conçu pour s'occuper de l'eau, origine de tous les problèmes : où la trouver, comment la détourner et la maintenir propre. Le projet vise à libérer la Kissimmee, à restaurer les terres des Everglades telles qu'elles étaient avant l'urbanisation, tout en parant aux inondations, en fournissant en eau douce la population du sud de la Floride et en préservant certaines régions de tout développement urbain. Si le projet semble séduisant, les antagonismes politiques ont considérablement ralenti la mise en œuvre du CERP. Son coût n'a cessé d'augmenter au fil des années, et la bureaucratie politique conjuguée à des manœuvres du gouvernement fédéral et de l'État ont retardé la mise en place du CERP.

Composant une grande partie du CERP, le **Central Everglades Planning Project** (CEPP) est un projet de travaux publics d'un genre tout particulier, car soutenu à la fois par les écologistes et par l'industrie. L'objectif du CEPP est d'assainir les eaux polluées du centre agricole de la Floride et de les rediriger vers les Everglades. La région serait de nouveau alimentée en eau, et les ruissellements toxiques ne s'écouleraient plus dans l'océan. Bonne nouvelle pour les Glades, le Congrès américain a voté en 2016 le Water Infrastructure Improvements for the Nation Act, qui prévoit une enveloppe de 976 millions de dollars pour le CEPP.

Le sauvetage des Everglades demeure l'un des projets écologiques les plus ambitieux de l'histoire des États-Unis : il s'agit en effet de concilier les intérêts des agriculteurs, des pêcheurs, des citadins, des municipalités et des écologistes. L'avenir du mouvement écologiste américain dépend de la réussite ou de l'échec du projet.

après nuit, un monument dédié à l'amour non réciproque. Ceint de blocs de roche, le domaine comprend une "salle du trône", un cadran solaire, une cour en pierre devant servir d'aire de jeux pour les enfants qu'il n'aura jamais, une sorte de télescope pointé droit sur Polaris et une porte pivotante en roche massive que l'on ouvre pourtant facilement d'une seule main. Le plus incroyable est que tout cela est l'œuvre d'un homme de 1, 50 mètre pour 45 kg, sans aucune machine, à la seule force de poulies, d'outils manuels et de mécanismes improvisés. Il mit 28 années à terminer son chef-d'œuvre de roche.

Schnebly Redland's Winery VIGNOBLE

(☎305-242-1224 ; www.schneblywinery.com ; 30205 SW 217th Ave ; dégustation/visite 13/8 $; ⏲10h-17h lun-jeu, 10h-23h ven-sam, 12h-17h dim). Lové au bord d'une paisible route de campagne à l'ouest de Homestead, Schnebly est le plus méridional des vignobles des États-Unis. Étant donné le climat, vous ne trouverez ici ni malbec, ni pinot noir, ni zinfandel. Les vins sont faits à base de mangues, de fruits de la passion, de litchis, d'avocats et de noix de coco, entre autres saveurs tropicales, et sont étonnamment bons.

Everglades Outpost RÉSERVE NATURELLE

(☎305-562-8000 ; www.evergladesoutpost.org ; 35601 SW 192nd Ave ; adulte/enfant 12/8 $; ⏲10h-17h30 lun, mar et ven-dim, sur rendez-vous mer et jeu). L'Everglades Outpost recueille, soigne et nourrit des animaux sauvages capturés par des braconniers, maltraités, négligés ou donnés par des personnes qui ne peuvent pas s'en occuper. Parmi les pensionnaires figurent un lémur, des loups, un ours noir, un zèbre, des cobras, des alligators et deux superbes tigres (dont l'un acheté par une danseuse exotique qui pensait pouvoir l'intégrer à son numéro). Les droits d'entrée aident au fonctionnement du refuge.

Fruit & Spice Park PARC

(☎305-247-5727 ; www.redlandfruitandspice.com ; 24801 SW 187th Ave, Homestead ; adulte/enfant/-6 ans 8/2 $/gratuit ; ⏲9h-17h ; P). À la lisière des Everglades, ce parc de 14 ha est un véritable jardin d'Éden de fruits tropicaux, d'épices et de noix (plus de 500 en tout). On s'y promène à travers de paisibles sections correspondant aux continents (Afrique, Asie, etc.). S'il est interdit de cueillir les fruits, vous pourrez goûter ceux tombés à terre (venez tôt pour une meilleure récolte).

Downtown Homestead QUARTIER

(☎305-323-6564 ; www.cityofhomestead.com/downtown ; Krome Ave). Vous pouvez passer un après-midi agréable à flâner dans Krome Ave, l'artère principale qui se résume à quelques pâtés de maisons de part et d'autre du musée Historic Town Hall (voir ci-dessous). De septembre à avril, la ville accueille un grand événement par mois – concerts, festivals gastronomiques, défilés festifs et autres réjouissances au **Losner Park** (en face du Historic Town Hall). Un effort louable et payant qui insuffle un peu de fraîcheur au centre-ville de Homestead.

Historic Town Hall MUSÉE

(☎305-242-4463 ; www.townhallmuseum.org ; 41 N Krome Ave ; ⏲13h-17h mar-sam). Bâti en 1917, cet édifice tout blanc a servi tour à tour de chambre du conseil municipal, de caserne de pompiers et de poste de police dans le village jadis minuscule de Homestead. Il abrite aujourd'hui un petit musée où l'on peut voir photographies anciennes et objets d'époque offrant un aperçu du quotidien de la ville au XXe siècle. La vedette du musée est sans conteste le superbe camion de pompiers American LaFrance (ALF) de 1924.

Activités

Garls Coastal Kayaking Everglades KAYAK

(www.garlscoastalkayaking.com ; 19200 SW 344th St ; excursion demi-journée/journée 125/150 $, kayak simple/double 40/55 $ par jour). Situé sur le terrain du primeur Robert is Here (voir ci-contre), ce tour-opérateur organise des excursions hautement recommandées dans les Everglades. Les excursions à la journée incluent une randonnée à travers les marécages parsemés de cyprès, suivie d'une balade en kayak dans les mangroves et Florida Bay, et d'une marche nocturne si le timing le permet. Vous pouvez aussi partir à l'aventure en solo en louant kayak et autres équipements (tentes, sacs de couchage, matériel de pêche).

Où se loger

♥ **Everglades International Hostel** AUBERGE DE JEUNESSE $

(☎305-248-1122 ; www.evergladeshostel.com ; 20 SW 2nd Ave, Florida City ; camping 18 $, dort 30 $, d 61-75 $, ste 125-225 $; P❄📶🏊). Aménagée dans un pensionnat confortable et désordonné des années 1930, cette sympathique auberge de jeunesse dispose de dortoirs et de chambres privées ou semi-privées (partageant la sdb avec les dortoirs) d'un bon rapport qualité/prix. Son jardin à l'arrière est un véritable paradis : cabane dans les arbres, piscine creusée dans la roche avec cascade, pavillon bédouin-salle de danse, belvédère, salle de repos sous tente, four. Pour 15 $, vous pouvez passer la nuit où vous voulez dans le jardin (choisissez la cabane !). Des voyageurs du monde entier se retrouvent dans cette auberge exceptionnelle, qui organise d'excellentes excursions dans les Everglades.

Hotel Redland HÔTEL $

(☎305-246-1904 ; www.hotelredland.com ; 5 S Flagler Ave, Homestead ; ch 110-150 $; ❄📶). En lisière du petit centre-ville de Homestead, cet hôtel installé dans un immeuble de 1904 possède une atmosphère chaleureuse à l'image de l'accueil qui vous sera réservé. Les 12 chambres confortables ont un décor délicieusement désuet : édredons brodés, rideaux à fleurs, vieilles photos et peintures encadrées.

Où se restaurer

Robert is Here PRIMEUR $

(☎305-246-1592 ; www.robertishere.com ; 19200 SW 344th St, Homestead ; jus 7-9 $; ⏲8h-19h). Ce producteur spécialisé dans les fruits exotiques est une institution : la Floride traditionnelle au summum de son kitsch, un hommage aux Everglades et à l'agriculture. Vous y découvrirez des fruits exotiques que l'on ne trouve qu'en Floride (sapotes noires, caramboles, fruits du dragon, sapotilles, corossols, tamarin, pommes-cannelles, longanes et fruits de la passion) et toute une gamme de confitures, de miels et de coulis maison. Les jus, certes chers, sont néanmoins excellents. Robert, incollable sur ces délices tropicaux, est tous les jours au comptoir. Une petite ménagerie et une aire de jeux aquatiques pour enfants (apportez maillots et serviettes) viennent compléter le tout. Concerts le week-end.

Gator Grill AMÉRICAIN $

(☎786-243-0620 ; 36650 SW 192nd Ave ; plats 9-16 $; ⏲11h-18h30). Idéal pour se sustenter avant ou après une visite de l'Everglades National Park, cette cahute blanche sert sur des tables de pique-nique toutes sortes de plats à base d'alligator, servis dans un panier : tacos, fricassées, kebabs et grillades.

Rosita's MEXICAIN $

(☎305-246-3114 ; 199 W Palm Dr, Florida City ; plats 8-12 $; ⏲8h30-21h). La clientèle d'ouvriers mexicains témoigne de la qualité des tacos et des burritos. Ambiance conviviale, voire festive, lorsque retentit la musique de mariachis.

White Lion Cafe AMÉRICAIN $$

(☎305-248-1076 ; www.whitelioncafe.com ; 146 NW 7th St, Homestead ; plats 12-27 $; ⏲11h-15h et 17h-22h mar-sam). Une atmosphère confortable de cabane au fond des bois règne dans cet établissement proche du centre. On déguste en salle ou en terrasse des spécialités américaines : pains de viande, *crab cakes*, poulet frit et tourtes aux fruits frais.

Où prendre un verre et faire la fête

Miami Brewing Company BRASSERIE

(☎305-242-1224 ; www.miamibrewing.org ; 30205 SW 217th Ave ; ⏲12h-17h dim-jeu, 12h-23h ven-sam). Sirotez des bières artisanales de premier ordre dans une immense salle de dégustation aux allures d'entrepôt. Les brasseurs agrémentent de touches floridiennes les bières telles que la Shark Bait (*ale* de blé à la mangue), la Big Rod (*ale* blonde à la noix de coco) ou la Vice IPA aux arômes d'agrumes. Les grands écrans sont de sortie les jours de match et l'endroit compte un billard et des tables de pique-nique à l'extérieur. Concerts ou DJ-sets le week-end.

La brasserie, située dans le même complexe que la Schnebly Redland's Winery (ci-contre), fabrique aussi des bières de saison comme l'*ale* à la citrouille, la bière d'hiver épicée et une *stout* crémeuse avec un soupçon de vanille française.

Renseignements

Tropical Everglades Visitor Association (160 N 1st St, Florida City ; ⏲8h-17h lun-sam, 10h-14h dim). Au bord de la S Dixie Hwy, à Florida City, ce centre d'information est le meilleur du coin pour des renseignements sur les activités, les sites touristiques, les hébergements et les restaurants.

Chamber of Commerce (chambre de commerce ; ☎305-247-2332 ; www.southdadechamber.org ; 455 N Flagler Ave, Homestead ; ⏲9h-17h lun-ven). Renseignements sur la région.

Depuis/vers Homestead et Florida City

Le week-end, un **trolleybus** (☎305-224-4457 ; www.cityofhomestead.com ; ⏲sam-dim déc-avr) gratuit part de Losner Park (au centre de

Homestead) vers le Royal Palm Visitor Center (ci-dessous) de l'Everglades National Park et vers le Biscayne National Park (ci-contre). Appelez pour connaître les horaires de départ.

Southern Everglades Highway

Une fois Homestead et Florida City derrière vous, les terres cultivées cèdent peu à peu la place à un paysage toujours plat mais de plus en plus sauvage, parsemé de pins et de cyprès. Quelques kilomètres plus loin, vous atteindrez un panneau signalant l'entrée dans les Southern Everglades. La route est bordée de nombreux sites d'intérêt, notamment de sentiers permettant d'observer la faune sauvage, d'étroits cours d'eau où faire du canoë et de paisibles étangs et lacs. Elle s'achève à Flamingo, d'où vous pourrez faire une croisière sur Florida Bay, marcher le long de la côte ou tenter d'apercevoir depuis le quai alligators et lamantins. Il faut moins d'une heure pour parcourir les 61 km reliant l'entrée du parc (près de l'Ernest Coe Visitor Center) à Flamingo, mais on peut aisément consacrer des journées entières à l'exploration de cette portion du parc, où les activités sont légion (randonnée, marches nocturnes, canoë).

À voir

Anhinga Trail RÉSERVE NATURELLE
(24h/24). Si vous prévoyez de ne faire qu'une seule marche dans les Everglades, optez pour l'Anhinga Trail, un sentier de 1,3 km au bord duquel les alligators lézardent au soleil, les anhingas empalent leurs proies et les échassiers patrouillent dans les roseaux. Une faune à découvrir de près au Royal Palm Visitor Center (ci-contre), qui possède plusieurs points de vue desquels on voit parfois en journée des dizaines d'alligators s'entasser les uns sur les autres.

Revenez de nuit (prenez une lampe torche) pour observer les alligators nager dans les cours d'eau, parfois juste à côté de vous. Les rangers organisent de temps à autre des marches nocturnes sur la promenade en planches, que vous pouvez très bien emprunter seul. Voir briller les yeux des alligators rôdant dans les marais à la lumière d'une lampe torche est une expérience inoubliable !

Flamingo Visitor Center CENTRE D'INFORMATION
(239-695-2945 ; www.nps.gov/ever ; State Rd 9336 ; 8h-16h30 mi-nov à mi-avr). Posé au bout de la State Rd 9336, le Flamingo Visitor Center domine une marina et les paysages aquatiques sauvages au-delà. Endommagé par le passage de l'ouragan Irma, le centre d'information venait de rouvrir partiellement à l'heure où nous écrivions ces lignes.

À quelques mètres, la Flamingo Marina (voir ci-contre) permet de faire des excursions en bateau ou de louer un canoë ou un kayak, ou simplement de passer un moment au bord du rivage, à observer lamantins, alligators, et avec de la chance le rare crocodile américain.

Si vous préférez la terre ferme, quittez le camping pour arpenter les 12 km du **Coastal Prairie Trail** ou les 3 km du **Bayshore Loop Trail**, encore plus beau. Non loin, un sentier de 800 m fait le tour de l'étang d'Eco Pond, permettant d'observer oiseaux et alligators.

Ernest Coe Visitor Center CENTRE D'INFORMATION
(305-242-7700 ; www.nps.gov/ever ; 40001 State Rd 9336 ; 9h-17h mi-avr à mi-déc, à partir de 8h mi-déc à mi-avr). Près de l'entrée principale de l'Everglades National Park (Homestead Entrance), cet accueillant centre des visiteurs ouvert toute l'année propose une excellente exposition, qui comprend un diorama de Floridiens "typiques".

Royal Palm Visitor Center CENTRE D'INFORMATION
(305-242-7700 ; www.nps.gov/ever ; State Rd 9336 ; 9h-16h15). À environ 6,5 km de l'Ernest Coe Visitor Center, le centre des visiteurs de Royal Palm offre l'accès le plus facile aux Glades dans ce secteur. Deux chemins de randonnée, l'**Anhinga** et le **Gumbo Limbo** (du nom du gommier rouge, également appelé "arbre à touriste" en raison de son tronc rouge et pelé), de 1 heure chacun, vous feront découvrir la faune des Everglades.

Pa-hay-okee Overlook POINT DE VUE
Traversant le cœur du parc, la route 9336 longe de vastes marais, des forêts de cyprès décharnés aux allures de squelettes et de sombres bois d'acajous. Plus loin, la plateforme surélevée du Pa-hay-okee Overlook domine l'un des plus jolis méandres de la "Rivière d'herbe".

Activités

Flamingo Marina Rentals & Boat Tours CROISIÈRES, KAYAK
(239-696-3101 ; www.evergladesnationalparkboattoursflamingo.com ; circuit adulte/enfant 38/18 $,

location canoë 2/4/8 heures 20/28/38 $, location kayak demi-journée/journée 35/45 $; ⏲marina 7h-19h, 6h-19h sam-dim). La partie la plus isolée du parc abrite une marina où vous pourrez faire une croisière en bateau dans l'arrière-pays ou en louer un. En raison de son isolement, la zone peut être fermée en cas de mauvais temps. Vous pouvez aussi y louer des canoës ou des kayaks pour explorer seul les chenaux et les îles de Florida Bay. Soyez prudent dans les secteurs côtiers, car un orage peut transformer en un instant une jolie plage en une dangereuse étendue détrempée.

À l'heure où nous écrivions ces lignes, les croisières en bateau étaient suspendues, et de nombreux bateaux ayant sombré durant le passage de l'ouragan Irma encombraient encore les eaux du secteur ; renseignez-vous au préalable sur les possibilités de promenades dans la zone.

Hell's Bay Canoe Trail KAYAK

En dépit de son nom sinistre (et des satanés moustiques), cette baie est idéale pour une sortie en kayak. "L'enfer pour y pénétrer et l'enfer pour en sortir", nous ont averti les vieux habitants des Everglades, mais un paradis à l'intérieur : un réseau de cours d'eau bordés de mangrove, des îlots de marisques et des bancs de boue mouvants, où les ronces forment un tunnel de verdure, avec un air saturé d'effluves iodés et du souffle organique des marais.

Trois *chickees* (plateformes sur pilotis) jalonnent l'itinéraire. Vous aurez besoin d'un permis de camping, en vente dans les centres des visiteurs du parc, pour y installer votre tente. Si vous n'avez pas de bateau, vous pourrez en louer un à Flamingo.

Où se loger

National Park Service Campsites CAMPING $

(NPS ; www.nps.gov/ever/planyourvisit/camping.htm ; empl 20 $). Le NPS gère dans le parc plusieurs campings rudimentaires mais avec douche et toilettes. Selon la période de l'année, les douches froides sont un soulagement ou une épreuve. Une carte des campings est disponible au bureau d'information du NPS ou sur le site Internet du parc.

Dans ces coins reculés, il existe de nombreux emplacements pour planter votre tente (2 $/nuit), qui nécessitent aussi un permis (15 $) et une réservation (au centre des visiteurs). Ces emplacements sont gratuits hors saison (mai-oct), et ne sont accessibles qu'en canoë ou en kayak (hormis un camping accessible à pied depuis Flamingo).

Flamingo Campground CAMPING $

(☎877-444-6777 ; www.nps.gov/ever/planyourvisit/flamcamp.htm ; empl sans/avec élec 20/30 $). Le Flamingo Campground compte plus de 200 emplacements de camping, dont certains avec électricité. Réservez un site accessible à pied pour échapper aux camping-cars, et réservez longtemps à l'avance (sur www.reserveamerica.com) pour l'un des 9 emplacements donnant sur la plage.

Long Pine Key Campground CAMPING $

(☎305-242-7700 ; www.nps.gov/ever/planyourvisit/longpinecamp.htm ; empl 20 $; ⏲fermé mi-juin-mi-nov). Une bonne adresse pour les campeurs motorisés, à l'ouest du Royal Palm Visitor Center, avec 108 emplacements (pas de réservation).

BISCAYNE NATIONAL PARK

À l'est des Everglades s'étend le **Biscayne National Park** (☎305-230-1144, croisière 786-335-3644 ; www.nps.gov/bisc ; 9700 SW 328th St ; croisière adulte/enfant 35/25 $; ⏲7h-17h30) ou plutôt les 5% du parc qui ne sont pas sous l'eau. En effet, une partie du troisième plus grand récif du monde se situe au large de la Floride, incluant des forêts de mangrove et les Florida Keys septentrionales.

Quelque peu éclipsé par les Everglades, Biscayne requiert un peu plus de préparation que les autres parcs nationaux, mais récompense grandement cet effort. Les îles (*keys*) au large, uniquement accessibles par bateau, offrent un environnement vierge au campeur. L'été et l'automne sont les meilleures périodes pour une visite ; l'eau calme est idéale pour le snorkeling. La vue sur les récifs et le snorkeling peuvent rivaliser avec Hawaï et Key Largo, non loin. Il suffit d'un canoë ou de faire une croisière pour explorer sans guide les 775 km^2 de ce parc unique.

Tout près de Miami, le Biscayne National Park semble pourtant à des années-lumière de la métropole. Le parc, qui englobe une bande de récifs coralliens riches en biodiversité, grouille de vie sauvage. Un écosystème peuplé de lamantins, de dauphins et de tortues marines s'offre à portée de vue des snorkeleurs et des croisiéristes.

Les récifs sont également peuplés de plus de 500 espèces de poissons ; à la surface, vous verrez des oiseaux aquatiques tropicaux et des oiseaux migrateurs.

Le meilleur moyen de découvrir la zone est de faire une croisière organisée par le parc, au cours de laquelle un ranger présente l'histoire et la faune des environs. Les croisières de 3 heures partent une à deux fois par jour certains jeudis, vendredis et samedis du Dante Fascell Visitor Center (p. 172). Appelez pour vérifier les horaires et réserver une place.

Activités

NEC-FLO Paddlesports KAYAK

(305-390-0393 ; www.necflo.com ; Biscayne National Park, 9700 SW 328th St ; 9h-17h mer-dim). Cette agence du Biscayne National Park loue des kayaks et peut vous renseigner sur des croisières.

Maritime Heritage Trail PLONGÉE

Le Maritime Heritage Trail est l'un des rares itinéraires de "randonnée" de ce genre aux États-Unis. Il compte six épaves : les "randonneurs-plongeurs" sont transportés en bateau jusqu'au site, où ils peuvent nager parmi les navires échoués et les nuées de poissons, en lisant des panneaux d'information étanches. Trois vaisseaux sont réservés aux plongeurs, mais d'autres, notamment le *Mandalay,* un superbe deux-mâts coulé en 1966, est accessible en snorkeling.

Des agences de Miami comme **South Beach Diver & Surf Center** (carte p. 82 ; 305-531-6110 ; www.southbeachdivers.com ; 850 Washington Ave ; sortie two-tank dive (2 plongées) sans/avec équipement à partir de 90/140 $, location surf 4 heures/journée 30/35 $; 9h-19h lun-sam, 10h-18h dim) y organisent des excursions.

Circuits organisés

Biscayne National Park Sailing CROISIÈRE

(561-281-2689 ; www.biscaynenationalparksailing.com ; croisière 2 heures 30/6 heures 59/149 $/pers). Cette aventure d'une journée en voilier part de Convoy Point à 10h, c'est l'une des meilleures manières de découvrir le Biscayne National Park. Le navire longe la baie et fait une halte à Boca Chita ou Adams Key pour le déjeuner (supplément 25 $ ou emportez un pique-nique), rejoint ensuite un endroit calme pour faire du snorkeling ou du paddle, et revient enfin au point de départ vers 16h.

La croisière est chère, mais les retours des participants sont dithyrambiques. Minimum 2 personnes, maximum 6 personnes.

Où se loger et se restaurer

On trouve des **campings rudimentaires** (empl 25 $/nuit, mai-sept gratuit) sur les îles d'Elliott Key et de Boca Chita Key, accessibles uniquement en bateau. Les aoûtats (minuscules mouches) pullulent, et leurs morsures sont dévastatrices : vérifiez bien que votre tente est hermétiquement fermée.

Vous ne trouverez rien à manger dans le parc ; cependant, il y a un restaurant en plein air non loin, au Bayfront Park et à la marina de Homestead, ainsi que plusieurs autres (et des magasins alimentaires) à Florida City (p. 169), à 15 km à l'ouest du parc.

Renseignements

Dante Fascell Visitor Center (305-230-7275 ; www.nps.gov/bisc ; 9700 SW 328th St ; 8h30-17h). À Convoy Point, ce centre des visiteurs projette un excellent film sur le parc, propose des cartes, des informations et des activités organisées par les rangers, et expose de l'art local. Le terrain alentour est un lieu de pique-nique prisé le week-end et pendant les vacances, en particulier des familles de Homestead, et c'est de là que partent les croisières organisées par le parc.

Depuis/vers le Biscayne National Park

De Homestead, empruntez la SW 328th St (North Canal Dr) vers l'est sur environ 14 km (la route est bien indiquée) à travers une longue série de champs et de marais vert et or.

Archipel des Keys et Key West

77 482 HABITANTS / ☎305, 786

Dans ce chapitre ➡

Le top des restaurants

- ➡ Lazy Days (p. 181)
- ➡ Square Grouper (p. 189)
- ➡ Keys Fisheries (p. 185)
- ➡ Key Largo Conch House (p. 179)
- ➡ No Name Pub (p. 188)

Le top des hébergements

- ➡ Kona Kai Resort (p. 178)
- ➡ Seascape Motel & Marina (p. 184)
- ➡ Bay Harbor Lodge (p. 178)
- ➡ Deer Run Bed & Breakfast (p. 188)

Pourquoi y aller

S'il est un État à part du reste du pays, c'est bien la Floride. Et à mille lieues de la Floride encore, il y a les Keys. Ces îles vivent au rythme de leurs propres percussions, que ce soit d'un groupe de country d'Alabama ou de calypso bahaméen. Et c'est l'endroit où se réfugient ceux qui rejettent le mode de vie de l'Amérique continentale. Cet archipel de quelque 1 700 îles, dont plus de 800 cartographiées et une trentaine habitées, se distingue par des mangroves luxuriantes, des bancs de sable, des laisses fertiles, une eau turquoise et des résidents originaux et sympathiques.

Quant à Key West, elle se définit toujours par sa devise, *One human family* ("Une seule famille humaine"), un idéal de tolérance acceptant toute philosophie et visant à faire de la vie une fête permanente. Les maisons aux tons pastel s'agrémentent de vérandas rafraîchies par les brises marines sous un soleil éclatant. Bienvenue au bout des États-Unis !

Quand partir

Key West

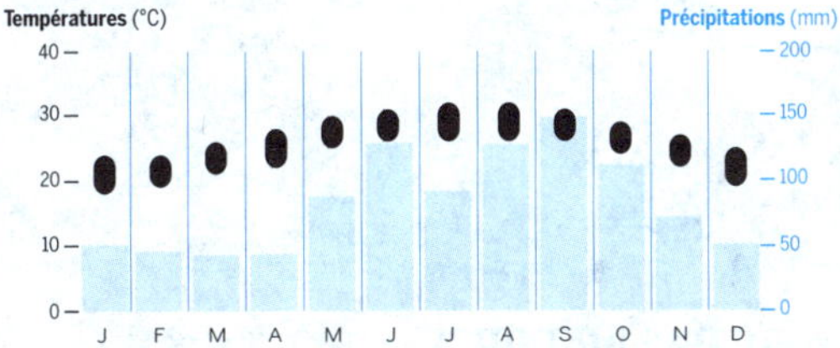

Décembre-mars C'est la saison sèche, le temps est splendide et les prix des hébergements montent en flèche.

Avril-juin Les brises marines aident à supporter la chaleur estivale et les prix des hôtels sont en chute libre.

Juillet-novembre Un peu de pluie, voire quelques ouragans, mais une avalanche de festivals.

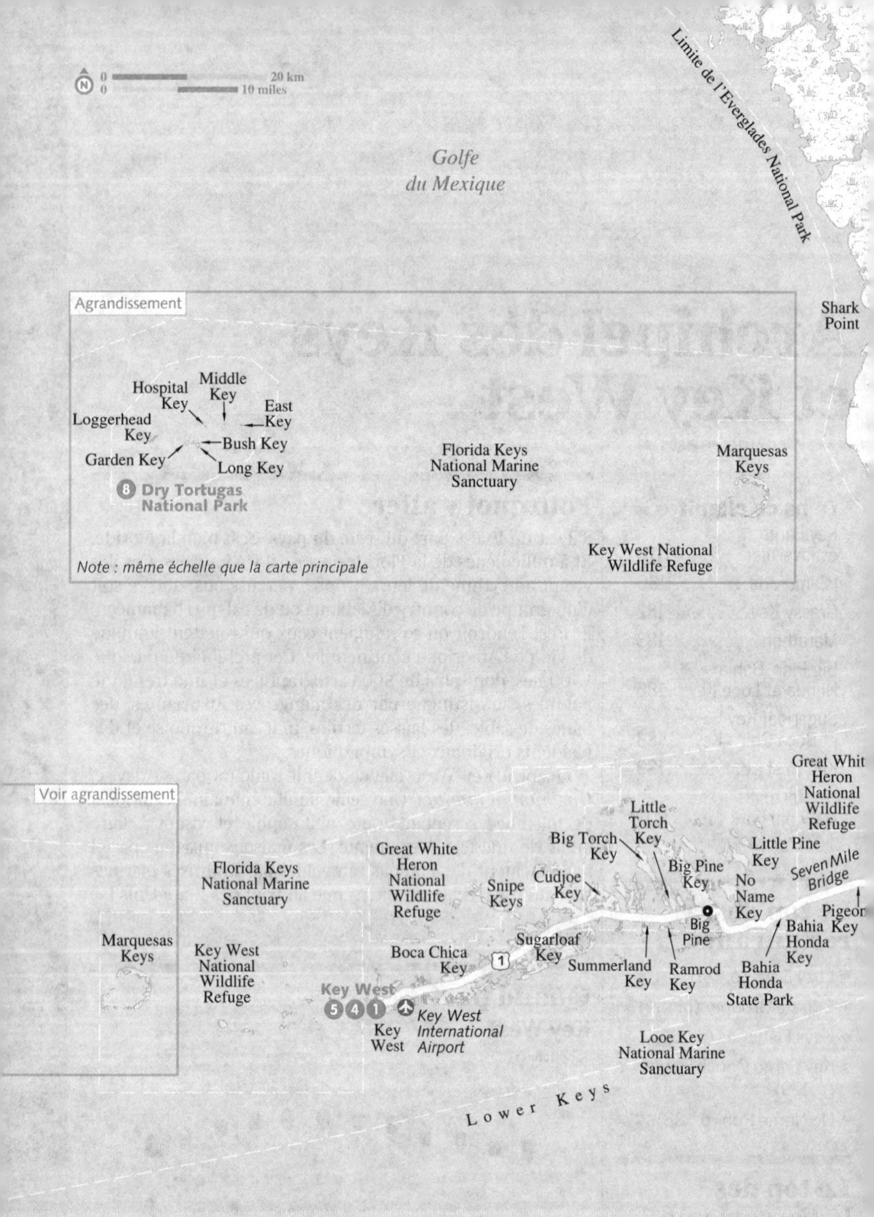

À ne pas manquer

❶ Le coucher du soleil sur l'océan, au cœur de l'animation festive de **Mallory Square** (p. 192).

❷ Une plongée parmi les récifs multicolores du **John Pennekamp Coral Reef State Park** (p. 176).

❸ La découverte en canoë du superbe **Indian Key Historic State Park** (p. 180), étrange et solitaire.

❹ La **Fantasy Fest** (p. 196) dans les rues de Key West, à laquelle participer en enfilant un déguisement.

5 Des caresses aux chats à six doigts dans la jolie **maison de Hemingway** (p. 193).

6 Une promenade parmi les *hammocks* et les pinèdes au **Crane Point Museum** (p. 184).

7 Le nourrissage des tarpons géants qui nagent en cercle à la **Robbie's Marina** (p. 180), à Islamorada.

8 Une excursion d'île en île et un détour par le **Dry Tortugas National Park** (p. 203).

Depuis/vers l'archipel des Keys et Key West

Rejoindre l'archipel peut faire partie du plaisir, ou provoquer une intense frustration. Imaginez conduire d'une île tropicale à l'autre sur une route spectaculaire, l'Overseas Hwy (US Hwy 1 ou US 1), les vitres ouvertes et les cheveux au vent, entre Florida Bay et l'Atlantique. Mais les mauvais jours, vous vous retrouverez coincé dans les embouteillages !

Des bus **Greyhound** (www.greyhound.com) desservent toutes les destinations des Keys le long de l'US Hwy 1 et partent du centre de Miami et de Key West ; vous pouvez prendre un bus en chemin en lui faisant signe au bord de l'Overseas Hwy. Si vous arrivez en avion à Fort Lauderdale ou Miami, le **Keys Shuttle** (☎888-765-9997 ; www.keysshuttle.com) offre un service porte à porte pour la plupart des Keys (70/80/90 $ jusqu'aux Upper et Middle Keys/Lower Keys/Key West). Réservez au moins la veille.

Comment circuler

Key West Transit (☎305-600-1455 ; www.kwtransit.com ; pass journalier 4-8 $) gère le service de bus de Key West. La ligne de bus relie la moitié historique de l'île, à l'ouest, à la zone résidentielle et commerciale, à l'est. Ce service sert toutefois surtout aux habitants de l'île qui travaillent dans la partie ouest de Key West et n'ont pas de moyen de transport.

Le service de Key West Transit le plus utile pour les voyageurs est le **Lower Keys Shuttle** ; sur le site www.keywestcity.com, consultez la section Departments puis Transit Department. Ce service de navette relie Key West à Marathon neuf fois par jour et coûte 4 $. De Marathon, vous pouvez prendre le 301 Dade-Monroe Express (2,65 $), géré par le comté de Miami-Dade (Dade County), qui circule entre Marathon et Florida City 10 fois par jour ; consultez le site www.miamidade.gov/transit pour des horaires détaillés. Les bus circulent aussi dans l'autre sens, ce qui signifie que vous pouvez voyager avec les transports publics de Florida City à Key West. Le trajet est toutefois long : en partant par exemple de l'aéroport de Key West à 12h21, vous arriverez au Mile Marker 50 à Marathon, à 14h. Vous devrez ensuite attendre que le bus 301 parte du Mile Marker 50 (MM 50) à 15h45, qui vous laissera à Florida City à 18h.

UPPER KEYS

Vous voilà dans les îles ! C'est un peu difficile à réaliser à l'arrivée car l'immense forêt de mangrove qui forme le littoral de la Floride du Sud s'étend jusqu'à Key Largo. En fait, l'île se différencie peu de la Floride même. En continuant vers le sud, le paysage devient plus insulaire alors que la mangrove fait place à de plus larges étendues d'océan et de route ; une fois à Islamorada, l'eau est partout. Pour éviter la circulation sur l'US 1, vous pouvez emprunter la FL 997 et la Card Sound Rd et son pont (péage 1 $), moins fréquentées, jusqu'à la FL 905.

Key Largo et Tavernier

Au premier abord, Key Largo (qui désigne la ville et l'île) est un peu décevante, d'autant que ses principaux sites se trouvent sous l'eau. De la nationale, l'île ressemble à une longue enfilade de *hammocks* (des forêts où se mêlent chênes et espèces tropicales) et de constructions. Empruntez une route secondaire et entrez dans un petit bar accueillant ou une ancienne demeure de planteur pour découvrir ses particularités.

S'étirant sur 53 km à partir du MM 106 – MM signifie "Mile Marker" et désigne le nombre de miles à partir de Key West –, Key Largo est la plus longue des Keys ; de nombreux sites de plongée permettent de découvrir sa riche faune marine. La petite ville de Tavernier (MM 93) se situe juste au sud de la ville de Key Largo.

À voir

John Pennekamp Coral Reef State Park PARC D'ÉTAT

(☎305-451-6300 ; www.pennekamppark.com ; MM 102,6 côté océan ; voiture 1/2 passagers 4,50/9 $, vélo ou piéton 2,50 $; 8h-crépuscule, aquarium 8h-17h ; P). Premier parc sous-marin des États-Unis, il comprend 85 ha de terre et plus de 120 km² d'océan. Avant de plonger, profitez des plages et arpentez les sentiers nature.

Le **Mangrove Trail**, une promenade en planches, permet d'approcher les curieuses espèces végétales – les arbres, souvent immergés, respirent grâce à de longues racines qui fonctionnent comme des tubas. En soirée, vous pourrez discuter avec des rangers autour d'un feu de camp.

Le centre d'information des visiteurs, bien géré et instructif, possède un bel **aquarium** (8h-17h) et des documentaires qui donnent un aperçu de la faune marine. Pour voir sous la surface, vous pouvez effectuer un **circuit en bateau à fond de verre** (adulte/enfant 24/17 $) de 2 heures 30. À bord d'un catamaran de 15 m, sûr et moderne, vous contemplerez des filigranes de coraux, des bancs de poissons multicolores, des barracudas à l'air menaçant et peut-être de gracieuses tortues de mer. Outre cette vie corallienne foisonnante, les plongeurs découvriront le **Christ des abysses**, une statue en bronze de 2,60 m et de 1 800 kg, copie d'une statue qui se trouve au large de Gênes, dans la Méditerranée.

Des **sorties de snorkeling** (adulte/enfant 30/25 $) et de **plongée** (bateau 6 pers 500 $, plus location de l'équipement) sont également proposées. En indépendant, vous pouvez louer un canoë (20 $ l'heure), un kayak (simple/double 12/30 $ l'heure) ou un paddle (heure/demi-journée à partir de 25/40 $) pour sillonner les quelque 5 km d'itinéraire. Téléphonez pour obtenir des informations sur la location d'un bateau.

Pour en savoir plus sur les récifs du parc, consultez le site Internet www.southeastfloridareefs.net.

Caribbean Club Bar LIEU DE TOURNAGE
(☎305-451-4466 ; www.caribbeanclubkl.com ; MM 104 côté baie ; ⏲7h-4h). Site incontournable pour les fans de cinéma, le Caribbean Club Bar est le seul endroit de l'île où ont été tournées des scènes de *Key Largo*, de John Huston, avec Humphrey Bogart et Lauren Bacall (le reste de l'île était un décor de Hollywood). Arrêtez-vous pour un verre, un concert (du jeudi au dimanche soir) et une dose de nostalgie tout en profitant de merveilleux couchers du soleil depuis la terrasse arrière.

Vous pourrez aussi voir l'*African Queen*, le bateau du film éponyme, ancré à 8 km au sud, dans un canal derrière le Holiday Inn, au MM 100. Il suffit de contourner le site pour le voir (sauf s'il est de sortie pour une excursion ; voir ci-contre).

Laura Quinn Wild Bird Sanctuary RÉSERVE NATURELLE
(☎305-852-4486 ; www.keepthemflying.org ; 93600 Overseas Hwy, MM 93.6 ; dons acceptés ; ⏲aube-crépuscule ; P 👪). Cette réserve de près de 3 ha offre un refuge à une grande variété d'oiseaux blessés. Un sentier en planches passe entre les divers enclos, où sont affichées quelques informations sur certains des oiseaux qui n'ont pas pu être relâchés dans la nature. Parmi les espèces présentes, citons entre autres le fou masqué, le grand-duc d'Amérique, le héron vert, le pélican brun et le cormoran à aigrettes. En continuant sur le sentier, on arrive à un beau point de vue sur Florida Bay et à un bassin à échassiers.

L'organisation gère aussi une clinique un peu plus au sud, le long de la route principale. C'est eux qu'il faut contacter si vous trouvez un oiseau blessé lors de votre voyage.

Harry Harris Park PARC
(50 East Beach Rd, MM 92.6, Tavernier ; entrée libre lun-ven, 5 $ sam-dim et vacs ; ⏲7h30-crépuscule ; 👪). Idéal pour les enfants, ce parc comprend une aire de jeux, une table de pique-nique avec barbecue et d'autres équipements, ainsi qu'une petite plage au bord d'un lagon, parfait pour la baignade.

Activités

Key Largo Bike and Adventure Tours VÉLO
(☎305-395-1551 ; www.keylargobike.com ; circuit 2 jours à partir de 500 $). Cette agence propose plusieurs sorties à vélo, dont un circuit de 2 jours allant de Key Largo à Key West. Elle loue aussi des vélos pour ceux qui préfèrent explorer seuls (possibilité de retrait à Key Largo ou à Miami et de dépôt à Key West).

Key Largo Princess BATEAU
(☎305-451-4655 ; Key Largo Holiday Inn, 99701 Overseas Hwy ; adulte/enfant à partir de 35/20 $; ⏲croisière à 10h, 13h et 16h ; 👪). Découvrez la beauté sous-marine des Keys lors d'un circuit en bateau à fond en verre. Prisées des familles, ces embarcations longues de 22 m et pouvant accueillir 129 passagers vous permettent de voir de nombreux récifs coralliens, des gorgones, des requins, des poissons tropicaux et quelques tortues marines. En-cas et boissons sont en vente sur le bateau.

African Queen BATEAU
(☎305-451-8080 ; www.africanqueenflkeys.com ; Key Largo Holiday Inn, 99701 Overseas Hwy ; croisière sur canal/dîner croisière 49/89 $). Le minuscule bateau à vapeur utilisé dans *L'Odysée de l'African Queen* (1951) avec Humphrey Bogart et Katharine Hepburn a retrouvé sa splendeur d'antan depuis sa restauration. Vous pouvez rejouer le film à bord de l'*African Queen* à l'occasion d'une excursion sur le canal ou d'un dîner croisière. Si vous vous comportez mieux que le personnage qu'interprétait Katharine Hepburn, le capitaine pourra même vous laisser tenir la barre.

Jacob's Aquatics Center PARC AQUATIQUE
(☎305-453-7946 ; jacobsaquaticcenter.org ; 320 Laguna Ave, MM 99,6 ; adulte/enfant/étudiant/famille sem 10/6/8/25 $, week-end 12/8/10/30 $; ⏲10h-19h mai-sept, 10h-18h oct-avr ; 👪). Un parc

À VÉLO SUR LE FLORIDA KEYS OVERSEAS HERITAGE TRAIL

Le vélo constitue l'un des meilleurs moyens de découvrir les Keys. Le faible dénivelé et les brises marines sont parfaits pour le cyclotourisme, et le **Florida Keys Overseas Heritage Trail** (☎305-853-3571 ; www.floridastateparks.org/trail/Florida-Keys) offre de superbes paysages en chemin. Encore en construction, ce sentier de 170 km (106 miles) reliera au final toutes les îles entre Key Largo (MM 106) et Key West (MM 0). À l'heure actuelle, 145 km environ sur les 170 km étaient achevés et praticables.

Si vous aimez le vélo, il est possible de traverser les Keys en empruntant certaines portions de cette piste (mais elles ne sont pas toujours faciles à suivre). Lorsque la piste est incomplète, il est possible de rouler au bord de la *highway*, à condition de ne pas avoir peur de se faire doubler par des véhicules roulant à 80 km (la traversée du Seven-Mile Bridge est particulièrement pénible ; heureusement, les taxis de Marathon sont équipés de porte-vélos, ce qui épargne bien des tracas).

Pour des excursions à vélo de 2 jours entre Key Largo et Key West, vous pouvez réserver un circuit auprès de Key Largo Bike and Adventure Tours (p. 177), qui propose tout un choix de sorties à vélo. L'agence loue également des vélos pour ceux qui souhaiteraient effectuer le trajet seul (prise du vélo à Key Largo ou Miami et rendu à Key West).

dédié aux divertissements aquatiques de toutes sortes. Il y a une piscine découverte à 8 couloirs, un bassin thérapeutique accessible aux handicapés, des cours d'aquagym, un petit parc pour les enfants avec toboggans, aire de jeux et pataugeoires.

Circuits organisés

Garl's Coastal Kayaking ÉCOTOUR
(☎305-393-3223 ; www.garlscoastalkayaking.com ; circuits 4 heures adulte/enfant 75/50 $, location kayak simple/double 40/55 $ par jour). Une excellente agence qui propose des circuits écologiques dans l'arrière-pays des Everglades et les îlots de mangrove de Florida Bay en kayak et canoë. Location de matériel à prix raisonnable.

Où se loger

John Pennekamp Coral Reef State Park CAMPING $
(☎800-326-3521 ; www.reserveamerica.com ; 102601 Overseas Hwy ; empl tente et camping-car 38,50 $; P). Pour passer la nuit dans le parc, louez un emplacement de tente ou de camping-car ; réservez bien à l'avance car les 47 emplacements sont vite pris d'assaut. Les animaux bien dressés sont les bienvenus.

Bay Harbor Lodge MOTEL $$
(☎305-852-5695 ; www.bayharborkeylargo.com ; 97702 Overseas Hwy, côté baie ; ch 150-300 $;). Cette propriété de 1 ha possède une plage privée, une piscine à température contrôlée et un jardin tropical dans lequel résonne le chant des oiseaux. Les chambres sont propres et confortables, bien qu'un peu vieillottes, mais le service est sympathique et les scones maison (servis au petit-déjeuner) sont exquis. Excellent rapport qualité/prix.

Hilton Key Largo Resort HÔTEL $$
(☎305-852-5553 ; www.keylargoresort.com ; MM 102 côté baie ; ch/ste à partir de 200/280 $; P). Plein de charme, ce Hilton se caractérise par ses chambres très design, aux tons bleus et verts et aux balcons donnant sur la mer. L'immense jardin abrite une piscine alimentée par une cascade artificielle et donne sur une plage de sable blanc, privée. Réservez en ligne pour avoir les meilleurs tarifs.

Kona Kai Resort HÔTEL $$$
(☎305-852-7200 ; www.konakairesort.com ; MM 97,8 côté baie ; ch 300-440 $; P). Cette retraite luxuriante est, à notre connaissance, le seul jardin botanique qui comprenne un hôtel sur son domaine – ou est-ce l'inverse ? L'endroit, qui donne sur le front de mer très calme, est luxueux. Les 13 chambres et suites spacieuses (cuisines équipées), claires et confortables, profitent de beaucoup de lumière naturelle et d'un design de goût.

Dove Creek Lodge HÔTEL $$$
(☎305-852-6200 ; www.dovecreeklodge.com ; 147 Seaside Ave ; ch 230-380 $; P). Face à l'océan Atlantique, un hôtel de taille moyenne aux chambres lumineuses rehaussées de tons citron. Parfait pour les séjours en famille, avec une atmosphère rétro et un personnel qui peut aider ses clients à réserver des circuits dans la région.

Jules' Undersea Lodge HÔTEL SOUS-MARIN $$$
(☎305-451-2353 ; www.jul.com ; 51 Shoreland Dr, MM 103,2 côté océan ; s/d/tr 675/800/1 050 $).

Si l'on entend beaucoup parler de projets de construction d'hôtels sous-marins à Dubai et aux Fidji, le Jules' Undersea Lodge restait, lors de la rédaction de ce guide, le seul établissement au monde aménagé, à plus de 9 m de profondeur, dans une ancienne station de recherche. Ce module a été reconverti en un "motel" joyeusement kitsch.

Outre 2 chambres privées, il comprend des pièces communes, une cuisine-salle à manger et une salle avec douche chaude et rangement des équipements. Des téléphones et un interphone permettent de rester en contact avec la surface. Les hôtes doivent avoir plus de 10 ans ; sachez aussi que cigarettes et alcool sont bannis. Pour une simple visite, participez à un circuit de 3 heures (avec pizza !) moyennant 150 $.

Où se restaurer

Harriette's AMÉRICAIN **$**

(305-852-8689 ; 95710 Overseas Hwy, côté baie ; plats 7-14 $; 6h-15h). Cette adorable et minuscule établissement est largement réputé pour ses muffins au citron vert (si gros qu'il faut un couteau et une fourchette pour les manger). On y sert aussi des classiques américains : pancakes, œufs au bacon et de délicieux et légers biscuits pour le petit-déjeuner, le meilleur moment pour y venir. Arrivez tôt pour éviter la foule.

DJ's Diner AMÉRICAIN **$**

(305-451-2999 ; 99411 Overseas Hwy ; plats 8-15 $; 7h-15h ; P). Une fresque représentant Humphrey Bogart, James Dean et Marilyn Monroe vous accueille à l'entrée. Installé dans un box, vous dégusterez de copieux plats de *diner*. Le petit-déjeuner attire du monde avec ses omelettes soufflées, ses œufs Bénédicte et ses gaufres (dont une façon tarte au citron vert).

Fish House POISSON ET FRUITS DE MER **$$**

(305-451-4665 ; www.fishhouse.com ; MM 102,4 côté océan ; plats déj 12-21 $, dîner 21-30 $; 11h30-22h ; P). Cet excellent restaurant prépare les prises du jour en friture, au court-bouillon, poêlées, noircies à la cajun ou grillées. La carte change quotidiennement en fonction de la pêche.

Shipwreck's Bar & Grill AMÉRICAIN **$$**

(45 Garden Cove Dr, côté océan ; plats 13-23 $; 11h30-22h). Situé hors des sentiers battus, le Shipwreck est une adresse remplie de matériel nautique et de billets verts accrochés aux murs, et dotée d'une terrasse aérée. Installez-vous à l'une des tables de pique-nique qui dominent l'océan et savourez un sandwich au poisson, des crevettes fraîches, des beignets de conque ou un excellent mahi-mahi grillé. Excellent rapport qualité/prix.

Key Largo Conch House FUSION **$$**

(305-453-4844 ; www.keylargoconchhouse.com ; MM 100,2 côté océan ; plats déj 9-16 $, dîner 16-30 $; 8h-22h ; P). Ce restaurant propose une cuisine créative qui revisite les classiques locaux (mahi-mahi en croûte de noix de coco et de noix de macadamia écrasées ou ceviche de conque et de langouste). Le Key Largo est installé dans une vieille demeure des Keys restaurée, entourée d'une véranda romantique, dont l'architecture se fond harmonieusement dans l'environnement tropical.

Mrs Mac's Kitchen AMÉRICAIN **$**

(305-451-3722 ; www.mrsmacskitchen.com ; MM 99,4 côté baie ; plats petit-déj et déj 9-16 $, dîner 16-30 $; 7h-21h30 lun-sam ; P). Si la décoration n'est pas du meilleur goût, le service chaleureux et personnalisé, les délicieux petits-déjeuners et la bonne cuisine roborative valent à Mrs Mac un succès mérité.

Où prendre un verre et faire la fête

Alabama Jack's BAR

(58000 Card Sound Rd ; 11h-19h). Dans une baie frangée de mangrove, un rendez-vous de pêcheurs, d'exilés du continent, de motards et de *rednecks*, venus boire et se régaler de beignets de conques. L'Alabama Jack's ferme tôt en raison des raids de moustiques. Des groupes country se produisent le week-end de 14h à 17h. Il se situe juste avant le poste de péage du Card Sound Bridge.

Renseignements

Mariners Hospital (305-434-3000 ; www.baptisthealth.net ; MM 91,5 côté baie, Tavernier ; 24h/24). Le meilleur hôpital de la région, avec urgences ouvertes 24h/24. Si vous plongez, c'est le seul endroit des Keys qui possède un caisson hyperbare.

Depuis/vers Key Largo et Tavernier

Le bus Greyhound fait halte au MM 99,6 côté océan. Il s'arrête 2 fois par jour sur son trajet entre Miami et Key West.

Islamorada

305 / 6 600 HABITANTS

Également appelée le "Village des Îles", la charmante localité d'Islamorada s'étend sur plusieurs îles (Plantation, Upper et Lower Matecumbe, Shell et Lignumvitae) et constitue l'un des plus beaux secteurs des Keys. La mangrove cède ici la place à un horizon illimité où l'océan et le ciel se mêlent dans des tons de bleu. Islamorada s'étire sur quelque 30 km, du MM 90 au MM 74.

À voir

Florida Keys History of Diving Museum MUSÉE

(305-664-9737 ; www.divingmuseum.org ; MM 83 ; adulte/enfant 12/6 $; 10h-17h ; P). Vous ne pouvez manquer ce musée dédié à l'histoire de la plongée dont le bâtiment est orné d'une grande fresque représentant des requins-baleines. L'exploration des fonds marins couvre 4 000 ans, avec des artefacts fascinants, comme le scaphandre en cuivre de Klingert (1797), une salle excentrique dédiée au capitaine Nemo, des combinaisons de plongée en grande profondeur et une belle collection de casques de plongée de toute la planète. Ces galeries pleines d'imagination reflètent l'originalité des habitants des Keys.

Windley Key Fossil Reef Geological State Site PARC

(305-664-2540 ; www.floridastateparks.org/windleykey ; MM 85,5 côté océan ; entrée/visite guidée 2,50/2 $; 8h-17h jeu-lun). Pour construire sa voie ferrée entre les îles, Henry Flagler dut découper de gros morceaux des Keys, comme on peut le constater dans l'ancienne carrière de ce parc d'État. De vieilles machines jalonnent une paroi de la carrière, avec des fossiles de corail corne de cerf et de *Diploria labyrinthiformis* (corail de forme hémisphérique) incrustés dans la roche. La paroi laisse apparaître les strates de corail qui forment le soubassement des Keys.

On y trouve aussi divers sentiers courts qui traversent un *hammock* tropical et donnent un aperçu du côté sauvage des Keys. Empruntez un guide gratuit au centre d'information des visiteurs. De décembre à avril, des circuits menés par des gardes forestiers sont organisés à 10h et 14h du vendredi au dimanche (2,50 $/pers).

Anne's Beach PLAGE

(MM 73,5 côté océan ;). L'une des plages les plus plaisantes du secteur, ce petit ruban de sable fait face à des laisses couleur ciel et à un tunnel verdoyant de *hammocks* et de marécages. Patauger dans les laisses proches ravit les enfants.

Rain Barrel Sculpture Gallery CENTRE ARTISTIQUE

(305-852-8935 ; 86700 Overseas Hwy ; 9h-17h). Le village d'artistes d'Islamorada est rempli de souvenirs pour touristes, d'œuvres d'art sur le thème des îles, de poteries, d'objets en verre, de sculptures sur bois et de babioles en tout genre. Facilement reconnaissable au homard géant, c'est l'endroit idéal pour découvrir les différents ateliers et galeries.

Indian Key Historic State Park ÎLE

(305-664-2540 ; www.floridastateparks.org/indiankey ; MM 78,5 côté océan ; accès 2,50 $/pers ; 8h-crépuscule). Cette île paisible était autrefois une petite cité trépidante, avec un entrepôt, des docks, des rues, un hôtel et une cinquantaine de résidents permanents. Il ne reste pas grand-chose de ce site historique, à part des fondations, quelques citernes et une épaisse végétation. Le bateau et le kayak sont les seuls moyens de se rendre sur l'île. Possibilité de louer des kayaks à la Robbie's Marina (voir ci-dessous) – comptez 30 minutes l'aller pour rejoindre l'île.

Lignumvitae Key Botanical State Park ÎLE

(305-664-2540 ; www.floridastateparks.org/lignumvitaekey ; accès/visite guidée 2,50/2 $; 8h-17h jeu-lun, visites guidées 10h et 14h ven-dim déc-avr). Accessible uniquement par bateau, cette île abrite 113 ha de forêt vierge tropicale – et des milliards de moustiques. Si l'on peut y visiter la **Matheson House** de 1919, qui comporte un moulin et une citerne, Lignumvitae vaut surtout pour son ambiance magique de bout du monde. De décembre à avril, des promenades guidées (1 heure 15) ont lieu à 10h et 14h du vendredi au dimanche. Il vous faudra passer par la Robbie's Marina pour rejoindre l'île. Il est possible d'y louer des kayaks (la traversée dure environ une heure).

Activités

Robbie's Marina MARINA

(305-664-8070 ; www.robbies.com ; MM 77,5 côté baie ; location kayak et paddle 45-80 $; 9h-20h ;). La marina de Robbie est bien plus qu'un simple embarcadère, avec un marché aux puces, une boutique de souvenirs et des tarpons (de très gros poissons) à nourrir, et on y propose aussi d'excellentes sorties de pêche et un grand choix de circuits, ainsi que de bateaux à louer. La meilleure raison de s'y rendre est d'échapper au tohu-bohu en louant un kayak pour une sortie paisible à travers les mangroves, les *hammocks* et les lagunes.

Vous pouvez aussi opter pour une sortie de snorkeling (38 $), qui comprend quelques heures à bord d'un multicoque (le *Happy Cat*) et la découverte des récifs coralliens. Si vous ne voulez pas vous mettre à l'eau, vous pouvez nourrir les énormes tarpons depuis le quai (3,40 $ le seau, 2 $ pour regarder). Le *party boat* (circuits demi-journée/nuit 40/45 $) est l'occasion d'une grande partie de pêche conviviale.

Où se loger

Conch On Inn MOTEL $

(305-852-9309 ; www.conchoninn.com ; 103 Caloosa St, MM 89,5 ; ch 100-180 $; P). Un motel prisé des hivernants, avec des chambres sans prétention, mais confortables, propres, bien équipées et peintes dans des couleurs gaies. La terrasse en bord de mer est idéale pour se détendre et observer les lamantins (on en a recensé jusqu'à 14).

Ragged Edge Resort COMPLEXE HÔTELIER $$

(305-852-5389 ; www.ragged-edge.com ; 243 Treasure Harbor Rd ; app 100-260 $; P). Très apprécié, ce complexe discret de 10 appartements, éloigné de la circulation, est tenu par des gens accueillants. Les plus grands studios disposent d'un porche avec moustiquaire. L'ambiance y est des plus détendues. À défaut de plage, vous pouvez nager depuis le quai et dans la piscine chauffée.

Lime Tree Bay Resort Motel MOTEL $$

(305-664-4740 ; www.limetreebayresort.com ; MM 68,5 côté baie ; ch 180-360 $;). Ce motel en bord de mer propose quantité de hamacs et de chaises de jardin pour que les clients puissent profiter des extraordinaires couchers du soleil. Les chambres sont confortablement aménagées, et les meilleures ont un balcon donnant sur la baie. Nombreux équipements, comme des courts de tennis, des vélos, des kayaks et des paddles.

Casa Morada HÔTEL $$$

(305-664-0044 ; www.casamorada.com ; 136 Madeira Rd, près du MM 82,2 ; ste avec petit-déj 430-680 $; P). Le chic contemporain a fait son apparition à Islamorada, sans gâter l'ambiance villageoise. La Casa Morada ajoute plutôt une touche de sophistication à la décontraction locale. Un cercle de pierres levées, une piscine d'eau douce, un lagon artificiel et un bar stylé donnant sur Florida Bay (fabuleux couchers de soleil !) incitent à réserver dans cet hôtel de charme.

Renseignez-vous sur les séances de yoga sur le quai, les croisières au coucher du soleil, et sur les circuits en kayak ou en paddle.

Où se restaurer

Bad Boy Burrito MEXICAIN $

(305-509-7782 ; www.badboyburrito.com/islamorada ; 103 Mastic St, MM 81,8 côté baie ; plats 8-15 $; 10h-18h lun-sam ;). Nichée sur une petite place agrémentée d'une fontaine, d'orchidées et de palmiers, cette adresse sert de succulents tacos de poisson et des burritos du nom de l'établissement préparés avec des ingrédients de qualité (hampe, confit de canard, courgettes et courges) et toutes les garnitures habituelles (chou émincé, mayonnaise au chipotle, *salsa* maison). Accompagnez le tout d'un thé à l'hibiscus, ainsi que de chips et guacamole.

Midway Cafe CAFÉ $

(305-664-2622 ; www.midwaycafecoffeebar.com ; 80499 Overseas Hwy ; plats 7-10 $; 7h-15h lun-sam, 7h-14h dim ; P). Dans ce café orné d'œuvres d'art, les charmants patrons torréfient eux-mêmes leur café et préparent d'exquises pâtisseries appréciées de tous, autant que les délicieux sandwichs, salades, wraps et omelettes. Savourez votre café dans le patio, à côté du café.

Bob's Bunz CAFÉ $

(www.bobsbunz.com ; MM 81,6 côté baie ; plats 8-15 $; 6h-14h ; P). Des serveurs aimables et dynamiques et une bonne cuisine copieuse, à des prix raisonnables, font le succès du Bob's. La boulangerie est réputée pour ses pâtisseries au citron vert des Keys, dont la fameuse *Key lime pie*.

Lazy Days POISSONS ET FRUITS DE MER $$

(305-664-5256 ; www.lazydaysislamorada.com ; 79867 Overseas Hwy, côté océan ; plats 18-34 $;). L'un des restaurants phares d'Islamorada, le Lazy Days jouit d'une excellente réputation grâce à ses assiettes de poissons et de fruits de mer. Commencez par une soupe de conques agrémentée d'un peu de porto, puis continuez avec un *hogfish Poseidon* (poisson accompagné de crevettes, Saint-Jacques et beurre au citron vert des Keys) ou un plateau de fruits de mer (demi-langouste, crevettes, pêche du jour et autres délices).

Bayside Gourmet AMÉRICAIN $$
(www.baysidegourmet.com ; M 82,7 côté baie ; plats petit-déj 8-10 $, déj et dîner 10-22 $; 6h-21h30 lun-sam, 6h-14h dim). Tenue en famille, cette option – à la fois traiteur et restaurant chic, moderne et très sympathique – est un cran au-dessus des habituels restaurants de poisson des Keys. La carte est diversifiée et il y en a pour tous les goûts : pancakes et burritos pour le petit-déjeuner, sandwichs au poisson, lasagnes, délicieuses pizzas à la pâte croustillante...

Beach Cafe at Morada Bay AMÉRICAIN $$$
(305-664-0604 ; www.moradabay.com/the-beach-cafe ; MM 81,6 côté baie ; plats déj 15-22 $, dîner 22-39 $; 11h30-22h dim-jeu, 11h30-23h ven-sam ; P). Avec son ambiance détendue, sa plage de sable blanc, ses tapas, ses poissons frais et son éclairage aux torches en soirée, ce restaurant caribéen a tout pour plaire. L'endroit est aussi parfait pour les enfants qui ne manqueront pas de place pour s'amuser. Les adultes peuvent revenir tous les mois pour une soirée de la pleine lune, avec musiciens, cocktails spéciaux et barbecue sur la plage.

Où prendre un verre et faire la fête

Florida Keys Brewing Co MICROBRASSERIE
(305-916-5206 ; www.floridakeysbrewingco.com ; 200 Morada Way, MM 81,6 ; 12h-22h). Des deux microbrasseries d'Islamorada, c'est la plus incontournable. Tenue et gérée localement, elle offre d'excellentes bières brassées sur place. Une fois votre pression commandée, vous pourrez discuter avec l'un des brasseurs qui sont souvent sur place.

Morada Bay BAR
(305-664-0604 ; www.moradabay.com ; MM 81,6 côté baie ; 17h-minuit). Outre une délicieuse cuisine, le Morada Bay organise chaque mois une *fool-moon party* qui attire tous les fêtards de l'archipel. Elle commence habituellement vers 21h et se poursuit tard ; consultez les dates sur le site Web.

Achats

Old Road Gallery ART ET ARTISANAT
(305-852-8935 ; MM 88,8 côté océan ; 10h-17h). Spécialisée dans la céramique, la peinture et la sculpture, l'Old Road Gallery incarne l'esprit créatif des Keys. Après vos achats, découvrez le domaine boisé, qui est décoré de petites œuvres d'art placées avec soin. Une boutique de souvenirs unique.

Depuis/vers Islamorada

Le bus Greyhound fait halte au Burger King, au MM 82,5 côté océan. Il rallie Key West et Miami deux fois par jour.

MIDDLE KEYS

Dans cette partie des Keys, l'intervalle entre les îles augmente et les ponts deviennent de plus en plus impressionnants. Le fameux Seven Mile Bridge, l'un des plus longs ponts au monde, sépare les Middle Keys des Lower Keys. Dans ce groupe d'îles, vous traverserez des îlots comme Conch Key et Duck Key, puis la verte et paisible Grassy Key avant d'arriver à Key Vaca, où se situe Marathon, la deuxième plus grande ville des Keys et la plus typique de l'archipel.

Grassy Key

À voir

Curry Hammock State Park PARC
(305-289-2690 ; www.floridastateparks.org/curryhammock ; MM 56,2 côté baie ; voiture/vélo 5/2 $; 8h-crépuscule ; P). Ce petit parc est charmant et les rangers, très sympathiques. Comme dans la plupart des parcs des Keys, il protège un habitat de feuillus tropicaux et de mangrove, que vous fait découvrir une marche de 2,5 km. Louez un kayak (simple/double 18/22 $ les 2 heures) ou un paddle (22 $ les 2 heures). Vous pouvez camper dans le parc pour 36 $ la nuit ; les emplacements sont équipés de toilettes et de l'électricité.

Où se loger

Rainbow Bend HÔTEL $$$
(800-929-1505 ; www.rainbowbend.com ; MM 58 côté océan ; ch 220-460 $; P). Appréciez le kitsch des Keys dans ces grandes *cabañas* roses aux suites et appartements lumineux. Des paillotes procurent de l'ombre sur la plage. En tant qu'hôte, vous aurez le droit d'emprunter gracieusement, quatre heures par jour, un bateau à moteur, un kayak ou un canoë. Le décor date un peu, mais l'emplacement, sur la plage, est spectaculaire.

Hawk's Cay Resort COMPLEXE HÔTELIER $$$
(305-743-7000 ; www.hawkscay.com ; 61 Hawk's Cay Blvd, Duck Key, près du MM 61 côté océan ; ch 390-700 $; P). Cet immense et luxueux complexe hôtelier n'est qu'une succession de chambres somptueuses et de maisons

joliment aménagées, offrant de nombreuses activités. Le programme "Dolphin Connection" du complexe permet aux hôtes d'interagir et de nager avec des dauphins en captivité. Attention : les groupes militant pour le bien-être des animaux affirment que garder des dauphins dans des bassins clos est néfaste et que l'interaction avec les humains aggrave la situation (voir l'encadré ci-dessous).

Où se restaurer

Grassy Key Outpost AMÉRICAIN **$$**

(☎305-743-7373 ; www.grassykeyoutpost.com ; MM 58 côté océan ; plats 10-29 $; ⏲8h-21h, supermarché jusqu'à 22h ; P). Drôle de mariage entre un restaurant et des rayonnages de supermarché, le Grassy Key Outpost est une adresse étonnante qui allie haute gastronomie et style décontracté typique des Keys. Tout le charme du Sud se retrouve dans les assiettes : les crevettes au gruau de maïs sont copieuses, tandis que le *mac'n'cheese* est parsemé de beaux morceaux de langouste.

SS Wreck Galley & Grill AMÉRICAIN **$$**

(☎305-517-6484 ; www.wreckgalleygrill.com ; MM 58 côté baie ; plats 10-26 $; ⏲11h-21h30 mar-dim ; P). Restaurant typique des Keys, où les pêcheurs se régalent d'ailes de poulet en buvant de la bière. La cuisine est excellente, notamment les burgers, parmi les meilleurs des Keys, et les plats du jour sont savoureux.

Marathon

☎305, 786 / 8 625 HABITANTS

Située à mi-chemin entre Key Largo et Key West, Marathon constitue une bonne étape au cours de la traversée des îles. Sans doute la plus "développée" en dehors de Key West, elle abrite de grandes galeries marchandes et un peu plus de 8000 habitants. Plus accueillante pour les familles que Key West, Marathon reste un endroit où les exilés du continent viennent pêcher, boire et prendre du bon temps.

À voir

Florida Keys Aquarium Encounters AQUARIUM

(☎305-407-3262 ; www.floridakeysaquariumencounters.com ; 11710 Overseas Hwy, MM 53,1 côté baie ; adulte/enfant 20/15 $, rencontres avec les animaux à partir de 30 $; ⏲9h-17h). La découverte de ce petit aquarium interactif commence par une visite guidée gratuite de fascinants écosystèmes marins (20 minutes). Il propose aussi des expériences plus immersives, durant lesquelles vous pourrez faire du snorkeling dans l'aquarium des récifs coralliens ou dans la lagune remplie de poissons tropicaux. Les "rencontres avec les animaux" et les bassins "tactiles", où l'on peut manipuler des espèces marines vivant dans les eaux peu profondes et toucher des raies

DAUPHINS EN CAPTIVITÉ

Les aquariums et les centres de vie marine sont des destinations très prisées en Floride, en particulier lorsqu'ils proposent des spectacles impliquant des dauphins et d'autres mammifères marins. Certains proposent même d'interagir personnellement avec les dauphins. Toutefois, aussi attrayante que peut sembler l'idée de nager en compagnie d'un dauphin, ces pratiques soulèvent d'importants problèmes éthiques.

La dure réalité de la vie des dauphins en captivité est cachée aux visiteurs. Animaux très intelligents et complexes, les dauphins ne peuvent s'épanouir dans un environnement artificiel qui les empêche de communiquer, chasser, jouer et se reproduire comme ils le feraient dans la nature. Le stress de la vie en bassins se traduit souvent par une augmentation des problèmes de santé, des maladies et des comportements anormaux. Par conséquent, les dauphins qui sont en captivité vivent souvent beaucoup moins longtemps que les dauphins en liberté. Et les dauphins qui restent "volontairement" captifs ne le font souvent que pour être proches d'une source d'alimentation facile.

De plus en plus de personnes étant sensibilisées à ce problème, certains aquariums américains abandonnent leurs spectacles de dauphins. Celui de Baltimore, par exemple, a annoncé qu'il n'aurait plus aucun dauphin d'ici 2020 et allait créer une réserve marine pour les dauphins incapables de survivre à l'état sauvage. Pour l'instant, cependant, aucun aquarium de Floride ne l'a imité. Vous pourrez trouver plus d'informations sur les animaux marins en captivité auprès de la World Animal Protection (www.worldanimalprotection.us.org), de la Whale and Dolphin Conservation (www.whales.org/issues/swimming-with-dolphins) et de la World Cetacean Alliance (www.worldcetaceanalliance.org).

(les barbillons ont été enlevés), sont plus controversés. Le stress provoqué par les interactions humaines peut être dangereux pour le bien-être des animaux aquatiques (voir l'encadré p. 183).

Parmi les différents écosystèmes figurent une mangrove, installée dans un bassin de tarpons, un bassin à marée peuplé de *Lobatus gigas* ("reine des conques") et de limules, ainsi qu'un bassin de récif corallien de plus de 900 000 m³ qui contient des anguilles, des mérous et différentes espèces de requins. Vous pourrez y observer un fascinant pterois, une tortue à nez de cochon, de jeunes alligators et différentes espèces de poissons venant des Everglades, ainsi que des aigrettes d'un blanc étincelant et des aigrettes bleues qui passent rendre visite aux résidents.

Crane Point Museum MUSÉE

(305-743-9100 ; www.cranepoint.net ; MM 50,5 côté baie ; adulte/enfant 15/10 $; 9h-17h lun-sam, 12h-17h dim ; P). Ce parc est l'un des plus jolis endroits de l'île. Il comporte des roseraies, des pinèdes, un *hammock* de palmiers qui ne poussent qu'entre le MM 47 et le MM 60. L'endroit comporte aussi l'Adderly House, une ancienne cabane restaurée d'immigrants bahaméens et 25 ha de verdure sillonnés par près de 3 km de sentiers.

Pigeon Key National Historic District ÎLE

(305-743-5999 ; www.pigeonkey.net ; MM 47 côté océan ; adulte/enfant 12/9 $; circuits 10h, 12h et 14h). Pendant des années, la minuscule Pigeon Key, à 3 km à l'ouest de Marathon (pratiquement sous l'Old Seven Mile Bridge), a hébergé les cheminots et les ouvriers qui ont construit le chemin de fer des Keys. Aujourd'hui, vous pouvez visiter les bâtiments de ce National Historic District, ou paresser sur la plage et faire du snorkeling. Des ferries partent du wagon rouge vif de Knight's Key (à gauche du Seven Mile Bridge en se dirigeant vers le sud) pour Pigeon. Téléphonez afin de confirmer l'heure de départ du ferry ; le dernier revient à 16h.

Sombrero Beach PLAGE

(Sombrero Beach Rd, près du MM 50 côté océan ; 7h30-crépuscule ; P). L'une des rares plages de sable blanc des Keys, sans mangrove, idéale pour bronzer et nager. Petite aire de jeux.

Turtle Hospital RÉSERVE NATURELLE

(305-743-2552 ; www.theturtlehospital.org ; 2396 Overseas Hwy ; adulte/enfant 22/11 $; 8h30-18h ; P). Victimes de maladies, blessées par des hélices ou des filets de pêche, les tortues de mer qui atterrissent dans ce refuge sont soignées avec amour. Des visites ludiques et éducatives de 1 heure 30 sont proposées toutes les heures (à l'heure pile), de 10h à 16h.

Activités

Wheels-2-Go KAYAK

(305-395-4279 ; wheels-2-go.com ; 5994 Overseas Hwy ; kayaks transparents/vélos 40/15 $ par jour, kayak double/simple 30/50 $ par jour ; 9h-17h). Prestataire sympathique spécialisé dans la location de kayaks et de vélos. Le personnel peut vous conseiller les meilleurs spots de kayak, au milieu des tunnels de mangrove, qui offrent de bonnes chances d'apercevoir des oiseaux.

Marathon Kayak KAYAK

(305-395-0355 ; www.marathonkayak.com ; circuit 3 heures 70 $). Écocircuits guidés dans les mangroves, excursions au crépuscule et location de bateaux. Le circuit de 3 heures parmi les palétuviers rouges est chaudement recommandé.

Tilden's Scuba Center PLONGÉE

(305-743-7255 ; www.tildensscubacenter.com ; 4650 Overseas Hwy ; sortie snorkeling/plongée 60/70 $, location équipement complet de plongée 120 $). Une agence respectée qui offre des sorties de snorkeling et de plongée dans les secteurs proches du récif de corail. Organise aussi des séances de pêche sous-marine.

Où se loger

Seascape Motel & Marina MOTEL $$

(305-743-6212 ; www.seascapemotelandmarina.com ; 1075 75th St Ocean E, entre MM 51 et MM 52 ; ch 250-450 $; P). D'une élégance discrète, cet établissement compte 12 chambres de style différent, du cottage classique au tendance chic. Il propose du vin et des en-cas l'après-midi (compris dans le prix). Une piscine fait face à la mer, et des kayaks et paddles sont à la disposition des hôtes. Le cadre isolé vous donnera l'impression d'être loin de tout.

Ranch House Motel MOTEL $$

(305-743-2217 ; 7251 Overseas Hwy ; ch 110-200 $;). Cette option familiale sympathique située à deux pas de la grand-route offre un excellent rapport qualité/prix pour les Keys. Les propriétaires se mettent en quatre pour que leurs hôtes se sentent comme chez eux.

Les chambres sont propres et bien entretenues, même si la nostalgie des années 1970 semble dominer avec les murs lambrissés et les rideaux à fleurs. Les bons lits, les réfrigérateurs, les micro-ondes, les cafetières et les TV accrochées au mur ajoutent du confort moderne.

Tropical Cottages COTTAGES **$$**
(☎305-743-6048 ; www.tropicalcottages.net ; 243 61st St ; cottages 130-200 $; P ❄ 📶). Ces jolis cottages aux tons pastel font une bonne base, surtout si vous voyagez en groupe. Les cottages individuels ne sont pas particulièrement chics, mais ils sont douillets et offrent un semblant d'intimité bienvenue et une atmosphère rétro. Petit bar tiki où l'on peut se détendre devant un cocktail rafraîchissant.

Sea Dell Motel MOTEL **$$**
(☎305-743-5161 ; www.seadellmotel.com ; 5000 Overseas Hwy ; ch 130-210 $; P ❄ 📶 🏊). Un établissement typique des Keys, avec des chambres lumineuses, décorées dans des tons pastel et dotées de dessus-de-lit à motifs floraux. Les chambres, plutôt de petits appartements équipés, conviennent à des familles peu nombreuses. La piscine est très attrayante après une journée de visites.

Tranquility Bay COMPLEXE HÔTELIER **$$$**
(☎888-755-7486 ; www.tranquilitybay.com ; MM 48,5 côté baie ; ch 340-700 $; P ❄ 📶 🏊). Dans ce vaste hôtel-résidence haut de gamme, vous séjournerez dans de somptueuses maisons blanches, comprenant des chambres tout aussi blanches et des draps luxueux. Le domaine est immense et les activités proposées nombreuses.

Où se restaurer

Wooden Spoon AMÉRICAIN **$**
(7007 Overseas Hwy ; plats 5-12 $; ⏲5h30-13h30 ; P). Le meilleur petit-déjeuner à la ronde, servi par de charmantes femmes du Sud qui s'y entendent en cuisine : les biscuits légers accompagnent à merveille la sauce des saucisses, et un gruau de maïs bien crémeux est servi avec les œufs.

♥ **Keys Fisheries** POISSON ET FRUITS DE MER **$$**
(☎305-743-4353 ; www.keysfisheries.com ; 3502 Gulfview Ave ; plats 12-27 $; ⏲11h-21h ; P 👪). Le *reuben* (sandwich chaud) de langouste – doux, crémeux et copieux – remporte tous les suffrages. Tous les plats de poisson sont excellents et servis avec humour et, quel que soit votre choix, vous ne serez pas déçu.

Sunset Grille AMÉRICAIN **$$**
(☎305-396-7235 ; www.sunsetgrille7milebridge.com ; 7 Knights Key Blvd, MM 47 côté océan ; plats déj 10-16 $, dîner 19-30 $; 👪). Donnant sur le Seven Mile Bridge, cette immense et joyeuse adresse bénéficie d'un emplacement imbattable (avec vue sur le coucher du soleil) et d'une carte diversifiée qui a tout pour plaire : poissons et fruits de mer, viande grillée, bar à sushis et quantité de plats pour les enfants. La piscine (chauffée en hiver) est gratuite et ouverte à tous.

Burdines Waterfront AMÉRICAIN **$$**
(www.burdineswaterfront.com ; 1200 Oceanview Ave, au bout de 15th St, MM 48 côté océan ; plats 10-18 $; ⏲12h-21h ; 👪). À l'étage d'un bâtiment situé sur le front de mer, ce restaurant vous donne un avant-goût du Marathon d'antan. C'est une adresse très appréciée, avec un bar au toit de chaume et des tables de pique-nique où les clients s'installent pour profiter de la vue tout en dégustant une cuisine maison : sandwichs au poisson grillé, haricots noirs et riz, frites maison, crevettes et soupe de crabe.

Où prendre un verre et faire la fête

♥ **Hurricane** BAR
(☎305-743-2200 ; MM 49,5 côté baie ; ⏲11h-minuit). La clientèle se compose d'habitants, de touristes, de pêcheurs fous et de *rednecks*, enchaînant les cocktails *Jägerbombs* (Jägermeister et Red Bull) avant de danser toute la nuit au son d'excellents groupes. Les cocktails divins et le personnel effronté et chaleureux font indéniablement du Hurricane l'un des meilleurs bars avant Key West.

Island Fish Company BAR
(☎305-743-4191 ; MM 54 côté baie ; ⏲11h30-22h). Le personnel sympathique sert des cocktails corsés sur un îlot caressé par la brise marine et donnant sur Florida Bay. Bavardez avec le barman, laissez-lui un bon pourboire et votre verre se remplira comme par magie. L'ambiance de bord de mer détendue est typique des Keys. Les couchers du soleil et les excellents plats de poisson ajoutent au charme de l'endroit.

Brass Monkey BAR
(☎305-743-4028 ; 5561 Overseas Hwy, côté océan ; ⏲10h-4h). Le repaire des serveurs de Marathon après la fermeture des bars et des restaurants. L'ambiance est à la fête, avec des boissons bon marché, des clients sympathiques et des concerts tous les soirs.

Où sortir

Marathon Cinema & Community Theater CINÉMA
(cinéma 305-743-0288, théâtre 305-743-0994 ; www.marathontheater.org ; 5101 Overseas Hwy). Un cinéma à l'ancienne avec une seule salle, de grands fauteuils inclinables et de larges supports pour les boissons.

Renseignements

Fishermen's Hospital (305-743-5533 ; www.fishermenshospital.org ; 3301 Overseas Hwy ; 24h/24). L'"hôpital des pêcheurs" possède un grand service d'urgences et un service de jour pour les problèmes moins graves.

Depuis/vers les Middle Keys

Vous pouvez rejoindre en avion l'**aéroport de Marathon** (305-289-6060 ; MM 50,5 côté baie) ou prendre un bus Greyhound, qui fait halte à l'aéroport. **Key West Transit** (p. 176) assure un service de bus régulier pour Key West.

LOWER KEYS

Les personnes résidant dans les Lower Keys sont soient des *snowbirds*, soit des Conchs d'origine (nés dans les Keys). Certaines familles habitent les Keys depuis des générations et la région dégage une atmosphère plus insulaire que les autres régions de la Overseas Hwy. Curieusement, les îles sont plus isolées, rurales et traditionnelles aux abords de Key West, relativement cosmopolite et hétérogène, avec une forte population d'esprits libres.

Outre la population, le principal attrait des Lower Keys est la nature. Les îles abritent le parc d'État le plus beau et une espèce emblématique, le cerf des Keys. Les amateurs de sorties en canoë ou kayak découvriront une superbe mangrove à explorer dans un environnement sauvage.

Big Pine Key, Bahia Honda Key et Looe Key

Sillonnée de routes paisibles, Big Pine est le lieu de résidence favori des employés de Key West qui ont réussi à contourner les prix astronomiques de l'immobilier, et l'un des habitats privilégiés des cerfs des Keys. Bahia Honda possède une belle plage de sable, tandis que les récifs coralliens de Looe permettent de fabuleuses plongées.

À voir

Bahia Honda State Park PARC
(305-872-3210 ; www.bahiahondapark.com ; MM 37 ; voiture 4-8 $, piéton et vélo 2,50 $; 8h-crépuscule ;). Avec une longue plage de sable blanc (parfois jonchée d'algues), ce parc est le site phare du secteur. Appelée

RICHESSES NATURELLES

Le paysage des Keys peut facilement sembler monotone : une succession de broussailles sans rien de spectaculaire, hormis l'océan à perte de vue depuis l'Overseas Hwy. Cependant, ne vous fiez pas aux apparences. Les Keys possèdent l'un des environnements les plus exceptionnels et fragiles des États-Unis. Si les différences entre les écosystèmes sont minimes, quand vous saurez faire la distinction entre un *hammock* et un marécage, vous verrez l'archipel sous un autre jour. Le Crane Point Museum (p. 184) et le Florida Keys Eco-Discovery Center (p. 193) offrent d'excellentes introductions à la nature dans les Keys.

La mangrove, la végétation la plus fascinante de l'archipel, pousse sur le rebord peu profond qui entoure les îles (et apporte à l'eau ce superbe bleu-vert de Floride), tel un entrelacs de doigts ligneux effleurant l'eau en permanence. La mangrove filtre et stabilise les sédiments.

Les trois espèces d'arbres qui composent la mangrove sont des miracles d'adaptation. Les palétuviers rouges, au bord de l'eau, possèdent des racines aériennes qui leur permettent de "respirer" alors qu'ils poussent dans l'océan. Les palétuviers noirs, plus à l'intérieur des terres, survivent grâce à leurs racines "tubérisées", les pneumatophores. Ces racines d'apparence spongieuse poussent hors du sol boueux pour capter l'air. Les palétuviers blancs, ceux qui poussent le plus loin de l'eau, se débarrassent par sécrétion du sel absorbé dans l'air et dans l'eau.

Autre arbre spécifique des Keys, le gaïac, qui ne pousse nulle part ailleurs aux États-Unis, ne fait pas partie de la mangrove. Sa sève fut longtemps utilisée pour traiter la syphilis, d'où son nom latin, *Lignum vitae* ou bois de vie.

localement **Sandspur Beach**, c'est sans doute l'une des plus belles plages naturelles de l'archipel. Sinon, pour une jolie vue sur les îles alentour, rien ne vaut une balade le long du **Bahia Honda Rail Bridge**, l'ancien pont ferroviaire. Une sortie en kayak (heure/demi-journée à partir de 12/36 $) est un autre excellent moyen de passer une après-midi ensoleillée.

Vous pouvez aussi emprunter les sentiers nature et visiter le centre scientifique, où des employés serviables vous aideront à reconnaître les crabes cailloux, les vers de feu, les limules et les cténophores translucides. L'administration du parc propose des sorties de snorkeling de 1 heure 30 à 9h30 et 13h30 (adulte/enfant 30/25 $). Réservez en haute saison.

No Name Key — ÎLE

Peu visitée, "l'île sans nom" est essentiellement résidentielle et l'un des meilleurs endroits pour voir le cerf des Keys. De l'Overseas Hwy, suivez le Watson Blvd, tournez à droite, puis à gauche dans le Wilder Blvd. Traversez le Bogie Bridge et vous voilà à No Name.

National Key Deer Refuge Headquarters — RÉSERVE NATURELLE

(☎305-872-0774 ; www.fws.gov/refuge/National_Key_Deer_Refuge ; Big Pine Shopping Center, MM 30,5 côté baie ; ⏲9h-16h lun-ven, 10h-15h sam-dim ; 👪). Sorte de mini-Bambi, le cerf des Keys est une sous-espèce menacée du cerf à queue blanche, qui vit principalement sur Big Pine Key et No Name Key. Le personnel de la réserve est une mine d'informations sur l'animal et les Keys en général. Le refuge s'étend sur plusieurs îles, mais les sections ouvertes au public se trouvent à Big Pine et No Name.

Le bureau du parc administre également le **Great White Heron National Wildlife Refuge**, 100 000 ha de haute mer et d'îles de mangrove au nord des principales Keys, uniquement accessible en bateau ; aucune infrastructure touristique ne permet de le rejoindre, mais le personnel vous renseignera sur les cartes nautiques et les hérons qui le peuplent.

Blue Hole — LAC

(près du MM 30,5). Ce petit étang (une ancienne carrière) est la plus grande étendue d'eau douce des Keys, un joli miroir d'eau bleue (ou plutôt verdâtre) entouré d'un sentier et de panneaux d'information. Il abrite des tortues, des poissons et des échassiers. À environ 400 m le long de la même route, vous trouverez le **Watson's Nature Trail** (moins de 1,5 km) et le **Watson's Hammock**, une zone boisée typique des Keys.

Looe Key National Marine Sanctuary — PARC MARIN

(☎305-809-4700 ; floridakeys.noaa.gov). À 5 miles nautiques (environ 10 km) de Big Pine, Looe (prononcez lou) Key n'est pas une île mais un récif qui fait partie du Florida Keys National Marine Sanctuary. Géré par la National Oceanic & Atmospheric Administration, le récif ne peut se visiter qu'en circuit en bateau organisé par un centre de plongée des Keys, dont le **Looe Key Dive Center** (ci-dessous).

Big Pine Flea Market — MARCHÉ AUX PUCES

(www.bigpinefleamarket.com ; MM 30,5 côté océan ; ⏲8h-14h sam-dim, fermé août et sept ; 🅿). GRATUIT Ce marché aux puces attire des habitants de toutes les Keys. C'est un bric-à-brac d'objets artisanaux réalisés dans la région, de vêtements vintage, sacs à main, lunettes de soleil, serviettes de plage, sculptures sur bois, carillons... Sans oublier tout le matériel d'occasion nécessaire pour une sortie de pêche.

Activités

Serenity Eco Therapy — YOGA ET PADDLE

(☎305-432-1401 ; www.serenityecoguides.com ; yoga sur la plage à partir de 12 $, cours de paddle 2 heures 85 $; 👪). Si vous aimez le yoga et/ou le paddle, ou si vous souhaitez vivre une nouvelle expérience, réservez un cours chez Serenity. Ce prestataire organise des cours de yoga-paddle sur l'eau, ainsi que des séances de yoga sur la plage, de méditation et des sorties en paddle au coucher du soleil. La plupart des cours ont lieu au Bahia Honda State Park.

Old Wooden Bridge Marina — BATEAU

(☎305-872-2241 ; 1791 Bogie Dr ; sortie en kayak simple/double 2 heures 25/35 $, location de vélo demi-journée/journée 15/20 $; ⏲8h-17h dim-jeu, 8h-18h ven-sam). Sur la marina, au pied du pont qui conduit à No Name Key, se trouve une petite cabane en bois qui loue des kayaks et des vélos à la journée (et la boutique vend des provisions et de la bière). Les environs sont plaisants à explorer quel que soit le mode de transport choisi.

Looe Key Dive Center — PLONGÉE

(☎305-872-2215 ; www.diveflakeys.com ; sortie snorkeling/plongée à partir de 40/70 $, hors équipement). Situé dans le complexe hôtelier du même nom, sur Ramrod Key, ce centre organise des excursions vivement conseillées vers Looe Key, en matinée (départ à 8h) ou dans l'après-midi (départ à 12h45). Cette sortie de 2 plongées/2 sites coûte 70 $ (plus l'équipement de plongée), 40 $ pour le snorkeling (plus l'équipement), et 25 $ pour les observateurs qui se contentent de la balade.

Où se loger

Bahia Honda State Park Campground CAMPING $
(☎800-326-3521 ; www.reserveamerica.com ; MM 37, Bahia Honda Key ; empl/bungalows 40/160 $; P). Bahia Honda possède le meilleur camping des Keys. Dès le réveil, vous pourrez piquer une tête dans la mer sous un magnifique ciel bleu, mais les phlébotomes (ces horribles moucherons qui piquent, ou *sand flies*) vous ramèneront à la dure réalité ! Le camping compte 6 bungalows, qui peuvent accueillir 6 personnes, et 80 emplacements à courte distance de la plage. Réservez plusieurs mois à l'avance.

Barnacle Bed & Breakfast B&B $$
(☎305-872-3298 ; www.thebarnacle.net ; 1557 Long Beach Dr, Big Pine Key ; ch 220-290 $; P). L'atrium de ce B&B est balayé par la brise océane, et les chambres, toutes différentes et joliment décorées, s'agrémentent d'objets tropicaux et de baies vitrées qui laissent entrer le soleil. Prenez vos repas sur la terrasse, qui domine l'océan, et profitez de la piscine et du Jacuzzi, ou laissez-vous bercer dans un hamac.

Deer Run Bed & Breakfast B&B $$$
(☎305-872-2015 ; www.deerrunfloridabb.com ; 1997 Long Beach Dr, Big Pine Key, près du MM 33 côté océan ; ch 300-480 $; P). Situé dans un secteur isolé de Long Beach Dr à deux pas de la plage, cet écolodge compte 4 chambres confortables. Pendant que vous vous promenez en bateau ou que vous vous relaxez dans la piscine chauffée du jardin, les propriétaires mitonnent des repas bio végétariens.

Où se restaurer

No Name Pub PIZZERIA $
(☎305-872-9115 ; www.nonamepub.com ; N Watson Blvd, Big Pine Key, près du MM 30,5 côté baie ; plats 10-21 $; 11h-22h ; P). Ce pub "sans nom" est l'une de ces adresses introuvables que tout le monde semble connaître. Malgré son emplacement isolé, les clients viennent de partout afin d'ajouter leur billet au mur, boire une bière brassée localement, écouter un air de rock et savourer de bons plats de pub, pizzas et burgers.

Good Food Conspiracy VÉGÉTARIEN $
(☎305-872-3945 ; Big Pine Key, MM 30 côté océan ; sandwichs 8-14 $; 9h30-19h lun-sam, 11h-17h dim ; P). Amateurs d'alimentation saine, réjouissez-vous : ce petit restaurant-épicerie bio macrobiotique sert tous les légumes, germes, graines, herbes et tofu dont vous rêvez. Bon bar à jus et à sandwichs servant des toasts à l'avocat, des salades fraîches, des burgers végétariens, des soupes maison et des smoothies.

Où prendre un verre et faire la fête

Kiki's Sandbar BAR
(☎305-872-4500 ; www.kikissandbar.com ; 183 Barry Ave, MM 28,3 côté baie ; 8h-minuit). Pour un verre avec vue, le Kiki's n'a pas son pareil, que vous vous installiez au bar pour discuter, à l'une des tables de pique-nique sur la pelouse donnant sur la baie pour observer le coucher du soleil ou les étoiles, ou que vous flâniez sur la jetée – un lieu magique quand la lune se lève.

Depuis/vers Big Pine Key, Bahia Honda Key et Looe Key

Deux bus **Greyhound** (www.greyhound.com) s'arrêtent tous les jours à Big Pine Key, sur le trajet entre Miami et Key West (aller à partir de 9 $).

Key West Transit (p. 176) propose 9 bus par jour entre Key West et Marathon, avec un arrêt à Big Pine Key. Un trajet coûte 4 $.

Sugarloaf Key et Boca Chica Key

Dernière zone avant Key West, la destination phare de l'archipel, ce secteur n'offre pas grand-chose, hormis des ponts qui enjambent de ravissantes étendues d'eaux turquoise, quelques bons restaurants et une curieuse tour en bord de route.

Cette section des Keys s'étend du MM 20 jusqu'à l'entrée de Key West.

À voir

Sheriff's Animal Farm ZOO
(Monroe County Sheriff's Office Animal Farm ; ☎305-293-7300 ; 5501 College Rd, Stock Island ; 13h-15h 2e et 4e dim du mois ou sur rdv ; P). Juste avant d'arriver à Key West, vous pourrez faire halte dans cette ferme, située près du bureau (et centre de détention)

du shérif du comté de Monroe. Ce refuge pour les animaux abandonnés du comté (paresseux, alpaga, lémurs, toucan...) séduit immanquablement les enfants. Téléphonez avant de venir et Jeanne Selander vous le fera volontiers visiter.

Sugarloaf Key Bat Tower TOUR

(Sugarloaf Key, MM 17). Cette tour en bois à l'allure vaguement aztèque est l'étrange réalisation d'un promoteur immobilier qui, voulant chasser les moustiques de sa future cité balnéaire, fit ériger dans les années 1920 cette tour de 10 m de haut pour y installer une colonie de chauves-souris. Faute de dévorer les insectes, les chauves-souris s'enfuirent aussitôt. La tour, en mauvais état, n'a pas pu résister au passage de l'ouragan Irma en septembre 2017, et s'est écroulée.

Où se loger et se restaurer

Sugarloaf Lodge HÔTEL $$

(☎305-745-3211 ; www.sugarloaflodge.net ; Sugarloaf Key, MM 17 ; ch 150-240 $; P❄📶🏊). Si les 55 chambres de style motel n'ont rien d'extraordinaire, elles jouissent toutes d'une superbe vue sur la baie depuis leur balcon ou du patio. Le Sugarloaf dispose d'un restaurant, d'un bar tiki et d'une marina, et même d'un aérodrome pour faire un tour en hydravion ou un saut en parachute. Service sympathique.

Baby's Coffee CAFÉ $

(☎305-744-9866 ; MM 15 côté océan ; ⏲6h30-20h lun-sam, 7h-17h dim). Ce café très détendu possède une brûlerie et vend des sachets de l'excellent café maison, ainsi que des produits de base, des alléchantes pâtisseries aux smoothies.

Mangrove Mama's CARIBÉEN $$

(☎305-745-3030 ; www.mangrovemamas20.com ; MM 20 côté océan ; déj 10-15 $, dîner 15-29 $; ⏲8h-22h ; P👪). Une gargote épatante en bord de route, dédiée aux produits de la mer préparés à la caribéenne (crevettes à la noix de coco, poisson en croûte et bananes plantains, sandwichs aux conques). Dégustez-les dans le patio au son d'une musique live (tlj à partir de 17h30).

Square Grouper AMÉRICAIN MODERNE $$$

(☎305-745-8880 ; www.squaregrouperbarandgrill.com/menu ; MM 22,5 côté océan, Cudjoe Key ; plats 22-39 $; ⏲11h-14h30 et 17h-22h mar-sam ; ✎). L'un des restaurants les plus cotés des Keys qui marque des points à tous les niveaux avec sa salle élégante et sans prétention, ses ingrédients d'une grande fraîcheur provenant des environs, ses recettes innovantes et son excellent service. Les tacos de poisson (pêche du jour), le filet de thon en croûte de sésame et le ragoût de poisson sont des valeurs sûres, mais les plats du jour méritent aussi toute votre attention. Réservation conseillée.

Où prendre un verre et faire la fête

♥ My New Joint BAR À COCKTAILS

(☎305-745-8880 ; www.mynewjoint420lounge.com ; MM 22,5, Cudjoe Key ; ⏲16h20-minuit lun-sam). My New Joint apporte une belle touche de style aux Lower Keys. Ce bar lounge spacieux et chaleureux sert des cocktails faits avec art, d'excellentes bières à la pression (dont des bières locales), de succulentes tapas et de belles assiettes d'huîtres. Musique live presque tous les soirs (à partir de 19h ou 20h). Vous pourrez y déguster du poisson fumé maison, des choux de Bruxelles grillés, des brioches au crabe et autres assiettes de dégustation gastronomiques.

Depuis/vers Sugarloaf Key et Boca Chica Key

Key West Transit (p. 176) propose 9 bus par jour entre Key West et Marathon, qui marquent un arrêt à Boca Chica et à Sugarloaf Key. Un trajet coûte 4 $.

KEY WEST

☎305, 786 / 26 000 HABITANTS

Frontière des Keys, Key West est plus marginale, plus excentrique et bien plus fascinante que les autres keys. En son cœur, cette île de 18 km² ressemble à une magnifique oasis tropicale, où les belles de nuit fleurissent en soirée, tandis que le romantisme des maisons caribéennes arrache des soupirs.

Si Key West possède un charme certain, elle n'est pas sans contradiction. Festivals littéraires, villas caribéennes, restaurants tropicaux et galeries d'art hors de prix côtoient les défilés fétichistes SM, les beuveries estudiantines et les bars gays remplis de barbus bronzés. Quels que soient vos centres d'intérêt, vous ne manquerez pas de trouver quelque chose à votre goût.

Comme dans les autres parties des Keys, la nature joue un rôle primordial, et les magnifiques couchers du soleil peuvent servir de prétexte à des soirées quotidiennes sur Mallory Sq.

Key West

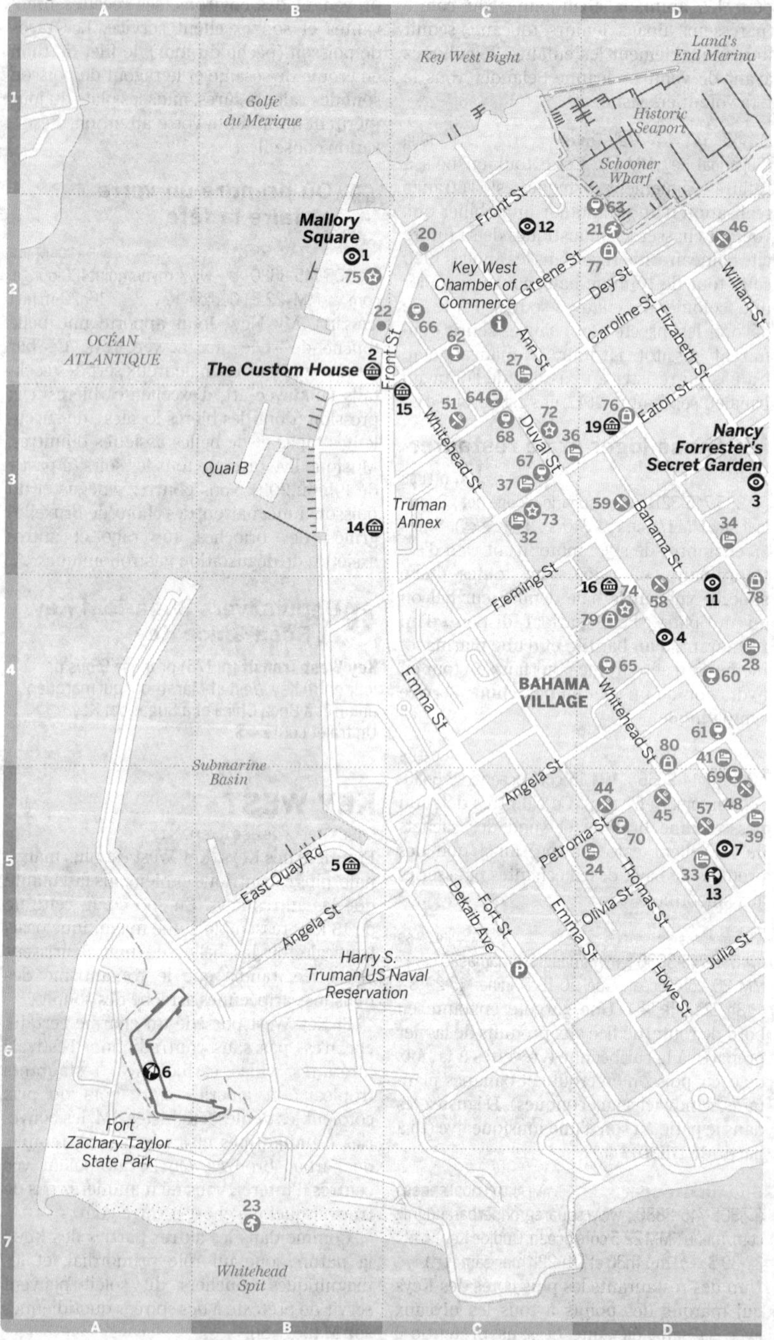
A
B
C
D
1
2
3
4
5
6
7
Key West Bight
Land's End Marina
Golfe du Mexique
Historic Seaport
Schooner Wharf
Front St
12
63
21
46
Mallory Square
1
75
20
Key West Chamber of Commerce
Greene St
77
Dey St
William St
OCÉAN ATLANTIQUE
22
66
62
Ann St
Caroline St
Elizabeth St
2
The Custom House
Front St
27
15
51
64
72
76
Eaton St
19
36
68
Duval St
Whitehead St
Nancy Forrester's Secret Garden
3
Quai B
67
37
Truman Annex
59
Bahama St
73
32
34
14
Fleming St
16
74
58
11
78
79
4
28
Emma St
65
BAHAMA VILLAGE
60
Whitehead St
61
80
41
Submarine Basin
Angela St
69
44
48
45
57
Petronia St
70
39
7
5
East Quay Rd
24
33
13
Thomas St
Fort St
Olivia St
Angela St
Dekalb Ave
Emma St
Julia St
Harry S. Truman US Naval Reservation
P
Howe St
6
Fort Zachary Taylor State Park
23
Whitehead Spit

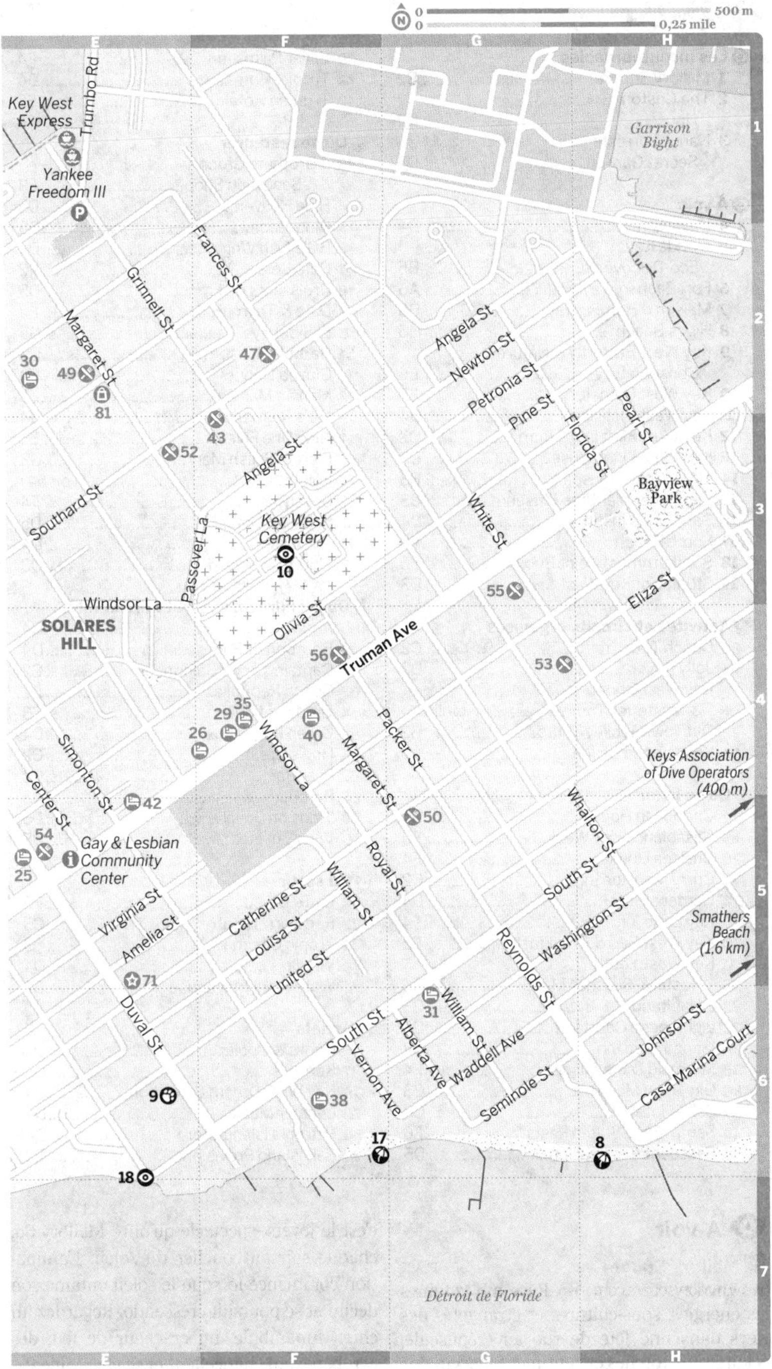

0 500 m
0 0,25 mile
Key West Express
Yankee Freedom III
Trumbo Rd
Garrison Bight
Frances St
Grinnell St
Margaret St
Angela St
Newton St
Petronia St
Pine St
Florida St
Pearl St
Bayview Park
Southard St
Key West Cemetery
Passover La
White St
Windsor La
SOLARES HILL
Olivia St
Truman Ave
Eliza St
Packer St
Windsor La
Margaret St
Simonton St
Center St
Keys Association of Dive Operators (400 m)
Whalton St
Gay & Lesbian Community Center
Royal St
William St
South St
Washington St
Catherine St
Virginia St
Amelia St
Louisa St
United St
Smathers Beach (1,6 km)
Reynolds St
Duval St
South St
Alberta Ave
William St
Waddell Ave
Vernon Ave
Seminole St
Johnson St
Casa Marina Court
Détroit de Floride
30 49 81 47 43 52 10 55 56 53 29 35 26 40 42 50 54 25 71 31 9 38 17 8 18

Key West

À voir

Mallory Square PLACE

(www.mallorysquare.com ; 👪). Rassemblez toutes les énergies, sous-cultures et étrangetés des Keys dans une fête de rue au crépuscule, éclairée aux torches et gentiment marginale : c'est le joyeux spectacle qu'offre Mallory Sq, chaque soir au coucher du soleil. L'animation commence lorsque le soleil entame son déclin et se poursuit crescendo. Regardez un chien funambule, un cracheur de feu, des acrobates qui chancellent et se chamaillent.

The Custom House MUSÉE
(☎305-295-6616 ; www.kwahs.com ; 281 Front St ; adulte/enfant 10/5 $; 9h30-16h30). Cet ancien bureau des douanes abrite un musée incontournable sur l'histoire de Key West. Parmi les pièces maîtresses, on trouve des photos et des images d'archives de la construction de l'Overseas Hwy (et de l'ouragan qui a fait 400 victimes) ; une maquette du *Maine*, bateau qui a coulé durant la guerre hispano-américaine ; des informations sur le rôle de la Navy à Key West, jadis l'employeur le plus important de l'île ; et une exposition sur les personnes qui ont fait fortune à Key West en pillant des épaves.

Nancy Forrester's Secret Garden JARDIN
(www.nancyforrester.com ; 518 Elizabeth St ; adulte/enfant 10/5 $; 10h-15h ;). Nancy, une artiste écologiste et un personnage des Keys, vous invite dans son jardin, véritable oasis, où les perroquets et aras qu'elle a sauvés attendent les visiteurs. Venez à 10h, heure à laquelle Nancy organise une visite et parle de ces oiseaux rares et merveilleusement intelligents. Le reste du temps, elle répond aux questions et donne des informations sur la vie des perroquets. C'est un lieu idéal pour les enfants, qui repartent généralement inspirés par les présentations interactives.

Duval Street RUE
Les habitants ont un sentiment d'amour-haine pour la rue la plus célèbre de Key West (voire des Keys). Duval St, l'artère principale de la vieille ville, est un temple de l'alcool, du mauvais goût et des comportements déplaisants. Mais elle a aussi un côté amusant. Faire la tournée des pubs de la rue est une expérience complètement folle. L'ensemble d'enseignes au néon, de spectacles de drag-queens, de boutiques de T-shirts kitsch, de cinémas et d'ateliers d'art se révèle plus plaisant que déstabilisant.

Maison de Hemingway DEMEURE HISTORIQUE
(☎305-294-1136 ; www.hemingwayhome.com ; 907 Whitehead St ; adulte/enfant 14/6 $; 9h-17h). Résident chéri de Key West, Hemingway vécut dans cette somptueuse demeure de style colonial espagnol de 1931 à 1940. Il s'y installa lorsqu'il était jeune trentenaire avec sa deuxième épouse, rédactrice de mode pour *Vogue* et (ancienne) amie de sa première femme (il quitta cette maison lorsqu'il partit avec sa troisième femme). C'est là qu'il écrivit *L'Heure triomphale de Francis Macomber* et *Les Vertes Collines d'Afrique*. La propriété est habitée par de nombreux descendants de ses fameux **chats à six doigts**, qui y font la loi.

Tennessee Williams Museum MUSÉE
(☎305-204-4527 ; www.kwahs.org ; 513 Truman Ave ; 9h30-16h30). Ouvert en décembre 2017, ce musée dédié à l'auteur de *La Chatte sur un toit brûlant*, *Un tramway nommé désir* et *La Ménagerie de verre* présente une riche collection de souvenirs du dramaturge, qui a résidé à Key West pendant plus de 34 ans.

Florida Keys Eco-Discovery Center MUSÉE
(☎305-809-4750 ; eco-discovery.com/ecokw.html ; 35 East Quay Rd ; 9h-16h mar-sam ; P). GRATUIT Ce centre de 5,5 km² est l'un des meilleurs endroits des Keys pour se plonger dans les extraordinaires environnements marins du sud de la Floride. Commencez votre visite par le film de 20 minutes qui contient de magnifiques images de la vie au milieu des récifs coralliens, des *hammocks* de feuillus, des herbiers marins et des mangroves. Passez à l'exposition sur la vie sur la terre ferme, puis découvrez les créatures marines qui peuplent le petit aquarium constituant la section " Living Reef".

Studios of Key West GALERIE D'ART
(TSKW ; ☎305-296-0458 ; www.tskw.org ; 533 Eaton St ; 10h-16h mar-sam). GRATUIT Cette association à but non lucratif réunit les ateliers d'une dizaine d'artistes dans un espace aménagé sur 3 niveaux et accueille d'excellents vernissages le premier jeudi du mois. Le TSKW programme également des lectures, des ateliers littéraires et visuels, des concerts, des conférences et des groupes de discussion.

Key West Cemetery CIMETIÈRE
(www.friendsofthekeywestcemetery.com ; angle Margaret St et Angela St ; 7h-18h ;). Bâti en 1847, ce cimetière couronne Solares Hill, le point culminant de l'île (petit bosse de 5 m d'altitude !). Certaines des plus vieilles familles des Keys y reposent en paix, les mausolées serrés les uns contre les autres en raison du manque d'espace. L'originalité des Keys est bien présente ; des coquillages et du macramé vert ornent des pierres tombales, aux inscriptions du type : "Je vous avais bien dit que j'étais malade." L'**Historic Florida Keys Foundation** (☎305-292-6718 ; 15 $/pers) assure des visites guidées à 9h30 le mardi et le jeudi.

Fort Zachary Taylor State Park PARC
(☎305-292-6713 ; www.floridastateparks.org/forttaylor ; 601 Howard England Way ; véhicule/piéton/vélo 7/2,50/2 ;50 ; parc 8h-crépuscule, fort 8h-17h). "Le parc d'État le plus méridional des

États-Unis" comprend un impressionnant fort, construit au milieu des années 1800, qui joua un rôle important dans la guerre de Sécession et dans la guerre hispano-américaine. La **plage** est la plus belle de Key West, avec du sable blanc (et des rochers par endroits), une eau suffisamment profonde pour nager et des poissons à observer. Les visites guidées gratuites, à 11h, vous en apprendront plus sur le fort.

La plage est également un endroit parfait pour admirer le **coucher du soleil** – plus calme que Mallory Sq. Mais vous ne pourrez pas vous attarder pour voir le dégradé de couleurs embellir le ciel, car les visiteurs sont poussés vers la sortie dès que le soleil a passé l'horizon. Si vous venez à pied, comptez 12 minutes pour parcourir les 800 m qui séparent l'entrée de la plage.

Mel Fisher Maritime Museum MUSÉE
(www.melfisher.org ; 200 Greene St ; adulte/enfant 15/12 $; ⏲8h30-17h lun-ven, à partir de 9h30 sam-dim). Près du front de mer, ce musée très fréquenté offre un fascinant aperçu de l'histoire compliquée de Key West. Il est particulièrement réputé pour sa collection de pièces d'or, bijoux rares et autres trésors récupérés sur les galions espagnols par Mel Fisher et son équipage. L'exposition sur la traite des Noirs, avec des objets provenant de l'épave du *Henrietta Marie,* un navire négrier qui a coulé en 1700, incite à la réflexion.

Key West First Legal Rum DISTILLERIE
(☎305-294-1441 ; www.keywestlegalrum.com ; 105 Simonton St ; ⏲10h-20h lun-sam, 10h-18h dim, visites 13h, 15h et 17h lun-ven, 13h et 15h sam). Ouverte en 2013 par un pionnier du kitesurf, cette distillerie élabore des rhums puissants, faits avec du sucre de canne de Floride et aromatisé à la noix de coco, à la vanille et au citron vert des Keys. La boutique propose de déguster jusqu'à 8 variétés (11 $, verre à shot inclus). Vous pouvez opter pour une visite avec audioguide de la salle de la distillerie ou préférer une visite guidée par le chef.

Key West Distilling DISTILLERIE
(☎305-295-3400 ; www.kwdistilling.com ; 524 Southard St ; ⏲10h-17h lun-sam). Cette petite distillerie artisanale, essentiellement gérée par une seule personne, fabrique d'excellents rhums, 2 types de vodka (notamment une au raifort), un gin et un whiskey. Le distillateur met l'accent sur la qualité (plutôt que sur la quantité), et vous ne trouverez pas de meilleur rhum épicé dans le sud de la Floride que son Rambunctious Rum. Profitez de la dégustation et de la visite gratuites.

Fort East Martello Museum & Gardens MUSÉE
(☎305-296-3913 ; www.kwahs.org/museums ; 3501 S Roosevelt Blvd ; adulte/enfant 10/5 $; ⏲9h30-16h30). Cette forteresse fut construite à l'image des tours défensives Martello édifiées par l'Empire britannique durant les guerres napoléoniennes – d'où son nom. Le fort préserve aujourd'hui le passé : souvenirs et objets historiques, art populaire de Mario Sanchez et œuvres du sculpteur Stanley Papio, qui récupérait des déchets métalliques... et une poupée vraiment épouvantable. Robert The Doll, probablement l'objet le plus hanté de Key West, est une poupée effrayante du XIXe siècle qui aurait fait le malheur de ceux qui mettaient en doute ses pouvoirs. Elle semble sortie d'un roman de Stephen King ; consultez le site www.robertthedoll.org pour plus de détails.

Little White House ÉDIFICE HISTORIQUE
(☎305-294-9911 ; www.trumanlittlewhitehouse.com ; 111 Front St ; adulte/5-12 ans/senior 16/5/14 $; ⏲9h-16h30). C'est ici que le président Harry Truman passait ses vacances quand il délaissait la géopolitique d'après-guerre. Superbement conservée, la demeure n'est accessible que lors de visites guidées, mais les visiteurs ont la possibilité de se rendre dans une petite galerie, au rez-de-chaussée, où sont présentées des photographies et une exposition historique (avec une courte vidéo).

Key West Lighthouse PHARE
(☎305-294-0012 ; www.kwahs.org/museums/lighthouse-keepers-quarters/history ; 938 Whitehead St ; adulte/enfant/senior 10/5/9 $; ⏲9h30-16h30). Vous pouvez grimper les 88 marches en colimaçon qui conduisent au sommet de ce phare (1846), d'un blanc immaculé, pour admirer la vue. Il est aussi possible de visiter la maison du gardien, remplie de photos et d'objets historiques sur la vie des gardiens de phare.

Key West Butterfly & Nature Conservatory RÉSERVE NATURELLE
(☎305-296-2988 ; www.keywestbutterfly.com ; 1316 Duval St ; adulte/enfant 4-12 ans 12/8,50 $; ⏲9h-17h ; 👪). Vous pouvez vous promener dans cette vaste serre luxuriante, remplie de fleurs, de minuscules cascades, d'oiseaux colorés et de quelque 1 800 papillons du monde entier de plus de 50 espèces différentes.

Southernmost Point Buoy POINT DE REPÈRE
(angle South St et Whitehead St). Site le plus photographié de l'île, cette bouée rouge et

noir n'est pas "le point le plus méridional" des États-Unis (qui se trouve dans la base navale interdite toute proche), mais la curiosité la plus surfaite de Key West. Très abîmée par l'ouragan Irma, elle a été repeinte.

Activités

Nomadic Standup Paddleboard PADDLE

(☎305-395-9494 ; www.nomadicsup.com ; circuit 3 heures 65 $). Un séjour dans les Keys n'est jamais complet sans une promenade en mer. Cette agence propose des sorties guidées en paddle, excellent moyen de découvrir la beauté de la région. Cody viendra vous chercher à votre hôtel et conduira, avec les autres participants, à de beaux spots où vous pourrez faire du paddle au milieu des mangroves sauvages du nord-est de Key West.

Yoga on the Beach YOGA

(☎305-296-7352 ; www.yogaonbeach.com ; Fort Zachary Taylor State Park ; cours 18 $; ⏲8h15-9h45). Les fans de yoga ne manqueront pas les cours stimulants de 1 heure 30 (tous les jours ; tapis fourni) sur la plage du Fort Zachary Taylor State Park. Le prix inclut l'entrée au parc pour la journée.

Reelax Charters KAYAK

(☎305-304-1392 ; www.keyskayaking.com ; Sugarloaf Key Marina, MM 17; circuits kayak tout compris à partir de 240 $). Pagayez pour glisser silencieusement parmi les mangroves et les laisses des Lower Keys avec Andrea Paulson. L'agence est basée à Sugarloaf Key, à environ 27 km au nord-est de Key West.

Keys Association of Dive Operators PLONGÉE

(www.divekeys.com). La Keys Association of Dive Operators centralise des informations sur la plongée dans l'archipel ; l'association œuvre pour favoriser des activités sous-marines durables en créant des récifs artificiels et en promouvant des pratiques sûres de navigation et de plongée.

Jolly Rover CROISIÈRES

(☎305-304-2235 ; www.schoonerjollyrover.com ; Schooner Wharf, angle Greene St et Elizabeth St ; croisière en journée adulte/enfant 45/25 $, croisière coucher du soleil 59/29 $). Ce tour-opérateur propose tous les jours des croisières de 2 heures à bord d'une superbe goélette de 25 m en bois brun-rouge. Armée de canons, elle ressemble à un bateau de pirate. Vous pouvez emporter votre nourriture et vos boissons, y compris de l'alcool (petites glacières uniquement).

LES PLAGES DE KEY WEST

Key West n'est *pas* une destination balnéaire en soi. Les habitants vont plutôt à Bahia Honda pour bronzer et se baigner. Cependant, les trois étroites plages municipales, sur la côte sud, sont plaisantes et baignées d'une eau calme et claire.

South Beach Toute petite plage au bout de Simonton St.

Higgs Beach Située à l'extrémité de Reynolds St et de Casa Marina Ct, dispose de barbecues, de tables de pique-nique et d'une grande jetée pour observer le coucher du soleil.

Smathers Beach Plus loin à l'est sur S Roosevelt Blvd, est plus longue, mais moins facilement accessible à pied.

Fort Zachary Taylor La meilleure plage des environs. Le sable blanc et le calme relatif justifient le droit d'entrée.

Circuits organisés

Conch Tour Train PETIT TRAIN

(☎888-916-8687 ; www.conchtourtrain.com ; angle Front St et Duval St ; adulte/senior/-13 ans 32/29 $/gratuit ; ⏲circuits 9h-16h30 ; 👪). Cette compagnie vous propose un circuit commenté de 1 heure 30 dans un petit train. Il marque 3 arrêts (dont un près de la maison de Hemingway), où vous pouvez descendre avant de prendre un train ultérieur. Des réductions sont proposées pour la maison de Hemingway (p. 193), ainsi que des circuits nocturnes axés sur les fantômes et les cimetières. Le meilleur endroit pour prendre le petit train est le dépôt de Front St.

Old Town Trolley Tours TROLLEY

(☎855-623-8289 ; www.trolleytours.com/key-west ; adulte/enfant/senior 32/11/29 $; ⏲circuits 9h-16h30 ; 👪). Excellente introduction à la ville, ces circuits commentés en trolley de 1 heure 30 (montée et descente à volonté) partent de Mallory Sq et décrivent une boucle dans la ville, avec 12 arrêts. Les trolleys (sortes de bus à l'ancienne) partent toutes les 15 à 30 minutes de 9h à 16h30 tous les jours. Le commentaire, un peu superficiel, donne un bon aperçu de l'histoire de Key West.

Key West Ghost & Mysteries Tour CIRCUITS FANTÔMES

(☎786-530-3122 ; www.keywestghostandmysteriestour.com ; départ circuits à l'angle de Duval St et Caroline St ; adulte/enfant 18/10 $; ⏲21h). Un circuit ludique, axé sur les fantômes, pour toute la famille (aucune grosse frayeur ne vous attend).

Fêtes et festivals

Key West Literary Seminar LITTÉRATURE
(www.kwls.org ; ⏲jan). Véritable fête pour les amoureux de littérature, cet événement de 4 jours attire des auteurs, poètes et historiens renommés de tout le pays (mais comptez des centaines de dollars pour y assister). La plupart des dédicaces et des présentations de livres ont lieu au **San Carlos Institute** (☎305-294-3887 ; www.institutosancarlos.org ; 516 Duval St ; ⏲12h-17h ven-dim).

Conch Republic Independence Celebration SOCIÉTÉ
(www.conchrepublic.com ; ⏲avr). Un hommage de 10 jours à l'indépendance conche. Batailles pour obtenir un poste public et course de drag-queens.

Hemingway Days Festival CULTURE
(www.fla-keys.com/hemingwaymedia/ ; ⏲fin juil). Organisé depuis longtemps, cet événement donne lieu à des festivités, une course de 5 km, un concours de pêche, des tournois de bras de fer, un concours de sosies de l'écrivain et une course de taureaux (avec de faux animaux sur roulettes).

WomenFest LGBT
(www.womenfest.com ; ⏲sept). L'un des festivals lesbiens les plus importants d'Amérique du Nord, la WomenFest dure 4 jours. Au programme : fêtes, soirées piscine, expositions artistiques, roller derby, brunchs, sorties en bateau au coucher du soleil, flag football, ainsi qu'une balade à vélo "tatouage et moustache". Des milliers de participants affluent de tous les États-Unis pour l'ambiance festive.

♥ **Fantasy Fest** CARNAVAL EXTRAVAGANT
(www.fantasyfest.net ; ⏲fin oct). Semblable aux festivités de Mardi Gras à La Nouvelle-Orléans, ce festival de 10 jours se compose de soirées burlesques, de défilés, de foires, de concerts et de nombreuses fêtes costumées. Les établissements rivalisent de décorations, et tout le monde revêt des costumes extravagants (ou se promène essentiellement nu, recouvert de peintures corporelles).

Goombay Festival SOCIÉTÉ
(www.goombay-keywest.org ; ⏲fin oct ; 👪). Durant la même semaine que le Fantasy Fest, ce festival célèbre la cuisine, la culture et l'artisanat bahaméens. Très familial, il dure 2 jours (généralement un vendredi et un samedi).

Où se loger

Entre les hôtels de charme (ou boutique-hotels), les B&B cosy et les complexes hôteliers quatre-étoiles, vous n'aurez que l'embarras du choix. Seuls les établissements bon marché se font rares. À moins de trouver un lit dans la seule auberge de jeunesse de la

LA CONCH REPUBLIC : UNE SEULE FAMILLE HUMAINE

Les Conchs (prononcez "conks") sont les habitants nés et élevés dans les Keys – une espèce rare. Les "transplantés" ne peuvent accéder qu'au titre de *freshwater Conch*, ou Conque d'eau douce. Vous verrez le drapeau de la Conch Republic partout dans l'archipel, ce qui nous amène à raconter l'histoire suivante :

En 1982, des agents des douanes et des frontières des États-Unis installèrent un barrage routier à Key Largo pour arrêter trafiquants de drogue et immigrés clandestins. Alors que les embouteillages et la colère s'amplifiaient, les touristes désertaient les Keys et visitaient plutôt les Everglades. Pour manifester leur indignation, des Conchs décidèrent de faire sécession. Ils formèrent la Conch Republic et proclamèrent trois déclarations (dans cet ordre) : la sécession d'avec les États-Unis ; une déclaration de guerre aux États-Unis et la capitulation ; la demande d'une aide étrangère de 1 million de dollars. Le barrage routier fut finalement levé et, tous les ans en février, les Conchs célèbrent l'anniversaire de ces jours grisants avec des fêtes sans fin et la devise : *We seceded where others failed* ("Notre sécession a réussi là où d'autres ont échoué", un jeu de mots entre *secede*, "faire sécession", et *succeed*, "réussir".)

Si la Conch Republic est amplement devenue un produit de marketing, elle ne déroge pas à sa devise officielle : *One Human Family* ("Une seule famille humaine"). Ce souci de tolérance et de respect mutuel est inhérent à l'esprit des Keys, où tout le monde est accepté, quelles que soient son orientation sexuelle, la couleur de sa peau ou sa religion.

ville, vous aurez du mal à vous loger pour moins de 300 $ par nuit en haute saison. Si certaines adresses sont plus centrales que d'autres, tous les hôtels de la vieille ville se situent à courte distance de l'animation.

Casablanca Key West PENSION **$$**
(☎305-296-0815 ; www.keywestcasablanca.com ; 900 Duval St ; ch 180-400 $; ❄). Dans la partie la plus calme de Duval St, le Casablanca est une pension sympathique de 8 chambres à l'élégance tropicale. Il s'agit d'une ancienne maison privée, qui a été construite en 1898 et a accueilli plusieurs personnalités au fil des ans, notamment Humphrey Bogart qui y a séjourné en 1937. Les chambres sont lumineuses, avec parquet et lits confortables. Certaines ont un petit balcon.

Old Town Manor BOUTIQUE-HÔTEL **$$**
(☎305-292-2170 ; www.oldtownmanor.com ; 511 Eaton St ; 200-310 $; ❄). S'il se considère comme un B&B (le petit-déjeuner est inclus), cet établissement ressemble plus à un hôtel de charme avec ses 14 chambres, éparpillées dans un jardin luxuriant, toutes décorées dans le style tropical habituel (les murs vert citron dans certaines chambres sont un peu trop voyants), avec un ameublement de qualité.

L'Habitation PENSION **$$**
(☎305-293-9203 ; www.lhabitation.com ; 408 Eaton St ; ch 200-250 $; ❄). Dans cette belle demeure classique des Keys, les hôtes séjournent dans de charmantes chambres aux douces couleurs tropicales, avec des lampes semblables à des sculptures contemporaines et des dessus-de-lit en patchwork. Le sympathique propriétaire parle français. La véranda en façade, ombragée de palmiers, est idéale pour paresser en regardant les passants.

Key West Bed & Breakfast B&B **$$**
(☎305-296-7274 ; www.keywestbandb.com ; 415 William St ; ch 90-280 $; ❄). Une option ensoleillée, vaste et pleine de touches artistiques : poteries peintes à la main, métier à tisser, mât de navire... Elle possède des chambres qui conviennent à tous les budgets.

Key Lime Inn HÔTEL **$$**
(☎800-549-4430 ; www.historickeywestinns.com ; 725 Truman Ave ; ch à partir de 200 $; P). Disséminées parmi des arbres tropicaux, ces chambres confortables et fraîches, peintes dans des tons verts, sont équipées d'une petite TV à écran plat et d'œuvres d'art ; certaines ont une porte-fenêtre qui donne sur un balcon. Commencez votre journée avec un café et un petit-déjeuner à côté de la piscine.

Chelsea House HÔTEL **$$**
(☎305-294-5229 ; www.historickeywestinns.com/the-inns/chelsea-house ; 707 Truman Ave ; ch basse/haute saison à partir de 200/250 $; P❄@). Ce duo de demeures victoriennes a tout pour séduire, avec ses chambres spacieuses aux grands lits confortables et à l'élégant décor. L'ambiance à l'ancienne des villas contraste agréablement avec la gaieté du personnel et des hôtes. Certaines chambres sont un peu exiguës et n'ont pas de fenêtre ; renseignez-vous avant de réserver. Le jardin tropical offre un cadre paisible après une journée de visite.

Caribbean House PENSION **$$**
(☎305-296-0999 ; www.caribbeanhousekw.com ; 226 Petronia St ; ch à partir de 159 $; P❄). Au cœur de Bahama Village, ce charmant cottage caribéen semblable à une maison de poupée se distingue par son ambiance joyeuse. Il compte 10 chambres aux couleurs vives sans rien d'extraordinaire, mais confortables et bon marché pour Key West. Les meilleures chambres ont un petit balcon.

Key West Youth Hostel & Seashell Motel AUBERGE DE JEUNESSE **$$**
(☎305-296-5719 ; www.keywesthostel.com ; 718 South St ; dort 55 $, d 120-240 $; P❄). Cette option ne remportera pas un prix de design, mais le personnel est aimable, et c'est l'une des seules adresses bon marché de l'île. Les dortoirs et les chambres de type motel ont du carrelage blanc au sol, mais les touches de couleur gaie dans certaines d'entre elles (jaune, bleue ou blanche) cassent un peu la monotonie des lieux. Le jardin à l'arrière est l'endroit idéal pour rencontrer d'autres voyageurs.

♥ **Mermaid & the Alligator** PENSION **$$$**
(☎305-294-1894 ; www.kwmermaid.com ; 729 Truman Ave ; ch hiver 330-380 $, été 230-290 $; P❄). Joyau parmi les superbes hôtels de Key West, cette pension occupe une demeure de 1904. Confort moderne, ambiance coloniale des Keys et touches amusantes caractérisent ses 9 chambres, toutes différentes.

Tropical Inn BOUTIQUE-HÔTEL **$$$**
(☎888-651-6510 ; www.tropicalinn.com ; 812 Duval St ; ch 275-500 $; ❄). Le Tropical Inn se

distingue par son service remarquable et ses chambres individualisées aménagées dans une demeure historique. Chacune d'elles est décorée dans des tons pastel lumineux – mangue, citron et vert d'eau. Le délicieux petit-déjeuner (inclus) se déguste dans la cour luxuriante, à côté d'une ravissante piscine.

Gardens Hotel HÔTEL $$$
(☎305-294-2661 ; www.gardenshotel.com ; 526 Angela St ; ch 400-700 $; P❄@≋). Cet hôtel de 17 chambres est situé dans les Peggy Mills Botanical Gardens, un authentique paradis tropical. Avec des accents caribéens, des meubles anciens, des parquets polis, des draps de créateur et des sdb en marbre, les chambres sont parmi les plus belles de Key West.

Saint Hotel BOUTIQUE-HÔTEL $$$
(☎305-294-3200 ; www.thesainthotelkeywest.com ; 417 Eaton St ; ch 360-700 $; ❄📶≋). Malgré sa proximité avec Duval St, cet hôtel évoque un monde disparu avec ses chambres luxueuses, son hall d'entrée au décor minimaliste chic, sa belle piscine agrémentée d'une cascade et son bar au design élégant. Les meilleures chambres ont un balcon donnant sur la piscine.

Seascape Tropical Inn B&B $$$
(☎305-296-7776 ; www.seascapetropicalinn.com ; 420 Olivia St ; ch 250-425 $; ❄📶≋). Si ce B&B avait existé à l'époque, Hemingway aurait pu y atterrir après ses célèbres beuveries ! Situé non loin de l'ancienne maison de l'écrivain, il loue 7 chambres, toutes décorées différemment, avec des édredons à motifs floraux et des œuvres d'art sur les murs. Les meilleures ont une porte-fenêtre donnant sur une terrasse privative.

Silver Palms Inn BOUTIQUE-HÔTEL $$$
(☎305-294-8700 ; www.silverpalmsinn.com ; 830 Truman Ave ; ch 280-400 $; P❄📶≋). 🍃 Égayé par une belle palette de couleurs – bleu roi, turquoise, vert tendre et jaune citron –, cet hôtel de charme se targue d'une certification écologique du Florida Department of Environmental Protection. Le tout dans une ambiance moderne de grand hôtel avec un zeste de charme tropical typique des Keys. Location de vélos et piscine d'eau de mer.

Lighthouse Court Inn BOUTIQUE-HÔTEL $$$
(☎305-294-5229 ; www.historickeywestinns.com/the-inns/lighthouse-court ; 902 Whitehead St ; ch à partir de 260 $; ❄📶≋). Un hôtel situé près de la maison de Hemingway, aux chambres parmi les plus jolies en ville. Toutes sont d'une élégante simplicité et les tons chauds de leur parquet s'harmonisent avec les couleurs douces et les touches tropicales. Affilié aux Historic Key West Inns.

Mango Tree Inn B&B $$$
(☎305-293-1177 ; www.mangotree-inn.com ; 603 Southard St ; ch 235-400 $; ❄📶≋). Un B&B sans prétention aux jolies chambres lumineuses, toutes décorées dans le style tropical chic – des meubles en rotin aux hibiscus épanouis. Piscine dans la cour. Les tarifs chutent à 150 $ en basse saison.

Santa Maria Suites Resort BOUTIQUE-HÔTEL $$$
(☎305-296-5678 ; www.santamariasuites.com ; 1401 Simonton St ; ch à partir de 450 $; P❄📶≋). Avec sa magnifique façade Art déco, le Santa Maria ne déparerait pas à South Beach, à Miami. Les suites, toutes de 2 chambres, présentent également des éléments rappelant l'opulence de Miami, avec ses intérieurs vastes et noyés de soleil, ses cuisines de designer et ses salons raffinés qui ouvrent sur une terrasse.

Curry Mansion Inn HÔTEL $$$
(☎305-294-5349 ; www.currymansion.com ; 511 Caroline St ; ch 250-390 $; P❄📶≋). Dans une ville riche en demeures majestueuses du XIXe siècle, la Curry Mansion, particulièrement belle, comporte tous les éléments d'une maison aristocratique, des colonnades typiques du Sud au belvédère de style Nouvelle-Angleterre et aux chambres floridiennes avec lits à baldaquin. Des bougainvilliers agrémentent la véranda caressée par la brise.

Truman Hotel HÔTEL $$$
(☎305-296-6700 ; www.trumanhotel.com ; 611 Truman Ave ; ch 320-400 $; P❄📶≋). À deux pas de Duval St, ces chambres amusantes sont équipées de lits moelleux, de meubles des années 1950, de tapis zébrés, de grandes TV à écran plat et de kitchenettes. Essayez d'obtenir une chambre à l'étage donnant sur la piscine (et non sur l'avenue) pour profiter d'une meilleure luminosité et ne pas souffrir du bruit. La piscine, bordée de palmiers, est particulièrement attrayante.

Où se restaurer

BO's Fish Wagon POISSON ET FRUITS DE MER $
(www.bosfishwagon.com ; 801 Caroline St ; plats 12-19 $, plats du jour déj 11-17 $; ⌚11h-21h30). Ce restaurant, aux airs de vieux bateau de pêche

échoué sur la côte, croule sous les bouées délavées et les plaques d'immatriculation rouillées accrochées à ses poutres en bois, et dans certains coins il n'est pas nécessaire de sortir pour pouvoir admirer la lune. Les poissons et fruits de mer sont fantastiques avec, au menu, beignets de conques, sandwichs au crabe et tacos de poisson.

Date & Thyme ALIMENTATION SAINE $
(305-296-7766 ; www.helpyourselffoods.com ; 829 Fleming St ; café 8h-16h, magasin 8h-18h ;). À la fois magasin et café, le Date & Thyme concocte de délicieux petits-déjeuners et déjeuners sains, ainsi que des smoothies et jus de fruits vitaminés. Goûtez un bol d'açai aux myrtilles, muesli et lait de coco au petit-déjeuner ou des spécialités comme le curry thaïlandais à la noix de coco, légumes variés et quinoa au déjeuner. Cour ombragée à l'avant, où des poules viennent picorer à vos pieds (ne les nourrissez pas).

5 Brothers Grocery & Sandwich Shop TRAITEUR $
(930 Southard St ; sandwichs 4-8 $; 6h30-15h lun-sam). Véritable institution à Key West, cette minuscule épicerie-traiteur sert un expresso à la cubaine des plus extraordinaires. Joignez-vous à la population locale le matin pour un *cafe con leche,* des pâtisseries à la goyave et des petits pains au bacon et aux œufs, ou arrêtez-vous dans la journée pour un savoureux sandwich au rôti de porc.

Garbo's Grill FUSION $
(www.garbosgrillkw.com ; 409 Caroline St ; plats 10-14 $; 11h-22h lun-sam). À l'écart des sentiers battus, le Garbo's prépare de délicieux tacos à garnir de mélanges originaux, comme les crevettes à la sauce mangue-gingembre, le barbecue coréen ou le mahi-mahi frais avec tous les accompagnements. Au menu également : burgers et hot-dogs gourmands. Les cuisines occupent une élégante caravane, face à une cour en brique ombragée avec tables.

Pierogi Polish Market EUROPÉEN DE L'EST $
(305-292-0464 ; 1008 White St ; plats 5-11 $; stand de pierogis 11h-19h lun-sam, boutique 10h-20h lun-sam, 12h-18h dim ; P). L'importante population d'ouvriers saisonniers des Keys vient essentiellement d'Europe centrale et de l'Est, et c'est au Pierogi Polish Market qu'ils peuvent retrouver un peu de leur pays en dégustant des *pierogis* et autres chaussons fourrés et des blinis, en plus d'une belle sélection de sandwichs. Bien qu'il s'appelle marché polonais, l'établissement propose aussi des plats de nombreuses autres origines (hongroise, tchèque, russe, etc.).

Glazed Donuts BOULANGERIE $
(305-294-9142 ; 420 Eaton St ; donuts 2-4 $; 7h-15h mar-dim ;). Cette ravissante boulangerie prépare d'excellents donuts. Aussi originales que Key West elle-même, les saveurs suivent les saisons ; marmelade d'orange sanguine, mangue et hibiscus, et bien entendu au citron vert. De bons cafés viennent compléter cette combinaison gagnante.

Thirsty Mermaid POISSON ET FRUITS DE MER $$
(305-204-4828 ; www.thirstymermaidkeywest.com ; 521 Fleming St ; plats 12-28 $; 11h-23h30 ;). Ce petit restaurant mérite des louanges pour ses plats savoureux et son atmosphère élégante et détendue. La carte célèbre les trésors gastronomiques de la mer, avec un bar à huîtres, du ceviche, des clams et même du caviar. Entre autres plats principaux, les Saint-Jacques grillées et le thon épicé au shichimi (mélange de 7 épices japonaises) et riz au jasmin sont fabuleux.

The Café VÉGÉTARIEN $$
(305-296-5515 ; www.thecafekw.com ; 509 Southard St ; plats 12-22 $; 9h-22h ;). L'établissement végétarien le plus ancien de Key West est un petit snack-bar ensoleillé le jour qui se transforme en un restaurant-bar animé et peu éclairé le soir venu. La cuisine est exceptionnelle, avec un choix éclectique de plats, comme le curry de légumes thaï, les boulettes de viande végétariennes italiennes, la pizza aux choux de Bruxelles émincés et le célèbre burger végétarien.

Mangia Mangia ITALIEN $$
(305-294-2469 ; www.mangia-mangia.com ; 900 Southard St ; plats 18-29 $; 17h30-22h). Dans une partie calme de Southard St, le Mangia Mangia cuisine des pâtes fraîches maison, accompagnées de délicieux fruits de mer variés, langouste et coquilles Saint-Jacques (poisson grillé et viande sont aussi au menu). Le cadre est douillet et l'atmosphère rétro, avec des murs lambrissés et des peintures tropicales. On peut aussi s'installer dans l'agréable jardin.

Six Toed Cat AMÉRICAIN $$
(305-294-3318 ; 823 Whitehead St ; plats 12-21 $; 8h30-17h). À quelques pas de la maison de Hemingway (p. 193), ce restaurant, qui a été

baptisé ainsi en l'honneur des chats à six doigts de l'auteur, sert des petits-déjeuners et des déjeuners simples, frais et copieux. La langouste Bénédicte à l'avocat devrait vous donner de l'énergie pour la journée, mais au déjeuner, ne manquez pas le délicieux sandwich aux crevettes frites.

Point5 FUSION $$

(☎305-296-0669 ; 915 Duval St ; petites assiettes 5-17 $; 18h-minuit ;). Plus sophistiqué que ses voisins de Duval St, le Point5 prépare des tapas fusion aux influences mondiales, allant de la salade de poulpe mariné aux aubergines à la sichuanaise et au tacos de porc mariné. Grand choix de vins au verre et sélection de cocktails novateurs.

Blue Macaw AMÉRICAIN $$

(☎305-440-3196 ; www.bluemacawkeywest.com ; 804 Whitehead St ; plats déj 12-16 $, dîner 19-34 $; 9h-22h ;). Le Blue Macaw sert des *fish and chips* bien cuisinés, des *quesadillas* aux champignons, des travers de porc et du thon au sésame grillé, mais c'est surtout l'atmosphère qui attire la plupart des clients. Les tables en plein air sont installées dans un patio agrémenté de fleurs tropicales. Musique live à partir de 11h. Autre bonus : les Bloody Mary à préparer soi-même.

Croissants de France FRANÇAIS $$

(☎305-294-2624 ; www.croissantsdefrance.com ; 816 Duval St ; plats 12-19 $; 7h30-21h ;). Ce charmant bistrot marie la gastronomie française à la cuisine caribéenne, et le résultat est, évidemment, succulent. Arrêtez-vous ici pour des œufs Bénédicte, du pain perdu brioché (en anglais "French toast") à la cannelle ou de délicieuses pâtisseries pour le petit-déjeuner, puis revenez au déjeuner pour un sandwich baguette, une quiche et des crêpes garnies aux baies. Le cadre recrée parfaitement l'esthétique caribéenne chic et cosy de Key West.

Mo's Restaurant CARIBÉEN $$

(☎305-296-8955 ; 1116 White St ; plats 10-21 $; 11h-22h lun-sam). Les mots "cuisine" "caribéenne" et "maison" utilisés ensemble impressionnent souvent les clients, mais ce n'est pas seulement le style de cuisine qui conquiert les cœurs, c'est aussi le goût. Les plats, essentiellement haïtiens, sont délicieux : les *pikliz* (*pickles*) épicés vont enflammer votre palais, brûlure délectable à calmer d'un *touffe légume*, sorte de ragoût de légumes accompagné de riz. Le vivaneau est le plat phare du restaurant.

El Siboney CUBAIN $$

(☎305-296-4184 ; www.elsiboneyrestaurant.com ; 900 Catherine St ; plats 8-19 $; 11h-21h30). Une gargote cubaine sans prétention, qui sert de généreuses et délicieuses portions de riz, haricots rouges et poulet au barbecue, porc rôti, plantains, le tout cuisiné avec art.

Seven Fish POISSON ET FRUITS DE MER $$

(☎305-296-2777 ; www.7fish.com ; 921 Truman Ave ; plats 20-34 $; 18h-22h mer-lun). Cet établissement sans prétention installé dans l'animée Truman Avenue est spécialisé dans les produits de la mer frais préparés et présentés avec soin. Goûtez aux pâtes au crabe et aux champignons shiitakés, aux pétoncles ou à la pêche du jour. Vous ne serez jamais déçu.

♥ **Blue Heaven** AMÉRICAIN $$$

(☎305-296-8666 ; www.blueheavenkw.com ; 729 Thomas St ; plats petit-déj et déj 10-17 $, dîner 22-35 $; 8h-22h30 ;). Preuve de l'importance de l'emplacement, ce restaurant est l'un des plus curieux de l'île. Les clients (et les poules circulant librement) envahissent le jardin rempli de plantes tropicales où Hemingway organisait jadis des matchs de boxe. L'endroit est bondé de convives qui se régalent de succulents petits-déjeuners (pancakes aux myrtilles) et de spécialités des Keys aux accents français, comme le vivaneau à queue jaune accompagné de beurre blanc au citron.

Nine One Five FUSION $$$

(☎305-296-0669 ; www.915duval.com ; 915 Duval St ; plats déj 14-22 $, dîner 26-45 $; 17h-23h lun-mar, 11h30-23h mer-dim ;). Un restaurant stylé qui contraste avec l'environnement chahuteur et alcoolisé de Duval St. Entrez dans cette salle immaculée, moderne et élégante pour savourer une nouvelle cuisine américaine inspirée de l'Asie. Tout est succulent, comme le saumon sauvage à l'orge perlé, poireaux et beurre blanc, ou les tortellonis sauce au pecorino et truffe noire émincée.

Café Solé FRANÇAIS $$$

(☎305-294-0230 ; www.cafesole.com ; 1029 Southard St ; plats 25-38 $; 17h-22h). Ce restaurant prisé des habitants et des critiques est réputé pour son ambiance chaleureuse et sa carte créative, pensée par un chef formé à la cuisine française, qui utilise des produits locaux. Entre autres délices, citons le carpaccio de conques aux câpres et la bouillabaisse de langouste.

Où prendre un verre et faire la fête

Key West est avant tout une succession de bars de toutes sortes, qui ferment aux environs de 4h du matin. Duval St est l'artère la plus connue pour des soirées festives ; elle est bordée de bars allant des établissements chics aux cabarets bruyants et fréquentés par les drag-queens. Les concerts sont de toutes les soirées.

Green Parrot BAR

(☎305-294-6133 ; www.greenparrot.com ; 601 Whitehead St ; ⏲10h-4h). Plus ancien bar de l'île, ce "perroquet vert", une *cantina* canaille, est ouvert depuis la fin du XIXe siècle. Décoré d'œuvres d'art s'alignant sur les murs et d'un parachute étendu au plafond, l'intérieur est un peu délabré, mais cela ne fait qu'ajouter à son charme, tout comme la clientèle haute en couleur, qui vient s'amuser. Le Green Parrot accueille d'excellents groupes, venus de Miami, La Nouvelle-Orléans, Atlanta, etc., pour jouer du rock aux accents funk, jazz cuivré, blues populaire et rythmes latinos. Pas de droit d'entrée.

Pilar Bar BAR

(☎305-294-3200 ; www.thesainthotelkeywest.com/pilar-bar ; 417 Eaton St ; ⏲13h-23h). À l'intérieur du Saint Hotel, ce petit bar convivial mérite une mention spéciale pour ses fabuleux Bloody Mary. C'est également un lieu fantastique pour un cocktail et des plats de pub de grande qualité, qui semble loin du tohubohu de Duval St.

Porch BAR

(☎305-517-6358 ; www.facebook.com/theporchkw ; 429 Caroline St ; ⏲11h-4h). Changeant agréablement des bars pour étudiants de Duval St, le Porch occupe une ravissante demeure de style caribéen, où l'on sert vin et bières artisanales d'un côté (entrée de gauche) et cocktails créatifs de l'autre (entrée de droite) dans un cadre joliment conçu, mais sans trop en faire.

Vinos on Duval BAR À VINS

(☎305-294-7568 ; www.vinosonduval.com ; 810 Duval St ; ⏲13h-1h). Situé du côté plus calme de Duval St, le Vinos propose un bon choix de vins du monde entier – tempranillos espagnols, malbecs argentins, cabernets sauvignons de Californie – dans un cadre douillet avec une pointe d'excentricité typique de Key West. Prenez place au bar pour discuter avec les membres de l'équipe, qui connaissent bien leur métier, à moins que vous ne préfériez la tranquillité d'une table sur la véranda.

Captain Tony's Saloon BAR

(☎305-294-1838 ; www.capttonyssaloon.com ; 428 Greene St ; ⏲10h-2h). Certains prétendent que le grand Sloppy Joe's, à proximité, était le bar de Hemingway, mais le Captain Tony's occupe bien l'emplacement du Sloppy Joe's d'origine, avant qu'il migre dans Duval St. C'est dans ce bar que l'écrivain rencontra sa troisième épouse, une journaliste venue l'interviewer.

Conch Republic BAR

(☎305-294-4403 ; www.conchrepublicseafood.com ; 631 Greene St ; ⏲12h-minuit). Dominant le front de mer, ce grand bar-restaurant est sympathique pour découvrir "l'esprit" Key West. Au programme : happy hour festive, clientèle bavarde et décontractée, brise insulaire et musique live (tous les soirs, de 18h à 22h, ainsi que les vendredis et samedis après-midi). Très bons poissons et crustacés (plats 15-30 $).

Vivez Joyeux BAR À VINS

(☎305-517-6799 ; www.vivez-joyeux.com ; 300 Petronia St ; ⏲15h-22h). Un bar à vins français qui ne manque pas de charme, avec une belle carte de vins de petits producteurs français ou américains. Il est également possible d'accorder ces vins à d'excellents fromages, charcuteries et autres en-cas.

Bourbon St Pub GAY ET LESBIEN

(☎305-294-9354 ; www.bourbonstpub.com ; 724 Duval St ; ⏲10h-4h). Une foule en liesse, d'excellents DJ et de beaux danseurs (qui se dandinent sur le bar à partir de 22h) : voilà ce qui a fait de cet établissement une institution de Duval St. Le bar-jardin à l'arrière, avec piscine et Jacuzzi, n'est ouvert qu'aux hommes. Des soirées avec vêtements facultatifs y sont parfois organisées.

Garden of Eden BAR

(224 Duval St ; ⏲12h-4h). Il faut monter jusqu'au dernier étage pour découvrir ce "jardin d'Éden", un bar en rooftop où les vêtements sont facultatifs. Sachez néanmoins que la plupart des clients restent habillés et qu'il est interdit de prendre des photos. Quoi qu'il en soit, la vue est belle, la clientèle éclectique aime s'amuser et l'étape est obligatoire lors de toute tournée des bars dans Duval St. Une adresse où l'on ne va pas jouer les voyeurs, mais bien danser !

Aqua GAY ET LESBIEN
(305-294-0555 ; www.aquakeywest.com ; 711 Duval St ; 15h-2h). Comptant parmi les meilleurs de l'île, le spectacle de drag-queens de l'Aqua attire tous types de spectateurs : gays, lesbiennes, hétéros, jeunes, vieux, couples, groupes... Soirée karaoké plusieurs soirs par semaine (lun-mer à l'heure actuelle).

Hog's Breath BAR
(305-296-4222 ; www.hogsbreath.com ; 400 Front St ; 10h-2h). Bon point de départ pour la tournée des bars de Duval St, un bar en plein air avec de bons groupes de rock et des Corona glacées.

Où sortir

La Te Da CABARET
(305-296-6706 ; www.lateda.com ; 1125 Duval St ; spectacle 20h30). Les habitants se retrouvent dans le bar en plein air pour siroter une bière, tandis qu'à l'étage la splendide Crystal Room accueille d'excellents numéros de drag-queens le week-end (entrée 26 $). Des spectacles de cabaret moins délirants ont lieu dans la salle-lounge du rez-de-chaussée. Le *Sunday tea dance*, thé dansant du dimanche (de 16h à 19h) près du bassin, constitue un excellent moyen de clore le week-end.

Virgilio's MUSIQUE LIVE
(305-296-1075 ; 524 Duval St ; 19h-3h, jusqu'à 4h jeu-sam). Un bar-lounge éclairé aux bougies où écouter du blues, du jazz ou de la salsa. Entrée dans Applerouth Lane.

Tropic Cinema CINÉMA
(877-761-3456 ; www.tropiccinema.com ; 416 Eaton St). Excellent cinéma d'art et d'essai à la façade Art déco.

Waterfront Playhouse THÉÂTRE
(305-294-5015 ; www.waterfrontplayhouse.com ; 310 Wall St, Mallory Sq). La plus ancienne troupe de théâtre de Floride présente d'excellentes comédies musicales et pièces de théâtre. La saison dure de novembre à avril.

Red Barn Theatre THÉÂTRE
(305-296-9911 ; www.redbarntheatre.org ; 319 Duval St ; billetterie 13h-20h mar-ven, 16h-20h sam-dim). Un petit théâtre confortable, avec des spectacles parfois avant-gardistes et toujours amusants.

Achats

Salt Island Provisions CADEAUX ET SOUVENIRS
(305-896-2980 ; 830 Fleming St ; 10h-18h). Une adresse idéale pour trouver des idées cadeaux, comme des bijoux fabriqués par des artisans locaux, des bougies à la cire d'abeille, du café bio, des livres de photographies sur la Floride et, bien entendu, du sel sous toutes ses formes : gommages au sel et sels de cuisine dans des infusions de merlot, sriracha, curry et truffe blanche.

Petronia Island Store ART ET ARTISANAT
(801 Whitehead St ; 10h-16h jeu-dim). Installée dans une partie de Whitehead St bordée de boutiques et de galeries, cette échoppe ensoleillée propose un beau choix de savons, de bijoux, de bougies, d'articles de papeterie et de vêtements en coton bio (avec dessus des sirènes, des marins et des pieuvres) pour les enfants. Tenu par des artistes, ce repaire branché vend des pièces véritablement uniques qui incarnent bien l'esprit créatif de Key West.

Books & Books LIBRAIRIE
(305-320-0208 ; www.booksandbookskw.com ; 533 Eaton St ; 10h-18h). La meilleure librairie indépendante de Miami possède une succursale à Key West, qui attire tous les littéraires de la ville. Beaucoup de titres d'intérêt local (particulièrement sur Key West et Cuba), de "choix du libraire" et de nouveautés inspirantes. Des dédicaces et des rencontres avec les auteurs sont régulièrement organisées.

Kermit's ALIMENTATION
(www.keylimeshop.com ; 200 Elizabeth St ; 9h-21h30). Véritable institution située à proximité de la mer, cette adresse offre sans doute tous les produits qu'il est possible de trouver en rapport avec le citron vert des Keys : sauce barbecue, bonbons, glaces... et même du vin. Les puristes préféreront sans doute une tarte (ou une mini-tarte) ou une glace au citron recouverte de chocolat.

Key West Dream Collection VÊTEMENTS
(305-741-7560 ; 613 Simonton St ; 10h-15h). Cette boutique merveilleusement éclectique sert de vitrine au côté créatif de Key West avec de beaux vêtements vintage, des tissus africains et des perles de verre, des livres et des œuvres d'auteurs et d'artistes locaux, voire des CD de groupes de Key West.

Leather Master CUIR
(418 Applerouth Lane ; 11h-22h lun-sam, 12h-17h dim). Outre les costumes de gladiateur, les slips cloutés et les masques SM, la boutique vend de très jolis sacs et chaussures.

Renseignements

Key West Chamber of Commerce (☎305-294-2587 ; www.keywestchamber.org ; 510 Greene St ; ⏰9h-18h). Une excellente source d'information.

Lower Keys Medical Center (☎305-294-5531 ; www.lkmc.com ; 5900 College Rd, MM 5, Stock Island). Ce centre médical possède un service d'urgences ouvert 24h/24.

Gay & Lesbian Community Center (☎305-292-3223 ; 513 Truman Ave ; ⏰9h-17h). Sert de centre d'accueil pour les voyageurs LGBT. Excellents conseils sur les restaurants, les bars, les hébergements et les activités d'extérieur à Key West.

Depuis/vers Key West

Le **Key West International Airport** (EYW ; ☎305-809-5200 ; www.eyw.com ; 3491 S Roosevelt Blvd) se situe près du S Roosevelt Blvd, du côté est de l'île. Des vols proviennent de certaines grandes villes américaines, comme Miami et New York. Les vols en provenance de Los Angeles et de San Francisco font d'abord escale à Tampa, Orlando ou Miami.

American Airlines (www.aa.com) propose plusieurs vols par jour. De l'aéroport de Key West, la courte course en taxi jusqu'à la vieille ville revient à environ 22 $.

Greyhound (☎305-296-9072 ; www.greyhound.com ; 3535 S Roosevelt Blvd) assure 2 bus par jour entre Key West et le centre de Miami (4 heures 30, 10-40 $ aller). Ils partent de Miami à 12h35 et 18h50 et de Key West à 8h55 et 17h45.

De Miami, vous pouvez rallier les Keys en bateau avec le **Key West Express** (☎239-463-5733 ; www.seakeywestexpress.com ; 100 Grinnell St ; adulte/senior/junior/enfant aller-retour 155/145/92/62 $, aller 95/95/68/31 $), qui part de la plage de Fort Myers tous les jours à 8h30 ; la traversée dure 3 heures 30. En sens inverse, le bateau quitte le port maritime à 18h. Présentez-vous 1 heure 30 avant le départ. En hiver, l'Express part également de Marco Island plusieurs fois par semaine (les prix et les horaires sont identiques à ceux des départs de Fort Myers).

Comment circuler

À Key West, le vélo constitue le meilleur moyen de locomotion (les hôtels du quartier de Duval St en louent pour environ 10 $ la journée). Pour les déplacements dans les environs de Duval St, la navette gratuite **Duval Loop** (www.carfreekeywest.com/duval-loop) fonctionne de 18h à minuit.

Autrement, vous pourrez emprunter le **Key West Transit** (p. 176), avec des bus à codes couleurs circulant toutes les 15 minutes environ ; louer des mobylettes, généralement à partir de 35 $/jour (60 $ pour une 2 places) ou des "Conch cruisers", voitures électriques pour touristes, ouvertes sur les côtés, qui roulent à 55 km/h environ et coûtent environ 140/200 $ par jour pour un 4/6 places.

A&M Scooter Rentals (☎305-896-1921 ; www.amscooterskeywest.com ; 523 Truman Ave ; vélo/scooter/voiture électrique à partir de 10/35/140 $ par jour ; ⏰9h-19h) loue des scooters, des vélos et des voitures électriques pouvant accueillir 4 à 6 personnes, avec livraison gratuite.

Le stationnement peut être difficile en ville. Il y a un **parking gratuit** dans Fort St, près de Truman Ave.

DRY TORTUGAS NATIONAL PARK

Il y a les îles des Keys reliées par une route pratique, puis il y a les autres : les plus jolies îles de l'archipel exigent quelques efforts supplémentaires.

Le **Dry Tortugas National Park** (☎305-242-7700 ; www.nps.gov/drto) peut se visiter dans la journée et dispose d'un camping pour passer la nuit sur place, donnant accès à une vraie rareté en Floride : une plage calme. Un centre d'information des visiteurs est installé à l'intérieur du Fort Jefferson.

Le Dry Tortugas National Park est le parc national le plus difficile d'accès des États-Unis. Accessible uniquement en bateau ou en hydravion, il récompense les courageux en leur offrant la possibilité de faire du snorkeling au milieu d'étonnants récifs coralliens riches en vie marine. Vous pourrez aussi voir un fort en briques du XIXe siècle joliment conservé. C'est l'une des plus imposantes fortifications des États-Unis, en dépit de sa situation à plus de 110 km au large de la côte de Key West.

Sur le papier, le Dry Tortugas National Park couvre un vaste territoire : plus de 180 km². En réalité, 1% seulement du parc (58 ha environ) est constitué de terre ferme, la majeure partie du parc se trouvant sous l'eau. La faune marine est riche : on peut voir des tarpons, de gros mérous et quantité de poissons tropicaux plus petits et colorés, sans parler des tortues.

Ponce de León baptisa ces sept îles Las Tortugas (Les Tortues) en raison des tortues de mer qui les habitaient. Ce sont les marins assoiffés, qui passaient sur place et n'y trouvaient pas d'eau, qui accolèrent ensuite l'adjectif *dry* (sec, aride) au nom. Dans les années qui suivirent, la Navy y établit un avant-poste, en raison de sa position stratégique dans le golfe du Mexique. Lors de la guerre de Sécession, **Fort Jefferson**, la principale construction des îles, était devenu une prison pour les déserteurs de l'Union et d'au moins quatre autres détenus, dont le Dr Samuel Mudd, arrêté pour complicité dans l'assassinat d'Abraham Lincoln. Cela valut à l'île un nouveau surnom : "Devil's Island" ou île du Diable – une appellation prophétique car une épidémie de fièvre jaune fit 38 morts en 1867, puis le fort fut abandonné après le passage d'un ouragan en 1873. Il rouvrit en 1886 en tant que lieu de quarantaine pour les malades de la variole et du choléra, fut déclaré monument national en 1935 par Franklin D. Roosevelt, et classé parc national par George Bush senior en 1992.

Vous pouvez venir pour une journée, ou deux si vous êtes prêt à camper sur place. **Garden Key** compte 10 emplacements (15 $/pers et par nuit), qui sont attribués aux premiers arrivés. Vous devrez réserver votre place des mois à l'avance auprès du ferry *Yankee Freedom III*, qui amène les voyageurs sur l'île et les reprend ensuite. Il y a des toilettes, mais pas de douche d'eau douce, ni même d'eau potable ; apportez tout ce dont vous aurez besoin. Vous pouvez rester jusqu'à 4 nuits sur place. Les eaux des environs se prêtent merveilleusement bien à la plongée et au snorkeling.

En mars et avril, vous pourrez voir de très nombreux oiseaux, qui s'adonnent même parfois à des combats aériens. Le lieu se prête aussi merveilleusement bien à l'observation des étoiles à toute époque de l'année.

ℹ Depuis/vers le Dry Tortugas National Park

Si vous possédez un bateau, les Dry Tortugas sont couvertes par la carte n°11438 du National Ocean Survey.

Les hydravions de **Key West Seaplanes** (☎305-293-9300 ; www.keywestseaplanecharters.com ; circuit demi-journée adulte/enfant 330/265 $, journée 578/462 $) peuvent prendre jusqu'à 10 passagers (temps de vol : 40 min dans chaque sens). Le circuit d'une demi-journée dure 4 heures, ce qui permet de rester 2 heures 30 sur l'île. L'excursion d'une journée dure 8 heures, ce qui permet de passer 6 heures sur l'île. Réservez au moins une semaine à l'avance. Les passagers de plus de 16 ans arrivant en avion doivent aussi payer 10 $ de plus (en liquide uniquement) pour l'entrée au parc. Les vols partent du **Key West International Airport** (p. 203).

Yankee Freedom III (☎800-634-0939 ; www.drytortugas.com ; Key West Ferry Terminal, 100 Grinell St) affrète un ferry rapide au départ de l'Historic Seaport (à l'extrémité nord de Margaret St). L'aller-retour coûte 170/125 $ par adulte/enfant et comprend un petit-déjeuner continental, un pique-nique pour le déjeuner, l'équipement de snorkeling et une visite de 45 minutes du fort Jefferson. Réservation conseillée.

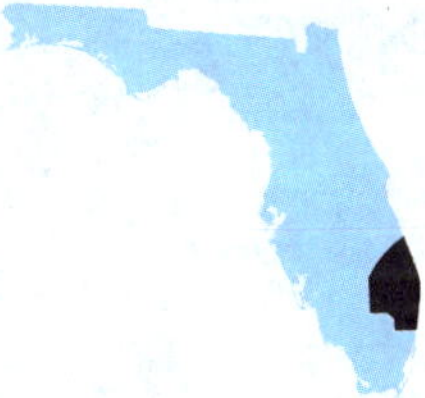

Sud-est de la Floride

3 902 740 HABITANTS / ☎ 954, 561, 772

Dans ce chapitre ➡

Le top des restaurants

- Būccan (p. 230)
- HMF (p. 230)
- Table 26 Degrees (p. 237)
- Burlock Coast (p. 214)
- Paradiso Ristorante (p. 224)

Le top des hébergements

- Grandview Gardens (p. 235)
- The Breakers (p. 229)
- Costa d'Este (p. 245)
- Parliament Inn (p. 222)
- Brazilian Court (p. 229)

Pourquoi y aller

Les charmantes villes côtières du sud-est de la Floride sont à des années-lumière de Miami et de sa population bling-bling et bronzée. Certaines sont élégantes, d'autres plus originales, toutes sont uniques. De Fort Lauderdale, aux multiples activités, et prisée des gays et des familles, à Palm Beach, sélecte et paisible, en passant par Lauderdale-by-the-Sea, vous aurez l'embarras du choix en matière d'aventure et de vie nocturne. Cette partie du littoral abrite aussi certaines des plus riches enclaves de Floride, comme en témoignent les demeures princières de Palm Beach.

Pour ceux que la nature attire davantage que les richesses ostentatoires, la région compte une pléthore de joyaux : îles retirées, marais envahis de mangroves, de rivières sauvages ou de dunes désertes.

Quand partir

Palm Beach

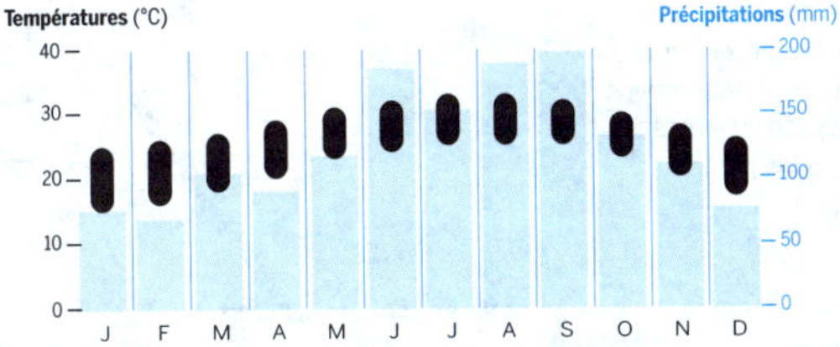

Mars-avril La folie du Spring Break ou quand des hordes d'étudiants fêtards envahissent les plages.

Juin-juillet Tarifs de basse saison et période de nidification des tortues.

Décembre-février Météo idéale pour la plage et tournois de tennis de Delray.

À ne pas manquer

1 Une balade dans les mangroves et le long de plages désertes du **Dr Von D. Mizell-Eula Johnson State Park** (p. 209).

2 Un matcha à siroter au **Morikami Museum & Japanese Gardens** (p. 221), lieu paisible de Delray Beach.

3 L'animation musicale et nocturne trépidante de Lake Worth, au **Bamboo Room** (p. 225).

4 Lèche-vitrines dans Worth Avenue, promenade sur le Lake Trail et farniente sur la plage, pour mener la grande vie sans rien dépenser à **Palm Beach** (p. 225).

5 Les nouveaux restaurants originaux proches de S Dixie Hwy, à **West Palm Beach** (p. 231).

6 Le **Loggerhead Marinelife Center** (p. 244) pour voir de près tortues luths ou caouannes en convalescence.

7 Une descente en kayak de la splendide Loxahatchee River à **Jupiter** (p. 239), pour observer cyprès des marais, mangroves et alligators paressant sur les berges.

GOLD COAST

Si le littoral atlantique qui s'étend sur une centaine de kilomètres entre Hollywood et Jupiter doit son nom (Côte d'Or) à l'or récupéré dans les épaves de la région, il le mériterait tout autant pour le sable de ses plages et l'opulence de ses habitants.

Deux itinéraires permettent de découvrir des aspects totalement différents de la côte : la Route 1, une jolie route paisible qui longe l'océan et des plages immaculées, et la Dixie Hwy, parallèle à la Route 1 dans les terres, jalonnée de bars de plongeurs et de diverses localités ouvrières. Chacune a son charme propre.

Hollywood

☎954 / 148 770 HABITANTS

Hollywood se veut la porte d'entrée de Fort Lauderdale. Elle se divise en deux : un front de mer animé et un centre historique agréable, quelques kilomètres plus à l'ouest. La plupart des visiteurs viennent pour le front de mer, qui a repris une bonne partie du commerce du Spring Break depuis que Lauderdale a chassé les fêtards. Concerts sur la plage, tournois de beach-volley et fêtes alcoolisées sont devenus le quotidien de Hollywood en mars. La cité tente aujourd'hui de redorer son image avec plusieurs constructions de style South Beach.

À voir

Anne Kolb Nature Center PARC

(www.broward.org/parks ; 751 Sheridan St ; entrée 2 $; 9h-17h30). Ce joli parc de 600 ha de mangrove côtière borde une rive du West Lake, tandis que l'autre rive accueille une aire d'activités (appelée West Lake Park, voir ci-dessous). La partie "sauvage", l'Anne Kolb Nature Center, est sillonnée de sentiers de randonnée et offre de jolies vues sur le lac. Un tel parc naturel est rare dans le comté de Broward. Heureusement, dans les années 1970, des écologistes ont pu le soustraire aux promoteurs pour préserver ses mangroves, ses zones humides et sa faune. Aujourd'hui, c'est une des zones naturelles les plus accessibles pour pratiquer le kayak, le vélo et la randonnée dans une région très bétonnée. Des croisières partent, à des horaires variables, de la marina de West Lake (tarif plein/-18 ans 5/3 $).

West Lake Park PARC

(☎954-357-5161 ; www.broward.org/parks/westlake-park ; 1200 Sheridan St ; location kayak 1/2/4 heures 14/24/30 $; 9h-17h). Reliée à l'Anne Kolb Nature Center, c'est la partie "aire d'activités" du lac, avec une marina, des courts de tennis et une aire de pique-nique. Vous pouvez traverser West Lake à la rame en suivant divers itinéraires signalés en rouge, blanc ou vert.

Hollywood Broadwalk PLAGE ET FRONT DE MER

À l'instar de la fameuse Venice Beach de Californie, cette plage et sa promenade sont fréquentées par des adeptes du roller court vêtus et par les touristes. La Broadwalk elle-même est une large allée de 4 km de long, qui part du joli North Beach Park et va jusqu'à **South Surf Road**. Elle est généralement bondée de skateurs, de promeneurs et de familles pédalant sur des rosalies.

Pour profiter au mieux de votre balade, le front de mer compte une dizaine de loueurs de vélos (10/30 $ par heure/jour), de rollers et de matériel de plage.

North Beach Park PARC

(3601 N Ocean Dr ; 11h-17h). GRATUIT C'est le nom officiel de la plage, même s'il existe bien un espace vert (qui évoque plutôt les banlieues) derrière la promenade, avec des tables de pique-nique et des barbecues.

Où se loger

Hollywood Beach Suites HÔTEL, AUBERGE $

(☎954-391-9441 ; www.hollywoodbeachsuitehotel.com ; 320 Arizona St ; ch à partir de 89 $; P ❄ @ ☎). Cet élégant complexe hôtelier est un dédale d'unités de motel chaulées d'allure vaguement marocaine, qui ont été rénovées depuis notre passage. Il se présente maintenant comme un boutique-hôtel. L'endroit est plutôt calme (à l'opposé d'un haut lieu de la fête), ce qui plaît aux familles. Planches de surf à disposition.

♥ Walkabout Beach Resort BOUTIQUE-HÔTEL $$

(☎954-272-6000 ; www.walkaboutbeachresort.com ; 2500 North Surf Rd ; d 174-259 $; ❄ ☎). On peut facilement passer à côté de ce petit hôtel rose pâle de style Art déco classique datant de 1947, installé sur la Broadwalk, face à la mer. Il n'y a que 8 chambres, toutes équipées d'une kitchenette et d'une table. Les sols en parquet et granito, les photographies en noir et blanc, le mobilier ancien et le petit bar d'inspiration exotique participent de l'ambiance balnéaire rétro du lieu. Lors de la fête nationale, le 4 juillet, vous serez aux premières loges pour admirer le feu d'artifice. La suite, situé dans la jolie "tour" ronde est un peu plus chère parce que plus grande. Il y a un petit bar de plage, devant l'établissement.

Sea Downs APPARTEMENTS **$$**
(☎954-923-4968 ; www.seadowns.com ; 2900 North Surf Rd ; app 148-169 $; P ❄ ᯤ). Ce petit endroit confortable et sans prétention au charme désuet propose studios et appartements équipés de tout le nécessaire. Il est situé près de la plage, ce qui fait oublier sa décoration surannée.

Seminole Hard Rock Hotel & Casino COMPLEXE HÔTELIER **$$$**
(☎866-502-7529 ; www.seminolehardrockhollywood.com ; 1 Seminole Way ; ch 249-600 $; ❄ ᯤ ≋). Ce monstre de style méditerranéen rassemble sous un seul toit des casinos, des restaurants, des salles de spectacle, un spa, 500 belles chambres et un excellent programme de concerts. Une piscine de 2 ha, semblable à un lagon, entoure un bar. On se croirait à Las Vegas !

Où se restaurer

Taco Beach Shack MEXICAIN **$**
(www.tacobeachshack.com ; 334 Arizona St ; tacos 4-10 $; ⌚12h-2h). Des branchés et des oisifs occupent les fauteuils en osier de cette *taquería* en plein air. La carte propose un mélange inattendu de saveurs ethniques, tels les tacos coréens aux travers de porc au *kimchi* (légumes fermentés). Lors des Margaritas Mondays ("lundis margaritas"), ces cocktails sont à 2 $.

ArtsPark CUISINE DE RUE **$**
(Young Circle, près de l'US 1 ; ⌚17h30-22h lun). Si vous êtes en ville le lundi, allez dans le centre jusqu'à l'ArtsPark, où vous trouverez une série de plusieurs food-trucks.

The Pikey PUB **$$**
(☎323-850-5400 ; www.thepikeyla.com ; 7617 W Sunset Blvd, Hollywood ; plats dîner 16-32 $; ⌚11h45-2h lun-ven, 10h30-2h sam-dim). Cette cantine savoureuse était au départ le Coach and Horses, un des bars les plus fréquentés de Hollywood, avant de se réinventer en lieu où déguster une *burrata* de bufflonne aux figues marinées, un tartare de poisson et ses *pickles* de rhubarbe et de fenouil, ou un *fish & chips* à la romaine avec sauce tartare. Les produits sont bio et locaux, les viandes viennent d'élevages raisonnés ; les cocktails sont délicieux.

Le Comptoir FRANÇAIS **$$**
(☎786-718-9441 ; lecomptoir.menubaron.com ; 1902 Harrison St ; plats 14-26 $; ⌚17h-22h). Un bistrot français en centre-ville d'un excellent rapport qualité/prix. Délicieuses moules à la sauce provençale ou au vin blanc, canard à l'orange, et succulents steaks nappés de sauce au poivre.

Le Tub AMÉRICAIN **$$**
(☎954-921-9425 ; www.theletub.com ; 1100 N Ocean Dr ; plats 9-20 $; ⌚11h-1h lun-ven, 12h-2h sam-dim). Orné uniquement de ce que la mer a rejeté sur Hollywood Beach, ce restaurant de burgers original est régulièrement élu "le meilleur des États-Unis" (par *GQ* notamment). Tout est préparé à la commande, dans une petite cuisine : préparez-vous à de l'attente, à la fois pour trouver place et pour être servi. Mais elle se justifie amplement.

Achats

Josh's Organic Garden ALIMENTATION
(angle Harrison et S Broadwalk ; ⌚9h-17h30 dim). Sous des tentes qui surplombent l'océan, Josh vend des fruits et des légumes garantis 100% bio, ainsi que des jus de fruits dans des gobelets en PLA (matériau biodégradable à base de maïs, comme les sacs qu'il fournit). Le soir, le surplus est donné à un foyer de sans-abri. Un stand de jus de fruits voisin prépare de succulents smoothies.

Comment s'y rendre et circuler

Un trolley à l'ancienne connu comme le **Sun Trolley** circule entre le centre de Hollywood et la plage. Le billet coûte 1 $; les arrêts sont signalés par des panneaux de couleur vive. L'attente peut être longue. (L'application mobile du Sun Trolley peut permettre de réduire le temps d'attente.)

Les bus du **Broward County Transit** (BCT ; www.broward.org/bct ; trajet/forfait 1j 2/5 $) relient Hollywood à Fort Lauderdale. Un trajet coûte 2 $.

Pour aller vers le nord et West Palm Beach ou vers le sud et Miami, rejoignez l'**aéroport international de Fort Lauderdale-Hollywood** (Fort Lauderdale-Hollywood International Airport, FLL ; ☎866-435-9355 ; www.broward.org/airport ; 320 Terminal Dr) avec le bus n°1 du BCT puis prenez le **Tri-Rail** (☎954-783-6030 ; www.tri-rail.com). Le bus n°4 suit Hollywood Blvd jusqu'au centre historique.

Se garer près de la plage à Hollywood tient du cauchemar ; si vous ne trouvez pas de place dans la rue (2 $/h), essayez le parking aérien à Margaritaville.

Dania Beach

954 / 29 640 HABITANTS

Dania ressemble à une extension de la banlieue de Hollywood ; ce qu'il reste de l'ancienne petite ville paisible, avec quelques boutiques d'antiquaires et son agréable digue de pêche, est en voie de disparition. Son principal intérêt est le Dr Von D. Mizell-Eula Johnson State Park, en lisière de la ville.

À voir

Dr Von D. Mizell-Eula Johnson State Park KAYAK, PLONGÉE

(954-923-2833 ; www.floridastateparks.org ; 6503 North Ocean Dr ; véhicule/vélo 6/2 $; 8h-crépuscule). Ancienne étape des contrebandiers à l'époque de la prohibition, la verdoyante Whiskey Creek est désormais un royaume du kayak. Bordé d'épaisse mangrove, l'itinéraire, peu profond et calme, serpente sur 2,4 km à travers le parc. Vous pourrez aussi profiter de 4 km de plages paisibles. À l'extrémité nord se trouve la crique de Port Everglades, d'où l'on voit passer les bateaux de croisière et les yachts, tandis qu'à l'extrémité sud se tient le port de pêche de Dania Beach. Le parc est aussi un important secteur de nidification des tortues et, au large, il couvre de très bons spots de snorkeling et de plongée.

À l'extrémité nord du parc, le Whiskey Creek Hideout loue des kayaks et des canoës (20 $/heure).

Où se restaurer

Tarks of Dania Beach POISSON ET FRUITS DE MER $

(954-925-8275 ; 1317 S Federal Hwy ; plats 6-15 $; 11h-22h). Installée depuis 1966, cette modeste échoppe de palourdes est désormais une institution locale. Une grande partie du minuscule intérieur est occupée par les fourneaux, sur lesquels mijotent les plats du jour. Le menu comporte généralement des palourdes à la vapeur, frites ou crues, ainsi que des crevettes, des huîtres, du crabe des neiges et des ailes de poulet épicées. Il y a parfois un monde fou mais la nourriture est si vite mangée que vous n'attendrez pas longtemps.

Jaxson's Ice Cream Parlor GLACIER $

(www.jaxsonsicecream.com ; 128 S Federal Hwy, Dania ; glace à partir de 5 $; 11h30-23h dim-jeu, 11h30-minuit ven, 12h-23h ;). Ouvert en 1956, l'établissement propose plus de 80 parfums de glaces maison.

Depuis/vers Dania Beach

Les bus du **Broward County Transit** (BCT ; 954-357-8400 ; www.broward.org/bct) desservent Dania et la relient à Fort Lauderdale. Un trajet coûte 2 $.

Pour vous rendre rapidement au nord à West Palm Beach ou au sud à Miami, gagnez le Fort Lauderdale-Hollywood International Airport à bord du bus BCT n°1 et prenez le **Tri-Rail**.

Fort Lauderdale

954 / 165 520 HABITANTS

Longtemps la destination privilégiée des bacchanales estudiantines du Spring Break, Fort Lauderdale vise maintenant une clientèle un peu plus âgée et sophistiquée ; le Martini remplace la tequila, et les concerts de jazz, les concours de T-shirts mouillés (il en existe toujours dans les confins du quartier des bars et des discothèques).

Peu de visiteurs s'éloignent de la côte, sauf peut-être pour dîner ou faire des achats dans Las Olas Blvd. Il est vrai que Fort Lauderdale met la barre haut : difficile de rivaliser avec ses plages, ses canaux, ses yachts somptueux, ses hôtels et restaurants haut de gamme.

Port Everglades, dans la ville, est l'un des ports de croisière les plus fréquentés au monde. De gigantesques navires partent chaque jour pour les Caraïbes, le Mexique et au-delà.

À voir

Bonnet House BÂTIMENT HISTORIQUE

(carte p. 210 ; 954-563-5393 ; www.bonnethouse.org ; 900 N Birch Rd ; adulte/enfant 20/16 $, jardins seulement 10 $; 10h-16h mar-dim). Cette jolie propriété de style colonial était jadis la demeure des artistes et collectionneurs Frederic et Evelyn Bartlett. Elle est désormais ouverte pour des visites guidées au fil de pièces et d'ateliers truffés d'œuvres d'art. Derrière la maison, 17,5 ha de luxuriants jardins tropicaux prospèrent, avec notamment l'une des plus belles collections d'orchidées du pays.

Fort Lauderdale Beach et promenade PLAGE ET FRONT DE MER

(carte p. 210 ; P). La promenade de Fort Lauderdale – une large allée en brique, ombragée de palmiers, qui longe la plage

Fort Lauderdale Beach

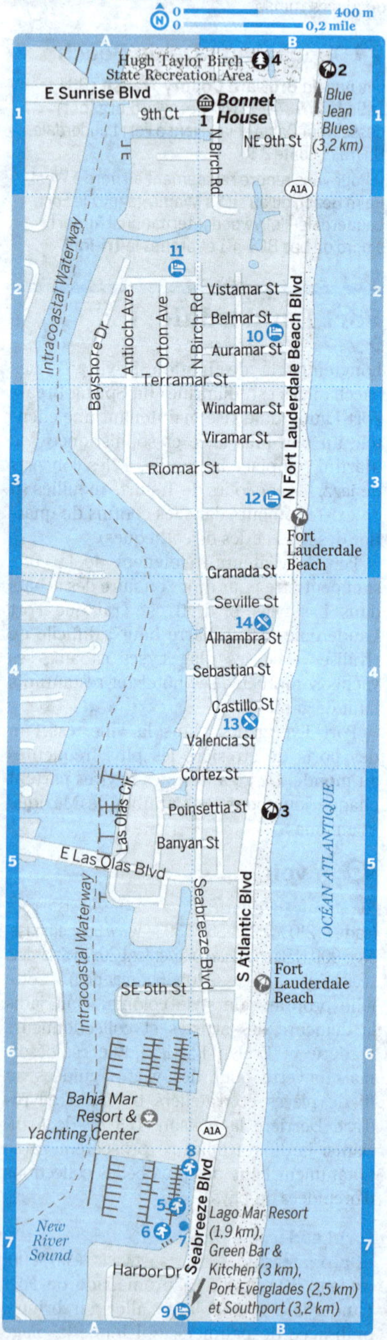

Fort Lauderdale Beach

parallèlement à l'A1A – attire les joggeurs, skateurs, marcheurs et cyclistes. De son côté, la plage de sable blanc est l'une des plus belles et propres du pays. S'étendant sur 12 km jusqu'à Lauderdale-by-the-Sea, elle comporte des tronçons plus particulièrement dévolus aux familles, aux gays ou aux promeneurs avec des chiens. Le canotage, la plongée, le snorkeling et la pêche y sont autant d'activités populaires.

Riverwalk SENTIER BORD DE L'EAU

(carte p. 214 ; www.goriverwalk.com). Longeant la New River, cette promenade au bord de l'eau serpente de la Stranahan House au Broward Center for the Performing Arts. Accueillant des dégustations gastronomiques et d'autres événements, la promenade dessert plusieurs sites, restaurants et boutiques.

Hugh Taylor Birch State Recreation Area PARC

(carte ci-contre ; ☎954-564-4521 ; www.floridastateparks.org/park/Hugh-Taylor-Birch ; 3109 E Sunrise Blvd ; véhicule/vélo 6/2 $; ⏲8h-crépuscule). Ce parc tropical, luxuriant, renferme l'un des derniers *hammocks* (des forêts où se mêlent chênes et espèces tropicales) du comté de Broward, des mangroves, des lagons d'eau douce (parfaits pour observer les oiseaux) et plusieurs espèces menacées d'animaux et de plantes (dont la tortue gaufrée). Vous pourrez pêcher, pique-niquer, arpenter le court Coastal Hammock Trail ou parcourir à vélo la route de 3 km du parc.

Stranahan House BÂTIMENT HISTORIQUE
(carte p. 214 ; ☎954-524-4736 ; www.stranahanhouse.org ; 335 SE 6th Ave ; tarif plein/étudiant 12/7 $; ⏲visites 13h, 14h, 15h). Construite en pin du comté de Dade, cette demeure est un bel exemple de l'architecture vernaculaire et l'une des plus vieilles de l'État. Elle servit à la fois de maison et de magasin à Frank Stranahan, natif de l'Ohio, qui bâtit un petit empire en commerçant avec les Séminoles, avant de se suicider en se jetant dans la New River à la suite de l'effondrement de la Bourse à la fin des années 1920. La maison, aux nombreux meubles d'origine, ouvre tous les jours pour les trois visites de 1 heure.

Les guides de la maison animent aussi une amusante balade de 1 heure en bateau-taxi, le River Ghost Tour (25 $/pers, visite de la maison incluse). Départ de la maison à 19h30 tous les dimanches.

NSU Art Museum Fort Lauderdale MUSÉE
(carte p. 214 ; ☎954-525-5500 ; nsuartmuseum.org ; 1 E Las Olas Blvd ; tarif plein/étudiant et 13-17 ans/-13 ans 12 $/5 $/gratuit ; ⏲11h-17h mar-sam, 11h-20h jeu, 12h-17h dim). Ce beau musée est réputé pour sa collection d'œuvres du peintre américain William Glackens (1870-1938) et ses expositions couvrant des thèmes fort divers, de l'art d'Europe du Nord à l'art contemporain de Cuba, en passant par le pop art américain et la photographie contemporaine. Nocturne le jeudi soir, avec des lectures, des films et des performances, et une happy hour au café du musée. Des cours et des ateliers sont également proposés. Consultez le site Internet pour plus de détails.

Museum of Discovery & Science MUSÉE
(carte p. 214 ; ☎954-467-6637 ; www.mods.org ; 401 SW 2nd St ; adulte/enfant 16/13 $; ⏲10h-17h lun-sam, 12h-18h dim ; 👪). Une grande sculpture (15 m) à énergie cinétique attend les visiteurs dans l'atrium de ce musée. Parmi les expositions ludiques, mentionnons Gizmo City et Runways to Rockets (consacré aux fusées). Également une exposition sur les Everglades et un cinéma IMAX.

Canine Beach PLAGE
(carte p. 210 ; angle Sunrise Blvd et N Atlantic Blvd ; permis week-end 7 $; ⏲15h-19h hiver, 17h-21h été). Cette plage qui accepte les chiens s'étend sur 100 m entre E Sunrise Blvd et le poste de sauvetage n°5.

Activités

♥ Atlantic Coast Kayak Company KAYAK
(☎954-781-0073 ; www.atlanticcoastkayak.com ; embarcadère du Richardson Historical Park, 1937 Wilton Dr ; location kayak heure/demi-journée 16/40 $; ⏲9h-17h). Une excellente alternative aux croisières consiste à louer un kayak au Richardson Park et à pagayer pendant 12 km (2 heures 30 à 3 heures) sur la Middle River, autour d'Island City. Des circuits en journée, au coucher du soleil ou au clair de lune (avec initiation, sandwichs gastronomiques et boissons sans alcool) sont aussi organisés régulièrement. Il suffit de se présenter sur place. Cours et location de paddle également.

♥ Sea Experience BATEAU, SNORKELING
(carte p. 210 ; ☎954-770-3483 ; www.seaxp.com ; 801 Seabreeze Blvd ; sortie snorkeling adulte/enfant 40/25 $; ⏲10h15 et 14h15 tlj ; 👪). Longez l'Intracoastal dans un bateau à fond de verre de 12 m, puis rejoignez l'océan pour du snorkeling sur un récif plein de vie entre 3 et 6 m de profondeur. Le circuit dure 2 heures 30. Également des sorties pour plusieurs sites de plongée sur épave.

Broward BCycle VÉLO
(☎754-200-5672 ; broward.bcycle.com ; 5 $/30 min). Fort Lauderdale est plat et facile à parcourir à vélo, en BCycle, le vélos en libre accès du Broward County, par exemple. On trouve des stations de BCycle dans toute la ville, ce qui permet de la visiter facilement. Le tarif maximal quotidien est de 50 $.

Water Taxi BATEAU-TAXI
(☎954-467-6677 ; www.watertaxi.com ; pass 1 jour adulte/enfant 26/12 $). C'est la plus intéressante visite officieuse de la ville. Les pilotes du bateau-taxi vous feront un récit vivant de Fort Lauderdale en parcourant ses voies navigables, d'Oakland Park Blvd au Riverwalk Arts District. D'autres trajets rejoignent Hollywood, le long de la côte. Consultez le site pour savoir où embarquer.

Bahamas Celebration CROISIÈRE
(☎800-995-3201 ; www.bahamascelebration.com ; croisières à partir de 180 $). On quitte Palm Beach dans l'après-midi, la traversée se fait

de nuit, puis on passe deux jours pleins sur l'île de Grand Bahama, avant un retour de nuit. Le bateau comporte plusieurs bars, un casino, quatre restaurants, un spa et un club pour enfants et les cabines vont de la plus grande sobriété au luxe total.

Fort Lauderdale Parasail PARACHUTE ASCENSIONNEL
(carte p. 210 ; ☎954-462-7266 ; www.facebook.com/ftlauderdaleparasail ; 1005 Seabreeze Blvd ; par pers 85-105 $). Pour admirer du ciel les demeures de Millionaires' Row, élevez-vous à 200 ou 300 m au-dessus des vagues, bien attaché à un énorme parachute coloré.

Fish Lauderdale PÊCHE
(carte p. 210 ; ☎954-805-3474 ; www.fishlauderdale.com ; 1 005 Seabreeze Blvd ; sortie pêche 125 $/h, jusqu'à 6 pers ; 8h-crépuscule). Les eaux au large de Fort Lauderdale foisonnent de marlins, espadons, vivaneaux, tarpons, wahoos, etc. Parmi les nombreux tour-opérateurs qui proposent des sorties de pêche, celui-ci possède 4 bateaux.

Circuits organisés

Gondola Man BALADE EN GONDOLE
(carte p. 214 ; ☎201-919-1999 ; www.gondolaman.com ; SE 1st Ave ; circuit 175 $). Explorez la "Venise américaine" à la faveur d'un romantique circuit à bord d'une véritable gondole vénitienne, avec musique de circonstance. La balade dure 1 heure 15 environ, et vous emmène sur les canaux en passant devant les résidences de célébrités.

Carrie B CROISIÈRE
(carte p. 214 ; ☎954-642-1601 ; www.carriebcruises.com ; 440 N New River Dr E ; circuits adulte/enfant 24/13 $; 11h, 13h et 15h, fermé mar-mer de mai à sept). À bord de cette réplique d'un bateau à aubes du XIXe siècle, un circuit commenté de 1 heure 30 fait découvrir le style de vie des riches et célèbres propriétaires des demeures qui bordent l'Intracoastal et la New River. Les circuits partent de Las Olas au niveau de SE 5th Ave.

Jungle Queen Riverboat CROISIÈRE
(carte p. 210 ; ☎954-462-5596 ; www.junglequeen.com ; 801 Seabreeze Blvd ; adulte/enfant 23,50/13 $; horaires variables). Ces croisières de 3 heures longent l'Intercoastal, le Millionaires' Row et une partie des Everglades sur un bateau à aubes. En plus des croisières quotidiennes, vous pourrez participer à une sortie de 4 heures en soirée, avec barbecue (départ à 18h). Crevettes ou côtelettes à volonté et animation assurée (adulte/enfant 43/23 $).

Où se loger

Island Sands Inn B&B $$
(☎954-990-6499 ; www.islandsandsinn.com ; 2409 NE 7th Ave, Wilton Manors ; ch 179-229 $; P ❄ 📶 🏊). Difficile de déterminer ce qui rend cet établissement si agréable et confortable, mais les serviettes de bain, la luxueuse literie (matelas et draps), les détails soignés (produits de toilette, mini-bar, micro-ondes, etc.) et la délicieuse atmosphère y sont pour beaucoup. Les hôtes, Mike et Jim, attentionnés mais jamais intrusifs, feront tout pour que votre séjour soit une réussite.

Tranquilo MOTEL $$
(carte p. 210 ; ☎954-565-5790 ; www.tranquilofortlauderdale.com ; 2909 Vistamar St ; ch 149-174 $ dim-jeu, 189-194 $ ven-sam ; P ❄ 📶 🏊). Avec sa nouvelle décoration "blanc sur blanc" très réussie, ce motel rétro des années 1950 affiche un excellent rapport qualité/prix pour les familles. Les chambres sont réparties dans 3 bâtiments, chacun doté de sa propre piscine. Certaines sont équipées de cuisines récemment rénovées et d'un accès aux barbecues extérieurs et à la laverie. Navette gratuite pour la plage, à 3 pâtés de maisons.

B Ocean Resort HÔTEL $$
(carte p. 210 ; ☎954-524-5551 ; www.bhotelsandresorts.com/b-ocean ; 1140 Seabreeze Blvd ; ch à partir de 150 $; P ❄ 📶 🏊). Marquant l'extrémité sud du Seabreeze Blvd, cet hôtel empiète sur la très populaire South Beach et a l'attrait d'une belle vue sur l'océan depuis la majorité de ses chambres. Édifié par M. Tony Sherman en 1956, il ressemble à un paquebot géant amarré au trottoir. Aménagé sous sa "ligne de flottaison", le Wreck Bar (p. 216), est pourvu d'une rangée d'épais vitrages donnant sur les profondeurs de la piscine, où des sirènes se donnent en spectacle le week-end à 18h30.

Premiere Hotel HÔTEL $$
(carte p. 210 ; ☎954-566-7676 ; www.premierehotel.com ; 625 N Fort Lauderdale Beach Blvd ; ch à partir de 159 $, ste à partir de 249 $; P 📶 🏊). Cet endroit familial, rénové récemment, est assez grand pour être bien équipé, avec un petit bar/café, et une carte de plats, mais assez petit pour ne pas ressentir l'anonymat d'un complexe hôtelier. À l'écart des foules et pourtant face à la plage, il offre des chambres simples, blanches, et des studios

avec kitchenette. Un choix sûr, d'un bon rapport qualité/prix, surtout en basse saison.

Riverside Hotel HÔTEL $$

(carte p. 214 ; ☎954-467-0671 ; www.riversidehotel.com ; 620 E Las Olas Blvd ; ch/ste à partir de 219/479 $; P ❄ wifi piscine). Ce monument de Fort Lauderdale (1936), idéalement situé dans le centre, à Las Olas, avec son air grandiose et son épaisse moquette à motifs, offre deux types de chambres : "affaires" dans une tour récente de 12 étages, les autres dans le bâtiment historique de 1936. Les chambres classiques qui donnent sur Las Olas sont les meilleures. Service de voiturier 27 $ la nuit.

♥ **Lago Mar Resort** COMPLEXE HÔTELIER $$$

(☎954-523-6511 ; www.lagomar.com ; 1700 S Ocean Lane ; ch 300-700 $; P ❄ @ piscine). À l'extrémité sud de South Beach, ce superbe complexe indépendant réussit un sans-faute : plage privée, majestueux hall d'entrée, immenses chambres sur le thème des îles, spa, restaurants, piscine de style lagon entourée de plantes tropicales, personnel sympathique et gestion familiale. Atmosphère sans affectation mais avec une politesse à l'ancienne, on s'y sent comme dans une pension bien tenue.

♥ **W Fort Lauderdale** HÔTEL $$$

(carte p. 210 ; ☎954-414-8200 ; www.wfortlauderdalehotel.com ; 401 N Fort Lauderdale Beach Blvd ; ch à partir de 284 $; P ❄ @ wifi piscine). Avec une façade semblable à deux voiles géantes et un intérieur digne d'un clip de Jennifer Lopez, le W est le rendez-vous des célébrités. L'immense hall invite à la détente et comprend un salon argent et bleu, un bar à l'éclairage tamisé ainsi qu'une terrasse bordée de transats.

Pineapple Point PENSION $$$

(☎888-844-7295 ; www.pineapplepoint.com ; 315 NE 16th Tce ; ch 329 $; P ❄ @ wifi piscine). Cachée dans un paisible quartier résidentiel, cette pension attire une clientèle gay fidèle. Les suites et appartements lumineux et stylés, entourent piscines, Jacuzzi et espaces ombragés. L'happy hour quotidienne favorise les rencontres. Le personnel, charmant, connaît les meilleurs bars et restaurants gays de la ville.

Où se restaurer

Lester's Diner DINER $

(☎954-525-5641 ; www.facebook.com/lestersdiner ; 250 W State Rd 84 ; plats 4-17 $; ⏲24h/24 ; enfants). Ce *diner* fait la joie de sa clientèle depuis la fin des années 1960. Hommes d'affaires, fêtards, retraitées aux cheveux bleutés ou écrivains-voyageurs, tout le monde finit par s'y retrouver.

Tacocraft MEXICAIN $

(carte p. 214 ; www.tacocraft.com ; 204 SW 2nd St ; plats 5-15 $; ⏲11h30-minuit). Parmi la floppée de bars et de restaurants originaux de la rue, cette *taqueria*-bar à tequila offre une bonne ambiance, des boissons encore meilleures et de très bons tacos. La clientèle de jeunes et de *hipsters* plus âgés vient ici pour les tacos au thon ou à la poitrine de porc, inventés par le chef (un vrai mexicain). Tacos à 3 $ le mardi.

Gran Forno Bakery BOULANGERIE $

(carte p. 214 ; ☎954-467-2244 ; gran-forno.com ; 1235 E Las Olas Blvd ; plats 6-12 $; ⏲7h-18h). Cette boulangerie-café italienne à l'ancienne est une bonne adresse d'en-cas à emporter du centre-ville : délicieuses parts de pizzas, *ciabatta* dorées garnies de jambon, de poivrons grillés et de pesto, pâtisseries croustillantes et bien d'autres délices.

Louie Bossi's ITALIEN $$

(www.louiebossi.com ; 1032 E Las Olas Blvd ; plats 16-30 $; ⏲11h-23h lun-jeu, 11h-1h ven-sam, 10h-tard dim). Chez Bossi, les serveurs ne chôment pas... Dans le brouhaha ambiant des conversations, ils s'empressent de moudre le poivre ou de saupoudrer votre assiette de parmesan. Les pizzas sont enfournées à 900° toutes les 90 secondes. On se croirait presque à Rome !

Casablanca Cafe MÉDITERRANÉEN $$

(carte p. 210 ; ☎954-764-3500 ; www.casablancacafeonline.com ; 3049 Alhambra St ; plats 10-34 $; ⏲11h30-2h). Essayez de trouver une place sur la terrasse à l'avant pour profiter de la vue sur l'océan, toute floridienne, et de la cuisine méditerranéenne de cet établissement à la décoration orientalisante. La nourriture n'est pas renversante, c'est surtout l'emplacement qui compte. Concerts du mardi au samedi. Les clients aiment boire un verre au piano bar.

♥ **Green Bar & Kitchen** VÉGAN $$

(☎954-533-7507 ; www.greenbarkitchen.com ; 1075 SE 17th St ; plats 8-12 $; ⏲11h-21h lun-sam, 9h-15h dim ; végétarien). Découvrez des saveurs inédites et des plats novateurs dans ce restaurant végétalien installé dans une petite zone commerciale un peu excentrée. Ici, les lasagnes sont à base de courgettes, ricotta de macadamia et tomates séchées, le

Fort Lauderdale

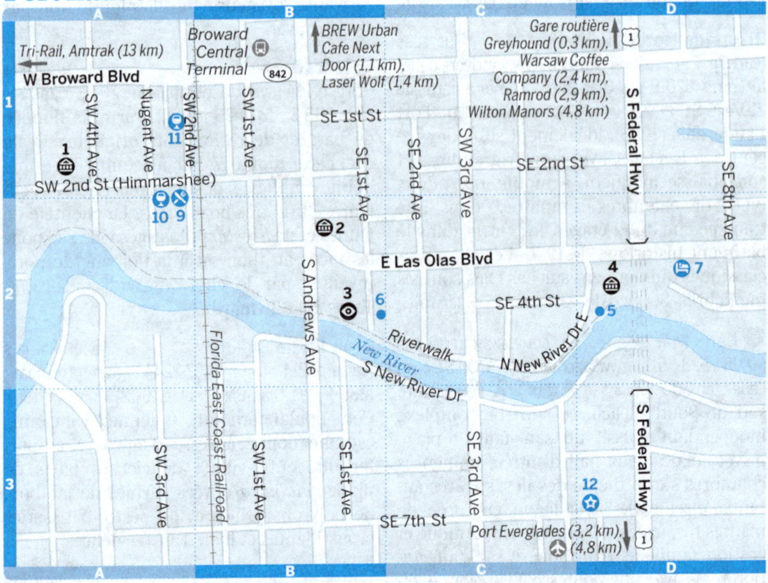

lait d'amandes remplace les produits laitiers dans les smoothies et le beurre de noix de cajou est un délice.

Burlock Coast INTERNATIONAL **$$$**
(carte p. 210 ; 954-302-6460 ; www.burlockcoast.com ; Ritz Carlton, 1 N Fort Lauderdale Beach Blvd ; plats 14-40 $; 7h-22h lun-ven, 12h-17h sam-dim). À la fois café, bar, restaurant à la cuisine de marché et établissement haut de gamme, cet endroit au chic décontracté, installé dans l'enceinte de l'hôtel Ritz Carlton, parvient à satisfaire tout le monde. La carte suit le mantra en vogue : producteurs locaux. Elle change régulièrement mais tend vers une cuisine moderne internationale, poitrine de porc à la polenta aux truffes noires ou simple *fish & chips*.

15th Street Fisheries POISSON ET FRUITS DE MER **$$$**
(954-763-2777 ; www.15streetfisheries.com ; 1900 SE 15th St ; plats bar 6-16 $, plats restaurant 26-38 $; P). Niché dans la marina et pourvu d'une large terrasse donnant sur les yachts, cet établissement est parfait pour un dîner au bord de l'eau. Le chaleureux intérieur en bois est aménagé à la manière d'une péniche de la Floride d'antan. À l'étage se trouve le restaurant gastronomique, doublé d'un bar côté quai, à l'ambiance plus décontractée, où l'on sert des crevettes, du *crab cake* et du *mahi-mahi* grillé. Le week-end, concerts de 18h à 22h. Vous pourrez aussi vous rendre au Fisheries en bateau-taxi.

Casa D'Angelo ITALIEN **$$$**
(954-564-1234 ; casa-d-angelo.com ; 1201 N Federal Hwy ; plats 26-50 $; 17h30-22h30). Le chef Angelo Elia, qui dirige cette fabuleuse maison spécialisée dans les plats de la Toscane et du sud de l'Italie, y met en œuvre nombre des recettes héritées de sa mère. Les ingrédients de saison y expriment leurs saveurs intenses et leurs textures exquises : tomates gorgées de soleil, roquette poivrée, bar moelleux et glace à la cannelle au goût bien prononcé. Le restaurant est fort de l'une des plus belles cartes des vins de l'État.

Où prendre un verre et faire la fête

Les bars de Fort Lauderdale peuvent rester ouverts jusqu'à 4h le week-end et 2h en semaine. De très bons bars et pubs bordent SW 2nd St dans Himmarshee Village, et la plage compte de nombreux bars en plein air.

BREW Urban Cafe Next Door CAFÉ
(954-357-3934 ; www.facebook.com/brewnextdoor ; 537 NW 1st Ave ; 7h-19h ;). Malgré son nom compliqué, le Brew est le bar

Fort Lauderdale

À voir

1 Museum of Discovery & Science A1
2 NSU Art Museum Fort Lauderdale B2
3 Riverwalk B2
4 Stranahan House D2

Activités et circuits organisés

5 Carrie B. D2
6 Gondola Man B2

Où se loger

7 Riverside Hotel D2

Où se restaurer

8 Gran Forno Bakery F2
9 Tacocraft A2

Où prendre un verre et faire la fête

10 Rok:Brgr A2
11 Stache A1

Où sortir

12 Savor Paradiso D3

le plus décontracté de Fort Lauderdale, un café génial situé dans un atelier semi-abandonné, plein de rayonnages de livres. On dirait qu'une bibliothèque de lord anglais s'est égarée dans une fête de loft des années 1980. On se sent un peu perdu, mais le café est très bon.

Stache BAR À COCKTAILS

(carte ci-dessus ; ☎954-449-1044 ; stacheftl.com ; 109 SW 2nd Ave ; ⏰8h-17h lun-jeu, 8h-4h ven, 20h-4h sam). Les clients de ce joli bar des années 1920 profitent de cocktails préparés avec brio, servis sur un fond judicieusement choisi de rock/funk/soul/R&B. Le week-end, il y a des concerts, des spectacles burlesques et du monde sur la piste de danse. Affichez ici vos plus beaux atours : les habitués sont plutôt branchés. Café en journée, il n'ouvre tard que le week-end.

Rok:Brgr PUB

(carte ci-dessus ; ☎754-525-7656 ; www.rokbrgr.com ; 208 SW 2nd St ; ⏰11h30-minuit lun-jeu, 11h30-2h ven-sam, 11h30-23h dim). Avec ses murs de briques apparentes, ses ampoules à incandescence, son style industriel et ses cocktails évoquant la Prohibition, le Rok:Brgr cherche à recréer – avec succès – une ambiance de pub du Chicago des années 1920. La cuisine est plutôt de style gastropub contemporain : burgers gourmands garnis d'ingrédients locaux.

Warsaw Coffee Company CAFÉ

(www.warsawcoffee.com ; 815 NE 13th St ; ⏰7h-22h lun-sam, 7h-18h dim). Un lieu pour les vrais amateurs de café. Dans un espace de style industriel où dominent béton, chaise métalliques et grandes baies vitrées, le café est fabuleux, quoique cher – mais les bons cafés ont un prix. L'extérieur n'est, hélas, pas très engageant – un parking donnant sur une route –, mais le reste du décor est parfait. Viennoiseries délicieuses, également.

The Living Room Lounge BAR

(carte p. 210 ; ☎954-414-8300 ; www.wfortlauderdalehotel.com/living-room ; The W Hotel, 401 N Fort Lauderdale Beach Blvd ; ⏰11h-1h lun-jeu, 11h-2h ven-sam, 11h-minuit dim). W Fort Lauderdale (p. 213), l'hôtel le plus chic de la ville, est fier de son Living Room Lounge, fraîchement rénové. Conçu pour être accessible et décontracté, ce bar spacieux et sans chichis offre une ambiance un cran au-dessus en matière de style et de clientèle.

Laser Wolf BAR

(☎954-667-9373 ; 901 Progresso Dr, Suite 101 ; ⏰18h-2h lun-jeu, 18h-3h ven, 20h-3h sam). Le

Wolf ne fait pas dans la sophistication mais sa longue carte des boissons et les œuvres d'artistes locaux décorant les murs attirent une clientèle intellectuelle et avant-gardiste qui sait faire la fête.

Wreck Bar BAR

(Sheraton Fort Lauderdale ; carte p. 210 ; ☎954-524-5551 ; 1140 Seabreeze Blvd ; ⏲17h30-23h30). Après un cocktail de trop, vous vous demanderez peut-être si vous avez des visions en voyant trois ou quatre sirènes séduisantes nager derrière les "hublots" du Wreck Bar. Notre conseil : ne vous posez pas de questions et profitez pleinement de ce moment kitschissime. Le spectacle commence à 18h30, mais venez avant si vous souhaitez avoir une place assise.

Rosie's BAR

(☎954-563-0123 ; www.rosiesbarandgrill.com ; 2449 Wilton Dr ; ⏲11h-23h). Un bar gay sans prétention, hétéro-friendly, avec un délicieux patio extérieur, une solide cuisine américaine au menu et un brunch très fréquenté, le dimanche.

Ramrod CLUB

(www.ramrodbar.com ; 1508 Wilton Dr ; ⏲15h-2h). Un club cuir avec beaucoup de choses à expérimenter (sur la piste de danse ou lors des soirées à thèmes régulières), le Ramrod est hardcore dans tous les sens du terme. Si vous vous demandez pourquoi, il n'est peut-être pas fait pour vous.

Georgie's Alibi CLUB

(www.alibiwiltonmanors.com ; 2266 Wilton Dr, Wilton Manors ; ⏲11h-2h). Georgie's, monument gay de Wilton Manors, est un club où on peut entendre des hits country ou du Top 40, où les boissons sont bon marché après 21h, avec des spectacles très populaires (voir le site Internet).

The Manor CLUB

(www.themanorcomplex.com ; 2345 Wilton Dr ; ⏲20h-4h). Un night-club impressionnant qui voit passer chanteurs et comiques connus dans tout le pays, avec une clientèle jeune (18-30 ans) et une piste de danse échevelée. Soirées latino le samedi.

☆ Où sortir

♥ Savor Paradiso CINÉMA

(Cinema Paradiso ; carte p. 214 ; ☎954-525-3456 ; www.fliff.com ; 503 SE 6th St). Cet étonnant cinéma, aux sièges revêtus de velours, ressemble à une église. Y sont programmés des festivals, des films indépendants et européens et de nombreux événements pour les enfants. Les événements et autres films sont annoncés sur la page Facebook.

Blue Jean Blues JAZZ

(☎954-306-6330 ; www.bjblive.com ; 3220 NE 33rd St ; en-cas 9-17 $; ⏲11h-2h dim-jeu, 11h-3h ven-sam). Délaissez un peu la plage pour une agréable soirée jazz et blues dans ce petit bar de quartier. Concerts 7 soirs et 4 après-midi par semaine, avec les meilleurs groupes de musique du sud de la Floride. De l'East Sunrise Blvd, prenez la direction du nord sur 3,7 km puis tournez à gauche dans NE 33rd Street. On y sert burgers, pizzas et autres en-cas.

FORT LAUDERDALE GAY ET LESBIEN

Si South Beach demeure une destination favorite des voyageurs gays, Fort Lauderdale commence à la concurrencer. Comparée à South Beach, Fort Lauderdale est un peu plus revendicative et un brin moins élitiste. Les hordes de garçons qui viennent y faire la fête ou s'y installer font le charme des lieux.

Fort Lauderdale compte plusieurs dizaines de bars et discothèques gays, de nombreuses pensions gays et deux quartiers résidentiels gays. Juste au nord-est du centre-ville de Fort Lauderdale, **Victoria Park** est le rendez-vous incontournable des homosexuels. Un peu plus au nord, **Wilton Manors** a été plus récemment investi par la bourgeoisie gay et offre une vie nocturne trépidante.

Le Rosie's (voir ci-dessus) est un modeste troquet de quartier. Le Manor (voir ci-dessus) est réputé pour ses spectacles et sa piste de danse légendaire et Georgie's Alibi (voir ci-dessus) est renommé pour sa soirée du mercredi, où se produit Cashetta, un fabuleux humoriste travesti. Il existe même un club cuir, le Ramrod.

Les pensions gays sont légion ; consultez www.gayftlauderdale.com. L'hebdomadaire *Hot Spots* (www.hotspotsmagazine.com) informe sur l'actualité de la vie nocturne gay. Le site www.jumponmarkslist.com fournit une liste exhaustive de toutes les activités gays.

Achats

Swap Shop
MARCHÉ

(www.floridaswapshop.com ; 3291 W Sunrise Blvd ; ⏲9h-17h lun-ven, 8h-18h30 sam, 7h30-18h dim). Le plus grand marché aux puces de l'État, et peut-être l'endroit le plus amusant pour le shopping, s'étend sur plusieurs hectares au nord-ouest du centre-ville. Y sont vendus à l'étal toutes sortes d'objets, des sous-vêtements aux anciens bocaux de biscuits et aux flamants roses de jardin, dans une ambiance festive avec mariachis, stands de hot-dogs et un cinéma drive-in à 14 écrans.

Depuis/vers Fort Lauderdale

Fort Lauderdale dispose de son propre **aéroport international** (p. 209).

Si vous êtes motorisé, sachez que l'I-95 et le Florida's Turnpike courent du nord au sud et desservent Fort Lauderdale. L'I-595, la principale artère est-ouest, coupe l'I-95, le Florida's Turnpike et la Sawgrass Expressway. Elle rejoint aussi l'I-75, qui rallie la côte ouest de la Floride.

AVION

Le **Fort Lauderdale-Hollywood International Airport** (p. 209) est situé en bordure de l'I-95, entre Lauderdale et Hollywood. Après de gros investissements et un agrandissement récent, il compte quatre terminaux, utilisés par plus de 35 compagnies aériennes, dont beaucoup de low-cost, avec des vols directs vers l'Europe.

De l'aéroport, comptez 20 minutes en voiture pour rejoindre le centre-ville (25 $ en taxi).

BATEAU

Le port de croisière **Port Everglades** (www.porteverglades.net ; 1850 Eller Drive) est l'un des plus actifs au monde, accueillant à la fois des bateaux de croisière et porte-containers. De là, rejoignez à pied SE 17th St et prenez le bus n°40 jusqu'à la plage ou le Broward Central Terminal.

Si vous venez à Fort Lauderdale avec votre propre bateau, rendez-vous au **Bahia Mar Resort & Yacht Center** (carte p. 210 ; ☎954-627-6309 ; www.bahiamarhotel.com ; 801 Seabreeze Blvd ; ⏲7h-18h).

BUS

La **gare routière Greyhound** (☎954-764-6551 ; www.greyhound.com ; 515 NE 3rd St) se situe à quatre pâtés de maisons du Broward Central Terminal, la gare routière centrale des bus de la région.

TRAIN

Le **Tri-Rail** (☎954-783-6030 ; www.tri-rail.com ; 6151 N Andrews Ave) circule entre Miami et Fort Lauderdale (aller 5 $, 45 min) ; un réseau de bus organise des correspondances gratuites. La plupart des gares disposent d'un parking gratuit. Prévoyez des marges pour les retards. **Amtrak** (☎800-872-7245 ; www.amtrak.com ; 200 SW 21st Tce) utilise également les voies du Tri-Rail.

Comment circuler

Le **Sun Trolley** (☎954-876-5539 ; www.suntrolley.com ; ticket/pass journée 1/3 $) relie Las Olas et les plages de 9h30 à 18h30, du vendredi au lundi.

Les bus du **Broward County Transit** (p. 209) circulent entre le centre-ville, la plage et Port Everglades. Du **Broward Central Terminal** (carte p. 214 ; 101 NW 1st Ave), le bus n°11 rejoint le haut de Fort Lauderdale Beach et Lauderdale-by-the-Sea ; le bus n°4 dessert Port Everglades et le bus n°40 rallie la 17th St et les plages.

Amusant, le **Water Taxi** (p. 211) jaune sillonne les canaux et les cours d'eau entre la 17th St au sud, Atlantic Blvd/Pompano Beach au nord, le Riverwalk à l'ouest et l'océan Atlantique à l'est. Également des liaisons pour Hollywood (15 $/pers).

Lauderdale-by-the-Sea

☎954 / 6 390 HABITANTS

À la fin des années 1800, le sud de la Floride était une zone frontalière sauvage, peuplée de pionniers intrépides et de quelques dizaines de familles de Séminoles. Des vestiges de cette époque sont visibles dans les communautés du front de mer au nord de Fort Lauderdale, le long de l'Intracoastal Waterway. Parmi elles, Lauderdale-by-the-Sea est la plus proche de Fort Lauderdale. Si vous y arrivez depuis l'autoroute, elle est difficile à distinguer de l'expansion urbaine de Fort Lauderdale. Mais dirigez-vous vers la côte sur près de 2 km, et vous trouverez une jolie petite ville balnéaire à l'atmosphère détendue.

À voir et à faire

Anglin's Pier
MONUMENT

(accès 2 $; ⏲24h/24). On trouve sur cette jetée où beaucoup viennent pêcher une boutique d'appâts ouverte 24h/24, des cannes à louer pour 18 $ et des éclairages pour pêcher de nuit. La jetée elle-même a été reconstruite en 1963 après la destruction de l'originale (1942) par des orages ; elle était munie de canons à son extrémité dans l'éventualité d'une attaque durant la Seconde Guerre mondiale.

South Florida Diving Headquarters
PLONGÉE

(☎954-783-2299 ; www.southfloridadiving.com ; 101 N Riverside Dr, Pompano Beach ; sortie 2 plongées

60 $, snorkeling 30 $). Ce centre certifié PADI propose des plongées sur des récifs naturels et artificiels, ou en dérive (*drift dive*) le long des fameux sites de la région. Il organise aussi des sorties de snorkeling.

Où se loger

Blue Seas Courtyard HÔTEL $$

(954-772-3336 ; blueseascourtyard.com ; 4525 El Mar Dr ; ch à partir de 139 $; P). Avec son toit de style hacienda, sa façade jaune vif et ses pochoirs peints à la main, le Blue Seas incarne l'atmosphère décontractée et ensoleillée de Lauderdale-by-the-Sea. Les propriétaires Marc et Cristie sont aux commandes depuis les années 1970 et prodiguent un service très personnalisé. Du coup, les chambres sont réservées des semaines à l'avance.

High Noon Beach Resort MOTEL $$

(954-776-1121 ; www.highnoonresort.com ; 4424 El Mar Dr ; ch/ste/app à partir de 188/222/239 $; @). Au cœur de l'animation, s'étendant jusque sur la plage, ce complexe impeccable occupe plusieurs propriétés mitoyennes. On peut choisir chambres, studios ou appartements. Tous sont modernes et impeccables, grâce à une rénovation récente. Les parents des sympathiques propriétaires ont acheté un des bâtiments en 1961, et le motel est géré par cette famille depuis lors.

Seacrest Hotel HÔTEL $$

(954-530-8854 ; www.hotelseacrest.com ; 4562 Bougainvillea Dr ; ch 179-249 $; P). L'un des secrets les mieux gardés de Lauderdale-by-the-Sea. À l'écart de la plage, cet établissement allie le service d'un hôtel et le confort intimiste d'une maison avec sol en marbre, énorme lit et grande piscine privée. La plage est à 5 minutes à pied.

Où se restaurer

Pan'e Dolci CAFÉ $

(954-635-2385 ; 207 Commercial Blvd ; en-cas 5-10 $; 8h-23h30 lun-jeu, 8h-minuit ven-dim). Cette élégante *dolceria* (pâtisserie) italienne sert le café le plus cher du coin (5 $), mais ses gâteaux italiens authentiques et délicieux le valent bien. De plus, les *panini* (10 $) sont parfaits à emporter à la plage. Bien situé dans l'artère principale.

Frenchy's Table FRANÇAIS $$

(954-533-2580 ; 235 Commercial Blvd ; menu 2/3 plats à partir de 28/35 $; 17h-tard lun-sam). Édith, la propriétaire, fait tout ici : cuisine, service et conversation. Ni empressement ni vitesse : ne venez pas si vous manquez de temps. La cuisine est authentiquement française (Édith est de Limoges), le décor blanc et chic, et le tout sans aucun snobisme.

Vinnie's ITALIEN $$

(vincents.kitchen ; 106 E Commercial Blvd ; plats 15-39 $; 12h-minuit). Ce bar crudivore et pizzeria, italo-américain, est le nouveau lieu à la mode, dans la rue principale. Les boulettes de viande étaient très bonnes, la soirée aussi, mais les opinions sur cet établissement divergent. Le bar est apprécié des habitants qui aiment se montrer, et la salle moderne, au chic industriel, qui donne sur la rue, est conviviale quoique bruyante.

Eduardo de San Angel MEXICAIN $$$

(954-772-4731 ; www.eduardodesanangel.com ; 2822 E Commercial Blvd ; plats 24-34 $; 5h30-22h lun-sam). Cet élégant restaurant, décoré d'art populaire mexicain, sert une succulente cuisine fusion américano-mexicaine aux ingrédients évocateurs – fleurs de courgettes, chili au chocolat, sirop de goyave.

Où prendre un verre et sortir

Village Pump BAR

(www.villagegrille.com ; 4404 El Mar Dr ; 9h-2h). On sirote ici des boissons fortes dans un cadre nautique lambrissé depuis 1949. L'happy hour quotidienne est très appréciée, la clientèle d'âge plutôt moyen déborde jusque dans la rue.

Depuis/vers Lauderdale-by-the-Sea

Le **Tri-Rail** (p. 208) se dirige vers le nord à partir de Fort Lauderdale. Si vous conduisez, prenez l'A1A (parfois appelée Ocean Blvd), une route superbe.

Les bus du **Broward County Transit** (p. 208) desservent les plages, au nord de Fort Lauderdale et vont au sud jusqu'à Las Olas, dans Fort Lauderdale même. Un trajet coûte 2 $.

Deerfield Beach

954 / 79 700 HABITANTS

Où que vous alliez sur cette côte, vous aurez l'embarras du choix, mais Deerfield Beach est la meilleure plage du lot. Deerfield Beach est une jolie ville, avec un petit centre adossé (hélas, comme presque toute la côte sud-est) à la route US 1. Elle est très agréable, sans prétention ni aucun snobisme. Avec sa plage et quelques bons restaurants, c'est un bon point de chute, surtout si vous ne voulez pas séjourner à Fort Lauderdale.

À voir

Deerfield Beach Historical Society MUSÉE
(954-429-0378 ; www.deerfieldhistory.org ; 380 E Hillsboro Rd ; 10h-14h). GRATUIT Depuis les premiers jours de Deerfield Beach dans les années 1920, cette association constituée de bénévoles gère plusieurs sites. À l'époque, la communauté comptait quelque 1 300 âmes, 4 ou 5 commerces, un lodge, un bureau de poste et 2 hôtels. L'Old Deerfield School, le Kester Cottage et le musée Butler House sont ouverts pour des visites les premier et troisième samedis de chaque mois.

Deerfield Beach PLAGE
(www.deerfield-beach.com). Cette plage doit d'être classée "Blue Wave" (équivalent du Pavillon bleu) grâce à ses eaux limpides, à ses maîtres-nageurs juchés sur 9 tours et à sa zone réservée aux surfeurs, au nord du port et au sud de la tour 7.

Butterfly World RÉSERVE NATURELLE
(www.butterflyworld.com ; 3600 W Sample Rd, Coconut Creek ; adulte/enfant 30/22 $; 9h-17h lun-sam, 11h-17h dim ;). Premier parc de papillons couvert des États-Unis, il abrite des milliers d'espèces de lépidoptères, dont de superbes morphos bleu électrique et des caligos, ou "papillons hiboux". Diverses expositions, toutes consacrées à des animaux différents – des papillons aux colibris – en font un endroit idéal pour des enfants ou des photographes amateurs.

Activités

Ski Rixen SPORTS NAUTIQUES
(www.skirixenusa.com ; forfait heure/demi-journée 25/40 $; 12h-20h mar-dim). Le Quiet Waters Park de Deerfield accueille le seul système de ski nautique à traction par câble du sud de la Floride. Grâce à un système innovant, des câbles sont suspendus à des tours et encerclent un parcours de 800 m, permettant de faire du ski nautique ou du wakeboard sans être gêné par le sillage du bateau. Des obstacles sont à disposition des skieurs expérimentés. Les utilisateurs de moins de 18 ans doivent produire une décharge signée par leurs parents.

Island Water Sports SURF
(954-427-4929 ; www.islandwatersports.com ; 1985 NE 2nd St ; location à partir de 10 $ l'heure). Dans le centre, c'est ici le royaume de la glisse : location de planches de surf, de bodyboard, ou de paddle et cours de surf. Pour vous tenter, ils offrent des leçons gratuites tous les samedis (7h-9h).

Splash Adventure Park PARC AQUATIQUE
(955-357-5100 ; www.broward.org/parks/quietwaterspark ; 401 S Powerline Rd, Quiet Waters Park ; entrée 1,50/8 $ par pers/véhicule ; 10h-17h20 ;). Les 175 ha du Quiet Waters Park (ouvert de 8h à 18h) résonnent des cris des enfants et des adultes profitant de tous les plaisirs aquatiques du Splash Adventure Park (5,25 $/pers). Ce parc aquatique dispose d'une pataugeoire et de fontaines qui arrosent dans tous les sens. Les horaires peuvent varier selon la saison.

Où se restaurer

Tucker Duke's Lunchbox BURGERS $
(954-708-2035 ; tuckerdukes.com ; 1101 S Powerline Rd ; plats 4-11 $; 10h30-22h dim-mer, 10h30-23h jeu-sam). Les délicieux burgers et la savoureuse cuisine du Sud sont ici concoctés à partir d'ingrédients locaux, de saison. Le créateur de la franchise est le chef Brian Cartenuto, natif de Floride et vainqueur de l'émission télévisée "Cutthroat Kitchen", qui érige en principe le retour aux fondamentaux de la cuisine.

The Whale's Rib and Raw Bar POISSON ET FRUITS DE MER $$
(954-421-8880 ; www.whalesrib.com ; 2301 NE 2nd St ; plats 11-21 $). Les habitants recommandent souvent The Whale's Rib. Ce restaurant est réputé pour ses wraps et ses filets panés de dorade coryphène (ou *mahi-mahi*). Ils font aussi des sandwichs au poulet ou des *linguine* aux clams, délicieux et généreux.

Depuis/vers Deerfield Beach

Les bus du **Broward County Transit** (BCT ; 954-357-8400 ; www.broward.org/bct) relient Deerfield Beach à Fort Lauderdale. Un trajet coûte 2 $.

Boca Raton

561 / 93 200 HABITANTS

Ville côtière huppée, Boca Raton ("Museau du Rat") était à l'origine une localité somnolente. L'architecte Addison Mizner, amoureux de l'architecture espagnole, la transforma au milieu des années 1920 et lui donna son aspect actuel. Si de nombreux édifices du secteur conservent son empreinte, son nom reste principalement associé au Mizner Park, une promenade qui constitue le centre de l'animation. Ailleurs, Boca Raton offre essentiellement des boutiques et des restaurants, ainsi que quelques plages et parcs paisibles. Du fait de la rareté des hôtels en bord de plage, rares sont les visiteurs à passer de longues vacances à Boca Raton.

À voir

Gumbo Limbo Nature Center PARC

(561-544-8605 ; www.gumbolimbo.org ; 1801 N Ocean Blvd ; don conseillé 5 $; 9h-16h lun-sam, 12h-16h dim ;). Le principal atout de Boca est ce parc verdoyant sur le front de mer. Il s'agit d'une réserve de *hammocks* tropicaux et de dunes, paradis pour toutes sortes d'oiseaux et de créatures marines. Consacrées à l'information du public sur les tortues de mer et la faune locale, les expositions sur l'histoire naturelle comprennent des bassins d'eau de mer remplis d'animaux. On vient surtout pour visiter la clinique des tortues marines.

Boca Raton Museum of Art MUSÉE

(561-392-2500 ; www.bocamuseum.org ; 501 Plaza Real ; tarif plein/étudiant 12 $/gratuit ; 10h-17h mar-ven, jusqu'à 20h jeu, 12h-17h sam-dim). Dans le Mizner Park, cet élégant musée présente les œuvres mineures de maîtres modernes, tels Picasso, Chagall et Modigliani (présentées en alternance), ainsi qu'une intéressante collection de peintures, sculptures et photos d'artistes américains et européens des XXe et XXIe siècles. Expositions temporaires également.

Mizner Park PLACE

(www.miznerpark.com). En l'absence de véritable centre-ville, le Mizner Park est souvent considéré comme le cœur de l'animation à Boca. À l'extrémité nord, le Count de Hoernle Amphitheater peut accueillir plus de 4 000 spectateurs pour des concerts symphoniques ou de rock, des ballets et d'autres événements culturels. Ce centre commercial ouvert, de style espagnol, bordé d'un côté par le Boca Raton Museum of Art, dispose d'un service de voiturier et présente quelques restaurants chichiteux et des boutiques de marques haut de gamme.

Red Reef Beach PLAGE

(1 N Ocean Blvd ; lun-ven 16 $/véhicule, sam-dim 18 $/véhicule ; 8h-crépuscule ;). L'ouragan Sandy a malheureusement enseveli en 2012 la majeure partie du récif artificiel, mais cette plage surveillée – l'une des trois du secteur – continue de ravir les amateurs de baignade. Les bassins, aux eaux peu profondes, sont idéaux pour s'initier au snorkeling. Cette plage et celle de South Beach Park voisine totalisent quelque 30 ha de littoral sauvage.

Circuits organisés

Loxahatchee Everglades Tours ÉCOTOUR

(800-683-5873 ; www.evergladesairboattours.com ; 15490 Loxahatchee Rd, Parkland ; circuit 50 min adulte/-12 ans 50/25 $; circuit 70 min adulte/-12 ans 70/35 $; 9h-15h). À 16 km à l'ouest du centre, cette agence propose des circuits écologiques de 50 ou 70 minutes dans les Everglades, à bord d'un de ses huit *airboats* (bateaux propulsés par une hélice aérienne). Le bateau traverse le marais, parmi les papyrus, et passe devant les oiseaux, les tortues et les alligators qui paressent au soleil.

Où se loger et se restaurer

La Boca Casa APPARTEMENTS $$

(561-392-0885 ; www.labocacasa.com ; 356 N Ocean Blvd ; app à partir de 189 $). Une des rares options de Boca Raton, cette bonne surprise est située face à la plage. Les 19 appartements, indépendants et modernes, se trouvent dans un grand bâtiment bas, blanc et contemporain, entouré de pelouses épaisses, verdoyantes. C'est un bon point de départ pour visiter la côte. Séjour de deux nuits minimum.

Ben's Kosher Deli TRAITEUR $

(www.bensdeli.net ; 9942 Clint Moore Rd ; plats 7-15 $; 11h-21h). Dans cette succursale d'un traiteur new-yorkais réputé, la longue carte propose tous les classiques de la cuisine juive : sandwichs au corned-beef, *knishes* (tourtes aux pommes de terre), langue de bœuf aigre-douce, œufs et saumon fumé, etc. Le traiteur est à 13 km au nord-ouest de Mizner Plaza, dans le centre de Boca Raton.

Saquella CAFÉ $$

(561-338-8840 ; www.saquellacafe.com ; Mizner Park ; plats 12-30 $; 7h-21h lun-sam, 7h-15h30 dim). Ici, on est fier de se revendiquer comme un endroit "sans friture". Pour faire court, ils se décrivent eux-mêmes comme un café, bistrot italien, restaurant et bar à tapas. Et s'ils sont trop sophistiqués pour dire qu'ils attirent les nantis, c'est bien cependant un des lieux de Boca où l'on vient bruncher pour voir et être vu.

STaR AMÉRICAIN MODERNE $$$
(Six Tables, A Restaurant ; ☎561-347-6260 ; www.sixtablesbocaraton.com ; Mizner Plaza, 112 NE 2nd St ; menu 94 $; ⏲19h-22h jeu-sam). Les dîners raffinés et romantiques du cuisinier Jonathan Fyhrie sont servis à seulement six tablées de convives chanceux. Pour commencer la soirée, le chef tire les rideaux, ferme la porte puis partage une coupe de champagne et des choux au fromage avec ses hôtes, avant de présenter le menu. Vous dégusterez 5 plats, avec généralement une bisque de homard au velouté parfait et un chateaubriand.

ℹ Depuis/vers Boca Raton

Boca Raton se situe quasiment à égale distance (48 km) de l'aéroport international de Fort Laudredale (FLL ; p. 208) et de l'aéroport international de Palm Beach (PBI ; p. 238). La ville s'étend sur plusieurs kilomètres à l'est et à l'ouest de l'I-95.

La **gare du Tri-Rail** (www.tri-rail.com ; 680 Yamato Rd) à Boca Raton assure des navettes pour les deux aéroports. Le bus PalmTran n°94 relie le centre de Boca et la gare du Tri-Rail.

Les bus **PalmTran** (discover.pbcgov.org/palmtran ; billet 2 $, pass journée 5 $) desservent le sud-est de la Floride, de Jupiter à Boca Raton. De la gare du Tri-Rail, le bus n°2 rejoint le PBI et le bus n°94 rallie Florida Atlantic University, où vous pouvez prendre le bus n°91 jusqu'au Mizner Park. Du Mizner Park, le bus n°92 se rend au South Beach Park.

Boca Raton Taxi (☎561-600-5051 ; www.bocaratontaxi.com) dessert la région. Un taxi jusqu'aux aéroports de Fort Lauderdale ou de Palm Beach revient à environ 58 $.

Delray Beach

☎561 / 66 000 HABITANTS

Fondée par les Séminoles puis occupée, aux XVIIIe et XIXe siècles, par des esclaves affranchis et des fermiers japonais, qui cultivaient des ananas juste à l'est de l'I-95, ce creuset multiculturel s'est reconverti dans le tourisme dès l'arrivée du chemin de fer à Delray Beach en 1896. Les hôtels et les clubs locaux ignorèrent le *Volstead act* et continuèrent à servir de l'alcool tout au long de la prohibition. Aujourd'hui, Delray Beach mêle l'ambiance détendue du bord de mer et une agréable sophistication urbaine.

À voir

♥ **Morikami Museum & Japanese Gardens** MUSÉE ET JARDINS
(☎561-495-0233 ; www.morikami.org ; 4000 Morikami Park Rd ; adulte/enfant 15/9 $; ⏲10h-17h mar-dim). L'immigré japonais et cultivateur d'ananas Sukeji "George" Morikami, membre de la colonie de Yamato (des agriculteurs japonais venus s'installer dans la région en 1905), fit don de cette magnifique propriété de 100 ha pour créer un musée dédié à la culture nippone. Aujourd'hui, on peut se balader sur plus de 1,6 km de sentiers bordés de pins et autour d'étangs remplis de carpes koï. On découvre différents types de jardins japonais, notamment des bonsaïs et un jardin *shinden* (plaisir) tel qu'au XIIe siècle, façonné sur le modèle d'un domaine aristocratique. Outre les jardins, le fabuleux musée conserve plus de 5 000 antiquités, objets et œuvres d'art japonais.

Le troisième samedi du mois, on peut participer à une cérémonie du thé à la **Seishin-An Teahouse** (5 $ avec l'entrée au musée). Des cours et des événements culturels et éducatifs sont aussi proposés. Consultez le site Web pour plus de détails.

Considéré comme l'un des meilleurs restaurants de musée du pays, le **Cornell Cafe** (p. 222) du musée sert une cuisine néojaponaise.

Le musée est à 12 km au sud-ouest d'Old School Square.

Old School Square CENTRE ARTISTIQUE
(☎561-243-7922 ; oldschoolsquare.org ; 51 N Swinton Ave). Ce projet de conservation du patrimoine, couronné de succès, comprend une école primaire datant de 1913, un lycée de 1925 et un gymnase de 1926. Ces bâtiments hébergent désormais le **Cornell Art Museum** (voir ci-dessous), le **Crest Theatre** et une excellente **School of Creative Arts**, riche d'un programme de cours, de pièces de théâtre et d'expositions.

Cornell Art Museum MUSÉE
(oldschoolsquare.org/about/cornell-museum ; Old School Square ; don conseillé 5 $; ⏲10h-16h30 mar-sam, 13h-16h30 dim). Situé dans l'ancienne école primaire Delray Elementary School de 1913, ce charmant musée présente une série éclectique d'expositions temporaires, d'art, d'artisanat ou de culture populaire, nationales ou internationales.

Plage municipale PLAGE
(Ocean Blvd). La jeunesse branchée et les touristes se retrouvent sur cette plage surveillée aux belles vagues parfaites pour se baigner. Parcmètres à pièces : 1,25 $/heure.

Atlantic Dunes Park PARC
(www.downtowndelraybeach.com ; 1600 Ocean Blvd). Parc de presque 3 ha en bord de mer, avec

des toilettes propres, des terrains de volley et des aires de pique-nique.

Où se loger

Parliament Inn PENSION $$

(☎561-276-6245 ; www.florida-info.com ; 1236 George Bush Blvd ; ste 2 pers 99-209 $, ste 4 pers 107-227 $; P❄☎≋). Cette oasis luxuriante est nichée à proximité de la spectaculaire plage de Delray (3,2 km de long). On peut facilement la manquer car les 8 petits bâtiments d'un étage, couleur jaune citron, sont dissimulés dans un superbe jardin tropical planté d'immenses palmiers. Depuis les hamacs accrochés aux arbres, vous aurez une vue sur la piscine turquoise. Chaque chambre est pourvue d'une cuisine, d'un vaste salon et d'une véranda privée.

Wright by the Sea HÔTEL $$

(☎561-278-3355 ; www.wbtsea.com ; 1901 S Ocean Blvd ; studio hiver 243-285 $, été 147-196 $; P❄☎≋). Un hôtel en bord de mer posé sur une pelouse impeccable. Les 29 suites, spacieuses et propres, sont dotées de canapés convertibles et d'un passage indépendant entre le salon et la salle de bains, appréciable pour qui voyage avec des enfants. Pas de durée minimale de séjour.

Sundy House Inn B&B $$$

(☎561-272-5678 ; www.sundyhouse.com ; 106 S Swinton Ave ; ch dim-jeu à partir de 299 $, ven-sam à partir de 320 $; P❄☎≋). Ce somptueux B&B ne déparerait guère à Bali. Des allées y serpentent dans un jardin planté de fleurs et de cocotiers, ponctué de lions chinois en pierre et d'anciennes cages à oiseaux. Les chambres, de style colonial britannique, s'agrémentent de beaux meubles en bois et de volets.

Crane's Beach House PENSION $$$

(☎561-278-1700 ; www.cranesbeachhouse.com ; 82 Gleason St ; studo/app à partir de 349 $/469 $; P❄@☎≋). Cette pension arborée discrète offre 28 chambres et appartements (avec kitchenette) spacieux, joliment meublés dans le style pittoresque de Key West, avec des œuvres d'art local originales. Les piscines ombragées de palmiers, le bar tiki (du jeudi au samedi) et les concerts le week-end ajoutent à son attrait. Le personnel, très sympathique, aime à bavarder et à dispenser des tuyaux, notamment en matière de restaurants.

Où se restaurer

El Camino MEXICAIN $

(☎561-865-5350 ; www.elcaminodelray.com ; 15 NE 2nd Ave, Pineapple Grove ; plats 10-16 $; ⊙11h-2h). Difficile de savoir ce qui est le mieux : le cadre chic-industriel de cet ancien garage de voitures (il reste les palans d'origine), l'atmosphère de cantina mexicaine traditionnelle version new age, ou le choix fabuleux de tacos, de burritos et de margaritas. Le mardi, les tacos sont à 2 $, mais nous avons préféré la poitrine de bœuf servie en enchilada, quesadilla, etc.

The New Vegan VÉGAN $

(☎561-404-5301 ; www.thenewvegan.com ; 528 NE 2nd St ; plats 8-17 $; ⊙10h-15h30 et 17h30-21h30 mer-dim ; ✎). On ne vient pas ici pour faire un dîner romantique – l'endroit est simple, lumineux, de style café – mais les végans se pâmeront néanmoins. Au menu : burgers, salads, wraps et *melts* (sandwichs au fromage fondu) sains et 100% végan.

Cornell Cafe ASIATIQUE $$

(plats 9-17 $; ⊙11h-15h mar-dim). Dans le jardin du Morikami Museum & Japanese Gardens (p. 221), le Cornell Cafe propose une cuisine néojaponaise : tempura de patate douce, canard laqué au gingembre et sushis. Dans la catégorie restaurants de musée, il est assurément excellent.

Joseph's Wine Bar MÉDITERRANÉEN $$$

(☎561-272-6100 ; www.josephswinebar.com ; 200 NE 2nd Ave 107 ; plats déj 10-15 $, dîner 22-39 $; ⊙11h-22h). Orchestrés par le sympathique Joseph, les repas tiennent d'autant d'expériences raffinées et conviviales. Tout est préparé à la commande : détendez-vous, faites-vous conseiller un vin par Joseph et attendez le délicieux choix de *dips* (dont un divin *baba ganousch* fumé), de salades et de wraps à midi, ou la palette de plats sophistiqués le soir. Notre coup de cœur : le carré d'agneau rôti et son onctueuse sauce au chianti.

J&J Raw Bar POISSON ET FRUITS DE MER $$$

(☎561-272-3390 ; www.jjseafooddelray.com ; 634 E Atlantic Blvd ; plats 21-37 $; ⊙11h30-22h30). Ce bar à fruits de mer remporte un franc succès pour ses généreuses assiettes de petites palourdes, d'huîtres de la Gulf Coast et de pinces de crabe caillou noir (en saison). Le trio d'amuse-gueules (16 $), composé de crevettes, de Saint-Jacques et de *crab cake*, convient parfaitement comme plat principal. Vous pourrez aussi choisir le vivaneau et sa délicieuse croûte de noix, avec une sauce au citron vert et au beurre de rhum.

Sundy House Restaurant AMÉRICAIN MODERNE $$$
(☎561-272-5678 ; 106 S Swinton Ave ; www.sundyhouse.com ; plats 28-42 $, brunch dim 58 $; ⌚18h-21h mar-dim, brunch 10h30-14h sam-dim). Dégustez un jarret de porc braisé, des Saint-Jacques poêlées ou un simple assortiment de charcuteries dans le restaurant le plus romantique de Delray, qui donne sur les jardins luxuriants joliment éclairés de la Sundy House Inn. Le brunch dominical, avec crêpes à la demande et côte de bœuf à la découpe est fastueux. Brunch du samedi à la carte. Réservation recommandée.

Où prendre un verre et faire la fête

♥ Dada PUB, CAFÉ
(☎561-330-3232 ; sub-culture.org/dada ; 52 N Swinton Ave ; ⌚17h-2h). Rejoignez la clientèle décontractée de ce pavillon "non conformiste" pour siroter des cocktails en écoutant de la poésie ou de la musique live, et grignoter une salade ou du houmous. La terrasse sur le porche, les lanternes et guirlandes lumineuses et l'ambiance bohème ajoutent au charme romantique de l'endroit.

Subculture Coffee CAFÉ
(☎561-318-5142 ; subculturecoffee.com ; 123 E Atlantic Ave ; ⌚7h-minuit dim-jeu, 7h–2h ven-sam). Avis aux vrais amateurs de café : les baristas d'ici savent torréfier leurs grains et préparer de bons cafés. Avec ses impressionnantes machines à expresso, ses photos au plafond et son comptoir branché, c'est un bel endroit pour faire une pause.

Où sortir

♥ Arts Garage CENTRE D'ARTS
(☎561-450-6357 ; www.artsgarage.org ; 94 NE 2nd Ave ; ⌚billetterie 10h-18h). Le centre d'arts communautaire de Delray accueille toutes sortes d'activités : concerts, spectacles musicaux, émissions de radio et théâtre, entre autres. Les spectateurs peuvent apporter du vin et des en-cas. La salle étant petite, toutes les places y sont bonnes.

Achats

Murder on the Beach Mystery Bookstore LIVRES
(☎561-279-7790 ; www.murderonthebeach.com ; 273 NE 2nd Ave, Pineapple Grove ; ⌚10h-18h lun-sam, 12h-17h dim). La librairie Murder on the Beach est spécialiste des auteurs policiers floridiens. Également des livres plus généraux sur la Floride.

Depuis/vers Delray Beach

Delray Beach se situe à environ 32 km au sud de West Palm Beach et à 72 km au nord de Miami par l'I-95, l'US Hwy 1 ou la Hwy A1A.

La **gare Greyhound** (☎561-272-6447 ; www.greyhound.com ; 1587 SW 4th Ave) est desservie par les bus PalmTran (p. 221). Le bus n°2 rallie l'aéroport international de Palm Beach et Boca Raton ; le bus n°81 rejoint la gare ferroviaire Amtrak et Tri-Rail et le centre de Delray.

Amtrak, à 800 m au sud d'Atlantic Ave, partage une gare avec le **Tri-Rail** (☎800-874-7245 ; www.tri-rail.com ; 345 S Congress Ave).

Lake Worth

☎561 / 37 000 HABITANTS

S'autoproclamant l'endroit "où les tropiques commencent", Lake Worth, la localité plus à l'est de la région, est frôlée par le Gulf Stream, bénéficiant ainsi d'un climat chaud toute l'année. Ajoutez à cela une ambiance arty, un bon choix de restaurants, un paysage musical dynamique et une plage spectaculaire. Elle surprend, après ses voisines, villes-banlieues plus ou moins chics.

À voir et à faire

Lake Worth Beach PLAGE
Cette plage est indéniablement la plus belle entre Fort Lauderdale et Daytona. Les surfeurs viennent de loin pour ses vagues ; les autres se contentent de lézarder au soleil sur le sable blanc.

♥ Snook Islands Natural Area PARC
(www.lakeworth.org/visitors/parks ; Lake Avenue Bridge). Long de 32 km, le lagon de Lake Worth est le plus grand estuaire du comté de Palm Beach et constitue un important refuge d'eaux chaudes pour les lamantins. Afin de réparer certains dommages liés à des années de développement, un budget de 18 millions de dollars a été dégagé pour créer là cette zone naturelle, qui commence à 1,9 km au nord de Lake Avenue et s'étend jusqu'au lagon. Des kilomètres de mangroves ont été restaurés et de nouveaux lits d'huîtres ont été installés pour encourager la croissance des joncs de mer, très appréciés des lamantins. Ces mesures ont permis le retour d'un grand nombre d'oiseaux et de créatures marines.

Kayak Lake Worth KAYAK
(☎561-225-8250 ; kayaklakeworth.com ; location kayak 2/4 heures 40/50 $, circuit 40-60 $/pers). Ce prestataire mobile pourra vous fournir tout le matériel nécessaire pour pratiquer le kayak, le paddle et la pêche, principalement dans les secteurs de Snook Islands Natural Area et des Bingham Islands. Des circuits écologiques au coucher du soleil et au clair de lune (2 à 3 heures) sont aussi proposés ; ils sont menés par Bryce et Emily, des guides locaux chevronnés.

Wet Pleasures PLONGÉE
(☎561-547-4343 ; www.wetpleasuresfla.com ; 312 W Lantana Rd ; ⏲9h-18h30 lun et mer-sam, 9h-16h dim). Riche de plages préservées et d'eaux calmes, Lake Worth recèle d'excellentes possibilités de plongée et de snorkeling. Ce centre de plongée y dispense cours, équipements et conseils, et pourra aussi vous emmener plonger jusque dans les Keys. Tarifs variables selon la durée et le type d'excursion.

Fêtes et festivals

Street Painting Festival CULTURE
(www.streetpaintingfestivalinc.org ; ⏲fév). Si vous venez en février, ne manquez pas ce fantastique festival de street art éphémère. Des artistes viennent du monde entier pour couvrir les principales rues piétonnes de Lake Worth de plus de 200 dessins à la craie, aussi bien inspirés de la culture populaire que de grands maîtres. Baladez-vous dans cette galerie d'art à ciel ouvert en grignotant des grillades, des tacos ou des sandwichs au fromage, et assistez à un concert au parc.

Où se loger et se restaurer

♥ **Sabal Palm B&B** B&B $$
(☎561-582-1090 ; www.sabalpalmhouse.com ; 109 N Golfview Rd ; ch hiver 179-249 $, été 109-199 $; ❄📶). Dans une maison de 1936, en face du golf, les chambres immaculées de ce B&B classique, avec bibelots, sont baptisées de noms d'artistes ; pour éviter les fioritures, demandez la chambre Dalí, blanche aux touches Art déco. Les propriétaires Colleen et John sont très serviables. Réductions pour les longs séjours. La plage est à 10 minutes à pied par le pont qui traverse l'Intracoastal Waterway.

Pelican DINER, INDIEN $
(610 Lake Ave ; plats 3-10 $; ⏲7h-13h lun-ven, jusqu'à 14h sam-dim ; 🌱). Ouvert tôt le matin, ce *diner* à l'ancienne, au décor désuet, sert de copieux petits-déjeuners parfaitement préparés, ainsi que de nombreux plats du jour végétariens, souvent aux saveurs indiennes (les propriétaires sont pakistanais). Ne manquez pas le jarret de bœuf Nihari (17,95 $).

Downtown Pizza PIZZERIA $$
(☎561-586-6448 ; 608 Lake Ave ; pizzas 11-22 $; ⏲11h-23h). Installé depuis plus de 20 ans, ce restaurant sert de délicieuses pizzas jusqu'à 45 cm de diamètre, surmontées d'une généreuse garniture. Les amateurs de viande goûteront la Philly (viande hachée, fromage, poivrons et oignons).

♥ **Paradiso Ristorante** ITALIEN $$$
(☎561-547-2500 ; www.paradisolakeworth.com ; 625 Lucerne Ave ; menu midi 3 plats 23 $, plats 38-56 $; ⏲11h30-15h et 17h30-22h). De l'intérieur raffiné aux plats superbement présentés (pâtes maison, gnocchis à la ricotta de brebis et succulent filet de veau), l'expérience est mémorable. Le menu inclut de délicieux ingrédients de saison, notamment des truffes, des châtaignes et des myrtilles. Repas avec accord mets-vins et formules dîner-théâtre organisés en partenariat avec le Lake Worth Playhouse. Réservation conseillée.

Où prendre un verre et faire la fête

♥ **CWS** BAR
(☎561-318-5637 ; www.cwslw.com ; 522 Lucerne Ave ; ⏲16h-minuit lun, 8h-minuit mar, 8h-1h mer-jeu, 8h-2h ven, 12h-2h sam, 11h-minuit dim). Ce gastropub en vogue évoque les *speakeasies* et les bars à whisky. Le *beer garden* attire une clientèle jeune avec ses concerts, mais le CWS plaît à tous les âges avec son choix de bières, ses cocktails classiques et son large choix de whiskies. De plus, la cuisine est délicieuse – la carte change régulièrement. Les pâtes maison ont nos faveurs.

Igot's Martiki Bar BAR
(☎561-582-4468 ; www.facebook.com/igotsmartikibar ; 702 Lake Ave ; ⏲12h-2h). Rencontrez les habitants les plus excentriques de Lake Worth dans ce bar décoré sur le thème du surf. Vous pourrez vous installer sur un tabouret au bar pour regarder un match de foot ou vous asseoir le long des fenêtres ouvrant grand sur la rue, pour observer le ballet des passants. Les cocktails sont corsés et il y a des concerts du jeudi au dimanche.

Havana Hideout
BAR

(www.havanahideout.com ; 509 Lake Ave ; ⏲11h-2h). L'endroit le plus festif de la ville, en plein air et frangé de palmiers, avec musique live presque tous les soirs, un bon choix de bières à la pression et une *taquería*. Happy hour toute la journée le lundi.

☆ Où sortir

♥ Lake Worth Playhouse
THÉÂTRE

(☎561-586-6410 ; www.lakeworthplayhouse.org ; 713 Lake Ave ; billets 23-35 $). Installé dans un music-hall de 1924 restauré, ce théâtre intime propose un répertoire classique. Le **Stonzek Studio Theatre**, un cinéma attenant, projette des films indépendants (billets 7-9 $). Le forfait théâtre et dîner au Paradiso Ristorante tient d'une véritable aubaine (à partir de 60 $).

♥ Bamboo Room
MUSIQUE LIVE

(☎561-585-2583 ; bamboroommusic.com ; 25 S J St ; ⏲19h-3h jeu-sam). Cette adresse prisée à l'ambiance intime accueille des stars régionales et internationales du blues, du rockabilly et de la country alternative. Les amateurs n'hésitent pas à faire des kilomètres pour y venir.

Lake Worth Drive-In
CINÉMA

(☎561-965-4518 ; www.facebook.com/LakeWorthDriveIn ; 3438 Lake Worth Rd ; billet adulte/enfant 7/2 $). Pour voir des films récents sans quitter son véhicule. Ouvert tous les soirs.

ℹ Depuis/vers Lake Worth

La **gare du Tri-Rail** (www.tri-rail.com ; 1703 Lake Worth Rd) se situe à l'angle d'A St. Le bus PalmTran (p. 221) n°61 relie la gare et le centre-ville.

Palm Beach

☎561 / 8 500 HABITANTS

Fondé au début du XXe siècle par le magnat de l'immobilier et des chemins de fer, Henry Morrison Flagler, en tant que complexe touristique, Palm Beach est séparé du continent par le chenal de l'Intracoastal Waterway. Troisième plus riche cité d'Amérique, cet îlot de milliardaires compte 25 et s'apparente à un véritable terrain de jeux pour gens riches et célèbres. De somptueuses demeures gréco-romaines bordent la rive, des Bentley et des Porsche circulent dans les larges avenues du centre-ville, et les rues sont d'une propreté irréprochable. Galas de charité, shopping haute couture et déjeuners arrosés de 3 heures constituent le quotidien de ses habitants. Si cela vous impressionne, sachez que Palm Beach reste à la portée des voyageurs. Promenez-vous le long de la Gold Coast Beach (laquelle porte bien son nom), jetez un œil aux immenses domaines barricadés qui jalonnent l'A1A ou faites du lèche-vitrines dans la luxueuse Worth Ave – tout cela gratuitement !

Ces temps-ci, Palm Beach est souvent à la une car le président Donald Trump y possède une demeure-club privé : Mar-a-Lago.

Malgré tout ce faste, son architecture et son histoire restent intéressantes, et permettent d'avoir un aperçu de la vie à l'âge d'Or de la fin du XIXe siècle aux États-Unis.

👁 À voir

♥ Flagler Museum
MUSÉE

(☎561-655-2833 ; www.flaglermuseum.us ; 1 Whitehall Way ; adulte/enfant 18/10 $; ⏲10h-17h mar-sam, 12h-17h dim). Ce musée occupe la spectaculaire demeure construite en 1902 par le magnat et fondateur de la ville Henry Flagler pour sa fiancée, Mary Lily Kenan. De style Beaux-Arts, Whitehall était la maison la plus moderne de son temps et devint rapidement le centre névralgique de la saison d'hiver. Conçue par John Carrère et Thomas Hastings, anciens étudiants à l'École des beaux-arts de Paris, ayant collaboré à des édifices remarquables de l'ère du capitalisme triomphant, comme la New York Public Library, cette demeure sophistiquée de 75 pièces fut le premier lieu résidentiel pourvu du chauffage central. À l'époque, son superbe papier peint rose en aluminium valait plus cher que l'or.

Au rez-de-chaussée, le grand salon de 440 m^{2}, la bibliothèque dotée de moulures peintes au plafond et le salon rehaussé de soie et de boiseries suscitaient l'admiration des visiteurs, ébahis par tant d'opulence et de prouesses artisanales. À l'étage, les chambres, à l'ambiance plus intime, permettent d'en savoir plus sur la vie de la famille. La **Flagler/Kenan History Room** est particulièrement intéressante : à travers des lettres, des coupures de journaux et des photographies, vous découvrirez le parcours personnel et professionnel de Flagler ainsi que l'histoire familiale de Mary Lily.

Si vous ne voulez pas vous contenter de flâner dans la maison, consultez le site Web pour le programme des conférences, débats et expositions. Vous pourrez aussi profiter

Palm Beach

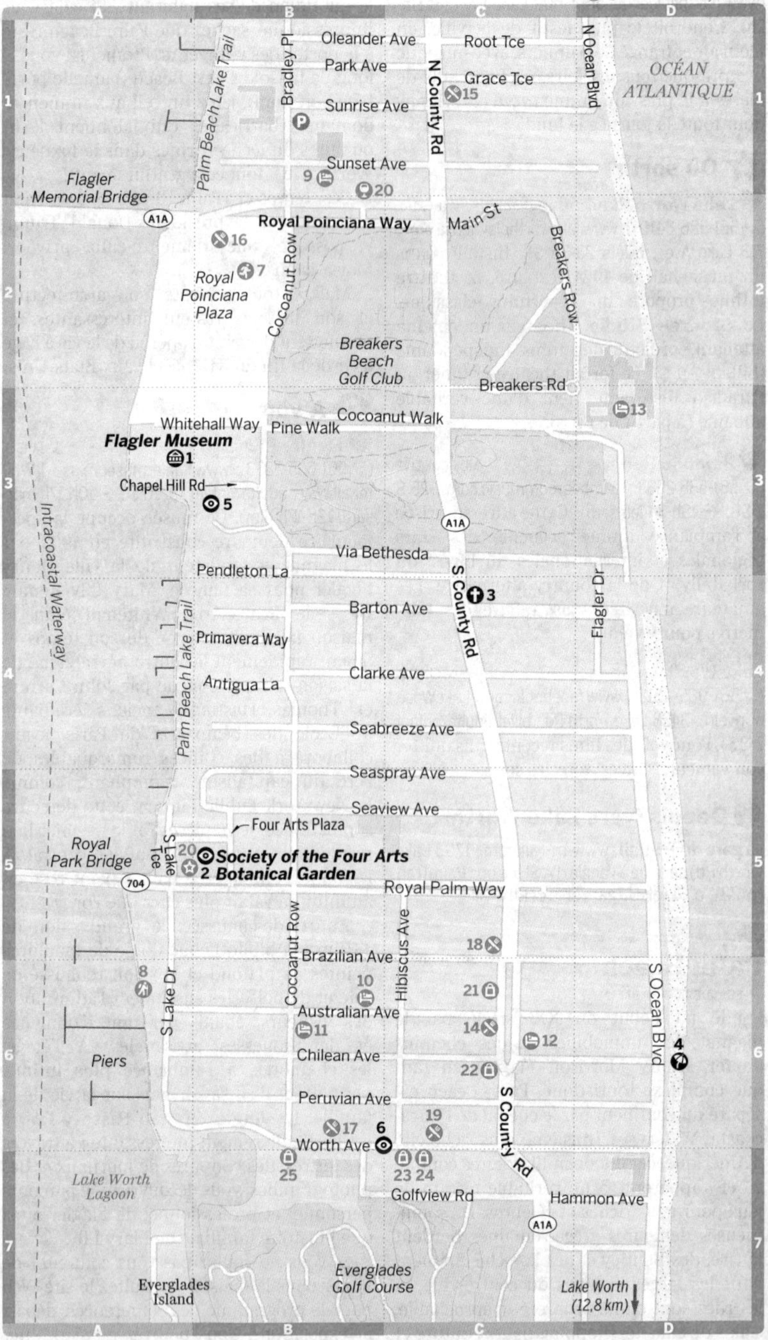

SUD-EST DE LA FLORIDE PALM BEACH

Palm Beach

Les incontournables
1 Flagler Museum A3
2 Society of the Four Arts Botanical Garden B5

À voir
3 Bethesda-by-the-Sea C4
4 Palm Beach Municipal Beach D6
5 Sea Gull Cottage B3
6 Worth Avenue B6

Activités
Historical Walking Tour .... (voir 24)
7 Palm Beach Bicycle Trail Shop B2
8 Palm Beach Lake Trail A6

Où se loger
9 Bradley Park Hotel B1
10 Brazilian Court B6
11 Chesterfield B6
12 Palm Beach Historic Inn C6
13 The Breakers D3

Où se restaurer
14 Būccan C6
Café Boulud .... (voir 10)
Café des Beaux-Arts .... (voir 1)
Circle .... (voir 13)
15 Green's Pharmacy C1
HMF .... (voir 13)
16 Palm Beach Grill B2
17 Pizza al Fresco B6
18 Surfside Diner C5
19 Ta-Boo C6

Où prendre un verre et faire la fête
Leopard Lounge .... (voir 11)

Où sortir
20 Society of the Four Arts A5

Achats
21 C. Orrico C6
22 Church Mouse C6
23 Daniella Ortiz C7
24 Il Sandalo C7
25 Stubbs & Wootton B7

des **Music Series**, saluées par la critique ; ces concerts de musique de chambre ont lieu dans la salle de musique et sont suivis d'une réception avec champagne (70 $/pers).

En planifiant judicieusement votre visite, vous pourrez enchaîner avec un déjeuner de "style âge d'or" (fin du XIXe siècle) au **Café des Beaux-Arts** (p. 230), aménagé dans le **Pavillon**, un sublime bâtiment ferroviaire en acier et en verre (XIXe siècle) dans lequel est aussi exposé le wagon privé de Flagler. Vous pourrez aussi vous y régaler de sandwichs, de scones et de thés préparés dans les règles de l'art, tout en profitant de la vue sur Lake Worth.

Des visites guidées gratuites d'une heure, menées par des universitaires, partent à 11h, 12h30 et 14h du mardi au samedi ; sinon, prenez un audioguide gratuit. La visite est passionnante, et s'il y a bien un endroit où l'on peut se replonger dans l'âge d'or, c'est ici.

♥ Society of the Four Arts Botanical Garden — JARDIN

(www.fourarts.org ; 2 Four Arts Plaza, via le Royal Palm Way ; 10h-17h). GRATUIT Ce superbe jardin fut conçu et planté à l'origine par le Garden Club en 1938, pour présenter les plantes tropicales qui convenaient au climat du sud Floride. Il comprenait un jardin pour une maison à l'espagnole, un "jardin au clair de lune" avec des plantes claires, un jardin chinois, une roseraie, une jungle, et d'autres avec des fontaines et des arbres fruitiers tropicaux. On embaucha un paysagiste dans les années 1950 pour harmoniser l'ensemble, mais les ouragans de 2004 en détruisirent une bonne partie. L'association actuelle a soigneusement refait le jardin, qui offre une charmante pause aux habitants comme aux touristes.

Worth Avenue — RUE

(www.worth-avenue.com). Ce tronçon de 400 m, bordé d'arbres et jalonné de plus de 200 boutiques de luxe, est l'équivalent du Rodeo Drive de Beverly Hills. Son histoire remonte aux années 1920, lorsque feu l'Everglades Club organisait chaque semaine des défilés de mode et lançait des créateurs, comme Elizabeth Arden. Si vous n'avez guère l'intention de faire du shopping, il demeure fascinant d'observer les allées et venues des riches passants et l'architecture de style néo-Renaissance espagnole. Ne manquez pas la visite guidée (p. 228) pour en savoir plus sur ce style et sur le superbe parc.

Sea Gull Cottage — ÉDIFICE REMARQUABLE

(60 Cocoanut Row). Le Sea Gull Cottage, qui donnait sur un lac d'eau douce (maintenant l'Intracoastal Waterway), fut bâti en 1886

pour R. R. MCCormick, promoteur immobilier et magnat du chemin de fer de Denver. Ce fut la première résidence de Flagler à Palm Beach, qu'il acheta en 1893. C'est la plus ancienne maison de l'île, bien qu'elle se situât à l'origine à côté du Royal Poinciana Hotel, le premier grand hôtel de Flagler à Palm Beach. Elle a été déplacée à son emplacement actuel en 1984, pour pouvoir la conserver. Elle ne se visite pas, mais son extérieur dans le style floridien, avec sa façade à bardeaux et sa jolie tourelle, mérite le coup d'œil.

Bethesda-by-the-Sea ÉGLISE

(☎561-655-4554 ; www.bbts.org ; 141 S County Rd ; ⊙9h-17h lun-sam, 7h-16h dim). Après avoir admiré les vitrines du joaillier Tiffany dans Worth Ave, rendez-vous à l'église Bethesda-by-the-Sea pour contempler les fabuleux vitraux Tiffany intégrés à son architecture néogothique. Édifiée en 1926 pour remplacer la première église protestante de Palm Beach, elle compense sa relative jeunesse par une riche histoire communautaire et a accueilli de nombreux mariages de stars, notamment celui du couple présidentiel Donald et Melania Trump ou encore celui de Michael Jordan. Juste à côté, on découvre un paisible cloître de style anglais et le joli **Cluett Memorial Garden** (jardin commémoratif de Cluett).

Palm Beach Municipal Beach PLAGE MUNICIPALE

(Ocean Blvd, entre Royal Palm Way et Hammon Ave ; ⊙aube-crépuscule). Des deux superbes plages municipales de Palm Beach, toutes deux débarrassées des algues par la municipalité, celle-ci est parfois bondée. Les parcmètres en bord de mer coûtent 5 $ l'heure ; stationnez plutôt gratuitement dans le centre-ville.

Pour plus d'intimité, suivez S Ocean Blvd vers le nord et tournez à gauche dans Barton Ave. Vous pourrez vous garer gratuitement pendant 2 heures près de l'église avant S County Rd. L'accès à la plage se situe de l'autre côté de Clarke Ave.

Phipps Ocean Park PLAGE

Au sud de Southern Blvd dans Ocean Blvd, avant le Lake Worth Bridge, un autre endroit où lézarder au soleil.

Activités

♥ **Palm Beach Lake Trail** MARCHE, VÉLO

(Royal Palm Way, à hauteur de l'Intracoastal Waterway). La première "route" de Palm Beach longe l'Intracoastal Waterway et offre un chemin goudronné de 8 km, qui s'étend de Worth Ave (au sud) à Indian Rd (au nord). Elle permettait aux clients des hôtels de Flagler de se dégourdir les jambes et de voir du monde. Surnommé "chemin de la consommation ostentatoire", il a l'attrait de fabuleux points de vue des deux côtés : le lagon de Lake Worth à l'ouest et une interminable série de villas à l'est.

Pour le rejoindre, garez-vous près de Worth Ave, marchez vers l'ouest jusqu'à S Lake Dr et suivez le chemin en direction du nord jusqu'au Sailfish Club. Pour une promenade plus courte, stationnez sur le parking payant proche de Royal Palm Way (ou sur celui du supermarché dans Sunset Ave) et dirigez-vous vers l'ouest pour emprunter le chemin. Une agréable promenade longe N County Rd. Garez-vous dans Sunset Ave et suivez vers le nord le chemin qui conduit au Palm Beach Country Club. À un peu moins de 3 km, l'itinéraire est bordé de maisons et d'arbres majestueux et des rues secondaires méritent le détour.

Si votre hôtel ne loue pas de vélos, rendez-vous au Beach Bicycle Trail Shop (voir ci-dessous). La vitesse est limitée à 10 miles/h (16 km/h) sur la piste.

Palm Beach Bicycle Trail Shop VÉLO

(☎561-659-4583 ; palmbeachbicycle.com ; Royal Poinciana Plaza, 50 Cocoanut Row, suite 117 ; ⊙9h-17h30 lun-sam, 10h-17h dim). Cette boutique loue toutes sortes de deux-roues (vélo/scooter 39/100 $ par jour) et autres engins à roulettes (skateboard 39 $/jour). Compter 5 $ pour un casque.

Circuits organisés

♥ **Island Living Tours** CIRCUIT CULTUREL

(☎561-868-7944 ; www.islandlivingpb.com ; circuits 35-150 $). Ces fascinants circuits à pied ou à vélo sont menés par Leslie Divers, une habitante qui en connaît long sur les coulisses de Palm Beach. Elle vous en expliquera l'histoire, l'architecture, et vous donnera des détails sur ses habitants célèbres. Les circuits varient et peuvent être personnalisés. Ils durent de 1 heure 30 à 2 heures 30 et plus, selon leur contenu.

Historical Walking Tour CIRCUIT CULTUREL

(☎561-659-6909 ; www.worth-avenue.com ; 256 Worth Ave ; 10 $; ⊙11h mer). Si vous êtes à Palm Beach un mercredi, faites donc la visite guidée à pied proposée par Rick Rose, personnage et historien local. Le circuit d'une heure conte l'histoire de Worth Ave, remet magnifiquement dans leur contexte la période du néo-Renaissance espagnole, la société et le monde de la mode qui ont fait la ville depuis l'âge d'or, à la fin du XIXe siècle.

Ces circuits sont très appréciés d'une clientèle (en majorité) féminine d'âge moyen, et les groupes peuvent être importants, mais si jouer des coudes parfois ne vous rebute pas, ces circuits sont passionnants. Votre contribution ira à une association d'aide aux animaux. Le rendez-vous est face à Tiffany & Co.

Où se loger

Bradley Park Hotel HÔTEL $$

(☎561-832-7050 ; www.bradleyparkhotel.com ; 2080 Sunset Ave ; ch 229 $, ste 329-359 $; P❄📶). Le Bradley (1921), milieu de gamme, offre de grandes chambres dans les tons or, dont certaines ont gardé des traits et du mobilier d'origine, plein de caractère. Les chambres avec cuisine ressemblent à de mini-appartements. À courte distance à pied des boutiques et des restaurants de Royal Poinciana Way.

Palm Beach Historic Inn B&B $$

(☎561-832-4009 ; www.palmbeachhistoricinn.com ; 365 S County Rd ; ch 159-239 $, ste 189-329 $; ❄📶). Au 1er étage d'un édifice historique plein de cachet, cet hôtel de style européen, à l'ambiance intimiste, loue 13 chambres spacieuses et baignées de lumière, avec parquet et mobilier d'époque. Plus désuet et moins prétentieux que les autres hôtels de Palm Beach, et cela se reflète dans ses tarifs. À quelques pas de la plage et à deux pâtés de maisons de Worth Ave.

♥ **Brazilian Court** HÔTEL $$$

(☎561-655-7740 ; www.thebraziliancourt.com ; 301 Australian Ave ; ch 599-699 $, ste 779-1200 $; P❄📶🏊). Construit en 1926, cet élégant hôtel haut de gamme constitue un choix parfait pour un confort extrême sans ostentation. À la fois tendance et intemporel, il affiche un charmant style méditerranéen, une cour romantique et des suites cosy aux lignes épurées. Le salon de beauté Frédéric Fekkai et le Café Boulud (p. 230), un excellent restaurant français, participent de la renommée.

Envie d'une escapade à la plage ? Embarquez dans la voiture de l'hôtel, dont le conducteur vous fournira transats, parasols, serviettes, bouteilles d'eau et magazines : un vrai ticket pour le farniente ! Les tarifs de basse saison baissent significativement. Service de voiturier à 27 $ la nuit.

♥ **The Breakers** COMPLEXE HÔTELIER $$$

(☎888-273-2537 ; www.thebreakers.com ; 1 S County Rd ; ch/ste à partir de 699/à partir de 2 000 $; P❄@📶🏊). Édifié par Henry Flagler en 1904, les chambres coûtaient à l'époque 4 $ la nuit, repas inclus. Ce complexe de 550 chambres s'étend aujourd'hui sur 55 ha et emploie plus de 2 000 personnes, qui parlent en tout 56 langues. À deux pas du meilleur spot de snorkeling du comté, ce palace compte 2 golfs 18-trous, une plage semi-privée de 1,5 km, 4 piscines et il propose en outre le meilleur brunch des environs. Une adresse inégalée en termes d'opulence, d'élégance et de charme à l'ancienne, le genre d'expérience que l'on ne vit qu'une fois dans sa vie ; de plus, le complexe est certifié "Établissement vert". À noter : les tarifs varient énormément et baissent beaucoup en basse saison.

Chesterfield HÔTEL $$$

(☎561-659-5800 ; www.chesterfieldpb.com ; 363 Cocoanut Row ; ch à partir de 310 $, ste à partir de 535 $; P❄📶🏊). Des clefs à l'ancienne au bocal de cookies dans le hall, cet hôtel met à l'honneur une élégance britannique désuète très appréciée de ses fidèles clients, nombreux à revenir depuis des décennies. La décoration des chambres, chacune avec son propre style – papiers peints écossais, peintures de singes batifolant dans la jungle, murs en tissu matelassé – évoque l'époque coloniale. Le salon-bar "Léopard" (p. 231), aux plafonds peints et aux banquettes tendues d'imprimé tigre, reste prisé pour les longs déjeuners et les soirées avec pianiste. On peut même prendre un *high tea* (thé dînatoire) dans la petite bibliothèque (38 $/pers).

Où se restaurer

Green's Pharmacy DINER $

(☎561-832-0304 ; 151 N County Rd ; plats 4-11 $; ⏰8h-18h lun-ven, 8h-16h sam). Installé dans une pharmacie en activité, cet établissement n'a pas changé depuis que John F. Kennedy, désireux de s'extraire un moment du protocole, y vint déjeuner. Assis à une table ou au comptoir en Formica, faites votre choix sur la carte en papier comme tous les autres clients, des jeunes gens fortunés aux étudiantes en partance pour la plage. On vous ignorera si vous n'êtes pas un habitué, mais cela fait partie du plaisir.

Surfside Diner DINER, PETIT-DÉJEUNER $

(561-659-7495 ; 314 S County Rd ; plats 8-12 $; 8h-15h). Cette superbe réplique d'un *diner* classique sert l'un des meilleurs brunchs de la ville. Les *pancakes*, les burritos au poulet et le pain perdu sont savoureux. À midi, le choix est aussi sain que tentant : fromage grillé, soupe de tomates, sandwich BLT (bacon-laitue-tomate), sandwich beurre de cacahuète-confiture et petits hamburgers.

Būccan AMÉRICAIN MODERNE $$

(561-833-3450 ; www.buccanpalmbeach.com ; 350 S County Rd ; plats 18-45 $; 17h-minuit dim-jeu, 17h-1h ven-sam). Avec son menu américain moderne et son chef primé Clay Conley, Būccan est un coup de tonnerre à Palm Beach. Passez d'une saveur à l'autre avec un choix de petites assiettes, dont le *ceviche* de rouget ou le taboulé de poulpe, puis essayez le poulet à la marocaine. Réservation recommandée.

HMF INTERNATIONAL $$

(The Breakers Resort, 1 S County Rd ; plats 16-25 $; 17h-1h). HMF sont les initiales du fondateur : Henry Morrison Flagler. Ce remarquable bar-lounge dans la loggia nord du bâtiment évoque immanquablement les fantômes des célébrités passées. Le *dress code* a peut-être changé (bien que la plupart des clients y viennent élégamment vêtus), l'atmosphère festive et les bavardages mondains demeurent. L'endroit est chic, sophistiqué, et délicieux pour prendre un cocktail ou un vin, avec de très bonnes assiettes d'une cuisine aux influences géographiques diverses.

Pizza al Fresco PIZZERIA $$

(561-832-0032 ; www.pizzaalfresco.com ; 14 Via Mizner ; pizzas 15-25 $, salades 11-22 $; 9h-22h ;). Si votre séance de lèche-vitrines dans Worth Ave vous a épuisé, gagnez la pittoresque Via Mizner et installez-vous à la terrasse de cette pizzeria. Les palmiers illuminés apportent une touche romantique tandis que des serveurs efficaces distribuent les pizzas traditionnelles au blé complet couvertes de garnitures copieuses et originales. Les salades et les sandwichs sont bons également. Les gens du coin l'adorent.

Palm Beach Grill AMÉRICAIN MODERNE $$

(561-835-1077 ; www.hillstone.com ; 340 Poinciana Way ; plats 19-49 $; 17h-22h dim-jeu, 17h-23h ven-sam). Ce restaurant est un excellent compromis entre le côté chic et le côté décontracté de Palm Beach. Pendant la haute saison, il est constamment bondé, tant sa cuisine savoureuse et son bar animé ont du succès. Le week-end, il est quasiment impossible d'obtenir une place à l'une des tables cosy avec banquettes en cuir. Il faut donc réserver bien à l'avance.

Café Boulud FRANÇAIS $$$

(561-655-6060 ; www.thebraziliancourt.com ; 301 Australian Ave ; plats 16-46 $, menu midi/soir 32/48 $; restaurant 7h-22h, bar jusqu'à minuit). Créé par le célèbre chef new-yorkais Daniel Boulud, le restaurant du Brazilian Court (p. 229) est l'une des seules tables de Palm Beach dont les tarifs élevés soient justifiés. La salle et la terrasse constituent un superbe cadre pour le menu français classique et les plats de style fusion, tous marqués par le raffinement et la subtilité caractéristiques de Boulud. Raisonnable pour le porte-monnaie, le petit-déjeuner est un festin : mini-gaufres aux bananes caramélisées et à la compote de noix, omelette aux champignons sauvages et salade de mâche et vinaigrette à la truffe ou œufs-bacon-saucisses, pour une version plus classique. Happy hour de 16h à 18h dans le lounge et concerts de jazz post-brunch les dimanches.

The Circle BRUNCH $$$

(877-724-3188 ; www.thebreakers.com ; 1 S County Rd, The Breakers Resort ; adulte/enfant 110/50 $; 7h-11h lun-sam, jusqu'à 14h30 dim). Malgré l'addition *très* salée, un brunch dans le fameux restaurant du Breakers vous laissera un souvenir impérissable. Sous des plafonds hauts de 10 m et ornés de fresques, avec la vue sur l'océan de tous côtés et au son du clavecin, les convives entament leur festin au bar du petit-déjeuner, avec donuts maison, fruits tropicaux et omelette à la demande. En haute saison, il faut réserver des semaines à l'avance.

Café des Beaux-Arts CAFÉ $$$

(561-655-2833 ; www.flaglermuseum.us ; 1 Whitehall Way, Flagler Museum ; cream tea 40 $; 11h30-14h30 mar-sam, 12h-15h dim). Ce café d'époque est situé dans le grandiose Pavillon XIXe de style Eiffel, près du wagon privé de Flagler. On peut y déguster petits sandwichs, scones et mélanges de thés spéciaux en ayant vue sur Lake Worth. Levez vos petits doigts !

Ta-Boo AMÉRICAIN MODERNE $$$

(561-835-3500 ; www.taboorestaurant.com ; 221 Worth Ave ; plats 22-49 $; 11h-22h). Dans cet établissement datant de 1941, savourez un bon repas de bistrot américain dans un décor mêlant boiseries travaillées, fresques au motifs de jungle et plantes en pot luxuriantes. Les places en devanture comptent parmi les plus convoitées de Worth Ave.

Où prendre un verre et faire la fête

Leopard Lounge BAR LOUNGE
(www.chesterfieldpb.com/dining/bar ; 363 Cocoanut Row ; ⏲18h30-1h). Cet endroit luxueux de noir, doré et rouge, séduit une clientèle mûre et quelques célébrités (photos et autographes interdits). Musique live – jazz et de classiques – tous les soirs.

Où sortir

Society of the Four Arts SPECTACLE VIVANT
(☎561-655-7226 ; www.fourarts.org ; 2 Four Arts Plaza). Concerts de la Palm Beach Symphony, de musique de chambre, de quartets à cordes, de pianistes et spectacles de cabaret.

Achats

Church Mouse VINTAGE
(☎561-659-2154 ; www.bbts.org/about-us/church-mouse ; 378 S County Rd ; ⏲10h-17h lun-sam). Parrainée par Bethesda-by-the-Sea, cette petite boutique caritative a récolté plus de 4,5 millions de dollars pour les associations caritatives de la ville au cours des 20 dernières années. On y trouve des articles d'occasion et, en cherchant bien, peut-être dénicherez-vous une création de Lilly Pulitzer ou de Chanel.

Il Sandalo CHAUSSURES
(☎561-805-8674 ; www.ilsandalo.com ; Via Gucci Courtyard, 240 Worth Ave ; ⏲10h-18h lun-sam). Ces sandales en cuir sont fabriquées à la main par deux frères napolitains, Fabio et Pier Paolo Tesorone. Les modèles classiques sont rehaussés de détails scintillants, de corail et parfois de pierres semi-précieuses. Si vous ne trouvez pas votre bonheur, commandez-en une paire sur mesure qui répondra à tous vos désirs.

C. Orrico MODE ET ACCESSOIRES
(☎561-659-1284 ; www.corrico.com ; 336 S County Rd ; ⏲10h-18h lun-sam, à partir de 11h dim). Lilly Pulitzer, reine de l'imprimé qui créa d'incroyables tenues pour la haute société de Palm Beach, est décédée en février 2013, à l'âge de 81 ans. Célébrez cette icône de la mode en achetant l'une de ses robes aux couleurs vives. Vous trouverez aussi des sandales et des bijoux assortis, tout aussi psychédéliques.

Daniella Ortiz MODE ET ACCESSOIRES
(☎561-366-0008 ; www.daniellaortiz.com ; 256 Worth Ave ; ⏲10h30-17h30 lun-sam). Dans cette boutique, difficile de faire son choix parmi la pléthore de sacs, porte-monnaie, besaces et pochettes de toutes les couleurs de l'arc-en-ciel. Les finitions sont parfaites : jolies coutures faites main, liserés colorés et superbes fermoirs et boucles. Cerise sur le gâteau : les prix sont quatre fois moins élevés que ceux des grandes marques de Worth Ave.

Stubbs & Wootton CHAUSSURES
(☎561-655-6857 ; www.stubbsandwootton.com ; 340 Worth Ave ; ⏲10h-18h lun-sam, 12h-17h dim). Pour vous fondre dans le paysage de Palm Beach, rendez-vous dans cette boutique d'escarpins et de sandales haut de gamme. Les semelles compensées sont fabriquées en raphia tressé importé d'Espagne, les escarpins en velours sont rehaussés de délicats monogrammes brodés à la main et les espadrilles en coton de chambray sont des incontournables de Palm Beach.

Depuis/vers Palm Beach

Le bus **PalmTran** (p. 221) n°41 dessert la majeure partie de l'île, de Lantana Rd à Sunrise Ave ; changez pour le bus n°1 à Publix pour aller au nord ou au sud de l'US 1. Un trajet coûte 2/1 $ par adulte/enfant. Pour rejoindre le **Palm Beach International Airport** (p. 238) à West Palm Beach, prenez le bus n°41 jusqu'au centre-ville, puis le bus n°44.

West Palm Beach

☎561 / 108 000 HABITANTS

Quand Henry Flagler décida de fonder l'actuelle West Palm Beach, il savait précisément ce qu'elle deviendrait : une localité ouvrière pour la main-d'œuvre chargée d'assurer le fonctionnement de sa station balnéaire (Palm Beach), de l'autre côté du chenal. Ainsi naquirent les cités jumelles : Palm Beach, considérée comme la plus belle des deux, et West Palm Beach, industrieuse, festive et sans façon. Or, outre une étonnante diversité de restaurants et une population sympathique (dont une forte communauté gay), la seconde borde un superbe chenal qui reflète les étoiles.

À voir

♥ **Norton Museum of Art** MUSÉE
(☎561-832-5196 ; www.norton.org ; 1451 S Olive Ave ; adulte/enfant 12/5 $; ⏲12h-17h mar-dim, jusqu'à

21h jeu). En rénovation lors de notre passage (sous la houlette de l'architecte Norman Foster), c'est le plus grand musée d'art de Floride. Le Norton a ouvert en 1941 afin d'exposer l'énorme collection d'art de l'industriel Ralph Hubbard Norton et de sa première épouse. La collection permanente comprend plus de 5 000 pièces (dont des œuvres de Matisse, Warhol et O'Keeffe), auxquelles s'ajoutent des antiquités chinoises, précolombiennes, mexicaines et du sud-ouest des États-Unis, ainsi que de superbes photos contemporaines et des expositions temporaires. Vous pourrez participer à une visite guidée gratuite à travers les galeries (12h30 et 14h lun-ven et 14h sam). Une programmation sympathique est proposée le jeudi soir de 17h à 21h ("Art After Dark") avec des conférences, des concerts, des rencontres avec les conservateurs ou encore des dégustations de vins.

♥ Ann Norton Sculpture Garden JARDIN
(561-832-5328 ; www.ansg.org ; 253 Barcelona Rd ; adulte/enfant 15/7 $; 10h-16h mer-dim). Cette collection de sculptures est un joyau. La maison, le jardin verdoyant et les sculptures monumentales sont l'œuvre de la seconde femme de Ralph Norton, Ann. Après s'être fait connaître comme artiste à New York au milieu des années 1930, celle-ci devint le premier professeur de sculpture de la Norton School of Art de West Palm et créa ce luxueux jardin pour en faire un lieu de repos.

Après avoir visité la **maison de Norton**, (le rez-de-chaussée accueille des expositions temporaires) vous pourrez vous promener dans le **jardin** pour découvrir les sculptures colossales en granit, brique, marbre et bronze. L'œuvre la plus imposante, *Cluster* (1965), représente un groupe de sept femmes voilées, sculpté dans du granit rose. Avant de partir, jetez un coup d'œil à l'**atelier d'Ann Norton**, où des outils poussiéreux sont conservés tels que l'artiste les laissa.

McCarthy's Wildlife Sanctuary RÉSERVE ANIMALIÈRE
(561-790-2116 ; www.mccarthyswildlife.com ; 12943 61st St N, Loxahatchee ; adulte/enfant 35/25 $; visites 11h, 12h, 13h mar-dim). Ouverte uniquement sur réservation, cette réserve de faune sauvage recueille des animaux exotiques abandonnés et soigne des dizaines de créatures endémiques, avant de les relâcher dans la nature. La visite de 2 heures est l'occasion de voir des tigres blancs, des panthères et des chouettes rayées, le tout à un mètre de distance à peine. Les enfants de moins de 5 ans ne sont pas admis. À 25 km au nord-ouest de Clematis St, dans le centre de West Palm Beach.

Peanut Island ÎLE
(discover.pbcgov.org ; 11h-16h jeu-dim). Plantée près du coin nord-ouest de West Palm, l'île fut créée en 1918 par des projets de dragage. Appelée à l'origine Inlet Island, elle fut renommée "île Cacahuète" à la suite d'une tentative avortée de transport maritime d'huile d'arachide en 1946. Mais son principal intérêt est l'**abri antinucléaire** (561-723-2028 ; www.pbmm.info ; adulte/enfant 17/12 $; 11h-16h jeu-dim) construit pour John F. Kennedy pendant la crise des missiles cubains. Il est actuellement géré par le Palm Beach Maritime Museum.

Depuis longtemps prisée des plaisanciers qui viennent y mouiller et faire la fête dans la journée, l'île a bénéficié d'une réhabilitation en 2005 d'un montant de 13 millions de dollars financés par la province. Devenue le **Peanut Island Park**, elle comprend un embarcadère, un récif artificiel et quelques jolis campings. Aucune route ne dessert l'île. Les visiteurs doivent disposer d'un bateau ou prendre le bateau-taxi qui part toutes les 15 minutes de la Riviera Beach Marina.

Palm Beach County History Museum MUSÉE
(561-832-4164 ; www.hspbc.org ; 300 N Dixie Hwy ; 10h-14h lundi, jusqu'à 17h mar-ven, 10h-16h sam sept-mai). GRATUIT Malgré tous les musées et activités proposés dans la région, les visiteurs ont parfois du mal à trouver des informations sur l'histoire et les habitants de l'État du soleil. Ce petit musée, aménagé dans un tribunal de 1916 restauré et géré par des bénévoles, a vocation à changer cette situation. Les expositions originales – avec mannequins, photographies et objets d'époque – mettent à l'honneur des personnalités ayant contribué à la croissance et à la prospérité du comté de Palm Beach. La visite, édifiante, l'est rendue davantage encore grâce aux panneaux d'informations consacrés à Flagler, Mizner, Alligator Joe et aux premiers habitants. On y trouve aussi des expositions temporaires, qui changent chaque année.

Palm Beach Zoo & Conservation Society ZOO
(561-547-9453 ; www.palmbeachzoo.com ; 1301 Summit Blvd ; adulte/enfant 20/15 $; 9h-17h ;

(👪). Le point fort de ce petit zoo est la section "Amérique tropicale", recréation sur 1,2 ha d'une forêt humide où vivent jaguars, singes, serpents, aras et autres créatures des tropiques. Le zoo abrite aussi quelques-unes des dernières panthères de Floride, le mammifère le plus rare d'Amérique du Nord. Autres résidents peu courants : dragons de Komodo (les plus gros lézards du monde), cabiais (les plus gros rongeurs du monde) et un kangourou rouge solitaire.

Comme dans tous les zoos, les bêtes sont enfermées, ce que les défenseurs des animaux condamnent, mais ces derniers, nombreux dans la région, financent généreusement le zoo pour s'assurer que les animaux soient bien traités. À quelques minutes en voiture au sud du centre.

Lion Country Safari PARC ANIMALIER
(☎561-793-1084 ; www.lioncountrysafari.com ; 2003 Lion Country Safari Rd ; adulte/enfant 29,95/21,95 $; ⏲9h30-17h30 ; 👪). Dans ce parc animalier sans enclos, le premier du pays, les visiteurs restent enfermés dans leur voiture, tandis que quelque 900 animaux s'ébattent librement et les observent. Moitié réserve et moitié safari-parc, ce domaine de 200 ha abrite des bisons, des zèbres, des rhinocéros blancs, des chimpanzés et, bien sûr, des lions. Le secteur safari s'explore en voiture (la vôtre ou une de location), en conduisant lentement dans l'espoir que des animaux s'approchent. Mieux vaut le visiter par temps de pluie, lorsque la fraîcheur rend les pensionnaires plus actifs. Le parc se situe à 32 km à l'ouest du centre de West Palm.

South Florida Science Center & Aquarium MUSÉE
(☎561-832-1988 ; www.sfsciencecenter.org ; 4801 Dreher Trail North ; adulte/enfant 16/11,50 $; ⏲9h-17h lun-ven, 10h-18h sam-dim). Un génial petit musée scientifique, aquarium et planétarium interactif, avec des activités le week-end, des expositions itinérantes, un parcours scientifique, un mini-golf et une serre à papillons. Il est ouvert jusqu'à 21h le dernier vendredi du mois pour pouvoir observer le ciel, dans le seul observatoire public du comté (quand le temps le permet). Tarifs variables en fonction des expositions.

Ragtops Motorcars Museum MUSÉE
(www.ragtopsmotorcars.com ; 420 Claremore Dr ; dons appréciés ; ⏲10h-17h mer-sam). Concessionnaire de voitures anciennes possédant à l'origine trois Mercedes décapotables, Ty Houck a rapidement augmenté sa collection, attirant les passionnés de voiture de la région dans son musée des cabriolets. Il est possible de conduire des véhicules exposés, mais être un acheteur potentiel rend toutefois la chose plus facile. Vous pourrez admirer à loisir les raretés présentées, dont une Triumph amphibie de 1967, une Bentley de 1935 et un break Edsel de 1959.

Activités

Rapids Water Park PARC AQUATIQUE
(☎561-842-8756 ; www.rapidswaterpark.com ; 6566 North Military Trail, Riviera Beach ; sem/week-end 43/48 $; ⏲10h-17h ; 👪). Ce parc aquatique de 15 ha, le plus grand dans le sud de la Floride, est truffé de toboggans et autres réjouissances pour se mouiller, s'amuser et faire le plein de sensations fortes. Le parking coûte 10 $ de plus.

Cours et circuits organisés

Palm Beach Water Taxi BATEAUX-TAXIS ET CROISIÈRES
(☎561-683-8294 ; www.sailfishmarina.com ; Sailfish Marina, 98 Lake Dr, Singer Island). Des bateaux-taxis circulent entre Singer Island et le centre de West Palm Beach (15 $) et relient Singer Island et Peanut Island (aller-retour 12 $). Cette agence propose aussi des circuits commentés le long de l'Intracoastal, dont un sur les demeures de Palm Beach (1 heure 30, adulte/enfant 31/15,50 $, à partir de 4 ans).

Diva Duck CIRCUITS EN BUS AMPHIBIE
(☎561-844-4418 ; www.divaduck.com ; adulte/enfant 29/15 $; 👪). Ces circuits commentés en bus amphibie (lequel flotte réellement) donnent à découvrir en 1 heure 15 le quartier historique du centre, CityPlace (p. 238), les canaux environnants et les rives de Peanut Island. Ils partent de CityPlace.

♥ **National Croquet Center** CROQUET
(☎561-478-2300 ; www.nationalcroquetclub.com ; 700 Florida Mango Rd ; ⏲9h-17h). GRATUIT Découvrez les habitudes du gotha de Palm Beach au National Croquet Center, le plus vaste club de croquet au monde. Hommes et femmes vêtus de blanc frappent des boules pour les faire passer sous des arceaux sur 12 immenses pelouses impeccables, d'un vert intense. L'endroit est réservé aux membres, mais le public peut suivre des cours gratuits le samedi à 10h. La boutique, dans le club de style plantation de 6 000 m², vend maillets et tenues de croquet. L'établissement se situe à 10 minutes en voiture au sud-ouest du centre de West Palm.

West Palm Beach

West Palm Beach

Armory Art Center COURS

(☎561-832-1776 ; www.armoryart.org ; 1700 Parker Ave). GRATUIT Avec plus d'une dizaine d'ateliers dernier cri, ce centre artistique propose une multitude de cours pour adultes et enfants : céramique, joaillerie, peinture, dessin, gravure, photographie et sculpture. Des événements spéciaux, des conférences et des expositions visent également à éduquer et à enrichir le public.

Fêtes et festivals

Clematis by Night MUSIQUE

(☎561-822-1515 ; wpb.org/clematis-by-night ; ⏲18h-21h30 jeu). Tous les jeudis soir, la municipalité ferme l'extrémité est de Clematis St ; des stands de restauration et d'artisanat s'installent dans la rue tandis que des concerts gratuits se jouent sous les étoiles.

Concerts gratuits en plein air MUSIQUE

(www.cityplace.com ; ⏲18h-22h ven-sam). Tous les vendredis et samedis soir, CityPlace (p. 238) accueille des concerts gratuits en plein air face à une jolie fontaine. Les groupes jouent du rock, du R&B et, à l'occasion, de la country.

SunFest ARTS ET MUSIQUE

(www.sunfest.com ; ⏲mai). Organisé au bord de l'eau, le principal festival artistique et musical de Floride attire plus de 175 000 visiteurs pendant 5 jours, début mai.

Où se loger

Peanut Island Camping CAMPING $

(☎561-845-4445 ; www.pbcgov.com/parks/peanutisland ; empl tente 30 $). Cette petite île (p. 232) compte 20 emplacements de camping équipés (sur réservation uniquement) et des emplacements rudimentaires sur le sable, attribués selon le principe "premier arrivé, premier servi". Appelez ou consultez le site Internet pour vous informer sur les conditions.

Hotel Biba MOTEL $

(☎561-832-0094 ; www.hotelbiba.com ; 320 Belvedere Rd ; ch 149-179 $; ❄📶🏊). Avec des chambres simples, blanches, un peu impersonnelles, l'endroit manque de cachet mais c'est l'un des meilleurs choix pour les petits budgets (peut-être le seul). Il est bien situé, à seulement une rue de l'Intracoastal, à la lisière du quartier d'El Cid. Il est propre, et suffit si vous cherchez simplement un lit.

♥ **Grandview Gardens** B&B $$

(☎561-833-9023 ; www.grandview-gardens.com ; 1608 Lake Ave ; ch à partir de 229 $; P❄📶🏊). En séjournant dans une chambre de cette propriété intimiste, vous aurez bientôt l'impression d'habiter le quartier depuis toujours. Niché dans un jardin tropical, le long de Howard Park, les immenses suites dotées de lits à baldaquin en fer forgé donnent sur la piscine via des portes-fenêtres. Elles sont décorées dans le style hispanisant très courant dans la région. La maison, située en face de l'Armory Art Center, est un édifice de 1925, typique de ce quartier historique. Les somptueux petits-déjeuners sont compris. Les tarifs baissent significativement en dehors de la haute saison.

Palm Beach Hibiscus B&B $$
(☎561-833-8171 ; www.palmbeachhibiscus.com ; 213 S Rosemary Ave ; ch 199-309 $; ❄📶). Idéalement situées à un pâté de maisons du CityPlace (p. 238), ces deux maisons de 1917 disposent de lits à baldaquin, de couvre-lits fleuris, de beaucoup de lumière et d'un agréable porche en façade, agrémenté de fauteuils en osier. Le trolley s'arrête juste devant. Le bar lounge tropical est fréquenté par les gens du cru ; il est convivial, mais atténue la sensation d'intimité.

Casa Grandview B&B, COTTAGE $$$
(☎561-313-9695 ; www.casagrandview.com ; 1410 Georgia Ave ; ch 199-449 $; ❄📶🏊). Caché derrière des haies dans le quartier historique de Grandview Heights, ce petit complexe loue 5 chambres B&B, 7 cottages et 5 suites. Les chambres B&B se trouvent dans la charmante maison principale, avec son étroit escalier en pierre et ses petites portes en bois. Nous avons aimé la "Library Suite", petite mais somptueuse. Les luxueux cottages au chic balnéaire des années 1940, avec enseignes anciennes et cuisines carrelées, sont parfaits pour les familles.

Où se restaurer

♥ Mediterranean Market & Deli ORIENTAL $
(☎561-659-7322 ; www.mediterraneanmarketanddeli.com ; 327 5th St ; plats 3-12 $). Ne vous laissez pas rebuter par son allure d'entrepôt quelconque : ce traiteur propose certains des déjeuners les plus savoureux de la ville. Les pitas tout juste sortis du four sont garnis de houmous maison, de feta et de kefta et accompagnées d'une salade de haricots de Lima ou de taboulé. Également des baklavas et autres pâtisseries gorgées de miel à emporter.

Johan's Jöe CAFÉ SUÉDOIS $
(www.johansjoe.com ; 401 S Dixie Hwy ; plats 9-13 $; ⏲7h-18h). Si vous arrivez à oublier les trémas de la carte (placés par jeu sur des mots anglais), vous y trouverez de délicieux gâteaux et pâtisseries. Mais les douceurs ne sont pas les seuls délices : difficile d'ignorer les harengs marinés, les boulettes de viande, et les authentiques salades et sandwichs suédois.

Paris Bakery & Cafe FRANÇAIS $
(www.parisbakerycafe.com ; 212 S Olive Ave ; plats 9-13 $; ⏲8h-14h30 lun-mar, 8h-14h30 et 17h-21h mer-ven, 9h-14h et 17h-21h sam). Tenue par des Français, cette adorable pâtisserie sert un petit-déjeuner continental assorti de crêpes en tout genre ainsi que des déjeuners à prix raisonnables avec saumon fumé à la sauce béchamel ou sandwichs au poulet fermier. Le samedi, la file s'étire le long du pâté de maisons pour "Le Frunche" (brunch à la française).

Curbside Gourmet FOOD-TRUCK $
(☎561-371-6565 ; curbsidegourmet.com ; 2000 S Dixie Hwy). Ce superbe véhicule vert clair est le premier camion de restauration mobile de Palm Beach proposant de bons produits de saison à une clientèle locale. La carte est limitée mais alléchante : *burritos* pour le petit-déjeuner, sandwichs bacon-laitue-tomate, *crab cake*, *tacos* au porc et au poisson, paninis ou *frittata* du jour et frites maison. Vous pourrez agrémenter vos plats de tomates anciennes, de bacon fumé au bois de pommier et de pamplemousse caramélisé pour le dessert.

Belle & Maxwell's INTERNATIONAL $$
(☎561-832-4449 ; www.belleandmaxwells.com ; 3700 S Dixie Hwy ; plats 18-32 $; ⏲11h-16h lun, 11h-21h mar-sam). Au milieu d'Antique Row, ce café-salon de thé est idéal après une séance de lèche-vitrines, et très apprécié de ces dames pour déjeuner. On dirait une boutique de troc avec des pièces de vitrail, un mobilier et des abat-jour disparates. La salade au crabe (18 $) ou le sandwich au roastbeef et au brie (14 $) sont délicieux.

Darbster VÉGAN $$
(☎561-586-2622 ; www.darbster.com ; 8020 S Dixie Hwy ; plats 14-20 $; ⏲17h-22h mar-ven, 10h30-15h et 17h-22h sam, jusqu'à 21h dim). Un endroit décalé par plusieurs aspects : il est à 8 km au sud de la ville à un emplacement incongru proche de l'autoroute, sur le canal de Palm Beach ; la carte est 100% végane ; tous les bénéfices vont à une association de protection des animaux ; sa clientèle est éclectique, des hippies en sandales aux résidents de Palm Beach couverts de diamants.

Howley's AMÉRICAIN $$
(4700 S Dixie Hwy ; plats 14-25 $; ⏲11h-14h lun-jeu, 11h-5h ven et sam). Ouvert presque

toute la nuit le week-end, ce *diner* vert menthe des années 1950 a pour devise "cuit sous vos yeux, c'est délicieux". La cuisine, de style "rétro haut de gamme" (côte de porc panée, crabe haché, burger de thon, *pancake* à la banane) est effectivement réussie.

Grato ITALIEN **$$**
(561-404-1334 ; gratowpb.com ; 1901 S Dixie Hwy ; plats 18-25 $; 11h30-22h ;). Le service peut laisser à désirer en cas d'affluence dans cette élégante brasserie-pizzeria italienne, mais elle n'est pas très fréquentée pour rien. Ses pizzas (dont une végétarienne) sont très bonnes, la *pasta* est vraiment *squisita* (délicieuse) ! Ajoutez deux bars où prendre des cocktails, plusieurs espaces où s'asseoir, et vous avez de quoi passer une soirée détendue avec les gens du coin.

Sailfish Marina POISSON ET FRUITS DE MER **$$**
(561-842-8449 ; www.sailfishmarina.com ; 98 Lake Dr, Singer Island ; plats 26-41 $; 7h-22h). À Singer Island, le restaurant de la marina est un bon établissement de produits de la mer mais il vaut surtout pour son brunch dominical, de 8h à 13h (adulte/enfant 24/16 $). Prenez place près de l'eau, savourez tranquillement votre saumon fumé, un fruit tropical ou des gaufres et observez les pélicans à la recherche de leur propre petit-déjeuner.

Table 26 Degrees AMÉRICAIN MODERNE **$$$**
(561-855-2660 ; www.table26palmbeach.com ; 1700 S Dixie Hwy ; plats 26-41 $; 11h30-14h lun-sam, 16h30-22h dim-mer, 16h30-23h jeu-sam). Certes, les prix sont élevés dans ce restaurant sophistiqué, mais s'il est plein d'habitués, c'est qu'il y a une bonne raison. On y vient pour le bar (happy hour intéressante de 16h30 à 18h30) et les assiettes à partager ou les plats, séparés en sections "eau", "terre", "champ" ou "ouvriers" (cette dernière proposant poulet frit et burgers).

Rhythm Cafe FUSION **$$$**
(561-833-3406 ; www.rhythmcafe.cc ; 3800 S Dixie Hwy ; plats 21-30 $; 17h30-22h mar-sam, 17h30-21h dim-lun). Aménagé dans un ancien drugstore du quartier des antiquaires, ce joyeux bistrot pittoresque, décoré de guirlandes électriques et de lanternes en papier, propose une carte tout aussi amusante, de la tourte au chèvre au "meilleur tartare de thon" et au poisson du jour infusé à la grenade.

Kitchen AMÉRICAIN MODERNE **$$$**
(561-249-2281 ; kitchenpb.com ; 319 Belvedere Rd #2 ; plats 25-42 $; 18h-22). Réservez bien à l'avance pour obtenir l'une des 10 tables de la brasserie américaine contemporaine de Matthew Byrne. Le concept est simple : des ingrédients extra-frais, une présentation sobre et des saveurs puissantes. Mention spéciale à l'escalope de poulet bio couverte de chapelure Panko et surmontée d'une tranche de citron grillée et d'un œuf au plat.

Où prendre un verre et faire la fête

Subculture Coffee CAFÉ
(561-318-5142 ; subculturecoffee.com ; 509 Clematis St ; 7h-minuit dim-jeu, 7h-2h ven-sam). Venez vous mêler aux hipsters à l'endroit le plus branché de West Palm Beach, situé dans Clematis St. Le café est fantastique et les baristas connaissent leur affaire. De plus, l'endroit est superbe, avec des étagères de livres, un grand bar, et du mobilier années 1950.

The Pawn Shop Lounge CLUB
(pawnshopwpb.com ; 219 Clematis St ; 10 $; 17h-3h mar-jeu, 17h-4h ven-sam). Cet ancien club et repaire de stars de Miami est installé à l'emplacement de l'ancien Dr Feelgood. Il présente les caractéristiques habituelles des magasins de prêteur sur gages (*Pawn shop*), ainsi qu'une ancienne grande roue de fête foraine et une cabine de DJ aménagée dans un camion Mack. Les DJ, les danseurs et les jeux de lumière ne faiblissent pas avant 3h et l'alcool coule à flots le long du bar de 52 m de long.

Blind Monk BAR À VINS
(561-833-3605 ; theblindmonk.com ; 410 Evernia St #107 ; 7h30-11 lun-ven, 9h30-13h sam-dim, 16h-tard tlj). Dirigé par une équipe de sommeliers chevronnés, le Blind Monk est sans doute le meilleur bar à vins de West Palm Beach. Large choix de vins au verre, dont des crus internationaux, bières artisanales de la région, petites assiettes de fromage, salami, raisin, condiments et fruits secs, et films muets projetés sur le mur. On y fait à manger en journée également, dont un très bon brunch.

HG Roosters BAR GAY
(roosterswpb.com ; 823 Belvedere Rd ; 15h-3h dim-jeu, 15h-4h sam-dim). Rendez-vous des

gays de West Palm, ce bar vit au rythme des soirées bingo et des danseurs sexy depuis 1984.

Où sortir

CityPlace CONCERTS
(561-366-1000 ; www.cityplace.com ; 700 S Rosemary Ave ; 10h-22h lun-sam, 12h-18h dim). Cet énorme complexe de commerces et d'établissements de loisirs est le joyau du réaménagement urbain de West Palm Beach. En son centre se dresse le Harriet Himmel Theater (ci-dessous), un bowling très chic, un cinéma de 20 écrans, de nombreux restaurants et une kyrielle de boutiques.

Harriet Himmel Theater THÉÂTRE
(561-318-7136 ; www.cityplace.com ; 600 S Rosemary Ave). Ce théâtre, sur une jolie place, est le cœur de CityPlace. Ce lieu historique de 1 000 m² accueille concerts, expositions, défilés de mode et bals d'université. Portant le nom de sa principale mécène, Harriet Himmel, ce bâtiment de 1926 était auparavant une église méthodiste. C'est un des plus vastes bâtiments d'architecture néo-Renaissance espagnole de son époque.

Palm Beach Dramaworks THÉÂTRE
(561-514-4042 ; www.palmbeachdramaworks.org ; 201 Clematis St). "Theatre to Think About" ("Du théâtre pour réfléchir"), telle est la devise de ce théâtre, récompensé par de nombreux prix, qui programme des classiques méconnus et des pièces contemporaines de Lorca, Steinbeck, Pinter, Hansberry et Stoppard, entre autres.

Respectable Street MUSIQUE LIVE
(www.respectablestreet.com ; 518 Clematis St). Depuis deux décennies, le Respectable accueille d'excellents musiciens qui font bouger le sud de la Floride. Il organise aussi la MoonFest d'octobre, la meilleure fête de quartier de la ville. Les DJ talentueux, les boissons corsées et le patio balayé par la brise ajoutent au charme de l'endroit. Anthony Kiedis des Red Hot Chili Peppers y a laissé sa «marque» (celle de son poing dans un mur) lors de leur passage !

International Polo Club POLO
(561-204-5687 ; www.internationalpoloclub.com ; 3667 120th Ave S, Wellington ; entrée 11,50 $, place assise sur la pelouse 30 $; dim jan-avr). Pendant 16 semaines, de janvier à avril, polo et glamour sont les maîtres mots à l'International Polo Club, l'un des plus beaux terrains de polo de la planète. Il attire non seulement les meilleurs joueurs mais aussi la jet-set locale et internationale, qui ne raterait pour rien au monde le dispendieux brunch au champagne (125 $).

Achats

Antique Row ANTIQUITÉS
(561-822-2222 ; www.westpalmbeachantiques.com ; S Dixie Hwy). Juste au sud du centre dans S Dixie Hwy, entre Belvedere Rd et Southern Blvd, ce groupe de boutiques étendues sur plusieurs pâtés de maisons compte plus de 30 antiquaires. Vous ferez peut-être une trouvaille géniale venue d'une propriété de Palm Beach. Les horaires varient selon les boutiques.

Greenmarket MARCHÉ
(wpb.org/greenmarket ; 9h-13h sam oct-avr). Le samedi matin, juste au nord de la place à hauteur de 2nd St et Narcissus Ave (où les écoliers s'amusent dans les fontaines par temps chaud), ce charmant marché propose toutes sortes de produits, des avocats et des orchidées au café bio et aux friandises pour chiens.

Depuis/vers West Palm Beach

L'aéroport de Palm Beach, le **Palm Beach International Airport** (PBI ; 561-471-7420 ; www.pbia.org ; 1000 James L Turnage blvd) est desservi par la plupart des principales compagnies aériennes, et accueille les grandes agences de location de voitures. Il se situe à environ 1,5 km à l'ouest de l'I-95 dans Belvedere Rd. Le bus n°44 de **PalmTran** (p. 221) circule entre l'aéroport, la gare ferroviaire et le centre-ville (2 $).

Les bus **Greyhound** (561-833-8534 ; www.greyhound.com ; 215 S Tamarind Ave ; 6h-22h45) et les trains du **Tri-Rail** (800-875-7245 ; www.tri-rail.com ; 203 S Tamarind Ave) et d'**Amtrak** (800-872-7245 ; www.amtrak.com ; 209 S Tamarind Ave) partagent le même bâtiment historique, la **Seaboard Train Station**. Le bus PalmTran n°44 dessert cette gare.

Comment circuler

Circuler et se garer dans West Palm Beach ne présente aucune difficulté.

Un **trolley** pratique et gratuit relie Clematis St et CityPlace, à partir de 11h.

TREASURE COAST

Cette côte doit son nom aux nombreux navires chargés de trésors qui ont fait naufrage au large. Aujourd'hui, ce sont des paradis préservés qui lui tiennent lieu de joyaux.

Industriel milliardaire et philanthrope, John D. MacArthur (1897-1978) possédait jadis presque toutes les terres de Palm Beach Gardens à Stuart. Il les conserva pour la plupart, sa vie durant, en leur état originel. Au fil du temps, il s'inquiéta de l'essor de l'immobilier qui risquait de compromettre ou de détruire ce qu'il considérait comme un paradis. Pour éviter cette catastrophe, il stipula dans son testament de laisser à l'état sauvage des centaines d'hectares et de céder le reste par petites parcelles afin d'épargner au front de mer le sort de Miami. Ce plan fonctionna parfaitement... enfin presque ! On est aux États-Unis, et des sections d'autoroute bordent la côte du nord au sud.

Jupiter et Jupiter Island

561 / 62 000 ET 820 HABITANTS

Jupiter, largement résidentielle et huppée, fait partie des villes les plus riches du pays. Elle constitue une base pratique pour explorer les parcs, les réserves et les plages des environs. Contrairement à celles de Palm Beach et de Boca Raton, les plages sont quasiment dénuées d'immeubles d'habitation.

À voir

Hobe Sound National Wildlife Refuge — RÉSERVE DE FAUNE SAUVAGE

(772-546-2067 ; www.fws.gov/hobesound ; 13640 SE Federal Hwy ; parking 5 $; aube-crépuscule). Réserve naturelle fédérale de 420 ha, le Hobe Sound National Wildlife Refuge comporte deux sections : une petite partie sur le continent, en face du Jonathan Dickinson State Park, et la réserve à la pointe nord de Jupiter Island. Cette dernière comprend 5 km de plage (un site de ponte prisé des tortues de mer). La section continentale est une forêt de *sand pines* (*pinus clausa*). En juin et juillet, des promenades nocturnes pour observer les tortues ont lieu deux fois par semaine (jour variable, réservation indispensable).

Blowing Rocks Preserve — RÉSERVE NATURELLE

(574 S Beach Rd ; 2 $; 9h-16h30). Cette réserve englobe un affleurement calcaire long de 1,5 km, criblé de trous, de fissures et de crevasses. À marée haute par fort vent d'est (téléphonez pour vous renseigner sur la météo), l'eau en jaillit comme d'un geyser. Par temps calme, vous pourrez marcher à travers quatre milieux côtiers : dunes mouvantes, grève, marais de mangroves et *hammocks* tropicaux.

Jonathan Dickinson State Park — PARC

(772-546-2771 ; activités 561-746-1466 ; www.floridastateparks.org/jonathandickinson ; 16450 SE Federal Hwy ; véhicule/vélo 6/2 $; 8h-crépuscule). D'une superficie de près de 4 654 ha, cet excellent parc d'État s'étend entre l'US Hwy 1 et la Loxahatchee River. À défaut d'un accès à l'océan, son intérêt réside dans ses divers habitats : *flatwoods* de pins, bosquets de cyprès et marais. Des promenades guidées par des rangers partent à 14h les vendredis et dimanches du Cypress Creek Pavilion, et des soirées feux de camp ont lieu le samedi au crépuscule, près du camping Pine Grove. Un stand loue des canoës et des kayaks (voir p. 240).

Plusieurs sentiers pédestres et cyclistes peuvent être explorés. Le Kitching Creek Trail, juste au nord du débarcadère, le plus fréquenté, ne fait que 2,4 km, mais d'autres le prolongent. Consultez www.clubscrub.org pour plus de détails sur les balades à vélo.

À NE PAS MANQUER

JOHN D. MACARTHUR BEACH STATE PARK

Ce **parc d'État** (561-624-6950 ; www.macarthurbeach.org ; 10900 Jack Nicklaus Dr ; véhicule/vélo 5/2 $; 8h-crépuscule) l'un des plus petits de la région (177 ha), compte parmi les meilleurs pour observer les tortues ; des tortues caouannes, vertes et luths viennent pondre sur la plage entre mai et août. Il compte plusieurs aquariums et une superbe passerelle d'environ 500 m qui enjambe les mangroves de Lake Worth Cove. Sur place, le centre nature propose des **circuits en kayak** (kayak simple 12 $/heure) non guidés.

En juin et juillet, les visiteurs chanceux verront peut-être les jeunes tortues naître, à la faveur d'une des promenades nocturnes conduites par les rangers, tous les soirs à 20h30. Le parc est à 18 km au sud de Jupiter.

Jupiter Inlet Lighthouse PHARE

(www.jupiterlighthouse.org ; 500 Capt Armour's Way ; adulte/enfant 12/6 $; 10h-17h mar-dim). Construit en 1860, ce phare historique, l'un des plus vieux de la côte Atlantique, n'a pas failli une seule nuit en plus d'un siècle. Vous pouvez gravir les 105 marches pour observer les alentours. Le phare ne se visite qu'avec un guide. Départs réguliers de 10h à 16h, selon le nombre de visiteurs. Le petit musée renferme d'intéressants souvenirs des Séminoles et des pionniers européens.

Activités

Canoe Outfitters CANOË, KAYAK

(561-746-7053 ; www.canoeoutfittersofflorida.com ; 9060 W Indiantown Rd, Jupiter ; canoë 2 pers/kayak 1 pers 55/45 $ par jour). Pour passer une belle journée à explorer différentes réserves aquatiques, rien ne vaut Canoe Outfitters à Riverbend Park, qui permet d'accéder à ces canaux luxuriants. Du point de départ, partez vers la droite si vous voulez des voies d'eau encombrées de branches mortes avec une végétation épaisse et verdoyante, et des rapides petits mais excitants ; partez vers la gauche pour avoir des paysages plus ouverts, et de nombreuses aires de pique-nique.

Jupiter Outdoor Center KAYAK

(561-747-0063 ; www.jupiteroutdoorcenter.com ; 1116 Clove St ; 9h-17h). Le centre loue des kayaks et des paddles pour 35/40 $ la demi-journée. Il organise également des sorties de kayak à thème, telle l'excursion au clair de lune ou l'exploration des mangroves de Jupiter Inlet (à partir de 40 $).

Jonathan Dickinson State Park Concession Stand KAYAK ET CROISIÈRE

(561-746-1466 ; www.floridaparktours.com ; location canoë et kayak simple/double 18/24 $; 9h-17h). Vous pouvez louer des canoës et des kayaks au stand du parc. Les croisières en bateau sur la Loxahatchee River partent tout au long de la journée (adulte/enfant 24/14 $).

Où se loger et se restaurer

Jupiter Waterfront Inn HÔTEL $$

(561-747-9085 ; www.jupiterwaterfrontinn.com ; 18903 SE Federal Hwy ; ch 149-179 $; P ❄ 📶 🏊). Ensoleillé et accueillant, cet hôtel en bordure de nationale loue de vastes chambres avec TV à écran plat, la vue sur l'Intracoastal et une marina. La décoration évoque la plage, avec son carrelage espagnol et ses murs jaunes. Les amoureux demanderont une chambre avec Jacuzzi. La jetée privée de 70 m est prisée des pêcheurs. L'hôtel est adossé à la route, mais son rapport qualité/prix est excellent. Le petit-déjeuner continental est inclus.

♥ **Jupiter Donut Factory** DONUTS $

(561-741-5290 ; jupiterdonuts.com ; 141 Center St ; à partir de 0,80 $ la pièce, 7 $ la douzaine ; 6h-14h). Les donuts tout juste sortis du four sont absolument divins, aussi venez tôt pour ne pas rater ce bonheur gustatif. Les derniers sont généralement vendus dès le milieu de la matinée. Si vous ne parvenez pas à vous décider entre les versions gelée de framboise, banane-noix de coco, Chamallow-biscuit-chocolat ou Red Velvet, misez sur le choix le plus populaire : bacon-sirop d'érable.

Dune Dog Cafe AMÉRICAIN $

(561-744-6667 ; dunedog.com ; 775 A1A Alternate ; plats 10-18 $; 11h-21h). Quelle odeur de friture ! Elle imprègne cette gargote de l'intérieur jusqu'à l'extérieur, au bord de la route. Ses mini-palmiers et son décor de mauvais goût (tabourets de bar bleus et roses, tables faites de planches de surf et fast-food servis dans des paniers de plastique) font partie du plaisir. Les habitués ne doivent même plus s'en rendre compte, ils viennent pour les assiettes mixtes de crabe des neiges et de steak ou la bisque de homard.

♥ **Little Moir's Food Shack** POISSON ET FRUITS DE MER $$

(www.littlemoirsfoodshack.com ; 103 S US 1 ; plats 9-24 $; 11h-21h30 lun-mer, 11h-22h jeu-sam). Difficile à trouver, cette gargote néo-caribéenne sert une succulente cuisine et marie à la perfection les saveurs : poisson en croûte de patate douce, soupe jamaïcaine au poivre, rouleaux d'œufs de langouste. Les produits de la mer sont d'une fraîcheur irréprochable.

Leftovers Cafe CAFÉ $$

(561-627-6030 ; www.littlemoirsjupiter.com/leftovers-cafe ; 451 University Blvd ; plats 8-24 $; 11h-21h30 lun-mer, 11h-22h jeu-sam). Le gourou culinaire Mike Moir, qui dirige le Little Moir's Food Shack, tient aussi ce Leftovers Café de premier ordre, avec une carte plus légère de sandwichs, salades et desserts.

Où prendre un verre et faire la fête

Square Grouper BAR $
(www.squaregrouper.net ; 1111 Love St ; 11h-minuit dim-jeu, 12h-1h ven-sam). Au bord de l'eau, avec une grande piste de danse (sableuse), c'est un bijou ultra-décontracté, dans une ville par ailleurs bourgeoise.

Où sortir

Roger Dean Stadium STADE
(561-775-1818 ; www.rogerdeanstadium.com ; 4751 Main St ; entraînement de printemps 29-42 $). Les Miami Marlins, les St Louis Cardinals et diverses équipes de ligues mineures s'entraînent dans ce petit stade impeccable. Le prix des places varie ; appelez pour plus de détails.

Depuis/vers Jupiter

Si l'I-95 est le moyen le plus rapide de traverser la région, faites-vous plaisir et quittez l'autoroute. L'US Hwy 1 (US 1) suit le littoral et la Hwy A1A zigzague entre le continent (où elle suit la côte comme l'US 1) et diverses îles proches de la côte.

Stuart

772 / 16 100 HABITANTS

Souvent négligée en faveur de ses voisines plus célèbres, Stuart a longtemps été un mouillage secret pour des milliardaires sportifs venus en yacht. De fait, la pêche y est excellente, d'où son surnom de "capitale mondiale de l'espadon". Stuart a eu droit à sa première sortie de l'I-95 à la fin des années 1980, quand des gens aisés ont quitté des endroits comme Boca Raton pour s'y installer.

Si le centre rétro de Stuart, couleur sorbet, compte quelques bons restaurants et boutiques, les plages voisines de **Jensen Beach** et **Hutchinson Island** constituent le principal attrait de la ville. Jensen Beach, sur le continent face à l'Indian River Lagoon, séduit les pêcheurs et les artistes avec son centre-ville bordé de boutiques d'artisanat et de pêche. De l'autre côté du pont, Hutchinson Island est plutôt dévolue au farniente et à la fête.

À voir et à faire

Elliott Museum MUSÉE
(407-225-1961 ; elliottmuseum.org ; 825 NE Ocean Blvd, Hutchinson Island ; adulte/enfant 14/6 $; 10h-17h). L'excentrique collection Elliott est dédiée aux technologies du début du XXe siècle, et pour cause : le musée fut fondé par Harmon Elliott, fils de Sterling Elliott, qui inventa la direction à crémaillère (qui permit de faire manœuvrer les véhicules à 4 roues motrices). D'où la spectaculaire collection de 54 voitures anciennes, désormais exposée dans une galerie de 20 millions de dollars, équipée d'un système de stockage robotisé, qui amène les véhicules au premier plan et les fait pivoter pour offrir au visiteur une vision parfaite.

Florida Oceanographic Coastal Science Center AQUARIUM
(772-225-0505 ; www.floridaoceanographic.org ; 890 NE Ocean Blvd, Hutchinson Island ; adulte/enfant 12/6 $; 10h-17h lun-sam, 12h-16h dim ;). Ce centre ravira les enfants, avec ses quatre aquariums de plus de 1 000 litres où évoluent des poissons tropicaux, un ver marin géant, et des bassins tactiles remplis de crabes, de concombres de mer et d'étoiles de mer. Il propose un excellent choix de visites guidées et d'activités nature, dont une promenade guidée à 10h15 (sauf le dimanche), le nourrissage des raies pastenagues et l'observation des tortues de mer en été.

Hutchinson Island ÎLE, PLAGES
Cette longue île étroite, qui commence à Stuart et s'étire au nord jusqu'à Fort Pierce, offre un nombre impressionnant de plages préservées, toutes accessibles gratuitement, propices à la promenade, à la baignade et même au snorkeling. Plus vous allez vers le nord, moins les plages sont fréquentées.

Lady Stuart PÊCHE
(772-286-1860 ; www.ladystuart.com ; 555 NE Ocean Blvd, Stuart ; adulte/enfant 45/35 $). L'équipage vous emmène en mer, accroche votre appât, nettoie et découpe vos prises. Les excursions partent de 8h à 13h du samedi au jeudi, de 8h à 15h le vendredi.

Où se loger et se restaurer

Old Colorado Inn HÔTEL $$
(772-215-3437 ; www.oldcoloradoinn.com ; 211 Colorado Ave, Stuart ; ch et ste 189-399 $; P). Avec ses couleurs pastel, son ambiance très Key West et son charme irrésistible, le Colorado Inn (1914) est d'un excellent rapport qualité/prix. Les chambres spacieuses de

style studio et les suites ont des sols et des plafonds en bois verni, de beaux meubles modernes, de grands lits et des kitchenettes. Les propriétaires Steven et Ashley sont une mine de renseignements sur Stuart et les plages des environs.

River Palm Cottages & Fish Camp COTTAGES $$
(☎772-334-0401 ; www.riverpalmcottages.com ; 2325 NE Indian River Dr, Jensen Beach ; app à partir de 119-259 $; P❄📶🏊). Perché sur l'Indian River, ce complexe possède de simples et ravissants cottages de style caribéen avec cuisine, et vue sur l'eau pour certains. Le paisible jardin est planté de palmiers. L'établissement comprend une plage privée, une table de ping-pong et une jetée pour contempler le lever du soleil.

Conchy Joe's CARIBÉEN, AMÉRICAIN $$
(www.conchyjoes.com ; 3945 NE Indian River Dr, Jensen Beach ; plats 10-22 $; ⏲11h30-22h). Surplombant la St Lucie River, ce bar ombragé de palmiers est idéal pour un verre ou un plat de pub dans une ambiance de la Floride d'antan, surtout quand des musiciens se produisent.

11 Maple St AMÉRICAIN $$$
(☎772-334-7714 ; www.elevenmaple.com ; 3224 NE Maple St, Jensen Beach ; plats 25-59 $; ⏲17h30-22h mar-sam). Cet endroit romantique se compose de plusieurs salles, dans un cottage historique. La carte, renouvelée chaque jour, propose un choix éclectique de petites et de grandes assiettes, du pompaneau rôti au safran au filet d'élan grillé. Une adresse parfaite pour les grandes occasions sans aller jusqu'à Palm Beach.

The Gafford INTERNATIONAL $$$
(☎772-221-9517 ; www.thegafford.com ; 47 SW Flagler Ave, Stuart ; plats 13-38 $). Difficile de trouver une place dans ce nouveau restaurant de Stuart, chic-décontracté, animé et bruyant (à moins que vous ne vouliez dîner à 17h30). Mais si vous parvenez au bout de l'attente, le jeu en vaut la chandelle. Le filet mignon de bœuf séminole, le saumon écossais ou le burger (à la poitrine de bœuf – un délice) sont époustouflants.

ℹ Depuis/vers Stuart

L'I-95 est l'itinéraire le plus rapide depuis/vers la région. Au sud de Stuart, l'US 1 suit le littoral puis tourne vers l'ouest pour rejoindre et traverser la ville. Entre Stuart et Fort Pierce, la NE Indian River Dr est le plus bel itinéraire.

Fort Pierce

☎772 / 43 600 HABITANTS

Fort Pierce est empreinte d'une ambiance somnolente mais peut se prévaloir de très belles plages et d'une excellente pêche sportive. Le centre-ville ressemble à une ville fantôme, avec de nombreux logements vides et de rares passants. Orange Avenue, l'artère principale, est bien plus vivante que les pâtés de maisons voisins.

À voir et à faire

Manatee Observation Center MUSÉE
(www.manateecenter.com ; 480 N Indian River Dr ; 1 $; ⏲10h-17h mar-sam, 12h-16h dim oct-juin, 10h-17h jeu-sam juil-sept ; 👪). Ce petit centre expose au public la situation critique des lamantins. Des vidéos et des expositions sensibilisent les canotiers sur le comportement à suivre pour ne pas les blesser et montrent comment notre mode de vie a indirectement contribué à l'éradication du plus gros de leur population. En hiver, on voit souvent ces animaux évoluer dans les eaux baignant la plateforme d'observation du musée.

Fort Pierce Inlet State Park PARC
(www.floridastateparks.org/fortpierceinlet ; 905 Shorewinds Dr ; véhicule/vélo 6/2 $; ⏲8h-crépuscule). Ce parc de 14 km² offre tous les plaisirs attendus d'un centre de loisirs en bord de mer : plages sablonneuses, chemins verdoyants, mangroves peuplées d'oiseaux et une aire de pique-nique pour les familles. On peut louer vélos, kayaks et planches de surf au Fort Pierce Outdoor Center.

UDT-SEAL Museum MUSÉE
(☎772-595-5845 ; www.navysealmuseum.com ; 3300 Ocean Blvd ; adulte/enfant 10/5 $; ⏲10h-16h mar-sam, 12h-16h dim). Le seul musée consacré aux soldats de la Naval Special Warfarese se situe sur Hutchinson Island. Il présente des équipements et des armes jadis top secret, utilisés par la force d'élite de l'armée américaine.

Urca de Lima ÉPAVE
(☎850-245-6444) GRATUIT En 1715, une flottille espagnole fut balayée par un ouragan au large de la Floride. L'un des navires, l'*Urca de Lima,* coula quasiment intact. Peu éloigné de la plage de Fort Pierce, il peut être exploré avec masque et tuba. Pour le rejoindre, sortez d'Ocean Blvd (Hwy A1A) au Pepper Park et suivez la plage vers le nord sur environ 1 km depuis la limite du parc.

Fort Pierce Outdoor Center KAYAK
(☎772-979-4434 ; www.fortpierceoutdoorcenter.com ; Fort Pierce Inlet State Park ; location kayak et paddle à partir de 20 $/heure ; ⏲9h-17h). Dans le Fort Pierce Inlet State Park (et bien indiqué), on trouvera ici tout le matériel, des kayaks aux paddles et surfs et aux vélos. À partir de 20 $/heure.

Circuits organisés

Dolphin Watch Boat Tours OBSERVATION DES DAUPHINS
(☎772-464-6673 ; dolphinwatchboattours.com ; adulte/-12 ans 40/30 $). Des dauphins sauvages sont régulièrement observés dans l'Indian River Lagoon, parfois depuis la rive. Pour augmenter vos chances, vous devrez prendre un bateau. Le capitaine Adam Pozniak semble savoir d'instinct où les chercher. Il propose des circuits d'observation des dauphins de 2 heures, à bord de son bateau-ponton de 7,6 m. En outre, il connaît parfaitement le lagon, sa flore et sa faune.

Où se loger

Savannas Recreation Area CAMPING $
(☎772-464-7855 ; 1400 Midway Rd ; empl tente 25,25 $; ⏲nov-mai). Couvrant 250 ha et 5 biotopes – étendues de pins (*flatwood*), prairie humide, marais, lac et maquis –, le Savannas propose des sites de camping rudimentaires ou équipés.

Depuis/vers Fort Pierce

On atteint Fort Pierce depuis l'I-95 ou l'US 1 (route superbe qui fait une belle excursion en elle-même). Pour rejoindre le centre depuis l'I-95, prenez la sortie Orange Ave vers l'est, jusqu'au croisement avec l'US 1 (qui s'appelle ici N 4th St).

Sebastian Inlet

☎772 / 22 699 HABITANTS

En descendant vers le sud depuis Melbourne Beach le long de l'A1A, en direction de Sebastian Inlet, les maisons se font plus rares. Il y a de nombreux accès aux plages, randonneurs et ornithologues amateurs trouvent leur bonheur, à la fois côté Atlantique et côté Indian River. Haies nettes et pistes cyclables bordent la route sur des kilomètres.

À voir

♥ **Pelican Island National Wildlife Refuge** RÉSERVE NATURELLE
(☎772-581-5557 ; www.fws.gov/pelicanisland ; Hwy A1A ; ⏲7h30-crépuscule). GRATUIT Fondée en 1903 pour protéger le pélican brun, menacé, la réserve de Pelican Island fut la première réserve faunique fédérale, pionnière de l'ensemble de réserves nationales actuelles. Elle protège maintenant 200 ha le long de l'Indian River Lagoon et les 9 000 m² de Pelican Island, qu'on peut voir depuis la tour d'observation à l'extrémité de **Centennial Trail**. Deux sentiers forment une boucle de 4 km longeant le rivage, idéale pour une balade à vélo ou une longue randonnée.

On peut aussi voir Pelican Island en bateau : plusieurs rampes permettent d'accéder aux eaux de la réserve.

Sebastian Inlet State Park PARC
(☎321-984-4852 ; www.floridastateparks.org/sebastianinlet ; 9700 South State Rd ; vélo/véhicule 2/8 $; ⏲24h/24). Longeant une portion étroite de l'île-barrière, ce parc animé, apprécié des pêcheurs, des surfeurs, des plaisanciers et des familles, est séparé en deux sections par le pont qui enjambe Sebastian Inlet. Du côté nord, les enfants peuvent se baigner en sécurité dans les eaux calmes de la lagune ; côté sud, une marina permet de louer des bateaux. En juin-juillet, on peut se joindre à une promenade guidée par des rangers pour observer les tortues nidifier (réservation nécessaire).

McClarty Treasure Museum MUSÉE
(☎772-589-2147 ; Hwy A1A ; adulte/-6 ans 2 $/gratuit ; ⏲10h-16h). En 1715, un bateau espagnol transportant de l'or et un trésor sombra non loin lors d'un ouragan, et les survivants du naufrage bâtirent ici un camp de fortune. Ce petit musée, avec un film de 45 minutes, des dioramas et des objets retrouvés après le naufrage, se trouve à l'emplacement du camp. Encore aujourd'hui, ceux qui cherchent de jolis coquillages peuvent tomber sur des trésors échoués sur la plage. Le musée est à 1,6 km du Sebastian Inlet State Park.

Activités

♥ **Honest John's Fish Camp** KAYAK
(☎321-727-2923 ; www.honestjohnsfishcamp.com ; 750 Mullet Creek Rd ; location kayak 12 $/heure, bateau demi-journée/journée 60/90 $; ⏲6h-18h mer-lun). On peut louer des kayaks et des bateaux à moteur, dans cette propriété de Crackers datant de 1890, au bord de l'Indian River Lagoon. Au cœur d'un ancien verger d'agrumes de Mullet Creek, c'est un endroit de choix pour pêcher et observer des lamantins. À 16 km au sud de Melbourne Beach.

À NE PAS MANQUER

LOGGERHEAD MARINELIFE CENTER

Juno Beach est à 10 km au nord du parc d'État de John D. MacArthur Beach (voir l'encadré p. 239), sur la pittoresque A1A. Si vous voyagez avec un compagnon à quatre pattes, une escale s'y impose, car il s'agit de l'une des seules plages acceptant les chiens (de Xanadu Lane à Marcinski Rd) dans le comté.

Mais la raison principale de s'arrêter est le fascinant **Loggerhead Marinelife Center** (☎561-627-8280 ; www.marinelife.org ; 14200 US 1, Juno Beach ; don conseillé 5 $; ⏲10h-17h lun-sam, 11h-17h dim), GRATUIT où vous pourrez voir des tortues marines en convalescence dans des aquariums extérieurs spécialement conçus pour elles, et même des chirurgiens au travail dans la salle d'opération. Des bénévoles, à proximité des aquariums, vous dispenseront une foule de renseignements : origine de la blessure, stade de la guérison et caractère de l'animal. C'est un réel privilège de voir et d'apprendre les choses d'aussi près. Quatre espèces de tortues – vertes, à écailles, Ridley de Kemp et caouannes – fréquentent couramment les environs.

Chaque année, 70 à 80 tortues sont soignées ici puis relâchées dans la nature. Le centre propose de nombreux programmes éducatifs, des circuits écologiques (35 $), des randonnées dans le *hammock* et à travers les dunes (gratuit), des séances de contes pour enfants (10h30 mercredi) et des randonnées guidées pour observer les tortues (sur réservation 20 $), du mercredi au samedi soir en juin et juillet.

Sebastian Inlet Marina PLAISANCE
(☎321-724-5424 ; www.sebastianinlet.com ; 9502 S Hwy A1A ; ⏲8h-17h lun-ven, 8h-18h sam-dim). Du côté sud de Sebastian Inlet, une marina bien équipée loue des bateaux (175 $/demi-journée) et des kayaks (30 $/demi-journée). Elle comprend un petit musée de la pêche et un camping guère avenant (empl à partir de 31 $).

Où se loger

♥ **Seashell Suites** COMPLEXE HÔTELIER $$
(☎321-409-0500 ; www.seashellsuites.com ; 8795 S Hwy A1A ; ch 225-250 $;). Écologique, discret, ce complexe est conçu pour se fondre dans son environnement naturel préservé. Avec seulement huit suites de deux chambres, l'ambiance est intime, et on fait très attention à l'écologie : piscine d'eau salée et produits de nettoyage non toxiques. Chaises longues, vélos, parasols et body-boards sont à disposition gratuitement, et la médiathèque numérique offre un bon choix de films. Tarifs réduits pour des séjours d'une semaine.

Depuis/vers Sebastian Inlet

Sebastian Inlet est à 55 km au sud de Cocoa Beach sur la Hwy A1A, et 24 km au nord de Vero Beach. Il est plus aisé de s'y rendre en voiture mais le **GoLine Bus System** (☎772-569-0903 ; www.golineirt.com ; ⏲6h-19h lun-ven, 9h-15h sam) relie Vero Beach à Sebastian Inlet.

Vero Beach

☎772 / 15 749 HABITANTS

Cette ville côtière à l'urbanisation contrôlée, avec de jolis espaces verts, de belles plages de sable blanc et un centre-ville fait pour les piétons, s'est débarrassé de son ancien surnom de *zero beach* pour devenir les “Hamptons de la Floride”. C'est le genre de ville balnéaire paisible où des personnalités comme, au hasard, Gloria Estefan, possèdent demeures et hôtels.

De plus, l'absence de grands immeubles à Vero Beach donnent à la ville une atmosphère moins urbanisée, où la vue sur la mer est plus belle que dans les localités voisines. Et si beaucoup de touristes sont heureux de se détendre simplement à la plage, les – riches – habitants de Vero Beach s'impliquent pour soutenir l'art et l'environnement.

À voir

♥ **Vero Beach Museum of Art** MUSÉE
(☎772-231-0707 ; www.vbmuseum.org ; 3001 Riverside Park Dr ; adulte/-17 ans 10 $/gratuit ; ⏲10h-16h30 lun-sam, 13h-16h30 dim). Expositions artistiques temporaires, concerts de jazz en plein air réguliers : cet élégant musée blanc, dans Riverside Park, soutiendrait aisément la comparaison avec un musée célèbre d'une grande ville. Cherchez les panneaux sur la Hwy A1A.

McKee Botanical Gardens JARDIN BOTANIQUE
(☎772-794-0601 ; www.mckeegarden.org ; 350 US1 ; adulte/enfant 3-12 ans 12/8 $; ⏲10h-17h lun-sam, 12h-17h dim ; 👪). À la grande époque du tourisme à Vero Beach, dans les années 1920, Waldo Sexton et Arthur McKee ouvrirent ensemble le McKee Jungle Gardens, 32 ha qui enchantèrent ses visiteurs durant des décennies jusqu'à l'irruption de Disney dans les années 1970. Une bonne partie du parc fut cédée aux promoteurs immobiliers, mais des passionnés parvinrent à préserver 7 ha de jardin tropical, débordant maintenant de plantes indigènes, de palmiers et de bassins de nénuphars. Le prix d'entrée varie selon la saison.

Environmental Learning Center RÉSERVE NATURELLE
(☎772-589-5050 ; www.discoverelc.org ; 255 Live Oak Dr ; adulte/-12 ans 5/3 $; ⏲10h-16h mar-ven, 9h-16h sam, 13h-16h dim ; 👪). Cette réserve de 26 ha, faite pour éduquer le public à l'environnement fragile de l'estuaire de l'Indian River, offre des présentations interactives et une promenade de planches à travers la mangrove. Consultez le site Internet pour en savoir plus sur **EcoVentures** : excursions avec guide, en canoë ou en bateau-ponton, et randonnées.

Activités

Adventure Kayaking KAYAK
(☎772-567-0522 ; www.paddleflorida.com ; adulte/-12 ans 50/25 $). Natif de Vero Beach, Steve Cox propose tous les jours des circuits en kayak sur l'Indian River Lagoon, aux îles Round et Pelican, à Sebastian River et Blue Cypress Lake. Il propose aussi des circuits en kayak de plusieurs jours avec camping (275-350 $ par pers et par jour), sur la lagune ou plus loin jusqu'aux Everglades.

Orchid Island Bikes & Kayaks VÉLO
(☎772-299-1286 ; www.orchidislandbikesandkayaks.com ; 1175 Commerce Ave ; location vélo 24/59 $ par jour/sem, kayak simple/double 79/129 $ par demi-journée, paddle demi-journée/journée/sem 45/75/235 $). Vero Beach est l'endroit idéal pour troquer sa voiture contre un vélo : même les enfants peuvent aller facilement au restaurant, à l'hôtel ou à la plage. Vous pouvez louer kayaks ou paddles et pagayer sur l'Indian River Lagoon.

Circuits organisés

♥ **Sail Moonraker** BATEAU
(☎772-696-2941 ; www.sailmoonraker.com ; Vero Beach Marina, 3611 Rio Vista Blvd ; croisières 2-8 heures, jusqu'à 6 pers 450-975 $; 👪). Le capitaine Bruce propose des excursions personnalisées pour aller voir les dauphins, se baigner et admirer le coucher du soleil sur l'Indian River Lagoon, idéales pour tous, des enfants aux grands-parents, à bord de son catamaran de 12 mètres. Espèces uniquement.

Où se loger

Caribbean Court Boutique Hotel BOUTIQUE-HÔTEL **$$**
(☎772-231-7211 ; www.thecaribbeancourt.com ; 1601 S Ocean Dr ; ch et ste 139-359 $; P ❄ 📶 🏊). Dans un quartier résidentiel calme, à une rue de South Beach, ce bel endroit mêle adroitement élégance discrète et ambiance de plage décontractée. Bougainvilliers et palmiers abritent une petite piscine dans le jardin, les jolies chambres chaulées sont rehaussées d'ocre, avec mobilier en rotin, lavabos de céramique et serviettes épaisses : le frigo est bien rempli. Renseignez-vous sur les réductions en semaine.

♥ **Costa d'Este Beach Resort & Spa** COMPLEXE HÔTELIER **$$$**
(☎772-562-9919 ; www.costadeste.com ; 3244 Ocean Dr ; ch 200-300 $; P ❄ 📶 🏊). Propriété de la chanteuse Gloria Estefan et de son époux, ce resort chic façon Miami Beach déborde de style, de la fontaine ostentatoire de l'entrée à la véranda éblouissante ou à la piscine face à l'océan. Le décor des parties communes et des 94 chambres évoque un paquebot de croisière.

Où se restaurer

Barefoot Cafe CAFÉ **$**
(☎772 770-1733 ; www.thebarefootcafe.com ; 2036 14th Ave ; sandwichs 5-10 $; ⏲10h-15h lun-ven). Il n'est pas au bord de la plage, mais ce traiteur décontracté ressemble à un repaire de surfeurs. Sandwichs, salades et wraps (dont un très populaire wrap toscan) sont frais du jour. On s'assoit dedans ou dehors, et le service est très sympathique.

♥ **Riverside Café** POISSON ET FRUITS DE MER **$$**
(☎772-234-5550 ; www.riversidecafe.com ; 3341 Bridge Plaza Dr ; plats 12-26 $; ⏲11h-tard lun-sam, 10h-tard dim). Ce restaurant sans chichis sur le quai au bord de l'Indian River Lagoon offre une vue superbe au coucher du soleil, et ses *nachos* de thon sont vraiment délicieux. Il peut être un peu trop bruyant le soir, quand les fans de sport remplissent le bar.

Waldo's POISSON ET FRUITS DE MER $$

(☎772-231-7091 ; waldosvero.com ; 3150 Ocean Dr, Driftwood Resort ; plats 10-22 $; ⏲11h-1h lun-sam, 10h-21h dim ; P 👪). Construit en bois flotté par le pionnier de Vero Beach, Waldo Sexton, en 1935, c'est une institution, tant pour dîner que pour la musique (à partir de 21h). Prenez un wrap de *mahi-mahi* grillé sur la terrasse qui domine la mer ou accoudez-vous au bar rustique avec les gens du coin.

The Tides AMÉRICAIN MODERNE $$$

(☎772-234-3966 ; www.tidesofvero.com ; 3103 Cardinal Dr ; plats 20-38 $; ⏲17h-tard). C'est le restaurant haut de gamme le plus couru des environs, avec une nouvelle cuisine américaine ou floridienne rehaussée d'influences française, des Caraïbes, sudiste et latino ; la carte de vins primés associe parfaitement un vin à chaque plat. Les produits de la mer sont locaux, frais, telles les délicieuses boulettes de crabe en entrée (très charnues) ou le *hogfish* (capitaine, ou labre) tendre et savoureux, qui figure souvent au menu. Si vous n'avez pas réservé longtemps à l'avance, on vous rira au nez.

Maison Martinique AMÉRICAIN $$$

(☎772-231-7299 ; Caribbean Court Boutique Hotel, 1603 S Ocean Dr ; plats 24-42 $; ⏲17h-22h mar-sam). Maison Martinique vient de renoncer à ses racines françaises pour proposer une cuisine américaine, tout en gardant son service parfait et son décor intimiste. S'il fait bon le soir, dînez au bord de la petite piscine ; pour une ambiance plus décontractée, montez à l'étage au piano-bar romantique, Havana Nights.

Où prendre un verre et faire la fête

Kilted Mermaid PUB

(☎772-569-5533 ; www.kiltedmermaid.com ; 1937 Old Dixie Hwy ; ⏲17h-tard mar-dim). Ce pub local bruyant propose plus de 80 bières artisanales ou d'importation. Charcuterie ou fondue (au fromage ou au chocolat !) sont également au menu. Scène ouverte le mercredi, jeux-concours le jeudi et concerts les vendredis et samedis.

Grind + Grape BAR À VINS

(☎772-231-5536 ; www.facebook.com/grindandgrape ; 925 Bougainvillea Lane ; ⏲8h-2h lun-sam, 8h-1h dim). Café le jour, bar à vins le soir, l'endroit est très agréable à n'importe quelle heure. Preuve qu'on n'a jamais trop de bonnes choses, on y sert café filtré à froid, un large choix de tequilas, pâtisseries délicieuses et cocktails maison. Et des concerts tous les soirs à 19h30 dans le patio.

Depuis/vers Vero Beach

Vero Beach est à 85 km au sud de Cocoa Beach sur la Hwy A1A. Les aéroports internationaux les plus proches sont ceux d'Orlando, à 1 heure 30 de route au nord-ouest, de West Palm Beach, à 1 heure 30 au sud, et de Melbourne, à 30 minutes en remontant la côte. **Vero Beach Airport Shuttle** (☎772-794-8300 ; www.verobeachairportshuttle.com) propose un service de navettes depuis/vers les aéroports de Melbourne/Palm Beach/Orlando (95/160/160 $).

L'aéroport régional **Vero Beach Regional Airport** (☎772-978-4930 ; 3400 Cherokee Dr) propose des vols directs d'Elite Airways depuis/vers Newark.

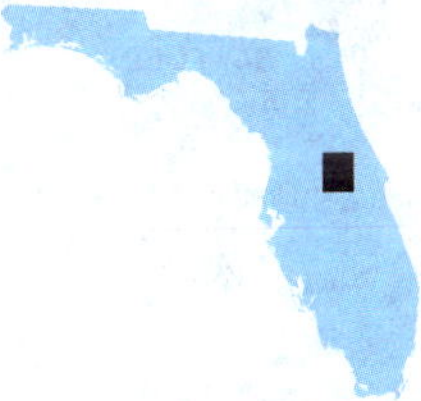

Orlando et Walt Disney World®

2,3 MILLIONS D'HABITANTS / ☎ 407, 321

Dans ce chapitre ➡

Le top des restaurants

- Stubborn Mule (p. 267)
- Jiko (p. 284)
- Rusty Spoon (p. 266)
- Urbain 40 (p. 266)
- DoveCote (p. 267)
- Boma (p. 284)

Le top des hébergements

- Alfond Inn (p. 273)
- Courtyard at Lake Lucerne (p. 261)
- Disney's Grand Floridian Resort & Spa (p. 294)
- Loews Portofino Bay Hotel (p. 319)
- Disney's Animal Kingdom Lodge (p. 303)
- Floridian Hotel & Suites (p. 261)

Pourquoi y aller

Le centre de la Floride ressemble à une matriochka, cette poupée russe qui cache en elle des poupées semblables, de plus en plus petites. La région abrite de jolis parcs d'État, jardins et rivières, qui se prêtent tous à une exploration tranquille. À l'intérieur du centre de la Floride se nichent Kissimmee, Celebration et la vaste zone urbaine d'Orlando. Cette dernière dispose d'un réseau de routes à plusieurs voies et de ponts qui mènent à un grand nombre de parcs d'attractions, notamment à Walt Disney World®, Universal Orlando Resort, SeaWorld et Legoland. À en juger par les foules, la majorité des visiteurs viennent ici pour ces parcs.

Au cœur du centre de la Floride, Orlando est une belle ville verdoyante, dont l'excellente scène culinaire et les musées de renommée mondiale sont éclipsés par les lumières et les paillettes des parcs d'attractions. Quantité de visiteurs ne parviennent jamais jusqu'à ce joyau, dernière poupée de la série, et la ville d'Orlando tend à rester dans l'ombre du château de Cendrillon et de l'école des sorciers de Poudlard.

Quand partir

Orlando

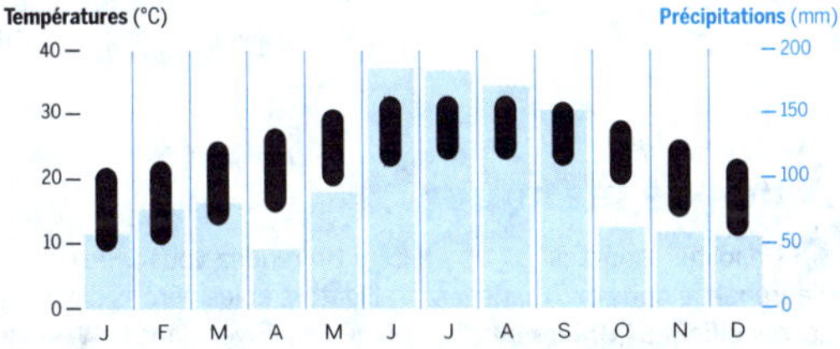

Septembre Températures agréables. Parcs moins fréquentés et baisse du prix des hébergements.

Mai Climat doux avant qu'arrivent les pluies. Une accalmie entre le Spring Break et les vacances d'été.

Thanksgiving à mi-décembre Les festivités de fin d'année battent leur plein ; prix exorbitants.

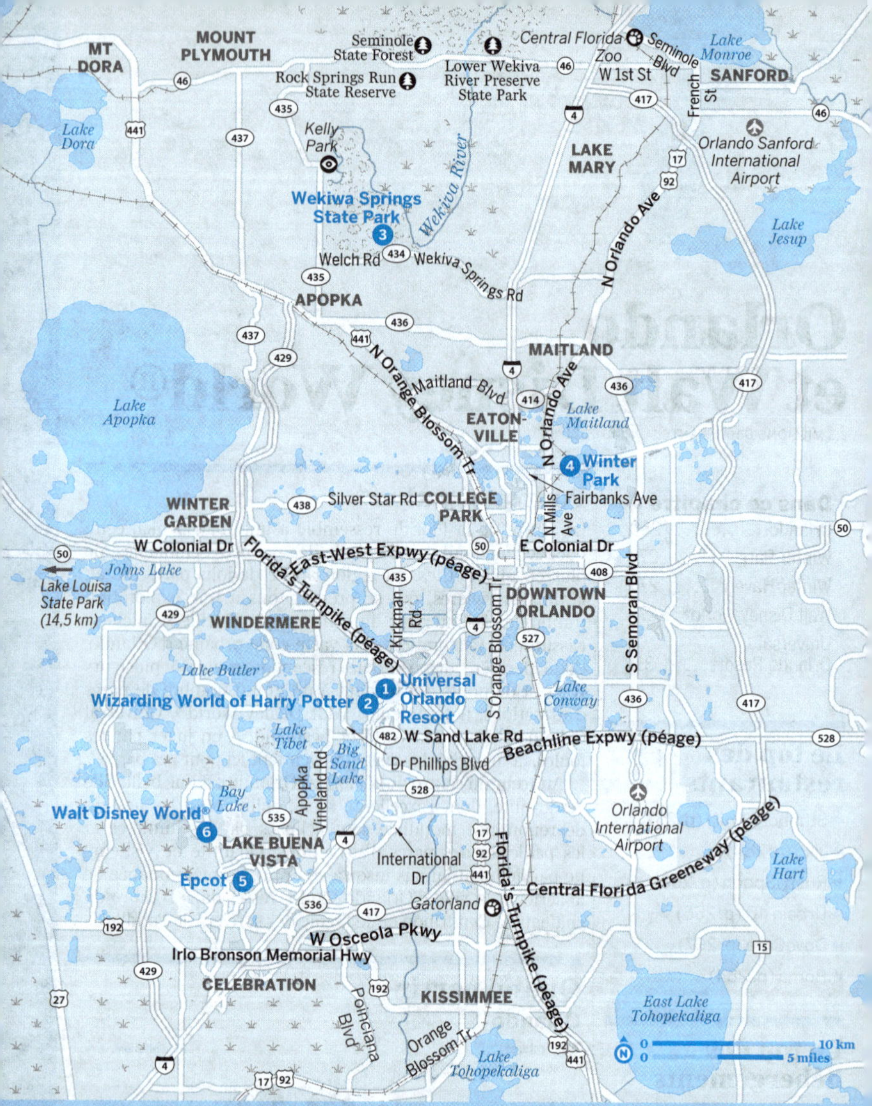

À ne pas manquer

1 De fortes montées d'adrénaline dans des manèges qui décoiffent à l'**Universal Orlando Resort** (p. 311).

2 Une balade dans les rues de Pré-au-Lard, la visite de Poudlard et un trajet à bord du Poudlard Express au départ du quai 9¾, au **Wizarding World of Harry Potter** (p. 314).

3 Un rendez-vous avec les alligators et les hérons bleus de la Wekiva River, dans le **Wekiwa Springs State Park** (p. 262).

4 Les musées, le lèche-vitrines et les repas "de la ferme à l'assiette", à **Winter Park** (p. 272).

5 Une rencontre à **Epcot** (p. 297) avec Elsa et Anna de *La Reine des neiges* après avoir bu un verre de vin en Italie et assisté à un concert des Beatles en Angleterre.

6 Un séjour époustouflant à **Walt Disney World®** (p. 277), ses quatre parcs d'attractions et ses deux parcs aquatiques, qui vous laissera un souvenir impérissable.

Depuis/vers Orlando et Walt Disney World®

AVION

Orlando International Airport (MCO ; ☎407-825-8463 ; www.orlandoairports.net ; 1 Jeff Fuqua Blvd). Accueille plus de passagers que n'importe quel autre aéroport de Floride. Dessert Walt Disney World®, la Space Coast et la région d'Orlando.

Orlando Sanford International Airport (☎407-585-4000 ; www.orlandosanfordairport.com ; 1200 Red Cleveland Blvd). Petit aéroport à 30 minutes au nord du centre-ville d'Orlando et à 45 minutes au nord de Walt Disney World®.

BUS

Un bus Greyhound part de New York, marque des arrêts (notamment à Washington DC et à Daytona Beach, en Floride) et va jusqu'à Orlando (aller 80-200 $, 24 heures).

TRAIN

Les trains n°97 *Silver Meteor* et n°91 *Silver Star* d'Amtrak circulent entre New York et Miami et s'arrêtent à Winter Park, dans le centre d'Orlando et à Kissimmee. Le trajet prend environ 22 heures depuis New York (à partir de 140 $). Chaque jour, l'*Auto Train* part de Lorton, en Virginie, et se rend à Sanford, à 48 km au nord du centre-ville d'Orlando.

VOITURE

Orlando se trouve à 450 km de Miami ; l'itinéraire le plus rapide et le plus direct en voiture consiste à prendre le Florida Turnpike (4 heures 30). La ville n'est qu'à 100 km de Tampa par l'I-4. La Beachline Expressway et la Hwy 50 conduisent toutes deux à l'est, sur les plages de la Space Coast, en moins d'une heure.

PLANNIFIEZ VOTRE VOYAGE

Trois mois avant Réservez une table dans les restaurants Disney haut de gamme et à thème.

Deux mois avant Réservez votre hôtel, achetez vos billets d'entrée aux parcs d'attractions et réservez vos attractions Disney FastPass+ (si vous ne séjournez pas sur place, réservez 30 jours à l'avance).

Trois semaines avant Consultez les tarifs des hôtels et faites des changements si besoin – les politiques d'annulation ne sont pas strictes et les tarifs fluctuent énormément. Achetez vos billets de théâtre.

Comment circuler

NAVETTE

La majorité des hôtels mettent à disposition des navettes pour Walt Disney World®, Universal Orlando Resort et SeaWorld, à différents horaires. La plupart des hôtels situés à l'extérieur des studios Universal et le long de l'International Dr proposent des navettes gratuites pour l'Universal Orlando Resort – la plupart ne prennent pas de réservation (premier arrivé, premier servi). Demandez toujours des détails sur la fréquence de ces navettes et sur la possibilité de réserver. Appelez **Mears Transportation** (☎855-463-2776) la veille pour organiser votre trajet personnalisé en navette jusqu'à Disney.

VOITURE ET MOTO

La Hwy I-4 est le principal axe nord/sud : pour aller au nord, prendre l'I-4 direction est (vers Daytona Beach) et pour aller au sud, emprunter l'I-4 direction ouest (vers Tampa). Quasiment tous les sites où vous voudrez vous rendre peuvent être localisés par un numéro de sortie sur l'I-4. Du sud au nord, entre les sorties 62 et 87, vous trouverez Walt Disney World®, SeaWorld, Aquatica et Discovery Cove, Universal Orlando Resort, le centre-ville d'Orlando et Thornton Park, Loch Haven Park et Winter Park.

Les aéroports Orlando International et Orlando Sanford, ainsi que Walt Disney World® et de nombreux hôtels possèdent des agences de location de voitures.

TRANSPORTS PUBLICS

I-Ride Trolley (☎407-354-5656 ; www.iridetrolley.com ; adulte/3-9 ans 2/1 $, pass 1/3/5/7/14 jours 5/7/9/12/18 $; ⏱8h-22h30). Dessert International Dr, du sud de SeaWorld direction nord jusqu'au secteur d'Universal Orlando Resort. Les bus circulent à 20-30 minutes d'intervalle et il faut faire l'appoint.

Lynx (carte p. 252 ; ☎407-841-2279, infos réseau 407-841-8240 ; www.golynx.com ; 455 Garland Ave, Downtown ; trajet/jour/sem 2/4,50/16 $, correspondances gratuites). Ces bus publics desservent l'agglomération d'Orlando, mais le service est limité après 20h.

LOCATION DE VOITURETTES, POUSSETTES ET FAUTEUILS ROULANTS

S'attaquer aux parcs d'attractions d'Orlando requiert de beaucoup marcher et faire la queue – ce qui se révèle fatigant à tout âge. Vous pourrez évidemment louer du matériel directement aux parcs, mais tous n'acceptent pas les réservations et il est impossible de l'utiliser en dehors des parcs. Plusieurs sociétés proposent la location de poussettes, de fauteuils roulants ou de voiturettes électriques pour toute la durée de votre séjour (et acceptent de livrer à votre hôtel).

Kingdom Strollers (☎407-271-5301 ; www.kingdomstrollers.com)

Orlando Stroller Rentals (☎800-281-0884 ; www.orlandostrollerrentals.com)

Walker Mobility (☎888-726-6837 ; walkermobility.com)

TAXI

Des taxis attendent devant les parcs à thème, Disney Springs, les hôtels et d'autres centres touristiques. Sinon, vous devrez appeler pour qu'on vienne vous chercher. Une course entre le secteur de Disney et le centre-ville d'Orlando prend 30 minutes et coûte environ 65 $; entre Universal Orlando Resort et Disney, il faut prévoir 15 minutes et 40 $. Une course à l'intérieur de Disney World peut facilement atteindre 30 $.

Casablanca Transportation (☎407-927-2773 ; www.casablancatransportation.com)

Mears Transportation (855-463-2776)

ORLANDO

SUPERFICIE 285 KM² (VILLE D'ORLANDO) ; 10 390 KM² (AGGLOMÉRATION D'ORLANDO) / ☎407

Orlando est une ville qui manque un peu de confiance en elle. Il est si facile de se laisser piéger dans l'agglomération d'Orlando – dans les mondes parallèles et ultra-construits de Disney ou d'Universal (qui attirent une grande majorité de visiteurs) – que vous risquez d'oublier le centre de la ville, qui a pourtant beaucoup à offrir. Les charmants quartiers bordés d'arbres, la vie artistique intense, les nombreux musées, les fantastiques jardins et réserves naturelles, et l'excellente cuisine favorisent un rythme de vie plus paisible à l'écart des foules pressées. Alors, même si vous venez pour profiter de la nostalgie et des frissons que font naître les parcs d'attractions, prenez quelques jours pour explorer la face plus tranquille d'Orlando et apprécier le contraste.

À voir

Centre-ville

Lake Eola Park PARC

(carte p. 252 ; ☎407-246-2378 ; 195 N Rosalind Ave ; 6h-minuit ;). Joli et ombragé, ce petit parc se situe entre le centre-ville d'Orlando et Thornton Park. Un chemin goudronné fait le tour du lac, une aire de jeux s'étend sur la rive et on peut louer un pédalo-cygne. Le samedi matin, le parc accueille le marché de producteurs d'Orlando (p. 271).

Orange County Regional History Center MUSÉE

(carte p. 252 ; ☎407-836-8500 ; www.thehistorycenter.org ; 65 E Central Blvd, Downtown ; tarif plein/5-12 ans 8/6 $; 10h-17h lun-sam, 12h-17h dim ;). Les collections permanentes abordent la Floride préhistorique, la colonisation européenne, les rapports entre les groupes ethniques et la production d'agrumes. Également des répliques d'une maison de pionnier et d'un tribunal de 1927.

Wells' Built Museum of African American History & Culture MUSÉE

(carte p. 252 ; ☎407-245-7535 ; wellsbuiltmuseumofafricanamericanhistoryandculture.org ; 511 W South St ; adulte/enfant 5/2 $; 9h-17h lun-ven). Le Dr Wells, l'un des premiers médecins noirs d'Orlando, s'installa en ville en 1917. En 1921, il fit bâtir un établissement pour les Afro-Américains interdits d'hôtels en Floride, et fonda peu après le South Street Casino, une salle qui accueillait des artistes noirs. Ce petit musée est aménagé dans l'hôtel d'origine.

Gallery at Avalon Island GALERIE

(carte p. 252 ; www.avalongallery.org ; 39 S Magnolia Ave ; 11h-18h jeu-sam). GRATUIT Une galerie d'art contemporain installée dans le plus ancien édifice commercial d'Orlando (vers 1886).

Loch Haven Park

Le pittoresque Loch Haven Park, avec ses 18 ha, ses immenses arbres et ses trois lacs, se situe à quelques kilomètres au nord du centre-ville d'Orlando.

♥ **Orlando Museum of Art** MUSÉE

(☎407-896-4231 ; www.omart.org ; 2416 N Mills Ave, Loch Haven Park ; adulte/enfant 15/5 $; 10h-16h mar-ven, 12h-16h sam-dim ; ; Lynx 125, Florida Hospital Health Village). Fondé en 1924, le grand centre d'art d'Orlando, d'un blanc étincelant, conserve une collection fantastique – permanente et temporaire – et organise de nombreux événements et cours pour adultes et enfants. Très populaire, le First Thursday (10 $) se déroule de 18h à 21h le premier jeudi du mois et met à l'honneur les artistes locaux avec des expositions, des concerts et des mets en provenance de restaurants des environs.

♥ **Mennello Museum of American Art** MUSÉE

(☎407-246-4278 ; www.mennellomuseum.com ; 900 E Princeton St, Loch Haven Park ; adulte/

6-18 ans 5/1 $; ⏲10h30-16h30 mar-sam, 12h-16h30 dim ; 🚌Lynx 125, 🚆Florida Hospital Health Village). En bord de lac, ce musée d'art modeste mais excellent met à l'honneur l'œuvre d'Earl Cunningham (1893-1977) et ses images colorées, fusion entre le pop art et l'art traditionnel. Les expositions temporaires sont souvent dédiées à l'art traditionnel américain. Tous les quatre mois, le musée accueille une nouvelle exposition, allant de collections du Smithsonian à des œuvres d'artistes locaux.

♥ Harry P. Leu Gardens JARDIN

(☎407-246-2620 ; www.leugardens.org ; 1920 N Forest Ave, Audubon Park ; adulte/4-18 ans 10/3 $; ⏲9h-17h, dernière entrée 16h30 ; 🚌Lynx 38, 8 ou 50). Des camélias, des roses, des orangers et des plantes du désert ornent ce jardin, qui compte aussi de nombreux espaces herbeux invitant à un pique-nique au bord du lac. Achetez des victuailles à l'East End Market (p. 265), à 800 m de l'entrée, dans Corrine Dr. Des visites de la **Leu House**, une demeure du XVIIIe siècle, sont proposées toutes les demi-heures de 10h à 15h30. Consultez le site Internet pour des détails sur les films en plein air, les séances de contes et les concerts.

Orlando Science Center MUSÉE

(☎407-514-2000 ; www.osc.org ; 777 E Princeton St, Loch Haven Park ; adulte/enfant 20/14 $; ⏲10h-17h jeu-mar ; 👪 ; 🚌Lynx 125, 🚆Florida Hospital Health Village). Expositions tournantes sur les dinosaures, le corps humain, le système solaire et autres sujets scientifiques, pour les enfants de 5 à 12 ans. Un arbre géant pousse à travers l'atrium de trois étages ; à son pied, vous verrez des alligators et une salle de découverte des sciences naturelles.

Hélas, beaucoup de ces présentations sont trop compliquées pour apprendre de façon ludique. Résultat : les enfants courent partout en appuyant sur des boutons. Consultez le site Internet pour en savoir plus sur les projections dans l'immense **Cinedom Theater** et le planning du **Science Live** (repas des raies, expériences, etc.).

International Drive

International Drive (ou I-Drive) est le centre touristique d'Orlando : un concentré de chaînes de restaurants, bars, boutiques, hôtels et motels, avec en outre quelques attractions (nouvelles ou vieillottes). Cette zone hautement commerciale s'étire le long de l'I-4 à l'est, et s'étend sur 27 km du centre commercial Orlando Premium Outlets jusqu'à World Dr plus au sud, juste à l'est de Walt Disney World®.

Entre le palais des congrès et Sand Lake Rd s'étend un secteur piétonnier relativement agréable, bordé de palmiers et de musées (où se trouve le Visitor Center). De Sand Lake Rd au nord jusqu'à l'impasse menant à Orlando Premium Outlets, on découvre Orlando pour les touristes.

Titanic the Experience MUSÉE

(carte p. 256 ; ☎407-248-1166 ; www.titanicshipofdreams.com ; 7324 International Dr ; adulte/6-11 ans 22/16 $; ⏲10h-18h ; 👪 ; 🚌Lynx 8, 42, 🚌I-Ride Trolley, ligne rouge arrêt 9). Une réplique grandeur nature de l'intérieur du célèbre paquebot et des objets retrouvés au fond de la mer. Visitez les galeries avec des guides en costumes d'époque ou flânez à votre guise. Les enfants apprécient particulièrement cette interprétation dramatique et réaliste de l'histoire, qui peut aussi en choquer certains : vous recevrez une carte d'embarquement avec le nom d'un véritable passager, et à la fin de l'expérience (après le naufrage) vous saurez si vous avez survécu ou non.

WonderWorks MUSÉE

(carte p. 256 ; ☎407-351-8800 ; www.wonderworksonline.com ; 9067 International Dr ; adulte/4-12 ans 30/24 $; ⏲9h-minuit ; 👪; 🚌Lynx 8, 38, 42, 🚌I-Ride Trolley, ligne rouge arrêt 18 ou ligne verte arrêt 10). Impossible de rater ce bâtiment à l'envers qui tient autant du musée pour enfants, de la salle de jeux vidéo que du parc d'attractions. Les divers étages truffés d'expositions permettent de vivre des sensations fortes et des expériences éducatives et multisensorielles. Allongez-vous sur un lit de clous, prenez place dans un simulateur d'ouragans, etc. Les plus petits peuvent être déconcertés, voire effrayés, mais les plus grands adorent. Également un pont de corde de 50 m, un cinéma en 4D avec une programmation changeante, un jeu de laser et le spectacle The Outta Control Magic Comedy Dinner Show, tous les soirs.

Sea Life AQUARIUM

(carte p. 256 ; ☎866-622-0607 ; www.visitsealife.com/orlando ; 8449 International Dr, International Dr ; tarif plein/enfant 25/20 $; ⏲10h-21h). Tout nouvel établissement qui propose une énième attraction sur le thème du monde sous-marin, Sea Life (qui fait partie d'une chaîne existant dans le monde entier) a

Centre-ville d'Orlando

Centre-ville d'Orlando

À voir

1 Gallery at Avalon Island.......................E3
2 Lake Eola Park.......................E2
3 Orange County Regional History Center.......................D3
4 Wells' Built Museum of African American History & Culture.......................B4

Où se loger

5 Aloft Orlando Downtown.......................D5
6 EO Inn & Spa.......................G2
7 Grand Bohemian Hotel.......................D5

Où se restaurer

8 Artisan's Table.......................D4
9 Benjamin French Bakery.......................H3
10 Dexters of Thornton Park.......................H3
11 DoveCote.......................D1
12 Graffiti Junktion American Burger Bar.......................H3
13 Hamburger Mary's.......................C4
14 Rusty Spoon.......................D4
15 Shari Sushi.......................G3
16 Stubborn Mule.......................G4

Où prendre un verre faire la fête

- Bösendorfer Lounge .... (voir 7)
- 17 Courtesy Bar D2
- 18 Eola Wine Company G3
- 19 Hanson's Shoe Repair D3
- 20 Independent Bar D3
- 21 Latitudes D4
- 22 Wall Street Plaza D3
- 23 Woods D3

Où sortir

- 24 Amway Center B4
- 25 Beacham & the Social D3
- 26 Dr Phillips Center for the Performing Arts E5
- 27 Mad Cow Theatre D4
- 28 Orlando Ballet B1
- 29 SAK Comedy Lab D3
- 30 Tanqueray's Downtown Orlando D4

Achats

- 31 Orlando Farmers Market G3

ORLANDO AVEC DES ENFANTS

Pour les familles séjournant dans la capitale mondiale des parcs à thème, le défi consiste à faire le bon choix parmi la myriade de possibilités, en fonction du temps disponible, du budget et de l'âge des enfants. Si vous avez peu de temps, limitez-vous au légendaire Magic Kingdom (p. 291) de Disney et à l'Universal Orlando Resort, qui se révèle moins stressant et renferme le fantastique Wizarding World of Harry Potter (p. 314).

Certes, la magie de Disney a souvent le chic pour faire disparaître votre argent comme par enchantement, mais Orlando et ses environs recèlent beaucoup d'autres sites moins onéreux. Flotter sur une chambre à air au **Kelly Park** (☎407-254-1902 ; www.ocfl.net/cultureparks ; 400 E Kelly Park Rd, Apopka ; 5 $/véhicule ; ⌚8h-20h mars-oct, 8h-18h nov-mars ; 👪), faire du canoë au Wekiwa Springs State Park (p. 262) et visiter les jolis Bok Tower Gardens (p. 262) constituent autant de mémorables excursions à la journée. Une projection gratuite au cinéma en plein air du Chip 'n' Dale Campfire Singalong (p. 287) est l'une des meilleures choses à faire à Disney.

À Orlando, tout est prévu pour attirer les touristes, et les restaurants ne font pas exception. Des **repas avec les personnages** sont organisés dans les parcs et dans les complexes hôteliers, des **dîners-spectacles** sont prévus à Walt Disney World®, Universal Orlando Resort et dans certains établissements de la ville, et des **restaurants à thème** en tout genre vous permettront de manger sous une pluie d'astéroïdes ou de déguster un hamburger et un milk-shake dans un décor de cinéma.

Une fois le soleil couché, vous serez peut-être tenté de vous écrouler sur un lit, mais sachez que les réjouissances continuent. À l'exception d'Animal Kingdom, tous les parcs à thème de Disney proposent des **spectacles son et lumière** ou des **feux d'artifice**. Parmi les meilleures prestations d'Orlando, citons l'excellent **théâtre des enfants**, le Cirque du Soleil – La Nouba (p. 310) qui se produit tous les soirs à Disney et le spectacle plein de malice du Blue Man Group (p. 324) d'Universal.

La promenade de Disney's BoardWalk, Disney Springs et le secteur de CityWalk d'Universal Orlando Resort sont l'occasion de passer une soirée festive, avec une foule d'artistes de rue, mais si vous avez eu assez d'émotions fortes dans la journée, préférez les villes de **Celebration** ou **Winter Park**. Les enfants apprécient leur rythme tranquille, et par un soir d'été, après une journée à arpenter les parcs, s'asseoir devant un verre de vin en regardant les petits jouer autour de la fontaine, au bord du lac de Celebration, vous procurera un bonheur paisible.

Choisissez judicieusement dans l'offre pléthorique de divertissements. Certes, peut-être enchaînerez-vous sept fois le manège de Winnie l'Ourson, sans jamais par ailleurs découvrir la comédie musicale *Nemo* à Animal Kingdom. Si seulement on s'était levé plus tôt, on ne

ouvert en 2016. Il se divise en plusieurs sections, et le tunnel en verre à 360° est sa pièce maîtresse.

Ses expositions s'inscrivent dans une ligne instructive et durable, et on peut assister à des conférences ou à des séances de nourrissage. Réduction de 5 $/pers pour l'achat de billet par Internet. Des billets combinés avec l'Orlando Eye et Madame Tussauds sont disponibles.

SeaWorld PARC À THÈME

(carte p. 256 ; ☎888-800-5447 ; www.seaworldparks.com ; 7007 Sea World Dr ; 95 $, réduction en ligne, les tarifs varient quotidiennement ; ⌚9h-20h ; 👪; 🚌Lynx 8, 38, 50, 111, 🚌I-Ride Trolley, ligne rouge arrêt 28). L'un des plus grands parcs à thème d'Orlando, SeaWorld est un parc aquatique qui propose de nombreux spectacles et rencontres avec des animaux marins, montagnes russes... Toutefois, l'attraction qui attire le plus de monde fait controverse, car elle met en scène des dauphins, des otaries et des orques dressés. Depuis la sortie, en 2013, du documentaire *Blackfish,* le traitement que réserve SeaWorld à ses orques en captivité est largement critiqué ; la réputation du parc en a pâti et la fréquentation a chuté.

Réquisitoire accablant contre la captivité des orques, le film revient sur la vie de Tilikum, une orque de SeaWorld Orlando, qui a tué trois personnes, dont une de ses dresseuses en plein spectacle. Depuis sa sortie, nombre d'organisations de protection des animaux soutiennent le message du film et ferait pas la queue pour cette glace Mickey, si seulement on était parti en courant après le feu d'artifice, si seulement, si seulement... On aurait pu voir ceci, cela, etc. Stop ! Il y a trop à faire et vous ne gagnerez jamais à ce jeu. Et au final, les enfants se rappelleront ce qu'ils ont vécu, pas ce qu'ils ont raté.

LE B-A BA des parcs avec bébé

Vous envisagez de visiter les parcs d'attractions avec votre bébé ? Sachez que les moins de 3 ans entrent gratuitement et que, une fois à l'intérieur, quelques astuces vous aideront à passer une bonne journée.

Child Swap (Walt Disney World® et Universal Orlando Resort). Permet aux responsables de faire la queue et de se relayer pour rester avec l'enfant ou le bébé le temps que l'autre fasse l'attraction. Idéal pour les familles voyageant avec des petits d'âge différent et pour les enfants qui demandent à leurs parents de s'assurer que le manège ne fait pas trop peur avant de monter. Les autres parcs proposent des options semblables, mais l'organisation peut se révéler complexe – demandez au superviseur du manège.

Disney's Baby Care Centers (parcs Disney). Jouets et dessins animés Disney, et vente de médicaments pour enfants, sans ordonnance, couches et autre. Cuisine équipée.

SeaWorld's Baby Center (SeaWorld). Petite maison avec des rocking-chairs sur la véranda dans le Shamu's Happy Harbor. Équipement similaire à celui de Disney. Femmes uniquement.

Garde d'enfants

Kid's Nite Out (☎ 407-828-0920, numéro gratuit 1-800-696-8105 ; www.kidsniteout.com ; 1/2/3/4/5 enfants 18//21/24/26/28 $ par heure, 4 heures minimum, plus frais de déplacement 10 $; ⏲ baby-sitters disponibles 24h/24, 7j/7). Service de baby-sitting dans les chambres ou service d'aide à l'intérieur des parcs à thème pour les enfants de 6 mois à 12 ans.

Disney's Children Activity Center (☎ 407-939-3463 ; www.disneyworld.disney.com.go ; hôtels Disney ; 12 $/heure par enfant, 2 heures minimum, dîner inclus ; ⏲ horaires variables). Cinq hôtels de Walt Disney World® proposent un service de garde d'enfants en centre. Réservations obligatoires, mais il n'est pas nécessaire d'être client de l'hôtel.

Kids' Camp (☎ Hard Rock 407-503-2200, Loews Portofino Bay 407-503-1200, Loews Royal Pacific 407-503-3200 ; www.universalorlando.com ; Universal Orlando ; Portofino Bay, Hard Rock et Royal Pacific Resorts ; 15 $/heure par enfant ; ⏲ 17h-23h lun-jeu, 17h-minuit ven-sam). Service de garde d'enfants en centre dans les hôtels de l'Universal Orlando Resort.

affirment que la captivité affaiblit et stresse ces créatures intelligentes et sensibles. En réponse, SeaWorld a accusé les réalisateurs de donner des informations fausses et trompeuses. Depuis, la controverse s'est en grande partie apaisée, mais, à en croire les médias, la société prévoit de mettre un terme aux spectacles d'Orlando dès 2019. Pour sa défense, SeaWorld prône l'importance de la durabilité dans des enregistrements à l'entrée des attractions. Cependant, lors de la rédaction de ce guide, les spectacles d'animaux étaient toujours au programme.

SeaWorld Orlando dispose également de deux montagnes russes, parmi les plus effrayantes de Floride. **Kraken** est une succession de virages, de loopings et de chutes, et en l'absence de plancher, vos pieds pendront dans le vide. En 2016, ce manège a été équipé de casques de réalité virtuelle pour augmenter les frissons. Sur **Manta**, on est en position allongée, à plat ventre. Plusieurs personnes sont côte à côte et le manège, qui a vaguement la forme d'une raie, plonge et flotte dans l'air avec des pointes de vitesse à près de 95 km/h. SeaWorld propose aussi des attractions pour les moins de 10 ans.

Aquatica PARC AQUATIQUE

(carte p. 256 ; ☎ 407-351-3600 ; www.aquaticaby-seaworld.com ; 5800 Water Play Way ; réservation en ligne 50 $, pass journalier 60 $, avec SeaWorld 109 $/jour ; ⏲ 9h-18h ; 👪 ; 🚌 Lynx 8, 38, 50, 111, 🚌 navette SeaWorld, 🚌 I-Ride Trolley, ligne rouge arrêt 30). Ce parc aquatique agrémenté d'une végétation tropicale est d'inspiration

International Drive

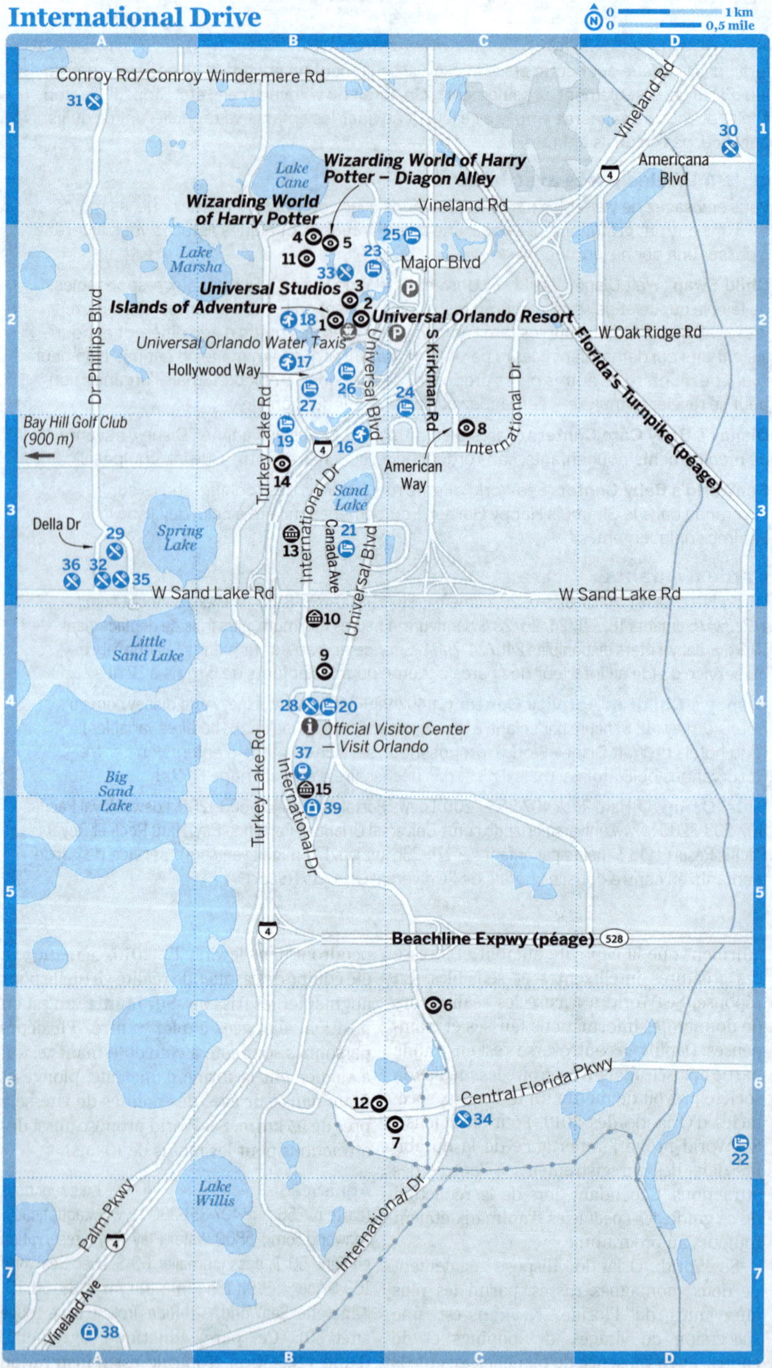

International Drive

polynésienne. Vous pouvez flotter dans les rivières calmes, jouer dans les piscines à vagues et dévaler les toboggans. Aquatica, propriété de SeaWorld, n'organise pas de spectacles de dauphins ou d'orques, mais il possède un bassin de dauphins de Commerson, cétacés noir et blanc, qui sont visibles lors du nourrissage, toutes les 2 heures. SeaWorld a fait l'objet d'enquêtes concernant les mammifères marins en captivité, et les associations de défense des animaux s'élèvent contre cette pratique.

Orlando Eye GRANDE ROUE

(carte p. 256 ; www.officialorlandoeye.com ; I-Drive 360, 8401 International Dr ; à partir de 20 $; 10h-22h dim-jeu, 10h-minuit ven-sam). La grande roue d'Orlando offre un changement par rapport aux nombreux autres manèges. Inaugurée en 2017, elle est la dernière attraction d'International Drive. Bien que la ville n'ait aucun relief, un tour dans la grande roue, en particulier de nuit, offre une excellente vue des différents parcs d'attractions et de l'agglomération. Renseignez-vous avant de vous y rendre : elle ferme parfois pour des événements privés. Des billets combinés avec Madame Tussauds et Sea Life sont disponibles.

Discovery Cove PARC AQUATIQUE

(carte p. 256 ; 877-434-7268 ; www.discoverycove.com ; 6000 Discovery Cove Way, International Dr ; à partir de 179 $ accès à SeaWorld et Aquatica inclus, SeaVenture 49-69 $ suppl, les tarifs varient quotidiennement ; 8h-17h30 ; ; Lynx 8, 38, 50, 111). À Discovery Cove, les visiteurs passent la journée à faire du snorkeling au-dessus d'un récif grouillant de poissons et de raies, à dériver sur une rivière à travers une volière et à se détendre dans un cadre tropical, idyllique et intimiste, sur des plages de sable blanc. Moyennant des suppléments, vous pourrez nager avec des dauphins ou arpenter un sentier sous-marin en scaphandre (marche sous l'eau, SeaVenture). Réservations obligatoires pour la journée entière.

Depuis le début des années 1990, de plus en plus de voix s'élèvent contre le fait de garder des dauphins en captivité dans le seul but de les montrer au public et de les faire interagir avec lui. Les groupes de défense des animaux et les scientifiques spécialisés dans le monde marin s'opposent à cette pratique qui affaiblit et stresse ces créatures sensibles et complexes.

Madame Tussauds Orlando MUSÉE

(carte p. 256 ; 866-630-8315 ; www.madametussauds.com/orlando ; 8387 International Dr ; à partir de 20 $; I-Ride Trolley, ligne rouge arrêt 14 ou ligne verte arrêt 8). Kitsch, rempli de célébrités, le musée présente différentes personnalités historiques et culturelles, ainsi que des icônes du cinéma actuel. Il fait partie de la section Merlin Entertainment au même titre que l'Orlando Eye et Sea Life. Des billets combinés avec l'Orlando Eye et Sea Life sont disponibles.

Ripley's Believe It or Not! MUSÉE

(carte p. 256 ; 407-345-0501 ; www.ripleys.com/Orlando ; 8201 International Dr ; adulte/4-12 ans 20/13 $; 9h30-minuit ; ; Lynx 8, 38, 42, 50, 58, I-Ride Trolley, ligne rouge arrêt 12) L'Exposition internationale de 1933 à Chicago fit connaître la collection de "curiosités et de personnes inhabituelles" de Ripley. Ce musée, qui peut heurter les sensibilités politiquement correctes du XXIe siècle, montre la passion de Ripley pour l'étrange, sans aucune censure. Les pièces ajoutées au XXIe siècle semblent plutôt centrées sur la création du bizarre, avec par exemple une sculpture de chien en épingles, plutôt que sur sa découverte.

Agglomération d'Orlando

Audubon Center for Birds of Prey RÉSERVE FAUNIQUE

(407-644-0190 ; fl.audubon.org/audubon-center-birds-prey ; 1101 Audubon Way, Maitland ; adulte/3-12 ans 8/5 $; 10h-16h mar-dim ;). Installé en bord de lac dans une belle maison ancienne, loin des sentiers battus, ce joli refuge soigne des oiseaux de proie : faucons, chouettes, petits ducs maculés et autres créatures à plumes. Vous pourrez voir les volatiles de près, dans les bras de leurs soigneurs. Repérez Trouble, le pygargue à tête blanche, qui batifole dans sa baignoire.

Art & History Museums – Maitland CENTRE D'ART

(407-539-2181 ; artandhistory.org ; 231 W Packwood Ave, Maitland ; adulte/enfant 3/2 $; 11h-16h mar-dim). Cette colonie d'artistes fondée en 1937 et classée monument historique a été transformée en un joli centre artistique proposant des cours et des studios à des artistes de la région, ainsi que des galeries pour exposer leur travail et des jardins paisibles. Tant que vous êtes sur place, visitez le petit musée d'Histoire et le musée du Téléphone, juste à côté.

Agglomération d'Orlando

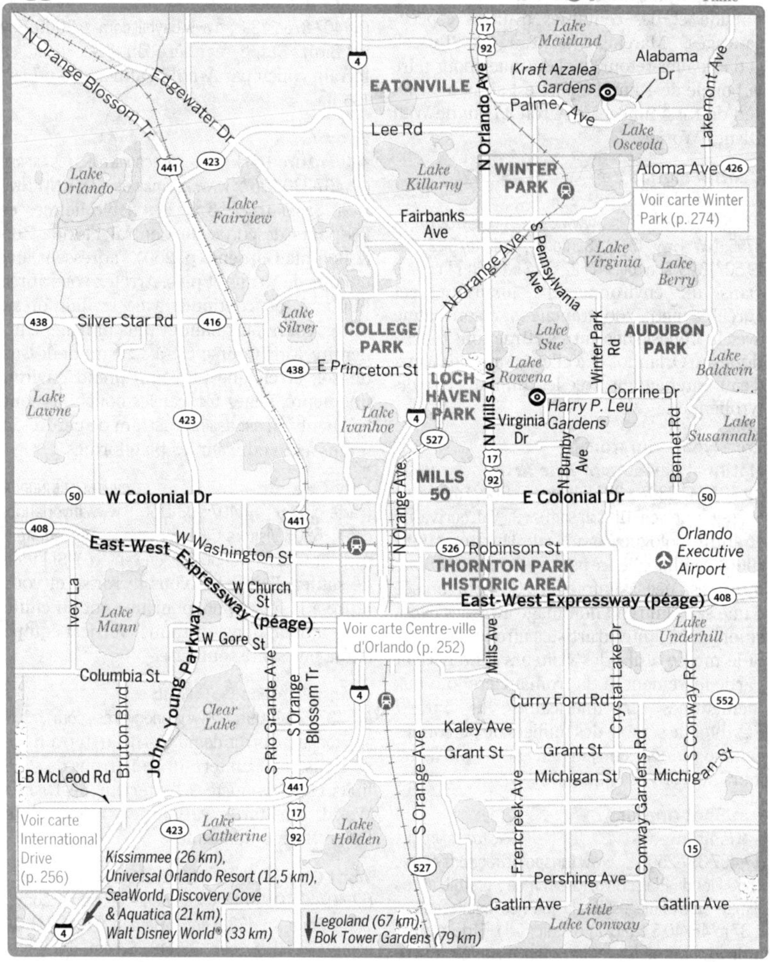

Green Meadows Farm FERME (☎ 407-846-0770 ; www.greenmeadowsfarm.com ; 1368 S Poinciana Blvd, Kissimmee ; adulte/3-12 ans 23/20 $; ⏲ 9h30-16h30, dernière visite 14h30 ; 👪). À seulement 30 minutes de voiture de Disney, cette petite ferme tient d'une plaisante escapade à la campagne, en rupture bienvenue avec le rythme fou des parcs à thème. On peut caresser les animaux, traire une vache et faire du poney ; en outre, il y a beaucoup d'ombre et d'herbe, des tables de pique-nique et une aire de jeux. Pour voir la ferme, il faut obligatoirement participer à une visite guidée de 2 heures.

Pour profiter au mieux de l'expérience, arrivez avant 14h30.

Nature Conservancy's Disney Wilderness Preserve RÉSERVE NATURELLE (☎ 407-935-0002 ; www.nature.org/florida ; 2700 Scrub Jay Trail, Kissimmee ; ⏲ 9h-16h30 lun-ven avr-oct, tlj nov-mars ; 👪). GRATUIT Nichée dans l'agglomération d'Orlando, cette réserve très préservée et peu visitée de 57 km^2 a vu le jour grâce à des lois exigeant que Walt Disney compense l'impact dévastateur de son activité sur les marécages et les habitats naturels sensibles. Les champs, bois et landes du parc abritent des tortues gaufrées, des pygargues à tête blanche, des grues du Canada et des centaines d'autres espèces sauvages. Marchez jusqu'au lac Russell (1,6 km aller-retour) ou continuez pour faire la boucle de 4 km. Le parc est situé juste au sud de Kissimmee, à environ 35 km de Walt Disney World®.

Central Florida Zoo & Botanic Gardens ZOO
(☎407-323-4450 ; www.centralfloridazoo.org ; 3755 NW Hwy 17-92, Sanford ; adulte/3-12 ans 19,50/13,75 $, tyrolienne 22-55 $; ⏲9h-17h ; 👪). Dans un environnement luxuriant, cet agréable petit zoo tranche par son calme avec la frénésie des autres attractions touristiques d'Orlando. Excellente aire de jeux d'eau, interactions avec les animaux et trois tyroliennes.

Zora Neale Hurston National Museum of Fine Arts MUSÉE
(☎407-647-3307 ; 227 E Kennedy Blvd, Eatonville ; ⏲9h-16h lun-ven, 11h-13h sam). GRATUIT L'écrivaine et anthropologue Zora Neale Hurston (1891-1960), rendue célèbre par son livre *Une femme noire*, est née à Eatonville. Ce petit musée d'une salle lui rend hommage avec des expositions tournantes d'artistes afro-américains. Si le musée attire des visiteurs s'intéressant particulièrement à la romancière ou aux thématiques afro-américaines, le **Zora ! Festival** rassemble des milliers de personnes chaque année en janvier, pour plusieurs jours de festivités familiales.

Fun Spot America – Kissimmee PARC D'ATTRACTIONS
(☎407-397-2509 ; www.funspotattractions.com ; 2850 Florida Plaza Blvd, Kissimmee ; gratuit, accès illimité aux manèges tte la journée adulte/enfant -1,37 m 46/40 $; ⏲10h-minuit ; 👪). Une multitude de manèges à l'ancienne, avec, entre autres, quatre pistes de kart et quelques attractions pour enfants. Il n'y a ni thématique inédite ni effets spéciaux mirobolants, c'est un peu daté mais l'ambiance est détendue et ludique et vous n'aurez pas à attendre des heures. Les amateurs de sensations fortes essaieront "le plus haut *skycoaster* du monde" : une sorte de saut à l'élastique à 300 m de hauteur. Parking gratuit.

Un second parc, **Fun Spot America – Orlando** (carte p. 256 ; ☎407-363-3867 ; fun-spot.com ; 5700 Fun Spot Way, International Dr ; ⏲10h-minuit ; 🚌I-Ride Trolley, ligne rouge arrêt 1, 2), est installé dans International Drive, à quelques minutes de l'Universal Orlando Resort.

Activités

Bay Hill Golf Club GOLF
(☎407-876-2429 ; www.bayhill.com ; 9000 Bay Hill Blvd). Étape régulière du PGA Tour, ce terrain conçu par Arnold Palmer s'étend sur 135 ha.

ZoomAir Adventure Park PARCOURS DANS LES ARBRES
(☎407-330-0767 ; www.zoomair.us ; 3755 NW Hwy 17-92, Sanford ; 22-55 $). Les 3 tyroliennes et les ponts de corde du Central Florida Zoo & Botanic Gardens (p. 260) s'adressent aux enfants de 10 ans et plus. Arrêtez-vous après l'Upland, ou continuez avec le Rainforest, un parcours plus haut et plus difficile. L'itinéraire Kids Course est à 1,20 m au-dessus du sol, et chaque parcours prend environ une heure. Venez tôt, car les bouchons sont fréquents : il est assez frustrant de perdre du temps à attendre sur les plateformes.

I Fly Orlando CHUTE LIBRE INDOOR
(carte p. 256 ; ☎407-903-1150 ; www.iflyorlando.com ; 6805 Visitors Cir, International Dr ; adulte à partir de 60 $; ⏲10h30-21h lun-ven ; 👪). Si l'idée de sauter d'un avion vous terrorise et vous attire à la fois, optez pour un saut en chute libre indoor, dans un tunnel vertical équipé d'une puissante soufflerie.

Grand Cypress Golf Club GOLF
(☎407-239-1909 ; www.grandcypress.com ; 1 N Jacaranda ; à partir de 50 $). Beau terrain de 45 trous, dont un terrain de 18 trous de style links écossais, juste à l'extérieur de Disney World. Les tarifs varient en fonction de l'offre et de la demande.

West Orange Trail Bikes & Blades VÉLO
(☎407-877-0600 ; www.orlandobikerental.com ; 17914 State Rd 438, Winter Garden ; vélo 7-11 $/heure, 30-50 $/jour, 99-149 $/sem, livraison/reprise 40 $; ⏲9h-17h lun-ven, 7h30-17h sam-dim). À 32 km à l'ouest d'Orlando, ce magasin se tient au début du West Orange Trail, un chemin rural de 38 km qui traverse un secteur de 16 km où le cheval est roi. Il loue des vélos et donne des informations complètes (sur place et en ligne) sur le cyclotourisme à Orlando et dans les environs.

Dubsdread Golf Course GOLF
(☎407-246-2551 ; www.historicaldubsdread.com ; 549 W Par St, College Park ; 9 trous 30-40 $, 18 trous 40-60 $). Ce terrain à l'ancienne a ouvert en 1923. Il se situe dans le quartier de College Park, juste à l'ouest de l'I-4 et au sud de Winter Park.

Orange Cycle VÉLO

(☎407-422-5552 ; www.orangecycleorlando.com ; 2204 Edgewater Dr ; ⌚10h-19h lun-ven, 10h-17h sam). Des cartes imprimables des pistes cyclables d'Orlando et une excellente source d'informations pour tout ce qui touche aux déplacements à vélo à Orlando et dans les environs. Vente et réparation de vélos, mais pas de location.

Buena Vista Watersports SPORTS AQUATIQUES

(☎407-239-6939 ; www.bvwatersports.com ; 13245 Lake Bryan Dr ; kayak, canoë ou paddle 25 $/heure, jet-ski 105 $/heure ; ⌚9h-18h30 ; 👪). Une ambiance détendue, juste à l'extérieur de Disney. Les tarifs pour le ski nautique et le wakeboard comprennent le conducteur/moniteur (165 $/heure).

Circuits organisés

Central Florida Nature Adventures KAYAK

(☎352-589-7899 ; www.kayakcentralflorida.com ; 2-3 heures 64 $/pers ; 👪). Gérés par des habitants de la région amoureux de la nature, Jenny et Kenny, ces petits circuits nature sont la garantie d'un moment de détente au milieu des alligators, des tortues, des hérons et des aigrettes. Ils vous rencontreront à différents points de départ en fonction du circuit que vous choisirez.

Fêtes et festivals

Thursday Gallery Hop CULTURE

(☎407-648-7060 ; www.orlandoslice.com ; ⌚18h-21h 3e jeu du mois). Une célébration de l'art et de la culture dans plusieurs lieux du centre-ville d'Orlando, avec des concerts et des thèmes changeant, tous les troisièmes jeudis du mois.

Zora! Festival CULTURE

(☎407-647-3188 ; www.zorafestival.org ; 227 E Kennedy Blvd, Eatonville ; ⌚jan). Ce festival, qui rend hommage à Zora Neale Hurston (voir le musée, page ci-contre), met à l'honneur la musique, la culture et l'art afro-américains.

Spring Training SPORTS

(www.springtrainingonline.com ; billets à partir de 3 $; ⌚mi-fév à avr). Apportez une couverture et des pop-corn et regardez un match de base-ball dans les règles de l'art. Les Atlanta Braves jouent à l'ESPN Center de Disney World (p. 287). Lors de la rédaction de ce guide, les Houston Astros étaient sur le point de se transférer aux Palm Beach Gardens.

Florida Film Festival CINÉMA

(☎407-629-1088 ; www.floridafilmfestival.com ; 1300 S Orlando Ave, Maitland ; séance 9-11 $; ⌚avr). Ce festival de films indépendants et alternatifs se tient dans le très branché Enzian Theater (p. 270). Abonnements pour plusieurs films et forfait événements à partir de 50 $.

Orlando International Fringe Festival CULTURE

(www.orlandofringe.org ; ⌚mai). Ce festival programme, 14 jours durant, du théâtre, de la musique, de la danse et de l'art.

Gay Days GAY ET LESBIEN

(www.gaydays.com ; ⌚juin). Plus de 160 000 personnes participent à des événements organisés dans les parcs à thème et d'autres sites de la ville, la première semaine de juin.

Orlando Film Festival CINÉMA

(www.orlandofilmfest.com ; billet journée 20 $; ⌚oct). Des films indépendants projetés au Cobb Plaza Cinema Cafe d'Orlando. Différents forfaits sont proposés.

Où se loger

Le centre d'Orlando dispose de plusieurs ravissantes options privées, qui changent agréablement des complexes hôteliers.

♥ **Floridian Hotel & Suites** HÔTEL $

(carte p. 256 ; ☎407-212-3021 ; www.floridianhotelorlando.com ; 7531 Canada Ave, International Dr ; ch à partir de 75 $; P ⊖ ❄ 📶 🏊). Un merveilleux hôtel privé pour petits budgets qui ressemble à un établissement de chaîne, mais avec un personnel sympathique à la réception, des chambres impeccables avec réfrigérateur et un petit-déjeuner (très simple) gratuit, ainsi que des navettes vers les différents parcs. Près du Restaurant Row et non loin de l'International Dr.

♥ **Courtyard at Lake Lucerne** B&B $

(☎407-648-5188 ; www.orlandohistoricinn.com ; 211 N Lucerne Circle E, Downtown ; ch avec petit-déj à partir de 140 $; P ❄ 📶). Cette ravissante adresse comprend 4 bâtiments, tous différents, allant d'une maison historique (1883) à un exceptionnel édifice Art déco. Les chambres spacieuses sont décorées en fonction de leur époque. Jardin enchanteur et délicieux petit-déjeuner. Les cocktails gratuits vous aideront à oublier son emplacement, sous deux ponts autoroutiers, qui ont été malheureusement construits dans les années 1970.

HORS DES SENTIERS BATTUS

ORLANDO SAUVAGE

Après quelques jours (ou quelques heures) dans un parc à thème, les innombrables environnements artificiels d'Orlando peuvent se révéler épuisants. Si vous rêvez d'air frais et de l'odeur de la terre, vous trouverez des parcs et des réserves naturelles dans l'agglomération d'Orlando.

Lake Louisa State Park (général 850-245-2157, parc 352-394-3969 ; www.floridastatepark.org/park/Lake-Louisa ; 7305 US 27, Clermont ; 5 $, camping 5 $/pers, raccordement électrique 24 $, bungalow 6 pers 120 $; 8h-crépuscule). Situé à 30 minutes à l'ouest de Disney World, le parc d'État de Lake Louisa permet d'échapper sans trop de peine à la saturation de parcs à thème. On y trouve plusieurs lacs paisibles, de jolies plages et 40 km de sentiers de randonnée traversant des champs, des bois et des orangeraies. Pour faire du bateau sur le lac Dixie, on peut louer un canoë pour 3 personnes ou un kayak simple (20-30 $) à la station des rangers. L'endroit compte 20 bungalows avec vue sur le lac ; chacun est pourvu de 2 chambres (draps compris), d'une cuisine équipée et d'une véranda à l'avant. Il est possible de réserver le camping et les bungalows jusqu'à 11 mois à l'avance.

Wekiwa Springs State Park (407-884-2009 ; www.floridastateparks.org/wekiwasprings ; 1800 Wekiwa Circle, Apopka ; entrée 6 $, camping 5 $/pers, raccordement électrique 24 $; 7h-crépuscule). À 32 km au nord-ouest du centre-ville d'Orlando, rafraîchissez-vous dans un bassin alimenté par une source glaciale, marchez sur des kilomètres de sentiers et pagayez sur les eaux paisibles de la Wekiva River. À l'intérieur du parc, Central Florida Nature Adventures propose des circuits guidés de 2 heures 30, loue des kayaks et des canoës (2 heures 17 $, 3 $/heure supp) et fournit du matériel de camping. Réservations obligatoires pour les bivouacs rudimentaires au bord de la rivière.

Orlando Wetlands Park (407-568-1706 ; www.orlandowetlands.org ; 25115 Wheeler Rd, Christmas ; lever-coucher du soleil ;). Les bois, les lacs et les marécages sont peuplés d'oiseaux migrateurs, d'alligators, de cerfs et de toutes sortes de créatures. Il y a 32 km de chemins de randonnée et de pistes de terre, ainsi que des toilettes, des tables de pique-nique et des barbecues à l'entrée principale. Le vélo est autorisé uniquement sur les chemins non goudronnés. À 48 km à l'est du centre-ville d'Orlando, le parc se situe à mi-chemin entre Orlando et Titusville, où se trouvent le Canaveral National Seashore et le centre spatial Kennedy Space Center.

Bok Tower Gardens (863-676-1408 ; www.boktowergardens.org ; 1151 Tower Blvd, Lake Wales ; adulte/enfant 14/5 $, visite de la maison 6 $; 8h-18h, dernière entrée 17h ;). Conçu par Frederick Law Olmstead Jr., ce site historique de 125 ha comprend un clocher minutieusement sculpté de 65 m de haut (le carillon sonne deux fois par jour), de beaux jardins, une superbe demeure de style méditerranéen datant des années 1930, Pinewood Estates, et un café avec jardin. Les enfants peuvent récupérer du papier spécial à l'entrée et repérer les poteaux qui révèlent chacun, une fois le papier frotté dessus, un animal différent. Les jardins accueillent des concerts de musique classique en plein air (25 $). Les Bok Tower Gardens se trouvent à une heure au sud d'Orlando, près de Legoland.

Contrairement à ce que laisse croire le nom, l'établissement n'a rien à voir avec le Courtyard Marriott.

♥ **Hyatt Regency Grand Cypress Resort** COMPLEXE HÔTELIER $$$
(800-233-1234, 407-239-1234 ; www.hyattgrandcypress.com ; 1 Grand Cypress Blvd, Lake Buena Vista ; ch 189-250 $, taxe de séjour 30 $/jour, parking/service voiturier 20/29 $; P@). Compte tenu de la proximité du Magic Kingdom de Disney (11 km) et de l'Universal Resort Orlando (13 km), ainsi que de la qualité des chambres, du service, du jardin et des équipements, ce complexe hôtelier conçu comme un atrium offre l'un des meilleurs rapports qualité/prix d'Orlando. Il tire avantage de plusieurs piscines, d'une grotte avec cascade, de jets d'eau ludiques et d'un toboggan tortueux, mais aussi d'un lac avec plage, hamacs, voiliers et vélos.

Des navettes rallient le Transportation & Ticket Center (d'où l'on prend les transports Disney vers les autres parcs à thème), SeaWorld et l'Universal Orlando Resort.

Hilton Orlando Bonnet Creek COMPLEXE HÔTELIER $$

(407-597-3600 ; www.hiltonbonnetcreek.com ; 14100 Bonnet Creek Resort Lane, agglomération d'Orlando ; ch à partir de 210 $, taxe de séjour 30 $ /jour ; parking sans/avec voiturier 22/30 $;). Cerné par Disney World et équipé d'une grande piscine avec rivière tranquille et toboggan, ce complexe, fort des services habituels, est à la hauteur des resorts analogues situés dans le parc Disney. Ce n'est certes pas un hôtel Disney avec tout ce que cela implique, mais le rapport qualité/prix est beaucoup plus juste.

Le Harvest Café, situé dans l'hôtel, sert une cuisine fraîche et savoureuse à prix raisonnables ; les moins de 12 ans paient le petit-déjeuner à moitié prix et le dîner leur est offert.

Aloft Orlando Downtown HÔTEL D'AFFAIRES $$

(carte p. 252 ; 497-380-3500 ; www.aloftorlandodowntown.com ; 500 S Orange Ave, Downtown ; ch à partir de 230 $;). Un établissement clair, harmonieux et résolument moderne, mais dont la décoration minimaliste se traduit par des chambres qui paraissent vides. Autre défaut, la jolie petite piscine se trouve en bordure de la rue principale. Il s'agit néanmoins d'un des rares hôtels situés à courte distance de marche des bars et restaurants du centre-ville d'Orlando.

Castle Hotel HÔTEL $$

(carte p. 256 ; 407-345-1511, 800-952-2785 ; www.castlehotelorlando.com ; 8629 International Dr ; ch à partir de 160 $, parking 15 $/jour ; ; I-Ride Trolley, ligne rouge arrêt 15 ou ligne verte arrêt 69). À en croire la légende, le propriétaire aurait construit cet hôtel pour sa fille qui voulait avoir son propre château de Cendrillon. De fait, sa façade de château, aisément reconnaissable dans le secteur d'International Drive, cache dorures, fioritures, lustres en bois de cervidés et chambres décorées avec de la fausse peau de croco et dans des tons bruns chauds. À l'extérieur, une petite piscine jouxte un café moderne et spacieux. Les tarifs varient énormément.

Hilton Homewood Suites MOTEL $$

(carte p. 256 ; 407-226-0669 ; homewoodsuites1.hilton.com ; 5893 American Way, International Dr ; ste 120-299 $; ; I-Ride Trolley, ligne rouge arrêt 5). Ces suites spacieuses dotées de lits confortables et de cuisines équipées ont un côté discret sans équivalent dans les hôtels de chaîne analogues à Orlando. Il y a un petit-déjeuner chaud inclus, un buffet le soir (en semaine) et une boutique d'en-cas ouverte 24h/24. Excellente adresse, en particulier pour visiter l'Universal Orlando Resort. Navette gratuite au départ de l'hôtel.

EO Inn & Spa BOUTIQUE-HÔTEL $$

(carte p. 252 ; 407-481-8485 ; www.eoinn.com ; 227 N Eola Dr, Thornton Park ; ch 150-500 $;). Un petit hôtel discret, et l'un des seuls sur la rive nord-est du lac Eola, à courte distance de marche de Thornton Park et des bars et restaurants du centre-ville d'Orlando. La superficie des chambres varie énormément. L'ambiance est un peu particulière, mais il offre un bon rapport qualité/prix, en bas de la catégorie moyenne (attention : les tarifs fluctuent beaucoup).

Hilton Garden Inn International Drive North MOTEL $$

(carte p. 256 ; 407-363-9332, 800-327-1366 ; www.hiltongardenorlando.com ; 5877 American Way, International Dr ; ch 109-249 $; ; I-Ride Trolley, ligne rouge arrêt 5). Avec son hall spacieux ponctué de colonnes, son bar ombragé de palmes en bord de piscine et son restaurant, voici une bonne adresse de catégorie moyenne pour celui qui vient visiter Universal Orlando. Quoique située sur l'I-4 à moins de 2 km des parcs, c'est une adresse calme, à l'écart du chaos d'International Drive.

Omni Orlando Resort at ChampionsGate COMPLEXE HÔTELIER $$

(800-843-6664, 407-390-6664 ; www.omnihotels.com ; 1500 Masters Blvd, ChampionsGate ; ch à partir de 269 $, taxe de séjour 25 $/jour, parking sans/avec voiturier 18/26 $;). Cet hôtel est protégé du bruit et de l'agitation par deux terrains de golf, des marais et de vastes espaces verts. Il y a une piscine réservée aux adultes, et une autre, familiale, joliment paysagée, agrémentée d'un toboggan et d'un bassin-rivière de 250 m. Les villas peuvent accueillir 6 à 8 personnes. Ce complexe est à quelque 19 km au sud de Disney World, tout près de l'I-4. Les tarifs varient énormément en fonction des festivités en cours, ainsi que de l'offre et de la demande.

Hyatt Regency Orlando International Airport Hotel HÔTEL $$

(407-825-1234 ; orlandoairport.regency.hyatt.com ; 9300 Jeff Fuqua Blvd ; ch à partir de 219 $;). Sis dans le terminal principal de l'aéroport international d'Orlando, cette option se révèle pratique pour les voyageurs arrivant tard ou repartant tôt, même si les complexes hôteliers acceptent aussi des horaires décalés. Belle piscine sur le toit. Les tarifs varient énormément : réservez tôt si vous espérez bénéficier de réductions.

Bay Hill Club and Lodge HÔTEL $$$
(407-876-2429, 888-422-9455 ; www.bayhill.com ; 9000 Bay Hill Blvd ; ch à partir de 300 $;). Tranquille et policé, cet hôtel, comme figé dans le temps, a quelque chose d'à la fois rassurant et étrange. Le personnel est exceptionnellement aimable et accommodant, les jolies chambres sont distribuées dans plusieurs bâtiments à deux niveaux bordant le terrain de golf conçu par Arnord Palmer. Promotions fréquentes sur Internet.

Si l'établissement semble attirer une clientèle de golfeurs d'âge mûr, et si la piscine et les équipements n'ont rien de branché ni de chic, les familles apprécieront le répit bienvenu qu'offre ce cocon au retour d'une journée à Orlando. Parcs thématiques et restaurants sont à courte distance en voiture. Installé dans une localité résidentielle dédiée au golf et signalée par un tout petit écriteau, le Bay Hill est difficile à trouver. Bifurquez à l'ouest sur Apopka Vineland Rd pour prendre Bay Hill Blvd et ouvrez l'œil 1,5 km plus loin sur la droite. Bons points : le parking n'est pas payant et il n'y a pas de taxe de séjour.

Grande Lakes Orlando – JW Marriott & Ritz-Carlton HÔTEL $$$
(carte p. 256 ; JW Marriott 407-206-2300, Ritz-Carlton 407-206-2400 ; www.grandelakes.com ; 4012 Central Florida Pkwy (Ritz-Carlton), 4040 Central Park Pkwy (JW Marriott) ; ch à partir de 359 $, taxe de séjour 35 $/jour, parking sans/avec voiturier 22/29 $; P). Deux établissements, un Ritz et un Marriott, partagent leurs installations. Le luxueux parc, havre de calme et d'élégance, est agrémenté de beaucoup de verdure et de la meilleure piscine d'Orlando. Le spa est somptueux, le service irréprochable, la cuisine excellente et la plupart des chambres se prolongent d'un balcon donnant sur la piscine et le golf. Une adresse idéale pour une lune de miel ou un séjour en famille, petits et grands cohabitant en toute harmonie. Les tarifs fluctuent énormément.

Villas of Grand Cypress COMPLEXE HÔTELIER $$$
(407-239-4700, 887-330-7370 ; www.grandcypress.com ; 1 N Jacaranda Blvd ; ch à partir de 410 $, villas 1/2/3/4 ch à partir de 460/650/800/1200 $, taxe de séjour 25 $/jour ;). Ces chambres et villas joliment décorées, avec pierre naturelle, baignoires profondes et patios, occupent un cadre tranquille près du golf Grand Cypress conçu par Jack Nicklaus. La chambre la moins chère est la "club suite", une chambre de 21 m² comprenant 2 lits doubles, un canapé-lit et un patio. C'est l'endroit idéal pour ceux qui souhaitent retrouver le calme après l'agitation des parcs d'attractions.

Les villas, spacieuses, disposent d'une salle de bains par chambre, d'un séjour, d'une salle à manger et d'une cuisine équipée. Il y a une petite piscine tranquille, des vélos et des casques (gratuits) à disposition pour se balader dans le golf et, à la demande, une navette porte à porte entre les villas et le Hyatt Grand Cypress, de l'autre côté de la route. Excellentes offres hors saison par rapport aux tarifs indiqués ici.

Waldorf Astoria HÔTEL $$$
(407-597-5500 ; www.waldorfastoriaorlando.com ; 14200 Bonnett Creek Resort Lane, agglomération d'Orlando ; ch 200-400 $, ste 450-560 $, taxe de séjour 30 $/jour, parking avec voiturier 30 $/jour ; P). S'il n'affiche pas tous les avantages de ses homologues Disney, cet établissement élégant n'en est pas moins situé à l'intérieur de Disney World et, contrairement aux hôtels de luxe Disney, la qualité des chambres, des équipements et du service y est irréprochable. On y trouve un excellent buffet au petit-déjeuner, deux piscines somptueuses bordant le golf et un spa. Le Hilton Orlando Bonnet Creek (p. 263) partage les équipements du Waldorf. La navette pour Disney est gratuite mais peu fiable en cas de circulation – elle s'arrête plusieurs fois en route, ce qui peut faire passer le trajet de 15 minutes à une heure.

Grand Bohemian Hotel HÔTEL $$$
(carte p. 252 ; 407-313-9000 ; www.grandbohemianhotel.com ; 325 S Orange Ave, Downtown ; ch à partir de 389 $, ste à partir de 489 $, parking avec voiturier 26 $/jour ; P). L'adresse la plus chic du centre-ville, avec des sols en marbre, un superbe bar Art déco aux imposantes colonnades noires, de belles chambres de style urbain et des week-ends jazz. Sur le toit, la petite piscine évoque le Miami Beach des années 1950. Pas de service de navette pour les parcs. Il n'est pas vraiment utile d'indiquer des tarifs, car la tarification est extrêmement variable, secrète et personnelle.

Où se restaurer

P Is for Pie BOULANGERIE $
(407-745-4743 ; www.crazyforpies.com ; 2806 Corrine Dr, Audubon Park ; à partir de 2 $; 7h30-16h30 lun-sam ;). Une boutique sobre où une touche artisanale est apportée aux tartes traditionnelles (avec une base biscuit, par exemple), minitartes et spécialités. Parmi les saveurs phares, citons la *key lime* (citron vert des Keys) et la tiramisu. Sublime.

East End Market MARCHÉ $
(231-236-3316 ; www.eastendmkt.com ; 3201 Corrine Dr, Audubon Park ; 10h-19h mar-sam, 11h-18h dim ;). Des monticules de légumes et des tables de pique-nique indiquent la présence de ce petit rassemblement de gargotes et de maraîchers bio et locaux. À l'intérieur, on trouve, entre autres, Lineage, un stand qui propose du bon café ; le Local Roots Farm Store, qui a pour devise "Toute la Floride, toute l'année" et présente un choix de bières et de vins de cet État à son minuscule bar ; la Gideon's Bakehouse, qui vend de succulents gâteaux et cookies ; et l'excellent Skybird Juicebar & Experimental Kitchen, qui mitonne un savoureux buffet végétalien et crudivore.

Dandelion Communitea Café VÉGÉTARIEN $
(407-362-1864 ; dandelioncommunitea.com ; 618 N Thornton Ave, Thornton Park ; plats 10-14 $; 11h-22h lun-sam, 11h-17h dim ;). Dynamique et résolument bio, ce rendez-vous des amateurs de graines germées, tofu, thé vert et autre lait de soja sert des plats végétariens savoureux et créatifs, dans une ancienne maison rénovée qui invite à la flânerie. Il y a des tables disposées dans la cour et une microbrasserie. Consultez le site Internet pour des renseignements sur les vernissages, lectures de poésie et concerts.

Stardust Video & Coffee CAFÉ $
(407-623-3393 ; www.stardustvideoandcoffee.wordpress.com ; 1842 E Winter Park Rd, Audubon Park ; plats 7-14 $; 7h-minuit lun-ven, 8h-minuit sam-dim ; P). Tess, la serveuse, préfère que l'on qualifie son bar de "bizarro-éclectique" plutôt que de "hipster". En journée, cet établissement bohème branché est rempli de clients qui tapotent sur leur portable tout en grignotant des plats végétariens ou en sirotant des jus de fruits frais. En soirée, il devient un bar à cocktails et à bières artisanales plein de cachet. Des lanternes en papier et des lumignons clignotants pendent au plafond, et des photos ornent au petit bonheur les murs de béton. Musique live en semaine et marché fermier le lundi soir.

Pho 88 VIETNAMIEN $
(www.pho88orlando.com ; 730 N Mills Ave, Mills 50 ; plats 8-13 $; 10h-22h). Adresse phare dans le quartier vietnamien animé d'Orlando (surnommé ViMi), au nord-est du centre-ville, dans un secteur surnommé Mills 50, ce restaurant authentique et sans prétention, spécialisé dans le phô (soupe de nouilles vietnamienne), est toujours bondé. Bon marché et savoureux !

Black Bean Deli CUBAIN $
(www.blackbeandeli.com ; 1835 E Colonial Dr, Mills 50 ; plats 7-9 $; 11h-21h lun-jeu, 11h-22h ven-sam ;). Occupant un fabuleux bâtiment au style rétro qui accueillait auparavant un concessionnaire automobile, ce restaurant concocte de délicieuses spécialités cubaines.

Bluebird Bakery PÂTISSERIE $
(407-228-3822 ; www.bluebirdbakeshop.com ; 3122 Corrine Dr, Audubon Park ; pâtisseries 2-4 $; 7h-17h lun-sam, 10h-16h dim ;). Baptisé d'après l'oiseau préféré de la grand-mère du gérant, cette petite adresse rétro propose des cupcakes préparés le matin même. Il y en a pour tous les goûts – chocolat, vanille au poivre noir et patate douce. La boutique ferme une fois les cupcakes vendus. Le café n'a rien d'exceptionnel, mais les brownies au chocolat sont à se damner.

Benjamin French Bakery BOULANGERIE $
(carte p. 252 ; 407-797-2293 ; www.benjaminfrenchbakery.com ; 716 E Washington St, Thornton Park ; pâtisseries 4 $, plats 3-9 $; 8h-18h). Cette petite boulangerie française sert des sandwichs rustiques, des salades et des omelettes. Préférez le café à emporter accompagné d'une pâtisserie. Baguette maison croustillante et croissant au parfum du jour.

Bikes, Beans & Bordeaux CAFÉ $
(407-427-1440 ; www.b3cafe.com ; 3022 Corrine Dr, Audubon Park ; plats 6-12 $; 7h-21h lun-ven, 8h-21h sam, 8h-17h dim ; P). Conçu par des cyclistes amateurs pour les autres passionnés de vélo, ce café décontracté sert de bons sandwichs et des salades très saines. La carte colle au thème du cyclisme, avec des sandwichs surnommés Tour de France ou Méditerranéenne, et un menu enfant "Training wheels" ("petites roues"), qui affiche des plats moins copieux, comme la pizza peloton. Musique live le week-end, canapés pour se prélasser et œuvres d'art local.

House of Pizza PIZZERIA $

(☎407-447-7515 ; www.orlandohouseofpizza.com ; 14650 Gatorland Dr ; plats 8-16 $; ⏲11h-22h lun-sam, 12h-21h dim ; 👪). Sous des dehors ordinaires, cette adresse indépendante propose de bonnes pizzas, mais aussi des bruschettas, des pâtes, des sandwichs, etc. N'est pratique que si vous êtes à Gatorland et si vous voulez vous sustenter.

Havana's Cafe CUBAIN $

(carte p. XXX ; ☎407-238-5333 ; www.havanascubancuisine.com ; 8544 Palm Pkwy ; plats 8-14 $; ⏲11h30-22h lun-sam, 12h-21h dim). Ce café simple, sympathique et familial, tranche avec les sempiternels restaurants de chaîne, de complexes hôteliers et de parcs Disney. Pour les plats à emporter, appelez à l'avance. Le panneau *No strollers!* (Poussettes non autorisées) est peut-être là pour indiquer l'exiguïté des lieux ?

Eden Bar AMÉRICAIN $

(☎407-629-1088 ; www.enzian.org ; 1300 S Orlando Ave, Maitland ; plats 10-16 $; ⏲11h-23h dim-jeu, 11h-1h ven-sam ; 🍸). 🍃 Les repas pris en terrasse sous le cyprès géant de l'Enzian Theater (p. 270) se déroulent dans une ambiance insulaire. La carte, délicieusement éclectique, affiche de la pizza à la poire et au jambon cru, des poivrons farcis au quinoa, du poulet frit ou du steak pané. Goûtez le mojito mexicain.

Peach Valley Cafe DINER $

(carte p. 256 ; ☎407-522-2601 ; www.peachvalleyrestaurants.com ; 5072 Dr Phillips Blvd ; plats 9-13 $; ⏲7h-14h30 lun-ven, 7h-15h30 sam-dim ; 👪). Cette chaîne floridienne propose des spécialités étonnamment variées et savoureuses comme les beignets de pomme, les pancakes à la banane, la salade Cobb ou la tourte au poulet et aux légumes (*chicken potpie*). Une adresse sans prétention mais fiable et pratiquant des prix raisonnables.

Keke's Breakfast Cafe CAFÉ $

(carte p. 256 ; ☎407-226-1400 ; www.kekes.com ; 4192 Conroy Rd ; plats 8-14 $; ⏲7h-14h30 ; 👪). Adresse incontournable pour de bons petits-déjeuners avec pain perdu fourré, œufs Bénédicte et pancakes à la banane et aux noisettes. Succursales à **Winter Park** (☎407-629-1400 ; 345 W Fairbanks Ave) et dans **Restaurant Row** (carte p. 256 ; ☎407-354-1440 ; 7512 Dr Phillips Blvd).

Graffiti Junktion American Burger Bar BURGERS $

(carte p. 252 ; ☎407-426-9503 ; www.graffitijunktion.com ; 700 E Washington St, Thornton Park ; plats 10-14 $; ⏲11h-2h). Ce petit bar avec des tables en terrasse et des boissons du jour a pour spécialité de gros hamburgers bien présentés. Optez pour un Brotherly Love (bœuf Angus, 11 $) ou une option végétarienne (7 $). Comme il a récemment déménagé, il n'arbore plus de murs couverts de graffitis.

Dessert Lady Café PÂTISSERIE $

(carte p. 256 ; ☎407-999-5696 ; www.dessertlady.com ; 7600 Dr Phillips Blvd, 78, Restaurant Row ; desserts 9 $; ⏲10h-18h lun-sam ; 👪). Institution locale encensée dans tout le pays, Dessert Lady Café redonne du sens à l'expression "bon à en mourir". Tourtes aux fruits, tartes aux noix de pécan et bourbon, gâteau au *key lime* et autres délices. Vend principalement des en-cas à emporter, mais on peut manger sur place, dans le petit coin prévu à cet effet.

Greek Corner Restaurant GREC $

(☎407-228-0303 ; www.thegreekcorner.net ; 1600 N Orange Ave ; plats 10-15 $; ⏲11h-22h lun-sam, 11h-20h dim). Modeste café aux murs blancs, doté d'un petit patio face au Lake Ivanhoe (1,5 km au nord du centre-ville d'Ivanhoe). C'est une adresse appréciée qui sert de délicieux *gyros* (sandwich grec), moussaka et autres spécialités grecques, ainsi que des pâtes et de gros burgers.

♥ **Rusty Spoon** AMÉRICAIN $$

(carte p. 252 ; ☎407-401-8811 ; www.therustyspoon.com ; 55 W Church St, Downtown ; plats 15-31 $; ⏲11h-15h lun-ven, 17h-22h dim-jeu, 17h-23h ven-sam ; 🍸). 🍃 Dans cet établissement spacieux, coquet et séduisant, où règne une ambiance citadine branchée, un des murs en brique est couvert de photos d'animaux de la ferme. L'accent est mis sur les produits locaux, préparés sans chichi. Les classiques de pub sont revisités (pour un résultat sophistiqué). S'il est à la carte, ne manquez pas le Smores (dessert au chocolat).

♥ **Urbain 40** AMÉRICAIN $$

(carte p. 256 ; ☎407-872-2640 ; urbain40.com/ ; 8000 Via Dellagio Way, Restaurant Row). Faites un voyage dans les années 1940, époque où des clients bien mis s'installaient sur des tabourets de bar en cuir bleu pour avaler des martinis dry. Cette brasserie américaine à l'ancienne réussit à recréer l'ambiance et concocte une excellente cuisine. Les moules rôties (12 $) sont une valeur sûre. La carte affiche des plats à base de produits locaux, durables et provenant directement de la ferme. Prenez votre temps et profitez des photos de grands noms du jazz et du cinéma, ainsi que des objets de l'époque. Une véritable oasis à l'écart de la vie trépidante dans les parcs d'attractions.

Stubborn Mule AMÉRICAIN MODERNE **$$**
(carte p. 252 ; www.thestubbornmuleorlando.com ; 100 S Eola Dr, Suite 103, Downtown ; plats 19-28 $; 11h-23h mar-sam, 11h-21h dim). Un gastropub tendance et très fréquenté qui sert d'élégants cocktails maison et de délicieux plats traditionnels à base de produits locaux préparés de manière contemporaine. Au menu : gâteaux de polenta, gruau de gouda fumé et légumes d'hiver braisés. Un nouveau venu qui mérite absolument une visite. Le service peut être lent quand il affiche complet, n'y allez pas si vous êtes pressé. Musique live le week-end qui rend les tables en terrasse assez bruyantes.

DoveCote FRANÇAIS **$$**
(carte p. 252 ; dovecoteorlando.com ; 390 N Orange Ave, Ste 110 ; plats déj 12-24 $, dîner 16-30 $; 11h30-14h30 et 17h30-22h). L'une des options les plus courues d'Orlando occupe le bâtiment de la Bank of America. Convenant à tout le monde, le restaurant dispose d'une brasserie, d'un café et sert de nombreux cocktails. La cuisine est française traditionnelle. Les clients adorent la simplicité du délicieux croque-monsieur et des moules-frites.

Slate AMÉRICAIN **$$**
(carte p. 256 ; 407-500-7528 ; www.slateorlando.com ; 8323 W Sand Lake Rd, Restaurant Row ; plats 14-38 $; 11h-12h30 et 17h-22h lun-ven, 10h30-15h et 17h-23h sam, 10h30-15h et 17h-21h dim). Un nouveau restaurant ultra-tendance, animé et bruyant, qui attire une clientèle enjouée venue pour les pizzas croustillantes (qui sortent du grand four en cuivre) ou les plats contemporains, de la poitrine de bœuf aux Saint-Jacques (*diver scallops*, méthode écologique de ramassage à la main par des plongeurs) et purée de courge butternut. Plusieurs espaces de restauration, notamment la table commune et la véranda dotée d'une cheminée.

Yellow Dog Eats BARBECUE **$$**
(www.yellowdogeats.com ; 1236 Hempel Ave, Windermere ; plats 8-19 $; 11h-22h ;). Installé dans un ancien bazar, doté d'un toit en tôle, d'une terrasse, d'anciens casiers d'écoliers remplis de bouteilles de bière et d'une décoration éclectique sur le thème canin, cette petite pépite bobo et décontractée sert d'excellents plats et grillades. Goûtez le Florida Cracker (effiloché de porc au gouda, au bacon et aux oignons frits). Si le restaurant vous semble loin de tout, il n'est qu'à 9,5 km de route au nord-ouest de l'Universal Orlando Resort.

Hamburger Mary's BURGERS **$$**
(carte p. 252 ; 321-319-0600 ; www.hamburgermarys.com ; 110 W Church St, Downtown ; plats 10-16 $; 11h-22h dim-lun, 11h-22h30 mar-jeu ; 11h-23h30 ven-sam). *Diner* animé du centre-ville, spécialisé dans les hamburgers pantagruéliques, accompagnés de frites de patates douces, et les cocktails généreusement dosés. Le Broadway Brunch du dimanche s'anime d'un karaoké, de numéros de drag-queens et de toutes sortes de distractions interactives.

Artisan's Table AMÉRICAIN **$$**
(carte p. 252 ; 407-730-7499 ; www.artisanstableorlando.com ; 22 E Pine St, Downtown ; plats 12-29 $; 7h-22h lun-jeu, 7h-minuit ven, 9h-minuit sam, 9h-22h dim). Venez dans cet établissement discret mais apprécié, pour savourer des petits-déjeuners comme le bol d'œufs et de gruau, ou préférez les flocons d'avoine à l'agave accompagnés d'un smoothie bio. Le menu éclectique change régulièrement et convient parfaitement aux personnes qui ont des allergies alimentaires. On y sert aussi du café et des cocktails pour bien débuter et terminer la journée. Si vous voulez combiner les deux, optez pour la liqueur de café, fabriquée au moyen d'une tour à infusion (7 $ le verre).

White Wolf Café and Bar DINER **$$**
(407-895-9911 ; www.whitewolfcafe.com ; 1829 N Orange Ave, Ivanhoe Village ; plats 14-24 $; 8h-15h dim-mar, 8h-21h mer-jeu, 8h-22h ven-sam ; Lynx 102). Ce café de quartier à l'ancienne arbore des lustres de style Tiffany, un grand bar en bois et un bric-à-brac d'antiquités. Venez-y pour ses petits-déjeuners roboratifs et ses Bloody Mary.

TooJays JUIF **$**
(carte p. 256 ; 407-355-0340 ; www.toojays.com ; 7600 Dr Phillips Blvd, Restaurant Row ; sandwichs 9-12 $, plats 13-20 $; 7h-21h dim-jeu, 7h-22h ven-sam ;). Les sandwichs gourmets à emporter sont savoureux, mais l'ambiance quelconque. Pour une nourriture plus réconfortante, choisissez la soupe maison de poulet aux nouilles ou la soupe aux boulettes de matsa.

Dexters of Thornton Park AMÉRICAIN $$
(carte p. 252 ; ☎407-648-2777 ; www.dextersorlando.com ; 808 E Washington St, Thornton Park ; plats 10-25 $; ⏲7h-22h lun-mer, 7h-23h jeu-ven, 11h-2h sam, 10h-22h dim). Un restaurant de quartier avec terrasse et un brunch quotidien prisé qui comprend des classiques revisités comme le gruau au fromage poivré. Beaucoup de clients affirment qu'on y sert les meilleures crevettes et gruaux de la ville. Bon choix de cocktails mimosa aux divers jus de fruits, notamment à la pêche, à la mangue ou à l'ananas.

Il existe des succursales à Winter Park (p. 274) et à Lake Mary (à 27 km au nord de Winter Park, I-4 sortie 101).

Shari Sushi JAPONAIS $$
(carte p. 252 ; ☎407-420-9420 ; www.sharisushilounge.com ; 621 E Central Blvd, Thornton Park ; plats 14-35 $; ⏲17h-22h dim-mer, 17h-23h jeu-sam). Cet établissement à la décoration minimaliste, avec grandes baies vitrées donnant sur la rue, sert un vaste choix de sushis, rouleaux et sashimis savoureux, mais peu de plats chauds. Sophistiquée, la carte des boissons comprend des mojitos à la citronnelle et un cocktail saké, coriandre et citron vert. Les apéritifs sont à 4,25 $ durant l'happy hour quotidienne.

Thai Thani THAÏLANDAIS $$
(carte p. 256 ; ☎407-239-9733 ; www.thaithani.net ; 11025 International Dr, International Dr ; plats 9-22 $; ⏲11h30-23h ; 👪 ; 🚌I-Ride Trolley, ligne rouge). Pratique si vous logez près de SeaWorld, ce petit restaurant est idéal après une journée bien remplie. Sympathique, décontracté et calme, il offre un cadre thaïlandais et quelques tables prévues pour manger assis par terre à la manière traditionnelle. La cuisine est bonne mais les épices sont atténuées – pour vous réveiller, choisissez-les de force 5.

Cafe Tu Tu Tango TAPAS $$
(carte p. 256 ; ☎407-248-2222 ; www.cafetututango.com ; 8625 International Dr, International Dr ; assiettes à partager 8-14 $; ⏲11h30-minuit lun-jeu, 11h30-1h ven-sam, 10h-23h dim). Des œuvres d'artistes locaux, toutes à vendre, ornent les murs d'aspect rustique de ce restaurant sympathique, qui propose de la musique. On peut se détendre dans le patio devant des rouleaux au poulet cajun, des bouchées à l'alligator et un pichet de sangria. Les assiettes à partager sont "d'inspiration mondiale" avec des influences asiatiques et méditerranéennes. Idéal pour le brunch du dimanche.

Taverna Opa GREC $$
(carte p. 256 ; ☎407-351-8660 ; www.opaorlando.com ; 9101 International Dr, The Pointe, International Dr ; plats 15-40 $; ⏲12h-minuit dim-jeu ; 12h-2h ven-sam ; 🖉; 🚌I-Ride Trolley, ligne rouge). Bonne adresse pour les spécialités grecques, notamment l'agneau cuit lentement (14 $), de nombreux plats végétariens et du houmous frais préparé sous vos yeux. Parfois bruyant et agité tard le soir, quand les danseuses du ventre se trémoussent de table en table ; il n'est pas rare que des clients grimpent sur les tables et se joignent à la danse. Spectacle tous les soirs à partir de 19h.

♥ **K Restaurant** AMÉRICAIN $$$
(☎407-872-2332 ; www.krestaurant.net ; 1710 Edgewater Dr, College Park ; plats $18-40 ; ⏲17h-21h lun-jeu, 17h30-22h ven-sam, 17h30-20h dim ; 🖉). Kevin Fonzo, chef et propriétaire du K, est l'une des stars incontestées de la gastronomie "du producteur au consommateur" à Orlando. En dépit de louanges reçues de partout dans le pays, année après année, ce restaurant de quartier reste merveilleusement humble. Ceint par une véranda, il est doté d'une jolie petite terrasse, et les herbes et légumes viennent droit du jardin.

Hemingways POISSON ET FRUITS DE MER $$$
(☎407-239-1234 ; grandcypress.hyatt.com ; 1 Grand Cypress Blvd, Hyatt Regency Grand Cypress Resort, Buena Vista ; plats 29-40 $; ⏲17h-22h). Adresse tranquille à l'ambiance décontractée, style Key West. Les *crab cakes*, particulièrement savoureux, sont une aubaine car ils contiennent plus de crabe que de pâte. Demandez une table sur la véranda avec moustiquaire.

Où prendre un verre et faire la fête

Les gens aiment sortir boire des verres à Orlando. Aussi, que vous préfériez prendre un verre dans un petit café, boire des tequilas dans des discothèques enfiévrées ou tester un cocktail original dans un bar tendance, vous trouverez votre bonheur. International Dr concentre les bars touristiques, tandis que les bars de quartier de Winter Park, Thornton Park et Audubon Park offrent une ambiance locale plaisante. Restaurant Row compte aussi quelques bons établissements.

Icebar BAR THÉMATIQUE

(carte p. 256 ; ☎407-426-7555 ; www.icebarorlando.com ; 8967 International Dr ; sans/avec réservation en ligne 20/15 $; 17h-minuit lun-mer, 17h-1h jeu, 17h-2h ven-dim ; I-Ride Trolley, ligne rouge arrêt 18 ou ligne verte arrêt 10). Caractéristique de la théâtralité anecdotique d'Orlando, on entre dans une maison de glace (-5°C), on s'assied sur des fauteuils de glace, on admire les sculptures en glace, on déguste des boissons glacées. Manteau et gants sont fournis à l'entrée (ou préférez le manteau en fausse fourrure pour 10 $), et le foyer, les toilettes et les autres pièces sont à température normale. Les 8-20 ans ne peuvent venir qu'entre 19h et 21h.

Wally's Mills Ave Liquors BAR

(☎407-896-6975 ; www.wallysonmills.com ; 1001 N Mills Ave, Thornton Park ; 7h30-2h). Ce bar est en activité depuis le début des années 1950, avant l'arrivée de Disney à Orlando. Le papier peint aux dames dévêtues part en lambeaux, mais il participe du charme du lieu… Rien de clinquant ici : juste un petit bar aveugle et enfumé, semblable à tant d'autres, où l'on trouve un juke-box et des boissons fortes. Il ouvre tôt le matin ! Bières de microbrasseries à 3 $ le mercredi soir ; bière Pabst Blue Ribbon à 2 $ le lundi. La boutique attenante vend de la bière, du vin et des spiritueux.

Hanson's Shoe Repair BAR À COCKTAILS

(carte p. 252 ; ☎407-476-9446 ; www.facebook.com/hansonsshoerepair ; 3e ét, 27 E Pine St, Downtown ; cocktails 12 $; 20h-2h mar-jeu et sam, 19h-2h ven). Un bar pensé sur le modèle des *speakeasy* de la prohibition, avec cocktails d'époque et mot de passe. Il faut appeler avant d'y aller (pour récupérer le mot de passe). Certes, tout est mis en scène et les cocktails sont chers, mais ainsi en va-t-il d'Orlando. *Dress code* : pas de tenues négligées.

Tin Roof BAR

(carte p. 256 ; ☎407-270-7926 ; www.tinrooforlando.com ; 8371 International Dr, I-Drive 360, International Dr ; 11h-2h). Célèbre salle de concerts qui encourage les représentations de toutes sortes, située dans le complexe I-Drive 360 (où se trouve notamment l'Orlando Eye). Sert de la *junk food* correcte (frisant parfois le bon) : burgers, mac 'n' cheese… et d'autres plats qui rechargeront vos batteries jusqu'aux petites heures du jour.

Bösendorfer Lounge BAR LOUNGE

(carte p. 252 ; ☎407-313-9000 ; www.grandbohemianhotel.com ; 325 S Orange Ave, Westin Grand Bohemian ; 11h-2h). Fauteuils tapissés de peau de zèbre, miroirs dorés, grosses colonnes noires et sols en marbre dégagent une forme de sympathique ostentation. Ce bar d'hôtel est fréquenté à la sortie des bureaux et des musiciens de jazz jouent dans le lounge à 19h. Le nom vient du (rare) piano Bösendorfer qui trône dans le salon.

Courtesy Bar BAR À COCKTAILS

(carte p. 252 ; ☎407-450-2041 ; www.thecourtesybar.com ; 114 N Orange Ave, Downtown ; consos à partir de 5 $; 19h-2h lun et sam, 17h-2h mar-ven, 15h-2h dim). Aménagé dans un bâtiment historique, avec briques apparentes et vieilles ampoules à filament, ce bar à cocktails à l'ancienne propose des alcools de qualité agrémentés de touches innovantes et fantaisistes comme du sel rose de l'Himalaya, du jus de melon jaune frais ou une décoction pissenlit-eucalyptus. Même si l'on ne comprend pas tout, quel délice ! Il y a aussi un bon choix de bières et de vins. Les horaires sont changeants.

Imperial Wine Bar & Beer Garden BAR

(☎407-228-4992 ; www.imperialwinebar.com ; 1800 N Orange Ave, Loch Haven Park ; en-cas 9-16 $; 17h-minuit lun-jeu, 17h-2h ven-sam ; Lynx 102). Avec ses tuyaux apparents, ses luminaires en vitrail et ses meubles anciens, cette boutique de meubles en journée (ce qui explique les étiquettes avec le prix sur chaque objet) devient un bar de quartier bobo la nuit. Sirotez un Cigar City dans un coin tranquille du *beer garden*, à l'arrière, ou choisissez un en-cas à base de produits locaux.

Woods BAR À COCKTAILS

(carte p. 252 ; ☎407-203-1114 ; www.thewoodsorlando.com ; 49 N Orange Ave, Downtown ; cocktails 12 $; 17h-2h lun-ven, 19h-2h sam, 16h-minuit dim). Cocktails maison et bières artisanales (*craft beer*) dans un cadre douillet caché au 1er étage (dans le Rose Building, un bâtiment historique), avec briques apparentes, bar découpé dans un tronc d'arbre et ambiance chaleureuse.

Redlight, Redlight BAR

(www.redlightredlightbeerparlour.com ; 2810 Corrine Dr, Audubon Park ; bière 5-10 $; 17h-2h ;). Les amateurs de bière aimeront le choix impressionnant de breuvages artisanaux affiché dans ce qui fut autrefois un atelier de réparation de climatiseurs.

Matador BAR À COCKTAILS
(☎407-872-0844 ; 724 Virginia Dr, Mills 50 ; ⏲19h-2h). Rouge foncé aux murs, billard et mobilier digne d'un salon de grand-mère. Une ambiance feutrée idéale pour déguster un whisky Bulleit Rye.

Eola Wine Company BAR À VINS
(carte p. 252 ; ☎407-481-9100 ; www.eolawinecompany.com ; 430 E Central Blvd, Thornton Park ; ⏲16h-2h lun-ven, 12h-2h sam-dim). Ce bar à vins propose une carte de style californien, affichant des plats légers destinés à accompagner le vin ou des bières originales de marques indépendantes. Optez pour la sélection de bières ou de vins, accompagnée d'un plateau de charcuterie et de fromage.

Latitudes BAR
(carte p. 252 ; ☎407-649-4270 ; www.churchstreetbars.com ; 33 W Church St, Downtown ; ⏲16h30-2h). Une institution à Orlando, ce bar sur le toit au décor inspiré des îles, avec lanternes tiki et vue sur la ville, offre une ambiance toujours festive. Il faut passer par les bars bruyants des deux premiers étages pour arriver à destination, mais une fois en haut, vous pourrez vous pâmer en regardant le ciel nocturne de Floride.

Independent Bar CLUB
(carte p. 252 ; ☎407-839-0457 ; 68 N Orange Ave, Downtown ; 10 $; ⏲10h-3h dim, mer et jeu, 9h30-3h ven-sam). Tendance, surpeuplé et bruyant, avec des DJ alternant dance et rock alternatif jusqu'au bout de la nuit.

Wall Street Plaza BAR À THÈME
(carte p. 252 ; ☎407-849-0471 ; www.wallstplaza.net ; 25 Wall St Plaza, Downtown). Réunis sur une place, 8 bars thématiques tapageurs, avec boissons du jour et concerts occasionnels.

☆ Où sortir

♥ **Mad Cow Theatre** THEATRE
(carte p. 252 ; ☎407-297-8788 ; www.madcowtheatre.com ; 54 W Church, Downtown ; billets à partir de 26 $). Un modèle de théâtre régional programmant des représentations modernes et classiques dans un local au centre d'Orlando. Au 1er étage.

♥ **Enzian Theater** CINÉMA
(☎407-629-0054 ; www.enzian.org ; 1300 S Orlando Ave, Maitland ; adulte/enfant 10/8 $; ⏲17h-minuit mar-ven, 12h-minuit sam-dim). Ce fantastique théâtre en bois projette des films classiques et indépendants. Son excellent restaurant, l'Eden Bar (p. 266), propose des plats à base de produits bio et locaux. Dégustez un burger végétarien et une bière dans le patio, sous le cyprès, ou optez pour le service à table dans le cinéma.

John & Rita Lowndes Shakespeare Center THÉÂTRE
(☎407-447-1700 ; www.orlandoshakes.org ; 812 E Rollins St, Loch Haven Park ; billets 13-65 $). Posé sur les rives du lac Estelle, dans le verdoyant Loch Haven Park, ce charmant théâtre comporte trois petites salles. Il s'y donne des œuvres intemporelles, telles qu'*Orgueil et préjugés* et *Beowulf*, d'excellentes pièces pour enfants ainsi que des œuvres de dramaturges prometteurs.

The Beacham et The Social MUSIQUE LIVE
(carte p. 252 ; ☎407-246-1419 ; www.thebeacham.com ; 46 N Orange Ave, Downtown ; ⏲21h-3h). Le Beacham et son voisin, le Social, plus intime et recommandé, sont des piliers de la vie nocturne et musicale d'Orlando. Ils accueillent des groupes allant du punk au reggae le week-end ; en semaine, on y passe de la musique et on y danse. Les concerts sont classés "all ages" (tout public), "18 plus" (à partir de 18 ans) ou "21 plus" (à partir de 21 ans).

Orlando Repertory Theater THÉÂTRE
(☎407-896-7365 ; www.orlandorep.com ; 1001 E Princeton St, Loch Haven Park ; 10-25 $). Spectacles grand public et pour enfants joués dans l'après-midi ou en début de soirée. Tous les styles y sont représentés.

Will's Pub MUSIQUE LIVE
(☎407-898-5070 ; www.willspub.org ; 1042 N Mills Ave, Thornton Park ; 8-16 $; ⏲16h-2h lun-sam, 18h-2h dim). Pabst pression (2 $), flipper et pin-up vintage au mur : cette salle de concerts a beau être la moins reluisante d'Orlando, elle a la réputation d'être l'une des meilleures pour la programmation de groupes indé américains ou étrangers. Non-fumeurs ; bière et vin seulement.

Dr Phillips Center for the Performing Arts CENTRE CULTUREL
(carte p. 252 ; ☎844-513-2014 ; www.drphillipscenter.org ; 445 S Magnolia Ave, Downtown ; ⏲billetterie 10h-16h lun-ven, 12h-16h sam). Propose toutes sortes de spectacles, tous de haute qualité, allant du ballet et de l'opéra aux concerts de jazz ou de musique classique.

Tanqueray's Downtown Orlando MUSIQUE LIVE
(carte p. 252 ; ☎407-649-8540 ; 100 S Orange Ave, Downtown ; ⏲11h-2h lun-ven, 18h-2h sam-dim). Ce

bar souterrain et enfumé, aménagé dans une ancienne salle des coffres, attire des clients désireux de se poser devant une bière avec des amis. Il y a de la Guinness pression et des groupes locaux – généralement de reggae ou de blues – le week-end.

SAK Comedy Lab COMÉDIE
(carte p. 252 ; ☎407-648-0001 ; www.sakcomedylab.com ; 29 S Orange Ave, Downtown ; billets 14 $, 21h mar-mer 5 $; ⏲mar-sam). Remarquable stand-up d'improvisation dans une salle du centre d'Orlando, au 1er étage du City Arts Factory.

Orlando Philharmonic Orchestra MUSIQUE
(☎407-770-0071 ; orlandophil.org). Grands classiques, pop, opéra, spectacles familiaux et plus. Dans des salles d'Orlando et environs – notamment en plein air au Loch Haven Park.

Orlando Ballet BALLET
(carte p. 252 ; ☎407-426-1739 ; orlandoballet.org ; à partir de 25 $). Se produit principalement au Bob Carr Performing Arts Center (401 W Livingston St), au centre d'Orlando.

Amway Center SPORTS
(carte p. 252 ; ☎407-440-7000 ; www.amwaycenter.com ; 400 W Church St, Downtown). Les Orlando Magic (National Basketball Association), les Orlando Predators (Arena Football League) et les Orlando Solar Bears (East Coast Hockey League) jouent ici.

Achats

L'agglomération d'Orlando, notamment autour des parcs d'attractions et le long des routes, se caractérise par une profusion de souvenirs, de bibelots kitsch, de boutiques et de centres commerciaux qui abritent toutes les grandes enseignes du pays.

Orlando Farmers Market MARCHÉ
(www.orlandofarmersmarket.com ; Lake Eola ; ⏲10h-16h dim). Fruits et légumes locaux et bar à vins et à bières en plein air sur les rives du lac Eola, dans le centre d'Orlando.

Orlando Premium Outlets – Vineland Ave CENTRE COMMERCIAL
(carte p. 256 ; ☎407-238-7787 ; www.premiumoutlets.com/outlet/orlando-vineland ; 8200 Vineland Ave ; ⏲10h-23h lun-ven, 10h-21h dim ; 🚌I-Ride Trolley, ligne rouge arrêt 38). Centre commercial fréquenté à la sortie de Disney World – vous saurez que vous en approchez quand vous vous retrouverez bloqués dans un embouteillage pendant 30 minutes sans raison apparente.

Eli's Orange World ALIMENTATION
(☎407-396-1306 ; www.orangeworld192.com ; 5395 W Irlo Bronson Memorial Hwy/Hwy 192 ; ⏲8h-21h45). Magasin tenu en famille, accueillant et rempli des fameux agrumes de Floride, mais aussi de confitures et de souvenirs kitsch. Dans un bâtiment en forme de demi-orange sur Kissimmee.

Pointe Orlando CENTRE COMMERCIAL
(carte p. 256 ; ☎407-248-2838 ; www.pointeorlandofl.com ; 9101 International Dr ; ⏲10h-22h lun-sam, 11h-21h dim ; 🚌I-Ride Trolley, ligne rouge arrêt 18 ou ligne verte arrêt 11). Assez agréable, avec des allées en brique et une fontaine, ce petit centre commercial extérieur se compose d'un ensemble de boutiques et de plusieurs bons restaurants.

Renseignements

DANGERS ET DÉSAGRÉMENTS

Comme souvent dans les grandes villes, restez sur vos gardes si vous vous déplacez de nuit à pied et évitez tant que possible de vous déplacer seul, notamment aux alentours des lacs et parcs isolés. Renseignez-vous auprès de la population locale pour connaître les coins à éviter. Les principaux dangers sont liés à la chaleur. L'été est horriblement chaud et humide. Pensez à vous hydrater régulièrement si vous arpentez les rues et les parcs de la ville.

Le centre de la Floride abrite nombre d'animaux sauvages. Il y a des alligators et des serpents dans certains cours d'eau et marécages à proximité de zones résidentielles, de parcours de golf, etc.

HEURES D'OUVERTURE

Bars De 16h à 1h ou 2h en semaine, 3h le week-end.

Commerces de 10h à 19h du lundi au samedi, de 12h à 18h le dimanche.

Discothèques De 21h à 1h ou 2h en semaine, 3h le week-end.

Musées De 10h à 17h30.

Parcs à thème De 9h à 18h, souvent plus tard et parfois jusqu'à 1h ; consultez les sites Internet pour les horaires.

Restaurants Petit-déjeuner de 7h ou 8h à 11h ; déjeuner de 11h ou 11h30 à 14h30 ou 15h ; dîner de 17h ou 18h à 22h du dimanche au jeudi, de 23h ou minuit les vendredis et samedis.

POSTE

Poste (carte p. 252 ; ☎407-425-6464 ; www.usps.com ; 51 E Jefferson St, Downtown ; ⏲7h-17h lun-ven).

OFFICES DU TOURISME

Official Visitor Center (carte p. 256 ; ☎407-363-5872 ; www.visitorlando.com ; 8723 International Dr ; ⏲8h30-18h ; 🚌I-Ride Trolley, ligne rouge arrêt 15).

VOYAGEURS HANDICAPÉS

Les hébergements de Floride sont tenus par la loi de proposer des chambres accessibles aux fauteuils roulants. Pour toute question sur les chambres spécialement équipées au Walt Disney World® Resort, appelez le ☎407-939-7807.

Les parcs permettent aux clients en situation de handicap d'éviter d'attendre dans les files d'attente, mais n'offrent pas d'accès coupe-file directs. Disney propose sa Disability Access Service Card et l'Universal Orlando Resort son Attraction Assistance Pass (AAP), toutes deux disponibles aux Guest Services à l'intérieur du parc. Les clients présentent ces cartes aux attractions auxquelles ils souhaitent accéder et on leur donne une heure à laquelle revenir en fonction du temps d'attente.

Des fauteuils roulants et des voiturettes électriques (*electric convenience vehicle*, ECV) sont proposés à la location aux Guest Services du Walt Disney World® Resort, de l'Universal Orlando Resort et de SeaWorld.

Rendez-vous sur les sites Internet des différents parcs pour plus de renseignements sur l'accessibilité, les services proposés en fonction des différents handicaps (troubles cognitifs, surdité, cécité...). Les services d'interprétation en langue des signes nécessitent une réservation.

Sites Internet

Autism at the Parks (www.autismattheparks.com) propose des renseignements complets sur la visite des parcs à thème d'Orlando en compagnie d'une personne souffrant de troubles du spectre autistique.

Vous pouvez également télécharger en ligne le guide gratuit Lonely Planet de l'accessibilité en voyage (en anglais) à l'adresse : lptravel.to/AccessibleTravel.

SERVICES MÉDICAUX

Arnold Palmer Hospital for Children (☎407-649-9111 ; www.arnoldpalmerhospital.com ; 1414 Kuhl Ave ; ⏲24h/24). Le principal hôpital pédiatrique de la ville. Juste à l'est de l'I-4, sortie 81.

Centra Care Walk-In Medical (☎407-934-2273 ; www.centracare.org ; ⏲8h-minuit lun-ven, 8h-20h sam-dim). Centres médicaux sans rendez-vous ; plus de 20 adresses.

Doctors on Call Services (DOCS ; ☎407-399-3627 ; www.doctorsoncallservice.com ; ⏲24h/24). Médecins consultant 24h/24 dans les hôtels, notamment à Disney World et à l'Universal Orlando Resort.

Dr P. Phillips Hospital (☎407-351-8500 ; www.orlandohealth.com/facilities/dr-p-phillips-hospital ; 9400 Turkey Lake Rd ; ⏲24h/24). L'hôpital le plus proche de l'Universal Orlando Resort, de SeaWorld et d'International Drive.

Florida Hospital Celebration Health (☎407-303-4000 ; www.floridahospital.com/celebration-health ; 400 Celebration Pl, Kissimmee ; ⏲24h/24). L'hôpital le plus proche de Disney World.

ℹ Depuis/vers Orlando

Amtrak (www.amtrak.com ; 1400 Sligh Blvd). Trains quotidiens allant vers Miami, au sud (à partir de 46 $) et New York, au nord (à partir de 144 $).

Greyhound (☎407-292-3424 ; www.greyhound.com ; 555 N John Young Pkwy). Dessert de nombreuses villes depuis Orlando.

ℹ Comment circuler

BUS

Les bus Lynx du réseau **Lymmo** (www.golynx.com ; gratuit ; ⏲6h-22h lun-jeu, 6h-minuit ven, 10h-minuit sam, 6h-22h dim) sont gratuits et font une boucle dans le centre d'Orlando, via différentes lignes (orange, lime et grapefruit) ; Orange Line Downtown est la plus centrale.

NAVETTE

Appelez **Mears Transportation** (☎855-463-2776) un jour à l'avance pour arranger un service de navette personnalisé entre une longue liste d'hôtels et de nombreuses attractions, y compris l'Universal Orlando Resort et SeaWorld. Comptez entre 21 et 29 $/pers pour chaque aller-retour.

Casablanca Transportation (☎407-927-2773, www.casablancatransportation.com) assure un service fiable de navette entre l'aéroport et Orlando ou ses environs.

TRAIN

Le **SunRail** (www.sunrail.com), le train de banlieue d'Orlando, circule sur un axe nord-sud. Il ne dessert ni les parcs à thème ni leurs environs.

Outre la gare du centre, **Amtrak** (ci-dessous) dessert Winter Park, Kissimmee et Winter Haven (où se trouve Legoland).

WINTER PARK

☎407 / 30 200 HABITANTS

Fondé au milieu du XIXe siècle et accueillant le Rollins College, le faubourg bucolique de Winter Park concentre certains des secrets les mieux gardés d'Orlando, notamment plusieurs restaurants réputés, nichés dans des rues ombragées et accueillantes pour les piétons. Park Ave est jalonnée de boutiques, de bars à vins et de cafés avec terrasse sur le trottoir.

À voir

Charles Hosmer Morse Museum of American Art
MUSÉE

(407-645-5311 ; www.morsemuseum.org ; 445 N Park Ave, Winter Park ; adulte/enfant 6 $/gratuit ; 9h30-16h mar-sam, 13h-16h dim, jusqu'à 20h ven nov-avr ;). Célèbre par-delà les frontières américaines, ce fascinant musée conserve la plus importante collection au monde d'œuvres d'art de Louis Comfort Tiffany. Les pièces maîtresses sont l'intérieur de la chapelle conçue par l'artiste pour l'Exposition universelle de Chicago (1893), 10 galeries remplies de pièces artistiques et architecturales provenant de la demeure de Tiffany (Laurelton Hall) à Long Island, et une installation, la Daffodil Terrace, qui fait écho à celle de Laurelton Hall.

Albin Polasek Museum et son jardin de sculptures
MUSÉE

(www.polasek.org ; 633 Osceola Ave ; adulte/enfant 5 $/gratuit ; 10h-16h mar-sam, 13h-16h dim). Classée monument historique et perchée sur les berges du lac Osceola, cette modeste villa jaune était la résidence du sculpteur tchèque Albin Polasek. La maison comprend un petit musée dédié à sa vie et à son œuvre, et on peut admirer certaines de ses sculptures dans le jardin. Elle accueille aussi des expositions temporaires.

Cornell Fine Arts Museum
MUSÉE

(www.rollins.edu/cfam ; Rollins College, 1000 Holt Ave ; 10h-19h mar, 10h-16h mer-ven, 12h-17h sam-dim). GRATUIT Sur le campus du Rollins College, ce petit musée au bord du lac conserve une collection éclectique d'art américain, européen et d'Amérique latine historique et contemporaine.

Hannibal Square Heritage Center
MUSÉE

(407-539-2860 ; www.hannibalsquareheritagecenter.org ; 642 W New England Ave ; 12h-16h mar-jeu, 12h-17h ven, 10h-14h sam). GRATUIT Dès 1881, Hannibal Square abritait des Afro-Américains employés comme charpentiers, agriculteurs et gens de maison dans les environs de Winter Park. La collection permanente de ce petit musée, *Heritage Collection : Photographs and Oral Histories of West Winter Park 1900-1980,* évoque la culture et l'histoire de cette communauté.

Kraft Azalea Gardens
PARC

(cityofwinterpark.org/departments/parks-recreation/parks-playgrounds/parks/kraft-azalea-garden ; 1365 Alabama Dr ; 8h-crépuscule). Un parc paisible et planté d'énormes cyprès, en bord de lac. Il est particulièrement beau de janvier à mars, quand les azalées sont en fleur. Il y a un embarcadère, mais ni barbecue ni table de pique-nique.

Fêtes et festivals

Winter Park Sidewalk Art Festival
CULTURE

(407-644-7207 ; www.wpsaf.org ; Winter Park ; mars). À l'occasion de ce festival d'art, l'un des plus vieux du pays, plus de 220 artistes exposent leurs œuvres le long des trottoirs de la petite ville de Winter Park.

Où se loger

Park Plaza Hotel
BOUTIQUE-HÔTEL $$$

(407-647-1072, 800-228-7220 ; www.parkplazahotel.com ; 307 S Park Ave ; ch à partir de 169 $;). Ses murs en briques, son mobilier simple, ses antiquités et sa douce literie en coton blanc confèrent une part de son charme à cet hôtel historique sur deux niveaux. Les chambres donnant sur Park Ave partagent un petit balcon. Chacune est dotée d'une entrée privative et de fauteuils en osier cachés de la rue par des fougères suspendues.

Il fut construit pour accueillir les ouvriers qui construisaient le chemin de fer et de certaines chambres, on peut encore entendre le sifflement des trains. Une adresse avec un cachet et un charme indéniables, même s'il y a des établissements plus modernes.

Alfond Inn
BOUTIQUE-HÔTEL $$$

(407-998-8090 ; www.thealfondinn.com ; 300 E New England Ave ; ch à partir de 309 $;). L'élégance contemporaine de ses murs blancs, son ambiance accueillante et discrète et sa vocation artistique confèrent un style indéniable à ce bijou de Winter Park. Non seulement il accueille la collection d'art contemporain Alfond, mais ses bénéfices financent des bourses pour les étudiants en sciences humaines du Rollins College voisin, dont il dépend.

L'établissement dispose d'une jolie piscine sur le toit, d'un bon restaurant (produits d'origine locale) avec terrasse extérieure. Les tarifs indiqués correspondent aux week-ends. En semaine, ils peuvent être jusqu'à 50 $ moins chers.

Winter Park

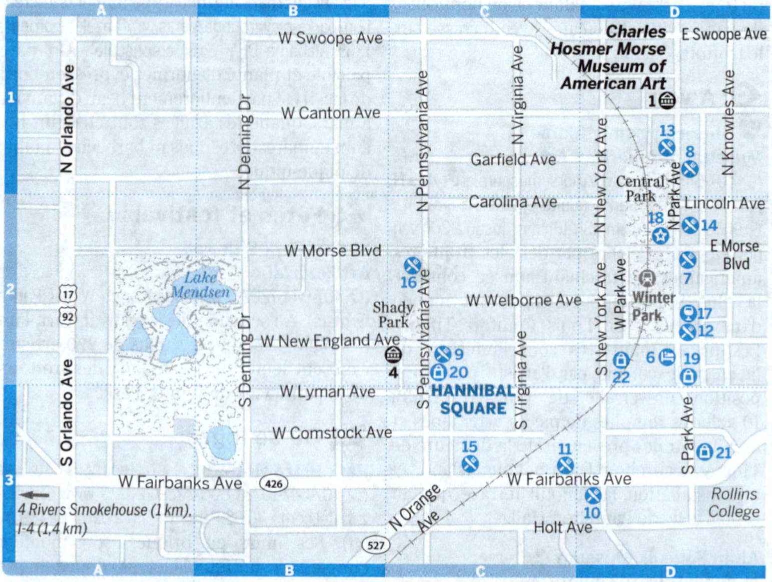

Où se restaurer

Ethos Vegan Kitchen VÉGAN $
(☎407-228-3898 ; www.ethosvegankitchen.com ; 601b S New York Ave ; plats 7-14 $; ⏲11h-23h lun-ven ; ☑). Pizza aux brocolis, piments bananes, courgettes au seitan, *shepherd's pie* (tourte) sans viande, aubergines en croûte de noix de pécan, soupes maison, sandwichs variés baptisés "A Fungus Among Us" (Un champignon parmi nous) ou "Hippie Wrap". C'est une adresse décontractée, avec une ambiance estudiantine, un grand choix de bières artisanales et une sélection de vins américains.

The Coop SUD DES ÉTATS-UNIS $
(☎407-843-2667 ; www.asouthernaffair.com ; 610 W Morse Blvd ; plats 10-14 $; ⏲7h-20h lun-jeu, 7h-21h ven-sam). Il faut faire la queue pour déguster les grandes assiettes de côtes de porc, de poulet frit ou de tourte au poulet, accompagnées de gombo frit, de maïs à la crème, de carottes au sirop d'érable et autres classiques du sud des États-Unis. Les tables sont idéales pour sympathiser, à moins que vous ne réserviez un plat à emporter.

L'établissement est tenu par la même équipe que le **4 Rivers Smokehouse** (☎407-474-8377 ; 4rsmokehouse.com ; 1600 W Fairbanks Ave ; plats 8-18 $; ⏲11h-20h lun-jeu, 11h-21h ven-sam).

Croissant Gourmet CAFÉ $
(☎407-622-7753 ; www.facebook.com/thecroissantgourmet ; 120 E Morse Blvd ; plats 8-12 $; ⏲7h-18h dim-jeu, 7h-20h ven-sam ; la cuisine ferme tlj à 18h). En accord avec l'ambiance européenne de Winter Park, commencez la journée avec un café et une pâtisserie dans cette petite échoppe à la parisienne. Au menu : éclairs classiques, délicieuses tartes aux myrtilles et imposants *twists* à la cannelle, ainsi que des crêpes salées ou sucrées, petits-déjeuners et déjeuners français et vin au verre.

Orchid Thai Cuisine THAÏLANDAIS $
(☎407-331-1400 ; www.orchidthaiwinterpark.com ; 305 N Park Ave ; plats 8-15 $; ⏲11h-21h lun-mer, 11h-22h jeu-sam, 12h-21h dim ; ☑). Cuisine contemporaine et savoureuse, avec terrasse agréable sur le trottoir. Ne manquez pas les délicieux "Thai Doughnuts" : des boules de pâte frites accompagnées de lait concentré et parsemées de noisettes concassées.

Dexter's of Winter Park AMÉRICAIN $$
(☎407-629-1150 ; www.dexwine.com ; 558 W New England Ave ; plats 10-26 $; ⏲11h-22h lun-jeu, 11h-minuit ven-sam, 10h-22h dim). Avec ses tables sur le trottoir, cet établissement sans prétention propose une cuisine américaine inventive qui sort des sentiers battus

de Park Ave. Il y a de la musique live du mercredi au dimanche, principalement de type funk, soul, jazz et blues. Le brunch du dimanche est très prisé. Le sandwich toasté au canard, avec oignons grillés et brie fondu (15 $), est une valeur sûre.

Briarpatch CAFÉ **$$**

(☎407-628-8651 ; 252 N Park Ave ; plats 8-18 $; ⏲7h-17h lun-ven, 8h-17h sam-dim ; 👪). Imposants gâteaux à plusieurs couches et copieux petits-déjeuners dans le cadre tout blanc d'un salon de thé shabby chic. Une adresse prisée de la population locale pour les brunchs.

Bosphorous Turkish Cuisine TURC **$$**

(☎407-644-8609 ; www.bosphorousrestaurant.com ; 108 S Park Ave ; plats 12-22 $; ⏲11h-22h dim-jeu, 11h-23h ven-sam ; ✎). Carte intéressante et portions gigantesques distinguent ce restaurant. Essayez les *lavas* (galettes de pain) ou le jarret d'agneau (28 $).

♥ **Ravenous Pig** AMÉRICAIN **$$$**

(☎407-628-2333 ; www.theravenouspig.com ; 565 W Fairbanks ; plats 14-32 $; ⏲11h30-15h et 17h-22h lun-sam, 10h30-15h et 17h-21h dim) 🍃 Fer de lance de la mode des produits locaux, cette adresse très branchée a déménagé à ce nouvel emplacement en 2016. Locavore, omnivore ou carnivore : à vous de choisir ! Les gourmands auront du mal à résister au filet mignon ou aux fruits de mer locaux (les crevettes *"shrimp and grits"*, à 15 $, sont un must). La carte change à chaque saison. Dans le bar attenant, la propre brasserie de l'établissement, l'happy hour (de 15h à 18h) offre des bières pression à 3 $, des cocktails à 6 $ et des plats de pub à petits prix.

Winter Park

Les incontournables

1 Charles Hosmer Morse Museum of American Art D1

À voir

2 Albin Polasek Museum & Sculpture Gardens F2
3 Cornell Fine Arts Museum E3
4 Hannibal Square Heritage Center C2

Où se loger

5 Alfond Inn E2
6 Park Plaza Hotel D2

Où se restaurer

7 Bosphorous Turkish Cuisine D2
8 Briarpatch D1
Croissant Gourmet .... (voir 7)
9 Dexter's of Winter Park C2
10 Ethos Vegan Kitchen D3
11 Keke's Breakfast Cafe C3
12 Luma on Park D2
13 Orchid Thai Cuisine D1
14 Prato D2
15 Ravenous Pig C3
16 The Coop C2

Où prendre un verre et faire la fête

17 Wine Room D2

Où sortir

18 Popcorn Flicks in the Park D2

Achats

19 Lighten Up Toy Store D2
20 Rifle Paper Co. C2
21 Rocket Fizz D3
22 Winter Park Farmers' Market D2

♥ **Prato** ITALIEN **$$$**

(☎407-262-0050 ; www.prato-wp.com ; 124 N Park Ave ; plats 16-33 $; ⏲11h30-16h30 lun-mar, 11h30-23h mer-sam, 11h30-22h dim). Une adresse animée, avec de hauts plafonds, des poutres apparentes et un bar qui s'étire tout le long de la salle. On y prépare des classiques italiens revisités, des charcuteries maison et d'excellentes pizzas au feu de bois (16 $).

Luma on Park AMÉRICAIN $$$
(☎407-599-4111 ; www.lumaonpark.com ; 290 S Park Ave ; plats 25-30 $; ⏲17h30-22h lun-jeu, 17h30-23h ven-sam, 17h30-21h dim) Étape obligée pour les fines bouches, ce restaurant haut de gamme organise d'audacieuses alliances : vivaneau au quinoa noir et blanc, radis pastèque braisé, petits pois, asperges du Delta et tapenade d'olives citronnées. Nous recommandons le menu à 35 $ servi seulement dimanche, lundi et mardi.

Où prendre un verre et faire la fête

Wine Room BAR À VINS
(☎407-696-9463 ; www.thewineroomonline.com ; 270 S Park Ave, Winter Park ; dégustations à partir de 2,50 $; ⏲14h-minuit lun-mer, 12h-minuit jeu, 11h30-1h30 ven-sam, 12h-23h dim). Achetez une "carte à vin" du montant de votre choix. Vous la glisserez ensuite dans une machine qui vous délivrera un échantillon dégustation ou un verre plein du vin souhaité. Plus de 150 vins sont proposés ici, classés par région et par type.

Où sortir

Popcorn Flicks in the Park CINÉMA
(☎407-629-1088 ; www.enzian.org ; 251 S Park Ave, Central Park ; ⏲20h, 2e jeu du mois ; 👪). Un pique-nique et une couverture et vous voilà prêt à regarder gratuitement un grand classique sous les étoiles.

Achats

Lighten Up Toy Store JOUETS
(☎407-644-3528 ; 348 S Park Ave ; ⏲10h-17h lun-sam). Petit par la taille, mais bien fourni, ce magasin de jouets propose des classiques, tels que les billes et les kazous, des jouets d'extérieur tels que frisbees, boomerangs et cerfs-volants, et des livres d'images et d'activités idéaux pour faire patienter un enfant au restaurant. L'un des murs est entièrement recouvert de jeux et puzzles. Et pour les jours pluvieux où l'on reste coincés à l'hôtel, pourquoi ne pas essayer un arc et des flèches "qui n'abîment pas les meubles".

Rifle Paper Co PAPETERIE
(☎407-622-7679 ; www.riflepaperco.com ; 558 W New England Ave ; ⏲9h-18h lun-ven, 10h-17h sam). Ouverte par un couple en 2009, cette toute petite adresse propose de ravissants produits de papeterie. Elle propose aussi de la vente par correspondance à l'international.

Winter Park Farmers' Market MARCHÉ
(200 W New England Ave ; ⏲7h-13h sam). L'ancienne gare ferroviaire de Winter Park, avec ses murs de briques et ses imposantes portes coulissantes en bois, accueille ce marché de producteurs tous les samedis matin. Vous y trouverez du miel et des fromages locaux, des fleurs et plantes diverses, ainsi que plusieurs excellents stands de nourriture. C'est un petit marché, mais un excellent endroit pour observer la foule autour d'un café ou d'une glace bio.

Rocket Fizz ALIMENTATION
(☎407-645-3499 ; www.rocketfizz.com ; 520 S Park Ave ; ⏲10h30-21h lun-jeu, 11h-23h ven-sam, 11h-20h dim). Les becs sucrés seront aux anges dans ce paradis du bonbon, qui propose pas moins de 1 200 sortes de sucreries venant du monde entier, plusieurs centaines de sortes de sodas en bouteilles de verre et divers cadeaux amusants. On y trouve aussi les très classiques chocolats et caramels, mais pourquoi ne pas en profiter pour goûter plutôt le sucre glace au bacon ou le baume à lèvres au goût frites ?

Depuis/vers Winter Park

Depuis le centre d'Orlando, prenez l'I-4 jusqu'à Fairbanks Ave et continuez vers l'est sur 3 km environ pour rejoindre Park Ave.

Le **SunRail** (www.sunrail.com) d'Orlando dessert le centre de Winter Park.

Les bus Lynx 102 desservent Orange Ave depuis le centre d'Orlando (destination Winter Park).

WINTER HAVEN

Legoland est le principal attrait de la paisible Winter Haven, mais vous découvrirez aussi quelques bons restaurants dans le petit centre historique. Les jolis Bok Tower Gardens (p. 262) se situent à 24 km au sud-ouest.

À voir

♥ **Legoland** PARC D'ATTRACTIONS
(☎863-318-5346 ; florida.legoland.com ; 1 Legoland Way ; billet 1/2 jours plein tarif 93/113 $, enfant 3-12 ans 86/106 $; ⏲10h-17h ; 👪 ; 🚌Legoland Shuttle). Un véritable plaisir. Pas trop de monde, peu de fioritures et des files d'attente raisonnables : Legoland, situé en bordure de lac, est un parc à l'ancienne. Vous n'aurez pas besoin d'organiser la journée comme un caporal-chef pour en profiter pleinement,

sans stress. Le parc fait la part belle à l'amusement (et un peu à l'éducation aussi) dans un environnement coloré et interactif. Les manèges et les attractions, notamment le parc aquatique attenant, s'adressent à des enfants de 2 à 12 ans. Les horaires d'ouverture varient selon les saisons. De nouvelles attractions sont ajoutées régulièrement.

Les attractions phares sont **Flight School**, un manège qui vous fera tournoyer, les pieds pendants dans le vide, **Miniland**, la reconstruction en Lego des monuments et villes légendaires des États-Unis, et **Ninjago**, la nouvelle zone du parc ayant pour thème les arts martiaux. Il reste quelques témoignages de l'histoire du parc sur le site des Cypress Gardens (vers 1936), notamment les jolis jardins botaniques avec le banian géant, les spectacles de ski nautique et la montagne russe classique en bois, appelée aujourd'hui **Coastercaurus**. Le spectacle de ski nautique repose sur une thématique de pirates assez niaise et le dessin animé *La Légende de Chima* inspire toute une section.

Ne manquez pas l'**Imagination Zone**, un excellent centre pédagogique interactif, où de nombreux employés experts en Lego seront ravis d'aider vos enfants à créer des merveilles avec leurs blocs.

La navette Legoland Shuttle (5 $) circule tous les jours au départ d'I-Drive 360 (près de l'Orlando Eye). Vous pouvez réserver votre place jusqu'à 24 heures avant le départ. Vous pouvez vous garer au rez-de-chaussée du parking I-Drive 360 (gratuit). L'arrêt de bus, décoré pour Legoland, se trouve près de l'entrée arrière de l'Orlando Eye, du côté Universal Boulevard.

Location de poussettes/fauteuils roulants/voiturettes électriques (10/12/37 $) et de casiers (5-12 $). Le parking coûte 14 $.

Où se loger et se restaurer

Legoland Hotel HÔTEL **$$$**
(1 Legoland Way, Winter Haven ; ch à partir de 420 $; P ❄ 📶). L'extérieur de ce remarquable établissement a été conçu pour ressembler à une construction de Lego faite par un enfant. Et c'est très réussi. La façade, semblable à un assemblage de blocs aux couleurs primaires vives, cache un intérieur gai : chaque étage est décoré sur un thème Lego différent, et les 152 chambres et suites ont été percées de petits trous à hauteur d'yeux (d'enfants).

Il y a une chasse au trésor dans chaque chambre, quantité de personnages et de blocs Lego dans le hall d'entrée, et les plus jeunes peuvent même participer à un atelier gratuit de construction de maquettes. Une fête en pyjama est organisée tous les soirs. En un mot, c'est le paradis pour les petits. (À l'attention des parents : soyez prêts à délier les cordons de la bourse.)

Donut Man PETIT-DÉJEUNER **$**
(☎863-293-4031 ; 1290 6th St ; donuts à partir de 1 $; ⏲5h-22h ; 👪). En bord de route, un bar rétro classique, avec façade de 1967, comptoir en Formica et délicieux beignets concoctés chaque jour. À 8 km de Legoland.

Depuis/vers Winter Haven

Winter Haven est à 53 km au sud-ouest de Walt Disney World®.

WALT DISNEY WORLD®

Le château de Cendrillon au Magic Kingdom. Le Space Ship Earth en forme de Géode d'Epcot. L'Arbre de vie (Tree of Life) d'Animal Kingdom. Le Chinese Theatre des Hollywood Studios. Voici les symboles des terres magiques qui composent Disney World, un monde conçu par Walt Disney, inauguré en 1951, pour être l'endroit le plus joyeux du monde.

Disney World exaspère autant qu'il enchante. Alors que l'on pense qu'on ne pourra plus supporter une seule file d'attente, ou entrer dans une cafétéria servant de la friture, ou prendre une navette bondée, quelque chose nous émerveille, que ce soit un feu d'artifice, un manège ou les yeux de vos enfants qui pétillent au souvenir de leur journée. C'est ça, la magie de Disney.

Histoire

Quand Disneyland ouvrit dans le sud de la Californie, il révolutionna le concept des parcs de divertissement et connut un succès immédiat. Cependant, Walt Disney ne voyait pas d'un bon œil les hôtels et les prestataires de services qui proliféraient, profitant de la situation. En 1965, après 4 ans de recherches menées dans le secret, il acheta environ 111 km² de marécages, de champs et de bois dans le centre de la Floride. Son projet : créer une destination de vacances familiale dont il contrôlerait chaque aspect : hôtels, restaurants, parking et transports. Walt Disney ne vit jamais la réalisation de son rêve : en 1966, à 65 ans, il mourut d'un cancer du poumon et son frère Roy reprit l'entreprise. Le Magic Kingdom de Disney

Walt Disney World®

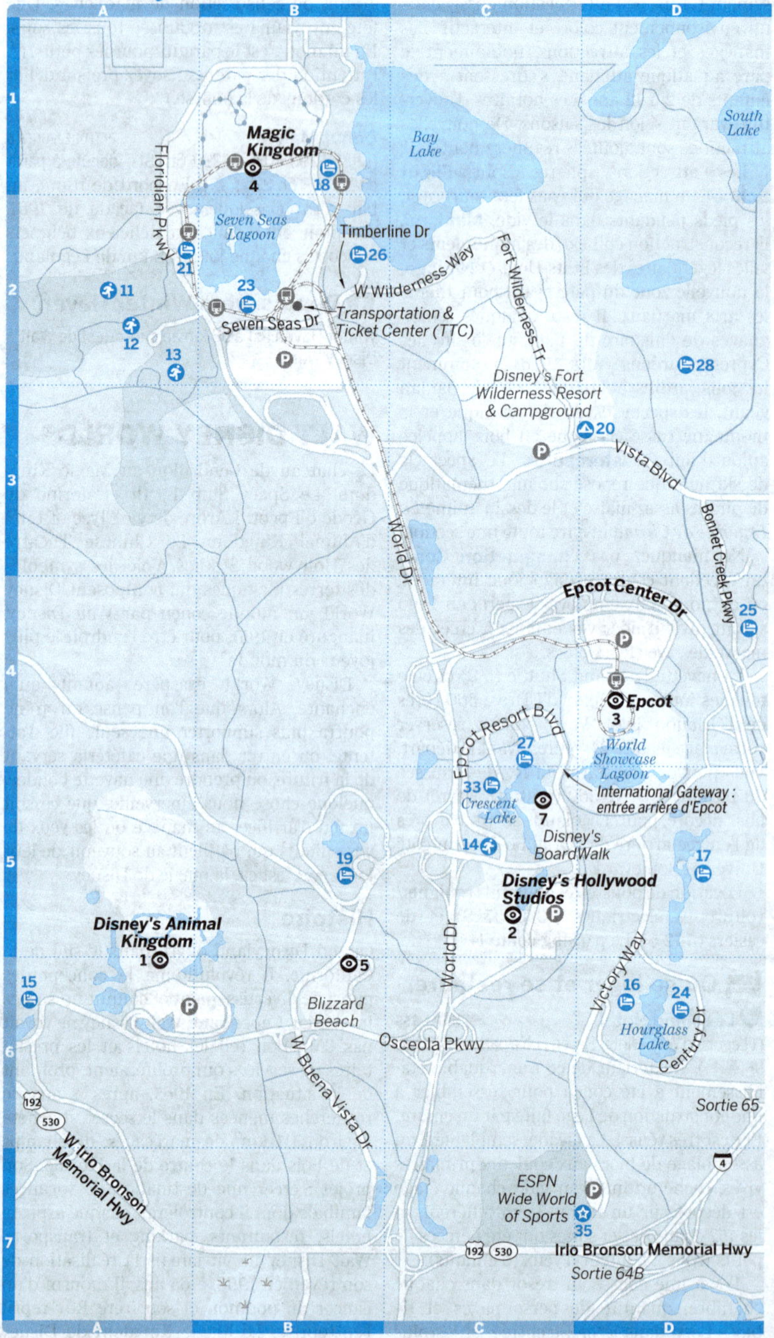

World ouvrit en 1971. Trois mois plus tard, Roy mourait d'une hémorragie cérébrale. Epcot ouvrit en 1982, les Hollywood Studios en 1989 et Animal Kingdom en 1998.

À voir

Walt Disney World® (☎407-939-5277 ; www.disneyworld.disney.go.com ; Lake Buena Vista, à l'extérieur d'Orlando ; le prix du billet varie quotidiennement, consultez le site Internet pour des packages et les séjours jusqu'à 10 jours ; 👪) couvre une surface plus grande que celle de Paris intra-muros, et comprend pas moins de quatre parcs à thème (enclos) et deux parcs aquatiques (en plus des loisirs comme les terrains de golf), le tout relié par un réseau complexe de monorail, bateau et bus, et traversé par des routes et autoroutes. Les attractions, principalement sous forme de manèges, de personnages (costumés ou animatroniques), de films et de spectacles, sont réparties dans les six parcs, les hôtels et, dans une moindre mesure, dans deux quartiers dédiés au spectacle.

Activités

Disney compte un choix impressionnant d'activités. Organisées pour la plupart dans les hôtels Disney, aucune n'implique l'achat d'un billet d'entrée au parc. Appelez **Walt Disney World® Recreation** (☎407-939-7529) pour réserver et obtenir des renseignements sur les cours de ski nautique, la location de vélo, l'équitation, les balades en calèche, etc. Pour des informations générales sur les activités prévues à Disney World, consultez www.disneyworld.disney.go.com.

Walt Disney World® Bicycle Rental VÉLO
(☎407-939-7529 ; www.disneyworld.disney.go.com, vélo heure/journée 9/18 $, rosalie à partir de 25 $ les 30 min). On peut louer des vélos dans certains hôtels du resort (plus d'une dizaine d'endroits) sur le principe du premier arrivé, premier servi. Dans quelques endroits comme sur la promenade de Disney's BoardWalk, on peut louer des rosalies à 2, 4 ou 6 places dotées de quatre roues, d'un toit à rayures et de bancs.

Winter Summerland Miniature Golf MINIGOLF
(☎407-560-3000 ; www.disneyworld.disney.go.com ; 1548 W Buena Vista, Walt Disney World® ; adulte/enfant 14/12 $; ⏲10h-23h). Deux minigolfs sur le thème des vacances et des saisons (hiver et été), à côté de Blizzard Beach.

Walt Disney World®

Les incontournables
- 1 Disney's Animal Kingdom ... A6
- 2 Disney's Hollywood Studios ... C5
- 3 Epcot ... D4
- 4 Magic Kingdom ... B1

À voir
- Adventureland ... (voir 4)
- Africa ... (voir 1)
- Asia ... (voir 1)
- 5 Blizzard Beach ... B6
- Dinoland ... (voir 1)
- Discovery Island ... (voir 1)
- 6 Disney Springs ... E5
- DisneyQuest Indoor Interactive Theme Park ... (voir 6)
- 7 Disney's BoardWalk ... C5
- Fantasyland ... (voir 4)
- Frontierland ... (voir 4)
- 8 Fun Spot America – Kissimmee ... F7
- Hollywood Boulevard & Echo Lake ... (voir 2)
- Liberty Square ... (voir 4)
- Main Street, USA ... (voir 4)
- Oasis ... (voir 1)
- Pixar Place & Mickey Avenue ... (voir 2)
- Rafiki's Planet Watch ... (voir 1)
- Sunset Boulevard ... (voir 2)
- Tomorrowland ... (voir 4)
- 9 Typhoon Lagoon ... E5

Activités et circuits organisés
- Amphicar Tours ... (voir 6)
- Characters in Flight ... (voir 6)
- 10 Disney's Lake Buena Vista Golf Course ... E4
- 11 Disney's Magnolia Golf Course ... A2
- 12 Disney's Oak Trail Golf Course ... A2
- 13 Disney's Palm Golf Course ... A2
- Ellen's Energy Adventure ... (voir 3)
- 14 Fantasia Gardens and Fairways Miniature Golf ... C5
- Fort Wilderness Tri-Circle-D Ranch ... (voir 20)
- Frozen Ever After ... (voir 3)
- Jedi Training : Trials of the Temple ... (voir 2)
- Mission : SPACE ... (voir 3)
- Sammy Duvall's Watersports Centre ... (voir 18)
- The Seas with Nemo & Friends ... (voir 3)
- Soarin' Around the World ... (voir 3)
- Spaceship Earth ... (voir 3)
- Star Tours – The Adventures Continue ... (voir 2)
- Test Track ... (voir 3)
- Typhoon Lagoon Surf Lessons ... (voir 9)
- Winter Summerland Miniature Golf ... (voir 5)

Où se loger
- 15 Disney's Animal Kingdom Lodge ... A6
- 16 Disney's Art of Animation Resort ... D6
- Disney's BoardWalk Inn ... (voir 7)
- 17 Disney's Caribbean Beach Resort ... D5
- 18 Disney's Contemporary Resort ... B1
- 19 Disney's Coronado Springs Resort ... B5
- 20 Disney's Fort Wilderness Resort ... D3
- 21 Disney's Grand Floridian Resort & Spa ... A2
- 22 Disney's Old Key West Resort ... E4
- 23 Disney's Polynesian Resort ... B2
- 24 Disney's Pop Century Resort ... D6
- 25 Disney's Port Orleans French Quarter & Riverside Resorts ... D4
- 26 Disney's Wilderness Lodge ... B2
- 27 Disney's Yacht Club Resort and Disney's Beach Club Resort ... C4
- 28 Four Seasons Resort Orlando at Walt Disney World® ... D2
- 29 Hilton Orlando Bonnet Creek ... E5
- 30 Hyatt Regency Grand Cypress Resort ... F4
- 31 Villas of Grand Cypress ... E2
- 32 Waldorf Astoria ... E6
- 33 Walt Disney World® Swan & Dolphin Hotels ... C5

Fantasia Gardens and Fairways Miniature Golf — GOLF

(☎407-560-4870 ; www.disneyworld.disney.go.com ; 1205 Epcot Resorts Blvd, Walt Disney World® ; adulte/enfant 14/12 $; ⏲10h-23h). Deux jolis parcours sur un thème féerique, qui s'inspire du grand classique *Fantasia*.

Disney's Lake Buena Vista Golf Course — GOLF

(☎407-939-4653 ; www.golfwdw.com ; 2200 Club Lake Dr, Walt Disney World® ; partie à partir de 40 $). Un parcours de golf de championnat, qui correspond en tout à Disney World. Testez vos coups d'approche : les greens surélevés avec obstacles sont l'une de ses principales caractéristiques.

Disney's Magnolia Golf Course — GOLF

(☎407-939-4653 ; www.golfwdw.com ; 1950 Magnolia Palm Dr, Disney's Grand Floridian Resort & Spa ; partie à partir de 40 $). Le plus long des 5 parcours de golf de Disney.

Disney's Oak Trail Golf Course — GOLF

(☎407-939-4653 ; www.golfwdw.com ; 1950 Magnolia Pine Dr, Disney's Grand Floridian Resort & Spa ; partie à partir de 40 $). Parcours de 9 trous, parfait pour les familles.

Disney's Palm Golf Course GOLF
(☎407-939-4653 ; www.golfwdw.com ; 1950 W Magnolia Palm Dr, Disney's Grand Floridian Resort & Spa ; partie à partir de 40 $). Conçu par Arnold Palmer, ce parcours de championnat de 18 trous est l'un des plus beaux de Disney, avec palmiers, lacs et greens en pente.

Fort Wilderness Tri-Circle-D. Ranch ÉQUITATION
(☎407-824-2832 ; www.disneyworld.disney.go.com ; 4510 N Wilderness Trail, Disney's Fort Wilderness Resort & Campground ; à partir de 8 $; Disney, Disney). Randonnée guidée, poney, promenades en calèche, en chariot à foin ou en attelage.

Disney Boat Rental BATEAU
(☎403-939-7529 ; www.disneyworld.disney.go.com ; certains hôtels et resorts Disney ; location à partir de 15 $/heure). On peut louer des canoës, des kayaks, des dériveurs (Sunfish), des catamarans, des pédalos et des bateaux à moteur dans plusieurs établissements Disney, notamment ceux de Port Orleans, Caribbean Beach et Fort Wilderness. Pensez à réserver un ponton pour contempler le feu d'artifice au-dessus du château de Cendrillon.

CHOISIR SON PARC DISNEY

Magic Kingdom (p. 291). Peu de sensations fortes et beaucoup de nostalgie, avec le château de Cendrillon et des feux d'artifice tous les soirs.

Epcot (p. 297). D'un côté des manèges, de l'autre des restaurants, boutiques et attractions sur le thème des pays.

Disney's Animal Kingdom (p. 301). À mi-chemin du zoo et de la foire de province, ou quand l'Afrique s'invite à Disney.

Hollywood Studios (p. 304). Attractions basées sur les films et les personnages de Pixar.

Typhoon Lagoon (p. 306). Parc aquatique particulièrement adapté aux familles.

Blizzard Beach (p. 307). Parc aquatique avec descentes vertigineuses et virages éprouvants.

Disney's BoardWalk (p. 307). Promenade intimiste au bord de l'eau, avec quelques boutiques, restaurants et divertissements ; pas de droit d'entrée.

Disney Springs (p. 308). Secteur récemment rénové (autrefois appelé "Downtown Disney"), avec des boutiques, des bars, des concerts et autres divertissements ; pas de droit d'entrée.

Sammy Duvall's Watersports Centre SPORTS NAUTIQUES
(407-939-0754 ; www.sammyduvall.com ; 4600 World Dr, Disney's Contemporary Resort ; jet-ski 135 $/heure, ski nautique, wakeboard et *tubing* jusqu'à 5 pers 165 $/heure ; 10h-17h ; Disney, Disney, Disney). Cours, location, *tubing* (bouée tirée par un bateau), sports de glisse (ski nautique, wakeboard...) et parachute ascensionnel.

Circuits organisés

Disney Tours VISITES GUIDÉES
(407-939-8687, VIP tours 407-560-4033 ; www.disneyworld.disney.go.com ; Walt Disney World® ; tarifs divers). Au nombre des multiples circuits guidés ou à thème proposés, notons le safari privé **Wild Africa Trek** et les visites des **coulisses de Disney**. Pour une vraie visite sans stress, avec accès privilégié aux attractions et détails d'initiés sur le parc et son histoire, offrez-vous le **VIP tour** (400-600 $/heure par groupe jusqu'à 10 personnes).

Pour les visites qui se déroulent dans les parcs thématiques, le prix de l'entrée au parc s'ajoute à celui de la visite.

Fêtes et festivals

En novembre et décembre, des millions de lumières et des centaines de sapins décorent Disney World, et on ne compte plus les parades et les spectacles.

Pour les festivals et manifestations spécifiques aux parcs, reportez-vous aux sections traitant des parcs en question.

Où se loger

Les complexes hôteliers de Disney sont classés en fonction de leur emplacement : Magic Kingdom (p. 293), Epcot (p. 299), Animal Kingdom (p. 303) et Disney's Boardwalk (p. 307). Les prix varient énormément en fonction de la saison, de la semaine et du jour.

Les resorts de luxe (voir ci-dessous) sont les meilleurs établissements de Disney, mais sachez que le prix reflète l'environnement Disney et la situation privilégiée, et non un quelconque luxe. La plupart disposent de suites et villas, comportant plusieurs chambres ainsi que des restaurants haut de gamme, proposent des animations pour les enfants et permettent un accès facile aux parcs.

Disney's Port Orleans French Quarter and Riverside Resorts COMPLEXES HÔTELIERS $$
(French Quarter 407-934-5000, Riverside 407-934-6000 ; www.disneyworld.disney.go.com ; 1251 Riverside ; ch à partir de 225 $; P ; Disney, Disney). Leurs jardins luxuriants et leur thématique Mardi gras visent à conférer à ces deux complexes jumeaux (French Quarter et Riverside) une ambiance digne de la Louisiane. Si le résultat n'est pas toujours à la mesure de cet objectif, et que les chambres simples sont datées, ces hôtels n'en proposent pas moins une myriade d'activités, notamment un toboggan serpent de mer, la location de bateaux, des promenades en attelage et des grillades de sandwichs à la guimauve le soir.

Ce complexe est un des plus vastes ; un bateau relie les deux hôtels, situés à 15 minutes de marche l'un de l'autre.

Four Seasons Resort Orlando at Walt Disney World® COMPLEXE HÔTELIER $$$
(☎800-267-3046 ; www.fourseasons.com ; 10100 Dream Tree Blvd ; ch/ste à partir de 435/430 $; P❄@📶🏊). Tout le luxe, la qualité et le souci du détail qu'on attend d'un hôtel Four Seasons. Merveilleusement en retrait de l'agitation, cet établissement est l'un des rares complexes non Disney de Disney World. Une expérience inoubliable. Les tarifs varient énormément (ils sont indiqués sur Internet).

Disney's Old Key West Resort COMPLEXE HÔTELIER $$$
(☎407-827-7700, 407-939-5277 ; www.disneyworld.disney.go.com ; 1510 N Cove Rd ; ch à partir de 362 $; P❄@📶🏊 ; 🚌Disney, ⛴Disney). Le décor pastel souligné de boiseries, les bosquets de palmiers et les eaux bleu azur fleurent bon la nostalgie des villégiatures de la Belle Époque. Ce complexe est constitué uniquement de villas. Les studios peuvent accueillir 4 personnes, les villas d'une et deux chambres, 8 personnes et les villas de 3 chambres, 12 personnes.

Vous pouvez essayer de séjourner ici, mais sachez qu'il s'agit d'une propriété Disney Vacation (en partie réservée pour les membres du club). Vous aurez beaucoup de chance si vous trouvez de la place.

Où se restaurer

Hormis à Epcot, attendez-vous à des fast-foods médiocres, du mauvais café et de la cuisine de cafétéria à des prix exorbitants. Les restaurants à proprement parler (avec service à table) acceptent les réservations jusqu'à 180 jours à l'avance. Les réservations se font auprès de **Disney Dining** (☎407-939-3463), sur www.disneyworld.disney.go.com ou via l'application My Disney Experience.

La majorité des meilleurs restaurants de Disney se trouvent dans les resorts du parc, et non dans les zones piétonnes du parc lui-même (voir plus bas dans ce chapitre les options de chaque parc). À noter : les restaurants des parcs thématiques requièrent le billet d'accès au dit parc, mais pas les restaurants des resorts.

Disney propose aussi des repas avec les personnages, des dîners spectacles (voir l'encadré p. 295) et des repas thématiques.

Sanaa AFRICAIN $$
(☎407-939-3463 ; www.disneyworld.disney.go.com ; 3701 Osceola Pkwy, Kidani Village, Disney's Animal Kingdom Lodge ; plats 17-26 $; ⏲11h30-15h et 17h-21h30 ; 🍴👪 ; 🚌Disney). Ce charmant café donne sur la savane où paissent girafes, autruches et zèbres ; on oublierait presque qu'on est à Orlando ! Au menu : poulet tandoori ou mijoté, grillades, agneau et crevettes, ainsi qu'un délicieux buffet de salades (essayez celle à la pastèque, concombre et fenouil) et une margarita à la mangue.

LES RESORTS ÉCONOMIQUES DE DISNEY

Les cinq complexes les moins chers (en dehors des campings), aux milliers de chambres et suites de style motel et à la décoration thématique, sont reliés aux parcs uniquement par bus et accueillent des familles et des groupes scolaires (majorettes et ados en uniformes n'y sont pas rares). La différence de standing est criante : pas de vrais restaurants mais des snack-bars et des espaces de restauration particulièrement agités et bruyants. Certains complexes plus avantageux disposent de suites familiales avec deux salles de bains et une kitchenette.

Disney's Art of Animation Resort (☎407-938-7000, 407-939-5277 ; www.disneyworld.disney.go.com ; 1850 Animation Way ; ch à partir de 130 $; P❄@📶🏊 ; 🚌Disney). Inspiré par quatre dessins animés (*Le Monde de Nemo*, *Le Roi Lion*, *Cars* et *La Petite Sirène*), cet hôtel clinquant est le meilleur choix pour un séjour bon marché chez Disney. Il s'agit du plus récent des complexes de ce type (ouvert en 2012).

Disney's All-Star Resorts. Trois hôtels indépendants (comptant parmi les cinq hébergements "économiques") respectivement conçus sur les thèmes de la musique, du sport et du cinéma.

Disney's Pop Century Resort (☎407-938-4000, 407-939-5277 ; www.disneyworld.disney.go.com ; 1050 Century Dr ; ch à partir de 140 $; P❄@📶🏊 ; 🚌Disney). Chaque section rend hommage à une décennie du XXe siècle, avec d'énormes quilles de bowling dépassant du toit et une boîte géante de pâte à modeler Play Doh.

LES DÎNERS-SPECTACLES DISNEY

Les trois dîners-spectacles Disney affichent systématiquement complet et il convient de réserver jusqu'à 6 mois à l'avance. Vous pourrez annuler jusqu'à 48 heures à l'avance sans frais. Ils ont lieu dans un complexe Disney et incluent bière et vin. Billet d'entrée au parc non requis. Ce sont :

- Hoop-Dee-Doo Musical Revue (p. 287)
- Mickey's Backyard Barbecue (p. 287)
- Spirit of Aloha (p. 287)

♥ Jiko — AFRICAIN $$$

(☎407-938-4733, 407-939-3463 ; www.disneyworld.disney.go.com ; 2901 Osceola Pkwy, Disney's Animal Kingdom Lodge ; plats 41-55 $; ⏲17h30-22h ; ; Disney). Une cuisine excellente et innovante à base de céréales variées et de légumes, un bar minuscule et un cadre africain figuré avec bonheur font de cet établissement l'un de nos préférés à Disney. Après une journée à Animal Kingdom, venez dîner ou prendre un verre sur la terrasse arrière de l'hôtel, en contemplant les animaux de la savane.

Pour moins dépenser, dégustez quelques amuse-bouches ou un cocktail au bar (l'assortiment "Taste of Africa" comprend différents dips avec des *crackers*).

♥ Boma — BUFFET $$

(☎407-939-3463, 407-938-4744 ; www.disneyworld.disney.go.com ; 2901 Osceola Pkwy, Disney's Animal Kingdom Lodge ; petit-déj adulte/enfant 24,50/13 $, dîner 40,50/21 $; ⏲7h30-11h et 17h-21h30 ; ; Disney). Bien supérieur aux buffets habituels de Disney, ce restaurant d'inspiration africaine prépare de la viande grillée, des soupes originales et différentes salades. Meubles en bois sombre, tapisseries et objets africains, grandes fenêtres donnant sur un jardin. En somme, une cuisine savoureuse, servie dans un cadre paisible et agréable.

♥ California Grill — AMÉRICAIN $$$

(☎407-939-3463 ; www.disneyworld.disney.go.com ; 4600 World Dr, Disney's Contemporary Resort ; plats 36-51 $; ⏲17h-22h ; ; Disney, Disney, Disney). Favori des habitans du coin et des visiteurs réguliers de Disney, ce toit-terrasse a l'atout d'une vue imprenable sur les feux d'artifice de Magic Kingdom. On y sert toutes sortes de plats, de la focaccia aux trois fromages en passant par de surprenants sushis. Réservation difficile : mieux vaut s'y prendre dès que possible, à savoir 6 mois à l'avance.

Victoria & Albert's — AMÉRICAIN $$$

(☎407-939-3862 ; www.victoria-alberts.com ; 4401 Floridian Way, Disney's Grand Floridian Resort ; menu 7 plats à partir de 135 $, supp vin assorti 65 $; ⏲17h-21h ; ; Disney, Disney, Disney). Faites-vous plaisir dans ce restaurant chic dont le décor d'inspiration victorienne marie les tons brun et crème. Fin du fin de la scène gastronomique d'Orlando, une réservation ici est très convoitée. Menu gastronomique, verres en cristal et violoncelle : l'ensemble respire la romance. Les réservations se font directement auprès du restaurant (et non auprès de Disney World's Dining). Le dîner à l'intime Chef's Table ou dans la salle Queen Victoria comprend 13 plats. Les enfants de moins de 10 ans ne sont pas acceptés.

Chef Mickey's — AMÉRICAIN $$$

(☎407-939-3463 ; www.disneyworld.disney.go.com ; 4600 World Dr, Disney's Contemporary Resort ; adulte/enfant à partir de 41/25 $; ⏲7h-11h15, 11h30-14h30 et 17h-21h30). Rien ne représente mieux Disney que Mickey et le monorail, alors quoi de mieux pour commencer la journée qu'un petit-déjeuner buffet avec Mickey, Minnie, Pluto, Donald et Dingo en regardant passer le monorail. Chef Mickey's est l'endroit parfait pour un petit-déjeuner matinal. Après avoir fait le plein d'énergie, sautez dans le monorail pour arriver dès l'ouverture au Magic Kingdom. Réservations requises bien à l'avance ; les tarifs varient en fonction des repas.

Todd English's Bluezoo — POISSON ET FRUITS DE MER $$$

(☎407-934-1111 ; www.swandolphinrestaurants.com ; 1500 Epcot Resorts Blvd, Walt Disney World Dolphin Resort ; plats 28-60 $; ⏲17h-23h ; ; Disney, Disney). Des colonnes de filaments argentés tombent du plafond dans ce restaurant tout bleu dont la décoration moderne revisite le thème marin. Les excellents fruits de mer constituent l'un des rares bons rapports qualité/prix de Disney. Au bar, le menu, limité, affiche des options plus économiques.

Narcoossee's — POISSON ET FRUITS DE MER $$$

(☎407-939-3463 ; www.disneyworld.disney.go.com ; 4401 Floridian Dr, Disney's Grand Floridian Resort ;

MY DISNEY EXPERIENCE : FASTPASS+ ET MAGICBAND

Le **FastPass+** est conçu pour permettre de préparer son séjour en avance et de réduire le temps d'attente aux attractions. Les visiteurs peuvent obtenir une réservation à horaire fixe pour trois attractions par jour via My Disney Experience (www.disneyworld.disney.go.com), accessible en ligne ou en téléchargeant l'application gratuite. Vous trouverez également des kiosques où faire des réservations dans tous les parcs.

Les clients des hôtels reçoivent, eux, un **MagicBand** – un bracelet en plastique servant à la fois de clé, de billet d'entrée, de FastPass+ et de facture pour la chambre. Une fois votre hébergement réservé, vous pourrez configurer votre compte My Disney Experience et commencer à planifier votre séjour jour par jour. Le MagicBand vous sera envoyé au préalable ou vous sera remis à votre arrivée dans l'hôtel. Votre itinéraire est automatiquement enregistré sur votre bracelet – y compris tous les changements effectués via l'application ou en ligne.

Dans le parc, vous pourrez vous rendre aux attractions sélectionnées en FastPass+ à n'importe quel moment, pourvu que vous vous trouviez dans l'heure réservée. Présentez-vous à l'entrée Fastpass+ et scannez votre MagicBand : votre tour viendra en moins de 15 minutes. Le principe est simple, mais il peut y avoir des surprises. Les informations suivantes vous aideront à facilement optimiser sa mise en pratique.

- Si vous logez dans un hôtel Disney, vous pourrez accéder à My Disney Experience et commencer à réserver les attractions en FastPass+ jusqu'à 60 jours à l'avance. Les clients du parc qui n'y résident pas disposent de 30 jours de moins.
- Vous pourrez recourir au Faspass+ pour les manèges, les lieux de rencontres avec les personnages (où l'attente rivalise parfois avec les attractions les plus populaires), les feux d'artifice, les parades et les spectacles.
- Certains parcs utilisent un système FastPass+ nivelé : il faut alors choisir une attraction du groupe 1 et deux du groupe 2.
- Réservez une table ou un dîner avec personnages par le biais de My Disney Experience.
- N'hésitez pas à modifier vos sélections via le site ou l'application mobile. Une fois vos trois attractions FastPass+ sélectionnées, vous pourrez ajouter gratuitement des FastPass+ supplémentaires aux kiosques sur place. Attention : il faut avoir épuisé les trois réservations initiales avant d'en rajouter de nouvelles.
- Ne dépensez pas vos options FastPass+ pour des attractions qui n'ont pas de longues files d'attente. Programmez attentivement votre journée pour maximiser l'intérêt de ce système. Les sites d'organisation de séjours à Disney fourmillent d'astuces précieuses. Dans Magic Kingdom, les queues pour Peter Pan's Flight, Big Thunder Mountain Railroad, Enchanted Tales with Belle et Space Mountain peuvent n'en plus finir. Répartissez vos réservations sur trois de ces attractions au long de l'après-midi, car, le matin, les files sont plus courtes et la patience comme l'énergie de chacun encore intactes.
- Visitez le site Internet ou appelez pour des informations à jour, car le système évolue constamment.

plats 39-67 $; 17h-21h30 ; ; Disney, Disney, Disney). Ce restaurant insonorisé, les pieds dans l'eau, face à la jetée du Grand Floridian, constitue une halte pratique, reposante et agréable pour qui a passé l'après-midi dans le parc et souhaite y retourner pour la parade et les feux d'artifice. D'excellents produits de la mer, mais aussi du canard et du filet mignon. La véranda est un endroit parfait d'où admirer les feux d'artifice.

Citrico's MÉDITERRANÉEN $$$

(407-939-3463 ; www.disneyworld.disney.go.com ; 4401 Floridian Way, Disney's Grand Floridian Resort ; plats 18-34 $; 17h30-22h ; ; Disney, Disney, Disney). Une carte des vins interminable et une agréable ambiance californienne distinguent ce lieu des autres restaurants Disney. À mi-chemin entre l'établissement familial criard et l'option haut de gamme, il propose des spécialités savoureuses et

CONSEILS POUR RÉUSSIR SES VACANCES EN FAMILLE À DISNEY

On attend toujours beaucoup d'un séjour à Disney, et la réalité peut se révéler décevante. Les files sont interminables et les bousculades et cohues ont de quoi fatiguer. Organisez votre séjour à l'avance en étant attentif aux détails. Réservez pour dîner, planifiez où et quand aller en fonction des horaires des spectacles et défilés, définissez les attractions prioritaires puis réservez des attractions FastPass+ (voir l'encadré p. 285) adaptées à vos choix... Le dernier conseil dérangera peut-être certains parents (mais il a marché pour nous).Voici quelques astuces :

Achetez des billets couvrant plus de jours que prévus initialement Le tarif journée va décroissant et vous aurez ainsi la liberté de délaisser les parcs d'attractions le temps de vous détendre à la piscine ou de découvrir des sites plus paisibles dans les environs.

Logez dans un des resorts Disney Il est tentant de faire des économies en logeant ailleurs, mais séjourner dans un hôtel du parc vous facilitera la vie. Ils n'affichent pas tous le même confort et se répartissent entre différentes catégories, allant des hôtels pour petits budgets aux hôtels de luxe.

Téléchargez l'application "My Disney Experience". Elle vous permet d'effectuer des réservations, de réserver les attractions FastPass+, de consulter les programmes et listes diverses. Voir l'encadré p.285 pour plus de détails.

Tirez parti de "My Disney Experience" Réservez vos 3 attractions par jour en FastPass+ (www.disneyworld.disney.go.com) jusqu'à 30 jours à l'avance (60 jours pour les clients des hôtels) – cela vous assurera trois coupe-files par jour. Vous pouvez racheter des FastPass supplémentaires après avoir utilisé les trois premiers.

Faites des provisions d'en-cas En préparant vos propres sandwichs, vous éviterez les files d'attente stressantes pour de la nourriture chère et insipide. Sinon, afin d'éviter les files d'attente du déjeuner, vous pouvez acheter un sandwich à l'avance, dès votre entrée dans le parc, et pique-niquer où vous voulez.

Arrivez au parc au moins 30 minutes avant l'ouverture des portes Ne perdez pas de temps dans les boutiques, gagnez directement les manèges puis détendez-vous l'après-midi. Si vous ne devez le faire qu'une fois dans votre séjour, faites-le pour le Magic Kingdom. Prenez en compte le temps nécessaire pour vous y rendre depuis le Transportation & Ticket Center (cela peut prendre jusqu'à une heure).

Accélérez, ralentissez Oui, il est parfois bon de se presser car cela peut éviter de longues files d'attente, mais accordez-vous quelques jours pour calmer le rythme et suivre les humeurs de vos petits.

Enregistrez le numéro de réservation des restaurants Disney dans votre portable Lorsque vous aurez une idée du lieu où vous serez à l'heure du repas, appelez le service de réservation Disney Dining (✆407-939-3463; possible aussi en ligne sur www.disneyworld.disney.go.com) pour réserver dans un restaurant de l'un des quatre parcs à thème, des hôtels Disney ou des deux zones commerciales de Disney, Disney Springs et Disney's BoardWalk. Vérifiez aussi les annulations de dernière minute pour les dîners-spectacles et les repas avec les personnages

Transports et hébergements. Lorsque vous réservez un hébergement, il est important de prendre les transports en compte. Tous les hébergements Disney proposent des transports en bus, mais ceux qui offrent des transports en bateau ou monorail sont bien plus pratiques (et, en dehors du camping de Fort Wilderness, plus onéreux).

N'en promettez pas trop. Il s'agit surtout de savoir gérer les attentes. Plutôt que de laisser penser à votre enfant qu'il va à coup sûr pouvoir serrer Belle dans ses bras avant de vous raviser en voyant la file d'attente, dites-lui plutôt qu'il va pouvoir "voir" des personnages. Croyez-nous, vous en verrez beaucoup, que ce soit lors des parades ou au hasard dans le parc. Outre les trois expériences de votre FastPass+, vous pouvez choisir toutes les activités recensées dans votre planning/carte du jour.

variées, comme les crevettes de Key West et la poitrine de porc cuite lentement.

Artist Point AMÉRICAIN **$$$**

(☎407-939-3463 ; www.disneyworld.disney.go.com ; 901 Timberline Dr, Disney's Wilderness Lodge ; plats 30-50 $; 17h30-22h ; ; Disney, Disney). Le cadre Arts & Crafts est joliment agrémenté de détails rappelant l'Ouest américain. La cuisine Pacifique nord-ouest inclut gibier rôti, saumon, bison grillé et tourte aux fruits rouges. Le bar, rappelant un vieux lodge, ouvre plus tôt – les clients y savourent des *apple martini* dans le patio.

Où prendre un verre et faire la fête

Disney Springs et Disney's BoardWalk, bien plus petite, sont les zones de Disney World dévolues aux bars (ainsi qu'au shopping et aux loisirs), mais vous trouverez aussi des cafés et parfois des concerts dans les resorts Disney et les parcs d'attractions. Magic Kingdom vend uniquement de la bière et du vin, dans les restaurants les plus chics. À Epcot, vous trouverez un large choix de spiritueux et de cocktails du monde entier.

Tambu Lounge BAR

(www.disneyworld.disney.go.com ; Disney's Polynesian Resort ; Disney, Disney). Échappez-vous dans les îles, façon Disney, avec des boissons tropicales agrémentées d'un petit parasol et des Blue Glow-Tini brillant dans le noir ! On y trouve aussi un excellent choix de plats de bar, notamment des nachos à l'effiloché de porc et des kebabs. De Magic Kingdom, on peut s'y rendre en bateau ou en monorail.

Où sortir

Pour connaître le programme des projections gratuites de films Disney en plein air et leur emplacement (dans les hôtels Disney ou au camping de Fort Wilderness), consultez le site www.buildabettermousetrip.com/activity-outdoormovie.php.

Chaque parc propose des spectacles incroyables. À Disney Springs, le Cirque du Soleil (p. 310) associe gymnastique, danse, lumières, musique... et Disney évidemment.

Chip 'n' Dale Campfire Singalong CINÉMA

(☎407-939-7529 ; www.disneyworld.disney.go.com ; 4510 N Wilderness Trail, Disney's Fort Wilderness Resort ; 19h l'hiver, 20h l'été ; Disney, Disney). Comptant parmi les meilleures options de Disney, ce moment intime et tranquille permet de chanter et danser avec Tic et Tac (Chip and Dale) autour d'un feu de camp où grillent des chamallows, puis de voir un film Disney à la belle étoile. Il y a un film différent chaque soir, mais Disney ne mentionne pas lequel sur son site – appelez ou cherchez sur Internet. On peut se procurer de généreuses portions de S'more (petits sandwichs à la guimauve) et s'asseoir sur des bancs en bûches, mais mieux vaut apporter une couverture et des coussins pour être plus cosy. Les voitures sont interdites dans Fort Wilderness, il y a un parking à gauche après le portail. Autrement, prenez un bus ou un bateau Disney jusqu'au complexe puis la navette jusqu'à la Meadow Recreation Area.

Hoop-Dee-Doo Musical Revue DÎNER-SPECTACLE

(☎407-939-3463 ; www.disneyworld.disney.go.com ; 4510 N Wilderness Trail, Disney's Fort Wilderness Resort ; adulte 64-72 $, 3-9 ans 38-43 $; 16h, 18h15 et 20h30 tlj ; ; Disney, Disney). Vaudeville du XIXe siècle au Fort Wilderness Resort. Festin country servi dans des gamelles en métal, blagues éculées et un public reprenant en chœur *Hokey Pokey* et *My Darling Clementine*. C'est l'un des spectacles les plus anciens de Disney et l'on s'y amuse beaucoup, une fois rassasié et dans l'ambiance.

Spirit of Aloha DÎNER-SPECTACLE

(☎407-939-3463 ; www.disneyworld.disney.go.com ; 1600 Seven Seas Dr, Disney's Polynesian Resort ; adulte 66-78 $, 3-9 ans 39-46 $; 17h15 et 20h15 ; Disney, Disney, Disney). Des hommes et des femmes font du hula-hoop sur la scène, dansent et jouent, manient le feu dans la tradition des *luau* du Pacifique Sud. Porc effiloché, côtes de porc au barbecue et spécialités des îles (cake coco ananas) sont servis à la bonne franquette.

Mickey's Backyard Barbecue DÎNER-SPECTACLE

(☎407-939-3463 ; www.disneyworld.disney.go.com ; 4510 N Fort Wilderness Trail, Disney's Fort Wilderness Resort ; adulte 62-72 $, 3-9 ans 37-47 $; horaires variables ; ; Disney, Disney). Le seul dîner-spectacle auquel participent des personnages Disney. Chansons et danses country, et accessoires Mickey loufoques. Un classique du Fort Wilderness.

ESPN Wide World of Sports Complex ÉVÉNEMENTS SPORTIFS

(☎407-939-4263, Visitors Center 407-541-5600 ; www.espnwwos.com ; 700 S Victory Way, Walt Disney

World®). Ce complexe sportif de 115 ha, situé dans Disney World, accueille les Atlanta Braves pour la préparation de la saison de base-ball (Spring Training, voir p. 261) et des centaines d'événements sportifs amateurs ou professionnels.

Achats

Disney World compte d'innombrables boutiques, qui proposent, pour la plupart, des produits en rapport avec le thème des attractions environnantes (vous trouverez, par exemple, beaucoup d'ours près du manège de Winnie l'Ourson). Si vous ne voulez pas multiplier les arrêts achats, Disney Springs possède la plus grande boutique Disney du pays, avec 12 imposantes salles remplies de toutes sortes de produits.

Renseignements

ACCÈS INTERNET

Le Wi-Fi est gratuit et accessible dans tous les parcs et hôtels de Disney World, via le réseau Walt Disney World® Resort. En cas de problème technique, appelez le ☎ 407-827-2732.

ARGENT

Il y a des DAB partout à Disney World. Le Guest Services de chaque parc dispose d'un petit bureau de change.

BILLETS D'ENTRÉE ET PASS

Reportez-vous au tableau ci-contre pour le détail des prix des pass.

Un jour Donne accès à Magic Kingdom. Des billets spécifiques valables une journée et légèrement moins cher donnent accès à Epcot, Hollywood Studios ou Animal Kingdom.

Multi-jours Donne accès à un parc à thème par jour durant la durée de validité du billet (vous pourrez entrer et sortir du parc autant de fois que vous le voudrez, mais ne pourrez entrer dans un autre parc le même jour).

Park Hopper Donne accès aux quatre parcs de Disney World pour une journée. Attention : explorer les quatre parcs en une journée demande beaucoup d'énergie. Se contenter de deux parcs est plus réalisable.

Park Hopper Plus Mêmes conditions que le Park Hopper, mais vous pourrez passer aux parcs aquatiques Blizzard Beach et Typhoon Lagoon, et au 9-trous Oak Trail Golf Course. Plus le billet est valable longtemps, plus le nombre de sites que l'on peut visiter augmente (par exemple, un billet valable 4 jours permet 4 visites supplémentaires ; un billet pour 5 jours, 5 visites supplémentaires).

Disney Dining Plans Des formules repas prépayées sont proposées aux clients des hôtels Disney ; consultez le site www.disneyworld.disney.go.com pour connaître les tarifs des forfaits repas et souvenez-vous que vous pouvez ajouter un dîner à tout moment jusqu'au premier jour de votre réservation.

Achat de billets à l'entrée Les tarifs sont plus chers de 20 $.

Nombre de jours	Multi-jours (adulte/ 3-9 ans)	Park Hopper (adulte/ 3-9 ans)	Park Hopper Plus (adulte/ 3-9 ans)
2	199/187 $	259/247 $	274/262 $
3	289/271 $	349/331 $	364/346 $
4	350/330 $	425/405 $	440/420 $
5	370/350 $	445/425 $	460/440 $
6	390/370 $	465/445 $	480/460 $
7	410/390 $	485/465 $	500/480 $
8	420/400 $	495/475 $	510/490 $
9	430/410 $	505/485 $	520/500 $
10	440/420 $	515/495 $	530/510 $

ENFANTS

Garde d'enfants

Disney's Children Activity Center (p. 255). Cinq hôtels Disney comptent d'excellents centres aérés pour les enfants de 3 à 14 ans. L'inscription inclut activités encadrées, jouets, matériel de dessin, repas et projection d'un film le soir. C'est un service pratique pour qui souhaite dîner tranquillement dans l'un des restaurants ; il n'est pas nécessaire d'être client de l'hôtel.

Les centres sont les suivants : Simba's Cubhouse à l'Animal Kingdom Lodge, Lilo's Playhouse au Polynesian Resort, Sandcastle Club au Beach Club Resort et Camp Dolphin au Walt Disney World Dolphin Hotel. Les réservations sont recommandées (obligatoire pour le Camp Dolphin) et peuvent être faites jusqu'à 180 jours à l'avance.

Disney World recourt au service de babysitting **Kid's Nite Out** (p. 255) pour garder les enfants âgés de 6 mois à 12 ans dans les chambres d'hôtel. Vous pouvez aussi engager une aide si vous avez besoin d'une paire de mains supplémentaire pendant vos journées dans le parc – il faudra toutefois payer son billet.

Paiements par carte bancaire uniquement, réservations jusqu'à 3 mois à l'avance.

Location de poussettes

Des poussettes (simple/double 15/31 $ par jour, 13/27 $ quotidiens si plusieurs jours) sont à disposition dans les quatre parcs Disney ainsi qu'à Disney Springs. Premier arrivé, premier servi. Des parapluies pour poussettes sont également en vente.

GARDE D'ANIMAUX DE COMPAGNIE

À l'exception de quelques emplacements du Fort Wilderness Resort & Campground (p. 293), les animaux ne sont pas admis à Disney World (à l'exception des services animaliers).

Best Friends Pet Care du Walt Disney World® Resort (☎877-493-9738 ; www.bestfriendspetcare.com/waltdisneyworldresort.com ; 2510 Bonnet Creek Pkwy ; 18-72 $/jour, 41-89 $/nuit ; ⌚1h avant l'ouverture des parcs Disney et 1h après la fermeture) garde les chiens, les chats et les petits animaux de compagnie, de jour comme de nuit. Les tarifs varient selon le nombre de promenades et de services que vous exigerez, et sont moins élevés pour les clients des hôtels Disney.

Il est nécessaire de réserver et d'envoyer une preuve écrite des vaccinations (DHLPP, rage et Bordetella pour les chiens ; FVRCP et rage pour les chats).

HEURES D'OUVERTURE

Les horaires des parcs d'attractions varient non seulement selon les saisons, mais aussi d'un jour à l'autre pendant le même mois. Généralement, les parcs ouvrent à 8h ou 9h et ferment entre 18h et 22h. Chaque jour, l'un des quatre parcs à thème ouvre plus tôt et ferme plus tard pour les clients des hôtels de Disney World. Ces "*Magic Hours*" sont un argument fort pour loger dans l'un de ces établissements.

NUMÉROS DE TÉLÉPHONE UTILES

Walt Disney World® (☎407-939-5277). C'est le numéro central pour tout ce qui concerne Disney, notamment les réservations d'hôtel et de repas, billets, packages, et questions liées aux horaires et événements spéciaux. Il vous mettra en relation avec les services correspondant à toutes vos demandes.

Disney Dining (☎407-939-3463). Réservation de tables jusqu'à 180 jours à l'avance, repas conçus autour d'un personnage, dîners-spectacles et spéciaux inclus. Réservation possible par Internet, téléphone ou application Smartphone My Disney Experience (www.disneyworld.disney.go.com).

Enchanting Extras Collection (Recreation) (☎407-939-7529). Équitation, navigation et autres activités.

Enchanting Extras Collection (Tours) (☎407-939-8687). Visites guidées dans n'importe lequel des quatre parcs. L'une d'elles permet un passage dans les coulisses. Idéal pour les visiteurs qui sont déjà venus.

Theme Parks Lost & Found (objets trouvés ☎407-824-4245). En fin de journée, les objets trouvés sont rassemblés dans ce bureau central. On peut aussi s'adresser au guichet Guest Services de chaque parc.

AUTOUR DE DISNEY WORLD

Pour ceux qui ne souhaitent pas loger au sein de Disney, d'innombrables hôtels, motels et complexes hôteliers attendent leur clientèle à Lake Buena Vista, Kissimmee et Celebration, à quelques kilomètres de Disney World. D'excellents motels de chaîne sont installés le long du verdoyant Palm Parkway, juste à l'extérieur de Disney, et on trouve sept établissements haut de gamme (www.downtowndisneyhotels.com) juste en face de Disney Springs.

OFFICES DU TOURISME

Pour des renseignements ou réservations, adressez-vous aux guichets **Guest Services** situés dans chaque parc et hôtel Disney.

PLANS

Les plans du parc, avec la liste des animations et activités du jour (y compris les rencontres avec les personnages) sont disponibles à l'entrée des parcs, auprès de Guest Services et dans tous les points de vente des parcs.

SERVICES MÉDICAUX

Des infrastructures médicales sont installées dans chaque parc à thème et parc aquatique. L'hôpital le plus proche est le Florida Hospital Celebration Health (p. 272). Si vous avez besoin d'assistance dans votre chambre d'hôtel, Doctors On Call Service (p. 272) assure un service médical 24h/24, 7j/7.

Lake Buena Vista Centra Care (☎407-934-2273, transport 407-938-0650 ; www.centracare.org ; 12500 S Apopka Vineland ; ⌚8h-minuit lun-ven, 8h-20h sam-dim). Ce centre médical ne traite pas les urgences mais possède un service de médecine générale, pédiatrique et de radiographie. Le transport depuis/vers les hôtels et attractions, est gratuit.

Depuis/vers Walt Disney World®

DEPUIS/VERS L'AÉROPORT

Disney's Magical Express (☎866-599-0951 ; www.disneyworld.disney.go.com). Si vous logez dans un établissement Disney et atterrissez à l'aéroport international d'Orlando (pas celui de Sanford), vous aurez droit à un service de bagagerie et de navette gratuit jusqu'à votre hôtel. On vous enverra des étiquettes pour vos bagages qui seront pris en charge à l'aéroport. Si vous changez d'hôtel Disney en cours de séjour, vos bagages seront transférés dans la journée.

BUS

Le bus Lynx n°50 (p. 249) d'Orlando connecte la gare centrale au Disney's Transportation & Ticket Center et à Disney Springs en une heure. Le n°56 emprunte la Hwy 192, qui relie Kissimmee au Disney's Transportation & Ticket Center. De là, vous pourrez rejoindre n'importe quel parc ou hôtel.

TAXI

On trouve des taxis devant les hôtels, les parcs à thème, au Transportation & Ticket Center et à Disney Springs.

VOITURE ET MOTO

Disney se situe à 25 minutes au sud du centre d'Orlando. Prendre l'I-4 jusqu'aux sorties 64, 65 ou 67 (bien indiquées).

Les agences de location Alamos et National sont présentes dans le Walt Disney World® Dolphin Resort.

Car Care Center (☎407-824-0976 ; 1000 W Car Care Dr, Walt Disney World® ; ⏲7h-19h lun-ven, 7h-16h sam, 8h-15h dim). Garage polyvalent, services (dépannage proposant remorquage, changement de pneu et rechargement de batterie avec câbles), uniquement dans les zones Disney.

Parking

Si vous séjournez dans un hôtel Disney, le stationnement est gratuit dans tous les parcs et hôtels ; autrement, il s'élève à 20 $ par jour. Les tickets sont valides toute la journée dans tous les parcs Disney.

Des parkings sont localisés à l'entrée de chaque parc, à l'exception du Magic Kingdom. Si vous rejoignez ce dernier en voiture, il faudra vous garer au **Transportation & Ticket Center** et prendre un monorail ou un ferry jusqu'à destination.

Les parkings de Disney Springs, des parcs aquatiques, de l'ESPN et de tous les golfs sont gratuits, mais aucun transport ne relie ces sites aux parcs d'attractions. Le service de voiturier dans les hôtels de catégorie supérieure coûte 25 $ par jour.

TRANSPORTATION & TICKET CENTER

Le **Transportation & Ticket Center** (centre de transports et billetterie, TTC ; www.disneyworld.disney.go.com ; parking Magic Kingdom 20 $) est le carrefour des transports de Disney. De là, un **monorail** rejoint Magic Kingdom, le Polynesian Resort, le Contemporary Resort et le Grand Floridian Resort & Spa ; un deuxième monorail rallie directement Epcot ; un troisième monorail dessert directement Magic Kingdom ; des **ferries** circulent également jusqu'à Magic Kingdom et des **bus** desservent les attractions et hôtels de Disney World.

ℹ Comment circuler

Le système de transports de Disney utilise des bateaux, des bus et un monorail pour véhiculer les visiteurs vers les hôtels, parcs à thème et autres attractions du complexe.

Le **Transportation & Ticket Center** est la plaque tournante du système. Sachez qu'il faut parfois 1 heure pour aller d'un site à l'autre avec les transports Disney, et que les liaisons ne sont pas toujours directes.

BATEAU

Disney World Water Transportation (disneyworld.disney.go.com/fr-ca/guest-services/water-transportation). Des navettes gratuites relient par voie d'eau le Magic Kingdom aux hôtels du secteur de Magic Kingdom (bateau-taxi) ainsi qu'au Transportation & Ticket Center (ferry), et les hôtels Epcot à Hollywood Studios, Disney's BoardWalk et Epcot.

Des **vedettes** (ou bateau-taxi – *water taxi*) relient directement Magic Kingdom au Grand Floridian Resort et au Polynesian Resort. Une autre ligne rattache Magic Kingdom aux Contemporary Resort, Fort Wilderness Resort & Campground et Wilderness Lodge. Enfin, une troisième ligne (**ferry** pouvant accueillir jusqu'à 600 passagers) connecte le Magic Kingdom au Transportation & Ticket Center.

Les bateaux effectuent également un circuit entre Epcot, Hollywood Studios, Disney's BoardWalk, les Disney's Yacht & Beach Club Resorts, et les Walt Disney World® Swan & Dolphin Hotels.

Enfin, des bateaux circulent entre Disney Springs et les hôtels de ce secteur.

BUS

Tous les sites de Disney World sont accessibles par un **bus gratuit**, mais toutes les destinations ne sont pas desservies directement. Certains itinéraires impliquent de prendre plusieurs moyens de transport (bus, monorail ou bateau). Les employés (appelés "cast members") vous indiqueront volontiers le meilleur moyen de vous rendre d'un endroit à un autre.

MONORAIL

Trois lignes de **monorail** (disneyworld.disney.go.com/fr-ca/guest-services/monorail-transportation) desservent certains sites de Disney World. Le Resort Monorail circule entre le Transportation & Ticket Center, le Polynesian Resort, le Grand Floridian Resort & Spa, le Magic Kingdom et le Contemporary Resort. Un deuxième monorail raccorde le Transportation & Ticket Center directement au Magic Kingdom, et un troisième relie le Transportation & Ticket Center directement à Epcot.

Magic Kingdom

Lorsqu'ils pensent à Disney World, la plupart des gens songent au **Magic Kingdom** (☎407-939-5277 ; www.disneyworld.disney.go.com ; 1180 Seven Seas Dr, Walt Disney World® ; 100-119 $, les prix varient quotidiennement ; ⏲9h-21h, horaires variables ; Disney, Disney, Disney). C'est le “royaume enchanté” des princesses et des pirates, où les rêves deviennent réalité et où tournent les manèges les plus classiques comme It's a Small World et Space Mountain.

Il est dominé par le très emblématique **château de Cendrillon** aux multiples tourelles, qui est devenu l'emblème des films Disney.

Vous le verrez dès votre entrée dans le parc, en arrivant dans Main Street. Un attelage et une automobile ancienne font la navette la première heure entre l'entrée du parc et le château (la plupart des visiteurs préfèrent marcher), d'où des sentiers rejoignent les quatre territoires – Fantasyland, Tomorrowland, Adventureland et Frontierland – ainsi que deux autres secteurs : Liberty Square et Main Street.

MAGIC KINGDOM : CONSEILS

- Les meilleures attractions à choisir pour les trois sélections de votre FastPass+ sont Peter Pan's Flight, le Big Thunder Mountain Railroad, Splash Mountain, Space Mountain, le Seven Dwarf's Mine Train, le Princess Fairytale Hall et Enchanted Tales with Belle. Une autre solution est de vous y rendre dès l'ouverture des portes du parc.
- It's a Small World, Monsters, Inc. Laugh Floor et Mickey's PhilharMagic sont des attractions climatisées où la file d'attente est généralement courte.

À voir

Fantasyland SECTEUR

(www.disneyworld.disney.go.com/new-fantasyland ; Magic Kingdom ; billet d'entrée au parc requis ; ⏲9h-21h, horaires variables ; Disney, Disney, Lynx 50, 56). Fantasyland est *la* raison d'un voyage à Disney pour les moins de 8 ans et les adultes fanatiques des grands classiques de Disney. Les plus jeunes apprécient particulièrement les attractions organisées autour de personnages, mais les ados peuvent avoir tendance à trouver que les contes de fées sont trop “bébé” pour eux.

Le château de la Bête abrite **Be Our Guest**, dernier-né des restaurants thématiques Disney (sur le thème de *La Belle et la Bête*), ainsi que le **Cinderella's Royal Table** (“la table royale de Cendrillon”), où vous pourrez dîner dans un cadre somptueux en compagnie de plusieurs des plus célèbres princesses Disney. Réservation obligatoire pour les deux adresses, possible jusqu'à 3 mois avant votre visite.

Incontestablement le meilleur spectacle en 3D de Disney, **Mickey's PhilharMagic** entraîne Donald dans une aventure loufoque à travers les chansons et les films classiques de Disney. Accompagnez-le sur le tapis d'Aladin dans les rues du Maroc et sentez le champagne vous éclabousser le visage au passage de la chanson *Be Our Guest* de *La Belle et la Bête*. Amusant, loufoque et enjoué, le meilleur de Disney.

It's a Small World est une gentille croisière autour du monde qui captive les enfants depuis ses débuts en 1964, lors de l'Exposition universelle de New York. Des barques glissent lentement d'un pays à l'autre, parmi des décors fouillés et délicieusement surannés, peuplés du sol au plafond de centaines d'automates. Malgré les commentaires narquois, devenus classiques, sur l'impossibilité de se sortir cette mélodie de la tête pendant des semaines, nous trouvons que ce manège a quelque chose de touchant, de mélancolique presque. Les petits adorent, mais cela ne vaut pas pour autant la peine d'attendre trop longtemps s'il y a vraiment beaucoup de monde. À vous de juger.

Après une course folle dans le **Seven Dwarfs Mine Train**, montagnes russes familiales (mais qui donnent tout de même des sensations) inspirées des sept nains de Blanche-Neige, montez à bord d'un vaisseau pirate et volez dans le ciel londonien à travers le brouillard et les étoiles jusqu'au Pays imaginaire (Never Never Land) dans **Peter Pan's Flight** ; traversez la Forêt des rêves bleus (Hundred Acre Wood) dans les **Many Adventures of Winnie the Pooh** et refaites le voyage de la Petite Sirène **Under the Sea: Journey of the Little Mermaid**. Les bambins adorent grimper sur **Dumbo the Flying Elephant**, qui tourne doucement, monte et descend, d'autant qu'ils peuvent contrôler leur altitude. L'attente est très longue et le tour de manège très court : allez-y dès l'ouverture des portes. Inspirée d'Alice, la **Mad Tea Party** est un manège de tasses rotatives classique où les passagers décident eux-mêmes de la vitesse de rotation.

Un tour à Fantasyland permet de croiser de nombreux personnages. Regardez un conte de fées dans la petite grotte de pierre du **Fairytale Garden** ; écoutez Belle raconter une histoire dans **Enchanted Tales with Belle** ; rencontrez Ariel dans l'**Ariel's Grotto** et Gaston près de la **Gaston's Tavern** ou faites la queue pour découvrir une brochette de princesses au **Fairytale Hall**. Tout cela, naturellement, sans manquer Cendrillon, Alice ni les autres figures tutélaires qui, tout sourire, hantent les lieux. (Attention : Mary Poppins étant un personnage... "flottant", elle n'apparaît pas toujours au même endroit ni au même moment. N'hésitez pas à demander à un membre du personnel où elle peut se trouver).

Adventureland SECTEUR

(www.disneyworld.disney.go.com ; Magic Kingdom ; billet d'entrée au parc requis ; 9h-21h, horaires variables ; Disney, Disney, Lynx 50, 56). L'aventure à la Disney est toujours synonyme de pirates, jungles, tapis magiques, maisons dans les arbres, bêbêtes fantaisistes et lieux enchantés. Ne manquez pas **Pirates of the Caribbean** – ce lent circuit en intérieur sur un bateau, à travers l'univers sombre des pirates, demeure l'un des plus courus.

Les figures présentées au fil de ce parcours sont plutôt cocasses, mais il ne faut avoir peur ni du noir ni des pirates. Jack Sparrow est si convaincant, qu'on jurerait que c'est Johnny Depp. Le burlesque continue avec la **Jungle Cruise** (FastPass+), mais cette fois le capitaine vous fera naviguer parmi les faux crocodiles, éléphants et singes, tout en se fendant des plaisanteries typiques de Disney World.

Les enfants aiment monter sur le tapis volant d'Aladin (**Magic Carpets of Aladdin**), mais épargnez-vous la lente ascension des 116 marches (tout aussi bondées) pour voir la **Swiss Family Treehouse**, une réplique de la maison dans les arbres de la famille Robinson, du film *Les Robinson suisses*. Des oiseaux animatroniques chantent et dansent à la mode hawaïenne dans l'**Enchanted Tiki Room**, une attraction aussi mièvre qu'étrange inaugurée en 1963, et qui reste l'objet d'un certain culte. Il n'y a pas la queue et c'est l'endroit idéal pour se détendre un moment à l'abri de la chaleur.

Frontierland SECTEUR

(www.disneyworld.disney.go.com ; Magic Kingdom ; billet d'entrée au parc requis ; 9h-21h, horaires variables ; Disney, Disney, Lynx 50, 56). Ce territoire, centré sur les États-Unis, rend hommage, à la façon Disney, à l'Ouest et au Sud d'antan. **Splash Mountain** dépeint les turpitudes de Bibi Lapin, Basile et Boniface, occupés à vivre leurs aventures parmi des grenouilles babillardes, des canards chanteurs et autres créatures. La chute dans la rivière à 60 km/h est l'un des plus grands frissons du parc. On en ressort très, très mouillé ! Pas de chute raide ni de virage serré pour le **Big Thunder Mountain Railroad** : idéal pour les petits. Cette équipée "la plus folle dans la nature sauvage" vous emmènera dans des montagnes désertiques et dans une cave pleine de chauves-souris, parmi les cactus et les geysers. Pour éviter l'interminable file d'attente, réservez cette attraction avec le FastPass+, qui donne droit à trois réservations (voir l'encadré p. 285).

Certains qualifient la **Tom Sawyer Island** de refuge tranquille, mais c'est une île décevante. Conçue pour le Disneyland de Californie en 1955, elle était censée être un terrain d'aventures, mais a bien mal vieilli.

Tomorrowland SECTEUR

(www.disneyworld.disney.go.com ; Magic Kingdom ; billet d'entrée au parc requis ; 9h-21h, horaires variables ; Disney, Disney, Lynx 50, 56). Si le futur vu depuis les années 1960 n'a rien d'un scoop, Tomorrowland n'en compte pas moins plusieurs attractions phares de Disney. Venez à la première heure ou en utilisant votre FastPass+ au **Space Mountain**, des montagnes russes fermées qui vous emmèneront dans une version *rétrofuturiste* de l'espace intersidéral que ne renierait pas Jules Verne, et au **Buzz Lightyear's Space Ranger Spin**, à mi-chemin entre le manège et le jeu vidéo.

Dans la comédie interactive **Monsters, Inc Laugh Floor**, les monstres du film *Monstres et cie* doivent engranger des rires au lieu de cris de terreur. Un écran projette les personnages du film, qui exécutent chacun un petit numéro qui surprend les membres du public en les incluant dedans de manière inattendue. C'est drôle et chaque représentation est différente. Les enfants peuvent appuyer sur le champignon de voitures de course au **Indy Speedway**, mais les bolides sont fixés à la piste et on ne contrôle pas le volant. Les enfants doivent mesurer 1,30 m minimum pour "conduire" une voiture.

Liberty Square SECTEUR

(www.disneyworld.disney.go.com ; Magic Kingdom ; billet d'entrée au parc requis ; ⌚9h-21h, horaires variables ; 🚌Disney, ⛴Disney, 🚌Lynx 50, 56, 🚝Disney). Cette demeure délabrée de style XIXe siècle renferme la **Haunted Mansion** (maison hantée), autre classique et seul vrai manège de Liberty Sq. Traversez lentement la salle à manger hantée, où dansent des apparitions, mais attention aux fantômes qui font du stop – ne soyez pas surpris s'ils sautent à l'improviste dans votre voiture ! Les fantômes n'ont rien de terrifiant, mais les petits peuvent avoir peur pendant l'introduction.

Toutes sortes de souvenirs relatifs à des présidents américains décorent l'espace d'attente du **Hall of Presidents**. Le public est guidé dans une salle pour voir un panégyrique d'histoire américaine, au terme duquel tous les présidents sont assemblés sur scène.

Main Street, USA SECTEUR

(www.disneyworld.disney.go.com ; Magic Kingdom ; billet d'entrée au parc requis ; ⌚9h-21h, horaires variables ; 🚌Disney, ⛴Disney, 🚌Lynx 50, 56). Conçu sur le modèle de la ville natale de Walt Disney, Marceline (dans le Missouri), l'animation de Main Street, USA est d'autant plus appréciable que l'on s'y balade sans but précis. Admirez les dioramas miniatures de Peter Pan et de Blanche-Neige dans les vitrines de la rue, entrez pour regarder les anciens films Disney en noir et blanc ou faites emplette de souvenirs.

Circuits organisés

Keys to the Kingdom VISITE GUIDÉE

(☎407-939-8687 ; www.disneyworld.disney.go ; Magic Kingdom ; visite guidée 99 $, billet d'entrée au parc requis ; ⌚8h, 8h30, 9h et 9h30). Les clefs du royaume ! Cette visite de 5 heures, très prisée, vous emmènera dans les souterrains du Magic Kingdom et vous dévoilera les secrets des coulisses – les enfants ne sont pas admis, pour ne pas briser le rêve !

Fêtes et festivals

♥ **Festival of Fantasy** PARADE

(www.disneyworld.disney.go.com ; Magic Kingdom ; accès au parc requis ; ⌚matin et après-midi tlj, horaires variables ; 🚌Disney, ⛴Disney, 🚌Lynx 50, 56). Un défilé lancé en 2014, avec des chars élaborés et des personnages qui dansent, comme la Reine des Neige, Raiponce, Mickey ou la Belle au bois dormant. Sans parler de Maléfique, le dragon cracheur de feu.

♥ **Happily Ever After** FEU D'ARTIFICE

(www.disneyworld.disney.go.com ; Magic Kingdom ; billet d'entrée au parc requis ; ⌚20h, horaires variables ; 🚌Disney, ⛴Disney, 🚌Lynx 50, 56). "Heureux pour toujours" est le nouveau feu d'artifice lancé en 2017, avec déluge de lumières sur le château de Cendrillon.

Once Upon a Time SON ET LUMIÈRE

(www.disneyworld.disney.go.com ; Magic Kingdom ; billet d'entrée au parc requis ; ⌚horaires nocturnes variables ; 🚌Disney, ⛴Disney, 🚌Lynx 50, 56). Un spectacle son et lumière projeté sur le château de Cendrillon. Il change avec les saisons et met à l'honneur des films et personnages de Disney. Il a lieu avant ou après le Nighttime Spectacular.

Mickey's Not-So-Scary Halloween Party CARNAVAL

(☎407-939-5277 ; www.disneyworld.disney.go.com ; Magic Kingdom ; adulte/enfant 65/60 $, plus ticket d'entrée au parc ; ⌚certains soirs sept-oct ; 🚌Disney, ⛴Disney, 🚌Lynx 50, 56). Personnages costumés, bonbons, polissonneries, feux d'artifice, défilés et événements sur le thème de Halloween, pas si effrayant ("*not so scary*") au royaume de Mickey. Remise sur les tickets achetés en ligne à l'avance.

Mickey's Very Merry Christmas Party NOËL

(☎407-939-5277 ; www.disneyworld.disney.go.com ; Magic Kingdom ; prix variables ; ⌚certaines nuits 19h-minuit nov-déc ; 🚌Disney, ⛴Disney, 🚌Lynx 50, 56, 🚝Disney). Entre chants de circonstance, décorations et éléments festifs typiques de Disney, l'esprit de Noël gagne Magic Kingdom, avec parade, neige sur Main Street et spectacles de saison. Les prix changent tous les ans et sont annoncés à l'approche de l'événement.

Où se loger

Plusieurs complexes hôteliers dans les environs permettent d'accéder facilement aux parcs à thèmes. L'avantage des complexes installés sur Bay Lake est qu'ils permettent d'accéder facilement au Magic Kingdom, sans transfert.

♥ **Disney's Fort Wilderness Resort** CAMPING, BUNGALOWS $$

(☎407-939-5277, 407-824-2900 ; www.disneyworld.disney.go.com ; 4510 N Fort Wilderness Trail ; empl tente 76 $, empl camping-car 97-122 $, bungalow 6 pers 359 $; ❄@📶🏊🐾 ; 🚌Disney, ⛴Disney). Sis dans une immense réserve naturelle ombragée, Fort Wilderness plaît aux enfants et aux familles avec ses promenades dans des charrettes à foin, ses parties de pêche et ses chants au coin du feu. Les bungalows logent jusqu'à 6 personnes et sont plutôt confortables, avec TV câblée et cuisine équipée. Les voitures ne sont pas autorisées dans le camping, mais vous pourrez louer une voiturette de golf pour vous déplacer. Le personnel veille au respect du silence la nuit, le terrain est parfaitement entretenu et l'ambiance très amicale.

Disney's Grand Floridian Resort & Spa COMPLEXE HÔTELIER $$$

(407-939-5277, 407-824-3000 ; www.disneyworld.disney.go.com ; 4401 Floridian Way ; ch à partir de 616 $; P ; Disney, Disney, Disney). À un arrêt de monorail de Magic Kingdom, le Grand Floridian a la réputation d'être la propriété la plus élégante de Disney World ; et il en émane de fait un charme indéniable. Le hall sur quatre niveaux, où un orchestre joue du jazz (et naturellement des classiques Disney), fleure bon le style floridien d'antan. L'établissement n'en reste pas moins fondamentalement un hôtel Disney. Des princesses scintillantes valsent sur les tapis persans, des enfants épuisés regardent des dessins animés et des bébés pleurent. Contrastant avec les énormes ferries qui arrivent du Transportation & Ticket Center, des petites vedettes en bois font la navette avec le Magic Kingdom.

Disney's Wilderness Lodge COMPLEXE HÔTELIER $$$

(407-939-5277, 407-824-3200 ; www.disneyworld.disney.go.com ; 901 Timberline Dr ; ch à partir de 359 $; P ; Disney, Disney). Les lustres en forme de tipi du magnifique hall, les totems et l'immense cheminée rappellent les cabanes de l'Ouest américain. Le faux geyser et les serveurs qui chantent dans le restaurant effacent toutefois très vite la sensation d'être perdu au fond des bois.

Disney's Polynesian Resort COMPLEXE HÔTELIER $$$

(407-824-2000, 407-939-5277 ; www.disneyworld.disney.go.com ; 1600 Seven Seas Dr ; ch à partir de 479 $; P ; Disney, Disney, Disney). Les faux bambous et le thème omniprésent de la jungle insulaire vous transporteront dans le Pacifique Sud. La piscine à l'inclinaison douce dispose d'un toboggan et a l'atout d'une vue imprenable sur le château de Cendrillon.

Disney's Contemporary Resort COMPLEXE HÔTELIER $$$

(407-939-5277, 407-824-1000 ; www.disneyworld.disney.go.com ; 4600 N World Dr ; ch à partir de 388 $; P ; Disney, Disney, Disney). Ancêtre des hôtels Disney, la structure futuriste en A du Contemporary a été inaugurée en 1971, mais semble bien vieillotte aujourd'hui. Certes, il est amusant de voir le monorail traverser le hall en silence, et les lieux sont empreints d'une douce nostalgie, mais les années ont eu raison du faste de cet hôtel mythique.

En revanche, son emplacement est incomparable. Les chambres avec balcon donnent sur le Magic Kingdom, le restaurant du dernier étage séduit par sa vue extraordinaire sur les feux d'artifice et les chambres modernes rénovées des Bay Lake Towers, qui peuvent accueillir jusqu'à 5 personnes, comptent parmi les plus belles de Disney World.

Où se restaurer

Un repas au Magic Kingdom repose moins sur la gastronomie que sur la thématique du décor, l'ambiance festive et la possibilité de le prendre en compagnie d'un personnage Disney. Vous ne mourrez certes pas de faim, car il y a une multitude de snacks, fast-foods et cafétérias, mais vous n'y trouverez rien de transcendant. Si vous souhaitez manger au restaurant (avec service à table), réservez dans un de ses complexes hôteliers (Polynesian Resort, Contemporary Resort, Grand Floridian Resort & Spa... – voir ci-contre), tous faciles à rejoindre en monorail ou en bateau depuis le Magic Kingdom.

Gaston's Tavern AMÉRICAIN $

(www.disneyworld.disney.go.com ; Magic Kingdom ; plats 6-16 $, billet d'entrée au parc requis ; 9h-fermeture du parc ; ; Disney, Disney, Lynx 50, 56). Jarrets de porc, roulés de cannelle géants et bretzels farcis au fromage rendent hommage à l'ego musclé de Gaston de *La Belle et la Bête*. Malgré un curieux mélange de plats de restauration rapides, la reconstitution de la taverne ornée du portrait géant du personnage est réussie et la nourriture plutôt bonne. Goûtez la bière Le Fou's Brew, une boisson sans alcool à base de jus de pomme givré, concurrente de la Butterbeer des studios Universal.

Main Street Bakery BOULANGERIE $

(www.disneyworld.disney.go.com ; Magic Kingdom ; en-cas 5-10 $, billet d'entrée au parc requis ; 9h-

RENCONTRER LES PERSONNAGES DISNEY

Des visiteurs de tous âges dépensent beaucoup d'argent et passent un temps fou à faire la queue pour se faire photographier avec Mickey, Donald, la Reine des Neiges et d'autres favoris Disney. Si c'est votre envie à vous aussi (plutôt que de simplement les observer de plus ou moins loin), rendez-vous sur www.disneyworld.disney.go.com. Il existe de nombreuses opportunités de se glisser près d'une princesse, d'un méchant ou d'un ami à plumes. Les rencontres avec les personnages dans les hôtels ne requièrent pas un billet d'entrée au parc.

Disney Character Dining (Repas avec les personnages ; ☎407-939-3463 ; disneyworld.disney.go.com/dining/#/character-dining ; parcs d'attractions et hôtels Disney ; prix variable). Les repas avec des personnages n'ont rien de relaxant – l'ambiance peut être bruyante et chaotique. Les personnages évoluent dans la salle, s'arrêtant quelques instants à chaque table pour poser pour la photo et signer les autographes. Réservation jusqu'à 6 mois (oui, oui, 6 !) à l'avance pour l'un des 20 repas avec personnages proposés par Disney World.

Le Grand Floridian (ci-contre) organise un buffet petit-déjeuner en présence de Winnie l'ourson, Mary Poppins et Alice, ainsi qu'un thé avec la princesse Aurore, lors de la **Perfectly Princess Tea Party**. Au **Chef Mickey's** du Contemporary Resort (ci-contre), les petits-déjeuners et dîners font salle comble avec Donald et Dingo, tandis qu'au **Akershus Royal Banquet** du pavillon Norvège à Epcot, les princesses répondent présentes. Enfin, Winnie et ses amis se restaurent trois fois par jour au **Crystal Palace** du Magic Kingdom.

Points de rencontre avec les personnages Chaque parc Disney dispose de points de rencontre (appelés *character spots*) fréquentés par des personnages. Il suffit de faire la queue (et prendre son mal en patience...) pour les rencontrer et prendre une photo avec eux. Certains points de rencontre – comme **Enchanted Tales with Belle** – incluent une courte performance. Le plan et le Times Guide indiquent les heures et endroits pour retrouver vos personnages favorits. Mais ouvrez l'œil, car certains surgissent inopinément !

Cinderella's Royal Table (p. 296). Cendrillon en personne accueille les invités et pose pour la photo, puis un repas à table avec les princesses classiques Disney est servi à l'étage, en haut du grand escalier à spirale. C'est l'unique moyen de manger dans le mythique château de Disney. Réservations 6 mois à l'avance. Horaires variables.

Chip 'n' Dale Campfire Singalong (p. 287). Pour chanter autour d'un feu de camp avec Tic et Tac au Fort Wilderness Resort.

fermeture du parc ; 🚌Disney, ⛴Disney, 🚌Lynx 50, 56). Vous aurez rarement autant besoin d'un café bien fort qu'à Disney, et vous ne trouverez pourtant guère de lieu aussi réputé pour son mauvais café. Cette boulangerie sert du café Starbucks, qui peut en satisfaire certains.

Columbia Harbour House AMÉRICAIN $

(www.disneyworld.disney.go.com ; Magic Kingdom ; plats 5-10 $, billet d'entrée au parc requis ; ⏲9h-fermeture du parc ; 📶👪; 🚌Disney, ⛴Disney, 🚌Lynx 50, 56). Chili végétarien correct, soupe de palourdes (*clam chowder*), tourte au poulet (*chicken potpie*) et saumon étonnamment bons. L'intérieur est charmant : vous vous trouvez à l'intérieur d'un vieux bateau venant d'accoster aux États-Unis depuis l'Angleterre (faites un peu preuve d'imagination, vous êtes à Disney World après tout !).

Sleepy Hollow AMÉRICAIN $

(www.disneyworld.disney.go.com ; Magic Kingdom ; en-cas 6-9 $, billet d'entrée au parc requis ; ⏲9h-fermeture du parc ; 🚌Disney, ⛴Disney, 🚌Lynx 50, 56). Ce petit comptoir propose un délicieux “sandwich” à la glace vanille entre deux cookies au chocolat tout frais sortis du four. Repérez la maison en briques sur Liberty Square, de l'autre côté du pont qui part du château de Cendrillon.

♥ Jungle Navigation Co. Ltd Skipper Canteen INTERNATIONAL $$

(www.disneyworld.disney.go.com ; Magic Kingdom ; plats 17-30 $; ⏲11h30-21h). Cette adresse à thème évoque l'époque de l'exploration en bateau. Elle se compose de trois ravissants espaces entourant les bureaux d'une agence fictive d'exploration tropicale. Vous pourrez ainsi savourer votre repas dans la salle de la société secrète des aventuriers, dans la salle de la jungle ou dans la salle des officiers. C'est l'un des restaurants les plus agréables du parc et, bien que copieux, les plats servis sont, de loin, les plus équilibrés, avec notamment du poisson issu de la pêche durable.

Cinderella's Royal Table AMÉRICAIN **$$$**
(☎ 407-934-2927 ; www.disneyworld.disney.go.com ; château de Cendrillon, Magic Kingdom ; adulte/enfant à partir de 60/35 $; ⏰8h-10h15, 11h30-14h50 et 16h-22h, horaires variables ; ; Disney, Disney, Lynx 50, 56). Cendrillon accueille en personne les invités dans son château et vient s'asseoir pour une photo officielle (incluse dans le prix) avant qu'un repas en compagnie des princesses Disney le plus populaires ne soit servi à l'étage, dans la salle du banquet. C'est la seule possibilité de manger à l'intérieur du château emblématique. Réservation conseillée six mois à l'avance.

Be Our Guest AMÉRICAIN **$$$**
(☎ 407-939-3463 ; www.disneyworld.disney.go.com ; Magic Kingdom ; plats petit-déj 24 $, déj 13-17 $, dîner 26-35 $; ⏰8h-10h-30, 11h-14h30 et 16h-22h, horaires variables ; ; Disney, Disney, Lynx 50, 56). Installé dans le château de la Bête – une merveille de détails – ce restaurant Disney est incontournable pour les fans de *La Belle et la Bête*. Si le midi est plutôt axé sandwichs, quiches et salades, le soir on y mange du porc braisé, de la poitrine de poulet poêlée, des lasagnes de ratatouille et des Master's Cupcakes (et leur fameux "Grey Stuff") tout droit tirés d'une chanson du dessin animé. Mais le soin avec lequel est traité son thème est le véritable atout du lieu. Arrivez à l'ouverture pour avoir droit à un service rapide au déjeuner ou prévoyez jusqu'à deux heures d'attente ; on peut réserver uniquement pour le soir, et de préférence six mois à l'avance. La Bête fait des apparitions régulières et l'on peut visiter son château et se faire photographier avec elle dans son bureau après le repas.

Crystal Palace AMÉRICAIN **$$$**
(☎ 407-939-3463 ; www.disneyworld.disney.go.com ; Magic Kingdom ; buffet 35-60 $, billet d'entrée au parc requis ; ⏰8-10h45, 11h30-14h45 et 15h15-21h15, horaires variables). Ce restaurant de caractère du Magic Kingdom propose un buffet étonnamment savoureux. Au déjeuner, vous y trouverez un vaste choix de salades, de purées et de haricots verts, ainsi qu'une station de découpe avec du jambon et de la viande rouge. Mais le principal attrait des lieux est toutefois le magnifique cadre, qui évoque une serre ancienne, dans lequel Winnie l'ourson et ses amis viennent vous rendre visite.

Achats

Bibbidee Bobbidee Boutique ENFANTS
(☎ 407-939-7895 ; www.disneyworld.disney.go.com ; Magic Kingdom ; coiffure et maquillage à partir de 60 $; ⏰10h-20h, horaires variables). Dans le château de Cendrillon, les marraines-fées transformeront vos fillettes en princesses.Les filles âgées de 3 à 12 ans peuvent choisir entre le Carrosse (coiffure et maquillage à partir de 55 $), la Couronne (vernis à ongles en plus, à partir de 60 $), la Cour (T-shirt et tutu en plus, à partir de 95 $) ou le Château (coiffure, maquillage, ongles, costume complet et photographie, à partir de 190 $). Pour les garçons, l'ensemble Chevalier comprend coiffure, épée et bouclier pour 15 $. Ces articles sont les pendants plus élaborés mais plus coûteux de la perruque verte ou rose et des paillettes Disney (10-20 $) que l'on trouve au Harmony Barber Shop sur Main Street. Il y a une seconde Bibbidee Bobbidee Boutique à Disney Springs.

Comment s'y rendre et circuler

Les seuls moyens de transport directs vers le Magic Kingdom sont les bateaux-taxis ou le monorail depuis le Contemporary Resort, le Grand Floridian ou le Polynesian Resort ; le bateau-taxi depuis le Fort Wilderness Resort et le Wilderness Lodge ; le ferry ou le monorail depuis le Transportation & Ticket Center, ou le bus depuis tous les hôtels Disney ou le Transportation & Ticket Center.

Si vous êtes en voiture, vous devrez vous garer au Transportation & Ticket Center puis prendre le monorail ou le ferry jusqu'au parc. Avec son parking gigantesque et ses files interminables pour prendre les navettes, le Transportation & Ticket Center (p. 290) peut s'avérer infernal.

Vous pourrez rejoindre les resorts du Magic Kingdom en monorail ou en bateau, puis retourner à votre hôtel en taxi. Cette solution est particulièrement appréciable si vous avez réservé pour le petit-déjeuner ou le dîner dans l'un des complexes hôteliers de Magic Kingdom, dont beaucoup proposent de prendre son repas avec un personnage. À noter : le parking est gratuit dans les hôtels du Magic Kingdom si l'on a réservé au restaurant. Il est possible de se rendre au Magic Kingdom en monorail depuis Epcot, mais il faut changer de train au Transportation & Ticket Center.

Durant la première heure d'ouverture, un attelage et une automobile ancienne transportent les visiteurs dans les deux sens sur Main Street, entre l'entrée du parc et le château de Cendrillon. Le **Walt Disney World® Railroad**, petit train à ciel ouvert, suit les limites du parc et s'arrête à Main Street, Fantasyland et Frontierland.

Epcot

Dénué de montagnes russes crissant au-dessus des têtes, de parade, de manège aquatique, **Epcot** (☎407-939-5277 ; www.disneyworld.disney.go.com ; 200 Epcot Center Dr ; 100-119 $; ⌚11h-19h, les horaires varient quotidiennement ; 🚌Disney, ⛴Disney) donne à apprécier un pan plus calme de Disney World. Faites une pause, respirez les encens du Maroc, écoutez les Beatles au Royaume-Uni et dégustez une soupe miso au Japon.

Ce parc est divisé en deux parties organisées autour d'un lac. Le secteur de **Future World** accueille les deux seuls manèges à sensation d'Epcot. Il se compose de plusieurs pavillons contenant chacun des attractions, des restaurants, des points de rencontre avec les personnages. Le secteur de **World Showcase** présente 11 reconstitutions de pays, proposant divertissements, spécialités culinaires et autres.

La carte du parc n'indique qu'une entrée, mais il y en a deux. L'entrée principale, à côté de la gare des bus et de celle du monorail, se situe au niveau du dôme géodésique de Spaceship Earth, dans Future World. L'entrée secondaire, International Gateway, achemine les visiteurs qui arrivent en bateau depuis Disney's BoardWalk, Hollywood Studios et les hôtels d'Epcot.

À voir

World Showcase SECTEUR

(www.disneyworld.disney.go.com ; Epcot ; billet d'entrée au parc requis ; ⌚9h-18h, horaires variables ; 🚌Disney, ⛴Disney, 🚝Disney). Pas de passeport ni de décalage horaire pour sillonner le monde à Disney World. Le World Showcase ("une vitrine sur le monde"), une des deux sections thématiques d'Epcot, regroupe 11 pays autour d'une lagune. Après un moment d'exploration et d'éventuelles emplettes, vous pourrez vous installer et contempler les feux d'artifice tirés en l'honneur de la paix et de l'harmonie dans un monde dont Disney avait raison de dire qu'il n'était pas si grand. Certes, c'est là une vision stéréotypée et aseptisée du monde, mais quoi de plus normal dans un parc à thème... Et, qui sait, peut-être votre passage ici vous donnera-t-il envie de planifier votre prochain voyage. Quoi qu'il en soit, c'est une manière plaisante de donner aux enfants un aperçu de notre planète.

Pour profiter au mieux du secteur, baladez-vous au gré de votre humeur, flânez dans les boutiques et les restaurants et profitez des films promotionnels présentés au bureau du tourisme et des manèges tranquilles installés dans certains pays. Donald et ses comparses vous emmèneront au Mexique pour un **Gran Fiesta Tour Starring the Three Caballeros** ; en Norvège, où l'attraction **Maelstrom** vous embarquera parmi les Vikings et les trolls sur fond de cascades ; quant au spectacle **American Adventure**, il vous présentera une version simplifiée de l'histoire des États-Unis, illustrée au moyen de personnages animatroniques synchronisés à une bande sonore. Les pays représentés (de gauche à droite autour de l'eau) sont le Mexique, la Norvège, la Chine, l'Allemagne, l'Italie, les États-Unis (*The American Adventure*), le Japon, le Maroc, la France, le Royaume-Uni et le Canada.

Soarin' Around the World MANÈGE

(www.disneyworld.disney.go.com ; Future World ; billet d'entrée au parc requis ; ⌚9h-18h, horaires variables ; 🚌Disney, ⛴Disney, 🚝Disney). Voltigez, montez, descendez devant l'écran qui vous fait survoler le monde. Nous ne voulons pas trop en dévoiler. Disons seulement qu'il s'agit d'une expérience "viscérale", les effets olfactifs reproduisant les odeurs de la terre (comme les éléphants et les herbes d'Afrique). Demandez à vous asseoir devant : les pieds d'autres personnes pendant devant votre nez peuvent gâcher le spectacle.

Pas effrayant pour un sou, mais les agoraphobes et les personnes souffrant du mal des transports peuvent se sentir mal à l'aise. Utilisez le FastPass+ ou commencez par là le matin, car c'est une des meilleures attractions du parc.

The Seas with Nemo & Friends AQUARIUM, MANÈGE, FILM

(www.disneyworld.disney.go.com ; pavillon Nemo, Future World ; billet d'entrée au parc requis ; ⌚9h-18h, horaires variables ; 🚌Disney, ⛴Disney). Les enfants de moins de 10 ans ne manqueront sous aucun prétexte les deux attractions Nemo de ce pavillon de Future World, qui abrite un aquarium. Parcourez l'océan avec Nemo à bord d'une palourde-mobile au **Seas with Nemo & Friends** et causez avec

Crush dans l'attraction interactive **Turtle Talk with Crush**, une animation phare. Dans une petite pièce bleue, un grand écran, une dizaine de rangées de bancs, et un espace pour les enfants devant. Crush parle aux enfants qui le regardent et plaisante sur les algues qui lui font faire des bulles. Dory apparaît, la baleine l'aplatit sur l'écran, et les bambins rient de bon cœur.

Frozen Ever After MANÈGE

(disneyworld.disney.go.com/attractions/epcot/frozen-ever-after ; pavillon de la Norvège, Epcot ; 9h-18h, horaires variables). L'un des manèges les plus fréquentés actuellement, Frozen Ever After, vous emmène dans un ancien navire norvégien pour vous faire traverser le monde glacé de *La Reine des neiges*, avec la musique du film en fond sonore. Vos personnages favoris feront leur apparition et de nombreux effets spéciaux agrémenteront le voyage. De quoi faire fondre le cœur des amoureux d'Elsa.

Mission : SPACE SENSATIONS FORTES

(www.disneyworld.disney.go.com ; Future World ; billet d'entrée au parc requis ; 9h-18h, horaires variables ; Disney, Disney). Voici l'un des deux manèges à sensation de Future World. Attaché dans le cockpit d'un petit vaisseau spatial de 4 places, vous vivrez les sensations d'un équipage de la NASA projeté dans l'espace. Bien qu'il s'agisse d'une simulation et que la vitesse en soit modérée, des nausées peuvent en résulter et les avertissements ont de quoi décourager les estomacs les mieux accrochés. Cependant, deux options s'offrent à vous, l'une moins intense que l'autre.

Test Track SENSATIONS FORTES

(www.disneyworld.disney.go.com ; Future World ; billet d'entrée au parc requis ; 9h-18h, horaires variables ; Disney, Disney). À bord d'une voiture, testez votre véhicule : affrontez la chaleur, le froid et les tests d'accélération, de freinage et d'accident. À un moment donné, un énorme semi-remorque foncera sur vous en vous aveuglant de ses phares et en klaxonnant. En test d'accélération, la voiture fait des pointes à 90 km/h sur une distance très courte, mais il y a peu de virages et pas de descentes. À l'entrée du manège, on peut concevoir son propre véhicule virtuel ; à la sortie, vous trouverez de nombreux jeux et simulateurs sur le thème de l'automobile.

Ellen's Energy Adventure MANÈGE

(407-939-5277 ; www.disneyworld.disney.go.com ; Future World ; billet d'entrée au parc requis ; 9h-18h, horaires variables ; Disney, Disney, Disney). Cette attraction multimédia un peu bizarre embarquant le visiteur dans le noir à bord d'un véhicule pour un voyage dans l'histoire à la découverte des sources d'énergie a fermé ses portes en août 2017. Elle doit être remplacée par une attraction de type montagne russe sur les gardiens de la galaxie.

Spaceship Earth SPHÈRE GÉODÉSIQUE, MANÈGE

(www.disneyworld.disney.go.com ; Future World, Epcot ; billet d'entrée au parc requis ; 9h-18h, horaires variables ; Disney, Disney). À l'intérieur de la sphère géodésique emblématique, à l'entrée du parc, Spaceship Earth est une attraction étonnante et un peu kitsch, qui fait passer lentement devant des scènes animatroniques représentant l'histoire de la communication, des peintures rupestres aux ordinateurs. Si cela peut sembler bizarre, l'ensemble est divertissant et est même devenu une attraction culte. Des tentatives de modernisation ont été faites ces dernières années, par le biais d'un questionnaire interactif sur les préférences de voyage des visiteurs, mais nous préférons les aspects plus rétro.

Fêtes et festivals

IllumiNations: Reflections of Earth SON ET LUMIÈRE

(www.disneyworld.disney.go.com ; Epcot ; billet d'entrée au parc requis ; tous les soirs, horaires variables ; Disney, Disney, Lynx 50, 56). Le spectacle nocturne d'Epcot comprend des feux d'artifice, des jeux de lumière complexes et des musiques dramatiques qui créent un fil narratif explosif de l'histoire de notre monde, qui commence par la naissance de la Terre. Au centre du spectacle, un immense globe, en plein milieu du lagon de World Showcase, est illuminé par des LED. Installez-vous au moins une heure avant le début du spectacle.

Epcot International Flower & Garden Festival JARDIN

(407-939-5277 ; www.disneyworld.disney.go.com ; Epcot ; billet d'entrée au parc requis ; mars-mai ; Disney). Topiaires et jardins spectaculaires inspirés des personnages de Disney de mars à mai ; tous les pays du World Showcase fêtent le printemps en proposant des délices de saison.

Epcot International Food & Wine Festival GASTRONOMIE

(407-939-5277 ; www.disneyworld.disney.go.com ; Epcot ; billet d'entrée au parc requis ; août-début nov, dates variables ; Disney). Des mets et boissons du monde entier sont revisités à la mode Disney de fin septembre à début novembre. Il faut payer l'entrée au parc puis les dégustations (3-10 $), de qualité diverse. L'événement est très prisé : arrivez de bonne heure, attendez-vous à la foule et prévoyez au moins une demi-journée.

Où se loger

Principal atout de ces hôtels au bord de Crescent Lake : l'accès privilégié aux restaurants et loisirs d'Epcot, de Hollywood Studios et de Disney's BoardWalk. Le secteur est plaisant pour les piétons, et une agréable balade à pied ou en bateau mène à Epcot et aux Hollywood Studios.

Walt Disney World® Swan & Dolphin Hotels HÔTELS $$

(Dolphin 407-934-4000, Swan 407-934-3000 ; www.swandolphin.com ; 1200 et 1500 Epcot Resorts Blvd ; ch 160-380 $; Disney, Disney). Ces deux tours de luxe conçues par Michael Graves se font face et partagent les mêmes équipements ; la couleur Disney y est moins accentuée, mais elles gardent tous les avantages afférents, notamment les transports et les Magic Hours (des horaires étendus en matinée et en soirée pour les seuls clients des hôtels Disney).

Plantés dans la baie entre Epcot et Hollywood Studios, ce sont les seuls hôtels n'appartenant pas à Disney à proximité d'un parc thématique. Vous pourrez économiser très gros en réservant en ligne ou à la dernière minute.

Disney's Caribbean Beach Resort COMPLEXE HÔTELIER $$

(407-934-3400, 407-939-5277 ; www.disneyworld.disney.go.com ; 900 Cayman Way ; ch à partir de 192 $; Disney). Un petit goût des îles avec lits peints, chambres pastel, espace restauration aux airs de carnaval et piscine évoquant vaguement les ruines d'un temple. Cet hôtel installé sur les 23 ha de Barefoot Bay n'assure pas de navettes en bateau vers Epcot et Hollywood Studios. Ses chambres, dont certaines sur le thème de la piraterie, sont réparties dans des bâtiments à deux niveaux de type motel.

Disney's Yacht Club Resort et Disney's Beach Club Resort COMPLEXES HÔTELIERS $$$

(Beach Club 407-934-8000, Walt Disney World® 407-939-5277, Yacht Club 407-934-7000 ; www.waltdisneyworld.disney.go.com ; 1700 et 1800 Epcot Resorts Blvd ; ch à partir de 410 $; Disney, Disney). Ces jolis complexes jumeaux agréablement situés près de l'eau, à 5 minutes à pied d'Epcot, exhalent un charme balnéaire très Nouvelle-Angleterre. Les piscines, avec plage de sable et toboggan dévalant du mât d'un navire, reçoivent d'innombrables louanges. Lors de notre passage, les hôtels montraient des signes de fatigue, mais lorsque vous lirez ces lignes, toutes les chambres devraient avoir été rénovées.

Où se restaurer

Se restaurer à Epcot tient d'une expérience en soi, et nombre de restaurants travaillent à soigner l'ambiance caractéristique du pays qu'ils représentent. La cuisine est ici supérieure à celle que l'on trouve dans les autres parcs à thème.

La Cantina de San Angel MEXICAIN $

(www.disneyworld.disney.go.com ; Mexique, Epcot ; plats 11-13 $, billet d'entrée au parc requis ; 11h-fermeture du parc ; Disney, Disney). L'un des meilleurs fast-foods du parc. Goûtez aux chips mexicaines accompagnées d'avocat frais et d'un savoureux *pico de gallo* (sauce aux tomates, oignons et piments *jalapeños*). Excellent guacamole.

Les Halles Boulangerie Patisserie FRANÇAIS $

(www.disneyworld.disney.go.com ; France, Epcot ; en-cas 5-12 $, billet d'entrée au parc requis ; 9h-fermeture du parc ; Disney, Disney). La plupart des clients viennent pour les gâteaux, éclairs et cookies, mais l'endroit vend également des "pizzas sur pain français", des quiches et des sandwichs baguette, ainsi que du vin et du champagne.

Yorkshire County Fish Shop BRITANNIQUE $

(www.disneyworld.disney.go.com ; Royaume-Uni, Epcot ; fish et chips 11 $, billet d'entrée au parc requis ; 11h30-fermeture du parc ; Disney, Disney). *Fish and chips* croustillant et Bass Ale au comptoir de ce pub anglais.

Tutto Gusto ITALIEN $$

(407-939-3463 ; disneyworld.disney.go.com/dining/epcot/tutto-gusto-wine-cellar ; Italie, Epcot ; plats 12-18 $; 11h30-21h ;). Mention spéciale pour cette trattoria italienne authentique qui fait aussi bar à vins. D'une grande élégance, cet établissement sert d'excellentes petites portions, en particulier des viandes et des fromages. L'adresse où venir déguster de bons vins italiens et de délicieuses pâtes

À L'ASSAUT DE DISNEY

Les parcs Disney proposent des chasses aux trésors à faire à son rythme, lesquelles combleront les visiteurs de tout âge.

Sorcerers of the Magic Kingdom (Les Sorciers de Magic Kingdom ; Magic Kingdom). Aidez Merlin à retrouver et à battre les méchants de Disney. Certaines cartes activent des portails de jeu cachés dans le Magic Kingdom tandis que d'autres permettent d'utiliser la magie. Inscription à la caserne des pompiers près de la porte principale de Main Street.

A Pirate's Adventure – Treasure of the Seven Seas (Aventure de pirate : le Trésor des Sept mers ; Magic Kingdom). Récupérez un talisman au Crow's Nest (Adventureland) et rejoignez Jack Sparrow dans sa quête de l'or des pirates.

Agent P's World Showcase Adventure (Les aventures de P. l'agent secret au World Showcase ; Epcot). Un jeu basé sur le dessin animé Phineas et Ferb, deux demi-frères possédant un ornithorynque, Perry, agent secret. Faites chanter les chopes de bière allemandes, danser les soldats et activez les surprises de l'Angleterre à la Chine.

Wilderness Explorers (Explorateurs de la nature ; Animal Kingdom). Prenez un carnet Wilderness Explorers Handbook pour suivre les aventures de Russell et son chien Doug (du film *Là-haut*) à travers des jungles et des forêts tout en réalisant diverses activités qui donnent droit à des badges en récompense. Vous pourrez obtenir le guide auprès des stands Wilderness Explorer ou au "bureau" des explorateurs, sur le pont entre Discovery Island et l'Oasis.

maison, installé au bar, à de hautes tables ou sur un sofa moelleux. Vivement recommandé pour un dîner avant les spectacles nocturnes d'Epcot.

Rose & Crown BRITANNIQUE $$

(407-939-3463 ; www.disneyworld.disney.go.com ; Royaume-Uni, Epcot ; plats 13-21 $, billet d'entrée au parc requis ; 11h30-fermeture du parc ; ; Disney, Disney, Disney). Ce petit pub anglais qui dégage un fumet de poisson propose du hachis Parmentier, des *Scotch eggs* (boulettes de viande farcies d'un œuf dur) et des saucisses-frites. Arrosez votre repas d'une Bass à la pression puis gagnez le jardin pour un concert des Fab Four ou installez-vous dans le patio pour profiter du spectacle son et lumière. C'est la moins plaisante de toutes les adresses, mais sa terrasse, au bord de l'eau, est très bien située.

San Angel Inn MEXICAIN $$

(407-939-3463 ; www.disneyworld.disney.go.com ; Mexique, Epcot ; plats 20-26 $, billet d'entrée au parc requis ; 11h-fermeture du parc ; ; Disney, Disney, Disney). Installé dans une pyramide aztèque et entouré d'un marché mexicain reconstitué, sous un ciel perpétuellement nocturne scintillant d'étoiles, ce restaurant sert une cuisine mexicaine consistante. Renseignez-vous sur les plats végétariens (carte à part).

Teppan Edo JAPONAIS $$$

(407-939-3463 ; www.disneyworld.disney.go.com ; Japon, Epcot ; plats 30-36 $, billet d'entrée au parc requis ; 11h-fermeture du parc ; ; Disney, Disney, Disney). Les chefs font rissoler le poulet, jouent des baguettes et coupent frénétiquement les légumes dans la cuisine ouverte. Aménagé dans un impressionnant bâtiment japonais, ce restaurant au décor contemporain tout de noir et rouge jouxte de jolis jardins japonais.

Restaurant Marrakesh MAROCAIN $$$

(407-939-3463 ; www.disneyworld.disney.go.com ; Maroc, Epcot ; plats 19-30 $, billet d'entrée au parc requis ; 11h30-fermeture du parc ; ; Disney, Disney, Disney). Parées de lumière, les danseuses du ventre déambulent entre les imposantes colonnes et autour des tables de ce palace de Sultan, magnifiquement décoré de mosaïques, velours et dorures. Les brochettes de bœuf, le couscous et autres sont quelconques, mais ce joli établissement sans fenêtres est parfait pour fuir la chaleur, et les enfants aiment se joindre aux danseuses.

Akershus Royal Banquet Hall NORVÉGIEN $$$

(407-939-3463 ; www.disneyworld.disney.go.com ; Norvège, Epcot ; buffet 35-60 $, billet d'entrée au parc requis ; 8h-11h, 12h-15h30 et 17h-20h30 ;

Disney, Disney). Joignez-vous aux princesses Disney (Blanche-Neige, Cendrillon, Belle, Aurore ou Ariel) pour un festin d'inspiration norvégienne dans un cadre médiéval façon Disney. Sur la carte, les pizzas et les sodas Minute Maid ornés d'une Ariel scintillante côtoient les boulettes de viande norvégiennes et les airelles. C'est l'une des meilleures tables avec personnages, aussi bien pour l'ambiance que pour la cuisine.

La Hacienda de San Angel MEXICAIN **$$$**
(407-939-3463 ; www.disneyworld.disney.go.com ; Mexique, Epcot ; plats 23-30 $, billet d'entrée au parc requis ; 16h-fermeture du parc ; ; Disney, Disney, Disney). Ce restaurant mexicain authentique (et non tex mex), en bord de lagon, jouit d'un emplacement imbattable et propose d'excellents plats du jour, allant du poulet aux spécialités de viandes grillées. Profitez-en pleinement en vous offrant une margarita on the rocks, dont la gamme va de celle parfumée à l'avocat à une version classique servie dans un verre givré au sel parfumé au cactus et à la citronnelle.

Via Napoli PIZZA **$$$**
(407-939-3463 ; www.disneyworld.disney.go.com ; Italie, Epcot ; pizzas 22-37 $, billet d'entrée au parc requis ; 11h30-fermeture du parc ; ; Disney, Disney, Disney). Ce restaurant sert des pizzas à la pâte fine et croustillante, cuites au feu de bois, beaucoup plus savoureuses que celles que l'on peut manger dans les établissements italiens habituels. Les garnitures sont variées. À déguster assis aux grandes tables communes.

Le Cellier Steakhouse GRILL **$$$**
(407-939-3463 ; www.disneyworld.disney.go.com ; Canada, Epcot ; plats 29-54 $, billet d'entrée au parc requis ; 12h30-fermeture du parc ; ; Disney, Disney, Disney). Idéal pour les amateurs de viande : goûtez au bison. Sombre, avec murs en pierre et lanternes, c'est un bon endroit pour échapper à la chaleur mais les sauces épaisses et les énormes desserts ne vont pas vous aider à finir la journée...

Chefs de France FRANÇAIS **$$$**
(407-939-3463 ; www.disneyworld.disney.com ; France, Epcot ; plats 26-36 $, 3 plats 40 $, billet d'entrée au parc requis ; 16h-fermeture du parc ; ; Disney, Disney, Disney). Dans un cadre marqué de tons jaune vif et de grandes fenêtres, cette brasserie française animée propose du bœuf bourguignon, de la bisque de homard et divers classiques. Petite sélection de plats végétariens tout simples, comme le gratin de macaronis.

Biergarten ALLEMAND **$$**
(407-939-3463 ; www.disneyworld.disney.go.com ; Allemagne, Epcot ; déj buffet adulte/enfant 20/11 $, dîner buffet 40/22 $, billet d'entrée au parc requis ; 12h-21h ; ; Disney, Disney, Disney). Les gros appétits trouvent satiété dans les classiques allemands, les incontournables bretzels et la bière. La décoration intérieure évoque un village allemand traditionnel, avec pavés, arbres et musique folklorique bavaroise pour l'ambiance vespérale.

Où prendre un verre et faire la fête

La Cava del Tequila MEXICAIN **$**
(407-939-3463 ; www.disneyworld.disney.go.com ; Mexique, Epcot ; billet d'entrée au parc requis ; 11h-fermeture du parc ; Disney, Disney, Disney). Choisissez entre une margarita au concombre, aux fruits de la Passion ou à l'orange sanguine, ou goûtez un assortiment de chacun ! Le menu annonce plus de 220 sortes de tequilas et quelques tapas. Ambiance cosy avec peu de lumière, sols carrelés, fresques mexicaines aux murs et poutres apparentes. La Cava est reliée au restaurant San Angel Inn (voir ci-contre) mais elle ne prend pas les réservations.

Depuis/vers Epcot

Un bateau et un sentier au bord de l'eau, goudronné et bien éclairé, relient Epcot à Hollywood Studios, Disney's BoardWalk et à quelques complexes hôteliers d'Epcot. Le monorail assure une liaison directe entre Epcot et le Transportation & Ticket Center ; de là, prendre un monorail, le ferry ou le bus (plus lent) jusqu'au Magic Kingdom.

Les bus Disney partant de l'entrée principale d'Epcot rejoignent les complexes hôteliers Disney ainsi que Hollywood Studios et Animal Kingdom.

Comment circuler

Dans le parc, un ferry dessert l'International Gateway, entrée secondaire d'Epcot, au départ de deux embarcadères juste devant le secteur Future World.

Animal Kingdom

À l'écart du reste de Disney, à la fois géographiquement et dans l'esprit, **Animal Kingdom** (407-939-5277 ; www.disneyworld.disney.go.com ; 2101 Osceola Pkwy, Walt Disney

World® ; 100-119 $; 9h-19h, horaires variables ; Disney) tente de mêler zoo et parc à thème, carnaval et safari africain, le tout mâtiné d'une bonne dose de personnages Disney, d'histoires et de magie.

Autour de **Discovery Island**, de courts sentiers desservent des coins tranquilles au bord de l'eau où quelques bancs vous attendent pour vous détendre en grignotant. Vous pourrez apercevoir des animaux comme des tortues ou des singes.

Lors de notre passage, Animal Kingdom était sur le point d'ouvrir un autre secteur, le très attendu **Pandora – The World of Avatar**. Ses attractions vedettes seront le Flight of Passage, où vous pourrez voler sur le dos d'un Banshees des montagnes à travers de fabuleux paysages en 3D, effectuer la Na'vi River Journey, une croisière à travers la forêt tropicale bioluminescente sacrée à la recherche de la chamane Na'vi, et la vallée de la Mo'ara, une zone spectaculaire composée de montagnes flottantes, de totems Na'vi et d'un cercle de tambours.

À voir

Africa
SECTEUR

(www.disneyworld.disney.go.com ; Animal Kingdom ; billet d'entrée au parc requis ; 9h-18h, horaires variables ; Disney). Parcourez la savane africaine à bord d'une jeep lors du **Kilimanjaro Safaris**, et arrêtez-vous pour admirer zèbres, lions, girafes et autres qui s'ébattent sur un terrain de savane reconstituée de près de 45 ha. C'est une des attractions les plus prisées d'Animal Kingdom : venez-y de bonne heure ou utilisez votre FastPass+.

Bien que le **Festival of the Lion King** – spectacle musical inspiré du *Roi Lion* – reçoive des éloges dithyrambiques, nous l'avons trouvé franchement décevant.

Le **Gorilla Falls Exploration Trail**, un sentier luxuriant, permet de voir des gorilles, des hippopotames, une admirable exposition de chauves-souris et d'adorables rats-taupes.

Asia
SECTEUR

(www.disneyworld.disney.go.com ; Animal Kingdom ; billet d'entrée au parc requis ; 9h-18h, horaires variables ; Disney). Cette section regroupe deux des manèges les plus prisés d'Animal Kingdom : **Expedition Everest**, des montagnes russes mâtinées de yéti ; et les **Kali River Rapids**, une descente de rapides en radeau pneumatique. Chouettes et faucons pèlerins fascinent le public de **Flights of Wonder**. Les dialogues sont un peu réchauffés, mais les animaux n'en sont pas moins impressionnants lorsqu'ils volent au-dessus des têtes. Enfin, le **Maharajah Jungle Trek** est un sentier autoguidé que l'on parcourt en croisant au passage des tigres du Bengale, des chauves-souris géantes et des dragons de Komodo.

Discovery Island
SECTEUR

(www.disneyworld.disney.go.com ; Animal Kingdom ; billet d'entrée au parc requis ; 9h-18h, horaires variables ; Disney). L'unique attraction de l'île est **It's Tough to Be a Bug!**, film en 4D sur le thème du dessin animé *1001 pattes* comprenant des moments d'obscurité, de fumée artificielle et de lumières violentes. Bien qu'amusant et mignon, ce spectacle peut faire peur aux petits – on y entend souvent des enfants pleurer à la fin.

Dinoland
SECTEUR

(www.disneyworld.disney.go.com ; Animal Kingdom ; billet d'entrée au parc requis ; 9h-18h, horaires variables ; Disney). Ce curieux endroit d'inspiration paléontologique tient plus du carnaval fatigué que de la magie de Disney avec ses dinosaures en plastique tape-à-l'œil et ses attractions foraines. Mais les petits aimeront les montagnes russes pour enfants **Primeval Whirl** (1,22 m minimum), sortes de machines à remonter le temps à l'ère des dinosaures, et **DINOSAUR**, un voyage préhistorique à bord d'une Time Rover, plutôt plaisant avec son côté *Jurassic Park*.

Rafiki's Planet Watch
ZOO

(www.disneyworld.disney.go.com ; Animal Kingdom ; billet d'entrée au parc requis ; 9h-18h, horaires variables ; ; Disney). Des vétérinaires soignent les animaux malades ou blessés à la **Conservation Station**. On peut aller caresser les moutons et les chèvres à l'**Affection Section** et sur le sentier **Habitat Habit!**, on peut voir d'adorables tamarins, des singes miniatures. Mais, en fin de compte, le **Wildlife Express Train** que l'on emprunte pour y venir est peut-être le meilleur atout de ce drôle d'endroit.

Oasis
SECTEUR

(www.disneyworld.disney.go.com ; Animal Kingdom ; billet d'entrée au parc requis ; 9h-18h, horaires variables ; ; Disney). Première section à thème d'Animal Kingdom, Oasis abrite de sympathiques créatures, dont un fourmilier géant, mais mieux vaut passer d'abord aux autres attractions et s'arrêter ici en repartant.

Où se loger

Ces hôtels, tout comme les complexes économiques de Disney, sont les moins bien situés. Ce sont les plus éloignés des parcs, sauf d'Animal Kingdom. Transport Disney par bus uniquement.

Disney's Coronado Springs Resort COMPLEXE HÔTELIER $$
(407-939-5277, 407-939-1000 ; www.disneyworld.disney.go.com ; 1000 W Buena Vista Dr ; ch à partir de 210 $; P ❄ @ ; Disney). Des chambres jaune et rose sur le thème du sud-ouest des États-Unis, des lumières colorées et des bâtiments couleur pisé confèrent à l'ensemble un ton discret inhabituel dans ces contrées. Quelques jolis édifices sur deux niveaux, parfois dotés d'une piscine privée, font face à un lac central. L'herbe ne manque pas, et de petites plages sont équipées de hamacs. Dans la piscine centrale, de l'eau dévale en cascade d'une pyramide maya. Les suites et les maisonnettes peuvent loger jusqu'à 5 personnes. L'hôtel était en cours de rénovation à l'heure où nous écrivions ces lignes.

Disney's Animal Kingdom Lodge COMPLEXE HÔTELIER $$$
(407-938-3000, 407-939-5277 ; www.disneyworld.disney.go.com ; 2901 Osceola Blvd ; ch à partir de 319 $; P ❄ @ ; Disney). Ce complexe a l'attrait d'être contigu à 16 ha de savane, ce qui permet à ses hôtes de voir le gratin de l'arche de Noé défiler sous ses fenêtres et balcons. Des rangers répondront volontiers à vos questions sur la faune sauvage, et ses restaurants, recommandés, servent une cuisine d'inspiration africaine. Si vous voulez voir des girafes et des autruches depuis votre fenêtre, vous devrez réserver les chambres les plus chères, mais tout le monde peut observer les animaux depuis la terrasse à l'arrière. Même si vous ne logez pas ici, venez y prendre un verre au terme d'un après-midi à Animal Kingdom. Renseignez-vous sur les séances de contes et chants autour du feu.

Où se restaurer

À de rares exceptions près, l'offre se limite à de nombreux comptoirs de restauration rapide, déguisés derrière des noms d'emprunt africains.

Yak and Yeti ASIATIQUE $$
(407-939-3463, 407-824-9384 ; www.disneyworld.disney.go.com ; Animal Kingdom ; plats 15-29 $, billet d'entrée au parc requis ; 11h-fermeture du parc ; ; Disney). Empruntant son nom à un luxueux hôtel de Katmandou, le Yak and Yeti, au pied de l'Everest, est décoré dans un style vaguement népalais, mais suffisant pour transporter ses hôtes sur les contreforts himalayens. Nouilles sautées, raviolis et tempuras arrosés de Tsingtao fraîche : contre toute attente, ce restaurant compte parmi les meilleurs du parc.

Flame Tree Barbecue BARBECUE $$
(www.disneyworld.disney.go.com ; Animal Kingdom ; plats 11-20 $, billet d'entrée au parc requis ; 11h-18h ; ; Disney). Travers de porc et poulet au barbecue servis au bar. Un favori des habitués du parc.

Où prendre un verre et faire la fête

Dawa Bar BAR
(www.disneyworld.disney.go.com ; Animal Kingdom ; billet d'entrée au parc requis ; 11h-fermeture du parc ; ; Disney). Le meilleur endroit pour un cocktail dans Animal Kingdom. Rejoignez ce bar au toit de chaume, commandez un mojito et accordez-vous une pause.

Où sortir

Finding Nemo: the Musical COMÉDIE MUSICALE
(carte p. XXX ; www.disneyworld.disney.go.com ; Animal Kingdom ; accès au parc requis ; plusieurs représentations par jour ; ; Disney). Probablement le meilleur spectacle de Disney World aussi bien pour les enfants que pour les adultes. Cette comédie musicale sophistiquée comprend des marionnettes imposantes et élaborées occupant la scène et les allées, une scénographie époustouflante et des interprètes remarquables. La musique a été composée par Robert Lopez et Kristen Anderson-Lopez, les auteurs de *Libérée, délivrée*, chanson de *La Reine des neiges* récompensée par un oscar. Les marionnettes, elles, sont l'œuvre de Michael Curry, créateur de la comédie musicale *Le Roi Lion* pour Broadway.

Rivers of Light SON ET LUMIÈRE
(www.disneyworld.disney.go.com ; Animal Kingdom ; 19h15, 20h30, horaires variables). Ce spectacle son et lumière sur l'eau fait la part belle au thème de la nature. Les effets spéciaux sont époustouflants, des lucioles qui volettent au-dessus du lac aux silhouettes lumineuses des animaux du monde entier. Le spectacle offre un terme parfait à votre aventure dans ce petit "paradis" tropical, toujours sous contrôle et exempt de réels animaux. Réservez avec votre Fastpass+.

Depuis/vers Animal Kingdom

Les bus Disney s'arrêtent à Animal Kingdom, mais le trajet peut prendre 45 minutes, voire plus. Un parking est aménagé à l'entrée du parc.

Hollywood Studios

Le moins séduisant des parcs à thème de Disney World, **Hollywood Studios** (407-939-5277 ; www.disneyworld.disney.go.com ; 351 S Studio Dr, Walt Disney World® ; 100-119 $, prix variables ; 9h-22h, horaires variables ; Disney, Disney) n'a rien du charme ancien de Magic Kingdom, des délices sophistiqués d'Epcot ou du divertissement kitsch d'Animal Kingdom. Avec sa réplique du Chinese Theatre de Graumann (emblème du parc) et du Brown Derby, restaurant mythique où se réunissaient les célébrités de l'époque, il est censé rappeler l'âge d'or de Hollywood, mais la plupart des attractions sont directement inspirées du XXIe siècle. Les jeunes futurs Jedi font la queue pour la séance d'entraînement des Jedi et les petites princesses sont aux anges devant les étagères croulant sous les souvenirs de *La Reine des neiges*.

Prenez à droite dans Sunset Blvd pour les grands manèges, le spectacle de *La Belle et la Bête* et Fantasmic! (animation nocturne spectaculaire).

Inutile d'y passer la journée, le mieux est d'arriver à la première heure, de déjeuner sur place puis d'aller se détendre au bord de la piscine ou, si vous possédez un ticket Park Hopper, de prendre le bateau pour aller passer l'après-midi au World Showcase d'Epcot.

À voir

Jedi Training : trials of the Temple ARTS MARTIAUX

(www.disneyworld.disney.go.com ; Hollywood Studios ; billet d'entrée au parc requis ; à partir de 9h, jusqu'à 15 séances/jour). À chaque séance, douze bambins revêtent la robe marron, prêtent le serment des Jedi et empoignent le sabre laser pour s'entraîner sur scène avec un maître de l'Ordre. Les premiers arrivés sont les premiers servis : rendez-vous à Hollywood Studios à l'ouverture et faites la queue à l'Indiana Adventure Outpost, près du 50's Prime Time Café, pour vous inscrire à l'un des cours de la journée. De 4 à 12 ans.

Sunset Boulevard SECTEUR

(www.disneyworld.disney.go.com ; Hollywood Studios ; billet d'entrée au parc requis ; horaires d'Hollywood Studios ; ; Disney, Disney). Simple et plaisant, le spectacle en plein air de *La Belle et la Bête*, **Beauty and the Beast – Live on Stage**, suit l'histoire et incorpore les chansons du dessin animé, et n'a jamais recours à des effets spéciaux ni à des trucages grossiers. C'est un grand classique pour les amoureux des princesses Disney.

Les amateurs de frissons se rendront sur Sunset Blvd pour deux des manèges Disney les plus prisés : la **Twilight Zone Tower of Terror**, un ascenseur possédé dans un ancien hôtel mythique de l'âge d'or hollywoodien, et le **Rock 'n Roller Coaster Starring Aerosmith**, un parcours de montagnes russes en intérieur, sur une bande-son d'Aerosmith lancée à plein volume !

Hollywood Boulevard et Echo Lake SECTEUR

(www.disneyworld.disney.go.com ; Hollywood Studios ; billet d'entrée au parc requis ; horaires de Hollywood Studios ; ; Disney, Disney). C'est là que vous découvrirez **Star Tours – The Adventures Continue** (FastPass+), l'une des meilleures expériences en 3D de Disney (voir ci-dessous) ; l'excellent spectacle de cascadeurs **Indiana Jones Epic Stunt Spectacular** (Fastpass+), qui se déroule dans un immense théâtre en plein air, et **Frozen's For the First Time in Forever Sing-Along**, spectacle retraçant l'histoire de *La Reine des neiges*, avec personnages, extraits du film, surprises et chansons à reprendre tous en chœur.

Star Tours – The Adventures Continue MANÈGE

(www.disneyworld.disney.go.com; Hollywood Studios; billet d'entrée au parc requis ; horaires de Hollywood Studios ; ; Disney, Disney) Embarquez à bord du StarSpeeder 1000 dans ce simulateur de vol en 3D basé sur *Star Wars*.

Pixar Place et Mickey Avenue SECTEUR

(www.disneyworld.disney.go.com; Hollywood Studios; billet d'entrée au parc requis ; horaires de Hollywood Studios ; ; Disney, Disney). Les files d'attente sont toujours longues à **Toy Story Mania!** (FastPass+), où les spectateurs portent des lunettes 3D pour traverser les différentes étapes d'un jeu vidéo (et remporter le plus de points possible).

Fêtes et festivals

Star Wars : A Galactic Spectacular FEU D'ARTIFICE

(disneyworld.disney.go.com/entertainment/hollywood-studios/star-wars-galactic-spectacular/ ;

Hollywood Studios ; ⏲tous les soirs, horaires variables). Époustouflant et plein de pyrotechnie, d'effets spéciaux et de plus de lasers que sur un plateau de tournage de *Star Wars*, ce spectacle reproduit une bataille dans les étoiles, avec la musique de *Star Wars* en fond sonore. On peut y voir des Jedi, des Ewoks, des Jawas et d'autres personnages de la saga, sans qui on ne pourrait ressentir la Force.

Fantasmic! SON ET LUMIÈRE
(☎407-939-5277 ; www.disneyworld.disney.go.com ; Hollywood Studios ; billet d'entrée au parc requis ; ⏲tous les soirs ; 👪 ; 🚌Disney, ⛴Disney). Des torrents d'eau, de la musique et des lumières animent une histoire plutôt confuse et syncopée au cours de laquelle Mickey triomphe d'une association de méchants de Disney. Tous les personnages naviguent sur le *Steamboat Willie* (clin d'œil au bateau sur lequel navigue Mickey en 1928 dans le film d'animation éponyme), pour ceux qui en aurait raté quelques-uns. On prend place 1 heure 30 avant le début de ce spectacle de 25 minutes et, même si l'amphithéâtre extérieur compte plus de 6 000 places, il est toujours bondé.

Où se restaurer

Hollywood Studios offre des expériences culinaires parmi les plus originales. D'un casse-croûte de drive-in dans votre voiture à un repas dans une cuisine des années 1950, vous vivrez des soirées à thème sympathique en dégustant de la bonne cuisine, allant d'un burger à des tapas haut de gamme.

♥ **Sci-Fi Dine-In Theater** AMÉRICAIN $$
(☎407-939-3463 ; www.disneyworld.disney.go.com ; Hollywood Studios ; plats 15-24 $, billet d'entrée au parc requis ; ⏲11h-20h30 ; 📶👪 ; 🚌Disney, ⛴Disney). Restaurant-concept poussé à son paroxysme, cette reconstitution d'un cinéma *drive-in* permet de manger devant un nanar d'épouvante ou de science-fiction (47 minutes). Alors, prenez place dans l'une des Cadillac décapotables et commandez hamburgers, grillades ou boissons phosphorescentes à l'une des serveuses.

Il y a des tables de pique-nique en fond de salle – si vous souhaitez manger "en voiture", précisez-le jusqu'à 6 mois à l'avance.

♥ **50's Prime Time Café** AMÉRICAIN $$
(☎407-939-3463 ; www.disneyworld.disney.go.com ; Hollywood Studios ; plats 17-23 $, billet d'entrée au parc requis ; ⏲11h-fermeture du parc ; 📶👪 ; 🚌Disney, ⛴Disney). Accueil dans une maison typique des années 1950 avec ses meubles et TV rétro et ses sols en lino, pour une cuisine familiale – tourte au poulet façon grand-mère, poulet rôti de la tante Liz et bœuf braisé à l'ancienne – servie sur une table en Formica. Des serveuses en robe rose et tablier blanc vous encourageront à finir votre assiette et réprimanderont gentiment les convives qui mettent les coudes sur la table.

SÉJOURNER À BAY LAKE

Le principal avantage de loger dans l'un des complexes hôteliers de Bay Lake est qu'ils sont directement reliés en monorail ou en bateau au Magic Kingdom – ce sont les seuls hôtels de Disney World permettant de se rendre au parc sans transfert. Cela peut sembler peu de chose, mais lorsque vous rentrerez avec trois marmots épuisés ou aurez envie de faire un rapide plongeon dans la piscine en cours d'après-midi, vous réaliserez que cela fait toute la différence. Vous pourrez aussi prendre le monorail jusqu'à Epcot, mais devrez changer au Transportation & Ticket Center. Des bus desservent continuellement Animal Kingdom et Hollywood Studios.

Hollywood Brown Derby Lounge TAPAS $$
(☎407-939-3463 ; www.disneyworld.disney.go.com ; Hollywood Studios ; tapas 8-18 $; ⏲11h-fermeture du parc ; 📶👪 ; 🚌Disney, ⛴Disney). Au menu : petites assiettes raffinées (crabe cocktail, moules ou bœuf braisé et son coulis relevé), trio de desserts et large choix de cocktails. On trouve facilement une table en terrasse dans cette annexe bistrotière du restaurant du même nom (voir ci-après), idéale pour se détendre et observer la foule en sirotant un cocktail. Pas de réservation, attendez-vous à faire la queue. Boissons à emporter.

Hollywood Brown Derby AMÉRICAIN $$$
(☎407-939-3463 ; www.disneyworld.disney.go.com ; Hollywood Studios ; plats 19-49 $, billet d'entrée au parc requis ; ⏲11h30-fermeture du parc ; 📶👪 ; 🚌Disney, ⛴Disney). Dans un décor assez recherché imitant celui du mythique restaurant de Los Angeles, est servi un étrange assortiment de plats gastronomiques : soupe pho, côtelettes braisées à la bière et l'incontournable Cobb Salad, un des plats

PARADES, FEUX D'ARTIFICE ET SPECTACLES SON ET LUMIÈRE DE DISNEY

Il faut être très organisé pour assister aux différentes parades et animations nocturnes de Disney. D'autant que les horaires changent en fonction des jours et des saisons. Outre les événements phares listés ci-dessous, d'autres festivités méritent le coup d'œil : consultez www.disneyworld.disney.go.com pour plus de détails.

Festival of Fantasy (p. 293). Dumbo, Peter Pan, La Belle au bois dormant et d'autres personnages dansent sur des chars ornementés.

Illuminations : Reflections of Earth (p. 298). Ce flamboyant récit comportant lumières et feux d'artifice se déroule autour d'un colossal globe illuminé par des LED au centre du lagon du World Showcase d'Epcot.

Happily Ever After (p. 293). Spectacle conjuguant son et lumière et pyrotechnie (souvent annoncé comme le "Nighttime Spectacular").

Fantasmic! (p. 305) Eau, musique et lumières animent cette épopée dont Mickey est le héros, qui rassemble tous les personnages Disney sur un bateau à aubes. Parfait pour une scéance de rattrapage si on a manqué des personnages !

Star Wars: A Galactic Spectacular Un spectacle lumineux et pyrotechnique avec des vidéos de Star Wars projetées sur le Chinese Theatre.

Rivers of Light Le récent spectacle lumineux d'Animal Kingdom, projeté sur son iconique baobab, le *Tree of life* (l'Arbre de vie).

signature du lieu. À ne pas choisir pour un déjeuner sur le pouce.

Depuis/vers Hollywood Studios

Une allée asphaltée au bord de l'eau et un bateau-taxi relient les Hollywood Studios à Disney's BoardWalk, Ecpot et ses hôtels (BoardWalk Inn, Yacht Club, Beach Club, Swan et Dolphin). Comptez environ 25 minutes à pied entre Epcot et les Hollywood Studios, le chemin étant agréable. Recherchez le panneau près de Jellyrolls et de l'Atlantic Dance Hall.

Les bus Disney vous transporteront vers les autres parcs, les hôtels et le Transportation & Ticket Center, moyennant parfois une correspondance.

On ne peut pas prendre le monorail jusqu'à Epcot puis rejoindre les Hollywood Studios à pied ou en bateau à moins de posséder un ticket Park Hopper. Le monorail s'arrête devant l'entrée principale d'Epcot alors que l'accès aux Hollywood Studios se fait par l'entrée arrière d'Epcot.

Typhoon Lagoon et Blizzard Beach

En plus de ses quatre parcs à thème, Disney compte deux parcs aquatiques. Si Blizzard Beach est le plus propice aux frissons, Typhoon Lagoon possède la meilleure piscine à vagues. Du reste, les familles avec de petits enfants préféreront ce dernier pour sa fantastique piscine-rivière et son aire de jeux pour les bambins. Et il y a de la place sur la plage pour jouer et s'éclabousser.

Préparez-vous à attendre plus d'une demi-heure pour un manège qui durera moins d'une minute, et fiez-vous aux panneaux : s'ils affichent 60 minutes d'attente, vous n'attendrez pas moins. Oui, 60 minutes pour *une* glissade. Les deux parcs possèdent des fast-foods et un bar extérieur avec piscine.

Les horaires des parcs aquatiques varient selon les saisons et les jours mais ils sont généralement ouverts de 10h à 17h et de 9h à 22h en été. L'un des parcs est fermé pour ravalement de fin octobre à mars.

À voir

Typhoon Lagoon PARC AQUATIQUE
(☎407-939-5277, 407-560-4120 ; www.disneyworld.disney.go.com ; 1145 Buena Vista Dr ; adulte/enfant 53/45 $, prix variables ; horaires variables ; Disney). Ses nombreux palmiers, sa piscine à pente douce avec plage de sable blanc, ses toboggans rapides et la meilleure piscine à vagues d'Orlando en font l'un des plus beaux parcs aquatiques de Floride. Les petits adoreront barboter dans **Castaway Creek** et s'éclabousser dans **Ketchakiddee Creek**.

L'équipement de plongée inclus dans le prix permet d'évoluer en petits groupes parmi les poissons tropicaux, les raies, les requins-léopards et les petits requins-marteaux tiburos dans l'eau à 20°C de **Shark Reef**.

Blizzard Beach PARC AQUATIQUE
(☎407-939-5277, 407-560-3400 ; www.disneyworld.disney.go.com ; 1534 Blizzard Beach Dr ; adulte/enfant 53/45 $, inclus dans l'option Water Park Fun & More du ticket Magic Your Way ; ⏲horaires variables ; 🚌Disney). Le plus récent des deux parcs aquatiques Disney, conçu à dessein à la manière d'une station de ski reconvertie après la fonte des neiges – télésiège compris – n'est pas à la hauteur du Typhoon Lagoon. Au centre trône le mont Gushmore enneigé, d'où jaillissent les toboggans.

Cours

Typhoon Lagoon Surf Lessons SURF
(☎407-939-7529 ; www.disneyworld.disney.go.com ; 1145 Buena Vista Dr, Typhoon Lagoon ; 165 $; ⏲horaires variables ; 🚌Disney). Orlando n'est pas situé au bord de l'océan, mais ce n'est d'évidence pas un problème pour Disney. Typhoon Lagoon propose des cours de surf avant l'ouverture du parc. Le prix comprend 30 minutes sur la terre ferme et 2 heures dans l'eau. Les amis ou parents sont les bienvenus pour regarder (gratuitement). Si vous voulez rester sur place après l'ouverture du parc, vous devrez acheter un billet.

Renseignements

Les maillots de bain dotés de quelque ornementation métallique que ce soit sont interdits sur la plupart des toboggans. Les horaires varient selon les jours et les saisons ; appelez les parcs pour plus de précisions. D'octobre à mars, seul un parc aquatique Disney est ouvert. Vous pouvez acheter des billets d'entrée individuels. Les billets Park Hopper Plus donnent accès aux deux parcs aquatiques.

Depuis/vers Typhoon Lagoon et Blizzard Beach

Les bus Disney s'arrêtent à Typhoon Lagoon et à Blizzard Beach, et les deux parcs possèdent des parkings gratuits.

Disney's BoardWalk

Moins bondé que Disney Springs, le petit secteur de **Disney's BoardWalk** (☎407-939-5277 ; www.disneyworld.disney.go.com ; 2101 Epcot Resorts Blvd ; 🚌Disney, ⛴Disney), en face d'Epcot et le long du Crescent Lake, rappelle les promenades de front de mer des stations balnéaires de La Nouvelle-Angleterre au début du XXe siècle. Les jeudis, vendredis et samedis soir, des magiciens, jongleurs et musiciens viennent lui donner un air de fête ; quelques bons restaurants et bars bordent la promenade. Achetez un beignet ou un gâteau en forme de Mickey à la boulangerie et baladez-vous en Rosalie, voiturette à pédales surmontée d'un auvent à rayures.

Où se loger et se restaurer

♥ **Disney's BoardWalk Inn** COMPLEXE HÔTELIER $$$
(☎407-939-5277, 407-939-6200 ; www.disneyworld.disney.go.com ; 2101 Epcot Resorts Blvd ; ch à partir de 400 $; P❄@📶🏊 ; 🚌Disney, ⛴Disney). Sur la rive de Crescent Lake, ce complexe incarne le charme de l'âge d'or d'Atlantic City, avec un front de mer couleur caramel, des tandems surmontés d'auvents à rayures et une promenade en bois qui fait tout le tour du domaine. Le charmant hall arbore des murs verts, du parquet et des salons fleuris vintage. Les chambres, stylées, sont pourvues de terrasses ou de balcons. La propriété est divisée en deux sections, l'Inn et les Villas ; la première, très verdoyante, aux suites entourées de jolies clôtures et aux piscines tranquilles, est bien plus agréable et plus discrète. Il existe différentes options : des chambres logeant jusqu'à 5 personnes aux bungalows de 2 chambres.

Flying Fish POISSON ET FRUITS DE MER $$$
(☎407-939-3463, 407-939-2359 ; www.disneyworld.disney.go.com ; Disney's BoardWalk ; plats 37-59 $; ⏲17h-21h30 ; 🍷👪 ; ⛴Disney). Aussi inventifs que complexes, les plats de produits de la mer du Flying Fish lui valent d'être tenu pour l'un des meilleurs restaurants haut de gamme de Disney. C'est une table chic et contemporaine au décor marin moderne (remarquez les lustres bulles). Le saumon de Nouvelle-Zélande (39 $) et les Saint-Jacques d'hokkaido grillées à la plancha (43 $) sont deux des plats les plus réputés. Réservez bien à l'avance. Les repas pour enfants sont beaucoup moins chers (13-17 $).

Où prendre un verre et sortir

♥ **Belle Vue Room** BAR
(☎407-939-6200 ; www.disneyworld.disney.go.com ; 2101 Epcot Resorts Blvd, Disney's BoardWalk Inn ;

(6h30-11h et 17h-minuit ; Disney, Disney). Sis au 1er étage du Disney's BoardWalk Inn, c'est un lieu idéal pour un verre au calme. On s'y sent plus dans un salon que dans un bar : vous pourrez vous détendre, jouer à un jeu de société, écouter la radio ou vous balancer dans un rocking-chair sur le balcon en regardant le ballet des passants sur la promenade.

Atlantic Dance Hall DISCOTHÈQUE
(www.disneyworld.disney.go.com ; Disney's BoardWalk ; 21h-2h, à partir de 21 ans). Tubes à plein volume, piste de danse et un immense écran avec clips à la demande. Voici votre seule option dans le parc, si vous voulez vraiment danser. Le lieu peut parfois être assez vide.

Big River Grille & Brewing Works BRASSERIE
(407-560-0253 ; www.disneyworld.disney.go.com ; Disney's BoardWalk ; 11h-23h). Microbrasserie en plein air avec terrasse plaisante au bord de l'eau. Soupes et pâtes.

Jellyrolls BAR À THÈME
(407-560-8770 ; www.disneyworld.disney.go.com ; Disney's BoardWalk ; 12 $; 19h-2h). Les comédiens se lancent dans un duel de piano et incitent le public à participer à toutes sortes d'extravagances musicales.

ESPN Club BAR SPORTIF
(407-939-5100 ; www.disneyworld.disney.go.com ; Disney's BoardWalk ; 11h-minuit). Suffisamment d'écrans TV pour ne pas rater, même aux toilettes, une minute de votre match !

Renseignements

Les espaces publics de Disney's BoardWalk sont ouverts de 6h30 à 2h.

Depuis/vers Disney's BoardWalk

Un chemin asphalté et bien éclairé (sans signalisation) et des bateaux-taxis relient Disney's BoardWalk à Epcot, aux Hollywood Studios et aux hôtels d'Epcot (BoardWalk Inn, Yacht Club, Beach Club, Swan et Dolphin).

Des bus Disney s'arrêtent au BoardWalk Resort (à l'entrée de la BoardWalk), où il y a un parking – dites que vous venez voir la promenade (*boardwalk*) pour stationner gratuitement.

Disney Springs

Déployé au bord du lac Buena Vista, **Disney Springs** (407-939-6244 ; www.disneyworld.disney.go.com ; 1490 E Buena Vista Dr ; 8h30-2h ; Disney, Disney, Lynx 50), autrefois appelé Downtown Disney, est un centre commercial piétonnier à ciel ouvert, dont la multitude de boutiques, restaurants, salles de concert et autres commerces voient affluer les touristes. C'est là qu'on peut aller voir le spectacle *La Nouba* du Cirque du Soleil (p. 310) ou trouver la plus grande boutique Disney au monde.

L'ambiance est festive et bon enfant, en particulier le week-end, avec des artistes de rue dansant sur des échasses, des parents avec des poussettes chargées de sacs remplis de souvenirs Disney et des centaines de personnes profitant d'un verre ou d'un excellent repas au bord de l'eau. Depuis sa rénovation il y a deux ans, ce secteur connaît un véritable essor et a attiré des tables parmi les meilleures d'Orlando, certaines tenues par des chefs très connus.

D'autres établissements n'étaient pas encore ouvertes lors de notre passage, mais méritent la visite : le **Polite Pig** (tenu par le couple qui gère l'excellent restaurant Ravenous Pig à Winter Park ; p. 275) et le **Wine Bar George**.

À voir

DisneyQuest Indoor Interactive Theme Park JEUX VIDÉO
(407-828-3800 ; www.disneyworld.disney.go.com ; 1620 East Buena Vista Dr, Disney Springs ; 12h-21h ; ; Disney, Disney, Lynx 50). Avec 5 étages étourdissants, conçus pour gâter les aficionados des jeux vidéo, ce "parc à thème interactif" est tout indiqué pour un après-midi trop chaud ou pluvieux. Parmi les jeux de réalité virtuelle, citons la balade sur le tapis volant d'Aladin au-dessus d'Agrabah et une descente sur une rivière à l'ère mésozoïque. Vous pourrez concevoir votre propre montagne russe (virtuelle) et passer des heures sur d'anciens jeux vidéo et des flippers.

Amphicar Tours CROISIÈRE AMPHIBIE
(407-939-2628 ; www.theboathouseorlando.com ; 1620 East Buena Vista Dr, Disney Springs ; jusqu'à 3 pers 25 min 125 $; 10h-22h ; Disney, Disney, Lynx 50). Faites une petite balade à bord de ces extraordinaires et authentiques Amphicar allemands vintage. Ces véhicules amphibies roulent sur terre avant d'entrer dans l'eau pour un circuit de Disney Springs. Les promenades sont un peu chères, mais l'expérience est unique en son genre. Le quai d'amarrage est proche du Boathouse.

Characters in Flight MANÈGE
(☎407-939-7529 ; www.disneyworld.disney.go.com ; 1620 East Buena Vista Dr, Disney Springs ; adulte/enfant 18/15 $; 8h30-minuit ; Disney, Disney, Lynx 50). Les visiteurs montent dans la nacelle de cette imposante montgolfière et s'élèvent à 120 m d'altitude pour profiter d'un panorama à 360°. Entre 8h30 et 10h, la sortie revient à 10 $ par personne.

Où se loger et se restaurer

Attirant de plus en plus de chefs réputés, Disney Springs propose une cuisine de grande qualité et agréablement éclectique. Le cadre, au bord du lac et des canaux, est beau malgré le manque de naturel typique de Disney. Le parc comprend aussi quantité d'adresses plus décontractées et de vente à emporter pour satisfaire toutes les bourses.

Disney Springs n'abrite aucun hôtel, mais on en trouve plusieurs dans un rayon de quelques kilomètres.

Earl of Sandwich SANDWICHS $
(www.disneyworld.disney.go.com ; 1620 East Buena Vista Dr, Disney Springs ; sandwichs 5-8 $; 8h30-23h ; P ; Disney, Disney, Lynx 50). Des sandwichs étonnamment bons, classiques ou exotiques. Une des solutions les plus copieuses et avantageuses pour déjeuner dans le parc. Reste qu'il ne s'agit que d'une succursale de chaîne de sandwicheries.

Ghiradelli Soda Fountain & Chocolate Shop GLACES $
(www.disneyworld.disney.go.com ; 1620 East Buena Vista Dr, Disney Springs ; glaces 3-8 $; 9h30-23h30 dim-jeu, 9h30-minuit ven-sam ; P ; Disney, Disney, Lynx 50). Délicieuse glace aux barres de chocolat fondues dans un milk-shake.

♥ **Frontera Cocina** MEXICAIN $$
(☎407-560-9197 ; www.fronteracocina.com ; 1620 East Buena Vista Dr, Disney Springs ; plats 22-34 $; 11h-22h dim-mer, 11h-22h45 jeu-lun ; Disney, Disney, Lynx 50). Une version chic et tendance du Mexique moderne où, grâce au chef Rick Bayless, le maïs, le piment et la *salsa* sont utilisés pour délivrer des saveurs contemporaines, servies dans un environnement superbement lumineux et animé. Une cuisine qui change agréablement des spécialités du Sud. Les margaritas coulent à flot durant l'happy hour.

Paradiso 37 SUD-AMÉRICAIN $$
(☎407-934-3700 ; www.paradiso37.com ; 1620 East Buena Vista Dr, Disney Springs ; plats 17-34 $; 11h30-23h dim-jeu, 11h-minuit ven-sam ; P ; Disney, Disney, Lynx 50). Une impressionnante carte de cocktails et un menu représentatif (soi-disant) de 37 pays du continent américain, cet établissement moderne au bord de l'eau est l'un des meilleurs de Disney Springs. Bien qu'il s'agisse d'un restaurant orienté vers les familles et fort d'un remarquable menu enfant, l'atmosphère se rapproche davantage de celle d'un bar à mesure qu'arrive la nuit, avec des concerts. Appelez pour réserver ; le Paradiso est plus souple sur les réservations car il est généralement moins bondé que les autres établissements Disney – demandez une place dans la cour intérieure.

Chef Art Smith's Homecoming AMÉRICAIN $$
(☎407-560-0100 ; www.disneyworld.disney.go.com ; Disney Springs ; plats 22-31 $; 11h-23h ; Disney, Disney, Lynx 50). Le chef Art Smith est une célébrité dans la région, et ses fans locaux adorent ses recettes floridiennes, à base de produits venant directement de la ferme, dont les saveurs marient style ancien et modernité. Au menu : poulet frit, crevettes et gruau, et porc au barbecue.

T-Rex Cafe AMÉRICAIN $$
(☎407-828-8739 ; www.disneyworld.disney.go.com ; 1620 East Buena Vista Dr, Disney Springs ; plats 12-26 $; 11h-23h dim-jeu, jusqu'à minuit ven-sam ; P ; Disney, Disney, Lynx 50). Immenses dinosaures robotisés, volcans en éruption, spectacles lumineux, pluies de météorites toutes les 15 minutes : le T-Rex vous en met plein les yeux. Le menu ne dépareille pas avec ses propositions aux noms préhistoriques : Woolly Mammoth Chicken, Caveman Punch, Chocolate Extinction, etc. Les enfants adorent et la nourriture est meilleure qu'on ne pourrait le penser.

♥ **Paddlefish** INTERNATIONAL $$$
(www.disneyworld.disney.go.com ; 1620 East Buena Vista Dr, Disney Springs ; plats 25-40 $; 11h30-23h ; Disney, Disney, Lynx 50). Ce bateau à aubes a été entièrement rénové et rouvert en février 2016. Chic, élégant et contemporain, il dispose de ravissantes salles à manger, aménagées avec ingéniosité dans les différentes parties du bateau, ce qui vous offre différentes ambiances : au-dessus de l'eau, en poupe, ou blotti dans un autre coin. L'endroit parfait pour un repas à la fois raffiné et décontracté. Les produits de la mer sont à l'honneur. Le dimanche, on y sert un excellent brunch (plats 16-23 $). Mieux vaut réserver.

Où prendre un verre et faire la fête

Jock Lindsey's BAR

(www.disneyworld.disney.go.com ; 1620 East Buena Vista Dr, Disney Springs ; 11h30-minuit ; Disney, Disney, Lynx 50). Selon une vieille légende disneyenne, Jock (le pilote des *Aventuriers de l'arche perdue*) "est arrivé ici en 1938 en quête d'un indice provenant de la mythologie dans le centre de la Floride". Comme il aimait les sources naturelles et le terrain luxuriant, il a acheté un lopin de terre. Depuis, son hangar (son point de chute) est devenu populaire auprès des voyageurs et de la population locale. Oui, le décor est délibérément très chargé, mais on s'y amuse bien en prenant un verre.

Boathouse BAR

(407-939-2628 ; www.theboathouseorlando.com ; 1620 East Buena Vista Dr, Disney Springs ; 11h-1h30). Sur cette jolie place au bord de l'eau se succèdent trois bars qui servent des cocktails classiques artisanaux et une bonne sélection de vins (dont des crus américains). Tous les soirs, des concerts sont donnés jusqu'au matin. Après un verre ou deux, offrez-vous une promenade dans une authentique voiture amphibie (p. 308).

Raglan Road PUB

(407-938-0300 ; www.raglanroad.com ; 1620 East Buena Vista Dr, Disney Springs ; 10h-2h ; Disney, Disney). Un lieu où trouver son content d'Irlande, entre chansons, danse et cuisine. Sans compter que ce pub cosy sert les habituelles Guinness, Harp, Smithwicks et Kilkenny.

Où sortir

Cirque du Soleil – La Nouba SPECTACLES VIVANTS

(407-939-7328, 407-939-7600 ; www.cirquedusoleil.com ; 1478 Buena Vista Dr, Disney Springs ; adulte 59-139 $, enfant 48-115 $; 18h et 21h mar-sam ; Disney, Disney, Lynx 50). Le meilleur spectacle de Disney se révèle d'une superbe cohérence artistique, avec des acrobates impressionnants et d'éblouissants jeux de lumière, décors et costumes. Le numéro avec la princesse et la grenouille évoque Disney. La petite salle en hémicycle compte quelque 20 rangées de la scène aux gradins supérieurs, sans balcons. Disney l'a construite spécifiquement pour accueillir La Nouba. Il n'y a aucune mauvaise place. Voir sur Internet pour le calendrier de fréquentation.

AMC Downtown Disney 24 – Dine-In Theatres CINÉMA

(888-262-4386 ; www.amctheatres.com/dinein ; 1500 E Buena Vista Dr, Disney Springs ; billets 7-16 $;). Plusieurs salles proposent la formule "Fork and Screen Theater", qui permet de commander son repas et de se le faire livrer à son fauteuil ; le bar vend de la bière, du vin et des cocktails à déguster devant le film.

House of Blues CONCERTS

(407-934-2583 ; www.houseofblues.com ; 1490 Buena Vista Dr, Disney Springs ; 10h-23h lun-jeu, 10h-minuit ven-sam, 10h30-23h dim ; ; Disney, Disney, Lynx 50). De talentueux musiciens viennent jouer dans cette chaîne orientée sur la cuisine du Sud et le blues. Le buffet dominical Gospel Brunch est particulièrement populaire.

Achats

Lego Imagination Center ENFANTS

(407-828-0065 ; www.disneyworld.disney.go.com ; 1672 Buena Vista Dr, Disney Springs ; 9h-23h ; Disney, Disney, Lynx 50). Admirez les constructions en Lego grandeur nature puis fabriquez vos propres chefs-d'œuvre. Il y a même un mur en Lego dont chaque brique porte un prix.

Once Upon a Toy ENFANTS

(407-824-4321 ; www.disneyworld.disney.go.com ; 1375 Buena Vista Dr, Disney Springs ; 10h-23h30 ; Disney, Disney, Lynx 50). Ici, les enfants peuvent concevoir leur propre Petit Poney, monter leur sabre-laser ou créer leur diadème. C'est l'un des meilleurs magasins de jouets qui soient, et l'on y trouve des classiques, des jeux de société, des figurines, des peluches, etc.

World of Disney SOUVENIRS

(407-939-6224 ; www.disneyworld.disney.go.com ; Disney Springs ; 9h-23h ; Disney, Disney, Lynx 50). Tous les produits dérivés Disney, dans un magasin colossal (le plus grand du pays).

Renseignements

Les espaces publics de Disney Springs sont ouverts de 10h à minuit.

Depuis/vers Disney Springs

Disney Springs est accessible en bateau-taxi depuis les hôtels de Disney Springs et en bus depuis partout ailleurs. Il y a un parking gratuit, mais pas de transport direct pour les parcs à thème. Le bus Lynx n°50 dessert Disney Springs depuis le centre d'Orlando et SeaWorld.

Comment circuler

Vous pourrez marcher d'une extrémité à l'autre de Disney Springs ou prendre un bateau-taxi.

UNIVERSAL ORLANDO RESORT

Pensé pour les piétons, l'**Universal Orlando Resort** (carte p. 256 ; 407-363-8000 ; www.universalorlando.com ; 1000 Universal Studios Plaza ; 1 parc adulte 1/2 jours 105/185 $, enfant 100/175 $, 2 parcs adulte/enfant 155/150 $; tlj, horaires variables ; Lynx 21, 37 et 40, Universal) a du charme, de l'esprit et une bonne ambiance. Riche en extraordinaires manèges, attractions pour enfants et spectacles, il est dans la veine de Disney World, mais tout y est plus malin, amusant et fluide – d'autant que le parc est plus petit et facile à arpenter. Universal relève d'un authentique divertissement pour toute la famille, y compris en termes de sensations fortes.

L'Universal Orlando Resort est constitué de trois parcs à thème : **Islands of Adventure**, aux manèges à sensations fortes, et **Universal Studios**, dont les attractions et spectacles déclinent le thème du cinéma (dont le très populaire Wizarding World of Harry Potter, le monde ensorceleur de Harry Potter, décrit dans l'encadré p. 314). Dernier-né d'Universal, **Volcano Bay**, inauguré en 2017, est un parc aquatique faisant vivre des sensations fortes au milieu des éclaboussures et des manèges high-tech dans un volcan de plus de 60 m de haut.

Le quartier des restaurants et des loisirs d'Universal, **CityWalk** (carte p. 256 ; 407-363-8000 ; www.citywalk.com ; 6000 Universal Studios Blvd ; 7h-2h, horaires variables ; Lynx 21, 37 ou 40, Universal), compte cinq hôtels (un sixième, l'Universal's Aventura Hotel, ouvrira en 2018). Des bateaux-taxis et d'agréables sentiers desservent la totalité du complexe.

À voir

Islands of Adventure

♥ **Islands of Adventure** (carte p. 256 ; 407-363-8000 ; www.universalorlando.com ; 6000 Universal Blvd ; adulte 1/2 jours 105/185 $, enfant 100/175 $; à partir de 9h, horaires de fermeture variables ; Lynx 21, 37, 40, Universal) est la capitale du divertissement. Des superhéros vrombissent sur leurs motos, les trains des montagnes russes sifflent au-dessus des têtes et maintes attractions vous tremperont de la tête aux pieds. Le parc est divisé en différentes zones, y compris le monde de **Jurassic Park**, plein de dinosaures, et **Toon Island**, dédié aux dessins animés. Chacune a ses propres manèges, aires de jeux et restaurants. Pour les fans, notez que les attractions de l'univers de Harry Potter se partagent entre le **Wizarding World of Harry Potter – Hogsmeade**, à Islands of Adventure, et le **Wizarding World of Harry Potter – Diagon Alley**, à Universal Studios (tous deux décrits dans l'encadré p. 314). Le Poudlard Express relie les deux parcs.

Skull Island Reign of Kong MANÈGE
(carte p. 256 ; www.universalorlando.com ; Islands of Adventure ; billet d'entrée au parc requis ; 9h-18h, horaires variables). Partez à l'aventure lors d'une expédition très années 1930, en 3D simulée, sur l'un des nouveaux manèges du parc. Vous découvrirez des prédateurs endémiques et préhistoriques et devrez vous battre pour survivre. Entrez dans Kong, le singe colossal. Est-il un ami ou un ennemi ? Nous ne vous dirons rien. Cette attraction est déconseillée aux plus petits.

Seuss Landing MANÈGE
(carte p. 256 ; www.universalorlando.com ; Islands of Adventure ; billet d'entrée au parc requis ; 9h-18h, horaires variables ; ; Lynx 21, 37 ou 40). Le monde du Dr Seuss, auteur de *Horton* (dessin animé américain mettant en scène un éléphant nommé Horton, inspiré du livre de Theodor Seuss *Horton entend un qui !*, de 1954) est rempli de personnages fantaisistes, de noms poétiques et de comptines. Ici, l'imaginaire du Dr Seuss prend forme en 3D. Le Lorax garde ses Truffula Trees, Thing One et Thing Two font les fous, et plein d'autres créatures sorties des livres du Dr Seuss ornent les boutiques et les manèges.

Buvez du Moose Juice ou du Goose Juice, goûtez aux Green Eggs and Ham (œufs verts au jambon) et montez sur le manège du *Chat chapeauté* ou tournoyez sur Horton l'éléphant. Seuss Landing est l'un des meilleurs parcs à thème d'Orlando pour les tout-petits, car il donne vie à l'imaginaire du

LE TOP D'UNIVERSAL ORLANDO RESORT

Universal et ses ingénieurs ont conçu certaines des plus belles simulations que vous verrez dans votre vie. Ils remettent à jour et repensent constamment les attractions, repoussant les limites de la technologie et incorporant de nouveaux films et programmes dans leur répertoire. De plus, le système Express Pass d'Universal résout largement le problème des files à presque toutes les attractions. Enfin, si vous acceptez d'embarquer sans vos compagnons, la plupart des manèges disposent d'une ligne pour les passagers seuls, souvent beaucoup plus courte que la file normale – demandez.

Universal Studios

- The Simpsons Ride (p. 317).
- Hollywood Rip Ride Rockit
- Revenge of the Mummy
- Men in Black Alien Attack
- Harry Potter and the Escape from Gringotts (p. 314).
- Despicable Me: Minion Mayhem
- Transformers: The Ride 3-D

Islands of Adventure

- Harry Potter and the Forbidden Journey (p. 314).
- Incredible Hulk Coaster (p. 313).
- Amazing Adventures of Spider-Man (p. 313).
- Dragon Challenge (p. 314).
- Dudley Do-Right's Ripsaw Falls (p. 313).

Dr Seuss. Alors, entrez dans son monde et venez faire un tour à dos de poisson.

Jurassic Park MANÈGE

(carte p. 256 ; www.universalorlando.com ; Islands of Adventure ; billet d'entrée au parc requis ; ⏲9h-18h, horaires variables ; 👪 ; 🚍Lynx 21, 37 ou 40). Sans cris, musique bruyante ou vendeurs, cette oasis de palmiers, de fougères et de plantes est étonnamment paisible. Les quelques attractions sont toutes orientées sur la préhistoire. La **Jurassic Park River Adventure** (Express Pass) voit succéder à de sympathiques dinosaures herbivores d'autres créatures bien plus cauchemardesques. Pour échapper aux crocs acérés du tyrannosaure, vous plongerez d'une hauteur de 25 m dans un lagon. Les plus petits risquent d'être effrayés par les dinosaures, l'obscurité et le plongeon… mais les plus vaillants en redemanderont. Au **Pterandoon Flyers**, les enfants survoleront le paysage luxuriant et les dinosaures robotisés de Jurassic Park. Pour participer à cette attraction, l'enfant doit mesurer entre 1 m et 1,40 m, et les adultes doivent être accompagnés d'un enfant pour voler (sachez que le manège n'effectue pas un simple "flottement", le balancement est important). Attention, l'attente peut durer une heure pour un vol de 80 secondes et l'Express Pass n'est pas accepté.

Lost Continent SECTEUR

(carte p. 256 ; www.universalorlando.com ; Islands of Adventure ; billet d'entrée au parc requis ; ⏲9h-18h, horaires variables ; 👪; 🚍Lynx 21, 37 ou 40). Les mythes du monde perdu et les livres de contes sont les sources d'inspiration de cette partie du parc. Vous y rencontrerez dragons et licornes, médiums et voyantes. Ne soyez pas étonné si une fontaine se met à vous parler lorsque vous passez devant elle : la **Mystic Fountain** fait des plaisanteries, arrose les enfants lorsqu'ils s'y attendent le moins puis entame avec eux des conversations loufoques.

Au flamboyant **Eighth Voyage of Sindbad Stunt Show** (Express Pass), Sinbad et son complice Kabob doivent sauver la princesse Amoura du terrible Miseria, ce qui ne se fait pas sans cabrioles et acrobaties. Ou dirigez-vous vers l'ancien Temple de Poséidon de **Poseidon's Fury**, avec un archéologue qui vous conduira au plus profond du temple... jusqu'à ce que vous soyez pris au cœur d'une bataille avec lasers, eau et boules de feu.

Toon Lagoon MANÈGE
(carte p. 256 ; www.universalorlando.com ; Islands of Adventure ; accès au parc requis ; ⌚9h-18h, horaires variables ; 👪 ; 🚌Lynx 21, 37 ou 40). Conçue autour des dessins animés, cette joyeuse section permet aux visiteurs de retrouver le pétillant de l'enfance. On trouve ici la plupart des attractions aquatiques d'Universal, telles que **Popeye and Bluto's Bilge-Rat Barges** (Express Pass) – un grand favori qui compense le manque de sensations fortes par d'amusantes éclaboussures –, et **Dudley Do-Right's Ripsaw Falls** (Express Pass), un classique avec une descente courte mais abrupte.

Sachez que vous ressortirez trempé, aussi ayez soin de protéger vos téléphones et appareils photo, voire de prendre des chaussures imperméables et de quoi vous changer au cas où. Au besoin, de nombreuses boutiques vendent serviettes, tongs et vêtements divers.

Marvel Super Hero Island MANÈGE
(carte p. 256 ; www.universalorlando.com ; Islands of Adventure ; billet d'entrée au parc requis ; ⌚9h-18h, horaires variables ; 👪 ; 🚌Lynx 21, 37 ou 40). Éclatant de couleur, bruyant et effréné, Marvel Super Hero Island est le paradis des amateurs de frissons. Ne ratez pas le simulateur de mouvement **Amazing Adventures of Spider-Man** (Express Pass recommandé), où les ennemis de l'homme araignée, modelés dans une 3D ébouriffante, vous attaqueront, sauteront sur votre wagon et vous poursuivront au fil des rues de New York. Le monstrueux grand huit **Incredible Hulk Coaster** (Express Pass) vaut aussi le détour.

Le **Dr Doom's Fearfall** (Express Pass), vous projettera à 46 m de haut avant d'enchaîner sur une chute libre.

Les personnages de BD se promènent dans les parages, alors gardez l'œil ouvert et, si besoin, consultez les horaires des rencontres sur votre carte pour croiser Spider Man lui-même.

Universal Studios

Divisé géographiquement en fonction des films, régions et architectures inspirant le décor, et imitant des plateaux hollywoodiens, **Universal Studios** (carte p. 256 ; ☎407-363-8000 ; www.universalorlando.com ; 1000 Universal Studios Plaza ; adulte 1/2 jours 105/185 $, enfant 100/175 $; ⌚à partir de 9h (horaires de fermeture variables) ; 🚌Lynx 21, 37 ou 40, 🚋Universal) propose des spectacles et manèges fabuleux dédiés aux légendes du grand et du petit écran. On avale une bière Duff à Springfield comme Homer Simpson, on remonte Diagon Alley (Chemin de Traverse) et on emprunte le Hogwarts Express (Poudlard Express) ou bien on défie le présentateur du *Tonight Show* à une chasse au trésor. Et, dans le registre de l'adrénaline pure, le Hollywood Rip Ride Rockit et le Revenge of the Mummy comptent parmi les meilleures montagnes russes d'Orlando.

Besoin d'une pause ? Une pelouse clôturée, agrémentée d'arbres et de fleurs donnant sur le lagon, est aménagée juste en face de l'entrée de l'espace pour enfants Woody Woodpecker's KidZone. Étendez une couverture pour manger un morceau ou simplement vous reposer. Le calme du lieu en fait un point de rendez-vous idéal.

E.T. Adventure MANÈGE
(carte p. 256 ; www.universalorlando.com ; Universal Studios ; billet d'entrée au parc requis ; ⌚à partir de 9h ; 🚌Lynx 21, 37 ou 40). Grand classique d'Universal, ce manège attire les fans de nostalgie. Pour certains, E.T. *est* Universal. Montez sur le vélo volant et aidez E.T. à sauver la planète. Évitez les méchants lorsque vous vous envolerez dans les étoiles et dans le monde magique d'E.T. Si cette attraction est quelque peu datée comparée à d'autres plus high-tech, elle est néanmoins séduisante. Et après tout, qui peut résister à un petit alien tout ridé.

Production Central SECTEUR
(carte p. 256 ; www.universalorlando.com ; Universal Studios ; billet d'entrée au parc requis ; ⌚à partir de 9h ; 👪 ; 🚌Lynx 21, 37 ou 40). Production Central abrite deux manèges particulièrement en vue d'Universal : l'incroyable simulation 3D **Transformers: The Ride 3-D** (Express Pass) et le terrifiant grand 8 **Hollywood Rip Ride Rockit** (Express Pass). Ce dernier n'est pas pour les âmes sensibles : vous foncerez plus de 100 km/h, monterez 17 étages au-dessus du parc puis dévalerez une descente à pic, le tout sur la musique de votre choix !

Au **Shrek 4-D** (Express Pass), Shrek et l'Âne partent secourir Fiona des griffes d'un

WIZARDING WORLD OF HARRY POTTER

La meilleure raison de visiter Orlando depuis l'ouverture du château de Cendrillon. Agrandi en 2014, le féerique Wizarding World of Harry Potter invite les Moldus à plonger dans l'imagination de J.K. Rowling. Alan Gilmore et Stuart Craig, directeur artistique et chef décorateur des films, ont travaillé en étroite collaboration avec les ingénieurs d'Universal Orlando Resort pour créer le plus incroyable espace thématisé de Floride. Les détails et l'authenticité chatouillent l'imagination à chaque pas, des cris des mandragores dans les vitrines des boutiques aux grognements de Mimi geignarde dans les toilettes ; restez attentif aux apparitions magiques.

Le Wizarding World of Harry Potter se divise en deux sections, chacune décorée minutieusement et dotée de ses propres manèges et attractions. Hogsmeade (Pré-au-Lard) est à Islands of Adventure et Diagon Alley (Chemin de Traverse) à Universal Studios. Si vous avez un billet park-to-park, vous pourrez emprunter le Hogwarts Express (Poudlard Express) d'une section à l'autre.

Hogsmeade (Islands of Adventure)

(carte p. 256 ; ☎ 407-363-8000 ; www.universalorlando.com ; Islands of Adventure ; billet d'entrée au parc requis ; ⏲ 9h-18h, horaires variables ; 🚌 Lynx 21, 37 ou 40). Explorez les rues pavées de Pré-au-Lard et ses bâtisses tortueuses, goûtez aux fondants du chaudron et envoyez une lettre par hibou voyageur, le tout dans l'ombre de Poudlard. Deux des meilleurs manèges d'Orlando sont ici : **Harry Potter and the Forbidden Journey** *et* **Dragon Challenge.** Allez-y dès l'ouverture du parc, avant que la file soit trop longue et la foule trop pénible. Les clients des hôtels Universal y ont accès une heure plus tôt.

Harry Potter and the Forbidden Journey L'un des meilleurs manèges d'Orlando. Explorez les couloirs de Poudlard, passez devant des portraits parlants, le bureau de Dumbledore et d'autres lieux bien connus. Vous sentirez le souffle froid des Détracteurs, échapperez à une attaque de dragon, participerez à un match de Quidditch et survolerez le château avec Harry, Hermione et Ron. Le manège ne va pas très vite, mais il est assez effrayant. Les plus petits pourront visiter le château, mais pendant le tour de manège, ils resteront avec un de leurs parents dans la salle d'attente. Il existe une file pour passagers seuls, mais elle est bien cachée – demandez à l'entrée de Poudlard.

Dragon Challenge Ces montagnes russes vous retourneront l'estomac : elles virevoltent, plongent et se croisent en se frôlant. Elles sont inspirées de la première épreuve du Tournoi des Trois Sorciers (*Harry Potter et la Coupe de Feu*).

Ollivander's Wand Shop L'escalier en colimaçon et les étagères débordant de poussiéreuses boîtes à baguette magique annoncent le ton de ce spectacle de 10 minutes, durant lequel la baguette choisit son sorcier. Venez dès votre arrivée, car la file atteint rapidement plus d'une heure d'attente.

Flight of the Hippogriff (Express Pass) Ces montagnes russes idéales pour les familles passent au-dessus de la hutte de Hagrid ; écoutez les aboiements de Crockdur et n'oubliez pas de saluer Buck l'hippogriffe !

Honeydukes Sweet Shop Grenouilles en chocolat, gâteaux-rochers et autres sucreries inspirées de Harry Potter.

Owl Post & Owlery Achetez un timbre sur place et envoyez une carte officiellement tamponnée à Pré-au-Lard (Hogsmeade).

Filch's Emporium of Confiscated Goods Magasin de souvenirs où est exposée la Carte du Maraudeur.

Three Broomsticks & Hog's Head Tavern Hachis parmentier, jus de potiron et Hogs Head Brew, tous aussi savoureux.

Dervish & Banges Pour vous offrir des accessoires de magie et une toge de Poudlard.

Diagon Alley (Universal Studios)

(carte p. 256 ; www.universalorlando.com ; Universal Studios ; billet d'entrée au parc requis ; ⏲à partir de 9h ; 🚌Lynx 21, 37 ou 40). Bordée de boutiques de magie proposant capes, baguettes, balais, équipements de Quidditch et autres accessoires, Diagon Alley mène à l'immense Gringotts Bank, qui abrite le grand 8 multisensoriel d'Universal : **Harry Potter and the Escape from Gringotts**. Pour y accéder, il faut traverser le Londres des Moguls à Universal Studios ou, si vous avez un billet park-to-park, prendre le Hogwarts Express (Poudlard Express) de Pré-au-Lard (Islands of Adventure) à King's Cross Station.

Commandez des saucisses-purée au **Leaky Cauldron**, une boule bizarroïde au glacier sorcier **Florean Fortescue's Ice-Cream Parlor**, et arpentez le plus sombre des endroits obscurs, Knockturn Alley, pour acquérir quelques objets de magie noire chez **Borgin and Burkes**.

Diagon Alley témoigne d'autant d'inventivité que le Pré-au-Lard d'Islands of Adventure. Les files sont démentielles et, pour mieux en profiter, mieux vaut loger dans un hôtel Universal afin d'arriver une heure avant le reste du public.

Baguettes interactives

Il y a deux sortes de baguettes au Wizarding World of Harry Potter : interactives (48 $) et non interactives (40 $). Les baguettes interactives, notamment celles de Harry et de Hermione, peuvent servir aussi bien dans Diagon Alley (le Chemin de Traverse) qu'à Hogsmeade (Pré-au-Lard) pour activer des fenêtres magiques et des objets divers : faire pleuvoir sur un parapluie, allumer des lanternes, voir des marionnettes danser. Elles peuvent être difficiles à utiliser au début – faites de petits mouvements doux et si vous ne vous en sortez pas, demandez de l'aide à un sorcier.

Des médaillons dorés au sol indiquent les endroits d'où vous pouvez jeter un sort et de quelle manière bouger votre baguette pour le lancer. Et chaque baguette est accompagnée d'une carte. Certains endroits où lancer un sort ne sont toutefois pas du tout indiqués, ni sur la carte, ni par un médaillon au sol. Et nous n'allons pas vous dire où ils se trouvent. Un indice, toutefois : les sorts secrets répondent à un mouvement en triangle.

Astuces pour visiter Pré-au-Lard et le Chemin de Traverse

On comprend toute la portée de l'expression "file d'attente" une fois arrivé dans le Wizarding World of Harry Potter en haute saison. Cela peut prendre jusqu'à 5 heures pour *simplement accéder* à la section *Harry Potter*, où commencent alors les queues des attractions, restaurants et boutiques. Un cauchemar. Mais ne vous découragez pas : un peu d'organisation et votre visite de Pré-au-Lard et du Chemin de Traverse sera simple, joyeuse et sans heurts.

Loger dans un complexe Universal Les attractions *Harry Potter* sont accessibles une heure à l'avance aux clients de quatre des cinq hôtels. Arrivez au moins 30 minutes avant l'ouverture des portes et ne traînez pas.

Définir une stratégie Choisissez Islands of Adventure et son Pré-au-Lard le premier matin. Dès votre arrivée, faites *Harry Potter and the Forbidden Journey, Dragon Challenge, Flight of the Hippogriff,* puis consacrez le reste du temps aux boutiques et restaurants (dans cet ordre). Le matin suivant, rendez-vous au Chemin de Traverse à Universal Studio, puis embarquez pour *Escape from Gringotts*, avant d'explorer les alentours. Vous trouverez un Ollivander's Wand Shop dans les deux parcs – c'est votre première étape l'un des deux matins.

Acheter un billet park-to-park Celui-ci vous permettra de prendre le Hogwarts Express (Poudlard Express) du Chemin de Traverse à Pré-au-Lard.

Visiter en basse saison Évitez Noël et début janvier, le mois de mars et l'été.

Tirer parti des billets "return time" d'Universal Si le Wizarding World of Harry Potter atteint sa capacité maximale (généralement après 10h30), il faut que des visiteurs partent pour que de nouveaux visiteurs puissent entrer. Le billet "return time" permet de profiter d'autres attractions et de revenir au Wizarding World à un créneau horaire précis. Cherchez la bannière bleue indiquant les kiosques en libre service.

dragon particulièrement féroce, probablement trop pour ne pas effrayer les plus petits tandis que la bête surgit, les yeux rouges et crachant le feu. Le laïus d'introduction est malheureusement trop long.

San Francisco SECTEUR

(carte p. 256 ; www.universalorlando.com ; Universal Studios ; billet d'entrée au parc requis ; à partir de 9h ; ; Lynx 21, 37 ou 40). Reconstitution minutieuse du San Francisco de 1906 qui subit un énorme séisme, à l'origine du film *Tremblement de terre* (1974). Il y a même un petit bar agréable en extérieur à Fisherman's Wharf : Chez Alcatraz (p. 324). Lombard's (p. 321) est l'un des deux seuls restaurants qui acceptent les réservations.

Un directeur de casting hollywoodien choisit quelques membres du public et débite des instructions à toute allure ("Crie comme si tu venais d'apprendre que Britney Spears allait garder tes enfants"), avant de filmer chaque volontaire une ou deux secondes. Puis tout le monde rejoint le "plateau" et embarque à bord d'une rame de métro dans une réplique irréprochable d'une station de San Francisco quand, soudain, tout s'écroule et le chaos survient. Un indice : 25 m³ d'eau sont lâchés et recyclés toutes les 6 minutes, mais vous resterez sec. Et vous verrez les prises tournées par les volontaires.

New York SECTEUR

(carte p. 256 ; www.universalorlando.com ; Universal Studios ; billet d'entrée au parc requis ; à partir de 9h ; ; Lynx 21, 37 ou 40). **Revenge of the Mummy** (Express Pass) combine la vitesse et les pirouettes des montagnes russes à des effets spéciaux décoiffants. Pénétrez dans l'obscurité profonde des catacombes de l'Égypte ancienne, mais ne provoquez pas la colère d'Imhotep la momie : dans sa fureur, il vous lancera de l'eau, du feu et plus encore !

Une radio annonce un violent cyclone et, peu à peu, le temps change. Le panneau tremble au-dessus de l'ancienne station-essence et une botte de paille traverse le décor. Puis un tourbillon se forme et s'approche, de plus en plus près et de plus en plus bruyamment. Ceux qui ont déjà vécu l'expérience d'une authentique tornade réfléchiront à deux fois avant de s'y aventurer.

Despicable Me: Minion Mayhem MANÈGE

(carte p. 256 ; www.universalorlando.com ; Universal Studios ; billet d'entrée au parc requis ; à partir de 9h ; Lynx 21, 37 ou 40). Les fans de *Moi, moche et méchant* ne rateront pas l'occasion d'interpréter l'un des sbires de Gru dans l'un des meilleurs simulateurs 3D d'Universal. Dans la pure tradition des Minions, le tout ne manque pas d'humour et rien ne fait vraiment peur. Attention, même avec l'Express Pass l'attente peut allègrement dépasser les 30 minutes : venez tôt.

Hollywood SECTEUR

(carte p. 256 ; www.universalstudios.com ; Universal Studios ; billet d'entrée au parc requis ; à partir de 9h ; Lynx 21, 37 ou 40). Comptant d'impressionnantes séquences 3D, des cascades *live* et des effets spéciaux 4D, **Terminator 2: 3-D** (Express Pass) vous en mettra plein les yeux. Exaltant pour certains, oppressant et effrayant pour d'autres.

Si vous êtes féru de maquillage horrifique, **Universal Horror Make-Up Show** (Express Pass) vous semblera peut-être un peu léger. C'est plein d'humour et de bouffonneries, mais certaines illusions d'optique peuvent effrayer les plus petits s'ils ne distinguent pas le vrai du faux.

World Expo SECTEUR

(carte p. 256 ; www.universalorlando.com ; Universal Studios ; billet d'entrée au parc requis ; à partir de 9h ; Lynx 21, 37 ou 40). La principale attraction ici est **Men in Black Alien Attack** (Express Pass), un jeu vidéo en 3D interactif très divertissant mais pas effrayant du tout. Votre voiture se balance dans tous les sens pour éviter les obstacles surgissant dans Manhattan, et vous devrez tirer sur d'amusants extraterrestres avec vos lasers pour gagner des points. À noter qu'Universal insiste pour que vous rangiez vos sacs dans le casier gratuit avant le départ.

Woody Woodpecker's KidZone SECTEUR

(carte p. 256 ; www.universalorlando.com ; Universal Studios ; billet d'entrée au parc requis ; à partir de 9h ; Lynx 21, 37 ou 40). Manèges et spectacles pour les plus jeunes, notamment une remarquable aire de jeux aquatique et des canons à boulets en mousse. Un concurrent sérieux au Seuss Landing (p. 311) d'Islands of Adventure dans le cœur des moins de 8 ans.

Springfield SECTEUR

(carte p. 256 ; www.universalorlando.com ; Universal Studios ; billet d'entrée au parc requis ; à partir de 9h ; ; Lynx 21, 37 ou 40). En 2013, Universal a ouvert Springfield, la section consacrée aux *Simpson* et basée sur la ville de cette famille américaine joyeusement atypique. Faites un tour chez Moe, engloutissez les donuts de Lard Lad, et discutez avec Krusty le Clown, Tahiti Bob et la famille Simpson au complet. Le manège tournoyant de **Kang & Kodos' Twirl & Hurl** comblera les tout-petits, et les autres se précipiteront au **Simpsons Ride** (Express Pass).

Springfield est l'une des immersions les plus réussies proposées ici, et un incontournable, même si vous n'êtes pas fan de la série. Les enfants voudront absolument essayer la boisson emblématique de Springfield, le **Flaming Moe** dont les bulles et la vapeur rivalisent avec l'incroyable bière au beurre de *Harry Potter*... en plus, c'est très bon ! Certes, ce n'est qu'un soda à l'orange, mais il est très amusant, le verre constitue un souvenir original et, aux yeux d'un enfant de 8 ans, l'expérience vaut bien davantage que les 7 $ à débourser.

CityWalk

En franchissant le canal depuis les trois parcs, vous tomberez sur CityWalk, la zone de loisirs d'Universal. Cette galerie en demi-cercle renferme restaurants, boîtes, bars, boutiques, mais aussi un multiplexe et un golf miniature. Toutefois, les attractions se résument à des concerts et de l'alcool à foison. Bien que les nuits fassent parfois le plein de jeunes en goguette, d'enterrements de vie de célibataire, et puissent être le théâtre de grands moments d'ébriété collective, l'endroit reste principalement familial et les différents bars proposent une nourriture plutôt correcte. Et vous pouvez y venir même si vous ne visitez pas les parcs d'attractions d'Universal.

Fêtes et festivals

Universal's Superstar Parade DÉFILÉ
(www.universalorlando.com ; Universal Studios ; billet d'entrée au parc requis ; tlj ; ; Lynx 21, 37 ou 40). Ce défilé de chars sophistiqués et de lumières compte dans ses rangs Dora l'Exploratrice et Diego, les héros de *Moi, moche et méchant*, Bob l'Éponge et tout autre personnage dont les jeunes se sont entichés. Consultez les horaires, car ils changent régulièrement.

Mardi Gras CARNAVAL
(www.universalorlando.com ; Universal Studios ; billet d'entrée au parc requis ; tous les soirs fév-mars ; Lynx 21, 37 ou 40). Une imitation de l'iconique carnaval de La Nouvelle-Orléans : défilés, concerts et cuisine cajun à la sauce Universal.

Halloween Horror Nights HALLOWEEN
(www.halloweenhorrornights.com/orlando ; Universal Studios ; 70-81 $, billet d'entrée au parc requis ; certains soirs sept-oct ; Lynx 21, 37 ou 40). Sublimes maisons hantées, sensations fortes, hémoglobine et spectacles de Halloween démentiels ; les gobelins, monstres et momies grouillent dans les rues, prêts à bondir. Attention : chez Universal, il ne s'agit pas d'épouvante au sucre glace comme chez Disney. Aussi, réfléchissez bien avant d'emmener vos enfants de moins de 13 ans. C'est un événement très populaire et les billets sont limités ; aussi convient-il de réserver bien à l'avance.

Grinchmas FÊTE DE NOËL
(www.universalorlando.com ; Islands of Adventure ; billet d'entrée au parc requis ; déc ; ; Lynx 21, 37 ou 40). Donné pendant les fêtes, ce spectacle fantasque rend hommage au classique conte de Noël du Dr Seuss. La clé de voûte est la comédie musicale *Le grincheux qui voulait gâcher Noël*.

Macy's Holiday Parade DÉFILÉ
(www.universalorlando.com ; Universal Studios ; billet d'entrée au parc requis ; certains soirs déc ; Lynx 21, 37 ou 40). Pastiche du défilé new-yorkais du même nom, avec ses ballons géants, le Père Noël, la musique qui va avec et l'illumination du sapin. Les dates peuvent changer légèrement.

VOLCANO BAY

Troisième parc à thème d'Universal Resort, le parc aquatique **Volcano Bay** (carte p. 256 ; www.universalorlando.com ; 6000 Universal Blvd, Universal Resort ; 9h-fermeture variable) a été lancé en 2017. Représentant une île du Pacifique, cette oasis tropicale est agencée autour d'un immense "volcan" qui abrite toutes sortes d'attractions aquatiques. Au programme : rivières à descendre en famille et toboggans effrayants qui plongent à pic.

Le parc est situé le long d'Islands of Adventure et d'Universal.

UNIVERSAL AVEC DES ENFANTS

Universal Orlando Resort est passé maître dans l'art de mélanger des attractions pour tous les âges en un ensemble plaisant, facile à appréhender et extrêmement divertissant. Le Grinch du Dr Seuss, certains superhéros et d'autres stars Universal fréquentent les parcs d'attractions tandis que les personnages de *Moi, moche et méchant* et d'autres films grand public se montrent aux restaurants des hôtels. S'il dispose de nombreux bars et concerts, le CityWalk demeure très familial avec son minigolf façon science-fiction et sa fontaine propice à s'éclabousser. Enfin, le dîner-spectacle polynésien Wantilan Luau (p. 324) du Loews Portofino Bay Hotel donne aux enfants de tous âges un avant-goût des îles.

La plupart des attractions s'adressant aux enfants sont concentrées dans la KidZone de Woody Woodpecker (p. 316), le Seuss Landing d'Islands of Adventure (p. 311), le Toon Lagoon (p. 313) et le **Wizarding World of Harry Potter** (voir l'encadré p. 314 ; ☎407-363-8000 ; www.universalorlando.com ; Islands of Adventure et Universal Studios ; billet d'entrée au parc requis ; ⏲à partir de 9h, heure de fermeture variable ; 🚌Lynx 21, 37 ou 40). Prévoyez des affaires de rechange car les deux parcs comportent des attractions où les enfants seront trempés !

Islands of Adventure

One Fish, Two Fish, Red Fish, Blue Fish Embarquez dans un poisson du Dr Seuss pour un petit tour dans les airs.

Caro-Seuss-al En route pour une belle aventure du Dr Seuss.

Cat in the Hat Ce manège classique du *Chat chapeauté* vous entraîne dans un livre d'histoires.

High in the Sky Seuss Trolley Train Ride Un paisible voyage en train au-dessus du parc.

If I Ran the Zoo Aire de jeux interactive et bariolée avec jets d'eau surprises.

Me Ship, the Olive Les enfants grimpent, rampent, escaladent sur le bateau de Popeye puis descendent le toboggan aquatique.

Popeye & Bluto's Bilge-Rat Barges Ça flotte, ça tourne et ça éclabousse à bord de ces radeaux ronds – nulle acrobatie, mais vous finirez trempé !

Hogwarts (Poudlard) Les enfants trop jeunes pour monter à bord de l'effrayant *Harry Potter and the Forbidden Journey* pourront malgré tout s'initier aux charmes de la plus célèbre école de sorcellerie. Il n'y a pas de frontière officielle, donc demandez conseil au personnel d'Universal (très conciliant). Au Wizarding World of Harry Potter (voir l'encadré p. 314), les plus petits aimeront aussi l'Ollivander's Wand Shop (spectacle de 10 min) et le manège familial Flight of the Hippogriff.

Universal Studios

A Day in the Park with Barney Théâtre rond pour un spectacle tout en douceur, ponctué de chants.

Animal Actors on Location! Grand spectacle mettant en scène les exploits d'animaux bien réels.

Curious George Goes to Town Le meilleur espace de jeux aquatiques pour les tout-petits et une grande salle remplie de balles en mousse que l'on peut lancer ou projeter avec un canon.

ET Adventure (p. 313). Traversez les bois à vélo, la police à vos trousses, avant de vous envoler dans les airs puis dans l'espace jusqu'à la planète d'E.T. Quelques passages sont impressionnants – obscurité, bruits et vapeur – mais il n'y a pas d'embardée, de plongeon ou de virages serrés.

Fievel's Playground Imaginez être réduits à la taille d'une souris. Une attraction très prisée des enfants.

Woody Woodpecker's Nuthouse Coaster Des montagnes russes adaptées aux enfants à partir de 3 ans.

Où se loger

Universal Orlando Resort se targue de cinq excellents complexes hôteliers de standing. Y dormir évite de nombreux embarras logistiques : non seulement on rejoint les parcs par une agréable promenade dans les jardins ou en bateau, mais la plupart des clients reçoivent en plus l'Unlimited Express Pass, pour accéder aux attractions, et bénéficient de réservations prioritaires dans les restaurants. De plus, plusieurs attractions très populaires comme le Wizarding World of Harry Potter sont ouvertes une heure à l'avance et, pour ceux qui voyagent avec leurs animaux, le Loews Loves Pets les accueille comme des hôtes de marque.

Cabana Bay Beach Resort COMPLEXE HÔTELIER **$$**

(carte p. 256 ; 407-503-4000 ; www.universalorlando.com ; 6550 Adventure Way, Universal Orlando Resort ; ch 149-172 $, parking 12 $; ; Universal). Évoquant l'esprit des *road trips* des années 1950, le Cabana Bay Beach Resort a quelque chose de la Floride d'antan. Il propose des chambres économiques et avantageuses, et l'ensemble comprend piste de bowling, espace de restauration, cours d'eau artificiel et deux piscines. Les suites familiales sont équipées de kitchenettes et de six couchages.

Si les clients peuvent profiter de l'ouverture avancée du Wizarding World of Harry Potter (un atout indéniable), ils ne jouissent pas des mêmes avantages que les hôtes des autres complexes, notamment l'Unlimited Express Pass, la réservation prioritaire aux restaurants et le transport en bateau aux parcs. Il faut donc marcher quelque 20 minutes ou prendre le bus Universal jusqu'à destination.

Loews Portofino Bay Hotel COMPLEXE HÔTELIER **$$$**

(carte p. 256 ; 407-503-1000 ; www.loewshotels.com/portofino-bay-hotel ; 5601 Universal Blvd, Universal Orlando Resort ; ch et ste 325-390 $, parking sans/avec voiturier 22/30 $ par jour ; ; Universal). Ce complexe somptueux rappelle le charme décontracté du littoral italien : jolies chambres, rues pavées et terrasses de café donnant sur un lagon central. Il y a une piscine à débordement ensablée pour les familles, la piscine Hillside à l'écart, une élégante piscine Villa, ainsi qu'un spa Mandara et le succulent Mama Della Ristorante (p. 323). Le soir, des musiciens jouent au bord de l'eau. Le tarif inclut l'entrée avancée au Wizarding World of Harry Potter et l'Unlimited Express Pass.

Loews Royal Pacific Resort RESORT **$$$**

(carte p. 256 ; 407-503-3000 ; www.loewshotels.com/royal-pacific-resort ; 6300 Hollywood Way, Universal Orlando Resort ; ch et ste 272-341 $, parking sans/avec voiturier 22/30 $ par jour ; ; Universal). Une immense véranda abritant des orchidées, un bassin, des fontaines de Bali et des éléphants sculptés occupe le hall de cet accueillant complexe, superbe propriété aux vastes pelouses agrémentée de plantes tropicales et de palmiers. Les restaurants servent une cuisine excellente. Le tarif inclut l'entrée avancée d'une heure au Wizarding World of Harry Potter et un Unlimited Express Pass.

Les enfants adoreront la piscine familiale ourlée de vrai sable et le "*dive-in movie*", à 18h, qui leur permet de regarder un classique d'Universal tout en pataugeant dans l'eau (voir ci-contre). Les chambres sont plus petites que dans les autres complexes d'Universal. Les tarifs chutent sensiblement en dehors de la haute saison.

Loews Sapphire Falls Resort HÔTEL **$$$**

(carte p. 256 ; 1-888-273-1311 ; www.universalorlando.com/sapphirefalls ; 6601 Adventure Way ; ch 192-225 $, parking sans/avec voiturier 22/30 $ par jour ;). Le dernier-né des hôtels d'Universal Resort a ouvert ses portes en juillet 2016. D'inspiration caribéenne, il offre une ambiance tropicale et un mélange de styles, de l'époque coloniale aux années 1950. La propriété comprend de belles rivières et des cascades. Les chambres présentent un mariage étrange de couleurs caribéennes et de décor à motifs, mais comme pour tout ce qui touche aux parcs d'Orlando, c'est la thématique qui est importante.

Certains des meilleurs restaurants et bars sont situés à l'intérieur du complexe, notamment le fabuleux bar Strong Water Tavern (p. 324).

Hard Rock Hotel COMPLEXE HÔTELIER **$$$**

(carte p. 256 ; 407-503-2000 ; www.hardrockhotels.com/orlando ; 5800 Universal Blvd, Universal Orlando Resort ; ch et ste 329-393 $, parking sans/avec voiturier 22/30 $ par jour ; ; Universal). De l'immense pelouse où est érigée une imposante fontaine en forme de guitare en passant par la musique sous-marine dans la piscine, l'esprit rock'n'roll est omniprésent dans cet hôtel moderne et stylé. Le tarif inclut l'entrée avancée au Wizarding World of Harry Potter et l'Unlimited Express Pass.

Il y a une immense piscine à débordement avec un toboggan et les familles frayent harmonieusement avec les jeunes fêtards. Néanmoins, les musiciens qui jouent dans le hall et l'ambiance animée peuvent être de trop si vous aspirez à la tranquillité. Pour une atmosphère plus feutrée, optez plutôt pour le Portofino Bay Hotel.

Où se restaurer

Dans les parcs à thème, les seuls restaurants avec service à table acceptant les réservations sont le Finnegan's Bar & Grill et le Lombard's Seafood Grille à Universal Studios, et le Mythos Restaurant et le Confisco Grille à Islands of Adventure.

Les hôtels d'Universal possèdent tous des bars et des restaurants de qualité, où vous pourrez aller même si vous n'y séjournez pas. Certains proposent même, pour les enfants, des tables de "personnages" où les héros d'Universal passent saluer les clients.

Islands of Adventure

Vous trouverez toutes sortes de fast-foods en parfaite adéquation avec les diverses thématiques du parc. Sirotez un Predator Rocks dans le feuillage luxuriant du crétacé à Jurassic Park ou buvez une Hogs Head Brew à Pré-au-Lard.

Three Broomsticks BRITANNIQUE $

(carte p. 256 ; www.universalorlando.com ; Islands of Adventure ; plats 12-17 $, billet d'entrée au parc requis ; 9h-fermeture du parc ; ; Lynx 21, 37 ou 40). Cuisine de fast-food anglaise autour de l'univers de *Harry Potter*. Hachis Parmentier, chaussons à la viande et bancs en bois rustiques. Il y a de nombreuses tables en extérieur à l'arrière, près du cours d'eau.

Confisco Grille & Backwater Bar AMÉRICAIN $

(carte p. 256 ; 407-224-4012 ; www.universalorlando.com ; Islands of Adventure ; plats 6-22 $, billet d'entrée au parc requis ; 11h-16h ; ; Lynx 21, 37 ou 40). Si discret qu'il passe inaperçu, le Confisco Grille vaut le détour avec ses tables à l'extérieur, son houmous frais, ses délicieuses pizzas au feu de bois et son bar bien fourni.

Mythos Restaurant MÉDITERRANÉEN $$

(carte p. 256 ; 407-224-4012, 407-224-4534 ; www.universalorlando.com ; Islands of Adventure ; plats 14-23 $, billet d'entrée au parc requis ; 11h-15h ; ; Lynx 21, 37 ou 40). Niché dans une grotte sous-marine et ouvrant sur un lac, ce restaurant comprend une grande verrière et un cours d'eau. Plus chic que ses concurrents, c'est la meilleure table du parc. La carte change en fonction des saisons, mais reste éclectique, allant des nouilles *pad thai* au risotto.

Universal Studios

Universal Studios compte les habituels restaurants et quelques adresses au thème sympathique, notamment de nombreuses options vendant des hamburgers et des glaces. Mais si vous rêvez d'un peu de changement, rendez-vous à la Duff Brewery (p. *323*) à Springfield (p. *316*) pour un Flaming Moe, une boisson non alcoolique à l'orange qui gargouille comme un volcan, ou une pinte glacée de la bière favorite de Homer Simpson.

Leaky Cauldron BRITANNIQUE $

(carte p. 256 ; www.universalorlando.com ; Universal Studios ; plats 8-15 $, billet d'entrée au parc requis ; 8h-fermeture du parc ; Lynx 21, 37 ou 40). Dans un merveilleux cadre potterien, les serveurs sorciers proposent des petits-déjeuners anglais, des hachis Parmentier, des ragoûts de bœuf à la Guinness et un *sticky toffee pudding* (gâteau à la sauce caramel). Commandez aux caisses et vos plats vous seront apportés à votre table, de réfectoire bien sûr, pour faire comme à Poudlard.

Les seules boissons proposées sont des délices qui pourraient exister dans le monde du jeune héros, notamment un Peachtree Fizzing Tea (thé pétillant du pêcher) et la Fishy Green Ale (ale verte aux œufs de poisson), toutes deux non alcoolisées, ainsi que la bière brune Wizards Brew (bière des sorciers) et la Dragon Scale (écaille de dragon), très maltée.

Florean Fortescue's Ice-Cream Parlour GLACIER $

(carte p. 256 ; www.universalorlandoresort.com ; Diagon Alley, Universal Studios ; glace 4-8 $, billet d'entrée au parc requis ; ouverture du parc-1 heure avant la fermeture du parc ; Lynx 21, 37 ou 40). Dans *Harry Potter et le Prisonnier d'Azkaban*, Harry vit quelque temps au Chaudron Baveur et Florean Fortescue lui offre de la glace gratuitement dès qu'il passe au magasin. Sa ravissante et lumineuse boutique, en face du dragon cracheur de feu qui surmonte la banque de Gringotts, est désormais ouverte aux Moldus qui viennent goûter des glaces à des parfums inattendus et délicieux, notamment à la bière au beurre, au *sticky toffee pudding* et à la crème fraîche épaisse, ainsi qu'au jus de citrouille.

Mel's Drive-In HAMBURGERS **$**

(carte p. 256 ; www.universalorlando.com ; Universal Studios ; plats 10-14 $, billet d'entrée au parc requis ; 11h-fermeture du parc ; ; Lynx 21, 37 ou 40, Universal). Basée sur le film *American Grafitti*, Mel's Drive-In est un restaurant typique des années 1950, avec voitures d'époque et groupes de musique à l'extérieur. La cuisine n'est pas meilleure que dans les fast-foods classiques mais l'atmosphère est bien plus amusante.

Lombard's Seafood Grille POISSON ET FRUITS DE MER **$$**

(carte p. 256 ; 407-224-3613, 407-224-6401 ; www.universalorlando.com ; Universal Studios ; plats 15-28 $, billet d'entrée au parc requis ; 11h-fermeture du parc ; ; Lynx 21, 37 ou 40). Une table plus haut de gamme (qui plaît aux seniors). Tapis d'Orient, imposant aquarium et un menu qui fait la part belle aux produits de la mer. Une parenthèse relaxante dans la frénésie d'Universal.

Finnegan's Bar & Grill PUB **$$**

(carte p. 256 ; 407-224-3613 ; www.universalorlando.com ; Universal Studios ; plats 10-23 $, billet d'entrée au parc requis ; 11h-fermeture du parc ; ; Lynx 21, 37 ou 40). Pub irlandais dont les concerts, eux, semblent joués depuis les rues de New York. On y sert des chaussons à la viande, des *Scotch eggs* (œufs entourés de chair à saucisse et de panure) ainsi que de la bière Harp, Bass et Guinness à la pression. Détail agaçant (ce qui est le cas pour la plupart des établissements, apparemment), les tarifs ne sont pas affichés sur la carte à l'extérieur.

Superstar Character Breakfast AMÉRICAIN **$$$**

(carte p. 256 ; 407-224-7554 ; www.universalorlando.com ; Cafe La Bamba, Universal Studios ; tarif plein/enfant 35/21 $, billet d'entrée au parc requis ; 9-11h ; Lynx 21, 37 ou 40). Petit-déjeuner avec Gru et les Minions, Bob l'Éponge et d'autres stars de l'Universal Superstar Parade au café La Bamba d'Universal Studio. Appeler pour confirmer les réservations par Internet.

DELANCY STREET PREVIEW CENTER

Il arrive qu'Universal demande à certains visiteurs s'ils veulent bien se rendre au Delancy Street Preview Center (la section New York d'Universal Studios) pour regarder des extraits de pilotes de séries ou de films et donner leur avis. C'est un moyen de tester le potentiel de nouveaux programmes et les participants reçoivent une compensation financière. En fonction du contenu, une certaine catégorie de la population est recherchée, et le centre n'est pas toujours ouvert. Mais si vous passez par là, renseignez-vous : peut-être correspondrez-vous au profil souhaité.

CityWalk

L'entrée aux parcs à thème, CityWalk est bordé d'excellents restaurants et bars. La plupart se transforment en salles de concert le soir et font payer l'entrée après 21h. Pour ne pas avoir à donner les frais d'entrée individuels, achetez un CityWalk Party Pass (12 $; gratuit avec l'entrée multi-jours aux parcs d'attractions) qui donne un accès illimité à tous les clubs et bars. Supplément pour un film (3 $) ou un dîner et un film (10 $).

♥ **Toothsome Chocolate Emporium & Savory Feast Kitchen** INTERNATIONAL **$**

(carte p. 256 ; stayinguniversal.com/menus/toothsome-chocolate-emporium-menu ; City Walk ; 11h-23h dim-jeu, 11h-23h30 ven-sam). Un établissement agréablement insolite, qui allie le *steampunk* (courant littéraire à mi-chemin entre la fantasy et la science-fiction, dont les récits se passent généralement au XIXe siècle, à l'époque victorienne) et Willy Wonka. Et puis, il y a le chocolat... Mais nous ne voulons pas vous gâcher la surprise. Alors suivez votre odorat et entrez dans un monde de merveilles chocolatées, rempli de gadgets, où vous découvrirez son "créateur", Professor Doctor Penelope Tibeaux-Tinker Toothsome.

Au menu : plats de poisson et fruits de mer, steaks, pain au chocolat, ailes de poulet au chocolat, gnocchis au chocolat.

RENCONTRER LES PERSONNAGES À UNIVERSAL ORLANDO RESORT

Nombre de célébrités peuplent Universal Studios et Islands of Adventure : Bob l'Éponge, Scooby-Doo, les Minions et Marilyn Monroe, mais aussi le casting des *Simpson*, de *Shrek* et des livres du Dr Seuss. Les plus appréciés apparaissent à des horaires planifiés. La carte du parc indique les lieux et les heures d'apparition. Universal organise aussi des dîners avec des personnages.

Si les mets salés sont délicieux, les desserts au chocolat sont à se damner. Et tout cela grâce au Professor Toothsome qui, de retour à Londres après avoir voyagé dans le monde entier au XIXe siècle, voulut partager ses récentes découvertes : de fascinantes méthodes de préparer le chocolat. C'est pourquoi elle ouvrit le Toothsome Chocolate Emporium & Savory Feast Kitchen. Penelope viendra vous voir dans la soirée pour s'assurer que votre repas vous plaît. Parfait pour marquer de manière amusante le début ou la fin de votre séjour dans le parc.

Cowfish AMÉRICAIN **$$**

(carte p. 256 ; ☎407-224-3663 ; www.universalorlando.com ; CityWalk, Universal Resort ; plats 15-23 $; ⏲10h30-23h dim-jeu, 10h30-minuit ven-sam). Spécialité n'existant sans doute qu'aux États-Unis, le "burgushi" est un mariage entre le burger et le sushi (ce qui explique le nom "Vachepoisson" du restaurant !). En réalité, il s'agit plus de sushi avec une composante burger que de réelle cuisine fusion. Mais c'est bon. C'est une adresse très prisée qui possède un bar fabuleux. Accompagnez votre plat d'un verre de saké ou d'une bière pour une expérience encore plus agréable.

Hard Rock Café AMÉRICAIN **$$**

(carte p. 256 ; ☎407-351-7625 ; www.hardrock.com/cafes/orlando ; CityWalk ; plats 13-27 $; ⏲8h30-minuit ; ; Lynx 21, 37 ou 40, Universal). Extrêmement appréciée, cette option à l'esprit rock'n'roll propose d'excellents burgers. Ouverte pour le petit-déjeuner, elle est pratique pour faire le plein d'énergie avant la rude journée qui vous attend. Pas de réservations, mais en appelant à l'avance, vous obtiendrez une "priorité" (qui permet de ne pas faire la queue, mais ne garantit pas une table).

Bob Marley – A Tribute to Freedom JAMAÏCAIN **$$**

(carte p. 256 ; ☎407-224-3663 ; www.universalorlando.com ; CityWalk ; plats 15-18 $; ⏲restaurant 16h-2h ; Lynx 21, 37 ou 40, Universal). Poulet à la jamaïcaine, ragoût de lotte, burgers végétariens et frites de manioc, le tout servi dans une réplique de la maison du maître du reggae. Concert de reggae dans la cour intérieure chaque soir. Interdit aux moins de 21 ans après 21h.

NBC Sports Grill & Brew AMÉRICAIN **$$**

(carte p. 256 ; www.universalorlando.com ; City Walk, Universal Orlando Resort ; plats 14-40 $; ⏲11h-1h30). Cet immense restaurant-grill sportif ne vous épargne aucune analogie sportive. Il possède un écran de 36,5 m de large (qui repasse les meilleurs moments de l'histoire sportive de la NBC), ainsi que 100 autres écrans qui passent en direct toutes sortes de matchs, et proposent 100 types de bières, allant de productions artisanales à des bières régionales. La vaste carte propose de tout, des ailes de poulet à un Big Banana Cake de sept couches. C'est un lieu sympathique et bruyant, où règne la testostérone.

Jimmy Buffett's Margaritaville CARIBÉEN **$$**

(carte p. 256 ; ☎407-224-2155 ; www.margaritavilleorlando.com ; CityWalk ; plats 10-18 $; ⏲11h30-2h ; ; Lynx 21, 37 ou 40, Universal). Festivités d'inspiration caribéenne, trois bars, dîner en terrasse et concerts dans la veine de Jimmy Buffett après 22h. Craquez pour l'alléchante et colorée formule margarita – quatre mini-verres, servis givrés ou avec des glaçons. Le Lone Palm est un bar tiki sur l'eau, face à Margaritaville – un avion (de la collection personnelle de Jimmy Buffett) est garé devant. C'est une bonne adresse pour prendre un verre.

Complexes hôteliers

Emack & Bolio's Marketplace GLACES **$**

(carte p. 256 ; ☎407-503-2000 ; www.emackandbolios.com ; 5800 Universal Blvd, Hard Rock Hotel ; glaces 3-8 $; ⏲6h-22h dim-jeu, 6h-23h ven-sam ; ; Universal). Dans cet établissement originaire de Boston, les glaces sont imbattables. Et il n'y a que dans ce bastion du rock'n'roll que vous trouverez un parfum nommé Deep Purple.

Mama Della's Ristorante ITALIEN $$

(carte p. 256 ; 407-503-3463 ; www.universalorlando.com ; 5601 Universal Blvd, Loews Portofino Bay Hotel ; plats 10-22 $; 17h30-23h ; ; Universal). Avec son papier peint suranné ornant des salles aux alcôves romantiques de bois sombre, l'endroit est charmant, cosy et chaleureux. Des musiciens passent entre les tables et les plats italiens sont aussi frais que savoureux. Service efficace mais sans prétention. Un bon vin ou un soda dans une bouteille à l'ancienne pour arroser une assiette de pâtes permettent aux parents comme aux enfants de finir en beauté une journée chez Universal.

Orchid Court Sushi Bar JAPONAIS $$

(carte p. 256 ; 407-503-3000 ; www.universalorlando.com ; 6300 Hollywood Way, Loews Royal Pacific Resort ; sushis 5-16 $, plats 13-20 $; 6h-11h et 17h-23h ; ; Universal). Dans le vaste et lumineux hall ceint de baies vitrées du Royal Pacific Resort, ce modeste bar à sushis respire le calme. Les chaises et canapés sont couverts de coussins. Goûtez donc au *moonstone lychetini* (ou à tout autre cocktail en "tini" ; 15 $). Également ouvert pour le petit-déjeuner.

Emeril's Tchoup Chop POISSON ET FRUITS DE MER $$$

(carte p. 256 ; 407-503-2467 ; www.emerilsrestaurants.com ; 6300 Hollywood Way, Loews Royal Pacific Resort ; plats 24-36 $; 11h30-14h30 et 17h-22h ; Universal). Une délicieuse cuisine des îles, des produits de la mer aux accents asiatiques, le tout préparé avec des ingrédients de première fraîcheur. Avec son impressionnant décor (imposants lustres orange et jaunes) et son ambiance plus détendue, c'est l'un des meilleurs restaurants avec tables de l'Universal Orlando Resort.

Kitchen AMÉRICAIN $$$

(carte p. 256 ; 407-503-2430 ; loewshotels.com/hard-rock-hotel/dining/restaurant ; 5800 Universal Blvd, Hard Rock Hotel ; plats 15-40 $; 7h-22h dim-jeu, 7h-23h ven-sam ; ; Universal). Arsenal musical et dîner au bord de la piscine. Au menu : focaccias, steak et nourriture roborative, par exemple tourte au poulet et poulet rôti. Les enfants peuvent manger dans le Kid's Crib pour profiter de ses poufs, jouets et dessins animés pendant que les parents mangent entre adultes. Tous les soirs, deux personnages viennent voir les clients aux tables.

Palm Restaurant GRILL $$$

(carte p. 256 ; 407-503-7256 ; www.thepalm.com ; 5800 Universal Studios Blvd, Hard Rock Hotel ; plats 38-59 $; 17h-22h ; Universal). Le premier Palm a ouvert à New York en 1926 et, s'il existe désormais 30 antennes, cela reste une affaire familiale américaine, mais les tarifs sont un peu élevés. Cocktails classiques, steaks imposants, homard, cuisine italienne et vacarme constant.

Où prendre un verre et faire la fête

Islands of Adventure

Hog's Head Pub PUB

(carte p. 256 ; www.universalorlando.com ; Islands of Adventure, Universal Studios ; boissons 4-8 $, billet d'entrée au parc requis ; 11h-fermeture du parc ; Lynx 21, 37 ou 40). Bière au beurre, givrée ou mousseuse, pression, cidre au potiron et bien plus. Guettez le cochon de l'autre côté du bar – il est plus réel que vous ne le pensez. Si la queue pour la bière au beurre est trop longue dehors, allez à l'intérieur : même prix, même produit.

Universal Studios

Moe's Tavern BAR

(carte p. 256 ; www.universalorlando.com ; Springfield, Universal Studios ; boissons 3-9 $, billet d'entrée au parc requis ; 11h-fermeture du parc ; ; Lynx 21, 37 ou 40). Tout y est, au point qu'on en viendrait presque à croire avoir poussé la porte du bar favori de Homer. Goûtez le Krusty Burger dans l'aire de restauration mitoyenne et sirotez une Duff Beer, Duff Lite ou Duff Dry au bar.

Duff Brewery BAR

(carte p. 256 ; www.universalorlando.com ; Springfield, Universal Studios ; en-cas 5-12 $, billet d'entrée au parc requis ; 11h-fermeture du parc ; ; Lynx 21, 37 ou 40). Ce bar, dont la terrasse donne sur le lagon, sert la bière préférée de Homer (la Duff), à la pression ou en bouteille, mais aussi le fameux Flaming Moe, le cocktail flambé de Moe. Devant, des arbres sont taillés pour ressembler à des mascottes de la marque.

Chez Alcatraz BAR

(carte p. 256 ; www.universalorlando.com ; San Francisco, Universal Studios ; billet d'entrée au parc requis ; 11h-fermeture du parc ; ; Lynx 21, 37 ou 40). Mojitos glacés, focaccias et frites maison à Fisherman's Wharf, au bord de l'eau. Le clapotis des bateaux tanguant dans les docks, ajouté à la vue sur Springfield, font de l'Alcatraz un petit bar en plein air idéal pour se détendre au calme. Juste à côté, Bruce, le terrible requin des *Dents de la mern,* pend en taille réelle à un grand portique, attendant d'être pris en photo.

CityWalk

Red Coconut Club CLUB

(carte p. 256 ; 407-224-4233 ; www.universalorlando.com ; CityWalk ; entrée après 22h 7 $; 20h-2h dim-jeu, à partir de 18h ven-sam ; Lynx 21, 37 ou 40, Universal). Cet établissement qui mélange les ambiances cubaine des années 1950, polynésienne rétro et contemporaine, propose une atmosphère tendance, avec concerts, bar à martini et balcon sur le toit.

Pat O'Brien's BAR

(carte p. 256 ; 407-224-2106 ; www.universalorlando.com ; CityWalk ; entrée après 22h 7 $; 16h-2h, piano-bar à partir de 17h ; Lynx 21, 37 ou 40, Universal). Réplique d'un bar du même nom de La Nouvelle-Orléans. Cuisine cajun (plats 8-17 $), duels de pianos et charmante terrasse extérieure.

Groove CLUB

(carte p. 256 ; 407-224-2165 ; www.universalorlando.com ; CityWalk ; 21h-2h ; Lynx 21, 37 ou 40, Universal). Une discothèque aux murs couverts de néons bleus, avec plusieurs bars et 3 salles à thème où gronde une musique tonitruante.

Complexes hôteliers

♥ Strong Water Tavern BAR

(carte p. 256 ; www.loewshotels.com/sapphire-falls-resort/dining/lounges ; Loews Sapphire Falls Resort, Universal Orlando Resort ;). Ce bar à tapas et à rhum sophistiqué vous transportera directement dans les Caraïbes. Les éléments en bois, notamment des couvercles de barils de rhum suspendus au plafond, font de ce bar d'hôtel un lieu élégant et plein de charme. Goûtez quelques-uns des nombreux rhums proposés (il y en a plus de 60) ; un conseiller est à disposition pour répondre à vos questions.

Jake's American Bar BAR

(carte p. 256 ; www.universalorlando.com ; Loews Royal Pacific Resort, Universal Orlando Resort ; 11h-1h30). Pour un voyage dans cette île des mers du Sud où "Jake", le pilote imaginaire d'un avion, tient cette agréable option. Nous n'insisterons pas sur la décoration, il ne s'agit pas de *L'Île aux naufragés,* même si la carte "carnet de vol" (plats 13-17 $) est amusante. C'est un lieu plaisant, à sa place dans le Royal Pacific.

On y sert de tout, des bières à d'excellents en-cas. Les sandwichs au crabe (16 $) sont succulents.

☆ Où sortir

CityWalk, le quartier des loisirs d'Universal Orlando (accès gratuit au public), ne manque ni de clubs, ni de concerts.

Wantilan Luau DANSE DU FEU

(carte p. 256 ; 407-503-3463 ; www.universalorlando.com ; 6300 Hollywood Way, Loews Royal Pacific Resort ; adulte 70-76 $, 3-9 ans 35-40 $; 18h sam ; Universal). Des danseurs de feu des îles du Pacifique vibrent sur scène pendant que les convives savourent le cochon de lait rôti, les côtelettes sauce goyave au barbecue et autres mets polynésiens servis en buffet. L'ambiance est merveilleusement décontractée et, comme toujours à Universal Orlando, tout n'est que légèreté et amusement. Cocktail, bière et vin à volonté inclus dans le prix. Les petits risquent d'être effrayés par le rugissement des guerriers maori ou la proximité du feu, mais il y a une agréable pelouse près de la scène, où les enfants peuvent gambader. Réservations acceptées jusqu'à 2 mois à l'avance.

Blue Man Group ARTS DU SPECTACLE

(carte p. 256 ; 407-258-3626 ; www.universalorlando.com ; CityWalk ; adulte/enfant à partir de 60/30 $; variable ; Lynx 21, 37 ou 40, Universal). Originellement phénomène du Broadway Off apparu en 1991, le Blue Man Group est une troupe de théâtre comique endiablée qui apporte chez Universal son attirail délirant : "instruments" de percussions, paintball, chamallows, pour se livrer à un exercice entre danse contemporaine et folie débridée.

Universal's Cinematic Spectacular CINÉMA

(carte p. 256 ; réservations 407-224-7554 ; www.universalorlando.com ; Universal Studios ;

billet d'entrée au parc requis ; ⏲soir, horaires des films variables ; 🚌Lynx 21, 37 ou 40). Ce vibrant hommage porté par la voix de Morgan Freeman associe feux d'artifice, spectacle eau et lumières et extraits de grands classiques projetés au-dessus du lagon. Universal propose de voir ce divertissement aux premières loges avec l'Universal's Cinematic Spectacular Dining Experience (adulte/enfant 45/17 $), incluant un dîner au Lombard's Seafood Grille (p. 321) et un buffet dessert en terrasse. Même si vous avez réservé et payé, vous devez appeler pour confirmer.

CityWalk's Rising Star KARAOKÉ
(carte p. 256 ; ☎407-224-4233 ; www.universalorlando.com ; CityWalk ; entrée 7 $; ⏲20h-2h ; 🚌Lynx 21, 37 ou 40, 🚋Universal). Karaoké, concerts avec choristes ou concours de talents. Nombreux cocktails pour vous donner du courage.

Hard Rock Live CONCERTS
(carte p. 256 ; ☎407-351-5483 ; www.hardrock.com ; CityWalk ; 20-40 $; ⏲billetterie 10h-21h ; 🚌Lynx 21, 37 ou 40, 🚋Universal). Avec une capacité de 3 000 personnes, cette salle emblématique accueille des grandes figures du rock et des spectacles comiques. Bar à part entière.

Dive-In Movies CINÉMA AQUATIQUE
(⏲crépuscule ; 🚋Universal). Films grand public projetés gratuitement au bord des piscines des complexes hôteliers d'Universal Orlando : Loews Portofino Bay (p. 319), Hard Rock (p. 319) et Loews Royal Pacific Resort (p. 319). La programmation est saisonnière et certains films sont projetés plusieurs soirs de la semaine.

AMC Universal Cineplex 20 CINÉMA
(carte p. 256 ; ☎407-354-3374 ; www.amctheatres.com ; tarif plein/enfant à partir de 11/8 $; 🚌Lynx 21, 37 ou 40, 🚋Universal). Complexe avec bar et restaurant. Parking avant/après 18h : 16/3 $.

ℹ Renseignements

ACCÈS INTERNET

Le Wi-Fi est gratuit dans tout Universal Studios, aux Starbucks d'Islands of Adventure et CityWalk, ainsi que dans les complexes hôteliers Universal Orlando (clients seulement, mais Wi-Fi public près des halls et piscines).

BILLETS D'ENTRÉE

Le tableau suivant indique le prix des billets, adulte, pour l'accès à un ou deux parcs Universal (Islands of Adventure et Universal Studios) :

Nombre de jours	Un parc ($) adulte/enfant	Deux parcs ($) adulte/enfant
1	105/100	155/150
2	185/175	235/225
3	204/195	260/245
4	215/205	265/255

➡ Les billets sont valables durant les 14 jours consécutifs à la première utilisation.

➡ Les tickets multi-jours incluent l'entrée aux établissements payants du CityWalk. L'Orlando Flex Ticket donne accès aux parcs Universal – en vente sur Internet ou aux guichets de l'Orlando **Official Visitor Center** (p. 272).

➡ Évitez les queues à certains manèges d'Islands of Adventure et Universal Studios en présentant votre **Express Pass** à la file dédiée. Le pass à la journée (50 à 60 $ pour un parc, à partir de 65 $ pour deux) inclut un accès express à chaque attraction. Autrement, la formule **Park-to-Park Ticket Plus Unlimited Express** (à partir de 220 $) inclut l'entrée aux deux parcs et l'usage illimité de l'Express Pass pendant deux jours. Avec, vous pourrez faire n'importe quel manège, quand vous voudrez, aussi souvent que vous le désirerez. Si vous dormez dans l'un des deux complexes supérieurs Universal Orlando – Loews Portofino Bay, Hard Rock ou Loews Royal Pacific – jusqu'à cinq clients par chambre reçoivent automatiquement l'Unlimited Express Pass. Un nombre défini de pass est disponible en ligne chaque jour et aux billetteries du parc. Le calendrier des prix et journées noires est publié sur www.universalorlando.com. Les pass Unlimited Express sont couplés à l'entrée au parc sur le site, mais vous pourrez les combiner à des billets standards aux guichets du parc s'ils n'ont pas tous été vendus.

➡ Depuis l'ouverture de **Volcano Bay**, un billet de 3 jours valable dans 3 parcs (durée 2-5 jours) vous coûtera à partir de 245/235 $ par adulte/enfant.

CASIERS

À disposition dans Islands of Adventure et Universal Studios pour 10 $ par jour. Plusieurs manèges imposent d'utiliser des casiers à courte durée pour y déposer les objets sensibles, notamment sacs à dos et sacs à main. Si vous transportez un objet trop encombrant pour le casier, tirez parti de l'option *Bag Swap*, qui consiste à faire la queue à deux, chacun tenant à tour de rôle le sac de l'autre tandis qu'il fait l'attraction.

GARDE D'ANIMAUX DE COMPAGNIE

Universal Orlando Resort Kennel (☎407-224-9509 ; www.universalorlando.com ; Universal Orlando Resort ; 15 $/jour par animal ; ⏲7h-3h). Garde à la journée pour chiens et chats. Attention : vous devrez passer pour promener votre animal. Situé à gauche des emplacements caravanes du parking Universal Orlando Resort. Les animaux sont acceptés dans tous les hôtels, hormis Cabana Bay.

GARDE D'ENFANTS

Kids' Camp (p. 255). Chaque semaine, un des complexes hôteliers met en place un service de garde d'enfants, avec DVD, ateliers artistiques et travaux pratiques, activités et jeux, pour les enfants de 4 à 14 ans. Réservations recommandées mais non indispensables. Il faut en revanche être client dans l'un des hôtels Universal. Supplément dîner : 15 $.

HEURES D'OUVERTURE

Les horaires changent en fonction des jours et saisons. En général, les parcs ouvrent à 8h ou 9h et ferment entre 18h et 22h. Les clients des cinq hôtels situés sur place peuvent entrer dans les parcs une heure avant l'ouverture officielle.

NUMÉROS DE TÉLÉPHONE UTILES

Dining CityWalk & Theme Parks (☎407-224-9255). Inscription pour une table dans CityWalk, Islands of Adventure et Universal Studios.

Dining Resort Hotels (☎407-503-3463). Réservation pour une table aux hôtels Loews Portofino Bay, Hard Rock et Loews Royal Pacific.

Guest Services (☎407-224-6350, 407-224-4233).

Resort Hotel Reservations (☎888-273-1311, forfaits vacances 888-343-3636). Pour l'hébergement dans l'un des cinq complexes hôteliers Universal.

Universal Orlando Resort (☎407-363-8000, numéro gratuit ☎800-232-7827). Numéro central (automatisé) pour tout ce qui concerne Universal.

Universal Orlando Resort Lost & Found (objets trouvés ; ☎407-224-4233). Situé aux points d'accueil.

PLANS

Procurez-vous un plan gratuit à chaque entrée de parc (et dans les kiosques qui émaillent le parc). Ils répertorient aussi toutes les attractions, avec le calendrier des manifestations et des spectacles et le lieu des rencontres gratuites avec les personnages. Le mensuel *Times & Info Guide* indique aussi les défilés et événements plus importants.

OFFICES DU TOURISME

Les points d'accueil dans chaque parc et au CityWalk répondront à toutes vos questions. Il y a également une conciergerie dans les cinq hôtels du parc. Par ailleurs, la réception de n'importe quel hôtel des environs d'Orlando dispose d'informations touristiques sur l'Universal Orlando Resort.

SERVICES MÉDICAUX

Chaque parc dispose d'installations médicales. L'hôpital le plus proche est le Dr P. Phillips Hospital (p. 272), à seulement 9 km au sud, sur Turkey Lake Rd.

SITES INTERNET

Orlando Informer (www.orlandoinformer.com). Des informations détaillées et pertinentes sur Universal : nouveautés, astuces pour économiser, menus et calendrier de fréquentation.

Universal Orlando Resort (www.universalorlando.com). Site officiel. Hébergement, billets et renseignements.

VOYAGEURS HANDICAPÉS

- L'*Universal Orlando Rider's Guide* est à disposition sur www.universalorlando.com et aux points d'accueil. Il liste les prérequis et bien d'autres détails sur l'accès aux attractions pour les handicapés.
- Une interprétation en langue des signes, du sous-titrage et des équipements d'aide à l'audition sont disponibles dans certaines attractions, ainsi que des plans en grands caractères et en braille. Des téléphones TDD (pour les malentendants) sont installés dans le parc.
- Fauteuils et voiturettes électriques (Electric Convenience Vehicules) sont en location à l'entrée de chaque parc. Mieux vaut réserver la voiturette à l'avance (☎407-224-4233).

Depuis/vers Universal Orlando Resort

BATEAU

Universal Orlando Water Taxis (carte p. 256 ; www.universalorlando.com ; Universal Orlando Resort ; ⏲7h-2h). Les navettes fluviales qui passent environ toutes les 15 minutes desservent régulièrement et directement quatre des cinq complexes hôteliers (sauf le Cabana Bar) et le CityWalk. De là, cinq minutes à pied suffisent pour franchir le canal et accéder aux parcs.

BUS

Les bus Lynx 21, 37 et 40 rejoignent le parking d'Universal Orlando Resort (le 40 part directement de la gare centrale d'Orlando Amtrak). L'**I-Ride Trolley** d'International Drive

(p. 249) s'arrête à Universal Blvd, à seulement 1 km de marche.

VOITURE

Depuis l'I-4, prendre la sortie 74B ou 75A et suivre les panneaux. Depuis l'International Dr, suivez les panneaux vers l'ouest pour prendre Universal Blvd.

Stationnement

Les stationnements prévus pour les parcs d'attractions et le CityWalk se trouvent dans un immense parking (parking avec/sans voiturier 20/30 $). Dans les hôtels, des frais supplémentaires s'appliquent au stationnement (à partir de 22 $) et au service voiturier (29 $).

Comment circuler

Les complexes hôteliers, Islands of Adventure, Universal Studios et CityWalk sont reliés par des chemins bien éclairés. Il ne faut que 10 à 15 minutes pour rejoindre les parcs et le CityWalk depuis les hôtels. Cabana Bay Beach Resort est à environ 25 minutes à pied. Plusieurs hôtels en dehors du complexe sont également à 20 minutes mais la promenade n'est pas agréable.

Vous pouvez louer des poussettes, fauteuils roulants et voiturettes électriques à l'entrée de chaque parc et des fauteuils manuels à la section Rotunda du parking.

Space Coast

186 510 HABITANTS / ☎ 321

Dans ce chapitre ➡

Le top des restaurants

- Dixie Crossroads (p. 345)
- Green Room Cafe (p. 336)
- Fat Snook (p. 336)
- Ocean 302 (p. 342)
- Chef Larry's (p. 345)
- Crush Eleven (p. 340)

Le top des hébergements

- Solrisa Inn (p. 340)
- Beach Place Guesthouses (p. 336)
- Port d'Hiver (p. 342)
- Crane Creek Inn (p. 342)
- Casa Coquina del Mar (p. 345)

Pourquoi y aller

Sur plus de 65 kilomètres, la côte Atlantique qui va de Canaveral National Seashore à Melbourne Beach au sud, protégée par une île barrière, offre des étendues sans fin de sable blanc presque désertes, une culture surf bien enracinée et quelques poches de la Floride ancienne.

Le centre spatial Kennedy et plusieurs petits musées consacrés à l'histoire, aux héros et à la science du programme spatial des États-Unis ont donné son nom à la Space Coast (côte de l'Espace), et le centre touristique régional de Cocoa Beach est tout proche du centre de tir des énormes fusées de cap Canaveral, juste au nord. Mais tout près des films en 3D sur l'espace, des bars tiki, de style polynésien, et des boutiques de surf règne une nature sans pareille. Cette vie sauvage intacte ne laisse personne indifférent. Virée en kayak aux côtés des lamantins, nuit sous la tente sur une île privée ou simple promenade sur des plages de sable blanc s'étendant à perte de vue… calme et paix ne sont jamais loin.

Quand partir

Cocoa Beach

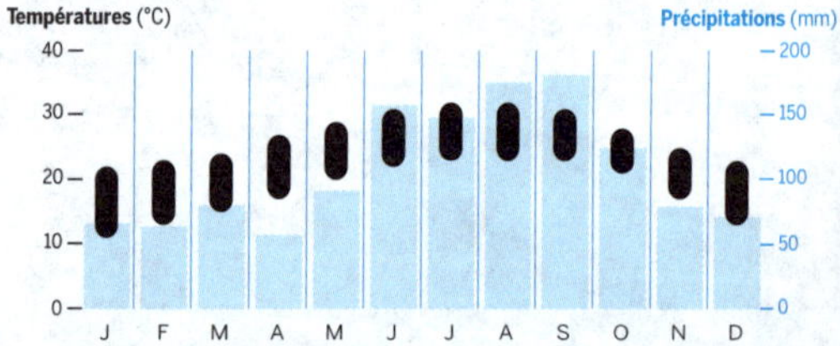

Juillet Il y a moins de monde, les prix chutent, et les tortues caouannes viennent pondre sur les côtes.

Avril C'est le mois le plus ensoleillé, et les vacanciers du printemps ont en majorité plié bagage.

Automne L'apogée de la saison migratoire des oiseaux ; temps idéal pour observer la vie sauvage.

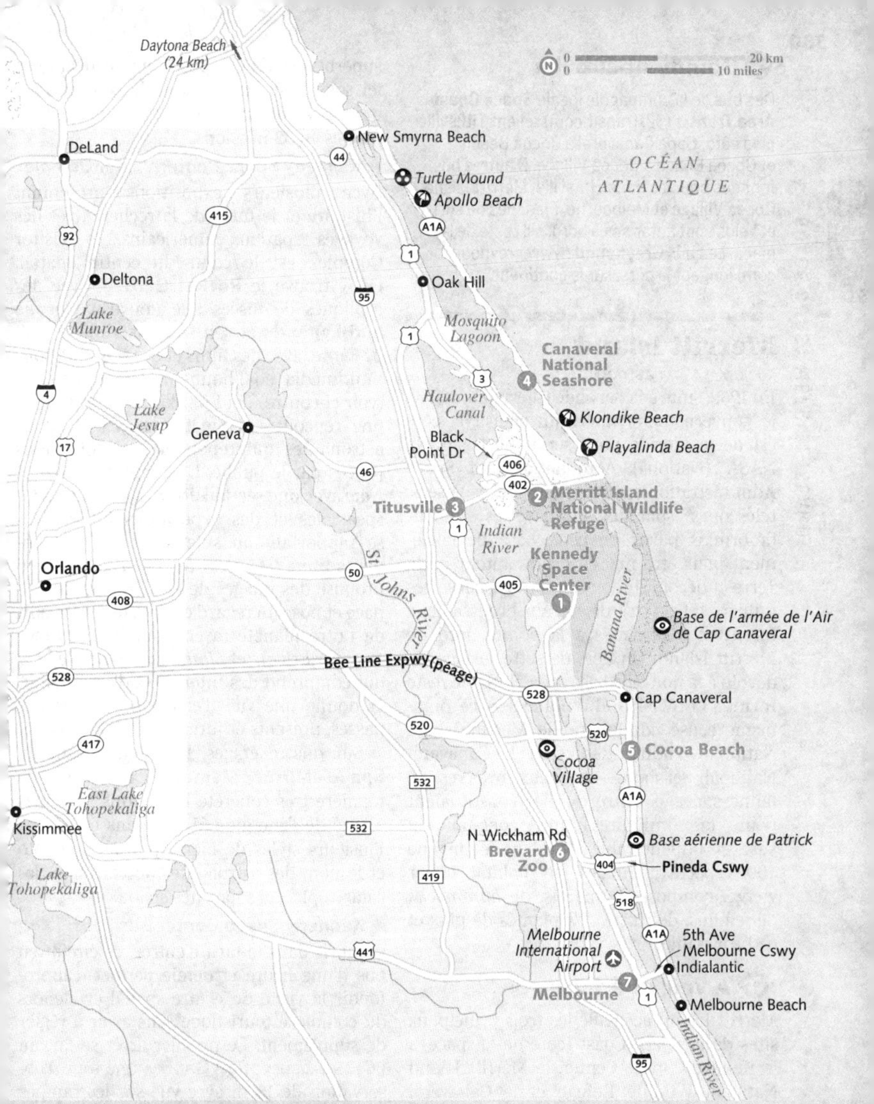

À ne pas manquer

1 Le programme spatial américain et l'enthousiasme de ses astronautes du **Kennedy Space Center** (p. 330).

2 Une balade en kayak parmi les lamantins et les dauphins du **Merritt Island National Wildlife Refuge** (p. 331).

3 Un tour au Space View Park pour le lancement d'une fusée ou dans le centre historique de **Titusville** (p. 344) pour boire un verre.

4 L'observation des tortues venues pondre et des pélicans volant en piqué au **Canaveral National Seashore** (p. 332).

5 Les plus fortes vagues de Floride, à surfer ou à admirer depuis le **Cocoa Beach Pier** (p. 334).

6 Du kayak parmi les girafes ou de la tyrolienne au-dessus des bassins d'alligators du **Brevard Zoo** (p. 341).

7 Une pièce de théâtre ou un concert de l'orchestre symphonique de quartier dans le centre historique de **Melbourne** (p. 341).

Comment circuler

Des bus de la compagnie locale **Space Coast Area Transit** (321transit.com) relient Titusville et la côte, Cape Canaveral à Cocoa Beach et Cocoa Beach à Cocoa Village. D'autres bus font des boucles dans Titusville, Merritt Island, Cocoa Village et Melbourne. Planches de surf et vélos sont autorisés à bord, s'il reste de la place. Les bus **Greyhound** (www.greyhound.com) longent la côte, sur le continent.

Merritt Island

☎321 / 34 743 HABITANTS

En 1958, suite à la Seconde Guerre mondiale, le gouvernement américain choisit la côte est de la Floride pour servir de base à la NASA (National Aeronautics and Space Administration), récemment créée. Fusées, télescopes spatiaux et navettes allaient désormais partir de cette base de lancement pour être mis en orbite autour de la Terre et découvrir de nouvelles galaxies. Des milliers d'hectares de terrain broussailleux furent réquisitionnés à la pointe nord de Merritt Island. Un tiers de cette surface fut dévolu à la nouvelle base de la NASA, le reste revint à l'US Fish and Wildlife Service, organisme censé administrer le Merritt Island National Wildlife Refuge et le Canaveral National Seashore. Ces deux réserves de faune sauvage, outre qu'elles constituaient pour les militaires une zone-tampon sûre et impénétrable, offraient à quelque 500 espèces animales un habitat côtier vierge, composé de marais, de *hammocks* de feuillus, de *flatwoods* plantés de pins et de broussailles.

À voir et à faire

Merritt Island accueille les trois principaux sites de la Space Coast (côte de l'Espace) : le Kennedy Space Center, le Merritt Island National Wildlife Refuge et le Canaveral National Seashore. C'est un des plus importants lieux de ponte des tortues du pays : 7 470 nids y ont été dénombrés en 2015.

♥ **Kennedy Space Center** MUSÉE

(☎866-737-5235 ; www.kennedyspacecenter.com ; NASA Pkwy, Merritt Island ; adulte/3-11 ans 50/40 $; ⏲9h-18h). Que l'on soit fan ou non de l'espace, le Space Center en impose. Pour une bonne vue d'ensemble, commencez par la section Heroes and Legends, faites ensuite le circuit en bus d'une heure et demie jusqu'à l'Apollo/Saturn V Center (doté du meilleur café), et terminez par Space Shuttle Atlantis, superbe nouvelle exposition. On déambule ici sous le fuselage noirci de cette navette qui a parcouru plus de 202 millions de kilomètres en 33 missions.

➡ **Kennedy Space Center Visitor Complex**

Avec plusieurs expositions présentant l'histoire et le futur de la recherche et des voyages spatiaux américains, le Visitor Complex est le cœur du centre spatial. On y trouve le **Rocket Garden**, avec des répliques de fusées ; le nouveau **Heroes and Legends** et son **U.S. Astronaut Hall of Fame**, avec des films et des présentations multimédia en l'honneur des astronautes (voir ci-contre) ; et l'**Astronaut Encounter**, une rencontre d'une heure avec de vrais astronautes qui répondent aux questions posées par le public. Une exposition *NASA Now* avec une section **Journey to Mars**, des spectacles et des expositions interactives se rapportant au sujet, et deux passionnants **films IMAX** : *A Beautiful Planet*, qui propose des images de la Terre vue de l'espace et pose un regard optimiste sur l'avenir de notre planète (avec Jennifer Lawrence en narratrice), et *Journey to Space 3-D* qui comprend des interviews d'astronautes et donne une vue d'ensemble des projets passés, présents et futurs de la NASA.

Sur quatre étages, le granit luisant du **Space Mirror Memorial** symbolise de manière très concrète les destins tragiques à côté de l'énergie affichée dans ce centre. Plusieurs stèles de pierre portent la photo et le nom des astronautes décédés lors des catastrophes des navettes spatiales.

➡ **Kennedy Space Center Bus Tour**

Compris dans le tarif d'entrée, ce circuit en bus d'une heure et demie permet d'approfondir la visite du centre spatial en dehors du complexe touristique sans avoir à régler de supplément. Le premier arrêt se fait au **LC 39 Observation Gantry**, une tour d'observation de 18 m avec vue sur les rampes jumelles de lancement. De là, le bus vire au milieu des installations de lancement pour rejoindre l'**Apollo/Saturn V Center**, dont il ne faut manquer sous aucun prétexte le spectacle multimédia dans la Firing Room. Des images vidéo projetées sur 3 écrans font revivre la première mission américaine vers la Lune, avec le décollage d'*Apollo VIII* en 1968, puis l'on se retrouve dans un immense hangar abritant l'authentique module de commande *Apollo 14* et le lanceur géant *Saturn V* (110 m de haut). Cette merveille d'ingénierie de 8,2 millions d'euros a décollé pour l'espace le 9 novembre 1967.

De 10h à 15h30, il y a des départs de bus tous les quarts d'heure, à droite de l'entrée du Visitor Complex.

➡ **Space Shuttle Atlantis**

Noircie par le carburant et striée de poussière interstellaire, la **navette spatiale Atlantis**, orbiteur de la flottille de la NASA, est la pièce la plus impressionnante du complexe. Dans un espace conçu juste pour elle (qui a coûté 100 millions de dollars), elle est suspendue nez en bas, portes de soute ouvertes, à quelques mètres des visiteurs. On la croirait encore en orbite autour de la Terre. Cette mise en scène saisissante est précédée d'un film retraçant l'histoire du programme spatial de ses débuts, dans les années 1960, à la dernière mission d'*Atlantis* en 2011. Autour de la navette, des consoles interactives permettent aux visiteurs de s'essayer à la faire atterrir ou à l'arrimer à la station spatiale internationale. Des écrans tactiles renseignent sur les missions et les équipages. Il y a également une reproduction grandeur nature du télescope spatial Hubble, ainsi qu'une simulation de lancement, la **Shuttle Launch Experience** (pas si effrayante que cela). Ici et là, des guides bénévoles, dont beaucoup ont travaillé au programme spatial, répondent aux questions des visiteurs et racontent des anecdotes.

➡ **Heroes and Legends et le U.S. Astronaut Hall of Fame**

À côté du Rocket Garden, cette nouvelle attraction du centre célèbre les pionniers des premiers programmes spatiaux de la NASA, qui ont permis aux générations suivantes de continuer à rêver d'espaces intergalactiques. Elle commence avec un film à 360° sur la vie de ces astronautes, puis permet de voir un missile Redstone, des navettes spatiales et des effets personnels d'astronautes, avec des "stations" nommées selon les traits de caractère des astronautes comme "passionné", "tenace" ou "discipliné". On y voit aussi la salle de contrôle de la mission Mercury et le film en 4D *Through the Eyes of a Hero*, sur le parcours des astronautes intronisés au Hall of Fame en 1993. Enfin, dans le US Astronauts Hall of Fame, déplacé et rénové, une statue d'Alan Shepard accueille les visiteurs, et des vidéos interactives sur les astronautes et leurs missions sont présentées.

➡ **Suppléments**

Des visites plus complètes permettent de voir le **Vehicle Assembly Building**, la **base de l'armée de l'Air de Cap Canaveral** et les sites de lancement des programmes Mercury et Gemini, ainsi que le **Launch Control Center**, la salle de lancement où les ingénieurs contrôlent tous les systèmes. Les enfants adorent le **Lunch with an Astronaut**, déjeuner qui leur permet de rencontrer un véritable astronaute, et le **Cosmic Quest** qui est un jeu d'action basé sur de vraies missions de la NASA où il faut lancer une fusée, dévier la trajectoire d'un astéroïde et construire une base habitée sur Mars.

RENCONTRE AVEC UN ASTRONAUTE

Il existe deux moyens de rencontrer un astronaute au Kennedy Space Center. Le premier est l'**Astronaut Encounter**, une rencontre quotidienne qui se déroule dans l'Astronaut Encounter Theater, comprise dans le prix d'entrée au parc. À ne pas confondre avec le Mission Status Briefing, dans le même local, qui consiste en conférences sur l'exploration spatiale passée, présente et à venir, mais sans la présence d'un véritable astronaute. Consultez le plan du parc pour obtenir les horaires.

Le second est le **Lunch with an Astronaut** (adulte/enfant 30/16 $), dans lequel un astronaute présente succinctement ses expériences tandis que les visiteurs déjeunent, puis répond à leurs questions. Il faut s'inscrire à l'avance, en ligne, ou voir s'il reste des billets pour le jour même au Ticket Plaza, à l'entrée du parc.

ℹ Depuis/vers le Kennedy Space Center

Le centre spatial est situé à l'est de la route NASA Pkwy, sur la SR 405. Le stationnement coûte 10 $. Des bus Gray Line font l'aller-retour entre différents points d'Orlando et le centre spatial (59 €).

Merritt Island National Wildlife Refuge

Jouxtant le Kennedy Space Center, le **Merritt Island National Wildlife Refuge** (☎321-861-5601 ; www.fws.gov/merrittisland ; Black Point Wildlife Dr, près de la FL-406 ; 10 $/véhicule ; ⏲aube-crépuscule) GRATUIT est un habitat naturel d'une extraordinaire biodiversité. Cet espace vierge de 56 000 ha couvre marais salants, estuaires, *hammocks* ou forêts de pins (*flatwoods*), broussailles et dunes côtières où vivent plus de 1 500 espèces de plantes et d'animaux, dont 15 sont classées comme menacées ou en danger. D'octobre à mai, la réserve accueille des milliers d'oiseaux migrateurs et venus hiverner. Pour avoir toutes les chances de les voir, postez-vous dans Black Point Wildlife Drive (ci-dessous) tôt le matin ou après 16h.

Activités

L'automne, l'hiver et le début du printemps sont les meilleures saisons pour randonner sur l'un des sept **sentiers** de la réserve. La marche la plus courte (400 m) s'effectue sur une promenade en bois surélevée, derrière le centre des visiteurs. Le sentier le plus long, **Cruickshank Trail** (8 km), décrit une boucle autour du Black Point Marsh. C'est l'endroit idéal pour observer des échassiers.

A Day Away Kayak Tours KAYAK
(☎321-268-2655 ; www.adayawaykayaktours.com ; tarif plein/réduit circuits diurnes 36/24 $, circuits nocturnes 34/26 $). Partant du Haulover Canal, ces circuits en kayak permettent de naviguer aux côtés des lamantins et des dauphins. La nuit, on voit briller dans les eaux sombres que fendent les pagaies des groseilles de mer et autres organismes bioluminescents.

Mosquito Lagoon KAYAK
Épousant le côté ouest de l'île-barrière, Mosquito Lagoon, paisible plan d'eau, est relié à l'océan par le Ponce de León Inlet. Cette lagune de seulement 1,20 m de profondeur est idéale pour pagayer entre les *hammocks* et les épaisses mangroves en observant les oiseaux, les lamantins et les dauphins. Une **plateforme d'observation des lamantins** se trouve sur le côté nord-est du **Haulover Canal**, qui relie la lagune à l'Indian River Lagoon. C'est aussi un excellent point de départ pour les balades en kayak. Vous trouverez des rampes de mise à l'eau (nécessitant un forfait Refuge Day Pass, 5 $) à Bairs Cove, Beacon 42 et au Bio Lab.

La "lagune aux moustiques" porte bien son nom ; apportez du répulsif.

Circuits organisés

Black Point Wildlife Drive CIRCUIT EN VOITURE
(près de la FL-406 ; 10 $/véhicule). Ce circuit en voiture de 11 km à travers des marais d'eau douce et d'eau saumâtre, à faire en indépendant, est idéal pour voir des animaux. À l'entrée, on peut se procurer une brochure détaillant ses 12 arrêts, et les espèces qui vivent sur place.

En saison, on voit quantité d'oiseaux aquatiques, d'échassiers et de rapaces, dont la spatule rosée aux couleurs éclatantes. Tôt le matin et au coucher du soleil, on a également des chances d'apercevoir des alligators, des loutres, des lynx roux et diverses espèces de reptiles. Le parcours dure une quarantaine de minutes.

Où se loger et se restaurer

Il n'y a ni hébergement ni restaurant dans la réserve. À proximité, Titusville, Cap Canaveral et Cocoa Beach offrent diverses possibilités.

Renseignements

Visitor Information Center (☎321-861-0667 ; www.fws.gov/merrittisland ; près de la FL-402 ; ⏲8h-16h). Ce centre d'information des visiteurs très utile abrite des expositions sur les habitats et les espèces de la réserve, renseigne sur les programmes de protection et fournit des cartes de sentiers de randonnée. On peut aussi y consulter les horaires des circuits d'observation des oiseaux (généralement à 9h et 13h) et s'inscrire en saison à des **circuits d'observation de la nidification des tortues** (Sea-Turtle Nesting Tours, ci-contre) sur le Canaveral National Seashore, en juin et juillet.

Depuis/vers le Merritt Island National Wildlife Refuge

Il vous faudra une voiture. On accède à la réserve par l'A. Max Brewer Memorial Pkwy, depuis Titusville.

Canaveral National Seashore

☎321

Le spectaculaire Canaveral National Seashore, vierge de toutes constructions, fait partie de l'ensemble des parcs nationaux américains. On accède à ses immenses plages blanches par deux routes qui se faufilent, sur une dizaine de kilomètres chacune, sur l'étroite île-barrière – la première au départ de la petite ville de New Smyrna Beach, au nord, la seconde depuis le Merritt Island National Wildlife Refuge, au sud – sans jamais se rejoindre. Elles sont séparées par 25 km de plages sauvages, et chacune se termine dans la nature.

La meilleure période pour visiter le parc va d'octobre à avril, époque où les oiseaux migrateurs affluent sur ses plages. Pendant les mois les plus secs, on a plus de chances d'apercevoir des animaux, et les moustiques sont moins nombreux. Les circuits d'observation des tortues ont lieu en juin et juillet.

À voir

Canaveral National Seashore PARC NATIONAL
(☎386-428-3384 ; www.nps.gov/cana ; auto/vélo 10/1 $; ⏲6h-20h). Les 39 km de côte intacte, battue par les vents, forment la plus longue plage non construite de la côte est de la Floride. On y trouve, côté nord, **Apollo Beach**, idéale pour les familles avec ses petites vagues ; au centre **Klondike Beach**, plage à perte de vue, appréciée des amoureux de la nature ; et au sud **Playalinda Beach**, prisée des surfeurs, qui comprend une section nudiste près du parking n°13.

Mosquito Lagoon, avec ses îles et ses mangroves grouillantes de vie, borde le côté ouest de l'île-barrière. Les rangers proposent des circuits en bateau-ponton (20 $/pers) partant du centre d'information des visiteurs les vendredis, samedis et dimanches. En juin-juillet, ils proposent aussi d'aller observer, de nuit, la nidification des tortues (adulte/8-16 ans 14 $/gratuit ; 20h-minuit) ; réservation nécessaire.

Klondike Beach PLAGE
Entre les plages d'Apollo et de Playalinda, cette étendue de sable est totalement vierge : comme il n'y a aucune route, elle n'est accessible qu'à pied ou à vélo (à condition de savoir rouler à bicyclette dans le sable). Avant de vous mettre en route, il faut vous procurer un permis (2 $/pers et par jour) à l'entrée.

Turtle Mound SITE ARCHÉOLOGIQUE
À la pointe nord de Mosquito Lagoon, Turtle Mound est l'un des plus grands tertres de coquillages de la côte floridienne. Avec près de 12 m de haut, il est constitué de 1,5 million de boisseaux (53 millions de litres) de coquilles d'huîtres, vestiges d'une civilisation antique qui existait ici cinq siècles avant que les premiers Européens n'arrivent. On peut rejoindre le tumulus par des sentiers de randonnée depuis Apollo Beach. Il offre une vue panoramique sur le parc et l'océan.

Apollo Beach PLAGE
La plage préférée des familles s'étend sur 9 km à l'extrémité nord du parc, et immédiatement au sud de New Smyrna. Elle est dotée d'un accès en planches (accessible aux fauteuils roulants), et la route mène plus loin le long des dunes, mais avec moins de parkings qu'à Playalinda. Plus isolée, elle est idéale pour faire du vélo ou observer les tortues, en juin-juillet. Plusieurs sentiers de randonnée se trouvent à proximité, dont l'**Eldora Trail**.

Playalinda Beach PLAGE
À l'extrémité sud de Mosquito Lagoon, Playalinda est prisée des surfeurs. Dans le parc, la route longe les dunes sur seulement 3 km avant d'atteindre le parking, plus vaste qu'à Apollo, puis on suit le chemin de planches qui donne accès à la plage. Il est d'ici plus difficile d'accéder à Mosquito Lagoon. Notez que la section à l'écart, au nord du parking n°13, est fréquentée par des naturistes.

Eldora State House Museum ÉDIFICE HISTORIQUE
(⏲12h-16h mar-dim). Eldora était à l'origine un petit village au bord de l'eau. Une centaine de cultivateurs d'agrumes et de pêcheurs, dont beaucoup étaient des vétérans de la guerre de Sécession, se sont établis là entre 1877 et 1900. Le bourg dépendait de la voie maritime pour l'acheminement des provisions, des touristes, et pour le transport. Il était plutôt prospère, du moins suffisamment pour que soit construite l'Eldora House. Cette maison de style Colonial Revival, maintenant rénovée, abrite un musée relatant l'histoire des premiers colons au travers de photos, de vidéos et d'objets.

Pour rejoindre la maison, empruntez l'Eldora Trail au parking n°8, dans le North District. Le sentier serpente au milieu d'un *hammock* côtier jusqu'au rivage de la Mosquito Lagoon, où se trouve la maison.

Circuits organisés

Sea-Turtle Nesting Tours CIRCUITS ÉCOTOURISTIQUES
(☎386-428-3384 ; adulte/8-16 ans 14 $/gratuit ; ⏲20h-minuit juin-juil). Durant les nuits d'été, en petit groupe (jusqu'à 30 pers ; enfants de moins de 8 ans non acceptés) et accompagné de gardes forestiers, vous aurez 75% de chances de voir les tortues marines en train de nidifier. Il faut réserver (à partir du 15 mai pour juin, et du 15 juin pour juillet).

Pontoon Boat Tours CIRCUITS EN BATEAU
(☎386-428-3384 ; 20 $/pers). Circuits guidés de 2 heures par des rangers au départ du centre d'information des visiteurs le vendredi, le samedi et le dimanche.

Où se loger et se restaurer

Les permis pour camper, seule possibilité d'hébergement, se prennent jusqu'à sept jours à l'avance. Assurez-vous d'emporter beaucoup d'eau. À l'entrée du parc, il y a un distributeur d'eau et de boissons. Mais une fois à l'intérieur, il n'y a ni aires de pique-nique, ni nourriture, ni téléphones, ni eau potable. N'oubliez pas de vous équiper.

Island Camping CAMPING $

(www.recreation.gov ; empl tente 20 $). Sur ses îles, la Mosquito Lagoon dispose de 14 sites de campement sommaires disponibles toute l'année. Le parc possède des canoës (25 $/jour) qu'il ne loue qu'aux campeurs envoyés par le centre d'information des visiteurs.

Renseignements

Canaveral National Seashore Visitor Information Center (386-428-3384 ; www.nps.gov/cana ; 7611 S Atlantic Ave, New Smyrna ; 8h-18h oct-mars, 8h-20h avr-sept). Le centre d'information des visiteurs se trouve immédiatement au sud de la porte d'entrée du North District. Vous pouvez aussi vous renseigner au centre des visiteurs du Merritt Island National Wildlife Refuge (p. 331).

Un péage s'applique aux entrées North District et South District du parc. Des toilettes sont aménagées sur la quasi-totalité des parkings des plages.

Notez que le parc peut être fermé temporairement pour un lancement de fusée. Pour vous renseigner sur les dates de fermeture, appelez le 321-867-4077.

Comment s'y rendre et circuler

Pour rejoindre le North District du Canaveral Seashore en venant du nord, prenez l'I-95 jusqu'à la SR 44 (sortie 249) qui vous mènera vers l'est jusqu'à New Smyrna Beach, puis obliquez au sud sur l'A1A avant d'atteindre à 11 km l'entrée du parc.

Celle du South District se trouve 19 km à l'est de Titusville, en passant par le Merritt Island National Wildlife Refuge : quittez l'I-95 à la sortie 220, puis empruntez la SR 406.

Aucun transport en commun ne dessert le parc ni ne circule à l'intérieur, et aucune route ne donne accès à Klondike Beach.

Cocoa Beach

321 / 11 325 HABITANTS

Les États-Unis se sont lancés dans la course à la Lune après la Seconde Guerre mondiale, raison pour laquelle Cocoa Beach s'est développée à la hâte, avec des dizaines de motels, et s'est aussi taillé une réputation de ville festive. L'ambiance a très peu changé, et la région semble toujours pleine de jeunes gens légèrement vêtus, une bière à la main.

Cocoa Beach est aussi réputée pour le surf, notamment grâce à Kelly Slater, 11 fois champion du monde, qui est né, a grandi et appris ses figures ici.

À voir

Cocoa Beach Pier JETÉE

(info pêche 321-783-7549 ; www.cocoabeachpier.com ; 401 Meade Ave ; parking 10 $; 7h-22h) Boutiques de souvenirs, restaurants et bars s'alignent le long de cette jetée de 245 m de long construite en 1962 à destination des familles en goguette. C'est là que se déroulent les grandes manifestations annuelles comme l'Easter Surf Festival (p. 336). On peut louer des cannes à pêche pour 20 $. Avec son propre matériel, il faut payer 7 $ pour pêcher sur la jetée.

Lori Wilson Park PARC

(1500 N Atlantic Ave). Ce parc côtier de 13 ha à l'ambiance sereine est équipé d'un accès pour handicapés, d'une aire de jeu, de tables de pique-nique, de barbecues et d'un petit terrain de jeux pour chiens. Le sable est doux, l'eau peu profonde avec des vagues petites et bien formées parfaites pour l'apprentissage du surf. Places de stationnement gratuites et nombreuses.

Sidney Fischer Park PLAGE

(Hwy A1A ; parking 5 $). Plage la plus proche du centre-ville de Cocoa Beach, Fischer Park est prise d'assaut par les surfeurs et les touristes en croisière.

Activités

Cocoa Beach Aerial Adventures PLEIN AIR

(321-613-0047 ; cocoabeachadventurepark.com ; 6419 N Atlantic Ave ; adulte/7-15 ans/5-6 ans 45/35/25 $; 10h-17h dim-jeu, 10h-18h ven-sam). Installé parmi des chênes centenaires, ce parc d'aventures est comme un terrain de jeux suspendu, avec des tyroliennes et sept parcours de corde comprenant plus de 50 obstacles. Les plus difficiles se situent à 13 m du sol, et une fois chaque parcours terminé, on est récompensé d'un retour en tyrolienne à la tour principale.

Ron Jon Surf Shop SUPERMARCHÉ DU SURF

(321-799-8888 ; www.ronjonsurfshop.com ; 4151 N Atlantic Ave, Cocoa Beach ; 24h/24). Depuis plus de 50 ans, ce magasin connu

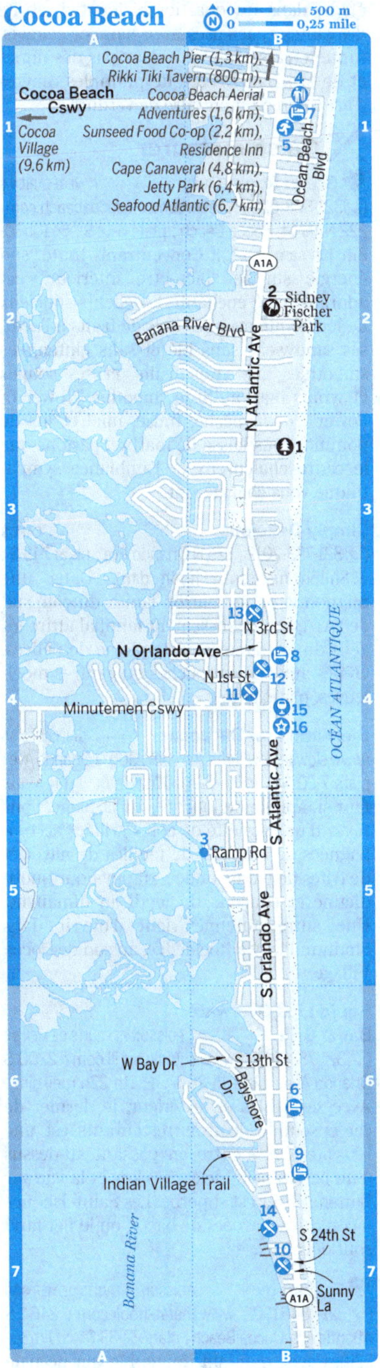

Cocoa Beach

À voir

1 Lori Wilson Park B3
2 Sidney Fischer Park B2

Activités

3 Fin Expeditions B5
4 Ron Jon Surf School B1
5 Ron Jon Surf Shop B1
Surf Art Camps .... (voir 6)

Où se loger

6 Beach Place Guesthouses B6
7 Fawlty Towers B1
8 Sea Aire Motel B4
9 Surf Studio B6

Où se restaurer

10 Fat Snook B7
11 Green Room Cafe B4
12 Simply Delicious B4
13 Slow and Low Barbecue B4
14 Squid Lips Overwater Bar & Grill B7

Où prendre un verre et faire la fête

15 Coconuts on the Beach B4

Où sortir

16 Beach Shack B4

des inconditionnels de la vague loue toutes sortes de matériel nautique ou assimilé, des vélos de plage à pneus plats (15 $/jour) aux planches de surf (30 $/jour). Les 4 800 m² de Ron Jon représentent bien plus qu'un magasin : sur fond de musique live et au milieu des voitures de collection, vous trouverez tout ce que vous pouvez imaginer pour une journée à la plage. Et si vous avez besoin de wax pour votre planche de surf à 4h du matin, c'est ouvert ! On peut aussi s'inscrire à des cours de surf (voir ci-dessous).

Cours et circuits organisés

Ron Jon Surf School SURF
(☎321-868-1980 ; www.cocoabeachsurfingschool.com ; 150 E Columbia Ln ; cours de surf de 1h petit groupe/particulier 50/65 $, cours d'intro au kitesurf 225 $; ⏲9h-17h). Ron Jon Surf School est une école qui existe depuis longtemps et propose des leçons de tout niveau, des *groms* (débutants dans le jargon du surf) aux spécialistes. Cours de kitesurf également.

Surf Art Camps SURF
(☎321-799-3432 ; www.marymoonarts.com ; 295 $/enfant ; ⏲9h-15h juin-août). Pour les enfants de 5 à 17 ans, Beach Place Guesthouses organise des "Surf Art Camps" d'une semaine.

Fin Expeditions KAYAK
(☎321-698-7233 ; www.finexpeditions.com ; 599 Ramp Rd ; 40 $/pers ;). Eau calme, kayaks stables et guides attentifs et enthousiastes en font un très bon opérateur pour les familles. Vous verrez probablement quelques espèces des mangroves : cormorans, crabes fer-à-cheval et même un dauphin ou un lamantin, à la bonne période de l'année. Réservation nécessaire, espèces uniquement.

Fêtes et festivals

Easter Surf Festival SURF
(☎321-799-0493 ; www.eastersurffest.com ; Cocoa Beach Pier ; ⏲Pâques). Le festival de surf du week-end de Pâques organisé par Ron Jon Surf School est une tradition depuis 1964. Il attire désormais chaque année plus de 100 000 passionnés qui viennent admirer les exploits des meilleurs surfeurs du monde.

Où se loger

Sea Aire Motel MOTEL $$
(☎321-783-2461 ; www.seaairemotelcocoa.com ; 181 N Atlantic Ave ; ch 90-120 $;). Ce motel rétro familial existe depuis les années 1950. L'endroit est abordable, et donne sur la plage, avec des chambres confortables, équipées de kitchenettes.

Surf Studio MOTEL $$
(☎321-783-7100 ; surf-studio.com ; 1801 S Atlantic Ave ; ch et ste 135-180 $;). Ce motel familial à l'ancienne est au bord de l'océan et propose des chambres doubles et des appartements simples, entourés de pelouses et de palmiers. Les appartements d'une pièce pour 6 personnes maximum sont facturés 205 à 215 $. Les enfants de moins de 10 ans séjournent gracieusement.

Fawlty Towers MOTEL $$
(☎321-784-3870 ; www.fawltytowersresort.com ; 100 E Cocoa Beach Causeway ; ch 112-238 $;). Après avoir failli devenir un complexe hôtelier naturiste, ce motel a repris ses couleurs d'origine, vives et très roses. Chambres simples à un emplacement idéal tout près de la plage, piscine au calme et paillote tiki (apportez votre bouteille).

♥ **Beach Place Guesthouses** APPARTEMENTS $$$
(☎321-783-4045 ; www.beachplaceguesthouses.com ; 1445 S Atlantic Ave, Cocoa Beach ; ste 199-399 $;). Petit coin de paradis au milieu du tourbillon de fêtards de Cocoa Beach, cette pension décontractée à un étage, dans un quartier résidentiel, abrite des suites spacieuses avec hamacs et ravissante terrasse, le tout à deux pas des dunes et de la plage. Décoré de multiples œuvres d'art colorées et entouré de verdure.

Où se restaurer

♥ **Green Room Cafe** VÉGÉTARIEN $
(☎321-868-0203 ; greenroomcafecocoabeach.com ; 222 N 1st St, Cocoa Beach ; plats 6-12 $; ⏲10h30-21h lun-sam ;). Concentrant toute son énergie sur le "bien-être intérieur", cet adorable café enchante les clients soucieux de leur santé avec ses bols de fruits à l'*açai*, ses sandwichs sans blé et sans gluten, ses smoothies aux vrais fruits, et ses soupes et wraps maison. Si le smoothie "Tower of Power" (*açai*, pêche, fraise, miel et jus de pomme) vous laisse de marbre, parions que le cadre chaleureux et l'ambiance sympathique vous charmeront.

Simply Delicious CAFÉ $
(☎321-783-2012 ; 125 N Orlando Ave ; plats 7-15 $; ⏲8h-15h mar-sam, 8h-14h dim). Dans une mignonne petite maison jaune, du côté sud de l'A1A, cet établissement familial attire les gens du cru avec sa carte pleine de délices, crêpes aux fraises fraîches ou gaufres moelleuses, par exemple.

Slow and Low Barbecue GRILLADES $$
(www.slowandlowbarbeque.com ; 306 N Orlando Ave ; plats 7-20 $; ⏲11h-22h). L'endroit qu'il vous faut si, après une journée sur la plage, vous rêvez d'une assiette de côtes grillées accompagnées de gombos, de feuilles de navet et de frites de patate douce. Happy hour quotidienne et concerts du jeudi au dimanche. Une autre antenne vient d'ouvrir dans Stadium Pkwy à Rockledge, au sud de Cocoa Village.

Squid Lips Overwater Bar & Grill POISSON ET FRUITS DE MER $$
(☎321-783-1350 ; www.squidlipsgrill.com ; 2200 S Orlando Ave ; plats 15-26 $; ⏲11h-22h mer-dim). Avec ses tables en extérieur, le dernier de cet ensemble de trois restaurants est une réussite. On y entre en passant au-dessus d'un bassin plein de carpes koï, et la vue sur Banana River est superbe. Les Saint-Jacques façon cajun bardées de bacon ou le flet farci sont délicieux.

♥ **Fat Snook** POISSON ET FRUITS DE MER $$$
(☎321-784-1190 ; www.thefatsnook.com ; 2464 S Atlantic Ave, Cocoa Beach ; plats 22-33 $; ⏲17h30-22h). Caché dans un immeuble qui ne paie

DE QUOI SOUFFRE DONC L'INDIAN RIVER LAGOON ?

L'Indian River Lagoon est la plus grande nurserie marine des États-Unis et l'estuaire affichant la plus riche biodiversité d'Amérique du Nord. À cheval sur des zones tempérées et subtropicales, la lagune (en fait un écosystème composé de trois estuaires distincts) s'étend sur 251 km de New Smyrna à Jupiter Inlet. Elle est baignée par les eaux des marées grâce à six bras de mer. En conséquence, ses eaux chaudes et peu profondes constituent un habitat de choix pour 4 300 espèces d'animaux, de plantes et d'oiseaux. C'est l'un des joyaux du littoral, à découvrir absolument.

Mais tout n'est pas rose dans ce paradis naturel. En mars 2016, la lagune a vu mourir un nombre record de ses poissons après le développement d'une algue causé par la pollution due aux fosses septiques, aux engrais et/ou aux débordements orageux, qui a privé la lagune d'oxygène. Des milliers de poissons morts se sont échoués, de Melbourne à Titusville, horrifiant les habitants et soulevant des inquiétudes sanitaires.

Le mauvais état de la lagune n'a rien de nouveau. Depuis des années, les trop-pleins sans précédent du lac Okeechobee ont fait baisser sa salinité, l'ont envasé et provoqué une hausse des nitrates et du phosphore, à cause de l'agriculture industrielle et des engrais domestiques. Il en a résulté une diminution de 60% des bancs d'herbes marines, en plus de cette irruption d'algues toxiques. En 2013, les scientifiques ont estimé que ces problèmes ont causé la mort de 84 dauphins et de plus de 120 lamantins.

Début 2017, le gouverneur Rick Scott a finalement inclus l'Indian River Lagoon dans sa proposition de budget pour l'État. Il souhaite débloquer 60 millions de dollars pour aider les habitants à passer des fosses septiques au tout-à-l'égout dans les zones touchées, et pour améliorer la qualité de l'eau en ajoutant des bassins de stockage des eaux polluées au nord, à l'ouest et à l'est du lac Okeechobee. Avec un impact économique de 4 milliards de dollars par an et des milliers d'emplois en jeu, déterminer exactement de quoi souffre la lagune (et y remédier) est le plus grand défi environnemental et économique auquel la Floride fait face.

pas de mine, le petit Fat Snook concocte une grande cuisine. Sous la direction de Mona et John Foy, poissons et fruits de mer gastronomiques sont préparés de façon experte, avec des herbes et épices peu courantes rappelant les saveurs des Caraïbes. Réservation fortement conseillée.

Leur second restaurant à Cocoa Village, Crush Eleven (p. 340), mérite aussi une très bonne note pour sa cuisine américaine moderne et ses cocktails élaborés. Mention spéciale au brunch du dimanche, dont les plats créatifs comptent des *crab cakes* Bénédicte à la coriandre et au citron vert, et des pancakes au *carrot cake.*

Où prendre un verre et faire la fête

Rikki Tiki Tavern BAR

(www.cocoabeachpier.com ; Cocoa Beach Pier ; ⌚11h-22h). Tout au bout de la jetée de Cocoa Beach, l'endroit rêvé pour s'imprégner de l'ambiance surf.

Coconuts on the Beach BAR

(☎321-784-1422 ; www.coconutsonthebeach.com ; 2 Minutemen Causeway ; plats 8-18 $; ⌚11h-minuit lun-jeu, 11h-1h ven-sam, 9h-minuit dim). Les "coconuts" du nom de l'enseigne (ou noix de coco) sont ici l'ingrédient favori. La "terrasse festive" face à la mer, qui accueille régulièrement des concerts, est souvent pleine, surtout en haute saison et pendant le Spring Break.

☆ Où sortir

Beach Shack MUSIQUE LIVE

(☎321-783-2250 ; www.facebook.com/beachshackcocoabeach ; 1 Minutemen Causeway ; ⌚10h-1h lun-jeu, 10h-2h ven-dim). Un vrai bar local avec deux billards, un patio devant la mer, et du blues du jeudi au dimanche.

Achats

Sunseed Food Co-op ALIMENTATION ET BOISSONS

(☎321-784-0930 ; www.sunseedfoodcoop.com ; 6615 N Atlantic Ave ; ⌚9h30-19h lun-ven, 10h-18h sam-dim). Dans cette oasis du bien-être, vous dénicherez des fruits et des légumes bio, des bières brassées localement, du vin et des lotions après-soleil.

ℹ Depuis/vers Cocoa Beach

Trois chaussées, les Hwy 528, Hwy 520 et Hwy 404, enjambent l'Indian River Lagoon,

LES MISSIONS SPATIALES D'HIER ET D'AUJOURD'HUI

Les débuts de l'exploration spatiale

En 1949, le président Harry S. Truman fit créer à Cap Canaveral un site interarmées pour le lancement de missiles à longue portée. La première fusée fut lancée le 24 juillet 1950, et en 1958, pour "mener à bien l'exploration pacifique de l'espace", la National Aeronautics and Space Administration (NASA) vit le jour.

Si c'est le cosmonaute soviétique Youri Gagarine qui eut l'honneur, le 12 avril 1961, d'être le premier homme dans l'espace, Alan Shepard eut celui d'être le premier Américain, à peine un mois plus tard. Suivi en février 1962 par John Glenn qui, décollant de Cap Canaveral, accomplit trois fois le tour de la Terre lors du premier vol orbital, pour amerrir quatre heures plus tard dans l'océan Atlantique au large des Bermudes.

Le projet Apollo et le programme des navettes spatiales

Le voyage capital de John Glenn fédéra un large soutien au programme spatial, et le président Kennedy promit d'envoyer un homme sur la Lune avant la fin de la décennie. Le 16 juillet 1969, une fusée *Saturn V* décolla du Kennedy Space Center. Quatre jours plus tard, Neil Armstrong prononçait la célèbre phrase : "Un petit pas pour l'homme, un bond de géant pour l'humanité." De 1969 à 1972, six autres missions *Apollo* furent lancées pour explorer la Lune.

En 1976, la NASA présentait la navette spatiale, un vaisseau habité réutilisable lancé dans l'espace à l'aide d'une fusée-booster (ensuite abandonnée), mis en orbite autour de la Terre, qui revenait ensuite en planant jusqu'à la terre ferme. Cinq ans plus tard, en 1981, la NASA lançait avec succès le *STS-1*, piloté par John Young et Robert Crippen, qui ouvrait une nouvelle ère de l'exploration spatiale américaine. Mais un drame survint le 28 janvier 1986 avec l'explosion de *Challenger*. Sept astronautes furent tués, tout comme l'institutrice Christa McAuliffe, première civile à aller dans l'espace. La NASA cessa tous ses tirs jusqu'à celui de la navette *Discovery* en 1988. Dans les années 1990, les navettes permirent aux astronautes américains de réparer le télescope spatial Hubble et de participer à la construction de la Station spatiale internationale.

Le 1er février 2003, *Columbia* explosa au retour, tuant les sept astronautes à bord, et la NASA stoppa à nouveau le programme des navettes. Les missions reprirent en 2005, mais cessèrent pour une durée indéterminée en 2011.

L'avenir de l'exploration spatiale

La NASA travaille au développement de la fusée la plus avancée jamais produite, le vaisseau spatial *Orion*, et projette d'envoyer des astronautes au-delà de la Lune, et d'atteindre Mars, à l'horizon des années 2030. Un programme de la NASA à plus court terme, l'Asteroid Redirect Mission, vise à capturer pour la première fois un astéroïde et, si tout se passe bien, à le dévier pour le mettre en orbite autour de la Lune, afin que des astronautes puissent l'explorer et en rapporter des échantillons. Cela est prévu pour 2020.

Pendant ce temps, Elon Musk affirme que sa société commerciale SpaceX enverra des astronautes sur Mars dès 2025. Même si Musk est connu pour ses prévisions ambitieuses, sa société vient de louer le site de lancement 39A du Kennedy Space Center, et a effectué en février 2017 le premier tir depuis la fin du programme des navettes spatiales de la NASA en 2011. Le cargo spatial *Dragon de* SpaceX a décollé en direction de la Station spatiale internationale (ISS) pour y apporter matériel et fournitures, et la compagnie continue à lancer satellites et fusées, au rythme d'un ou deux par mois.

Merritt Island et la Banana River pour relier Cocoa Beach au continent. À hauteur du magasin Ron Jon, la Hwy 528 (aussi appelée Minutemen Causeway) coupe vers le sud pour devenir la Hwy A1A (ou Atlantic Ave), une artère nord-sud bordée d'hôtels et de restaurants franchisés, de boutiques pour touristes et de multipropriétés. Sur quelques kilomètres, elle se sépare en deux voies à sens unique (Orlando Ave en direction du sud, et Atlantic Ave en direction du nord), avant de poursuivre de nouveau sur une seule voie en direction du sud, filant sur 85 km le long de la côte du lido jusqu'à Vero Beach et au-delà.

Cocoa Beach est aussi desservie par les bus de **SCAT** (☎ 321-633-1878 ; 321transit.com ; 1,50 $/trajet, forfait 10 trajets/30 jours 6/21 $; ⌚ horaires variables). Le bus n°9 relie la ville à Cap Canaveral, le n°26 aux plages du Sud, jusqu'à Indialantic.

Cap Canaveral

☎ 321 / 9 988 HABITANTS

En 1951, le US Army Corps of Engineers (Corps des ingénieurs de l'armée des États-Unis) creusa une anse de manière à faciliter l'acheminement maritime des denrées jusqu'au centre spatial. Avec la boue drainée à cette occasion, il posa les fondations de Port Canaveral, aujourd'hui deuxième port de plaisance des États-Unis.

Au nord du port, la base aérienne de Cap Canaveral reste le principal site de lancement de l'est du pays. Au sud, Cap Canaveral est devenue une ville paisible où vivent les travailleurs de l'espace et leurs familles, même si plusieurs hôtels de chaîne et des restaurants accueillent croisiéristes et visiteurs du centre spatial.

À voir

Jetty Park PARC

(☎ 321-783-7111 ; www.jettyparkbeachandcampground.com ; 9035 Campground Circle ; non résident/résident 15/5 $ par véhicule). Face au lointain Cape Canaveral Lighthouse (phare de Cap Canaveral), ce parc côtier de 14 ha est idéal pour un bain de soleil, pêcher et observer les voiliers prendre le large au couchant. Transats, parasols, kayaks et paddles se louent à la plage, surveillée par des maîtres nageurs sauveteurs. Il y a aussi des barbecues, une aire de jeux et deux ou trois gargotes vendant à manger.

Où se loger et se restaurer

Il y a plusieurs hôtels de chaîne, accueillant surtout les familles qui visitent le Kennedy Space Center et les croisiéristes qui vont et viennent. Jetty Park est un bon choix pour camper.

Jetty Park CAMPING $

(☎ 321-783-7111 ; www.jettyparkbeachandcampground.com ; 400 Jetty Rd, Cap Canaveral ; empl tente 27-49 $, bungalow 84 $; P 📶 🐾). Le Jetty Park compte des bungalows, des foyers pour feux de camp aménagés près des emplacements de camping-cars, une aire de jeux pour enfants, 2 pavillons, 93 barbecues, un accès à la plage et une jetée pour les pêcheurs.

Residence Inn Cape Canaveral HÔTEL $$

(☎ 321-323-1100 ; www.marriott.com ; 8959 Astronaut Blvd, Cape Canaveral ; ch 139-189 $; P ❄ 📶 🏊). Pour échapper au tumulte de Cocoa Beach, installez-vous dans ce confortable hôtel Marriott de Cap Canaveral. Si les chambres sont classiques et fonctionnelles, elles sont aussi très spacieuses, et pourvues de lits confortables et de kitchenettes. Le personnel est très conciliant. Joli coin piscine. Très apprécié de ceux qui partent en croisière.

♥ **Seafood Atlantic** POISSON ET FRUITS DE MER $$

(☎ 321-784-1963 ; www.seafoodatlantic.org ; 520 Glen Cheek Dr, Port Canaveral ; plats 8-19 $; ⌚ 11h-19h mer-dim, marché à partir de 10h). Fermement arrimé à l'industrie de la pêche de Canaveral, ce restaurant avec terrasse extérieure est l'un des rares à servir des crevettes, crabes, moules, palourdes, huîtres et poissons de la pêche locale. S'ils sont au menu, commandez des crabes dorés de Floride (*deep sea golden crab*), à la chair particulièrement tendre et fondante. Profitez-en pour faire le plein au marché, juste à côté.

Où prendre un verre et faire la fête

Preacher Bar BAR

(☎ 321-613-4629 ; preacherbar.com ; 8699 Astronaut Blvd ; ⌚ 11h-tard). Ce bar étrange, un peu gothique, est décoré de têtes de mort mexicaines, de crânes d'animaux et de vitraux évoquant une abbaye. Tables communes et serveurs en kilts. Essayez le Moscow Mule, cocktail maison à la vodka au gingembre.

Depuis/vers Cap Canaveral

Il y a deux accès à Cap Canaveral : par l'A1A en venant de Cocoa Beach au nord, ou de l'ouest en traversant la Banana River via Merritt Island par l'A1A.

Cap Canaveral est desservi par des bus **SCAT** (ci-dessus). Le bus n°9 va à Cocoa Beach, le bus n°4 à Cocoa Village.

Cocoa Village

☎ 321 / 5 937 HABITANTS

À l'origine comptoir marchand au bord de l'Indian River Lagoon, Cocoa Village a commencé à accueillir les touristes à la fin du XIXe siècle. Ceux-ci débarquaient de leurs bateaux à vapeur le long du Riverfront Park pour se dégourdir les jambes. Aujourd'hui, le centre-ville historique constitue une plaisante alternative à Cocoa Beach. Son artère principale, Delannoy Avenue, est bordée d'édifices historiques comme le SF Travis Building, qui abrite une quincaillerie (le plus ancien commerce du village).

À voir

EFSC Planetarium & Observatory PLANÉTARIUM

(☎321-433-7373 ; www.easternflorida.edu/community-resources/planetarium ; Bldg 19, 1519 Clearlake Rd ; spectacles adulte/-12 ans 8/5 $; ⏲spectacles 14h mer, 19h et 20h15 ven-sam, observatoire coucher du soleil-22h ven-sam). Découvrez de nouvelles galaxies et constellations dans ce planétarium dont le dôme s'élève à 21 m, et où les projections montrant le ciel étoilé sont rehaussées d'effets laser, le tout au son de la musique des Pink Floyd, de Jimi Hendrix et des Beatles. Les vendredis et samedis soir, des bénévoles aident les visiteurs à se repérer dans le vrai ciel étoilé avec l'un des plus grands télescopes de Floride, assez puissant pour faire la mise au point sur les anneaux de Saturne et voir des cratères lunaires.

Le planétarium est sur le campus du Brevard Community College, à 10 minutes au nord de Cocoa Village, près de Clearlake Rd.

Circuits organisés

Indian River Queen CROISIÈRE

(☎321-454-7414 ; www.indianriverqueen.com ; Cocoa Village Marina, 90 Delannoy Ave ; croisières 35-60 $). Faites un voyage dans le temps à bord de ce romantique bateau à aubes. La croisière à thème historique comprend une présentation commentée du Cocoa Village du XIXe siècle, quand les bateaux à vapeur étaient la norme et que les colons installaient un carré de tissu blanc au bout de la jetée pour leur faire signe de s'arrêter. Également : dîners-croisières, et croisières avec apéritif au couchant. Programmation sur le site Internet.

Grasshopper Airboat Eco Tours CIRCUIT ÉCOTOURISTIQUE

(☎321-631-2990 ; www.airboatecotours.com ; 5665 Lake Poinsett Rd ; tarif plein/réduit 45/40 $/pers). Souvent désignées comme les Everglades du centre de la Floride, les eaux marécageuses de la St Johns River regorgent d'alligators et voient passer des oiseaux migrateurs. Embarquez avec Captain Rick, un US Coast Guard Master, pour de passionnants circuits écotouristiques en hydroglisseur. Ceux de l'après-midi sont les plus propices à l'observation des alligators en train de se chauffer au soleil.

Où se loger et se restaurer

♥ **Solrisa Inn** B&B $$

(☎321-917-3487 ; www.facebook.com/SolRisaInn; 241 Indian River Dr ; ch 200-250 $; P ❄ 📶 ≋). Le Solrisa, sur les berges de l'Indian River Lagoon, compte un ponton où les hôtes peuvent siroter l'apéritif ou s'élancer avec leur barque à rames. À l'intérieur, cette maison début XXe siècle affiche de chaudes couleurs caribéennes, et le plancher d'époque brille sous de beaux tapis persans. On loge dans 3 chambres minutieusement décorées. Chaque chambre compte une terrasse et un rocking-chair.

Ossorio CAFÉ $

(☎321-639-2423 ; 316 Brevard Ave ; plats 7-9 $; ⏲8h-20h30 lun-sam, 9h-18h dim). Avant ou après la plage, rechargez vos batteries dans ce café ensoleillé, qui sert des sandwichs, des pizzas sans levain, des glaces et du café.

Cocoa Village Farmers Market MARCHÉ $

(cocoamainstreet.com/projects/farmersmarket ; Myrt Tharpe Sq ; ⏲10h-15h jeu). Marché de producteurs hebdomadaire : produits frais et bio, miel local, etc.

Lone Cabbage Fish Camp POISSON ET FRUITS DE MER $$

(☎321-632-4199 ; www.twisterairboatrides.com ; 8199 Hwy 520 ; plats 8-15 $; ⏲10h-21h dim-jeu, jusqu'à 22h ven-sam). Une gargote de campagne où vous trouverez bières fraîches, queue d'alligator frite, et un beau coucher de soleil sur l'Indian River. Si vous en avez envie, vous pourrez même faire un tour en hydroglisseur sur la lagune (tarif plein/réduit 24/16 $). À l'ouest de Cocoa Village, sur la Hwy 520.

♥ **Crush Eleven** AMÉRICAIN MODERNE $$$

(☎321-634-1100 ; www.crusheleven.com ; 11 Riverside Dr ; plats 18-49 $; ⏲17h-21h tlj, brunch 11h-15h dim). Petit frère du Fat Snook (p. 336), Crush Eleven obtient une très bonne note pour sa cuisine américaine moderne et ses cocktails élaborés. Ne manquez pas l'Old Fashioned, infusé au bacon.

Café Margaux MÉDITERRANÉEN $$$

(☎321-639-8343 ; margaux.com ; 220 Brevard Ave ; plats 15-45 $; ⏲11h30-14h et 17h-21h lun-sam). Restaurant méditerranéen original, prisé de longue date à Cocoa Village par une clientèle d'habitués. Dînez dans le patio ou dans une des salles à thème, de rouget grillé au piment ou d'entrecôte braisée au vin rouge. La carte des vins compte pas moins de 4 000 crus.

Où sortir

Il y a plusieurs pubs corrects dans le coin ; le meilleur endroit pour les cocktails est le Crush Eleven.

Cocoa Village Playhouse SALLE DE SPECTACLES
(☎321-636-5050 ; www.cocoavillageplayhouse.com ; 300 Brevard Ave). Représentations de productions théâtrales locales, dans le théâtre historique de Cocoa Village, bâti en 1924.

Achats

Village Outfitters ACTIVITÉS DE PLEIN AIR
(☎321-633-7245 ; www.villageoutfitters.com ; 229 Forrest Ave ; ⏲10h-17h lun-ven, 8h30-16h sam). Matériel de camping et d'activités de plein air, plus location de kayaks.

Renseignements

Space Coast Office of Tourism (☎321-433-4470 ; www.visitspacecoast.com ; 430 Brevard Ave ; ⏲9h-17h lun-ven). Dans le bâtiment de la Bank of America, à un pâté de maisons au sud du Village Playhouse.

Depuis/vers Cocoa Village

Cocoa Village s'étend à l'ouest de S Cocoa Blvd jusqu'à l'Indian River Lagoon et au sud de King St sur cinq rues. Il est plus pratique d'avoir une voiture, mais le bus n°1 de **SCAT** (p. 339) traverse Cocoa Village selon un axe nord-sud, tout comme le bus n°4, qui dessert Merritt Island et Cocoa Beach.

Comment circuler

Cocoa Village se parcourt de préférence à pied, car il ne fait que cinq pâtés de maisons de largeur.

Melbourne

☎321 / 77 508 HABITANTS

Le Melbourne historique fut fondé vers 1870 par des esclaves libérés et des cultivateurs d'ananas qui bâtirent leur maison sur une péninsule entre l'Indian River Lagoon et Crane Creek. Un incendie a détruit la jeune ville en 1919 mais après sa reconstruction, le nouveau centre autour de New Haven Ave est resté presque comme dans les années 1920, avec une atmosphère de petite ville qui compte plusieurs bons restaurants, des cafés et des bars.

De l'autre côté de la lagune, Melbourne Beach offre une ambiance plus décontractée, et plusieurs hébergements face à la plage.

À voir

Brevard Zoo ZOO
(☎321-254-9453 ; www.brevardzoo.org ; 8225 N Wickham Rd ; adulte/2-12 ans 20/15 $, Tree Top Trek adulte/enfant 40/15 $; ⏲9h30-15h30). Pendant plus de 20 ans, ce zoo construit par la communauté a donné le *la* en matière de conception originale, d'approches immersives des animaux, de pédagogie et de protection. Depuis que les gens de la région sont venus en nombre en mars 1994, marteau en main, pour entamer sa construction, le paysage du zoo s'est transformé grâce à des promenades en planches érigées à travers les *hammocks* de sorte à définir des zones géographiques distinctes abritant la faune sauvage de Floride, d'Amérique du Sud, d'Afrique et d'Australie. Des enclos spécialement conçus se fondent dans les broussailles, et les grandes volières donnent l'impression de se promener dans un authentique paysage sauvage.

Clous du zoo, les **circuits en kayak** sur la Nyami Nyami font passer devant des girafes, et le **Tree Top Trek**, parcours d'aventure aérien dans les arbres, comporte des tyroliennes filant au-dessus d'étangs et de bassins à alligators.

Une fois passée la magie de la promenade dans l'environnement unique du zoo, on porte son attention sur le sérieux de son travail de conservation des espèces et de pédagogie sur la vie sauvage. Le secteur pour enfants **Paws On** permet aux petits de s'ébattre et de se baigner sur une vraie plage de sable, de pêcher sans hameçon et de caresser des chèvres naines et des alpagas. Des bénévoles travaillent d'arrache-pied à créer des bancs d'huîtres de sorte à repeupler les récifs de l'Indian River ; quant à la **Wildlife Detective Training Academy**, elle pique la curiosité des plus grands grâce aux circuits-mystère conçus pour être suivis en indépendant dans le zoo.

Des marches nocturnes sont également proposées, mais aussi un Junior Zoo Keeper's Club, des camps de vacances, des programmes de parrainage d'animaux et d'autres manifestations à l'échelle locale incluant la communauté, en particulier **Boo at the Zoo**, fête organisée pour Halloween. Les enfants et les amoureux des animaux préféreront sans doute le zoo au centre spatial.

Melbourne Beach PLAGE

(Ocean Park, Atlantic St). Adossée à l'Ocean Park, avec une promenade, un belvédère et des douches, Melbourne Beach, tout comme sa voisine Indialantic Beach (au nord), deploie des kilomètres de sable blanc, loin des hauts immeubles et du mercantilisme. Vous trouverez des provisions pour un pique-nique au Melbourne Beach Market (ci-dessous). Melbourne Beach offre un bon break de surf.

Ryckman Park PARC

(angle Ocean Ave et Riverside Dr, Melbourne Beach). Dans le quartier historique de Melbourne, ce parc idéal pour les familles comporte une grande aire de jeux pour enfants, des terrains de *bocce* (variante de la pétanque) et de basket-ball, ainsi que le **Melbourne Beach Pier** (1889), inscrit au patrimoine national. Cette jetée, qui s'avance dans la très poissonneuse Indian River Lagoon, est fantastique pour la pêche.

Où se loger

Il y a peu de bons hébergements dans le centre, à l'exception du Crane Creek Inn. À Melbourne Beach, on trouve des hôtels charmants face à l'océan.

Crane Creek Inn Waterfront Bed & Breakfast B&B $$

(321-768-6416 ; www.cranecreekinn.com ; 907 E Melbourne Ave ; ch 175 $; P). À deux rues du centre de Melbourne, cette jolie demeure de 1925 se tient au bord de Crane Creek, où l'on peut apercevoir des lamantins, des dauphins et des oiseaux aquatiques. Les 5 chambres comportent du mobilier d'époque, des ventilateurs au plafond (assez paresseux) et des hamacs biplace à côté de la rivière.

Sea View Motel MOTEL $$

(321-723-0566 ; www.seaviewmelbourne.com ; 4215 S Hwy A1A, Melbourne Beach ; ch et ste à partir de 180 $;). Sur la plage, ce motel des années 1950 rénové compte 8 chambres modestes avec plaids, plancher et cuisines tout équipées.

Port d'Hiver BOUTIQUE-HÔTEL $$$

(321-722-2727 ; www.portdhiver.com ; 201 Ocean Ave, Melbourne Beach ; ch 279-329 $, ste 479-519 $; P). Construite en 1916, cette maison de plage en cyprès de style colonial se dresse au milieu de grands palmiers, à l'abri de bougainvilliers en fleur et d'allamandas aux fleurs rose vif. Des cours pavées de brique relient la maison principale à 7 bungalows et à la suite aménagée dans la remise à carrioles. La vue sur l'Atlantique se marie à merveille avec l'artistique décoration intérieure intégrant des imprimés français, des lustres, des armoires anciennes et des lits à baldaquin.

Où se restaurer

En ville comme à Melbourne Beach, les poissons et fruits de mer sont délicieux et Ocean 302, le nouveau restaurant "du bateau à la table", fait beaucoup parler de lui.

Ichabods Dockside AMÉRICAIN $

(321-952-9532 ; www.ichabodsbarandgrille-florida.com ; 2210 Front St ; plats 8-12 $; 11h-23h). Les habitants aiment le bar décontracté d'Eddy Fisher pour ses sympathiques discussions de comptoir, ses très bons burgers ou wraps de mérou mariné et ses délicieuses ailes de poulet Buffalo.

El Ambia Cubano CUBAIN $

(www.facebook.com/elambiacubano ; 950 E Melbourne Ave ; plats 8-15 $; 11h-14h30 et 17h-21h lun-jeu, 11h-22h ven, 12h-22h sam). Face au Crane Creek, cet établissement sans chichis sert une délicieuse cuisine familiale sur fond de jazz ou de salsa le week-end.

Melbourne Beach Supermarket SUPERMARCHÉ $

(321-676-5225 ; 302 Ocean Ave ; 8h-20h lun-sam, 8h-19h dim). Achetez ici ce qu'il vous faut pour un pique-nique, dont des plats grecs ou italiens.

Matt's Casbah SUSHIS $$

(321-574-1099 ; www.mattscasbah.com ; 801 E New Haven Ave ; plats 10-15 $; 11h-minuit lun-jeu, 11h-2h ven-sam, 11h-22h dim). En plein centre, ce restaurant très apprécié comprend un très bon bar à sushis, avec des choix originaux tels le poisson frit entier ou les desserts flambés au rhum à 75°. Son site Internet vous détaillera les plats du jour, les concerts et autres événements de la programmation.

Ocean 302 POISSON ET FRUITS DE MER $$$

(321-802-5728 ; ocean302.com ; 302 Ocean Ave ; charcuterie petite/grande 17/30 $, plats 21-34 $; 16h-22h lun-jeu, 10h-22h sam-dim). Melbourne Beach devient tendance avec ce nouveau restaurant "du bateau (ou de la ferme) à la table", situé dans un centre commercial sans intérêt. Avec des plats inventifs comme le confit de poulpe ou la moelle de bœuf séminole élevé en plein air, l'endroit va très vite attirer les gourmets de toute la Space Coast. Réservation conseillée.

Où prendre un verre et faire la fête

Les vendredis et samedis soir, East New Haven Ave, dans le centre de Melbourne, se transforme en haut lieu de la fête.

Meg O'Malley's PUB IRLANDAIS
(☎321-952-5510 ; www.megomalleys.com ; 812 E New Haven Ave ; ⏲10h30-22h lun-mar, 10h30-23h mer, 10h30-minuit jeu et dim, 10h30-1h30 ven-sam). Ce pub irlandais authentique et toujours animé propose des bols de soupe Parliament à 18 cents, de la Guinness et des concerts.

Foo Bar & Lotus Gallery LOUNGE
(☎321-728-7179 ; 816 E New Haven Ave ; ⏲17h-2h lun-ven, 15h-2h sam-dim). Son menu d'inspiration asiatique, ses cocktails et sa jolie galerie attirent une clientèle relativement âgée. Spectacles de cabaret et soirées années 1980 fréquentes.

Sand on the Beach BAR
(☎321-327-8951 ; sandonthebeach.com ; 1005 Atlantic St ; ⏲8h-tard). L'unique adresse où siroter une margarita les pieds dans le sable. Le bar étant sur trois niveaux, le panorama sur la mer est exceptionnel.

Main Street Pub PUB
(☎321-723-7811 ; mainstreetpub.cc ; 705 E New Haven Ave ; ⏲11h30-tard mar-ven, 16h-tard lun et sam). Une bonne sélection de bières et une jolie terrasse.

Où sortir

Si Cocoa Beach est une ode aux dieux du mercantilisme, Melbourne préfère se placer sous les auspices de la culture, comme en témoigne la scène florissante des arts, de la musique et du théâtre.

♥ **Melbourne Civic Theatre** THÉÂTRE
(☎321-723-6935 ; www.mymct.org ; 817 E Strawbridge Ave ; billets 31 $; ⏲billetterie 11h-15h mar-ven, 14h-18h sam). Le plus ancien théâtre municipal de la Space Coast présente des productions de Broadway et des pièces contemporaines populaires, dans le centre commercial La Galerie. Les artistes sont très talentueux, et avec seulement 90 places, la salle est des plus agréables pour assister à ce genre de spectacles.

Brevard Symphony Orchestra MUSIQUE CLASSIQUE
(☎321-242-2219 ; brevardsymphony.com ; King Center, 3865 N Wickham Rd). Cet orchestre symphonique (à but non lucratif) de 65 musiciens fait vibrer les habitants de Melbourne depuis plus de 60 ans. C'est aussi l'un des meilleurs du pays. Pour les célébrations du 4-Juillet, il joue au Cocoa Riverfront Park sous un spectaculaire feu d'artifice.

Henegar Center CENTRE ARTISTIQUE
(☎321-723-8698 ; www.henegar.org ; 625 E New Haven Ave, Melbourne). L'ancien lycée de Melbourne abrite aujourd'hui un centre artistique communautaire, et un théâtre de 500 places où Red Carpet Productions, société de production du lieu, organise comédies musicales et spectacles comiques.

Depuis/vers Melbourne

La voiture est l'option la plus raisonnable, même si plusieurs bus de **SCAT** (p. 339) relient Melbourne aux localités voisines et passent par différents quartiers de la ville.

L'**Orlando Melbourne International Airport** (☎321-723-6227 ; www.mlbair.com ; 1 Air Terminal Pkwy), situé au nord-est de la ville, n'est desservi que par un nombre limité de compagnies aériennes.

Indialantic

☎321 / 2 755 HABITANTS

Un moment d'inattention, et vous pourriez rater la petite ville d'Indialantic au bord de l'océan, si peu étendue qu'on la remarque à peine, à 26 km au sud de Cocoa Beach. Plaisante, elle possède une pizzeria et quelques commerces, et toujours ces mêmes vagues et ce délicieux sable blanc, mais à des années-lumière de l'agitation de Cocoa Beach.

Activités

Longboard House SURF
(☎321-951-8001 ; www.longboardhouse.com ; 101 5th Ave ; planche de surf/bodyboard 29/10 $ la journée ; ⏲8h30-21h lun-sam, 8h30-18h dim). Boutique de surf réputée, avec un choix impressionnant de planches à louer ou à acheter.

Paddleboard House PADDLE
(☎321-676-9773 ; www.facebook.com/pbhdave ; 110 S Miramar Ave ; 3 heures/journée 30/50 $; ⏲8h30-18h30 lun-sam, 8h30-18h dim). Location de paddles à prix raisonnables.

Bob's Bicycle Shop VÉLO
(☎321-725-2500 ; bobsbicycles.com ; 113 5th Ave ; vélo de route journée/sem 65/180 $; ⏲9h30-18h lun-ven, 10h-18h sam, 11h-15h dim). Location de vélos de route et de randonnée, et vente de *fat bikes* (VTT à pneus larges), très amusants sur le sable.

Où se loger et se restaurer

Il existe plusieurs cottages le long de la côte à Indialantic, mais l'offre est plus large au nord à Cocoa Beach ou au sud à Melbourne Beach.

Beachside Cafe CAFÉ $
(321-953-8444 ; www.thebeachsidecafe.com ; 109 5th Ave ; plats 6-12 $; 7h-14h ;). L'attente pour obtenir un box dans ce café sympathique et familial du centre en vaut la peine. On vous ressert régulièrement du café pendant que vous engloutissez pain grillé, gaufres belges et omelettes au pastrami.

Bizarro Famous NY Pizza PIZZERIA $$
(321-724-4799 ; www.theoriginalbizzarro.com ; 4 Wave Crest Ave, Indialantic ; pizzas 11-36 $; 10h-22h lun-sam, 12h-21h dim). Pizzeria à la new-yorkaise jouissant d'un emplacement idyllique en bord de plage à Indialantic. Le service est un peu brutal, mais la pizza aux épinards avec sauce *marinara* est divine.

Scott's on Fifth MÉDITERRANÉEN $$$
(321-729-9779 ; www.scottsonfifth.com ; 141 5th Ave ; plats 26-39 $; 17h30-21h mar-dim). Cet élégant restaurant de 5th Ave propose à sa carte saisonnière, renouvelée chaque jour, des classiques européens, entre autres, avec en vedette le mérou, les escargots et les crevettes farcies. On peut facilement le manquer car il est niché derrière une minuscule devanture. Il n'y a que 12 tables, il faut donc réserver.

Où prendre un verre et faire la fête

Copperhead Tavern BIÈRES ARTISANALES
(321-802-4700 ; www.copperheadtavern.com ; 205 5th Ave ; 11h-2h lun-sam, 11h-minuit dim). Meilleur (seul) bar de la ville, Copperhead Tavern propose bières artisanales, burgers juteux (servis jusqu'à la fermeture) et un barbecue dans le *beer garden*.

Titusville

321 / 44 206 HABITANTS

Titusville, petite ville pittoresque sur l'Indian River Lagoon, en face du Kennedy Space Center, est essentiellement une ville-dortoir pour les employés de la NASA, et sa prospérité est entièrement liée à celle du programme spatial. Quand l'homme atteindra Mars, Titusville sera à son apogée.

D'ici là, son centre historique montre quelques traces de vie, avec l'arrivée d'une brasserie artisanale branchée et un projet de piste cyclable traversant la Floride qui ira, à terme, jusqu'à St Petersburg. Un B&B original, deux bons restaurants et un grand parc d'où on peut observer les lancements de fusées complètent le tableau.

À voir et à faire

Valiant Air Command Warbird Museum MUSÉE
(321-268-1941 ; www.valiantaircommand.com ; 6600 Tico Rd ; adulte/senior/étudiant/enfant 20/18/10/5 $; 9h-17h ;). Ce qui a commencé comme un simple hobby de 12 anciens combattants a débouché sur un club de 1 500 membres et un fascinant musée dont la collection de plus de 45 appareils célèbre le patrimoine de l'aviation locale. La visite débute par une salle remplie d'objets et de souvenirs, puis l'on se promène librement dans 3 hangars ; l'un est un atelier de restauration, les deux autres abritent des engins datant de la Seconde Guerre mondiale, de la guerre du Vietnam et de la guerre de Corée.

Vedette du VAC, le *Tico Belle*, un C-47A de 1942, a parachuté des troupes le jour du débarquement en Normandie. Il est exposé aux côtés d'un Grumman Wildcat à la *Top Gun*, dont la restauration a nécessité plus de 30 000 heures de travail.

En mars ou avril, le musée organise un Air Show qui plaît beaucoup aux familles. Pour l'occasion, d'anciens combattants assurent 3 heures de démonstration aérienne, et offrent la chance à la nouvelle génération de pilotes d'élite de voler à bord d'appareils historiques. Sinon, venez le deuxième samedi du mois prendre un petit-déjeuner à bord (12 $, de 8h à 10h30) ou vous renseigner sur les "champagne flights", à bord d'un C-47 de la Seconde Guerre mondiale qui survole la côte une fois par mois (250 $/pers).

Space View Park PARC
(17 Orange St). Sur la rive de l'Indian River Lagoon opposée au Kennedy Space Center, juste en face, ce parc est un des plus beaux endroits de la côte pour assister à un lancement de fusée. Sur près de 1 ha, il abrite aussi un Walk of Fame de la conquête spatiale et une série de monuments, d'expositions et de plaques commémorant les missions spatiales.

Où se loger et se restaurer

Casa Coquina del Mar B&B $$

(☎321-268-4653 ; www.casacoquina.com ; 4010 Coquina Ave ; 105-174 $; P ❄ ☎). Ce B&B familial original, dans une demeure de 1927, compte 8 chambres personnalisées, portant des noms de pierres précieuses (la *Perle Noire*, spacieuse, décorée de belles antiquités orientales, est très impressionnante). Dans le salon en bas, une grande réplique d'un chevalier sur sa monture, et un Jacuzzi sous un pavillon en bois à l'arrière. Le matin, les propriétaires proposent un épatant buffet de petit-déjeuner avec pain frais, œufs, jambon, fruits frais, café, thé et jus de fruits.

Wild Ocean Seafood MARCHÉ $

(www.wildoceanmarket.com ; 688 S Park Ave ; plats 9-12 $; 11h-18h lun-jeu, 10h-18h ven-sam, 11h-16h dim). Avec plus de 80 espèces maritimes locales, le marché de Wild Ocean Seafood pense à diversifier les goûts des consommateurs et permet ainsi de ne pas trop perturber les réseaux trophiques et les espèces prédatrices. Les produits de la mer sont préparés sur place, dont un délicieux burger de thon à l'asiatique et un *melt* (sandwich chaud) au thon (pas en boîte). Il offre aussi des dégustations et des festivals culinaires éducatifs. Annexe à Cap Canaveral.

Dixie Crossroads CREVETTES, FRUITS DE MER $$

(☎321-268-5000 ; dixiecrossroads.com ; 1475 Garden St ; plats 8-46 $; 11h-21h dim-jeu, jusqu'à 22h ven-sam ;). Rodney Thompson a développé la pêche à la crevette de roche au large de la côte de Canaveral au début des années 1970. En 1983, sa fille, Laurilee, a ouvert le Dixie Crossroads Seafood Restaurant, avec l'objectif de faire revenir dans les assiettes de Canaveral (envahies de crevettes d'importation) les crevettes locales. Aujourd'hui, cette institution locale continue de servir des crevettes fraîches : fines crevettes rouges royales, succulentes crevettes blanches ou crevettes de roche grillées fondantes.

On commande ces dernières à la douzaine, on les sert ouvertes en deux par une machine inventée par les Thompson, et accompagnées de patate douce, de *coleslaw* et de gruau de maïs. Autres vedettes de la carte : le rouget de l'Indian River Lagoon, les huîtres et une côte de bœuf bien juteuse. Bien que la salle aux airs de chalet soit très spacieuse, il y a souvent la queue au moment du coup de feu. Patientez en prenant un verre au bar aménagé en belvédère.

Chef Larry's AMÉRICAIN MODERNE $$

(☎321-368-9123 ; www.cheflarrysspice.com ; 1111 S Washington Ave ; plats déj 7-10 $, dîner 12-15 $; 11h-13h30 mar-ven, 17h-19h ven-sam). Dans cette ancienne maison rose au décor très américain, un ancien chef de Hollywood s'est "retiré". Le lieu est petit, un peu étrange, avec des horaires réduits (réservez sans faute) et ne propose que quelques plats, par exemple les côtelettes grillées *teriyaki* au bourbon. Sans doute le meilleur repas de la ville. Espèces uniquement.

Où prendre un verre et faire la fête

Playalinda Brewing Company MICROBRASSERIE

(☎321-225-8978 ; www.playalindabrewingcompany.com ; 305 S Washington Ave ; 16h-23h lun-jeu, 15h-minuit ven, 12h-minuit sam, 12h-21h dim). Dans le centre historique de Titusville, cette microbrasserie, installée dans une ancienne quincaillerie vieille de 100 ans, propose un grand choix de bières artisanales locales et américaines, dont quelques délicieuses *stouts* et *porters*. Elle offre aussi une bonne cuisine, dont le *Ploughman's Platter* (charcuterie, fromages, fruits et légumes) et une soupe au fromage et à la bière servie dans un bretzel.

Une nouvelle enseigne appelée Brix Project, plus bas dans la rue, propose un espace et une carte plus étendus.

Bar IX BAR

(☎321-567-7604 ; barixfl.com ; 317 S Washington Ave ; 11h-minuit lun-jeu, 11h-2h ven-sam, 11h-23h dim). Bon bar avec un choix de bières artisanales en bouteilles ou à la pression et des concerts fréquents.

Depuis/vers Titusville

Une voiture est le meilleur moyen d'aller à Titusville, accessible par la Hwy 1 depuis le nord ou le sud. Du côté nord, l'A. Max Brewer Memorial Pkwy traverse l'Indian River Lagoon vers l'est jusqu'à la réserve nationale de Merritt Island. Au sud, le NASA Pkwy traverse également vers l'est jusqu'au centre des visiteurs du Kennedy Space Center.

Le bus n°1 de **SCAT** (p. 339) relie Titusville aux localités plus au sud (dont Cocoa Village), le bus n°2 fait le tour de Titusville.

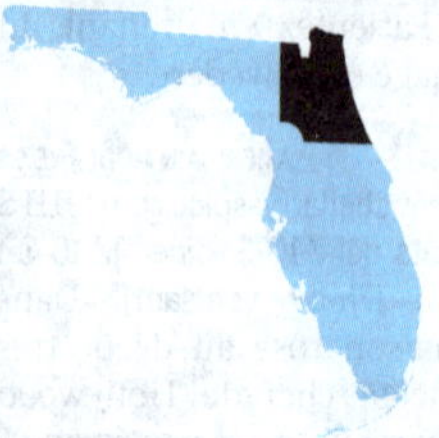

Nord-est de la Floride

1,18 MILLION D'HABITANTS

Dans ce chapitre ➡

Le top des restaurants

- Southern Charm Kitchen (p. 388)
- Present Moment Cafe (p. 361)
- Dragonfly (p. 388)
- Bearded Pig BBQ (p. 367)
- Cress (p. 381)

Le top des hébergements

- Addison (p. 375)
- At Journey's End (p. 360)
- Hotel Palms (p. 371)
- Grady House Bed & Breakfast (p. 390)
- Jaybird's Inn (p. 361)

Pourquoi y aller

Le nord-est de la Floride est un patchwork de terres agricoles, de forêts et de pâturages, de vastes métropoles et de villes universitaires, de stations balnéaires et d'îles sauvages. Amelia Island (dont les Floridiens aisés apprécient les paysages naturels), par exemple, n'est qu'à une heure de route au nord de Jacksonville, l'une des villes les plus étendues des États-Unis. Un peu plus loin se trouve Gainesville, avec ses cafés commerce équitable, ses bars à cocktails et, il faut le dire, une vie nocturne animée par les étudiants des fraternités dont la discrétion n'est pas le fort.

St Augustine est la plus ancienne colonie européenne encore habitée du pays ; tout le monde y trouvera son compte : histoire, architecture, culture, une grande variété d'excellents restaurants et quantité d'attractions touristiques parfaites pour les enfants. Plus au sud, vous trouverez d'étonnantes petites villes et leurs nombreuses boutiques d'antiquités, et, bien sûr, des kilomètres de plages.

Quand partir

Daytona Beach

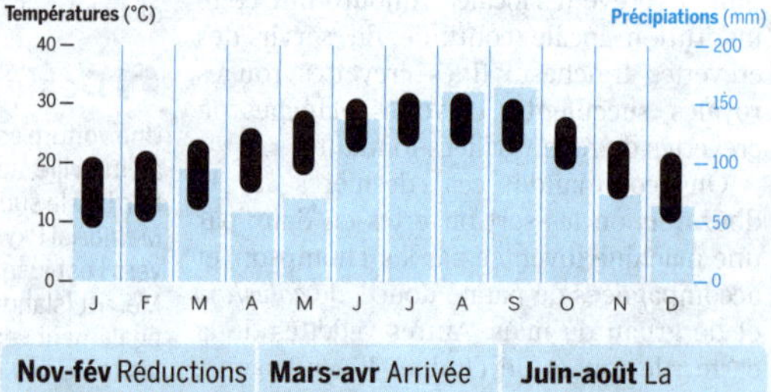

Nov-fév Réductions dans les hôtels (St Augustine, Amelia Island et environs des plages de Jacksonville).

Mars-avr Arrivée en masse des Spring Breakers qui perturbent la tranquillité des plages.

Juin-août La chaleur est parfois étouffante ; les étudiants en congés, le calme s'installe à Gainesville.

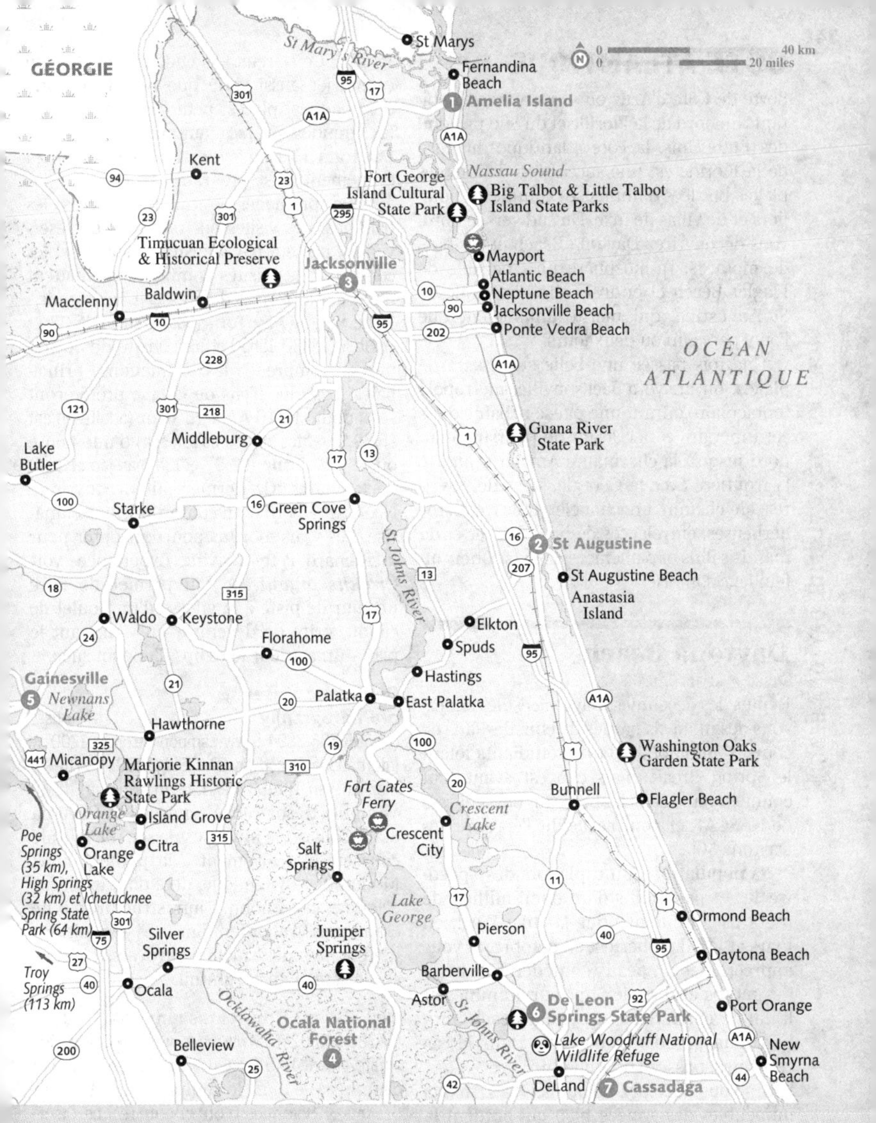

À ne pas manquer

1 Une balade en kayak dans les eaux entourant **Amelia Island** (p. 372), île côtière pittoresque.

2 L'architecture coloniale espagnole, les fascinants musées et les siècles d'histoire de **St Augustine** (p. 354), la plus ancienne cité des États-Unis.

3 L'étonnante scène culturelle et l'excentricité de **Jacksonville** (p. 364).

4 Randonnée, canoë et camping dans l'**Ocala National Forest** (p. 383), forêt dense et superbement préservée abritant une faune variée.

5 Une soirée dans les bars sympas et les restaurants bon marché de **Gainesville** (p. 385), première ville universitaire de Floride.

6 Les eaux bleu azur des sources du **De Leon Springs State Park** (p. 381).

7 Un séjour mystique dans la petite communauté spirite de **Cassadaga** (p. 379).

CÔTE ATLANTIQUE

Sorte de Côte d'Azur où se retrouvent habitants du nord de la Floride et du Sud profond des États-Unis, la côte atlantique du nord de la Floride est une succession de longues plages bordées d'immenses complexes hôteliers et de villas de luxe. Du sud vers le nord, vous découvrirez Daytona Beach et ses bars de motards, l'atmosphère plus paisible de Flagler Beach et enfin la cité historique de St Augustine, qui mérite amplement que l'on y passe un ou deux jours.

Une fois passée une belle succession de plages, on arrive à Jacksonville, métropole tentaculaire offrant une pause urbaine dans cet itinéraire côtier, avant de poursuivre au nord jusqu'à la charmante Amelia Island et la frontière avec la Géorgie. Vous découvrirez en chemin un chapelet d'îles côtières herbeuses, entrelacées de bras de mer et de marais salins et parsemées de bois côtiers au feuillage sombre.

Daytona Beach

☎386 / 62 316 HABITANTS

Depuis des décennies, Daytona est le rendez-vous des motards bardés de cuir, des fans de courses automobiles et des étudiants fêtant le Spring Break, mais elle est avant tout connue pour être le berceau des courses de NASCAR et pour accueillir l'épreuve des Daytona 500.

Sa population quintuple lors des Speedweeks, et pas moins d'un demi-million de motards y affluent pour la Bike Week en mars et le Biketoberfest en octobre. Si vous appréciez les drapeaux confédérés, le bruit des motos et des pick-ups survitaminés et la faune chahuteuse, Daytona Beach aura tout d'un paradis à vos yeux. Dans le cas contraire, passez votre chemin.

Si vous décidez d'oublier les hauts immeubles des années 1970 qui bordent la plage, les night-clubs et les attractions pour touristes, peut-être pourrez-vous assister à la ponte des tortues marines (en saison) ou découvrir quelques sites culturels intéressants.

À voir

Daytona International Speedway CIRCUIT AUTOMOBILE

(☎800-748-7467 ; www.daytonainternationalspeedway.com ; 1801 W International Speedway Blvd ; visites guidées à partir de 18 $; ⌚visites 9h30-15h30). Ce circuit légendaire affiche un calendrier aussi varié que rempli. Le prix des bonnes places peut flamber durant les grandes courses automobiles, dont le **Daytona 500**, en février. Les jours où aucun événement n'est programmé, n'hésitez pas à vous promener gratuitement dans les tribunes. Les visites en tram (pas de réservation) passent par la piste, les stands et les coulisses ; les visites complètes permettent d'accéder aux salles de presse et aux stands.

Le **Speedway Tour** (adulte/enfant 18/12 $; ⌚11h30, 13h30, 15h30 et 16h), visite de 30 minutes, comprend les attractions principales. Les plus férus de vitesse préféreront sans doute le **All Access Tour** (adulte/enfant 25/19 $; ⌚ttes les heures 10h-15h) d'une heure ou le **VIP Tour** (52 $; ⌚13h mar, jeu et sam) de 3 heures. Ce dernier fait découvrir la NASCAR à bord d'un confortable bus climatisé. Les vrais mordus pourront opter pour la Richard Petty Driving Experience (voir *Circuits organisés*), qui permet de faire un tour de piste à la vitesse d'un boulet de canon, voire de devenir – en y mettant le prix – un coureur le temps d'une journée.

Southeast Museum of Photography MUSÉE

(☎386-506-3894 ; www.smponline.org ; 1200 W International Speedway Blvd, Bldg 1200 ; ⌚11h-17h mar, jeu, ven, 11h-19h mer, 13h-17h sam-dim). GRATUIT Véritable trésor caché tenu par le Daytona State College, ce musée est le seul de Floride consacré exclusivement à la photographie. Moderne et dynamique, doté d'un excellent éclairage et de bonnes infrastructures, il ne craint pas d'aborder dans ses expositions temporaires des sujets controversés. Cerise sur le gâteau : il est gratuit.

Cici & Hyatt Brown Museum of Art MUSÉE

(☎386-255-0285 ; www.moas.org ; 352 S Nova Rd ; adulte/enfant 11/5 $; ⌚10h-17h lun-sam, 11h-17h dim). Installé dans le complexe du Museum of Arts & Sciences (voir ci-contre), ce fascinant musée aux airs de maison rurale floridienne retrace l'histoire du *Sunshine State* (surnom de la Floride) à travers la plus vaste collection au monde de peintures à l'huile et d'aquarelles sur l'État.

Tomoka State Park PARC

(☎386-676-4050 ; www.floridastateparks.org/tomoka ; 2099 N Beach St, Ormond Beach ; 5 $/véhicule ; ⌚8h-crépuscule ; P🚻). Le trajet de 20 minutes entre ce site et le centre de Daytona Beach est presque aussi agréable que le parc lui-même. Ce paradis ornithologique occupe d'anciens champs d'indigo transformés en forêts de feuillus. La route passe sous une voûte d'arbres qui forme un tunnel de verdure moucheté de rayons de soleil. Le parc est à environ 20 minutes du centre de Daytona.

Daytona Beach Drive-In Church ÉGLISE
(☎386-767-8761 ; www.driveinchurch.net ; 3140 S Atlantic Ave ; ⏲offices 8h30 et 10h dim ; P). À la Daytona Beach Drive-In Christian Church, vous pourrez suivre l'office (protestant) depuis le confort de votre voiture. Lorsque le Neptune Drive-In Theater mit la clé sous la porte en 1954, cette ville où la voiture est reine imagina une solution originale pour attirer les fidèles : garez-vous, branchez un haut-parleur à votre véhicule ou réglez la radio sur 680 AM ou 88.5 FM et écoutez le prêche du révérend. Lui et ses assistants officient depuis un balcon dominant une mer de voitures. Café et donuts gratuits entre les offices. Cela n'existe qu'à Daytona !

Marine Science Center AQUARIUM
(☎386-304-5545 ; www.marinesciencecenter.com ; 100 Lighthouse Dr, Ponce Inlet ; adulte/enfant 5/2 $; ⏲10h-16h mar-sam, 12h-16h dim ; 👪). Nous avons été impressionnés par les programmes mis en œuvre par ce centre en matière de sauvetage, de soin et de remise en liberté des tortues marines et des oiseaux aquatiques qui nichent sur les plages de Daytona. C'est un lieu ludique, axé sur la sauvegarde de l'environnement, où les enfants comme les adultes en apprennent plus sur la faune sous-marine. Les visiteurs pourront y voir un aquarium récifal de quelque 20 000 litres, un bassin tactile où caresser des raies et une tour d'observation des oiseaux. Ouvert jusqu'à 17h l'été.

Museum of Arts & Sciences MUSÉE
(MOAS ; ☎386-255-0285 ; www.moas.org ; 352 S Nova Rd ; tarif plein/réduit 12,95/6,95 $; ⏲10h-17h mar-sam, 9h-11h dim ; 👪). Ce musée autoguidé vous donnera matière à réfléchir, avec sa collection éclectique, comprenant des œuvres d'art cubain, des objets relatifs à Coca-Cola, des trains et des ours en peluche, ainsi que le squelette de près de 4 m d'un paresseux terrestre ou encore un planétarium. Gratuit le premier mardi du mois.

Jackie Robinson Ballpark & Museum STADE
(☎386-257-3172 ; www.daytonacubs.com ; 105 E Orange Ave ; ⏲9h-17h ; 👪). GRATUIT Ce stade surnommé "Le Jack" est entré dans l'histoire en 1946, année où l'équipe des Montreal Royals, où évoluait Jackie Robinson, était en Floride pour un match-exhibition contre son club de tutelle, celui des Brooklyn Dodgers. D'autres villes de l'État s'opposèrent à la rencontre au motif des lois sur la ségrégation, mais Daytona Beach tint bon. Plus tard, Robinson devint le premier joueur de base-ball afro-américain de 1re division. Le stade fut rebaptisé en son honneur en 1990. Un petit musée en plein air revient sur ces événements.

Gamble Place MUSÉE
(☎386-304-0778 ; www.moas.org/explore/gamble-place/index ; 1819 Taylor Rd, Port Orange ; adulte/enfant 3 $/gratuit ; ⏲8h-17h mer-dim ; P). La résidence d'hiver de la famille Gamble (de Procter & Gamble, d'où leur fortune) n'est qu'à 20 minutes de Daytona, mais c'est un autre monde. Dans une clairière ensoleillée, cette demeure typiquement floridienne et les villas aux noms farfelus qui l'entourent (dont une reproduction de la maison des sept nains de Blanche-Neige) ne sont accessibles que sur visite guidée (10 personnes minimum), mais l'on peut se promener librement dans les jardins.

Daytona Beach PLAGE
(10 $/véhicule ; ⏲course sur la plage 8h-19h mai-oct, aube-crépuscule nov-avr). Cette étendue de sable parfaitement plane servait autrefois de piste de course automobile. Aujourd'hui, vous pourrez vous rendre en voiture dans certaines parties de la plage à une vitesse strictement limitée à 16 km/h. En bordure de la plage, des prestataires louent des quads, des *beach cruisers* (vélos de plage) à grosses roues, des tricycles couchés et tout le matériel nécessaire aux différents sports nautiques. Il est également possible, pour qui s'éloigne de la piste, de simplement profiter du sable.

Circuits organisés

Richard Petty Driving Experience CIRCUIT AUTOMOBILE
(☎800-237-3889 ; www.drivepetty.com ; à partir de 109 $; ⏲dates variables). Si suivre une course de NASCAR ne provoque pas chez vous une montée d'adrénaline suffisante, prenez le volant grâce à la Richard Petty Driving Experience. Choisissez entre plusieurs niveaux d'immersion, des 3 tours de piste sur le siège passager de la Race Ride (à partir de 109 $) à la plus intense Racing Experience (3 200 $), où vous ferez 50 tours de piste les mains crispées sur le volant. Dates variables : consulter le site Internet.

Daytona Beach

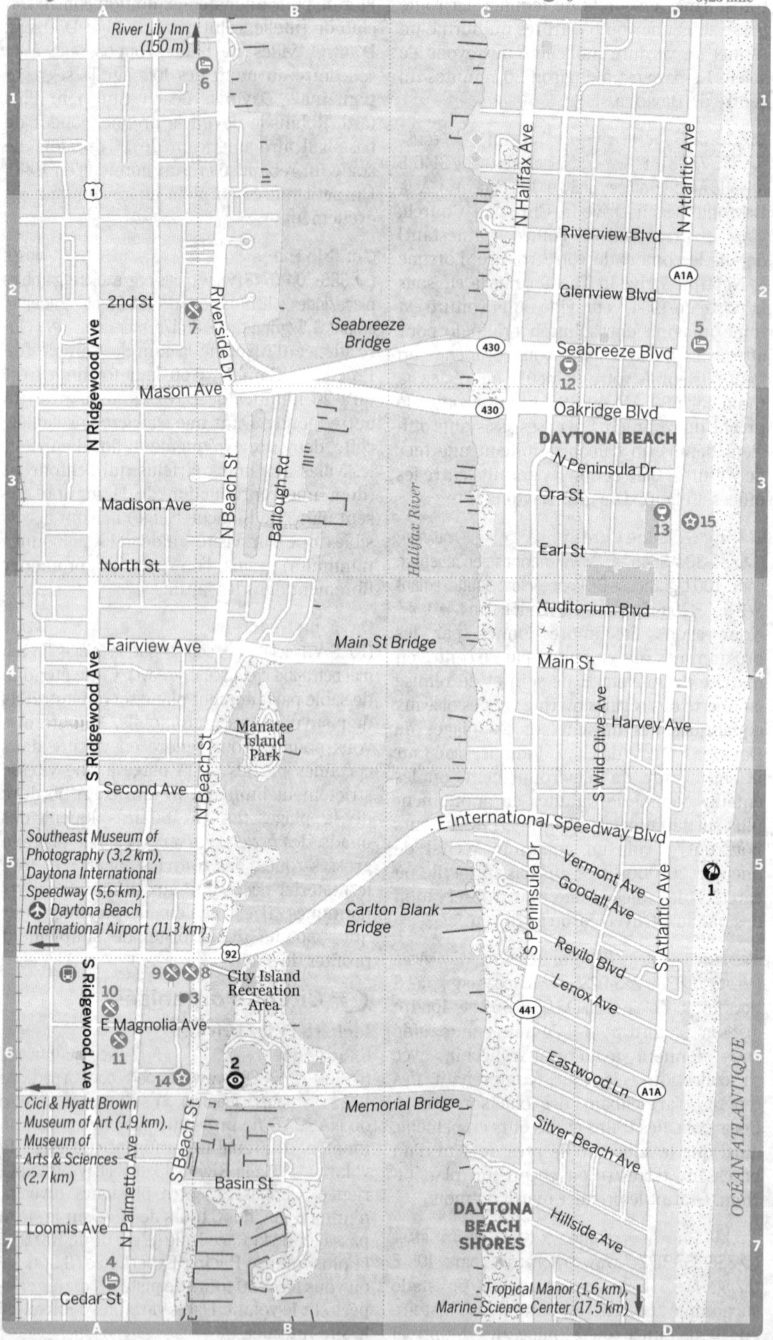

Daytona Beach

À voir

1 Daytona Beach D5
2 Jackie Robinson Ballpark & Museum B6

Activités

3 Angell & Phelps Chocolate Factory A6

Où se loger

4 Coquina Inn B&B A7
5 Plaza Resort & Spa D2
6 River Lily Inn B1

Où se restaurer

7 Chucherias Hondureñas A2
8 Dancing Avocado Kitchen A6
9 Ronin Sushi and Sake Bar A6
10 The Cellar A6
11 Zen Bistro A6

Où prendre un verre et faire la fête

12 Daytona Taproom C2
13 Mai Tai Bar D3

Où sortir

14 Cinematique of Daytona A6
15 Daytona Beach Bandshell D3

Angell & Phelps Chocolate Factory VISITE GUIDÉE
(☎386-252-6531 ; www.angellandphelps.com ; 154 S Beach St ; visites 10h, 11h, 13h, 14h, 15h et 16h lun-sam). GRATUIT Craquez pour les chocolats de la chocolaterie Angell & Phelps, institution du centre de Daytona depuis 1925. Au long d'une visite guidée de 20 minutes des ateliers de fabrication, vous pourrez déguster ses diverses confiseries et rapporter un sachet de chips enrobées de chocolat, des alligators (la marque de fabrique) ou des HoneyBees (confiserie au caramel, noix de cajou et chocolat).

Fêtes et festivals

Budweiser Speedweeks COURSE AUTOMOBILE
(www.daytonainternationalspeedway.com ; fév). Pendant une semaine en février, plusieurs courses précèdent l'événement principal : le Daytona 500. Entre les épreuves, quelque 200 000 personnes profitent de l'ambiance festive.

Bike Week RASSEMBLEMENT DE MOTARDS
(www.officialbikeweek.com ; mars). Pendant 10 jours, en mars, 500 000 motards viennent exhiber leur machine et faire la fête toute la nuit.

Coke Zero 400 COURSE AUTOMOBILE
(www.daytonainternationalspeedway.com ; week-end du 4 juil). Les fans de la Nascar agitent le drapeau à carreaux lors de cette course de 400 tours organisée pendant le week-end du 4-Juillet.

Biketoberfest RASSEMBLEMENT DE MOTARDS
(www.officialbikeweek.com ; mi-oct). De l'alcool, des motos qui pétaradent, des motards baraqués et l'ambiance qui va avec. La fête commence généralement durant le week-end qui suit Columbus Day (jour de commémoration de l'arrivée de Christophe Colomb dans le Nouveau Monde).

Où se loger

Tropical Manor COMPLEXE HÔTELIER $
(☎386-252-4920 ; www.tropicalmanor.com ; 2237 S Atlantic Ave, Daytona Beach Shores ; ch 88-135 $; P). Cet établissement impeccable de bord de plage, idéal pour les familles, arbore une déco ultracolorée, peut-être trop au goût de certains. Divers types d'hébergements, des chambres type motel aux suites et cottages, sont disponibles, mais sont tous différents. La plupart sont équipés de cuisines.

River Lily Inn B&B $$
(☎386-253-5002 ; www.riverlilyinnbedandbreakfast.com ; 558 Riverside Dr ; ch 129-235 $; P). Piano à queue dans le séjour, piscine en forme de cœur dans la cour arrière, gaufres au petit-déjeuner... Voilà déjà beaucoup d'atouts pour ce B&B, auxquels il faut ajouter l'emplacement au calme, surplombant la rivière à l'ombre d'un chêne, les chambres chics à haut plafond (certaines avec balcon privatif) et les propriétaires on ne peut plus charmants. Bref, un refuge idyllique.

Plaza Resort & Spa COMPLEXE HÔTELIER $$
(☎844-284-2685 ; www.plazaresortandspa.com ; 600 N Atlantic Ave ; ch à partir de 109 $; P). Édifié en 1908, ce complexe hôtelier historique de Daytona a conservé un charme rétro malgré d'importants travaux de rénovation. Ah, si les murs pouvaient parler... Du marbre couleur miel dans le hall aux écrans plasma 107 cm et aux lits ultraconfortables dans les chambres, en passant par le spa de 1 400 m², l'endroit respire le luxe. Différents types de chambres disponibles ; toutes ne donnent pas sur l'océan.

Coquina Inn B&B B&B $$
(☎386-254-4969 ; www.coquinainn.com ; 544 S Palmetto Ave ; ch 110-150 $; P). Ombragé par un chêne séculaire, cet adorable B&B, où la

pierre nue côtoie les murs peints en jaune, sent bon les cookies et évoque une maison d'aïeuls, dans le bon sens du terme, avec tableaux de fleurs sur les murs, édredons d'une blancheur immaculée et décorations pour les fêtes. Au calme, dans un quartier résidentiel près du centre.

Hyatt Place Daytona Beach Oceanfront HÔTEL $$
(☎ 386-944-2010 ; www.daytonabeach.place.hyatt.com ; 3161 S Atlantic Ave, Daytona Beach Shores ; ch à partir de 114 $; P @ ≈). Cet établissement loue des chambres très élégantes, à la fois lumineuses et fonctionnelles, dans le quartier un peu moins touristique de Daytona Beach Shores. Toutes ont un balcon, des lits confortables ainsi qu'un espace salon distinct, et offrent la possibilité de brancher un ordinateur ou un iPod sur la TV écran plat 107 cm. Le Wi-Fi, disponible dans tout l'hôtel, et le buffet chaud du petit-déjeuner sont gratuits.

Où se restaurer

Cracked Egg Diner PETIT-DÉJEUNER $
(☎ 386-788-6772 ; www.thecrackedeggdiner.com ; 3280 S Atlantic Ave, Daytona Beach Shores ; plats petit-déj 4-11 $; 7h-15h ; P). Reine du petit-déjeuner, cette sympathique option de Daytona Beach Shores remporte un tel succès que les propriétaires ont dû annexer le bâtiment d'à côté. À la tête de cet établissement, Chris et Kevin, deux frères, dont l'un accueille les clients à la porte avec un sourire, se sont donné pour mission de servir des plats à base d'œufs d'une qualité irréprochable. Et ils font du très bon travail.

Dancing Avocado Kitchen CAFÉ $
(☎ 386-947-2022 ; www.dancingavocadokitchen.com ; 110 S Beach St ; plats 8-14 $; 8h-16h mar-sam ;). La carte de cet établissement coloré, où sont servis des petits-déjeuners, des déjeuners et des repas légers, privilégie les plats sans gluten et principalement végétariens. Vous y trouverez tout de même, au milieu du tofu, du houmous et des grosses portions d'avocat frais, un wrap au poulet épicé et l'incontournable sandwich au *mahi-mahi* (dorade coryphène). Une cuisine équilibrée et délicieuse.

Chucherias Hondureñas LATINO-AMÉRICAIN $$
(☎ 386-239-0548 ; www.chucheriashondurenas.com ; 101 2nd St ; plats 10-18 $; 11h-15h et 17h-21h mer-dim ; P). Au zénith de la scène culinaire locale, Chucherias propose un riche mélange de saveurs d'Amérique latine et des Caraïbes : crustacés assaisonnés de *chimol* (sauce d'Amérique centrale) et rôti de porc aux agrumes et à l'ail, par exemple. En prime : décor coloré et personnel charmant. À ne pas manquer.

Ronin Sushi and Sake Bar JAPONAIS $$
(☎ 386-252-6320 ; www.roninsushiandbar.com ; 111 W International Speedway Blvd ; sushis à partir de 8 $; 17h-22h dim-jeu, 17h-23h ven-sam ; P). Il n'y a pas que le circuit automobile à Daytona. Il y a aussi la mer et les trésors de fruits de mer frais qu'elle recèle, que l'on retrouve dans les excellents sushis à l'américaine de cette adresse prisée et pleine de charme. On y savoure également de nombreux sakés et de délicieuses petites assiettes de moules ou de bœuf de Kobe.

Zen Bistro THAÏLANDAIS $$
(☎ 386-248-0453 ; www.zenbistrodaytona.com ; 223 Magnolia Ave ; déj 8-11 $, dîner 12-20 $; 11h-15h et 17h-21h lun-jeu, jusqu'à 22h ven, 17h-22h sam ; P). Avec ses tables en plein air, une cheminée et un bar, le Zen Bistro n'est pas, à proprement parler, un restaurant thaïlandais typique. Avec ses délicieux curries, plats de nouilles ou de riz cuisinés et épicés à la convenance du client, l'endroit change agréablement des omniprésents fast-foods de Daytona. Service courtois et attentif.

Aunt Catfish's on the River CUISINE DU SUD $$
(☎ 386-767-4768 ; www.facebook.com/Aunt-Catfishs-on-the-River-158811737488872 ; 4009 Halifax Dr, Port Orange ; plats 8-28 $; 11h30-21h lun-sam, à partir de 9h dim ; P). Le mérou et le *mahi-mahi*, cuisinés au beurre ou délicieusement frits, ainsi que le poisson-chat épicé de style cajun valent à ce restaurant de poisson, sis en bord de fleuve, son succès auprès des touristes. Revers de la médaille : l'attente pour une table peut être longue. Il se trouve à la périphérie de Daytona Beach dans Port Orange.

Rose Villa Southern Table and Bar AMÉRICAIN MODERNE $$$
(☎ 386-615-7673 ; www.rosevillarestaurant.com ; 43 West Granada Blvd, Ormond Beach ; plats 19-34 $; 11h-15h et 17h-22h mar-sam ; P). Peu connu, ce bistrot intimiste et élégant, où est élaborée une cuisine sophistiquée, occupe une ravissante maison victorienne avec jardin, à quelques kilomètres au nord de Daytona. Le menu éclectique est axé sur la gastronomie des États du Sud, et tout est bon, des noix de Saint-Jacques au gruau en passant par l'excellent poulet et les délicieuses gaufres. Vivement recommandé.

The Cellar ITALIEN $$$
(386-258-0011 ; www.thecellarrestaurant.com ; 220 Magnolia Ave ; plats 23-46 $; 17h-22h mar-dim, jusqu'à 21h sam ; P). Vous pourrez dire à vos amis que vous avez dîné dans la résidence d'été du 29e Président des États-Unis, Warren Harding ! Si ce dernier est toujours considéré comme l'un des pires Présidents américains, le restaurant, en revanche, sort du lot et est apprécié pour les occasions spéciales. Ambiance élégante et cuisine italienne raffinée.

Où prendre un verre et faire la fête

Daytona Taproom BAR À BIÈRES
(386- 872-3298 ; 310 Seabreeze Blvd ; burgers 4-13 $; midi-3h lun-sam, midi-2h dim ;). Alternative bienvenue aux rades de motards et aux bars de plage, cet établissement propose 50 bières de microbrasseries locales et américaines à la pression et d'appétissants burgers. Ferme parfois plus tôt en basse saison.

Mai Tai Bar BAR
(386-947-2493 ; www.maitaibar.com ; 250 N Atlantic Ave ; 14h-2h lun-ven, à partir de 11h sam-dim). Dans ce joyeux bar hawaïen donnant sur l'océan, la foule des fêtards sirote des boissons au rhum colorées. Happy hours tardives (21h-1h lun-sam, 16h-minuit dim).

Où sortir

Cinematique of Daytona CINÉMA
(386-252-3778 ; www.cinematique.org ; 242 S Beach St). Accueillant le Daytona Beach Film Festival, le seul cinéma d'art et d'essai de la ville diffuse des films indépendants et étrangers dans une salle de projection intime. Boissons et en-cas servis à votre table.

Daytona Beach Bandshell MUSIQUE LIVE
(386-671-8250 ; www.daytonabandshell.com ; 70 Boardwalk). Construite en 1937 en *coquina*, une roche sédimentaire mêlée de fragments de coquillages et de sable, cette adresse phare a l'atout d'un superbe emplacement en bord de mer. L'été, s'y donnent gracieusement concerts et autres projections de plein air. L'endroit mérite un petit tour.

Achats

J&P Cycles Destination Daytona Superstore MOTO
(386-615-0950 ; www.jpcycles.com/pages/daytona ; 253 Destination Daytona Ln, Ormond Beach ; 9h-18h lun-sam, 10h-17h dim). Dans cette boutique de 1 400 m², sise au nord de Daytona Beach, à l'intersection de l'I-95 et de l'US 1, vous trouverez tous les vêtements et accessoires nécessaires pour sublimer votre Harley ou votre Gold Wing. Ferme une heure plus tard en été.

Daytona Flea & Farmers Market MARCHÉ
(386-253-3330 ; www.daytonafleamarket.com ; 1425 Tomoka Farms Rd ; 9h-17h ven-dim). Un marché aux puces et de producteurs tentaculaire, fort de plus de 1 000 stands et 600 vendeurs, situé à l'intersection des US 92 et I-95, à 1,6 km à l'ouest du circuit automobile Speedway. Les chineurs y trouveront de quoi passer un excellent moment.

Depuis/vers Daytona Beach

Daytona Beach est proche de l'intersection de deux grandes autoroutes, l'I-95 et l'I-4. L'I-95 permet de rejoindre rapidement Jacksonville (environ 145 km) et Miami (420 km), mais la Hwy A1A et la US Hwy sont plus pittoresques. Beville Rd, un axe est-ouest au sud de Daytona, devient l'I-4 après avoir croisé l'I-95 ; c'est l'itinéraire le plus rapide pour Orlando (90 km).

Daytona Beach International Airport (386-248-8030 ; www.flydaytonafirst.com ; 700 Catalina Dr). Juste à l'est du Speedway, l'aéroport international de Daytona Beach est desservi par Delta et US Airways. Tous les grands loueurs de voitures y sont représentés.

Greyhound (386-255-7076 ; www.greyhound.com ; 138 S Ridgewood Ave). Bus vers la plupart des grandes villes de Floride, et au-delà.

Flagler Beach

386 / 4 655 HABITANTS

À seulement 34 km au nord de Daytona, la petite ville isolée de Flagler Beach paraît à des années-lumière des complexes hôteliers, des aveuglants néons et du grondement des moteurs de sa bruyante voisine. Sur 10 km de plage, cette étendue de résidences modestes parsemée de quelques rares boutiques a l'attrait de magnifiques levers de soleil et d'une ambiance de bout du monde.

À voir

Washington Oaks Gardens State Park PARC
(386-446-6780 ; www.floridastateparks.org/washingtonoaks ; 6400 N Oceanshore Blvd ; véhicule/vélo 5/4 $; 8h-crépuscule ; P). Les jardins paysagers de l'ancienne propriété d'Owen et Louise Young ont été transformés en un superbe petit parc où il fait bon

pique-niquer et se promener. On marcherait des heures parmi les effluves de camélias et les oiseaux de paradis peuplant cet éden luxuriant.

Flagler Beach Fishing Pier SITE REMARQUABLE

(386-517-2436 ; www.cityofflaglerbeach.com/thepier ; 105 S 2nd St ; entrée 1,50 $, canne à pêche et permis 6 $; 6h-minuit). Louez une canne à pêche et des appâts et postez-vous au-dessus de l'eau azur en attendant que ça morde, ou contentez-vous d'une petite balade sur cette jetée historique, où les couchers de soleil sont époustouflants.

Où se loger

Si vous souhaitez passer une nuit ou deux dans un environnement plus paisible que Daytona, Flagler Beach offre des kilomètres de plages sablonneuses que l'on a pour soi tout seul.

Gamble Rogers Memorial State Recreation Area CAMPING $

(386-517-2086 ; www.floridastateparks.org/gamblerogers ; 3100 S Ocean Shore Blvd ; 5 $/véhicule, empl tente et camping-car 28 $; 8h-crépuscule ; P). Les amoureux de la nature pourront camper au bord de la plage de la Gamble Rogers Memorial State Recreation Area, qui s'étend de part et d'autre de l'A1A, et louer kayaks, canoës et vélos au poste de rangers.

Flagler Beach Motel MOTEL $

(386-517-6700 ; www.flaglerbeachmotelandvacationrentals.com ; 1820 S Oceanshore Blvd ; studio à partir de 85 $, unit 2 lits à partir de 130 $;). Le meilleur des motels bon marché de Flagler Beach, avec un studio impeccable et des *units* de style motel de 1 ou 2 chambres (la plupart avec cuisine équipée et vue sur l'Atlantique). Le tout décoré d'œuvres d'artistes locaux. Situé juste en face de la plage, c'est un lieu merveilleux où disparaître quelques jours.

Island Cottage Oceanfront Inn & Spa AUBERGE $$$

(386-439-0092 ; www.islandcottagevillas.com ; 2316 S Oceanshore Blvd ; ch 200-370 $; P). Si vous êtes d'humeur romantique, venez vous faire bichonner en couple à l'Island Cottage Oceanfront Inn & Spa. Si la déco surchargée ne plaît pas à tout le monde, le service est attentif et le luxe est au rendez-vous. On apprécie sans mal les lits à baldaquin et les Jacuzzi doubles !

Où se restaurer

Vessel Sandwich Company SANDWICHS $

(386- 693-5085 ; www.vesselsandwichco.com ; 213 South 2nd St ; sandwichs 7-9 $; 11h-16h lun-sam, 11h-21h ven ; P). Quoi de mieux qu'un sandwich après une bonne baignade ? Cet excellent établissement sert de délicieux *banh mi,* Sloppy Joe (burgers au bœuf haché), sandwichs au poulet à la sauce barbecue blanche d'Alabama ou toastés au vieux cheddar et pomme.

High Tides at Snack Jack POISSON ET FRUITS DE MER $$

(386-439-3344 ; www.snackjacks.com ; 2805 Hwy A1A ; plats 11-22 $; 11h-21h ; P). Les voituriers apportent une touche haut de gamme à ce bar-*diner* du front de mer ouvert aux vents et apprécié des locaux comme des visiteurs pour son ambiance délicieusement décontractée, son emplacement et sa cuisine. On y savoure cheeseburgers, crevettes à la noix de coco et de gargantuesques assiettes de fruits de mer frits. Si l'on en croit la carte, le restaurant a ouvert ses portes en 1947, mais on ne le soupçonnerait pas, à en voir l'intérieur, moderne, impeccable et épuré. La vue est fabuleuse !

Depuis/vers Flagler Beach

Flagler Beach est à 34 km au nord de Daytona Beach et à 56 km au sud de St Augustine. Des boutiques de location jalonnent les plages bordant l'A1A dans les deux directions.

St Augustine

904 / 13 700 HABITANTS

La plus ancienne colonie européenne encore habitée des États-Unis fut fondée en 1565 par les Espagnols. Aujourd'hui, le centre, composé de 144 pâtés de maisons et classé monument historique (National Historic Landmark District), est une importante destination touristique. Contrairement à de nombreux parcs d'attractions historiques de Floride, St Augustine a su préserver une grande part de son charme et de son authenticité, même si l'on ne peut nier la présence de quelques aimants à touristes, comme les parcs miniatures, les omniprésents tour-opérateurs, les calèches et les habitants en costumes d'époque. St Augustine doit, en matière de découverte, un pan de sa richesse à ses nombreux musées et à l'authenticité de son architecture et de son cadre urbain historique.

HISTOIRES DE PIRATES

Les pirates qui sévissaient dans les Caraïbes et les Amériques pillaient régulièrement St Augustine. Embusqués le long de la côte, ils attaquaient les flottes chargées d'or et d'argent qui quittaient le Mexique ou l'Amérique du Sud pour l'Europe. Faute de navire en vue, ils mettaient la ville à sac (elle abritait le trésorier royal espagnol pour la Floride).

En juin 1586, le corsaire sir Francis Drake et ses acolytes ravagèrent St Augustine avant de l'incendier. En 1668, après avoir capturé un navire espagnol, le pirate jamaïcain Robert Searle et son équipage se livrèrent avec encore plus de brutalité à une série de pillages et de meurtres. Personne n'était à l'abri : on raconte que le fantôme d'une des victimes de Searle, une fillette de 5 ans, le hanta jusqu'à la folie et le poussa au suicide.

Ces événements sont méticuleusement mis en scène chaque année à St Augustine. Les participants doivent se conformer à des règles strictes : interdiction de porter des emblèmes de tête de mort (que les pirates n'ont arborée qu'à partir du début des années 1700), du polyester et des objets modernes (dont les monocles et les montres-bracelets), ainsi que des "plumes ridicules". Pour participer, rendez-vous à St Augustine en mars (pour rejouer l'attaque de Searle) ou en juin (pour l'attaque de Drake). Pour plus d'informations, consultez le site www.searlesbucs.com.

Dans la même veine, citons également le "Talk Like a Pirate Day" ("Exprime-toi comme un pirate" ; talklikeapirate.com/wordpress), en septembre, un événement mondial particulièrement apprécié dans la région, et le Pirate Gathering ("Rassemblement de pirates" ; www.facebook.com/pg/pirategathering) de St Augustine, en octobre/novembre. Ces célébrations, où résonnent les "mille milliards de mille sabords", évoquent plus le film *Pirates des Caraïbes* qu'une réalité historique de la piraterie, plus proche de la barbarie de *Games of Thrones* et bien plus brutale, notamment envers les populations civiles.

On trouve en ville de merveilleux B&B, des cafés accueillants et des pubs à l'éclairage tamisé, et si le raffinement culinaire ne vient pas toujours à l'esprit lorsqu'on évoque la Floride, St Augustine fait exception.

À voir

Tout le quartier historique de St Augustine ressemble à un musée, d'une richesse fabuleuse. L'étroite **Aviles Street**, la plus ancienne rue européenne du pays, et la longue **St George Street**, réservée aux piétons, toutes les deux bordées de galeries d'art, de cafés, de musées et de pubs, sont en elles-mêmes des curiosités.

Lightner Museum MUSÉE

(904-824-2874 ; www.lightnermuseum.org ; 75 King St ; adulte/enfant 10/5 $; 9h-17h). L'ancien Hotel Alcazar du magnat de l'immobilier Henry Flagler abrite aujourd'hui un magnifique musée, fort d'une collection éclectique où voisinent, entre autres, du mobilier du XIXe siècle, des marbres et des étiquettes de boîtes de cigares. Construit en 1887 dans le style néo-Renaissance espagnole par les architectes new-yorkais Carrère et Hastings, le bâtiment lui-même, somptueux, est à ne pas manquer.

Villa Zorayda Museum MUSÉE

(904-829-9887 ; www.villazorayda.com ; 83 King St ; adulte/enfant 10/4 $; 10h-17h lun-sam, 11h-16h dim ; P). Cet édifice gris aux airs de château médiéval espagnol tout droit sorti d'un parc d'attractions fut construit en 1883 par un millionnaire excentrique obsédé par l'Alhambra de Grenade, dans un mélange de béton et de *coquina*, calcaire coquillé de la région. Il est désormais occupé par un étrange, quoique sympathique musée. Dans l'atrium et les pièces de style mauresque trônent des objets antiques et archéologiques pour le moins singuliers, dont un pied de momie vieux de 2 400 ans et un "Tapis du chat sacré" égyptien.

Castillo de San Marcos National Monument FORT

(904-829-6506 ; www.nps.gov/casa ; 1 S Castillo Dr ; adulte/-15 ans 10 $/gratuit ; 8h45-17h ; P). Achevé par les Espagnols en 1665, ce fort éminemment photogénique est le plus ancien en maçonnerie des États-Unis. Il fut assiégé deux fois et changea de mains à six reprises : Espagne, Grande-Bretagne, Espagne à nouveau, États-Unis, États confédérés d'Amérique puis enfin États-Unis encore. Les guides conduisent des visites toutes les heures et font retentir

St Augustine

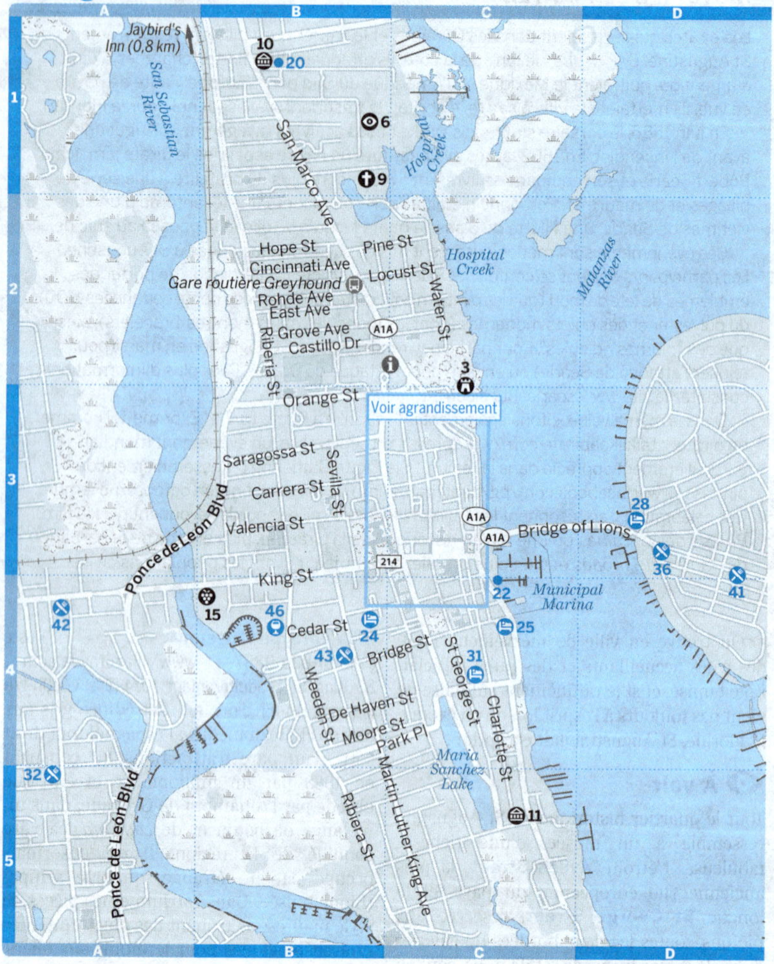

les canons presque tous les week-ends. Il y a un parking sur place, qui se remplit en moins de temps qu'il ne faut pour le dire.

Ximenez-Fatio House MUSÉE

(☎904-829-3575 ; www.ximenezfatiohouse.org ; 20 Aviles St ; tarif plein/étudiant 7/5 $; ⏲11h-16h mar-sam). Établi en 1798, ce fascinant musée comprend le bâtiment principal, la cuisine (la seule des environs à occuper un bâtiment annexe) et un lavoir reconstruit. Il occupe un terrain impeccablement entretenu, lequel date du plan d'urbanisation d'origine (1572) de St Augustine. Superbement restauré et rempli d'objets anciens, le musée s'intéresse principalement à la période allant de 1826 à 1875, époque où la propriété servait d'auberge.

Hotel Ponce de León ÉDIFICE HISTORIQUE

(☎904-823-3378 ; legacy.flagler.edu/pages/tours ; 74 King St ; visites guidées adulte/enfant 10/1 $; ⏲visites ttes les heures 10h-15h en été, 10h et 14h durant l'année universitaire). Cet ancien hôtel de luxe construit dans les années 1880 tient désormais lieu de résidence universitaire aux étudiants du Flagler College, qui le sauva en 1967 en l'ajoutant à son campus.

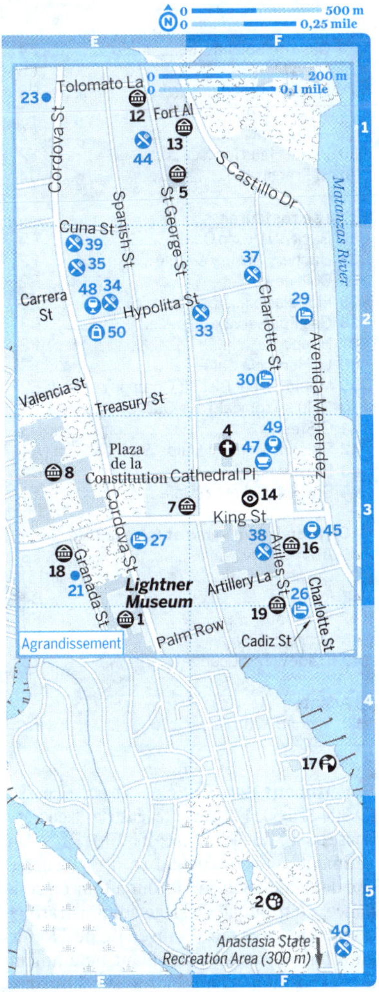

Nous vous recommandons une visite guidée de l'endroit pour ressentir tout le poids de l'histoire de ce magnifique édifice de style Renaissance espagnole. Jetez au moins un coup d'œil dans le hall d'entrée (gratuit). Les visites sont parfois annulées pour les besoins de l'université : consultez le site Internet pour plus de détails.

Colonial Quarter MUSÉE

(quartier colonial ; ☎904-342-2857 ; www.colonialquarter.com ; 33 St George St ; adulte/enfant 13/7 $; ⌚10h-17h). Avec ses artisans travaillant la forge, le cuir ou s'exerçant au tir au mousquet, entre autres activités d'époque, cette reconstitution de la St Augustine espagnole offre au visiteur une véritable immersion dans la vie locale du XVIIIe siècle.

Des billets combinés à tarif réduit (adulte/enfant 28/16 $), incluant l'entrée au Pirate & Treasure Museum (p. 359) et à l'exposition *First Colony* de la Government House (p. 358) sont disponibles.

Plaza de la Constitution PLACE

En plein centre, cette place verdoyante était un ancien marché alimentaire (et aux esclaves). Elle abrite un joli belvédère, quelques canons, les ruines du puits de la ville et un mémorial de la guerre de Sécession.

Spanish Military Hospital Museum MUSÉE

(☎904-342-7730 ; www.spanishmilitaryhospital.com ; 3 Aviles St ; adulte/enfant 10/5 $; ⌚10h-18h). Âmes sensibles s'abstenir ! Les visites guidées de ce musée, installé dans une réplique de l'hôpital militaire espagnol de l'époque, détaillent les techniques médicales des jours glorieux et sanglants de l'époque coloniale : amputations, poses de sangsues et autres redoutables pratiques. Possibilité de réductions en ligne.

Anastasia State Recreation Area PARC ET PLAGE

(☎904-461-2033 ; www.floridastateparks.org/anastasia ; 300 Anastasia Park Rd ; voiture/vélo 8/2 $; ⌚8h-crépuscule). À l'instar des habitants, fuyez les hordes de touristes et rejoignez ce merveilleux parc, patchwork de marais côtiers et de forêts maritimes sillonné de promenades en planches et bordé d'une belle plage. Le parc compte aussi un camping (empl tente 28 $) et des boutiques louant des équipements de sports nautiques en tout genre.

Alligator Farm Zoological Park ZOO

(☎904-824-3337 ; www.alligatorfarm.com ; 999 Anastasia Blvd ; adulte/enfant 23/12 $; ⌚9h-17h, 9h-18h été ; 👪). Ce zoo est le seul au monde à accueillir toutes les espèces de crocodiles existantes. Ne manquez pas aussi les alligators albinos, les surprenants gavials et sept différentes espèces de singes en voie d'extinction, notamment le plus petit connu à ce jour, le ouistiti pygmée. Des conférences et des spectacles sont proposés toute la journée ; essayez d'assister au repas des alligators (12h et 15h). Le parc est à 5 minutes en voiture du centre de St Augustine par l'Anastasia Blvd.

St Augustine

Les incontournables
1 Lightner Museum E4

À voir
2 Alligator Farm Zoological Park F5
3 Castillo de San Marcos National Monument C3
4 Cathedral Basilica of St Augustine F3
5 Colonial Quarter E1
6 Fountain of Youth B1
7 Government House E3
8 Hotel Ponce de León E3
9 Mission of Nombre de Dios B1
10 Old Jail B1
11 Oldest House C5
12 Oldest Wooden School House E1
13 Pirate & Treasure Museum E1
14 Plaza de la Constitution F3
15 San Sebastian Winery B4
16 Spanish Military Hospital Museum F3
17 St Augustine Lighthouse F4
18 Villa Zorayda Museum E3
19 Ximenez-Fatio House F3

Activités
20 Old Town Trolley Tours B1
21 St Augustine City Walks E3
22 St Augustine Eco Tours C4
23 St Augustine Gold Tours E1

Où se loger
24 At Journey's End B4
25 Bayfront Marin House C4
26 Casa de Solana F4
27 Casa Monica E3
28 Edgewater Inn D3
29 Hilton St Augustine Historic Bayfront F2
30 Pirate Haus Inn F2
31 St Francis Inn C4

Où se restaurer
32 Back 40 Urban Cafe A5
33 Bunnery Bakery & Café F2
34 Collage E2
35 Floridian E2
36 Gas Full Service D3
37 Hyppo F2
38 La Herencia Café F3
39 Maple Street Biscuit Company E2
40 Nalu's Tropical Take Out F5
41 O'Steen's D3
42 Present Moment Cafe A4
43 Preserved B4
44 Spanish Bakery & Cafe E1

Où prendre un verre et faire la fête
45 A1A Ale Works F3
Cellar Upstairs .... (voir 15)
46 Ice Plant B4
47 Kookaburra F3
48 Scarlett O'Hara's E2
49 TradeWinds Lounge F3

Achats
50 Second Read Books E2

St Augustine Beach PLAGE
(350 A1A Beach Blvd ; aube-crépuscule). St Augustine est si chargée d'histoire qu'on en oublierait presque sa plage de sable blanc. Pourtant, la Floride reste la Floride, et un séjour ici ne serait pas complet sans prendre le soleil et piquer une tête. Il y a un kiosque d'information touristique au pied de la jetée **St Johns Pier**, où vous pourrez louer une canne à pêche et un moulinet (3 $/2 heures, 1 $ l'heure supplémentaire). À environ 3 rues au sud de la jetée, au bout d'A St, vous arriverez à un bon spot de surf (en ce qui concerne la Floride).

Cathedral Basilica of St Augustine ÉGLISE
(904-824-2806 ; www.thefirstparish.org ; 38 Cathedral Pl ; messe 7h). Avec son magnifique campanile dominant la Plaza de la Constitution, cette cathédrale de style colonial espagnol a probablement été le premier lieu de culte catholique du pays. Des messes sont célébrées tous les jours. Pour les horaires des messes après 7h, consultez le site Internet.

Government House ÉDIFICE HISTORIQUE
(904-825-5034 ; www.staugustine.ufl.edu/govHouse.html ; 48 King St ; 10h-17h). GRATUIT Un bâtiment gouvernemental se dresse sur ce site depuis 1598. Il servit tour à tour de résidence, de tribunal, de siège administratif et de bureau de poste. L'université de Floride en a fait un musée accueillant notamment des expositions temporaires sur l'histoire de l'État. Des billets combinés à tarif réduit (adulte/enfant 28/16 $), incluant l'entrée à l'exposition *First Colony* de la Government House ainsi qu'au Colonial Quarter (p. 357) et au Pirate & Treasure Museum, sont disponibles.

Mission of Nombre de Dios ÉGLISE
(904-824-2809 ; www.missionandshrine.org ; 27 Ocean Ave ; musée 9h-17h lun-sam, 12h-16h dim ; P). GRATUIT Juste au nord du centre, sur la A1A, cette mission date des premiers jours de la colonisation espagnole. Aujourd'hui, le paisible jardin-mémorial abrite une réplique de l'autel d'origine, une petite chapelle couverte de lierre et un modeste musée.

Pirate & Treasure Museum MUSÉE
(☎877-467-5863 ; www.thepiratemuseum.com ; 12 S Castillo Dr ; adulte/enfant 14/7 $; ⏲10h-19h ; 👪). Les jeunes et les moins jeunes apprécieront cet établissement, à la fois musée et parc d'attractions sur le thème des pirates. Outre de vrais trésors historiques (dont de l'or véritable), on trouve dans cet endroit, où tonnent des enregistrements de canonnades, quantité de flibustiers animatroniques. Une chasse au trésor y est organisée pour les enfants. Point de véracité historique en revanche, la vie de pirate est clairement romancée.

Des billets combinés à tarif réduit (adulte/enfant 28/16 $), incluant l'accès au Colonial Quarter (p. 357) et à l'exposition *First Colony* de la Government House (voir ci-contre), sont disponibles.

Oldest House MUSÉE
(☎904-824-2872 ; www.saintaugustinehistoricalsociety.org ; 14 St Francis St ; tarif plein/étudiant 8/7 $; ⏲10h-17h). Connue aussi sous le nom de **González-Alvarez House**, cette maison du début du XVIIIe siècle, bâtie sur un site déjà occupé au siècle précédent, est la plus vieille demeure espagnole conservée en Floride. Elle fait partie d'un ensemble qui comprend aussi deux petits musées historiques et un joli jardin ornemental.

San Sebastian Winery CAVE À VINS
(☎904-826-1594 ; www.sansebastianwinery.com ; 157 King St ; ⏲10h-18h lun-sam, 11h-18h dim). GRATUIT Les visites d'une heure de cette cave se terminent par une dégustation de vins et la projection d'une vidéo sur la viticulture en Floride depuis les années 1600. Si vous êtes présent en août, vous pourrez vous joindre à la compétition annuelle de foulage du raisin aux pieds.

Old Jail ÉDIFICE HISTORIQUE
(ancienne prison ; ☎904-829-3800 ; 167 San Marco Ave ; adulte/enfant 9/5 $; ⏲visites ttes les 20 min 9h-16h30). Datant de 1891, ce lieu fut jadis la prison de la ville et la résidence de son premier shérif, Charles Joseph Perry, dit "la Terreur" (1,97 m, 136 kg). Aujourd'hui, des "shérifs adjoints" en costume accompagnent les visiteurs dans les cellules en racontant l'histoire des lieux.

Oldest Wooden School House ÉDIFICE HISTORIQUE
(ancienne école ; ☎888-653-7245 ; www.oldestwoodenschoolhouse.com ; 14 St George St ; adulte/enfant 3/2 $; ⏲9h-18h). Bâtie il y a 200 ans en cèdre rouge et cyprès, cette ancienne école abrite des mannequins animés de professeurs et d'élèves. L'ensemble offre un aperçu de la vie et de l'éducation au XVIIIe siècle. Le cachot impressionne les enfants.

St Augustine Lighthouse PHARE
(☎904-829-0745 ; www.staugustinelighthouse.com ; 81 Lighthouse Ave ; adulte/enfant 13/1 $; ⏲9h-18h). Ce phare des années 1870, rayé de noir et de blanc, projette son rayon jusque dans le centre-ville. Formidable endroit où emmener les enfants de plus de 6 ans et mesurant au moins 1,10 m (tous les visiteurs doivent être capables de monter et de descendre les marches de la tour), le phare organise régulièrement des circuits paranormaux "Dark of the Moon" et archéologiques "Lost Ships". Consultez le site Internet pour en connaître les dates et les horaires.

Fountain of Youth SITE HISTORIQUE
(fontaine de Jouvence ; ☎904-829-3168 ; www.fountainofyouthflorida.com ; 11 Magnolia Ave ; adulte/enfant 15/9 $; ⏲9h-18h ; 👪). Vous aimez les expériences insolites ? Rendez-vous dans ce "parc archéologique" un peu kitsch pour un verre de jeunesse éternelle ! Selon la légende, l'explorateur espagnol Juan Ponce de León, débarqué ici en 1513, aurait estimé que cette source pouvait être la mythique fontaine de Jouvence et ne tarda pas à faire payer 15 $ l'accès ! C'est une blague bien sûr, l'entrée payante ne vint que plus tard, et s'accompagne de reconstitutions historiques qui raviront les enfants.

Activités

Pit Surfshop SURF
(☎904-471-4700 ; www.thepitsurfshop.com ; 18 A St ; cours 75 $; ⏲9h-19h). Arrêtez-vous dans ce centre de St Augustine Beach pour vous renseigner sur les conditions météo, louer ou acheter une planche ou pour vous affaler dans un canapé confortable de la salle de projection et regarder un film sur le surf (gratuit). Cours de surf et surfcamps.

Circuits organisés

♥ **St Augustine Gold Tours** CIRCUIT ORGANISÉ
(☎904-325-0547 ; www.staugustinegoldtours.com ; 6 Cordova St ; adulte/enfant 25/15 $). Des nombreux circuits faisant le tour de la ville, ceux de cette agence créée par un couple de Britanniques à la retraire sortent du lot. Ils donnent un aperçu fascinant et bien structuré de l'histoire de St Augustine. Les circuits, privatifs ou en petits groupes,

VAUT LE DÉTOUR

FORT MATANZAS NATIONAL MONUMENT

Le minuscule **Fort Matanzas National Monument** (904-471-0116 ; www.nps.gov/foma ; 8635 Hwy A1A, Rattlesnake Island ; 9h-17h30 ; P) GRATUIT construit en 1742, se trouve sur Rattlesnake Island, non loin du lieu où Menéndez de Avilés exécuta des centaines de soldats et de colons français naufragés lorsque les vivres se firent rares à St Augustine. Aujourd'hui, le fort constitue une formidable excursion accessible par une traversée gratuite de 10 minutes en ferry (départ toutes les heures entre 9h30 et 16h30, quand la météo le permet). Sur place, le ranger vous donnera une vue d'ensemble et vous pourrez vous promener librement.

Rattlesnake Island est à 25 km au sud du centre de St Augustine ; on peut s'y rendre par l'A1A. Pour prendre le ferry de 35 places vers le monument, traversez le centre des visiteurs et rejoignez la jetée.

menés en véhicule électrique silencieux, conduisent dans des lieux ignorés de la concurrence.

St Augustine Eco Tours KAYAK
(904-377-7245 ; www.staugustineecotours.com ; 111 Avenida Menendez ; adulte/enfant 45/35 $; milieu de matinée et crépuscule). Des experts en sciences naturelles accompagnent des circuits écologiques de 5 km en kayak. Leurs excursions de 30 minutes en bateau permettent d'explorer l'estuaire et utilisent des hydrophones pour localiser des grands dauphins. Une partie des bénéfices est reversée à des associations écologistes.

Ripple Effect Ecotours KAYAK
(904-347-1565 ; www.rippleeffectecotours.com ; 101 Tolstoy Lane ; excursions kayak adulte/enfant à partir de 55/45 $). Explorez en kayak les centaines de bras de mer et cours d'eau qui sillonnent le nord-est de la Floride avec cette agence qui travaille de concert avec le laboratoire Whitney de biologie marine de l'université de Floride. Une croisière à bord d'un bateau fonctionnant avec de l'huile végétale récupérée dans les restaurants des alentours (adulte/enfant 50/40 $) est aussi proposée ainsi que la location de kayak (demi-journée à partir de 40 $).

St Augustine City Walks PROMENADE À PIED
(904-825-0087 ; www.staugcitywalks.com ; 4 Granada St ; circuits 15-60 $; 9h-20h30). Visites à pied très intéressantes, amusantes ou sérieuses, avec des thèmes allant de l'histoire à la gastronomie ou encore une tournée des pubs. Divers périples gratuits sont également organisés.

Old Town Trolley Tours CIRCUIT EN TROLLEY
(844-388-6452 ; www.trolleytours.com ; 167 San Marco Ave ; tarif plein/réduit 25/10 $;). Ces circuits familiaux en trolley avec commentaires et possibilité de monter et descendre à sa guise ne sont pas les meilleurs, mais offrent une présentation historique de la ville décente si vous ne souhaitez pas marcher. Billets valables 3 jours consécutifs.

Où se loger

Vous trouverez des chambres bien situées et pleines de charme dans le centre historique de St Augustine, riche d'une myriade d'élégants B&B ; vous pourrez en voir la liste sur www.staugustineinns.com. Si vous aspirez à un hébergement plus grand ou des tarifs moins élevés, de nombreux motels de chaîne bordent San Marco Ave et Ponce de Leon Blvd. La plage recèle également de bonnes adresses. St Augustine est une destination de week-end très prisée des Floridiens et les prix y augmentent d'environ 30%. Un séjour d'au moins deux nuitées est souvent exigé.

Pirate Haus Inn AUBERGE DE JEUNESSE $
(904-808-1999 ; www.piratehaus.com ; 32 Treasury St ; dort 25 $, ch à partir de 119 $; P). Bien que loin des adresses chics de St Augustine, cette auberge de jeunesse à l'européenne, idéale pour les familles, est sans doute la moins chère et celle qui a la plus joyeuse ambiance. Les enfants l'adorent. Les dortoirs et les chambres particulières sont d'une propreté irréprochable, l'emplacement est imbattable et votre petit-déjeuner sera égayé de "pancakes pirates". Le personnel parle plusieurs langues. Les enterrements de vie de garçon et de jeune fille y sont désormais interdits, ce qui n'est pas plus mal, à notre humble avis.

At Journey's End B&B $$
(904-829-0076 ; www.atjourneysend.com ; 89 Cedar St ; ch 166-289 $; P). Avec un

mélange chic de mobiliers ancien et moderne, ce B&B épargne aux visiteurs le décor vieillot qui habille bien des endroits du genre à St Augustine. Animaux, enfants et couples homosexuels sont accueillis à bras ouverts par des hôtes sympathiques et de bon conseil sur la ville. Excellents petits-déjeuners, Wi-Fi gratuit, service de conciergerie et bière, vin et sodas sur place : un lieu à part.

Jaybird's Inn MOTEL **$$**
(904-342-7938 ; www.jaybirdsinn.com ; 2700 N Ponce de Leon Blvd ; ch 110-150 $;). Ce vieux motel a été rénové, dans des tons bleu-vert, pour offrir un très haut niveau de confort et de modernité. Les lits sont larges et confortables, le petit-déjeuner continental est inclus et des vélos sont mis gratuitement à disposition pour circuler en ville. Restaurant sur place.

Casa de Solana B&B **$$**
(904-824-3555 ; www.casadesolana.com ; 21 Aviles St ; ch 109-300 $; P). En retrait de la rue piétonnière Aviles St, dans la partie la plus ancienne, cette charmante petite auberge reste fidèle à son aspect du début des années 1800. Les chambres ne sont pas très grandes, mais l'emplacement est imbattable. À noter : un fantôme hanterait les lieux.

Edgewater Inn MOTEL **$$**
(904-825-2697 ; www.stayatedgewater.com ; 2 St Augustine Blvd ; ch à partir de 140 $; P). Pour quelque chose d'un peu différent, essayez ce charmant motel en bord de mer, de l'autre côté du pont, qui surplombe le centre historique de St Augustine. Les chambres sont un peu exiguës, mais joliment décorées. Celles donnant sur l'océan ont chacune droit, moyennant une relative promiscuité, à quelques sièges sur une magnifique terrasse couverte tout en longueur.

Beachfront B&B B&B **$$**
(904-461-8727 ; www.beachfrontbandb.com ; 1 F St, St Augustine Beach ; ch à partir de 180 $;). Pour quiconque aspire à échapper à l'affluence touristique et à jouir du calme du bord de mer, cette maison de vacances ensoleillée est parfaite. Chambres avec lits à baldaquin, beau parquet en pin et piscine privée chauffée. La plupart ont une entrée privative et une cheminée romantique à souhait.

Casa Monica HÔTEL HISTORIQUE **$$$**
(904-827-1888 ; www.casamonica.com ; 95 Cordova St ; ch 200-280 $, ste à partir de 440 $; P). Bâti en 1888, le Casa Monica est l'hôtel de luxe par excellence de la ville. Avec ses tourelles et ses fontaines, il évoque un château de style hispano-mauresque. Les suites sont richement équipées – lits en fer forgé, draps de haute qualité et système audio Bose dans toutes les chambres –, et certaines sont pourvues d'un Jacuzzi. Emplacement imbattable.

St Francis Inn AUBERGE **$$$**
(800-824-6062, 904-824-6068 ; www.stfrancisinn.com ; 79 St George St ; ch 150-340 $;). Ouverte sans interruption depuis 1791, cette auberge aux murs en *coquina* et à la charpente de bois est la plus ancienne de la ville. Les cheminées, les coins et recoins ornés d'antiquités, les patchworks cousus main sur les lits, et la cour verdoyante ajoutent encore à l'authenticité du lieu. Le délicieux petit-déjeuner, le vin local gratuit et les desserts offerts le soir sont d'autres points forts de l'endroit. Les hôtes ont aussi accès, en journée, au cottage en bord de mer, idéal pour qui souhaite éviter la foule. Prix variables en fonction de la saison.

Hilton St Augustine Historic Bayfront HÔTEL **$$$**
(904-829-2277 ; www.hilton.com ; 32 Avenida Menendez ; ch à partir de 200 $; P). Ce Hilton compte parmi les meilleurs de la chaîne. Les élégantes chambres conjuguent bois sombre et literie blanche douillette, tandis que l'hôtel arbore la couleur citron des villas coloniales espagnoles. Détendez-vous au bord de la piscine ou dans le hall aux airs de *palazzo* méditerranéen.

Bayfront Marin House AUBERGE **$$$**
(904-824-4301 ; www.bayfrontmarinhouse.com ; 142 Avenida Menendez ; ch à partir de 220 $;). Trois maisons anciennes réunies composent cette auberge de front de mer, jaune bouton-d'or et ornée de deux niveaux de galeries offrant une vue imprenable sur Matanzas Bay. Les chambres sont luxueuses, avec des lits à baldaquin et de riches tentures de brocart. Celles situées dans l'aile datant des années 1700, aux murs en *coquina*, ont encore plus de cachet, tandis que le cottage Vilano Beach vous garantira davantage d'intimité.

Où se restaurer

Present Moment Cafe VÉGAN **$**
(904-827-4499 ; www.thepresentmomentcafe.com ; 224 W King St ; plats 8-16 $; 11h-21h

lun-jeu, 11h-21h30 ven, 10h-21h30 sam ;). Ce restaurant sans prétention sert une cuisine exclusivement végane et crue. Pour le plaisir (et à la grande surprise) de la plupart des clients, les plats bio et très sains préparés ici donnent des explosions de saveurs. Et si vous voulez vous faire plaisir, essayez la tarte au chocolat marbrée (sans gluten) et sa banane au rhum, qui convaincra les carnivores les plus réticents.

Nalu's Tropical Take Out HAWAÏEN $

(904-501-9592 ; www.nalusstaugustine.com ; 1020 Anastasia Blvd ; 11h-crépuscule mer-lun ; P). St Augustine n'est certes pas Hawaï, mais possède un climat comparable, qui permet d'apprécier ce stand de plats à emporter servant sashimis, tacos au poisson, quesadillas aux crevettes ou encore du *poke* (salade de poisson cru mariné).

Bunnery Bakery & Café BOULANGERIE $

(904-829-6166 ; www.bunnerybakeryandcafe.com ; 121 St George St ; plats 4-12 $; 8h-16h lun-ven, 8h-17h sam-dim). L'aimable personnel de cette boulangerie tenue en famille recouvrira, à votre guise, vos petits pains à la cannelle de sucre glace. Strudels, paninis et scones roboratifs ont ici la faveur des gourmands, tout comme les petits-déjeuners chauds. Attendez-vous à une longue attente le midi. L'endroit ne désemplit jamais.

Back 40 Urban Cafe CAFÉ $

(905-824-0227 ; www.back40cafe.com ; 40 S Dixie Hwy ; plats 7-12 $; 11h-21h). Baigné du parfum d'épices du Mexique et du sud-ouest des États-Unis, ce café sans prétention, quoique cosy, remporte un vif succès auprès d'une clientèle locale pour ses tacos, ses burgers et ses plats revigorants, savoureux et bon marché. Nous n'avons pu résister au *chili mac bowl* (chili végétarien). Bon choix de bières fraîches.

Hyppo GLACES $

(904-217-7853 ; www.thehyppo.com ; 48 Charlotte St ; glaces à l'eau 4 $; 11h-21h dim-jeu, 11h-22h ven-sam ;). Par les après-midi chauds et humides de St Augustine, cherchez Hyppo, une petite enseigne où la carte des parfums de glaces, extravagants, est renouvelée chaque jour : ananas-coriandre, riz au lait, et Kick (mélange énergisant d'expresso, de thé vert et de chocolat). Attention, le *datil pepper* (le piment datil), prisé des colonisateurs espagnols, est redoutable – mais il se marie très bien avec la fraise.

Spanish Bakery & Cafe BOULANGERIE $

(904-342-7859 ; www.spanishbakerycafe.com ; 42½ St George St ; plats 4-6,50 $; 10h-17h dim-jeu, 10h-20h ven-sam). Cette petite boulangerie en stuc propose empanadas, sandwichs à la saucisse et autres délices importés par les conquistadors. Ne perdez pas de temps, tout part très vite.

Gas Full Service AMÉRICAIN MODERNE $$

(904-217-0326 ; 9 Anastasia Blvd ; plats 9-28 $; 11h-21h mar-jeu, 11h-22h ven-sam). On joue des coudes pour trouver une table dans ce fantastique café au décor rétro style station-service. On y vient pour les burgers, à base de pains frais, de bœuf local, de tomates vertes frites et de bacon croustillant – le *burger Benedict* est relevé d'une sauce hollandaise – sans parler des chips, des *Reuben egg rolls* (sortes de nems) et des beignets de homard…

Maple Street Biscuit Company AMÉRICAIN $$

(904-217-7814 ; www.maplestreetbiscuits.com ; 39 Cordova St ; plats 6-10 $; 7h-14h lun-jeu, 7h-15h ven-sam ;). Comme le nom l'indique, cet établissement sert des *biscuits* (petits pains du Sud des États-Unis) aussi bons qu'en Caroline du Sud. Le choix est vaste, mais nous avons un faible pour le Sticky Maple, servi avec poulet frit, bacon et sirop d'érable – au diable le régime !

Floridian AMÉRICAIN MODERNE $$

(904-829-0655 ; www.thefloridianstaug.com ; 39 Cordova St ; plats 14-25 $; 11h-15h mer-lun, 17h-21h lun-jeu, 17h-22h ven-sam). Très représentative du mouvement locavore et ultrabranchée, cette nouvelle table de la ferme à l'assiette sert des créations originales et modernes d'inspiration sudiste dans une salle à manger tendance. Si l'on peut juger le service et l'ambiance générale un brin trop informels, il est en revanche difficile de prendre la cuisine en défaut : les *bruschettas* aux tomates vertes frites et les *linguine* aux courgettes et aux fruits de mer se marient à la perfection. L'attente est souvent longue car il n'est pas possible de réserver.

O'Steen's POISSON ET FRUITS DE MER $$

(904-829-6974 ; www.osteensrestaurant.com ; 205 Anastasia Blvd ; plats 13-23 $; 11h-20h30 mar-sam). Certains affirment que les meilleures crevettes de la côte sont servies ici. Nous serions tentés, après en avoir dégusté une quantité astronomique, de leur donner raison. Si vous êtes allergique aux crustacés, vous pourrez toujours choisir le tilapia ou le poisson-chat (grillé ou frit), également délicieux. L'endroit a bonne presse : préparez-vous à une longue attente ou prévoyez une commande à emporter.

La Herencia Café CUBAIN **$$**
(☎904-829-9487 ; www.facebook.com/La-Herencia-Cafe-377765463115/; 4 Aviles St ; plats 12-25 $; ⏲8h30-20h lun-ven, 8h30-22h sam-dim). Dans la plus vieille rue de St Augustine, ce café peint de couleurs vive, sert un petit-déjeuner toute la journée et de fabuleux sandwichs cubains. Parfait pour déjeuner au centre-ville à un prix raisonnable.

♥ **Collage** INTERNATIONAL **$$$**
(☎904-829-0055 ; www.collagestaug.com ; 60 Hypolita St ; plats 28-45 $; ⏲17h30-21h). Cet établissement haut de gamme est réputé pour son service irréprochable, son atmosphère intime et l'excellence de sa cuisine. La carte, qui fait la part belle aux produits de la mer et à ceux issus des fermes locales, affiche des salades composées, du poulet, de l'agneau, du veau et du porc, ainsi que du homard, des Saint-Jacques et du mérou. Le mélange subtil de saveurs internationales ne fait que souligner la qualité des denrées.

Preserved AMÉRICAIN **$$$**
(☎904-679-4940 ; www.preservedrestaurant.com ; 102 Bridge St ; plats 24-30 $; ⏲16h-22h mar-ven, 10h-15h et 16h-23h sam, 10h-15h et 16h-21h dim ; ✎). Vous ne trouverez pas mieux à St Augustine pour un dîner romantique que la salle au chic tout historique de Preserved. Vous savourerez une cuisine sudiste haut de gamme : crevettes au gruau avec crème de maïs et lardons ou poulet rôti avec haricots cornille et beignets à la farine de maïs, par exemple. Réservation indispensable.

Où prendre un verre et faire la fête

Kookaburra CAFÉ
(☎904-209-9391 ; www.kookaburrashop.com ; 24 Cathedral Pl ; café 2,40-5 $; ⏲7h30-21h lun-jeu, 7h30-22h ven-sam, 8h-20h dim ; 📶). Ce café américano-australien pratiquant le commerce équitable sert de véritables tourtes à la viande australiennes et les meilleurs cafés du quartier historique.

Ice Plant BAR
(☎904-829-6553 ; www.iceplantbar.com ; 110 Riberia St ; ⏲11h30-2h mar-ven, 10h-2h sam, 10h-minuit dim, 11h30-minuit lun ; 📶). Vous ne trouverez pas le moindre vestige colonial dans le bar le plus branché de St Augustine, installé dans une ancienne usine à glace. Béton brut, brique apparente et d'immenses fenêtres entourent un double bar central vintage. Un décor apprécié des hipsters du coin qui viennent siroter des cocktails parmi les meilleurs de Floride, préparés par des barmans en salopettes, et grignoter des en-cas à base de produits frais locaux.

TradeWinds Lounge LOUNGE
(☎904-826-1590 ; www.tradewindslounge.com ; 124 Charlotte St ; ⏲11h-2h). Baigné d'un doux parfum de bière éventée, ce bar classique à la décoration nautique a survécu à deux déménagements et à six décennies d'existence. Une foule chevelue déborde sur le trottoir au moment de l'happy hour, et des concerts sont organisés – rock du Sud ou musique des années 1980 – tous les soirs. Ambiance rétro, enjouée et enfumée (pour le moment).

Cellar Upstairs BAR À VINS
(☎904-826-1594 ; www.sansebastianwinery.com ; 157 King St ; ⏲11h30-23h ven-sam, 11h30-18h dim). Sur le toit de la San Sebastian Winery (p. 359), on savoure en plein air sandwichs, assiettes de dégustation (6-14 $) et vins locaux au verre (5-7 $) sur fond de jazz live.

Scarlett O'Hara's PUB
(☎904-824-6535 ; www.scarlettoharas.net ; 70 Hypolita St ; ⏲11h-1h lun-jeu et dim, 11h-2h ven-sam ; 📶). Difficile de trouver un siège ici : la véranda de ce bâtiment en pin ne désemplit pas de la journée. Édifié en 1879, le Scarlett sert aujourd'hui de la cuisine de pub, mais avec des atouts magiques : happy hour extensible, concerts tous les soirs, personnel très efficace et bar décontracté.

A1A Ale Works PUB
(☎904-829-2977 ; www.a1aaleworks.com ; 1 King St ; ⏲11h-23h30 dim-jeu, 11h-1h ven-sam ; 📶). Le décor est un peu kitsch, mais cette brasserie donne sur la mer et les bières artisanales valent le coup.

☆ Où sortir

Café Eleven MUSIQUE LIVE
(☎904-460-9311 ; www.originalcafe11.com ; 501 A1A Beach Blvd, St Augustine Beach ; ⏲7h-21h). Lorsque cet élégant café de plage ferme, vers 21h, les tables sont rangées pour laisser place à des concerts, souvent de rock indé.

Achats

Second Read Books LIBRAIRIE

(☎904-829-0334 ; 51 Cordova St ; ⏲10h-20h lun-sam, 10h-19h dim). Ah... le charme des librairies de livres d'occasion ! Le cachet des étagères de vieux ouvrages de celle-ci est renforcé par les pavés et le stuc de la vieille ville où elle se niche. Quoi de mieux qu'un quartier historique pour accueillir de vieux livres ?

Renseignements

Visitor Information Center (☎904-825-1000 ; www.FloridasHistoricCoast.com ; 10 W Castillo Dr ; ⏲8h30-17h30). Personnel serviable habillé en costume d'époque. Vente de billets de circuits organisés et conseils sur la ville.

Depuis/vers St Augustine

En arrivant du nord en voiture, empruntez la sortie 318 sur l'I-95, puis prenez vers l'est par l'US Hwy 1 jusqu'à San Marcos Ave ; tournez à droite et vous déboucherez sur l'Old City Gate, juste après le fort. Autre possibilité : prenez la Hwy A1A le long de la plage qui croise San Marco Ave, ou l'US Hwy 1 au sud de Jacksonville. Depuis le sud, prenez la sortie 298, continuez sur l'US 1 qui mène jusqu'à la ville.

Il est très difficile de circuler en ville en raison des rues à sens unique ou piétonnes et du stationnement extrêmement limité ; en dehors du centre, vous aurez besoin d'un véhicule. Garez-vous dans l' immense parking qui se trouve à côté du Visitor Information Center.

Le **Northeast Florida Regional Airport** (☎904-209-0090 ; www.flynf.com ; 4900 US Hwy 1), à 8 km au nord de la ville, n'accueille qu'une poignée de vols commerciaux. La navette **Airport Express** (☎904-824-9400 ; www.airportexpresspickup.com) vous déposera dans le centre-ville moyennant 65 $. Pour 20 $ supplémentaires, on vous conduira à votre hôtel. Réservation indispensable. Services privés également disponibles.

La gare routière de **Greyhound** (☎904-829-6401 ; www.greyhound.com ; 52 San Marcos Ave) n'est qu'à quelques rues au nord du centre des visiteurs.

Comment circuler

Les bus de la **Sunshine Bus Company** (☎904-209-3716 ; www.sunshinebus.net ; 1 $) circulent entre 7h et 18h environ et desservent le centre-ville, les plages et les centres commerciaux périphériques, avec de nombreux arrêts en chemin.

Solano Cycle (☎904-825-6766 ; www.solanocycle.com ; 32 San Marco Ave ; 2 heures/5 heures/24 heures 8/11/18 $; ⏲10h-18h) loue des vélos, le moyen par excellence de visiter St Augustine, où tout est plat.

Jacksonville

☎904 / 842 580 HABITANTS

Occupant un immense territoire de plus de 2 100 km², Jacksonville est la ville la plus étendue des États-Unis continentaux et la plus peuplée de Floride. Elle s'étire le long de trois fleuves sinueux, enjambés de ponts grandioses ; dans l'eau omniprésente se reflètent

ESCAPADE AU WORLD GOLF VILLAGE

Monument à la gloire du golf, le **World Golf Village** (☎888-868-1728 ; www.worldgolfvillage.com ; 1 World Golf Pl) est un gigantesque complexe de golf, comprenant un parcours, un musée du golf et diverses attractions en rapport avec cette activité.

Les férus de ce sport affluent ici pour le **World Golf Hall of Fame** (☎904-940-4133 ; www.worldgolfhalloffame.org ; 1 World Golf Pl ; adulte/enfant 20/5 $; ⏲10h-18h lun-sam, 12h-18h dim), un musée divisé en 18 parties : les 9 situées sur l'avant sont consacrées à l'histoire du golf, tandis que les 9 autres, situées à l'arrière, s'intéressent au golf professionnel actuel. Le Hall of Fame en lui-même sépare les deux, avec des animations multimédias. L'entrée comprend un 9 trous sur un green de putting conçu selon les spécifications de la PGA, et un film IMAX.

Deux parcours légendaires, le **King & Bear** et le **Slammer & Squire**, sont ouverts au public. Si vous avez envie d'améliorer votre swing, la **PGA Tour Golf Academy** (www.touracademy.com) propose des stages de 2 à 5 jours à partir de 800 $ (sans hébergement) ; les forfaits les plus chers comprenant l'hébergement dans l'un des quatre complexes du site. Les tarifs des cours particuliers commencent à partir de 125 $/heure.

Le World Golf Village se trouve à hauteur de l'I-95, au niveau de la sortie 323, environ à mi-chemin entre St Augustine et Jacksonville.

les lumières de la ville. Ses gratte-ciel occupés par de grandes entreprises et des hôtels franchisés manquent certes de charme, mais un peu de patience permet de découvrir à “Jax” des quartiers intéressants, des personnages curieux et les charmes du Sud.

Les musées de la ville et ses quartiers historiques restaurés méritent bien une visite, si vous en avez le temps. Les quartiers de Five Points et de San Marco sont charmants ; on y flâne le long de rues bordées de bistrots, de boutiques et de bars.

Les plages des environs - un monde à part en soi - sont situées à 30 à 50 minutes en voiture de la ville, en fonction de la circulation et de l'endroit d'où vous venez.

LES INCONTOURNABLES DE JACKSONVILLE

Une balade dans les plus beaux jardins de Jacksonville et les expositions d'art et d'antiquités de qualité au **Cummer Museum of Art & Gardens** (ci-contre).

L'origine de la plus emblématique des bières américaines se dévoile ici à l'**Anheuser-Busch Budweiser Brewery** (p. 366).

La cuisine du Sud de **Southern Charm** (p. 367), où sévit l'un des meilleurs chefs de la ville, fera frémir vos artères.

Détente, baignade et soleil sur les **superbes plages** (p. 371) de sable blanc.

À voir et à faire

Cummer Museum of Art & Gardens — MUSÉE

(www.cummer.org ; 829 Riverside Ave ; tarif plein/étudiant 10/6 $; 10h-21h mar, 10h-16h mer-sam, 12h-16h dim). Principal espace culturel de Jacksonville, ce beau musée possède une excellente collection de peintures américaines et européennes, d'art décoratif asiatique et d'antiquités. Dehors s'étendent des jardins à l'anglaise et à l'italienne constituant l'un des espaces verts les plus agréables de la ville.

Museum of Contemporary Art Jacksonville — MUSÉE

(MOCA ; 904-366-6911 ; www.mocajacksonville.unf.edu ; 333 N Laura St ; adulte/enfant 8/2,50 $; 11h-17h mar-sam, 11h-21h jeu, 12h-17h dim). L'intérêt du musée d'art moderne de Jacksonville va bien au-delà de la peinture, car des sculptures contemporaines, des gravures, des photographies et des films y sont également présentés. Consultez www.jacksonvilleartwalk.com pour des renseignements sur la promenade organisée gratuitement par le MOCA tous les premiers mercredis du mois, de 17h à 21h. Comptant plus de 56 arrêts, le circuit se révèle un excellent moyen de découvrir la ville.

Jacksonville Zoological Gardens — ZOO

(904-757-4463 ; www.jacksonvillezoo.org ; 370 Zoo Pkwy ; adulte/enfant 18/13 $; 9h-17h lun-ven, 9h-18h sam-dim ; P). Le seul grand zoo du nord-est de la Floride avait ouvert ses portes en 1914 avec un cerf pour unique pensionnaire. Aujourd'hui, il abrite plus de 1 800 espèces exotiques et compte des hectares de beaux jardins. Vous pourrez y voir des animaux du monde entier, notamment des éléphants, des jaguars, des panthères de Floride (très rares), des alligators, des kangourous et des dragons de Komodo. Une plateforme d'observation surélevée vous permet de vous hisser à hauteur des girafes. Le zoo est à une quinzaine de minutes au nord du centre, sur l'I-95.

Des billets spéciaux (adulte/enfant 25/18 $) incluent l'entrée normale, ainsi que l'accès au Butterfly Hollow (une serre à papillons), à Stingray Bay (un bassin aux raies), normalement tous deux en supplément, et à des trajets illimités en petit train ou sur les manèges.

Treaty Oak — SITE NOTABLE

(1123 Prudential Dr, Jesse Ball duPont Park). Dans la partie sud de la ville, on dirait de loin qu'une petite forêt s'épanouit au milieu du béton. Mais, à y regarder de plus près, voilà que la forêt se révèle n'être qu'un seul arbre, pour le moins gigantesque : 7,60 m de circonférence pour son tronc et près de 60 m pour le diamètre de son ombre au sol ! Selon la légende, ce fabuleux chêne de Virginie serait, du haut de ses 250 ans, la chose la plus ancienne de Jacksonville.

Southbank Riverwalk — PROMENADE

Cette promenade en planches de 2 km sur la rive sud de la St Johns River, de l'autre côté du centre et du Jacksonville Landing, offre une vue spectaculaire sur la ville. Le lieu parfait pour prendre des photos, surtout si c'est soir de feu d'artifice. La Southbank Riverwalk relie les musées bordant Museum Circle et constitue une agréable balade.

Centre de Jacksonville

Museum of Science & History MUSÉE
(MOSH ; ☎904-396-6674 ; www.themosh.org ; 1025 Museum Circle ; adulte/enfant 12,50/10 $; ⏱10h-17h lun-jeu, 10h-20h ven, 10h-18h sam, 12h-17h dim ; 👪). Vos enfants trouveront leur content de dinosaures au MOSH, ainsi que toutes sortes de curiosités scientifiques et des expositions sur l'histoire culturelle et naturelle de Jacksonville. Ne manquez pas le Bryan Gooding Planetarium : plus grand du pays à fonctionner au moyen d'une lentille unique à grand angle. Les représentations et les horaires varient ; consultez le site themosh.org/explore/planetarium/org pour plus de détails.

☞ Circuits organisés

Anheuser-Busch Budweiser Brewery BRASSERIE
(☎904-751-8117 ; www.budweisertours.com ; 111 Busch Dr ; ⏱10h-16h jeu-mar, 10h-17h juin-août). GRATUIT Cette brasserie emblématique se visite gratuitement (et si vous avez plus de 21 ans, la bière est gratuite !).

🛏 Où se loger

Jacksonville manque cruellement d'hôtels indépendants valables, mais vous trouverez de nombreux établissements de chaînes à travers la ville et autour des principaux

Centre de Jacksonville

Les incontournables
1 Cummer Museum of Art & Gardens.... A3
2 Museum of Contemporary Art Jacksonville D1

À voir
3 Museum of Science & History D3
4 Southbank Riverwalk D3
5 Treaty Oak D3

Où se loger
6 Homewood Suites by Hilton Downtown D4
7 Omni Jacksonville Hotel C2
8 Riverdale Inn A4

Où se restaurer
9 bb's D3
10 Bearded Pig BBQ D4
11 Bistro Aix C4
12 Black Sheep Restaurant A4
13 Hawkers Asian Street Fare A4
14 River City Brewing Company C3

Où prendre un verre et faire la fête
15 Birdies A4
16 BREW Five Points A4
17 Mark's D2
18 Volstead D1
Wall Street Deli .... (voir 15)

Où sortir
19 Florida Theatre D2
20 San Marco Theatre D5

Achats
21 Bead Here Now A4
22 Jacksonville Landing D2

nœuds autoroutiers : les chambres les moins chères se trouvent le long de l'I-95 et de l'I-10.

La plupart des hôtels appartenant à des grandes chaînes proposent des réductions conséquentes si vous réservez en ligne.

Riverdale Inn B&B **$$**
(904-354-5080 ; www.riverdaleinn.com ; 1521 Riverside Ave ; ch 155-185 $, ste 225-285 $; P Wi-Fi). Au début des années 1900, cette demeure somptueuse faisait partie de la cinquantaine de villas cossues qui longeaient Riverside. Riverdale Inn, à une courte marche de Five Pointsdes, est l'une des deux seules survivantes de cette époque. Les chambres sont décorées avec goût et un petit-déjeuner très complet est inclus dans le prix.

Hotel Indigo Jacksonville HÔTEL **$$**
(877-846-3446 ; www.hoteldeerwoodpark.com ; 9840 Tapestry Park Circle ; ch à partir de 150 $; P Wi-Fi piscine animaux). Cet excellent hôtel de la chaîne Indigo, richement orné de tons bleus, propose des chambres spacieuses et design, avec parquet, grands lits douillets, TV à écrans plats et une impression générale de luxe à la portée de tous. À 18 km au sud du centre de Jacksonville.

Homewood Suites by Hilton Downtown HÔTEL **$$**
(904-396-6888 ; www.homewoodsuites.com ; 1201 Kings Ave ; ch à partir de 149 $; P @ Wi-Fi). Dans le quartier central de San Marco, ces suites modernes et élégantes comprennent des cuisines équipées et des chambres neutres (pratiques et confortables mais sans charme particulier).

Omni Jacksonville Hotel HÔTEL **$$**
(904-355-6664 ; www.omnihotels.com ; 245 Water St ; ch à partir de 170 $; P Wi-Fi piscine animaux). À deux pas du centre commercial Jacksonville Landing, cet hôtel compte 354 chambres, immenses et tout confort, des hectares de marbre, une piscine chauffée sur le toit et le Wi-Fi gratuit.

Où se restaurer

Le quartier de Five Points, au sud-ouest du centre-ville, et le quartier de San Marco, sur la rive opposée au centre, concentrent les cafés et bars les plus branchés, avec terrasses en prime. Les grills et les bistrots huppés ne manquent pas non plus pour satisfaire les financiers en costume-cravate.

Bearded Pig BBQ BARBECUE **$**
(904-619-2247 ; www.thebeardedpigbbq.com ; 1224 Kings Ave ; plats 8-17 $; 11h-22h lun-sam, 11h-21h dim ; P enfants). Ce *beer garden* de San Marco est empli des effluves de succulentes grillades au barbecue. Travers de porc, saucisses fumées, poitrine et côtes de bœuf : tout est croustillant et juteux à souhait. À savourer avec une bonne bière artisanale à la pression. À ne pas manquer !

Southern Charm AMÉRICAIN **$**
(904-517-3637 ; www.artscrackercooking.moonfruit.com ; 3566 St Agustine Rd ; plats 8-17 $; 11h30-14h30 mar-ven, 18h30-20h30 mar-sam, 11h30-15h dim). Le charme du Sud, en effet !

Aux manettes de ce restaurant aux allures de garage et bordé d'un trottoir défoncé sévit Art Jennette, personnage haut en couleur très apprécié des habitants. Il prépare des portions de côtelettes de porc, poisson frit, chou vert et beignets de tomates vertes généreux et gras à souhait. Cuisine du Sud, ambiance du Sud... une expérience inoubliable. Les horaires varient parfois selon l'affluence, et les meilleurs plats partent vite.

French Pantry FRANÇAIS $

(☎904-730-8696 ; 6301 Powers Ave ; plats 6-14 $; ⏲11h-14h lun-ven). Tout le monde aujourd'hui semble connaître cette adresse, mal située mais terriblement séduisante. On y déjeune de tartines chaudes, de quiches, de salades ainsi que de délicieux desserts et pâtisseries. Un bémol : on y fait la queue pour entrer et le service n'est pas toujours à la hauteur. Si vous n'êtes pas trop pointilleux, le plus simple est de prendre un sandwich à emporter.

Hawkers Asian Street Fare ASIATIQUE $

(www.eathawkers.com ; 1001 Park St ; plats 5-10 $;). Cette petite chaîne locale cherche à reproduire l'atmosphère des échoppes de rues de Singapour, les tabourets en plastique en moins. Côté variété des saveurs, c'est une réussite : curry de nouilles au canard, *laksa* (soupe de nouilles), *roti canai* (feuilleté à tremper dans de la sauce), brochettes grillées et rouleaux de printemps ne sont que quelques exemples d'un menu long comme le bras. Le mieux est de partager plusieurs plats.

Beach Road Chicken Dinners CUISINE DU SUD $

(☎904-398-7980 ; www.beachroadchickendinners.com ; 4132 Atlantic Blvd ; plats 5-12 $; ⏲11h-20h30 mar-sam, 11h-18h dim). Le poulet frit de cet établissement délicieusement rétro est garanti délicieux – autrement il ne serait pas servi depuis 1939 ! Détachez une bouchée d'une cuisse tendre et enveloppez-la dans un *bun* bien rebondi, et vous comprendrez pourquoi il y a la queue tous les jours devant cette cabane tant appréciée.

♥ **Black Sheep Restaurant** AMÉRICAIN MODERNE $$

(☎904-380-3091 ; www.blacksheep5points.com ; 1534 Oak St ; plats déj/dîner à partir de 9/14 $; ⏲10h30-22h lun-jeu, 10h30-23h ven-sam, 9h30-15h dim ;). Excellents produits locaux superbement préparés, toit-terrasse et cocktails artisanaux... que demander de plus ? Essayez le confit de canard avec glaçage au miso, le tofu mariné aux agrumes, le sandwich au pastrami préparé avec de la charcuterie maison ou encore la truite arc-en-ciel grillée au beurre brun à la peau croustillante à souhait. Les pancakes à la cardamome et les bagels au saumon du brunch dominical ne sont pas mal non plus. Un succinct menu de bar est également disponible les vendredis et samedis de 23h à minuit.

bb's FUSION $$

(☎904-306-0100 ; www.bbsrestaurant.com ; 1019 Hendricks Ave ; plats déj/diner à partir de 11/24 $; ⏲11h-22h30 lun-jeu, 11h-minuit ven-sam). Avec son bar en béton ciré, ses lignes claires et modernes et sa sélection quotidienne de fromages, cet établissement dans le vent n'utilise que des ingrédients frais dans ses plats, lesquels font le bonheur des gourmets. Des vins sont recommandés en association avec les plats. Pour les amateurs de desserts, la ganache au chocolat mérite presque en soi le déplacement.

Casbah MOYEN-ORIENTAL $$

(☎904-981-9966 ; www.thecasbahcafe.com ; 3628 St Johns Ave ; plats 8-15 $; ⏲11h-2h). Les sabres, dromadaires et lanternes mauresques ornant les murs de la Casbah vous plongeront immédiatement dans l'atmosphère animée de ce lieu apprécié des gens du quartier pour sa cuisine authentique, sa bière, sa musique et ses danses du ventre. L'endroit fait également bar à chicha avec de nombreux mélanges de tabacs.

Clark's Fish Camp CUISINE DU SUD $$

(☎904-268-3474 ; www.clarksfishcamp.com ; 12903 Hood Landing Rd ; plats 10-23 $; ⏲16h30-21h30 lun-jeu, 16h30-22h ven, 11h30-22h sam, 11h30-21h dim). Découvrez la cuisine "cracker" du sud de la Floride cuisine dans le cadre surréaliste de la "plus importante collection taxidermique des États-Unis", laquelle évoque autant le monde de Tim Burton que l'effrayant Kurtz d'*Au cœur des ténèbres*. Au menu : alligator, anguille fumée, serpent frit et cuisses de grenouille côtoient des plats plus classiques, comme le poisson-chat et les grillades.

Si l'étrange ménagerie empaillée (singes au plafond, léopards tapis dans les coins) vous rebute, installez-vous sur la terrasse au bord de l'eau trouble. Un conseil : ne nourrissez pas les alligators ! Posé sur pilotis, l'établissement se trouve loin au sud du centre de Jacksonville.

River City Brewing Company POISSON ET FRUITS DE MER $$

(☎904-398-2299 ; ; 835 Museum Circle ; plats 9-23 $; ⏲11h-15h et 16h-21h30 lun-sam, 10h30-14h30 dim ; 📶). Plus important restaurant en bord de fleuve de Jacksonville, cet établissement est idéal pour déguster un plateau de fruits de mer accompagné d'une bière brassée maison en contemplant les flots. Les prix sont raisonnables en regard de l'emplacement et de la qualité des plats servis.

Orsay FRANÇAIS, CUISINE DU SUD $$$

(☎904-381-0909 ; restaurantorsay.com ; 3630 Park St ; plats 16-39 $; ⏲16h-22h mer-dim, 16h-minuit jeu-sam, 11h30-15h30 sam-dim ; 📶). Ce bistrot minimaliste de Riverside conjugue cuisine française traditionnelle et inspirations de Floride du Sud dans des plats riches en saveurs et essentiellement à base de produits locaux. Saucez la délicieuse sauce de la bouillabaisse avec des *mac 'n' cheese* à la truffe, le tout accompagné de cocktails inventifs et corsés. Le cassoulet, la côte de porc Berkshire, le bœuf Strogonoff et la truite de Caroline sont tout aussi exceptionnels.

Bistro Aix FRANÇAIS, MÉDITERRANÉEN $$$

(☎904-398-1949 ; www.bistrox.com ; 1440 San Marco Blvd ; plats 14-37 $; ⏲11h-22h lun-jeu, 11h-23h ven, 17h-23h sam, 17h-21h dim). Dînez en compagnie d'une clientèle branchée des plats fusion méditerranéens de ce restaurant, dont la carte fait la part belle aux saveurs françaises (salade niçoise, cassoulet, confit de canard, etc.), avec également un petite sélection de pizzas. Belle carte des vins de plus de 250 crus, dont 50 disponibles au verre. Réservation recommandée.

Où prendre un verre et faire la fête

♥ Birdies BAR

(☎904-356-4444 ; www.birdiesfivepoints.com ; 1044 Park St ; ⏲16h-2h). Un excellent bar avec œuvres excentriques d'artistes locaux aux murs, jeux vidéo vintage au fond, éclairage aux néons, rock indé en musique de fond et DJ le week-end pour une ambiance joyeusement rétro attirant un mélange de vieux habitués et de hipsters tatoués.

♥ Intuition Ale Works BRASSERIE

(☎904-683-7720 ; www.intuitionaleworks.com ; 720 King St ; ⏲15h-22h mar-jeu, 15h-23h ven, 11h-23h sam, 11h-20h dim). Fan de bière ? Passez déguster une ou deux mousses au bar de cette sympathique brasserie locale, qui sert 14 bières à la pression brassées sur place, et rien d'autre ! Une petite faim ? Faites-vous livrer une pizza du quartier sur place !

Wall Street Deli BAR

(☎904-355-6969 ; 1050 Park St ; ⏲14h-2h lun-ven, 12h-2h sam-dim). Si vous êtes en costume-cravate, passez votre chemin ! Ici, c'est ambiance rade, au point que l'on peut encore fumer à l'intérieur ! Une population variée typique de Jacksonville y grignote en sifflant des verres, et la quantité d'alcool du contenant importe clairement plus que l'esthétique de sa présentation.

Volstead BAR

(☎904-414-3171 ; www.thevolsteadjax.com ; 115 W Adams St ; ⏲16h-2h lun-sam, 19h-2h dim). Jacksonville aussi a son bar clandestin, où se conjuguent avec style mobilier en bois sombre et esthétique début XXe, et où l'on sert d'inventifs cocktails à base de whisky ainsi que des concoctions plus classiques. Un mélange de classe à l'ancienne et d'élégance contemporaine qui fait mouche.

Kickbacks Gastropub BAR

(☎904-388-9551 ; www.kickbacksjacksonville.com ; 910 King St ; ⏲7h-3h ; 📶). Un pub tentaculaire, gastronomique mais sans chichis, orné de tons cuivre et de *pennies*. Le choix de 204 bières à la pression inclut le meilleur de la production locale. Il y a le *old bar* et le *new bar*, un espace au design industriel et au plafond bardé d'énormes ventilateurs et d'ampoules à l'ancienne.

BREW Five Points CAFÉ

(☎904-374-5789 ; www.facebook.com/brewfivepoints ; 1024 Park St ; ⏲7h30-22h mar-mer, 7h30-minuit jeu-ven, 9h-minuit sam, 9h-21h dim, 7h30-14h lun). Curieux mélange des genres, le BREW fait à la fois bar à expressos et bar à bières, au cas où vous hésiteriez entre un remontant et une petite mousse. Blague à part, le café est excellent, le choix de bières est immense et l'atmosphère est moderne et conviviale.

Metro GAY

(☎904-388-8719 ; www.metrojax.com ; 849 Willow Branch Ave ; ⏲14h-2h dim-jeu, 14h-2h30 ven-sam). Ce complexe de loisirs, meilleure adresse gay de Jacksonville, abrite une discothèque, un bar de nuit, un piano-bar, une salle de jeux avec flippers, une salle de repos non-fumeurs, une *boiler room* (la "chambre de chauffe", un peu plus *hot*) et un bar à spectacles.

Mark's BAR
(☎904-355-5099 ; www.marksjax.com ; 315 E Bay St ; ⏲16h-2h mar-ven, à partir de 20h sam, 16h-22h lun). Tenue correcte de rigueur dans cet élégant bar à cocktails et night-club. En milieu de semaine, on bavarde en toute convivialité, mais les vendredis et samedis soir, on danse et on drague !

☆ Où sortir

♥ Florida Theatre THÉÂTRE
(☎904-355-5661 ; www.floridatheatre.com ; 128 E Forsyth St). Cette salle intime et somptueuse de 1927 accueillit le premier grand concert en salle d'Elvis Presley en 1956. On peut aujourd'hui y assister aux spectacles de grands noms de la musique, à des comédies musicales à succès et à la projection de classiques du cinéma.

San Marco Theatre CINÉMA
(☎904-396-4845 ; www.sanmarcotheatre.com ; 1996 San Marco Blvd). Dans ce monument Art déco de 1938, on peut regarder un film tout en commandant une bière, du vin, une pizza ou un sandwich.

Achats

That Poor Girl BIJOUX
(☎904-525-0490 ; www.thatpoorgirl.com ; 1504 King St ; ⏲15h-18h mar-ven, 12h-18h sam). Outre ses bijoux pas chers pour "pauvre fille" – Poor (pauvre) est également le nom de famille de Tori, la propriétaire –, cette excellente boutique vintage vend des cadeaux excentriques allant d'amusants mugs à des statues de flamants roses pour jardin.

Bead Here Now CADEAUX ET SOUVENIRS
(☎904-475-0004 ; www.beadherenow.org ; 1051 Park St ; ⏲11h-18h lun-sam, 12h-16h dim). On trouve dans cette jolie boutique des perles à ne plus savoir qu'en faire, ainsi que des cadeaux en tout genre et des œuvres d'artistes locaux.

Jacksonville Landing CENTRE COMMERCIAL
(☎904-353-1188 ; www.jacksonvillelanding.com ; 2 W Independent Dr ; ⏲10h-20h lun-jeu, 10h-21h ven-sam, 12h-17h30 dim). Au pied des gratte-ciel du centre-ville, ce vaste quartier de commerces et de divertissement compte une quarantaine de boutiques ciblant essentiellement les touristes, réparties autour d'une aire de restauration avec terrasse où ont lieu régulièrement des spectacles gratuits.

ℹ Orientation

Circuler dans l'immense Jacksonville n'est pas des plus simples. Mieux vaut connaître un peu la situation :

- Jacksonville est séparé en 3, par le fleuve St Johns, vaguement en forme de T. Le centre-ville (*downtown*) se trouve sur la rive ouest.
- L'I-95 débouche en provenance du nord à une jonction avec l'I-10 située juste au sud du centre-ville. Suivez l'I-10 vers l'est pour le centre-ville, où un dédale de routes d'État donnent accès aux agglomérations environnantes.
- Trois ponts traversent le fleuve et vous mèneront à San Marco : Fuller Warren (I-10), Acosta (Hwy 13) et Main St Bridge.
- L'I-295 se sépare de l'I-95 et forme un cercle autour de la ville.
- La ville est très étendue, mais la plupart des sites intéressants se concentrent le long du point le plus étroit du fleuve St Johns : le centre-ville ; Five Points, juste au sud du centre le long du fleuve ; et l'élégant San Marco Historical District, sur la rive sud.

ℹ Renseignements

Jacksonville & the Beaches Convention & Visitors Bureau (☎800-733-2668 ; www.visitjacksonville.com ; 208 N Laura St, Suite 102 ; ⏲9h-17h lun-ven). Cet office de tourisme vous dira tout ce qu'il y a à savoir sur «Jax» et ses environs. D'autres bureaux à **Jacksonville Landing** (☎904-791-4305 ; 2 Independent Dr ; ⏲11h-15h lun-jeu, 10h-19h ven-sam, midi-17h dim) et à l'aéroport.

ℹ Depuis/vers Jacksonville

L'**aéroport international de Jacksonville** (JAX ; ☎904-741-4902 ; www.flyjax.com ; 2400 Yankee Clipper Dr ; 📶), à 30 km environ au nord de la ville sur l'I-95, est desservi par les compagnies internationales et régionales. Les principaux loueurs de véhicules y sont représentés. Comptez environ 35 $ pour gagner le centre-ville. Sinon, suivez les pancartes qui mènent aux navettes : il existe quantité de compagnies avec licence et les réservations ne sont pas nécessaires.

La **gare routière Greyhound** (☎904-356-9976 ; www.greyhound.com ; 10 Pearl St) est à l'extrémité ouest du centre-ville, la **gare ferroviaire Amtrak** (☎904-766-5110 ; www.amtrak.com ; 3570 Clifford Ln) à 8 km au nord-ouest du centre-ville.

ℹ Comment circuler

La **Jacksonville Transportation Authority** (www.jtafla.com) assure le service de bus et de trolleys en ville et vers les plages (1,50 $).

ainsi qu'une ligne de métro aérienne gratuite, la Skyway, qui passe au-dessus du fleuve, joliment panoramique mais peu utilisée.

Plages des environs de Jacksonville

Les plages des environs de Jacksonville sont l'atout touristique principal de la ville, non sans raison : outre le soleil, le sable et la mer, les visiteurs apprécient l'ambiance décontractée qui y règne. Les résidents sont plus tranquilles que leurs concitoyens du sud de la Floride, et que ceux du reste du nord, d'ailleurs. En allant du sud vers le nord, **Ponte Vedra Beach**, avec ses parcours de golf, ses complexes hôteliers et ses villas, est la plage chic qui accueille les tournois de l'ATP et de la PGA. En ville, **Jacksonville Beach** concentre restaurants, bars et clubs, tandis que **Neptune Beach** et **Atlantic Beach** sont plus tranquilles.

À voir et à faire

Kathryn Abbey Hanna Park PARC
(904-249-4700 ; www.coj.net ; 500 Wonderwood Dr, Atlantic Beach ; véhicule/vélo 5/3 $; 6h-20h lun-ven ; P). Si vous cherchez une portion de littoral sauvage et à l'écart des foules sur la côte atlantique, allez visiter ce parc de 180 ha bordé de 3,2 km de plages désertes. Vous y découvrirez aussi des écosystèmes de dunes et des forêts maritimes aux arbres couverts de mousse espagnole.

Rent Beach Stuff CYCLOTOURISME
(904-305-6472 ; www.rentbeachstuff.com ; 11 1st St N, Jacksonville Beach ; 9h30-17h). Les routes sont plates et les villes petites : pourquoi ne pas louer un vélo ? Outre divers équipements pour la plage et les sports nautiques, cette agence livrera un vélo de plage (*beach cruiser*) à votre hôtel pour 30 $/jour.

Où se loger

Entre B&B et complexes rutilants, les hébergements des plages de Jacksonville sont bien plus variés que dans le centre-ville.

Kathryn Abbey Hanna Park CAMPING $
(904-249-4700 ; www.coj.net ; 500 Wonderwood Dr, Atlantic Beach ; empl tente/camping-car 22/34 $, bungalow 34 $; P). Cet agréable parc et camping ombragé se situe à un jet de pierre de l'océan et dispose d'un lac d'eau douce. Deux nuitées minimum pour les bungalows.

Hotel Palms HÔTEL $$
(904-241-7776 ; www.thehotelpalms.com ; 28 Sherry Dr, Atlantic Beach ; ch 140-180 $, ste à partir de 200 $;). Ce motel sur cour à l'ancienne a été reconverti en un hôtel chic, avec têtes de lit en matériaux recyclés, sols en béton et une décoration épurée et lumineuse. Douches à l'air libre, vélos *cruisers* à disposition, cheminée extérieure et chambres somptueuses tout droit sorties d'un magazine de design.

Courtyard by Marriott Jacksonville Beach Oceanfront HÔTEL $$
(904-435-0300 ; www.marriott.com ; 1617 1st St N, Jacksonville Beach ; ch à partir de 199 $; P). Des quelques hôtels de chaîne de Jacksonville Beach, nous apprécions particulièrement cette propriété en bord de mer pour ses chambres agréables et fonctionnelles, et son personnel aimable et attentif. Donnant sur la plage, l'établissement dispose de tout le nécessaire pour le délassement de sa clientèle.

Sea Horse Oceanfront Inn MOTEL $$
(904-246-2175, 800-881-2330 ; www.jacksonvilleoceanfronthotel.com ; 120 Atlantic Blvd, Neptune Beach ; ch 130-180 $, ste 200-240 $;). Toutes les chambres de cet hôtel rose vif ont vue sur la piscine en forme de haricot et sur l'océan. Sans conteste, un cran au-dessus des autres établissements de ce genre, avec large TV à écran plat et accueil chaleureux. Certains clients reviennent année après année.

One Ocean HÔTEL $$
(904-249-7402 ; www.oneoceanresort.com ; 1 Ocean Blvd, Atlantic Beach ; ch à partir de 185 $;). Cet hôtel chic doit à son emplacement en front d'océan de s'être attiré la faveur des célébrités. Le somptueux hall d'entrée est tout en élégance et modernité, avec marbre blanc, murs iridescents et personnel en costume. Les chambres ne sont pas en reste, avec leur lignes contemporaines, rehaussées d'éclats d'argent, d'étain et de bleu-vert ; la plupart ont vue sur l'océan. Embellissez encore votre séjour par un soin au spa.

Lodge at Ponte Vedra COMPLEXE HÔTELIER $$$
(888-774-1477 ; www.pontevedra.com ; 100 Ponte Vedra Blvd, Ponte Vedra Beach ; ch à partir de 319 $; P). Les familles prospères plébiscitent cet opulent complexe de style méditerranéen – un monument historique –, où les enfants peuvent jouer dans la piscine tandis que les parents savourent un massage bienvenu

face à l'océan. Chambres et suites sont lumineuses et de très bon goût, dans des tons vert tilleul et sable ; sdb ultra-luxueuses en granit et marbre.

Où se restaurer

European Street CAFÉ $
(☎904-249-3001 ; www.europeanstreet.com ; 992 Beach Blvd, Jacksonsville Beach ; en-cas 6-13 $; ⏲10h-22h ; P). Composez le pique-nique idéal chez ce chocolatier-traiteur-bar (150 bières importées) et épicerie fine, à partir d'un choix pléthorique de salades, sandwichs et plats allemands.

Colonel Mustard's Phatburger BURGERS $
(☎904-247-5747 ; www.jaxbestburgers.com ; 1722 3rd St N, Jacksonville Beach ; burgers à partir de 6 $; ⏲8h-22h ; 👪). Une option accueillante et sans prétention, tenue en famille à quelques rues de la plage. Bon marché et gaie, elle ravira la majorité des palais, même si les végétariens seront déçus. Les petits-déjeuners sont aussi bons que les burgers, les délicieuses frites et les galettes de pommes de terre, qui contenteront les plus fins connaisseurs.

Beach Hut Café CUISINE DU SUD $
(☎904-249-3516 ; 1281 3rd St S, Jacksonville Beach ; plats 4-10 $; ⏲6h-14h30). Ne vous fiez pas à son emplacement, dans un centre commercial : la cuisine est divine. Son copieux petit-déjeuner du Sud, servi toute la journée, draine une longue file d'attente, surtout le week-end.

Metro Diner DINER $$
(☎904-853-6817 ; www.metrodiner.com ; 1534 3rd St N, Jacksonville Beach ; plats 9-16 $; ⏲6h30-14h30 ; P 👪). Parfait pour un brunch à Jacksonville Beach, cet authentique *diner* est ouvert depuis 1938. Il est d'usage bondé, surtout le week-end. Au menu : œufs Bénédicte pour le brunch, pain de viande, *fish n' chips* et tourte au poulet.

Eleven South AMÉRICAIN MODERNE $$$
(☎904-241-1112 ; www.elevensouth.com ; 216 11th Avenue S, Jacksonville Beach ; plats 26-32 $; ⏲11h-23h mar-ven, 17h-23h sam-lun). Un dîner gastronomique aux saveurs contemporaines et internationales à deux pas de la plage, c'est possible ! Eleven South est parfait pour un dîner en amoureux, autour d'un carré d'agneau ou d'une paëlla de homard. Réservation conseillée, surtout le week-end (demandez une table sur le patio).

Où prendre un verre et faire la fête

Surfer the Bar BAR
(☎904-372-9756 ; www.surferthebar.com ; 200 1st St N, Jacksonville Beach ; ⏲11h-2h). Imaginez un mix entre un bar de plage et un magazine de décoration, et vous aurez une idée de ce à quoi ressemble cet immense bar géré par le magazine *Surfer* (d'où le nom). Il y a 2 niveaux, une caravane Airstream à l'intérieur qui sert des en-cas, de la musique live certains soirs et, en bord de plage, une foule de fêtards venus faire la fête.

Casa Marina BAR
(☎904-270-0025 ; www.casamarinahotel.com ; 691 N 1st St, Jacksonville Beach ; ⏲15h-minuit lun-jeu, jusqu'à 2h ven, 13h-2h sam ; 12h-minuit dim ; 📶). Aménagé au-dessus du Casa Marina, un hôtel restauré de 1925, ce petit bar ultra-tendance de bord de mer a l'atout d'une vue imbattable. Musique d'ambiance sur la terrasse, installée sur le toit. Soirées avec DJ, du jeudi au samedi.

Depuis/vers les plages des environs de Jacksonville

En voiture depuis Jacksonville, suivez l'I-10 jusqu'à Atlantic Beach, et la Hwy 90 (Beach Blvd) jusqu'à Jacksonville Beach. Depuis St Augustine, suivez la Hwy A1A plein nord.

La **Jacksonville Transportation Authority** (www.jtafla.com) assure un service de bus entre Jacksonville et les plages (1,50 $).

Amelia Island

À seulement 21 km de la frontière avec la Géorgie, Amelia Island est une île drapée de mousse, baignée de soleil et bordée de plages où se mêlent cultures du Sud profond et du littoral floridien. On suppose que les habitants d'origine de l'île, les Timucuans, s'y établirent voici quelque 4 000 ans. Depuis cette époque, elle passa sous 8 pavillons différents, à commencer par celui de la France en 1562, puis de l'Espagne, de l'Angleterre, de l'Espagne à nouveau, suivi de celui des patriotes, de la Croix verte de Floride, des rebelles mexicains, des États-Unis, des États confédérés, puis à nouveau le drapeau fédéral, qui lui est resté depuis.

Les vacanciers y viennent en masse depuis les années 1890, époque où Henry Flagler commença à transformer le littoral de salins et de plages désertes en station balnéaire pour familles fortunées. L'héritage de cette

VAUT LE DÉTOUR

EXCURSION À CUMBERLAND ISLAND NATIONAL SEASHORE

La plus grande île sauvage des États-Unis, **Cumberland Island** (☎912-882-4336 ; www.nps.gov/cuis ; 7 $), se trouve juste de l'autre côté de la frontière de l'État de Géorgie. S'étendant sur 28 km de longueur et 5 km de largeur, près de la moitié de ses 14 737 ha se compose de marécages, de vasières et de ruisseaux de marée. Seuls 300 visiteurs à la fois sont autorisés sur l'île, accessible par un trajet en ferry de 45 minutes.

À terre, des rangers animent des visites gratuites de 1 heure, qui se terminent par les ruines de Dungeness, la demeure (1884) de Thomas et Lucy Carnegie. En chemin, ils évoquent la faune locale très riche (chevaliers, balbuzards, passerins nonpareils, caouannes, tatous, cerfs...) et 4 000 ans d'histoire englobant les Timucuans, les colons britanniques et les missionnaires espagnols.

Après la guerre de Sécession, des esclaves libérés achetèrent des parcelles de terre à l'extrémité nord de l'île et fondèrent la première église baptiste africaine en 1893. Reconstruite dans les années 1930, la minuscule église en bois peint en blanc, de 11 bancs, a vu se marier, en 1996, John Kennedy Jr et Carolyn Bessette, décédés tous les deux depuis. Elle est ouverte au public, mais, depuis le débarcadère, il faut parcourir 25 km à travers les fourrés pour y accéder.

Le charmant village historique de **St Marys** (www.stmaryswelcome.com) est la porte d'entrée de cette île qui ne compte aucun magasin. Pensez à apporter des provisions, de l'antimoustique et un appareil photo ! L'offre d'hébergements sur l'île est large, allant des villégiatures opulentes aux campings rudimentaires. Consultez le site Internet de St Marys pour plus de détails.

Les **ferries** (☎877-860-6787 ; www.nps.gov/cuis ; aller-retour tarif plein/senior/enfant 28/26/16 $) partent de St Marys à 9h et 11h45, avec retour à 10h15 et 16h45 (un ferry supplémentaire circule à 14h45 du mercredi au samedi, de mars à novembre ; aucun ferry les mardis et mercredis de décembre à février). Réservation recommandée.

Depuis le nord de la Floride, prenez l'I-95 vers le nord jusqu'à St Marys Rd (sortie 1). Obliquez à droite vers la GA-40/St Marys Rd E, et suivez-la jusqu'au bout.

période est toujours visible dans le centre d'Amelia, à Fernandina Beach, laquelle compte 50 parcelles d'édifices historiques, dont des B&B victoriens et des restaurants dans d'anciennes maisons de pêcheurs. Le reste de l'île est ponctué de parcs luxuriants, de parcours de golf et de kilomètres de littoral resté sauvage.

À voir

Fort Clinch State Park PARC
(☎904-277-7274 ; www.floridastateparks.org/fortclinch ; 2601 Atlantic Ave, Fernandina Beach ; piéton/véhicule 2/6 $; ⏲parc 8h-crépuscule, fort 9h-17h ; P). La construction du fort Clinch débuta en 1847, mais ses murs de maçonnerie étaient déjà obsolètes en 1861, lorsqu'une milice confédérée s'empara sans effort de la place, pour l'évacuer peu après. Des troupes fédérales occupèrent à nouveau le fort pendant la Seconde Guerre mondiale. Aujourd'hui, le parc a son lot d'activités plus paisibles. En plus d'une jetée de 800 m propice à la pêche, vous profiterez des plages paisibles et de près de 10 km de sentiers tranquilles pour la randonnée ou le vélo.

Le premier week-end de chaque mois, des troupes en uniforme d'époque exécutent une reconstitution de l'évacuation des confédérés. Les participants vont jusqu'à préparer le repas dans l'énorme chaudron en fer de la vieille cuisine et jusqu'à dormir sur des paillasses dans le baraquement des soldats. La visite guidée à la lueur des bougies (3 $; mai-sept) est une expérience mémorable.

Amelia Island Museum of History MUSÉE
(☎904-261-7378 ; www.ameliamuseum.org ; 233 S 3rd St, Fernandina Beach ; tarif plein/étudiant 8/5 $; ⏲10h-16h lun-sam, 13h-16h dim). Logé dans l'ancienne prison de la ville (1879-1975), le seul musée de Floride consacré à la tradition orale compte des salles minuscules, mais instructives, où sont traitées l'histoire amérindienne, l'époque de la colonisation espagnole, la guerre de Sécession et la préservation historique. Diverses visites sont organisées, dont le circuit des 8 drapeaux (11h et 14h lun-sam et 14h dim), consacré à la fascinante histoire de l'île, et des circuits architecturaux, des tournées des pubs et des promenades audioguidées sur téléphone portable.

American Beach Museum MUSÉE
(☎904-510-7036 ; www.americanbeachmuseum.org ; 1600 Julia St, American Beach ; ⏲10h-14h ven-sam, 14h-17h dim ; P). Ce petit musée propose un aperçu fascinant de la vie quotidienne à American Beach, l'une des rares stations balnéaires afro-américaines dans le Sud ségrégationniste. Appelez pour demander une visite guidée sur rendez-vous.

Maritime Museum of Amelia Island MUSÉE
(☎904-432-7086 ; www.maritimemuseumai.org ; 115 2nd St, Fernandina Beach ; ⏲9h30-18h mar-sam). Ce petit musée du port abrite une amusante collection de bric-à-brac nautique, présentée à la sauce pirate pour le plus grand bonheur des enfants.

Activités

De la myriade de manières d'explorer Amelia Island, c'est à la rame que l'on profite le plus de ses paysages.

Egan's Creek Greenway PROMENADE À PIED
(☎904-310-3363 ; 2500 Atlantic Ave, Fernandina Beach). GRATUIT Un ensemble de sentiers herbeux couvrant plus de 120 ha, l'Egan's Creek Greenway est le lieu idéal pour apercevoir des alligators, des serpents, des lynx et quantité d'espèces aviaires. Des panneaux informatifs longent les sentiers. Il est recommandé de porter des chaussures bien fermées et à semelle épaisse.

Circuits organisés

♥ **Kayak Amelia** KAYAK
(☎904-261-5702, 904-251-0016 ; www.kayakamelia.com ; 4 N 2nd St, Fernandina Beach ; excursions adulte/enfant à partir de 65/55 $; location demi-journée/journée à partir de 37/49 $). Les charmes d'Amelia Island s'apprécient particulièrement sur les eaux scintillantes des estuaires bordés de spartine. Une expérience que propose Kayak Amelia avec ses excursions en kayak à travers l'écosystème aquatique qui entoure cette île côtière de l'Atlantique. Il y a aussi des cours de paddle (30 $) et de paddle-yoga (30 $).

On peut également faire des écotours en paddle (à partir de 55 $) et louer kayaks et paddles. Pendant 4 semaines, au printemps, Kayak Amelia propose une excursion lucioles au crépuscule dans les forêts maritimes : un moment magique.

Amelia River Cruises CROISIÈRES
(☎904-261-9972 ; www.ameliarivercruises.com ; 1 N Front St, Fernandina Beach ; croisières à partir de 22 $;). Ces croisières explorent les eaux d'Amelia Island et de Cumberland Island, en Géorgie, avec une escale pour découvrir les superbes ruines d'une plantation et d'épaisses forêts aux arbres couverts de mousse espagnole. L'été (juin-août), l'agence propose un **écotour pêche à la crevette** (adulte/enfant 27/17 $) où l'on apprend à manier le chalut à panneaux à travers les cours d'eau entourant les îles. Les crevettes sont ensuite relâchées.

Old Towne Carriage Company EN CALÈCHE
(☎904-277-1555 ; www.ameliacarriagetours.com ; 115 Beech St, Fernandina Beach ; 30 min adulte/enfant 15/7 $). Des calèches assurent des promenades de 1 heure ou de 30 minutes dans le centre historique.

Fêtes et festivals

Isle of Eight Flags Shrimp FESTIVAL, GASTRONOMIE
(www.shrimpfestival.com). Fin avril ou début mai, Amelia Island est envahie par des centaines de personnes déguisées en pirate venues se gaver de crevettes et assister à un concours d'art.

Où se loger

Fort Clinch State Park CAMPING $
(☎904-277-7274 ; www.floridastateparks.org/fortclinch ; 2601 Atlantic Ave ; empl tente et camping-car 26 $; P). Un camping agréable et extrêmement apprécié, avec des emplacements au bord de l'océan et d'autres proches du fleuve Amelia. Ces derniers, recouverts de mousse et ombragés de chênes, sont plus intimes que ceux sur la plage. Assurez-vous de réserver bien à l'avance.

Fairbanks House B&B $$
(☎904-277-0500 ; www.fairbankshouse.com ; 227 S 7th St, Fernandina Beach ; ch/ste/cottage à partir de 195/240/240 $; P). On imagine bien Indiana Jones se retirant dans cette majestueuse maison de style gothique victorien, débordant de tapis en soie, de livres aux reliures de cuir et de babioles du monde entier. Les chambres sont vastes et décorées de manière à être assorties au style de l'hôtel qui comprend aussi une petite piscine et un jardin à l'arrière.

Hampton Inn & Suites HÔTEL $$
(☎904-491-4911 ; www.hamptoninn.com ; 19 S 2nd St, Fernandina Beach ; ch/ste à partir de 139/259 $;). Parfois, l'emplacement fait tout : cet hôtel est en plein cœur du

L'HÉRITAGE AFRO-AMÉRICAIN SUR AMERICAN BEACH

Le magnat des assurances Abraham Lincoln Lewis, le premier millionnaire noir de l'État, fonda en 1935 American Beach, la première plage afro-américaine sur le littoral ségrégationniste de Floride. À la grande époque, des foules d'Afro-Américains venaient par bus entiers. Les spectacles de Louis Armstrong, Ray Charles, parmi d'autres, engrangeaient les plus grosses recettes de Floride. Mais, en 1964, l'ouragan Dora détruisit commerces et habitations ; peu après, la fin de la ségrégation permit aux Afro-Américains de fréquenter des plages plus proches de chez eux. Des parcours de golf et des enclaves résidentielles empiètent désormais sur ce qui reste d'American Beach, mais l'accès à la plage reste possible par Lewis St, près de la Hwy A1A, à la pointe sud d'Amelia Island.

Sur place, vous découvrirez une portion de littoral plaisante et calme, jalonnée de panneaux informatifs expliquant l'histoire de la plage. Pour en savoir plus sur l'un des rares lieux de vacances destinés aux Afro-Américains du Sud ségrégationniste, visitez l'American Beach Museum (voir ci-contre) ; attention, horaires limités.

centre historique, à deux pas du port et à distance de marche de tout ce que le centre de Fernandina Beach compte d'intéressant. D'un excellent rapport qualité/prix pour cette destination onéreuse, les chambres et suites sont dotées de lits confortables, de mobilier neutre et de bonnes douches. Cuisine optionnelle.

Florida House Inn HÔTEL HISTORIQUE **$$**
(☎904-491-3322 ; www.floridahouseinn.com ; 22 S 3rd St, Fernandina Beach ; ch 172-200 $; P Wi-Fi). Le plus vieil hôtel de Floride est installé dans un édifice plein de charme de 1857, partageant son terrain avec un chêne vieux de 400 ans qui ne cesse de croître. L'hôtel compte 17 chambres à la déco chargée en dentelle, napperons et édredons à l'ancienne.

♥ **Addison** B&B **$$$**
(☎904-277-1604 ; www.addisononamelia.com ; 614 Ash St, Fernandina Beach ; ch 215-315 $; P Wi-Fi). L'établissement, qui date de 1876, a su s'embellir et se moderniser (baignoires à remous, douche à effet de pluie, serviettes en coton turc et Wi-Fi) et donne l'impression d'être tout juste construit. Une happy hour quotidienne se tient dans la jolie cour intérieure en présence des propriétaires, qui sont les plus sympathiques (et les plus drôles) d'Amelia.

Les visiteurs soucieux d'environnement seront contents d'apprendre que l'établissement a obtenu le label du Green Lodging de l'État de Floride pour ses efforts en matière d'économie d'énergie et d'eau.

Elizabeth Pointe Lodge B&B **$$$**
(☎904-277-4851 ; www.elizabethpointelodge.com ; 98 S Fletcher Ave, Fernandina Beach ; ch/ste à partir de 299/380 $; P Wi-Fi). Cet imposant B&B en bois typique des années 1890, sis en bord d'océan à 3 km du centre-ville, a un charme fou. Les terrasses, équipées de rocking-chairs, sont le meilleur endroit sur l'île pour admirer le lever du soleil. Les chambres, classiques et élégantes, sont dotées de lits moelleux et d'immenses baignoires (balnéo dans certaines).

Ritz Carlton HÔTEL **$$$**
(☎904-277-1100 ; www.ritzcarlton.com/en/Properties/AmeliaIsland ; 4750 Amelia Island Pkwy, Fernandina Beach ; ch à partir de 299 $; P Wi-Fi piscine). Un Ritz Carlton à l'emplacement insolite où vous attendent le summum du luxe et du plaisir, ainsi qu'un service irréprochable. Installé sur une plage sauvage de 21 km, il possède un parcours de golf 18 trous et de somptueuses chambres et suites meublées avec élégance. L'hôtel s'adresse aux voyageurs fortunés, habitués au meilleur, ou à quiconque aspire à un séjour de rêve au prix fort.

Hoyt House B&B **$$$**
(☎904-277-4300 ; www.hoythouse.com ; 804 Atlantic Ave, Fernandina Beach ; ch à partir de 212 $; P Wi-Fi piscine). Ce B&B récompensé, installé dans une grandiose maison victorienne perchée à la lisière du centre-ville, arbore un ravissant belvédère, idéal pour prendre un rafraîchissement. Chacune des 10 chambres est agréablement meublée à l'ancienne avec de véritables trésors. Service en chambre disponible.

Omni Amelia Island Plantation Resort COMPLEXE HÔTELIER **$$$**
(☎904-261-6161 ; www.omnihotels.com/AmeliaIsland ; 39 Beach Lagoon, Fernandina Beach ; ch/ste à partir de 296/431 $; P Wi-Fi piscine). À 14 km au sud de

Fernandina Beach, ce resort en bord de mer propose différents types de restaurants et un grand choix de chambres et villas élégantes. C'est l'endroit rêvé pour qui préfère les infrastructures à l'intimité qu'offrent les accueillants B&B de Fernandina.

Où se restaurer

T-Ray's Burger Station BURGERS $

(904-261-6310 ; www.traysburgerstation.com ; 202 S 8th St, Fernandina Beach ; plats 6-9 $; 7h-14h30 lun-ven, 8h-13h sam). Caché dans une station-service Exxon, ce *diner* sans prétention sert des hamburgers aussi savoureux que caloriques. Très apprécié par la population locale, le petit-déjeuner est copieux et les plats du jour partent vite. Les burgers juteux, les frites épaisses, les crevettes frites et les tendres terrines de crabe sont alléchants. Faites confiance aux habitués, ils ne font pas la queue sans raison.

Hola Cuban Cafe CUBAIN $

(904-206-1985 ; www.holacubancafe.com ; 117 Centre St, Fernandina Beach ; plats 7-8 $; 9h-16h jeu-sam et lun, 10h30-16h dim ; P). Vous ne trouverez pas meilleure cuisine cubaine plus au nord de la Floride (bon, d'accord, il y a des restaurants cubains ailleurs aux États-Unis). Prenez un Café Cubano, un sandwich cubain toasté à la *plancha* (presse à sandwichs), ou contentez-vous de grignoter des *maduros* (bananes plantains frites). Tout est bon. Notez que l'établissement ne sert pas au dîner. Pour un festin cubain de *ropa vieja* (poitrine de bœuf braisée), il faudra aller ailleurs (Tampa ou Miami sont de bons choix). Animaux acceptés dans le patio.

29 South CUISINE DU SUD $$

(904-277-7919 ; www.29southrestaurant.com ; 29 S 3rd St, Fernandina Beach ; plats 16-28 $; 17h30-21h30 jeu-dim, 17h30-22h ven-sam, brunch 10h-14h30 sam-dim ; P). Saucisses de homard sur bâtonnets, côtes de porc saumurées au thé, glace maison saveur pudding donut-café – des plats à se damner. Niché dans un cottage mauve, ce bistro néosudiste prend des risques en cuisine, et ils sont payants. Ambiance à la fois chic et détendue.

Gilbert's Underground Kitchen AMÉRICAIN MODERNE $$

(904-310–6374 ; www.undergroundkitchen.co ; 510 S 8th St, Fernandina Beach ; plats 13-23 $; 11h-21h lun-sam). Vedette de *Top Chef*, Kenny Gilbert réveille Amelia Island avec sa cuisine haut de gamme de plats hybrides et inventifs inspirés des spécialités du Sud, comme les côtes d'alligator au barbecue, les nouilles au pesto de chou vert ou encore le poulet frit nappé de sauce au piment datil.

Café Karibo & Karibrew FUSION $$

(904-277-5269 ; www.cafekaribo.com ; 27 N 3rd St, Fernandina Beach ; plats 8-26 $; 11h-15h lun, 11h-21h mar-sam, 10h30-15h dim ;). Dans une rue secondaire, une adresse tendance très prisée avec une longue carte éclectique : sandwichs, soupes, salades et en-cas sains… L'espace est vaste, sur 2 étages, avec un patio éclairé de guirlandes lumineuses. Dans la brasserie adjacente, le Karibrew, commandez une Sloppy Skip's Stout et des plats de pub, tel un sandwich au *crab cake*.

Burlingame Restaurant AMÉRICAIN MODERNE $$$

(904-432-7671 ; www.burlingamerestaurant.com ; 20 S 5th St, Fernandina Beach ; 17h-22h30 mar-sam, 10h-14h tlj ; P). Amelia – île de marécages et de forêts cernée d'un estuaire saumâtre se jetant dans l'Atlantique – est riche en poisson, gibier et légumes. Des denrées préparées avec amour dans les cuisines de Burlingame, où l'on concocte une cuisine régionale de saison de tout premier ordre. Les crevettes au gruau et le cassoulet de lapin sont particulièrement succulents. Réservation conseillée.

Le Clos FRANÇAIS $$$

(904-261-8100 ; www.leclos.com ; 20 S 2nd St, Fernandina Beach ; plats 19-32 $; 17h30-21h30 lun-sam). Cuisine classique française avec un zeste de Floride (poissons aux agrumes glacés, excellent steak-frites, et crème brûlée craquante à point) servie dans un adorable petit patio-bistrot trop bondé pour être romantique. Son ambiance, ses repas de qualité et son excellent service lui valent une bonne réputation.

Où prendre un verre et faire la fête

Palace Saloon BAR

(www.thepalacesaloon.com ; 113-117 Centre St, Fernandina Beach ; 12h-2h). En franchissant les portes battantes du plus ancien bar en activité de Floride (ouvert sans interruption depuis environ 1878), la première chose que vous remarquerez sera le comptoir de 12 m éclairé à la lampe à gaz. Au milieu d'une clientèle bigarrée de motards et d'aficionados de Shakespeare, vous goûterez le "punch du pirate" dans la pénombre d'un intérieur drapé de velours. Lors de notre passage, les clients pouvaient toujours fumer à l'intérieur.

Green Turtle Tavern BAR
(904-321-2324 ; www.greenturtletavern.com ; 14 S 3rd St, Fernandina Beach ; 15h-1h). Décontracté et accueillant, ce bar coloré est installé dans un petit cottage tout de guingois et entouré d'une véranda. Y sont servis des cocktails, du bourbon de toute sorte et quantité de bières fraîches.

Achats

Eight Flags Antiques Market ANTIQUITÉS
(904-277-8550 ; 602 Centre St, Fernandina Beach ; 10h-18h lun-sam, midi-18h dim). Une trentaine d'antiquaires se partagent ce vaste marché couvert et vendent des trésors du Sud tout droit sortis des greniers poussiéreux de la région.

Renseignements

Shrimping Museum & Welcome Center
(904-261-7378 ; 17 Front St, Fernandina Beach ; 10h-16h lun-sam, 13h-16h dim). Centre d'accueil convivial avec cartes, brochures et expositions sur la pêche à la crevette dans la région.

Historic Downtown Visitor Center
(office du tourisme ; 904-277-0717 ; www.ameliaisland.com ; 102 Centre St, Fernandina Beach ; 10h-16h). Nombreuses informations et cartes utiles sur le centre-ville historique, dans l'ancien dépôt ferroviaire, qui mérite à lui seul le détour.

Depuis/vers Amelia Island

La Hwy A1A se sépare en deux directions sur Amelia Island, l'une part vers l'ouest et l'I-95, et l'autre suit la côte ; les deux possibilités sont bien indiquées.

Pour se rendre à Amelia, le trajet le plus rapide depuis le continent consiste à emprunter l'I-95 vers le nord jusqu'à la sortie 373, puis à prendre la direction de l'est sur environ 15 km jusqu'à l'île.

Vous souhaitez un trajet plus agréable ? Sur la route menant de Jacksonville Beach à Mayport, prenez le **St Johns River Ferry** (904-241-9969 ; www.stjohnsriverferry.com ; 5 $/véhicule ; de Maryport ttes les 30 min 6h-19h lun-ven, 7h-20h30 sam-dim ; de George Island ttes les 30 min 6h15-19h15 lun-ven, 7h15-20h45 sam-dim), qui part toutes les 30 minutes environ.

Palatka

386 / 10 485 HABITANTS

À son apogée, le village de Palatka (prononcez "poulatkou"), presque à mi-chemin entre St Augustine et Gainesville, était la destination la plus au sud accessible en bateau à vapeur, et ses 7 000 chambres d'hôtel hébergeaient une clientèle huppée de *snowbirds*. Aujourd'hui, les visiteurs reviennent en petit nombre dans cette charmante ville endormie pour la pêche, le **Blue Crab Festival** du Memorial Weekend, ou tout simplement pour échapper à la foule qui envahit les côtes.

À voir et à faire

Ravine Gardens State Park JARDINS
(386-329-3721 ; www.floridastateparks.org/ravinegardens ; 1600 Twigg St ; voiture/vélo/piéton 5/2/2 $; 8h-crépuscule ; P). Un agréable circuit de randonnée de 3 km encercle les 74 ha de ce parc d'État que traverse en son centre un ravin creusé il y a des millions d'années par la St Johns River. On peut admirer ces gorges peu profondes, idéales pour un pique-nique, depuis une passerelle suspendue. La vue est particulièrement spectaculaire de fin février à début mars, lorsque sur les rives percent à travers le feuillage vert foncé des milliers d'azalées roses et rouges.

Bronson-Mulholland House ÉDIFICE HISTORIQUE
(904-329-2704 ; www.bronsonmulhollandhouse.com ; 100 Madison St ; sur rdv ; P). GRATUIT Ancienne résidence du juge Isaac Bronson, la Bronson-Mulholland House (1854) abrite aujourd'hui derrière ses volets verts un musée historique. Le gérant des lieux en fait une visite guidée de 30 minutes sur rendez-vous (appelez longtemps à l'avance). Remarquez les baies vitrées donnant sur le porche : à l'époque de la construction de la propriété, l'impôt foncier était calculé en fonction du nombre de fenêtres, encourageant de nombreux propriétaires à opter pour les baies vitrées, considérées comme des portes.

Fêtes et festivals

Palatka Blue Crab Festival GASTRONOMIE
(www.bluecrabfestival.com ; week-end du Memorial Day). Ce festival accueille les concours de la meilleure soupe de poisson et de la meilleure soupe aux gombos de Floride. Il y a aussi de la musique, des stands gastronomiques et des spectacles en plein air.

Où se restaurer

Angel's Dining Car AMÉRICAIN $

(☎386-325-3927 ; 209 Reid St ; plats 3-8 $; ⏰6h-21h ; P ♿). Dans ce qui ressemble à la rencontre d'une canette de soda avec un wagon de métro, Angel's vous sert dans votre voiture ou en salle. Klaxonnez ou glissez-vous sur une banquette en vinyle et savourez des classiques mini-burgers, *black-bottom eggs* (œufs brouillés à la viande hachée) et Pusalow (lait au chocolat avec sirop de vanille et glace pilée). Ouvert en 1932, c'est le plus vieux *diner* de Floride.

Depuis/vers Palatka

Palatka est à un peu moins de 100 km au sud de Jacksonville (par l'US 17 ou l'I-95), et à moins de 50 km à l'ouest de St Augustine (par la SR 207).

Talbot Island et Fort George Island

Entre Amelia Island et Jacksonville, prenez le temps de faire ces deux détours champêtres qui raviront amateurs d'histoire et amoureux de la nature. Le long du littoral et dans les jolis bois des îles Fort George et Talbot, vous ferez de superbes sorties en kayak, vous visiterez de beaux parcs d'État et vous camperez sur la plage ou en bord de rivière. Une merveilleuse excursion d'une journée, et une bouffée d'air frais revigorante pour qui en aurait assez des complexes hôteliers de la côte atlantique.

À voir

Little Talbot Island State Park PARC

(☎904-251-2320 ; www.floridastateparks.org/park/Little-Talbot-Island ; 12157 Heckscher Dr ; véhicule/vélo 5/2 $; ⏰8h-crépuscule ; P). 🍃 Cette île sauvage, qui malgré son nom est presque aussi vaste que Big Talbot Island, possède 8 km de plages désertes où l'on pêche mulets et autres poissons, et des paysages peuplés de loutres de rivière, de lapins des marais et de lynx. Possibilité de camper (ci-contre).

Big Talbot Island State Park PARC

(☎904-251-2320 ; www.floridastateparks.org/bigtalbotisland ; State Rd A1A N ; 3 $/véhicule ; ⏰8h-crépuscule ; P). 🍃 Déposez vos droits d'entrée dans l'enveloppe bleue avant de vous garer dans le parking de ce parc désolé mais charmant. Prenez votre appareil photo et suivez le court sentier jusqu'à Boneyard Beach, où les squelettes de chênes verts et de cèdres lavés par le sel jonchent le sable blanc, bordé par une falaise érodée de 6 m. Magique !

Fort George Island Cultural State Park PARC

(☎904-251-2320 ; www.floridastateparks.org/fortgeorgeisland ; 11241 Fort George Rd ; ⏰8h-crépuscule ; P). GRATUIT Bien que l'emplacement exact du fort érigé par les Britanniques en 1736 demeure incertain, l'île en a conservé le nom. À son heure de gloire, avant la Seconde Guerre mondiale, les "garçonnes" affluaient au très chic Ribault Club, bâti en 1928 pour accueillir des fêtes. Abritant aujourd'hui le centre des visiteurs (9h-17h mer-dim), la demeure, méticuleusement restaurée, arbore de majestueuses voûtes et trois douzaines de portes-fenêtres en cyprès. C'est le point de départ de la boucle Saturiwa de 7 km, que vous pouvez emprunter à pied, à vélo ou en voiture.

Les immenses monticules de coquillages permettent de dater l'occupation de l'île par les Timucua à plus de 4 000 ans.

Kingsley Plantation ÉDIFICE HISTORIQUE

(☎904-251-3537 ; www.nps.gov/timu ; 11676 Palmetto Ave, Fort George Island ; ⏰9h-17h ; P). 🍃 GRATUIT Visitez des sections du plus ancien bâtiment de plantation encore debout en Floride, ainsi que les vestiges de 23 cabanes d'esclaves en *tabby* (sorte de ciment fait à partir de coquilles d'huîtres) parsemant cette ancienne plantation de coton et d'agrumes. La maison principale subit des réparations en quasi-permanence à cause des termites et de l'humidité, mais les terrains, vastes et ombragés, constituent un endroit idéal pour un pique-nique. Des visites guidées sont parfois organisées le week-end à 11h et 15h ; appelez avant pour connaître les disponibilités. Acquise en 1814 par Zephaniah Kingsley, la plantation était gérée par sa femme Anna Jai, l'une de ses esclaves, qu'il épousa lors d'une cérémonie traditionnelle africaine avant de l'affranchir elle et ses enfants.

Où se loger et se restaurer

Little Talbot Island Camping CAMPING $

(☎800-326-3521 ; floridastateparks.reserveamerica.com ; empl tente et camping-car 24 $; P). Peu de lieux en Floride sont aussi enchanteurs pour passer la nuit que cette île, l'une des dernières du littoral encore intacte. Les emplacements, nichés entre les dunes et des bois tropicaux ombragés, ont l'électricité.

Sandollar POISSON ET FRUITS DE MER $$
(☎904-251-2449 ; www.sandollarrestaurantjax.com ; 9716 Heckscher Drive, Fort George Island ; plats 12-20 $; ⏲11h-21h dim-jeu, 11h-22h ven-sam ; P). Ce restaurant classique, donnant sur l'eau et caressé par la brise, cuisine de délicieux poissons et fruits de mer. Prenez un verre, savourez une dorade grillée ou un panier de crevettes, et détendez-vous. Le restaurant est à 8 km au sud de Little Talbot Island. Musique live sur la terrasse du vendredi au dimanche.

Renseignements

Ribault Club (☎904-251-2802 ; www.nps.gov/timu ; 11241 Fort George Rd, Fort George Island ; ⏲9h-17h mer-dim). Le Fort George Island Visitor Center se trouve dans le Ribault Club, bâti en 1928 pour accueillir les millionnaires en quête d'un endroit pour des soirées à la *Gatsby le Magnifique*.

Depuis/vers Talbot Island et Fort George Island

Talbot Island est à 18 km au sud d'Amelia Island ; on y accède par la State Road A1A. En arrivant de Jacksonville, prenez la Fl 105 puis l'A1A, ou l'A1A vers le nord en longeant la côte jusqu'au **St Johns River Ferry** (p. 377), à Mayport, qui dessert Fort George (d'où une route rejoint Talbot Island).

CENTRE-NORD DE LA FLORIDE

L'une des régions les moins visitées de Floride recèle des sources cristallines et des routes sinueuses reliant de petites cités victoriennes tarabiscotées méconnues. Le centre-nord de la Floride évoque plus le Sud profond des États-Unis que le sud de l'État, et vous verrez sans doute davantage de drapeaux confédérés qu'en Alabama ou dans le Mississippi, par exemple.

La champêtre ville hippique d'Ocala contraste avec Gainesville, une ville universitaire animée qui mérite amplement qu'on y consacre une journée. Et n'oubliez pas d'aller vous faire lire l'avenir dans la communauté spirite de Cassadaga. Le reste du temps, imprégnez-vous de la beauté bucolique des paysages vallonnés et ruraux qu'on n'attend pas d'un État comme la Floride.

Cassadaga

☎386 / 100 HABITANTS

En 1894, George Colby, un New-Yorkais de 27 ans, était atteint de tuberculose. Seneca, son guide spirite amérindien, lui conseilla de se rendre dans le Sud jusqu'à un lac et de fonder une communauté spirite où il serait soigné. Colby s'exécuta et c'est ainsi que Cassadaga (prononcer "*cassudêgu*") vit le jour.

Aujourd'hui, la communauté de Colby est la plus ancienne communauté religieuse encore active des États-Unis. Composée d'un ensemble de cottages traditionnels des années 1920, c'est une zone historique protégée qui abrite la Southern Cassadaga Spiritualist Camp Meeting Association, association qui croit en l'intelligence infinie, les préceptes de prophétie et de guérison et la communication avec les morts. Ce lieu ferait partie d'un vortex énergétique où le monde des esprits et le monde terrestre seraient exceptionnellement proches, ce qui créerait la possibilité d'un "portail" entre les deux. Comme on peut s'y attendre, il règne dans le petit village une atmosphère New Age, et il n'y a ni DAB ni station-service.

À voir

Dans le village officient une trentaine de spirites, qui proposent toute une gamme de services. Une rapide séance de questions-réponses coûte à partir de 20 $; comptez 50 $ pour une plongée de 30 minutes dans les tréfonds de votre conscience. Vous trouverez de nombreux spirites au sein du Cassadaga Hotel.

Cassadaga Camp Bookstore SITE HISTORIQUE
(☎386-228-2880 ; www.cassadaga.org ; 1112 Stevens St, Lake Helen ; ⏲10h-18h lun-sam, 11h30-17h dim ; P). GRATUIT Le centre névralgique de la communauté est le Cassadaga Camp Bookstore, qui vend des livres New Age, des cristaux et des encens, et fait office de centre des visiteurs de la localité. Jouxtant la boutique, une salle de réunion de spirites arbore des panneaux et clichés datant des débuts de la communauté, au tournant du XXe siècle. Le tableau blanc dans l'arrière-salle indique les médiums disponibles ce jour. La boutique organise également des **visites guidées historiques du village** (adulte/7-12 ans/-6 ans 15/7,50 $/gratuit ; 14h sam) et des **"circuits orbe"** (adulte/-12 ans 25/15 $; 19h30 sam), où l'on peut photographier des boules de lumière rougeoyantes – qui sont prétendument des manifestations d'esprits. Moyennant un don de 1 $, vous recevrez un guide de la colonie qui vous permettra de visiter les lieux par

vous-même. À ne pas manquer : le lac Spirit, où les habitants dispersent les cendres des défunts.

Circuits organisés

Cassadaga Historical Tours CIRCUIT À PIED
(☎386-228-2880 ; www.cassadaga.org ; adulte/enfant/-6 ans 15/7,50 $/gratuit ; ⏲jeu-sam 14h). Ces visites pédestres du "centre" de Cassadaga, fidèles à l'esprit du lieu et aussi excentriques que le village lui-même, présentent l'histoire locale en insistant sur l'importance de la spiritualité, et sur le fait de libérer sa conscience, etc. Les visites nocturnes partent tous les samedis à 19h30 (adulte/enfant 25/15 $) en quête de lieux chargés de l'énergie des esprits. Réserver au Cassadaga Camp Bookstore.

Où se loger et se restaurer

Cassadaga Hotel HÔTEL $
(☎386-228-2323 ; www.cassadagahotel.net ; 355 Cassadaga Rd ; ch à partir de 65 $;). Le Cassadaga Hotel d'origine a brûlé en 1926. On dit qu'aujourd'hui, des fantômes se tapiraient dans les recoins de l'hôtel reconstruit. L'hôtel possède le charme de la Floride d'antan, et des spirites consultent sur place (à partir de 20 $).

Sinatra's Ristorante ITALIEN $$
(☎386-218-3806 ; www.sinatras.us ; 355 Cassadaga Rd ; 13-25 $; ⏲11h-20h lun-mar, 11h-21h mer-jeu, 11h-22h ven-sam, 11h-16h dim). La cuisine italienne à l'ancienne de Sinatra's, où l'excellente sauce tomate est reine notamment dans les ragoûts de poulet et de fruits de mer est délicieuse. Et comme le restaurant est situé dans le Cassadaga Hotel, vous pourrez vous faire lire l'avenir en sirotant un verre de vin... que demander de plus ? Des soirées "duels au piano" sont également organisées : rien de tel que des pianistes s'affrontant à coups de reprises de Lady Gaga pour ajouter encore à l'excentricité de ce repaire de mystiques qu'est Cassadaga.

Depuis/vers Cassadaga

Impossible de tomber sur Cassadaga par hasard... il faut vouloir s'y rendre. Le plus simple est de prendre l'I-4, puis la sortie n° 116 sur Orange Camp Rd. Avec un GPS, indiquez l'adresse du Cassadaga Camp Bookstore : 1112 Stevens St, Lake Helen, FL.

DeLand

☎386 / 28 200 HABITANTS

Alors que la frénésie des néons et des gratte-ciel gagne une grande partie de la Floride, DeLand la stoïque n'en a cure. Le pittoresque Woodland Blvd, qui sépare l'est et l'ouest de la ville, abrite des magasins et des restaurants indépendants. De vieux chênes couverts de mousse se rejoignent en arches au-dessus des rues, tandis que le photogénique campus de la Stetson University forme le cœur de la ville. Une cité de la Floride d'antan, qui pourtant fut la première de l'État à bénéficier de l'électricité.

En dépit de ses traditions bien ancrées, le risque fait partie de l'ADN de DeLand. Dans les années 1870, le magnat new-yorkais du bicarbonate de soude, Henry DeLand, descendit le fleuve St Johns dans l'idée de fonder l'"Athènes de Floride". Le projet échoua, mais aujourd'hui, DeLand est surtout connue pour le saut en parachute ; c'est ici que fut inventé le saut en tandem.

VAUT LE DÉTOUR

BLUE SPRING STATE PARK

La plus grande source sur le fleuve St Johns, Blue Spring maintient une température constante de 22°C. Entre novembre et mars, jusqu'à 200 **lamantins** des Caraïbes viennent y trouver refuge. Pour être certain de bien les voir, mieux vaut venir avant 11h ; un sentier accessible aux fauteuils roulants mène à la plateforme d'observation. Agréable parc d'État, le **Blue Springs State Park** (☎386-775-3663 ; www.floridastateparks.org/bluespring ; 2100 W French Ave, Orange City ; voiture/vélo 6/2 $; ⏲8h-crépuscule ; P) à 16 km au sud de DeLand, permet de se baigner (sauf lorsqu'il y a des lamantins) et faire du snorkeling ou du canoë. Vous trouverez des emplacements de camping (24 $), des bungalows rudimentaires (95 $) et du matériel disponible à la location.

Vous pourrez également passer 2 heures à naviguer sur les eaux calmes avec **St Johns River Cruises** (☎386-917-0724 ; www.sjrivercruises.com ; 2100 West French Ave, Orange City ; adulte /enfant 25/18 $; ⏲croisières 10h et 13h), dont les croisières "nature" offrent un aperçu préoccupant de la fragilité de l'écosystème.

À voir et à faire

Plusieurs édifices historiques offrent des visites guidées. Consultez le site de la West Volusia Historical Society (www.delandhouse.com) pour plus d'informations.

De Leon Springs State Park PARC, BAIGNADE
(386-985-4212 ; www.floridastateparks.org/deleonsprings ; 601 Ponce de Leon Blvd, De Leon Springs ; voiture/vélo 6/2 $; 8h-crépuscule ; P). À 15 minutes du nord de la ville, ces sources naturelles, qui coulent vers les 7 250 ha du Lake Woodruff National Wildlife Refuge, étaient utilisées par les Amérindiens il y a 6 000 ans. Depuis, elles ont été converties en une immense zone de baignade, idéale pour les enfants. On peut y louer tout le matériel nécessaire pour des sports nautiques et faire des circuits en bateau : renseignez-vous au Park Office. Les randonneurs chevronnés s'aventureront sur le sentier Wild Persimmon de 6,7 km, qui serpente à travers des chênaies, des plaines inondées et des champs. Signalée par des flammes bleues, cette randonnée est difficile.

Museum of Art – DeLand MUSÉE
(386-734-4371 ; www.moartdeland.org ; 600 N Woodland Blvd ; adulte/enfant 5 $/gratuit ; 10h-16h mar-sam, 13h-16h dim ; P). Une série d'expositions innovantes occupent les galeries et le joli atrium de ce dynamique musée local, qui a ouvert ses portes il y a 6 décennies. Une annexe moderne abrite une galerie et une boutique au 100 N Woodland Blvd.

DeLand House Museum MUSÉE
(386-740-5800 ; www.delandhouse.com ; 137 W Michigan Ave ; adulte/enfant 5/3 $; 12h-16h mar-sam ; P). GRATUIT Cette demeure historique de 1886 abrite aujourd'hui le siège de la West Volusia Historical Society ainsi qu'un musée du comté. On y trouve de nombreux objets anciens, accessoires et mobilier, que font découvrir des guides passionnés.

Skydive DeLand PARACHUTISME
(386-738-3539 ; www.skydivedeland.com ; 1600 Flightline Blvd ; saut en tandem 189 $). Si sauter dans le vide à 190 km/h ne vous fait pas peur, vous voici au bon endroit. Un court briefing et un professionnel chevronné attaché dans votre dos suffiront pour vivre les 2 minutes les plus palpitantes de votre vie, au-dessus d'un magnifique paysage. Les parachutistes expérimentés peuvent sauter en solo ou se perfectionner chez ce prestataire de premier ordre.

Où se loger

Artisan Downtown HÔTEL $$
(386-873-4675 ; www.delandartisaninn.com ; 215 S Woodland Blvd ; ch 189-219 $;). Entièrement rénové en 2013, cet hôtel chic loue les chambres les plus tendance de tout DeLand, avec baignoires à remous et séjours confortables. Cerise sur le gâteau, il compte un bar et un restaurant, source d'aucune nuisance sonore.

DeLand Country Inn B&B $$
(386-736-4244 ; www.delandcountryinn.com ; 228 W Howrie Ave ; ch 99-119 $, cottage 149 $; P). Apprécié des parachutistes, cet agréable B&B est tenu par un adorable couple d'Anglais. La maison de 1883 compte 6 chambres confortables ornée d'un décor vieille Angleterre. Et bien sûr, un petit-déjeuner anglais est cuisiné tous les matins.

Où se restaurer

Cook's AMÉRICAIN $
(386-734-4399 ; www.cooksbuffetdeland.com ; 704 N Woodland Blvd ; plats 7-9 $, buffet 11 $; 11h-20h30 dim-jeu, 11h-21h ven-sam ;). Difficile de ne pas apprécier un buffet à la fois excellent et riche de plats du jour bien chauds. Le Cook's propose des viandes rôties, des légumes, des soupes et des salades et un modeste choix de sandwichs gastronomiques à base de pain très frais. Un lieu bon marché, à l'aimable ambiance.

Buttercup Bakery BOULANGERIE $
(386-736-4043 ; www.buttercupbakeryfl.com ; 197 E Church St ; en-cas 3,25-8 $; 8h-17h lun-jeu, 8h-21h ven, 10h-15h sam ; P). Dans ce cottage d'un jaune ensoleillé, d'alléchantes pâtisseries s'empilent dans les vitrines : gâteaux à la crème au citron ou au chocolat blanc et abricots, *bread pudding* (gâteau à la mie de pain) aux pépites de chocolat et autres délices. Le café, le thé et les salades sont bio.

Doug & Lil's Potato Patch DINER $
(386-734-8181 ; www.potatopatchdeland.com ; 635 S Woodland Blvd ; plats 5-11 $; 7h-14h mar-dim ; P). L'ambiance et les petits-déjeuners sont aussi champêtres que le nom de ce *diner* au menu composé de spécialités roboratives : *biscuits and gravy* (petits pains et jus de viande), steaks panés, pancakes et omelettes (celle au crabe est un régal).

Cress AMÉRICAIN $$$
(386-734-3740 ; www.cressrestaurant.com ; 103 W Indiana Ave ; plats 19-32 $; à partir de 17h30

mar-sam). Les citadins gourmets font le voyage jusqu'à la petite ville assoupie de DeLand rien que pour manger dans ce bistrot tendance. La carte affiche de véritables délices, comme le *mofongo* (classique de la cuisine caribéenne) aux fruits de mer locaux, le curry de crevettes indonésien et la salade de délicates vrilles de pois avec émulsion de fruits de la Passion. Les saveurs brûlantes de l'Inde sont également présentes ; le chef Pulapaka, né à Bombay, a abandonné une carrière de professeur de maths pour s'adonner à sa passion. Les menus fixes entrée-plat-dessert (40 $, 58 $ avec accord mets-vins) sont excellents. Un restaurant à ne surtout pas manquer si vous êtes dans la région.

Où prendre un verre et faire la fête

Abbey Bar BAR
(☎386-734-4545 ; 117 N Woodland Blvd ; ⏲11h30-1h lun-jeu, 11h30-2h ven, 12h30-2h sam, 13h-minuit dim). L'endroit idéal pour passer une soirée divertissante au cœur de la ville. Le bar sert d'excellentes bières pression, il y a des jeux de société et une improbable sélection d'hydromels maison. Le tout dans une ambiance exubérante de pub de quartier qui vous met immédiatement à l'aise.

Où sortir

Athens Theatre THÉÂTRE
(☎386-736-1500 ; www.athensdeland.com ; 124 N Florida Ave). Depuis 1922, ce théâtre historique occupant un splendide édifice style Renaissance italienne accueille des concerts et les productions de la troupe de théâtre en résidence.

Depuis/vers DeLand

DeLand est au bord de l'I-4 et est coupée en deux par la Hwy 17. La ville est à 80 km au nord d'Orlando, à 40 km à l'ouest de Daytona Beach et à un peu moins de 100 km à l'est d'Ocala. Aucun bus Greyhound ne s'y rend, et si **Votran** (☎386-756-7496 ; www.votran.org ; 1,75 $/trajet) propose quelques lignes autour de DeLand, il est préférable de louer une voiture pour explorer les environs.

Ocala

☎352 / 57 500 HABITANTS

Constellé d'enclos vert où de beaux chevaux hennissent dans la brume du matin, la périphérie d'Ocala a tous les atours d'une “capitale mondiale du cheval”. De fait, le comté de Marion compte environ 1 200 haras, avec plus de 45 races représentées. Le centre d'Ocala, en revanche, très calme et aux airs de centre commercial, n'a rien d'exceptionnel. Les visiteurs se rendent ici surtout pour les magnifiques sources cristallines qui entourent cette cité rurale, et le plus bel espace vert de Floride, l'Ocala National Forest.

À voir et à faire

Silver Springs State Park PARC
(☎352-236-7148 ; www.floridastateparks.org/silversprings ; 1425 NE 58th Ave ; piéton/véhicule 2/8 $; ⏲10h-17h ; P). Ce parc d'État était autrefois un parc à thème, où furent inventés en 1878 les bateaux à fond de verre pour montrer aux visiteurs les sources naturelles et les eaux incroyablement limpides de la Silver River. Si les attractions du parc ont fermé en 2013, les beautés naturelles et les circuits en bateau (adulte/enfant 11/10 $), au-dessus de **Mammoth Spring**, demeurent. On a ici la plus grande source artésienne calcaire au monde, qui déverse chaque jour quelque deux milliards de litres d'une eau de source pure à 99,8%.

Don Garlits Museums MUSÉE
(☎352-245-8661 ; www.garlits.com ; 13700 SW 16th Ave ; adulte/enfant 20/10 $; ⏲9h-17h ; P). Le pilote de dragster Don “Big Daddy” Garlits, originaire de la région, a remporté 144 courses nationales et 17 championnats du monde, pulvérisant de nombreux records de vitesse à bord de bolides fabriqués de ses propres mains. Dans ce **musée de la Course de dragsters**, vous verrez une impressionnante collection de moteurs et de dragsters, dont les “rats des marais” conçus par Garlits. Dans l'Antique Building qui le jouxte, le **musée des Voitures anciennes** (10h-16h tlj) expose la vaste collection de Don, notamment la Mercury de 2 tonnes (1950) conduite par Fonzie dans *Happy Days*.

Cactus Jack's Trail Rides ÉQUITATION
(☎352-266-9326 ; www.cactusjackstrailrides.com ; 11008 S Hwy 475A ; à partir de 50 $). Puisque vous voici dans la capitale du cheval, il serait dommage de ne pas vous mettre en selle ! Laissez Cactus Jack vous emmener en promenade à l'ombre des forêts et au bord des vertes prairies sur leurs magnifiques Quarter Horse et leurs pur-sang.

Circuits organisés

Farm Tours Ocala ACTIVITÉS DE PLEIN AIR

(☎352-895-9302 ; www.farmtoursofocala.com ; 801 SW 60th Ave ; 45 $). Ocala est l'une des principales villes agricoles de Floride. Ces visites présentent sans fard le quotidien dans les haras et les secrets de l'élevage et du dressage des pur-sang. Elles commencent à 8h45 et se terminent vers midi (comptez un peu plus de 3 heures).

Où se loger

Silver River State Park CAMPING $

(☎352-236-7148 ; www.floridastateparks.org/silversprings ; 1425 NE 58th Ave ; empl 24 $, bungalows 110 $). Les animaux sont les bienvenus sur les 59 emplacements de camping disséminés au milieu des bois de ce parc de 2 000 ha. Pour plus de confort, essayez les bungalows équipés qui peuvent accueillir jusqu'à 6 personnes. Séjour minimum de 2 nuits le week-end et les vacances scolaires.

Hilton Ocala HÔTEL $$

(☎352-854-1400 ; www.hiltonocala.com ; 3600 SW 36th Ave ; ch 130-180 $;). Le Hilton d'Ocala possède son propre cheval de trait, Buddy (on vous fournira ses biscuits préférés), qui attend patiemment d'emmener les hôtes faire un tour de calèche gratuit. Sentier de jogging sur place. Chambres standards.

Shamrock Thistle & Crown B&B $$

(☎800-425-2763 ; www.shamrockbb.com ; 12971 SE Hwy 42, Weirsdale ; ch 99-170 $; P). Si vous n'aimez pas la décoration surchargée, passez votre chemin. Mais si vous n'avez rien contre des chambres avec des combinaisons de couleurs discutables, vous serez accueillis comme à la maison dans ce B&B convivial et typique. Les tarifs augmentent le week-end.

Où se restaurer

♥ **Big Lee's** FOOD-TRUCK $

(☎352-817-7914 ; www.mybigleesbbq.com ; 3925 SE 45th Ct ; plats 10-14 $; ⏱11h30-18h ven, 11h30-17h30 sam ; P). Le Big Lee's n'est ouvert que les vendredis et samedis, les horaires sont aléatoires (lorsque les vivres sont épuisées, le camion ferme – arrivez tôt), et c'est juste un food-truck avec des tables de pique-nique, garé à l'écart de la ville. Mais quel régal ! Les grillades sont d'un croustillant, la poitrine de bœuf luit telle une pierre précieuse et les énormes côtes de bœuf (25 $) sont un avant-goût du paradis.

Brooklyn's Backyard AMÉRICAIN $

(☎352-304-6292 ; brooklynbackyard.com ; 2019 E Silver Springs Blvd ; plats 10-15 $; ⏱11h-21h lun-mer, 11h-23h jeu-sam, 11h-20h dim ; P). Ce restaurant sert bières artisanales et une bonne cuisine de pub (moules pimentées, burgers au brie, pizzas, macaronis au fromage et aux crevettes) dans une ambiance détendue (malgré son emplacement, dans un centre commercial). Le bar ferme plus tard le week-end lorsqu'il y a foule.

Depuis/vers Ocala

Greyhound (☎352-732-2677 ; www.greyhound.com ; 4032 Hwy 326 W) se situe dans la Central Transfer Station, à l'angle de NE 5th St, à quelques rues du centre-ville. La plateforme de correspondances d'**Amtrak** (☎352-629-9863 ; www.amtrak.com ; 531 NE 1st Ave) se trouve ici.

Ocala National Forest

L'Ocala National Forest est la plus ancienne forêt nationale à l'est du Mississippi et la plus méridionale des États-Unis continentaux et avec ses plus de 160 000 ha, elle est l'un des joyaux naturels de la Floride. Incroyable tissu écologique, le parc est un enchevêtrement de sources, de lande, de pins d'Alabama, de palmiers nains et de forêt subtropicale luxuriante, abritant de nombreuses espèces végétales et animales menacées.

Avec pas moins de 18 campings bien équipés et 24 campings plus simples, 352 km de sentiers et 600 lacs (dont 30 navigables), les activités sont illimitées : natation, randonnée, cyclisme, équitation, canoë, observation des oiseaux, de la faune et de la flore. On peut aussi simplement savourer la chance que le gouvernement soit arrivé ici avant les parcs à thème.

Deux routes nationales traversent la région : la Hwy 19, du nord au sud, et la Hwy 40, d'est en ouest.

À voir

Ocala National Forest FORÊT

(☎352-669-7495 ; www.fs.usda.gov/main/ocala ; près de la FL 40 ; P). GRATUIT Seconde plus vaste forêt nationale de Floride, l'Ocala National Forest est un trésor méritant d'être protégé. Ces 1 572 km² de nature préservée recèlent pins des marais, *pinus clausa* et bosquets de chênes maritimes, ainsi que 600 sources, rivières et lacs. Des kilomètres de sentiers pédestres, équestres et cyclables

VAUT LE DÉTOUR

MARJORIE KINNAN RAWLINGS HISTORIC STATE PARK

Marjorie Kinnan Rawlings (1896-1953) est l'auteure du roman lauréat du prix Pulitzer *Jody et le faon*, une histoire de passage à l'âge adulte se déroulant dans ce qui est aujourd'hui l'Ocala National Forest. Des visites guidées (adulte/enfant 3/2 $) font découvrir son ancienne **maison** (☎352-466-3672 ; www.floridastateparks.org/MarjorieKinnanRawlings ; 18700 S CR 325, Cross Creek ; 3 $/véhicule ; ⏱9h-17h ; P) à l'architecture floridienne traditionnelle, à heures pile (sauf midi). Vous pourrez vous promener seul près des orangeraies, de la ferme et de l'étable – prenez une brochure sur les circuits à pied au parking. La propriété est à 37 km au nord d'Ocala, dans le village de Cross Creek, près de la Hwy 325 entre Island Grove et Micanopy.

Une petite faim ? Couvert de bardeaux en cèdre, le **Yearling Restaurant** (☎352-466-3999 ; www.yearlingrestaurant.net ; 14531 Hwy 325, Hawthorne ; plats 6-15 $ ⏱12h-20h jeu-dim, 12h-21h ven-sam ; P), à Cross Creek, sert une cuisine "cracker", typique du sud-est des États-Unis. Dans la pittoresque salle à manger en planches décorée de photos et de peintures anciennes, vous dégusterez de la queue d'alligator, des cuisses de grenouille, des boulettes de maïs frites et du poisson-chat. Son gâteau à l'orange amère, l'une de nos douceurs favorites en Floride, vaut vraiment le détour.

La carrière de Rawlings ne décolla qu'après que Max Perkins, son éditeur (et celui d'Ernest Hemingway et de F. Scott Fitzgerald), lui fit comprendre que les descriptions de ses amis et voisins dans sa correspondance étaient plus intéressantes que ses romans gothiques. Elle écrivit alors *Cross Creek*, un livre qui parle de son quotidien dans la Floride rurale d'antan.

sillonnent le cœur verdoyant et boisé d'Ocala, où vit une faune d'une diversité extraordinaire.

Activités

Les 98 km du **Florida National Scenic Trail** (sentier panoramique national de Floride, aussi appelé Ocala Trail) traversent le centre de la forêt du nord au sud. On peut notamment y accéder à partir des aires de loisirs de Juniper Springs, d'Alexander Springs et de Clearwater Lake (balisage par des flammes orange). En dehors de la saison de chasse, les randonneurs peuvent camper n'importe où dans un rayon de 60 m du sentier, mais si vous préférez avoir un peu de compagnie, des sentiers secondaires mènent à des campings équipés tous les 15 à 20 km environ.

Le St Francis Trail (marquage orange) de 13,5 km serpente à travers des marais jusqu'à St Francis, ville pionnière abandonnée des années 1880, sur le fleuve St Johns. Il ne reste aucun bâtiment, mais vous pourrez voir le lit des anciens rails d'exploitation du bois et la digue élevée pour la culture rizicole.

Paisley Woods Bicycle Trail CYCLISME
(www.pwbt.weebly.com). Traversant prairies et chênaies, le très prisé sentier cyclable de Paisley Woods serpente sur 35 km entre Alexander Springs au nord et Clearwater Lake au sud (il a la forme d'un huit le divisant en deux circuits que l'on peut faire séparément). Choisissez un VTT et emportez de grosses quantités d'eau (vous n'en trouverez pas en chemin).

Juniper Springs Recreation Area ACTIVITÉS DE PLEIN AIR
(☎352-625-3147 ; www.juniper-springs.com ; 26701 Hwy 40, Silver Springs ; 5 $; ⏱8h-20h). Aménagée au milieu des années 1930 à l'initiative de Franklin D. Roosevelt dans le cadre des travaux publics du New Deal, c'est la principale zone de loisirs de l'Ocala National Forest. Se baigner à Juniper Springs est une expérience magnifique, quoique certains puissent juger ses eaux un peu fraîches : l'eau est à 22°C toute l'année. Des prestataires vendent des provisions et du bois à brûler, et louent également des kayaks et des canoës (33,50 $ par jour, 8h-20h) pour effectuer les 11 km de descente, bordés de palmiers nains et de cyprès conduisant à Juniper Creek. Possibilités de camper (empl tente 21 $). Une navette dépose et reprend les sportifs en bas de la rivière (6 $/pers et 6 $/bateau).

Alexander Springs Recreation Area ACTIVITÉS DE PLEIN AIR
(☎352-625-2520 ; www.fs.usda.gov/recarea/ocala ; 49525 County Rd 445, Altoona ; 5,50 $; ⏱8h-20h). Cette pittoresque zone de loisirs

aménagée abrite l'une des dernières forêts tropicales intactes de Floride. La source d'eau douce bleu saphir attire faune et flore, nageurs, plongeurs (6,50 $ de supplément) et amoureux du soleil. La location de canoë (2 heures/journée 16/38 $) comprend le trajet de retour en navette après la descente de 11 km. Possibilités de camping (empl tente 22 $).

Salt Springs Recreation Area ACTIVITÉS DE PLEIN AIR

(352-685-2048 ; www.floridasprings.org/visit/map/salt-springs ; 13851 N Hwy 19, Salt Springs ; 6 $; 8h-20h). Les eaux riches en sels minéraux (potassium, magnésium, sodium) de Salt Springs auraient des vertus curatives, mais le site est surtout prisé des propriétaires de camping-cars pour ses jolis emplacements ombragés (empl avec/sans élec 29/20,50 $). En plus d'une agréable aire de baignade et d'un endroit pour faire du canoë.

Où se loger et se restaurer

La forêt nationale compte des dizaines de sites de camping. Les emplacements coûtent à partir de 21 $ la nuit, et on trouve des bungalows pouvant accueillir jusqu'à 10 personnes (week-end/semaine 420/800 $). Consultez la liste des emplacements sur le site Internet de la forêt nationale (www.fs.usda.gov/recarea/ocala) ; réservez sur www.recreation.gov.

Faites des provisions à Ocala ou DeLand avant de partir, et conservez-les à l'abri- la forêt compte la plus grande population d'ours noirs sauvages de Floride.

Depuis/vers l'Ocala National Forest

Il existe plusieurs accès à l'Ocala National Forest. Depuis Orlando, prenez la Hwy 441 vers le nord jusqu'à l'embranchement pour Eustis et continuez vers le nord sur la Hwy 19 (65 km environ) ; depuis Daytona, suivez la Hwy 92 vers l'ouest jusqu'à DeLand, puis prenez la direction du nord sur la Hwy 17 jusqu'à Barberville et continuez vers l'ouest sur la SR 40 (50 km environ) ; depuis Ocala, empruntez le Silver Springs Blvd vers l'ouest sur environ 10 km jusqu'à l'entrée principale de la forêt.

Gainesville

352 / 130 000 HABITANTS

Le dynamisme de la première ville universitaire de l'État contraste avec la campagne environnante du nord de la Floride. Si Gainesville est loin d'être San Francisco, on y trouve graffitis, cafés type commerce équitable, musique live et une activité constante qui change radicalement du calme rural régnant à des kilomètres à la ronde. Une campagne qui cède rapidement la place à des paysages naturels appréciés des habitants de Gainesville, férus d'activités en plein air.

À l'origine, c'était une petite ville sur la ligne de la Compagnie des chemins de fer de Floride, aujourd'hui elle abrite la deuxième plus grande université américaine, l'immense université de Floride (UF). Le campus est à 3 km du centre, mais l'ambiance étudiante est palpable dans toute la ville et explique en partie sa scène musicale florissante. C'est ici qu'est né le célèbre groupe Tom Petty et les Heartbreakers, et la ville s'enorgueillit également d'une dynamique scène punk rock à l'ancienne.

À voir

Florida Museum of Natural History MUSÉE

(352-846-2000 ; www.flmnh.ufl.edu ; 3215 Hull Rd ; 10h-17h lun-sam, 13h-17h dim ; P). GRATUIT Le clou de cet excellent muséum d'histoire naturelle est la Butterfly Rainforest, une forêt tropicale comptant des centaines de papillons de 55 à 65 espèces différentes, qui volent librement dans la serre. En longeant cascades et feuillages tropicaux, jetez un coup d'œil aux scientifiques préparant des échantillons dans le laboratoire à l'arrière, le plus grand centre de recherche du monde consacré aux lépidoptères. D'autres expositions s'intéressent aux fossiles et aux écosystèmes de Floride.

Bat House & Bat Barn SITE NOTABLE

(www.flmnh.ufl.edu/bats ; Museum Rd ; P). GRATUIT De l'autre côté du petit lac Alice de Gainesville, adjacent à un jardin étudiant, s'élève ce qui ressemble à un nichoir géant. Cette maison grise à pignons et sur pilotis est en fait une Bat House et une Bat Barn, gîte à chauves-souris abritant une colonie de tadarides du Brésil. Le gîte a été construit en 1991 au motif que l'odeur des déjections de ces chiroptères commençait à envahir le campus. Depuis, leur nombre a explosé et on en compte aujourd'hui plus de 300 000. Chaque soir, juste après le coucher du soleil, elles descendent de leur perchoir (100 chauves-souris par seconde !) et s'envolent pour chercher de la nourriture.

Centre de Gainesville

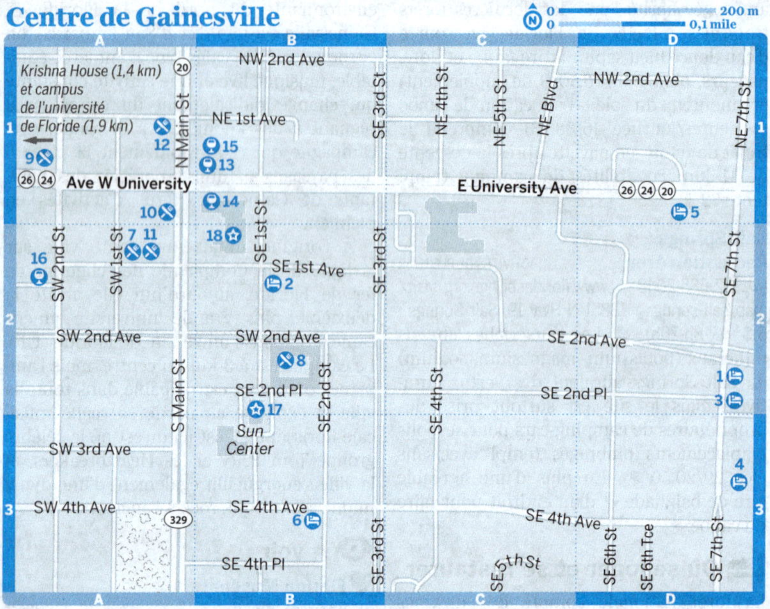

NORD-EST DE LA FLORIDE GAINESVILLE

Centre de Gainesville

Où se loger
1 Camellia Rose D2
2 Hampton Inn & Suites – Gainesville Downtown B2
3 Laurel Oak Inn D2
4 Magnolia Plantation D3
5 Sweetwater Branch Inn D1
6 Zen Hostel B3

Où se restaurer
7 Crane Ramen A2
8 Dragonfly B2
9 Flaco's Cuban Bakery A1
10 Manuel's Vintage Room A1
11 Paramount Grill A2
12 The Top A1

Où prendre un verre et faire la fête
13 Arcade Bar B1
14 Dime B1
15 University Club B1
16 Whiskey House A2

Où sortir
Bull .... (voir 7)
17 Hippodrome B2
18 Lillian's Music Store B2

Samuel P Harn Museum of Art GALERIE D'ART
(☎352-392-9826 ; www.harn.ufl.edu ; 3259 Hull Rd ; ⏰11h-17h mar-ven, 10h-17h sam, 13h-17h dim ; P). GRATUIT On découvre dans cette excellente galerie du campus de l'université de Floride des sculptures amérindiennes et des peintures contemporaines. Ouvre également le deuxième jeudi du mois (18h-21h).

Kanapaha Botanical Gardens JARDINS
(☎352-372-4981 ; www.kanapaha.org ; 4700 SW 58th Dr ; adulte/enfant 8/4 $; ⏰9h-17h ven-mer ; P). Les plantes luxuriantes du centre de la Floride – azalées, choux palmistes à 2 couronnes (très rares) et magnolias du Sud – sont la fierté de ce jardin renommé de 25 ha. Il offre des sentiers de randonnée, un labyrinthe, un bassin de carpes koï pour les enfants, et des jardins de plantes aromatiques, notamment de gingembre. L'épais jardin de bambous, dont les bosquets sombres évoquent une demeure de fées, est très rafraîchissant. Les chiens sont les bienvenus.

Devil's Millhopper State Geological Site PARC
(☎352-955-2008 ; www.floridastateparks.org/devils-millhopper ; 4732 Millhopper Rd ; piéton/véhicule

2/4 $; 9h-17h mer-dim ; P) La "trémie du diable" (Devil's Millhopper) est un endroit peu banal : une mini-forêt tropicale nichée au fond d'une cavité naturelle en forme d'entonnoir, de 35 m de profondeur et 150 m de largeur, à laquelle on accède en descendant un escalier en bois de 232 marches. L'eau dévale les pentes depuis les sources environnantes ; une partie se jette dans une canalisation naturelle qui débouche dans le golfe du Mexique. Le parc est à environ 20 minutes en voiture au nord-ouest du centre-ville.

University of Florida UNIVERSITÉ
(UF ; 352-392-3261 ; www.ufl.edu ; Welcome Center, angle Museum Rd et Reitz Union Dr). La ville se concentre autour de l'université de Floride (UF), le deuxième plus grand campus américain. Le Welcome Center vous indiquera les lieux les plus agréables où flâner et vous imprégner de l'atmosphère estudiantine.

Circuits organisés

Gainesville a mis en place un intéressant circuit touristique de la ville. Il s'agit d'une visite audio à l'aide de votre mobile : un panneau sur un site historique ou culturel indique un numéro à appeler pour obtenir les informations correspondantes.

Où se loger

Zen Hostel AUBERGE DE JEUNESSE $
(352-336-3613 ; www.zenhostel.com ; 404 SE 2nd St ; dort 25 $, ch 35-90 $;). Des drapeaux de prière tibétains ornent le porche de cette vaste maison jaune qui rappelle une communauté des années 1970 : poulets dans la cour, enfants pieds nus et *kombucha* qui fermente dans la cuisine commune. Le zen a bonne presse parmi les étudiants en stage dans les écoles de massage et d'acupuncture des environs, avec ses dortoirs au parquet grinçant, ses chambres au mobilier de seconde main et ses sdb communes propres.

Hampton Inn & Suites – Gainesville Downtown HÔTEL $$
(352-240-9300 ; www.hamptoninnandsuites-gainesville.com ; 101 SE 1st Ave ; d à partir de 140 $; P). Sis en plein cœur de Gainesville, cet établissement est parfait pour explorer le quartier. Derrière la belle façade de ce nouvel hôtel, s'ouvre un intérieur élégant, aux chambres meublées haut de gamme. Wi-Fi gratuit et petit-déjeuner chaud inclus. Voisin de nombreux restaurants et bars.

Magnolia Plantation B&B $$
(352-375-6653 ; www.magnoliabnb.com ; 309 SE 7th St ; ch/cottages à partir de 160/200 $; P) Magnifiquement restaurée, cette demeure de style Second Empire était unique en son genre à Gainesville lorsqu'elle fut édifiée par un menuisier en 1885. Et elle l'est toujours aujourd'hui. Le bâtiment principal est composé de 5 chambres et 10 cheminées (voyez la finesse des détails sur les manteaux). On y sert des en-cas toute la journée. Dehors, un jardin touffu et secret cache un bassin et des chaises pour se détendre.

Sweetwater Branch Inn B&B $$
(352-373-6760, 800-595-7760 ; www.sweetwaterinn.com ; 625 E University Ave ; ch 144-174 $; @). Cette demeure aux airs de gâteau de mariage abrite 20 chambres toutes différentes et décorées dans un style floridien à l'ancienne : bois durs, mobilier classique et œuvres d'art honorent la beauté naturelle et l'histoire de l'État. La piscine et les équipements modernes (TV avec câble, diffuseurs de bruit blanc) ajoutent juste ce qu'il faut de confort contemporain.

Camellia Rose B&B $$
(352-395-7673 ; www.camelliaroseinn.com ; 205 SE 7th St ; ch 145-225 $; P). Quelques touches de modernité (les Jacuzzi, par exemple) s'intègrent parfaitement au mobilier ancien de cet édifice victorien de 1903 superbement restauré et doté d'un vaste porche invitant à la détente.

Laurel Oak Inn B&B $$
(352-373-4535 ; www.laureloakinn.com ; 221 SE 7th St ; ch 135-180 $; P) La LassiterHouse (1885) a été superbement reconvertie en un élégant B&B jaune. Hauts plafonds, méridiennes de velours et fleurs fraîches dans tous les coins.

Où se restaurer

Satchel's Pizza PIZZERIA $
(352-335-7272 ; www.satchelspizza.com ; 1800 NE 23rd Ave ; plats 3-15 $; 11h-22h mar-sam ; P). Candidat sérieux au titre de meilleure pizzeria de la côte est de la Floride, Satchel's attire une impressionnante foule d'habitués. Installez-vous dans la cour, à l'une des tables en mosaïque, ou à l'arrière d'une Ford Falcon de 1965. Concerts presque tous les soirs au Back 40 Bar, décoré d'un véritable bric-à-brac. Pour patienter pendant que vous attendez, détendez-vous en sirotant une bière et en observant les allées et venues.

Dave's New York Deli DELI $

(☎352-333-0291 ; www.davesnydeli.com ; plats 7-12 $; ⏲9h-20h lun-sam, 11h-15h dim). On se croirait à New York chez Dave's, où le pastrami et le corned beef sont généreusement empilés sur du pain de seigle... commandez autre chose et vous êtes un gros *schmuck*. Mais non ! Le choix est vaste, entre *knish* de pommes de terre et salades aussi énormes que savoureuses.

Crane Ramen JAPONAIS $

(☎352-727-7422 ; www.craneramen.com ; 16 SW 1st Ave ; plats 9-13 $; ⏲11h-16h et 17h-23h mar-dim). Si l'on sait que bien des étudiants se nourrissent exclusivement de nouilles asiatiques en paquets, le ramen servi dans ce restaurant élégant et convivial est d'une qualité bien supérieure. Il y a 7 bouillons de ramen différents, agrémentés selon vos désirs en une infinité de soupes possibles, à déguster avec du saké ou ce que vous voulez sur la longue carte des boissons.

Flaco's Cuban Bakery CUBAIN $

(☎352-371-2000 ; 200 W University Ave ; plats 4-6 $; ⏲11h30-2h30 mar-ven, 12h-2h30 sam). “Flaco” signifie “maigre” en espagnol, pourtant, si vous mangez trop souvent ici, cela ne risque pas de vous arriver. Mais tant pis, c'est tellement agréable de venir ici, surtout tard le soir (il n'y a guère d'autres alternatives), déguster sandwichs toastés, *arepas* (gâteaux de maïs), empanadas, *ropa vieja* (poitrine de bœuf effilochée) et autres spécialités latinos.

Krishna House VÉGÉTARIEN $

(☎352-222-2886 ; www.krishnalunch.com ; 214 NW 14th St ; sur don ; ⏲12h-15h lun-ven ; 🖉). Hors vacances universitaires, allez chez Krishna House, sur le campus de l'UF, pour savourer une copieuse cuisine végétarienne bon marché : faites un modeste don et remplissez-vous la panse.

♥ **Southern Charm Kitchen** AMÉRICAIN $

(☎352-505-5553 ; www.southerncharmkitchen.com ; 1714 SE Hawthorne Rd ; plats 10-16 $; ⏲7h-22h ; P 🖉 👪). Agréable, sans prétention et convivial, Southern Charm Kitchen n'a rien à envier aux nombreux restaurants haut de gamme de Gainesville, avec ses fabuleux plats familiaux maison comme les côtes de porc au sorgho, la chèvre au barbecue, les gaufres au maïs épicées et un poulet frit à tomber par terre. Les végétariens ne seront pas en reste : tofu au melon mariné, betteraves rôties et tomates cerises, ou encore une version végétarienne maison du Hoppin' John (salade de riz et haricots cornille, où le tempeh remplace ici le bacon).

Civilization INTERNATIONAL $

(☎352-380-0544 ; www.welcometocivilization.com ; 1511 NW 2nd St ; plats 12-16 $; ⏲11h-14h mar-ven, 17h30-21h mar-jeu, 17h30-21h30 ven-sam, 10h-14h sam-dim ; 🖉). Les restaurants proposant de vraies cartes véganes ne courent pas les rues au centre-nord de la Floride, ce qui fait de cet établissement un avant-poste de “civilisation” (nous n'avons pas résisté !) pour les non-carnivores. Si le menu n'est pas 100 % végétalien (les crevettes au gruau et la moussaka sont excellentes), il serait dommage de passer à côté des burgers aux falafels ou du *masala dosa*.

The Top FUSION $$

(☎352-376-1188 ; www.chompmenus.com/the-top-gainesville ; 30 N Main St ; plats 11-25 $; ⏲17h-2h mar-sam, 11h-23h dim ; 🖉). Associant un décor kitsch de pavillon de chasse des années 1950 à des œuvres géantes figurant des hiboux, cet établissement est à la fois branché et confortable. Les végétariens n'auront que l'embarras du choix, les carnivores se délecteront des superbes burgers et tout le monde appréciera le Photomaton installé à l'arrière (2 $). Aussi prisé pour son ambiance vespérale que pour sa cuisine.

Dragonfly JAPONAIS $$

(☎352-371-3359 ; www.dragonflyrestaurants.com ; 201 SE 2nd Ave ; petites assiettes 4-14 $; ⏲11h30-14h jeu-ven, 17h-22h dim-jeu, jusqu'à 23h30 ven-sam ; 🖉). Le Dragonfly sert d'excellents sushis, sakés et petites assiettes de spécialités japonaises. Crevettes tigrées épicées, cabillaud au miso et salade de gingembre... tout est succulent. L'immense salle, aussi colorée qu'animée, est parfaite pour un dîner entre amis.

Manuel's Vintage Room ITALIEN $$

(☎352-375-7372 ; www.manuelsvintageroom.com ; 6 S Main St ; plats 16-24 $; ⏲17h-22h mar-dim). Chaleureux et intime, le Manuel's est l'endroit parfait pour un dîner romantique en plein cœur du centre-ville. Les nombreux plats de pâtes ainsi que les diverses spécialités, comme le veau aux cèpes et le porc milanais vous raviront.

Paramount Grill AMÉRICAIN MODERNE $$$

(☎352-378-3398 ; www.paramountgrill.com ; 12 SW 1st Ave ; plats 15-37 $; ⏲17h-21h30 lun, 11h-14h et 17h-21h30 mar-sam, à partir de 10h dim). La

VAUT LE DÉTOUR

PAYNES PRAIRIE PRESERVE STATE PARK

Chevaux sauvages et bisons gambadent à leur guise à travers les 20 parcelles biologiques constituant les 8 500 ha du **Paynes Prairie Preserve State Park** (☎352-466-3397 ; www.floridastateparks.org/Paynesprairie ; 100 Savannah Blvd ; véhicule/vélo 6/2 $; ⏲8h-crépuscule ; P) . On peut facilement errer une journée sur les nombreux sentiers sillonnant des paysages presque inquiétants de prairies humides et de marais d'où jaillissent de denses boisements naturels. Le La Chua Trail, sentier de 5 km, mène à l'Alachua Sink et à l'Alachua Lake, et permet d'observer alligators et grues du Canada.

Juste au nord du centre d'accueil des visiteurs, grimpez en haut de la tour d'observation de 15 m pour admirer le panorama. Les emplacements de camping coûtent 18 $ et comprennent l'eau et l'électricité.

Le parc est à 18 km au sud de Gainesville, en retrait de l'US 441-S.

meilleure adresse de Gainsville pour une cuisine créative et raffinée dans un cadre chic très scandinave. Tables en bois minimalistes, murs vert pomme ornés d'anciennes photos de marins, pour une carte aux influences internationales (*crab cake*, différents canards, raviolis maison...).

Où prendre un verre et faire la fête

Dime BAR

(☎352-692-0068 ; 4 E University Ave ; ⏲16h-2h). Ce petit bar à gins à l'éclairage tamisé sert des cocktails délicieux et corsés dans une ambiance qui vous fera croire que vous êtes dans le New York des années 1930 en plein cœur de la Floride.

Whiskey House BAR

(☎352-519-5534 ; 60 SW 2nd St ; ⏲17h30-2h mer-sam, 19h-2h dim-mar). Ce bar à l'atmosphère animée et au décor contemporain attire une foule élégante aimant à bavarder sur le vaste patio extérieur. Pas encore convaincu ? Avons-nous mentionné les 300 whiskies du bar ?

Arcade Bar BAR

(www.arcadebargainesville.com ; 6 E University Ave ; ⏲17h-2h lun-sam, 17h-minuit dim). Des jeux d'arcade vintage sur trois niveaux, du jeu vidéo au flipper en passant par une myriade d'autres jeux d'adresse à tester avec bonheur et nostalgie en sirotant une bière.

Curia On the Drag CAFÉ

(☎352-792-6444 ; www.curiaonthedrag.com ; 2029 NW 6th St ; ⏲7h-minuit lun-ven, 9h-minuit sam-dim). Cette ville étudiante ne manque pas de bons cafés, mais Curia est au-dessus du lot : café bien dosé, personnel jeune et serviable, ambiance bohème et fresques aux murs. Rien de très original, certes, mais qualité au rendez-vous.

University Club GAY ET LESBIEN

(☎352-378-6814 ; www.ucnightclub.com ; 18 E University Ave ; ⏲17h-2h dim-ven, à partir de 21h sam). Adresse essentiellement gay, mais ouverte à tous, accueillant la scène locale gay et lesbienne et connue pour ses spectacles de drag-queens. L'entrée se fait à l'arrière. Il y a des DJ presque tous les soirs, et c'est souvent plein à craquer.

Où sortir

La musique live est à Gainesville ce que les oreilles de Mickey sont à Orlando, et de nombreux bars accueillent des concerts. Consultez www.gainesvillebands.com pour une liste à jour des événements musicaux. La vie nocturne, dominée par les bars étudiants, demeure tout de même assez variée.

Hippodrome THÉÂTRE

(☎352-375-4477 ; www.thehipp.org ; 25 SE 2nd Pl). Dans un imposant édifice historique datant de 1911, l'Hippodrome est le principal centre culturel de la ville et propose une programmation variée de théâtre et de cinéma indépendant.

Bull MUSIQUE LIVE

(☎352-672-6266 ; 18 SW 1st Ave ; ⏲16h-2h lun-sam). Il y a presque toujours un concert de prévu au Bull, et jamais de groupes de reprises. S'il n'y en a pas, il reste les œuvres d'art aux murs, la bière artisanale à la pression, le café corsé et une ambiance détendue qui attire artistes et musiciens locaux.

Lillian's Music Store MUSIQUE LIVE

(☎352-372-1010 ; 112 SE 1st Ave ; ⏲14h-2h lun-sam, jusqu'à minuit dim). La clientèle, un peu plus âgée que dans les boîtes bordant University Ave, apprécie l'élégante cloison

VAUT LE DÉTOUR

ICHETUCKNEE SPRINGS STATE PARK

Dans ce **parc** (☎386-497-4690 ; www.floridastateparks.org/ichetuckneesprings ; 12087 SW US 27, Fort White ; voiture/piéton 6/5 $; ⏰8h-crépuscule ; P) populaire, flottez en toute quiétude, sur une immense chambre à air (*tubing*), sur les eaux limpides de la paresseuse rivière Ichetucknee, alimentée par les sources naturelles.

Il est possible de pratiquer différentes activités nautiques, mais le *tubing* est sans doute la plus populaire. On peut flotter entre 45 minutes et 3 heures 30, au départ de plusieurs points le long du fleuve. Le parc assure un service régulier de tram qui amène les amateurs jusqu'au fleuve ; il existe également une navette gratuite (mai à septembre) entre les entrées nord et sud.

Pour minimiser l'impact sur l'environnement, le nombre de chambres à air est limité à 750 par jour ; arrivez de bonne heure car la capacité maximale est généralement atteinte en milieu de matinée. Prenez l'entrée sud : la navette vous emmènera aux points de lancement, ce qui vous permettra de redescendre jusqu'à votre voiture en flottant.

Des agriculteurs proposent des chambres à air à louer à mesure que vous approcherez du parc sur la Hwy 238 et la 47 (le parc ne s'occupe pas des locations). Les chambres à air coûtent 5 $ et il faut compter 10 à 15 $ pour des radeaux de 1 à 2 personnes. À la fin de la journée, laissez votre matériel au dépôt prévu à cet effet à l'extrémité sud du parc ; il sera retourné. Le parc est à 26 km au nord-ouest de High Springs.

en vitrail et le gorille de 1 m à l'entrée. Jam-session d'enfer le lundi soir.

Renseignements

Pride Community Center (☎352-377-8915 ; www.gainesvillepride.org ; 3131 NW 13th St ; ⏰15h-19h lun-ven, 12h-16h sam). Informations pour la communauté LGBT du centre-nord de la Floride.

Depuis/vers Gainesville

À 110 km de Jacksonville d'un côté et de St Augustine de l'autre, Gainesville se trouve au cœur du centre-nord de la Floride.

L'**aéroport régional de Gainesville** (☎352-373-0249 ; www.gra-gnv.com ; 3880 NE 39th Ave), à 16 km au nord-est du centre-ville, est desservi par une poignée de compagnies nationales.

La **gare routière Greyhound** (☎352-376-5252 ; www.greyhound.com ; 101 NE 23rd Ave) est à environ 2 km du centre-ville.

High Springs

☎386 / 5 530 HABITANTS

La pittoresque High Springs est le rendez-vous des antiquaires, des cyclistes et de la population locale en escapade. Main St, bordée de boutiques, de musées et de restaurants, est le principal axe nord-sud, et paraît tout droit sortie de l'Amérique des années 1950.

Mais vous ne passerez pas tant de temps que cela en ville. En effet, c'est surtout pour les sources aux eaux limpides du même nom, véritables trésors naturels de Floride, que l'on vient ici.

À voir et à faire

Poe Springs SOURCE

(☎352-548-1210 ; 28800 NW 182nd Ave ; ⏰9h-18h jeu-dim ; P). GRATUIT Un escalier descend jusqu'au bord des eaux azur de Poe Springs, peu profondes et idéales pour les jeunes enfants. Elles figurent parmi les moins fréquentées de la région, et selon la période, vous serez absolument seul. De High Springs, suivez la CR-340 vers l'ouest sur 3 km pour rejoindre le parc.

Ginnie Springs SOURCE

(☎386-454-7188 ; www.ginniespringsoutdoors.com ; 7300 NE Ginnie Springs Rd ; adulte/enfant 14/3,70 $; ⏰8h-19h lun-jeu, 8h-22h ven-sam, 8h-20h dim). Des deux sources de High Springs, les Ginnie Springs sont moins sauvages que les Poe Springs, avec une centaine d'emplacements de camping (22 $) et des eaux cristallines se prêtant au snorkeling. Ferme 2 heures plus tôt en hiver.

Où se loger et se restaurer

Grady House Bed & Breakfast B&B $$

(☎386-454-2206 ; www.gradyhouse.com ; 420 NW 1st Ave ; ch 140-170 $, cottage 280 $; P). Ce B&B plein de caractère loue 5 chambres agréables à thème de couleurs différentes. La "Red Room" arbore des dizaines de nus sur ses murs et la "Blue Room" affiche une décoration marine.

Great Outdoors Restaurant AMÉRICAIN $$
(☎386-454-1288 ; www.greatoutdoorsdining.com ; 65 N Main St ; plats 10-29 $; ⌚11h-21h mar-jeu et dim, 11h-22h ven-sam ; 👪). Grill tenant également rang de saloon, installé dans l'ancien Opéra du centre-ville, ce bâtiment tout en bois éclairé de lanternes comprend un patio accueillant, parfait pour un dîner en plein air. On y sert une cuisine floridienne à l'ancienne de qualité : marmites terre-mer, côtes de porc, gros burgers et beignets de fruits de mer.

Depuis/vers High Springs

Située à 35 km au nord de Gainesville, High Springs est près de l'US 441 et de l'US 41. Aucun bus ne s'y rend.

Barberville

☎386

L'héritage de l'Amérique des pionniers (pas si lointaine que cela) est plus ou moins palpable à travers tout le centre-nord de la Floride, mais à Barberville ces traditions rurales sont quasiment intactes. Le long des routes bordées de chênes et de palmiers de ce petit village, on découvre la reconstitution d'une colonie de pionniers évoquant un temps où les nouveaux arrivants devaient trouver leur place au cœur des marécages et des forêts de lianes.

À voir et à faire

Barberville Pioneer Settlement SITE HISTORIQUE
(☎386-749-2959 ; www.pioneersettlement.org ; 1776 Lightfoot Lane, Pierson ; adulte/enfant 8/4 $; ⌚9h-16h mar-sam tte l'année, et nov-mai 12h-16h dim ; P 👪). Consacrez au moins une heure à la visite du vieux Barberville, reconstitution d'une colonie de pionniers au cœur de la forêt. Des guides en costumes d'époque racontent aux petits et aux grands le quotidien de la Floride d'antan devant les forges et les écoles réhabilitées. Consultez les événements spéciaux (ateliers musique, fêtes de la moisson) sur le site Internet.

Fêtes et festivals

Barberville Jamboree MUSIQUE
(www.pioneersettlement.org ; Barberville ; ⌚nov ; 👪). Chaque premier week-end de novembre, le Pioneer Settlement for the Creative Arts organise le meilleur festival historique de Floride, avec musique folk et reconstitutions de la vie des *crackers* (Floridiens ruraux) de l'époque des pionniers.

Achats

Barberville Roadside Yard Art & Produce MARCHÉ
(☎386-749-3562 ; www.barbervilleroadside.com ; 140 West State Rd 40, Barberville ; ⌚9h-18h). Sur la Rte 40, à mi-chemin d'Ocala et de Daytona, Barberville Roadside Yard Art & Produce est un excellent marché en bord de route. Outre les fruits, les légumes, le miel et les caramels à l'ancienne fourrés aux cacahuètes, ce marché en plein air expose plus d'un hectare de fontaines, de mobilier en fer forgé, de boules décoratives ou encore d'éviers. Sans oublier un coq en aluminium de 2,40 m de hauteur !

Depuis/vers Barberville

Le village de Barberville est situé à l'intersection de l'US 17 et de la Fl-40 (ouvrez l'œil, l'endroit est minuscule). DeLand est à 25 km au sud par l'US 17.

Tampa Bay et le sud-ouest de la Floride

3,1 MILLIONS D'HABITANTS / ☎ 813, 863, 727, 352, 941, 239

Dans ce chapitre ➡

Le top des restaurants

- Bha! Bha! Persian Bistro (p. 448)
- Ulele (p. 400)
- Owen's Fish Camp (p. 429)
- Brick & Mortar (p. 411)
- Dixie Fish Company (p. 441)

Le top des hébergements

- Harrington House (p. 433)
- Gasparilla Inn (p. 449)
- Hollander Hotel (p. 410)
- Mango Street Inn (p. 440)
- 'Tween Waters Inn (p. 444)

Pourquoi y aller

La côte du golfe du Mexique ressemble à une aquarelle impressionniste. Il y a d'abord le sable blanc des plages des îles-barrières, léchées par des eaux bleu turquoise qui prennent une couleur indigo argentée quand le soleil rougeoyant descend à l'horizon. Le soir venu, ces mêmes îles parsèment de taches phosphorescentes la nuit d'encre.

La beauté de la côte du Golfe est assurément son principal atout, mais sa diversité arrive immédiatement après. Sophistication urbaine et cuisine exquise sont au programme de Tampa à St Petersburg, de Sarasota à Naples, sans oublier les îles reculées, les complexes hôteliers conviviaux et familiaux ou les fêtes pendant les vacances universitaires.

Le musée Dalí, le palais vénitien des Ringling ou les sculptures de verre tentaculaires du maître verrier Chihuly se fondent parfaitement dans ce tableau, auquel s'ajoute le spectacle des lamantins en hiver, des spatules rosées, des alligators et d'époustouflants trapézistes tournoyant en habit de lumière.

Quand partir

Tampa Bay

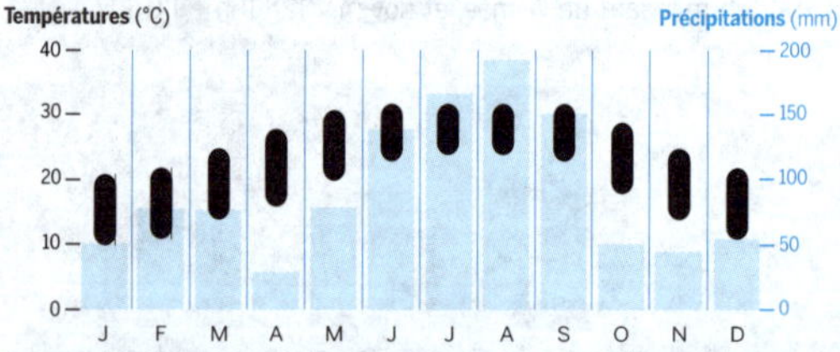

Mi-février à mi-avril Haute saison, temps idéal, prix élevés. Parfait pour la randonnée et les lamantins.

Juin-septembre Chaleur et pluie. Basse saison, donc prix attractifs en bord de mer. Certains endroits ferment.

Novembre-décembre Arrivée des *snowbirds*. Temps plus frais et plus sec, prix corrects hors saison.

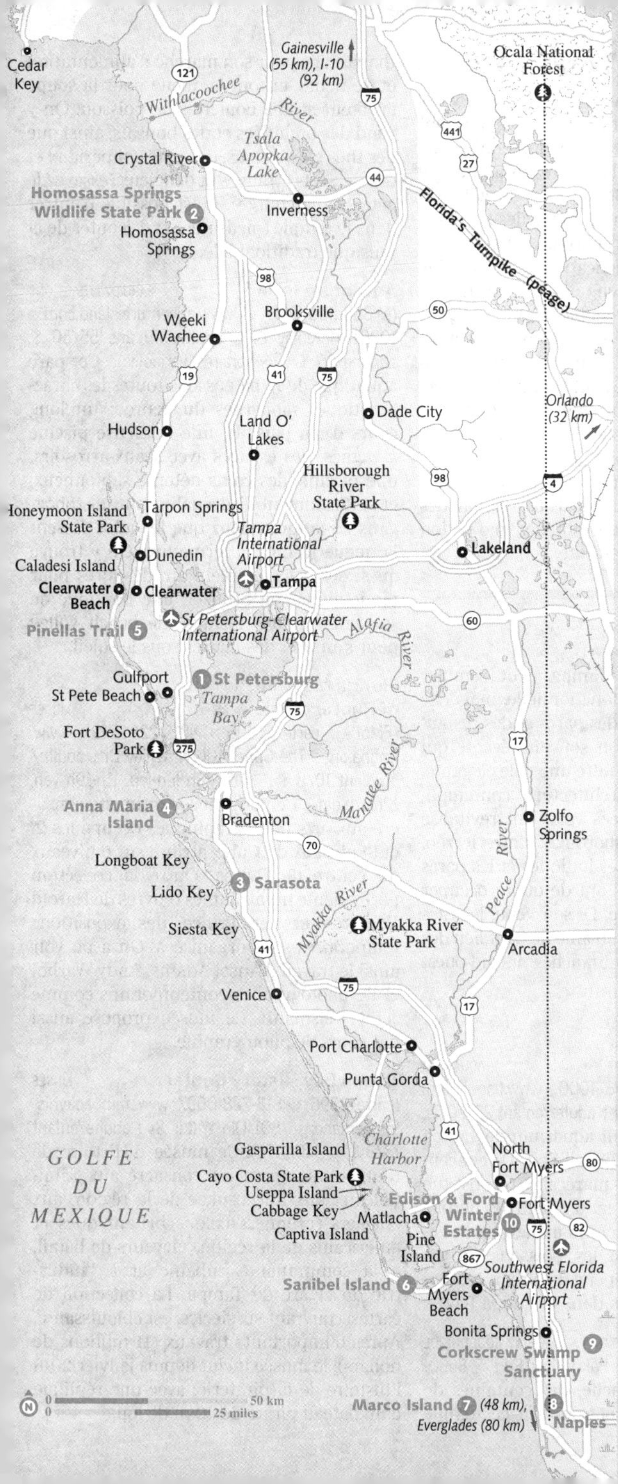

À ne pas manquer

1. Une dégustation de bière artisanale et une balade en réalité virtuelle dans les rêves de Salvador Dalí, à **St Petersburg** (p. 406).
2. Une promenade sur la rivière pour voir les lamantins, à **Homosassa Springs Wildlife State Park** (p. 422).
3. Un exercice de jonglage entre art et cirque au **Ringling Museum Complex** (p. 426).
4. La découverte de la Floride d'antan et le jardin comestible d'**Anna Maria Island** (p. 431).
5. Un cheesecake après avoir parcouru le **Pinellas Trail** (p. 409) à vélo, de St Pete à Tarpon Springs.
6. La chasse aux coquillages avec les enfants à **Sanibel Island** (p. 441).
7. Une croisière dans les mangroves de **Marco Island** (p. 449), pour voir des dauphins
8. Du lèche-vitrines dans Third St South avant un concert de musique classique, à **Naples** (p. 445).
9. Cyprès chauves et tantales d'Amérique, à admirer au **Corkscrew Swamp Sanctuary** (p. 446).
10. L'étude des brillantes idées des deux plus célèbres résidents de la région à l'**Edison & Ford Winter Estates** (p. 436).

RÉGION DE TAMPA BAY

Tampa et St Petersburg, deux grandes villes à l'interminable périphérie (elles forment ensemble la deuxième agglomération de Floride) encadrent les eaux profondes de la superbe Tampa Bay le long du golfe du Mexique, où environ 50 km d'îles-barrières se déploient. Peu d'endroits dans le pays conjuguent la sophistication d'une grande ville à la plage, mais, en raison du prestige en la matière de l'indétrônable Miami, la région est rarement considérée à sa juste valeur. Et pourtant, depuis que leurs quartiers historiques et leurs musées ont subi un toilettage, Tampa et St Pete bruissent d'une vitalité culturelle et gastronomique grandissante. Ajoutez à cela le large éventail d'activités proposées – art, aquariums remarquables, clubs branchés, croisière d'observation des dauphins, etc. – et vous obtenez une région particulièrement captivante.

Tampa

813 / 352 957 HABITANTS

Au premier abord, Tampa peut sembler tentaculaire et trop fonctionnelle, mais elle compte des musées, des parcs et des restaurants pleins d'ambition, souvent récents, qui ne sont pas loin d'en faire une ville élégante. En plein centre, architecture contemporaine et beaux espaces verts ont revitalisé les bords de la Hillsborough. Entre le zoo, l'aquarium, les musées ludiques et les parcs à thème, les familles ont de quoi s'occuper pendant une semaine. Le soir venu, les rues d'Ybor City révèlent son âme de haut lieu des bars et clubs les plus branchés du sud-ouest de la Floride.

À voir

Florida Aquarium AQUARIUM

(carte p. 396 ; 813-273-4000 ; www.flaquarium.org ; 701 Channelside Dr ; adulte/enfant 25/20 $; 9h30-17h). L'excellent aquarium de Tampa est l'un des plus beaux de l'État. De conception ingénieuse, ce marécage reconstitué permet de se promener au milieu des hérons et des ibis qui arpentent la mangrove. Possibilité de nager avec les poissons (et les requins) ou de participer à un circuit écotouristique en catamaran dans la Tampa Bay.

Wat Mongkolratanaram TEMPLE BOUDDHIQUE

(813-621-1669 ; 5306 Palm River Rd ; 8h30-14h30 dim). Le dimanche, des centaines de personnes se déplacent jusqu'à ce temple thaïlandais pour son marché d'alimentation et de fleurs, et font la queue pour la soupe au bœuf et aux boulettes de poisson. On y vend des orchidées et des bonsaïs, ainsi que des thés glacés thaïs, des pâtés impériaux et des desserts étranges et délicieux (essayez le gâteau à la courge). Il est possible d'entrer dans le temple (pieds nus) et d'écouter de la musique traditionnelle.

Adventure Island PARC D'ATTRACTIONS

(888-800-5447 ; www.adventureisland.com ; 10001 McKinley Dr ; adulte/3-9 ans 55/50 $, parking 15 $; horaires variables). Ce parc aquatique de 12 ha possède toutes les caractéristiques modernes du genre : un long cours d'eau paisible, une immense piscine à vagues, des espaces avec seaux-arrosoirs, une piscine, des coins détente sablonneux, et suffisamment d'adrénaline sur les toboggans aquatiques pour que les ados fassent la queue jusqu'à la fermeture. On y trouve aussi des cafés de plein air, des aires pour pique-niquer ou bronzer, une boutique de souvenirs et des terrains de beach volley pour s'amuser des heures sous le soleil.

Florida Museum of Photographic Arts MUSÉE

(FMoPA ; carte p. 396 ; 813-221-2222 ; www.fmopa.org ; The Cube, 400 N Ashley Dr ; adulte/étudiant 10/8 $; 11h-18h lun-jeu, 11h-19h ven, 12h-17h dim). Ce petit musée intimiste consacré aux arts photographiques occupe les 2e et 3e niveaux du Cube, atrium sur 6 niveaux du centre de Tampa. Outre la collection permanente montrant les œuvres de Harold Edgerton et Len Prince, des expositions temporaires sont organisées. On a pu voir ainsi le travail d'Ansel Adams, Andy Warhol et de photographes contemporains comme Jerry Uelsmann. Le musée propose aussi des cours de photographie.

Tampa Bay History Center MUSÉE

(carte p. 396 ; 813-228-0097 ; www.tampabayhistorycenter.org ; 801 Old Water St ; adulte/enfant 13/8 $; 10h-17h). Ce musée d'Histoire de tout premier plan est consacré aux Séminoles et aux Miccosukee de la région, aux crackers (premiers colons britanniques et américains de la région) éleveurs de bétail, à la communauté cubaine et à l'industrie du cigare de Tampa. La collection de cartes, couvrant six siècles, est éblouissante. Après d'importants travaux (11 millions de dollars), le musée inclut depuis janvier 2018 l'histoire de la piraterie, avec une réplique d'un bateau pirate de 20 m de long.

Région de Tampa Bay

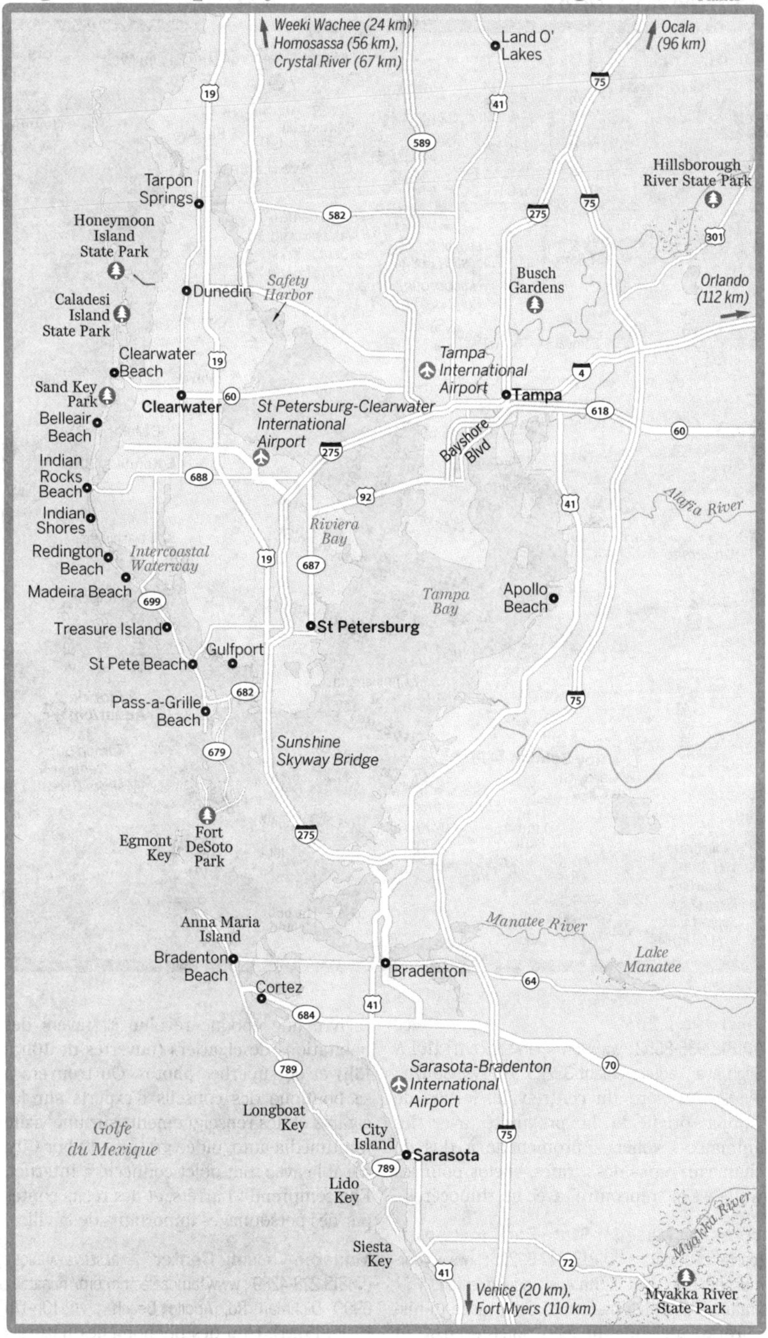

Centre de Tampa

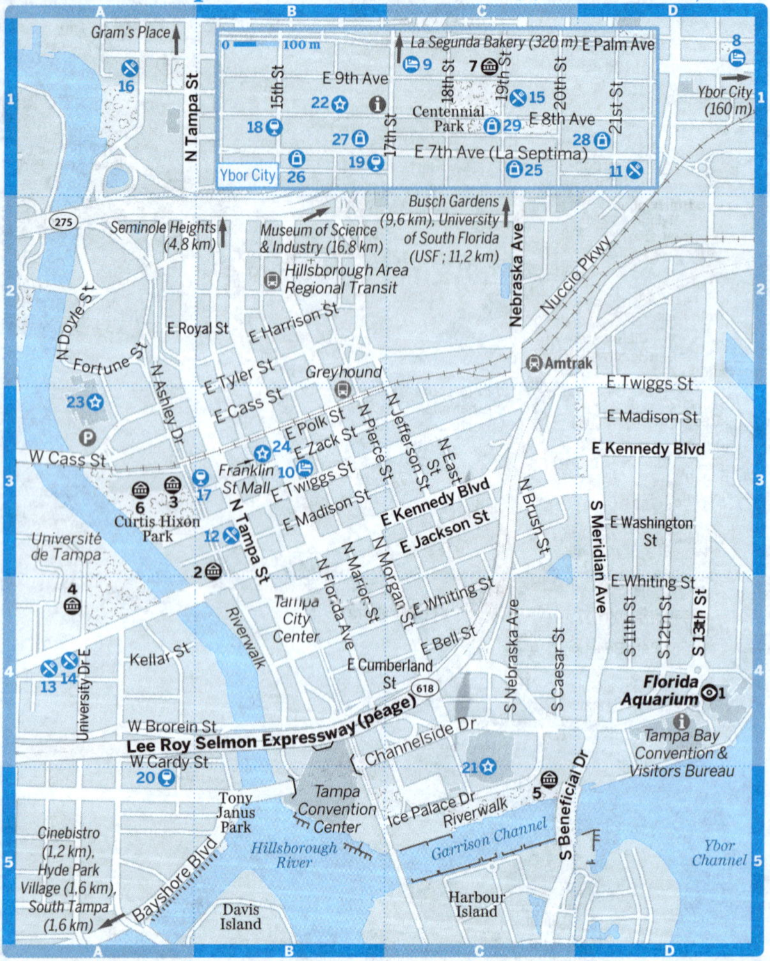

Lowry Park Zoo ZOO

(☎813-935-8552 ; www.lowryparkzoo.com ; 1101 W Sligh Ave ; adulte/enfant 33/25 $; ⏲9h30-17h ; P 🚼). Au nord du centre-ville, le zoo de Tampa privilégie la proximité avec les animaux : volières, promenade à dos de chameau, repas des girafes, enclos pour les wallabys et "rencontre" avec un rhinocéros.

Ybor City Museum State Park MUSÉE

(carte ci-dessus ; ☎813-247-6323 ; www.ybor-museum.org ; 1818 E 9th Ave ; adulte/enfant 4 $/gratuit ; ⏲9h-17h mer-dim). Ce musée d'histoire à l'ancienne, un peu poussiéreux, fait revivre une époque révolue à travers des habitations de cigariers (ouvertes de 10h à 15h) et de superbes photos. On trouvera à sa boutique des conseils d'experts sur les cigares et des renseignements sur une visite multimédia autoguidée gratuite d'Ybor City, faisable avec tout objet connecté à Internet. Elle comprend 21 arrêts, et des récits contés par des personnages importants de la ville.

Manatee Viewing Center RÉSERVE FAUNIQUE

(☎813-228-4289 ; www.tampaelectric.com/manatee ; 6990 Dickman Rd, Apollo Beach ; ⏲10h-17h 1er nov-15 avr). L'un des phénomènes naturels

Centre de Tampa

Les incontournables
1 Florida Aquarium D4

À voir
2 Florida Museum of Photographic Arts B3
3 Glazer Children's Museum A3
4 Henry B. Plant Museum A4
5 Tampa Bay History Center C5
6 Tampa Museum of Art A3
7 Ybor City Museum State Park C1

Où se loger
8 Hampton Inn & Suites Ybor City D1
9 Hilton Garden Inn Ybor City C1
10 Le Meridien Tampa B3

Où se restaurer
11 Columbia Restaurant D1
12 L'Eden Cafe & Bar B3
13 Mise en Place A4
14 Oxford Exchange A4
Sono Café .... (voir 6)
15 Tre Amici @ the Bunker C1
16 Ulele A1

Où prendre un verre et faire la fête
17 Anise Global Gastrobar B3
18 Cigar City Cider & Mead B1
19 Club Prana B1
20 Four Green Fields A5

Où sortir
21 Amalie Arena C5
22 Improv Comedy Theater B1
23 Straz Center for the Performing Arts A3
24 Tampa Theatre B3

Achats
25 Dysfunctional Grace Art Co. C1
26 King Corona Cigar Factory B1
27 La France B1
28 Metropolitan Cigars D1
29 Ybor City Saturday Market C1

les plus étonnants de Floride auquel assister est de voir évoluer les lamantins dans les eaux chaudes générées par les systèmes de refroidissement des centrales électriques. La régularité avec laquelle ces mammifères placides y apparaissent entre novembre et avril a fait de cet endroit une zone protégée. On peut aussi y voir tarpons et requins. Une nouvelle exposition interactive, avec un bassin de 45 000 litres, permet de voir des raies de très près. Un café-bar, des toilettes et des tables de pique-nique complètent l'installation, à une demi-heure du centre-ville de Tampa. Prendre l'I-75 vers le sud jusqu'à la sortie 246 et suivre les indications.

Tampa Museum of Art — MUSÉE

(☎813-274-8130 ; www.tampamuseum.org ; 120 W Gasparilla Plaza ; tarif plein/étudiant 15/5 $; ⏲11h-19h lun-jeu, 11h-22h ven, 11h-17h sam-dim). Le spectaculaire musée construit en porte-à-faux de l'architecte Stanley Saitowitz semble flotter au-dessus du Curtis Hixon Park, en surplomb de la Hillsborough River. Ce bâtiment sculptural abrite 6 galeries où l'on peut voir, aux côtés de la collection permanente d'antiquités grecques et romaines, des expositions contemporaines de photos et nouveaux médias. Le Sono Café (p. 400), café du musée tenu par l'équipe inventive aux commandes du Mise en Place (p. 402), est idéal pour prendre un brunch ou un cocktail en surplomb du fleuve. On y accède par une entrée gratuite.

Henry B. Plant Museum — MUSÉE

(carte ci-contre; ☎813-254-1891 ; www.plantmuseum.com ; 401 W Kennedy Blvd ; adulte/enfant 10/5 $; ⏲10h-17h mar-sam, 12h-17h dim). Les minarets argentés du Tampa Bay Hotel, construit en 1891 par Henry B. Plant, brillent de toute leur splendeur, et témoignent des grandes ambitions de son créateur. Le premier à avoir amené le chemin de fer en ville, il l'a ensuite prolongé afin que les clients puissent descendre du train directement à la réception de son hôtel de 511 chambres. On ne parla plus désormais que de ce luxe encore jamais vu (sdb privative, téléphone, électricité), mais aussi de la décoration européenne de l'hôtel, faisant la part belle aux miroirs vénitiens, porcelaines françaises et autres meubles exotiques. L'hôtel fait aujourd'hui partie de l'université de Tampa. Une section du musée recrée le luxe doré de ses débuts, à la fin de l'âge victorien.

Tampa Riverwalk — PROMENADE AU BORD DE L'EAU

(www.thetampariverwalk.com). En centre-ville, cette jolie promenade en bord de rivière relie la plupart des sites de la ville. Suivant les méandres de la Hillsborough River, ce sentier verdoyant doté d'aires de jeux et de toilettes donne l'occasion d'une promenade agréable entre les musées en lisière de Curtis Hixon Park et l'aquarium, en passant par le Convention Center.

BUSCH GARDENS

Orlando n'a pas le monopole des parcs à thème en Floride. À Tampa, le parc de **Busch Gardens** (☎888-800-5447 ; www.buschgardenstampabay.com ; 10165 McKinley Dr ; +3 ans 95 $; ⏲10h-18h, horaires variables) présente aux visiteurs dix sections représentant des régions d'Afrique, qui contiennent des montagnes russes parmi les plus amusantes du pays. Tout le parc – situé à 15 km au nord de Tampa-centre – se parcourt à pied. Les différentes activités – montagnes russes et autres attractions, observation des animaux, spectacles divers – sont réparties dans tout le parc. Un minimum d'organisation s'impose donc pour optimiser la journée. Renseignez-vous au préalable sur les horaires des spectacles et organisez votre programme en fonction. Sachez qu'au fil de la journée, la queue s'allonge pour les montagnes russes. Parking 20 $.

Egypt On y trouve la dernière attraction du parc, un manège unique appelé Cobra's Curse, avec une montée verticale de 21 m et une rencontre avec un serpent long de 25 m ; ainsi que Montu, l'une des montagnes russes inversées les plus longues et les plus hautes au monde.

Pantopia Récemment redessiné, Pantopia regorge de trésors et de restaurants à thèmes – sur les animaux ou les voyages –, de divertissements, de boutiques, avec un théâtre qui vient d'être rénové et, bien sûr, des manèges. Le plus connu s'appelle Falcon's Fury, un tour de chute libre haute de 102 m (la plus haute des États-Unis), qui fait plonger ses passagers vers le sol à plus de 100 km/h.

Serengeti Plain Une reproduction sur 26 ha des plaines africaines, avec des centaines d'animaux en liberté dont des girafes réticulées, des rhinocéros et des gnous. On peut les observer depuis le petit train du Serengeti Railway, le téléphérique Skyride, différentes passerelles ou via le Serengeti Safari Tour (29-44 $/pers), qui vous permet de sortir du camion pour nourrir les girafes.

Edge of Africa Une nouvelle région avec un safari à faire à pied pour voir hippopotames, lions, lémuriens, suricates et crocodiles, dans un faux village de pêcheurs abandonné. On y trouve aussi le Cheetah Hunt, un manège à faire hurler, censé reproduire l'accélération du guépard, et un circuit de nuit, en saison, centré sur l'activité nocturne des hippopotames et des lions (75 $/pers).

Glazer Children's Museum MUSÉE
(carte p. 396 ; ☎813-443-3861 ; www.glazermuseum.org ; 110 W Gasparilla Plaza ; adulte/enfant 15/9,50 $; ⏲10h-17h lun-ven, 10h-18h sam, 13h-18h dim ; 👪). Ce musée interactif offre un espace de jeu créatif aux moins de 10 ans. Le personnel est charmant. À côté, le parc Curtis Hixon est un bon terrain de jeux et de pique-nique.

Museum of Science & Industry MUSÉE
(MOSI ; ☎813-987-6000 ; www.mosi.org ; 4801 E Fowler Ave ; adulte/enfant 27/21 $, parking 5 $; ⏲9h-17h lun-ven, 9h-18h sam-dim ; P👪). Il y en a pour tous les âges dans ce musée des Sciences interactif. Les plus petits se ruent sur Kids in Charge, section comportant de nombreuses activités simples et ludiques pour les familiariser à la science. L'exposition sur le corps humain – avec des fœtus imprimés en 3D et des éclairages sur la grossesse et la santé – convient mieux aux plus grands. Ne manquez pas le film en Imax, il est inclus dans le prix d'entrée.

Circuits organisés

Ybor City Historic Walking Tours CIRCUIT À PIED
(☎813-505-6779 ; www.yborwalkingtours.com ; adulte/enfant 20/10 $). Réservez à l'avance ces visites à pied de 90 minutes, qui partent en général deux fois par jour, à 11h et 14h.

Fêtes et festivals

Gasparilla Pirate Festival CULTURE
(www.gasparillapiratefest.com ; ⏲jan). Le dernier samedi de janvier, Tampa fête sa version du Mardi gras avec un défilé de pirates.

Outback Bowl SPORTS
(☎813-874-2695 ; www.outbackbowl.com ; billets 80 $; ⏲1er jan). Si vous n'avez jamais vu un match de football américain universitaire, ne ratez pas l'Outback Bowl, match de la NCAA (National College Athletic Association) qui se joue le premier de l'an.

Florida State Fair CULTURE
(www.floridastatefair.com ; 4800 US Hwy 301 ; en sem/le week-end 11/13 $, forfait manèges illimités

Morocco On y trouve le Gwazi, un énorme grand-huit traditionnel en bois, le Moroccan Palace Theater où on peut voir des singes ainsi qu'Iceploration, le plus grand spectacle sur glace du parc, avec d'excellents patineurs, des marionnettes géantes, une musique originale et des animaux en vedettes. Proche des autres lieux présentant des animaux des sections Egypt et Nairobi.

Nairobi Essentiellement consacrée aux animaux, la section Nairobi permet d'interagir avec des éléphants et de câliner des flamants, à Animal Connections. C'est là également que se trouve l'Animal Care Center, qui permet d'apprendre en voyant les coulisses du travail des vétérinaires auprès de quelques-uns des 12 000 animaux du parc.

Congo Le grand-huit Kumba a depuis longtemps les faveurs du public. Il comporte 3 loopings renversants et une spirale à 360 degrés. Remettez-vous de vos émotions en descendant les rapides du Congo River Rapids.

Jungala Conçu pour les jeunes enfants, Jungala possède une formidable structure à escalader, un espace aquatique et une tyrolienne, ainsi que des rencontres avec des tigres et des orangs-outans.

Stanleyville Autre manège vedette, SheiKra est le premier grand-huit en piqué d'Amérique du Nord. Il plonge en ligne droite et circule même sous terre.

Safari of Fun et Bird Gardens Le Safari of Fun, sur le thème du *1, rue Sésame*, comporte d'excellentes aires de jeux entourées de barrières, des structures à escalader et des espaces aquatiques qui occuperont les enfants pendant des heures. Ne ratez pas le spectacle Elmo and Friends (il faut réserver pour un repas en compagnie de personnages déguisés). Les incontournables nuées de flamants roses et une volière ouverte au public vous attendent aux Bird Gardens attenants.

À proximité du parc, à l'angle de Busch Blvd et 30th St, vous trouverez plusieurs hôtels de chaîne de catégorie moyenne. S'ils prétendent qu'on peut rejoindre le parc à pied, la promenade, très longue, n'est pas recommandée, surtout avec de jeunes enfants. Immédiatement au nord de Busch Gardens, en face de l'University of South Florida (USF), Fowler Ave est également bordée de chaînes hôtelières fiables de catégorie intermédiaire.

en sem/le week-end 25/35 $; ⏲Feb) Une foire traditionnelle centenaire qui réunit pendant deux semaines en février bétail, manèges et stands culinaires.

Ybor City Heritage & Cigar Festival CULTURE
(⏲début déc). Musique et cigares, début décembre, dans Centennial Park.

Où se loger

Gram's Place Hostel AUBERGE DE JEUNESSE $
(☎813-221 0596 ; www.grams-inn-tampa.com ; 3109 N Ola Ave, Seminole Heights ; dort 28 $, ch 55-65 $; ❄@📶). Aussi charismatique qu'une vieille rock star, cette minuscule et accueillante auberge de jeunesse plaît aux voyageurs étrangers qui préfèrent la personnalité à l'aspect impeccable du linge de lit. Profitez du Jacuzzi et des jam-sessions du samedi soir. Le petit-déjeuner n'est pas inclus, mais il y a 2 cuisines tout équipées. Le Gram's Place se trouve à Tampa Heights, à 3,5 km au nord du Tampa Museum of Art.

♥ **Epicurean Hotel** BOUTIQUE-HÔTEL $$
(☎813-999-8700 ; www.epicureanhotel.com ; 1207 S Howard Ave, South Tampa ; ch 180-499 $; P❄@📶🏊). Gourmets, réjouissez-vous ! L'hôtel le plus cool de Tampa est un paradis pour les palais délicats. Murs de fines herbes et de laitues hydroponiques, bar en zinc, bois récupéré dans une gare de 1820, poignées de portes en forme de moustaches géantes : ici, tout a une histoire, généralement liée à la Bern's Steak House (p. 402), associée du lieu. Chambres aux tons chauds, fêtes dominicales autour de la piscine et un des rares bars en toit-terrasse de Tampa complètent ce bel ensemble.

Tahitian Inn HÔTEL $$
(☎813-877-6721 ; www.tahitianinn.com ; 601 S Dale Mabry Hwy, South Tampa ; ch à partir de 155 $; P❄@📶🏊). Son nom évoque un motel

de style polynésien, mais c'est un vrai hôtel familial, frais, plein de charme et bon marché. Il a une belle piscine, son petit café permet de s'asseoir dehors, près d'une chute d'eau et d'un bassin de carpes koï. On y accepte les animaux de compagnie, et les transferts vers l'aéroport ou le terminal des croisières sont inclus.

Hilton Garden Inn Ybor City HÔTEL $$

(carte p. 396 ; ☎813-769-9267 ; www.hiltongardeninn.com ; 1700 E 9th Ave, Ybor City ; ch 160-300 $; P ❄ 📶 🏊). Ce bel hôtel, efficace et accueillant, appartient à la chaîne Hilton Garden. Il est situé à quelques rues de 7th Avenue. Chambres spacieuses et confortables, belle piscine privée, et petit-déjeuner copieux cuisiné à la demande. Navette gratuite également à disposition pour se rendre en centre-ville.

Hampton Inn & Suites Ybor City HÔTEL $$

(carte p. 396 ; ☎813-247-6700 ; www.hamptoninn.hilton.com ; 1301 E 7th Ave, Ybor City ; ch 130-300 $; P ❄ 📶 🏊). Hôtel en brique rouge proposant un bon niveau de confort, une navette gratuite pour le centre-ville et doté d'une minuscule piscine. Comme il se trouve sur 7th Avenue, les chambres en façade peuvent être bruyantes.

Le Méridien Tampa HÔTEL HISTORIQUE $$$

(carte p. 396 ; ☎813-221-9555 ; www.lemeridientampa.com ; 601 North Florida Ave ; ch 265-309 $; P ❄ 📶 🏊). Si vous vouliez voir de l'intérieur un tribunal fédéral mais hésitiez à commettre un crime, voilà votre chance. Ce tribunal centenaire a été minutieusement restauré ; les cabinets des juges et les salles d'audience sont désormais des chambres, et le box des témoins est devenu l'accueil du restaurant, Bizou Brasserie. On a aussi sauvegardé les moulures, les mosaïques de marbre et les bancs des magistrats.

Où se restaurer

Tampa compte d'excellents restaurants, principalement en dehors du centre-ville. Les adresses abondent à Ybor City, notamment des restaurants espagnols ou italiens, tandis que le quartier de Seminole Heights (dans Florida Ave) a le vent en poupe auprès de la clientèle branchée. Le très chic Hyde Park Village, au sud du centre-ville, et Palma Ceia, où le design règne en maître, sont deux autres quartiers intéressants. Dans South Tampa, SoHo (South Howard Ave) a été surnommé "la rue des restaurants" – le tronçon entre Kennedy Blvd et Bayshore Blvd offre un choix de premier ordre.

Wright's Gourmet House SANDWICHS $

(www.wrightsgourmet.com ; 1200 S Dale Mabry Hwy, South Tampa ; sandwichs et salades 6,75-11 $; ⏲7h-18h lun-ven, 8h-16h sam). De l'extérieur, on dirait un magasin de peinture et papier peint. L'intérieur n'est pas tellement mieux : nappes en plastique vert et murs blancs tout nus. Mais le *red velvet cake*, la tarte aux noix de pécan et les gigantesques sandwichs (goûtez le *beef martini*, rosbif aux champignons marinés au vin, et au bacon) expliquent à eux seuls le succès du lieu.

Tre Amici @ the Bunker CAFÉ $

(carte p. 396 ; ☎813-247-6964 ; www.bunkerybor.com ; 1907 19th St N, Ybor City ; en-cas 3-8 $; ⏲8h-20h lun-sam, 10h-16h dim). La population branchée d'Ybor City se réveille dans ce café de quartier à l'ambiance décontractée avec un bon choix de burritos au petit-déjeuner. On y sert aussi des soupes et des sandwichs toute la journée. Le soir, il accueille des scènes ouvertes, des slams et des *noise nights* ("nuits du bruit"), qui correspondent exactement à leur nom.

Sono Café CAFÉ $

(carte p. 396 ; ☎813-421-8384 ; 120 W Gasparilla Plaza ; plats 5-14 $; ⏲11h-17h lun-jeu, sam-dim, 11h-20h ven). Marty Blitz et Maryann Ferenc, les deux créateurs du "Mise en Place" (p. 402), ont aussi créé le Sono Café du Museum of Art (p. 400). C'est un très bon endroit pour un brunch ou un cocktail, sur la Hillsborough River. On peut accéder au café sans devoir payer le musée.

La Segunda Bakery BOULANGERIE $

(www.lasegundabakery.com ; 2512 N 15th St, Ybor City ; en-cas 1-8 $; ⏲6h30-17h lun-ven, 7h-15h sam, 7h-13h dim). Au niveau de 15th Ave et de 15th St, tout près de l'artère principale d'Ybor, cette authentique boulangerie espagnole, fondée en 1915, propose de délicieux pains et pâtisseries, un riche café cubain et peut-être bien les meilleurs sandwichs cubains de Tampa.

♥ Ulele AMÉRICAIN $$

(carte p. 396 ; ☎813-999-4952 ; www.ulele.com ; 1810 N Highland Ave ; plats 10-36 $; ⏲11h-22h dim-jeu, 11h-23h ven-sam ; 📶). Agréablement situé sur la Riverwalk, cette ancienne station de pompage est devenue un charmant restaurant-brasserie dont la carte reprend des classiques floridiens modernisés. C'est-à-dire souvent pimentés, avec des choses comme l'alligator aux haricots, les "frites" de gombo (fantastiques !) ou le pompano (un poisson local), et des desserts comme la tarte à la goyave.

Refinery AMÉRICAIN MODERNE **$$**
(☎813-237-2000 ; www.thetamparefinery.com ; 5137 N Florida Ave, Seminole Heights ; plats 9-25 $; ⏲17h-22h lun-jeu, 17h-23h ven, 11h-14h30 et 17h-23h sam, 11h-14h30 et 17h-22h dim ; ✎). Restaurant à la fois populaire et gastronomique, où les assiettes sont ébréchées et l'ambiance sans prétention. Au menu : une cuisine délicieuse à base de produits locaux, mariant astucieusement démarche éthique et punk attitude. Les propriétaires, Michelle et Greg Baker, sont parmi les très rares restaurateurs de Floride connus ailleurs que dans l'État, grâce aux 3 nominations de Greg aux James Beard Awards (un prix dans le domaine de la restauration).

Rooster & the Till FUSION **$$**
(☎813-374-8940 ; www.roosterandthetill.com ; 6500 N Florida Ave, Seminole Heights ; assiettes 8-19 $; ⏲16h-22h lun-jeu, 16h-23h ven-sam). Avec un CV culinaire impressionnant – et une récente nomination au prix du meilleur chef du Sud – Ferrell Alvarez et Ty Rodriguez dirigent le plus ambitieux restaurant "de la ferme à la table" de Seminole Heights. Le restaurant, récemment agrandi, propose des assiettes pleines de saveur, petites ou à partager, dont notamment des gnocchis avec plat-de-côtes, ricotta fumée, tomates San Marzano et poivrons marinés. Les autres plats varient selon la disponibilité et la saison, et la carte des vins à quatre niveaux, avec des bouteilles à 35, 55, 75 ou 90 $ est douce au portefeuille. Happy hour de 16h à 18h.

Ichicoro RAMEN **$$**
(☎813-517-9989 ; ichicoro.com ; 5229 N Florida Ave, Seminole Heights ; ramen 12-16 $; ⏲12h-23h lun-mer, to 12h-1h jeu-ven, 11h-1h sam, 11h-23h dim). Cet espace chic de Seminole Heights propose parmi les meilleures *ramen* artisanales au sud de New York. Et c'est là que ces bols de nouilles très tendance ont été mis au point. Plutôt que d'en détailler les ingrédients, disons seulement qu'elles sont délicieuses.Essayez les *shoyu* et mariez-les à un *ochu sangreezy* (cocktail à la liqueur de sureau).

Fodder & Shine CUISINE DU SUD **$$**
(☎813-234-3710 ; www.fodderandshine.com ; 5910 N Florida Ave, Seminole Heights ; plats 13-19 $; ⏲17h-minuit lun-jeu, 11h30-2h ven-sam, 11h30-22h dim). Ce petit frère du restaurant Refinery (ci-contre) propose une cuisine des pionniers de la Floride, avec leurs racines écossaises, irlandaises, africaines ou espagnoles. Le dîner inclut steaks attendris à la main et panés, ou mulets fumés au feu de bois... tout est fait sur place, même la tourte au poulet. On y vient aussi pour les cocktails artisanaux, préparés avec des fruits fraîchement pressés.

Ella's Americana Folk Art Cafe AMÉRICAIN **$$**
(☎813-234-1000 ; www.ellasfolkartcafe.com ; 5119 N Nebraska Ave, Seminole Heights ; plats 11-22 $; ⏲17h-23h mar-jeu, 17h-minuit ven-sam, 11h-20h dim). Après quelques cocktails Boozy Suzy, on commence vraiment à comprendre l'art visionnaire qui orne les murs de l'établissement. Mais si la clientèle d'habitués reste fidèle, ce n'est pas seulement pour ces œuvres excentriques et les cocktails. L'ambiance intime, la *soul food* roborative et les événements hebdomadaires – concerts, dégustations de bières artisanales ou de cocktails – plaisent beaucoup.

Oxford Exchange AMÉRICAIN **$$**
(carte p. 396 ; ☎813-253-0222 ; www.oxfordexchange.com ; 420 W Kennedy Blvd ; plats 17-32 $; ⏲7h30-17h lun-mer et ven, 7h30-21h jeu, 9h-17h sam, 9h-20h dim). Écurie construite en 1891 pour le Plant Hotel (p. 397), ce lieu réinventé s'inspire du vénérable restaurant Wolseley de Londres. La carte américaine de la chef Erin Guggino est servie sous de splendides frondaisons de palmiers, dans une serre. Sur place également une minuscule librairie lambrissée, un café Buddy Brew et un bar TeBella. Côté boissons, on trouvera bières, vins, cocktails maison et jus de fruits pressés à froid. Des animations, thés dînatoires ou discussions avec des auteurs célèbres ne sont pas rares.

Piquant BOULANGERIE **$$**
(☎813-251-1777 ; 1633 W Snow Ave, South Tampa ; plats 9-18 $; ⏲8h-20h dim-mer, 8h-21h jeu-sam ; ✎). Splendides pâtisseries, salades et sandwichs d'inspiration française dominent la carte de cette boulangerie de Hyde Park Village. La "Power Salad" se compose d'un lit de riz brun surmonté d'avocat, d'épinards, de feta, de pois chiches, de poulet émincé et de poivrons rouges rôtis. Également des plats sans gluten et végétariens.

L'Eden Cafe & Bar FRANÇAIS $$

(carte p. 396 ; 813-221-4795 ; www.edencafebar.com ; 500 N Tampa St ; plats 9-22 $; 11h-20h lun-jeu, 11h-23h ven, 9h-15h sam). Le menu méditerranéen ensoleillé de l'Eden évoque les racines marseillaises du chef Gerard Jamgotchian. Au menu : quiches à pâte feuilletée, crêpes, salées ou sucrées, et salade niçoise, vedette de la carte. Bon petit-déjeuner également.

Columbia Restaurant ESPAGNOL $$$

(carte p. 396 ; 813-248-4961 ; www.columbiarestaurant.com ; 2117 E 7th Ave, Ybor City ; plats midi 11-26 $, soir 20-31 $; 11h-22h lun-jeu, 11h-23h ven-sam, 12h-21h dim). Centenaire en 2015, ce restaurant hispano-cubain est le plus ancien de Floride. Occupant tout un pâté de maisons, il se compose de 13 salles élégantes et de cours romantiques avec des fontaines en leur centre. Nombre des serveurs en gants blancs ont passé leur vie ici. Quant au propriétaire, Richard Gonzmart, il met un point d'honneur à servir une authentique cuisine espagnole et cubaine. Réservez pour les deux spectacles quotidiens de flamenco, du lundi au samedi.

Restaurant BT FUSION $$$

(813-258-1916 ; www.restaurantbt.com ; 2507 S MacDill Ave, South Tampa ; plats 23-32 $; 17h-22h mar-jeu, jusqu'à 23h ven-sam). La chef Trina Nguyan-Batley combine dans ce temple dédié à la gastronomie locale son expérience de la mode et son éducation vietnamienne, pour un résultat ultrachic. Elle vient d'ouvrir le tout aussi délicieux BT To Go, dans la même rue, qui propose déjeuners et repas à emporter, de 11h à 19h30, du lundi au samedi.

Mise en Place AMÉRICAIN MODERNE $$$

(carte p. 396 ; 813-254-5373 ; www.miseonline.com ; 442 W Kennedy Blvd ; plats midi 10-15 $, plats 20-35 $; 11h30-14h30 et 17h30-22h mar-ven, 17h30-23h sam). Ouvert depuis plus de 30 ans, ce restaurant est une référence à Tampa pour un repas à la fois romantique et sophistiqué. La carte fait la part belle à la cuisine contemporaine américaine mâtinée de touches floridiennes et caribéennes. Toujours en accord avec les dernières tendances culinaires, elle réussit pourtant à ne jamais être snob ou trop branchée. Voyez grand avec le menu dégustation "Get Blitzed", d'un très bon rapport qualité/prix (55 $), avec ses vins assortis (35 $ de plus).

Haven MÉDITERRANÉEN $$$

(813-258-2233 ; haventampa.com ; 2208 W Morrison Ave, South Tampa ; tapas 8-14 $, assiette de charcuterie 42 $, plateau de fromages 47 $; 17h-22h lun-jeu, 17h-23h ven-sam). Cet ambitieux restaurant méditerranéen, ouvert en 2015, a les mêmes propriétaires que son célèbre voisin, Bern's Steak House. Le concept est centré sur de petites assiettes et de la charcuterie. Raffiné mais décontracté, il excelle dans les cocktails, les vins et 300 whiskies différents. Le plateau de fromages qui permet d'en goûter 18 différents, délicieux, justifie amplement son prix.

Bern's Steak House GRILL $$$

(813-251-2421 ; www.bernssteakhouse.com ; 1208 S Howard Ave, South Tampa ; steaks 1-2 pers 32-105 $; 17h-22h dim-jeu, 17h-23h ven-sam). Ce restaurant mythique est une véritable institution à l'échelle nationale. Mettez-vous sur votre trente et un, commandez du caviar et de la viande de bœuf affinée sur place, demandez à visiter la cave et les cuisines, et ne manquez surtout pas le dessert, à savourer dans la Harry Waugh Dessert Room, salle spécialement conçue à cette intention.

Où prendre un verre et faire la fête

Certains restaurants comptent d'excellents bars, notamment le Mise en Place et le Sono Cafe dans le Museum of Art. Ybor City concentre l'essentiel de la vie nocturne, mais SoHo et Seminole Heights baignent dans une ambiance plus adulte. La plupart des discothèques ouvrent de 22h à 3h du jeudi au samedi, et leur droit d'entrée s'échelonne entre 10 et 30 $. L'hebdomadaire alternatif de Tampa Bay, *Creative Loafing* (www.cltampa.com), recense les bars et les festivités.

Independent Bar BAR

(813-341-4883 ; www.independenttampa.com ; 5016 N Florida Ave, Seminole Heights ; 9h-minuit dim-mer, 12h-1h jeu-sam). Si vous aimez la bière artisanale, filez dans cette ancienne station-service de Seminole Heights, reconvertie en bar branché. Plusieurs variétés de bières locales de la Cigar City Brewing et bonne cuisine de pub.

Cigar City Brewing BRASSERIE

(813-348-6363 ; www.cigarcitybrewing.com ; 3924 W Spruce St, North Tampa ; 11h-23h dim-jeu, 11h-1h ven-sam). C'est la première brasserie artisanale de Tampa, même si elle a changé

VAUT LE DÉTOUR

HILLSBOROUGH RIVER STATE PARK

Quand les habitants de Tampa ont besoin de verdure, ils vont dans ce superbe **parc d'État** (☎813-987-6771 ; www.floridastateparks.org/hillsboroughriver ; 15402 US 301 N ; vélo/véhicule 2/6 $; ⏲8h-crépuscule ; 👪) de presque 1 400 ha, à 32 km (30 min) au nord-est de la ville. Pour les familles, il permet de découvrir facilement la nature floridienne, et on y trouve les meilleurs campings (hors des plages) de la région. Le plus intéressant est de partir sur l'eau en canoë (2 heures/1 jour 25/50 $) ou en kayak (15 $/heure), de glisser sous la barbe de vieillard (mousse tombante) pour apercevoir rapaces, chevreuils, renards ou alligators. Les animaux sont plus faciles à voir le matin.

Les routes plates et sinueuses du parc sont idéales à parcourir en vélo (location vélo 10/25 $ par heure/jour), et on y trouve plus de 16 km de sentiers de randonnée tout aussi faciles, à travers *flatwoods* de pins et marais de cyprès. En été, la piscine géante de 2 000 m² (4 $/pers) attire du monde. Le week-end venez vers 8h30 ou elle sera déjà pleine (on ne peut alors y entrer que quand quelqu'un en repart).

Bien équipé, le charmant camping (empl 27 $) de 114 places chauffé à l'énergie solaire possède de beaux emplacements au bord de l'eau, mais il manque d'intimité. La meilleure période pour camper correspond à la saison sèche (octobre-mars). Il faut réserver jusqu'à un an à l'avance en raison de l'affluence. Il y a moins de monde en semaine.

de propriétaires en 2016. Elle propose quantité de bières à la pression, dont certaines ne sont fabriquées qu'ici. Des food-trucks s'installent sur son parking le soir et toute la journée du samedi. On peut visiter la brasserie pour 8 $ (dégustation incluse). À l'ouest du centre-ville, au nord de l'I-275.

Brew Bus Terminal & Brewery BIÈRE ARTISANALE ET CIRCUITS ORGANISÉS
(☎888-945-2739 ; www.brewbususa.com ; 4101 N Florida Ave, Seminole Heights ; visites 11-56 $; ⏲16h-22h lun-jeu, 12h-minuit ven, 11h-minuit sam, 11h-20h dim). La bière artisanale est en plein essor à Tampa Bay, ce n'était qu'une question de temps avant que quelqu'un pense à transporter des gens en bus tout en leur servant de la bière. Le Brew Bus a sa "gare routière" (une brasserie), et propose des circuits arrosés (on peut privatiser le bus) dans tout Tampa Bay plusieurs fois par semaine. L'option la plus demandée, baptisée "the full pour" (58 $/pers), part du terminal le samedi à midi, et amène les amateurs dans trois brasseries différentes. Ils peuvent boire une pinte dans chacune, visiter l'une d'entre elles, et boire deux bières à bord du Brew Bus pendant les trajets.

Angry Chair Brewing MICROBRASSERIE
(☎813-238-1122 ; angrychairbrewing.com ; 6401 N Florida Ave, Seminole Heights ; ⏲16h-tard mar-mer, 15h-23h jeu, 12h-minuit ven-sam, 12h-21h dim). Des personnes voulant fuir la monotonie et la vie de bureau se sont regroupées pour se lancer dans la fabrication de bières. Dans la salle de dégustation conviviale, ils proposent des *pale ales* fruitées et houblonnées et des *porters* crémeuses telle la Two Pump Chump Porter (aux noisettes), entre autres.

Cigar City Cider & Mead MICROBRASSERIE
(carte p. 396 ; ☎813-242-6600 ; www.cigarcitycider.com ; 1812 N 15th St ; visites 10 $; ⏲15h-21h mer, 15-23h jeu, 12h-minuit ven-sam, 12h-20h dim). On déguste ici un bon choix d'alcools à base de miel et de pomme, tous faits à partir de produits naturels et locaux. Le samedi, les visites commencent à 17h, avec un verre de 35 cl de cidre brut, et des échantillons d'autres cidres et d'hydromels. Dans l'Ybor City historique.

Anise Global Gastrobar BAR À COCKTAILS
(carte p. 396 ; ☎813-225-4272 ; 777 N Ashley Dr ; ⏲11h-1h lun-jeu et dim, 11h-2h ven-sam). Au pied de l'immense building SkyPoint, l'Anise, et son long bar élégant, propose une carte de cocktails restreinte mais chic. On prend ici les mélanges très au sérieux, du Fever Tree Tonic au Mexican Coke (adouci avec du sucre de canne et non du sirop de maïs). Également : carte de vins internationaux et menu tapas d'inspiration asiatique (de 8 à 18 $).

Club Prana CLUB
(carte p. 396 ; www.clubprana.com ; 1619 E 7th Ave, Ybor City ; ⏲21h-3h jeu-sam). Nombre de discothèques vont et viennent, mais le Club Prana, occupant 5 niveaux du bar lounge au Sky Bar, sur le toit-terrasse, a résisté à l'épreuve du temps.

Four Green Fields PUB IRLANDAIS
(carte p. 396 ; ☎813-254-4444 ; www.fourgreenfields.com ; 205 W Platt St, South Tampa ; ⏲11h-tard). Dans cette maison aux allures de cottage irlandais traditionnel (toit de chaume, murs chaulés) de Hyde Park, le personnel irlandais est avenant, il y a des maillots de football, de la Guinness à la pression et une carte irlandaise comme de juste (plats 11-13 $).

☆ Où sortir

♥ **Skipper's Smokehouse** MUSIQUE LIVE
(☎813-971-0666 ; www.skipperssmokehouse.com ; 910 Skipper Rd, Village of Tampa ; 5-25 $; ⏲11h-22h mar-mer, 11h-22h30 jeu, 11h-23h ven, 12h-23h sam, 13h-21h30 dim). Cette bonne vieille institution, très appréciée et sans prétention, accueille des concerts en plein air (blues, folk, reggae, *swamp music*). À 15 km directement au nord du centre-ville, par N Nebraska Avenue.

♥ **Tampa Theatre** CINÉMA
(carte p. 396 ; ☎813-274-8981, billetterie 813-274-8286 ; www.tampatheatre.org ; 711 N Franklin St ; 11 $). Cette salle historique de 1926, en centre-ville, fait un cadre magique pour assister à des projections de films indépendants (une ou deux par jour seulement). Un puissant orgue de marque Wurlitzer joue avant la plupart des projections. Guettez les événements spéciaux.

Straz Center for the Performing Arts ARTS DE LA SCÈNE
(carte p. 396 ; ☎813-229-7827 ; www.strazcenter.org ; 1010 MacInnes Pl). Cet immense complexe artistique de plusieurs salles accueille une programmation variée : spectacles de Broadway, concerts de musique pop, opéra, danse classique, pièces de théâtre, etc.

Cinebistro CINÉMA
(☎813-514-8300 ; www.cinebistro.com ; 1609 W Swann Ave, Hyde Park Village ; matinée/soirée 13,50/16 $). Croisement entre un club branché de South Beach et un luxueux cinéma d'art et d'essai, cette salle abrite un élégant bar à cocktails dans le hall et sert des en-cas haut de gamme (10-23 $) à grignoter pendant la projection. Le cinéma avec du style.

Improv Comedy Theater CAFÉ-THÉÂTRE
(carte p. 396 ; ☎813-864-4000 ; www.improvtampa.com ; 1600 E 8th Ave, Centro Ybor ; 10-30 $). Des humoristes locaux et nationaux se produisent 5 soirs par semaine dans ce café-théâtre d'Ybor City réservé aux plus de 21 ans.

Amalie Arena SALLE OMNISPORT
(carte p. 396 ; ☎813-301-6500 ; www.amaliearena.com ; 401 Channelside Dr). L'équipe de hockey des Tampa Bay Lightning jouent dans cette salle omnisport (ex-Tampa Bay Times Forum) d'octobre à avril. Elle accueille aussi des matchs de basket, de catch ou de football, des concerts et des spectacles sur glace.

Steinbrenner Field BASE-BALL
(☎813-875-7753 ; www.steinbrennerfield.com ; 1 Steinbrenner Dr). L'équipe de base-ball des New York Yankees vient jouer des matchs amicaux d'entraînement en mars au Steinbrenner Field, le stade de 10 000 places construit selon le même plan que le Yankee Stadium.

USF Sun Dome SALLE OMNISPORTS
(www.sundomearena.com ; 4202 E Fowler Ave). Sur le campus de l'USF (University of South Florida), le Sun Dome accueille rock, jazz, pop et autres concerts, de Jimmy Buffett à Ludacris, et aux matchs de catch de la WWF.

Raymond James Stadium FOOTBALL AMÉRICAIN
(☎813-350-6500 ; raymondjamesstadium.com ; 4201 N Dale Mabry Hwy). Les Buccaneers de Tampa Bay jouent leurs matchs de NFL au Raymond James Stadium, d'août (pré-saison) à décembre, mais il est difficile d'obtenir des billets pour un match, la plupart affichent complets.

Achats

Dysfunctional Grace Art Co. CABINET DE CURIOSITÉS
(carte p. 396 ; ☎813-842-0830 ; www.facebook.com/DysfunctionalGrace ; 1903 E 7th Ave, Ybor City ; ⏲10h-18h lun-jeu, 10h-20h ven-sam). Cette boutique morbide mais géniale recèle des curiosités comme une girafe empaillée portant un monocle, une grenouille cornue albinos vivante ou une murène zébrée rendue transparente et conservée dans la glycérine. Les prix élevés se justifient sûrement… mais on peut aussi admirer gratuitement.

Inkwood Books LIBRAIRIE
(☎813-253-2638 ; www.inkwoodbooks.com ; 216 S Armenia Ave ; ⏲11h-17h dim-lun, 10h-17h mar-sam). Installée dans une petite maison près de Hyde Park, la meilleure librairie indépendante de Tampa dispose d'une formidable sélection de littérature générale et d'essais sur la Floride, ainsi que de merveilleux livres pour la jeunesse. Elle accueille également de nombreuses lectures et signatures.

Metropolitan Cigars CIGARES
(carte p. 396 ; ☎813-248-2304 ; 2014 E 7th Ave, Ybor City ; ⏰10h-20h lun-sam, 10h-16h dim). Cette cave à cigares est l'une des meilleures boutiques de Tampa Bay.

Ybor City Saturday Market MARCHÉ
(carte p. 396 ; www.ybormarket.com ; Centennial Park, 8th Ave et 18th St, Ybor City ; ⏰9h-15h sam). Un marché en plein air qui met l'accent sur l'art, l'artisanat et les producteurs locaux.

Hyde Park Village CENTRE COMMERCIAL
(www.hydeparkvillage.com ; South Tampa ; ⏰10h-19h). Tampa ne manque pas de centres commerciaux, mais les dernières tendances haut de gamme se dénichent dans ce centre commercial à ciel ouvert du charmant quartier d'Old Hyde Park, à South Tampa. Il se tient entre les avenues Swann et Morrison.

King Corona Cigar Factory CIGARES
(carte p. 396 ; www.kingcoronacigars.com ; 1523 E 7th Ave, Ybor City ; ⏰8h-minuit lun-mer, 8h-1h jeu, 8h-2h ven, 10h-2h sam, 12h-minuit dim). Le plus grand magasin de cigares de la ville comporte aussi un bar-fumoir à l'ancienne.

La France MODE VINTAGE
(carte p. 396 ; ☎813-248-1381 ; 1612 E 7th Ave, Ybor City ; ⏰11h-20h lun-jeu, 11h-22h ven-sam, 12h-19h dim). Grâce à l'afflux des riches *snowbirds*, la scène vintage de Tampa est des plus florissantes. Avec ses 4 devantures où se succèdent régulièrement robes à franges des années 1920, ombrelles, chapeaux à plumes et autres survêtements pour hommes, La France est une sorte de musée gratuit. À l'intérieur vous attendent des robes longues des années 1930, de splendides robes trapèzes des années 1940 et des costumes *mods* des années 1960.

ℹ Renseignements

OFFICES DU TOURISME

Tampa Bay Convention & Visitors Bureau (carte p. 396 ; ☎813-226-0293 ; www.visittampabay.com ; 615 Channelside Dr ; ⏰11h-17h30 lun-sam, 11h-17h dim). Une mine d'informations et des cartes gratuites bien faites. Réservez directement votre hôtel sur le site Internet.

Ybor City Visitor Center (carte p. 396 ; ☎813-241-8838 ; www.ybor.org ; 1600 E 8th Ave ; ⏰10h-17h lun-sam, 12h-17h dim). Le centre des visiteurs d'Ybor City propose une excellente introduction à la ville au travers de renseignements et de plans de visites à pied.

DÉSAGRÉMENTS ET DANGERS

Comme toute grande ville, Tampa est confrontée au problème de la délinquance. Si le centre-ville et Ybor City sont sûrs, ne vous aventurez pas au hasard dans les quartiers limitrophes. Des mendiants peuvent se poster aux abord des feux rouges, et aborder les conducteurs ; faites simplement non de la tête.

MÉDIAS

Deux grands quotidiens paraissent dans la région de Tampa Bay : **Tampa Bay Times** (www.tampabay.com) et **Tampa Tribune** (www.tbo.com).

SERVICES MÉDICAUX

Tampa General Hospital (☎813-844-7000 ; www.tgh.org ; 1 Tampa General Circle, Davis Island ; ⏰24h/24). Au sud du centre-ville, sur Davis Island.

ℹ Depuis/vers Tampa

AVION

Le **Tampa International Airport** (TPA ; carte p. 395 ; ☎813-870-8700 ; www.tampaairport.com ; 4100 George J Bean Pkwy) est le troisième de la région en termes de trafic. Il est à 10 km à l'ouest du centre, au bord de la Hwy 589.

Le **bus HART** n°30 (2 $, 25 min, ttes les 30 min) dépose et récupère les voyageurs au Red Arrival Desk, au niveau inférieur de l'aéroport – il faut avoir l'appoint.

Les principales agences de location de voitures ont toutes un comptoir à l'aéroport. En voiture, prenez l'I-275 jusqu'à N Ashley Dr, puis tournez à droite pour arriver au centre-ville.

BATEAU

Les croisiéristes commencent souvent leur visite des Caraïbes à **Port Tampa Bay** (www.tampaport.com).

BUS

Les bus **Greyhound** (carte p. 396 ; ☎813-229-2174 ; www.greyhound.com ; 610 E Polk St) couvrent toute la région ainsi que Miami, Orlando, Sarasota et Gainesville.

TRAIN

Amtrak (www.amtrak.com) propose plusieurs liaisons quotidiennes de Tampa à Orlando (12-26 $, 2 heures), partant de **Tampa Union Station** (☎800-872-7245 ; www.amtrak.com ; 601 N Nebraska Ave).

VOITURE ET MOTO

Le moyen le plus rapide pour se rendre à Miami consiste à prendre l'I-75 vers le sud, qui bifurque vers l'est à hauteur de Naples et rejoint l'I-95 vers le sud à Fort Lauderdale. On peut aussi prendre l'US 41 (Tamiami Trail) à Naples jusqu'à Miami, via les Everglades. L'I-4 relie Tampa à Orlando.

St Petersburg

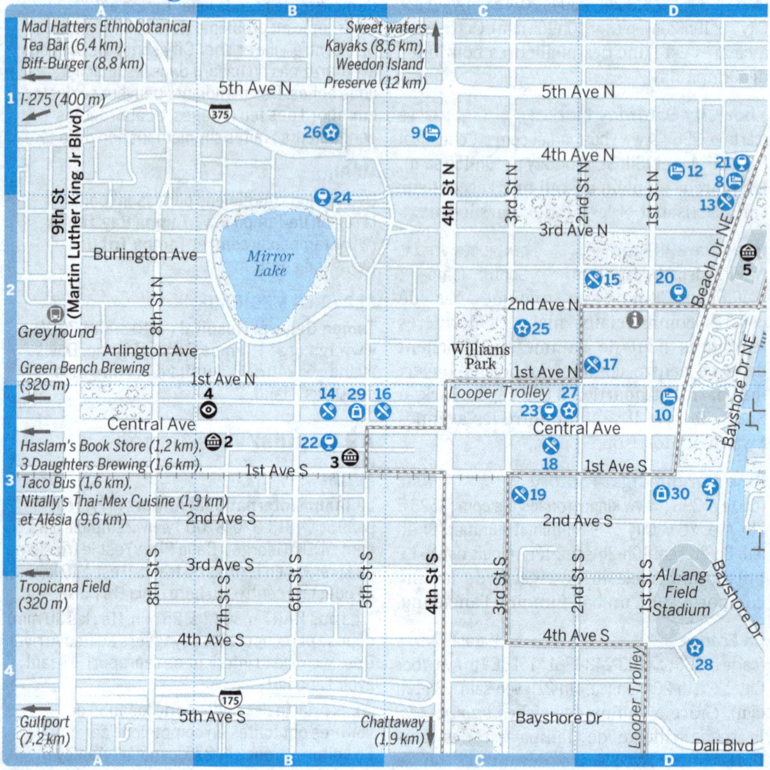

Comment circuler

HART In-Towner (6h-8h30 et 15h30-18h lun-ven, 11h-19h sam). En centre-ville, le bus trolley n°96 sillonne gratuitement Florida Ave, Tampa St et Franklin St toutes les 15 minutes pendant la semaine. Le week-end, le 97 prend le relais (toutes les 30 min).

Hillsborough Area Regional Transit (HART ; carte p. 396 ; 813-254-4278 ; www.gohart.org ; 1211 N Marion St ; trajet/pass journalier 2/4 $). Les bus HART passent tous par le Marion Transit Center. Ils desservent le zoo, le parc à thème Busch Gardens (voir l'encadré p. 398), le Henry Plant Museum et Ybor City.

TECO Line Streetcars (813-254-4278 ; www.tecolinestreetcar.org ; adulte/enfant 2,50/1,25 $; 7h-22h lun-jeu, 7h-1h30 ven, 11h-1h30 sam, 12h-20h dim). Les tramways électriques à l'ancienne de HART, relient le Marion Transit Center à d'autres sites du centre et à Ybor City. Ils passent toutes les 20 à 30 minutes.

St Petersburg

727 / 257 083 HABITANTS

St Petersburg, à la longue réputation de lieu de fête débridée pour étudiants et de capitale des retraités, est en train de se forger une nouvelle identité : celle de ville du Sud tournée vers la culture. Stimulée par le street art qui recouvre ses murs, son quartier historique rénové et l'épatant musée Dalí, l'énergie nouvelle du centre-ville se communique à Central Ave, avec des restaurants sophistiqués, des brasseries artisanales, des marchés fermiers et des galeries d'art, qui attirent les jeunes actifs et une nouvelle vague de visiteurs curieux de culture.

À voir

Les touristes peuvent s'en tenir à pied à un circuit en forme de T, le long de Central Ave, principalement entre 8th St et Bayshore Dr, et de Bayshore Dr, entre le musée Dalí et les

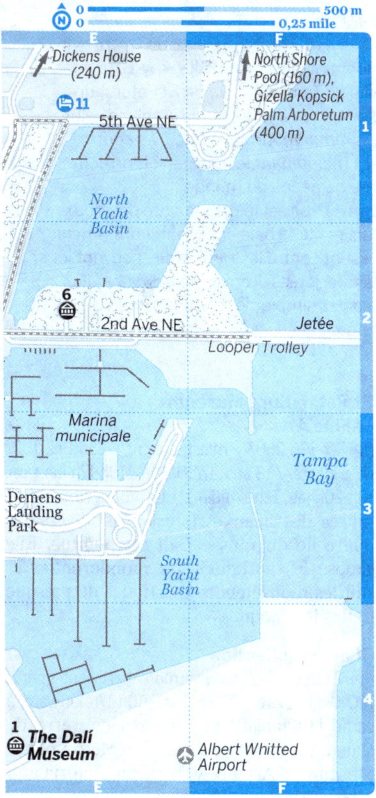

parcs du front de mer dans le quartier d'Old Northeast. De là, la **jetée** s'avance dans la mer. Elle reste accessible aux promeneurs, mais l'emblématique "parc d'attractions" en forme de pyramide inversée situé à son extrémité est fermé pour travaux.

The Dalí Museum — MUSÉE

(727-823-3767 ; www.thedali.org ; 1 Dali Blvd ; adulte/6-12 ans 24/10 $, après 17h jeu 10 $; 10h-17h30 ven-mer, 10h-20h jeu). L'extérieur spectaculaire du musée laisse augurer de grandes choses : d'un trou dans l'énorme boîte à chaussure blanche "s'écoule" un atrium de verre aux formes géodésiques de quelque 23 m de haut. Mieux, on y trouve à l'intérieur un modèle de ce qu'un musée d'art moderne consacré à la vie, l'œuvre et l'impact de Salvador Dalí, devrait être. Même ceux qui n'aiment pas ses montres molles et ses moustaches tarabiscotées resteront admiratifs devant ce musée et ces œuvres grandioses, notamment le *Torero hallucinogène*.

St Petersburg

Les incontournables
1 The Dalí Museum E4

À voir
2 Chihuly Collection B3
3 Florida Holocaust Museum B3
4 Morean Arts Center B3
5 St Petersburg Museum of Fine Arts D2
6 St Petersburg Museum of History E2

Activités
Hot Shop .... (voir 4)
7 Pinellas Trail D3
Walking Mural Tours .... (voir 29)

Où se loger
8 Birchwood Inn D1
9 Hollander Hotel C1
10 Ponce de Leon D3
11 Renaissance Vinoy Resort E1
12 Watergarden Inn at the Bay D1

Où se restaurer
13 Annata Wine Bar D2
14 Brick & Mortar B3
15 Farmtable Kitchen D2
16 Iberian Rooster B3
Locale Market .... (voir 15)
17 Meze 119 .... D2
18 Mill C3
Moon Under Water .... (voir 8)
19 Red Mesa Cantina & Lucha Bar C3

Où prendre un verre et faire la fête
20 Ale & the Witch D2
21 Canopy D1
22 Cycle Brewing B3
23 Mandarin Hide C3
24 St Petersburg Shuffleboard Club B2

Où sortir
25 American Stage C2
26 Coliseum Ballroom B1
Florida Orchestra .... (voir 25)
27 Jannus Live C3
28 Mahaffey Theater D4

Achats
29 Florida CraftArt B3
30 Saturday Morning Market D3

Les 1 850 m² de galerie du musée Dalí furent conçus pour exposer les 96 huiles sur toile de la collection ainsi que des œuvres importantes de chaque période sur d'autres médiums : dessins, gravures, sculptures, photos, manuscrits, films et même une exposition en réalité virtuelle où les visiteurs pénètrent dans les rêves de Dalí. Tout est classé chronologiquement et

SUNSHINE SKYWAY BRIDGE

Suspendu à des câbles jaune canari, l'impressionnant **Sunshine Skyway Bridge** (péage 1,25 $), long de 6 400 m, enjambe la baie de Tampa au sud de St Petersburg. La traversée spectaculaire de la baie justifie le prix du péage. Le pont remplace celui d'origine, détruit en 1980 lorsqu'un bateau, le *Summit Venture*, se fracassa contre sa base. Des vestiges de l'ancien pont encadrent maintenant le nouveau et forment ce qu'on appelle avec fierté "la plus grande digue de pêche du monde".

Avec plus de 3 km, la **South Skyway Fishing Pier** est la plus longue des deux. Les jetées nord et sud offrent une vue spectaculaire sur la baie et le pont, notamment au coucher du soleil, et les pêcheurs qui se pressent contre les rambardes peuvent louer des cannes et acheter des appâts. Pour accéder aux jetées, il en coûte 4 $/véhicule ; pour pêcher, 4 $/véhicule plus 4 $/pers. Vous voulez simplement jeter un coup d'œil ? Il y a des parkings gratuits au pied de chaque jetée.

remis en contexte. Le jardin du musée est aussi délicieux, avec un arbre à prières, un "banc-montre molle" et une sculpture de moustache géante en acier.

Nous vous conseillons vivement les excellentes visites guidées gratuites organisées toutes les heures (à la demie) qui aident à saisir le riche symbolisme des œuvres monumentales de Dalí. Grâce aux audioguides, gratuits également, on peut entendre une narration hilarante, par une voix affirmant être celle des moustaches de Dalí. Un café d'inspiration catalane et une excellente boutique de cadeaux complètent le tout. Le musée compte jusqu'à 5 000 visiteurs par jour : venez tôt, sinon vous attendrez pour tout.

♥ Weedon Island Preserve — RÉSERVE NATURELLE

(☎727-453-6500 ; www.weedonislandpreserve.org ; 1800 Weedon Dr NE ; ⏲7h-crépuscule). Semblable à une couverture en patchwork que l'on aurait jetée par-dessus Tampa Bay, cette réserve de 1 500 ha protège un riche écosystème aquatique et de zones humides. Au cœur de la réserve, l'excellent Cultural and Natural History Center (11h-16h jeu-dim) expose des collections sur l'environnement naturel et sur les premiers habitants de Weedon Island. Inscrivez-vous aux randonnées commentées sur les kilomètres de promenade en planches, ou partez en solo en vous fiant à la carte en ligne.

Morean Arts Center — CENTRE ARTISTIQUE

(☎727-822-7872 ; www.moreanartscenter.org ; 719 Central Ave ; ⏲10h-17h lun-sam, 12h-17h dim). GRATUIT Cet espace artistique vivant accueille d'intéressantes expositions temporaires de tout type. Si vous aimez la verrerie, visitez le studio de verrerie Hot Shop (voir ci-contre) attenant au musée.

St Petersburg Museum of Fine Arts — MUSÉE

(☎727-896-2667 ; mfastpete.org ; 255 Beach Dr NE ; adulte/7-18 ans 17/10 $; ⏲10h-17h lun-sam, 10h-20h jeu, 12h-17h dim). La collection de ce musée des Beaux-Arts est aussi diversifiée que celle du musée Dalí est pointue. Elle expose les antiquités du monde entier et suit les mouvements artistiques de presque toutes les époques.

Chihuly Collection — GALERIE D'ART

(☎727-896-4527 ; www.moreanartscenter.org ; 720 Central Ave ; 19,95 $; ⏲10h-17h lun-sam, à partir de 12h dim). Les œuvres en verre de Dale Chihuly sont exposées au Metropolitan Museum of Art à New York, au Victoria and Albert Museum (V&A) à Londres, et au Louvre à Paris. Mais sa collection permanente est ici à St Petersburg, dans un nouveau bâtiment de Central Ave, où on trouve ses œuvres principales, *Ruby Red Icicle Chandelier* et son plafond multicolore *Persians*. Ce nouveau lieu comprend un jardin de méditation et un théâtre qui projette des documentaires en alternance. Les billets pour la galerie permettent d'assister aux démonstrations de soufflage du verre, de l'autre côté de la rue, au Morean Arts Center (ci-contre).

St Petersburg Museum of History — MUSÉE

(☎727-896-2667 ; www.fine-arts.org ; 255 Beach Dr NE ; tarif plein/réduit 17/10 $; ⏲10h-17h lun-sam, 13h-17h dim). Pour un musée historique municipal, celui-ci est étrange et intrigant : il abrite une véritable momie de 3 000 ans, un veau à deux têtes et la réplique grandeur nature d'un avion Benoist, plus des expositions sur l'écologie de la baie, les Rays (équipe de base-ball) de Tampa Bay et la plus grande collection au monde de balles de base-ball dédicacées.

Gizella Kopsick Palm Arboretum PARC
(lever-coucher du soleil). GRATUIT Ce jardin ouvert de 8 000 m² contient plus de 800 palmiers, tous répertoriés et joliment disposés. Vous trouverez aussi de grands parkings, et une longue plage de sable blanc propice à la baignade. En continuant sur la promenade, on longe de jolies maisons et des docks privés, et l'on arrive tout au bout au petit Coffee Pot Park, où l'on aperçoit parfois des lamantins.

Florida Holocaust Museum MUSÉE
(727-820-0100 ; www.flholocaustmuseum.org ; 55 5th St S ; tarif plein/étudiant 16/8 $; 10h-17h). Les collections du musée de l'Holocauste, l'un des plus grands du pays, illustrent avec une émouvante sobriété la tragédie du milieu du XXe siècle. Des expositions temporaires d'art contemporain plus ou moins en lien avec la Shoah et les droits de l'homme sont également présentées. Notez que si vous laissez votre voiture au parking après 17h, il y a de grandes chances qu'elle parte en fourrière presque aussitôt.

Activités

Pinellas Trail VÉLO
(www.pinellascounty.org/trailgd). Cette piste cyclable de 75 km qui suit une ligne de chemin de fer désaffectée est pour les coureurs et les cyclistes convaincus. Goudronnée, elle suit au départ 1st Ave S et Bayshore Dr à St Petersburg, et traverse ville, campagne et banlieue jusqu'à Tarpon Springs, au nord. Carte de la piste et itinéraires détaillés téléchargeables sur le site Internet.

Sweetwater Kayaks KAYAK
(727-570-4844 ; www.sweetwaterkayaks.wordpress.com ; 1800 Weedon Dr NE ; location kayak 1 heure/4 heures 17/40 $; 10h-18h lun-mar et jeu-ven, 9h-18h sam, 9h-15h dim). Agence proposant le plus grand choix de kayaks de mer dans le secteur. Le personnel, très pro, donne aussi des cours d'acquisition des compétences de base, de kayak de mer et de paddle-yoga, et organise des circuits guidés (avec/sans location de kayak 25/55 $) dans la Weedon Island Preserve et sur d'autres cours d'eau des environs.

Boyd Hill Nature Park RANDONNÉE
(727-893-7326 ; 1101 Country Club Way S ; adulte/enfant 3/1,50 $; 9h-19h mar, mer et dim, 9h-18h jeu-ven, 7h-18h sam). Oasis discrète et secrète, Boyd Hill compte près de 10 km de sentiers et de promenades de planches traversant ses 160 ha de zone humide et de forêt marécageuse. Vous avez des chances d'apercevoir alligators, aigrettes neigeuses et pygargues à tête blanche. Le parc accueille aussi un hôpital pour rapaces et propose régulièrement événements et randonnées avec guide. Du centre-ville, descendre Martin Luther King Jr Blvd (9th St) vers le sud jusqu'à 50th Ave et suivre les indications.

North Shore Pool BAIGNADE
(727-893-7441 ; 901 N Shore Dr NE ; adulte/enfant 5/4,50 $; 9h-16h lun-ven, 10h-16h sam, 13h-16h dim). Trois superbes piscines, dont une avec toboggan réservée aux enfants. Location de paddle à l'heure.

Cours et circuits organisés

Hot Shop ART
(727-822-7872 ; 19,95 $; 11h-16h lun-sam, 13h-16h dim). Si vous aimez la verrerie, rendez-vous au Hot Shop, attenant au Morean Arts Center (voir ci-contre), où des souffleurs de verre font des démonstrations toutes les heures (11h-16h lun-sam, 13h-16h dim). On peut aussi réserver un cours particulier de soufflage de verre ("hot glass experience" 75 $), et repartir avec sa création.

Walking Mural Tours CIRCUIT CULTUREL
(727-821-7391 ; stpetemuraltour.com ; adulte/enfant 19/11 $; 10h-11h30 sam). Cette intéressante visite à pied vous fera découvrir les très belles peintures murales qui ont vu le jour lorsque les artistes ont pu occuper pour presque rien une galerie du centre, après la crise économique de 2008. Plus de 30 fresques murales, uniques et inventives, souvent avec des clins d'œil à la culture de la ville, ornent les bâtiments et rivalisent avec les Wynwood Walls de Miami. La visite commence au Florida CraftArt (p. 414), qui s'est associé à StPeteMuralTour.com pour ces visites. Les bénéfices servent à financer de nouvelles peintures.

St Pete Preservation Walking Tours À PIED
(727-824-7802 ; www.stpetepreservation.org ; 10 $; 10h sam oct-avr). Circuits de 2 heures conduits par des bénévoles très documentés de la Preservation Society. Les visites englobent l'architecture du centre-ville historique et des quartiers bien conservés comme Old Northeast, Bahama Shores et Kenwood.

Fêtes et festivals

Art Walk ART
(stpeteartsalliance.org/artwalk ; 17h-21h 2e sam du mois). Chaque deuxième samedi du mois, cet événement artistique se déroule dans les principales galeries du centre. On peut facilement aller de l'une à l'autre à pied, mais aussi prendre la navette, gratuite.

Mainsail Arts Festival CULTURE
(www.mainsailart.org; Vinoy Park; avr). Concerts, gastronomie et activités pour les enfants sont proposés aux côtés des 200 exposants d'art et d'artisanat lors de cette foire de deux jours.

Tampa Bay Blues Festival MUSIQUE
(www.tampabaybluesfest.com ; Vinoy Park ; avr). Trois jours d'excellents concerts de blues, début avril.

International Folk Fair CULTURE
(www.spiffs.org ; Vinoy Park ; oct). Cette foire présente pendant quatre jours, fin octobre, différentes cultures à travers leur gastronomie, leurs danses et leur artisanat traditionnels.

Ribfest MUSIQUE ET BARBECUE
(www.ribfest.org ; Vinoy Park ; mi-nov). Au programme pendant trois jours à la mi-novembre : grillades (de travers de porc bien sûr), rock, Harley-Davidson.

Où se loger

Avec son impressionnante collection de maisons d'époque et de tout nouveaux hôtels de front de mer, St Petersburg ne manque pas d'excellents hébergements. Mais beaucoup de ceux bien établis depuis longtemps et tenus par des habitants ont des difficultés et ferment parfois, à cause de l'essor des locations entre particuliers.

Hollander Hotel BOUTIQUE-HÔTEL $$
(727-873-7900 ; www.hollanderhotel.com ; 421 4th Ave N ; ch 98-140 $; P). Un petit air Art déco, une véranda de 40 m, un restaurant convivial (le Tap Room), un spa et un café (le Common Grounds) : le Hollander a tout ce qu'il faut. Le décor d'époque des parties communes est superbe, les chambres ont gardé un peu de leur romantisme des années 1930 avec leurs parquets cirés, des vieux ventilateurs au plafond et du mobilier de rotin. La piscine et le bar extérieur deviennent un lieu de fête le week-end.

Dickens House B&B $$
(727-822-8622 ; www.dickenshouse.com ; 335 8th Ave NE ; ch 139-243 $; P@). Cinq chambres luxueuses vous attendent dans cette demeure de style Arts & Crafts restaurée avec passion. Le propriétaire, sociable et gay-friendly, fait un petit-déjeuner gourmand, avec souvent de la *frittata* au blanc d'œuf.

Ponce de Leon BOUTIQUE-HÔTEL $$
(727-550-9300 ; www.poncedeleonhotel.com ; 95 Central Ave ; ch à partir de 111 $; @). Boutique-hôtel aux accents espagnols, en plein centre. Points forts : les peintures murales et le décor de designer ; point faible : le parking n'est pas sur place.

Birchwood Inn BOUTIQUE-HÔTEL $$$
(727-896-1080 ; www.thebirchwood.com ; 340 Beach Dr NE ; ch avec petit-déj à partir de 275 $; P). Les chambres ici sont superbes : spacieuses, avec des baignoires à pattes de lion, de grands lits à baldaquin, et l'élégance d'une ancienne maison close rehaussée de la coquetterie de South Beach. Canopy (p. 412), le bar du toit-terrasse, est l'endroit le plus couru de la ville pour ses cocktails.

Watergarden Inn at the Bay AUBERGE $$$
(727-822-1700 ; www.innatthebay.com ; 126 4th Ave N ; ch 165-290 $, ste 290 $; P). Cette fabuleuse auberge de 1910 inventée à partir de deux vieilles maisons de quartier abrite 14 chambres et suites, et possède un beau jardin de 2 000 m². À l'extérieur, l'ambiance tropicale et la piscine entourée de palmiers font penser à un hôtel de plage de Key West. À l'intérieur, place au romantisme avec lit à baldaquin, Jacuzzi 2 places et peignoirs moelleux. Le couple qui tient l'endroit est très sympathique.

Renaissance Vinoy Resort HÔTEL $$$
(727-894-1000 ; www.vinoyrenaissanceresort.com ; 501 5th Ave NE ; ch 189-349 $; P@). Drapé de rose, l'aristocratique Vinoy de 1925, luxueusement rénové, marie de façon somptueuse le style d'époque et le confort du XXIe siècle, notamment un golf 18 trous, une marina privée, des courts de tennis, 5 restaurants et un centre de remise en forme de 465 m². Renseignez-vous sur les tarifs basse saison et les offres spéciales en ligne. Cela vaut la peine, ne serait-ce que pour la splendide piscine.

Où se restaurer

La scène culinaire a énormément changé récemment, et rivalise avec celle de sa voisine plus raffinée du nord-ouest (Tampa, si vous l'avez oublié), grâce à des concepts innovants et beaucoup de nouveaux établissements. Beach Dr reste un lieu de jolis restaurants de front de mer pour les plus argentés, Central Ave est le centre d'établissements plus ambitieux et expérimentaux.

Nitally's Thai-Mex Cuisine FUSION $

(727-321-8424 ; nitallys.business.site ; 2462 Central Ave N ; plats 7-19 $; 11h-13h30 et 17h30-21h30 mar-ven, 11h-14h et 17h30-21h sam). Tenu par un couple mexicano-thaï, ce lieu de cuisine fusion délicieuse a commencé comme cuisine ambulante, avant de s'installer dans un bâtiment en dur. Les tortillas thaïs au poulet et aux arachides ou les burritos Penang à la sauce *mole* sont des réussites évidentes, mais c'est la soupe *inferno*, assez épicée pour vous envoyer à l'hôpital, qui a fait la réputation de l'endroit.

Taco Bus MEXICAIN $

(727-322-5000 ; www.taco-bus.com ; 2324 Central Ave ; plats 6-13 $; 11h-22h dim-jeu, 11h-4h ven-sam ;). Quand ce stand ambulant de tacos et de burritos a eu besoin d'un emplacement fixe, il s'est installé sans hésiter dans un bon vieux patio voisin. En vedette : *Cochinita pibil, carnitas* et *pollo chipotle*. Une institution de Tampa Bay. Le mardi, tacos à 2 $.

Meze 119 VÉGÉTARIEN $

(727-498-8627 ; www.meze119.com ; 119 2nd St N ; plats 7-14 $; 11h-21h dim-jeu, jusqu'à 22h ven-sam ;). Usant d'épices méditerranéennes pour créer des saveurs riches et complexes, ce restaurant végétarien plaît même aux omnivores exigeants avec ses *Scotch eggs* (boulettes aux œufs durs) au fallafel et *panko* (chapelure japonaise) et une sauce au sésame, et ses épis de maïs farcis à la semoule et aux raisins. Autres classiques très populaires : l'assiette de houmous aux multiples parfums, et l'aubergine sautée servie sur un pain pita. Accompagnez le tout d'une délicieuse *meze-naide* maison.

♥ **Brick & Mortar** AMÉRICAIN MODERNE $$

(727-822-6540 ; www.facebook.com/brickandmortarkitchen ; 539 Central Ave ; plats 14-25 $; 17h-21h mar, 17h-22h mer-jeu ; 16h30-23h ven-sam). C'est un couple qui a lancé cet établissement en 2015, et bien que la ville ait vu naître de très grands restaurants, celui-ci domine le lot. Le meilleur de la carte ? Un carpaccio maison divin aux poireaux, avec un peu de mousse de fromage de chèvre, une touche d'huile de truffes et un ravioli fourré au jaune d'œuf coulant.

♥ **Annata Wine Bar** ITALIEN $$

(727-851-9582 ; www.annatawine.com ; 300 Beach Dr NE ; charcuterie 3/5 sélections 14/20 $; 16h-22h dim-jeu, 16h-23h ven-sam). Ce bar à vins huppé est une institution à Beach Dr et pour les amateurs de charcuterie, avec sa gamme de viandes et de fromages associés à des vins fins italiens, surprenants et délicieux. Le service est sympathique, l'ambiance étonnamment décontractée.

Locale Market MARCHÉ $$

(727-523-6300 ; www.localegourmetmarket.com ; 179 2nd Ave N ; 8h-21h dim-jeu, 8h-22h ven-sam). Dans le centre commercial Sundial, ce marché d'alimentation présente des produits frais, locaux, sélectionnés par les célèbres chefs Michael Mina et Don Pintabona. Comptoirs de fromages et de charcuteries, bars à sushis, monceaux de produits frais ou de salamis, nombreux stands de desserts, entre autres. Le premier vendredi du mois, Locale propose des dégustations guidées par des chefs dans tout le marché (18h30-20h30, 20 $).

Iberian Rooster PORTUGAIS $$

(727-258-8753; www.iberianrooster.com; 475 Central Ave N ; plats 13-32 $; 11h-3h lun-sam, 10h-3h dim ;). Ce nouveau lieu de Central Ave propose de la "cuisine fusion des colonies portugaises", et convoque les saveurs complexes des rues du Mozambique, de Macao, du Brésil et de Goa pour ses assiettes de tapas. Nombreux choix végans, végétariens et sans gluten.

Alésia FRANÇAIS, VIETNAMIEN $$

(727-345-9701 ; alesiarestaurant.com ; 7204 Central Ave ; plats 7,50-18 $; 11h30-14h30 et 17h30-21h mar-ven, 10h -14h30 et 17h30-21h sam). Ce ravissant établissement avec grandes baies vitrées, musique douce en fond sonore et cour ombragée de parasols est né de l'imagination de Sandra Ly-Flores, Erika Ly et Paul Hsu, qui ont voulu recréer les cafés franco-vietnamiens de leur jeunesse parisienne. Le choix de pâtisseries, de crêpes ou de croque-monsieur au petit-déjeuner est cornélien. Les bols de phô épicé et les rouleaux de printemps croustillants vous feront rester longtemps.

Red Mesa Cantina & Lucha Bar MEXICAIN $$
(☎727-896-8226 ; www.redmesacantina.com ; 128 3rd St S ; plats 10-17 $; ⏲11h-22h dim-jeu, 11h-23h ven-sam). Complétant la longue liste des restaurants de spécialités ethniques aux saveurs très contemporaines, le Red Mesa offre de savoureux plats mexicains revisités ainsi qu'un bon choix de ceviches et de tacos. Venu d'Oaxaca, le chef travaille aussi dans un autre restaurant plus ancien vers le nord, Red Mesa, et dans un fast-food/marché, Red Mesa Mercado, qui a ouvert fin 2014. Les trois valent le détour.

Mazzaro's Italian Market SUPERMARCHÉ $$
(☎727-321-2400; www.mazzarosmarket.com; 2909 22nd Ave N ; ⏲9h-18h lun-ven, 9h-14h30 sam). C'est d'ici qu'est partie la folie des charcuteries à St Pete, de cette épicerie spécialisée italienne d'un quartier quelconque du nord-ouest du centre. Le pain frais de Mazzaro, ses charcuteries et ses délicieux fromages voient les clients faire la queue à tous les comptoirs, saliver et admirer les paysages italiens peints aux murs. N'essayez même pas d'y aller autour de Noël !

Chattaway AMÉRICAIN $$
(☎727-823-1594 ; 358 22nd Ave S ; plats 9-20 $; ⏲11h-21h30 dim-jeu, 11h-22h ven-sam). Vestige authentique du vieux St Pete, cet établissement original un peu au sud du centre voit revenir les habitués grâce à son *high tea* (thé dînatoire), ses bons burgers et ses énormes ailes de poulet. La terrasse tranquille, dehors, accueille régulièrement des concerts, et le service est on ne peut plus sympathique. Chiens bienvenus. Espèces uniquement.

Moon Under Water INDIEN $$
(☎727-896-6160 ; www.themoonunderwater.com ; 332 Beach Dr NE ; plats 9-17 $; ⏲11h-22h dim-jeu, 11h-23h ven-sam). Une atmosphère coloniale très british flotte dans cet agréable restaurant servant des curries merveilleusement parfumés. Demandez du piment si vous souhaitez relever votre plat. Les *fish n' chips*, la *shepherd's pie* (sorte de hachis parmentier) et les saucisses-purée font partie des spécialités anglaises de la carte, qui propose aussi des bières britanniques et locales (Cigar City) pression.

Mill AMÉRICAIN MODERNE $$$
(☎727-317-3930 ; themilldtsp.com ; 200 Central Ave ; 3 charcuteries 18 $, plats 15-29 $; ⏲11h-23h mar-jeu, 11h-minuit ven, 10h-minuit sam, 10h-22h dim). Après son ouverture en 2015, le Mill, dans son décor rustique-chic design, est vite devenu le restaurant en vogue, surtout pour le brunch. Murs ornés de matériel de ferme devenu de l'art abstrait – engrenages rouillés, une fourche et une selle polis. Les plats du menu sont aussi très mis en scène, comme c'est le cas dans tous les établissements du chef et restaurateur Ted Dorsey.

Farmtable Kitchen AMÉRICAIN MODERNE $$$
(☎727-566-6555 ; www.localegourmetmarket.com/farmtable-kitchen ; 179 2nd Ave N ; plats 17-38 $; ⏲11h-22h lun-jeu, 11h-23h ven-sam, 17h-21h dim). Cette filiale du Locale Market (p. 411), à l'étage, utilise les produits gourmands du rez-de-chaussée pour sa carte "de la ferme et du golfe à la table", collaboration entre Michael Mina et Don Pintabona, deux chefs qui mêlent leurs influences californienne et italienne. L'établissement, élégant, est réputé pour ses salades fraîches de saison, ses burgers de bœuf maturé, ses steaks grillés au feu de bois, et pour son menu dégustation de huit plats, proposé du jeudi au samedi.

Où prendre un verre et faire la fête

♥ St Petersburg Shuffleboard Club BAR SPORTIF
(☎727-822-2083 ; stpeteshuffle.com ; 559 Mirror Lake Dr N ; ⏲18h-21h mar et jeu, 19h-23h ven). GRATUIT Autrefois sport réservé aux retraités, le *shuffleboard* (un jeu de palets) s'est étendu aux autres générations ici même, le club le plus ancien et qui compte le plus de pratiquants. Le vendredi soir, familles, hipsters, jeunes, vieux et tous les autres s'y retrouvent (en apportant souvent le propre bouteille) pour pousser des palets jusqu'à la victoire.

Mandarin Hide BAR À COCKTAILS
(www.mandarinhide.com ; 231 Central Ave N ; ⏲16h30-3h mar-jeu, 12h-3h ven-sam). Un bar à cocktails à l'éclairage tamisé, ultrabranché, avec des breuvages maison, des lustres rétro et une fausse tête de buffle géante au mur. Les alcools sont forts, les ingrédients frais, avec des cocktails comme le Port of Envy, fait de bourbon Angel's Envy, de la liqueur de sureau St Germain, du porto et de l'amer de noix, avec un trait de bière au gingembre, pour le pétillant.

Canopy BAR À COCKTAILS
(☎727-896-1080 ; www.thebirchwood.com ; 340 Beach Dr NE, Birchwood Inn ; ⏲16h-2h). Au dernier étage, le bar du toit-terrasse du

ST PETE : LA FIÈVRE DE LA BIÈRE ARTISANALE

Depuis l'ouverture de la Dunedin Brewery, de l'autre côté de la baie, en 1996, la région de Tampa Bay connaît un engouement croissant pour la bière artisanale de production locale. Les responsables du tourisme de la ville ont même lancé la promotion d'un sentier de la bière artisanale entre Tarpon Springs et Gulfport. Voici 5 des meilleures brasseries du centre-ville :

Brewers Tasting Room (727-873-3900 ; www.brewerstastingroom.com ; 11270 4th St N ; 11h-23h dim-jeu, 11h-minuit ven-sam). Pub-brasserie expérimentale proposant un choix renouvelé de bières brassées maison, accompagnées de cuisine cajun et de concerts. À 16 km au nord du Museum of Art.

3 Daughters Brewing (727-495-6002 ; www.3dbrewing.com ; 222 22nd St S ; 14h-21h lun-mar, 14h-22h mer-jeu, 14h-minuit ven, 12h-minuit, sam, 13h-20h dim). Salle de brassage de 30 tonneaux proposant diverses variétés de bières, de la blonde légère à la brune vieillie en fût.

Green Bench Brewing (727-800-9836 ; greenbenchbrewing.com ; 1133 Baum Ave N ; 12h-22h mar-jeu et dim, 12h-minuit ven-sam). Garage en brique rouge devenu une brasserie de 15 tonneaux équipée d'un *beer garden* où l'on passe un bon moment, même en famille.

Cycle Brewing (534 Central Ave ; 15h-minuit lun-jeu, 15h-1h ven, 12h-1h sam, 12h-22h dim). Brasserie branchée avec tables en terrasse servant un choix renouvelé de 12 bières pression d'envergure internationale. Pas de site Internet, mais présent sur les réseaux sociaux.

Ale & the Witch (727-821-2533 ; www.thealeandthewitch.com ; 111 2nd Ave NE ; horaires variables). La brasserie la plus courue de St Pete, avec plus de 32 bières artisanales et un "witch flight", quatre bocks de dégustation de 12 cl, à 7 $.

Birchwood Inn (p. 410) est actuellement le lieu le plus tendance pour prendre un verre tard le soir – ce qu'il doit à son ambiance glamour et à sa vue panoramique sur Beach Dr. Les couples musardent dans l'espoir d'obtenir l'une des *cabañas* privées, tandis que les fêtards s'installent sur les longs canapés réchauffés par des braseros.

Mad Hatters Ethnobotanical Tea Bar GAY

(727-521-9514 ; www.madhattersteabar.com ; 4685 28th St N ; 24h/24). Monté par deux barmen très connus localement devenus sobres, Judah and Levi Love, ce salon de thé psychédélique propose des décoctions sans alcool exotiques telles que *kava* (fait avec une racine venant du Pacifique Sud), ou *kratom* (à partir de feuilles d'un arbre d'Asie du Sud-Est contenant des composés opiacés). Beaucoup de jeux et des peintures murales originales autour d'*Alice au pays des merveilles*. Service super sympathique.

☆ Où sortir

♥ Jannus Live SALLE DE CONCERT

(727-565-0550 ; www.jannuslive.com ; 16 2nd St N). Très appréciée pour ses concerts en plein air, dans une petite cour intimiste. On entend la musique des groupes locaux et nationaux se propager dans le centre-ville.

American Stage THÉATRE

(727-823-7529 ; www.americanstage.org ; 163 3rd St N ; 29-59 $). Une des compagnies de théâtre de la région de Tampa Bay les plus réputées y présente des pièces américaines classiques et les dernières pièces primées des Tony Awards, ainsi que des spectacles d'improvisation.

Florida Orchestra MUSIQUE CLASSIQUE

(7272-892-3331 ; www.floridaorchestra.com ; 244 2nd Ave N, suite 420 ; 15-75 $). La billetterie de l'orchestre de Floride se trouve à St Petersburg, mais l'orchestre joue au Straz Center de Tampa (p. 404) aussi bien qu'au Mahaffey, en centre-ville.

Mahaffey Theater SALLE DE SPECTACLE

(727-892-5767 ; www.mahaffeytheater.com ; 400 1st St S ; 15-70 $). Cette superbe salle de 2 031 places affiche une programmation variée, dont des spectacles comiques, des spectacles de Broadway ou de danse, et des concerts classiques.

Coliseum Ballroom DANCING
(☎727-892-5202 ; www.stpete.org/coliseum ; 535 4th Ave N ; thé dansant 7-10 $). Ce dancing à l'ancienne datant de 1924 accueille des événements ponctuels, et un thé dansant régulier (1er et 3e mercredis du mois, d'octobre à mai).

Tropicana Field STADE
(www.mlb.com/rays ; angle 1st Ave S et 16th St S ; 9-85 $; ⏲9h-17h). L'équipe de base-ball de ligue majeure des Tampa Bay Rays y joue d'avril à septembre. Une passerelle fait tout le tour du stade pour permettre aux fans de ne rien rater. Grands parkings dans 10th St S, près de 1st Ave S.

Achats

Saturday Morning Market MARCHÉ
(www.saturdaymorningmarket.com ; Al Lang Field, angle 1st St et 1st Ave S ; ⏲9h-14h oct-mai). Pour une plongée dans la vie locale, rien de tel que le marché du samedi matin qui se tient sur le parking Al Lang Field, et rassemble plus de 200 petits producteurs. En été (juin à août), le marché prend ses quartiers à l'ombre, dans Williams Park de 9h à 13h.

Florida CraftArt ARTISANAT
(☎727-821-7391 ; www.floridacraftart.org ; 501 Central Ave ; ⏲10h-17h30 lun-sam, 10h-17h dim). Une association à but non lucratif gère cet espace d'exposition et de vente consacré à l'artisanat de Floride. Céramique, bijoux, verrerie, vêtements et objets d'art : originalité et qualité sont au rendez-vous.

Haslam's Book Store LIBRAIRIE
(☎727-822-8616 ; www.haslams.com ; 2025 Central Ave ; ⏲10h-18h30 lun-sam, 12h-17h dim). Véritable curiosité en soi, Haslam's se targue d'être la plus grande librairie indépendante du Sud-Est américain. Occupant un demi-pâté de maisons, elle offre un choix exceptionnel de livres neufs et d'occasion, avec une formidable section sur la Floride.

Renseignements

St Petersburg Area Chamber of Commerce (☎727-821-4069 ; www.stpete.com ; 100 2nd Ave N ; ⏲9h-17h lun-ven). Bonnes cartes et guide routier disponibles auprès du personnel serviable de la chambre de commerce.

Bayfront Medical Center (☎727-823-1234 ; www.bayfrontstpete.com ; 701 6th St S ; ⏲24h/24). Adresse pratique en centre-ville.

John's Hopkins All Children's Hospital (☎727-898-7451 ; www.allkids.org ; 501 6th St S ; ⏲24h/24). Le plus grand hôpital de la région.

Depuis/vers St Petersburg

AVION

Albert Whitted Airport (107 8th Ave SE). Vols vers Fort Lauderdale et les Bahamas.

St Petersburg-Clearwater International Airport (carte p. 395 ; ☎727-453-7800 ; www.fly2pie.com ; Roosevelt Blvd-Hwy 686, Clearwater). Vols régionaux essentiellement. Vols internationaux à destination de Toronto, d'Ottawa et de Halifax (Nouvelle-Écosse).

BUS

Greyhound (☎727-898-1496 ; www.greyhound.com ; 180 Dr Martin Luther King Jr St N). Bus depuis/vers Miami, Orlando et Tampa.

Pinellas Suncoast Transit Authority (PSTA ; www.psta.net ; tarif plein/réduit 2,20/1,10 $). Les bus municipaux desservent les plages des îles-barrières et Clearwater. Forfaits illimités Go Cards à 5 $/jour.

VOITURE

De Tampa, prenez l'I-275 vers le sud via le Howard Frankland Bridge. L'I-375 ou I-175 permettent d'accéder au centre-ville.

Pour Sarasota, continuez sur l'I-275 vers le sud via le Sunshine Skyway Bridge, qui rejoint l'I-75 et l'US 41 (Tamiami Trail).

Pour St Pete Beach, suivez l'I-275 jusqu'à la sortie 17, puis l'US 682/Pinellas Bayway. Autre possibilité, prendre Central Ave vers l'ouest jusqu'à Treasure Island Causeway ou descendre 66th St vers le sud jusqu'à Corey Causeway.

Pour Clearwater Beach, prenez l'US 19 (34th St à St Petersburg) vers le nord jusqu'à Gulf to Bay Blvd, puis en direction de l'ouest et suivez les indications.

Comment circuler

Downtown Looper (www.loopertrolley.com ; 50 ¢ ; ⏲10h-17h dim-jeu, 10h-minuit ven-sam). De vieux trolleys font le tour du centre-ville, toutes les 15 à 20 minutes ; idéal pour avoir un aperçu de la ville.

St Pete Beach et les plages des îles-barrières

À tout juste 20 minutes du centre-ville de St Petersburg, les plages mythiques des îles-barrières constituent le cœur balnéaire de la péninsule. Les vacanciers accourent le long de ces 48 km de littoral urbanisé, dont les eaux miroitantes d'un bleu azur deviennent l'antidote idéal à la vie urbaine. L'hiver et le printemps correspondent à la haute saison, surtout de janvier à mars. Il faut réserver son hébergement longtemps à l'avance pour ces mois et arriver tôt pour éviter la circulation. Le stationnement devient aussi parfois difficile.

Si St Pete Beach est la plus importante, chaque localité de bord de mer a quelque chose d'unique.

À voir

Les plages des îles-barrières offrent presque toutes la même qualité d'excellence. La différence tient plutôt à leur degré d'équipement pour les touristes. Certaines ont davantage de parkings, de commerces et d'hôtels, ainsi qu'un meilleur accès, quand d'autres sont pour l'essentiel bordées de quartiers résidentiels. Du sud au nord, cette partie de littoral passe par les villes de Pass-a-Grille, St Pete Beach, Treasure Island, Madeira, Redington, Indian Shores, Indian Rocks et Belleair, aux couleurs fanées par le soleil. Sand Key et Clearwater au nord sont plus adaptées aux touristes que Bellair, au stationnement public limité.

Le parcmètre coûte 1,25 $ l'heure, et il y a des kiosques pour le paiement sur certains parkings.

Fort DeSoto Park PLAGE

(727-552-1862 ; www.pinellascounty.org/park ; 3500 Pinellas Bayway S ; aube-crépuscule). GRATUIT Avec 460 ha de nature préservée, le parc de Fort DeSoto est un des premiers parcs côtiers de Floride. Il inclut 11 km de plages (dont une pour les chiens), deux jetées pour pêcher et un réseau étendu de sentiers couvrant cinq îles reliées entre elles. Sur les deux secteurs de baignade, **North Beach**, longue plage de sable fin, est la meilleure. O y trouve des aires de pique-nique herbeuses, un café et une boutique de cadeaux (10h-16h lun-ven, 10h-17h sam-dim). Au café, on peut louer à l'heure vélos (10 $) et kayaks (23 $).

East Beach, plus petite et au sable plus grossier, est par conséquent moins fréquentée. Le fort dont le parc tient son nom date de la guerre hispano-américaine (1898). Il se trouve dans l'angle sud-ouest de Mullet Key, autrefois habité par les Tocobaga, une tribu amérindienne. Pendant la guerre de Sécession, les troupes de l'Union furent cantonnées ici et sur l'île inhabitée d'Egmont Key. On peut visiter le **fort Dade**, fort en ruines d'Egmont, en **ferry** (727-398-6577 ; www.hubbardsmarina.com/egmont ; adulte/ -11 ans 20/10 $) depuis le parc. Sur place, on peut se promener dans le fort et les maisons abandonnées, voir des tortues gaufrées, une espèce protégée, ou ramasser des coquillages et faire du snorkeling (location de matériel 5 $).

Le Fort DeSoto Park est fléché depuis l'US 682/Pinellas Bayway (sortie 17 de l'I-275). Le parking coûte 5 $.

Pass-a-Grille Beach PLAGE

(www.pass-a-grillebeach.com ; Gulf Way). Le superbe cordon de sable de Pass-a-Grille Beach est la plage la plus paradisiaque des îles-barrières. Elle est uniquement bordée de maisons de vacances, et d'un long parking public payant. Là, on peut voir les bateaux franchir le Pass-a-Grille Channel, embarquer à bord d'une navette **Shell Key Shuttle** (727-360-1348 ; www.shellkeyshuttle.com ; Merry Pier, Pass-a-Grille ; adulte/enfant 25/12,50 $; navettes 10h, 12h et 14h) pour découvrir le paysage intact de **Shell Key**, ou se replier dans le petit centre villageois à l'ambiance décontractée pour grignoter un morceau ou manger une glace.

Egmont Key State Park PARC

(www.fws.gov/egmontkey ; 8h-crépuscule). Des soldats de l'Union étaient cantonnés sur l'île déserte d'Egmont Key durant la guerre de Sécession. On peut y visiter Fort Dade, en ruines, en venant en ferry (ci-contre) du Fort DeSoto Park. On peut aussi explorer les maisons abandonnées, saluer les tortues gaufrées (protégées), ramasser des coquillages et faire du snorkeling (location de matériel 5 $) au large de la plage.

Seaside Seabird Sanctuary RÉSERVE FAUNIQUE

(727-392-4291 ; www.seabirdsanctuary.com ; 18328 Gulf Blvd, Indian Shores ; sur don ; 8h-16h). Plus grand hôpital pour oiseaux sauvages d'Amérique du Nord, ce sanctuaire permet de voir plus de 100 espèces d'oiseaux marins ou terrestres, et notamment des pélicans, chouettes, goélands et faucons, durablement diminués, qui vivent ici, ainsi qu'un vieux faucon à queue rouge baptisé Isis. Plusieurs milliers d'oiseaux sont soignés et remis en liberté chaque année. Sans surprise, l'endroit sent un peu le poisson.

St Pete Beach PLAGE

(www.stpetebeach.org ; Gulf Blvd). Dominée par l'hôtel Don CeSar, immense hôtel historique de style méditerranéen mauresque, la longue et large St Pete Beach est jalonnée d'innombrables kiosques de location de parasols et chaises longues. Elle est très fréquentée par les familles et les Spring Breakers qui apprécient les grands parkings publics, les restaurants, les bars et les motels situés à deux pas.

Treasure Island PLAGE
(Gulf Blvd). Encore plus large que St Pete Beach, celle-ci est également davantage envahie de vacanciers, de commerces et de motels. Très bétonnée, elle compte de nombreux accès publics, des terrains de volley et des bars au décor poynésien au bord de l'eau, dont beaucoup reliés par le **Treasure Island Beach Trail**, promenade de ciment d'1,6 km.

Indian Rocks Beach PLAGE
(www.indian-rocks-beach.com ; Gulf Blvd). Cette plage plus calme, qui vise plutôt les familles, plaît aux excursionnistes à la journée en quête d'une place sur le sable. Tout se passe autour de 17th Ave, où on trouve des toilettes publiques et plusieurs bars et restaurants de produits de la mer fréquentés. Côté sud, une jolie réserve naturelle ; on peut amarrer son bateau (7h-21h) au seul ponton public gratuit de l'Intracoastal Waterway.

Où se loger

L'aller-retour entre St Petersburg et Fort DeSoto, Pass-a-Grille et St Pete Beach se fait facilement dans la journée pour qui ne souhaite pas loger en bord de mer. Sinon, il est conseillé de réserver. Si vous arrivez sans réservation, sillonnez Gulf Blvd à St Pete Beach et Treasure Island. Motels, hôtels et résidences se succèdent dans l'artère principale. Tarifs très réduits en basse saison.

♥ **Fort DeSoto Park Campground** CAMPING $
(☎727-582-2100 ; www.pinellascounty.org/park ; 3500 Pinellas Bayway S ; empl tente 34-36 $, empl camping-car 40-42 $; ⌚bureau 9h-18h sam-jeu, 9h-21h ven ; P). Pour planter sa tente sur la côte du Golfe, rien ne vaut les quelque 200 emplacements à l'ombre de gros palmiers et donnant souvent sur l'eau de ce camping bien équipé – douches chaudes, pelouse, supérette en plus des autres équipements du parc. Les réservations en ligne peuvent s'effectuer 3 mois à l'avance, mais chaque vendredi, quelques places sont attribuées sur la base du "premier arrivé, premier servi".

Postcard Inn MOTEL $$
(☎727-367-2711 ; www.postcardinn.com ; 6300 Gulf Blvd, St Pete Beach ; ch à partir de 230 $; P ❄ @ ≋). Ne serait-ce que pour sa décoration très culture surf des années 1950, le Postcard Inn se démarque à St Pete Beach. Les deux bâtiments tout en longueur du Colonial Gateway de 1957 ont été transformés en repaire chic dont les chambres sur le thème du surf s'agrémentent de fresques évoquant l'art de prendre la vague. Certaines disposent de hamacs ; toutes donnent sur la piscine de belle taille. Tables de ping-pong, bar de plage et accès à la plage.

À noter : l'hôtel-restaurant voisin récemment rebaptisé et rénové, le Boathouse, dispose d'un fumoir à viande qu'il maîtrise à souhait (essayez le sandwich à la poitrine fumée).

Bon-Aire Resort Motel COMPLEXE HÔTELIER $$
(☎727-360-5596 ; www.bonaireresort.com ; 4350 Gulf Blvd, St Pete Beach ; ch à partir de 170 $; P ❄ ≈ ≋). Géré en famille depuis plus de 60 ans, le Bon-Aire est l'un des secrets les mieux gardés de St Pete. Ayant conservé peu ou prou la même allure qu'à sa construction en 1953, il se tient sur une large plage et comporte tout un choix de chambres, de studios et d'appartements disséminés dans un beau jardin fleuri. La clientèle fidèle revient encore et encore, charmée par les 2 piscines, les terrains de jeu de palet et le bar de plage **Sandbar Bill's** (☎727-360-5596 ; 4350 Gulf Blvd, St Pete Beach ; plats 5-10 $; ⌚11h-20h). Pensez à réserver.

Don CeSar Hotel COMPLEXE HÔTELIER $$$
(☎727-363-5079 ; www.doncesar.com ; 3400 Gulf Blvd, St Pete Beach ; ch 250-400 $; P ❄ @ ≈ ≋). Ce magnifique palace rose datant de 1928 brille comme un mirage quand on arrive à St Pete Beach par la digue. Bâti en 1928, c'est le genre de palace balnéaire élégant dans lequel on imagine Francis Scott Fitzgerald prendre un cocktail, avec des salles dominées par de grands lustres et des bungalows blancs près de la piscine. On a peine à croire qu'il a servi d'hôpital militaire dans les années 1940. Les chambres jouent plus la carte de la décontraction, et vous trouverez toutes les prestations d'un 4-étoiles : de bons restaurants, un spa à l'européenne, des activités pour les enfants et surtout une plage glamour. Dernière nouveauté, un bar sportif en plein air, au bord de la plage, avec des barbecues.

Inn on the Beach MOTEL $$$
(☎727-360-8844 ; www.innonbeach.com ; 1401 Gulf Way, Pass-a-Grille ; ch 195-450 $; P ❄ ≈). Les 12 chambres et 4 cottages de ce paisible

refuge en bord de mer sont de véritables petits bijoux. Le soir, on prend plaisir à retrouver leurs tonalités corail et bleu canard, leurs kitchenettes fonctionnelles et leurs ravissantes sdb carrelées. Quelques-unes au 1er étage jouissent d'une superbe vue sur le golfe. Au dernier étage, la suite Ibis, pour les lunes de miel, est à se pâmer.

Coconut Inn AUBERGE $$$
(727-367-3030 ; www.pagbeachinns.com ; 113 11th Ave, Pass-a-Grille ; ch 290-395 $;). Pour rester dans le style vieille Floride du village, aux constructions basses, cette maison de bardeau propose 11 studios avec kitchenettes confortables, certains avec un coin salon, d'autres avec des balcons qui donnent sur le jardin ou le golfe. Entourant une cour avec piscine, ils disposent également de transats et de vélos gratuits.

Thunderbird Beach Resort MOTEL $$$
(727-367-1961 ; www.thunderbirdflorida.com ; 10700 Gulf Blvd, Treasure Island ; ch et app à partir de 247 $;). Depuis 1958, son enseigne Art déco attire l'œil des voyageurs, et le Thunderbird reste une valeur sûre au cœur du couloir commercial de Treasure Island. Les chambres standards impeccables privilégient les nuances cuivrées plus sages au kitsch balnéaire, mais les véritables atouts restent la piscine, le bar tropical et la plage.

Où se restaurer

Walt'z Fish Shak POISSON ET FRUITS DE MER $
(727-395-0732 ; www.waltzfishshak.com ; 224 Boardwalk Pl E, Madeira Beach ; plats 4-12 $; 17h-20h30 mar-ven, 12h-15h et 17h-20h30 sam, 12h-15h dim). Dans le restaurant de poisson de Walter Gerbase, le *modus operandi* est simple : la pêche du jour (poissons locaux uniquement, dont souvent du mérou, du cobia et de la sériole) est inscrite sur le tableau noir. À vous de choisir ensuite le mode de préparation (grillé, frit ou noirci), et le poisson sera accompagné de *coleslaw*, de salade ou de légumes crus. Quand il n'y a plus de poisson, le restaurant ferme. Arrivez tôt pour obtenir une table et avoir le choix.

Paradise Grille POISSON ET FRUITS DE MER $
(727-367-1495 ; 900 Gulf Way, Passe-a-Grille ; 6-10 $/pièce ; 8h-crépuscule). Une terrasse sur la plage, de la bière fraîche et les meilleures crevettes du coin : c'est un vrai petit paradis. On sert également un délicieux petit-déjeuner. Marché artisanal et concerts les vendredis, samedis et dimanches.

Guppy's POISSON ET FRUITS DE MER $$
(727-593-2032 ; www.3bestchefs.com ; 1701 Gulf Blvd, Indian Rocks ; plats midi 9-14 $, soir 13-25 $; 11h30-22h, jusqu'à 22h30 ven-sam). Difficile de battre Guppy's en matière de variété, de qualité et de prix, d'où l'affluence tous les soirs. Du cobia à l'ail aux Saint-Jacques de pleine mer saupoudrées de café Kona, le Guppy's couvre tous les styles et les budgets. On ne prend pas de réservations pour moins de six personnes, mais appeler une heure avant permet de vous inscrire sur la liste d'attente pour obtenir une table.

Ted Peter's Famous Smoked Fish POISSON ET FRUITS DE MER $$
(727-381-7931 ; www.tedpetersfish.com ; 1350 Pasadena Ave, St Pete Beach ; plats 6,50-19 $; 11h30-19h30 mer-lun). Depuis les années 1950, on fume dans le petit fumoir du Ted Peter's saumon frais, maquereau, *mahi-mahi* et mulet, qui finissent ensuite dans des plats et sandwichs à déguster à la bonne franquette, à des tables de pique-nique. Paiement en espèces uniquement. Si vous apportez votre propre pêche, ils vous la fumeront, pour 2 $ la livre.

Fetishes FRANÇAIS $$$
(727-363-3700 ; www.fetishesrestaurant.com ; 6305 Gulf Blvd, St Pete Beach ; plats 19-60 $; 17h-22h mar-sam). Sous l'œil acéré de Bruce Caplan, les délicieux classiques tels que steak Diane, Saint-Jacques et sole meunière sont sautés, flambés et parfumés au cognac à la table des convives. Tant qu'à faire, cassez votre tirelire en optant pour un cabernet Silver Oak Alexander Valley aux arômes de cerise noire tiré de la cave à vins vitrée.

Salt Rock Grill POISSON ET FRUITS DE MER $$$
(727-593-7625 ; www.saltrockgrill.com ; 19325 Gulf Blvd, Indian Shores ; plats 15-40 $; 16h-22h lun-jeu, 16h-23h ven-sam, 12h-22h dim). Tout est à la vue de tous dans cet établissement haut de gamme contemporain près du port : la cave à vins au sous-sol à travers un hublot, le front de mer à travers les baies vitrées et depuis la terrasse, sans oublier le gril au charbon de bois de la cuisine ouverte, où poissons et viandes sont saisis à 650°C.

Où prendre un verre et faire la fête

Hurricane BAR
(727-360-9558 ; www.thehurricane.com ; 807 Gulf Way, Pass-a-Grille ; 7h-22h lun-jeu et dim,

7h-23h ven-sam). Délaissez les restaurants médiocres de l'établissement pour vous rendre tout droit au bar en *rooftop* avec vue panoramique à 360°. Le plus bel endroit de la plage pour siroter un apéritif. Les Bloody Mary d'ici sont réputés, et se marient bien aux sandwichs de mérou frais.

Undertow Bar BAR
(3850 Gulf Blvd, St Pete Beach ; ⏲11h-3h). Habitants, motards et étudiants se retrouvent dans l'un des trois bars de ce bar de plage au sol dallé, au comptoir rose original et aux serveuses en bikini pour prendre un verre ou flirter, de jour comme de nuit, au bord de la plage. Quand des groupes de reggae ou des DJ ne se produisent pas, la musique country domine la programmation. Ambiance conviviale et décontractée.

Depuis/vers St Pete Beach et les plages des îles-barrières

On peut rallier ces îles depuis le continent via les routes suivantes (en commençant par le sud) : Pinellas Bayway, Pasadena Ave S, Treasure Island Causeway, 150th Ave, Park Blvd N, Walsingham Rd et W Bay Dr. Gulf Blvd relie aussi l'île-barrière la plus au nord à Clearwater Beach.

Comment circuler

Les **Suncoast Beach Trolleys** (☎727-540-1900 ; www.psta.net ; trajets/passes journée 2,25 $/5 $; ⏲5h05-22h10 lun-jeu et dim, 5h05-minuit ven-sam) parcourent la totalité de Gulf Blvd, toutes les 20-30 minutes, du nord de St Pete Beach à Clearwater, avec des correspondances pour d'autres lignes de bus et de trolleys.

Tampa Bay Taxi (☎727-398-6577 ; www.tampabayferry.com ; aller simple/passes 10/19,50 $; ⏲10h-19h45) est un nouveau bateau-taxi, qui transporte des passagers d'une île-barrière à l'autre.

Clearwater et Clearwater Beach

☎727 / 113 003 HABITANTS

Clearwater Beach est un petit bout d'île-barrière chic, quoiqu'un peu fade, quand sa voisine à l'est est une municipalité excentrique orientée vers les classes populaires. Si Clearwater Beach fait une plus belle villégiature, Clearwater est plus animée le soir. C'est là que la chaîne de restaurants Hooters a vu le jour en 1983, avec son concept "burgers et jolies filles" qui résume bien l'esprit du Spring Break.

Si Clearwater Beach offre des plages et des parcs idylliques, le centre de Clearwater, resté tel qu'il était dans les années 1950 et peuplé de gens en costumes gris, est dominé par le siège spirituel international de l'Église de scientologie. Surnommé "Flag Land Base", il occupe l'historique Fort Harrison Hotel depuis la fin des années 1970 ; l'Église de scientologie possède plus de 60 propriétés en ville. Aucun de ces bâtiments n'est ouvert au public et la ville elle-même reste très ambivalente quant au fait que l'on y recense le plus grand nombre de scientologues en dehors de Los Angeles.

À voir

Clearwater Marine Aquarium AQUARIUM
(☎727-447-1790 ; www.seewinter.com ; 249 Windward Passage, Clearwater ; tarif plein/3-12 ans 22/17 $; ⏲9h-18h). Résidence de Winter le dauphin, cet aquarium à but non lucratif a pour objectif de recueillir et soigner les animaux marins blessés : dauphins, loutres de mer, poissons (dont des raies), tortues caouannes et de Kemp. Les visiteurs peuvent interagir avec les animaux, dont beaucoup sont trop blessés pour être remis en liberté. Sachez que l'interaction avec les humains peut être dommageable aux dauphins et aux requins, et les experts du bien-être animal recommandent de les laisser dans leurs bassins plutôt que de les exhiber devant des visiteurs payants.

Sand Key Park & Beach PLAGE
(1060 Gulf Blvd, Sand Key ; ⏲7h-crépuscule). Si vous voulez passer une journée à la plage loin des foules et de l'agitation mercantile, allez dans ce parc côtier de 26 ha, idéal pour les familles. Il se trouve immédiatement au sud de Clearwater Pass Bridge, à la pointe septentrionale de l'île-barrière. Si le sable n'égale pas celui de Clearwater Beach, les familles du coin apprécient néanmoins cette large plage où l'on peut ramasser de jolis coquillages. Il y a des toilettes et des douches extérieures, mais il faut apporter son casse-croûte. Le Jolley Trolley de Clearwater s'y arrête. Stationnement : 5 $/jour.

Pier 60 PLAGE
(☎727-449-1036 ; www.sunsetsatpier60.com ; 1 Causeway Blvd, Clearwater Beach). En haute saison, la longue plage de sable blanc et soyeux de Clearwater se couvre d'étudiants et de familles élargies. Complexes hôteliers et bars de plage animés la bordent,

notamment près du Pier 60, où l'on fête le coucher du soleil chaque soir. Au programme : musiciens, magiciens, artistes et stands de souvenirs. Dans Coronado Dr en face de la jetée, des kiosques proposent des séances de parachute ascensionnel, des sorties de pêche, des croisières, etc.

Où se loger et se restaurer

Parker Manor Resort MOTEL $$

(727-446-6562 ; www.parkermanor.com ; 115 Brightwater Dr, Clearwater Beach ; ch 100-130 $, app 2 ch 170-185 $; P). Pour encore plus de tranquillité, ce petit établissement bien tenu du port permet d'accéder à pied à la plage. Sa clientèle assez âgée aime jouer au billard dans la cour couverte et paresser au bord de la piscine. Les suites équipées de cuisine se prêtent aux longs séjours.

Opal Sands Resort COMPLEXE HÔTELIER $$$

(727-450-0380 ; www.opalsands.com ; 430 S Gulfview Blvd, Clearwater Beach ; à partir de 375 $; P). À Clearwater Beach, on ne parle que de la façade blanche scintillante semi-circulaire de l'Opal Sands Resort, le tout dernier complexe hôtelier du groupe de luxe Opal Collection. Chambres spacieuses et confortables avec balcons et une belle vue sur le golfe, piscine au fond incliné qui donne l'impression d'entrer dans l'océan. Le restaurant italien au nom étrange, Sea-Guini, est branché et délicieux.

SandPearl Resort COMPLEXE HÔTELIER $$$

(727-441-2425 ; www.sandpearl.com ; 500 Mandalay Ave, Clearwater Beach ; ch 500-600 $; P). Ce complexe hôtelier de plage, à courte distance à pied du Pier 60 et des restaurants de Clearwater, a obtenu la certification écologique LEED Silver. Dans la veine des tendances les plus en vogue, il compte un spa respectueux de l'environnement, des cales d'accostage, et 253 chambres et suites aux tons sable, avec mobilier en bois sombre et balcons donnant sur le golfe.

Frenchy's Original Cafe POISSON ET FRUITS DE MER $

(727-446-3607 ; www.frenchysonline.com ; 41 Baymont St, Clearwater ; plats 8-15 $; 11h-23h). Cette petite paillote à même la plage sert des sandwichs au poisson qui vous feront rêver des mois durant. Les rondelles d'oignons et le *coleslaw* d'ananas, léger et sucré, s'y marient parfaitement, pour un résultat très croustillant. Le bar a quatre enseignes dans Clearwater.

Où sortir

Shephard's Beach Resort LIVE MUSIC

(727-442-5107 ; www.shephards.com ; 619 S Gulfview Blvd, Clearwater Beach). Neuf fois sur dix, la plus grande fête de Clearwater Beach se passe au Shephard's, où trois bars et un night-club bruyant débordent de fêtards. Le Tiki Beach Bar présente souvent sur sa scène des groupes locaux et (trop souvent) de la danse en ligne sur la piste ; le night-club Wave, sur deux niveaux, avec des éclairages et une sono ultramodernes, accueille des DJ connus.

Depuis/vers Clearwater et Clearwater Beach

En arrivant de la péninsule en voiture, prendre la Hwy 19 et poursuivre sur la Hwy 60, puis sur la Memorial Causeway jusqu'à la plage.

Attention : la circulation automobile sur le front de mer est cauchemardesque. Garez la voiture dès que possible et continuez à pied pour profiter au mieux du soleil et de la plage.

Suncoast Beach Trolley (727-540-1900 ; www.psta.net ; tarif plein/réduit 2/1 $; 5h15-22h50 dim-jeu, jusqu'à 0h20 ven-sam), le trolley de la PSTA relie le centre-ville de Clearwater à Clearwater Beach et les plages des îles-barrières jusqu'à Pass-a-Grille au sud.

Comment circuler

Jolley Trolley (727-445-1200 ; www.clearwaterjolleytrolley.com ; tarif plein/réduit 2,25/1,10 $, forfait journalier 5 $; 10h-22h dim-jeu, 10h-23h30 ven-sam). Ce trolley fait le tour de Clearwater Beach et va jusqu'à Sand Key, au sud.

Gulfport

727 / 12 164 HABITANTS

Ne le dites à personne, mais Gulfport est la petite ville balnéaire la plus charmante et décalée en dehors des îles-barrières. Tout au bout de la péninsule dans la baie de Boca Ciega, cette localité d'artistes, LGBT-friendly, est pleine du charme discret, décontracté et festif qui a fait la renommée de la Floride. Ce charme irrésistible opère particulièrement dans la chaleur du soir, quand les arbres de Beach Blvd rayonnent de lumière et que des rires montent des terrasses de restaurant.

Certes, rien à voir avec les îles-barrières, mais Gulfport a bien une plage dotée d'une aire de jeux et d'une aire de pique-nique ombragée.

Fêtes et festivals

Gulfport Art Walk ART

(3007 Beach Blvd ; 18h-22h 1er ven et 3e sam du mois). Découvrez toute la sensibilité empreinte d'ironie des habitants de Gulfport avec cette marche artistique bimensuelle, qui ressemble à une fête de rue toute simple.

Gulfport Fresh Market ALIMENTATION

(www.facebook.com/gulfportfreshmarket ; mar, 9h-14h mai-sept, 9h-15h oct-avr). Le marché de produits frais qui se déploie le mardi dans Bayshore Dr est une belle occasion de s'amuser.

Où se loger

Peninsula Inn AUBERGE $$

(727-346-9800 ; www.historicpeninsulainn.com ; 2937 Beach Blvd ; ch 155-243 $;). Si vous voulez passer la nuit à Gulfport, l'historique Peninsula Inn, rénovée, est un joli choix romantique. Son restaurant, Isabelle's, est également recommandé, avec sa cuisine du Sud classique et ses concerts – souvent un piano et des chanteurs qui reprennent du Sinatra.

Où prendre un verre et faire la fête

Manatees on the Bay BAR

(727-592-2842 ; 3128 Beach Blvd S ; 10h-14h). Un nouveau lieu avec vue panoramique sur la plage, le quai et les bateaux depuis son bar en plein air, à l'étage. Bières américaines à 2 $ pendant la plus longue happy hour de tout le pays, de 11h à 19h. En bonus, un lamantin peint sur le dessus du piano, des tables de billard et de baby-foot.

Depuis/vers Gulfport

De St Petersburg, prendre la I-275 sortie 19 pour 22nd Ave S/Gulfport Blvd, puis tourner à gauche dans Beach Blvd.

De St Pete Beach, prendre la Corey Causeway desservant Gulfport Blvd.

Honeymoon Island et Caladesi Island

Deux des plus belles plages des États-Unis s'étendent au nord de Clearwater : l'une sur Honeymoon Island, accessible par la route (direction ouest par Curlew Rd/Hwy 586 depuis Dunedin), l'autre sur Caladesi Island, accessible uniquement en ferry. En réalité, ces deux îles faisaient autrefois partie de la même île-barrière, scindée en deux par l'ouragan de 1921. À elles deux, elles rassemblent près de 4 km^2 d'un littoral sauvage qui n'a guère changé depuis l'arrivée sur ces côtes des premiers explorateurs espagnols, au milieu des années 1500.

À voir et à faire

Caladesi Island State Park PARC

(carte p. 395 ; 727-469-5918 ; www.floridastateparks.org/caladesiisland ; bateau/kayak 6/2 $; 8h-crépuscule). GRATUIT Au sud de Honeymoon Island, ce parc d'État uniquement accessible par bateau est resté tel que la nature l'a façonné, intact et vierge. Aussi figure-t-il souvent au palmarès des plus belles plages du pays. Nul doute que ses 5 km de sable fin bordé de palmiers arriveront aussi en tête de votre classement. Isolée et peu fréquentée, la plage n'en possède pas moins une marina de 110 places, des kayaks à louer, un minuscule café, des toilettes et des douches.

Honeymoon Island State Park PARC

(carte p. 395 ; 727-469-5942 ; www.floridastateparks.org/honeymoonisland ; 1 Dunedin Causeway ; voiture/vélo 8/2 $; 8h-crépuscule) fut ainsi baptisé dans les années 1940 lorsque l'on fit la publicité de l'île comme destination de choix des jeunes mariés. On y trouve le sable blanc et les eaux chaudes aigue-marine mythiques de la côte du Golfe, ainsi qu'une plage autorisée aux chiens.

Sail Honeymoon Inc. KAYAK

(727-734-0392 ; sailhoneymoon.com ; 61 Causeway Blvd ; kayak simple/double 2 heures 30/40 $; 8h-19h). Location de kayaks, paddles et trimarans à voile, qui peuvent permettre de rallier Caladesi Island.

Où se restaurer

South Beach Pavilion Cafe CAFÉ $

(www.romantichoneymoonisland.com ; Honeymoon Island ; plats 3-13 $; 11h-18h lun-jeu, 10h-18h ven, 8h-18h sam-dim). À côté de la plage qui accepte les animaux, ce café sert sensiblement les mêmes choses que l'Island Cafe plus haut sur la plage, avec une friture de poisson du jour à 16h le vendredi, et des pancakes pour le petit-déjeuner le samedi et le dimanche de 8h à 11h.

Island Cafe CAFÉ $

(727-260-5503 ; Honeymoon Island ; plats 5-9 $; 9h-17h). Sur la plage, l'Island Cafe propose sandwichs, en-cas et bière, ainsi que location de vélos (20 $/h), de kayaks (10-20 $/h) et de parasols (25 $/j).

Depuis/vers Honeymoon Island et Caladesi Island

Caladesi Connection Ferry (727-734-5263 ; www.caladesiferry.org ; adulte/enfant aller-retour 14/7 $; 10h-16h) propose toutes les 30 minutes des ferries depuis Honeymoon Island. Les bateaux, d'une capacité de 62 personnes, se remplissent vite. Mieux vaut venir en semaine si possible. Le retour doit théoriquement se faire dans les 4 heures. Si vous êtes en retard, les passagers à l'heure pour le retour auront la priorité sur vous.

On peut aussi rallier Caladesi Island avec un kayak, paddle ou trimaran de **Sail Honeymoon Inc.** (voir ci-contre), dans Causeway Blvd. La traversée de 15 minutes est facile.

NATURE COAST

La Nature Coast (côte de la Nature) floridienne part du Panhandle vers le sud et traverse un paysage essentiellement rural, composé de parcs, de réserves et d'estuaires. Grâce à ses rivières moussues, ses sources aux eaux tièdes, ses ruisseaux paisibles et ses baies regorgeant de Saint-Jacques et de tarpons, elle a su mieux préserver cette atmosphère de la Floride d'antan souvent promise ailleurs mais difficile à dénicher. Il est vivement recommandé de prévoir un bateau ou un kayak. En effet, c'est une chose de voir de loin les splendides cours d'eau et rivières, c'en est une autre de naviguer sur leurs eaux limpides.

Weeki Wachee Springs

352 / 12 HABITANTS

Si la "Ville des Sirènes" venait à disparaître, ce serait un peu de l'âme de la Floride qui s'envolerait à jamais. La "ville" de Weeki Wachee est presque exclusivement constituée par le parc d'État de Weeki Wachee, et dédiée au spectacle sous-marin de sirènes qui distraient des familles entières depuis 1947.

À voir et à faire

Weeki Wachee Springs State Park PARC

(352-592-5656 ; www.weekiwachee.com ; 6131 Commercial Way, Spring Hill ; adulte/6-12 ans 13/8 $; 9h-17h30). Depuis 1947, le chant des sirènes attire les touristes à Weeki Wachee Springs, une des attractions indépendantes les plus originales de Floride. Esther Williams, Danny Thomas et Elvis Presley ont tous pris place derrière les vitres du théâtre sous-marin pour admirer des sirènes à la queue rose exécutant des pirouettes au milieu des tortues et des poissons. Les 3 spectacles quotidiens d'une demi-heure (11h, 13h30 et 15h), et surtout le principal, *La Petite Sirène*, sont d'un kitsch jubilatoire. Si l'on voit bien que les sirènes sont équipées de tuyaux à air, on est cependant saisi par l'indéniable magie du spectacle et l'aisance avec laquelle elles nagent. Une paisible balade fluviale, un modeste parc aquatique ouvert uniquement le week-end et des aires de pique-nique complètent le tableau des réjouissances pour passer un après-midi de détente. Les prix baissent hors saison, quand l'aquaparc est fermé.

Boating in Florida KAYAK

(352-597-8484 ; 6131 Commercial Way, Spring Hill ; kayak simple/double 34,61/39,94 $, paddle 34,61 $; 8h-12h). Faire du kayak ou du paddle sur la Weeki Wachee River est peut-être la plus belle aventure à vivre dans la région. La source de Weeki Wachee – un trou de 30 m avec un débit 643 000 m³ par jour – est réellement la source de cette rivière cristalline. On trouve sur le parcours de 8 km des plages qui permettent de nager et des balançoires ; vous y verrez des poissons et même des lamantins, en hiver et au printemps.

Depuis/vers Weeki Wachee Springs

La source est à 72 km au nord de Clearwater par l'US 19. Comptez une heure depuis Tampa ; prenez l'I-75 vers le nord jusqu'à Hwy 50 puis prenez vers l'ouest.

Homosassa Springs

352 / 13 791 HABITANTS

Comme vous le dira n'importe quel pêcheur à la mouche, la Homosassa River est un véritable garde-manger pour le fameux roi des mers, le tarpon de l'Atlantique. Chaque été, on trouve sur la rivière 20 ou 30 bateaux de pêcheurs silencieux et concentrés sur leurs lignes. Le tarpon apparaît en mai et s'en va en juillet, à peu près quand débute l'autre pêche principale de la région, celle des Saint-Jacques. Si la période exacte varie, durant trois mois vers le milieu de l'année, des centaines de personnes passent au peigne fin les bancs d'herbes marines de la Homosassa pour profiter de leur quota de 2 gallons (7,5 l) par jour. Des sociétés proposent des excursions d'une demi ou d'une journée de pêche ou de ramassage des Saint-Jacques, avec des déjeuners au bord de l'eau.

Sachez que les eaux chaudes du fleuve sont aussi, d'octobre à mars, le repaire favori des lamantins des Caraïbes. Pour les voir, gagnez le Homosassa Springs Wildlife State Park, plus tranquille que Crystal River.

À voir et à faire

Homosassa Springs Wildlife State Park PARC

(☎352-628-5343; www.floridastateparks.org/homosassasprings; 4150 S Suncoast Blvd; adulte/6-12 ans 13/5 $; ⏲9h-17h30). Ce parc d'État est un parc animalier à l'ancienne, où l'on peut voir les vedettes de la riche faune de Floride : alligators américains, ours noirs, grues blanches, panthères de Floride, petits cerfs à queue blanche, et surtout des lamantins. Le clou du parc est un observatoire sous-marin au-dessus des sources, où seule une paroi vitrée vous sépare de quelque 10 000 poissons évoluant en bancs serrés, et d'énormes lamantins mangeant de la laitue. Différentes présentations d'animaux sont programmées chaque jour, comme celle sur les lamantins (11h30, 13h30 et 15h30). Du Visitor Center partent de courtes balades commentées en bateau dans le parc.

Homosassa Inshore Fishing PÊCHE

(☎352-422-4141 ; www.homosassainshorefishing.com ; demi-journée/journée 350/400 $). Le capitaine William Toney représente la quatrième génération d'une famille de pêcheurs de la Homosassa. Il est spécialisé dans le tambour rouge, la truite, et la Saint-Jacques et propose aussi de cuisiner les prises et de les déguster. Un guide hors pair.

Où se loger et se restaurer

MacRae's MOTEL $$

(☎352-628-2602 ; www.macraesofhomosassa.com ; 5300 S Cherokee Way ; ch à partir de 100 $; ❄📶). Cette bonne adresse est à 5 km du parc de Homosassa Springs, près de la W Yulee Rd. Paradis pour pêcheurs, le motel de 22 chambres est constitué de fausses cabanes en rondins (certaines équipées d'une cuisine) avec vérandas à l'avant pourvues de rocking-chairs. MacRae's tient aussi le bar tropical au bord du fleuve appelé The Shed, idéalement situé pour un verre en fin d'après-midi.

Greenhouse Bistro & Market BISTROT $$

(☎352-503-7276 ; www.greenhousebistromarket.com ; 2420 S Suncoast Blvd ; plats 12-33 $; ⏲11h-20h mer-jeu, 11h-21h ven-sam, 10h-14h dim). Ce mignon bistrot vert tendre, à la cuisine sans gluten, et où tout est fait sur place, est un ajout bienvenu parmi les restaurants plutôt sans surprise de Homosassa. La carte n'est pas particulièrement originale, mais comporte une très bonne assiette de fromages, des salades saines, et des classiques locaux comme le mérou du golfe poêlé, le poulet ou le bœuf élevés en plein air.

Depuis/vers Homosassa Springs

Pour rejoindre le centre de Homosassa, quittez l'US 19 pour suivre la Hwy 490/W Yulee Rd (au sud du parc). Vous voici dans la Floride d'antan : des chênes recouverts de mousse espagnole cachent la route jalonnée de restaurants locaux et de galeries originales.

Crystal River

☎352 / 3 062 HABITANTS

La Floride compte près de 700 sources d'eau douce, dont 33 sont de catégorie 1, ce qui signifie que leur débit est d'au moins 2 800 litres par seconde. La Nature Coast est jalonnée de plusieurs sources de ce type, à fort débit. Le plus grand ensemble comprend une trentaine de sources qui alimentent Kings Bay, près de la ville de Crystal River. D'une température moyenne de 22,5°C, l'eau attire plus de 800 lamantins (et bien plus de touristes) pendant les mois d'hiver, entre octobre et mars. Sans les lamantins, Crystal River, tout comme Homosassa et Cedar Key, ne serait qu'un modeste village de pêcheurs.

À voir

Crystal River National Wildlife Refuge RÉSERVE NATURELLE

(☎352-563-2088 ; www.fws.gov/crystalriver ; 1502 SE Kings Bay Dr ; ⏲8h-17h30 lun-ven). Résidence d'hiver de près de 20% de la population de lamantins de Floride, cette réserve de faune sauvage protège la quasi-totalité de Kings Bay. On a compté jusqu'à 800 de ces créatures inoffensives menacées en un seul jour de janvier, et comme tous les spectacles naturels, cela attire du monde venu les observer, et même nager ou faire du snorkeling parmi eux. Nombre de touristes veulent s'approcher le plus possible des animaux, ce qui peut être gênant pour les autres. Notez que les écologistes déconseillent de nager avec les lamantins ou de les toucher, affirmant que cela cause aux animaux un stress inutile.

Près de 50 prestataires proposent visites guidées et location de tous moyens de transports nautiques, avec la possibilité de nager parmi les lamantins sauvages. En saison, le spectacle de ces animaux rassemblés et de la baie surpeuplée n'est ni naturel ni sauvage. Pour retrouver la nature, mieux vaut participer à l'une des excursions sur l'eau haut de gamme proposées dans le secteur. On peut commencer par se renseigner auprès des bureaux de la réserve (8h-16h). Sinon, essayez le sentier de Three Sisters dans le parc. Sachez aussi que si les lamantins fréquentent Kings Bay toute l'année, ils ne sont plus que quelques dizaines entre avril et septembre.

Three Sisters Springs SOURCE
(☎352-586-1170 ; www.threesistersspringsvisitor.org ; 123 NW US 19 ; adulte/enfant 15/7,50 $; ⏲8h-17h). Three Sisters Springs est une des nouvelles attractions de la réserve naturelle de Crystal River (voir ci-contre), protégeant 23 ha de nature, avec une promenade de planches permettant de la traverser. On y trouve des évents sous-marins, des "cratères de sable" et une eau de source cristalline peuplée de lamantins qui s'écoule dans Kings Bay, point de départ de la Crystal River. Pas de parking sur place mais le trolley vous déposera à la promenade.

Activités

On vient surtout à Crystal River pour nager avec les lamantins et pêcher les Saint-Jacques. Pour les lamantins, mieux vaut venir entre novembre et avril, quand des centaines d'entre eux viennent de l'océan se nourrir d'herbes marines dans les eaux relativement tièdes de la source. La pêche aux Saint-Jacques se déroule en général au milieu de l'année, et pendant trois mois des centaines de gens viennent fouiller les herbiers marins pour arriver à leur quota quotidien de 2 gallons (7,5 l) par jour.

♥ Aardvark's Florida Kayak Company KAYAK
(☎352-795-5650 ; www.floridakayakcompany.com ; 707 N Citrus Ave ; circuits 50-100 $). Location de kayaks et de paddle, et très bons éco-circuits guidés dans Kings Bay, Chassahowitzka, l'arrière-pays d'Ozello et Rainbow River. Les guides sont des biologistes, des naturalistes et un ancien garde du parc, tous très compétents.

Florida Circumnavigational Saltwater Paddling Trail KAYAK, CANOË
(www.floridapaddlingtrails.com). Cet itinéraire pour kayaks de 2 440 km (le plus long de Floride) comprend une section de 32 km dans le riche écosystème estuarien de la Nature Coast. Il débute à hauteur de la Salt River, près de Crystal River, puis décrit des méandres vers l'est sur la Homosassa River, pour finir par couper vers le sud jusqu'à l'embouchure de la Chassahowitzka River.

Les premiers tronçons de l'itinéraire font partie du Great Florida Birding Trail, et sont logiquement peuplés de nombreux oiseaux. On aperçoit souvent des pélicans, des mouettes, des faucons, des pygargues à tête blanche, des cormorans, des cigognes et d'autres échassiers. L'Ozello Trail de 8,5 km, qui passe par la St Martins Aquatic Preserve, est particulièrement intéressant. Attention : ce circuit ne s'adresse pas aux débutants. On pagaie essentiellement dans des zones reculées, il faut donc se munir d'un GPS et remplir un plan de navigation. Sinon, engagez un guide.

Pour rejoindre Ozello et St Martins, suivez la Hwy 494W, qui traverse la Crystal River National Wildlife Refuge.

Scalloping with Captain Nick Warhurst PÊCHE
(☎352-812-2528 ; 75 $). Le capitaine Nick Warhurst, "Scallop Man" ("Monsieur Saint-Jacques"), emmène ses clients chasser la Saint-Jacques à Crystal River et Homosassa depuis plus de trente ans. Il vient les chercher à leur hôtel et leur fait parcourir les paysages aquatiques pittoresques jusque dans le golfe où les pêcheurs flottent dans un peu plus d'un mètre cinquante d'eau, sur les herbiers marins, en espérant repérer les "yeux" bleus des Saint-Jacques.

Bird's Underwater Dive Center ACTIVITÉS NAUTIQUES
(☎352-563-2763 ; www.birdsunderwater.com ; 320 NW Hwy 19 ; ⏲9h-17h). Cette société réputée propose de faire du snorkeling en compagnie des lamantins, de pêcher la Saint-Jacques, loue des kayaks et propose des cours de plongée. Les règles pour le snorkeling en compagnie des lamantins doivent être impérativement respectées, pour la sécurité des animaux. En résumé,

regardez-les sans les toucher ! Ces excursions partent à 6h et 11h, tous les jours.

Où se loger et se restaurer

Kings Bay Lodge LODGE $$

(☎352-795-2850 ; www.kingsbaylodgefla.com ; 506 NW 1st Ave ; ch sem/week-end 129/139 $; P ❄ 📶). Bâti en 1957 et entièrement refait après son inondation par l'ouragan Hermine en 2016, le Kings Bay Lodge est un des rares hôtels indépendants de Crystal River. Ses 18 chambres pittoresques et bien tenues sont disposées autour d'un grand chêne. Piscine naturelle cristalline, alimentée par une source, avec des plantes, des poissons et parfois des crabes.

Charlie's Fish House POISSON, FRUITS DE MER $$

(☎352-795-3949 ; www.charliesfishhouse.com ; 224 US 19 ; plats 13-20 $; ⏲11h-21h). Institution locale, cet établissement au bord de l'eau offre une vue superbe sur Kings Bay, et de bons plats de la mer comme les pinces de crabe caillou, et le flet farci à la chair de crabe. Le restaurant se double d'un marché au poisson du lundi au samedi, de 8h à 17h30, où on trouve huîtres et crabes cailloux en saison, ainsi que mérous, mulets et rougets.

Depuis/vers Crystal River

Crystal River est 120 kilomètres au nord de Clearwater par l'US 19, et à 1 heure 30 de route de Tampa environ ; prenez l'I-75 vers le nord jusqu'à Hwy 50 puis prenez vers l'ouest.

Tarpon Springs

☎727 / 23 871 HABITANTS

Bienvenue dans la ville la plus grecque du pays ! Tarpon Springs s'est forgé cette réputation à la fin du XIXe siècle, quand on s'aperçut que les éponges de mer abondaient dans le golfe et que des plongeurs grecs équipés de scaphandres vinrent pour lancer cette industrie. Au XXe siècle, les progrès du matériel de plongée leur permirent d'aller plus profond et plus longtemps sous l'eau. Cette industrie florissante fit de Tarpon Springs la "capitale mondiale de l'éponge".

L'industrie périclita dans les années 1940, les éponges se faisant plus rares, mais redémarra dans les années 1980, et Tarpon Springs reste aujourd'hui leader du marché de l'éponge naturelle. Les visiteurs peuvent découvrir tous les aspects de cette industrie unique, des quais aux musées consacrés à l'éponge et à la forte influence grecque de la ville, surtout visible dans ses délicieux restaurants et ses fêtes animées.

À voir

St Nicholas Greek Orthodox Cathedral CATHÉDRALE

(☎727-937-3540 ; www.stnicholastarpon.org ; 17 E Tarpon Ave ; ⏲office 9h-17h lun-jeu). Érigée en 1907, cette cathédrale historique est aussi un centre communautaire gréco-américain et accueille chaque année la célébration de l'Épiphanie. Avec son dôme somptueux, ses riches reliques et ses vitraux, le bâtiment néo byzantin reproduit le plan de la cathédrale Sainte-Sophie à Istanbul, et son autel de marbre de 60 tonnes, offert par la Grèce, a été présenté à la première Exposition universelle de New York.

Historic Sponge Docks SITE HISTORIQUE

(spongedocks.net ; Dodecanese Blvd). Une promenade sur les quais de Dodecanese Blvd permet aux visiteurs de voir des bateaux chargés d'éponges géantes, beaucoup de boutiques de souvenirs (d'assez mauvais goût), des restaurants grecs et des publicités pour les excursions en bateaux locales. Des panneaux décrivent l'histoire de l'industrie de l'éponge.

Fêtes et festivals

Épiphanie CULTURE

(⏲6 jan). Depuis plus de cent ans, le 6 janvier, on se rassemble à Tarpon Springs pour admirer les plongeurs qui partent à la recherche d'une croix de bois immergée. La fête comprend aussi de la cuisine grecque, des danses traditionnelles et une cérémonie en l'honneur de celui qui rapporte la croix.

Où se loger et se restaurer

♥ **1910 Inn** B&B $$

(☎727-424-4091 ; www.the1910inn.com ; 32 W Tarpon Ave ; ch 170-198 $). Se distinguant par son architecture Queen Anne, classée monument historique de Tarpon Springs, cette maison de 1910 est désormais un B&B et un espace événementiel. Les clients adorent la façade turquoise claire, la grande véranda qui en fait le tour et sa tourelle ronde. À l'intérieur, les six chambres hautes de plafond ont des parquets bien cirés. Très bien située dans le centre, près de la cathédrale orthodoxe Saint-Nicolas.

Dimitri's on the Water GREC $$
(727-945-9400 ; dimitrisonthewater.com ; 690 Dodecanese Blvd ; plats 12-28 $; 11h-22h). Le plus ambitieux restaurant grec de Tarpon Springs se trouve au bord de l'Anclote River, avec une agréable terrasse et une jolie vue au coucher du soleil. Mais on y vient pour la cuisine, notamment les wraps d'agneau géants, les salades grecques fraîches et la délicieuse moussaka.

Hellas Restaurant and Bakery GREC $$
(727-943-2400 ; www.hellasbakery.com ; 785 Dodecanese Blvd ; plats 8-18 $; 11h-22h dim-jeu, 11h-23h ven-sam). Institution locale, avec son cheesecake au baklava et son jarret d'agneau fondant, ce restaurant grec est excellent depuis 1970. Le décor bleu et blanc est plein d'objets évoquant la Grèce, avec même un mini-Parthénon et des peintures de paysages helléniques. Le service est rapide et enjoué. La boulangerie ouvre à 9h tous les jours.

Rusty Bellies Waterfront Grill POISSON ET FRUITS DE MER $$
(727-934-4047 ; www.rustybellies.com ; 937 Dodecanese Blvd ; plats 13-28 $; 11h-21h dim-jeu, 11h-22h ven-sam). Ce restaurant avec une terrasse et un bar tiki au bout de Dodecanese Blvd porte le nom vernaculaire d'un type de mérou du golfe. Les pêcheurs rapportent leur pêche tous les jours sur les quais, et on y trouve souvent mérous, *mahi-mahi* et mulets. Concerts au bar tiki tout le week-end.

Où prendre un verre et faire la fête

Cliché Piano Bar and Pool Lounge BAR À COCKTAILS
(727-935-6309 ; 121 E Tarpon Ave ; 20h-2h mer-sam ;). Un bar à cocktails haut de gamme au décor luxueux, dans le centre historique de Tarpon Springs : mosaïques de briques, canapés de velours et lustres ostentatoires.

Achats

Spongeorama Sponge Factory CADEAUX ET SOUVENIRS
(727-943-2164 ; spongeorama.com ; 510 Dodecanese Blvd ; 10h30-17h). On trouve ici la plus grande collection d'éponges de mer naturelles du monde, et des souvenirs de toutes sortes : art, bijoux, luffas, peintures, objets grecs, objets de Floride.... Au fond, le Spongeorama Museum retrace l'histoire de l'industrie de l'éponge à Tarpon Springs grâce à des vitrines et un court-métrage. Le musée, endommagé par l'ouragan Hermine, était fermé à notre passage mais devait rouvrir à l'été 2018.

Tarpon Springs House of Jerky ALIMENTATION
(727-940-8432 ; houseofjerky.net ; 840 Dodecanese Blvd ; jerky de python/alligator/sanglier 21/22,50/30 $; 12h30-18h). Boutique très chère mais amusante où on trouve des *jerkies* (lanières de viande séchée) exotiques, de l'alligator au python et au sanglier sauvage.

Depuis/vers Tarpon Springs

Il vaut mieux venir à Tarpon Springs en voiture, soit du nord, soit du sud, par N Pinellas Ave, qui la traverse.

Les voyageurs intrépides peuvent choisir de s'y rendre à vélo par le **Pinellas Trail** (p. 409), piste cyclable de 60 km qui va de Tarpon Springs à St Pete.

L'aéroport le plus proche est l'**aéroport international de St Petersburg-Clearwater** (p. 395), à 27 km.

CÔTE SUD-OUEST DU GOLFE

Les inconditionnels du côté golfe de la Floride raffolent du littoral ensoleillé qui s'étend entre Sarasota et Naples, deux villes cossues accordant une large place à la culture, et qui donnent le ton de la région. On passe ici nonchalamment de la plage à la visite de musées d'art, à des repas raffinés et à des cocktails sophistiqués. Siesta Key et Fort Myers, avec leurs bars animés, offrent une ambiance festive et décontractée, sans égaler pour autant l'atmosphère débridée qui règne plus au nord au moment du Spring Break (vacances de printemps). La région se prête mieux à la découverte de dents de requins à Venice, au ramassage de superbes coquillages à Sanibel, à une soirée au cirque à Sarasota et à l'achat d'œuvres d'art à Matlacha.

Sarasota

941 / 53 326 HABITANTS

On pourrait passer des vacances entières à la découverte des sites et des magnifiques plages de cette ville sophistiquée, qui a pris tout son temps pour devenir le haut lieu de culture qu'elle est aujourd'hui. Après que les Espagnols eurent chassé la tribu amérindienne des Calusa au XVe siècle, le territoire est resté quasiment vide. Du moins jusqu'aux guerres séminoles et à l'Armed Occupation Act (1842), décret qui accordait une parcelle de 65 ha et six mois de provisions à quiconque s'installerait ici pour défendre sa ferme. Les voiliers et bateaux à vapeur représentaient l'unique lien avec le monde extérieur, avant que le chemin de fer de Tampa fasse son arrivée en 1902. Sarasota devenait une villégiature d'hiver populaire auprès des habitants fortunés et des institutions dédiées à l'art virent le jour. John Ringling, magnat du cirque, décida d'installer son cirque ici, de se faire construire une résidence d'hiver, mais aussi un musée d'art et une université. Ainsi ouvrit-il la voie à la Sarasota d'aujourd'hui : une capitale culturelle accueillante et prospère.

À voir

Ringling Museum Complex MUSÉE

(☎941-359-5700 ; www.ringling.org ; 5401 Bay Shore Rd ; adulte/6-17 ans 25/5 $; 10h-17h ven-mer, jusqu'à 20h jeu ;). La résidence d'hiver de 27 ha de John Ringling (magnat du rail, de l'immobilier et du cirque) et de son épouse Mable, figure parmi les principales curiosités de la côte du Golfe. Elle abrite leur collection personnelle d'œuvres d'art, rassemblée dans ce qui est devenu le **musée d'Art** de l'État de Floride. À proximité, le **musée du Cirque** de Ringling relate les succès du maître des lieux dans ce domaine. Quant à la **Cà d'Zan**, opulente demeure de style gothique vénitien, elle reflète ses goûts extravagants. Ne manquez pas le film sur la vie de Ringling, produit par PBS et projeté au Circus Museum.

➡ John & Mable Ringling Museum of Art

Les Ringling ont rassemblé une collection exceptionnelle de tapisseries et de tableaux européens allant du XIVe au XVIIIe siècle. Aménagé dans un grandiose palais de style méditerranéen, le musée compte 21 galeries exposant de nombreuses œuvres espagnoles et baroques. On voit aussi une collection mondialement réputée de toiles de Rubens dont le cycle du *Triomphe de l'Eucharistie*. Des expositions régulièrement renouvelées, et une exposition permanente d'art contemporain occupent une aile. La Searing Wing ("aile Searing") a accueilli le *Joseph's Coat Skyspace*, étonnante installation de 280 m^2 de lumières changeantes. Ouverte en 2016, une aile expose des œuvres d'art asiatique ancien ou contemporain. Gratuit le lundi.

➡ Cà d'Zan

La Cà d'Zan (maison de John, 1924-1926) résidence d'hiver de Ringling, reflète une élégance toute théâtrale inspirée des deux hôtels vénitiens préférés du propriétaire, le Danieli et le Bauer Grunwald. Les fresques des plafonds sont des chefs-d'œuvre, notamment les *Dancers of Nations* de Willy Pogány dans la salle de bal. Tout est éblouissant, jusqu'aux vagues qui décorent le marbre du patio face à la Sarasota Bay. Les visites libres (10 $) permettent de découvrir les cuisines, le bar et les somptueuses salles de réception du rez-de-chaussée tandis que celles guidées (20 $) donnent également accès aux magnifiques chambres et sdb du 1er étage.

➡ Circus Museum

Ce sont en fait plusieurs musées en un, tout aussi séduisants que le cirque lui-même. Un premier bâtiment réunit les roulottes sculptées à la main, les locomotives et d'autres éléments du cirque itinérant d'origine, le Ringling Bros. Les autres expositions retracent l'évolution du cirque, jusqu'au Cirque du Soleil. Le Howard Bros Circus, cirque miniature représentant à l'échelle 1/12 l'ensemble du Ringling Bros et Barnum & Bailey Circus, est l'œuvre d'un seul homme, Howard Tibbels, un passionné qui mit près de 60 ans à achever ce titanesque et minutieux travail.

Marietta Museum of Art & Whimsy MUSÉE

(☎941-364-3399 ; www.whimsymuseum.org ; 2121 N Tamiami Trail ; don suggéré 5 $; 13h-16h mer-sam). Consacré à la fantaisie, ce musée rose vif et son jardin de sculptures attenant ne manquent pas d'inspiration. Si les expositions changent régulièrement, on peut s'attendre à de nombreuses surprises, des sculptures d'animaux, des tableaux psychédéliques ou des tissus éclectiques, avec des balancelles pour se reposer.

Marie Selby Botanical Gardens JARDIN

(☎941-366-5731 ; www.selby.org ; 811 S Palm Ave ; adulte/4-11 ans 20/10 $; 10h-17h). Si vous ne deviez visiter qu'un seul jardin botanique en Floride, ce serait celui-ci. Il rassemble la plus importante collection scientifique d'orchidées et de broméliacées (plus de 20 000). Avec leurs banians octogénaires, leurs bassins à carpes et leur splendide vue sur la baie, les magnifiques jardins paysagers invitent aussi à la détente. Des expositions, un café et un beau magasin de plantes complètent le tableau.

Sarasota

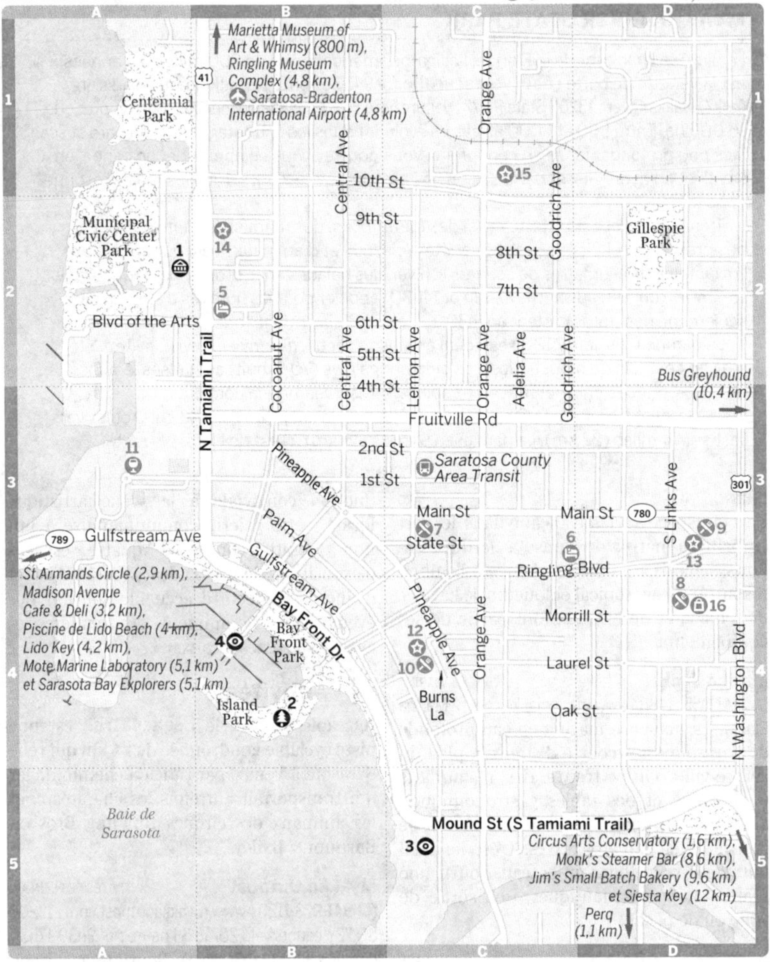

Sarasota

À voir
- 1 Art Center Sarasota A2
- 2 Island Park B4
- 3 Marie Selby Botanical Gardens C5
- 4 Marina Jack B4

Où se loger
- 5 Hotel Indigo B2
- 6 Hotel Ranola C3

Où se restaurer
- 7 Farmers Market C3
- 8 Indigenous D4
- 9 Main Bar Sandwich Shop D3
- Marina Jack's Restaurant .... (voir 4)
- 10 Owen's Fish Camp C4

Où prendre un verre et faire la fête
- 11 Jack Dusty A3

Où sortir
- 12 Burns Court Cinema C4
- 13 McCurdy's Comedy Theatre D3
- 14 Players Theatre B2
- 15 Westcoast Black Theater Troupe C1

Achats
- 16 Towles Court Artist Colony D4

VAUT LE DÉTOUR

MYAKKA RIVER STATE PARK

Le plus vieil habitant de la Floride, l'alligator américain, âgé de 200 millions d'années, est la vedette de cette **réserve naturelle** (941-361-6511 ; www.floridastateparks.org/park/Myakka-River ; 13208 State Rd 72 ; voiture/vélo 6/2 $; 8h-coucher du soleil) de presque 16 000 ha. Entre 500 et 1 000 alligators évoluent dans les eaux stagnantes du parc et ses lacs peu profonds riches en nénuphars. Vous pourrez vous en approcher en canoë, en kayak et en hydroglisseur. À la saison des amours (avril-mai), le râle des mâles résonne dans les eaux.

Très étendu, ce parc abrite aussi des *hammocks*, des marais, des *flatwoods* et des prairies recelant une grande variété d'oiseaux et d'animaux. Il est quadrillé d'une soixantaine de kilomètres de sentiers. L'hiver, des balades en hydroglisseur (adulte/enfant 15/7,50 $) ont lieu à 10h, 11h30, 13h et 14h30 (appeler pour les horaires d'été). En hiver seulement, des trams partent à 11h30, 13h et 14h30, au même tarif.

Le camping (empl 27,12 $) est idéal en saison sèche, de janvier à avril ; évitez l'été, pluvieux et plein de moustiques. Les cinq bungalows (70 $/nuit) climatisés, équipés de draps, ont des cuisines. Réservez sur www.reserveamerica.com.

De Sarasota, prendre l'US 41 vers le sud jusqu'à la Hwy 72/Clark Rd puis rouler vers l'est sur 14 miles (22 km). Le parc est à 9 miles (15 km) à l'est de l'I-75.

Island Park PARC

Ce bel espace vert s'avançant dans le port embellit la marina de Sarasota. Jardin d'enfants, jeux d'eau, toilettes, bancs à l'ombre, restaurant, bar tropical et loueurs de kayaks, de jet-skis et de bateaux font partie de ses équipements.

Marina Jack MARINA

(941-955-9488 ; www.marinajacks.com ; 2 Marina Plaza). La luxueuse marina en eau profonde de Sarasota est à courte distance à pied du centre-ville. On y trouve des restaurants en terrasse et des tables gastronomiques, ainsi que de nombreux tour-opérateurs de croisières et bateaux privés. C'est ici qu'il faut venir pour louer un bateau, s'offrir une séance de sports nautiques, une sortie de voile ou de pêche.

St Armands Circle PLACE

(www.starmandscircleassoc.com). Imaginé par John Ringling dans les années 1920, St Armands Circle consiste aujourd'hui en un centre commercial haut de gamme à ciel ouvert entouré des résidences luxueuses de St Armands Key. Il concurrence pourtant le centre-ville même de Sarasota, tant le monde y afflue en début de soirée pour s'y promener, faire du lèche-vitrines et acheter des T-shirts souvenirs tout en dégustant une glace de chez Kilwins. Une myriade de restaurants de toutes catégories restent ouverts en continu.

Art Center Sarasota GALERIE

(941-365-2032 ; www.artsarasota.org ; 707 N Tamiami Trail ; 3 $; 10h-16h mar-sam). Introduction conviviale à la scène artistique locale, cette galerie communautaire à but non lucratif comprend quatre espaces d'exposition dédiés à des artistes d'ici et d'ailleurs. Le centre accueille souvent des événements, notamment des conférences avec des artistes locaux.

Activités

Agréable et plat, le **Legacy Trail** est une piste cyclable goudronnée de 24 km qui relie Sarasota à Venice par l'ancien chemin de fer qui transportait autrefois les chapiteaux et les animaux des cirques Ringling Bros ou Barnum & Bailey.

Myakka Outpost ACTIVITÉS DE PLEIN AIR

(941-923-1120 ; www.myakkaoutpost.com ; 13208 SR 72 ; canoë/vélo 20/15 $ l'heure ; 9h30-17h30 dim-ven, 8h30-17h30 sam). Boutique de matériel de plein air et café, où on peut aussi réserver des circuits et louer kayaks, canoës ou vélos pour le Myakka River State Park.

Circuits organisés

Siesta Key Rum DISTILLERIE

(Drum Circle Distilling ; 941-702-8143 ; www.drumcircledistilling.com ; 2212 Industrial Blvd ; 12h-17h mar-sam). GRATUIT La plus ancienne distillerie de rhum de Floride propose des visites éducatives et enivrantes de ses installations, dans une zone industrielle un peu à l'écart. Le fondateur de SKR, Troy, orateur doué et hilarant, vous expliquera tout le processus de fabrication du rhum. Les dégustations gratuites à la fin déclencheront sûrement quelques achats.

Fêtes et festivals

Forks & Corks GASTRONOMIE
(941-365-2800 ; info@dineoriginal.com ; jan). Événement épicurien de plusieurs jours, dans différents lieux de Sarasota, et notamment la cour du musée Ringling (p. 426). Dégustations solides ou liquides, démonstrations de vignerons, séminaires, dégustations dans des restaurants et divertissements.

Arts & Crafts Festival ARTS
(www.artfestival.com ; mars). Pendant 2 jours fin mars, les stands d'art et d'artisanat envahissent le centre-ville, de même que Siesta Village fin avril.

Sarasota Film Festival CINÉMA
(www.sarasotafilmfestival.com ; mars-avr). Si vous appréciez le cinéma d'auteur, ce festival est fait pour vous. Projections gratuites en plein air sur la plage pendant 10 jours.

Sailor Circus ARTS DU SPECTACLE
(941-355-9805 ; circusarts.org ; 2075 Bahia Vista St ; adulte/enfant 20/15 $; avr ;). Un des cirques de Sarasota, dont les artistes sont des enfants, et ils sont incroyables. Le Sailor Circus, fondé en 1949, est une activité périscolaire unique pour les élèves du comté de Sarasota, qui s'entraînent pour un grand spectacle de six jours, en avril. Il s'appelle "le plus grand petit spectacle du monde" mais croyez-nous, il n'a rien de petit ! Tout y est : funambules, trapézistes, équilibristes, monocyclistes, et d'innombrables ballets aériens suspendus à des tissus, anneaux, barres. Si vous avez raté le spectacle, il reste les visites guidées personnalisées. Elles incluent le chapiteau, l'atelier des costumes, le petit musée et, surtout, la possibilité d'assister aux entraînements. Faites des heureux en emmenant vos enfants : ils garderont à jamais le goût de la magie du cirque.

Où se loger

Hotel Ranola BOUTIQUE-HÔTEL $$
(941-951-0111 ; www.hotelranola.com ; 118 Indian Pl ; ch 109-179 $, ste 239-269 $;). Les 9 chambres de cet hôtel évoquent de petits appartements design, à l'élégance contemporaine audacieuse, mais dotés d'authentiques cuisines fonctionnelles. Bref, l'originalité citadine à courte distance à pied du centre de Sarasota.

Hotel Indigo HÔTEL $$$
(941-487-3800 ; www.srqhotel.com ; 1223 Blvd of the Arts ; ch 300-420 $;). Boutique-hôtel de chaîne, fiable, séduisant et proche du centre-ville. Les chambres sont modernes, confortables, avec aux murs des peintures de plantes du jardin botanique Marie Selby. Réductions intéressantes en basse saison.

Où se restaurer

Jim's Small Batch Bakery BOULANGERIE $
(941-922-2253 ; 2336 Gulf Gate Dr ; 1-10 $/pièce ; 8h-18h lun, 8h-16h mar-jeu, 9h-16h ven-sam). Tout est fabriqué maison à cette adresse qui est une étape de choix au petit-déjeuner et au déjeuner : croissants pur beurre, sandwichs bacon-laitue-tomates, quiches moelleuses et bols de soupe à 3,50 $.

Farmers Market MARCHÉ $
(941-225-9256 ; www.sarasotafarmersmarket.org ; 1420 State St ; 7h-13h sam). Ce marché de petits producteurs est l'un des meilleurs de l'État.

Main Bar Sandwich Shop SANDWICHS $
(941-955-8733 ; www.themainbar.com ; 1944 Main St ; sandwichs à partir de 7 $; 10h-16h lun-sam ;). Cette vieille institution de Sarasota a été fondée par des artistes de cirque à la retraite dont les photos tapissent les murs. On y trouve des tas de sandwichs, mais on vous recommande le sandwich italien, qui vous ramènera instantanément à Brooklyn en 1958.

Indigenous AMÉRICAIN MODERNE $$
(941-706-4740 ; www.indigenoussarasota.com ; 239 S Links Ave ; plats 14-26 $; 17h30-20h30 mar-sam). Suivant le précepte en vogue "de la ferme à la table – de la fourche à la fourchette", le chef Steve Phelps propose des créations inventives telles que beignets de parmesan au miel, aux poires et au thym, ou une bisque de champignons toujours très prisée. Indigenous est situé dans un bungalow de pionnier original, avec une large terrasse et un "wine cottage" intimiste où l'on trouvera des vins biodynamiques et de petits producteurs.

Owen's Fish Camp CUISINE DU SUD $$
(941-951-6936 ; www.owensfishcamp.com ; 516 Burns Lane ; plats 10-28 $; 16h-21h30 dim-jeu, 16h-22h30 ven-sam). On attend rarement moins d'une heure dans ce bungalow très "Floride des pionniers" du centre-ville.

La carte est une version haut de gamme de la cuisine du Sud, qui met l'accent sur les produits de la mer. On y trouve souvent des Saint-Jacques au porc braisé, *succotash* (sorte de salade de maïs et haricots) et *grits* (gruau de maïs). Ceux qui veulent manger en terrasse commandent au bar, qui propose aussi vin et bière artisanale.

Monk's Steamer Bar POISSON ET FRUITS DE MER **$$**
(☎941-927-3388 ; www.monkssteamerbar.com ; 6690 Superior Ave ; plats 7-30 $; ⏲16h-1h lun-ven, 12h-1h sam-dim). Commandez un *oyster shooter* épicé (un Bloody Mary auquel on ajoute une huître) ou des Oysters Monkafellas (huîtres cuites avec garnitures maison) et regardez les barmen ouvrir les coquillages de manière experte. On peut aussi se régaler d'un kilo de moules à la vapeur ou de *crawdads* (écrevisses) cajuns avant de faire la queue pour jouer au billard, dans ce bar sportif très fréquenté.

Madison Avenue Cafe & Deli CAFÉ **$$**
(☎941-388-3354 ; www.madisoncafesarasota.com ; 28 Blvd of the Presidents, St Armands Circle ; 10-12 $/pièce ; ⏲8h-17h ; 📶📝). L'une des adresses les plus prisées du Circle. Ce café haut de gamme, avec tables en terrasse, propose une carte généreuse de sandwichs, wraps et salades. Tout est préparé à la demande, et les sandwichs sont copieusement garnis de charcuterie, de légumes croquants et d'épaisses tranches de fromage.

Antoine's Restaurant EUROPÉEN **$$$**
(☎941-331-1400 ; www.antoinessarasota.com ; 1100 N Tuttle Ave ; plats 19-33 $; ⏲17h-21h jeu-mar). Déplacé récemment dans une rue par ailleurs sans grand intérêt, Antoine's est un bistrot à la française à la cuisine élégante, comme le risotto de Saint-Jacques avec une sauce sucrée à la mandarine. Mais il ne s'agit pas ici de cuisine fusion branchée : le propriétaire vient de Belgique, et son restaurant reflète bien son style européen classique. Gardez de la place pour les desserts au chocolat belge, vous ne le regretterez pas.

Marina Jack's Restaurant POISSON ET FRUITS DE MER **$$$**
(☎941-365-4232 ; www.marinajacks.com ; 2 Marina Plaza ; sandwichs 9-13 $, plats 25-34 $; ⏲11h15-22h). Il y en a pour tous les goûts dans ce restaurant trois en un très prisé de la marina, mais la vue sur le port au coucher du soleil fait l'unanimité. Laissez-vous bercer par la musique du café-lounge au rez-de-chaussée, dont la vaste terrasse se révèle idéale pour déguster des cocktails tropicaux à prix doux. À l'étage, la salle du Bayfront est plus formelle, avec des tables disposées devant une haute baie vitrée, et une cuisine "terre-mer". Réservez.

🍷 Où prendre un verre et faire la fête

Perq CAFÉ
(www.perqcoffeebar.us ; 1821 Hillview St ; ⏲7h-17h lun-ven, 8h-17h sam-dim). Méthodes de torréfaction et de préparation sophistiquées, et grains à origine unique : voilà ce qui fait du Perq le meilleur café de Sarasota.

Green Bean Coffee House CAFÉ
(☎941-355-0205 ; www.thegreenbeancoffeehousecafe.com ; 3521 Bradenton Rd ; ⏲9h-16h lun-sam ; 📶). Dans le nord de Sarasota, ce café écoresponsable (déj 5-10 $) propose de bons wraps, salades et petits-déjeuners pleins de légumes venus du jardin partagé voisin ,et de produits de leur propre poulailler. Avec son plancher et ses œuvres d'artistes locaux aux murs, on s'y sent comme à la maison.

Jack Dusty BAR
(Ritz-Carlton ; ☎941-309-2266 ; jackdusty.com ; 1111 Ritz-Carlton Dr ; ⏲7h-23h). Le restaurant rehaussé d'or du Ritz-Carlton compte l'un des plus beaux bars de la ville, avec un bar de marbre, de délicieuses huîtres de Mote Marina, et une terrasse qui donne sur le golfe. Candice Marie, mixologue en charge du bar, invente des cocktails très recherchés tel le *smoking jacket*, avec du bourbon *single-barrel* Four Roses, de l'Angostura, du sirop de sucre caramélisé et un verre fumé.

☆ Où sortir

Circus Arts Conservatory CIRQUE
(☎941-355-9335, billetterie 941-355-9805 ; circusarts.org ; 2075 Bahia Vista St ; ⏲9h-17h lun-ven). En plus du toujours populaire Sailor Circus (p. 429) qu'il présente chaque année, ce centre circassien présente des numéros professionnels, des entraînements aux arts du cirque et des camps d'été. Les numéros sont généralement présentés par le Circus Sarasota, une troupe traditionnelle, et le Cirque des Voix, qui mêle musique et chant aux arts du cirque. Les billets des spectacles coûtent de 15 à 55 $, dont la plus grande partie sert à financer des actions associatives, comme un programme de thérapie par le rire.

Westcoast Black Theater Troupe THÉÂTRE
(☎941-366-1505 ; www.wbttsrq.org ; 1646 10th Way ; billets 20-40 $). L'un des deux seuls théâtres afro-américains de Floride est réputé pour la qualité de ses comédies musicales et de ses pièces d'une grande profondeur. La compagnie a lancé la carrière nationale et internationale de nombreux artistes.

Asolo Repertory Theatre THÉÂTRE
(☎941-351-8000 ; www.asolorep.org ; 5555 N Tamiami Trail ; billets 20-50 $; ⊙nov-juil). Ce théâtre régional réputé fait aussi office de conservatoire (en partenariat avec la Florida State University). Belle programmation. Le ballet de Sarasota s'y produit.

McCurdy's Comedy Theatre HUMOUR
(☎941-925-3869 ; www.mccurdyscomedy.com ; 1923 Ringling Blvd ; billets 20 $). Entre les murs de cette salle récemment rénovée, d'un pourpre vif, dans le cœur historique de Sarasota, les comiques se succèdent pour des spectacles intimistes et très drôles. On trouve aussi sur place un bar, le Green Room, et l'Humor Institute, qui permet aux aspirants comiques de travailler leurs talents et leurs sketchs.

Burns Court Cinema CINÉMA
(☎941-955-3456 ; 506 Burns Lane). Dans une ruelle près de Pineapple Ave, ce petit cinéma diffuse des films indépendants et étrangers. Il est géré par la Sarasota Film Society (SFS ; www.filmsociety.org), également à l'origine du CINE-World Film Festival qui, pendant 10 jours chaque année en novembre, programme une quarantaine de films, considérés comme les meilleurs de l'année.

Players Theatre THÉÂTRE
(☎941-365-2494 ; www.theplayers.org ; 838 N Tamiami Trail ; billets à partir de 20 $). Ce théâtre communautaire à but non lucratif, très réputé, programme de célèbres comédies musicales de Broadway, ainsi que des pièces nouvelles et autres productions.

Achats

Towles Court Artist Colony ART ET ARTISANAT
(www.towlescourt.com ; 1938 Adams Lane ; ⊙11h-16h mar-sam). Ce quartier artistique se compose d'environ une douzaine de galeries d'art branchées installées dans des bungalows originaux multicolores. Le troisième vendredi du mois (18h-21h) est le meilleur moment pour s'y rendre, quand s'y déroule une "marche de l'art". En dehors de cette période, chaque galerie pratique des horaires fantaisistes.

Depuis/vers Sarasota

Sarasota se situe à environ 96 km au sud de Tampa et 120 km au nord de Fort Myers. Les principaux axes routiers la desservant sont la Tamiami Trail/US 41 et l'I-75.

Greyhound (☎941-342-1720 ; www.greyhound.com ; 5951 Porter Way ; ⊙8h30-10h et 13h30-18h). Bus reliant Sarasota à Miami, Fort Myers et Tampa.

Sarasota-Bradenton International Airport (SRQ ; carte p. 395 ; ☎941-359-2770 ; www.srq-airport.com ; 6000 Airport Circle). Aéroport desservi par de nombreuses grandes compagnies aériennes. Remonter la Hwy 41 vers le nord puis à droite dans University Ave.

Comment circuler

Sarasota n'est pas particulièrement étendue, mais ses centres d'intérêt, espacés les uns des autres, sont mal desservis par les transports en commun. Il vous faudra également une voiture pour explorer les Keys : Lido et St Armands sont des prolongements du centre-ville, en revanche, Anna Maria Island est à 26 km au nord.

Sarasota County Area Transit (SCAT ; ☎941-861-5000 ; www.scgov.net/SCAT ; angle 1st St et Lemon Ave ; 1,25 $; ⊙6h-18h30 lun-sam). Bus sans correspondances ; pas de service le dimanche. Le bus n°4 relie Ringling Blvd à St Armands Circle et Lido Key Beach ; le bus n°11 se rend à Siesta Key.

Sarasota Keys

Adorateurs du soleil ou vieux loups de mer, tout le monde succombe au charme des plages, de l'ambiance nonchalante et des innombrables activités nautiques des Keys de Sarasota. Cet ensemble d'îles-barrières s'étend sur 56 km du sud de Sarasota jusqu'à Anna Maria Island, au nord, de l'autre côté de la chaussée surélevée qui part de Bradenton. Chacune a une identité bien spécifique, mais toutes possèdent des kilomètres et des kilomètres de plages sublimes.

À voir

♥ **Anna Maria Island** ÎLE
Parfait antidote à la festive Siesta Key, Anna Maria Island, avec ses maisons en bardeaux blanchies par le soleil, ses ados traînant devant les glaciers et ses bons restaurants de poisson et fruits de mer, semble en être resté aux années 1950. L'île se compose de 3 stations balnéaires : Bradenton Beach à la pointe sud, Holmes Beach (considérée comme la principale) au milieu, et le village d'Anna Maria à la pointe nord.

Les plus belles plages sont au sud et au nord. Au sud, **Coquina Beach** compte de nombreux abris et toilettes, et les maîtres-nageurs sauveteurs sont très présents. Elle est bordée à l'arrière d'un bosquet de filaos à travers lequel sinue la **Coquina Bay Walk**. Au nord, **Anna Maria Bayfront Park** se trouve au bord de la Tampa Bay et a vue sur le Sunshine Skyway Bridge. On trouve sur place une aire de jeux et des toilettes. Cette plage est à courte distance à pied du **City Pier** et du centre d'Anna Maria. **Bean Point**, la plage la plus au nord, est moins fréquentée et absolument superbe.

Siesta Key PLAGE

Longue de 13 km, Siesta Key est la destination balnéaire la plus populaire du coin, grâce à son village accueillant pour la clientèle familiale et à sa plage publique de sable blanc d'une extrême finesse. Son gigantesque parking (à l'angle de Beach Rd et Beach Way), bien équipé, se double d'un kiosque d'information très utile sur les activités, y compris nautiques, qui y sont proposées (parachute ascensionnel, jet-ski, kayak, vélo, etc.). Snack-bar et espaces restauration couverts également.

Mote Marine Laboratory AQUARIUM

(941-388-4441 ; www.mote.org ; 1600 Ken Thompson Pkwy, City Island ; adulte/enfant 20/15 $; 10h-17h). Le Mote se veut un institut de recherche et un aquarium, avec un grand département consacré à l'étude des requins. On peut y voir un calamar géant conservé (plus de 11 m de long lors de sa capture) et un bassin pour les requins où on peut assister à des séances d'entraînement. Dans un autre bâtiment, l'aquarium organise des rencontres avec des tortues marines, des lamantins, des loutres ou des alligators. Cela peut sembler une bonne idée, mais les études montrent que les interactions avec des créatures marines en captivité leur causent du stress.

Lido Key ÎLE

Juste en face de St Armands Circle, Lido Key est à 15 minutes de route à peine du centre de Sarasota. Lido Beach, superbe et large plage de sable blanc, est bordée de plusieurs sentiers nature. Le stationnement gratuit (rue et parking) attire les foules. Le pavillon du parking propose de quoi se restaurer, des toilettes, et même une petite **piscine** (941-954-4182 ; 400 Benjamin Franklin Dr ; adulte/4-11 ans 4/2 $; 10h-16h45 mar-dim). À environ 1,5 km au sud, South Lido Beach, ses barbecues et ses pelouses sont très appréciés des familles qui viennent pique-niquer. En revanche, du fait des courants puissants, il n'est pas conseillé de s'y baigner.

Pine Avenue JARDIN

(pineavenueinfo.com ; Pine Ave ; 24h/24). GRATUIT Menée par Ed Chiles, le fils de l'ancien gouverneur de Floride Lawton Chiles, la restauration du "quartier historique des boutiques chics d'Anna Maria" fait parler dans l'île. Les maisons, boutiques, galeries et restaurants rénovés aux couleurs vives sont charmants mais les touristes se tournent vers le **jardin comestible** éducatif, sur le devant, avec ses 30 jardinières plantées de chou kale éthiopien ou d'épinards chinois, entre autres. Délicieux.

Circuits organisés

Sarasota Bay Explorers SORTIES MARINES

(941-388-4200 ; www.sarasotabayexplorers.com ; Mote Marine Laboratory, 1600 Ken Thompson Pkwy). Accompagné de marins biologistes, vous étudierez les éponges, les hippocampes et les poissons pris dans les filets du bateau. Le safari marin (adulte/enfant 45/40 $) conduit à Lido Key et aux bancs de sable situés à proximité, où les participants poursuivent l'aventure, épuisette en main. L'agence propose aussi des circuits guidés en kayak (adulte/enfant 55/45 $). Pour aller au Mote Marine Laboratory, allez vers St Armands Circle à Sarasota, puis suivez John Ringling Blvd vers le nord jusqu'à Ken Thompson Pkwy ; allez jusqu'au bout.

Où se loger

Turtle Beach Campground CAMPING $

(941-861-2267 ; 8862 Midnight Pass Rd, Siesta Key ; empl 32-60 $; P). Ce petit camping géré par le comté accueille les camping-cars et offre peu d'intimité. Les feux de camp sont interdits. Vous serez en revanche à deux pas de Turtle Beach et très vite à Sarasota en voiture. Longueur maximale du véhicule : 11,5 m (38 ft).

Hayley's Motel MOTEL $$

(941-778-5405 ; www.haleysmotel.com ; 8102 Gulf Dr, Anna Maria Island ; ch à partir de 199 $; P). De la chambre de motel typique au studio, le Hayley's déborde de charme années 1950. Très pittoresque, avec des tarifs compétitifs pour Anna Maria. Vous trouverez le motel à un pâté de maisons en retrait de Holmes Beach. Il y a un extra de 50 $ pour les animaux, mais ils ne sont pas autorisés

HISTORIC SPANISH POINT

Découvrez les strates de l'histoire dans ce lieu éco-archéologique couvrant une péninsule de 12 ha qui s'avance dans Little Sarasota Bay. La péninsule, avec ses amas coquilliers, ses petits bungalows de pionniers, sa chapelle et un bâtiment où l'on conditionnait les agrumes, fut achetée en 1910 par une riche veuve, **Bertha Potter Palmer**, femme d'affaires dynamique. Un musée, situé près d'un amas coquillier indien excavé et de plusieurs constructions de pionniers, y conte l'histoire de cette veuve.

Curieusement, il n'y eut jamais d'Espagnols au **Historic Spanish Point** ("site espagnol historique" ; ☎941-966-5214 ; www.historicspanishpoint.org ; 337 N Tamiami Trail, Osprey ; adulte/5-12 ans 12/5 $; ⏲9h-17h lun-sam, 12h-17h dim). En réalité, le site tient son nom d'un sympathique négociant espagnol qui informa John et Eliza Webb, un couple de colons, de l'existence de ce lieu paradisiaque alors qu'ils étaient à la recherche de terres à cultiver, en 1867. Les Webb vécurent très heureux ici. Ils finirent par acquérir toute la péninsule sur laquelle ils plantèrent des agrumes ensuite vendus à Cedar Key et Key West. En parcourant le sentier de 1,6 km qui fait le tour du site (voiturettes électriques également à disposition), vous verrez la station de conditionnement des fruits, mais aussi la Mary's Chapel, le cimetière de la famille Webb et la splendide maison en bois de Frank Guptill, que celui-ci fit construire pour sa fille Lizzie.

Les Webb cultivèrent ces terres durant plus de 40 ans avant de les vendre à Bertha Palmer en 1910. Promoteure immobilier d'importance à Chicago, cofondatrice de la société Marshall Field and Company, celle-ci adora la beauté du lieu et en fit le centre de sa résidence d'hiver de 140 ha. Elle ne toucha donc pas aux tumulus de coquillages, ni à la maison des Webb, aux dépendances et à la chapelle, préférant aménager ses jardins en accord avec le paysage tropical. Aujourd'hui, des pergolas, des colonnes grecques, des pelouses et des jardins fleuris émaillent la végétation sauvage.

Pour finir, entre 1959 et 1962, la Smithsonian Institution procéda à l'excavation partielle de l'un des tumulus de coquillages. On peut donc y pénétrer et voir de l'intérieur, protégées derrière des vitres, les différentes couches de coquillages et objets préhistoriques. Ce site, unique en son genre en Floride, est tout à fait fascinant car il raconte à la fois l'histoire des Floridiens de la préhistoire et de l'époque des colons.

en haute saison (février-avril), et les plages d'Anna Maria n'acceptent pas les chiens.

♥ Harrington House B&B $$$
(☎941-778-5444 ; www.harringtonhouse.com ; 5626 Gulf Dr, Anna Maria Island ; ste/bungalows à partir de 220/254 $; P❄📶🏊). Dans ce B&B en bord de mer, on se croirait au paradis. Occupant 3 anciennes maisons de plage, les suites et bungalows ont des vérandas donnant sur la magnifique plage. Les chambres standards ont le charme typique de la Floride d'antan (fauteuils à accoudoirs, commodes en acajou et candélabres). Les enfants de moins de 12 ans ne sont pas les bienvenus.

Siesta Key Inn APPARTEMENTS $$$
(☎941-349-4999 ; www.siestakeyinn.com ; 1017 Point of Rocks Rd, Siesta Key ; fév-avr 269-329 $, mai-jan 179-249 $; P❄📶🏊). Ces suites se trouvent dans un jardin tropical à deux pas du rivage et des boutiques de Crescent Beach. On peut dire qu'elles sont *vraiment* tout équipées. Outre les habituels transats et serviettes de plage, elles disposent de glacières, jouets de plage, sièges auto, matériel de snorkeling, et même rollers.

Où se restaurer

Lélu Coffee Lounge CAFÉ $
(☎941-346-5358 ; www.lelucoffee.com ; 5251 Ocean Blvd, Siesta Key ; 5,50-13 $/pièce ; ⏲7h-19h30 dim-mer et ven, 7h-22h jeu et sam). Ne cherchez pas plus loin que ce café-lounge rétro pour vous détendre devant votre café matinal ou un *latte* au miel. Des planches de surf sont accrochées au plafond, des sofas confortables vous appellent et la carte comprend smoothies, beaucoup de plats végans et des omelettes garnies de produits locaux. Le soir venu, place au bar à cocktails, aux soirées *open mic* et aux concerts de jazz.

Ginny's & Jane E's CAFÉ $
(☎941-778-3170 ; www.ginnysandjanees.com ; 9807 Gulf Dr, Anna Maria Island ; parts 2-12 $; ⏲7h30-16h ; 📶). Dans une ancienne épicerie de village, ce café-glacier-boutique d'occasion vend du

mobilier, des sandales, de l'art alternatif et des bibelots. Les sandwichs sont divins, tout comme les énormes parts de tarte aux noix de pécan de Connie Wolgast. Prenez place dans le canapé à côté des autres clients, l'endroit est fait pour lier connaissance.

Sandbar POISSON ET FRUITS DE MER **$$**
(941-778-0444 ; sandbar.groupersandwich.com ; 100 Spring Ave ; plats 15-28 $; 11h-21h dim-jeu, 11h-22h ven-sam). Vénérable institution, le Sandbar permet de dîner en toute décontraction, les pieds dans le sable, avec des produits locaux dans l'assiette, et une bonne dose d'inventivité. Par exemple, les *sliders* (mini-burgers) de porc caramélisé contiennent du porc sauvage, pour participer au contrôle de leur population. Si les produits de la mer ne sont pas tous excellents, l'emplacement est imbattable.

Dry Dock POISSON ET FRUITS DE MER **$$**
(941-383-0102 ; www.drydockwaterfrontgrill.com ; 412 Gulf of Mexico Dr, Longboat Key ; plats 7-19 $; 11h-21h dim-jeu, 11h-22h ven-sam). Terrasse surplombant l'eau, et vue panoramique seulement troublée par les frondaisons de palmiers depuis la salle de l'étage : en matière d'emplacement de bord de mer, difficile de faire mieux que ce restaurant. Si l'on ajoute les excellents sandwichs au mérou noirci ou grillé, le burger de 250 g cuit au charbon de bois et les tacos aux crevettes des Caraïbes, on comprend pourquoi il y a généralement 40 minutes d'attente.

Beach Bistro AMÉRICAIN MODERNE **$$$**
(941-778-6444 ; www.beachbistro.com ; 6600 Gulf Dr, Anna Maria Island ; plats 20-60 $; 17h-22h). L'établissement de Sean Murphy est le meilleur rendez-vous romantique d'Anna Maria. Les plats floridiens sont préparés à la perfection avec le meilleur des produits du terroir, locaux et nationaux, dont des poissons et fruits de mer pêchés à la ligne, du foie gras de l'Hudson Valley et du filet de bœuf américain premier choix. La Bistro Bouillabaisse, avec queue de langouste, crevettes géantes, coquillages et calamars cuits dans un bouillon à base de tomates fraîches, de safran et d'anis, est une légende.

The Cottage FUSION **$$$**
(941-312-9300 ; www.cottagesiestakey.com ; 153 Avenida Messina, Siesta Key ; tapas 9-15 $, plats 20-30 $; 11h-22h dim-jeu, 11h-23h ven-sam). Le meilleur restaurant de Siesta Key a renouvelé sa carte avec des plats inventifs comme la salade de goyave, les *short ribs* braisées à la coréenne ou l'escolier noir (poisson) à l'hawaïenne, avec un *succotash* de blé et d'edamame (fèves de soja), dans une sauce au crabe et à la langouste. Avec un mojito bien frais, c'est le paradis.

Où prendre un verre et faire la fête

Doctor's Office BAR À COCKTAILS
(941-213-9926 ; doctorsofficeami.com ; 5312 Holmes Blvd, Anna Maria Island ; 17h-23h45). Avec une échelle Monoyer (test d'acuité visuelle), de vieux classeurs et un panneau "le médecin est là" sur la porte, ce nouveau bar à cocktails fait tout pour que ses clients sachent que oui, cela était auparavant un cabinet médical ! Les cocktails sont frais et délicieux, et l'ambiance animée et élégante.

Gilligan's Island Bar & Grill BAR
(941-346-8122 ; www.gilligansislandbar.net ; 5253 Ocean Blvd, Siesta Village ; 11h-2h). Ce bar tropical au toit de chaume typique de Floride s'agrémente d'un bus Volkswagen et d'une cour. Cocktails corsés et concerts au programme.

Beach Club BAR
(941-349-6311 ; www.beachclubsiestakey.com ; 5151 Ocean Blvd, Siesta Village ; 11h-2h). Immense bar avec des billards, une scène, un grand requin blanc et un Puissance 4 géant. Concerts fréquents ; prix réduits pour les dames le mercredi.

Depuis/vers les Sarasota Keys

On peut rejoindre Anna Maria Island par Manatee Ave et Cortes Rd, et de là, rallier Longboat Key, au sud (également accessible depuis Lido Key, plus au sud).

Le John Ringling Blvd permet de se rendre à Lido Key depuis le continent.

On peut se rendre à Siesta Key via Siesta Dr et Stickney Point Rd.

Une voiture simplifie les choses, mais la **MCAT** (941-749-7116 ; www.ridemcat.org/bus-routes ; 5h30-20h lun-sam) propose des trolleys et des bus entre Anna Maria Island et Longboat Key, et la **SCAT** (941-861-5000 ; trajet/forfait 7j 1,25/20 $; 5h20-20h40 lun-sam) des bus qui relient Sarasota et Lido Key et Siesta Key.

Venice

941 / 21 253 HABITANTS

Cette ville balnéaire très paisible aux jolies plages ensoleillées a la faveur des retraités et des familles avec jeunes enfants, qui se passionnent pour le ramassage de dents de requins. Venice attire aussi les voyageurs aux petits budgets en quête d'une destination sans prétention, loin des complexes résidentiels et des bars de plage pour gros buveurs, omniprésents ailleurs. Ici, l'animation s'éteint globalement au moment même où le soleil disparaît dans l'eau miroitante.

À voir

Nokomis Beach PLAGE
(www.nokomisbeachflorida.com ; 100 Casey Key Rd, Nokomis). Au nord de Venice sur la Casey Key, voici une autre plage agréable et sans prétention. Son abri de style minimaliste fait figure d'ovni architectural. On y trouve de bons équipements mais pas de commerces (apportez votre déjeuner). Une heure avant le coucher du soleil, le mercredi et le samedi, les concerts de percussions du **Nokomis Beach Drum Circle** mettent de l'ambiance et rassemblent plusieurs centaines de spectateurs. Nokomis Beach est accessible par l'US 41 N puis l'Albee Rd W.

Caspersen Beach PLAGE
Le long de Harbor Dr, à 2,5 km au sud de Venice Pier, cette plage doit sa réputation aux dents de requins fossilisées qui s'y échouent. La plupart ont la taille d'un ongle, mais on en trouve parfois d'aussi longues qu'un doigt. La jolie bande de sable frangée de palmiers, le terrain de jeux et la piste cyclable goudronnée contribuent à sa popularité ; on y trouve des sanitaires mais pas de kiosque.

Venice Train Depot BÂTIMENT HISTORIQUE
(941-412-0151 ; www.veniceareahistoricalsociety.org ; 303 E Venice Ave). Bâti en 1927, l'historique dépôt de Venice était la dernière gare sur la ligne du Seaboard Air Line Railway qui reliait Tampa à Sarasota. Les trains de passagers se sont arrêtés en 1971, ceux de marchandises en 1997, mais le comté de Sarasota a restauré le dépôt comme à l'origine et l'a ouvert au public en 2003. La Venice Area Historical Society propose des visites guidées menées par des spécialistes.

Venice Beach PLAGE
Au bout de W Venice Ave se dresse un abri avec toilettes et snack-bar. Yoga gratuit sur la plage, chaque jour à 8h et à 9h (et à 17h les lundis, mardis et samedis), musique acoustique gratuite du samedi au mercredi de 17h à 20h environ. De mai à octobre, on peut voir des tortues de mer y nicher.

Activités

Warm Mineral Springs SOURCE
(941-426-1692 ; www.scgov.net/warmmineralsprings ; 12200 San Servando Ave ; adulte/enfant 20/15 $; 9h-17h). Source d'eau chaude minérale, on dit qu'elle serait la **fontaine de Jouvence** tant recherchée par le conquistador Ponce de León. Ses eaux à 28,8-30,5°C ont la plus haute teneur en minéraux de tout le pays, et sont prisées de longue date pour leurs vertus tonifiantes par les Européens de l'Est âgés.

Où se loger

Banyan House APPARTEMENTS $$
(941-484-1385 ; www.banyanhouse.com ; 519 S Harbor Dr ; 550-750 $/sem ; P). Suites et appartements dans une demeure grandiose de Venice, à louer à la semaine. Ils se partagent une piscine chauffée, un solarium jaune citron, une salle de billard et un hamac sous le banian qui donne son nom à la maison.

Inn at the Beach COMPLEXE HÔTELIER $$$
(941-484-8471 ; www.innatthebeach.com ; 725 W Venice Ave ; ch 225-350 $, ste 353-515 $; @). Excellente option pour les longs séjours, ce complexe hôtelier situé juste en face de la plage s'occupe de tout dans le moindre détail. Les chambres aux jolis tons jaune crème, terre de Sienne et vert, évitent les clichés de bord de mer et s'agrémentent de kitchenettes fonctionnelles.

Où se restaurer et prendre un verre

Robbi's Reef POISSON ET FRUITS DE MER $
(941-485-9196 ; www.robbisreef.com ; 775 Hwy 41 By-Pass S ; plats 8-15 $; 11h-21h mar-jeu et dim, 11h-22h ven-sam). Entre les murs tapissés de photos de pêche, le bar dallé de pierre et la délicieuse cuisine sans prétention, on se croirait sur les quais. Et pourtant, cet établissement se situe dans une rue piétonne, à environ 1 km au sud de Venice Ave. Les tacos au poisson et les pâtes Bayou Willy ont du succès.

Crow's Nest Marina Restaurant POISSON ET FRUITS DE MER $$
(941-484-9551 ; www.crowsnest-venice.com ; 1968 Tarpon Center Dr ; plats déjeuner 10-15 $, dîner 20-41 $; 11h30-22h lun-mer et dim, 11h30-23h jeu, 11h30-0h30 ven-sam). Avec la vue sur Venice Inlet et la marina depuis l'élégante salle de l'étage, dans une maison victorienne

restaurée, c'est un restaurant "terre-mer" très apprécié depuis longtemps. En vedette, le filet mignon et le mérou de Key Largo, mais gardez de la place pour la tarte au citron vert des Keys. L'ambiance fait plus taverne au rez-de-chaussée, où un charmant kiosque et des vitraux ajoutent au style. Location de kayaks et de bateaux électriques à l'extérieur.

Ristorante San Marco ITALIEN **$$**
(941-254-6565 ; sanmarcovenice.com ; 305 W Venice Ave ; plats midi 13-17 $, soir 19-26 $; 11h-14h45 et 17h-21h30 lun-sam, 17h-21h30 dim). Une succulente cuisine d'Italie du Sud servie dans une salle romantique décorée d'œuvres d'art. Tous les pains et pâtes sont fabriqués sur place, et les formules du jour font la part belle aux produits de saison. Réservation conseillée.

Fins at Sharky's FUSION **$$$**
(941-786-3068 ; www.finsatsharkys.com ; 1600 Harbor Dr S ; sushis 8-16 $, plats 26-36 $; 12h-14h30 et 16h-22h). À l'étage, au-dessus de Sharky's (ci-dessous), on fait de très bons sushis et viandes grillées au charbon de bois de mesquite (sorte d'acacia), ou des produits de la mer sophistiqués comme le bar poêlé déglacé à l'orange. Les baies vitrées de la salle offrent une très belle vue sur la jetée de Venice et la côte.

Sharky's on the Pier BAR
(941-488-1456 ; www.sharkysonthepier.com ; 1600 Harbor Dr S ; plats 10-27 $; 11h30-22h dim-jeu, 11h30-minuit ven-sam). Idéalement situé pour le coucher du soleil sur la jetée de Venice, Sharky's a la partie facile. C'est un restaurant classique, typique, de produits de la mer qui propose de bons sandwichs au mérou et des boissons glacées, avec un bar tropical parfaitement situé pour ce moment magique en soirée.

Depuis/vers Venice

De l'US 41/Tamiami Trail, Venice Ave rejoint à l'ouest Venice Beach. À environ 5 rues à l'est de la plage, se trouve le principal quartier commerçant du centre-ville, dans W Venice Ave, entre l'US 41 et Harbor Dr.

Fort Myers

239 / 68 190 HABITANTS

Nichée dans les terres le long de la Caloosahatchee River et séparée de Fort Myers Beach par une banlieue tentaculaire, la ville de Fort Myers se définit souvent par ce qu'elle n'est pas. Ce n'est pas une ville d'art cossue de bord de mer comme Sarasota ou Naples ou urbaine et sophistiquée comme Tampa ou St Petersburg. Si elle n'a rien d'une ville où prendre ses quartiers pour rayonner dans les environs, elle mérite le détour pour sa grand-rue bordée d'édifices en brique, et la visite de la résidence d'hiver et du laboratoire de Thomas Edison.

À voir et à faire

Edison & Ford Winter Estates MUSÉE
(239-334-7419 ; www.edisonfordwinterestates.org ; 2350 McGregor Blvd ; adulte/enfant 20/11 $, visites guidées 30/18-25 $; 9h-17h30). Thomas Edison fit construire sa résidence d'hiver en 1885 et y vécut périodiquement jusqu'à sa mort en 1931. Son ami Henry Ford fit bâtir juste à côté une maison en 1916. Ensemble et parfois côte à côte dans le **laboratoire d'Edison**, ces deux inventeurs, hommes d'affaires et voisins, ont révolutionné notre monde. Le **musée** retrace très bien l'immense portée de leurs réussites.

Six Mile Cypress Slough Preserve RÉSERVE NATURELLE
(239-533-7550 ; www.sloughpreserve.org ; 7791 Penzance Blvd ; parking 1/5 $ par heure/jour ; aube-crépuscule). GRATUIT Sur plus de 14 000 ha de zones humides, le parc est une belle manière de découvrir la flore et la faune du sud-ouest de la Floride. Le long d'une promenade en planches de 2 km, des bénévoles vous renseigneront sur les épiphytes, les pneumatophores, les oiseaux migrateurs et les nids d'alligators, et vous aideront à les localiser. Faune et flore se découvrent mieux à la saison sèche, l'hiver.

IMAG History and Science Center SCIENCES
(239-243-0043 ; www.i-sci.org ; 2000 Cranford Ave ; tarif plein/réduit 12/8 $; 10h-17h mar-sam, 12h-17h dim). Ce centre scientifique, déjà très intéressant, va connaître de grands changements et bénéficier d'expositions interactives et de la réalité virtuelle pour recréer l'histoire de la Floride. Cela grâce à une fusion avec le **Southwest Florida Museum of History**, qui vient de quitter ses locaux dans un ancien dépôt ferroviaire et a commencé à transférer ses présentations à l'IMAG, notamment un diorama du fort militaire qui a donné son nom à la ville.

Lee County Manatee Park RÉSERVE FAUNIQUE
(239-690-5030 ; www.leeparks.org ; 10901 State Rd 80 ; parking 2/5 $ par heure/jour ;

Fort Myers

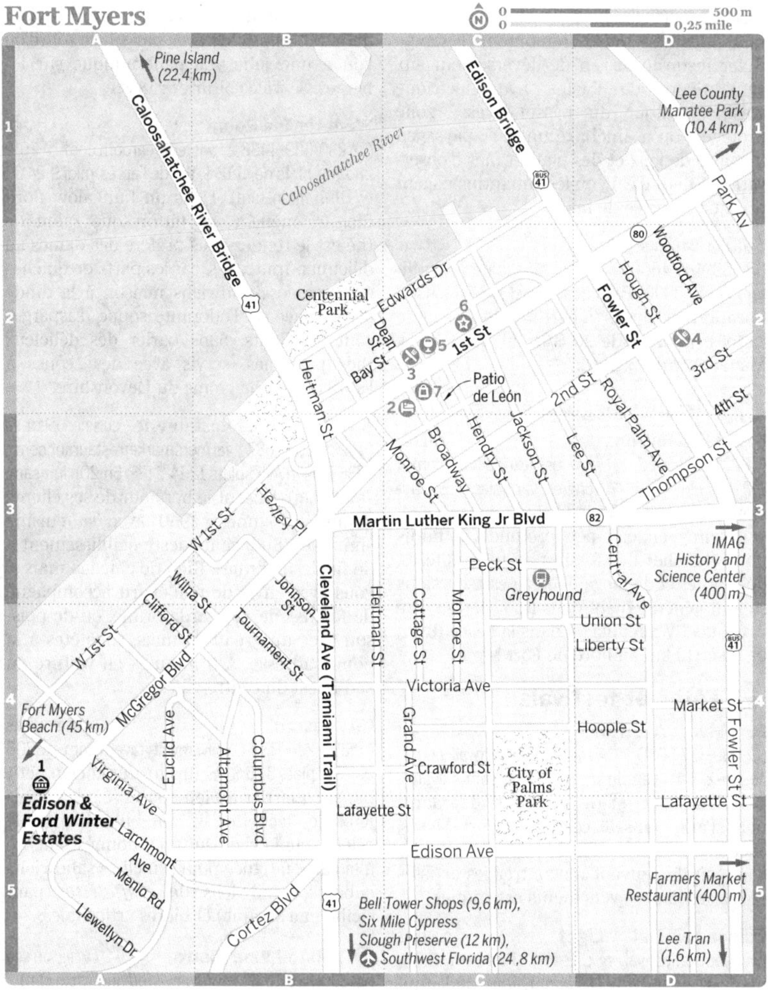

Fort Myers

Les incontournables
1 Edison & Ford Winter Estates A4

Où se loger
2 Hotel Indigo C2

Où se restaurer
3 City Tavern C2
Twisted Vine Bistro .... (voir 3)
4 Wisteria Tea Room D2

Où prendre un verre et faire la fête
5 Firestone Sky Bar C2

Où sortir
6 Arcade Theatre C2

Achats
7 Franklin Shops C2

aube-crépuscule tlj). GRATUIT De décembre à mars, les lamantins remontent l'Orange River jusqu'au bassin de déversement aux eaux tièdes de l'usine hydroélectrique voisine. Autour du bassin, classé zone protégée, on a aménagé un parc paysager, une aire de jeux et des plateformes d'observation à fleur d'eau, où les lamantins nagent presque à portée de main.

Calusa Blueway Outfitters KAYAK
(239-481-4600 ; www.calusabluewayoutfitters.com ; 10901 Palm Beach Blvd ; 9h-15h30). Location de kayaks (à partir de 15 $/h) et de canoës (à partir de 20 $/h) au Lee County Manatee Park (p. 436).

Circuits organisés

Fossil Expeditions BATEAUX
(239-368-3252 ; www.fossilexpeditions.com ; 213 Lincoln Ave ; horaires variables). Excursions en kayak et à pied le long de la rivière, snorkeling en eau peu profonde et tamis pour chercher des fossiles de mammifères, de reptiles et de mégalodons. Les excursions se font généralement dans les rivières entre Arcadia et Wauchula ou dans la Peace River, de 70 à 110 km au nord de Fort Myers.

Fêtes et festivals

Fort Myers Art Walk ART
(239-337-5050 ; www.fortmyersartwalk.com ; 18h-22h 1er ven du mois, 11h-16h sam suivant). River District et le quartier de Gardner's Park, dans le centre de Fort Myers, accueillent les visiteurs dans 14 galeries d'art, où ils peuvent rencontrer les artistes et assister à des événements artistiques.

Edison Festival of Light CULTURE
(www.edisonfestival.org ; fév). Pendant 2 semaines, autour du 11 février, jour de l'anniversaire d'Edison, Fort Myers accueille des dizaines de manifestations, pour la plupart gratuites. Kermesses de rue, défilé de voitures anciennes, musique et le meilleur des concours d'inventeurs, avec pour point d'orgue, la gigantesque Parade of Light.

Où se loger et se restaurer

Hotel Indigo HÔTEL $$
(239-337-3446 ; www.hotelindigo.com/fortmyersfl ; 1520 Broadway ; ch 109-419 $;). Installé dans le centre historique, ce boutique-hôtel de chaîne constitue une adresse fiable et agréable. Il dispose de 67 chambres avec édredon bleu pastel, fresques murales, parquet, tapis et belles cabines de douche vitrées. La surprise vient de la petite piscine avec bar sur le toit d'où l'on a une jolie vue panoramique sur les berges. Service voiturier : 18 $.

Wisteria Tea Room CAFÉ $
(239-689-4436 ; wisteriatearoom.com ; 2512 2nd St ; plats déj 5-12 $, thé de l'après-midi 9-24 $; 11h-15h lun-sam). Dans un bungalow floridien réaménagé, ce pittoresque salon de thé est le rendez-vous préféré des dames au déjeuner. Imitez-les, car les parts de quiches épaisses, les sandwichs maison à la dinde aigre-douce ou l'odorante soupe d'asperges sont excellents. Sans parler des délicieux thés parfumés, servis avec des scones à l'abricot et de la crème du Devonshire.

Farmers Market Restaurant CUISINE SUDISTE $$
(239-334-1687 ; farmersmarketrestaurant.com ; 2736 Edison Ave ; plats 12-14 $; 6h-20h lun-sam, 7h-19h dim). Faisant le bonheur de ses clients depuis les années 1950 avec sa cuisine simple du Sud, ce modeste établissement a de fidèles habitués. Rien de chic ici, mais si vous avez envie de poulet frit accompagné de feuilles de moutarde brune, ou de poisson avec du gruau de maïs, vous êtes à la bonne adresse. À 5 minutes en voiture au sud-ouest du centre-ville.

City Tavern AMÉRICAIN $$
(239-226-1133 ; www.mycitytavern.com ; 2206 Bay St ; plats 8-16 $; 11h-2h). Cet ancien petit bar de quartier a bien conservé ses TV, ses jeux de fléchettes et son billard, mais le célèbre chef Brian Duffy a redonné du lustre à la carte fatiguée pour y inclure sandwichs cubains, sandwichs de *muffaletta* (pain sicilien au sésame) et bières artisanales.

♥ **Twisted Vine Bistro** AMÉRICAIN $$$
(239-226-1687 ; www.twistedvinebistro.com ; 2214 Bay St ; plats 22-36 $; 11h-22h lun-jeu, 11h-23h ven-sam, 10h-21h dim). En bref : frites à l'huile de truffes. Pour faire moins court, ce restaurant américain-bar à vins de charme confortable est spécialiste du "terre-mer", avec du bœuf Angus d'origine garantie et de délicieux produits de la mer, des salades fantastiques, des soupes, des fromages artisanaux et des herbes et des épices venues tout droit du jardin. Concerts également, le week-end.

Où prendre un verre et faire la fête

Firestone Sky Bar TOIT-TERRASSE
(239-334-3473 ; www.firestonefl.com ; 2224 Bay St ; 16h-tard). Le Firestone Sky est le

seul bar en *rooftop* au bord de l'eau dans le centre. Le week-end, ceux qui veulent se dépenser descendront au Martini Bar, avec sa piste de danse et ses néons pourpres.

Où sortir

Arcade Theatre THÉÂTRE
(239-332-4488 ; www.floridarep.org ; 2267 1st St ; billets 25-52 $; oct-mai). Ce théâtre datant de 1908 accueille le Florida Repertory Theatre, l'une des meilleures troupes de théâtre de Floride. Pièces comiques à succès, comédies musicales et lauréats récents des Tony Awards, tel *The Seafarer*, du dramaturge irlandais Conor McPherson.

JetBlue Park STADE
(239-334-4700 ; boston.redsox.mlb.com/bos/ballpark/jetblue_park.jsp ; 11500 Fenway S Dr). En mars, Fort Myers accueille les entraînements de printemps de la ligue majeure de base-ball. Les fans des Boston Red Sox (www.redsox.com) campent, littéralement, sur la Hwy 876 pour avoir des billets d'entrée au JetBlue Park.

Achats

Franklin Shops ART ET ARTISANAT
(239-333-3130 ; www.thefranklinshops.com ; 2200 1st St ; 10h-20h lun-sam, 11h-18h dim). Surfant sur la vague arty que connaît Fort Myers, cette galerie-boutique de cadeaux représente plus de 60 artistes et artisans locaux, en rotation. Une bonne adresse pour dénicher des cadeaux typiques du sud-ouest de la Floride.

Depuis/vers Fort Myers

Une voiture s'impose. L'US 41/S Cleveland Ave est l'axe principal nord-sud. Du centre-ville, Summerlin Rd/Hwy 869 et McGregor Blvd/Hwy 867 finissent par se rejoindre et vont jusqu'à Sanibel Island. Elles débouchent aussi sur San Carlos Blvd/Hwy 865 pour Fort Myers Beach.

Greyhound (239-334-1011 ; www.greyhound.com ; 2250 Widman Way). Bus de Fort Myers à Miami, Orlando et Tampa.

LeeTran (239-533-8726 ; www.rideleetran.com ; 3401 Metro Pkwy ; 1,50 $). Bus pour Fort Myers Beach et Pine Island, mais pas Sanibel Island ni Captiva Island.

Southwest Florida International Airport (RSW ; 239-590-4800 ; flylcpa.com ; 11000 Terminal Access Rd). Au départ de Fort Myers, empruntez l'I-75 et prenez la sortie n°131/Daniels Pkwy.

Fort Myers Beach

239 / 6 676 HABITANTS

Comme à Clearwater Beach et St Pete Beach, l'ambiance est à la fête toute l'année à Fort Myers Beach mais surtout au printemps, quand l'endroit se résume à ses fêtes de rue et soirées étudiantes successives. Il y a, cela dit, suffisamment de sable et d'espace à Fort Myers Beach, située sur Estero Island, une île de 7 km de long, pour satisfaire à toutes les exigences. Au nord, le quartier de Times Sq, que l'on peut parcourir à pied, incarne cette cité balnéaire ensoleillée et festive avec sa jetée, ses cocktails, ses T-shirts bon marché, ses fritures de poisson, ses glaces, ses magiciens et une foule de familles, d'adolescents et d'étudiants qui discutent au bord de l'eau. En allant vers le sud, le front de mer devient plus résidentiel, moins bondé et plus calme.

À voir

Bowditch Point Park PARC
(239-765-6794 ; www.leegov.com/parks ; 50 Estero Blvd ; 7h-crépuscule). À l'extrémité nord de l'île, familles et pique-niqueurs plébiscitent Bowditch. Le petit parking (2 $/heure) se remplit vite (arrivez tôt). Sur place, vous trouverez un bon snack-bar, des places de bateau gratuites, et des kayaks et paddles à louer. Il y a aussi un jardin aux papillons, des aires de pique-nique et une plage. Comblée artificiellement pour lutter contre l'érosion, elle se fait plus étroite autour du cap. C'est un endroit de choix pour observer les dauphins dans la Matanzas Pass. Une rampe de mise à l'eau est aménagée sur le parcours maritime Great Calusa Blueway (www.calusablueway.com).

Lovers Key State Park PARC
(239-463-4588 ; www.floridastateparks.org/loverskey ; 8700 Estero Blvd ; voiture/vélo 8/2 $; 8h-crépuscule). En vous baladant à pied, à vélo ou en kayak à Lovers Key, au sud d'Estero Island (en face d'un pont), vous apercevrez peut-être des lamantins au printemps et en été. Les cours d'eau et les 4 km de sentiers des îles intérieures se prêtent à la méditation et à l'observation des oiseaux. La longue plage, parfois trop étroite à marée haute pour y poser sa serviette en raison de l'érosion, est plus consacrée au ramassage des coquillages qu'au farniente.

Fort Myers Beach PLAGE
Cette plage semble interminable. Son extrémité sud, où règnent les résidences de

VAUT LE DÉTOUR

CAYO COSTA STATE PARK

Belle et élancée, Cayo Costa Island est presque entièrement occupée par le **Cayo Costa State Park** (☎941-964-0375 ; www.floridastateparks.org/cayocosta ; 2 $; ⊙8h-crépuscule), parc d'État de 1 000 ha. Si son sable pâle couleur cendres n'est pas aussi beau qu'ailleurs, sa quiétude et ses eaux chaudes azurées sont sans égales. Muni d'un masque et d'un tuba, faites la chasse aux coquillages et aux conques (il est interdit de ramasser ceux qui abritent encore des occupants). Vous pourrez aussi gagner à vélo par des pistes en terre des plages plus reculées, randonner sur les sentiers de l'intérieur de l'île, et faire du kayak dans les mangroves.

Le poste de rangers près du quai vend de l'eau ainsi que du bois, et loue des vélos et des kayaks. Le reste est à prévoir. Le camping de 30 places (22 $/tente) est exposé aux éléments, il y fait donc très chaud. Il dispose de foyers creusés dans le sol, de toilettes et de douches, mais vaut surtout pour l'occasion qu'il donne de dormir sur cette plage. Les 12 bungalows sommaires (40 $/nuit) ont des lits superposés équipés de matelas plastifiés. La meilleure période va de janvier à avril. Dès le mois de mai, la chaleur et les moucherons qui piquent gâchent le séjour.

La traversée en bateau (seul moyen de se rendre sur l'île) offre une belle vue sur la nature et les dauphins. Captiva Cruises propose des ferries vers le parc de Punta Gorda, Pine Island, Fort Myers, Sanibel Island et Captiva Island.

vacances, compte peu d'espaces publics. De nombreuses routes en cul-de-sac avec petits parkings donnent sur sa partie centrale, plus simple. Le quartier de Times Sq, au nord, au bout de la chaussée, abrite de grands parkings payants (5-10 $/jour) et des bars de plage bruyants.

Fêtes et festivals

Fort Myers Beach Shrimp Festival GASTRONOMIE
(www.fortmyersbeachshrimpfestival.com ; ⊙mars). Pendant deux week-ends, début mars, Fort Myers fête la présence massive de crevettes roses dans le golfe à coups de défilés, concours de beauté, marchés artisanaux et nombreuses manifestations culinaires.

American Sandsculpting Championship SCULPTURE SUR SABLE
(www.fmbsandsculpting.com ; ⊙nov). Durant quatre jours, généralement début novembre, se déroule un championnat national de sculpture de sable, avec des équipes pros et amateurs.

Où se loger

Dolphin Inn MOTEL $
(☎239-463-6049 ; www.dolphininn.net ; 6555 Estero Blvd ; ch 80-140 $; ❄@☎≋). Dans ce motel rétro façon Floride d'antan, privilégiez les chambres récemment rénovées. Toutes cependant sont meublées simplement, et ont une cuisine tout équipée. Les meilleures donnent sur la baie et sur un port résidentiel où s'ébattent des lamantins. Assez grande piscine en L, barbecues, prêt de kayaks, DVDthèque et location bon marché de vélos.

♥ **Mango Street Inn** B&B $$
(☎239-233-8542 ; www.mangostreetinn.com ; 126 Mango St ; ste petit-déj inclus 120-182 $; ❄☎). Le sympathique couple propriétaire du Mango St, Dan et Tree, a su créer un charmant B&B de bord de mer au cadre aussi original qu'inoubliable, mais suffisamment décontracté pour qu'on s'y sente chez soi. Les 6 chambres, dotées de cuisines équipées, encadrent une cour intérieure avec terrasse en bois et jolie pergola. Proche de la plage, on peut s'y rendre à pied ou emprunter un vélo ici, ainsi que du matériel de plage.

Manatee Bay Inn AUBERGE $$
(☎239-463-6906 ; www.manateebayinn.com ; 932 Third St ; ch 135-255 $; P❄☎≋). Situé à un pâté de maisons en retrait de Times Sq et jouissant d'une jolie vue sur un bras de mer paisible, le Manatee Bay offre le meilleur des deux mondes. En journée, on peut s'installer sur un transat de la terrasse en surplomb de l'eau, et le soir, il suffit d'une petite balade pour aller manger ou boire un cocktail dans l'ambiance festive de Times Sq.

Sea Gypsy Inn AUBERGE $$
(☎239-765-0707 ; www.theseagypsyinn.com ; 1698 Estero Blvd ; ch 99-300 $; P❄☎). À quelques kilomètres de Times Sq, sur la plage, c'est un ensemble ravissant et abordable d'appartements et de suites aux lits

confortables, avec de vraies cuisines. La réception-boutique de cadeaux, d'un jaune gai, fut autrefois la première bibliothèque publique du comté de Lee.

Edison Beach House HÔTEL **$$$**
(☎239-463-1530 ; www.edisonbeachhouse.com ; 830 Estero Blvd ; ste 140-430 $;). Composé exclusivement de 24 suites, cet hôtel très bien conçu assure un service irréprochable. Il s'agrémente d'une décoration séduisante et de meubles en rotin. Toutes les suites ont un joli balcon avec vue parfaite sur l'océan. Les plus grandes offrent tout le confort nécessaire à un long séjour. Les cuisines sont tout (et bien) équipées ; chaque chambre dispose d'un lave-linge séchant et d'une salle de bains récemment refaite.

Où se restaurer

Heavenly Biscuit PETIT-DÉJEUNER **$**
(110 Mango St ; 3-8 $/pièce ; 7h30-13h mar-dim). Cette adresse sans prétention vous réserve deux surprises authentiques : de somptueux *buttermilk biscuits* (sortes de scones) tout juste sortis du four et garnis d'œuf, de fromage et de bacon, et de délicieux roulés à la cannelle, à déguster sur la petite véranda ou à emporter. Gruau et frites maison également. Rien de très recherché, juste des choses simples bien préparées.

♥ **Dixie Fish Company** POISSON ET FRUITS DE MER **$$**
(☎239-233-8837;www.dixiefishfmb.com;714Fishermans Wharf ; plats 10-22 $; 11h-22h). Voisine du Doc Ford's (mêmes propriétaires), cette poissonnerie vient d'ouvrir dans un ancien marché au poisson en bois de 1937. Les produits viennent directement des bateaux de pêche au crabe ou à la crevette qu'on peut voir depuis les tables en terrasse. Ils sont préparés sur place ; le poisson frit entier au beurre à l'ail est excellent.

Doc Ford's POISSON ET FRUITS DE MER **$$**
(☎239-765-9660 ; www.docfords.com ; 708 Fishermans Wharf ; plats 10-22 $; 11h-22h, bar jusque tard). Le copropriétaire Randy Wayne White a vécu ici dans la marina, et il a donné à ce restaurant pittoresque sur le port, qui compte deux annexes à Sanibel et à Capitva, le nom du héros de ses romans policiers, le bien-aimé biologiste marin Doc Ford. Dans cet édifice habillé de bois, pourvu de grandes terrasses et de baies vitrées, ainsi que de multiples bars, les saveurs "floribéennes" et latinos relevées sont à l'honneur.

Fresh Catch Bistro POISSON ET FRUITS DE MER **$$$**
(☎239-463-2600 ; www.freshcatchbistro.com ; 3040 Estero Blvd ; plats 14-50 $; 17h-22h dim-jeu, 17h-21h ven-sam). Ce bistrot à thème nautique est un cran au-dessus des restaurants de poisson et fruits de mer de la plage. À l'intérieur, un mur de baies vitrées encadre les flamboyants couchers de soleil sur la mer, et les tables aux nappes blanches attendent sagement sous le toit à la charpente apparente. Ici, on dîne de clams de Pine Island sur un lit de glace, de calamars de Point Judith frits aux piments doux ou de délicieux macaronis au fromage et à la langouste.

Où prendre un verre et faire la fête

Smokin' Oyster Brewery BAR
(☎239-463-3474 ; www.smokinoyster.com ; 340 Old San Carlos Blvd ; 11h-23h dim-jeu, 11h-23h30 ven-sam). On peut tout à fait arriver en maillot de bain et en tongs dans ce bar de plage en plein air, à deux pas de Fort Myers Beach. Commandez un plateau d'huîtres ou un seau de crevettes cuites à la vapeur, avec du maïs et des pommes de terre (plats 6-14 $). Vous êtes venu avec vos propres prises ? Aucun problème, on les cuisinera pour vous. Il y a des concerts tous les soirs ; happy hour de 15h à 18h.

Depuis/vers Fort Myers Beach

L'artère principale, Estero Blvd, parcourt l'île dans toute sa longueur, du Bowditch Point Park au nord au Lover's Key State Park.

Key West Express (☎239-463-5733 ; www.seakeywestexpress.com ; 1200 Main St ; aller simple adulte/enfant 95/31 $). Organise chaque jour des croisières jusqu'aux Keys – départ pour Key West à 8h30 de Fort Myers Beach (tournez à gauche juste avant la chaussée surélevée). La traversée durant 3 heures 30, passer la nuit sur place peut être une bonne idée.

LeeTran Trolley (☎239-533-8726 ; www.rideleetran.com ; tarif plein/réduit 0,75/0,35 $; 7h05-20h45). Le bus LeeTran sillonne quotidiennement l'île dans son intégralité, et assure la correspondance avec les bus pour Fort Myers à Summerlin Sq, sur le continent.

Sanibel Island

☎239 / 6 913 HABITANTS

La vie sur Sanibel Island est sans chichis, égalitariste, et on y étale rarement sa richesse. Sanibel Island a fait l'objet d'une urbanisation soigneusement maîtrisée. Sa moitié nord est presque entièrement protégée par le JN "Ding" Darling National Wildlife Refuge. Si les hôtels sont nombreux, le front de mer est épargné par le clinquant des commerces et des grandes résidences hôtelières. En outre, seule une poignée de parkings espacés donnent accès à la plage, ce qui évite la concentration de vacanciers en un seul endroit.

À voir

Le ramassage des coquillages fait partie intégrante de la vie de Sanibel, et les ramasseurs se reconnaissent à leur "Sanibel stoop" (bosse de Sanibel, en référence à leur posture...). Si vous souhaitez vous adonner sérieusement à cette activité, achetez une épuisette, procurez-vous un guide de ramassage au centre des visiteurs, et consultez le blog www.iloveshelling.com. Avec 22 km de plages en très grande partie accessibles à tous, on n'a que l'embarras du choix. Toutes les plages, hormis Blind Pass, disposent de toilettes, mais pas de commerces ni de snack-bars. Comptez 2 $ l'heure pour le parking.

JN "Ding" Darling National Wildlife Refuge RÉSERVE NATURELLE
(☎239-472-1100 ; www.fws.gov/dingdarling ; 1 Wildlife Dr ; Wildlife Drive voiture/vélo/piéton 5/1/1 $; 7h-crépuscule). Jay Norwood "Ding" Darling, dessinateur de BD et défenseur de l'environnement, contribua à la création de plus de 300 réserves naturelles aux États-Unis, dont ce refuge de 2 500 ha, qui porte son nom. Le refuge abrite une grande variété d'oiseaux et d'animaux : alligators, bihoreaux, buses à épaulettes, chevaliers grivelés, spatules rosées, pélicans et anhingas. La **Wildlife Drive**, longue de 8 km (fermée le vendredi), offre un bon aperçu. Pensez à apporter des jumelles car les oiseaux se posent parfois assez loin. Quelques sentiers traversent la mangrove. Ne manquez pas le **Visitor & Education Center** (9h-16h) gratuit, dont les excellentes expositions traitent de la réserve et de Darling lui-même. Les circuits en bus (*tram tour*), commentés par un naturaliste, partent du parking du centre des visiteurs, généralement à l'heure pile, de 10h à 16h. Une balade en canoë ou en kayak dans Tarpon Bay permet une approche plus intimiste.

Bowman's Beach PLAGE ET COQUILLAGES
(1700 Bowman's Beach Rd). Superbe étendue de sable blanc avec aire de jeux et excellentes infrastructures, Bowman's Beach est typique de Sanibel. Cette plage semble reculée en ce sens qu'elle est rarement bondée, sauf peut-être au plus fort de la saison touristique. Cônes alphabet, ailes d'ange, buccins et conques étincellent sur le sable. La vue dégagée vers l'ouest permet de contempler de sublimes couchers de soleil.

Sanibel Historical Village SITE HISTORIQUE
(☎239-472-4648 ; www.sanibelmuseum.org ; 950 Dunlop Rd ; adulte/enfant 10 $/gratuit ; 10h-16h mar-sam). Bichonné par des bénévoles locaux, ce musée, ensemble de 9 édifices historiques, est consacré au passé pionnier de Sanibel. L'épicerie, la poste, ou encore un cottage donnent un aperçu pittoresque de la vie des colons.

Bailey-Matthews National Shell Museum MUSÉE
(☎239-395-2233 ; www.shellmuseum.org ; 3075 Sanibel-Captiva Rd ; adulte/5-12 ans/12-17 ans 15/7/9 $; 10h-17h). Ce musée du coquillage est aussi, et plus largement, un musée d'histoire naturelle dédié au monde de la mer. Il détaille les propriétés médicinales et culinaires des bivalves, des mollusques et des autres espèces à coquille, ainsi que leur rôle culturel. Des vidéos captivantes les montrent en mouvement. Une visite quasi incontournable après une journée de ramassage de coquillages sur la plage.

Lighthouse Beach PLAGE
(112 Periwinkle Way). Photogénique entre toutes, Lighthouse Beach s'orne du phare métallique historique de Sanibel (1884), qui se dresse à la pointe orientale de l'île. Il y a également un ponton en T, d'où les pélicans plongent en piqué, et une courte promenade en planches qui contourne le cap. Garez-vous sur le parking et franchissez le pont à pied pour rejoindre la plage étroite.

Activités

Tarpon Bay Explorers KAYAK
(☎239-472-8900 ; www.tarponbayexplorers.com ; 900 Tarpon Bay Rd ; 8h-17h). Situé au refuge Darling, ce prestataire loue des canoës et des kayaks (25 $/2 heures) pour explorer soi-même facilement Tarpon Bay, un lieu idéal pour les jeunes pagayeurs. Également : excellentes balades guidées en kayak (adulte/enfant à partir de 30-40/20-25 $), et tout un choix d'autres excursions. Réservez ou arrivez tôt, car les circuits affichent vite complet.

Billy's Rentals VÉLO
(☎239-472-5248 ; www.billysrentals.com ; 1470 Periwinkle Way, Sanibel ; vélos 2 heures/journée 5/15 $; 8h30-17h). Billy's propose toutes

sortes d'engins roulants à louer : remorques à vélo, tandems, rosalies, scooters, etc. Du lundi au samedi, il propose aussi, sur réservation, trois visites guidées en gyropode (65 $/pers) à 9h, 11h30 et 14h.

Fêtes et festivals

Sanibel Music Festival MUSIQUE
(www.sanibelmusicfestival.org ; mars). Un festival de musique classique et de chambre pendant lequel des artistes internationaux donnent une série de concerts chaque mardi et chaque samedi pendant le mois de mars.

"Ding" Darling Days CULTURE
(www.dingdarlingsociety.org/articles/ding-darling-days ; oct). Une semaine de réjouissances consacrée à la réserve naturelle (ci-contre), avec circuits ornithologiques, ateliers et conférences.

Sanibel Luminary Fest CULTURE
(déc). La "fête des Lumières" de Sanibel a lieu le 1er week-end de décembre. Des lanternes en papier illuminent alors les pistes cyclables de l'île.

Où se loger

Sandpiper Inn AUBERGE $$
(239-472-1606 ; www.palmviewsanibel.com ; 720 Donax St ; ch 149-229 $;). À un pâté de maisons en retrait de l'eau et très proche des boutiques et des restaurants de Periwinkle Way, cette auberge de style Floride d'antan est d'un bon rapport qualité/prix pour Sanibel. Chacune dispose d'une cuisine fonctionnelle (quoique datée) et d'un salon spacieux décoré de couleurs tropicales.

Tarpon Tale Inn COTTAGE $$
(239-472-0939 ; www.tarpontale.com ; 367 Periwinkle Way ; ch 230-290 $;). Les chambres charmantes, au sol carrelé, bien situées pour Sanibel Old Town, évoquent le soleil et la mer ; chacune dispose d'une véranda ombragée, d'un hamac accroché entre deux arbres et d'un lit (ou deux) très confortables ; certaines ont de vraies cuisines. Avec une terrasse détente, une bibliothèque et de vélos en prêt, on croirait un B&B sans le petit-déjeuner, même si un café-bar propose des douceurs faites sur place.

West Wind Inn AUBERGE $$$
(239-472-1541 ; westwindinn.com ; 3345 West Gulf Dr ; ch 200-335 $;). Une ancienne auberge, à l'écart de l'animation et à quelques pas de la plage, au service sympathique et à l'atmosphère familiale discrète. Le décor est un peu désuet mais le jardin plaisant, la piscine chauffée et le terrain de *shuffleboard* (palet) font plus que compenser.

Où se restaurer

Sanibel Bean CAFÉ $
(239-395-1919 ; www.sanibelbean.com ; 2240 Periwinkle Way ; plats 5-9 $; 7h-21h ;). Un café apprécié des habitants avec une longue carte de plats rapides et bon marché, étonnamment goûteux et préparés avec amour. Le personnel est on ne peut plus sympathique.

Over Easy Cafe CAFÉ $
(239-472-2625 ; www.overeasycafesanibel.com ; 630 Tarpon Bay Rd ; petit-déj 4-12 $; 7h-15h ;). Malgré le décor provençal, la carte propose exclusivement des plats de *diner* de premier choix : œufs sous toutes les formes, pancakes moelleux et bon café servis avec le sourire et une belle efficacité. C'est en train de devenir l'adresse incontournable au petit-déjeuner, attendez-vous à faire la queue. Ouvert aussi le soir en été (mar-sam).

Gramma Dot's POISSON ET FRUITS DE MER $$
(239-472-8138 ; www.sanibelmarina.com ; N Yachtsman Dr, Sanibel Marina ; plats midi 11-15 $, soir 19-25 $; 11h15-20h). Les capitaines des bateaux touristiques fréquentent ce chouchou de longue date de la Sanibel Marina. Au menu : sandwich à l'huître frite, mérou fumé au bois de prosopis ou crevettes coco. Une bonne adresse pour déjeuner.

Island Cow CUISINE DU SUD $$
(239-472-0606 ; www.sanibelislandcow.com ; 2163 Periwinkle Way ; plats 8-19 $; 7h-22h). Ce café pittoresque insiste sur le côté vache (*cow*), avec une atmeuh-sphère gaie et un vaste choix, du petit-déjeuner "cowabunga" aux sandwichs et au wraps "vachement" bons. La nouvelle carte des cocktails tropicaux et les concerts réguliers en font un bon choix à toute heure du jour.

Mad Hatter Restaurant AMÉRICAIN $$$
(239-472-0033 ; www.madhatterrestaurant.com ; 6467 Sanibel-Captiva Rd, Sanibel ; plats 29-45 $; 17h30-21h). Les habitants de Manhattan et de Miami en vacances accourent au Mad Hatter, souvent considéré comme le meilleur restaurant de Sanibel. Les versions contemporaines des produits de la mer sont en vedette : entrées tentantes telles les huîtres avec un martini de fruits de mer, ou plats comme les Saint-Jacques à la truffe noire, le thon obèse (*bigeye tuna*) et le carré d'agneau. Le lieu n'est pas guindé

mais fait pour les gourmets qui privilégient la qualité et non le prix.

Sweet Melissa's Cafe AMÉRICAIN $$$
(☎239-472-1956 ; sweetmelissascafe.com ; 162 Periwinkle Way ; tapas 9-16 $, plats 26-34 $; ⏲11h30-14h30 et 17h-tard lun-ven, 17h-tard sam). De la carte comme du décor émane une décontraction raffinée. Les plats, tels les *fettucine* de *farro* (épeautre), les escargots à la moelle ou le poisson croustillant entier sont inventifs sans être prétentieux. Beaucoup de petites assiettes invitent à la découverte gustative. Service prévenant et bonne ambiance.

Depuis/vers Sanibel Island

Pour venir, il est impératif d'avoir une voiture. Sanibel fait 20 km de long, mais les limitations de vitesse et la circulation rallongent le trajet. L'axe principal, Periwinkle Way, devient ensuite Sanibel-Captiva Rd.

Captiva Island

☎239 / 379 HABITANTS

José Gaspar, le pirate qui s'était surnommé Gasparilla, a parcouru cette côte, pillant des trésors et enlevant de jolies femmes, qu'il détenait sur l'île adéquatement nommée Captiva Island. Aujourd'hui, son petit village se limite à une seule rue, Andy Rosse Lane, et ne compte aucun feu rouge. On préfère ici utiliser le vélo, la vie ici est sans prétention et égalitariste, et on n'y fait pas étalage de richesse. Même les résidences de luxe se cachent derrière une végétation touffue et portent des noms espiègles.

À voir et à faire

Captiva Beach PLAGE
(14790 Captiva Dr). Outre son orientation idéale pour admirer le soleil couchant, Captiva Beach possède un sable agréable et se situe à proximité de restaurants romantiques. Arrivez tôt si vous voulez trouver de la place sur le parking, ou alors venez à vélo.

Captiva Cruises CROISIÈRE
(☎239-472-5300 ; www.captivacruises.com, www.mccarthysmarina.com ; 11400 Andy Rosse Lane). Au départ de la marina McCarthy's, Captiva Cruises propose toutes sortes de croisières, pour aller admirer les dauphins ou le coucher du soleil (à partir de 27,50 $) ou explorer différentes îles, comme Cayo Costa (40 $), Cabbage Key (40 $), ou Boca Grande (50 $) sur Gasparilla Island (p. 449).

Où se loger

'Tween Waters Inn COMPLEXE HÔTELIER $$$
(☎239-472-5161 ; www.tween-waters.com ; 15951 Captiva Dr, Captiva ; ch 185-285 $, ste 270-410 $, cottages 265-460 $;). Ce complexe hôtelier de Captiva est d'un excellent rapport qualité/prix. Les jolies chambres s'agrémentent de mobilier en rotin, de meubles de sdb en granit, de douches tropicales et d'un décor des îles. Toutes ont un balcon. Celles qui donnent sur le golfe sont splendides, et les petits cottages soigneusement tenus sont très romantiques. La grande piscine, les courts de tennis, la marina équipée et le spa font le bonheur des familles. Réductions intéressantes pour plusieurs nuits.

South Seas Island Resort COMPLEXE HÔTELIER $$$
(☎239-472-5111 ; www.southseas.com ; 5400 Plantation Rd ; ch à partir de 299 $). Le plus luxueux complexe hôtelier de Captiva s'étend sur 133 ha et comprend une réserve naturelle, de nombreux cottages ou appartements, trois piscines (avec des toboggans et un bar tropical), six restaurants et 4 km de plage de sable blanc. Les clients passent leurs journées au centre de balnéothérapie, ramassent des coquillages ou s'amusent avec des jet-skis, des paddles ou des bateaux loués.

Où se restaurer et prendre un verre

Bubble Room DESSERTS $$
(☎239-472-5558 ; www.bubbleroomrestaurant.com ; 15001 Captiva Dr ; gâteaux 8-9 $, plats 14-30 $; ⏲11h30-15h et 16h30-21h). Cette institution de Captiva est un mélange de pastel et de kitsch avec ses décorations de Noël toute l'année, des trains qui parcourent les trois niveaux et une étonnante "salle des elfes". Les plats portent les noms d'anciennes stars comme Mae West ou Louis Armstrong, mais les véritables célébrités ici sont les desserts, telle la *buttercrunch pie*, tarte à la crème glacée et aux bonbons, avec une croûte en Oreo.

Doc Ford's POISSON ET FRUITS DE MER $$$
(☎239-312-4275 ; www.docfords.com/captiva-island ; 5400 S Seas Plantation Rd ; plats 20-28 $; ⏲11h-22h). Le petit nouveau de la chaîne Doc Ford's, attenant au South Seas Island Resort (ci-dessus) et tout aussi haut de gamme, accueille des clients extérieurs à l'hôtel. La carte est pleine de délices "floribéens", avec beaucoup de produits de la mer frais, un bar à fruits de mer et un grand choix de rhums. Les tables au-dehors sont agréables ; concerts le week-end.

Mucky Duck PUB

(www.muckyduck.com ; 11546 Andy Rosse Lane ; 11h30-15h et 17h-21h30). Sans prétention, avec un toit de bardeaux, Mucky Duck est idéalement situé pour un coucher de soleil sur Captiva, et les habitués se bousculent chaque soir pour obtenir un fauteuil de plage ou une table de pique-nique. La longue carte ne se limite pas à de la cuisine de pub et propose pâtes, steaks, poulet et fruits de mer (plats 10-25 $). Mais l'on vient avant tout ici pour l'ambiance du bar, et la vue sur le golfe les pieds dans le sable.

Depuis/vers Captiva Island

Une voiture est la seule manière de circuler. Sanibel Causeway (Hwy 867) est une route à péage (voiture/moto 6/2 $).Captiva ne fait que 8 km de long, mais la vitesse limitée et la circulation la font paraître plus grande. L'axe principal est Sanibel-Captiva Rd.

Naples

239 / 20 573 HABITANTS

Romantique et chic, Naples est la ville balnéaire la plus jolie et la plus paisible du sud-ouest de la Floride. C'est la Palm Beach de la côte du Golfe. Le front de mer est résidentiel. Seules d'étroites dunes et des demeures bien cachées donnent sur la plage d'un sable blanc soyeux. À la fois culturelle et sophistiquée, élégante et très privilégiée, Naples est aussi une ville accueillante et bon enfant. Familles, adolescents, dames respectables portant des habits haute couture, cadres d'âge mûr et jeunes couples élégants se croisent et se mélangent par les chaudes soirées sur 5th Ave, en centre-ville. Les visiteurs jugent parfois Naples trop chère, mais on peut dépenser autant dans des villégiatures moins jolies.

À voir

Le centre-ville de Naples est organisé selon un plan en damier. Il y a deux grandes rues commerçantes : 5th Ave, la principale, se situe entre 9th St S/US 41 et W Lake Dr. L'autre, 3rd St S, s'étend entre Broad Ave S et 14th St S ; ce quartier, appelé **Third St South**, constitue le cœur d'Old Naples (le vieux Naples). Le secteur abrite un mélange de constructions de style Mediterranean Revival et des maisons de colons en planches et bardeaux. Du printemps à l'automne, Old Naples accueille tout un éventail de manifestations musicales et artistiques, ainsi qu'un marché de petits producteurs le samedi matin (www.thirdstreetsouth.com). Naples compte aussi 14 km de plages de sable blanc idylliques, et le stationnement dans le centre (sauf près des plages) est gratuit.

> **DÉTOUR : LES EVERGLADES**
>
> Si vous êtes descendu au sud jusqu'à Naples, vous vous devez de visiter les Everglades. Par le Tamiami Trail/Hwy 41 en direction de l'ouest, Everglades City se situe à 30 minutes, Big Cypress à 45 minutes et Shark Valley à 1 heure 15.

Baker Museum MUSÉE

(239-597-1900 ; www.artisnaples.org ; 5833 Pelican Bay Blvd ; adulte/enfant 10 $/gratuit ; 10h-16h mar-jeu et sam, 10h-20h ven, 12h-16h dim). Fierté de Naples, ce musée séduisant et sophistiqué fait partie du campus Artis-Naples, incluant le splendide Philharmonic Center juste à côté. Consacrées à l'art moderne et contemporain du XXe siècle, les 15 galeries du musée et sa coupole de verre accueillent de très belles expositions temporaires ou permanentes, allant d'œuvres postmodernes à des photographies, d'art du papier à des sculptures de verre, avec de très belles œuvres de Chihuly.

Naples Botanical Gardens JARDIN

(239-643-7275 ; www.naplesgarden.org ; 4820 Bayshore Dr ; adulte/4-14 ans 15/10 $; 9h-17h). Ce très beau jardin botanique se présente comme le "paradis sur terre". Et de fait, après avoir parcouru les 4 km du sentier qui traverse les neuf jardins cultivés, on se sent plein d'une grande sérénité. Les enfants aimeront la cabane dans les arbres avec son toit de chaume, la serre à papillons et la fontaine interactive ; les adultes rêveront devant le jardin de Scott Florida récemment redessiné par le paysagiste Raymond Jungles, avec ses cascades, ses rochers d'oolite de 4 m de haut et ses arbres historiques : palmiers dattiers, figuiers sycomores et figuiers citron.

Rookery Bay National Estuarine Research Reserve RÉSERVE NATURELLE

(239-530-5940 ; rookerybay.org ; 5 $; centre éducatif 9h-16h lun-ven, lun-sam en haute saison). Cette réserve protège près de 45 000 ha de côte et d'estuaires dans la partie nord des Ten Thousand Islands, au sud de Naples et au nord de Marco Island. Le centre éducatif

VAUT LE DÉTOUR

CORKSCREW SWAMP SANCTUARY

Joyau des réserves de la National Audubon Society, le **Corkscrew Swamp Sanctuary** (☎239-348-9151 ; corkscrew.audubon.org ; 375 Sanctuary Rd W ; tarif plein/ 6-18 ans 14/4 $; ⏲7h-17h30, dernière entrée 16h30) permet d'approcher de très près six habitats naturels endémiques (en particulier laîches, pins d'Elliott et marécages) dans leur état originel le long d'une promenade en planches ombragée, longue de 3,5 km. Pièce maîtresse de la réserve, la plus ancienne forêt vierge de cyprès chauves d'Amérique du Nord compte de magnifiques spécimens de plus de 600 ans et 40 m de haut.

La faune abondante inclut des alligators, des bihoreaux, des cigognes d'Amérique en voie de disparition et des ibis plein les arbres, mais c'est surtout le célèbre épipogon sans feuilles (une orchidée) et l'insaisissable panthère de Floride, plus rares, qui créent l'événement quand on les aperçoit. Des bénévoles vous aideront à repérer la faune et la flore, la signalétique est excellente et on peut louer des jumelles (3 $) au Visitor Center (avec espace d'exposition et snack-bar). Cette réserve vaut assurément les Everglades.

La réserve se situe au sud-est de Fort Myers et au nord-est de Naples. Prenez l'I-75 jusqu'à la sortie n°111, puis la Hwy 846/Imokalee Rd vers l'est jusqu'à Sanctuary Rd, et suivez les panneaux. À la fin du printemps, prévoyez du répulsif contre les taons.

sur deux niveaux comprend un auditorium où les visiteurs peuvent voir une très bonne vidéo, un aquarium interactif et un autre de 8 700 l qu'on peut voir du dessous. Depuis le centre, on peut aussi faire des circuits en kayak et en bateau, une balade découverte et des excursions pour observer les oiseaux.

Golisano Children's Museum of Naples — MUSÉE

(C'mon ; ☎239-514-0084 ; www.cmon.org ; 15080 Livingston Rd ; 10 $; ⏲10h-17h lun-mar et jeu-sam, 11h-16h dim ; 👪). Conçu par des enfants (et des pédopsychologues) pour des enfants, ce musée interactif est consacré à l'apprentissage par le jeu. Un trolley conduit les enfants vers les différents espaces d'exposition, dont un bassin virtuel où ils peuvent observer des poissons et des plantes aquatiques, et un marché où fruits et légumes sont conditionnés et vendus à d'autres enfants "clients". Le "Voyage dans les Everglades" est passionnant, avec sa promenade de planches qui monte en spirale autour d'un banian haut de deux étages et domine un labyrinthe dans une mangrove.

Naples Municipal Beach — PLAGE

(12th Ave S et Gulf Shore Blvd). La plage municipale de Naples est une longue étendue de sable de rêve, animée mais rarement surpeuplée. Au bout de 12th Ave S, la jetée de plus de 300 m est un symbole de fierté municipale, bâtie en 1888, détruite plusieurs fois par des incendies ou des ouragans, et chaque fois rebâtie. Les petits parkings sont espacés entre 7th Ave N et 17th Ave S, chacun comprenant 10 à 15 places de stationnement mêlant emplacements privés et emplacements payants (1,50 $/h).

Naples Nature Center — RÉSERVE NATURELLE

(☎239-262-0304 ; www.conservancy.org/nature-center ; 1450 Merrihue Dr ; adulte/3-12 ans 13/9 $; ⏲9h30-16h30 lun-sam, lun-dim nov-avr). Considérée comme l'un des principaux organismes écologiques à but non lucratif de Floride, la Conservancy of Southwest Florida est un must pour quiconque s'intéresse à l'environnement floridien et à sa protection. Le nouveau centre de découverte plonge ses visiteurs dans des milieux naturels du sud-ouest de la Floride, avec des films éducatifs, des présentations et un aperçu rare d'une nursery pour oiseaux, reptiles et mammifères. Les 8,5 ha de la réserve offrent un sentier de 800 m et des balades naturalistes en bateau.

Palm Cottage — ÉDIFICE HISTORIQUE

(☎239-261-8164 ; www.napleshistoricalsociety.org/palm-cottage ; 137 12th Ave S ; adulte/enfant moins de 10 ans 10 $/gratuit ; ⏲13h-16h mar-sam). Cette demeure pittoresque, la plus ancienne de Naples et la dernière en mortier coquillier de Collier County, fut construite en 1895 pour Henry Watterson, directeur du *Louisville Courier Journal*. À l'époque, elle accueillait le surplus de clientèle de l'Old Naples Hotel, dont des stars de cinéma comme Hedy Lamarr. Après rénovation, elle abrite maintenant la Naples Historical Society, qui propose d'intéressantes visites du bâtiment et des conférences d'auteurs et d'artistes locaux dans Norris Gardens, juste à côté.

Naples Zoo at Caribbean Gardens ZOO
(☎239-262-5409 ; www.napleszoo.com ; 1590 Goodlette-Frank Rd ; adulte/3-12 ans 23/15 $; ⏲9h-17h). Ancien site touristique façon Floride d'antan, les Caribbean Gardens ont été modernisés pour donner naissance à ce modeste zoo. Des balades commentées sur un lac permettent de voir des singes en liberté sur une île, le nourrissage des girafes ou des alligators, et quelques espèces uniques comme le ratel ou la fossa (civette) de Madagascar, qui ressemble à un croisement de cougar et de mangouste. Dernières entrées à 16h.

Delnor-Wiggins Pass State Park PARC
(☎239-597-6196 ; www.floridastateparks.org/delnorwiggins ; 11135 Gulf Shore Dr ; voiture/vélo 6/2 $; ⏲8h-crépuscule). Ce ravissant parc d'État et plage s'étend sur 1,6 km au départ de l'embouchure de la Cocohatchee River. Ses superbes étendues de sable blanc sont protégées pendant la nidification des tortues (de mai à octobre). Une **tour d'observation** se dresse à l'extrémité nord, mais la baignade est plus agréable au sud des eaux rapides de la passe. Il y a des stands d'alimentation (au parking n°4), des douches, et tout le matériel à louer pour une journée à la plage.

Clam Pass County Park PLAGE
(☎239-252-4000 ; ⏲8h-crépuscule). Ce parc de comté englobe 14 ha d'habitat côtier, dont une promenade en planches de 1,2 km traversant la mangrove jusqu'à la plage de sable blanc. Le parc jouxte le Naples Grand Beach Resort, qui gère les locations de matériel nautique et le bus gratuit qui relie le grand parking et la plage bien entretenue. L'endroit est prisé des familles et des jeunes adultes. Le snack-bar sert des bières et des cocktails.

Fêtes et festivals

Naples Winter Wine Festival GASTRONOMIE
(www.napleswinefestival.com ; ⏲jan). Plusieurs jours durant, cette fête du vin permet de faire des dégustations, d'être "invité" à dîner par des chefs et de participer à une vente aux enchères dont les bénéfices sont reversées à 20 associations caritatives du comté de Collier s'occupant d'enfants.

Où se loger

Gondolier AUBERGE $$
(☎239-262-4858 ; www.gondolierinnnaples.com ; 407 8th Ave S ; ch 90-198 $; P ❄ 📶). Ce bungalow classique de style Googie années 1950, avec lignes anguleuses, toit en saillie et plaques émaillées kitsch montrant des gondoliers, est bien situé dans une rue tranquille d'Old Naples. Les chambres, vintage elles aussi, ont des cuisines équipées d'éléments en bois fabriqués main et du mobilier d'époque. Encore mieux, on est à quelques rues à pied de la plage. Fortes réductions pour les séjours prolongés.

Lemon Tree Inn MOTEL $$
(☎239-262-1414 ; www.lemontreeinn.com ; 250 9th St S ; ch avec petit-déj 134-213 $; P ❄ @ 📶 ≋). Excellent rapport qualité/prix pour ces 34 chambres impeccables aux tons clairs (certaines avec kitchenette correcte). Elles s'organisent en U autour d'un joli jardin privé. Les vérandas avec moustiquaire, la limonade à discrétion et les petits-déjeuners sont agréables, mais on apprécie surtout de pouvoir rejoindre 5th Ave à pied.

♥ **Escalante** BOUTIQUE-HÔTEL $$$
(☎239-659-3466 ; www.hotelescalante.com ; 290 Fifth Ave S ; ch 200-700 $). Au croisement de 5th Ave et Third St, ce superbe boutique-hôtel est aménagé comme une villa toscane. Chambres et suites se cachent sous une verdure luxuriante et des pergolas fleuries, avec du mobilier de style plantation, des draps à l'européenne et des produits de toilette de marque.

Inn on 5th HÔTEL $$$
(☎239-403-8777 ; www.innonfifth.com ; 699 5th Ave S ; ch 399 $, ste avec petit-déj 599-999 $; P ❄ @ 📶 ≋). Cet hôtel élégant et luxueux, de style méditerranéen, est à un emplacement imbattable, de part et d'autre de 5th Ave. Ses chambres élégantes, plus fonctionnelles qu'"historiques" cependant, s'agrémentent de surmatelas et de cabines de douche vitrées. Parmi les nombreuses prestations : piscine chauffée (à l'étage), salle de sport, espace affaires et spa. Service de voiturier gratuit.

Où se restaurer

Food & Thought MARCHÉ, CAFÉ $
(☎239-213-2222 ; www.foodandthought.com ; 2132 Tamiami Trail N ; plats 3-10 $; ⏲7h-20h lun-sam ; 🖉). 🌿 Les rayonnages de ce marché et son café toujours animé ne proposent que du 100% bio. La carte fait la part belle aux plats végétariens, végans et *raw* (crus).

The Café CAFÉ $$
(☎239-430-6555 ; www.thecafeon5th.com ; 821 5th Ave S ; plats petit-déj 8-14 $, déj 11-17 $;

(⏲7h30-15h ; 📶). On peut facilement manquer ce modeste café, et manquer du même coup un sublime petit-déjeuner avec œufs bio, bacon canadien grillé et pain artisanal toasté à la perfection. Et nous ne parlons là que des plats standards. Car il y a aussi des flocons d'avoine agrémentés de graines de lin, d'amandes, de raisins secs et de pommes, des bols d'*açai*, des crêpes et des bagels au saumon fumé.

IM Tapas ESPAGNOL **$$**
(☎239-403-8272 ; www.imtapas.com ; 965 4th Ave N ; tapas 5,50-18 $; ⏲à partir de 17h30 lun-sam). À l'écart dans un centre commercial, ce restaurant espagnol à la décoration simple et à l'ambiance romantique sert des tapas comme à Madrid. Mère et fille modernisent des classiques – jambon serrano, *angula* (civelle), crevettes à l'ail. Elles proposent aussi des plats inventifs et aventureux, comme le carpaccio de filet de gibier.

The Local AMÉRICAIN MODERNE **$$**
(☎239-596-3276 ; www.thelocalnaples.com ; 5323 Airport Pulling Rd N ; plats 12-29 $; ⏲11h-21h dim-jeu, 11h-21h30 ven-sam ; 📶). 🍃 S'il est paradoxal de devoir rouler 10 km depuis le centre-ville pour manger local, ce bistrot "de la ferme à la table" dans un centre commercial justifie la dépense d'énergie avec sa cuisine écoresponsable fabuleuse, allant de la salade de pastèque méditerranéenne au bœuf de plein champ. Pour éviter les touristes, et manger local !

Campiello ITALIEN **$$**
(☎239-435-1166 ; www.campiello.damico.com ; 1177 3rd St S ; plats midi 14-22 $, soir 18-40 $; ⏲11h30-15h et 17h-22h dim-jeu, jusqu'à 22h30 ven-sam). Le Campiello fait mouche avec sa belle terrasse à l'ombre des parasols, donnant sur les boutiques de 3rd St, et son excellente cuisine italienne pour les budgets intermédiaires. Mangez léger avec une pizza au feu de bois ou la *pasta* maison, ou plus riche avec le filet de bœuf ou le cobia du golfe grillé. Concerts de jazz fréquents et très bons cocktails maison. Réservation recommandée.

♥ **Bha! Bha! Persian Bistro** IRANIEN **$$$**
(☎239-594-5557 ; bhabhabistro.com ; 865 5th Ave S ; plats 26-38 $; ⏲17h-21h dim-jeu, 17h-22h ven-sam). Ce restaurant expérimental haut de gamme tire son nom de l'expression farsie signifiant "miam miam !", ce qui est très en dessous de la vérité. Accompagnez les boulettes d'agneau à la pistache avec un martini au safran et à la citronnelle, continuez avec un kebab mariné aux épices exotiques ou un *fesenjune* de canard, mijoté avec des grenades et une sauce aux noix.

♥ **USS Nemo** POISSON ET FRUITS DE MER **$$$**
(☎239-261-6366 ; ussnemorestaurant.com ; 3745 Tamiami Trail N ; plats 19-33 $; ⏲11h-14h et 16h30-21h30 lun-jeu, 11h-14h et 16h30-22h ven, 16h30-22h sam, 16h30-21h30 dim). Dans un petit centre commercial quelconque du nord de Naples, ce restaurant de produits de la mer très couru, décoré de hublots, est réputé pour son délicieux bar au miso et son risotto de langouste aux truffes. La carte des vins est très longue, les cocktails sont épatants ; essayez le *mango bravo* (tequila, triple sec, mangue et piment jalapeño). L'endroit est très vite complet. Réservez.

Turtle Club POISSON ET FRUITS DE MER **$$$**
(☎239-592-6557 ; www.theturtleclubrestaurant.com ; Vanderbilt Beach Resort, 9225 Gulf Shore Dr ; plats 9-42 $; ⏲11h-14h30 et 17h-21h). Comment rivaliser avec les couchers de soleil du golfe du Mexique ? Le Turtle Club du Vanderbilt Resort travaille dur pour proposer d'excellents cocktails et une carte courte mais élégante de produits de la mer tels que chair de crabe de Pine Island, crevettes et crabe Napoléon à la mangue et au jicama, et délicieuses "huîtres à la turtlefeller". Arrivez *tôt* si vous voulez obtenir une place sur la plage.

Où prendre un verre et faire la fête

HobNob Kitchen + Bar BAR À COCKTAILS
(☎239-580-0070 ; hobnobnaples.com ; 720 5th Ave S ; ⏲15h30-21h30 lun-mer, 15h30-22h jeu-sam, 15h30-21h dim). C'est le lieu le plus branché de Naples, dans un décor moderne et opulent, avec ses "nobtails" telle la *fresca* de vodka Pearl Cucumber à la fraise et à la pastèque. Ne manquez pas les entrées inventives, nouvelle cuisine, comme les piments doux au chorizo, à la saucisse italienne et au crabe. Clientèle animée et serveurs très démonstratifs.

☆ Où sortir

♥ **Naples Philharmonic** MUSIQUE CLASSIQUE
(☎239-597-1900 ; www.artisnaples.org ; 5833 Pelican Bay Blvd). Fort de 85 musiciens, l'orchestre philharmonique de Naples est de plus en plus considéré comme l'un des meilleurs jeunes ensembles du pays. Andrey Boreyko a été nommé directeur musical en 2013. La saison va de septembre à juin, mais le complexe

Artis, qui héberge l'orchestre, assure toute l'année une programmation de concerts et de spectacles, dont certains pour enfants.

Sugden Community Theatre THÉÂTRE
(☎239-263-7990 ; www.naplesplayers.org ; 701 5th Ave ; 30-40 $; ⏲guichet 10h-16h lun-ven, 10h-13h sam, 12h-14h dim). Résidence des Naples Players, le Sugden compte deux scènes modernes, sur les planches desquelles on joue sept pièces "classiques" et quatre productions "alternatives", dont quatre représentations de KidzAct, par et pour la jeunesse. Vu son succès, pensez à réserver.

Depuis/vers Naples

Il est indispensable d'avoir une voiture. Les places de stationnement gratuites sont nombreuses en centre-ville, ce qui facilite les choses. Naples est à 64 km au sud-ouest de Fort Myers via l'I-75.

Greyhound (☎239-774-5660 ; www.greyhound.com ; 2669 Davis Blvd). Bus reliant Naples à Miami, Orlando et Tampa.

Southwest Florida International Airport (p. 439). Principal aéroport de Naples. À 45 minutes de voiture au nord, sur l'I-75.

Gasparilla Island

☎239 / 1 230 HABITANTS

De tous les pirates pilleurs de trésors et contrebandiers de rhum ayant mis les pieds en Floride, José Gaspar, ou Gasparilla, est le plus célèbre. On raconte qu'il avait établi son QG à Boca Grande sur Gasparilla Island, où il érigea un palais en palmiers nains qu'il meubla des trésors pillés lors de ses expéditions en mer. Si les historiens doutent de son existence, Boca Grande n'en continue pas moins d'accueillir du beau monde venu se lancer aux trousses de l'énorme tarpon de l'Atlantique qui navigue dans ses eaux.

Malgré sa réputation de refuge de la haute société, Boca Grande baigne dans l'ambiance pittoresque d'un village de pêcheurs, et reste une très bonne destination pour les familles. Le Gasparilla Island State Park englobe des kilomètres de plages sauvages de sable blanc.

À voir

Gasparilla Island Stat Park PARC
(☎941-964-0375 ; www.floridastateparks.org/gasparillaisland ; 880 Belcher Rd ; voiture/piéton 3/2 $; ⏲8h-coucher du soleil). Ce parc est centré sur le phare historique restauré de Boca Grande, qui guide les marins depuis 1890. Il a été transformé en musée avec des photos anciennes, des os, des fossiles, des coquillages et des présentations des premiers habitants de la région (10h-16h lun-sam, 12h-16h dim). Outre la visite du phare, on peut nager, faire du snorkeling, pêcher et ramasser des coquillages sur les plages quasi désertes du parc.

Où se loger

Anchor Inn AUBERGE **$$**
(☎941-964-5600 ; www.anchorinnbocagrande.com ; 450 4th St E ; ch 175-240 $; P ❄ 📶 🏊). Cette demeure historique de 1925 passe pour l'adresse bon marché de Boca Grande. Elle ne compte que 4 suites, il faut donc réserver très longtemps à l'avance.

♥ **Gasparilla Inn** HÔTEL HISTORIQUE **$$$**
(☎941-964-4500 ; www.gasparillainn.com ; 500 Palm Ave, Boca Grande ; ch 235-480 $; P ❄ 📶 🏊). Pénétrez dans l'entrée ornée de piliers de style georgien de cet hôtel de 1913 et vous voici ramené à une époque éprise de raffinement. Chasseurs et majordomes sont là pour satisfaire vos moindres désirs. Les chambres, élégamment décorées dans les tons corail et pistache, offrent un confort splendide mais sans prétention. Les jours s'écoulent ici paisiblement, entre le golf, le tennis, la pêche et les tours en hydravion.

Marco Island

☎239 / 16 413 HABITANTS

Marco Island, la plus vaste et la plus septentrionale des Ten Thousand Islands, est aussi le point culminant– quelque 18 m au-dessus du niveau de la mer – du sud-ouest de la Floride. Ce sont les Indiens calusa qui créèrent ce point haut avec un énorme amas coquillier accumulé sur des centaines d'années ; c'est maintenant un quartier résidentiel appelé Indian Hill.

L'urbanisation moderne de l'île ne date que des années 1960 et on y vient aujourd'hui pour ses kilomètres de sable blanc, la pêche et la plaisance parmi les îles-mangroves et pour son atmosphère plus paisible et plus naturelle que dans bon nombre des villes côtières plus au nord. Ramasser les coquillages est également très prisé : on trouve les plus beaux spécimens sur Tigertail Beach ou sur les rives de Keewaydin Island à proximité, inaccessible en voiture, qui est restée en grande partie préservée.

À voir et à faire

Tigertail Beach PLAGE
(☎239-389-8414 ; 400 Hernando Dr ; parking 8 $). Cette plage de sable blanc convient bien aux

familles. On peut y ramasser des coquillages, explorer des mares résiduelles ou s'attarder dans ses aires de jeux. De nombreux oiseaux du littoral, des goélands et des rapaces, et beaucoup d'autres espèces fréquentant les mangroves et les lagunes voisines ravissent les ornithologues amateurs. Parmi les équipements : des toilettes, une promenade de planches, une aire de pique-nique et un kiosque où on peut louer de quoi s'amuser dans l'eau.

Hemingway Water Shuttle BATEAUX
(☎239-315-1136 ; www.hemingwaywatershuttle.com ; 951 Bald Eagle Dr ; adulte/enfant 44/22 $; ⏲départs pour Keewaydin à 8h30, 10h30, 12h30 et 14h30). Compagnie familiale qui part de la **Rose Marina** (☎239-394-2502 ; rosemarina.com ; ⏲7h-18h) vers Keewaydin Island, et propose parfois des croisières au coucher du soleil dans la baie de Marco Island. Enfants et adultes adoreront repérer dauphins, lamantins ou oiseaux (on voit souvent des jeunes balbuzards) en chemin.

Circuits organisés

Dolphin Study ÉCOCIRCUIT
(☎239-642-6899 ; www.dolphin-study.com ; 951 Bald Eagle Dr ; 59 $). Dolphin Study offre un des meilleurs moyens de découvrir l'écosystème marin qui entoure de Marco Island. On y étudie les mouvements et le comportement à long terme des grands dauphins. À l'aide de photos d'identification des nageoires dorsales, les participants du circuit ont l'opportunité d'apporter leur contribution au travail de comptage et de recensement des cétacés. Les données recueillies sont ensuite partagées avec le Mote Marine Laboratory (p. 432) de Sarasota. Sur un épais album de photos de nageoires dorsales, le naturaliste Kent Morse montre les traces de morsures et autres blessures qui permettent de distinguer les dauphins Ripples, Nibbles et Flag. Bien qu'assez proche pour permettre l'identification des différents animaux, le catamaran reste toujours suffisamment à distance. Parfois, on voit des bancs entiers nager dans les mangroves ou des familles jouer entre elles. Si vous apercevez un dauphin qui n'est pas encore répertorié, vous aurez peut-être même la chance de lui donner un nom. En chemin, on fait étape sur certaines des îles-barrières sans pont les plus reculées et les plus belles, par exemple **Keewaydin** et ses magnifiques coquillages.

Les circuits durent 3 heures et partent de Rose Marina.

Où se loger et se restaurer

Boat House Motel MOTEL $$
(☎239-642-2400 ; www.theboathousemotel.com ; 1180 Edington Pl ; r $110-150 ; P❄📶🏊). Hébergement le plus abordable de l'île, ce "boatel" (bâteau-motel) dans le vieux San Marco, familial, pittoresque, ne compte que 20 chambres rehaussées de turquoise qui ont parfois vue sur Marco River. Un barbecue permet de faire cuire le fruit de votre pêche.

Marco Beach Ocean Resort APPARTEMENTS $$$
(☎239-393-1400 ; www.marcoresort.com ; 480 S Collier Blvd ; ch 260-360 $; P❄📶🏊). Cet ensemble d'appartements qui domine une plage de sable blanc de 8 km est régulièrement classé parmi les meilleurs hébergements haut de gamme de Marco Island. Ses 98 suites sont équipées de vraies cuisines et de balcons privatifs ou de patios, souvent avec une belle vue au coucher du soleil. Avec un centre de balnéothérapie luxueux, un restaurant italien au bord de la plage, des courts de tennis et un golf à proximité.

♥ **Doreen's Cup of Joe** CAFÉ $
(☎239-394-2600 ; www.doreenscupofjoe.com ; 257 N Collier Blvd ; petit-déj 7-15 $; ⏲7h30-14h). Ce charmant café récemment rénové propose des petits-déjeuners toute la journée ; idéal pour prendre un café, un jus d'oranges fraîchement pressées et les célèbres pancakes au citron des keys, avant de partir en excursion en bateau.

Snook Inn POISSON ET FRUITS DE MER $$
(☎239-394-3313 ; www.snookinn.com ; 1215 Bald Eagle Dr ; plats 13-25 $; ⏲11h-22h). Au bord des quais, avec une vue superbe sur Marco Bay, ce bar-restaurant qui existe depuis longtemps est le centre de la vie sociale de l'île. En cuisine, de très bons sandwichs au mérou ; on préparera aussi votre pêche. Le Chickee Bar fait de bons cocktails glacés ; concerts tous les jours.

Depuis/vers Marco Island

Une voiture est préférable, et presque impérative. Du carrefour de Collier Blvd et de Tamiami Trail, prenez Collier Blvd vers le sud pour rejoindre Marco Island. À défaut, allez-y en bateau.

Pine Island

☎239 / 9 000 HABITANTS

Longue de 28 km, Pine Island est la plus grande île de mangroves de la région. Dépourvue de plages de sable, elle compte néanmoins de tranquilles hébergements où se retrouvent pêcheurs, kayakistes et romantiques cherchant à échapper à la foule des touristes. Plusieurs villages sont installés sur l'île : **Matlacha**, au centre, compte quelques commerces et d'originales galeries d'art évoquant la Floride d'antan ; au nord, dans les villages de **Pineland** et **Bokeelia**, on peut louer bateaux de plaisance et de pêche ; enfin, **St James City**, à la pointe sud, est largement résidentielle. Pine Island est un tremplin idéal pour partir à la découverte, l'espace d'une journée, des magnifiques îles-barrières du coin.

À voir

Le minuscule village de pêcheurs de **Matlacha** (prononcez "mat-la-chè"), situé de part et d'autre du pont à bascule menant à Pine Island, offre un aperçu inédit de la vie locale. De modestes restaurants et marchés de poisson et fruits de mer côtoient un ensemble de vieilles cabanes de pêcheurs reconverties en pimpantes boutiques de souvenirs.

Activités

Tropic Star BATEAU

(239-283-0015 ; www.cayocostaferry.com ; Jug Creek Marina, Bokeelia ; ferry tlj à 9h30). Les croisières et les ferries pour Cayo Costa partent de Jug Creek Marina. La traversée en ferry (adulte/enfant 35/25 $) prend une heure ; on peut aussi s'arrêter à Cabbage Key pour le déjeuner (adulte/enfant 35/25 $). Des bateaux-taxis privés (150 $/heure), beaucoup plus rapides, permettent d'aller sur les îles d'Useppa et de Gasparilla. Le parking coûte 6/8/10 $ la demi-journée/journée/journée plus nuit.

Gulf Coast Kayak KAYAK

(239-283-1125 ; www.gulfcoastkayak.com ; 4120 Pine Island Rd NW ; 9h-17h nov-mai). À Matlacha, juste après le pont à bascule, Gulf Coast organise plusieurs circuits en kayak (adulte/enfant 55/35 $) dans la Matlacha Pass Aquatic Preserve, riche d'une faune très variée. On peut aussi louer un canoë ou un kayak (demi-journée/journée 35/50 $) et y aller soi-même. Si vous souhaitez gagner Cayo Costa en kayak, adressez-vous au personnel.

Matlacha Bridge PÊCHE

On appelle cette chaussée entre Cape Coral et Matlacha le "pont le plus poissonneux des États-Unis" car il enjambe plusieurs courants de marée très actifs. Les pêcheurs l'occupent littéralement nuit et jour, en particulier durant la saison du tarpon.

Où se loger et se restaurer

Tarpon Lodge AUBERGE $$

(239-283-3999 ; www.tarponlodge.com ; 13771 Waterfront Dr, Pineland ; ch 125-190 $; P ❄). L'atmosphère de cette auberge de pêche raffinée semble avoir à peine changé depuis son inauguration en 1926. Les chambres sont rétro et confortables, et la salle à manger sélecte s'orne de boiseries étincelantes, et des portraits en noir et blanc des précédents clients, des pêcheurs. La famille qui tient les lieux gère aussi les cottages de location sur Cabbage Key Island. On peut réserver ici croisières et sorties de pêche.

Cabbage Key Inn AUBERGE $$

(239-283-2278 ; www.cabbagekey.com ; Cabbage Key ; ch 100-150 $, cottages 195-525 $; 7h30-21h, 11h30-15h et 18h-20h30). Prenez l'une des six chambres de l'auberge ou un des huit cottages, qui ont tous le charme de la vieille Floride, sont joliment décorés (nos préférés : Rinehart et Dollhouse), sans donner dans le luxe des complexes hôteliers. Ici, pas de TV, pas de piscine et Wi-Fi au restaurant seulement. On y sert des cocktails corsés et le dîner tous les soirs (repas 16-29 $, avec possibilité de cuisiner votre prise du jour) sur réservation.

♥ **Perfect Cup** PETIT-DÉJEUNER $

(239-283-4447 ; 4548 Pine Island Rd, Matlacha ; plats 5-10 $; 6h-16h lun-sam, 6h-15h dim). Une adresse locale authentique, où l'on sert de grandes tasses de café torréfié sur place (2 $) accompagnées de plats de qualité de style *diner* (omelettes inventives, pain perdu et pancakes).

Achats

♥ **Lovegrove Gallery** ART ET ARTISANAT

(238-938-5655 ; www.leomalovegrove.com ; 4637 Pine Island Rd, Matlacha ; 11h-18h lun-sam). Matlacha doit son inattendu côté branché à l'artiste Leoma Lovegrove, qui a transformé une cabane de pêcheurs en un espace d'exposition fantasque plein de mosaïques et de tableaux, avec un jardin d'eau tropical délirant à l'arrière. Incontournable. D'autres boutiques de souvenirs et d'artisanat typiquement américaines ont ouvert dans la rue.

Depuis/vers Pine Island

Pine Island se trouve à l'ouest de North Fort Myers et n'est desservie par aucun transport en commun. En voiture, prendre l'US 41 jusqu'à Pine Island Rd (Hwy 78), puis aller vers l'ouest. On trouve des bateaux à louer et des bateaux-taxis dans les marinas de Pineland et Matlacha.

Panhandle

1,5 MILLION D'HABITANTS / ☎ 850, 386

Dans ce chapitre ➡

Le top des restaurants

- Up the Creek Raw Bar (p. 479)
- Iron (p. 461)
- George's at Alys Beach (p. 472)
- Kool Beanz Café (p. 487)
- Tin Cow (p. 461)

Le top des hébergements

- Hibiscus Coffee & Guesthouse (p. 471)
- Wisteria Inn (p. 475)
- Aunt Martha's Bed & Breakfast (p. 466)
- Pearl (p. 472)
- Hotel Duval (p. 486)

Pourquoi y aller

La région la plus septentrionale de la Floride est aussi la plus culturellement proche du Sud profond des États-Unis. Le Panhandle – "queue de poêle" qui s'étend au nord-ouest de la péninsule floridienne – est bordé par l'Alabama et la Géorgie, et à bien des égards ses plages ne sont que le prolongement côtier de ces deux États.

Et quelles plages ! Sable fin d'une blancheur immaculée bordés d'eaux bleu-vert à vert de jade, et un littoral composé de splendides paysages sauvages battus par les vents, en particulier les salins et bois de pins de Floride s'étendant à l'est et à l'ouest d'Apalachee Bay. Ailleurs, le littoral est jalonné de maisons de vacances et de tours résidentielles.

Dans les terres vous attend un enchevêtrement de bosquets de choux palmistes et de bois de pins clairsemés, sillonné de sources cristallines et de paisibles rivières, avec çà et là des centres d'essais de l'armée – la région compte l'une des plus fortes concentrations d'installations militaires du pays.

Quand partir

Pensacola

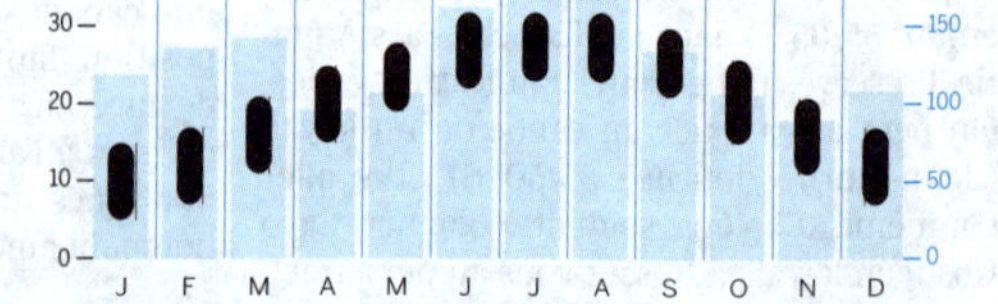

Mars-avril
Les étudiants envahissent Destin et Panama Beach pour le Spring Break.

Mai-octobre
C'est à South Walton que les températures sont les plus douces.

Novembre-février
Il fait souvent un peu froid pour se baigner, mais les prix des hébergements chutent.

CÔTE DU GOLFE DU MEXIQUE

C'est avant tout les plages qui attirent les visiteurs sur la côte du golfe du Mexique. Le littoral incurvé du Panhandle est bordé de kilomètres de sable fin scintillant au soleil, à l'origine d'énormes masses de quartz réduites au fil de millions d'années en poudre blanche par des forces géologiques implacables.

Mais la côte du golfe ne se résume pas qu'aux plages ensoleillées. Entre la Naval Air Station Pensacola à l'ouest et la Tyndall Air Force Base à l'est s'étend une succession quasi ininterrompue d'installations et de bases militaires. Une présence qui se fait sentir dans les villes de la région, où entre les résidences de vacances pullulent bureaux de recrutement de l'armée et bars à cigares fréquentés par des militaires en activité ou à la retraite.

Dans l'ensemble, le littoral du golfe du Mexique, caressé par la brise marine, est fait de jolis paysages de forêts verdoyantes, de vastes marais côtiers et des quelques dunes sublimes intactes. Côté gastronomie et vie nocturne, faites un tour à Pensacola et dans les grandes villes comptant des bases militaires, comme Destin.

Pensacola

☎850 / 52 700 HABITANTS

La frontière avec l'Alabama n'est qu'à quelques kilomètres, ce qui explique l'atmosphère de Pensacola, mélange d'indolence du Sud profond et d'arrogance floridienne. Les plages animées, la sensualité espagnole du centre-ville, et une culture militaire bien ancrée en font de loin la ville la plus intéressante du Panhandle.

Si des tendances urbaines (locavorisme, bars à cocktails) commencent à faire leur apparition, Pensacola attire surtout les classes populaires pour des vacances typiquement américaines : beignets de fruits de mer et bières américaines bon marché. Mars et avril, mois du Spring Break (vacances universitaires de Pâques), voient débarquer des hordes d'étudiants pour une semaine de bacchanales.

Au nord du front de mer, le centre-ville s'est constitué autour de l'axe de Palafox St. Le Pensacola Bay Bridge relie le centre-ville au quartier majoritairement résidentiel de la péninsule de Gulf Breeze. Une fois traversée la péninsule, un second pont, le Bob Sikes Bridge (péage 1 $), mène plus au sud encore, à Pensacola Beach, principale destination des touristes.

À voir

Un billet combiné (adulte/enfant 8/4 $), valable sept jours, permet de visiter l'Historic Pensacola Village, le Pensacola Children's Museum, le TT Wentworth Jr Florida State Museum et Voices of Pensacola. Il est en vente dans chacun de ces musées.

♥ National Naval Aviation Museum MUSÉE

(carte p. 456 ; ☎800-327-5002 ; www.navalaviationmuseum.org ; 1750 Radford Blvd ; 9h-17h ;). GRATUIT La visite de Pensacola ne serait pas complète sans la découverte de cette gigantesque collection d'avions et d'objets militaires. Les enfants comme les adultes seront fascinés par les innombrables avions exposés (plus de 150 !), sans parler des simulateurs de vol et du cinéma IMAX. Vous pourrez également assister à une démonstration de vol acrobatique des Blue Angels (p. 458), à 8h30, la plupart des mardis et mercredis, de mars à novembre. Comble du bonheur, tout cela est gratuit !

Fort Barrancas & Advanced Redoubt FORT

(carte p. 456 ; ☎850-934-2600 ; www.nps.gov/guis/planyourvisit/fort-barrancas-area.htm ; 3182 Taylor Rd ; 7 $; 8h30-16h30 ; P). Au sommet d'une impressionnante falaise surplombant Pensacola Bay, le fort construit au XIXe siècle par des esclaves recouvre les ruines d'un fort espagnol du siècle antérieur. Il fait désormais partie des parcs nationaux. On peut en explorer les interminables galeries obscures, mais sans grandes explications. À 800 m, un sentier mène aux ruines de l'Advanced Redoubt, fortification de l'époque de la guerre de Sécession. Appelez pour les horaires des visites guidées.

Historic Pensacola Village MUSÉE

(carte p. 460 ; ☎850-595-5985 ; www.historicpensacola.org ; Tarragona et Church St ; adulte/enfant 8/4 $; 10h-16h mar-sam ; P). Le riche passé colonial de Pensacola s'étend sur une période de plus de 450 ans. Ce charmant et passionnant village regroupe d'anciennes belles demeures aujourd'hui transformées en musées. Sa visite constitue un bon point de départ pour mieux connaître la ville. L'entrée est valable une semaine et comprend

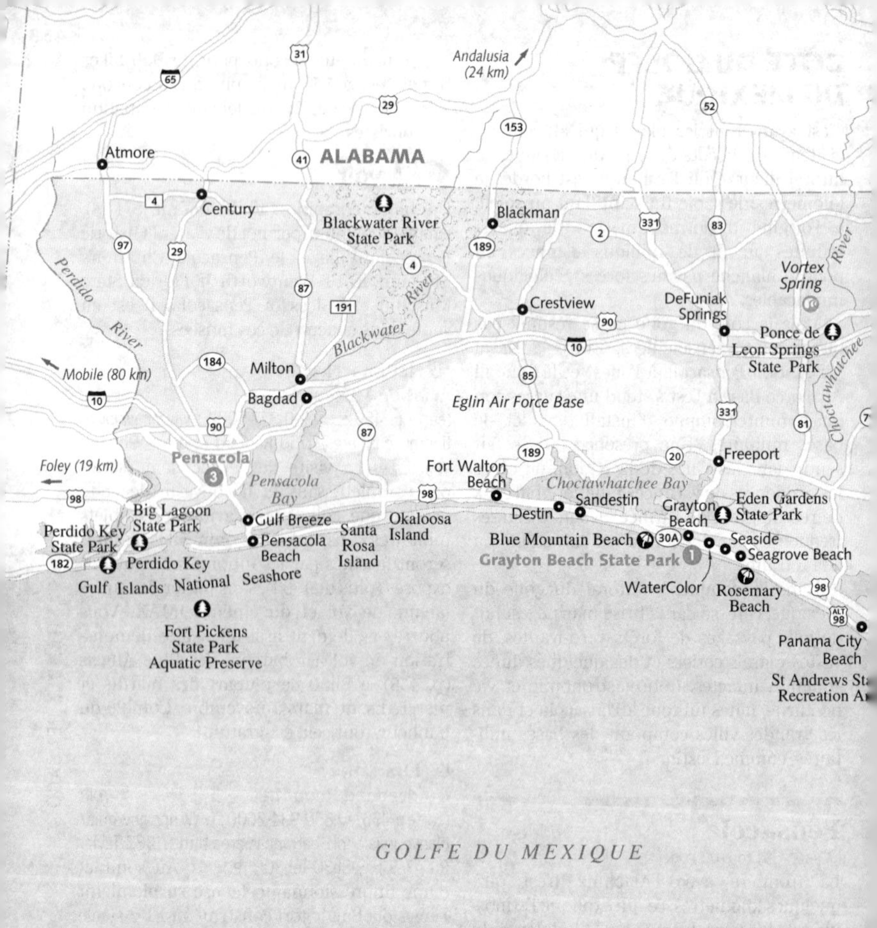

À ne pas manquer

1 Les eaux étincelantes du golfe au **Grayton Beach State Park** (p. 470), qui compte les plus belles plages du pays.

2 Un séjour romantique à **Apalachicola** (p. 477), la plus charmante des villes du golfe.

3 Les vols acrobatiques des Blue Angels, suivis des remarquables expositions du **National Naval Aviation Museum** (p. 453).

4 Les dunes venteuses, les marais salés et les plages immaculées du **St George Island State Park** (p. 480).

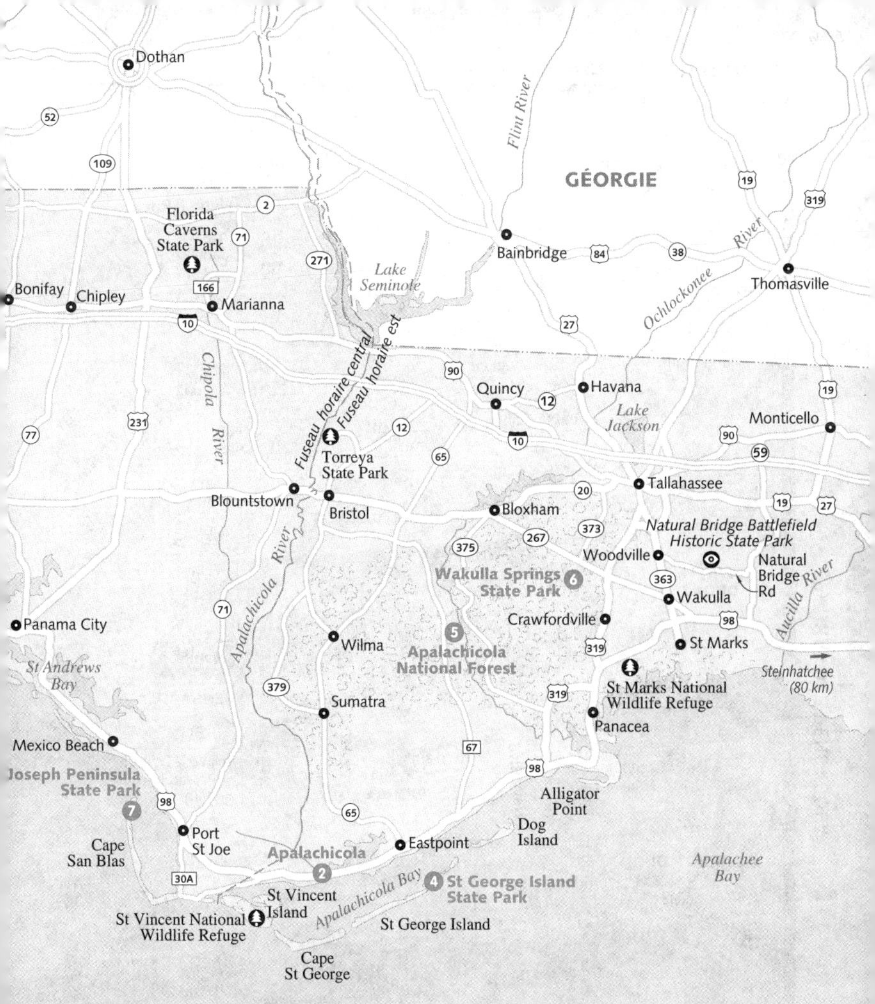

5 Les coyotes, panthères et ours noirs peuplant les étendues sauvages de l'**Apalachicola National Forest** (p. 491), la plus vaste forêt de Floride.

6 Les cyprès couverts de mousse et les mangroves peuplées de lamantins, d'alligators et d'échassiers du spectaculaire **Wakulla Springs State Park** (p. 492).

7 Les paysages de dunes, de forêts et de marais salés du **St Joseph Peninsula State Park** (p. 476), le plus sauvage du Panhandle.

Région de Pensacola

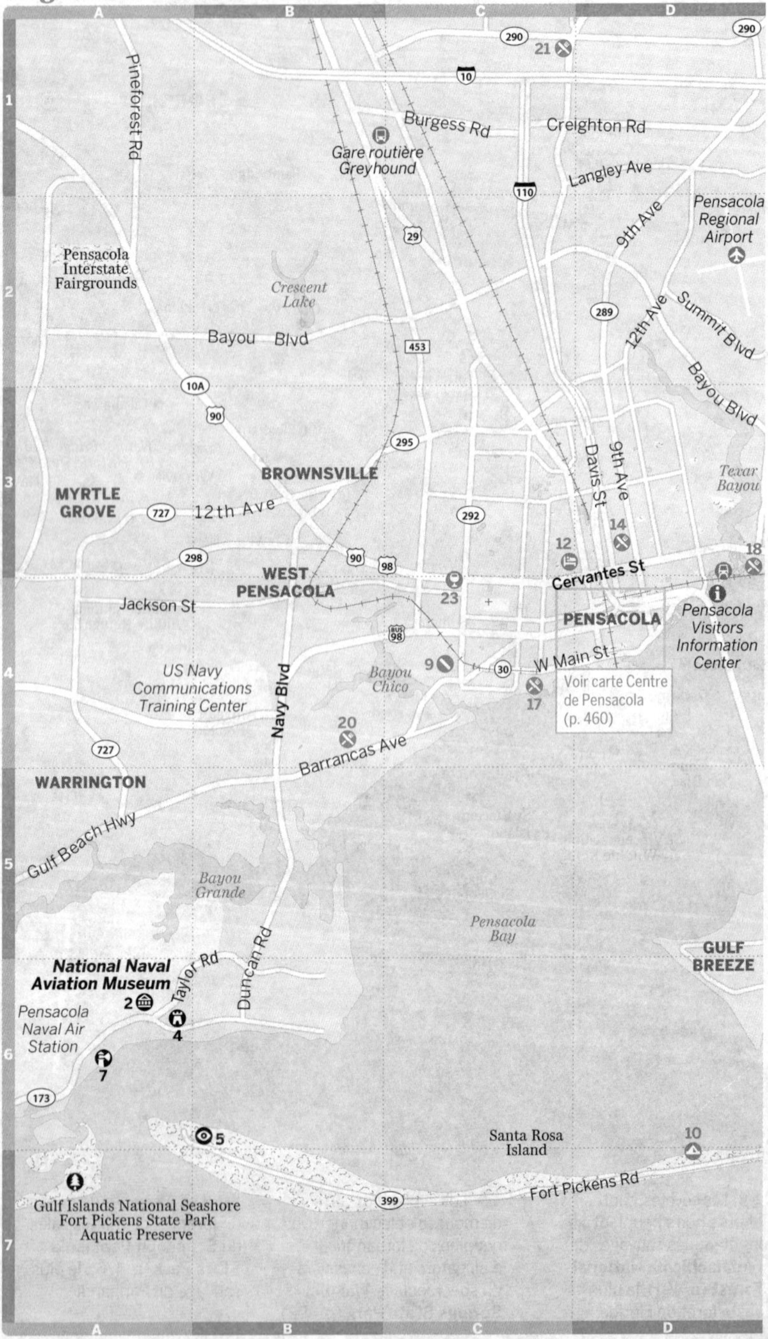

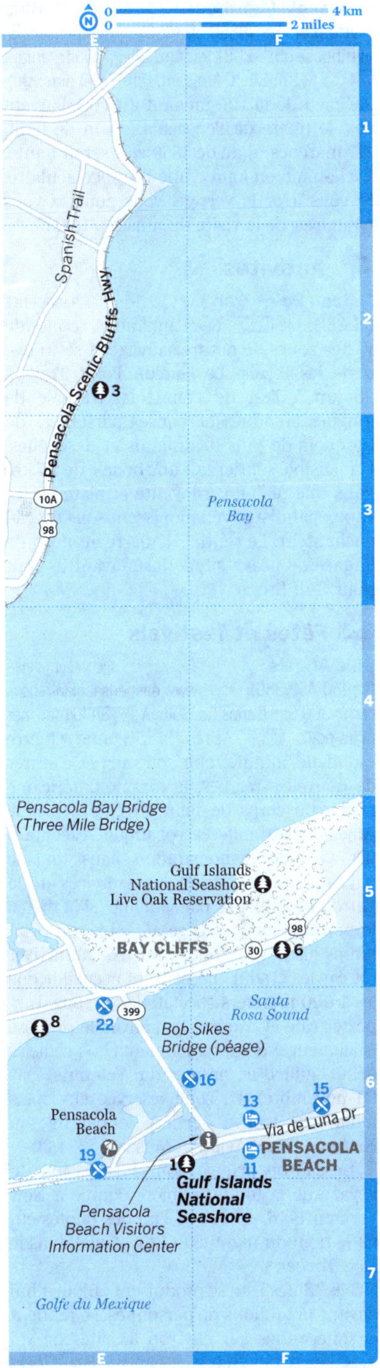

Région de Pensacola

Les incontournables
1 Gulf Islands National Seashore.......... E6
2 National Naval Aviation Museum....... A6

À voir
3 Bay Bluffs Park................................ E2
4 Fort Barrancas & Advanced Redoubt.......................................A6
5 Fort Pickens.....................................B6
6 Naval Live Oaks Reservation F5
7 Pensacola Lighthouse........................A6
8 Shoreline Park UFO Spotting............ E6

Activités
9 MBT Divers C4

Où se loger
10 Fort Pickens Campground................ D7
11 Holiday Inn Resort............................ F6
Margaritaville Beach Hotel.......... (voir 1)
12 Noble Manor C3
13 Paradise Inn...................................... F6

Où se restaurer
14 Bonnelli's Cafe Italia......................... D3
15 Dog House Deli.................................. F6
16 Grand Marlin...................................... E6
17 Joe Patti...C4
18 My Favorite Things........................... D3
Native Café .... (voir 15)
19 Peg Leg Pete's................................... E6
20 Pensacola Cooks Kitchen B4
21 Taqueria El Asador........................... C1
22 Wild Roots E6

Où prendre un verre et faire la fête
23 Elbow Room C4

une visite guidée et la découverte de chacun des bâtiments.

Voices of Pensacola MUSÉE
(carte p. 460 ; ☎850-595-5985 ; www.historicpensacola.org ; 117 E Government St ; adulte/enfant 8/4 $; ⏲10h-16h mar-sam). Mi-archives d'histoire orale, mi-centre interprétatif, ce musée présente via des vidéos et des enregistrements audio les différentes communautés culturelles qui font de Pensacola la ville cosmopolite qu'elle est aujourd'hui.

Pensacola Museum of Art MUSÉE
(carte p. 460 ; ☎850-432-6247 ; www.pensacolamuseum.org ; 407 S Jefferson St ; tarif plein/étudiant 7/4 $; ⏲10h-17h mar-ven, 11h-16h sam ; P). L'ancienne prison de 1908, reconvertie en musée d'Art, possède une imposante collection (laquelle ne cesse de s'enrichir) d'œuvres d'artistes majeurs des XXe et

VAUT LE DÉTOUR

LA PENSACOLA SCENIC BLUFFS HIGHWAY

Cette route en corniche serpente sur 18 km le long du point culminant de la côte floridienne. Pris en voiture comme à vélo (le second exigeant son content d'effort) ce parcours a l'attrait de superbes points de vue sur Escambia Bay. En chemin, on passe devant une cheminée de brique en ruines, vestige de la centrale thermique à vapeur de la scierie Hyer-Knowles (en activité dans les années 1850) et unique souvenir de ce qui fut autrefois la première grande zone industrielle de la région.

XXIe siècles, allant du cubisme au réalisme, en passant par le pop art et le folk art.

Bay Bluffs Park PARC
(carte p. 456 ; www.pensacolascenicbluffs.org ; 3400 Scenic Hwy ; aube-crépuscule ; P). GRATUIT En retrait de la Pensacola Scenic Bluffs Hwy, ce parc de 13 ha est sillonné de promenades en bois longeant les falaises abruptes à travers une végétation de chênes, de pins, de romarins nains et de houx, avant de descendre vers une plage déserte. Un trajet malheureusement jonché de détritus.

T.T. Wentworth Jr Florida State Museum MUSÉE
(carte p. 460 ; www.historicpensacola.org ; 330 S Jefferson St ; adulte/enfant 8/4 $; 10h-16h mar-mer, 10h-19h jeu-sam, 12h-16h dim ; P). Installé dans une immense demeure historique, ce musée d'État retrace sur deux niveaux l'histoire de la Floride et de Pensacola, tandis qu'un autre étage abrite l'étrange collection de T.T. Wentworth, comprenant notamment son chat pétrifié, aussi célèbre que repoussant.

Pensacola Children's Museum MUSÉE
(carte p. 460 ; 850-595-1559 ; 115 E Zaragoza St ; adulte/enfant 8/4 $; 10h-16h mar-sam ; P). Découvrez le passé de la région dans ce musée compact, aménagé sur les deux niveaux de la maison Arbona, un ancien saloon prétendument hanté. Le rez-de-chaussée s'adresse aux enfants de moins de 9 ans, tandis que l'étage s'adresse davantage aux plus grands, avec notamment des déguisements.

Pensacola Lighthouse PHARE
(carte p. 456 ; 850-393-1561 ; www.pensacola-lighthouse.org ; 2081 Radford Blvd ; adulte/enfant 7/4 $; 10h-17h30 lun-sam, 12h-17h30 dim ; P). Au pied de la rue menant au Fort Barrancas, le phare de Pensacola (48 m de haut, 177 marches) date de 1859 et… serait hanté. De là-haut, on jouit d'une vue spectaculaire. Si vous avez le vertige, vous pourrez vous contenter de la visite du musée attenant.

Activités

Garcon Point Trail RANDONNÉE
(FL-281). GRATUIT Le Panhandle recèle de vastes zones de nature sauvage et se trouve dans les terres. Le Garcon Point Trail, à 26 km à l'est de Pensacola, traverse de longues étendues herbeuses parsemées de bosquets de pins des marais et de chênes. Un paisible sentier fait une boucle de 2,7 km dans une plaine verdoyante et plate où les choux palmistes s'épanouissent sous un ciel enchanteur. Le sentier démarre au nord de la gare de péage située juste avant le pont pour Gulf Breeze.

Fêtes et festivals

Blue Angels SPECTACLE AÉRIEN
(850-452-3806 ; www.naspensacolaairshow.com ; 390 San Carlos Rd, Suite A ; 8h30 mar-mer mars-nov). GRATUIT Après la Seconde Guerre mondiale, afin de tenir son rang et d'attirer de nouvelles recrues, la marine américaine forma un corps de pilotes d'élite, les Blue Angels, patrouille acrobatique exécutant des vols de démonstration dans tout le pays. On peut assister aux exercices de la patrouille deux fois par semaine (si la météo le permet) sur leur base aérienne, du printemps jusqu'à l'automne. Mieux vaut arriver tôt car les gradins ne peuvent accueillir que les 1 000 premiers spectateurs. À vous d'apporter café et transat. La patrouille propose également d'impressionnants spectacles début juillet et autour du Veteran's Day (11 novembre). La zone réservée aux spectateurs se trouve derrière le parking du National Naval Aviation Museum (p. 453).

L'escadron prit ce nom à l'occasion du voyage de la toute première équipe à New York en 1946, après que l'un des pilotes eut vu le nom du night-club Blue Angel dans le *New Yorker*.

Les "Blues", qui se produisent aujourd'hui devant 15 millions de personnes, se rendent chaque année sur environ 35 sites de vol avec leur C130 Hercules baptisé *Fat Albert* et leur équipe logistique de marines. Six jets exécutent des figures d'une extrême précision, descentes en piqué et autres boucles très périlleuses, et deux F/A-18 font des démonstrations en solo. Le clou du spectacle voit les six jets voler en formation d'aile delta, l'acrobatie emblématique des Blue Angels.

Chaque pilote intègre la patrouille pour une durée de deux ans. Outre les six pilotes (dont un Marine), il y a un narrateur, qui gravira par la suite les échelons, et un coordinateur des événements.

Gay Memorial Day LGBT

(fin mai). Ces 3 jours de fête non-stop (week-end du Memorial Day), avec soirées DJ, danse sur la plage jusqu'à l'aube, spectacles de drag-queens et ambiance frivole et excentrique garantie, attirent jusqu'à 50 000 festivaliers – pensez à réserver !

Où se loger

Solé Inn MOTEL $

(carte p. 460 ; 850-470-9298 ; www.soleinnandsuites.com ; 200 N Palafox St ; ch 79-199 $;). Juste au nord du centre-ville, ce motel rénové affiche l'ambiance des années 1960, dans une palette noir et blanc, avec imprimés sauvages et jolies lampes en acrylique. Si les chambres sont plutôt petites, le tarif, l'emplacement et l'originalité des lieux compensent largement cet inconvénient. Petit-déjeuner continental gratuit.

Lee House BOUTIQUE-HÔTEL $$

(carte p. 460 ; 850-912-8770 ; www.leehousepensacola.com ; 400 Bayfront Pkwy ; ste 165-255 $;). Architecture ancienne et emplacement sur la baie sont deux des atouts de Lee House, qui propose 9 suites toutes différentes et décorées avec goût. Si l'extérieur semble surgi du Sud d'antan, les chambres, avec leur mobilier style Ikea, ont un décor plus contemporain.

New World Inn BOUTIQUE-HÔTEL $$

(carte p. 460 ; 850-432-4111 ; www.newworldlanding.com ; 600 S Palafox St ; ch à partir de 170 $; P). Cette ancienne fabrique de cartons abrite aujourd'hui des chambres étonnamment plaisantes, dotées d'une literie haut de gamme et de superbes parquets. Situé à quelques rues seulement du centre historique de Pensacola.

Noble Manor B&B $$

(carte p. 456 ; 850-434-9544 ; www.noblemanor.com ; 110 W Strong St ; ch 170 $, ste 195 $; P). Ce joli manoir de style Tudor (1905), situé dans le quartier historique de North Hill, possède un cachet fou. Bonnie, la maîtresse des lieux, y est pour beaucoup, faisant briller les parquets et préparant un succulent pain perdu au pralin pour le petit-déjeuner. Les chambres, ni trop vieillottes ni trop modernes, sont plaisantes et décontractées.

Pensacola Victorian B&B B&B $$

(carte p. 460 ; 850-434-2818 ; www.pensacolavictorian.com ; 203 W Gregory St ; ch 95-150 $; P). Cette grandiose bâtisse victorienne édifiée en 1892 compte quatre chambres merveilleusement aménagées. Nous avons particulièrement apprécié la "Suzanne" toute parquetée, habillée de bleu et dotée d'une baignoire à l'ancienne. À 1,5 km environ au nord du centre-ville.

Crowne Plaza Pensacola Grand HÔTEL $$

(carte p. 460 ; 850-433-3336 ; www.pensacolagrandhotel.com ; 200 East Gregory St ; d à partir de 130 $). L'atout principal de cet hôtel est son emplacement, avec l'ancienne gare de passagers (1912) de L&N Rail abritant le hall de la réception, décoré d'un beau mobilier d'époque. Seul problème : des trains passent encore près de l'hôtel, et si les chambres sont plaisantes, vos nuits le seront peut-être moins.

Où se restaurer

Taqueria El Asador MEXICAIN $

(carte p. 456 ; 850-696-3232 ; 7955 N Davis Hwy ; tacos 2 $, burritos 8 $; 10h-20h30 lun-sam). Il y aura toujours un insupportable snob pour vous dire qu'en dehors des États frontaliers du Mexique, ce n'est même pas la peine d'essayer de manger mexicain. Si vous en connaissez, amenez-le chez El Asador, qui sert dans un décor simple des grillades au barbecue et des spécialités mexicaines (tacos, burritos, tostadas) frisant la perfection.

Blue Dot BURGERS $

(carte p. 460 ; 850-432-0644 ; 310 N De Villiers St ; burgers 7 $; 11h30-15h mar-ven, 12h-15h sam). Dès 11h et même avant, une queue de clients avisés se forme devant Blue Dot. La raison ? Les burgers juteux, bien gras, et assaisonnés à la perfection. Faites votre choix avant d'arriver au comptoir (sans fromage ! sans frites !) et habillez-vous convenablement (ni marcel ni débardeur).

Centre de Pensacola

Centre de Pensacola

À voir
- 1 Historic Pensacola Village C3
- 2 Pensacola Children's Museum B3
- 3 Pensacola Museum of Art B3
- 4 T.T. Wentworth Jr Florida State Museum B3
- 5 Voices of Pensacola B3

Activités
- 6 Lanier Sailing Academy C3

Où se loger
- 7 Crowne Plaza Pensacola Grand C1
- 8 Lee House C3
- 9 New World Inn B3
- 10 Pensacola Victorian B&B A2
- 11 Solé Inn B1

Où se restaurer
- 12 Al Fresco B3
- 13 Blue Dot A1
- 14 Dharma Blue C3
- 15 End of the Line Cafe C1
- 16 Five Sisters Blues Cafe A1
- 17 Iron B2
- 18 Tin Cow B2

Où prendre un verre et faire la fête
- 19 Cabaret B2
- 20 McGuire's Irish Pub D1
- 21 Roundup D1
- 22 Seville Quarter B3

Où sortir
- 23 Saenger Theatre B2
- 24 Vinyl Music Hall B2

Arrivez tôt : les burgers sont épuisés bien avant la fermeture. Paiement en espèces.

Pensacola Cooks Kitchen INTERNATIONAL $
(carte p. 456 ; pensacolacooks.rezclick.com ; 3670 Barrancas Ave ; plats 10-13 $; 10h-14h lun-ven ;). Ce cuisinier-traiteur propose également l'un des meilleurs déjeuners en ville, en revisitant avec fraîcheur des classiques comme les spaghettis-boulettes, le schnitzel de porc ou encore le sandwich à la salade de poulet. Délicieux et pas cher.

Al Fresco FOOD-TRUCK $
(carte ci-dessus ; www.eatalfresco.com ; 501 S Palafox ; plats 8-13 $; horaires variables). Déjeunez pour une bouchée de pain aux comptoirs des 5 caravanes vintage d'Al Fresco, posées à l'angle de Palafax St et Main St (habituellement de 11h à 20h ou 21h, mais ils ferment plus tôt lorsque les vivres sont épuisées).

End of the Line Cafe VÉGÉTARIEN $

(carte ci-contre ; ☎850-429-0336 ; www.eotlcafe.com ; 610 E Wright St ; plats 7-11 $; ⏲8h-22h mar-sam, 11h-14h dim ; 📶🌿). Dans ce café détendu, partisan du commerce équitable, on peut s'installer sur des sofas en velours ou en vinyle et grignoter des plats végétariens, comme le tempeh (à base de soja fermenté) Reubens ou le BLT au tofu. L'établissement propose aussi des cours de cuisine et accueille des manifestations culturelles, dont une soirée micro ouvert le 2e vendredi du mois. Wi-Fi gratuit.

Joe Patti POISSON ET FRUITS DE MER $

(carte p. 456 ; ☎850-432-3315 ; www.joepattis.com ; 534 South B St, à hauteur de Main St ; à partir de 2,50 $; ⏲7h30-18h). Cette halle aux poissons et fruits de mer très courue est l'endroit parfait pour s'approvisionner en poisson frais, sushis et ingrédients pour pique-niquer.

♥ Tin Cow AMÉRICAIN MODERNE $$

(carte ci-contre ; ☎850-466-2103 ; www.thetincow.com ; 102 S Palafox Pl ; burgers 6-17 $; ⏲11h-minuit dim-mar, 11h-2h mer-sam ; 👪). Les amateurs de burgers ne pourront pas quitter la ville sans avoir goûté le savoureux et très copieux Tin Cow burger. Choisissez les suggestions maison ou concoctez votre propre recette. Avec ses entrées originales – boulettes de viande au bleu, frites au parmesan et à la truffe, pickles frits –, son choix de bières artisanales et de milk-shakes, le Tin Cow est une valeur sûre.

Dharma Blue INTERNATIONAL $$

(carte ci-contre ; ☎850-433-1275 ; www.dharmablue.com ; 300 S Alcaniz St ; plats 15-30 $; ⏲10h-14h et 17h-21h30 sam-dim, 17h-21h30 lun-ven ; 👪). Accueil chaleureux et carte éclectique font de ce petit établissement l'une des adresses préférées alentour. Dînez dans le patio ensoleillé ou dans la salle cosy ornée de lustres. Au menu : calamars farcis à la semoule, canard grillé ou sushis fondants (on vient surtout pour ces derniers).

Five Sisters Blues Cafe CAFÉ $$

(carte ci-contre ; ☎850-912-4856 ; www.fivesistersbluescafe.com ; 421 W Belmont St ; plats 7-18 $; ⏲11h-21h mar-jeu, 11h-22h ven-sam, 10h-16h dim). Venez faire le plein de soul blues (du jeudi au dimanche) et de cuisine traditionnelle du Sud (*crab cakes*, beignets de tomates vertes, soupe au gombo) dans ce café raffiné au cœur de Pensacola. Plus mémorable encore, à condition d'obtenir une table : le brunch du dimanche sur fond de jazz, avec, au menu, des gaufres au poulet, des crevettes au gruau de maïs et des œufs Bénédicte au *crab cake*.

My Favorite Things CAFÉ $$

(carte p. 456 ; ☎850-346-1707 ; www.facebook.com/MyFavoriteThingsPensacola; 2183 E Cervantes S ; plats 8-23 $; ⏲10h-15h mar-mer, 10h-21h jeu-ven, 9h-21h sam, 9h-15h dim). Ce café rustique, en lisière de la ville, prépare des soupes, des salades et des sandwichs tout aussi merveilleux, ainsi que quelques recettes simples de produits de la mer, comme les crevettes grillées et les Saint-Jacques revenues à la poêle. La palme revient toutefois aux petits-déjeuners : omelettes mousseuses, toasts et œufs Bénédicte au bacon.

Bonnelli's Cafe Italia ITALIEN $$

(carte p. 456 ; ☎850-466-3002 ; www.bonelliscafeitalia.com ; 1217 N 9th Ave ; plats 11-25 $; ⏲17h-22h mar-sam ; 👪). S'il vous prend une envie de cuisine italienne, le Bonnelli's est l'endroit où aller. On y trouve tous les classiques : boulettes de viande, pizzas riches en fromage, pâtes à la crème, *mac 'n' cheese*, aubergines farcies. Repas copieux à prix correct.

♥ Iron AMÉRICAIN MODERNE $$$

(carte ci-contre ; ☎850-476-7776 ; www.restaurantiron.com ; 22 N Palafox St ; plats 26-46 $; ⏲16h30-22h mar-jeu, 16h30-1h ven-sam ; 📶). Fort de son expérience acquise à La Nouvelle-Orléans, le chef Alex McPhail fait parler son talent dans le centre-ville à travers un menu sans cesse renouvelé. Iron est l'un des meilleurs restaurants de la scène culinaire haut de gamme à base de produits locaux, en plein essor à Pensacola. Les barmans sont aussi sympathiques que talentueux et la cuisine de McPhail (poitrine de porc braisée à la bière, poisson du jour à la créole) est largement au-dessus du lot.

🍷 Où prendre un verre et faire la fête

En saison, les bars de plage sont plutôt du style *spring-breakers* (tequila à gogo et étudiants éméchés), tandis que ceux du centre-ville se révèlent un brin plus sophistiqués. La plupart des restaurants font également office de bar. Consultez www.pnj.com/entertainment pour connaître le programme des animations.

Cabaret GAY
(carte p. 460 ; ☎850-607-2020 ; 101 S Jefferson St ; ⏲15h-3h). Décor original, ambiance allant des soirées quiz aux spectacles de drag-queens, ce convivial bar gay de quartier est ouvert à tous. À ne pas manquer !

Roundup GAY
(carte p. 460 ; ☎850-433-8482 ; www.theroundup.net ; 560 E Heinberg St ; ⏲14h-3h). Pour les amateurs de messieurs au physique viril, le Roundup est un tout petit club, doté d'un patio extra. Les femmes y sont les bienvenues, mais les cow-boys, les ouvriers et les bikers ont davantage la cote. Événements spéciaux sur la page Facebook.

Elbow Room PUB
(carte p. 456 ; ☎850-434-0300 ; 2213 W Cervantes St ; ⏲16h-2h mar-sam). D'un extérieur quelconque, cet excentrique rade rétro à l'atmosphère tamisée, dans la banlieue de Pensacola, possède une ambiance animée et décontractée à la fois.

McGuire's Irish Pub PUB
(carte p. 460 ; ☎850-433-6789 ; www.mcguiresirishpub.com ; 600 E Gregory St ; ⏲11h-2h). Dans ce gigantesque pub "irlandais", populaire à l'heure du dîner, le chahut commence vers 21h. On y sert une excellente cuisine typique de ce genre d'établissement. Et ne pensez même pas à dérober les billets de 1 $ qui décorent le plafond !

Seville Quarter CLUB
(carte p. 460 ; ☎850-434-6211 ; www.sevillequarter.com ; 130 E Government St ; 3-10 $; ⏲7h-3h lun-sam, 11h-3h dim). Occupant un pâté de maisons entier, cet immense complexe dédié à la fête abrite 7 établissements où manger, boire et danser, dans un décor années 1890 évoquant les romans de H.G. Wells. La clientèle est la même dans tout le complexe : des gens qui sortent du travail ou entament leur week-end avec force libations.

☆ Où sortir

Saenger Theatre THÉÂTRE
(carte p. 460 ; ☎850-595-3880 ; www.pensacolasaenger.com ; 118 S Palafox Pl). Ce théâtre au fronton baroque fut reconstruit en 1925 avec des briques de l'Opéra de Pensacola qu'un ouragan avait détruit en 1916. Il accueille des comédies musicales populaires ainsi que des concerts prestigieux, notamment ceux du Pensacola Symphony Orchestra et du Pensacola Opera.

Vinyl Music Hall MUSIQUE LIVE
(carte p. 460 ; ☎877-435-9849 ; www.vinylmusichall.com ; 2 S Palafox Pl ; billetterie 12h-17h lun-ven). Une excellente salle de concert, avec une programmation variée allant de la pop à l'indé. Consultez la programmation sur le site Internet.

ℹ Renseignements

Pensacola Visitors Information Center (carte p. 456 ; ☎800-874-1234 ; www.visitpensacola.com ; 1401 E Gregory St ; ⏲8h-17h lun-ven, 9h-16h sam, 10h-16h dim). Au pied du Pensacola Bay Bridge. Informations touristiques, personnel compétent et kiosque Internet gratuit.

ℹ Depuis/vers Pensacola

Le **Pensacola Regional Airport** (carte p. 456 ; ☎850-436-5000 ; www.flypensacola.com ; 2430 Airport Blvd) est desservi par nombre de grandes compagnies et propose des vols directs pour Atlanta, Charlotte, Dallas et Houston. Il se trouve à 6,5 km au nord-est du centre-ville, sur Airport Blvd juste à côté de 9th Ave. En taxi, comptez environ 20 $ pour le centre-ville et 35 $ jusqu'à la plage. Contactez **Yellow Cab** (☎850-433-3333 ; www.yellowcabpensacola.com).

La **gare routière Greyhound** (carte p. 456 ; ☎850-476-4800 ; www.greyhound.com ; 505 W Burgess Rd) est au nord du centre-ville.

Escambia County Transit (ECAT ; ☎850-595-3228 ; www.goecat.com ; trajet 1,75 $) propose des trolleys gratuits reliant le centre de Pensacola à la plage entre le Memorial Day Weekend et la fin septembre.

C'est sur l'I-10, la principale artère est-ouest, que vous pourrez attraper un bus ; nombre de ces véhicules circulent par ailleurs dans Palafox St.

Pensacola Beach

☎850 / 8 065 HABITANTS

Distincte de Pensacola, Pensacola Beach est une jolie étendue de sable blanc et d'eaux calmes longée par un chapelet d'hôtels tranquilles de bord de mer. La plage couvre près de 13 km sur les 64 km que compte le lido de Santa Rosa, baigné par le détroit de Santa Rosa au nord, le golfe du Mexique au sud, et en partie intégré à la zone protégée du Gulf Islands National Seashore. Même si l'essentiel du lido avait jusqu'à récemment été préservé de la construction, plusieurs hauts ensembles de multipropriété barrent désormais l'horizon.

Il s'agit d'un important lieu festif où se succèdent Mardi gras, triathlon, dégustations de vin, festival musical en été et défilés.

À voir et à faire

Gulf Islands National Seashore

PARC

(carte p. 456 ; 850-934-2600 ; www.nps.gov/guis ; véhicule 15 $; aube-crépuscule ;). Le joyau du Panhandle, c'est ce superbe littoral étirant sur 240 km ses plages de sable blanc pour la plupart vierges de toute construction, qui donnent une idée de ce à quoi devait ressembler la côte du golfe du Mexique avant l'arrivée des humains (on aperçoit tout de même des gratte-ciel au loin). Le National Seashore n'est pas contigu, mais l'on en trouve de vastes portions tout le long de la côte, avec de larges plages de dunes blanches couronnées d'unioles maritimes.

Naval Live Oaks Reservation

PARC

(carte p. 456 ; 850-934-2600 ; US 98 ; 8h30-16h30 lun-ven ; P). GRATUIT Cette portion du Gulf Islands National Seashore ne comprend en fait pas tant de littoral (*seashore*, en anglais) que de forêts maritimes natives sillonnées sur 12 km par des sentiers de randonnée. Le nom du parc s'explique par le fait que les premiers navires de guerre américains étaient construits avec le bois du chêne local, réputé pour sa solidité et sa longévité.

Fort Pickens

SITE HISTORIQUE

(carte p. 456 ; 850-934-2600 ; www.nps.gov/guis/planyourvisit/fort-pickens-area.htm ; 1400 Fort Pickens Rd ; droit d'entrée 7 jours piéton et cycliste/véhicule 7/15 $; P). Appartenant au Gulf Islands National Seashore, cette fortification de 1834 juchée à la pointe ouest de l'île-barrière de Santa Rosa a survécu à plusieurs conflits et à d'innombrables ouragans. C'est un lieu d'excursion aussi passionnant que superbe. Procurez-vous la brochure de visite sans guide auprès du centre d'information des visiteurs.

Shoreline Park UFO Spotting

PARC

(carte p. 456 ; 700 Shoreline Dr, Gulf Breeze ; P). Est-ce lié aux activités sur la Pensacola Naval Air Station voisine ? Toujours est-il que de nombreux ovnis auraient été aperçus au cours des dernières décennies sur ce secteur du littoral, notamment le long des côtes. Vous y rencontrerez sûrement des gens du coin en train de scruter le ciel (et notamment des membres du Mutual UFO Network), équipés de jumelles et installés sur des transats. Une bonne raison d'étendre une couverture pour pique-niquer sur la plage et regarder les étoiles.

MBT Divers

PLONGÉE

(carte p. 456 ; 850-455-7702 ; www.mbtdivers.com ; 3920 Barrancas Ave ; cours à partir de 239 $; 8h-18h lun-sam, 8h-15h dim). Avec ses 275 m de longueur et ses 45 m de hauteur, le porte-avions *Oriskany* CV/CVA 34 était, lorsqu'il fut coulé, le plus grand vaisseau immergé pour servir de récif artificiel. Menée en 2007, l'opération a eu lieu au large de Pensacola Beach. Cette agence de plongée renommée loue du matériel et propose des excursions pour plongeurs expérimentés. Différents cours sont dispensés, avec notamment une leçon de plongée dans l'*Oriskany*.

Cours

Lanier Sailing Academy

VOILE

(carte p. 460 ; 850-432-3199 ; www.laniersail.com/a1/pensacola-3 ; 997 S Palafox St ; location voilier à partir de 245 $; 9h-17h mar-dim). La Pensacola Bay possède des conditions idéales pour la voile, et cette école primée propose une gamme de cours comprenant une initiation de 3 jours (550 $). Les navigateurs plus expérimentés peuvent louer un Capri 22 à partir de 245 $ par jour.

Où se loger

Fort Pickens Campground

CAMPING $

(carte p. 456 ; 850-934-2600 ; www.recreation.gov ; entrée via Fort Pickens, Gulf Islands National Seashore ; empl tente et camping-car 26 $; P). En face de la plage, parmi les arbres sous le vent, ces deux plaisants terrains appréciés des habitués de camping-car comptent quelques emplacements pour les tentes. Foyers pour cuisiner, salle de bains et petit magasin. Chiens en laisse acceptés. Les droits d'entrée au Gulf Islands National Seashore sont à acquitter séparément.

Holiday Inn Resort

HÔTEL $$

(carte p. 456 ; 850-203-0635 ; www.holidayinnresortpensacolabeach.com ; 14 Via de Luna Dr ; ch à partir de 210 $;). Cet hôtel sur le front de mer loue des chambres accueillantes, pourvues de lits confortables, d'une douche extra et d'une TV. Celles qui donnent sur l'océan ont l'atout d'un vaste balcon surplombant la plage de sable fin et les eaux turquoise.

Propose aussi des suites, y compris certaines adaptées aux familles avec enfants. Merveilleuse piscine et personnel chaleureux et serviable. Excellent rapport qualité/prix.

Paradise Inn MOTEL $$

(carte p. 456 ; 850-932-2319 ; www.paradiseinn-pb.com ; 21 Via de Luna Dr ; ch à partir de 99-140 $;). Situé de l'autre côté de la route qui longe la plage, ce motel doit son caractère gai et animé à son bar-barbecue (les couche-tôt demanderont des chambres à l'extrémité du parking). Petites et propres, ces chambres sont carrelées et peintes de couleurs vives. Les offres en ligne sont encore plus avantageuses.

Margaritaville Beach Hotel HÔTEL $$$

(carte p. 456 ; 850-916-9755 ; www.margaritavillehotel.com ; 165 Fort Pickens Rd ; ch à partir de 230 $;). Avec ses chemises hawaïennes et sa chaîne de restaurants Margaritaville, le chanteur de country Jimmy Buffett n'est pas vraiment l'ambassadeur du bon goût ; pourtant, son hôtel du front de mer de Pensacola surprend par son chic. Les chambres spacieuses, frais mélange de blanc et de bleu, sont ornées de photos murales artistiques et d'énormes écrans plats. Au rez-de-chaussée, une foule élégante musarde dans les lumineuses parties communes, ou se détend au bord de la piscine.

Où se restaurer

Native Café PETIT-DÉJEUNER $

(carte p. 456 ; www.thenativecafe.com ; 45a Via de Luna Dr ; plats 5-13 $; 7h30-15h ;). Adresse branchée pour le petit-déjeuner et le déjeuner, cet établissement change un peu du poisson frit. Goûtez le sandwich *po' boy* aux crevettes ou au poulet grillé, les tacos de poisson, le riz aux haricots ou le gombo de fruits de mer. Sinon, optez pour un petit-déjeuner bon marché avec les œufs Bénédictine ou des pancakes.

Wild Roots DIÉTÉTIQUE $

(carte p. 456 ; 850-816-8870 ; www.wildrootsorganicfoods.com ; 820 Gulf Breeze Pkwy, Gulf Breeze ; plats 8-17 $; 10h-19h ;). Les épiceries d'aliments bio ne courent pas les rues dans le Panhandle, mais Wild Roots comble ce vide avec succès. Remplissez votre panier à provisions de wraps végétaliens, d'énormes salades, de pizzas et de sandwichs. Il y a aussi de la viande pour les irréductibles carnivores.

Dog House Deli DINER $

(carte p. 456 ; 850-916-4993 ; www.doghousedeli.com ; 35 Via de Luna Dr ; à partir de 3 $; 8h30-15h30 ;). Pour grignoter un morceau sur le front de mer, essayez cette institution qui a ouvert ses portes il y a plus de 35 ans et sert des hot-dogs (ingrédients à combiner selon les goûts) ainsi qu'un savoureux petit-déjeuner.

Peg Leg Pete's POISSON ET FRUITS DE MER $$

(carte p. 456 ; 850-932-4139 ; www.peglegpetes.com ; 1010 Fort Pickens Rd ; plats 9-25 $; 11h-22h ;). À l'abordage, moussaillons ! Vous l'aurez compris, cette humble cabane de plage fait honneur à la piraterie. On y déguste des huîtres, d'énormes sandwichs au mérou, du crabe et des noix de Saint-Jacques snackées. Le service demeure rapide et souriant, malgré l'affluence.

Grand Marlin POISSON ET FRUITS DE MER $$$

(carte p. 456 ; 850-677-9153 ; www.thegrandmarlin.com ; 400 Pensacola Beach Rd ; plats 14-38 $; 11h-22h lun-jeu, 11h-23h ven-sam, 10h-22h dim). À la fois restaurant de fruits de mer et bar à huîtres, le Grand Marlin donne à choisir entre un repas dans le patio en extérieur, occasion de contempler le crépuscule dans un cadre informel, et un dîner gastronomique dans la jolie salle. Dans les deux cas, le service est impeccable et la cuisine délicieuse : crabe bleu, *mac 'n' cheese* à la langouste (miam !) et fruits de mer à peine débarqués du bateau, préparés selon vos goûts.

Renseignements

Pensacola Beach Visitors Information Center (carte p. 456 ; 850-932-1500 ; www.visitpensacolabeach.com ; 735 Pensacola Beach Blvd ; 9h-17h). Un petit centre d'informations sur la droite tout de suite en arrivant à Pensacola Beach. Cartes et plans, brochures utiles sur l'actualité locale, la fermeture des routes (pour cause de tempêtes) et tout ce qui concerne la plage.

Perdido Key

850 / 29 395 HABITANTS

À 19 km au sud-ouest de Pensacola, près de la Hwy 292 (qui devient la Hwy 182 une fois entré en Alabama), le secteur floridien le plus oriental du Gulf Islands National Seashore englobe les eaux cristallines de

Perdido Key. Ces dunes de sable fin sont l'habitat de la souris des sables de Perdido Key, une espèce menacée d'extinction, dont le pelage blanc lui permet de passer inaperçue sur le sable quartzique.

Il y a deux parcs d'État côtiers dans la région : le Perdido Key State Park et, du côté nord du lagon, entre Perdido Key et le continent, le Big Lagoon State Park, dont les eaux peu profondes regorgent de crabes. Plusieurs plages en accès libre bordent la ville de Perdido Key, qui est un ensemble peu engageant de tours résidentielles et de maisons de vacances.

À voir

Perdido Key State Park PARC
(850-492-1595 ; www.floridastateparks.org/perdidokey ; 15301 Perdido Key Drive ; véhicule 3 $; 8h-crépuscule ; P). Ce beau parc d'État côtier permet de protéger les 100 ha de paysages sauvages de l'île du même nom, qui donnent à la région son charme si particulier : dunes battues par les vents, parsemées d'oyats et d'unioles maritimes ployant sous la brise.

Tarkiln Bayou Preserve State Park PARC
(850-492-1595 ; www.floridastateparks.org/park/Tarkiln-Bayou ; 2401 Bauer Rd ; véhicule/vélo 3/2 $; 8h-crépuscule ; P). Ce parc possède des écosystèmes fascinants : prairies humides, littoraux de sable et le Tarkiln Bayou, une inquiétante étendue d'eaux sombres ponctuée de fleurs colorées et d'arbres squelettiques. Les sentiers et promenades en bois du parc permettent notamment d'observer quatre espèces de sarracénies en voie d'extinction, une plante carnivore dont les pétales attirent les insectes imprudents dans le piège mortel de son tube digestif. Le parc est à 13 km au nord de Perdido Key et à 24 km à l'ouest de Pensacola.

Big Lagoon State Park PARC
(850-492-1595 ; www.floridastateparks.org/biglagoon ; 12301 Gulf Beach Hwy ; véhicule 6 $; 8h-crépuscule ; P). Découvrez la nature sauvage du Panhandle dans ce parc d'État, un patchwork de marais salants, de forêts de pins, de baies, d'étangs et de plages ; des paysages où serpentent promenades en planches et sentiers pédestres. Ornithologues en herbe et amateurs de calme seront au paradis.

Fêtes et festivals

Interstate Mullet Toss CULTURE
(avr). Le dernier week-end d'avril, les habitants frontaliers de Floride et d'Alabama se rassemblent pour honorer une longue tradition : le **lancer de mulet** (un poisson abondant dans la région) ! L'idée – outre qu'elle fournit un prétexte idéal pour faire la fête – est de voir qui lancera le plus loin son poisson (mort) par-dessus la frontière entre les deux États. Chaque participant peaufine sa technique : la queue la première, la tête la première, certains brisant l'arête dorsale en deux pour que le poisson soit plus aérodynamique. La compétition est organisée par le Flora-Bama Lounge, Package and Oyster Bar de Perdido Key (voir ci-dessous), un bar-restoroute mythique du côté est de la frontière.

Frank Brown International Songwriters' Festival MUSIQUE
(www.frankbrownsongwriters.com ; nov). Chanteurs-compositeurs de toute la région du golfe, notamment Perdido Key et Pensacola, se succèdent sur scène durant 10 jours de concerts.

Où se loger

Big Lagoon State Park Camping CAMPING $
(800-326-3521 ; www.reserveamerica.com ; 12301 Gulf Beach Hwy ; empl 20 $; P). Disséminés à travers les forêts de pins, ces 75 emplacements bucoliques ont l'électricité et l'eau potable.

Où prendre un verre et faire la fête

Flora-Bama Lounge, Package and Oyster Bar BAR
(850-492-0611 ; www.florabama.com ; 17401 Perdido Key Dr ; 11h-3h). Ce bar-restoroute légendaire, posé juste à l'est de la frontière avec l'Alabama, accueille chaque année le concours de lancer de mulet et le Polar Bear Dip (baignade dans l'océan glacé au Nouvel An, récompensée par une consommation gratuite). Le Flora-Bama a essayé de faire inscrire le lancer de mulet au *Guinness des records*, mais la proposition n'a pas été retenue pour l'instant.

Depuis/vers Perdido Key

Perdido Key marque la frontière de l'État. De là, on peut gagner l'Alabama par la Hwy 182 et prendre la Hwy 59/US 90 direction nord pour rejoindre l'1-10.

Si vous arrivez à Perdido Key par l'ouest via la Hwy 182, bienvenue en Floride !

Fort Walton Beach

☎850 / 20 600 HABITANTS

S'étirant le long d'une portion de l'US 98 affublée du grandiloquent surnom de Miracle Strip, Fort Walton Beach est un mélange de centres commerciaux, de villas de front de mer, de restaurants de plage et de néons criards. Une jolie artère centrale file de Perry Ave à Florida Place. "FWB" n'est pas aussi centrée sur le tourisme que Destin et consorts ; c'est une ville de base militaire comme une autre, si ce n'est qu'elle est posée tout près de la côte du golfe du Mexique.

Entre Fort Walton Beach et Destin, qui semblent enserrer la Choctawhatchee Bay à la manière de deux pinces de crabe, s'étend une plage superbe, propriété de l'US Air Force, dont la plus grande base, Eglin, se trouve à Fort Walton Beach.

À voir

Le plus beau site de Fort Walton Beach, l'**Okaloosa Day Use Area**, qui fait partie du Gulf Islands National Seashore (p. 463), s'étend en fait à la lisière est de la ville. Cette longue, déserte et sauvage plage de dunes parsemées d'unioles maritimes contraste avec les néons des complexes balnéaires qui l'encerclent. Le parking possède un accès à la plage et à des tables de pique-nique.

Indian Temple Mound & Museum SITE ARCHÉOLOGIQUE

(☎850-833-9595 ; www.fwb.org/museums/indian-temple-mound-museum ; 139 Miracle Strip Pkwy SE ; adulte/enfant 5/3 $; ⏲8h-16h30 lun-sam ; P). Site sacré des Amérindiens de la région, ce tertre de 5 m de hauteur sur 68 m de large était à la fois un site cérémoniel et un lieu politique. Érigé entre l'an 800 et 1500, moyennant l'emploi de quelque 500 000 paniers de terre, c'est sans doute la plus grande élévation de ce type sur la côte du Golfe. Au sommet, on a recréé un temple abritant un petit espace d'exposition.

Le musée accueille aussi une bibliothèque qui retrace de façon très détaillée 12 000 ans d'histoire amérindienne. Vous y verrez des flûtes, des céramiques, des objets en pierre, en os et en coquillages.

US Air Force Armament Museum MUSÉE

(☎850-882-4062 ; www.afarmamentmuseum.com ; 100 Museum Dr, Eglin Air Force Base ; ⏲9h30-16h30 lun-sam ; P). GRATUIT Pour les passionnés de la chose militaire, ce musée aux airs de hangar, flanqué d'avions de chasse, paraît petit vu de l'extérieur, mais recèle en fait quantité de choses, dont un missile F-105 Thunderchief et un simulateur de vol qui vous met aux commandes d'un destructeur de chars A-10 "Warthog". Le musée retrace en détail l'histoire de la base d'Eglin, la plus grande du pays, et présente sous un jour ouvertement pro-américain l'histoire militaire du pays. À 14 km au nord-est de Fort Walton Beach.

Okaloosa Island Pier & Boardwalk JETÉE

(1030 Miracle Strip Pkwy E ; accès 2 $, pêche adulte/enfant 7,50/4,50 $; ⏲24h/24 avr-oct, 5h-21h nov-mars ; P). S'avançant dans l'Atlantique sur près de 400 m, cette jetée fréquentée reste ouverte 24h/24 l'été et éclairée pour que l'on puisse pêcher de nuit. On peut louer du matériel sur place (à partir de 7 $) et il n'est pas besoin de permis de pêche. Mais l'on peut très bien se contenter d'une balade sur la jetée ou sur la promenade qui la jouxte et de la jolie plage de sable qui la borde.

Où se loger

♥ **Aunt Martha's Bed & Breakfast** B&B $$

(☎850-243-6702 ; www.auntmarthasbedandbreakfast.com ; 315 Shell Ave SE ; ch 105-115 $;). Aisément accessible à pied du centre-ville, cette charmante auberge surplombe l'Intracoastal. Sans chichis, les chambres aux élégants lits en cuivre ouvrent sur les frondaisons des chênes. Piano et bibliothèque bien fournie agrémentent le salon que prolonge une véranda. Les petits-déjeuners typiques du Sud (quiche à la langouste, gruau au jambon et au fromage, pain perdu) sont un vrai festin.

Henderson Park Inn AUBERGE $$

(☎888-836-1105 ; www.hendersonparkinn.com ; 2700 Hwy 98, Destin ; ch à partir de 199 $;). Posée sur la plage, cette auberge raffinée compte 35 chambres décorées avec soin (beau linge) et réserve des attentions délicates à ses hôtes, comme des chocolats sur l'oreiller. Tout est compris (petit-déjeuner, déjeuner, boissons et en-cas) et le lieu est prisé des jeunes mariés.

PANHANDLE FORT WALTON BEACH

Où se restaurer

Lanie's Kitchen II PHILIPPIN $
(☎850-243-6780 ; www.lanieskitchen.com ; 202 Ferry Rd SE ; buffet déj 10 $; ⏲11h-15h lun-sam ; P). Conséquence plaisante de la présence militaire américaine aux Philippines : la plupart des villes du pays accueillant une base de l'armée comptent d'excellents restaurants philippins. Lanie's est l'un des meilleurs du Panhandle, grâce à ses buffets d'un étonnant rapport qualité/prix où l'on déguste porc et poulet *adobo* (nappés de sauce au vinaigre, à la sauce soja et à l'ail), nouilles de riz *pancit* et *bicol* express (ragoût de porc épicé).

Stewby's Seafood Shanty POISSON ET FRUITS DE MER $
(☎850-586-7001 ; www.stewbys.com ; 427 Racetrack Rd NW ; plats 5-18 $; ⏲10h-21h ; P). Entre l'artère principale et la base d'Eglin, ce restaurant sans prétention, qui sert essentiellement des plats à emporter, fait des émules grâce à ses sandwichs maison, ses plateaux de beignets de fruits de mer et son excellent rapport qualité/prix. Ne manquez pas le crabe en mue si c'est la saison.

Bay Café FRANÇAIS $$
(☎850-344-7822 ; www.baycafewaterfront.com ; 233 Alconese Ave, Fort Walton Beach ; plats 16-28 $; ⏲11h-15h et 17h-22h ; P). Foie gras, Saint-Jacques revenues à la poêle et filet mignon figurent à la carte de ce charmant bistrot sur le front de mer, au pied du Brooks Bridge. Apprécié des habitants depuis plus de 30 ans, il possède une salle qui donne sur une terrasse d'où l'on jouit d'une merveilleuse vue sur la baie. Longue carte des vins.

Où prendre un verre et faire la fête

Props Craft Brewery BRASSERIE
(☎850-586-7117 ; www.propsbrewery.com ; 255 Miracle Strip Pkwy SE, Fort Walton Beach ; ⏲11h-23h). Une adresse simple et sympathique pour siroter une bière artisanale bien fraîche en regardant une rencontre sportive sur écran géant, ou simplement pour vous détendre dans le bar d'extérieur, aux côtés des habitants.

Depuis/vers Fort Walton Beach

Fort Walton Beach est à environ 90 km à l'ouest de Panama City Beach et à 66 km à l'est de Pensacola, sur la Hwy 98.

L'**aéroport de Destin-Fort Walton Beach** (Northwest Florida Regional Airport ; VPS ; ☎850-651-7160 ; www.flyvps.com ; 1701 State Road 85 N) dessert les environs de Destin et Fort Walton. Les deux villes sont également reliées par les navettes gratuites de l'**Emerald Coast Rider** (☎850-833-9168 ; www.ecrider.org ; 1,50 $; ⏲8h-19h lun-ven).

Destin

☎850 / 13 260 HABITANTS

Destin attire un étonnant mélange de retraités, de familles et de *spring-breakers*. La ville elle-même n'a rien de très engageant ; ce n'est qu'une succession de centres commerciaux, de tours résidentielles et de petits parcs d'attractions. En revanche, ses plages splendides mettent du baume au cœur.

La pêche hauturière constitue aussi un de ses attraits. L'écueil descendant à 30 m de profondeur, et situé à plus d'une quinzaine de kilomètres de la passe est de Destin, lui vaut le surnom de "village de pêcheurs le plus chanceux du monde", même si la ville n'a plus rien d'un village aujourd'hui.

À voir

Destin n'est pas peu fière des 40 km de plages qui constituent son principal atout touristique. Quand le soleil s'y reflète, le blanc du sable est d'une pureté à peine croyable. Une teinte immaculée qui provient d'anciennes formations quartziques des Appalaches, érodées par le temps en ce sable aux allures de sucre glace qui finit par s'échouer ici. Il y a 13 accès publics aux plages. Pour en savoir plus, consultez le site www.cityofdestin.com. Il est parfois difficile de trouver une place pour se garer autour des accès.

Henderson Beach State Park PLAGE
(☎850-837-7550 ; www.floridastateparks.org/park/Henderson-Beach ; 17000 Emerald Coast Pkwy ; véhicule 6 $; ⏲8h-crépuscule ; P). La plus belle plage des environs de Destin borde ce parc d'État sillonné d'un sentier découverte de 1,3 km. De superbes emplacements de camping (30 $) sont disponibles au bord de la plage, avec électricité et eau courante.

Seascape Beach PLAGE
(www.cityofdestin.com ; 2966 Hwy 98 ; ⏲aube-crépuscule ; P). GRATUIT La plus adaptée aux familles des plages de Destin (qui le sont toutes d'ailleurs), grâce à ses toilettes, son aire de pique-nique et ses pavillons ombragés.

Destin Boardwalk et HarborWalk Village FRONT DE MER
(☎850-687-1237 ; www.destinboardwalk.com ; 102 Harbor Blvd ; P 👪). Cet ensemble très touristique, qui réunit résidences, boutiques, restaurants et night-clubs autour d'une marina, mérite une halte, surtout pour qui voyage avec des enfants. La plupart des tour-opérateurs (y compris pour la pêche) y ont un kiosque et on peut profiter de nombreuses activités, mais à des tarifs plutôt élevés.

Activités

Just Chute Me CHUTE LIBRE
(☎850-213-1971 ; www.parasaildestin.com ; 500 Harbor Blvd, Destin ; à partir de 50 $/pers ; ⏲8h-crépuscule fév-oct). Avec ses eaux paisibles et ses paysages éblouissants, le golfe se prête merveilleusement au parachutisme. Ce tour-opérateur organise aussi des vols pour débutants.

ScubaTech PLONGÉE
(☎850-837-2822 ; www.scubatechnwfl.com ; Harbor Blvd et Marler St ; snorkeling à partir de 30 $, plongée autonome à partir de 90 $; ⏲9h-17h lun-sam, 9h-16h dim). Aux bons soins du personnel compétent de ce tour-opérateur, profitez de superbes sites de plongée. La sortie avec deux bouteilles (4 heures, de 18 à 28 m de profondeur) revient à 90 $/pers ; la location de matériel complet incluant palmes, masque et tuba coûte 65 $. Comptez 30 $/pers pour le snorkeling (2 heures), avec matériel et combinaison.

Circuits organisés

Southern Star Dolphin Cruises CROISIÈRES
(☎850-837-7741 ; southernstardolphincruise.com ; 100 Harbor Blvd, Suite A, Destin ; adulte/senior/enfant 29/25/15,50/ $). Ce tour-opérateur soucieux du respect de l'environnement propose toute l'année depuis plus de 20 ans des croisières à bord d'un bateau à fond vitré de 23 m permettant d'observer les grands dauphins vivant dans ces eaux tempérées. Consultez le programme des sorties sur le site Internet.

Où se loger

De nombreux visiteurs louent des maisons de vacances, dont on trouve des listings sur plusieurs sites Internet, notamment www.destinvacation.com et www.destinflrentals.com.

Henderson Beach State Park CAMPING $
(☎850-837-7550 ; www.floridastateparks.reserveamerica.com ; 17000 Emerald Coast Pkwy ; tente et empl camping-car 30 $, accès journée 6 $; P). Cet éden côtier possède 54 emplacements espacés dans un bois de pins tortueux, d'excellentes toilettes et un sentier nature de 1,2 km à travers les dunes. Convient mieux aux camping-cars qu'aux tentes.

Candlewood Suites Destin-Sandestin MOTEL $$
(☎850-337-3770 ; www.candlewooddestin.com ; 11396 Hwy 98 ; d à partir de 118 $; P 📶). Ce motel moderne en bordure de l'autoroute, à l'extrémité est de la ville, loue des chambres stylées et fonctionnelles, d'un bon rapport qualité/prix. Toutes sont équipées d'une kitchenette et ont un accès Wi-Fi gratuit.

Où se restaurer

Donut Hole Café & Bakery BOULANGERIE $
(☎850-837-8824 ; 635 Harbor Blvd ; à partir de 4 $; ⏲6h-22h ; 👪). Ce beau *diner* sert de copieux petits-déjeuners aux œufs, de succulents beignets au babeurre maison et, toute la journée, de belles parts de tarte au citron vert des Keys.

Boathouse Oyster Bar POISSON ET FRUITS DE MER $
(☎850-837-3645 ; www.facebook.com/BoathouseOystersDestin ; 288 Harbor Blvd ; plats 4-18 $; ⏲11h-23h ; P). Ce n'est qu'une cahute de plage, mais à l'intérieur, c'est un paradis de musique live et un festin d'huîtres, de langoustes, de beignets de fruits de mer et de seaux remplis de bières glacées. Les horaires de fermeture dépendent surtout de la durée des concerts.

McGuire's VIANDE $$
(www.mcguiresirishpub.com ; 33 E Hwy 98 ; plats 12-33 $; ⏲11h-2h ; P 👪). Ce gigantesque pub irlandais/microbrasserie/grill est une institution du Panhandle, et malgré l'immensité des lieux, le complexe est constamment bondé. La raison ? En dépit des airs de centre commercial et de la déco kitsch de l'endroit, inspirant la méfiance, la cuisine est succulente, notamment les grillades et les burgers. Et les bières brassées sur place ne gâchent rien. Le McGuire's est très prisé des militaires et de leurs familles ; un pourcentage substantiel des membres de l'US Navy et de l'US Air Force a déjà dégusté

un steak ou deux (et plus d'une bière) ici. Le complexe ferme habituellement vers 2h, mais cela peut varier.

Zesty Baguette Bistro VIETNAMIEN $$
(☎850-460-8797 ; www.zestybaguettebistro.com ; 4418 Commons Dr E ; plats 14-25 $; ⏲11h-21h ; P). Vous serez surpris par l'inventivité de la carte de ce bijou de restaurant, qui conjugue influences vietnamiennes, françaises et du Sud profond dans des plats savoureux. Au menu : riz au jasmin et crevettes grillées, noix de Saint-Jacques et purée de pommes de terre crémeuse, et tarte au gingembre. Situé dans l'immense centre commercial Destin Commons.

Craft Bar AMÉRICAIN $$
(☎850-460-7907 ; www.thecraftbarfl.com/destin ; 4424 Commons Dr E ; plats 15-27 $; ⏲11h-23h lun-jeu, 11h-minuit sam, 11h-22h dim ; P). Mi-restaurant, mi-bar, Craft Bar insuffle de la nouveauté tant dans son menu que dans sa carte de bières artisanales à Destin (ainsi que dans une poignée de villes du nord de la Floride – c'est une chaîne locale). Branché mais floridien, on y savoure dans un décor contemporain des poissons en croûte de noix de pécan et des burgers de thon ou de bison. La boutique attenante propose un excellent choix de bières et d'alcools.

Dewey Destin's FRUITS DE MER $$
(☎850-837-7525 ; www.destinseafood.com ; 202 Harbor Blvd, Destin ; plats 12-30 $; ⏲11h-21h ; P). Au regard des gigantesques enseignes de chaîne alignées sur l'artère principale de Destin, cette vieille cabane décorée d'anciennes photos de la Floride surprend agréablement. Souvent bondée, elle est appréciée des gens du coin qui goûtent ses produits de la mer préparés en toute simplicité, frits ou à la vapeur, ainsi que ses boissons tendance à base de rhum.

Louisiana Lagniappe POISSON ET FRUITS DE MER $$$
(☎850-837-0881 ; www.thelouisianalagniappe.com ; 775 Gulf Shore Dr ; plats 18-39 $; ⏲17h-21h lun-ven, 17h-22h sam-dim ; P). De bonnes spécialités de La Nouvelle-Orléans à Destin ? C'est possible, avec une superbe vue sur le port en prime. Parmi les délices de l'océan, savourez du mérou farci au crabe en mue, du perche de mer farci au crabe (encore ! mais après tout, pourquoi pas ?) ou des crevettes grillées nappées de sauce rhum-ananas.

Où prendre un verre et faire la fête

Vous trouverez de quoi occuper vos soirées au HarborWalk Village (le long de l'US 98, à l'extrémité ouest de Destin, avant le pont pour Okaloosa Island) et sur la promenade en planches d'Okaloosa Island (p. 466), à 10 km à l'ouest de Destin. Les pubs touristiques et les restaurants du front de mer attirent un mélange de touristes d'un certain âge et de militaires. Si l'ambiance peut paraître un peu molle en début de soirée, les fins de soirées sont bien souvent tapageuses.

Achats

Destin Commons CENTRE COMMERCIAL
(☎850-337-8700 ; www.destincommons.com ; 4100 Legendary Dr ; ⏲10h-21h lun-sam, 11h-19h dim). Certes, c'est un énorme centre commercial, mais Destin Commons est en plein air, et à bien des égards plutôt agréable. On y passe de bons moments en famille entre les dizaines de boutiques et le gigantesque cinéma.

Depuis/vers Destin

Destin est à 72 km à l'ouest de Panama City Beach et à 75 km à l'est de Pensacola, sur la Hwy 98. L'**aéroport de Destin-Fort Walton Beach** (p. 467), anciennement le Northwest Florida Regional Airport, dessert les environs de Destin et Fort Walton, ainsi que de nombreuses villes du pays, dont Chicago et Tampa.

South Walton et les plages de la Hwy 30A

☎850 / 12 446 HABITANTS

Entre Destin et Panama City, le long de la **Scenic Highway 30A**, s'égrène un chapelet de seize petites localités, regroupées sous le nom de South Walton ("The Beaches of South Walton" pour être précis, "SoWal" pour faire court). Chacune possède sa propre identité et la plupart ont une architecture thématique destinée à appâter le vacancier. Le nouvel urbanisme sous le soleil de la Floride ? C'est ici !

Si vous ne devez vous arrêter que deux fois, nous vous recommandons la délicieuse **Grayton Beach**, qui semble avoir été conçue par des hippies ayant fait fortune (passez-y une nuit si vous le pouvez) et le village méticuleusement pensé de **Seaside**, qui fut choisi pour ses airs de carte postale pour le tournage du film *The Truman Show*. Nous vous conseillons également WaterColor et sa palette artistique, Alys Beach la marocaine et Rosemary Beach la hollandaise. Pour plus de renseignements, consultez www.discover30a.com.

À voir

On compte plus de 50 accès publics aux plages de South Walton, avec des degrés variés d'accessibilité ; consultez la liste complète sur www.visitsouthwalton.com. Les parkings se remplissent vite, notamment le week-end ; mieux vaut arriver tôt.

Grayton Beach State Park PARC
(850-267-8300 ; www.floridastateparks.org/graytonbeach ; 357 Main Park Rd, Grayton Beach ; véhicule 5 $; 8h-crépuscule ; P). Ce long cordon de dunes (567 ha) couleur marbre ondoyant vers la mer est d'une beauté à couper le souffle. Le parc se niche à côté du hameau très cossu de Grayton Beach, berceau du célèbre Red Bar et de l'insolite **Dog Wall** (une fresque murale exécutée par les résidents, qui y ont représenté leurs chiens). Les habitants viennent ici admirer le coucher de soleil et faire du *wakeboard* sur les eaux scintillantes des étangs nichés parmi les dunes. Dans le parc, le Grayton Beach Nature Trail (possibilité de se procurer un plan-guide à l'entrée) part du flanc est du parking, traverse les dunes, des buissons de magnolias et des pinèdes, puis rejoint une promenade en bois qui conduit au chemin du retour, lequel longe la plage.

Topsail Hill Preserve State Park PARC
(www.floridastateparks.org/park/Topsail-Hill ; 7525 W Scenic Hwy 30A, Santa Rosa ; véhicule/piéton 6/2 $; 8h-crépuscule ; P). Explorez 664 ha de beauté naturelle à Topsail : paisibles plages de sable blanc, marais accablés de soleil, forêts de pins broussailleux, un sentier nature de 4 km et trois lacs de dunes côtières extrêmement rares, à moins de 3 km de la côte, reliés au golfe par des canaux de déversement serpentant entre les dunes. Hébergements (ci-contre) disponibles dans le parc.

Deer Lake State Park PARC
(850-267-8300 ; 6350 E County Rd 30-A, Santa Rosa Beach ; voiture/vélo/piéton 3/2/2 $; 8h-crépuscule ; P). Tirant son nom du lac de dunes côtières (étendue d'eau au cœur des dunes reliée au golfe) qu'il englobe, ce parc est couvert de chênes, de magnolias, de bosquets de choux palmistes et de fleurs sauvages. Une végétation à découvrir sur la jolie promenade en bois.

Blue Mountain Beach PLAGE
(2365 S Scenic Highway 83 ; aube-crépuscule ; P). GRATUIT Culminant à 19,5 m de hauteur, la "Blue Mountain" est prétendument le plus haut sommet du littoral, plat comme une crêpe du golfe du Mexique. Ouvrez l'œil pour trouver les fleurs bleues de lupin dont la "montagne" aurait tiré son nom. À l'ombre (relativement limitée) de l'imposant pic s'étend une plage splendide invitant à la détente.

Eden Gardens State Park PARC
(850-267-8320 ; www.floridastateparks.org/edengardens ; 181 Eden Gardens Rd, Santa Rosa Beach ; 4 $, visite guidée adulte/enfant 4/2 $; 8h-crépuscule, visite guidée 10h-15h jeu-lun ; P). À l'intérieur des terres par rapport à la Hwy 30A, sur une péninsule s'avançant dans Choctawhatchee Bay, des jardins et des pelouses impeccables encadrent la résidence des Wesley, riche famille floridienne d'exploitants en bois. La maison à colonnades du début du XIXe siècle fut rachetée et rénovée en 1963 par Lois Maxon, qui y expose sa collection de meubles Louis XVI, entre autres antiquités et souvenirs de famille. On peut profiter des pelouses bordées de chênes et de la ravissante aire de pique-nique au bord de l'eau.

Inlet Beach PLAGE
(angle S Orange St et W Park Place Ave ; aube-crépuscule ; P). GRATUIT L'un des plus larges points d'accès aux plages de South Walton mène à Inlet Beach. Du parking, longez les hautes dunes et les vieilles bâtisses en bois pour atteindre la vaste étendue de sable de la plage.

Dune Allen Beach PLAGE
(angle Hwy 30A et Fort Panic Rd ; aube-crépuscule ; P). GRATUIT La plage de Dune Allen est l'une des plus agréables de South Walton, parfaitement adaptée à un après-midi de farniente et de baignade en famille.

Activités

La région se prête merveilleusement au cyclotourisme. Longue de 30 km, la Timpoochee Trail (goudronnée) est parallèle à la Hwy 30A. Le Longleaf Pine Greenway (sentier de randonnée pédestre et cycliste de 13 km) longe côté continent la Hwy 30A, de l'est de la SR 395 jusqu'à un point situé juste avant la SR 393. Enfin l'Eastern Lake Trail débute dans le Deer Lake State Park et rejoint l'extrémité ouest du Longleaf Pine Greenway.

Si vous préférez la voiture au vélo, comptez au moins 2 heures pour parcourir le tronçon de la 30A entre Destin et Panama City Beach, même si vous ne prévoyez aucun arrêt. La vitesse est limitée, la circulation (automobile et piétonne) est importante et les plages de toute beauté invitent à prendre son temps. Consultez le site Internet www.waltonoutdoors.com pour en savoir plus.

30A Bike Rentals CYCLOTOURISME
(☎850-865-7433 ; www.30Abikerentals.net ; 5399 E County Hwy 30A, Santa Rosa Beach ; location à partir de 20 $/jour). La côte floridienne parfaitement plate se prête à merveille à l'exploration à deux-roues. Cette boutique est l'endroit parfait pour louer des vélos, qui peuvent être déposés ou récupérés presque n'importe où sur la route de la côte. On peut aussi louer des fauteuils roulants standards (20 $) et de plage (50 $) à la journée.

Big Daddy's CYCLOTOURISME
(☎850-622-1165 ; www.bigdaddysbikes.com ; 2217 W County Hwy 30A, Santa Rosa Beach ; location à partir de 45 $; ⏲9h-17h lun-sam). "Dangereusement optimiste depuis 1998", Big Daddy vous fournira en un clin d'œil le vélo parfait pour explorer le littoral et ses plages. Vaste choix de vélos, casque et cadenas fournis, et livraison presque partout le long de la Hwy 30A.

Circuits organisés

Choctawhatchee Basin Alliance CIRCUIT ÉCOTOURISTIQUE
(☎850-200-4171 ; www.basinalliance.org ; 109 Greenway Trail, Santa Rosa Beach). ONG réputée dans la région, la Basin Alliance travaille à des campagnes de sensibilisation sur l'environnement et s'efforce de protéger l'écosystème unique du Panhandle, notamment les exceptionnels lacs de dunes côtières. L'association organise chaque été toute une gamme d'excursions, des randonnées nature (à partir de 15 $) aux sorties en kayak (35 $) ; appelez pour en savoir plus et connaître les horaires des départs.

Où se loger

Pour louer une résidence de vacances, essayez les sites www.graytoncoastrentals.com, www.30avacationrentals.com ou www.cottagerentalagency.com.

> **VAUT LE DÉTOUR**
>
> **PONCE DE LEON SPRINGS STATE PARK**
>
> Situé à 80 km au nord de South Walton, le **Ponce de Leon Springs State Park** (☎850-836-4281 ; www.floridastateparks.org/poncedeleonsprings ; 2860 Ponce de Leon Springs Rd, Ponce de Leon ; véhicule 4 $; ⏲8h-crépuscule ; P) recèle l'une des plus belles sources de Floride, sans les foules de touristes. Comme jaillissant d'un conte de fées, ses eaux claires, presque luminescentes, sont bordées d'arbres noueux et des échelles placées sur le pourtour facilitent l'accès à la baignade. Deux courts sentiers longent les rives de la Blackwater Creek, toute proche. L'eau de la source est à une température constante de 20°C.

Grayton Beach State Park CAMPING $
(☎850-267-8300 ; www.floridastateparks.org/graytonbeach ; 357 Main Park Rd, Grayton Beach ; tente et camping-car à partir de 24 $, cottage 110-130 $; P). Vous auriez peut-être du mal à passer le reste de votre vie dans ce paradis, mais vous pourrez y séjourner brièvement. Le camping et ses petits cottages cosy rendent ce cadre idyllique accessible à tous. Les emplacements les plus récents ont l'électricité (30 $/nuit).

Topsail Hill Preserve State Park CAMPING $
(☎800-326-3521 ; www.reserveamerica.com ; 7525 W Scenic Hwy 30A, Santa Rosa ; tentes/bungalows/*cabins* 24/120/145 $; P❄). Topsail Hill (ci-contre) propose des emplacements pour tentes, de confortables bungalows meublés avec TV et câble, et de luxueuses *cabins* avec cuisine et salon pouvant loger jusqu'à 6 personnes. La nuitée en bungalow ou *cabin* chute de 15 $ environ entre août et janvier. Séjour minimum de 2 nuits le week-end pour les *cabins*.

♥ Hibiscus Coffee & Guesthouse PENSION $$
(☎850-231-2733 ; www.hibiscusflorida.com ; 85 Defuniak St ; Grayton Beach , ch 135-175 $, app 245-285 $; P📶). Cette délicate pension

agrémentée d'un jardin se niche dans un quartier ombragé de Grayton Beach, le village le plus ancien. Tissus tropicaux et peintures originales confèrent aux chambres et appartements le charme familier d'une maison de vacances.

Pearl HÔTEL **$$$**
(☎877-935-6114 ; www.thepearlrb.com ; 63 Main St, Rosemary Beach ; ch/ste à partir de 300/430 $). Même au milieu de l'architecture type nouvel urbanisme de Rosemary Beach, vous remarquerez certainement l'édifice victorien du Pearl, qui abrite des chambres mêlant cachet pseudo-historique et applications numériques permettant de réserver votre dîner ou encore de contrôler l'éclairage et la température de la pièce.

Rosemary Beach Inn BOUTIQUE-HÔTEL **$$$**
(☎866-348-8952 ; www.rosemarybeach.com/the-rosemary-beach-inn ; 78 Main St, Rosemary Beach ; ch à partir de 199 $; Ⓟ). Cet hôtel rouge-orange magnifiquement restauré du centre de Rosemary Beach a des airs d'auberge à l'européenne. Pas de hall, seulement 11 chambres uniques et calmes, avec des équipements modernes (écrans plats et machines à café Keurig). Accès gratuit au club de squash et à la salle de gym de la localité.

WaterColor Inn & Resort COMPLEXE HÔTELIER **$$$**
(☎888-991-8878 ; www.watercolorresort.com ; 34 Goldenrod Circle, Santa Rosa Beach ; ch à partir de 450 $; Ⓟ@). Conçu par l'architecte David Rockwell, ce complexe de luxe plébiscité et offrant toutes les commodités s'étend sur près de 250 ha en bord de mer. Ses chambres contemporaines disposent de larges fenêtres, d'un balcon et de beau linge dans des teintes marines. Beaucoup ont vue sur l'océan ou ne se trouvent qu'à quelques pas de la plage. Il y a 6 piscines, mais ce n'est pas une raison pour ignorer les eaux scintillantes du golfe.

Où se restaurer

Meltdown on 30A FOOD-TRUCK **$**
(☎850-231-0952 ; 2235 E County Hwy 30A, Seaside ; plats à partir de 5 $; ⏲11h-19h lun-jeu, 10h-21h ven, 8h-21h sam, 8h-19h dim ; Ⓟ). À moins d'être intolérant au gluten et/ou au lactose, il serait criminel de ne pas s'arrêter à cet excellent food-truck, qui sert de fabuleux croque-monsieur (l'avocat-bacon-confiture est à tomber par terre), et jusqu'à 11h de délicieux petits-déjeuners de *biscuits* (petits pains) au gruau. À déguster à l'ombre ou sur la plage. C'est bon, c'est pas cher, et ça dégouline de fromage !

Cafe Hibiscus PETIT-DÉJEUNER **$**
(☎850-231-1734 ; www.hibiscusflorida.com/cafe ; 85 Defuniak St, Santa Rosa Beach ; plats 4-9 $; ⏲8h-11h ; Ⓟ). Entrez dans l'Hibiscus Guesthouse (p. 471) pour trouver ce café qui sert un délicieux muesli, des gaufres fondantes, des *biscuits* gorgés de jus de saucisse végétarienne et un excellent café, le tout dans un cadre sublime.

Red Bar PUB **$$**
(☎850-231-1008 ; www.facebook.com/The-Red-Bar-105874533674 ; 70 Hotz Ave, Grayton Beach ; plats au dîner 14-25 $; ⏲11h-22h dim-jeu, 11-23h ven-sam ; Ⓟ). Installé dans une ancienne épicerie débordant d'un étrange bric-à-brac, ce rendez-vous des hippies du coin accueille des concerts presque tous les soirs. Dans une ambiance sympathique, la clientèle s'offre une bière ou goûte au petit choix de plats proposés, tels que *crab cake* et aubergines farcies aux crevettes.

Roux 30A INTERNATIONAL **$$$**
(☎850-213-0899 ; www.roux30a.com ; 114 Logan Lane, Santa Rosa ; dîner à thème 65 $, plats brunch dim 11-22 $; ⏲11h-15h ven, 11h-14h dim, dîner soirées spéciales ; Ⓟ). Ce drôle de restaurant est un véritable joyau. Se fournissant auprès de fermiers et de pêcheurs du coin, il propose un menu éclectique allant du brunch contemporain à l'américaine aux déjeuners indiens du vendredi (curries végétariens/avec viande 12/15 $) en passant par les dîners cubains ou chiliens, par exemple, quelques soirs par mois seulement (consultez le site Internet).

George's at Alys Beach AMÉRICAIN **$$$**
(☎850-641-0017 ; www.georgesatalysbeach.net ; 30 Castle Harbour Dr, Alys Beach ; plats 20-45 $; ⏲11h-15h et 17h-21h ; Ⓟ). Ce restaurant de fruits de mer du littoral, à l'ambiance chaleureuse typique du Sud, a le mérite d'annoncer la couleur d'entrée de jeu. Le menu est divisé en deux catégories : "behave" ("filez droit"), avec des plats à base d'ingrédients bio de la région comme le vivaneau aux épices à la jamaïcaine, et "misbehave" ("faites des folies") avec les assiettes de beignets d'huîtres et autres menaces pour vos artères.

Cafe Thirty-A AMÉRICAIN $$$
(☎850-231-2166 ; www.cafethirtya.com ; 3899 E Scenic Hwy 30A, Seagrove Beach ; plats 14-39 $; 17h-21h ; P). À peine franchie la porte de ce restaurant chic installé dans une maison de ville moderne, vous serez séduit par son ambiance. On s'y régale de produits de la mer, comme le homard ou le mérou rôti au four, mais aussi d'un filet mignon cuit à la perfection ou d'un poulet rôti.

Fish Out of Water POISSON ET FRUITS DE MER $$$
(☎850-534-5050 ; 34 Goldenrod Circle ; plats 23-44 $; 8h-11h tlj, 17h30-21h mar-dim ; P). La carte met l'accent sur les produits du coin (serran noir rôti, sébaste à la vapeur, huîtres d'Apalachicola). On dîne dans une salle aménagée avec goût, ou sur la terrasse pour admirer le coucher du soleil. On peut aussi se contenter d'un petit-déjeuner, plus raisonnable pour le porte-monnaie.

Bud & Alley's AMÉRICAIN $$$
(☎850-231-5900 ; www.budandalleys.com ; 2236 East County Rd 30A, Seaside ; plats 30-39 $; 8h-21h30 ; P). Adresse branchée de Seaside, ce restaurant en plein air surplombant le golfe propose des produits de la mer, comme le flétan ou les crevettes grillées. La cuisine n'est pas à la hauteur de la vue.

Où sortir

Bayou Arts Center CENTRE ARTISTIQUE
(☎850-622-5970 ; www.culturalartsalliance.com ; 105 Hogtown Bayou Ln, Santa Rosa Beach ; 8h-16h). Abritant le siège de la South Walton Cultural Arts Alliance, le Bayou Arts Center est un espace polyvalent servant tour à tour de galerie d'art, de salle de spectacle ou de salle de conférences, entre autres. Programmation sur le site Internet.

Achats

Sundog Books LIBRAIRIE
(☎850-231-5481 ; www.sundogbooks.com ; 89 Central Sq ; 9h-21h). Besoin de lecture pour la plage ? Direction cette librairie-disquaire branchée proposant littérature et musique de qualité.

Blue Giraffe ART
(☎850-231-5112 ; www.bluegiraffe30a.com ; 1777 E County Hwy 30A, Watercolor ; 10h-18h). Blue Giraffe vend des souvenirs originaux fabriqués à la main, des œuvres d'artistes locaux et des ouvrages d'auteurs de la région : l'endroit rêvé pour rapporter chez vous un peu de South Walton. La boutique soutient plusieurs associations caritatives et artistiques et les propriétaires sont au fait de la scène artistique locale.

Justin Gaffrey Gallery ART
(☎850-267-2022 ; justingaffrey.com ; 21 Blue Gulf Dr, Santa Rosa Beach ; 10h-17h lun-sam). Justin Gaffrey, artiste autodidacte, est l'un des trésors cachés du comté de Walton. Son œuvre, qui mêle supports et textures variés, ne cesse de surprendre. Ne manquez pas les peintures et sculptures de sa galerie.

Renseignements

Beaches of South Walton Tourist Center
(☎800-822-6877 ; www.beachesofsouthwalton.com ; angle Hwy 331 et Hwy 98 ; 8h-16h30). L'office de tourisme se trouve dans les terres, entre la SR 283 et la SR 83. Il existe aussi un panneau d'affichage avec brochures touristiques à l'extrémité est de la place principale de Seaside (Seaside Town Square).

Depuis/vers South Walton et les plages de la Hwy 30A

Les plages de South Walton s'étirent en une fine bande le long de la route côtière 30A, entre Dune Allen (24 km à l'est de Destin) et Carillon Beach (21 km à l'ouest de Panama City Beach).

Panama City Beach

☎850 / 12 064 HABITANTS

Si c'est le charme nonchalant de la Floride d'antan que vous aimez, évitez Panama City Beach, station balnéaire surdimensionnée à 16 km à l'ouest de Panama City, elle-même assez quelconque. Station typique des années 1970, "PCB" est désormais un terrain de jeux pour promoteurs immobiliers, où le commerce est roi. La destination est prisée des familles en quête de vacances bon marché, des retraités venus y couler des jours paisibles et de jeunes gens amateurs de plage et de soleil.

De nouveaux buildings à l'architecture sans intérêt bétonnent désormais le front de mer, et les centres commerciaux, hôtels de chaîne, bars et restaurants se multiplient à tous les coins de rue. De mars à mai, au moment du Spring Break, une véritable folie s'empare de la ville, destination de choix pour les étudiants des quelque 150 universités établies à l'est du Mississippi, qui déferlent sur la ville et se livrent à tous les excès.

HORS DES SENTIERS BATTUS

SEACREST WOLF PRESERVE

Située à 65 km au nord de Panama City Beach, la **Seacrest Wolf Preserve** (850-773-2897 ; www.seacrestwolfpreserve.org ; 3449 Bonnett Pond Rd, Chipley ; 25 $; visites 13h-16h30 sam ; P), réserve unique en son genre dans l'État, fascinera les amoureux de la nature. Vous pourrez admirer au plus près quatre meutes de loups comptant quelques louveteaux, après avoir prêté attention à de longues explications pédagogiques. Le samedi, en raison d'une forte fréquentation, vous attendrez peut-être longtemps pour n'apercevoir que brièvement les animaux. Cela dit, si vous aimez les loups, c'est une visite incontournable. Les enfants de moins de 10 ans ne sont pas admis. Réservation indispensable.

Les règles de sécurité sont nombreuses, notamment en ce qui concerne la tenue vestimentaire ; consultez le site Internet pour en savoir plus. Des visites VIP, plus chères, pour 1 à 10 personnes, sont également possibles (2 pers 400 $, 75 $/pers supp).

Cela dit, les plages de PCB n'en sont pas moins superbes, et l'endroit est réputé pour les dizaines d'épaves et de récifs naturels ou artificiels peuplés d'une faune marine extraordinaire.

À voir

Shell Island PARC
(850-233-0504 ; www.shellislandshuttle.com ; 4607 State Park Lane ; aller-retour adulte/enfant 19/10 $). Au large de St Andrews State Park (ci-dessous), cette île de sable fin se prête aussi bien à la baignade et aux bains de soleil qu'au snorkeling. L'île ne dispose d'aucune infrastructure et il n'y a pas d'ombre : prévoyez chapeau et crème solaire. Les billets s'achètent auprès de Shell Island Shuttle (p. 476) au Pier Marketplace dans le parc ; un tramway fait la navette jusqu'au bateau. Des packs snorkeling (27 $) et location de kayaks (simple/tandem 55/65 $/jour) sont disponibles, et incluent la traversée vers l'île en navette. Consultez le site Internet pour plus de renseignements et pour connaître les horaires.

St Andrews State Park PARC
(850-233-5140 ; www.floridastateparks.org/standrews ; 4607 State Park Lane ; véhicule/piéton 8/2 $; 8h-crépuscule ; P). Havre de tranquillité, ce parc de 630 ha, sillonné de sentiers nature et bordé de plages, réunit quantité d'animaux, dont des renards, des coyotes, des serpents, des alligators et des oiseaux marins. Rassurez-vous : les alligators vivent en eau douce et les zones de baignade – dont le bassin pour les enfants (1 m) près des jetées – se trouvent dans l'océan. Sur la plage, près des jetées, on voit encore les plateformes à canons de la Seconde Guerre mondiale.

Man in the Sea Museum MUSÉE
(850-235-4101 ; www.maninthesea.org ; 17314 Panama City Beach Pkwy ; adulte/enfant 5 $/gratuit ; 10h-16h mar-sam ; P). Ce musée consacré à la plongée propose des expériences comme actionner une pompe à scaphandrier ou grimper à bord d'un submersible. On observera des maquettes du labo sous-marin *Sealab III* et le fonctionnement des cloches de plongée n'aura plus de secrets pour vous. Outre la collection d'anciennes tenues de plongée, il y a aussi un aquarium marin.

WonderWorks MUSÉE
(850-249-7000 ; www.wonderworksonline.com/panama-city-beach ; 9910 Front Beach Rd ; adulte/enfant 28/22 $; 10h-20h dim-jeu, 10h-22h ven-sam ;). Un bâtiment comme tombé du ciel, toit enfoncé dans le sol et palmiers suspendus dans les airs, abrite cet immanquable (dans tous les sens du terme) musée interactif et centre de divertissement loufoque. Vélo tournoyant dans une centrifugeuse, course d'obstacles en montée, football en réalité virtuelle ou encore *laser quest* (supplément 7 $) : de quoi donner des maux de tête aux parents, qui se consoleront en sachant que les enfants dormiront comme des loirs le soir venu.

Activités

Plongeurs, réjouissez-vous ! Plus d'une dizaine d'épaves gisent dans les fonds marins au large de PCB, surnommée "capitale des épaves du Sud", dont le *Liberty* (134 m), navire de la Seconde Guerre mondiale et plusieurs remorqueurs. On dénombre plus de 50 récifs artificiels (arches de pont, barges et autres structures), sans compter les récifs coralliens. La visibilité, de 12 m en moyenne, peut aller jusqu'à 25 m. L'hiver, l'eau affiche une température moyenne de 16°C (31°C en été).

Dive Locker PLONGÉE
(☎850-230-8006 ; www.divelocker.net ; 106 Thomas Dr ; initiation plongée/Open-Water 95/325 $; ⏲8h-18h lun-ven, 7h-18h sam-dim). Le personnel de cette boutique et école de plongée renommée connaît tous les sites de PCB, notamment les récifs artificiels installés autour des épaves des vaisseaux militaires et des navires de ravitaillement, et dans les terres les sites dans les sources de la région. Une expérience unique en Floride.

Où se loger

Pour éviter les *spring-breakers*, recherchez les hébergements affichant *family-friendly* (familles bienvenues) ou *families only* (familles uniquement).

Wisteria Inn MOTEL $$
(☎850-234-0557 ; www.wisteria-inn.com ; 20404 Front Beach Rd ; d à partir de 119 $; P). Ce petit motel ravissant loue 15 chambres à thème (de South Beach à l'Extrême-Orient). Les *mimosa hours* quotidiennes au bord de la piscine donnent l'occasion de bavarder. Ici, pas de *spring-breakers* comme l'indique la mention "adults only". Animaux de compagnie bienvenus. Chute vertigineuse des tarifs en hiver.

Sheraton Bay Point Resort HÔTEL $$
(☎850-236-6000 ; www.sheratonbaypoint.com ; 4114 Jan Cooley Dr ; ch à partir de 140 $;). L'une des adresses les plus cosy de PCB. Cet hôtel bien aménagé s'enorgueillit d'une belle vue sur la baie de St Andrews, de deux terrains de golf, d'agences de location de matériel nautique, d'une belle piscine, de 3 restaurants et d'un grand spa. Chambres cosy, modernes et spacieuses.

Holiday Inn Resort HÔTEL $$
(☎850-230-4080, 800-633-0266 ; www.hipcbeach.com ; 11127 Front Beach Rd ; ch à partir de 150 $; P). Les grandes chambres de ce vaste complexe en bord de mer ont été récemment rénovées, sans que cela gomme pour autant son aspect typique des années 1970. Il séduit tous les types de clientèle, des *spring-breakers* venus faire la fête aux familles en vacances, en passant par les célibataires en goguette. Il y a tant de chambres qu'on y trouve généralement de bonnes affaires.

Où se restaurer

Andy's Flour Power Bakery BOULANGERIE $
(☎850-230-0014 ; www.andysflourpower.com ; 2629 Thomas Dr ; plats à partir de 4 $; ⏲7h-14h lun-sam, 8h-14h dim ;). Le meilleur petit-déjeuner de la ville : des omelettes mousseuses parfaites, du gruau de maïs au fromage, des gaufres et, bien sûr, du bacon et des œufs préparés à l'envi. D'après ce qu'on nous a déclaré, les habitants prendraient leur petit-déjeuner ici et y reviendraient pour déjeuner – sandwichs gourmets new-yorkais dans du pain tout frais. Chaudement recommandé.

Dee's Hangout CRÉOLE $$
(www.deeshangout.com ; 529 Richard Jackson Blvd ; plats 10-28 $; ⏲11h-21h lun-sam ;). L'endroit est réputé pour ses classiques de la cuisine américaine (burgers entre autres), son atmosphère familiale et ses spécialités de Louisiane, dont les crevettes sauce au beurre au barbecue style Nouvelle-Orléans, les *po' boys* (sandwichs) dans du pain Leidenheimer tout droit importé de la "ville-croissant" (surnom de La Nouvelle-Orléans), et le riz aux haricots rouges.

♥ **Firefly** AMÉRICAIN MODERNE $$$
(☎850-249-3359 ; www.fireflypcb.com ; 535 Richard Jackson Blvd ; plats 25-43 $, sushi 6-16 $; ⏲17h-22h). Un endroit superbe pour dîner à la lueur des torches. Au menu, une cuisine de la mer créative – crevettes au sésame en *tempura* et vivaneau farci à la saucisse – mais aussi des sushis et des sashimis. L'ancien président Obama a un jour dîné ici, comme aiment à le rappeler les habitants.

Où prendre un verre et faire la fête

Pendant le Spring Break, la plupart des bars se muent en stations de ravitaillement pour étudiants désireux d'engloutir la plus grande quantité d'alcool imaginable dans le moins de temps possible. Le reste de l'année, ils sont souvent déserts, et un peu déprimants. Mais il en reste une poignée qui valent le détour.

Craft Bar BAR
(www.thecraftbarfl.com ; 15600 Panama City Beach Pkwy, Pier Park North ; ⏲11h-23h lun-jeu, 11h-minuit ven-sam, 11h-22h dim). Sorte d'OVNI à PCB, ce bar est à mille lieues de la vulgarité et de l'anarchie alcoolisée des plages de *spring-breakers*, avec 30 bières artisanales à la pression soigneusement sélectionnées,

des cocktails préparés avec soin et une excellente cuisine de pub (plats 12-35 $) – le menu est le même qu'au Craft Bar de Destin (p. 469).

Tootsie's Orchid Lounge BAR LOUNGE
(☎850-236-3459 ; www.tootsies.net ; 700 S Pier Park Dr ; ⏲11h-3h). Tootsie's manque peut-être du caractère de sa grande sœur, le légendaire bastringue éponyme de Nashville, mais la country y résonne non-stop avec autant de gaieté. Ferme 30 minutes plus tôt environ en hiver.

Depuis/vers Panama City Beach

Le **Northwest Florida Beaches International Airport** (PFN ; ☎850-763-6751 ; www.iflybeaches.com ; 6300 W Bay Pkwy) est desservi par Delta et Southwest, qui assurent des vols quotidiens vers Atlanta, Baltimore, Houston, Nashville et St Louis.

Les bus Greyhound rallient de nombreuses destinations à travers le pays au départ de la gare routière **Greyhound** (☎850-785-6111 ; www.greyhound.com ; 917 Harrison Ave, Panama City), même s'il ne s'agit pas de l'endroit le plus accueillant de la ville.

Panama City Beach est à mi-chemin entre Tallahassee (209 km) et Pensacola (153 km). En voiture, la Hwy 98 qui longe la côte mène directement en ville ; depuis l'I-10, prenez soit la Hwy 231, soit la Hwy 79 vers le sud.

Comment circuler

Le **Bay Town Trolley** (www baytowntrolley.org) circule dans Panama City Beach. De nouveaux arrêts apparaissent régulièrement, mais la ligne ne fonctionne que du lundi au samedi de 6h à 19h. Un trajet coûte 1,50 $.

Classic Rentals (☎850-235-1519 www. classicrntlsinc.com ; 13226 Front Beach Rd ; location demi-journée scooter/moto 25/85 $; ⏲8h-17h) loue des scooters (demi-journée/journée 25/45 $) et d'anciennes Harley Davidson (demi-journée/journée 85/135 $).

La **Shell Island Shuttle** (☎850-233-0504 ; www.shellislandshuttle.com ; 4607 State Park Ln ; adulte/enfant 19/10 $; ⏲9h-17h) fait la navette entre Shell Island et le St Andrews State Park.

Cape San Blas et Port St Joe

☎850 / 3 450 HABITANTS

Le frêle Cape San Blas s'enroule autour de St Joseph Bay, à l'extrémité sud-ouest du renflement du Panhandle. Il s'élance du continent depuis Port St Joe et se termine par le somptueux St Joseph Peninsula State Park, une longue pointe de 16 km non construite.

De l'autre côté de la baie, dont les eaux calmes dépourvues de courant sont très propices à la baignade, la ville de **Port St Joe** était jadis surnommée Sin City (la ville du péché) en raison de ses casinos et de ses maisons closes. Sachez que c'est ici que l'on passe du fuseau horaire central à celui de l'est. Bien que Port St Joe soit située à l'ouest de certaines villes du fuseau central, la ville appartient au fuseau est.

La Constitution de Floride y fut ébauchée en 1838, mais la ville végéta, notamment en raison des ouragans et d'une épidémie de scarlatine. On peut aujourd'hui y visiter en une heure environ un petit quartier historique.

À voir et à faire

♥ T.H. Stone Memorial St Joseph Peninsula State Park PARC
(St Joseph Peninsula State Park ; ☎850-227-1327 ; www.floridastateparks.org/stjoseph ; 8899 Cape San Blas Rd ; véhicule 6 $; ⏲8h-crépuscule). Avec ses plages, ses forêts de pins, ses baies saumâtres et ses marais herbeux, ce parc est l'un des derniers sanctuaires de nature sauvage sur la côte du golfe. Les plages de sable fin s'étendent sur 1 018 ha le long de dunes ondoyantes et herbeuses bordant des sentiers sauvages. Cyclistes, joggeurs et adeptes du roller apprécient le Loggerhead Run Bike Path (du nom des tortues caouannes, *loggerhead* en anglais, qui peuplent l'île), une piste de 14 km menant au **Salinas Park** (280 Cape San Blas Rd ; ⏲aube-crépuscule ; P) GRATUIT.

Où se loger

T.H. Stone Memorial St Joseph Peninsula State Park Campgrounds CAMPING $
(☎850-227-1327 ; floridastateparks.reserveamerica.com ; 8899 Cape San Blas Rd ; empl tente/bungalow 24/100 $; P). Ce parc est l'un des sites de camping les plus prisés de la côte du Golfe. Ses 114 emplacements sont répartis sur deux terrains distincts. On peut y séjourner dans des bungalows en bois de style loft dotés de grands lits, d'où des allées mènent directement au bord de la mer, ou opter pour le camping sauvage, auquel cas il faut tout prévoir, eau et

réchaud compris. Attention, les bungalows sont complets des mois à l'avance.

Port Inn AUBERGE $
(850-229-7678 ; www.portinnfl.com ; 501 Monument Ave/Hwy 98, Port St Joe ; ch 99-140 $, ste à partir de 160 $;). Adresse particulièrement agréable où passer la nuit, Port Inn jouit d'une vue imprenable sur les couchers de soleil dans la baie. Un porche en bois pourvu de rocking-chairs court tout le long de cette ravissante auberge, dont les chambres avec vue sur la baie ont également l'attrait de tapis en sisal, de mobilier en osier et de sdb d'une propreté étincelante. Le Thirsty Goat, bar de l'établissement, baigne dans une atmosphère décontractée.

Où se restaurer

Sand Dollar Cafe AMÉRICAIN $
(850-227-4865 ; www.sanddollarcafepsj.com ; 301 Monument Avenue, Port St Joe ; assiettes petit-déj et déj 10-12 $; 7h-15h mer-lun ;). Venus de la Géorgie voisine, deux chefs primés sont venus s'installer dans cette petite ville du Panhandle pour ouvrir un restaurant. Le résultat ? Décor kitsch, hospitalité sans faille, prix doux et une cuisine du Sud revisitée, du pain de viande au chutney de tomates aux *mac 'n' cheese* 4 fromages et bacon.

Indian Pass Raw Bar POISSON ET FRUITS DE MER $$
(850-227-1670 ; www.indianpassrawbar.com ; 8391 Indian Pass Rd ; plats 10-17 $; 12h-21h mar-dim et mer-sam en janv ; P). Sur une portion champêtre de la 30A, non loin de Port St Joe, cette vieille bicoque en bois aux airs de comptoir abandonné abrite l'Indian Pass Raw Bar, vestige délabré des traditions ancestrales du Golfe. Le menu, affiché au-dessus du bar, est simple : huîtres (fraîches, à la vapeur ou gratinées au parmesan), pinces de crabe et quelques plats de crevettes.

Allez à la glacière vous chercher une bière (on vous fera confiance pour laisser votre écot) et prenez place, si vous y parvenez, à l'une des tables communes. Optez pour les huîtres – même si vous n'êtes pas très coquillages, vous serez surpris par la douceur de celles-ci –, récoltées chaque matin dans les eaux de la baie d'Apalachicola. Gardez une petite place pour la tarte au citron vert des Keys, en restant suffisamment léger pour vous aligner sous l'auvent et danser quand l'heure viendra. Avec un peu de chance, Jimmy sera en train d'allumer le barbecue pour y faire cuire sa spécialité, le "poulet ivre".

Depuis/vers Cape San Blas et Port St Joe

Port St Joe est à 39 km à l'ouest d'Apalachicola et à 113 km à l'est de Panama City Beach – par l'US 98 depuis ces deux villes. La State Road 30A est une route panoramique qui longe le littoral avant de rejoindre le parc d'État au sud de Port St Joe ; vous pouvez aussi l'emprunter pour rejoindre Apalachicola, ce que nous recommandons vivement.

Apalachicola

850 / 2 260 HABITANTS

Sa douceur, son indolence, ses rues bordées de chênes et de bâtisses historiques parfaitement préservées font de ce village baigné de soleil l'un des plus plaisants de la côte du Golfe. Des gens venus d'ailleurs s'y sont installés, retapant de vieilles maisons et ouvrant bons restaurants, bars et librairies. Les jolies rues invitent à la promenade, et attirent les visiteurs en quête d'une escapade romantique et d'une balade dans le quartier historique au coucher du soleil.

Réputée pour ses huîtres (de plus en plus difficiles à trouver), Apalachicola ressemble plus aujourd'hui à une destination touristique qu'à un village de pêcheurs. Cependant, les fruits de mer y sont toujours aussi frais et savoureux, il vous faudra simplement prendre avec le sourire l'esthétique nautique kitsch omniprésente.

À voir et à faire

Les principaux sites historiques sont répertoriés sur un guide-plan disponible gratuitement à la Chamber of Commerce (p. 480) et dans la plupart des B&B. L'artère principale est l'Avenue E, et le quartier historique, jalonné de jolies boutiques et de bons restaurants, se visite aisément à pied.

St Vincent Island RÉSERVE NATURELLE
(850-653-8808 ; www.fws.gov/saintvincent). À quelques minutes d'Apalachicola et uniquement accessible en bateau, St Vincent Island est une île totalement préservée. Ses dunes aux reflets nacrés révèlent des trésors géologiques vieux de 5 000 ans, tandis que ses pinèdes et ses marais abritent des espèces menacées comme le loup roux, la tortue marine, le pygargue à tête blanche et le faucon pèlerin. La pêche est autorisée

dans ses eaux, sauf pendant la période de nidification du pygargue à tête blanche (généralement en hiver). Si vous avez eu votre content des hauts immeubles et des foules en bikini des plages du golfe, c'est une destination parfaite pour une journée de randonnée et de solitude.

Une famille de loups roux, l'une des dernières populations sauvages de l'espèce, habite l'île. Ces loups au pelage de rouille peuplaient jadis les forêts et marais du nord-est de l'Amérique, mais l'espèce fut décimée par la chasse. Vous aurez peu de chance de les apercevoir (ils fuient la présence des hommes, et le personnel de la réserve fait tout son possible pour qu'ils continuent à le faire), mais vous verrez peut-être leurs traces sur le sable de la plage.

Pour rejoindre l'île, prenez la St Vincent Island Shuttle (p. 480), qui peut embarquer votre vélo (20 $) ou vous en louer un (25 $, traversée comprise). Horaires et réservations par téléphone ; départ avec un nombre minimum de passagers.

Le St Vincent National Wildlife Refuge Visitors Center (p. 480) est à quelques minutes de marche du centre d'Apalachicola, dans l'édifice historique Fry-Conter.

Apalachicola Maritime Museum MUSÉE
(850-653-2500 ; www.ammfl.org ; 103 Water St ; 10h-17h lun-sam ; P). GRATUIT Le petit musée maritime d'Apalachicola, posé sur la rive de l'Apalachicola River, retrace l'histoire de l'ostréiculture, de la pêche et de la construction navale du village, et jouxte un atelier où l'on peut apprendre les techniques traditionnelles de construction de bateaux. Le musée propose également des excursions sur la rivière et l'estuaire.

Trinity Episcopal Church ÉGLISE
(850-653-9550 ; www.trinityapalachicola.org ; 79 6th St). Cette belle église construite dans l'État de New York fut démontée pierre à pierre pour être acheminée par bateau le long de la côte atlantique avant d'être réassemblée ici en 1836.

John Gorrie State Museum MUSÉE
(850-653-9347 ; www.floridastateparks.org/johngorriemuseum ; 46 6th St ; 2 $; 9h-17h jeu-lun ; P). Ce minuscule musée, situé sur une très jolie place du village, célèbre l'un des plus illustres habitants d'Apalachicola, le Dr John Gorrie (1803-1855). Pour rafraîchir les patients lors d'une épidémie de fièvre jaune, il développa une machine à fabriquer de la glace. Mais il mourut dans la misère et la solitude sans avoir réussi à commercialiser son invention, laquelle allait conduire à la réfrigération et à la climatisation.

Circuits organisés

Maritime Museum Tours CIRCUIT ÉCOTOURISTIQUE
(850-653-2500 ; www.ammfl.org/tours-trips-classes ; 103 Water St ; excursions 15-50 $). L'Apalachicola Maritime Museum (voir ci-contre) organise de superbes excursions, dont une écovisite de l'estuaire (40 $) et une croisière sur le front de mer historique d'Apalachicola (15 $). Horaires et disponibilités variables selon la période : appelez le musée.

Backwater Guide Service BATEAU
(850-899-0063 ; www.backwaterguideservice.com ; sortie 200-350 $; sur rendez-vous). Propose des excursions en mer pour observer la flore (en particulier les saules pleureurs) et la faune, notamment les alligators et les échassiers, et organise des sorties collectives de pêche en mer où vous êtes assuré de repartir avec votre propre saumon rouge ou votre truite mouchetée.

Fêtes et festivals

Florida Seafood Festival GASTRONOMIE
(850-653-4720 ; www.floridaseafoodfestival.com ; début nov). Pour rester au sec, n'observez pas de trop près les concours d'ouverture d'huîtres et du plus gros mangeur d'huîtres, qui se tiennent sur 2 jours.

Où se loger

Water Street Hotel HÔTEL $$
(850-653-3700 ; www.waterstreethotel.com ; 329 Water St ; ch à partir de 169 $;). Ce délicieux hôtel avec marina, à une courte marche du centre, propose des suites au décor moderne mais de style classique, avec 1 ou 2 chambres, cuisines équipées, lits à baldaquin et superbes terrasses couvertes dominant l'Apalachicola River.

Riverwood Suites AUBERGE $$
(850-653-3848 ; www.riverwoodsuites.com ; 29 Ave F ; ch 139-169 $; P). Aménagées dans le "Baltimore Building", un vieil entrepôt de tôle, ces 4 chambres spacieuses ont du parquet, de superbes têtes de lit, des équipements modernes et un charme romantique indéniable. Un équilibre subtil entre cachet historique et confort moderne comme on en trouve peu dans le coin.

Apalachicola River Inn AUBERGE $$
(☎850-653-8139 ; www.apalachicolariverinn.com ; 123 Water St ; ch petit-déj inclus à partir de 179 $; 📶). Face à la baie d'Apalachicola, les pieds dans l'eau, cette auberge loue des chambres au charme rétro, dans des teintes pastel. Beaucoup ont vue sur les flots. Sur place, le restaurant Caroline's River Dining est l'un des meilleurs en ville pour le petit-déjeuner. Il est ouvert à tous et le petit-déjeuner est inclus si vous logez à l'auberge.

Coombs House Inn B&B $$
(☎888-244-8320, 850-653-9199 ; www.coombshouseinn.com ; 80 6th St ; ch 99-159 $; 📶). Cette superbe auberge victorienne aux murs jaunes datant de 1905 est embellie de lambris de cyprès noir, d'un escalier en chêne sculpté, de fenêtres à vitraux, de plafonds à caissons et de pas moins de 9 cheminées. Ses chambres tiennent également d'un fabuleux voyage dans le passé, rythmé de dégustations de vin vespérales dans la salle à manger et d'un véritable festin au petit-déjeuner.

Gibson Inn AUBERGE $$
(☎850-653-2191 ; www.gibsoninn.com ; 51 Ave C ; ch 140-185 $; 📶). Cette bâtisse en bois gris pâle de 1907 compte 30 chambres délicieusement désuètes, au parquet qui craque, et meublées de hauts lits à l'ancienne. Celles du 1er étage donnent sur l'immense véranda. La 309 serait hantée !

Où se restaurer

Bite Me Deli SANDWICHS $
(☎850-653-3354 ; 146 Ave E ; sandwichs 6-9 $; ⏲11h-15h30 lun-ven ; P 🖉 👪). Apalachicola ne manque pas de restaurants, mais mériterait bien une ou deux sandwicheries de plus. Heureusement qu'il y a Bite Me Deli, avec ses tacos de poisson, ses wraps à l'agneau, ses burgers et autres sandwichs, ainsi que des soupes et des salades.

♥ **Up the Creek Raw Bar** POISSON ET FRUITS DE MER $$
(☎850-653-2525 ; www.upthecreekrawbar.com ; 313 Water St ; plats 7-20 $; ⏲12h-21h ; 👪). Si vous êtes à Apalachicola pour les huîtres, c'est ici que ça se passe ! On les trouve préparées de multiples façons mais nous aimons tout particulièrement la version "*classic*" : légèrement cuites et accompagnées de fromage Colby-Jack, de piments émincés et de bacon. À déguster devant une vue sublime sur l'estuaire et les marais salés. Commandez au comptoir et installez-vous sur un banc sous la verrière ou sur le porche. L'établissement propose aussi de bons burgers et des salades. Le compromis idéal entre cuisine réussie, belle vue et bière bien fraîche.

Owl Cafe & Tap Room AMÉRICAIN MODERNE $$
(☎850-653-9888 ; www.owlcafeflorida.com ; 15 Ave D ; plats 10-28 $; ⏲11h-15h et 17h30-22h lun-sam, 10h30-15h dim ; 📶). Cette institution locale a de quoi séduire tout type de clientèle, avec son bistrot gastronomique à l'étage et, au rez-de-chaussée, un bar à vins, des bières artisanales et pression. On trouve au menu aussi bien des fruits de mer que des pâtes végétariennes, du filet mignon, du poulet marsala. Brunch fabuleux.

Tamara's Café Floridita SUD-AMÉRICAIN $$$
(☎850-653-4111 ; www.tamarascafe.com ; 17 Ave E ; plats 16-34 $; ⏲8h30-22h mar-dim). Au cœur de la ville, cette table prisée est tenue par Tamara, native du Venezuela. Celle-ci ajoute des épices de son pays aux côtelettes de porc grillées aux crevettes ou aux pétoncles à la sauce tomate. Son poulet *margarita*, avec pétoncles, miel, tequila et citron, est très original.

Où prendre un verre et faire la fête

Bowery Station BAR
(☎850-653-2211 ; www.bowerystation.us ; 131 Commerce St ; ⏲14h-21h mer-dim). Bowery Station, c'est le bar de pêcheurs floridien par excellence : étagères poussiéreuses, cirés aux murs et clients aux airs de chanteurs de ZZ Top en tenues de marin et grosses lunettes de soleil. Musique live le soir et bière fraîche à toute heure.

Oyster City Brewing Company MICROBRASSERIE
(☎850-653-2739 ; www.oystercitybrewingco.com ; 17 Ave D ; ⏲dégustations 12h-19h lun-jeu, 12h-20h ven, 12h-17h dim). Visitez cette microbrasserie dynamique avant de déguster ses 3 excellentes bières en goûtant les huîtres auxquelles le nom de la brasserie rend hommage. La belle vie !

Achats

Richard Bickel Photography ART
(☎850-653-2828 ; www.richardbickelphotography.com ; 81 Market St ; ⏲11h-16h mar-sam).

Photographe de renom, Bickel a travaillé pour *The New York Times*, *Newsweek*, *Die Zeit* et *The Times*, entre autres. Il chérit tout particulièrement les paysages marins, et s'est donc naturellement installé ici, où il gère une galerie présentant ses superbes tirages.

Downtown Books & Purl LIBRAIRIE
(☎850-653-1290 ; www.downtownbooksandpurl.com ; 67 Commerce St ; ⏲10h-17h30 lun-sam, 10h-16h dim). Plus rien à lire ? À court de laine pour votre tricot ? Cela tombe bien, cette charmante librairie indépendante vend non seulement des livres, mais aussi tout ce qu'il faut pour tricoter. On y trouve d'excellents ouvrages d'auteurs locaux, dont des recueils sur le folklore du Panhandle et d'amusants guides de voyage (au cas où le nôtre ne vous suffirait pas).

Tin Shed ANTIQUITÉS
(☎850-653-3635 ; www.thetinshednautical.com ; 170 Water St ; ⏲10h-17h). Un vaste lieu qui porte bien son nom, tout en tôle ondulée (*tin*, en anglais) et décoré de fanions et de bouées de sauvetage peintes de couleurs vives. À l'intérieur, un incroyable bric-à-brac de souvenirs et d'objets maritimes, à en perdre la notion du temps.

Renseignements

Apalachicola Bay Chamber of Commerce (☎850-653-9419 ; www.apalachicolabay.org ; 122 Commerce St ; ⏲9h-17h lun-ven). Quantités d'infos touristiques sur les huîtres, le centre-ville, les huîtres encore, ainsi que des plans du village, des conseils, et avons-nous mentionné les infos sur les huîtres ?

St Vincent National Wildlife Refuge Visitors Center (☎850-653-8808 ; www.fws.gov/saintvincent ; 96 5th St ; ⏲10h-15h30 lun-jeu). Centre d'informations pour les visiteurs du St Vincent National Wildlife Refuge, situé dans l'édifice historique Fry-Conter.

Depuis/vers Apalachicola

La Hwy 98 (qui devient Market St) mène en ville d'où que l'on vienne. Le centre se parcourt aisément (et agréablement) à pied, mais il faut une voiture sitôt que l'on souhaite s'en éloigner.

Pour rejoindre St Vincent Island, prenez la **St Vincent Island Shuttle** (☎850-229-1065 ; www.stvincentisland.com ; 690 Indian Pass Rd, Port St Joe ; adulte/enfant 10/7 $) à Port St Joe. Vous pouvez embarquer avec un vélo (20 $), ou en louer un à bord (25 $, traversée comprise). Horaires et réservations par téléphone.

St George Island

☎850 / 300 HABITANTS

Longue de 45 km, cette île-barrière de plages de sable blanc, de forêts sur la baie et de marais salés, ponctuée d'une poignée de maisons de vacances et d'immeubles résidentiels, est un endroit de rêve pour ramasser des coquillages, faire du kayak, de la voile, se baigner, ou simplement s'extasier devant tant de beauté. Chaque rue de l'île débouche sur une plage publique, où les possibilités de stationnement ne manquent généralement pas.

Mais la vedette de l'île est sans conteste le St George Island State Park et ses paysages côtiers d'une beauté sauvage composés de dunes et de marais. Un monde à part, à seulement quelques kilomètres des maisons de vacances.

À voir et à faire

♥ **St George Island State Park** PARC
(☎850-927-2111 ; www.floridastateparks.org/stgeorgeisland ; 1900 E Gulf Beach Dr ; véhicule 6 $; ⏲8h-crépuscule ; P). Voici la zone la plus sauvage de l'île, soit 14 km de plages et de dunes superbes qui forment ce parc parfaitement préservé. Le sentier découverte, d'un peu plus de 3 km, recèle des occasions exceptionnelles d'observation des oiseaux. Dans tout le parc, des promenades en bois conduisent à des plages dont les eaux peu profondes se prêtent idéalement à la pratique du canoë et du kayak, ou à la pêche à la sole ou au merlan. On peut observer des tortues caouannes à partir du mois de mai, lorsqu'elles viennent creuser leur nid et pondre sur le rivage, donnant naissance à des juvéniles qui courent se jeter dans le golfe. On peut camper dans le parc (24 $) sur l'un des 60 emplacements avec électricité, ou sur les sites plus sauvages de Gap Point, accessibles par bateau ou par un sentier de 4 km.

Apalachicola National Estuarine Research Reserve RÉSERVE NATURELLE
(☎850-670-7700 ; www.dep.state.fl.us/coastal/sites/apalachicola ; 108 Island Dr, Eastpoint ; ⏲9h-16h mar-sam). À Eastpoint, juste après le pont à la sortie d'Apalachicola, cette réserve accorde aux visiteurs un bel aperçu de son périmètre de recherche, lequel couvre 100 000 ha dans Apalachicola Bay, et comporte des aquariums géants recréant différents habitats. Une passerelle de 800 m

conduit à la rivière, où l'on peut utiliser gratuitement un télescope sur une tourelle.

St George Lighthouse PHARE
(☎850-927-7745 ; www.stgeorgelight.org ; 2B East Gulf Beach Dr ; adulte/enfant 5/3 $; ⊙10h-17h lun-mer, ven et sam, 12h-17h dim ; P). À la sortie du pont qui mène sur l'île, ce beau phare de 1858 fut reconstruit en 2008 après s'être effondré dans la mer en 2005, rongé par l'érosion. Au sommet de ses 92 marches, la vue sur l'océan est magnifique.

Island Adventures VÉLO
(☎850-927-3655 ; www.sgiadventures.com ; 105 E Gulf Beach Dr ; vélo à partir de 15 $/jour ; ⊙10h-17h). Bien pratique, ce grand magasin loue vélos, fauteuils roulants adaptés au sable, chaises pliantes et autres équipements de plage.

Circuits organisés

Journeys CROISIÈRES
(☎850-927-3259 ; www.sgislandjourneys.com ; 240 E 3rd St ; excursion kayak/bateau à partir de 40/250 $; ⊙9h-17h lun-sam). Cette agence propose des sorties en bateau et en kayak et loue également kayaks (à partir de 50 $ / jour), bateaux pontons (300 $/jour) et catamarans (300 $/jour), qui permettent tous de rejoindre le Cape St George.

Où se loger

Il y a étonnamment peu de solutions d'hébergement. La plupart des visiteurs louent des cottages allant de l'humble cabane de plage à la demeure de plusieurs étages : adressez-vous à www.resortvacationproperties.com.

St George Inn AUBERGE $
(☎850-927-2903 ; www.stgeorgeinn.com ; 135 Franklin Blvd ; ch à partir de 115-245 $; 📶🐾). Parmi les quelques bâtiments historiques de cette île bordée de nouvelles résidences hôtelières, cette vaste auberge couverte de bardeaux loue de douillettes chambres parquetées. On trouvera dans les différents espaces de repos des livres lus et relus. Certaines des chambres les plus chères sont dotées d'un Jacuzzi et et d'une cuisine, ce qui ne suffit pas à justifier leurs tarifs.

Buccaneer Inn MOTEL $
(☎800-847-2091 ; www.buccinn.com ; 160 W Gorrie Dr ; ch à 60-140 $; P📶🐾). En bordure du golfe, les chambres de ce motel de base (moquette verte, murs de parpaing peints) sont propres, lumineuses et très spacieuses ; certaines ont une kitchenette.

Où se restaurer

Blue Parrot Oceanfront Café PRODUITS DE LA MER, AMÉRICAIN $$
(☎850-927-2987 ; www.blueparrotcafe.net ; 68 W Gorrie Dr ; plats 9-26 $; ⊙11h-21h ; 👪🐾). À l'arrière de ce café-bar lumineux et décontracté face au golfe, les gens du coin sirotent des Rum Runners et dégustent de généreux *po' boys*, sandwichs au poisson et burgers.

Depuis/vers St George Island

Depuis la localité d'Eastpoint, sur la Hwy 98, à 11 km à l'est d'Apalachicola, suivez la digue de 6,5 km menant à l'île jusqu'à Gulf Beach Drive (aussi appelé Front Beach Drive) situé tout au bout. En prenant à gauche, vous rejoindrez le parc ; en prenant à droite, vous irez en direction de Government Cut, qui délimite Little St George Island.

BIG BEND

Dans le creux du "L"inversé que forme la Floride se nichent la capitale de l'État et la région délaissée des touristes qu'on appelle le Big Bend, caractérisée par ses pinèdes et ses cours d'eau douce venant se mêler depuis le Panhandle aux eaux salées des marais et des minces plages du littoral. Bordée par les basses îles du golfe et en lisière de l'Apalachicola National, la région est ponctuée de villages et de ports de pêche où les bars de bikers sont légion.

Tallahassee

☎850 / 187 000 HABITANTS

Nichée au creux de petits vallons, la capitale de la Floride, avec ses rues arborées, baigne dans une atmosphère évoquant davantage le Sud profond que le reste de l'État qu'elle gouverne. Tallahassee est d'ailleurs géographiquement plus proche d'Atlanta, en Géorgie, que de Miami.

Malgré son statut de capitale d'État et la présence de deux grandes universités (l'université de l'État de Floride et la Florida Agricultural & Mechanical University), une indolence typique du Sud règne sur la ville, qui comprend néanmoins quelques musées intéressants et des attractions excentrées qui séduiront les passionnés d'histoire et de nature et peuvent facilement retenir les visiteurs un jour ou deux.

À voir

Tallahassee Museum of History & Natural Science MUSÉE

(carte ci-contre ; 850-575-8684 ; www.tallahasseemuseum.org ; 3945 Museum Rd ; adulte/enfant 11,50/8,50 $; 9h-17h lun-sam, 11h-17h dim ; P). Sur 26 ha de jardins paysagers impeccables et d'espaces sauvages en lisière de Tallahassee, près de l'aéroport, ce formidable Muséum d'histoire naturelle propose des expositions sur la faune et la flore de Floride (avec des spécimens vivants dont une panthère de Floride et un loup roux, tous deux rarissimes) qui font le bonheur des visiteurs depuis plus de 50 ans. N'oubliez pas d'aller voir les loutres ou d'essayer la tyrolienne au-dessus de la canopée du Tree to Tree Adventures – différents parcours sont possibles, à partir de 25 $.

Museum of Fine Arts MUSÉE

(carte p. 485 ; 850-644-6836 ; mofa.fsu.edu ; 530 W Call St ; 9h-16h lun-ven tte l'année, 13h-16h sam-dim sept-avr ; P). GRATUIT L'université de l'État de Floride possède son propre musée des Beaux-Arts, où l'on découvre des expositions temporaires allant d'artistes de renommée mondiale à des œuvres d'étudiants diplômés de l'université d'art.

Mission San Luis SITE HISTORIQUE

(carte ci-contre ; 850-245-6406 ; www.missionsanluis.org ; 2100 W Tennessee St ; adulte/enfant 5/2 $; 10h-16h mar-dim ; P). Occupant un domaine de 24 ha, cette mission du XVIIe siècle accueillait jadis colons espagnols et Amérindiens des Appalaches. Le site a été superbement restauré, notamment l'imposante "maison du conseil". Les visites (comprises dans le prix de l'entrée) offrent un aperçu fascinant de la vie il y a 300 ans, avec comédiens en costume pour le plus grand bonheur des historiens en herbe.

Meek-Eaton Black Archives MUSÉE

(Southeastern Regional Black Archives Research Center et Museum ; carte ci-contre ; 850-599-3020 ; www.famu.edu/BlackArchives ; 445 Gamble St ; 9h-17h lun-ven ; P). GRATUIT Le Southeastern Regional Black Archives Research Center & Museum est une institution pionnière dans la recherche sur l'influence des Afro-Américains sur l'histoire et la culture des États-Unis. Aujourd'hui connu sous le nom de Meek-Eaton Black Archives, le centre de recherche et musée abrite l'une des plus vastes collections d'artéfacts africains et afro-américains du pays, ainsi que d'innombrables documents, photographies et peintures illustrant la vie des Noirs en Amérique. Le complexe se trouve sur le campus de la Florida Agricultural & Mechanical University (FAMU).

La FAMU (prononcez fam-you) fut fondée en 1887 sous le nom de State Normal College for Colored Students (École normale pour étudiants de couleur) et dénombrait à l'époque 15 étudiants et deux enseignants. Aujourd'hui, elle accueille environ 10 000 étudiants de toutes origines.

Tallahassee Automobile & Collectibles Museum MUSÉE

(850-942-0137 ; www.tacm.com ; 6800 Mahan Dr ; adulte/étudiant/-10 ans 16/12/8 $; 8h-17h lun-ven, 10h-17h sam, 12h-17h dim ; P). Vous aimez les voitures ? Bienvenue au paradis ! Les 130 automobiles anciennes provenant du monde entier de cette superbe collection sont magnifiquement conservées. Ajoutez-y des expositions de bateaux, de motos, de livres, de pianos et de souvenirs sportifs et vous aurez de quoi vous occuper une journée entière. Ce musée est à environ 13 km au nord-est du centre-ville, près de l'I-10.

Florida State University UNIVERSITÉ

(FSU ; carte ci-contre ; 850-644-2882 ; www.fsu.edu ; Hendry St ; P). GRATUIT Comptant plus de 35 000 étudiants de premier et deuxième cycles, l'université de l'État de Floride est spécialisée dans les sciences, l'informatique, les arts de la scène et le football américain. De septembre à avril, des visites gratuites du campus sont organisées du lundi au vendredi, et partent du bureau des **Visitor Services** (850-644-3246 ; 100 S Woodward Ave). Horaires par téléphone.

Museum of Florida History MUSÉE

(carte p. 485 ; 850-245-6400 ; www.museumoffloridahistory.com ; 500 S Bronough St ; 9h-16h30 lun-ven, 10h-16h30 sam, 12h-16h30 dim ;). GRATUIT Ce musée réunit un squelette de mammouth et de belles collections évoquant aussi bien les Paléo-Indiens qui vivaient dans la région, que la guerre de Sécession, les naufrages espagnols de l'Atlantique ou l'essor du tourisme "*tin-can*" (littéralement boîte de conserve, pour désigner les vacanciers de la classe moyenne).

Tallahassee

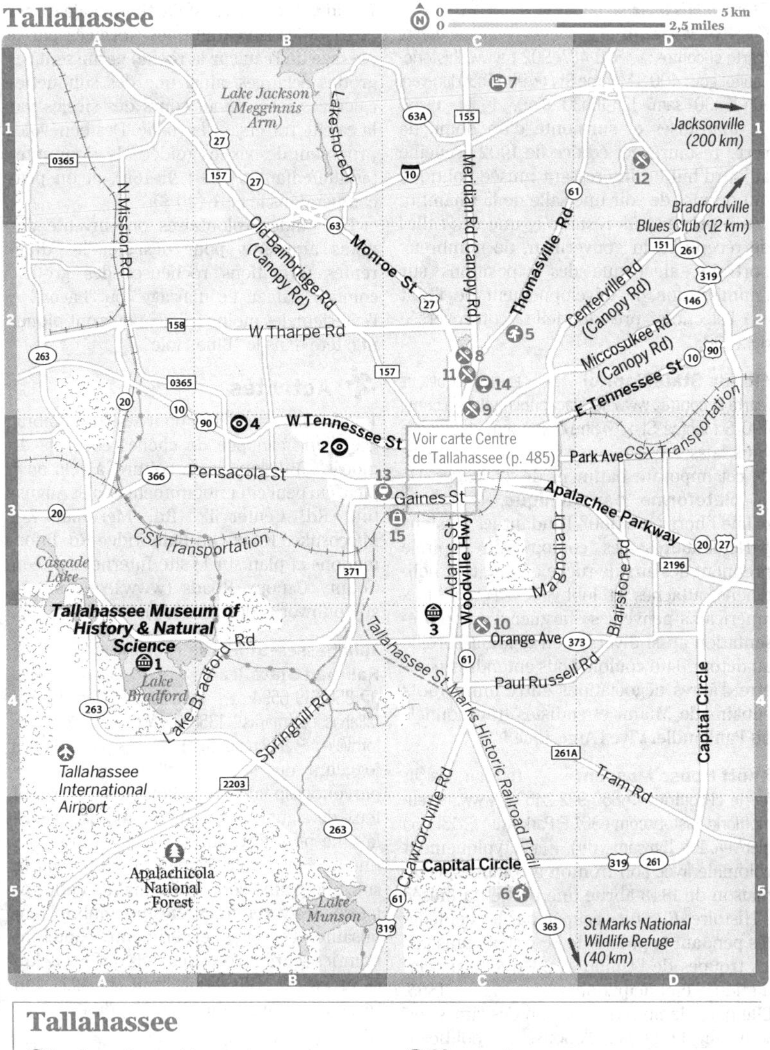

Tallahassee

Les incontournables

1 Tallahassee Museum of History & Natural Science A4

À voir

2 Florida State University B3
3 Meek-Eaton Black Archives C4
4 Mission San Luis B3

Activités

5 Great Bicycle Shop C2
6 Munson Hills Loop C5

Où se loger

7 Little English Guesthouse C1

Où se restaurer

8 Bella Bella C2
9 Kool Beanz Café C2
10 Mr B's Real Grill BBQ C4
11 Paisley Cafe C2
12 Reangthai D1

Où prendre un verre et faire la fête

13 Madison Social B3
14 Waterworks C2

Achats

15 Railroad Square Art Park C3

Florida Historic Capitol Museum MUSÉE
(carte ci-contre ; ☎850-487-1902 ; www.flhistoriccapitol.gov ; 400 S Monroe St ; ⏱9h-16h30 lun-ven, 10h-16h30 sam, 12h-16h30 dim). GRATUIT Orné de marquises et surmonté d'un dôme de verre restauré, cet édifice de 1902 accueille aujourd'hui un intéressant musée politique qui permet de voir une salle de la Chambre des représentants restaurée, une des salles de réception du gouverneur, de nombreux portraits, ainsi que des expositions sur l'immigration, le développement de l'État et l'élection présidentielle controversée de 2000.

Florida State Capitol ÉDIFICE HISTORIQUE
(carte ci-contre ; www.floridacapitol.myflorida.com ; 400 S Monroe St ; ⏱8h-17h lun-ven). GRATUIT Ne vous laissez pas rebuter par l'allure sinistre de cet imposant bâtiment de 22 étages. De la **plateforme panoramique**, le regard balaie l'horizon à 360°. Pendant les sessions parlementaires, les couloirs du capitole prennent des airs de ruche où s'agitent politiciens, attachés et lobbyistes. Peu d'États américains peuvent se targuer d'une représentation aussi diverse : en tendant l'oreille au détour d'un couloir, vous entendrez peut-être d'âpres négociations entre immigrants cubains de Miami et sudistes traditionnels du Panhandle. Vive l'Amérique !

Knott House Museum ÉDIFICE HISTORIQUE
(carte ci-contre ; ☎850-922-2459 ; www.museumoffloridahistory.com ; 301 E Park Ave ; ⏱13h-15h mer-ven, 10h-15h sam ; P). GRATUIT Typiquement coloniale avec son fronton à colonnes, cette maison de 1843 abrite une partie du musée d'Histoire. Elle fut occupée par les confédérés pendant la guerre de Sécession, puis par les troupes de l'Union avant que la proclamation d'émancipation y soit lue en 1865. Elle porte le nom de "maison des rimes" en souvenir de Luella, l'épouse du politicien William V. Knott (propriétaire de la maison dès 1928), qui avait pour habitude de punaiser ses poèmes un peu partout. Visites guidées gratuites à heure fixe.

Florida Caverns State Park PARC
(☎850-482-9598 ; www.floridastateparks.org/floridacaverns ; 3345 Caverns Rd, Marianna ; 5 $/véhicule ; ⏱8h-crépuscule ; 👪). À un peu plus d'une heure de route de Tallahassee et de Panama City par la Hwy 166 s'étendent sur les rives de la Chipola River les 525 ha du Florida Caverns State Park, qui recèle des **grottes** fascinantes typiques de la Floride. D'étranges stalactites, stalagmites et cascades stalagmitiques (formées par le passage de l'eau sur la roche) garnissent ces grottes éclairées, ainsi que des silhouettes calcifiées formées au cours des siècles par la calcite traversant la roche. Des bénévoles proposent des visites guidées de 45 minutes (adulte/enfant 8/5 $; 9h-16h), et on peut camper dans le parc (20 $).

Les guides volontaires ont inventé des noms amusants pour désigner les différentes formations rocheuses des grottes, comme "gâteau de mariage" ou "bacon". À l'extérieur, les moins frileux pourront piquer une tête dans le "Blue Hole".

Activités

Tallahassee est célèbre pour ses rues ombragée d'une canopée de chênes couverts de mousse, à découvrir en voiture, à vélo ou à pied. On peut citer notamment Old St Augustine Rd, Centerville Rd, Meridian Rd, Miccosukee Rd et Old Bainbridge Rd. Informations et plan sur le site Internet de Leon County Canopy Roads (www.leoncountyfl.gov/pubworks/oper/canopy).

Tallahassee-St Marks Historic Railroad State Trail VÉLO
(☎850-519-6594 ; www.floridastateparks.org/tallahasseestmarks ; 1358 Old Woodville Rd, Crawfordville ; ⏱8h-crépuscule). GRATUIT Paradis des joggeurs, des skateurs et des cyclistes, ce parcours asphalté de 25 km, sans voitures ni feux de signalisation, mène au sud jusqu'à la ville portuaire de St Marks. L'itinéraire, une ancienne voie ferrée facile à parcourir, suit une plaine côtière. En maints endroits, les chênes verts procurent une ombre bienfaisante. Les plus expérimentés opteront pour les sentiers forestiers tels que les 12 km escarpés du Hills Loop Trail (p. 492), qui serpente à travers dunes et pinèdes.

Great Bicycle Shop VÉLO
(carte p. 483 ; ☎850-224-7461 ; www.greatbicycle.com ; 1909 Thomasville Rd ; ⏱10h-18h lun-ven, 10h-17h sam, 12h-16h dim). Ce loueur professionnel vous procurera un vélo pour parcourir les nombreuses pistes cyclables. À partir de 35 $ la journée.

Où se loger

À quelques charmantes exceptions près, les hôtels de Tallahassee sont généralement des établissements de chaînes de catégorie moyenne, agglutinés aux sorties de l'I-10 ou le long de Monroe St, entre l'I-10 et le

Centre de Tallahassee

Centre de Tallahassee

À voir

1 Florida Historic Capitol Museum C4
2 Florida State Capitol C4
3 Knott House Museum D3
4 Museum of Fine Arts A2
5 Museum of Florida History B4

Où se loger

6 aloft Tallahassee Downtown C2
7 Four Points Tallahassee Downtown B1
8 Governor's Inn C3
9 Hotel Duval D1

Où se restaurer

10 Andrew's C3
11 China Delight C1
12 Cypress D1

Où prendre un verre et faire la fête

13 Fermentation Lounge B5

VAUT LE DÉTOUR

ST MARKS NATIONAL WILDLIFE REFUGE

À environ 15,5 km au sud-est de Tallahassee, le **St Marks National Wildlife Refuge** (☎850-925-6121 ; www.fws.gov/refuge/St_Marks ; 1255 Lighthouse Rd, St Marks ; ⊙8h-crépuscule ; P) GRATUIT a été fondé en 1931 pour offrir un habitat hivernal aux oiseaux migrateurs. Il couvre pas moins de 70 000 km² et sa lisière côtière comprend environ 69 km de côte le long du golfe. Les marais, rivières, estuaires et îles du parc accueillent une flore variée où les espèces animales pullulent. Ses magnifiques contrastes entre terre, ciel et mer sont un rêve pour les photographes animaliers.

Pensez à commencer votre visite par le centre des visiteurs pour vous renseigner sur les multiples sentiers de balade et de randonnée du parc et sur les nombreuses espèces animales qui y vivent. Si vous n'avez que le temps d'une brève visite, suivez Lighthouse Rd jusqu'à la côte pour admirer le **phare** le plus photographié de Floride, achevé en 1842 et toujours en service.

centre-ville. Mieux vaut réserver longtemps à l'avance si vous venez durant l'époque des sessions parlementaires et des matchs de football, périodes où les tarifs s'envolent.

Little English Guesthouse B&B $$
(carte p. 483 ; ☎850-907-9777 ; www.littleenglishguesthouse.com ; 737 Timberlane Rd ; ch à partir de 99 $; ❄📶). Dans un quartier résidentiel paisible à 20 minutes du centre de Tallahassee, Tracey, une Londonienne, a transformé sa maison en un douillet B&B de trois chambres. Un sympathique golden retriever se joint à l'accueil.

Aloft Tallahassee Downtown HÔTEL $$
(carte p. 485 ; ☎850-513-0313 ; www.alofttallahassee.com ; 200 N Monroe St ; ch 115-230 $; P📶). Cet hôtel de la chaîne réputée Aloft propose des chambres originales et fonctionnelles en plein centre-ville. Les salles de bains, équipées de miroirs jusqu'au plafond, ont plus d'espace qu'il n'en faut pour se maquiller. Les lits sont ultraconfortables et l'accès Internet haut débit est inclus dans le prix.

Four Points Tallahassee Downtown HÔTEL $$
(carte p. 485 ; ☎850-422-0071 ; www.fourpointstallahasseedowntown.com ; 316 W Tennessee St ; d à partir de 161 $; P📶🏊). Cet hôtel confortable et central aux allures de gros cigare bleu propose des remises, en ligne, en cas de paiement à l'avance. L'accent est mis sur le service et l'élégance, les chambres sont dotées de baies vitrées et la plupart ont l'attrait d'une belle vue sur le quartier. On peut paresser l'après-midi à l'agréable espace piscine.

Hotel Duval HÔTEL $$$
(carte p. 485 ; ☎850-224-6000 ; www.hotelduval.com ; 415 N Monroe St ; ch 184-309 $; P📶). Ce rutilant hôtel ultramoderne de 117 chambres offre tout le confort possible, en plein centre-ville. Le décor est branché sans en faire trop, ce qui est rare pour un établissement misant sur le design. Le bar-lounge sur le toit est ouvert jusqu'à 2h la plupart des nuits.

Governor's Inn HÔTEL $$$
(carte p. 485 ; ☎850-681-6855 ; www.thegovinn.com ; 209 S Adams St ; ch 240-309 $; P❄📶). Sise dans un emplacement exceptionnel au centre-ville, cette auberge chaleureuse et accueillante dispose de chambres très variées – la chambre pour une personne aux suites loft en duplex – et organise une "*cocktail hour*" tous les jours. Si le hall et la salle commune arborent un chic à l'ancienne, les chambres font vieillottes.

Où se restaurer

Mr B's Real Grill BBQ BARBECUE $
(carte p. 483 ; ☎850-541-4474 ; 312 E Orange Ave ; ⊙11h-20h jeu-sam ; P). Cette petite échoppe orange du sud de Tallahassee sert de succulentes viandes fumées au barbecue (travers et côtelettes de porc, avec accompagnements), à emporter ou à savourer sur place aux tables de pique-nique.

Paisley Cafe CAFÉ $
(carte p. 483 ; ☎850-385-7268 ; www.thepaisleycafe.com ; 1123 Thomasville Rd ; plats 12-18 $; ⊙11h-14h30 lun-jeu, 11h-15h ven, 10h-15h sam-dim ; 📶). Ce merveilleux café du centre sert de délicieux sandwichs, des salades et des desserts à tomber – vous oublierez bien vite le nom ridicule du *slutty brownie* ("sexy brownie") une fois qu'il fondra en bouche.

Kool Beanz Café FUSION $$

(carte p 483 ; ☎850-224-2466 ; www.koolbeanz-cafe.com ; 921 Thomasville Rd ; plats 17-24 $; ⏰11h-22h lun-ven, 17h30-22h sam, 10h30-14h dim ; P ✍ ♿). Une ambiance simple et chaleureuse, et une grande créativité. Le menu qui change chaque jour affichera certainement des assiettes de houmous, des Saint-Jacques sautées aux épices et du magret de canard en sauce aux myrtilles et gingembre.

Reangthai THAÏLANDAIS $$

(carte p 483 ; ☎850-386-7898 ; www.reangthai.com ; 2740 Capital Circle NE ; plats 13-25 $; ⏰17h-22h lun, 12h-14h et 17h-22h mar-sam, 12h-14h et 17h-20h dim ; P ✍). Élégant bien que sis dans un centre commercial, le Reangthai sert des plats épicés et forts en sauce de poisson qui explosent en bouche. Une authentique cuisine thaï comme peu de restaurants en préparent. Vaut le déplacement.

Andrew's AMÉRICAIN $$

(carte p. 485 ; ☎850-222-3444 ; www.andrewsdowntown.com ; 228 S Adams St ; plats rdc 12-25 $, étage 18-44 $; ⏰rdc 11h30-22h, étage 18h-22h lun-sam). L'endroit où l'on va pour voir et être vu, comme les politiciens dont c'est le repaire. Au rez-de-chaussée, le Capital Grill & Bar sert des burgers et des bières en salle ou en terrasse, dans une ambiance toujours conviviale à mi-chemin entre restaurant familial et bar d'étudiants. À l'étage, l'Andrew's 228 propose une cuisine créative mêlant recettes toscanes et influences du Sud (pâtes au pesto de noix de pécan, par exemple), dans un cadre haut de gamme.

Bella Bella ITALIEN $$

(carte p. 483 ; ☎850-412-1114 ; www.thebellabella.com ; 123 E 5th Ave ; plats 14-19 $; ⏰11h-22h lun-ven, 16h-22h sam ; P). Cuisine italienne authentique dans un cadre contemporain. Goûtez une bruschetta et des champignons farcis, puis passez aux pâtes à la crème, aux scampis ou au poulet à la parmesane.

China Delight CHINOIS $$

(carte p. 485 ; ☎850-222-8898 ; www.chinadelighttallahassee.com ; 220 W Tennessee St ; plats 7-26 $; ⏰11h-21h30 lun-sam ; P). Si vous avez eu votre content de cuisine sudiste et de produits de la mer, peut-être apprécierez-vous ce restaurant chinois du centre-ville. Les prix y sont raisonnables, les portions généreuses et les grands classiques sont là : le meilleur canard laqué de la ville, du bœuf aux brocolis, des pâtés impériaux bien garnis et du tofu *ma po*.

Cypress AMÉRICAIN MODERNE $$$

(carte p. 485 ; ☎850-513-1100 ; www.cypressrestaurant.com ; 320 E Tennessee St ; plats 21-36 $; ⏰17h-22h lun-sam ; P ✍). Ce restaurant sans prétention est tenu par le chef local David Gwynn, dont la cuisine du Sud dépasse toutes les attentes. Commencez par une salade œuf poché et choux de Bruxelles rôtis avant de vous attaquer aux classiques : poitrine de porc et caille en croûte de noix de pécan, ou encore crevettes au gruau et jus bourbon-orange-thym.

Où prendre un verre et faire la fête

C'est aux abords de Tennessee St, entre Copeland St et Dewey St, que les bars sont le plus sympathiques. Le centre-ville compte aussi quelques bonnes options. Le site www.morethanyouthought.com donne la liste exhaustive des manifestations culturelles (conférences, expositions...).

Waterworks BAR

(carte p. 483 ; ☎850-224-1887 ; 1133 Thomasville Rd ; ⏰11h30-2h mar-ven, 14h-2h sam, 19h-2h dim, 17h-2h lun). Cet établissement du centre, prisé des gays comme des hétéros, possède un bar à l'hawaïenne et est plein à craquer lors des soirées concerts jazz et salsa ou des sessions DJ.

Madison Social PUB

(carte p. 483 ; ☎850-894-6276 ; www.madisonsocial.com ; 705 South Woodward Ave ; plats 9-20 $; ⏰11h30-2h dim-jeu, 10h-2am ven-sam ; 📶). Si la mode est à la reconversion d'anciens garages en bars branchés, cet établissement à la mode a fait plus simple : il a été conçu comme un garage. Une clientèle jeune et branchée de locaux et d'étudiants s'y presse pour boire un verre à l'excellent bar et aux tables de pique-nique pour regarder le soleil se coucher sur le stade de football US Doak Campbell, plus grande structure de brique de tout le pays.

Fermentation Lounge BAR

(carte p. 485 ; ☎850-727-4033 ; www.fermentationlounge.com ; 113 All Saints St ; ⏰17h-1h). Coincé entre les universités, ce petit bar à l'ambiance dynamique et informelle attire une clientèle issue de milieux très divers et, surtout, propose des bières artisanales d'élite et des en-cas savoureux.

Où sortir

Bradfordville Blues Club MUSIQUE LIVE

(☎850-906-0766 ; www.bradfordvilleblues.com ; 7152 Moses Lane, depuis Bradfordville Rd ; billets 15-35 $; ⏲à partir de 22h ven-sam). Au bout d'un chemin de terre, vous atteindrez une cour éclairée par un grand feu de camp et des torches sous les chênes. À l'intérieur, ce chaleureux club caché accueille d'excellents bluesmen de rang national. Également ouvert le jeudi à partir de 20h30 ; consultez le site Internet.

Achats

Railroad Square Art Park ART ET ARTISANAT

(carte p. 483 ; ☎850-224-1308 ; www.railroadssquare.com ; 567 Industrial Dr ; ⏲horaires variables). Cet ensemble d'ateliers, de boutiques, de cafés et de galeries d'art indépendantes organise chaque premier vendredi du mois de festives "tournées des galeries". Horaires variables selon les commerces.

Renseignements

Florida Welcome Center (carte p. 485 ; ☎850-488-6167 ; www.visitflorida.com ; angle Pensacola St et Duval St ; ⏲8h-17h lun-ven). Dans le nouveau Capitole, une source d'informations incontournable.

Leon County Welcome Center (carte p. 485 ; ☎850-606-2305 ; www.facebook.com/VisitTallahassee ; 106 E Jefferson St ; ⏲8h-17h lun-ven). Excellent centre d'information des visiteurs ; brochures sur les circuits à pied et en voiture.

Depuis/vers Tallahassee

Tallahassee est à 158 km de Panama City Beach, 217 km de Jacksonville, 309 km de Pensacola, 193 km de Gainesville et 756 km de Miami. L'I-10 est la principale route d'accès ; pour gagner la côte du golfe du Mexique, suivez la Hwy 319 au sud jusqu'à la Hwy 98.

Le minuscule **Tallahassee International Airport** (carte p. 483 ; ☎850-891-7800 ; www.talgov.com/airport ; 3300 Capital Circle SW) est desservi par American Airlines et Delta Airlines pour les vols intérieurs et internationaux, et Silver Airways pour des liaisons directes avec Tempa et Orlando. Proche de la Hwy 263, cet aéroport régional se trouve à quelque 8 km au sud-ouest du centre-ville, mais n'est pas desservi par les transports en commun. Certains hôtels ont des navettes. Sinon, la course en taxi jusqu'au centre-ville coûte environ 20 $. Contactez **Yellow Cab** (☎850-999-9999 ; www.tallahasseeyellowcab.com).

La **gare routière Greyhound** (carte p. 485 ; ☎850-222-4249 ; www.greyhound.com ; 112 W Tennessee St) est à l'angle de Duval, en face du principal centre de correspondances **StarMetro** (carte p. 485 ; ☎850-891-5200 ; www.talgov.com/starmetro ; par voyage/jour 1,25/3 $), dans le centre-ville.

Comment circuler

Tallahassee est très étendue ; une voiture peut s'avérer utile. Côté transports publics, les principales correspondances des lignes de bus locaux de **StarMetro**, qui desservent l'agglomération de Tallahassee, se trouvent à l'angle de Tennessee St et d'Adams St.

Steinhatchee

☎352 / 1 047 HABITANTS

Le nom de cette localité évoque l'improbable fusion entre une famille juive et une tribu amérindienne de Floride. Steinhatchee (prononcer *stine-hatchi*) est une paisible bourgade de pêcheurs nichée au fond d'une anse isolée du Big Bend, à l'ombre de pins immenses et de chênes moussus. Les couchers de soleil y sont superbes. Chaque année, la localité connaît son heure de gloire à la saison des pétoncles (juil-début sept), qui attire jusqu'à un millier de bateaux le jour de l'ouverture dans les eaux de la Dead Man's Bay. Armé d'un sac, d'un masque et d'un tuba, chacun fait sa récolte de coquillages. Souvent, les habitants proposent aux visiteurs de nettoyer les coquillages en échange de la moitié du butin.

Activités

Selon la saison, on trouve en abondance cobias, acoupas, maquereaux, tarpons et, bien sûr, les célèbres pétoncles.

Reel Song Charters PÊCHE

(☎352-895-7544 ; www.reelsongcharters.com ; 13 Fourth Street SE ; excursions à partir de 400 $). Pêchez accompagné de connaisseurs avec ce prestataire spécialiste de la pêche côtière et sur platiers pour attraper truites, tambours rouges et pétoncles.

River Haven Marina BATEAUX, KAYAKS

(☎352-498-0709 ; www.riverhavenmarinaandmotel.com ; 1110 Riverside Dr ; ⏲9h-17h). Loue divers bateaux de pêche à partir de 60 $/demi-journée. On y loue également des kayaks (individuel/double pour 30/40 $ la demi-journée), le moyen idéal pour explorer

HORS DES SENTIERS BATTUS

SUR LES EAUX DU FLEUVE SUWANNEE

Le fleuve Suwannee, long de 343 km, a été immortalisé par Stephen Foster dans la chanson officielle de l'État de Floride, *Old Folks at Home* (où il est appelé Swanee River). Foster n'a jamais vu le fleuve, mais, pour lui, il était très évocateur du Sud. Le fleuve Suwannee serpente en effet à travers des paysages de campagne depuis l'extrême nord de l'État jusqu'au golfe du Mexique, dans la courbe du Big Bend. Vous le découvrirez par vous-même en empruntant le **Suwannee River Wilderness Trail** (www.suwanneeriver.com), qui parcourt 272 km sur le fleuve jusqu'à son embouchure. Neuf étapes (appelées *hubs*) situées à une journée de pagaie l'une de l'autre, où l'on trouve des bungalows pour passer la nuit, ponctuent le parcours. Ces sites d'étape sont pris d'assaut, mieux vaut réserver longtemps à l'avance. Il existe en outre quelques *river camps* sur les berges du fleuve, également à une journée de pagaie l'une de l'autre.

Le parcours commence au **Stephen Foster State Folk Cultural Center** (386-397-2733 ; www.floridastateparks.org/stephenfoster ; Hwy 41 N, White Springs ; véhicule 5 $; parc 8h-crépuscule, musée et carillon 9h-17h ; P), au nord de White Springs. Riche de ses collines verdoyantes et d'immenses chênes verts, le parc abrite en outre un musée d'Histoire de la Floride. À l'occasion du week-end du Memorial Day (fin mai), trois jours durant, le Florida Folk Festival célèbre les traditions musicales, artisanales, culinaires et culturelles de Floride. Près du parc, l'**American Canoe Adventures** (386-397-1309 ; www.acal.com ; 10610 Bridge St, White Springs ; 10h-16h) loue des canoës et propose des excursions à la journée où l'on vous transporte en amont du fleuve pour effectuer la descente (35-60 $, selon le terrain et la distance). Louer un canoë pour 2 jours coûte 25 $.

Le **Suwannee River State Park** (386-362-2746 ; www.floridastateparks.org/suwanneeriver ; 3631 201st Path, Live Oak ; véhicule 5 $; 8h-crépuscule ; P) au confluent de la Withlacoochee et du fleuve Suwannee, renferme des fortifications datant de la guerre de Sécession. Il possède également cinq bungalows d'une capacité de six personnes. Le parc se trouve 21 km à l'ouest de Live Oak, en quittant l'US 90 (suivez les panneaux).

les cours d'eau. On vous dépose et on vient vous chercher gratuitement.

Où se loger et se restaurer

Steinhatchee River Inn Motel MOTEL $
(352-498-4049 ; www.steinhatcheeriverinn.net ; 1111 Riverside Dr ; ch à partir de 90 $;). Un motel typique, sur deux niveaux et proche de la marina. Suffisamment spacieuses, ses chambres sont toutes dotées d'une TV, d'une cafetière, d'un réfrigérateur et d'une connexion Wi-Fi. Certaines sont équipées d'une cuisine.

Steinhatchee Landing COMPLEXE HÔTELIER $$
(352-498-0696 ; www.steinhatcheelanding.com ; 315 Hwy 51 NE ; 203 Ryland Circle ; bungalows 150-300 $;). Les bungalows de 1 à 4 chambres de ce village de vacances au bord du fleuve Steinhatchee sont distribués le long d'une petite route en boucle. Piscine, magasin rustique, spa, et jardins impeccables débordant d'hibiscus et de palmiers. Un minimum de 2 nuitées est souvent exigé.

Roy's POISSON ET FRUITS DE MER $$
(352-498-5000 ; www.roys-restaurant.com ; 100 1st Ave ; plats 15-25 $; 11h-21h ; P). Roy's domine le golfe et, depuis 1969, c'est une adresse de choix pour ses produits de la mer frais, locaux et cuisinés à la demande, accompagnés de gruau, de frites, de pommes de terre au four et de beignets à la farine de maïs.

Depuis/vers Steinhatchee

Que vous veniez du nord ou du sud, prenez la Hwy 19 (aussi appelée Hwy 19/27 et Hwy 19/98), puis obliquez à l'ouest sur la Hwy 51, que vous parcourrez jusqu'au bout (environ 19 km).

Cedar Key

352 / 700 HABITANTS

S'avançant sur 5 km dans le golfe du Mexique, cette île isolée et battue par les vents conjuge des airs de poste-frontière et de station balnéaire kitsch. Le centre-ville compte moults édifices historiques et rutilantes Harley, mais nous avons un faible pour les étendues désertes du bayou et les prairies bordant la baie. Çà et là, de petits promontoires offrent une vue imprenable sur ce paysage de marais, où se reflètent les nuances flamboyantes des couchers de soleil. Cedar Key est l'une des 100 îles qui composent ce petit archipel côtier, riche en vie sauvage et extrêmement accueillant (13 d'entre elles font partie du Cedar Keys National Wildlife Refuge).

En tant que terminus ouest de la ligne ferroviaire qui traversait la Floride à la fin des années 1800, Cedar Key était l'une des plus grandes villes de l'État, après St Augustine. Tirant ses richesses de l'exploitation du bois (destiné à la fabrication des crayons Faber), elle a largement contribué à la déforestation des îles. En 1896, un ouragan a achevé de détruire la forêt restante, ce qui explique que les arbres de la région aient moins de 100 ans.

À voir et à faire

Cedar Keys National Wildlife Refuge RÉSERVE NATURELLE
(☎352-493-0238 ; www.fws.gov/cedarkeys ; 8h-crépuscule ; P). Peuplées de pas moins de 250 espèces d'oiseaux (ibis, pélicans, aigrettes, hérons et cormorans à aigrettes notamment) et de 10 espèces de reptiles, les 13 îles de la réserve, dont l'une compte un phare, ne sont accessibles qu'en bateau. Les plages de sable blanc, propices à la pêche et à l'observation des lamantins, sont souvent les seules zones ouvertes au public, l'intérieur des terres restant interdit.

Cedar Key Museum State Park MUSÉE
(☎352-543-5350 ; www.floridastateparks.org/cedarkeymuseum ; 12231 SW 166th St ; 2 $; 10h-17h jeu-lun). Voici, remise dans son état originel de 1902, la demeure de St Clair Whitman, grande figure locale de l'industrie du crayon et du papier. Arrivé dans la région en 1882, il a collectionné tout ce qu'il trouvait : insectes, papillons, morceaux de verre polis par la mer et coquillages. Après la visite, on peut se promener sur les sentiers environnants.

Cedar Key Historical Society Museum MUSÉE
(☎352-543-5549 ; www.cedarkeyhistoricalmuseum.org ; 609 2nd St ; adulte/enfant 1 $/50 ¢ ; 13h-16h dim-ven, 11h-17h sam). Tenu par des bénévoles et géré par la Cedar Key Historical Society, ce modeste musée réunit une collection d'objets amérindiens, des éléments sur la guerre de Sécession, des objets liés à l'industrie de la pêche et un remarquable ensemble de photos anciennes de Cedar Key.

Kayak Cedar Keys KAYAK
(☎352-543-9447 ; www.kayakcedarkeys.com ; 6027 A St ; kayak à partir de 25 $ pour 3h ; 10h-16h). Les bras d'eau et estuaires de Cedar Key sont parfaits pour le kayak. Vous pouvez partir en solo avec une carte des voies d'eau, ou opter pour ce prestataire, qui propose promenades guidées, location de kayaks et découverte des viviers de palourdes au large.

Circuits organisés

Tidewater Tours CROISIÈRES
(☎352-543-9523 ; www.tidewatertours.com ; 4 Dock St). Tidewater Tours propose des croisières nature de 2 heures dans les îles du National Wildlife Refuge (26 $), des excursions sur le fleuve Suwannee (45 $) et dans les marais côtiers sauvages (35 $).

Où se loger

Island Hotel HÔTEL $$
(☎352-543-5111 ; www.islandhotel-cedarkey.com ; 224 2nd St au niveau de B St ; ch 100-155 $;). Une nuit dans cette demeure ancienne (1859) en chêne et ciment incrusté de coquillages est un moment de détente assuré. Inscrite au National Register of Historic Places, elle compte 10 chambres romantiques et toutes simples avec lambris d'origine taillé à la main et balcon circulaire pourvu de rocking-chairs. L'hôtel a accueilli des hôtes importants comme l'écrivain John Muir ou le président Grover Cleveland et, de l'avis général, pas moins de 13 fantômes vivent à demeure.

Faraway Inn MOTEL $$
(☎352-543-5330 ; www.farawayinn.com ; 847 3rd St ; ch à partir de 90 $, bungalow à partir de 150 $;). Surplombant une portion de la baie, ce complexe sympathique loue des chambres et des bungalows décorés d'objets en bois flotté et de textiles aux couleurs vives. Les hôtes peuvent se détendre sur la balancelle de leur porche en savourant les couchers de soleil sur l'océan.

Où se restaurer

AdaBlue Cafe AMÉRICAIN $
(☎352-543-9300 ; www.cedarkeyrv.com/adablue ; 11846 SR 24 ; plats 6-10 $; 7h30-14h30 ven-mer ; P). Dans cette petite cabane bleue

VAUT LE DÉTOUR

MANATEE SPRINGS STATE PARK

Le parc d'État de **Manatee Springs** (☎352-493-6072 ; www.floridastateparks.org/park/Manatee-Springs ; 11650 NW 115th St, Chiefland ; véhicule 6 $; 8h-crépuscule ; P) mérite une halte pour se baigner dans l'eau cristalline à 22°C de sa magnifique source. Sur la terre ferme (un mélange spongieux de sable et de calcaire à l'ombre des gommiers noirs, des cyprès et des pins), le North End Trail, chemin de randonnée de 13 km, se parcourt à pied ou à vélo. On peut aussi plonger avec une bouteille (venez avec votre équipement et inscrivez-vous au bureau) dans la source, qui déverse 443 millions de litres par jour, ou faire du canoë ou du kayak en aval (location kayak/canoë 16/20 $ par heure).

On peut faire du camping (20 $/nuit) sur les 94 emplacements ombragés équipés de tables de pique-nique et de barbecues permanents. Une passerelle en bois surélevée, accessible aux personnes handicapées, suit le cours de l'étroite source jusqu'au fleuve Suwannee qui se jette plus loin dans le golfe et la mer. Les rangers guident des sorties en canoë, des randonnées au clair de lune, des marches dans la nature, et quelques sorties en carriole. Voyez le bureau du parc pour plus de précisions.

installée en face d'un complexe pour camping-cars, on sert des montagnes de grillades au barbecue maison, accompagnées de fricassées de pommes de terre, de coleslaw, et (pourquoi pas ?) de ganache au chocolat.

Tony's POISSON ET FRUITS DE MER **$$**
(☎352-543-0022 ; www.tonyschowder.com ; 597 2nd St ; plats 8-28 $; 11h-20h lun-jeu, 11h-21h ven-sam). Un restaurant de fruits de mer plutôt ordinaire, si ce n'est la riche et crémeuse chaudrée aux palourdes (*clam chowder*), la spécialité maison qui attire les foules.

Depuis/vers Cedar Key

Aucun transport en commun ne dessert Cedar Key, mais s'y rendre en voiture est très facile : prenez la Hwy 19/98 ou l'I-75 jusqu'à la Hwy 24, et suivez-la en direction du sud-ouest jusqu'au bout.

Comment circuler

Vous verrez que les résidents circulent en voiturettes de golf – un moyen de transport très adapté. Adressez-vous à la **Cedar Key Gulf Kart Company** (☎352-543-5090 ; www.gulfkartcompany.com ; 8030 A St ; voiturette 2 heures/journée à partir de 25/55 $).

Apalachicola National Forest

L'**Apalachicola National Forest** (☎850-523-8500, 850-643-2282 ; www.fs.usda.gov/main/apalachicola ; entrée près de la FL-13, FL-67, entre autres ; entrée journée 3 $; 8h-crépuscule), la plus grande des trois forêts nationales de Floride, couvre 2 429 km^2 du Panhandle, de l'ouest de Tallahassee jusqu'au fleuve Apalachicola. Ce patchwork de basses terres, de pins, de bosquets de cyprès et de chênes, est habité par des visons, des renards gris et roux, des coyotes, six espèces de chauves-souris, des castors, des pics à face blanche, des alligators, des ours noirs endémiques et des panthères de Floride. Ses nombreux lacs et ses kilomètres de sentiers en font l'un des ensembles naturels les plus diversifiés de l'État.

À voir

Leon Sinks Geological Area PARC
(près de l'US 319 ; véhicule 3 $; 8h-crépuscule ; P). GRATUIT Plus de 10 km de chemins et de promenades en planches ponctués de panneaux explicatifs serpentent entre les cuvettes et les marais de ce parc fascinant. Veillez à rester sur les chemins, car, sur ce terrain karstique, de nouvelles cavités peuvent apparaître à tout moment. La plate-forme d'observation de la **Big Dismal Sink** offre l'un des plus beaux panoramas : ses parois abruptes sont couvertes de fougères, de cornouillers et de plantes luxuriantes.

Le site est à l'extrémité est de l'Apalachicola National Forest, juste à l'ouest de l'US 319 et à 16 km au sud de Tallahassee.

Silver Lake LAC
(☎850-643-2282 ; www.fs.usda.gov/apalachicola ; près de la FL-20 ; véhicule 3 $; 8h-crépuscule ; P). GRATUIT On peut lézarder au soleil sur les berges de sable blanc ou nager dans les eaux de ce superbe lac entouré de bosquets

VAUT LE DÉTOUR

WAKULLA SPRINGS STATE PARK

Avec ses eaux d'un bleu surnaturel et ses cascades de mousse espagnole, la source naturelle au cœur des 2 400 ha du parc d'État de **Wakulla Springs** (☎850-561-7276 ; www.floridastateparks.org/wakullasprings ; 465 Wakulla Park Dr, Wakulla Springs ; véhicule/piéton 6/2 $; ⏲8h-crépuscule ; P) a tout du décor de film d'aventures exotiques (certaines scènes de *Tarzan* et de *L'Étrange Créature du lac noir* ont d'ailleurs été filmées ici). Cette source débitant 4,5 millions de mètres cubes par jour est profonde et très ancienne : les restes d'au moins 10 mammifères de l'âge glaciaire y ont été découverts. Sachez qu'il y a souvent énormément de monde.

Ne manquez surtout pas la croisière sur la rivière (adulte/enfant 8/5 $). En glissant sous les cyprès chauves couverts de mousse, on aperçoit des lamantins (généralement au printemps), des alligators, des tortues de Floride et de gracieux échassiers. Le bateau part à 11h et 15h. On peut aussi loger sur place dans le décor début XXe du **Lodge at Wakulla Springs** (☎850-421-2000 ; www.wakullaspringslodge.com ; 550 Wakulla Park Dr ; ch à partir de 130 $; P).

N'hésitez pas à vous baigner dans les eaux d'un bleu-vert profond ou à plonger depuis la plateforme.

de cyprès, de choux palmistes, de pinèdes et autres bois tropicaux. Ouvrez l'œil pour apercevoir pygargues à tête blanche et alligators. Le lac est à 13 km à l'ouest de Tallahassee par la route d'État FL-20.

Fort Gadsen Historic Site SITE HISTORIQUE

(Prospect Bluff ; Fort Gadsen Rd ; ⏲jeu-dim 8h-18h ; P). GRATUIT Dans la partie ouest de la forêt, les Britanniques construisirent en 1814 un fort où étaient casernés des soldats afro-américains et amérindiens armés et entraînés dans l'intention d'affaiblir l'emprise espagnole sur la Floride. Détruit deux ans plus tard par une explosion qui fit plus de 200 victimes, il fut reconstruit et servit aux troupes des États confédérés. Aujourd'hui, c'est une tranquille aire de pique-nique. Un sentier d'interprétation en détaille l'histoire. De la Hwy 65, engagez-vous à l'ouest sur la Forest Rd 129, puis au sud sur la Forest Rd 129B.

Wright Lake LAC

(☎850-643-2282 ; www.fs.usda.gov/apalachicola ; Wright Lake Rd ; 3 $/ véhicule ; ⏲8h-crépuscule ; P). Ce lac pittoresque et paisible est cerné d'une agréable plage de sable blanc, idéale pour un pique-nique ou une promenade. Il se trouve en retrait de la FL-65, à 56 km au nord d'Apalachicola.

Camel Lake LAC

(☎850-643-2282 ; www.fs.usda.gov/apalachicola ; National Forest Rd 105 ; véhicule 3 $; ⏲8h-crépuscule ; P). GRATUIT Ce joli lac situé non loin de fascinantes tourbières de sarracénies est apprécié des campeurs, des pêcheurs, des plaisanciers et des vacanciers de toutes sortes.

Activités

Les rivières et cours d'eau de la forêt offrent bien des opportunités de balades en canoë. Renseignez-vous sur les itinéraires dans les deux postes de rangers, ou sur l'excellent site Internet Florida Greenways and Trails (www.dep.state.fl.us/gwt), qui comporte des cartes et la liste mise à jour des magasins de location des villes environnantes. Comptez 25 à 35 $/jour pour la location d'un canoë.

Notez que les bateaux à moteur sont autorisés sur les fleuves, mais pas sur les lacs.

Le **Florida National Scenic Trail** (www.fs.usda.gov/fnst) traverse l'Apalachicola National Forest du nord-ouest au sud-est. Faites attention à la section appelée **Bradwell Bay Wilderness**, car il faut franchir des marais dont l'eau monte jusqu'à la taille. On peut emprunter l'itinéraire à l'entrée sud-est, située à l'est de la Forest Rd 356 sur la Hwy 319, ou bien à l'angle nord-ouest sur la Hwy 12.

Munson Hills Loop VÉLO

(carte p. 483). Sur le côté est de l'Apalachicola National Forest, la boucle cyclable Munson Hills Loop (4,6 km) rejoint le Tallahassee-St Marks Historic Railroad State Trail. Les vététistes chevronnés peuvent s'aventurer dans cette zone ponctuée de bosquets, de dunes, de collines et de maquis, mais le sol sablonneux est difficile à pratiquer. En cas de fatigue, prenez le Tall Pine Shortcut, un raccourci qui permet de quitter le sentier environ à mi-chemin et de réduire le parcours à 7 km au total.

Où se loger

Camel Lake Campground CAMPING $

(877-444-6777 ; www.recreation.gov ; Forest Rd 105 ; empl tente avec/sans électricité 10/15 $; P). Camping avec électricité, toilettes à chasse d'eau et douches.

Wright Lake Camping CAMPING $

(877-444-6777 ; www.recreation.gov ; Wright Lake Rd ; empl tente 10 $; P). Un camping paisible sur la rive du Wright Lake, avec toilettes à chasse d'eau et douches, mais pas d'électricité.

Hickory Landing CAMPING $

(850-643-2282 ; www.fs.usda.gov ; près de Hickory Landing Rd ; 3 $; P). Ce camping a l'eau potable, 10 emplacements, et pas grand-chose d'autre si ce n'est la jolie forêt qui l'entoure.

Où se restaurer

On trouve des épiceries dans les villages qui parsèment la forêt nationale, mais mieux vaut emporter des provisions. Ne laissez pas traîner vos vivres n'importe où – des ours noirs peuplent la forêt.

Renseignements

Apalachicola Ranger Station (850-643-2282 ; www.fs.usda.gov/apalachicola ; 11152 NW SR-20, Bristol). Le secteur ouest est sous la surveillance de l'Apalachicola Ranger Station au nord-ouest de la forêt, près du croisement de la Hwy 12 et de la Hwy 20, juste au sud de Bristol.

Wakulla Ranger Station (850-926-3561 ; www.fs.usda.gov/apalachicola ; 57 Taff Dr, Crawfordville). Le Wakulla Ranger Station au bord de la Hwy 319, derrière le Winn Dixie à Crawfordville, gère le secteur est.

Depuis/vers l'Apalachicola National Forest

Les plus courageux pourront explorer la forêt à vélo, les autres auront besoin d'une voiture. Il y a plusieurs points d'accès à ces bois gigantesques, dont un sur la SR 65 (pratique si vous arrivez d'Apalachicola) et un sur la SR 20 (pratique en arrivant de Tallahassee).

Quincy

850 / 7 965 HABITANTS

Le village bucolique de Quincy se visite en une journée depuis Tallahassee. Autrefois surnommé "Cola-Cola Town", Quincy prospéra au début du XXe siècle en achetant en masse des actions Coca-Cola. Grâce à cet or noir, la ville profita alors des plus hauts revenus par habitant de toute la Floride. Vous verrez une fresque de 1905 à la gloire de la marque sur E. Jefferson St, et 36 pâtés de maisons de jolis édifices historiques bâtis grâce aux dividendes du soda le plus populaire d'Amérique. Cette prospérité fait de Quincy une ville plus vivante et dynamique que bien des localités de taille comparable du Panhandle.

Autre fait historique notable, Quincy était une véritable poudrière pendant le mouvement des droits civiques, la population afro-américaine du comté de Gadsen étant alors bien organisée et prête à en découdre avec les milices qui semaient la terreur dans le Sud afin de supprimer les droits civiques des Noirs.

À voir et à faire

Quincy Historic District QUARTIER HISTORIQUE

GRATUIT La petite bourgade de Quincy s'enorgueillit de la plus grande concentration d'édifices historiques de l'État. La zone délimitée par Sharon St, Clark St, Stewart St et Corry St compte pas moins de 145 bâtiments historiques, dont quelques manoirs kitsch à souhait. La plupart sont signalés d'une plaque mais demeurent des propriétés privées.

Gadsen Arts Center MUSÉE

(850-875-4866 ; www.gadsdenarts.org ; 13 North Madison St ; don suggéré 5 $; 10h-17h mar-sam ;). Un musée impressionnant pour une ville de cette taille. La collection permanente présente des œuvres populaires du Sud, signées d'artistes autodidactes locaux, et le lieu accueille également des expositions d'art de la région. Situé dans l'ancienne quincaillerie Bell & Bates (1912).

Où se loger et se restaurer

Allison House Inn B&B $$

(888-904-2511 ; www.allisonhouseinn.com ; 215 North Madison St ; ch 95-140 $; P). L'ancienne demeure (1843) du général et avocat A.K. Allison (qui se rendit à Washington pour assurer à la Floride le statut d'État et fut emprisonné pour trahison pendant

6 mois à son retour) possède un charme paisible et du mobilier d'époque comme les lits en laiton ou à baldaquin arborant moults édredons à fleurs. Petits-déjeuners continentaux en semaine, à l'américaine le week-end.

McFarlin House Bed & Breakfast B&B $$
(☎850-524-0640 ; www.mcfarlinhouse.com ; 305 E King St ; ch 110-249 $; P). La maison à tourelles de style Queen Anne (1895) du cultivateur de tabac John Lee McFarlin, qui participa au développement des techniques de culture à l'ombre (c'est-à-dire sous serres), dispose de 9 chambres aux airs de musée (un peu trop sans doute). La King's View, nichée dans une tourelle et dotée d'un Jacuzzi pour deux, est exceptionnelle.

El Tamaulipeco MEXICAIN $
(☎850-627-1003 ; 40 Pavillion Dr ; plats 7-13 $; ⏲mar-jeu et dim 9h30-19h30, 9h30-22h ven et 9h30-23h30 sam ; P). Quelle ne fut pas notre surprise de découvrir une cuisine mexicaine d'exception dans une petite bourgade comme Quincy, d'autant que le décor est réduit à l'essentiel. El Tamaulipeco propose une belle carte de steaks, de *barbacoa* (barbecue) et de *chicharron* (porc pané), à l'ouest du centre-ville.

☆ Où sortir

Quincy Music Theatre THÉÂTRE
(☎850-875-9444 ; www.quincymusictheatre.com ; 118 E Washington St ; 👪). Occupant l'historique Leaf Theater, ce dynamique centre de spectacle vivant propose une riche programmation de pièces de théâtre.

ℹ Depuis/vers Quincy

Quincy n'est desservie par aucun transport public. La ville est à 40 km à l'ouest de Tallahassee, le long de l'US 90W.

Comprendre la Floride

La Floride aujourd'hui

L'immigration, une économie en dents de scie, mais aussi le changement climatique, font traverser à la Floride une crise plurielle : démographique, identitaire, et même topographique, puisque l'État pourrait être amené à voir ses contours s'altérer si les conditions environnementales ne s'améliorent pas. La façon dont le Sunshine State ("État du Soleil") s'adaptera à ces mutations va décider de son avenir. En attendant, les infrastructures touristiques y évoluent pour faire face à un afflux croissant de visiteurs.

La Floride en films

Scarface (1983) Al Pacino découvre le rêve américain. Enfin, presque.
The Birdcage (1996). Le pendant floridien de "La Cage aux folles".
Mary à tout prix (1998) Comédie déjantée se déroulant à Miami.
Key Largo (1948) Un classique du film noir dans l'État du Soleil.

La Floride en livres

En avoir ou pas (Ernest Hemingway, 1937 ; Folio Gallimard, 2012). Une description de Key West pendant la Grande Dépression.
Le Voleur d'orchidées (Susan Orlean, 1999 ; Balland, 2003). Dans les marécages à la recherche de l'orchidée fantôme.
Un été à Key West (Alison Lurie, 2000 ; Rivages, 2017). Le petit monde excentrique de Key West croqué avec humour.
Croco-deal (Carl Hiaasen, 2010 ; Éd. 10/18, 2010). Au cœur des Everglades, les tribulations d'une militante écolo un brin siphonnée.

Protection de la péninsule

Le hiatus entre développement immobilier et protection de l'environnement est l'une des failles culturelles qui divise le plus profondément la Floride. Depuis des années, ce sont les promoteurs qui l'emportent, rien d'étonnant quand l'on sait que c'est un État qui possède l'un des plus solides marchés immobiliers, et, ce n'est pas un hasard, l'une des plus fortes croissances démographiques aux États-Unis (la population devrait y doubler entre 2006 et 2060). Lorsque nous écrivons ces lignes, la Floride est le troisième État le plus peuplé du pays, juste derrière New York.

Tous ses habitants doivent se loger et travailler. En Floride, les besoins en logements et en entreprises l'emportent d'ailleurs traditionnellement sur les questions environnementales. Mais une nouvelle donne se fait jour, que même les promoteurs les plus acharnés ne peuvent ignorer. Zone de basse altitude, la Floride est en première ligne en matière de réchauffement climatique et d'altération de la nappe phréatique, et se retrouve de fait au cœur des débats écologiques majeurs qui agitent le XXIe siècle.

La Floride est une péninsule en grande partie située au-dessous du niveau de la mer. Or, tandis que le niveau de l'océan monte, la péninsule s'affaisse – la faute aux canaux artificiels et cours d'eau dragués au début du XXe siècle. Ces chantiers ont détourné l'eau de l'aquifère des Everglades et de la Floride du Sud, entraîné l'érosion hydrique des zones humides, et épuisé les réserves d'eau douce. À l'intérieur des terres, les sources d'eau douce sont de plus en plus menacées par le développement immobilier, qui fait monter la concentration de nutriments (donc d'algues toxiques) dans les lacs, notamment le Lake Okeechobee.

Mais tandis que le centre de l'État cherche à préserver son eau, les régions côtières cherchent à sauvegarder leurs terres. L'augmentation du niveau des océans est liée au réchauffement climatique. Des pluies auxquelles on n'aurait pas prêté attention il y a une dizaine d'années à Miami entraînent à présent l'inondation des grands axes. Les gouvernements locaux travaillent donc à des plans d'action climatique censés prévenir les retombées gravissimes d'une catastrophe écologique potentielle.

Un État aux multiples visages

Lors de l'élection présidentielle controversée de 2016, la Floride a réaffirmé avec force son statut d'État décisif dans la course au poste suprême. Si les États post-industriels comme le Wisconsin et le Michigan ont sans doute scellé le sort de Hillary Clinton, c'est la Floride (qui pourtant a voté pour Barack Obama en 2008 et en 2012) qui a fourni aux républicains les grands électeurs nécessaires à l'élection de Donald Trump.

À bien des égards, l'État du Soleil est le véritable bastion du président Trump, davantage même que son État d'origine, New York. Sa propriété de Mar-a-Lago n'est plus seulement un lieu de vacances, mais un véritable QG, une sorte de nouveau Camp David où sont débattues et décidées les grandes orientations politiques de son gouvernement. Le fait que les membres du club, qui paient des cotisations annuelles à six chiffres, disposent d'un accès privilégié au Président reflète une vision très "Palm Beach" de la politique : tout n'est qu'affaire d'argent. Une philosophie qui rappelle celle des pionniers de l'État et qui fait donc partie de ses gènes.

Mais la Floride n'a pas qu'un seul visage, bien sûr. Il est difficile de définir une identité floridienne précise dans un État où vivent tant d'immigrants étrangers et d'habitants en provenance d'autres endroits du pays. Ici se côtoient férus d'armes à feu et communautés hippies, amateurs d'art et créateurs de parcs à thème, réfugiés cubains et jeunes blancs de la Floride rurale, Juifs new-yorkais et intellectuels sud-américains, étudiants et chasseurs d'alligators. En Floride, chacun est finalement libre d'être qui il veut, quitte à entraîner des conflits. Ces identités multiples font de la Floride un État imprévisible (comme l'ont montré les élections de 2016) qui continue de surprendre les observateurs extérieurs, et les Floridiens eux-mêmes.

POPULATION : **19,89 MILLIONS D'HABITANTS**

SUPERFICIE : **170 304 KM²**

TAUX DE CHÔMAGE : **5%**

Sur 100 personnes en Floride

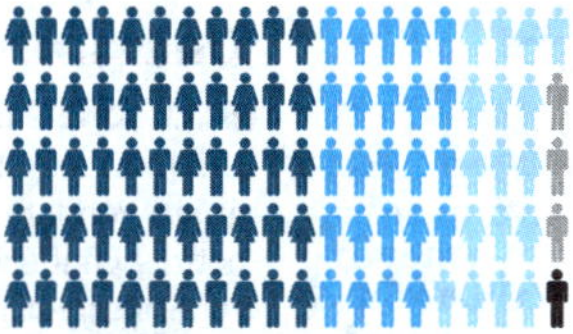

55 sont blancs
24 sont hispaniques
17 sont noirs
3 sont asiatiques
1 est autre

Religion

(% de la population)

Population au km²

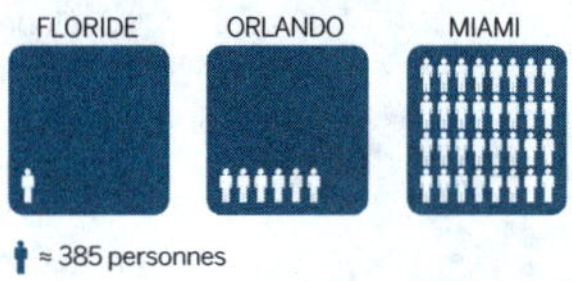

Histoire

De tous les États-Unis d'Amérique, la Floride possède l'histoire écrite la plus ancienne... mais aussi la plus singulière à maints égards. Cette péninsule marécageuse invite à l'hyperbole, suscite le désir et ensorcelle joyeusement ceux qui y poursuivent leur rêve. Les cités d'or que cherchaient les explorateurs espagnols n'étaient peut-être pas si éloignées, au rang du songe, du "Magic Kingdom" de Disney. De même, l'histoire de la Floride s'est-elle écrite en dents de scie, entre aspirations déçues des conquérants, courageux prosaïsme des immigrants et autres périodes d'ascension et de turpitudes.

Des premiers peuples de Floride aux Séminoles

Séminoles et Amérindiens sur Internet

Ah-Tah-Thi-Ki Museum (www.ahtahthiki.com ; en anglais)

The Museum (www.flamuseum.com ; en anglais)

Seminole Tribe of Florida (www.semtribe.com ; en anglais)

Les premiers habitants de Floride n'ont jamais formé de grandes tribus unies. Pendant quelque 11 500 ans, ils se sont répartis en de nombreuses petites chefferies ou villages, plus sédentaires dans le Nord et tournés vers l'agriculture, plus nomades et belliqueux dans le Sud.

Les Appalaches du Panhandle furent ceux qui développèrent la société agricole la plus complexe. Les Timucua occupaient quant à eux le nord de la Floride et les Tequesta régnaient sur le centre de la côte atlantique. Les farouches Calusa dominaient le Sud – la légende rapporte d'ailleurs qu'une de leurs flèches empoisonnées causa la mort de Ponce de León.

Vestiges les plus frappants de ces cultures, les énormes monticules de coquillages appelés *middens*, qui peuvent atteindre une dizaine de mètres de hauteur, témoignent du régime alimentaire de ces populations. Autant de déchets coquilliers sur lesquels se sont construits les villages, comme à Mound Key.

À l'arrivée des Espagnols au XVIe siècle, on estime que la population indigène s'élevait à quelque 250 000 âmes. En deux siècles, les maladies européennes en tuèrent 80%. Les autres périrent du fait de la guerre ou furent vendus comme esclaves. Au milieu du XVIIIe siècle, les premiers habitants de la Floride avaient presque tous disparu.

Au cours du même siècle, des Creeks et d'autres tribus du Nord migrèrent en Floride, chassés ou enrôlés dans les guerres européennes pour les territoires du Nouveau Monde. Mariages et mixité contribuèrent

CHRONOLOGIE

10 000 av. J.-C.

Les descendants des premiers hommes venus de Sibérie quelque 50 000 ans auparavant par le détroit de Béring atteignent la Floride. Ils y chassent le mastodonte et le tigre à dents de sabre.

500

Les Indiens se sédentarisent. C'est le début de l'agriculture, avec la culture des "trois sœurs" : maïs, haricots et courge, plus la citrouille, le citron et le tournesol.

1513

Abordant au sud de l'actuel cap Canaveral, Ponce de León découvre la Floride, qu'il prend pour une île. C'est la période de Pâques, aussi la baptise-t-il *la Florida*, "la fleurie".

à fondre ces différentes tribus entre elles, puis à la fin des années 1700, elles furent rejointes par de nombreux esclaves noirs en fuite, qu'elles accueillirent dans leur société.

À une époque, ces populations de fuyards mélangées et peu coopératives qui occupaient l'intérieur de la Floride furent baptisées "Séminoles", déformation du mot espagnol *cimarrones,* signifiant "peuple libre" ou "sauvages". Défiant l'autorité européenne et les catégories ethniques,

INDOMPTABLES SÉMINOLES

Les États-Unis ont mené la guerre à trois reprises contre les Séminoles de Floride. La première, de 1817 à 1818, fut lancée par Andrew Jackson, qui les combattit sans merci, au motif de la protection qu'ils accordaient aux esclaves en fuite et de leurs attaques contre les colons américains.

Mais la motivation véritable tenait au fait que l'Espagne contrôlait cette région. Après la prise de Pensacola par Jackson, l'Espagne dénonça cette incursion militaire, ce qui contraignit Jackson à l'abandon.

Élu président en 1830, Andrew Jackson fit voter l'Indian Removal Act, qui visait à déplacer tous les Amérindiens dans des réserves à l'ouest du Mississippi. Or les Séminoles n'acceptèrent pas unanimement d'abandonner leur terre et de partir dans des réserves. De fait, lorsque, en 1835, les troupes américaines furent arrivées pour appuyer l'application des accords, la résistance, menée par le chef séminole Osceola, attaqua un convoi de l'armée, déclenchant la deuxième guerre séminole.

Cette guérilla, conduite dans les marais par quelque 2 000 Séminoles, est considérée comme l'une des guerres indiennes les plus meurtrières et les plus chères de l'histoire américaine. En octobre 1837, le chef de guerre indien Osceola fut capturé sous couvert de trêve et mourut en captivité, mais les Séminoles poursuivirent la lutte. En 1842, les États-Unis finirent par rappeler leurs troupes, après qu'eurent été dépensés 20 millions de dollars d'alors et qu'eurent péri un millier et demi de soldats.

Des milliers de Séminoles avaient été tués ou parqués dans des réserves, mais des centaines de survivants se réfugièrent dans les Everglades. En 1855, des éclaireurs de l'armée américaine, partis à leur recherche, furent aussitôt repérés et tués par les Séminoles. Les représailles qui s'ensuivirent sont à l'origine de la troisième guerre séminole, laquelle s'acheva en 1858 avec le départ vers l'ouest du chef Billy Bowlegs contre finances.

Extrêmement appauvris, les Séminoles comprirent dans les années 1910 qu'ils trouveraient intérêt à faire payer les touristes pour les voir dans leurs camps temporaires. Dès lors, les "villages séminoles" ne tardèrent pas à devenir une attraction vedette en Floride, avec combats contre des alligators et "mariages" séminoles.

Les États-Unis reconnurent officiellement la tribu Séminole (www.semtribe.com) en 1957, et la tribu Miccosukee (www.miccosukee.com) en 1962. Deux cents à trois cents Séminoles ne s'opposèrent pas moins au traité de paix, et retournèrent dans les Everglades. Ces Séminoles restent à ce jour la seule tribu amérindienne à n'avoir jamais rendu les armes.

1539

Le conquistador Hernando de Soto se lance avec 800 hommes à la découverte de la Floride. Il combat les Indiens, campe près de Tallahassee et, ne trouvant pas d'or, poursuit vers l'ouest.

1565

Pedro Menéndez de Avilés fonde St Augustine, première colonie européenne permanente du Nouveau Monde et plus vieille ville des États-Unis.

1702

Dans leur lutte contre l'Espagne et la France, les Britanniques réduisent en cendres St Augustine. Deux ans plus tard, ils détruisent 13 missions espagnoles en Floride.

1776

Début de la révolution américaine ; les 2 colonies de Floride restant fidèles à la Couronne britannique, les loyalistes (ou *Tories*) s'y réfugient pour échapper aux combats.

ils furent rapidement considérés comme trop libres par les États-Unis fraîchement indépendants, qui ne tardèrent pas à leur déclarer la guerre.

La valse des pavillons

Les drapeaux de l'Espagne, de la France, de la Grande-Bretagne, des États-Unis et de la Confédération flottèrent tour à tour sur la Floride.

L'Espagne revendiqua la Floride dès 1513, à l'arrivée de l'explorateur et conquistador Ponce de León. Cinq autres expéditions espagnoles suivirent (ainsi qu'une française, dont le drapeau flotta sur le fleuve St Johns), mais rien ne porta ses fruits avant 1565, date de fondation de la première colonie, St Augustine. Cet avant-poste peu rentable et impaludé ne parvint qu'à établir localement la religion catholique. Les missionnaires fondèrent 31 missions à travers la Floride, convertissant et instruisant les Amérindiens, en faisant parfois montre d'une réelle humanité.

L'année 1698 marque l'établissement permanent d'un fort espagnol à Pensacola, lequel fut pris et repris au fil du XVIIIe siècle par les différents belligérants (Espagnols, Français, Britanniques, Nord-Américains).

À l'issue de la guerre de Sept Ans (1754-1763), l'Espagne, qui s'était rangée au côté de la France contre l'Angleterre, termina dans le camp des perdants. Le royaume espagnol céda donc alors la Floride aux Anglais en échange de La Havane, et Cuba recueillit les 3 000 Espagnols de Floride quasi immédiatement.

Vingt ans durant, les Britanniques exploitèrent la Floride avec un certain succès, cultivant l'indigotier, le riz, les oranges et faisant commerce du bois. Mais, en 1783, la Grande-Bretagne et l'Amérique réglèrent leurs comptes après la révolution américaine, et la Floride retourna dans le giron de l'Espagne – qui avait soutenu les États-Unis dans leur lutte pour l'indépendance.

La seconde période espagnole, de 1783 à 1819, fut marquée par une colossale erreur d'appréciation. Madrid avait besoin de colons et encouragea donc vivement l'immigration en Floride, ce qui se retourna contre elle lorsqu'en 1810 ces immigrants réclamèrent leur indépendance. Une décennie plus tard, l'Espagne s'était retirée. Au terme d'un traité formalisé en 1822, la Couronne espagnole rétrocéda la Floride aux États-Unis contre paiement : la Floride devint ainsi le 27e État de l'Union en 1845, sans que nul ne se doutât que, seize ans plus tard à peine, elle se rallierait à la Confédération.

Les Français en Floride

Les expéditions françaises en Floride au XVIe siècle sont racontées à travers deux ouvrages : Les Indiens : à la découverte de la Floride *(Éd. de Conti, 2006) de Dominique Spiess et Charles de La Roncière ;* Sur les traces des Huguenots de Floride. Expéditions en Charenta 1562-2007 *(Le Croît Vif, 2008), de Gilles Fonteneau.*

De la guerre civile aux droits civiques

En 1838, la Floride comptait environ 48 000 habitants, dont 21 000 esclaves afro-américains. En 1860, quinze ans après avoir accédé au statut d'État, le pays avait atteint les 140 000 âmes, dont 40% d'esclaves, la plupart dans les plantations de coton.

1816-1858
Trois guerres opposent les États-Unis aux Séminoles et à leur alliés, au nombre desquels des esclaves en fuite. La plupart des Séminoles finissent exilés.

1823
À mi-chemin de Pensacola et de St Augustine, Tallahassee devient la capitale territoriale de la Floride. Plus tard, les politiciens essaieront en vain de la déplacer.

1835
Coordonnées par le chef Osceola, les tribus séminoles mettent à sac 5 plantations de canne à sucre le jour de Noël puis tuent 100 soldats américains près de Tampa. C'est le début de la deuxième guerre séminole.

1845
La Floride devient le 27e État de l'Union.

Lorsque Abraham Lincoln fut élu président sur la promesse de réduire l'esclavage, la Floride rejoignit la Confédération des États du Sud qui firent sécession de l'Union en 1861. Pendant la guerre civile, qui dura jusqu'en 1865, elle ne fut le théâtre que de rares combats.

De 1865 à 1877, le gouvernement fédéral imposa aux ex-États confédérés la "reconstruction" pour y protéger les droits des esclaves libérés. Au cours de cette période, 19 Noirs furent ainsi élus au congrès de Floride, un bouleversement politique et social tel qu'il provoqua un violent retour de bâton.

Sitôt les troupes fédérales parties, la Floride se hâta de faire marche arrière en adoptant une série de lois dites "de Jim Crow", instaurant la

LA FLORIDE DU MARCHÉ NOIR

Lorsqu'en 1919 les États-Unis votèrent le 18e amendement interdisant l'alcool et marquant le début de la prohibition, les trafiquants comprirent que la Floride ferait une bonne planque.

Dès lors, elle devint un carrefour important du trafic, des flottes de bateaux et d'avions livrant illégalement du rhum de Cuba et de Jamaïque pour le cacher dans de petites criques avant de le distribuer dans tout le pays.

Même si les mafieux comme Al Capone venaient occasionnellement séjourner dans la région, cette contrebande fut davantage le fait de gens ordinaires que de gangs, et ce marché noir florissant profita directement aux Floridiens. Dans les périodes fastes comme les années 1920, cet argent illicite fut blanchi dans l'immobilier. Pendant les années noires, les fermiers au chômage purent ainsi payer leurs factures grâce au gin maison. Aux termes d'un accord tacite, les bars de Miami servirent ainsi de l'alcool en toute impunité dans les années 1920, sous le nez de la police.

Dans les années 1960 et 1970, le même scénario se répéta avec la marijuana. Des pêcheurs sans travail devinrent de gros poissons en passant en contrebande des cargaisons d'herbe sous plastique, et la Floride quitta soudain la récession. S'ensuivit une nouvelle vague de construction dans l'ouest de l'État.

La décennie suivante fut celle du trafic de cocaïne orchestré par les cartels colombiens, avec des trafiquants jouant plus du pistolet que de la poignée de main. Les sanglantes fusillades dans les rues de Miami plongèrent les Floridiens dans la stupeur (inspirant aux producteurs la série *Deux flics à Miami*), sans entraver pour autant le narcotrafic estimé à 10 milliards de dollars, et les immeubles continuèrent à pousser comme des champignons à Miami. Dans ces années 1980, les banques de la ville croulaient tellement sous le cash que cet argent de la contrebande avait pris rang de véritable petite industrie – parallèlement à l'exportation d'armes dans les pays d'Amérique latine et à l'importation d'oiseaux et de fleurs rares, ainsi que de cigares cubains.

Les années 1990 marquèrent la fin des cartels et le renforcement du contrôle bancaire, mais d'aucuns estiment que la contrebande serait encore aujourd'hui la première activité économique de la Floride.

1861

Par un vote à 62 voix contre 7, la Floride se sépare des États-Unis et hisse son cinquième drapeau, celui de la Confédération.

1889

Key West devient la ville floridienne la plus importante d'alors, notamment grâce à la manne des cargaisons des bateaux échoués dans ces eaux dangereuses.

1894-1895

Le "*Great Freeze*" (Grand Gel) ruine les récoltes de citrons dans le centre de la Floride. Les colons commencent à migrer vers le sud de l'État à la recherche de climats plus cléments et de saisons plus longues.

1912

La "folie de Flagler"– les 200 km de chemin de fer jetés sur la mer par Henry Flagler pour relier l'archipel des Keys – atteint Key West. Cette "8e merveille du monde" est détruite par un ouragan en 1935.

ségrégation – dans les restaurants et les parcs, sur les plages et dans les bus –, tandis qu'une taxe électorale entravait les Noirs et les pauvres dans l'exercice de leur droit de vote. Jusqu'aux années 1950, des travailleurs manuels noirs, dans des baraquements et les champs de canne à sucre, soumis à un système de "péonage", durent travailler sans fin pour tenter de payer (en vain, bien entendu) leurs dettes à qui les employait.

Le Ku Klux Klan sévissait particulièrement dans les années 1920, époque où la Floride atteignit des records de lynchage. L'hystérie et les violences raciales étaient monnaie courante. Une foule d'émeutiers blancs rasa même entièrement la ville de Rosewood en 1923.

Le site Internet des archives de l'État de Floride (www.floridamemory.com) présente une collection fascinante de documents historiques (une carte de 1586 de St Augustine, des lettres de la guerre de Sécession...), ainsi qu'une grande quantité de photos, anciennes et contemporaines.

La Cour suprême des États-Unis mit en 1954 un terme à la ségrégation légale avec la loi *Brown vs Board of Education*, mais la Cour suprême de Floride rejeta cette décision trois ans plus tard. Des protestations s'élevèrent régulièrement sans que beaucoup de changements interviennent avant 1964, date à laquelle une série d'émeutes raciales et de manifestations, certaines menées par Martin Luther King, ébranlèrent St Augustine, contribuant finalement à la promulgation de la loi sur les droits civiques de 1964.

Les villes de Floride connurent d'autres émeutes raciales en 1967 et 1968, puis les conflits s'apaisèrent à mesure que l'État se résignait à mettre, à contrecœur, un terme à la ségrégation. Les clivages de l'histoire floridienne se sont lentement estompés, comme en témoignent les nouvelles émeutes du début des années 1980. Aujourd'hui, malgré de grands progrès et même si la Floride est l'un des États les plus variés ethniquement, ces blessures ne sont pas totalement refermées.

Drainages et chemin de fer

Au milieu du XIXe siècle, la moitié nord de la péninsule était assez bien explorée, tandis que le Sud demeurait un marécage livré aux moustiques. La première explosion immobilière date des années 1870. On la doit à une volonté économique hyperlibérale s'appuyant sur trois éléments : le libre développement privé, des taxes minimales et l'attribution de terres aux compagnies de chemin de fer.

Une décennie, de 1881 à 1891, suffit à faire passer le réseau ferré de 900 à 4 100 km, circonscrit dans les régions majoritairement peuplées du nord et du centre de l'État, avec néanmoins une ligne partant au sud, vers nulle part... 1886 est l'année où le magnat du chemin de fer Henry Flagler lança – pari insensé ? – la construction d'une ligne ferroviaire le long de la côte. Les gens l'emprunteraient-ils ?

En 1896, la ligne de Flagler s'arrêtait à Fort Dallas, village sordide qui fut intégré à Miami, laquelle se constitua en municipalité cette même année. Et les gens affluèrent bel et bien. C'est ainsi qu'on attribue à Flagler la fondation de toutes les villes comprises entre West Palm Beach et Miami.

1923

La localité afro-américaine de Rosewood, dans le Levy County, est rayée de la carte par une foule de lyncheurs blancs. Les anciens habitants sont dispersés et relogés.

1926

Un ouragan détruit et inonde le sud de la Floride. Près de 400 personnes meurent, surtout noyées à la suite de la rupture des digues du Lake Okeechobee. Deux ans plus tard, un autre ouragan fait 5 fois plus de victimes.

1933-1940

En employant 40 000 Floridiens, les travaux publics du New Deal aident l'État à sortir de la Grande Dépression. Une autoroute reliant les Keys est construite, remplaçant la voie ferrée de Flagler.

1935

Dick Pope inaugure Cypress Gardens, premier parc à thème des États-Unis. Ses topiaires en forme d'animaux, ses beautés sudistes et son ski nautique acrobatique auraient donné des idées à Walt Disney.

Le sud de la Floride n'avait besoin que d'être débarrassé de ses marécages fétides pour se changer en paradis, terre de profit et de soleil éternel. Au tout début des années 1900, le gouverneur Napoleon Bonaparte Broward, qui rêvait d'un "empire des Everglades", lança une vaste campagne de travaux fluviaux. Soixante-dix ans plus tard, quelque 3 000 km de canaux et de digues sillonnaient le calcaire poreux de Floride. Ces réalisations asséchèrent avec succès environ la moitié des Everglades (soit 1,5 million d'acres) au sud du Lake Okeechobee, qui se transformèrent en exploitations maraîchères, ranchs, orangeraies, champs de canne à sucre et faubourgs.

De 1920 à 1925, la construction immobilière en Floride atteignit sa cadence la plus frénétique. En 1915, Miami Beach n'était qu'une bande de sable ; dix ans plus tard, elle comptait 56 hôtels, 178 immeubles d'appartements et 3 terrains de golf. Miami ne comptait qu'un seul gratte-ciel en 1920 ; durant l'année 1925, trente autres sortaient de terre tandis que 2,5 millions de personnes s'installaient en Floride. Les spéculateurs immobiliers vendirent des terrains à bâtir, des terrains à assainir, puis juste la promesse de terrains. Et tout partit comme des petits pains.

Les deux ouragans de 1926 et de 1928 mirent un terme à cette folie. Coup de grâce, le krach d'octobre 1929 ruina tout le monde. Comme les États-Unis, la Floride sombra dès lors dans la Grande Dépression, quoiqu'elle souffrît moins que la plupart des autres États grâce aux travaux publics du New Deal, au tourisme et aux formidables profits tirés du trafic d'alcool.

Une souris, des touristes et des hommes

Officiellement, le tourisme est l'industrie numéro un de la Floride, et ce depuis les années 1890 avec le chemin de fer côtier construit par Flagler et ses luxueuses stations balnéaires de Miami Beach. Dans les années 1920, ce fut le tour des touristes *tin-can* ("boîte de conserve") : ils arrivaient par la toute nouvelle Dixie Hwy au volant de leur Ford T, dormaient dans leur caravane et consommaient la nourriture en boîte qu'ils avaient apportée.

Dix ans plus tard, ils dépensaient leur argent à Cypress Gardens et Silver Springs, les premiers parcs à thème conçus par des promoteurs avisés. Mais le tourisme n'explosa vraiment qu'après la Seconde Guerre mondiale. Pendant le conflit, Miami fut en effet un important terrain d'entraînement militaire, et beaucoup de GI y retournèrent par la suite jouir des plaisirs de la plage en famille.

Après guerre, grâce au renforcement du système d'aide sociale, la classe moyenne vieillissante migra vers le sud pour goûter aux joies de la retraite. Elle arriva lentement mais sûrement, au rythme d'un millier par semaine, pour atteindre des centaines de milliers, puis des millions.

À leur apogée, dans les années 1940, les plantations de Floride produisaient 20% du sucre consommé aux États-Unis.

1941-1945

Les États-Unis entrent dans la Seconde Guerre mondiale ; 2 millions d'hommes et de femmes reçoivent un entraînement en Floride. L'armée réquisitionne 85% des hôtels de Miami Beach pour les accueillir.

1942

De janvier à août, les sous-marins allemands coulent plus de 20 tankers et navires au large de la Floride. En 1945, 3 000 prisonniers allemands sont détenus en Floride, dans 15 camps de travail.

1946

Le développement de la climatisation et le boom économique d'après guerre ouvrent la route à des milliers de nouvelles implantations dans l'État.

1946

Invention du jus d'orange concentré surgelé ; premier producteur d'oranges des États-Unis, la Floride connaît un boom économique. Les années 1950-1960 sont celles des millionnaires de l'orange.

Beaucoup venaient de la côte est, et bon nombre étaient juifs : en 1960, Miami Beach, désormais juive à 80%, avait pris rang de véritable enclave ethnique et générationnelle.

Après la Seconde Guerre mondiale, l'apparition de sprays insecticides efficaces et la généralisation de la climatisation contribuèrent à l'essor du tourisme en Floride.

Puis un jour, en 1963, dit-on, Walt Disney survola le centre de la Floride. Repérant le croisement de l'I-4 et du Florida Turnpike, il se serait exclamé : "C'est là !" Il acquit en secret 11 000 ha de zones humides autour d'Orlando. Appâtant habilement les législateurs avec la promesse tacite des dollars du tourisme, il obtint tous pouvoirs pour construire son empire.

Exempté de la myriade de lois et des codes de construction de l'État, largement autogéré, Disney World ouvrit en 1971 et atteignit vite des records de fréquentation. Ainsi, en 30 ans, le nombre de touristes en Floride a quasiment été multiplié par dix, eu égard au seul chiffre de fréquentation du *Magic Kingdom*. Pour 4,5 millions de touristes venus en Floride en 1950 – soit pas tout à fait le double de la population –, on en comptait, dans les années 1980, 40 millions par an rien que chez Disney, soit quatre fois la population de l'État.

Les attractions à l'ancienne de la Floride – Weeki Wachee, Seminole Village, Busch Gardens, toutes rendues célèbres par des affiches et des cartes postales – parurent vite insignifiantes en comparaison.

Viva Cuba Libre !

Le sud de la Floride a souvent entretenu une relation plus intime avec Cuba qu'avec le reste des États-Unis. À l'origine, l'Espagne dirigeait la Floride depuis La Havane, et, au XXe siècle, Miami accueillait tant de réfugiés cubains qu'ils la surnommèrent la "capitale de l'exil", puis la "capitale de l'Amérique centrale".

Combien de fontaines de jouvence ?

La fontaine légendaire (p. 359), dans le parc archéologique de St Augustine

Les sources naturelles du De Leon Springs State Park (p. 381), à DeLand

Les Warm Mineral Springs (p. 435), à Venice

Pendant la longue lutte de Cuba pour gagner son indépendance à l'égard de l'Espagne, de 1868 à 1902, les exilés cubains s'installèrent à Key West et à Tampa, donnant naissance à Ybor City et à son industrie du cigare. Après l'indépendance, de nombreux Cubains rentrèrent chez eux, mais les liens économiques qu'ils avaient tissés perdurèrent. Lorsqu'en 1959 Fidel Castro lança la révolution populaire (partiellement fomentée dans les hôtels de Miami) qui renversa la dictature de Batista, ce fut le déclenchement d'un exode qui allait durer des années : plus de 600 000 Cubains, en majorité blancs, fortunés et libéraux, vinrent vivre à Miami.

En avril 1961, nouveau basculement : Castro proclama Cuba pays socialiste, scellant l'avenir des relations de Cuba avec les États-Unis. Le lendemain, le président Kennedy donna son aval à l'infortuné débarquement de la baie des Cochons, lequel échoua lamentablement à renverser le *Líder Máximo*. En octobre 1962, Kennedy organisa le blocus de Cuba pour protester contre la présence de missiles nucléaires soviétiques. Khrouchtchev retira les missiles contre la promesse officieuse des États-Unis de ne plus jamais tenter d'envahir Cuba.

1947

Le parc national des Everglades voit le jour après 19 années de lutte menée par Ernest Coe et Marjory Stoneman Douglas pour protéger les Everglades des dégâts du dragage et du drainage.

1961

Le 16 avril, 1 300 volontaires cubains exilés et entraînés par la CIA, envahissent la baie des Cochons à Cuba. L'opération est un échec : Castro fait 1 189 prisonniers.

1969

Apollo 11 décolle de cap Canaveral et arrive sur la Lune le 20 juillet, marquant la fin de la course à l'espace. Cinq autres fusées seront envoyées sur la Lune jusqu'en 1972.

1971

Dès le premier jour de son ouverture à Orlando, le Walt Disney World accueille 10 000 visiteurs. Un an plus tard, on en compte 10 millions.

Les réfugiés cubains de Miami, qui militaient pour la libération de Cuba (entonnant le fameux *Viva Cuba libre !*), accusèrent le coup. Entre 1960 et 1980, un million de Cubains émigrèrent, soit 10% de la population de l'île ; en 1980, Miami était à 60% cubaine. Et les deux pays employèrent des décennies durant leurs politiques respectives d'immigration comme moyen de pression.

Contrairement à beaucoup d'immigrés, les Cubains rejetaient l'assimilation (et parfois les États-Unis), animés par un désir de retour. Miami devint une ville double, cubaine et nord-américaine, parlant rarement la langue de l'autre.

Dans les années 1980 et 1990, des immigrants pauvres déferlèrent à Miami de toute l'Amérique latine, notamment du Salvador, du Nicaragua, du Mexique, de Colombie, du Venezuela, de la République dominicaine et d'Haïti. Ces groupes, qui ne se mélangeaient pas facilement aux autres ni entre eux, réussirent dans une ville qui faisait déjà des affaires en espagnol. Au milieu des années 1990, le sud de la Floride exportait 25 milliards de dollars de produits en Amérique latine, et les Cubains de Miami étaient à eux seuls économiquement plus forts que tout Cuba.

Aujourd'hui, les Cubains de Miami sont on ne peut mieux intégrés et ceux des dernières générations ne se considèrent même plus comme exilés.

Ouragans, élections et Everglades

En 1992, l'ouragan Andrew a mis en évidence l'équilibre précaire de ce paradis en dévastant le sud de la Floride, stupéfiant tout le pays par l'ampleur de ses destructions. En outre, les conséquences d'une pollution galopante – poissons morts, mangroves mourantes, baies troubles – présentèrent la facture d'un siècle de croissance incontrôlée, de boom démographique et d'insouciance industrielle.

Entre 1930 et 1980, la croissance démographique de la Floride a atteint le taux record de 564%. La Floride est passée du rang d'État le moins peuplé à celui de quatrième en termes de population, avec des infrastructures absolument inappropriées : police en sous-effectif, prisons surpeuplées, embouteillages, avenues hideuses, immeubles et centres commerciaux vétustes, et certaines des pires écoles du pays.

Dans ces conditions, le sauvetage des Everglades fut bien plus qu'une croisade écologique ordinaire. C'était un test moral : la Floride allait-elle dilapider une merveille naturelle pour quelques dollars hâtivement gagnés ? Miracle, la loi Florida Forever et celle instaurant le Comprehensive Everglades Restoration Plan ont été votées en 2000. En attendant, la mise en place effective du plan de sauvetage des Everglades a été retardée, retenue par la bureaucratie aux niveaux fédéral et local.

Cependant, l'année 2000 a mis encore plus en relief le clivage profond de la Floride. Le républicain George W. Bush et le démocrate Al Gore

Demeures et propriétés historiques

Le Tampa Bay Hotel et le Henry B. Plant Museum (p. 397), Tampa

L'Hotel Ponce de León (p. 356), St Augustine

The Breakers (p. 229), Palm Beach

La Whitehall Mansion et le Flagler Museum (p. 225), Palm Beach

Biltmore Hotel (p. 103), Coral Gables

mai 1980

Le procès McDuffie se termine sur l'acquittement des policiers blancs qui avaient battu à mort un agent d'assurances afro-américain. Les émeutes qui éclatent à Miami font 18 morts.

1980

Fidel Castro déclare ouvert le port cubain de Mariel. C'est un exode massif de 125 000 *Marielitos* auxquels les États-Unis offrent l'asile politique. S'ensuit une discrimination sévère à Miami.

1984

Début du feuilleton télé *Deux flics à Miami*, mêlant ambiance de vidéo-clip, mode couleur pastel, lieux mal famés de South Beach et flics désabusés en lutte contre les cartels de la cocaïne de Miami.

1992

Le 24 août, l'ouragan Andrew dévaste le comté de Dade, tuant 41 personnes, faisant 200 000 sans-abri, et causant 15,5 milliards de dollars de dégâts.

ayant réalisé des scores très serrés, l'élection présidentielle dépendait des résultats de la Floride. L'avance infime de George Bush dans cet État a révélé toute une série d'"irrégularités", parmi lesquelles des ballottages douteux, des listes électorales erronées et des barrages routiers suspects le jour de l'élection. Après des mois de controverses juridiques et de décomptes partisans, le résultat électoral de Floride a enfin été approuvé.

LA MORT DRAMATIQUE DE TRAYVON MARTIN

C'est en Floride qu'est née l'une des plus importantes polémiques raciales et politiques du début du XXIe siècle.

Le drame initial se produisit dans la nuit du 26 février 2012, à Sanford, dans le centre de la Floride. Alors qu'il rentrait chez lui, le jeune Trayvon Martin, 17 ans, décida de couper par les terrains de la résidence fermée où il résidait temporairement. Jeune Afro-Américain vêtu d'un sweat-shirt à capuche et portant à la main un sachet de bonbons et une bouteille de thé glacé, il se fit repérer par George Zimmerman, latino-américain de 28 ans qui coordonnait la surveillance du quartier. Faisant fi des recommandations de la police, Zimmerman alla à la rencontre de Martin. Une altercation s'ensuivit, durant laquelle Zimmerman fut blessé à la tête et tira un coup de feu mortel à bout portant sur Martin.

Zimmerman fut placé en garde à vue par la police puis relâché, les policiers estimant que conformément à la loi *Stand Your Ground* (Défendez votre territoire) récemment passée en Floride, il n'avait pas commis de crime. Cette loi dispose en effet qu'une personne en état de légitime défense n'a pas d'obligation de battre en retraite, comme il est d'usage aux États-Unis, où l'on considère habituellement que l'on ne peut être en état de légitime défense qu'après avoir épuisé tous les recours d'évitement d'un conflit.

Le battage médiatique autour de l'événement et le tollé suscité dans tout le pays entraînèrent une nouvelle arrestation de Zimmerman, le 11 avril 2012, cette fois-ci pour meurtre non prémédité. À la suite du procès, qui eut lieu durant l'été 2013, Zimmerman fut reconnu non coupable. La décision indigna de nombreux Américains, qui ne comprenaient pas que le meurtre d'un adolescent non armé puisse ainsi rester impuni. De l'autre côté, les défenseurs du droit à être armé estimaient que Zimmerman n'avait fait qu'exercer son droit à se défendre en cas d'agression.

Le rôle du *Stand Your Ground* fut évoqué par les commentateurs alors même que les avocats de l'accusé ne l'avaient pas intégré à leur argumentaire de défense. Des appels au boycott du tourisme n'en ont pas moins été lancés pour protester contre cette loi, mais ils n'ont guère eu à ce jour de répercussions sur l'affluence touristique en Floride.

Depuis le drame de Trayvon Martin, la Floride est le laboratoire de la législation *Stand Your Ground*. Bien que le *Journal of the American Medical Association* (JAMA) ait publié en 2016 une enquête établissant un lien entre cette loi et l'augmentation du nombre d'homicides dans l'État, à l'heure où nous écrivons, le Sénat de Floride a voté un texte qui assouplissait les conditions requises pour qu'un accusé puisse être protégé par cette loi.

1999

Elián Gonzalez est repêché alors que sa mère s'est noyée en essayant d'atteindre les États-Unis. Malgré des protestations, les autorités renvoient l'enfant à son père, à Cuba.

2000

La secrétaire d'État de Floride Katherine Harris évince par erreur des milliers d'électeurs des listes électorales. George W. Bush bat Al Gore de 537 voix en Floride et devient président.

2000-2010

Les gratte-ciel envahissent Miami. Durant cette période, 20 des 25 plus hauts buildings de la ville sont construits. Certains parlent d'une "Manhattanisation" de Miami.

2004

La Floride connaît sa pire série d'ouragans, avec quatre tempêtes – Charley, Frances, Ivan et Jeanne – en 2 mois. Bilan : 130 morts et 22 milliards de dollars de dégâts.

À l'aube du XXIe siècle, les tensions historiques de Floride – entre sa soif de croissance et de développement et la pression afférente, devenue insupportable tant en termes sociaux qu'écologiques – semblent plus fortes que jamais.

Une Floride divisée

Le début du XXIe siècle a été une période de polarisation politique de pans entiers de la société américaine, et cet État n'a pas échappé à la tendance. Avant tout, les divisions idéologiques de la Floride ont été exacerbées par les fossés profonds qui longent ses frontières géographiques et ethniques.

Si le poste de gouverneur est resté aux mains des républicains depuis 1999, la Floride reste un État pivot à chaque élection présidentielle (George W. Bush y a remporté deux fois une courte victoire et il en alla de même pour Barack Obama). Cela est dû en grande partie aux pratiques de découpage administratif, largement considérées comme un charcutage électoral (relevant d'une organisation des districts en vue de favoriser tel ou tel autre parti politique), et un facteur aggravant du clivage entre les deux camps. Cela dit, les anciens gouverneurs, comme Jeb Bush (mandat : 1999-2007) et Charlie Crist (mandat : 2007-2011) ont plutôt opté pour une ligne centriste à l'intérieur du parti républicain, alliant conservatisme économique et une plus grande souplesse en matière de politique d'immigration.

Pour tout dire, le gouverneur Charlie Crist, qui est aussi bien en faveur du mariage homosexuel que du libre droit de posséder une arme, a fait un geste plutôt rare en politique américaine en rejoignant le Parti démocrate en 2012. Le fait qu'il l'ait fait un mois seulement après la réélection de Barack Obama n'a pas arrangé sa réputation d'opportuniste, mais ses partisans n'en louent pas moins sa souplesse. Or, ce retournement de veste a été opéré en pleine crise financière de 2008, alors que le marché immobilier de Floride sombrait.

Occupant le poste de gouverneur à Tallahassee depuis 2011, Rick Scott joue depuis un rôle déterminant dans l'orientation politique de l'État. Homme d'affaires ouvertement opposé aux régulations (avant l'élection, il était PDG et investisseur en capital-risque), il est également partisan des politiques de protection des Everglades, ce qui illustre le très délicat numéro d'équilibriste auquel il se livre quotidiennement. De fait, il en est réduit à perpétuellement moduler les tensions mettant en jeu l'extrémité nord, blanche et conservatrice de l'État, le sud plus latin et ouvert, ainsi que tout le patchwork d'identités et d'intérêts qui vient se mêler entre les deux. *Stand Your Ground* (voir l'encadré ci-contre), restauration des Everglades, climato-scepticisme et préparation au réchauffement climatique... la Floride d'aujourd'hui poursuit sa navigation au milieu des contradictions politiques.

Le film *Recount* (Jay Roach, 2008), produit par la chaîne HBO, montre le cafouillage électoral survenu en Floride lors de la présidentielle de 2000 et dévoile les rancœurs politiques qui ont entravé un recomptage honnête des voix.

2008

La Floride avance ses primaires au 29 janvier : le comité national démocrate refuse que les délégués de Floride participent à la désignation du candidat.

2010

La marée noire provoquée par la rupture de la plateforme *Deepwater Horizon* est la pire de l'histoire des États-Unis. Les plages du Panhandle sont touchées et le tourisme s'effondre en Floride.

2014

Ouverture du tunnel du port de Miami (plus de 1 km) reliant le MacArthur Causeway sur Watson Island au port de Miami sur Dodge Island.

2017

Le président sortant Barack Obama met fin à la politique dite "wet foot, dry foot", qui permettait aux Cubains arrivés aux États-Unis sans visa de devenir résidents permanents.

La société floridienne

Population et culture produisent ici d'irrésistibles mélanges d'accents, de rythmes et de couleurs caribéennes, qui font de cet État l'un des plus captivants du pays. Aussi inextricable que ses marais préhistoriques, la Floride fascine sans qu'on puisse exactement en définir la raison. C'est ce qui rend sa découverte si passionnante. Certes, le contexte n'est pas exempt de son lot de tensions, mais elles sont de nature à participer de la dynamique sociale de la région, l'une des plus fascinantes du pays.

Portrait d'une péninsule

Les pessimistes prétendent que cet État est trop divisé, socialement et culturellement, pour avoir un jour une identité cohérente. Les optimistes tiennent à peu près le même discours. La Floride se demande si l'afflux continu de nouveaux arrivants relève d'une chance ou si cela va finir par rompre sa cohésion sociale.

Géographiquement parlant, la Floride est un État méridional mais, du point de vue culturel, seul le nord de la Floride a l'esprit du "vieux Sud". Dans le Panhandle et le nord de la péninsule, on a ainsi affaire à des habitants à l'accent caractéristique très attachés au passé. La guerre de Sécession est encore dans les esprits, et les bonnes manières, de rigueur.

Le centre de l'État et la région de Tampa Bay ont attiré bien des Américains du Midwest. Directs, durs à la tâche, ils témoignent d'une sobriété toute protestante. En Floride du Sud, ce sont les Yankees de la côte Est, autrefois raillés pour leur propension crédule à acheter n'importe quel bout de marais, qui ont laissé leur empreinte, notamment dans les communautés de retraités juifs de la côte atlantique, dans le Miami ouvrier et urbain, et dans les villes chics de la côté méridionale du Golfe.

Pourquoi appelait-on "crackers" les pionniers blancs de la Floride ? Certains disent que le terme renvoie au claquement du fouet dont ils se servaient pour mener le bétail. D'autres évoquent l'éclatement du maïs au moment d'en faire de la farine, du gruau ou de l'alcool de contrebande.

La Floride fut, après la conquête de l'Ouest, l'ultime région "frontière" des États-Unis, la dernière où des pionniers pouvaient arriver et s'inventer une vie. Connus sous le nom de crackers de Floride, ces pauvres paysans, vachers et marginaux avaient renoncé au confort pour vivre comme bon leur semblait. Le terme est parfois employé à tort pour désigner tous les pionniers de Floride : les véritables crackers subsistaient tant bien que mal dans l'intérieur des terres (ceux des Keys sont appelés *conchs*). Il s'agissait non pas de propriétaires de plantation, mais d'ouvriers agricoles migrants, dont le mode de vie en marge de la loi, l'esprit de débrouille, les vagabondages et le goût pour l'alcool suscitaient le mépris des honnêtes gens. Mais aujourd'hui, tous les Floridiens aiment à croire qu'ils ont hérité de leur farouche esprit d'indépendance.

En revanche, dans certains coins de Miami, voire de Tampa, on se croirait non pas aux États-Unis mais en Amérique latine. On parle espagnol, la majorité de la population est catholique romaine et la politique cubaine, haïtienne ou colombienne occupe mainte conversation.

En fin de compte, la Floride comble et trompe à la fois toutes les attentes. Des avocats cubains aux ouvriers itinérants du bâtiment, sans oublier les retraités à pension fixe et les restaurateurs gays de South Beach, la Floride est une société extrêmement diversifiée.

Ses résidents ont toutefois un point commun : ils viennent presque tous d'ailleurs. Et tous ces anciens étrangers s'accordent sur deux points :

qu'il fait bon vivre en Floride, mais qu'un flux important de nouveaux arrivants sonne le glas de leur qualité de vie.

Immigration et communauté hispanique

Comme le Texas ou la Californie, la Floride d'aujourd'hui s'est vue remodelée par des vagues successives d'une immigration venue d'Amérique latine. Une population hispanique diverse, autonome, économiquement influente et très investie dans la vie politique.

La langue espagnole est omniprésente. Un quart des Floridiens parlent à la maison une langue autre que l'anglais, dans 75% des cas l'espagnol. Près de la moitié de ces hispanophones reconnaissent ne pas parler très bien l'anglais.

La communauté des exilés cubains en Floride, concentrée à Little Havana et à Hialeah Park, s'est formée dès leur arrivée à Miami dans les années 1960, suite à la révolution castriste. Diplômés et aisés, ces Cubains créèrent leurs propres entreprises, publièrent leurs propres journaux et fondèrent leur enclave hispanophone dans la ville. Leur réussite exaspéra la population noire de Floride qui, alors même que le mouvement des droits civiques lui ouvrait des perspectives économiques, se vit coiffée au poteau par ces nouveaux arrivants.

Après la vague cubaine, les hispaniques continuèrent d'affluer de toute l'Amérique latine, des plus démunis aux plus fortunés. Ces immigrés n'ont certes pas été dépaysés à Miami grâce aux infrastructures hispanophones, mais ils ont aussi parfois souffert du mépris des Cubains qui les avaient précédés.

Aujourd'hui, il n'est pas un pays d'Amérique latine qui ne soit représenté dans le sud de la Floride. Les Nicaraguayens fuyant la guerre sont arrivés dans les années 1980 et sont aujourd'hui plus de 100 000. À Miami, Little Haiti compte plus de 70 000 Haïtiens, soit la plus importante communauté aux États-Unis. On recense aussi 80 000 Brésiliens ainsi que de fortes minorités mexicaine, vénézuélienne, colombienne, péruvienne, salvadorienne, jamaïcaine, bahaméenne, etc. Cela se traduit par d'importantes migrations à l'intérieur de la Floride du Sud, ces groupes s'excluant mutuellement et cherchant des régions plus accueillantes.

Les enfants d'exilés cubains ont désormais une appellation, Yuca, pour "*young urban Cuban Americans*" (jeunes Cubains-Américains urbains), tandis que la deuxième génération de Latinos a reçu le surnom de Generation Ñ (se prononce "énié"), symbole d'une culture hybride. Par exemple, si elle est toujours pratiquée à Miami, la fête traditionnelle

Conquistadors et pionniers en Floride

St Augustine (p. 354)

Marjorie Kinnan Rawlings Historic State Park (p. 384)

Stephen Foster State Folk Cultural Center (p. 489)

Museum of Florida History (p. 482), Tallahassee

Tampa Bay History Center (p. 394)

Historic Pensacola Village (p. 453)

UNE IMMIGRATION GALOPANTE

Depuis soixante-dix ans, la Floride enregistre une croissance démographique ininterrompue, en grande partie due à l'immigration. D'État le moins peuplé du pays (moins de 2 millions d'habitants) à l'orée de la Seconde Guerre mondiale, elle est passée aujourd'hui au 4e rang avec 20,6 millions d'habitants recensés en 2016.

Son taux de croissance démographique est surprenant. Après avoir atteint 44% dans les années 1970, il a connu un déclin régulier mais, avec plus de 17% dans cette première décennie du XXIe siècle, il reste au double de la moyenne nationale.

La Floride est le quatrième État du pays par l'importance de ses minorités (7,9 millions de personnes) et par le nombre et la proportion de résidents nés à l'étranger (4 millions, soit 20% de la population). Miami compte plus de 50% d'habitants nés à l'étranger, largement plus que dans les autres grandes métropoles du pays. On estime à 850 000 le nombre d'immigrés clandestins en Floride, dont beaucoup sont des Cubains qui ne peuvent plus bénéficier de la loi, récemment abolie, qui leur garantissait un titre de séjour s'ils parvenaient jusqu'au territoire américain.

cubaine de la *quinceañera*, ou *quince*, pour les 15 ans d'une jeune fille, est désormais remplacée par un voyage entre ados. Entre eux, les jeunes Latinos passent très facilement de l'anglais à l'espagnol, y compris dans une même phrase, revenant à l'espagnol, voire au *cubano* traditionnel, avec leur famille.

Notez qu'il y a également en Floride de nombreux expatriés espagnols, qui ne sont pas à proprement parler des Latinos, ne venant pas d'Amérique latine.

La Floride accueille aussi des flux migratoires plus modestes venus de Chine, d'Indonésie, de Thaïlande et du Vietnam. Le Sud est également connu pour ses immigrés juifs qui ne sont ni plus âgés que d'autres ni forcément originaires des États-Unis. Le judaïsme de la Floride du Sud a pris des teintes latinos, les juifs cubains et sud-américains ayant rejoint ceux de la côte Est américaine, d'Europe et de Russie. Au total, la Floride compte 850 000 juifs, dont les deux tiers dans la région de Miami.

Mode de vie

Disons-le tout de go : la Floride est bien l'État le plus âgé du pays. Quelque 19% des Floridiens ont plus de 65 ans (de même que plus de la moitié des habitants du comté de Sumter, près d'Orlando !). Depuis la Seconde Guerre mondiale, le Sud, terre de retraités, est en effet la "salle d'attente du Bon Dieu".

Néanmoins, l'immigration est jeune. Qu'ils viennent d'autres régions des États-Unis ou de l'étranger, ces immigrants de 20 à 30 ans sont séduits par un coût de la vie peu élevé et la perspective de la stabilité tant sur le marché de l'emploi que de l'immobilier. Lorsque l'économie s'y prête, ils trouvent aisément un logement à prix modeste, du travail dans les secteurs du tourisme et des services.

S'ils arrivent à s'acheter un appartement ou une maison dans un lotissement, ils font une affaire, car, en période faste, la cote du logement en Floride dépasse la moyenne nationale. En revanche, en temps de crise, lorsque l'immobilier chute – ce qui finit toujours par arriver en Floride – la valeur du logement s'effondre, les emplois se raréfient dans le bâtiment, et les salaires dans le secteur des services ne suffisent plus à assurer le quotidien. Les 20-30 ans sont alors les plus nombreux à quitter l'État.

Ces dernières années, les Américains à revenu moyen ont de plus en plus de mal à payer un loyer (*a fortiori* un emprunt). Le fossé entre riches et pauvres se creuse dans les zones urbaines tentaculaires de Floride. Si les entreprises ont toujours eu recours à une main-d'œuvre étrangère bon marché venue d'Amérique latine, des Caraïbes et d'Europe de l'Est, il demeurait généralement en place un noyau de professionnels qualifiés dans le secteur des services. Des professionnels qui ont de plus en plus de mal à supporter le coût de la vie en Floride, ce qui soulève une question cruciale : comment un État si dépendant du tourisme peut-il survivre si les travailleurs du secteur touristique ne sont pas suffisamment payés pour y vivre ?

Dans cet État, les disparités entre ville et campagne sont considérables. Les banlieues tentaculaires, en particulier autour de Miami, d'Orlando et de Tampa, font l'objet d'un opprobre unanime (de fait, qui aime les embouteillages et l'uniformité architecturale ?). Cela dit, la relative prospérité des banlieues et des centres commerciaux témoigne de la prédilection que leur voue une partie du public. De plus, les immigrants de fraîche date ont tendance à investir les banlieues – les pelouses, désertées par tant d'Américains en quête d'un nouvel urbanisme sont tenues pour signe de qualité et de haut niveau de vie par les nouveaux venus originaires d'Haïti et de Cuba. Les Floridiens ont en tout cas en

Après avoir fait un burn-out, l'ancien auteur de l'émission *Late Show with David Letterman* Rodney Rothman a décidé de faire une "retraite" à Boca Raton… à l'âge de 28 ans. Dans son livre *Early Bird: A Memoir of Premature Retirement* (en anglais), Rothman fait une étude anthropologique très personnelle sur le monde sans concession des retraités floridiens.

QUAND LA FLORIDE CÉLÈBRE SES RACINES

La diversité de la Floride se révèle pleinement dans la multiplicité de ses fêtes. Nous en avons sélectionné quelques-unes qui méritent un détour.

Zora Neale Hurston Festival of the Arts and Humanities (p. 261). Eatonville ; une semaine fin janvier ou début février. Depuis vingt ans, ce festival de culture afro-américaine rend hommage à la romancière, anthropologue et féministe Zora Neale Hurston. Il culmine durant trois jours au cours d'une grande fête de rue.

Carnaval de Miami (p. 115). Miami ; dix jours début mars. Le festival Calle Ocho de Little Havana est le plus grand carnaval hispanique des États-Unis, avec tournois de dominos, concours de cuisine et concerts de musique latino, entre autres réjouissances.

Florida Folk Festival (☎877-635-3655 ; www.floridastateparks.org/folkfest; 11016 Lillian Saunders Drive, White Springs ; pass week-end adulte/enfant 50/5 $; ⏲ week-end du Memorial Day). White Springs ; week-end du Memorial Day. Depuis 1953, le Stephen Foster State Folk Cultural Center organise ce gigantesque festival traditionnel où se produisent des centaines de musiciens floridiens (du gospel au banjo) avec, en prime, conteurs et démonstrations d'artisanat séminole.

Goombay Festival (p. 116). Miami ; quatre jours début juin. Ce festival, l'un des plus importants du pays consacré à la culture noire, célèbre la communauté bahamienne de Miami à grand renfort de musique, danse et cuisine des Caraïbes.

Barberville Jamboree (p. 391). Barberville ; premier week-end de novembre. Le Pioneer Settlement for the Creative Arts célèbre la culture traditionnelle des pionniers par d'authentiques reconstitutions de l'art de vivre cracker et des concerts de folk.

commun la proximité du littoral, puisque 80% d'entre eux résident à moins de 10 miles (16 km) de la côte.

Ainsi tout le monde vit-il serré sur les bordures urbanisées de la péninsule. Même si on note une accalmie ces dernières décennies, les tensions raciales, ethniques ou entre classes sociales perdurent. En général, faute de l'accepter, on tolère la différence – et c'est une règle qui s'applique aux visiteurs.

La vie dans l'intérieur et le nord de la Floride reste cependant très rurale : ici, certaines petites villes ouvrières sont aussi blanches, désuètes et conservatrices que Miami est cosmopolite, excessive et permissive. C'est l'une des raisons qui expliquent pourquoi il est si dur de prévoir les résultats des élections, lesquelles se jouent à une poignée de voix près.

Le Panhandle doit à sa forte présence militaire d'être une région assez conservatrice politiquement parlant, mais l'existence d'une communauté étrangère lui vaut d'être un peu plus cosmopolite que les villages reculés de l'intérieur des terres au nord de la Floride.

Les loisirs des Floridiens

Les Floridiens sont fous de sport. Ils pourront vous parler des heures de basket, de football américain ou de la NASCAR (courses de stock-cars).

Pour la majorité des Floridiens, le football (américain) universitaire est une religion. L'État regroupe trois des meilleures équipes nationales : les University of Miami Hurricanes, les University of Florida Gators (Gainesville) et les Florida State University Seminoles (Tallahassee). Détentrices à elles trois de neuf titres nationaux, elles aiment surtout s'affronter entre elles. Il n'est pas exagéré d'affirmer que battre une équipe adverse de l'État est – du moins pour leurs supporters, qui se complaisent à haïr farouchement les équipes rivales – presque plus important que de remporter tous les autres matchs. Dire à un étudiant de la Florida State University que l'on est un grand supporter des Gators, ou affirmer à un autre, de l'University of Florida que les 'Noles sont les meilleurs, revient à chercher un grand moment d'antagonisme.

La Floride compte aussi trois équipes professionnelles de football – les Miami Dolphins, les Buccaneers de Tampa Bay et les Jaguars de Jacksonville. Le fait que le football universitaire soit si prisé en Floride n'est pas sans fondement ; ces dernières années, les trois équipes professionnelles se sont montrées (soyons francs) lamentables. Les Jaguars, en particulier, semblent avoir mis un point d'honneur à demeurer la pire équipe de la NFL.

La Floride a deux équipes de basket-ball pros, les Orlando Magic et les Miami Heat. Les Heat, champions de la NBA en 2012 et 2013 (et moins performants depuis) ne sont populaires qu'à Miami, le reste de l'État n'ayant pour eux que mépris.

Vainqueur de la Stanley Cup, le Tampa Bay Lightning fait partie des quelques équipes professionnelles et semi-professionnelles de hockey que compte la Floride, avec les Florida Panthers, de Miami.

L'entraînement de printemps des équipes de base-ball de Major League déclenche la frénésie lorsqu'en février quinze équipes professionnelles arrivent en Floride du Sud, dans des stades dédiés à des équipes de Minor League. Deux équipes pros y sont toutefois basées à l'année : les Miami Marlins et les Tampa Bay Rays (St Petersburg). Les Minnesota Twins et Boston Red Sox s'entraînent à Fort Myers.

Les stock-cars de la NASCAR sont apparus au moment de la prohibition, quand la contrebande avait besoin de véhicules rapides pour échapper aux poursuites. Bien au-delà de leur Sud d'origine, ces courses sensationnelles sont extrêmement populaires en Floride et se déroulent assez souvent à Daytona.

Des sports importés rencontrent aussi le succès en Floride du Sud, tels la pelote basque, appréciée des parieurs à Miami, et le cricket, grâce à l'importante communauté jamaïcaine et caribéenne de la région de Miami.

Religion

Avec une diversité religieuse bien plus marquée que chez ses voisins, la Floride se démarque des autres États méridionaux.

Ici, la répartition se fait moins entre villes et campagne qu'entre Nord et Sud. Environ 40% des Floridiens sont protestants, dont 25% d'évangéliques qui soutiennent souvent la droite religieuse. Ces protestants conservateurs sont bien plus présents dans le nord de l'État, à proximité des autres États du sud des États-Unis.

La majorité des catholiques de Floride, qui représentent 21% de la population, et des juifs (3%) vivent dans le Sud. Dans cette partie de l'État, les juifs représentent 12% de la population, formant la deuxième communauté juive du pays derrière celle de la région de New York. La forte représentation des catholiques s'explique surtout par les nombreux immigrés latino-américains.

Le sud de la Floride abrite aussi une communauté musulmane de plus en plus nombreuse, ainsi qu'un nombre significatif d'adeptes de la *santería*, qui mêle catholicisme et croyances d'Afrique de l'Ouest, mais aussi du vaudou, pratiqué surtout par les Haïtiens.

Les Floridiens sont environ 17% à se déclarer sans appartenance religieuse, ce qui ne veut pas dire qu'ils n'ont aucune croyance spirituelle, mais plutôt qu'aucune catégorie proposée dans le recensement ne leur correspond. Par exemple, une des plus célèbres communautés religieuses de Floride est celle de Cassadaga (www.cassadaga.org), qui accueille les spirites depuis plus d'un siècle.

Arts et culture

Divertissements kitsch et populaires sont ordinairement les attributs de la Floride replacée dans le contexte artistique national. C'est là qu'ont été inventés les parcs d'attractions, le Spring Break, la série télévisée *Deux flics à Miami* et le roman noir farfelu. Mais il serait injuste de limiter à quelques-unes de ses plus exubérantes contributions l'apport floridien dans le domaine culturel artistique. Pour le meilleur, les traditions de l'État sont autant couleur locale que cosmopolites, et vibrent au rythme surréaliste et changeant de cette péninsule infestée d'alligators et soumise aux ouragans.

Littérature

À partir des années 1930, la Floride gagna, avec trois écrivains majeurs, le rang d'authentique voix littéraire. Le plus célèbre fut Ernest Hemingway, qui s'installa à Key West en 1928 pour écrire, pêcher et boire (pas toujours dans cet ordre-là). Si "Papa" a écrit ici *Pour qui sonne le glas* et *L'Adieu aux armes*, seul un de ses romans se déroule en Floride, *En avoir ou pas* (*To Have and Have Not*, 1937 ; *Le Port de l'angoisse*, de Howard Hawks, dans sa version cinématographique), sa vie restant donc bien plus mêlée à la région que son écriture.

Le titre d'"auteur le plus floridien" revient généralement à Marjorie Kinnan Rawlings, qui vécut à Cross Creek, entre Gainesville et Ocala. Elle porta un regard plein d'empathie sur les pionniers de Floride (les fameux crackers qui peuplèrent la "Floride invisible") et la beauté brute des paysages sauvages et marécageux. Son roman *Jody et le Faon* (*The Yearling*, 1938) lui valut le prix Pulitzer, et *Cross Creek* (1942), son autobiographie, est très largement saluée. Sa maison d'origine abrite aujourd'hui un musée.

Certains des plus grands écrivains américains, dont Robert Frost, Stephen King, Isaac Bashevis Singer et Annie Dillard, ont figuré ou figurent parmi les *snowbirds* de Floride. Chaque année en janvier, les lettrés de tous les États-Unis se donnent rendez-vous lors du Key West Literary Seminar.

Dernière de ce trio, l'Afro-Américaine Zora Neale Hurston vécut dans la ville noire d'Eatonville, près d'Orlando. Elle devint une personnalité clé du mouvement de renouveau de la culture afro-américaine à Harlem dans les années 1930. Son roman le plus célèbre, *Une femme noire* (*Their Eyes Were Watching God*, 1937), évoque les souffrances des Noirs de la Floride rurale, en particulier des femmes. Dans *Seraph on the Suwanee* (1948), Hurston raconte le mariage de deux crackers de Floride. *Des pas dans la poussière : autobiographie d'une petite-fille d'esclave* (*Dust Tracks on the Road*, 1942) qui retrace son parcours avec humour fut un immense succès. Néanmoins, controversée de son vivant, Hurston est morte dans un relatif dénuement mêlé d'indifférence.

Autre roman célèbre sur les pionniers, *A Land Remembered* (1984), vaste saga de Patrick Smith, couvre plusieurs générations sur fond de guerre de Sécession, tandis que *Shadow Country* (2008), de Peter Matthiessen, est un chef-d'œuvre de la littérature épique. Cette trilogie réunissant trois romans dont un seul a été traduit en français (*Monsieur Watson doit mourir*, Éditions de l'Olivier, 1992) s'inspire de l'histoire vraie de E.J. Watson, chasseur de plumes dans les Everglades au début du XXe siècle, qui assassina ses employés et fut tué par les gens de son village.

LITTÉRATURE POPULAIRE DE FLORIDE

Les auteurs de romans policiers aiment chatouiller les mystères des marais. Cette liste comprend les premiers volumes de séries devenues célèbres. À emporter à la plage pour une journée de suspense au paradis.

- *Miami Blues* de Charles Willeford (Rivages, 1984). Willeford s'est fait connaître avec cette série où s'illustre un policier à dentier, Hoke Mosley. Du même auteur, *La Messe noire du frère Springer* (Rivages, 2001) se passe dans les années 1950, du côté de Jacksonville.
- *Punch créole* d'Elmore Leonard (Rivages, 1998). Leonard est le maître incontesté des intrigues complexes, des dialogues percutants et des méchants hors pair. Ce roman qui se déroule à Miami inspira à Tarantino son *Jackie Brown*.
- *Pêche en eau trouble* de Carl Hiaasen (Pocket, 1999). Dans ce roman, l'auteur a perfectionné sa rage de l'absurde et de l'humour noir. Des meurtres autour de tournois de pêche au bar ont des conséquences spectaculaires : on rit à en pleurer. *Comme un poisson dans l'eau* et *Chouette*, pour les enfants, sont aussi de petits bijoux.
- *Cold Case Squad* (Edna Buchanan, 2001). Le sergent Craig Burch, de la police de Miami, dirige la brigade des affaires classées, dans le roman d'une ancienne journaliste criminelle du *Miami Herald*, lauréate du prix Pulitzer.
- *Stingray Shuffle* de Tim Dorsey (Rivages, 2008). Une vision cocasse et terrifiante des maux de la Floride, auxquels cet auteur prolixe confronte ses personnages favoris.

La littérature floridienne se fait surtout remarquer sur la scène internationale par ses romans noirs excentriques. Carl Hiaasen incarne à lui seul ce genre. Dans ses récits désopilants à message écologique s'affrontent marginaux et assassins : les méchants sont les promoteurs et leurs vrais crimes sont des crimes contre la nature. Randy Wayne White, John D. MacDonald, James Hall et Tim Dorsey sont aussi des écrivains très lus.

Les romanciers modernes de Floride aiment le surnaturel, l'hyperbole... Ils cultivent même un côté gothique, Harry Crews en tête avec ses univers de monstres trop humains. Depuis son premier *Chanteur de gospel* (*The Gospel Singer*, 1968), le maître de l'humour noir et du grotesque a publié des dizaines de romans dont seule une petite dizaine a été traduite en français. Autres romans cultes, *33 degrés à l'ombre* (*Ninety-two in the Shade*, 1973, adapté au cinéma), de Thomas McGuane, et *Kilomètre zéro* (*Mile Zero*, 1989), de Thomas Sanchez, sont des fantaisies oniriques et bien écrites sur Key West. N'oublions pas *Continents à la dérive* (*Continental Drift*, 1985), de Russell Banks, rencontre tragique entre un Blanc du New Hampshire épuisé par le travail et une Haïtienne dans un Miami sans pitié.

Plus récemment, *Swamplandia!* (2011), de Karen Russell, combine les personnages à la Hiaasen et l'univers magique des marais pour décrire la rude existence d'une famille pratiquant la lutte contre les alligators.

Deux des meilleurs festivals du film aux États-Unis sont le Miami International Film Festival (p. 115), vitrine du cinéma latino-américain, et le Florida Film Festival (p. 261) d'Orlando, en pleine expansion.

Cinéma et télévision

Tenez-vous-le pour dit : Jacksonville a bien failli être Hollywood. Dans les années 1910, elle comptait trente maisons de production (bien plus que son pendant californien) qui ont largement exploité le cadre "exotique" de ses plages bordées de palmiers pour leurs cent vingt et quelques films muets. Mais la folie douce de Laurel et Hardy dans leurs comédies burlesques ne reçut pas l'accueil attendu auprès de la population pieuse et conservatrice de Jacksonville qui chassa ces olibrius de chez elle au moment où ils connaissaient ailleurs le succès. En 1926, la crise de l'immobilier, plus l'émergence du parlant, achevèrent ce qu'il restait de l'industrie du cinéma en Floride.

Il s'en est tout de même fallu de peu, et pour cause : comme la Californie, la Floride a toujours nourri son lot de fantasmes, et ici, ils sont devenus réalité avec les parcs d'attractions.

De fait, Hollywood est de temps en temps revenu en Floride pour produire des séries TV ou des films, courtisés par l'État de Floride. Parmi les plus connus, citons *Noix de coco* (1928) des Marx Brothers, *L'Étrange Créature du lac noir* (filmé par Jack Arnold à Wakulla Springs, 1954), *The Truman Show* (filmé à Seaside par Peter Weir, 1998), *L'Or de la vie* (Victor Nuñez, 1997), *Donnie Brasco* (Mike Newell, 1997), *Get Shorty* (Barry Sonnenfeld, 1995), *Chouette* (Wil Shriner, 2006) et *Miami Blues* (George Armitage, 1992).

La Floride sert de cadre (et de personnage clé) à nombre de séries télévisées, dont le récent *Dexter* qui prend prétexte de mettre en scène la vie d'un tueur en série de Miami pour renouveler le genre *vigilante* (justicier solitaire). Dans les années 1960, les plus célèbres étaient *Flipper le dauphin* et *Jinny de mes rêves*. Cette série qui se déroule à Cocoa Beach est une ode à la Floride : un astronaute découvre dans une bouteille un génie qui n'est autre qu'une magnifique jeune femme et qui, malheureusement, ne réalise jamais vraiment bien ses souhaits.

Dans les années 1980, Miami vit son image bouleversée dès la diffusion de *Miami Vice* (*Deux flics à Miami*) une série policière sans concession, dont le succès participa à la rénovation du quartier historique de South Beach, alors délabré. La populaire série *Les Experts : Miami* a envers l'acteur Don Johnson et *Miami Vice* une dette inestimable.

L'industrie cinématographique de Miami montre désormais une volonté manifeste de s'affranchir de l'ostentatoire et du kitsch. Si *Deux flics à Miami* avait ouvert la voie en matière de noirceur de traitement, le cinéma et la télévision lui ont depuis emboîté le pas. Des séries comme *Dexter* dépassent le côté glamour de Miami pour plonger au cœur de sa bizarrerie. La séric *Bloodline* produite par Netflix perpétue la tradition floridienne du "polar noir au soleil", avec la sombre histoire et les démêlés d'une famille des Keys. Le film de 2016, *Moonlight (Moonlight : l'histoire d'une vie)*, oscar du meilleur film, se passe essentiellement à Miami, et explore les thèmes de l'homosexualité, du racisme et du crime.

Il est également intéressant de noter que Miami est un grand centre dans le domaine médiatique, cinématographique et télévisuel hispanophone. Le premier débat présidentiel en espagnol aux États-Unis s'est tenu à l'université de Miami, sur Univision, et le réseau hispanophone Telemundo est basé à Hialeah, dans la banlieue de Miami.

Tiré d'un roman de Glendon Swarthout – et largement responsable du Spring Break tel que nous le connaissons aujourd'hui –, le film *Where the Boys Are* (*Ces folles filles d'Ève*, 1960) relate l'histoire paillarde de quatre étudiantes du Midwest parties fêter leur majorité à Fort Lauderdale en quête de *sea, sex and sun*.

Musique

En Floride, le patrimoine musical est riche et plaisant. Le folk et le blues sont profondément enracinés dans le paysage musical, avec de grands noms comme Ray Charles et Julian Cannonball Adderley, originaires de Floride. Amateurs de folk, rendez-vous au Spirit of the Suwannee Music Park (www.musicliveshere.com), près du Suwannee River State Park. Les amoureux du blues trouveront leur bonheur à Tallahassee.

Écrit par Stephen Foster en 1851 et surtout connu par son refrain "*Waaaay down upon the Suwanee River*", l'hymne de la Floride, *Old Folks at Home*, relève de la complainte d'un exilé loin de sa patrie, mais renvoie par ailleurs à la nostalgie d'un esclave pour sa plantation. Ces dernières décennies, il a été tenté d'en moderniser les paroles pour débarrasser de ses accents tendancieux cette ode à la Floride d'antan, mais d'aucuns estiment qu'il vaudrait tout bonnement mieux changer d'hymne.

ARTS DE LA SCÈNE

Bien que le grand dramaturge Tennessee Williams ait vécu par intermittence durant trente ans à Key West (un musée lui est consacré, voir p. 193), il n'y a pas vraiment de tradition locale du théâtre ni de la danse en Floride. Plusieurs villes du Sud ont toutefois des troupes et des scènes de premier ordre.

Miami montre l'exemple, naturellement. Le Miami City Ballet (p. 147), fondé par George Balanchine, est un des plus grands corps de ballet du pays. De dimension nationale, la Florida Dance Association (www.floridadanceassociation.org) promeut l'enseignement de la danse et les spectacles. À Miami, ne manquez pas l'Adrienne Arsht Center for the Performing Arts (p. 147) ni le New World Center (p. 68). Tampa et St Petersburg sont aussi reconnues pour leurs arts de la scène.

Dans le domaine purement théâtral, Miami, Sarasota, Orlando et même Fort Myers donnent de bonnes pièces.

Ici, on a le rock dans la peau. Après avoir contribué à définir le rock'n roll, Bo Diddley a passé la seconde moitié de sa vie près de Gainesville. Le nord de la Floride est l'un des berceaux du sous-genre typiquement américain qu'est le rock sudiste (*Southern rock*). Ce style se caractérise par des références historiques au honky tonk rétro couplé à des paroles populaires, parfois impétueuses. Tom Petty, Lynyrd Skynyrd et les Allman Brothers forment la sainte trinité du rock sudiste de Floride.

Plus récemment, plusieurs groupes, notamment Matchbox Twenty, Dashboard Confessional, Radical Face et Iron & Wine ont également fait leurs débuts en Floride. Le rock indé marche fort dans tout l'État, des villes universitaires comme Gainesville aux rues latinos de Miami (ce qui est un peu plus étonnant).

Le très populaire Jimmy Buffett, dont le cœur reste à Key West où que se produise son groupe, définit le mieux la Floride. Ses fans, surnommés les *Parrotheads*, sont d'une fidélité (d'aucuns parlent d'obsession) à toute épreuve. Ses créations, si vous n'avez jamais rien entendu de lui, sont de simples musiques de plage qui plaisent au plus grand nombre et ont un léger penchant rebelle – de l'anarchie à coups de tongs et de piña colada, en quelque sorte. Dans cet État où les goûts musicaux ont tendance à être très marqués, les riffs de guitare simples de Buffett dressent un pont entre les différents camps. Les Floridiens les plus conservateurs apprécient ses postures hédonistes, tandis que ceux qui ont le cœur plus à gauche aiment ses prises de position écologiques.

Orlando (grâce à Lou Pearlman, décédé en 2016) a donné au monde un genre musical particulier : les boy bands de 'N Sync et les Backstreet Boys. En fait, c'est à Orlando, par l'intermédiaire de Disney, que l'on doit le façonnage d'une grande partie de la musique pop destinée aux adolescents et jeunes adultes ; Miley Cyrus et Britney Spears ont beau ne pas venir de Floride, elles n'en ont pas moins parfait leur habilité à se vendre grâce à des coachs formés chez Disney. Si l'objectif de la pop est de créer un son universel capable de traverser les frontières, le rythme floridien parvient à s'installer dans la plupart des albums d'Orlando vendus dans le monde entier, des tubes destinés aux jeunes passant leur temps dans les centres commerciaux, dont ceux de Victoria Justice, née à Hollywood, ou d'Ariana Grande, née à Boca Raton.

Le rap et le hip-hop sont bien présents à Tampa et à Miami, allant du groupe 2 Live Crew à Trick Daddy, en passant par Rick Ross, DJ Khaled et Pitbull. Lien le plus flagrant entre le hip-hop nord-américain et le reggaeton, ce dernier, avec ses origines panaméenne et portoricaine, tient d'un mélange de rap et de dancehall de Jamaïque, de soca de Trinidad, de salsa et d'électro.

Miami voit également prospérer un savoureux mélange de salsa cubaine, de reggae jamaïcain et de flamenco espagnol, sans oublier le mambo, la rumba, le cha-cha-cha, le calypso et bien d'autres rythmes. Gloria Estefan et son Miami Sound Machine furent à l'origine de la renaissance de la musique cubaine dans les années 1970, mêlant sons latinos et disco. Certes, le disco est mort, mais pas le latino ; écoutez Los Primeros pour découvrir le hip-hop version Miami. Les grands événements, comme le Miami Carnaval, offrent l'occasion d'écouter des groupes cubains jouer tous ensemble en réunissant jusqu'à vingt musiciens et chanteurs.

La musique électro est présente dans tout le sud de la Floride, notamment à Miami, qui met ce genre à l'honneur lors de deux grands festivals : l'Ultra Music Festival et la Winter Music Conference, qui se déroulent tous deux en mars (les dates des deux festivals se chevauchent généralement).

Architecture

Comme la littérature, l'architecture floridienne présente des traits caractéristiques. On y passe de l'ancien – comme le style colonial espagnol et sa version du début du XXe siècle, le Spanish Colonial Revival à St Augustine – au moderne offensif, comme à Miami et plus particulièrement à South Beach.

Au début du XXe siècle, Henry Flagler a beaucoup fait pour le développement d'un style hispano-mauresque de fantaisie typiquement floridien, qui mélangeait villas italiennes, patios nord-africains et espaces ouverts. Le monumental Hotel Ponce de León de St Augustine (actuel Flagler College) en est la parfaite illustration, tout comme la Whitehall Mansion à Palm Beach (actuel Flagler Museum) ou, à Miami, l'imposante Coral Gables, conçue par George Edgar Merrick.

Prise dans le tourbillon Art déco des années 1920 et 1930 (adapté en "tropical déco" en Floride), Miami Beach abrite aujourd'hui la plus importante collection d'édifices de ce style aux États-Unis. Pourtant, ils furent délaissés jusqu'au milieu des années 1980 où leurs courbes et briques de verre ont fait l'objet d'une campagne de restauration, repeintes en rose ou bleu pastel.

La "maison de cracker", type principal d'architecture vernaculaire en Floride, a longtemps été décriée. Pourtant, ces pionniers ont modelé leurs foyers pour obtenir le plus grand confort possible dans ce climat subtropical à une époque où l'air conditionné n'existait pas ! Sol surélevé, portes et fenêtres disposées de façon à permettre les courants d'air,

LES FLORIDA HIGHWAYMEN

Pour se faire un petit pécule (20 $ la toile sur bois ou aggloméré), une vingtaine de peintres autodidactes afro-américains ont commencé dans les années 1950 à exposer leurs paysages de Floride – flamboyants couchers de soleil et marais idéalisés – le long de l'I-95 et de l'A1A, à même le coffre de leur voiture. La *highway* pour galerie ? Un mouvement de peinture était né, celui des Highwaymen !

C'est l'artiste blanc A.E. "Beanie" Backus, professeur à Fort Pierce, qui les a encouragés et formés. Considéré comme le doyen de la peinture paysagiste floridienne, Beanie était aussi largement autodidacte et aimait peindre au couteau. On regroupe souvent tous ces peintres des années 1950-1960 sous un nom d'"école", l'Indian River School, par référence aux jeux de lumière des paysagistes de l'Hudson River School.

On collectionne aujourd'hui cet art marginal très apprécié. Pour en savoir plus, consultez le site Internet des Highwaymen (www.floridahighwaymenpaintings.com) et rendez-vous à l'AE Backus Museum & Gallery (www.backusgallery.com), à Fort Pierce.

pignons et porches élargis pour apporter de l'ombre, toits de métal réverbérant la chaleur, tout était fait pour se protéger au maximum. Faute d'esthétique, ces maisons étaient bien pensées, comme en atteste celle de Marjorie Kinnan Rawlings à Cross Creek.

Peinture et arts plastiques

La Floride aime l'art moderne, et permet à ses représentants de voir la vie en rose. En 1983, l'artiste Christo a connu un franc succès en drapant chacune des onze îles de Biscayne Bay d'une immense collerette de tissu rose vif (rose flamant !) : telles de gigantesques fleurs, elles flottaient dans l'océan et les immeubles de Miami semblaient à côté bien peu de chose.

Tout le monde a aimé les photographies de Spencer Tunick quand il a disposé 140 femmes nues sur des radeaux rose fluo dans la piscine de l'hôtel Sagamore en 2007. Tout le monde a aussi aimé Roberto Behar et Rosario Marquardt quand ils ont installé leur *Living Room* rose saumon dans le Design District. Quelles qu'en soient les raisons, les grandes compositions exhibitionnistes aux couleurs flashy sont la marque de fabrique de Miami. Cela concerne aussi Romero Britto, artiste d'origine brésilienne, dont les œuvres aux allures de graffitis naïfs ornent plusieurs bâtiments, notamment le Children's Museum. La place de Miami dans l'art contemporain a été consacrée en 2002 avec l'arrivée de l'Art Basel. Aujourd'hui, il est indéniable que seules les galeries de Los Angeles et de Manhattan peuvent rivaliser avec celles de Miami.

Certains disent que le goût des Floridiens pour les couleurs vives a commencé avec les Florida Highwaymen (voir l'encadré p. 517) et leurs paysages vernaculaires aux couleurs saturées. Autre célèbre autodidacte, Earl Cunningham est parfois surnommé "Grandpa Moses" en raison de ses portraits naïfs d'un monde révolu.

Enfin, la Floride ne manque pas de musées de très grande qualité. Outre Miami, les courants artistiques sont fort bien représentés à Fort Lauderdale, West Palm Beach, St Petersburg, Tampa, Sarasota, Naples et Orlando.

Folk Art et art singulier

- *Mennello Museum of American Art (p. 250), Orlando*
- *Richard Bickel Photography (p. 479), Apalachicola*
- *Lovegrove Gallery (p. 451), Matlacha*
- *Fort East Martello Museum & Gardens (p. 194), Key West*
- *Big Cypress Gallery (p. 161), Everglades National Park*

Environnement

L'écosystème de la péninsule floridienne est l'un des plus variés au monde. Il y a des millions d'années de cela, une masse calcaire se fixa au nord du tropique du Cancer. L'association de la roche poreuse et du climat donna naissance à un monde aquatique d'une richesse rare – un monde fragile que l'homme pourrait détruire en un clin d'œil.

Géographie et géologie

La Floride n'a aucun relief. Il s'agit d'un État plat comme une crêpe. La naturaliste Marjory Stoneman Douglas comparait la péninsule à une cuillère d'eau douce flottant délicatement dans un bol d'eau salée – une masse calcaire spongieuse posée entre l'océan Atlantique et le golfe du Mexique. Son point culminant, Britton Hill dans le Panhandle, atteint péniblement 106 m, moins de la moitié des buildings du centre de Miami. De fait, la Floride est officiellement l'État le plus plat du pays, tout en étant le 22e par la superficie (151 670 km^2).

Toutefois, plus de 6 500 km^2 sont couverts d'eau ; la carte est littéralement criblée de lacs et de sources. Au sud de la péninsule s'étend le Lake Okeechobee, le deuxième plus grand lac d'eau douce d'Amérique du Nord ; le fond se situe à quelques mètres au-dessus du niveau de la mer, et il est si peu profond que l'on peut pratiquement le traverser à pied. Des canaux détournent la majeure partie de l'eau.

Tous les ans, le Lake Okeechobee tente d'inonder tout doucement la pointe sud de la péninsule, mais les canaux détournent la majeure partie de l'eau, soit vers les champs d'irrigation, soit vers les deux principales masses d'eau qui encadrent la Floride : le golfe du Mexique et l'océan Atlantique. Mais si l'eau devait suivre le terrain, elle n'aurait d'autre choix que de s'écouler : depuis le centre du lac, la terre s'incline d'environ 15 cm tous les 10 km jusqu'au point où la Floride plonge sous la mer et se transforme en une multitude d'îles : les Ten Thousand Islands et les Florida Keys, qui s'égrènent jusqu'au golfe du Mexique. Key West, la dernière de l'archipel, est le point le plus méridional des États-Unis continentaux.

Cela dit, lorsque les eaux du Lake Okeechobee recouvrent les terres du sud de la Floride, elles rencontrent les prairies et les étendues calcaires pour créer un espace naturel à nul autre pareil : les Everglades. Elles remplissent également les nappes aquifères d'eau douce nécessaires à l'alimentation en eau de la région de Miami, de plus en plus urbanisée. Aujourd'hui, de nombreux projets, qui semblent freinés du fait d'intérêts privés et d'obstacles administratifs, sont à l'étude afin de restaurer le cours originel de l'eau, du centre jusqu'au sud de la Floride, une manœuvre qui pourrait redonner de la vitalité aux Glades et, jusqu'à un certain point, répondre aux besoins en eau de Miami et sa banlieue.

La spécificité de la Floride est due à son emplacement, dans une zone de transition subtropicale entre les climats tempéré du Nord et tropical du Sud. Cela explique les récifs de corail de la côte, les plus vastes d'Amérique du Nord, les marais, les bizarreries botaniques et les créatures étranges. Les Everglades, élevés au rang de biosphère internationale, classés au Patrimoine mondial et parc national, sont à la hauteur de leur réputation.

Mais aussi splendides que soient les "Glades", il y a bien d'autres paysages à découvrir. Les Keys se composent ainsi de biomes aux mangroves superbes. La Gulf Coast s'est lentement érodée au fil des millénaires pour donner de larges rubans de sable fin et blanc émaillés de fossiles. Le bassin de l'Apalachicola River dans le Panhandle a été appelé "jardin d'Éden" : des plantes de la période glaciaire survivent dans des ravins perdus et cet endroit compte plus d'espèces d'amphibiens et de reptiles que partout ailleurs. L'estuaire de l'Indian River Lagoon, qui s'étire sur 251 km le long de la côte atlantique, est le plus diversifié du continent. Dans le nord de la Floride, le terrain karstique – un calcaire grêlé et truffé de cavités – renferme la nappe aquifère de Floride : alimentée exclusivement par les pluies, elle ressurgit dans plus de 700 sources (*springs*) d'eau douce.

Faune et flore

Animaux

Les marais pleins d'alligators, les rivières peuplées de serpents, les lamantins des mangroves, les tortues sur les plages et le spectacle des gigantesques volées d'oiseaux de mer feraient pâlir n'importe quelle créature de Disney.

DÉCOUVRIR ET PRÉSERVER LA NATURE

Si les bateaux à fond de verre et les combats avec les alligators ont fait place aux promenades en buggy des marais et aux rencontres avec les lamantins, une question demeure : si certaines pratiques sont autorisées, faut-il pour autant y souscrire ? Tout le monde peut protéger la nature en choisissant le meilleur moyen de la découvrir sans lui nuire.

Pour la plupart des activités, il n'existe pas de réponse unique et les impacts spécifiques font débat. Voici néanmoins quelques conseils :

Aéroglisseurs et buggys des marais Si les aéroglisseurs laissent une empreinte bien plus légère que les buggys à grosses roues, tous deux sont motorisés et bruyants et ont un impact largement supérieur à celui des canoës dans les marais. Les activités non motorisées sont toujours préférables.

Rencontre avec les dauphins Les dauphins en captivité sont généralement des rescapés, habitués aux humains. En revanche, si vous rencontrez des dauphins dans l'océan, sachez que la loi fédérale interdit de les nourrir, de les poursuivre ou de les toucher. Habituer un animal sauvage à l'homme peut lui être fatal, car la proximité des humains est souvent source de conflit ou d'accident.

Nager avec les lamantins Si vous nagez près des lamantins, une espèce menacée et protégée, ne les touchez pas. L'observation passive est la norme. Le harcèlement est un problème grandissant qui pourrait déboucher sur une interdiction de les approcher.

Nourrir les animaux sauvages Jamais ! Des animaux inoffensifs comme le cerf ou le lamantin peuvent prendre la mauvaise habitude d'être nourris par l'homme, tandis que nourrir l'ours ou l'alligator peut les inciter à... vous chasser !

Sites de ponte des tortues de mer Il est interdit par la loi d'approcher les sites de ponte ou les petits qui rejoignent la mer. La plupart des plages de ponte comportent des panneaux d'avertissement et respectent un couvre-feu en soirée. Si vous croisez des tortues sur la plage, restez à distance et ne prenez pas de photo au flash.

Préserver les récifs coralliens Les polypes coralliens sont des organismes vivants ; les toucher ou les casser favorise les infections et les maladies. Pour éviter d'abîmer les récifs, ne les touchez jamais.

Oiseaux

Près de 500 espèces ont été répertoriées dans l'État, dont certains des plus beaux oiseaux aquatiques migrateurs : ibis, aigrette, grand héron, pélican d'Amérique et grue blanche. Cela fait de la Floride un paradis pour l'observation des oiseaux.

Environ 350 espèces séjournent dans les Everglades, mais vous n'avez pas besoin d'arpenter les marais pour les observer. Achevé en 2006, le Great Florida Birding Trail (floridabirdingtrail.com), un itinéraire de 3 200 km, comprend près de 500 sites d'observation. Neuf d'entre eux sont des sites "portails" avec centre des visiteurs et prêt gratuit de jumelles ; téléchargez des guides sur le site Internet, et repérez les panneaux bruns le long de la route.

Parmi les plus grands oiseaux, le pélican blanc arrive en hiver (octobre-avril), tandis que le pélican brun, le seul à plonger pour pêcher, réside ici toute l'année. Pour admirer la superbe spatule rosée (de la famille des ibis), visitez le JN "Ding" Darling National Wildlife Refuge, le site d'hivernage pour le tiers de sa population américaine.

Chaque hiver, quelque 5 000 grues du Canada sédentaires sont rejointes par 25 000 cousins migrateurs. Les grues blanches, qui mesurent 1,50 m de haut, sont les plus grands oiseaux d'Amérique du Nord. Elles ont presque entièrement disparu. Une centaine d'entre elles passent l'hiver sur la Gulf Coast, près de Homosassa.

Oiseaux chanteurs et rapaces évoluent aussi dans les cieux de la Floride. L'État compte un millier de couples d'aigles chauves (aucun autre État du Sud n'en abrite autant), ainsi que des faucons pèlerins, qui fondent sur leur proie à 240 km/h et migrent au printemps et en automne.

Autrefois, la loi autorisait la chasse ces oiseaux pour leurs splendides plumes, travaillées pour finir chez des modistes. Marjory Stoneman Douglas, journaliste à Miami et grande défenseuse des Everglades, a écrit sur cette pratique et sur la disparition de la faune aviaire qui en a résulté. Cette démarche a été à l'origine de l'établissement de mesures pour la protection de la flore et de la faune dans l'État.

Pour découvrir les efforts extraordinaires déployés afin de sauver la grue blanche, visitez le site d'Operation Migration (www.operationmigration.org), une organisation à but non lucratif dirigée par Bill Lishman, dont les techniques ont inspiré le film *L'Envolée sauvage*. Vous pouvez aussi consulter www.bringbackthecranes.org.

Mammifères terrestres

La panthère de Floride est le mammifère le plus menacé de l'État. Avant l'arrivée des Européens, quelque 1 500 individus vivaient en Floride. À partir de 1832, une prime fut accordée pour chaque trophée de panthère (5 $) et l'animal fut chassé sans répit pendant les 130 années suivantes. Lors de l'interdiction de la chasse en 1958, les panthères ne parvenaient plus à survivre. Sans un programme d'élevage en captivité lancé en 1991, la panthère de Floride aurait aujourd'hui disparu. Avec environ 120 individus répertoriés, l'espèce n'est pas encore sauvée. Les panthères sont le plus souvent victimes des véhicules à moteur. Tous les ans, quelques-unes sont tuées sur les routes ; faites très attention aux panneaux de limitation de vitesse postés dans les zones, comme la Tamiami Trail, qui traverse l'Everglades National Park et la Big Cypress Preserve.

Si la panthère reste rare, la population d'ours noirs est remontée à 3 000 individus. Avec la diminution des forêts, des ours s'aventurent parfois dans les faubourgs du nord de la Floride.

Facile à observer, le cerf de Virginie fait souvent partie du paysage. Le cerf des Keys, une espèce endémique, est un cerf nain de moins de 1 m, plus léger qu'un enfant de 10 ans, qui vit principalement sur Big Pine Key.

Bien qu'il soit clairement originaire de l'ouest des États-Unis, le coyote est un animal adaptable qui a été observé dans toute la Floride, jusque dans l'archipel des Keys. Il reste à espérer qu'il ne continue pas son expansion jusqu'à Big Pine Key, où vit le cerf des Keys, mentionné plus haut.

Espèce en voie critique d'extinction, le loup roux vivait autrefois sur des terres alluviales, dans des marais et des forêts inondés du littoral est, en particulier le long de la côte sud-est. La chasse et la perte de son habitat ont provoqué sa quasi-disparition, mais une population reproductrice a été établie dans le St Vincent National Wildlife Refuge, dans l'arrière-pays de la côte du Panhandle.

Mammifères marins

Les eaux côtières de Floride abritent 21 espèces de dauphins et de baleines. De loin le plus commun, le grand dauphin est très sociable, extrêmement intelligent et se rencontre fréquemment tout autour de la péninsule. Les dauphins en captivité font souvent partie de cette espèce.

Les quelque 300 baleines franches de l'Atlantique Nord viennent en hiver mettre bas au large de Jacksonville. Ce gigantesque cétacé, le plus menacé, peut mesurer plus de 15 m de long.

L'hiver est aussi la saison des lamantins, qui recherchent les eaux tièdes des estuaires et des canaux de délestage des centrales hydroélectriques à partir de novembre. Ces lourdes créatures placides sont une autre espèce emblématique de la Floride, dont la protection passionne et divise les habitants.

Reptiles et amphibiens

Avec 184 espèces estimées, la Floride compte la plus grande variété de reptiles et d'amphibiens du pays. Or, cette population s'accroît d'espèces invasives, capables de mettre à mal le délicat écosystème de la Floride, spécialement les pythons birmans, espèce exotique, souvent relâchés par des propriétaires inconscients. Parmi les espèces les plus dangereuses et invasives figurent le python molure, les iguanes noir et vert et le varan du Nil.

LES LAMANTINS DE FLORIDE

S'il est difficile de croire que les lamantins aient jadis été pris pour des sirènes, on comprend aisément leur pouvoir de séduction : ces énormes mammifères doux et curieux ressemblent à d'adorables nounours de 3 m de long et de 450 kg. Solitaires et joueurs, ils "surfent" sur les vagues et, de novembre à mars, gagnent les eaux plus chaudes des estuaires et des sources. Comme l'homme, le lamantin ne survit pas plus de 24 heures dans une eau à 17°C, et en hiver, il affectionne particulièrement les sources de Floride, à 22°C.

Présent dans la région depuis plus de 45 millions d'années, ce timide herbivore est sans défense hormis sa corpulence (les plus gros atteignent 4 m et 1 400 kg) et ne fait pas grand-chose à part se reposer et engloutir quotidiennement 10% de son poids en nourriture. Il se déplace mollement et se reproduit lentement : les femelles donnent naissance à un petit tous les 2 à 5 ans. L'accouplement est la seule exception à leur tranquillité ; les mâles font alors preuve d'un comportement agressif.

Le lamantin de Floride est protégé depuis 1893 et a figuré sur la première liste fédérale des espèces menacées en 1967. Alors que cette créature était autrefois chassée pour sa viande, les collisions avec les bateaux sont aujourd'hui la principale cause de sa mortalité (plus de 20% des décès). Les blessures provoquées par les hélices sont si nombreuses que les scientifiques se servent des cicatrices pour identifier les individus.

Leur recensement est particulièrement difficile et hasardeux. En 2013, la prolifération d'algues responsables de la marée rouge dans le sud-ouest de la Floride et l'apparition de maladies ont entraîné la mort de 16% de la population totale. Il reste à l'heure où nous écrivons ces lignes environ 6 000 lamantins en Floride.

L'alligator, animal emblématique de l'État, est omniprésent dans le centre et le sud de la Floride. Il ne représente pas une grande menace pour l'homme, à moins que vous ne fassiez quelque chose d'incroyablement stupide, comme le nourrir ou le provoquer. Cela étant dit, il reste préférable d'éloigner les enfants en bas âge et les animaux domestiques des étendues d'eau que l'on ne connaît pas. Le sud de la Floride abrite aussi la seule population de crocodiles d'Amérique du Nord, soit environ 1 500 spécimens. Ils préfèrent l'eau salée et se distinguent des alligators par un museau plus pointu et des dents qui dépassent.

Tortues, grenouilles et serpents prolifèrent en Floride. Rien n'est plus joli qu'un scinque ou un anolis (des lézards) qui se faufile sur un porche ou un trottoir. Sur les 44 espèces de serpents, seules six sont venimeuses, mais quatre d'entre elles sont communes. Parmi les espèces venimeuses figurent trois crotales (diamantin, pygmée ou des bois), le mocassin à tête cuivrée, le mocassin d'eau et le serpent corail. Le crotale diamantin est le plus grand (jusqu'à 2 m), le plus agressif et le plus dangereux. Si le mocassin d'eau vit dans l'eau et à proximité, la plupart des serpents d'eau de Floride sont inoffensifs.

Audubon of Florida (www.audubonofflorida.org) est sans doute la première organisation écologiste de la Floride. Elle fournit quantité d'informations sur l'écologie et les oiseaux, et publie le magazine *Florida Naturalist* (en anglais).

Tortues marines

La Floride compte la plupart des sites de ponte des tortues marines aux États-Unis continentaux. Les trois espèces prédominantes creusent chaque année plus de 80 000 nids, principalement sur les plages de la côte atlantique sud, mais aussi sur celles du golfe du Mexique. La tortue caouanne est majoritaire, loin devant la tortue verte et la tortue luth, suivies de la tortue imbriquée et de la tortue de Kemp ; toutes sont en danger ou menacées. La tortue luth, la plus grande, peut atteindre 3 m de long et peser 900 kg.

Durant la ponte, de mai à octobre, les tortues déposent de 80 à 120 œufs dans chaque nid. Environ deux mois plus tard, les petits émergent en même temps et gagnent l'océan. Contrairement à une idée reçue, ils n'ont pas besoin de la lune pour trouver leur chemin. En revanche, ils peuvent être désorientés par la lumière artificielle et le bruit. Pour les observer sans les perturber, contactez un organisme agréé ; une liste figure sur www.myfwc.com/seaturtle (cliquez sur "Educational Information" puis sur "Where to View Sea Turtles").

Plantes

La flore de la péninsule présente, avec plus de 4 000 espèces, une diversité sans équivalent aux États-Unis continentaux. La Floride, à cheval sur l'extrémité sud des écosystèmes tempérés et l'extrémité nord des tropicaux, possède une stupéfiante variété d'environnements. Il est intéressant de noter que la plupart des régions situées à cette latitude sont des déserts, contrairement à la Floride.

Marécages et marais

Plusieurs centaines de plantes endémiques ont réussi à s'adapter au milieu humide, détrempé et souvent salin des marais, bourbiers, chenaux, bassins, prairies et marécages de Floride. La majeure partie des Everglades se compose de vastes étendues de marisques, dont les tiges sont garnies de petites dents et atteignent 3 m de hauteur. Le sud de la Floride est une symphonie de laîches, de graminées et de joncs. Ces espèces coriaces, qui supportent l'eau, produisent des graines qui nourrissent les animaux, protègent les poissons dans les eaux peu profondes et servent d'abri dans les marais aux oiseaux et aux alligators.

Les plantes les plus étranges sont les espèces aquatiques, qui poussent sous ou sur l'eau. Certaines flottent au gré des courants, comme l'utriculaire et le cornifle immergé, qui vit, fleurit et subit sa pollinisation sous l'eau. Les marais abritent de nombreuses plantes à racines avec des feuilles flottantes, tels le lotus américain, le nénuphar ou le nénuphar d'Amérique (*Nuphar advena*) dont la fleur s'épanouit tel un bouton-d'or. Plante immergée commune, le bident penché (*Bidens cernua*) peut couvrir de jaune toutes les prairies.

Lorsque le sol s'élève suffisamment pour créer des îlots, des collines, des buttes et des bancs plus secs, apparaissent des boisements typiques du sud de la Floride et portant le nom de *hammocks*. Densément boisés, ils associent des essences tropicales, des palmiers et des arbres semi-caducs et à feuilles persistantes, comme le chêne.

En Floride, même les plantes ont du mordant : le Panhandle abrite la plupart des plantes carnivores des États-Unis, une manière de survivre dans un sol sablonneux pauvre en nutriments.

Tout aussi spectaculaire, le superbe cyprès chauve est l'arbre qui supporte le mieux les inondations. Il peut atteindre 45 m ; son tronc est massif et ses racines noueuses s'élèvent au-dessus du sol détrempé. Les "dômes de cyprès" désignent un type de marais créé par une dépression aquatique dans un marécage de pins.

Forêts, broussailles et flatwoods

Les forêts du nord de la Floride, en particulier dans le Panhandle, possèdent une biodiversité qui n'a rien à envier aux marais du Sud. Les forêts continentales tempérées de noyers blancs, d'ormes, de frênes, d'érables, de magnolias et de caroubiers côtoient les divers pins, gommiers et chênes communs dans toute la Floride, ainsi que les marisques, cyprès et palmiers sabal (l'arbre emblématique de la Floride) dans le Sud. Humide mais tempérée, la forêt d'Apalachicola abrite 40 espèces d'arbres et plus d'espèces d'insectes que les scientifiques ne peuvent compter.

Le centre et le nord de la Floride étaient jadis couverts de forêts de pins des marais, convoités pour le bois et la gomme. Aujourd'hui, il ne reste plus que 2% des anciennes forêts en raison de l'exploitation forestière. Le

LES GARDIENS DES EVERGLADES

Quiconque a plongé une pagaie parmi les herbes et les *hammocks* boisés du parc national des Everglades ne pourra qu'approuver le surnom de l'alligator de Floride : "gardien des Everglades". Avec un museau, des yeux et un dos si immobiles qu'ils rident à peine la surface de l'eau, les alligators veillent sur les Glades depuis plus de 200 millions d'années.

Si l'on n'en connaît pas précisément le nombre, on estime que 1,5 million d'alligators vivent dans les lacs, les rivières et les terrains de golf de l'État. Ils ne sont plus officiellement menacés, mais demeurent protégés en raison de leur ressemblance avec le crocodile américain, en voie, lui, de disparition. Toutefois, depuis 1988, la Floride autorise la chasse des alligators dans la limite de deux individus par personne et par an. L'alligator servi dans les restaurants provient de fermes autorisées.

Ces prédateurs se placent au sommet de la chaîne alimentaire ; leurs trous d'eau deviennent des réserves indispensables pendant la saison sèche et les sécheresses, bénéfiques à tout l'écosystème des marais. Les alligators, qui vivent environ 30 ans, peuvent atteindre 4 m de long et peser 450 kg.

La parade amoureuse commence en avril et leur accouplement a lieu en mai et juin. Fin juin, les femelles pondent de 30 à 45 œufs qui incubent 2 mois. En moyenne, seuls 4 alligators par couvée parviennent à l'âge adulte.

Les alligators chassent dans l'eau, souvent près de la rive ; ils ne montent sur la berge que pour fuir. En Floride, on compte de 15 à 20 attaques d'humains non mortelles chaque année, et 26 attaques mortelles se sont produites depuis 1973.

Certains estiment à 50 km/h la vitesse de pointe d'un alligator sur une courte distance. Zigzaguer pour leur échapper relève du mythe ; en cas de danger, courez tout droit aussi vite que possible.

Lamantin, Crystal River (p. 422)

Pinus elliottii (ou *slash pine*), à croissance rapide, a largement supplanté les pins des marais dans les forêts secondaires.

On trouve des broussailles dans tout l'État, généralement sur d'anciennes dunes au sol sablonneux bien irrigué. Dans le Centre, le long du Lake Wales Ridge, les broussailles constituent les plus anciennes communautés de plantes, avec le plus grand nombre d'espèces endémiques et rares. Le *Pinus clausa*, le chêne de Banister, le romarin et les lichens prédominent.

Les broussailles se fondent souvent dans les *flatwoods*, des marécages où s'épanouissent diverses essences de pins, avec des graminées et/ou des palmiers nains au niveau inférieur. Les palmiers nains, aux feuilles coupantes en dents de scie, ont une importance primordiale : leurs fruits nourrissent les ours et les cerfs (et auraient des vertus médicinales qui permettraient de prévenir les cancers), ils constituent un refuge pour les panthères et les serpents, et les abeilles butinent leurs fleurs.

Le site de Florida Native Plant Society (www.fnps.org), une organisation à but non lucratif, fournit des informations actualisées sur la protection et les espèces invasives, ainsi qu'un aperçu intéressant des plantes et des écosystèmes de la Floride.

Mangroves et dunes côtières

Lorsqu'elle n'est pas couverte de sable, la côte du sud de la Floride est souvent frangée de mangroves. Le terme mangrove se réfère à tous les arbres et broussailles tropicaux adaptés à un sol humide, à l'eau salée et à des inondations périodiques. Les mangroves ont aussi développé un mode de reproduction inhabituel : les graines germent encore attachées à l'arbre "parent". Des 50 types de mangroves existant dans le monde, trois prédominent en Floride : la rouge, la noire et la blanche.

Les mangroves jouent un rôle vital dans la péninsule, et leur destruction provoque habituellement des dégâts écologiques. Les mangroves stabilisent les sols côtiers en fixant le sable, le limon et les sédiments – le terrain ferme ainsi gagné finit paradoxalement par

Pélican brun, Fort Myers Beach (p. 439)

étrangler les mangroves elles-mêmes. Elles atténuent l'effet des orages et les vents dévastateurs des ouragans, servent d'amarres aux populations dépendant de la marée et des estuaires, et fournissent des habitats indispensables à la survie de la faune.

Les dunes côtières sont couvertes d'herbes et de broussailles, de palmiers nains et de quelques pins et palmiers sabal. L'*Uniola paniculata* (ou *sea oat*), dont les grandes plumes retiennent le sable soufflé par le vent, stabilise aussi les dunes, tandis que les *hammocks* côtiers se composent de gommiers rouges, surnommés "arbres du touriste" en raison de leur écorce rouge pelée.

Parcs nationaux, d'État et régionaux

Environ 26% du territoire floridien relèvent de propriétés publiques, réparties en trois forêts nationales, 11 parcs nationaux, 29 réserves animalières (Pelican Island fut la première) et 164 parcs d'État. La fréquentation augmente, avec plus de 20 millions de visiteurs chaque année dans les parcs d'État. Ces derniers ont été deux fois élus les meilleurs du pays.

Les parcs de Floride s'explorent facilement. Pour plus d'informations, consultez les sites Internet des organisations suivantes :

La **Florida Fish & Wildlife Commission** (www.myfwc.com) gère les Wildlife Management Areas (WMA), des zones non construites pour la plupart ; son site Internet est une excellente source d'information sur l'observation de la faune, le bateau, la chasse, la pêche et les permis.

Florida State Parks (www.floridastateparks.org)

National Forests, Florida (www.fs.usda.gov/florida)

National Park Service (www.nps.gov)

National Wildlife Refuges, Florida (www.fws.gov/southeastl)

Recreation.gov (www.recreation.gov) Réservation dans les campings nationaux.

Alligator, Everglades (p. 158)

Problèmes écologiques

Les problèmes écologiques de la Floride sont la conséquence d'un siècle d'urbanisation, de croissance démographique et du tourisme. L'urgence de leur règlement est à la mesure de la diversité exceptionnelle de la nature de cet État. Les problèmes environnementaux, complexes et reliés entre eux, comprennent l'érosion des marais, la baisse des nappes phréatiques, la pollution (surtout des eaux), les espèces invasives ou menacées et la destruction des habitats. Nul recoin de Floride n'échappe à ces problèmes.

Il faut cependant reconnaître que la Floride fait des efforts significatifs dans ce domaine. En 2000, l'État a voté le Florida Forever Act, un programme écologique décennal de 3 milliards de dollars, renouvelé pour 10 ans en 2008. Il a également voté la création du Comprehensive Everglades Restoration Plan (www.evergladesplan.org), projet de plusieurs milliards de dollars, et du Central Everglades Planning Project, un projet associé. Malheureusement, la mise en œuvre de ce dernier a été repoussée faute d'approbation de la part d'agences fédérales, telles que l'Army Corps of Engineers.

Le Lake Okeechobee, contrôlé par le barrage Hoover depuis 1928, est empoisonné par des boues toxiques. Remuées par les ouragans, elles provoquent des "marées rouges", une prolifération d'algues qui tuent les poissons. Ce phénomène naturel est aussi déclenché par la pollution et les déversements d'eau artificiels. La construction d'un système de réservoirs pour soulager la pression sur le lac est en discussion.

Plus de la moitié des lacs de Floride sont envahis par des algues dont les efflorescences toxiques déciment la faune locale. Si la pollution industrielle a diminué, la pollution résidentielle (égouts, ruissellement d'engrais) la compense largement, avec des conséquences désastreuses

CHASSEURS DE FANTÔMES

La Floride compte davantage d'espèces d'orchidées que tout autre État nord-américain. Les orchidées constituent elles-mêmes la plus grande famille de plantes à fleurs du monde, avec quelque 25 000 espèces. Rares sont les plantes qui fascinent autant les botanistes, et la variété floridienne qui inspire la plus grande dévotion est la rare orchidée fantôme (*Dendrophylax lindenii*).

Cet étrange épiphyte ne possède pas de feuilles et ne donne qu'une fleur blanche, dont le labelle se dédouble comme une longue moustache. La pollinisation de l'orchidée fantôme est effectuée la nuit par le sphinx géant, seul insecte à posséder une trompe assez longue pour atteindre l'ergot à nectar, long de 12 cm.

Les quelque 2 000 orchidées fantômes poussent presque toutes dans le Big Cypress National Preserve et le Fakahatchee Strand Preserve State Park, mais les emplacements précis des orchidées fantômes sont gardés secrets par peur des braconniers qui, comme le révèle Susan Orlean dans son livre *Le Voleur d'orchidées*, menacent la survie de la plante. Ces parcs abritent également d'autres orchidées sauvages, tout comme l'Everglades National Park, le Myakka River State Park et le Corkscrew Swamp Sanctuary.

Pour en savoir plus, consultez Florida's Native Orchids (www.flnativeorchids.com) et Ghost Orchid Info (www.ghostorchid.info), et visitez les Marie Selby Botanical Gardens (p. 426), à Sarasota.

pour les sources d'eau douce de Floride, dont l'eau peut devenir trouble et impropre à la consommation. En outre, les nappes phréatiques sont pompées pour alimenter les foyers, les sources se tarissent et les terrains karstiques asséchés s'effondrent parfois, engloutissant maisons et voitures.

Le développement immobilier se poursuit toutefois, à un rythme effréné. Le corridor Miami-Fort Lauderdale-West Palm Beach (la 4e plus grande zone urbaine du pays) est "saturé" et les promoteurs visent le Panhandle et le centre de la Floride. Les projections pour les cinquante prochaines années montrent une urbanisation galopante le long des deux côtes et dans le centre de l'État. Il est prévu que la population de l'État double entre 2006 et 2060.

À cela s'ajoute la hausse du niveau des mers, liée au réchauffement climatique. Dans cette optique, les Florida Keys jouent le rôle de canaris de mines. Encore un siècle, plaisantent certains, et la côte du sud de la Floride sera la nouvelle Atlantide, avec ses plus luxueuses propriétés englouties.

Floride pratique

Carnet pratique

Ambassades et consulats

Ambassades et consulats américains à l'étranger

Vous pouvez consulter la liste complète des ambassades et consulats des États-Unis à l'étranger sur le site de l'ambassade américaine (www.usembassy.state.gov).

France Ambassade (☎01 43 12 22 22 ; fr.usembassy.gov/fr ; 2 av. Gabriel, 75008 Paris)

Belgique Ambassade, section consulaire (☎ (0)2-811-4000 ; be.usembassy.gov ; Blvd du Régent 25 Regentlaan, 1000 Bruxelles)

Canada Ambassade à Ottawa (☎613-688-5335 ; ca.usembassy.gov ; 490 Sussex Drive, Ottawa, K1N 1G8) Consulat à Montréal (☎514-398-9695 ; 315 pl d'Youville, Suite 500, Montreal, H2Y 0A4)

Suisse (☎031-357-70-11 ; ch.usembassy.gov ; Sulgeneckstrasse 19, CH-3007 Bern)

Ambassades et consulats étrangers en Floride

Les représentations suivantes sont toutes situées à Miami.

Consulat de Belgique (☎1-305-600-0982 ; consulmiami@gmail.com ; 990 Biscayne Blvd, Suite 701)

Consulat du Canada (☎305-579-1600 ; miami-gr@international.gc.ca ; 200 S Biscayne Blvd, Suite 1600)

Consulat de France (☎305-403-4150 ; www.consulfrance-miami.org ; 1395 Brickell Ave, Suite 1050)

Consulat de Suisse représentation honoraire (☎404-870-2000 ; miami@honrep.ch ; 1561 Agua Ave, Coral Gables)

Argent

Le dollar américain, familièrement appelé *buck*, est la seule monnaie légale dans le pays.

Un dollar équivaut à 100 cents (¢). Les pièces ont toutes un nom : 1 ¢ (penny), 5 ¢ (nickel), 10 ¢ (dime), 25 ¢ (quarter), celles de 50 ¢ (half-dollar) et de 1 $ sont très rares. Les quarters sont les pièces utilisées pour les distributeurs et les parcmètres. Il y a des billets de 1 $, 2 $ (rares), 5 $, 10 $, 20 $, 50 $ et 100 $.

Cartes bancaires

La plupart des hôtels, restaurants, stations-service, magasins et agences de location de voitures acceptent les CB – notamment les Visa et MasterCard.

Change

Les banques restent le meilleur endroit pour changer des devises étrangères.

Les bureaux de change des aéroports et des offices du tourisme proposent les taux les moins avantageux ; renseignez-vous sur les commissions et les frais supplémentaires.

Travelex (☎516-300-1622 ou 877-414-6359 ; www.travelex.com) est une importante société de change, mais les agences **American Express** (☎800-528-4800 ; www.

CONSEILS AUX VOYAGEURS

La plupart des gouvernements possèdent des sites Internet qui recensent les dangers possibles et les régions à éviter. Consultez notamment les sites suivants :

Ministère des Affaires étrangères français (www.diplomatie.gouv.fr)

Ministère des Affaires étrangères de Belgique (diplomatie.belgium.be)

Département fédéral des Affaires étrangères suisse (www.dfae.admin.ch/eda/fr/home.html)

Ministère des Affaires étrangères du Canada (www.voyage.gc.ca)

americanexpress.com) offrent souvent des meilleurs taux.

Pour connaître les derniers taux de change, consultez www.xe.com/fr.

Distributeurs automatiques de billets (DAB)

Les DAB (ATM en anglais) sont nombreux mais prélèvent généralement une commission (2,50 $ minimum) si vous recourez à un autre réseau bancaire que le vôtre.

Pourboire

Le pourboire fait partie des quotidiens des Américains.

- Au restaurant, un service satisfaisant ou excellent se paie d'un pourboire de 15 à 25% de la note.
- On laisse aux barmen 1 $ par boisson et aux serveurs de café un peu de monnaie dans un bocal.
- Dans un taxi, le pourboire est de 10 à 15%.
- On donne 1 $ par bagage aux bagagistes dans les aéroports et les hôtels chics.
- Si vous passez plusieurs nuits dans un hôtel, il est d'usage de laisser quelques dollars à l'équipe d'entretien.

PRATIQUE

- **Poids et mesures** Les distances sont mesurées en pied (ft), yard et mile ; les poids en once (oz), livre (lb) et tonne.
- **Journaux** Il y a plusieurs grands quotidiens en Floride : *Miami Herald* (*El Nuevo Herald*, en espagnol), *Orlando Sentinel*, *Tampa Bay Times* et *Sun-Sentinel*, entre autres.
- **Tabac** Il est interdit de fumer en Floride sur tous les lieux de travail fermés, notamment les restaurants et boutiques, mais pas dans les bars sans restauration ni dans les chambres fumeurs.
- **Radio** Consultez www.npr.org/stations pour découvrir les radios publiques nationales de Floride.
- **Télévision** La Floride reçoit toutes les grandes chaînes américaines de la télévision et du câble. Florida Smart (www.floridasmart.com/news) en fournit la liste par région. Le standard de télévision couleur est le NTSC, qui n'est compatible ni avec le PAL (propre à la France) ni avec le Secam.

Assurance

Tomber malade, avoir un accident de voiture ou se faire voler coûte très cher aux États-Unis. Assurez-vous d'être correctement couvert avant le départ. Il est conseillé de souscrire une assurance qui vous couvrira en cas d'annulation de votre voyage, de vol, de perte de vos affaires, de maladie ou encore d'accident.

Vérifiez notamment que les "sports à risque", comme la plongée, la moto ou même la randonnée ne sont pas exclus de votre contrat, ou encore que le rapatriement médical d'urgence, en ambulance ou en avion, est couvert. De même, le fait d'acquérir un véhicule dans un autre pays ne signifie pas nécessairement que vous serez protégé par votre propre assurance.

Vous pouvez contracter une assurance qui réglera directement les hôpitaux et les médecins, vous évitant ainsi d'avancer des sommes qui ne vous seront remboursées qu'à votre retour. Dans ce cas, conservez avec vous tous les documents nécessaires (les consultations médicales se règlent généralement en espèces : demandez un reçu pour le remboursement).

Attention ! Avant de souscrire une police d'assurance, vérifiez bien que vous ne bénéficiez pas déjà d'une assistance par votre carte de crédit, votre mutuelle ou votre assurance automobile.

Les citoyens de certaines provinces canadiennes peuvent bénéficier jusqu'à un certain point d'accords de réciprocité des soins avec les États-Unis : renseignez-vous auprès des autorités de santé dont vous dépendez avant le départ.

N'oubliez pas de prendre avec vous les documents relatifs à l'assurance ainsi que les numéros à appeler en cas d'urgence.

Bénévolat

La formule du bénévolat offre de belles occasions de faire connaissance avec la population locale et le pays, de manière plus approfondie que si vous vous contentiez d'un séjour touristique.

Volunteer Florida (www.volunteerflorida.org), principale organisation d'État, coordonne les centres de bénévoles de toute la Floride. Elle s'adresse aux résidents, mais les visiteurs pourront trouver des projets qui conviendront à leurs intérêts et leurs dates de séjour.

Les parcs d'État de la Floride ne pourraient pas fonctionner sans bénévoles. Chaque parc coordonne ses propres bénévoles et reçoit le soutien d'une organisation "amie" fonctionnant uniquement grâce au bénévolat (officiellement, elles sont appelées Citizen Support Organizations). Le site des **Florida State Parks** (www.floridastateparks.org/getinvolved/volunteer) propose des liens et des contacts.

Enfin, **Habitat for Humanity** (www.miamihabitat.org), qui construit des maisons et aide les sans-abri, fait un travail herculéen en Floride.

En France, des organismes offrent des opportunités de travail bénévole sur des projets de développement ou d'environnement, parfois sur des périodes courtes, de une à quatre semaines. Certaines associations s'adressent plus spécifiquement aux jeunes.

Voici quelques organismes à connaître :

- **Comité de coordination du service volontaire international** (CCIVS ; ☎01 45 68 49 36 ; ccivs.org)
- **Maison de l'Unesco** (☎01 45 68 10 00 ; www.unesco.org ; 7 pl de Fontenoy, 75007 Paris)
- **Délégation catholique pour la coopération** (DCC ; ☎01 45 65 96 65 ; www.ladcc.org ; 106 rue du Bac, 75007 Paris)
- **Association Rempart** (☎01 42 71 96 55 ; www.rempart.com ; 1 rue des Guillemites, 75004 Paris)
- **Concordia** (☎01 45 23 00 23 ; www.concordia.fr ; 64 rue Pouchet, 75017 Paris)
- **Cotravaux** (☎01 48 74 79 20 ; www.cotravaux.org ; 11 rue de Clichy, 75009 Paris)
- **Jeunesse et Reconstruction** (☎01 47 70 15 88 ; www.volontariat.org ; 10 rue de Trévise, 75009 Paris)
- **Service civil international** (SCI, branche française ; ☎03 20 55 22 58 ; www.sci-france.org ; 75 rue du Chevalier-Français, 59800 Lille)
- **Solidarités Jeunesses** (☎01 55 26 88 77 ; www.solidaritesjeunesses.org ; 10 rue du 8-mai-1945, 75010 Paris)

Cartes et plans

L'**IGN** (www.ign.fr) propose une carte détaillée de la Floride (1/800 000).

Parmi les cartes que vous trouverez sur place, celles éditées par **Rand McNally** (www.randmcnally.com) ou la **Delorme Mapping Company** (www.delorme.com) sont excellentes. Outre ces cartes vendues en librairie et dans les stations-service, vous pourrez vous procurer des cartes gratuites dans les bureaux d'informations touristiques.

Les sites du Rand McNally et de l'**AAA** (www.aaa.com) fournissent une aide à la navigation et des cartes à télécharger gratuitement, de même que **Google Maps** (maps.google.com).

Cartes de réduction

Il n'existe pas de cartes de réduction spécifiques à la Floride. Toutefois, la concurrence dans le tourisme étant acharnée, on obtient généralement des remises en faisant preuve de patience, de persévérance, et en se documentant de manière exhaustive.

Les membres de certaines associations ont droit à des réductions (environ 10%) dans de nombreux hôtels, musées et attractions. Ayez votre carte sur vous.

Étudiants Toute carte d'étudiant donne droit à une réduction ; les étudiants étrangers auront intérêt à se procurer une carte d'étudiant internationale (ISIC ; www.isiccard.com).

Seniors Cette catégorie commence à 65 ans, parfois à 60 ans. Il suffira de présenter une carte d'identité pour bénéficier de tarifs avantageux dans les musées et autres sites touristiques.

Désagréments et dangers

En matière de criminalité, il y a Miami et le reste de la Floride. En règle générale, Miami souffre des mêmes problèmes que les autres grandes villes américaines, mais elle n'est pas pire. Ailleurs, la Floride enregistre un taux de criminalité plus bas que le reste du pays. Cela dit, toute ville touristique attire comme un aimant les voleurs à la tire et les cambrioleurs de voiture.

En cas d'urgence (police, ambulance, pompiers), appelez le ☎911. Le numéro est gratuit.

Ouragans

La saison des ouragans de Floride va de juin à novembre, avec un pic en septembre-octobre. Rares sont les tempêtes de l'Atlantique et du golfe du Mexique qui se transforment en ouragan, et plus rares encore sont celles qui touchent la Floride, mais leurs dégâts peuvent être immenses. Respectez toutes les alertes, tous les avertissements et ordre d'évacuation.

Les ouragans sont généralement repérés à l'avance et laissent le temps de se préparer. En cas de menace, écoutez la radio et la télévision. Pour plus de renseignements sur ces phénomènes et les mesures à prendre, contactez :

Florida Emergency Hotline (☎800-342-3557). Dernières informations en cas d'alerte.

Florida Division of Emergency Management (www.floridadisaster.org). Mesures à prendre en cas d'alerte.

National Weather Service (www.nws.gov). Prévisions météo.

Douane

Le site de l'**US Customs & Border Protection** (www.cbp.gov) comprend une liste complète et à jour des règles douanières. Chaque visiteur peut apporter en duty free 1 l d'alcool (il faut avoir 21 ans minimum), 200 cigarettes (il faut avoir 18 ans minimum) et des cadeaux et achats d'une valeur totale de 100 $ maximum.

Électricité

Les prises ont deux fiches plates (avec souvent une troisième fiche ronde) : prévoyez un adaptateur.

Les États-Unis fonctionnent sur du courant 110/120 V/60 Hz. Vérifiez que vos appareils électriques comportent la mention 100-240 V, 50/60 Hz (compatibles), sinon vous aurez besoin d'un convertisseur.

Type A
120 V/60 Hz

Type B
120 V/60 Hz

Femmes seules

Les femmes voyageant seules ou en groupe ne devraient rencontrer aucun problème particulier en Floride.

Le site **Journeywoman** (www.journeywoman.com) permet aux femmes de partager des astuces de voyage et publie des liens utiles.

Ces deux groupes actifs dans tout le pays peuvent être d'un grand secours :

National Organization for Women (www.now.org)

Planned Parenthood (www.plannedparenthood.org)

Il peut être utile d'avoir un sifflet ou un spray au poivre en cas d'attaque. Posséder et utiliser ces aérosols est autorisé par la loi en Floride, mais uniquement comme arme de défense. Les lois fédérales interdisent leur transport en avion.

En cas d'agression, il peut être préférable d'appeler une ligne spécialisée pour les victimes de viol avant d'appeler la police (☎911). Vous trouverez les numéros de ces organismes dans l'annuaire. Vous pouvez aussi appeler 24h/24 la **National Sexual Assault Hotline** (SOS agression sexuelle ; ☎800-656-4673), ou aller directement à l'hôpital. La police se montre parfois peu délicate envers les victimes d'agression, alors que les centres d'aide aux victimes de viol ou les hôpitaux les soutiennent et servent de lien avec les autres services et la police.

Formalités et visas

Avant le départ, il est impératif de contacter les ambassades et les consulats pour s'assurer que les modalités d'entrée sur le territoire n'ont pas changé.

Pour connaître les dernières dispositions, consultez le site du **Département américain de l'État** (travel.state.gov/content/visas/en.html). Les Français peuvent aussi regarder le site de l'**ambassade américaine** (french.france.usembassy.gov) ou les pages consacrées aux formalités sur le site francophone de l'**office du tourisme américain** (www.office-tourisme-usa.com/etape-de-preparation/formalites-dentree-aux-etats-unis-passeport-esta-visa).

Tout visiteur étranger doit posséder un **passeport**. Le visa touristique n'est obligatoire que pour les ressortissants de pays non inclus dans le Visa Waiver Program (voir ci-dessous).

Pour conduire ou louer une voiture, les visiteurs de pays non anglophones doivent se procurer un permis de conduire international dans leur pays d'origine.

Nous vous conseillons de scanner tous vos documents importants (pages d'introduction de votre passeport, cartes de crédit, police d'assurance, billets de train/d'avion/de bus, permis de conduire, etc.). Vous remplacerez ainsi plus aisément ces documents en cas de perte ou de vol.

Visa Waiver Program

Un programme d'exemption de visa (Visa Waiver Program ou VWP) permet aux ressortissants de 38 pays dont la France, la Belgique, le Luxembourg et la Suisse, de séjourner jusqu'à 90 jours aux États-Unis sans visa, à condition de posséder un passeport sécurisé à lecture optique. La liste des pays est constamment réexaminée.

Il est nécessaire de se munir de :

- Un passeport conforme aux normes actuellement en vigueur aux États-Unis et valide au moins 6 mois après la fin du séjour.
- Un billet aller-retour ou de continuation.

UN FIL D'ARIANE EN VOYAGE

Le **portail Ariane** (pastel.diplomatie.gouv.fr/fildariane), mis en place par le Centre de crise du ministère des Affaires étrangères, est un service gratuit permettant au voyageur français à l'étranger d'être contacté par le service consulaire, sur son téléphone portable ou par e-mail, au cas où des événements graves (crise politique, catastrophe naturelle, attentat...) se produiraient dans le pays durant son séjour, ou de contacter rapidement sa famille ou ses proches en France en cas de besoin.

La procédure d'inscription se réalise en ligne, où vous donnez des informations sur votre voyage (date de départ, de retour, numéro de téléphone portable, coordonnées d'éventuels contacts sur place, adresses de séjour et itinéraire prévu, etc.).

Grâce à ce service, vous recevrez en outre, avant votre départ, des recommandations de sécurité par e-mail si la situation dans le pays le justifie.

Il existe une application pour les Smartphones et les tablettes, intitulée *Conseils aux voyageurs*.

- Une somme d'argent suffisante pour couvrir votre séjour.
- Des obligations dans votre pays garantissant votre retour (travail, domicile, famille...).

ESTA

Les ressortissants des pays concernés par le VWP doivent remplir leur ESTA sur le site du **Département de la sécurité intérieure des États-Unis** (esta.cbp.dhs.gov/esta) jusqu'à 72 heures avant leur arrivée (mais faites-le le plus tôt possible). Les frais de dossier reviennent à 14 $; une fois acceptée, l'inscription est valable deux ans (à renouveler en cas de changement de situation) ou jusqu'à la date d'expiration du passeport.

Les Canadiens n'ont aucune formalité spécifique à effectuer (pas d'ESTA requis) ; ils doivent juste se munir d'un passeport valide pour séjourner jusqu'à 6 mois aux États-Unis.

Attention, les citoyens concernés par le VWP qui se sont rendus en Iran, Irak, Libye, Somalie, Soudan, Syrie, ou Yémen depuis le 1er mars 2011 devront dorénavant faire une demande de visa, de même que les personnes de nationalité iranienne, soudanaise, irakienne ou syrienne.

Visas requis

Vous devrez faire la demande d'un visa auprès d'une ambassade ou d'un consulat américains dans votre pays d'origine si :

- Vous n'êtes pas ressortissant d'un pays relevant du VWP.
- Vous êtes ressortissant d'un pays relevant du VWP mais avez voyagé en Iran, Irak, Libye, Somalie, Soudan, Syrie, ou Yémen depuis le 1er mars 2011, ou avez la nationalité de l'un de ces pays.
- Vous souhaitez séjourner plus de 90 jours.
- Vous souhaitez travailler ou étudier aux États-Unis.

Entrer aux États-Unis

En arrivant aux États-Unis, le visiteur doit se soumettre à la procédure de l'Office of Biometric Identity Management (OBIM, ancien US-VISIT), qui comprend un relevé d'empreintes digitales et une photo numérique. Pour des renseignements, consultez le site du **Dept of Homeland Security** (www.dhs.gov/obim).

Si vous emportez un ordinateur portable, une tablette ou un appareil photo numérique, assurez-vous que la batterie est chargée et que les officiers des douanes pourront en inspecter le contenu s'ils le souhaitent.

Handicapés

En raison du grand nombre d'habitants retraités en Floride, la plupart des bâtiments publics sont accessibles aux fauteuils roulants et disposent de salles d'attente adaptées. Les transports sont généralement accessibles à tous, et les opérateurs téléphoniques proposent les services de standardistes pour les malentendants. Quantité de banques possèdent des DAB avec des instructions en braille. Par ailleurs, les rampes d'accès sont courantes et, à de nombreuses intersections, des signaux sonores indiquent quand on peut traverser.

Le site de l'**Office du tourisme des États-Unis** (www.office-tourisme-usa.com) fournit des informations et des liens utiles pour préparer son voyage. Consultez la rubrique "Handicap" de l'onglet "Préparez votre voyage".

Pour les voyageurs handicapés se rendant à Miami, le site du **Greater Miami Convention & Visitors Bureau** (www.miamiandbeaches.com/visitors/accessible.asp) dresse la liste des plages et des centres sportifs facilement accessibles et propose des liens utiles pour les transports ou la location de fauteuils roulants.

Pour l'accessibilité des personnes à mobilité réduite à Disney World et Universal Orlando Resort, reportez-vous p. 272 et p. 326.

En France, un certain nombre d'organismes sont spécialisés dans l'aide aux voyageurs handicapés. L'**APF** (Association des paralysés de France ; ☎01 40 78 69 00 ; www.apf.asso.fr ; 17 bd Auguste-Blanqui, 75013 Paris) peut vous fournir des informations sur les voyages accessibles. L'agence de voyages **Yoola** (www.yoola.fr) et l'association **Ailleurs & Autrement** (www.ailleursetautrement.fr) organisent des voyages adaptés aux personnes à mobilité réduite. **Yanous** (www.yanous.com) et **handicap.fr** (www.handicap.fr) constituent également de bonnes sources d'information.

Hébergement

Beaucoup d'établissements proposent certaines chambres au-dessus ou au-dessous de leur prix moyen et les tarifs peuvent fluctuer en fonction de la saison ou des jours fériés, surtout à Orlando et dans les villes balnéaires touristiques. Des conseils pour obtenir les meilleurs prix selon les destinations sont donnés tout au long de ce guide. Réserver tôt en haute saison pour les destinations très touristiques (comme les plages et les *resorts* d'Orlando) est parfois nécessaire. Notez que la climatisation est la norme dans tous les hébergements en Floride (excepté les campings).

BUDGET HÉBERGEMENT

Les catégories de prix ci-après s'entendent pour une chambre double standard en haute saison, sauf mention contraire. Attention, selon la région, "saison haute" peut vouloir dire été ou hiver. Sauf mention contraire, le prix ne comprend pas le petit-déjeuner, la sdb est privative, et les hébergements sont ouverts toute l'année.

$ moins de 120 $

$$ 120-200 $

$$$ plus de 200 $

Auberges de jeunesse

Dans la plupart des auberges, les dortoirs ne sont pas mixtes et les sdb sont communes ; il arrive aussi que l'alcool soit interdit. La moitié environ des auberges de jeunesse de Floride sont affiliées à Hostelling International USA (www.hiusa.org). Il n'est pas nécessaire d'être membre pour passer la nuit sur place, mais le tarif est légèrement plus élevé. Il est possible de devenir membre HI par téléphone, en ligne ou dans la plupart des auberges de jeunesse. Depuis les États-Unis, il est possible de réserver une place dans de nombreuses auberges HI via le service de réservation gratuit.

Les coordonnées des nombreuses auberges de jeunesse indépendantes de Floride, non affiliées à HI-USA, figurent sur www.hostels.com. La plupart proposent des tarifs et un confort comparables aux auberges HI, certaines sont même de meilleure qualité.

Bed & Breakfasts

Ces hébergements vont de la petite maison confortable avec sdb commune (pour les moins chers), à la maison historique de charme et autres opulentes demeures, avec mobilier d'époque et sdb particulières (pour les plus onéreux). Les B&B haut de gamme à prétention romantique n'accueillent pas toujours les enfants. Auberges et B&B exigent souvent une durée de séjour minimale de 2 ou 3 jours le week-end, ainsi qu'une réservation. Renseignez-vous toujours au préalable par téléphone sur la politique d'accueil de l'établissement (notamment en ce qui concerne les enfants, les animaux de compagnie et le droit de fumer) et demandez si la sdb est commune ou individuelle. En effet, nombre de B&B d'entrée de gamme ont encore des sdb communes. Toutefois, tout établissement facturant plus de 100 $ la nuit devrait proposer une sdb privative. En règle générale, un B&B s'affichant comme tel sert un petit-déjeuner complet avec plats chauds pour 1 ou 2 personnes. Les établissements se désignant comme des auberges (*inns*) ne servent pas toujours le petit-déjeuner. Sachant que dans ce genre d'hébergement, le petit-déjeuner est justement l'un des meilleurs atouts, assurez-vous s'il est inclus ou non avant de réserver !

Campings et parcs de vacances

Trois types de terrains de camping sont disponibles : rudimentaire ou sans infrastructures (12 $/nuitée), public ou alimenté en électricité (15 $ à 25 $) et privés (25 $ et plus). En général, les campings de Floride sont assez sûrs. Si les terrains les plus simples ne jouissent d'aucun confort, la plupart des terrains publics disposent de toilettes et de l'eau potable. Il faut impérativement réserver sa place dans un camping d'État, par téléphone au ☎800-326-3521 ou sur www.reserveamerica.com.

Les campings privés s'adressent avant tout aux camping-cars (RV pour *recreational vehicles*), mais disposent aussi de quelques emplacements pour les tentes. Les équipements

RÉSERVATION EN LIGNE

Trouvez un vol, un séjour ou un hôtel en quelques clics dans la rubrique "Réservation" de www.lonelyplanet.fr.

sont nombreux : piscine, blanchisserie, épicerie, bar... Kampgrounds of America (www.koa.com) est un réseau national de campings privés ; leurs "Kamping Kabins" sont équipées de la clim et d'une cuisine.

Le camping sauvage (*free camping* ou *framping*) est une pratique de plus en plus courante, mais régulée. On peut légalement dormir dans sa voiture ou son camping-car, ou planter sa tente dans un lieu public, s'il a été répertorié par les autorités. Les sites peuvent être peu glamour (parkings de casinos) ou, au contraire, superbes (un terrain en bord de rivière). Pour savoir les endroits où la pratique est autorisée, rendez-vous sur www.freecampsites.net. Notez que vous pouvez avoir une amende si vous ne vous trouvez pas au bon endroit.

Hôtels

Nous avons essayé dans ce guide de mettre en valeur les hôtels indépendants, mais dans de nombreuses villes, les hôtels de chaîne offrent le meilleur rapport qualité/prix en termes de confort, d'emplacement et de tarifs. La fiabilité est le grand atout des hôtels de chaîne : on peut compter sur une propreté suffisante, une décoration quelconque mais supportable, une literie confortable et une douche de qualité. Clim, mini-frigo, micro-ondes, sèche-cheveux, coffre-fort, et, de plus en plus, TV à écran plat et Wi-Fi gratuit sont désormais la norme dans les chaînes de catégorie moyenne. La tendance récente, particulièrement à Miami et dans les stations balnéaires, est aux nouvelles enseignes originales du type aloft (www.starwoodhotels.com/alofthotels). Ces établissements détenus par des chaînes hôtelières ayant davantage pignon sur rue tentent de se faire une place dans la catégorie des boutiques-hôtels.

Les hôtels haut de gamme de chaînes comme le Four Seasons et le Ritz-Carlton assurent une multitude de services grand luxe : concierges affiliés aux Clefs d'Or, voiturier, *room service* 24h/24, pressing, clubs de remise en forme et spas ultraluxueux. Tout cela se reflète bien sûr dans le prix des chambres. Si vous payez pour des prestations cinq-étoiles mais que l'établissement ne tient pas ses promesses, ne manquez pas d'en informer poliment la réception.

Les boutiques-hôtels et enseignes originales sont légion à South Beach et Palm Beach, à Miami. Les grandes chaînes disposent de numéros de réservation gratuits, mais vous ferez peut-être plus d'économies en appelant directement l'hôtel de votre choix, en payant à l'avance sur le site Internet de l'hôtel, ou sur un site intermédiaire de réservation.

Attention : aux États-Unis, il est d'usage de laisser un pourboire dans les hôtels, quelle que soit la catégorie. Une somme entre 1 $ et 5 $ convient très bien pour le groom qui porte vos bagages et pour le chauffeur de la navette "gratuite" depuis/vers l'aéroport. Certains laissent aussi un ou deux billets verts sur l'oreiller à l'intention des femmes de chambre. Inversement, si le service vous semble laisser à désirer, n'hésitez pas à garder vos dollars pour le bar.

Parmi les principales chaînes, citons :

Four Seasons (www.fourseasons.com)

Hilton (www.hilton.com)

Holiday Inn (www.holidayinn.com)

Marriott (www.marriott.com)

Radisson (www.radisson.com)

Ritz-Carlton (www.ritzcarlton.com)

Sheraton (www.starwoodhotels.com/sheraton)

Wyndham (www.wyndham.com)

Motels

Les motels petits budgets et de catégorie moyenne restent majoritaires en Floride. Ils permettent de se garer au pied de sa chambre et sont souvent situés près des sorties d'autoroute ou le long des artères principales. Beaucoup sont restés indépendants et la qualité de l'offre est très variable. Certains sont bien meilleurs que l'extérieur ne le laisse présager : demandez à voir une chambre en cas de doute. Ils essaient souvent d'égaler le confort et la propreté des hôtels de chaîne petits budgets. Les tarifs affichés peuvent être marchandés, mais la loi de l'offre et de la demande prime. Il suffit parfois de demander s'il y a des promotions pour obtenir une ristourne.

Parmi les chaînes de motels les plus courantes en Floride, citons :

Best Western (www.bestwestern.com)

Motel 6 (www.motel6.com)

Red Roof Inn (www.redroof.com)

Super 8 (www.super8.com)

Resorts

À l'instar de Disney World, les *resorts* de Floride proposent une offre complète au point de vous décourager d'en sortir. Équipements de fitness et de sport variés, piscines, spas, restaurants et bars font partie de l'offre. Beaucoup proposent aussi un service de baby-sitting. Certains ajoutent une taxe "*resort*" à leurs tarifs – pensez à poser la question au préalable.

Taxes

Les prix ne prennent pas en compte les taxes, qui varient considérablement d'une ville à l'autre ; à vrai dire, les hôtels n'incluent presque jamais les taxes et charges diverses dans leurs tarifs et il faut donc toujours demander le *total rate with tax* (prix TTC). La Floride applique une taxe à l'achat de 6% à laquelle certaines localités ajoutent un pourcentage. Les États et les villes appliquent généralement une taxe sur les chambres d'hôtel qui peut augmenter la note de 10 à 12%.

Heures d'ouverture

Les heures d'ouverture standards sont les suivantes :

Banques 8h30-16h30 lun-jeu, 8h30-17h30 ven ; parfois 9h-12h30 sam

Bars 17h-minuit ; jusqu'à 2h ven-sam

Bureaux 9h-17h lun-ven

Commerces 10h-18h lun-sam, 12h-17h dim ; horaires plus étendus pour les centres commerciaux

Poste 9h-17h lun-ven ; parfois 9h-12h sam

Restaurants Petit-déjeuner 7h-10h30 lun-ven ; brunch 9h-14h sam-dim ; déjeuner 11h30-14h30 lun-ven ; dîner 17h-21h30, plus tard ven-sam

Heure locale

La Floride est majoritairement située dans le fuseau horaire est (6 heures de moins par rapport à la France). Quand il est 12h à Miami, il est 18h à Paris. À l'ouest de l'Apalachicola River, le Panhandle appartient au fuseau horaire central, soit une heure de retard sur le reste de l'État. On avance d'une heure en mars (heure d'été) et l'on retarde d'une heure en novembre (heure d'hiver).

Homosexualité

En Floride, l'homosexualité est perçue de diverses façons. Une grande tolérance est de mise dans les principales destinations touristiques, les villes et sur le bord de mer. Dans les zones rurales, ainsi que dans le sud et le nord de la Floride, il n'en va pas de même. Miami et South Beach sont aussi *gay friendly* qu'il est possible de l'être, avec d'importants festivals spécifiquement réservés aux communautés homosexuelles. West Palm Beach, Fort Lauderdale et Key West, où sont établies de longue date de dynamiques communautés homosexuelles, sont maintenant considérées comme des destinations parmi les plus "gays" au monde. Malgré la tragédie de la tuerie du night-club Pulse en 2016, la communauté gay d'Orlando reste solide, active et animée. La communauté et la scène homosexuelles sont également représentées à Jacksonville, Pensacola, et, dans une bien moindre mesure, à Daytona Beach, Tampa et Sarasota.

Quelques bonnes sources d'information LGBT :

Damron (damron.com). L'expert du voyage LGBT met à disposition une banque de données d'adresses spécialisées. Publie aussi des guides très prisés, comme *Women's Traveller, Men's Travel Guide* et *Damron Accommodations*.

Gay Cities (www.gaycities.com). Le "gay" dans tous ses états dans les grandes villes des États-Unis et d'ailleurs.

Gay Yellow Network (www.glyp.com). Pages jaunes gays, incluant six villes de Floride.

Out Traveler (www.outtraveler.com). Magazine de voyage spécialisé.

Purple Roofs (www.purpleroofs.com). Recense les hébergements, les agences de voyages et les circuits gays.

Internet (accès)

Pratiquement tous les hôtels de Floride et de nombreux restaurants et services ont un accès haut débit. À quelques exceptions près, les chambres d'hôtel et de motel ont une connexion Wi-Fi, généralement gratuite, mais vérifiez tout de même le coût de la connexion.

Beaucoup de cafés, tous les McDonald's et les Starbucks offrent le Wi-Fi gratuit, et la plupart des grands lieux de transit ont des spots Wi-Fi. Les bibliothèques proposent des ordinateurs avec accès gratuit à Internet, mais il faut parfois se procurer une carte de bibliothèque temporaire pour non-résident (10 $).

Pour connaître la liste des spots Wi-Fi, consultez Wi-Fi Free Spot (www.wififreespot.com) ou Open Wi-Fi spots (www.openwifispots.com).

Jours fériés

Pour connaître les dates des fêtes et festivals, reportez-vous au chapitre *Mois par mois* (p. 23). Lors des jours fériés nationaux répertoriés ci-dessous, les banques, les écoles et les services de la fonction publique sont fermés. Transports publics, musées et autres services fonctionnent comme le dimanche et de nombreux magasins maintiennent leurs horaires habituels. Quand un jour férié tombe un dimanche, le lundi suivant est chômé.

Nouvel An 1er janvier

Martin Luther King Jr Day Troisième lundi de janvier

Presidents Day Troisième lundi de février

Pâques Mars ou avril

Memorial Day Dernier lundi de mai

Independence Day 4 juillet

Labor Day Premier lundi de septembre

Columbus Day Deuxième lundi d'octobre

Veterans Day 11 novembre

Thanksgiving Quatrième jeudi de novembre

Noël 25 décembre

Numéros de téléphone utiles

Indicatif du pays	☎1
Code d'accès international	☎011
Urgences	☎911
Renseignements téléphoniques	☎411

Offices du tourisme

Les informations touristiques sur les États-Unis sont données via Internet ou par téléphone par le Point d'information du **Visit USA Committee/ France** (☎0899 70 24 70, 3 €/ appel, pas de surtaxe depuis un mobile ; 9h30-13h et 14h-17h30 lun-ven ; www.office-tourisme-usa.com). Le site Internet mentionne des liens vers divers offices du tourisme de Floride et fournit en français une multitude d'autres renseignements.

La plupart des villes de Floride entretiennent un Convention & Visitors Bureau qui fournit aux visiteurs des informations touristiques, quoique leur vocation première soit commerciale. Dans des localités plus modestes, ce sont les Chambers of Commerce qui assurent le rôle d'office du tourisme. Toutefois, les informations communiquées ne sont pas exhaustives. Les établissements les plus économiques ne figurent que rarement sur leurs listes d'hébergements qui recensent uniquement les commerces qui ont adhéré à leur charte.

Si vous souhaitez des informations sur la Floride avant le départ, consultez **Visit Florida** (www.visitflorida.com).

Poste

Le **service postal américain** (www.usps.com) est sûr et peu onéreux. Vous pouvez consulter les tarifs sur postcalc.usps.com.

On peut se faire adresser du courrier en poste restante ("c/o General Delivery") dans la plupart des grandes postes (il est conservé 30 jours) et beaucoup d'hôtels gardent le courrier de leurs futurs clients.

Problèmes juridiques

Si vous vous faites arrêter sur la route, sachez qu'il n'y a pas de dispositif permettant de régler sur-le-champ une contravention. Le fonctionnaire qui verbalise vous expliquera les procédures légales. Vous disposez généralement de 30 jours pour vous acquitter de l'amende, mais vous pouvez être déféré devant un magistrat pour un règlement immédiat.

En cas d'arrestation, vous avez le droit de garder le silence : vous n'êtes donc pas obligé de répondre à un officier de police si vous ne le voulez pas, mais ne tentez jamais de vous éloigner sans y avoir été autorisé. Toute personne arrêtée a le droit à un avocat et est autorisée à passer un appel téléphonique. Si vous n'avez ni avocat, ni ami, ni famille pour vous aider, appelez votre ambassade. La police vous donnera le numéro sur demande. La justice américaine postule que toute personne est innocente tant que la preuve de sa culpabilité n'est pas établie.

Alcool et conduite

Pour acheter de l'alcool, il faut présenter une pièce d'identité afin de prouver son âge (au moins 21 ans). Il est officiellement interdit de marcher dans la rue avec une bouteille d'alcool ouverte (même une bière), en dehors de certaines zones délimitées. De même en voiture, la police étant en droit de considérer que vous étiez en train de boire au volant, même si la bouteille est dans les mains d'un autre passager. Le délit de "conduite en état d'ivresse" (DUI, *driving under the influence*) est sévèrement puni et peut conduire à une peine de prison.

Santé

En Floride comme dans tous les États-Unis, le niveau d'hygiène est élevé et le voyageur n'a pas à craindre particulièrement les maladies contagieuses. Aucun vaccin particulier n'est demandé et l'eau du robinet est sûre. Malgré l'intimidante faune locale, les coups de soleil et les piqûres de moustiques sont les principaux dangers à redouter. Songez aussi à souscrire une assurance adéquate en cas d'accident.

Avant de partir

ASSURANCE

Si le système de santé américain est excellent, il est aussi l'un des plus chers du monde. En cas d'accident ou de problème médical sérieux, l'absence de police d'assurance peut vous mettre dans une situation très délicate. Voir p. 531 pour plus de détails sur les assurances.

VACCINS

Il n'y a pas de vaccin obligatoire pour entrer aux États-Unis, ni de vaccins spécifiques nécessaires pour visiter la Floride.

SITES UTILES

Les conseils de santé aux voyageurs sont pléthoriques sur le Net. Avant de partir, vous pouvez consulter les conseils en ligne du **ministère des Affaires étrangères** (www.diplomatie.gouv.fr), de l'**Organisation**

mondiale de la santé (OMS ; www.who.int/fr) ou le site très complet du **ministère de la Santé** (www.sante.gouv.fr). Vous trouverez, par ailleurs, plusieurs liens sur le site de **Lonely Planet** (www.lonelyplanet.fr).

En Floride

FRAIS DE SANTÉ

En général, en cas de problème médical sérieux, mieux vaut se rendre au service des urgences de l'hôpital le plus proche. Si vous ne souffrez ni de maux ni de blessures graves, appelez l'hôpital le plus proche ou le consulat et faites-vous recommander un médecin local : cela vous reviendra moins cher qu'une consultation aux urgences, car si leur accès est facile, leur coût est exorbitant.

Les pharmacies (appelées *drugstores*) sont bien garnies, mais certains médicaments en vente libre dans d'autres pays ne sont délivrés que sur ordonnance aux États-Unis. Si vous n'avez pas d'assurance adéquate, ces médicaments peuvent coûter très cher.

Apportez les médicaments dont vous pourriez avoir besoin dans leur emballage d'origine, clairement étiquetés, et avec leur ordonnance correspondante (faites indiquer par votre médecin leur nom générique).

EAU DU ROBINET

L'eau du robinet est potable et saine en Floride.

MORSURES ET PIQÛRES

Méfiez-vous des bêtes suivantes :

Alligators et serpents Ils n'attaquent l'homme que si celui-ci les surprend ou les menace. Si vous en rencontrez un, il suffit de reculer calmement. Il y a plusieurs espèces de serpents venimeux en Floride. En cas de morsure, faites-vous soigner immédiatement.

Araignées Deux espèces venimeuses vivent en Floride : la veuve noire et l'araignée violoniste. Faites-vous soigner immédiatement en cas de morsure.

Méduses et raies Évitez de nager en leur présence (signalée par les maîtres nageurs sauveteurs). Soignez immédiatement les piqûres ; elles sont douloureuses mais sans danger.

Ours et félins La Floride abrite une petite population d'ours noirs et de félins prédateurs comme le lynx et la panthère de Floride : l'une des espèces les plus rares et les plus menacées de la planète. De manière générale, ces animaux sont extrêmement difficiles à apercevoir et vivent dans des contrées sauvages reculées. Si vous avez la chance (ou la malchance) d'en croiser un dans la nature, gardez votre calme, ne faites rien qui effraie l'animal et n'hésitez pas à faire un peu de bruit (en parlant, en agitant des clés) de sorte à ce qu'il soit averti de votre présence.

MALADIES INFECTIEUSES

Certaines maladies infectieuses sont peu ou pas répandues en dehors de l'Amérique du Nord. La plupart sont transmises par les moustiques ou les tiques.

Giardiase Cette diarrhée provoquée par un parasite de l'intestin grêle se contracte généralement en ingérant de l'eau souillée par des excréments. Ne buvez pas d'eau non traitée dans une rivière, un lac ou un étang. Cette maladie se soigne facilement grâce aux antibiotiques.

Maladie de Lyme Plus courante dans le nord-est des États-Unis, la maladie de Lyme est aussi présente en Floride. Transmise par les tiques des cervidés porteurs, elle se reconnaît à une rougeur à l'endroit de la morsure et à des symptômes grippaux. Prenez rapidement des antibiotiques. L'infection peut être évitée si les tiques sont retirées dans les 36 heures.

Rage Bien que rare, le virus de la rage peut être transmis par la morsure d'un animal infecté ; les morsures de chauves-souris, animal très répandu, ne se décèlent pas toujours. En cas de morsure d'animal, consultez un médecin, la rage étant mortelle si elle n'est pas traitée.

Virus du Nil occidental Extrêmement rare en Floride, ce virus est transmis par les moustiques. La plupart des cas sont sans gravité, mais des symptômes graves et même des décès peuvent se produire. Il n'existe pas de traitement. Consultez la carte épidémiologique de cette maladie sur le site du US Geological Survey disease maps (diseasemaps.usgs.gov).

VIH/Sida Les infections à VIH et les maladies sexuellement transmissibles sont présentes

PAS D'IMPAIR !

La Floride ne diffère pas beaucoup du reste des États-Unis en matière d'étiquette. Voici quelques règles simples à observer.

Politique Le Sunshine State est aussi partagé que l'Amérique dans ce domaine. Si le sujet est évoqué, il peut être prudent de laisser les autres s'y aventurer.

Salutations La Floride est plutôt décontractée en la matière. Dans le Sud, où la population européenne et hispanophone est nombreuse, ne vous étonnez pas qu'on vous embrasse sur la joue.

Bilinguisme Si tout le monde autour de vous parle espagnol, essayez de commencer par *"Lo siento, no hablo español"* (Je suis désolé, je ne parle pas espagnol).

Conversation Les habitants de Floride, en général, cachent assez peu leurs sentiments. Ne soyez pas surpris s'ils abordent des sujets sensibles avec vous sans y être vraiment invités.

aux États-Unis. On note d'ailleurs une recrudescence des cas de syphilis. Il faut donc avoir des rapports protégés pour s'en prémunir.

Zika Ce virus transmis par les moustiques peut provoquer de sévères malformations à la naissance, microcéphalie notamment, s'il est contracté durant la grossesse. Bien qu'il ait été repéré dans le comté de Miami-Dade en 2016 seulement, il n'existait pas de cas de transmission en Floride à l'heure où nous écrivions ces lignes.

Taxes et détaxe

La Floride applique une taxe d'État à l'achat de 6%. En y ajoutant la taxe locale (communale), elle peut monter jusqu'à 8%.

Certaines villes et autorités locales appliquent également une taxe aux hôtels et aux *resorts*.

Les États-Unis ne permettent pas de se faire rembourser les taxes à l'achat comme le font les pays européens avec la TVA.

Téléphone

Appels internationaux

Pour appeler les États-Unis depuis l'étranger, composez le ☎00, suivi du ☎1 (uniquement le ☎1 depuis le Canada).

Pour appeler l'étranger depuis les États-Unis, composez le code d'accès international ☎011, puis le code du pays (33 pour la France, 32 pour la Belgique et 41 pour la Suisse) suivi du numéro (sans le 0 initial). Pour appeler en France, faites le ☎0011-33 puis les neuf derniers chiffres du numéro de votre correspondant.

Pour avoir l'assistance d'un opérateur international, appelez le ☎0. L'opérateur vous fournira des informations sur les tarifs et vous indiquera les périodes les moins chères pour appeler.

Appels nationaux

Tous les numéros américains comptent dix chiffres ; les trois premiers correspondant à la zone d'appel (il n'est normalement pas nécessaire de les composer lorsqu'on appelle à l'intérieur d'une même zone). Composez le "1" avant les appels non surtaxés (☎800, 888 etc.) et les appels longue distance aux États-Unis. Certains numéros non surtaxés ne fonctionnent qu'aux États-Unis.

Pour les renseignements téléphoniques locaux, composez le ☎411.

Présents dans les grandes villes, les téléphones publics se raréfient. Un appel local coûte 50 ¢. On trouve des cartes prépayées dans les épiceries, les supermarchés et les drugstores.

Téléphone portable

La majeure partie du réseau téléphonique mobile américain est incompatible avec la norme GSM 900/1800 en vigueur en Europe. Demandez à votre opérateur si vous pourrez utiliser votre appareil aux États-Unis.

Attention aux frais d'itinérance : désactivez les données mobiles. Utilisez le Wi-fi ou une carte SIM locale, ou achetez auprès de votre opérateur une extension "étranger" incluant appels, SMS et connexions Internet sur place.

La couverture est moins bonne dans les Everglades et certaines zones rurales du nord de la Floride.

Toilettes

Les toilettes à siège sont la norme, à l'exception de quelques installations de camping sommaires.

On trouve dans certaines villes des toilettes publiques, en général gratuites, d'un degré de propreté variable. À cet égard, les centres d'accueil des visiteurs (*visitor centers*) sont toujours des options sûres.

Travailler en Floride

On trouve facilement des emplois saisonniers dans les villes balnéaires touristiques et les parcs à thème, mais ils sont mal rémunérés.

Il est formellement interdit aux étrangers entrés aux États-Unis avec un visa standard de non-immigrant d'occuper un emploi rémunéré dans le pays. Les personnes prises à travailler illégalement sont expulsées. En outre, les employeurs sont tenus de prouver la bonne foi de leurs employés. La Floride connaissant un nombre important de travailleurs étrangers en situation irrégulière, les officiers de l'immigration sont particulièrement vigilants.

Pour travailler légalement, les étrangers doivent demander un visa de travail avant leur départ. En dehors des jobs d'étudiant, il faut pour obtenir un emploi, provisoire ou non, être parrainé par un employeur américain, qui doit vous procurer un visa de catégorie H. Ces visas ne sont pas faciles à obtenir.

Les étudiants participant à un programme d'échange doivent se procurer un visa J1, que les organismes ci-après les aideront à obtenir :

American Institute for Foreign Study (www.aifs.com)

BUNAC (www.bunac.org). British Universities North American Club.

Camp America (www.campamerica.aifs.com)

Council on International Educational Exchange (www.ciee.org)

InterExchange (www.interexchange.org). Campements et programmes "au pair".

Transports

DEPUIS/VERS LA FLORIDE

Si les visiteurs européens arrivent en Floride par avion, les ressortissants du Canada ont pour options supplémentaires la voiture, le bus ou le train. Miami, Fort Lauderdale, Orlando, Tampa et Jacksonville sont quatre des principaux "carrefours" de Floride.

Entrer aux États-Unis

Les voyageurs qui arrivent en Floride depuis l'étranger doivent remplir les formalités douanières dans le premier aéroport dans lequel ils atterrissent. Il se peut que les bagages soient alors inspectés. La **Transportation Security Administration** (TSA ; www.tsa.gov) tient à jour une liste (qui ne cesse de changer) d'objets interdits aux contrôles de sécurité.

Formalités et visas

Tout visiteur étranger doit posséder un passeport. Les ressortissants des pays non inclus dans le Visa Waiver Program doivent également obtenir un visa touristique.

Reportez-vous p. 533 pour les détails concernant les formalités d'entrée sur le territoire.

AVERTISSEMENT

Les informations contenues dans ce chapitre sont particulièrement susceptibles de changements. Vérifiez directement auprès de la compagnie aérienne ou de l'agence de voyages les modalités d'utilisation de votre billet d'avion. N'hésitez pas à comparer les prestations. Les détails fournis ici doivent être considérés à titre indicatif et ne remplacent en rien une recherche personnelle attentive.

Voie aérienne

Aéroports

La Floride est très bien desservie, que vous arriviez directement par un vol international ou par un vol intérieur. Un certain nombre de compagnies nationales et étrangères assurent des liaisons vers la Floride.

Voici les principaux aéroports internationaux :

Orlando International Airport (MCO ; ☎407-825-8463 ; www.orlandoairports.net ; 1 Jeff Fuqua Blvd). L'aéroport le plus fréquenté de Floride. Dessert Disney World, la Space Coast et la région d'Orlando.

Miami International Airport (MIA ; ☎305-876-7000 ; www.miami-airport.com ; 2100 NW 42nd Ave). L'un des principaux aéroports internationaux de Floride. Il dessert Miami, les Everglades, l'archipel des Keys, et sert de plateforme à American Airlines, Delta Air Lines et US Airways.

Fort Lauderdale-Hollywood International Airport (FLL ; ☎866-435-9355 ; www.broward.org/airport ; 320 Terminal Dr). Dessert la ville de Fort Lauderdale et le comté de Broward. Il est situé à 50 km environ au nord de Miami et constitue souvent une alternative bon marché à Miami ou une solution de repli lorsque les vols pour Miami sont complets.

Tampa International Airport (TPA ; carte p. 395 ; ☎813-870-8700 ; www.tampaairport.com ; 4100 George J. Bean Pkwy). Le troisième aéroport de Floride en matière de fréquentation se trouve à 10 km au sud-ouest du centre-ville de Tampa. Il dessert Tampa Bay et le secteur de St Petersburg.

Parmi les autres aéroports, citons ceux de **Daytona Beach** (☎386-248-8030 ; www.flydaytonafirst.com ; 700 Catalina Dr) et de **Jacksonville** (JAX ; ☎904-741-4902 ; www.flyjax.com ; 2400 Yankee Clipper Dr ; 📶).

La plupart des villes de l'État possèdent un aéroport et sont liées par avion à d'autres villes américaines. C'est le cas de **Palm Beach**

VOYAGES ET CHANGEMENT CLIMATIQUE

Tous les moyens de transport fonctionnant à l'énergie fossile génèrent du CO_2 – la principale cause du changement climatique induit par l'homme. L'industrie du voyage est aujourd'hui dépendante des avions. Si ceux-ci ne consomment pas nécessairement plus de carburant par kilomètre et par personne que la plupart des voitures, ils parcourent en revanche des distances bien plus grandes et relâchent quantité de particules et de gaz à effet de serre dans les couches supérieures de l'atmosphère. De nombreux sites Internet utilisent des "compteurs de carbone" permettant aux voyageurs de compenser le niveau des gaz à effet de serre dont ils sont responsables par une contribution financière à des projets respectueux de l'environnement. Lonely Planet "compense" les émissions de tout son personnel et de ses auteurs.

(PBI ; ☎561-471-7420 ; www.pbia.org ; 1000 James L. Turnage Blvd), en fait à West Palm Beach, **Sarasota** (SRQ ; carte p. 395 ; ☎941-359-2770 ; www.srq-airport.com ; 6000 Airport Circle), **Tallahassee** (carte p. 483 ; ☎850-891-7802 ; www.talgov.com/airport ; 3300 Capital Circle SW), **Gainesville** (☎352-373-0249 ; www.gragnv.com ; 3880 NE 39th Ave), **Fort Myers** (RSW ; ☎239-590-4800 ; flylcpa.com ; 11000 Terminal Access Rd), **Pensacola** (carte p. 456 ; ☎850-436-5000 ; www.flypensacola.com ; 2430 Airport Blvd) et **Key West** (EYW ; ☎305-809-5200 ; www.eyw.com; 3491 S Roosevelt Blvd).

Depuis la France

Les tarifs des billets d'avions varient énormément selon l'aéroport de destination et la saison. Comme toujours, les prix les plus avantageux s'obtiennent hors périodes scolaires, en fouinant, en réservant bien à l'avance – trois ou quatre semaines au moins – et en n'étant pas trop exigeant sur les horaires. Les vols en semaine sont souvent plus intéressants. La taxe de départ est comprise dans le prix des billets.

Plusieurs compagnies européennes et nord-américaines proposent des vols directs depuis Paris vers Miami. Les prix s'envolent très vite : selon la période, comptez un minimum de 470 à 900 € (XL Airways et American Airlines proposent souvent les tarifs les plus bas). La durée de vol depuis Paris est d'environ 10 heures 20 pour un vol direct (9 heures au retour) et de 12 à 13 heures pour un vol avec une escale.

Pour atterrir à Tampa ou à Orlando depuis Paris, il vous faudra faire une escale. Les tarifs s'échelonnent de 500 à 1 200 € selon la période de l'année.

La compagnie à bas coût Norvegian Air Shuttle opère des vols directs depuis Paris, vers Fort Lauderdale et Orlando à partir de 340 € (hors toutes options).

Les transporteurs suivants sont susceptibles d'obtenir des vols secs intéressants :

Air France (www.airfrance.fr)

Air Canada (www.aircanada.com)

American Airlines (www.americanairlines.fr)

Delta Air Lines (www.delta.com)

United Airlines (www.united.fr)

XL Airways (www.xl.com)

Norvegian Air Shuttle (www.norwegian.com)

Les voyagistes ci-dessous peuvent être utiles pour l'organisation d'un voyage en Floride. Reportez-vous aussi à la rubrique Voyages organisés p. 544.

Les Connaisseurs du Voyage (Paris ☎01 53 95 27 00 ; Marseille ☎04 91 92 08 91 ; www.connaisseursvoyage.fr)

Tui (ex-Nouvelles Frontières ; ☎0825 000 825, 0,15 €/min ; www.nouvelles-frontieres.fr). Nombreuses agences partout en France.

Thomas Cook (☎01 55 90 10 41 ; www.thomascook.fr)

Voyageurs du Monde (☎01 42 86 16 00 ; www.voyageursdumonde.fr). Nombreuses agences partout en France

Oui SNCF (☎09 70 60 99 60 ou 0899 500 500 ; www.oui.sncf)

Depuis la Belgique

Il n'existe pas de vols directs vers la Floride depuis la Belgique. Toutefois, de nombreuses compagnies citées ci-dessus proposent des vols avec escale(s). Pour un aller-retour Bruxelles-Miami ou Orlando en basse saison, il vous faudra débourser au minimum 450 €, contre 800 € au moins en haute saison.

Quelques adresses utiles :

Airstop (☎070 233 188 ; www.airstop.be)

Connections (☎070 23 33 13 ; www.connections.be). Plusieurs agences en Belgique.

Gigatours/Éole (☎02 672 35 03 ; www.voyageseole.be)

Depuis la Suisse

Des vols avec une ou deux escales sont proposés au départ de Genève et de Zurich à destination de Miami et d'Orlando (entre 630 CHF et 1 160 CHF selon la période). La Swiss et United Airlines proposent des vols directs vers Miami

AGENCES EN LIGNE

Vous pouvez réserver votre vol via une agence en ligne ou vous renseigner auprès d'un comparateur de vols :

- www.bourse-des-vols.com
- www.ebookers.fr
- www.expedia.fr
- www.govoyages.com
- www.illicotravel.com
- www.kayak.fr
- www.opodo.fr
- www.skyscanner.fr
- voyages.kelkoo.fr
- www.oui.sncf

depuis Zurich à des tarifs oscillant entre 750 CHF et 1 200 CHF selon la saison.

Quelques adresses utiles :

Swiss (☎0848 700 700 ; www.swiss.com)

United Airlines (☎022 417 72 80 ; www.united.com/ual/fr/ch)

STA Travel (☎058 450 49 49 ; fr.statravel.ch). Nombreuses agences dans toute la Suisse.

Depuis le Canada

La compagnie nationale Air Canada et American Airlines proposent quotidiennement des vols directs de Montréal ou Toronto vers Miami, pour un coût moyen de 750 $. En hiver, un billet aller-retour peut toutefois revenir à moins de 400 $. US Airways propose également des vols avec escale pour des tarifs souvent très compétitifs.

Il revient beaucoup moins cher de voyager par la route jusqu'à la première ville américaine, puis de prendre un vol intérieur.

Quelques agences et transporteurs intéressants :

Air Canada (☎1 888 247 2262 ; www.aircanada.com)

American Airlines (☎800 433 7300 ; www.aa.com)

Travelcuts (☎1 800 667 2887 ; www.travelcuts.com)

Travelocity (☎1 855 863 9601 ; www.travelocity.com)

Expedia (☎800 469 1793 ; www.expedia.ca)

Orbitz (☎844 803 5576 ; www.orbitz.com)

Voie terrestre

Bus

Greyhound (www.greyhound.com) est la principale compagnie de bus longs-courriers aux États-Unis. Elle dessert la Floride à partir des villes principales des États-Unis et est la seule à proposer un service régulier dans toute la Floride. Pour plus de renseignements, consultez la rubrique *Comment circuler* (p. 544).

Greyhound Canada (☎800-661-8747 ; www.greyhound.ca) permet de rallier Miami en bus depuis les principales villes du Canada. Il faut compter 37 heures pour faire le voyage depuis Montréal, 64 heures depuis Toronto et 96 heures pour parcourir les 5 300 km entre Vancouver et la Floride.

Les trajets longue distance sont parfois plus onéreux que les billets d'avion à tarif réduit. Sur des distances plus courtes, la location d'un véhicule peut être plus avantageuse. On obtient des remises (jusqu'à 50%) sur les trajets longue distance en achetant son billet en ligne 1 à 2 semaines à l'avance. Une fois en Floride, il faut louer une voiture pour circuler. Renseignez-vous sur les forfaits de plusieurs jours.

Train

Si vous arrivez par la côte est, **Amtrak** (www.amtrak.com) constitue un moyen certes très lent, mais confortable et abordable de se rendre en Floride. Le *Silver Service* d'Amtrak (qui inclut les trains *Silver Meteor* et *Silver Star*) relie New York à Miami, avec arrêts à Jacksonville, Orlando, Tampa, West Palm Beach et Fort Lauderdale, ainsi que plusieurs autres petites villes de Floride.

Il n'y a malheureusement plus de service direct pour la Floride depuis Los Angeles, La Nouvelle-Orléans, Chicago ou le Midwest. Il faut aller chercher la correspondance avec les lignes *Silver Service*, ce qui allonge le trajet d'une journée ou presque.

Les enfants et les seniors bénéficient de réductions.

Les lignes d'Amtrak dépendent de financements et de réglementations de niveau fédéral. Vérifiez tarifs et itinéraires avant de partir.

TRAJETS EN VOITURE

Quelques distances et temps de trajet entre Miami et d'autres grandes villes :

VILLE	DISTANCE (MILES/KM)	DURÉE
Atlanta	660/1 060	10 heures 30
Chicago	1 380/2 220	23 heures
Los Angeles	2 750/4 425	44 heures
New York City	1 280/2 060	22 heures
Washington, DC	1 050/1 690	17 heures

Voiture et moto

Si vous arrivez du Canada en voiture, n'oubliez pas les papiers d'immatriculation du véhicule, une attestation d'assurance et votre permis de conduire. Il est très courant d'intégrer la Floride à un périple plus vaste aux États-Unis et disposer d'une voiture est bien souvent une nécessité dans cet État. Les distances à parcourir sont importantes et certains des sites et des parcs nationaux les plus intéressants ne sont accessibles qu'en voiture.

Voie maritime

La Floride est presque entièrement entourée par l'océan et c'est l'un des hauts lieux de la plaisance mondiale. Pour plus de détails sur les croisières, voir *Croisières* ci-contre. Fort Lauderdale est le plus grand port transatlantique des États-Unis. Les personnes ayant le goût du large pourront être tentées de se faire engager à bord d'un yacht.

VOYAGES ORGANISÉS

Vous trouverez ici une liste de voyagistes offrant des prestations intéressantes pour des circuits en Floride. N'hésitez pas à comparer leurs prix avant de faire votre choix. Examinez également les offres des voyagistes mentionnés dans la rubrique *Voie aérienne*, ainsi que celles des agences en ligne de l'encadré p. 543.

Circuits

Un circuit type en Floride commence et/ou se termine à Miami, prévoit la visite des parcs à thème d'Orlando, du centre spatial de cap Canaveral, un passage à Key West et au moins une rencontre avec les alligators des Everglades. Côté tarifs, il faut compter environ entre 2 000 et 2 500 € pour un circuit accompagné de 9 à 12 jours (en pension complète). Pour 1 000 à 1 600 €, des offres commerciales visent les familles désireuses de cibler leur semaine de voyage autour de Miami et des parcs d'attractions d'Orlando. D'autres circuits permettent de découvrir tranquillement en voiture tous les aspects de la Floride (de 1 500 € à 2 500 €/pers ; vol Paris-Miami, location de voiture et hôtels inclus). Ces séjours avec des variantes se retrouvent notamment chez les opérateurs suivants.

Comptoir des Voyages (☎01 53 10 30 15 ; www.comptoir.fr ; 2-18 rue Saint-Victor, 75005 Paris, autres agences à Lyon, Toulouse et Marseille). Plusieurs circuits sur Miami et le reste de la Floride.

Jet-Set Voyages (☎01 53 67 13 00 ; www.jetset-voyages.fr ; 41-45 rue Galilée, 75116 Paris). Deux circuits à la carte et de nombreuses propositions pour un séjour sur mesure.

La Maison des États-Unis (☎01 84 25 43 64 ; www.maisondesetatsunis.com ; 3 rue Cassette, 75006 Paris). Des circuits organisés en groupe ou individuels à la carte, des autotours en véhicule de location et des voyages sur mesure.

USA Travel (☎02 734 97 00 ; www.usatravel.be ; Bd Louis-Schmidt 75, 1040 Bruxelles). Ce spécialiste belge du voyage aux États-Unis propose des circuits "Fly and drive" à la carte et de nombreuses prestations pour organiser son séjour sur mesure.

Vacances Fabuleuses (☎01 55 87 82 08 ; www.vacancesfabuleuses.fr ; 36 rue de Saint-Pétersbourg, 75008 Paris). Ce spécialiste des États-Unis propose plusieurs circuits accompagnés et des itinéraires avec location de voiture.

Voyageurs du Monde (☎01 84 17 57 96 ; www.voyageursdumonde.fr ; 55 rue Sainte-Anne, 75002 Paris). Plusieurs circuits axés "famille".

COMMENT CIRCULER

Avion

L'avion est pratique lorsqu'on dispose de peu de temps, mais nécessite un budget plus important que la location d'une voiture. Les vols entre les quatre principaux aéroports de Floride – Fort Lauderdale, Miami, Orlando et Tampa – sont fréquents et directs. Le service vers des destinations moins importantes comme Key West, Fort Myers, Pensacola, Jacksonville, Tallahassee et West Palm Beach est parfois moins fréquent, moins direct ou plus coûteux.

Compagnies aériennes

Ces compagnes intérieures opèrent en Floride :

American Airlines (www.aa.com). Desserte de Miami ; liaisons vers et entre les principales villes de la Floride.

Delta Air Lines (www.delta.com). Liaisons internationales avec les principales villes de Floride, vols de Miami vers Orlando et Tampa.

Frontier Airlines (www.frontierairlines.com). Dessert les principales villes de Floride.

JetBlue Airways (www.jetblue.com). Compagnie *low cost* majeure desservant les principales villes de Floride.

Southwest Airlines (www.southwest.com). Grande compagnie *low cost*. Transport gratuit des bagages et, parfois, tarifs très avantageux.

Spirit Airlines (www.spirit.com). Compagnie *low cost* basée en Floride desservant cet État depuis la côte est, les Caraïbes, l'Amérique centrale et l'Amérique du Sud.

United Airlines (www.united.com). Vols internationaux pour Orlando et Miami, vols domestiques pour et entre les principales villes de Floride.

Abonnements aériens

Si vous prévoyez de prendre souvent l'avion à l'intérieur et à l'extérieur de la Floride, vous pouvez envisager l'achat d'un abonnement (*air pass*). Ces cartes réservées aux ressortissants étrangers s'achètent avec un billet pour l'étranger.

Les conditions et la tarification sont parfois compliquées, mais toutes les cartes comprennent un certain nombre de vols domestiques (de 3 à 10) à effectuer dans les 30 à 60 jours. La plupart obligent à définir son itinéraire à l'avance, mais les dates (et même les destinations) peuvent parfois rester *open*. Parlez-en avec une agence de voyages afin de déterminer si un abonnement est avantageux dans votre cas.

Les deux principaux groupements aériens proposant ces abonnements sont Star Alliance (www.staralliance.com) et One World (www.oneworld.com).

Bateau

La Floride est un centre important pour deux types de transports maritimes : les yachts de luxe et les bateaux de croisière.

Dans toutes les villes côtières, il y a toujours au moins un bateau proposant une visite du port et du littoral. Cela vaut généralement vraiment la peine. Des bateaux-taxis desservant les canaux existent à Fort Lauderdale et dans le golfe, autour de Sanibel Island et Pine Island.

Croisières

La Floride est la destination et le point de départ de croisières très variées. Miami se vante d'être "la capitale mondiale de la croisière". Disney World a sa propre Disney Cruise Line (disneycruise.disney.go.com), qui propose des croisières de 3 à 7 nuits dans les Caraïbes, notamment jusqu'à Castaway Cay, l'île privée de Disney.

Offres spéciales sur des croisières de plusieurs jours :

Cruise.com (www.cruise.com)

CruisesOnly (www.cruisesonly.com)

CruiseWeb (www.cruiseweb.com)

Vacations to Go (www.vacationstogo.com)

Principaux ports de Floride :

Port Canaveral (www.portcanaveral.com). Sérieux concurrent du port de Miami, sur la côte atlantique, près du Kennedy Space Center.

Port Everglades (www.porteverglades.net ; 1850 Eller Drive). Troisième port de Floride, près de Fort Lauderdale.

Port of Miami (☎305-347-5515 ; www.miamidade.gov/portmiami). Le plus grand port de croisière du monde. Les destinations les plus courantes sont les Bahamas, les Caraïbes, Key West et le Mexique.

Port of Tampa (www.tampaport.com). Sur le golfe du Mexique, un port qui monte en puissance.

Principales compagnies de croisière

Carnival Cruise Lines (www.carnival.com)

Norwegian Cruise Line (www.ncl.com)

Royal Caribbean (www.royalcaribbean.com)

Bus

Greyhound (www.greyhound.com), est la seule compagnie de bus à desservir tout l'État de Floride. Elle relie les grandes et moyennes villes, mais pas toujours les petites (même des stations balnéaires fréquentées). Les bus gérés par la région ou les municipalités couvrent mieux le territoire qui leur correspond. Combinés, ces différents réseaux rendent quasiment tous les déplacements en bus possibles, mais ils peuvent être longs.

Les bus de **Megabus** (https://us.megabus.com) partent de 5 villes de Floride : Tallahassee, Jacksonville, Gainesville, Tampa et Miami.

Les tarifs Greyhound sont toujours moins élevés en semaine que le week-end. Les enfants paient généralement demi-tarif.

La plupart des villes ont un service de bus. Le long de la côte, ces bus relient le centre-ville à une ou deux villes balnéaires au moins. Dans certaines villes (comme Tampa et Jacksonsville), des tramways très fréquents tournent au centre-ville. En saison, des tramways circulent entre certaines plages et la ville (entre St Pete Beach et Clearwater, par exemple).

Le ticket coûte entre 1 et 2 $. Il est souvent demandé de faire l'appoint en montant dans le bus. Les *transfers* (bouts de papier vous autorisant à prendre une correspondance) peuvent coûter jusqu'à 50 ¢ lorsqu'ils ne sont pas gratuits. Les horaires diffèrent d'une ville à l'autre, mais, en règle générale, les bus fonctionnent de 6h à 23h.

En stop

Faire du stop n'est jamais totalement sûr quel que soit le pays et nous ne le recommandons pas. Si vous vous décidez à faire de l'auto-stop, sachez que, même si les risques de véritable danger sont faibles, ils existent tout de même. Rappelez-vous qu'il est plus sûr de voyager à deux et d'informer quelqu'un de votre destination. Mieux vaut aussi demander au conducteur sa destination plutôt que de lui dire où vous souhaitez aller.

Vélo

Le tourisme à vélo est très prisé dans la région.

L'absence de relief et la beauté de la côte offrent de belles balades. Pédalez plutôt en hiver ou au printemps, l'été chaud et moite ne se prêtant pas aux longs trajets à bicyclette.

Certaines associations cyclotouristes de Floride organisent des circuits. On peut facilement louer des vélos dans tout l'État.

Quelques précisions :

Port du casque Le casque est obligatoire pour les cyclistes de 16 ans et moins. Il est recommandé aux adultes.

Code de la route Les cyclistes doivent respecter le code de la route et rouler à droite avec les autres véhicules, pas sur les trottoirs.

Apporter son vélo en Floride Les vélos font partie des bagages enregistrés. Ils doivent souvent être emballés et leur transport peut être onéreux (plus de 200 $).

Vol Munissez-vous d'un solide antivol (en U). Les vols sont courants, surtout à Miami Beach. Pour plus de renseignements ou une assistance, consultez les organismes suivants :

Better World Club (www.betterworldclub.com). Propose un programme d'assistance routière aux cyclistes.

International Bicycle Fund (www.ibike.org). Information complète sur le transport aérien des vélos et nombreux conseils.

League of American Bicyclists (www.bikeleague.org). Conseils, listes des clubs de cyclotourisme et des réparateurs.

Voiture et moto

Le moyen le plus adapté pour se déplacer en Floride reste la voiture, qui vous permettra en outre de rejoindre des endroits non desservis par les transports publics.

On peut s'en passer si on se limite à une destination – Miami, les parcs à thèmes d'Orlando ou une station balnéaire où l'on trouve de tout – mais les transports publics ne sont pas pratiques pour visiter un tant soit peu la région. Même dans des petites villes touristiques comme Naples, Sarasota ou St Augustine, circuler sans voiture peut devenir rapidement énervant. La moto est aussi très utilisée en Floride, où les routes sont plates et les températures agréables (à éviter pendant les pluies d'été).

Automobile-club

L'**American Automobile Association** (www.aaa.com) a des accords réciproques avec plusieurs automobiles-clubs internationaux (renseignez-vous auprès de l'AAA munis de votre carte d'adhérent). L'AAA met à disposition des membres de ces clubs une assurance voyage, des guides touristiques, des centres de diagnostic pour voitures d'occasion et de nombreuses agences régionales. Elle dispose également d'un calculateur d'itinéraire en ligne très commode, qui détermine la distance exacte du trajet prévu et une estimation de la consommation d'essence.

Le **Better World Club** (www.betterworldclub.com), son concurrent écologique, verse 1% de ses gains pour le nettoyage de la nature, propose des solutions écologiques et milite pour l'environnement.

Les membres de ces organismes bénéficient d'une assistance routière 24/24h partout aux États-Unis. Les deux clubs proposent aussi l'organisation d'itinéraire, des cartes gratuites, un service d'agence de voyages, une assurance automobile et un éventail de remises (location de voiture, hôtels, etc.).

Permis de conduire

Aux États-Unis, les visiteurs étrangers peuvent légalement conduire avec leur permis d'origine. Toutefois, la législation concernant le droit de conduire diffère selon les États américains. En Floride, en plus de leur permis national, il est conseillé aux conducteurs étrangers de disposer d'un permis international (à demander à la préfecture ou à la sous-préfecture du domicile). À défaut, les conducteurs contrôlés peuvent être déclarés conduire sans permis.

Si vous séjournez plus de 30 jours en Floride, il convient de faire une demande de permis de conduire floridien avant l'expiration de ces 30 jours. Pour obtenir la liste des bureaux d'établissement des permis de conduire de l'État de Floride, consultez www.flhsmv.gov/locations. Pour conduire une moto, il faut posséder un permis moto états-unien en cours de validité ou un permis moto international.

Assurance

Ne conduisez pas sans assurance : elle est obligatoire et, en cas d'accident, vous risquez de vous retrouver ruiné. Si vous êtes déjà assuré (même à l'étranger) ou si vous contractez une assurance voyage, vérifiez que votre contrat couvre effectivement la location d'un véhicule en Floride.

Les sociétés de location proposent une assurance responsabilité civile, souvent en supplément. Renseignez-vous : les contrats de location comprennent rarement une assurance contre les dégâts matériels. Ces sociétés proposent l'option Collision Damage Waiver (CDW ; couverture des dégâts matériels) ou Loss Damage Waiver (LDW ; couverture de la perte du véhicule), généralement assortie d'une franchise initiale de 100 $ à 500 $. On peut généralement supprimer cette franchise moyennant un supplément. La plupart des cartes de crédit procurent une assurance contre les dégâts matériels pour les locations de voiture de 15 jours maximum réglées intégralement à l'aide de la carte. Cela évite de payer une assurance supplémentaire mais, en cas d'accident, il faut parfois avancer l'argent à la société de location. Renseignez-vous auprès de votre banque sur les avantages liés à votre carte. Les assurances supplémentaires peuvent coûter autour de 20 $, voire 40 $ par jour.

Une assurance voyage, qu'il s'agisse d'une police souscrite à dessein ou d'une assurance dont vous bénéficiez grâce à votre carte de crédit (si vous avez réglé vos préparatifs de voyage avec celle-ci), intègre généralement une assurance de location de véhicule, à concurrence d'une éventuelle franchise. Si vous prévoyez de louer un véhicule sur une période assez longue, il est souvent plus économique de prendre une assurance voyage, qui couvre les voitures de location, que de souscrire une assurance directement auprès de la compagnie de location. Renseignez-vous au préalable pour éviter toute mauvaise surprise au moment de signer le contrat de location.

Location

VOITURE

La location de voiture est un secteur très concurrentiel. Il faut posséder une carte de crédit reconnue, être âgé d'au minimum 25 ans et avoir un permis de conduire valide. Certaines sociétés louent à des conducteurs âgés de 21 à 24 ans avec supplément, mais pas en dessous de 21 ans.

Les conducteurs supplémentaires ne sont généralement pas couverts par le tarif de base et un forfait journalier sera alors appliqué. Si une personne non prévue au contrat conduit le véhicule et provoque un accident, l'assurance devient caduque. De plus, si vous savez qu'un tiers sera amené à conduire le véhicule, celui-ci doit être présent au moment de la récupération du véhicule. Cette personne devra présenter son permis de conduire et s'acquitter des frais en sus. Si le conducteur supplémentaire ne peut être présent au moment de la récupération du véhicule, il est possible de se rendre ultérieurement dans une antenne de la compagnie de location et de faire ajouter son nom au contrat de location. Des frais rétroactifs peuvent alors être appliqués à partir de la date de location.

Vous trouverez une liste de sociétés indépendantes auprès de Car Rental Express (www.carrentalexpress.com), qui note et compare les loueurs indépendants aux États-Unis (particulièrement utile pour trouver une location de longue durée pas chère).

Principales sociétés de location :

Alamo (www.alamo.com)

Avis (www.avis.com)

Budget (www.budget.com)

Dollar (www.dollar.com)

Enterprise (www.enterprise.com)

Hertz (www.hertz.com)

National (www.nationalcar.com)

Rent-a-Wreck (www.rentawreck.com)

Thrifty (www.thrifty.com)

Des agences de location sont présentes dans tous les aéroports et en de nombreux endroits du centre-ville. En réservant à l'avance pour une petite voiture, le tarif quotidien avec kilométrage illimité est d'environ 35 à 55 $. À la semaine, le tarif est généralement de 200 à 400 $, avec une myriade de taxes et de frais divers. Si possible, évitez les agences de location des aéroports en raison des frais d'aéroport exorbitants.

Zipcar (www.zipcar.com) propose une formule différente : le prêt de voiture à l'heure ou à la journée, carburant, assurance et kilométrage limité compris, payable d'avance.

Sachez que les locations "one-way" consistant à louer un véhicule dans une ville et à le rendre dans une autre impliquent souvent des frais exorbitants. Vous pourrez peut-être éviter ce surcoût en concevant un autre itinéraire, ou en restituant votre véhicule dans la même ville ou dans une ville voisine. Vérifiez également si l'agence de location appartient à une franchise ou s'il s'agit d'un établissement indépendant : ces derniers sont parfois plus enclins à supprimer ces frais.

MOTO

Pour visiter la Floride en Harley, contactez EagleRider (www.eaglerider.com). Ses agences de Daytona Beach, Fort Lauderdale, Miami, St Augustine, Jacksonville, Pensacola et Orlando proposent une large gamme de modèles à partir de 150 $/jour, assurance responsabilité en sus.

CAMPING-CAR

Pour visiter la Floride en *recreational vehicle* (RV), tous les niveaux de confort sont disponibles.

Après avoir choisi la taille du véhicule, pensez au prix du carburant, à la consommation, au coût du dépassement de kilométrage, à l'assurance et au dépôt de garantie : ils font vite grimper la note. Le kilométrage étant rarement illimité, estimez d'emblée les kilomètres que vous allez parcourir pour calculer le vrai coût de la location.

Renseignez-vous sur les déménagements de camping-car : on peut parfois obtenir un tarif très avantageux et même être rémunéré pour déplacer un véhicule d'une ville à l'autre pour le compte de son propriétaire. Il faut cependant faire preuve d'une grande souplesse sur les dates et les itinéraires.

Adventures On Wheels (www.wheels9.com). Agence à Miami.

CruiseAmerica (www.cruiseamerica.com). Le plus gros loueur de RV, a des agences dans tout le sud de la Floride.

Recreational Vehicle Rental Association (www.rvda.org). Fourmille de renseignements et de conseils, et vous aide à trouver des agences de location.

Code de la route

Si vous conduisez pour la première fois aux États-unis ou en Floride, voici quelques bases.

➡ La vitesse maximale est de 75 mph (120 km/h) sur les *interstates* et de 65 mph (104 km/h) et 55 mph (80 km/h) en zone urbaine. Guettez les panneaux de signalisation. En ville, la vitesse va de 15 mph (24 km/h) à 45 mph (72 km/h).

➡ La police de Floride est stricte sur le respect de la vitesse et les amendes sont chères. Pour un dépassement de la vitesse autorisée supérieur à 10 mph (16 km/h), l'amende est d'au moins 204 $. Un dépassement de plus de 30 mph (48 km/h) vous vaudra une convocation au tribunal. Sachez que vous pouvez également être sanctionné si vous roulez trop lentement sur l'autoroute.

➡ Tous les passagers du véhicule doivent porter la ceinture de sécurité. Les enfants de moins de 3 ans doivent voyager dans un siège pour bébé.

➡ Comme partout aux États-Unis, on conduit à droite. Sur l'autoroute, on double sur la voie de gauche. On peut tourner à droite au feu rouge après avoir marqué l'arrêt. Aux carrefours à quatre stops, le véhicule parvenu le premier à l'intersection a la priorité. Sinon, on applique la priorité à droite.

➡ L'arrêt à un feu rouge est signalé par un marquage au sol (bien avant le feu lui-même). Attention de ne pas vous retrouver au milieu d'un carrefour !

➡ En voiture, la police étant en droit de considérer que vous étiez en train de boire au volant, même si la bouteille est dans les mains d'un autre passager. Le délit de "conduite en état d'ivresse" (DUI, *driving under the influence*) est sévèrement puni et peut conduire à une peine de prison.

Train

Les trains **Amtrak** (www.amtrak.com) rallient un certain nombre de villes de Floride. Si vous comptez sillonner l'État à bord de ces trains, sachez que les liaisons sont très restreintes, même si, sur certains itinéraires, il peut s'agir d'une solution simple et bon marché. Des trains desservent quotidiennement Jacksonville, Orlando et Miami, et une ligne assure la connexion jusqu'à Tampa.

Disney World® possède un monorail et Tampa une vieille ligne de tramway, mais seuls Miami et ses environs sont équipés d'un vrai métro, le Metromover. Sans chauffeur, il dessert le centre-ville avec une correspondance avec le Metrorail, qui relie le centre-ville à Hialeah, au nord, et Kendall, au sud.

Au nord de Miami, Hollywood, Fort Lauderdale et West Palm Beach (et les villes intermédiaires) sont bien desservies par les trains de banlieue à étage Tri-Rail. Ces trains vont jusqu'à Miami, mais le trajet complet est plus long qu'en voiture.

Langue

En raison de leur histoire – les colonisations et les vagues d'immigration successives – et de la diversité de leur population, les Américains pratiquent, pour la plupart d'entre eux, plusieurs langues. L'anglais est parlé dans tout le pays, mais il n'a pas été désigné comme langue officielle fédérale des États-Unis. Il est par contre la langue officielle de l'État de Floride.

GÉNÉRALITÉS

Dans les zones touristiques, on rencontre peu de gens parlant entre eux une autre langue que l'anglais-américain. Cependant, dans les parcs nationaux en particulier, les visiteurs n'auront aucun mal à trouver des brochures en espagnol, allemand, français et japonais.

Les langues étrangères sont pratiquées essentiellement dans les communautés ethniques des grandes villes. Du fait de l'importance de la population hispanique, l'espagnol devient la seconde langue officielle.

L'anglais-américain a emprunté des mots à toutes les langues des vagues d'immigrants, que ceux-ci soient originaires d'Allemagne, d'Europe centrale (en particulier les juifs parlant le yiddish) ou d'Irlande.

Par ailleurs, quelques communautés indiennes parlent encore leur propre langue, même si certains de ces idiomes ne comptent plus qu'une dizaine de locuteurs.

POUR ALLER PLUS LOIN

Indispensable pour mieux communiquer sur place : le **Guide de conversation Anglais** de Lonely Planet (7,99 €). Pour réserver une chambre, lire un menu ou simplement faire connaissance, ce manuel permet d'acquérir des rudiments d'anglais. Inclus : un minidictionnaire bilingue.

Plusieurs termes indiens, tels que *mockasin*, *moose* (élan), *toboggan* et *kayak*, ont enrichi le vocabulaire anglais. D'autres proviennent des langues européennes et furent importés par les immigrants. Ainsi, *loafer* (flemmard), *hoodlum* (truand) et *kindergarten* (jardin d'enfants) sont issus de l'allemand ; *boss*, *stoop* (perron) et *nitwit* (idiot) du néerlandais ; *schmuck* (connard), *schmock* (idiot) et *schmaltz* (saindoux ou mièvre, selon les cas) du yiddish ; *prairie* et *saloon* du français ; *pasta*, *pizza* et d'autres termes culinaires, de l'italien. Les mots *canyon*, *ranch* et *rodeo* sont tirés de l'espagnol, tout comme les noms de nombreuses localités.

Néanmoins, la plupart des américanismes ont été créés par les Américains eux-mêmes. En effet, l'arrivée de nouveaux produits a entraîné la formation de nouveaux mots pour les désigner et d'un vocabulaire neuf pour les commercialiser. C'est de cette façon que sont nées des expressions comme *soda pop*, *root beer* et *sarsaparilla* (toutes d'origine américaine). Des noms de marques, tels que Coca-Cola, Coke et Pepsi, sont également passés dans le langage courant, de même que certains slogans publicitaires comme "the Pepsi Generation", ou de nouveaux concepts imaginatifs comme la "Coca-Colonization". Quantité de termes proviennent des entreprises, des nouvelles technologies, de l'industrie automobile, du cinéma, de l'armée et du sport.

EN FLORIDE

Un habitant de Floride sur quatre parle une autre langue que l'anglais. Il s'agit en général de l'espagnol et, beaucoup plus rarement, du créole. Du fait de l'importance de la population hispanique, les affiches bilingues anglais/espagnol sont fréquentes à Miami et dans la moitié sud de l'État. Comme dans d'autres lieux des États-Unis où la population bilingue est importante, on assiste à l'émergence d'un hybride hispano-anglais, le spanglish (contraction des mots *spanish* et *english*). Il se caractérise par la création d'idiomes mélangeant l'anglais et l'espagnol, et l'on peut entendre des phrases mêlant l'une et l'autre langue.

On trouve également en Floride une importante population canadienne francophone, présente surtout en hiver. Si vous voyez un drapeau canadien affiché devant certains lieux (notamment les cliniques), cela signifie que le français y est parlé.

FORMULES DE POLITESSE

Les formules d'accueil sont des plus simples, avec les standards "hello", "hi", "good morning", "good afternoon", "how are you ?". Plus familièrement, on s'interpelle par "hey", "hey there" ou "howdy". Les formules d'adieu sont, en comparaison, plus variées, avec "bye", "goodbye", "bye-bye", "see-ya", "take it easy", "later", "take care", "don't work too hard" et l'éternel "have a nice day".

Si les Américains sont avares de "please", ils distribuent généreusement leurs "thank you". Vous entendrez souvent "excuse me" à la place de "sorry". Dans la conversation, l'interlocuteur émettra fréquemment des *mm-hmmm* ou *uh-huh* pour montrer qu'il ne dort pas, qu'il vous écoute et vous encourage ainsi à continuer. C'est un signe beaucoup plus encourageant que le circonspect *mmm*.

Certains locuteurs ne se satisfont pas de ces *uh-huh* enthousiastes et émaillent leur discours de "y'know" ou de "you hear what I'm saying?". Ces expressions n'appellent pas forcément de réponse.

Voici quelques locutions particulièrement fréquentes :

oui *yes*
non *no*
s'il vous plaît *please*
merci *thank you*
je vous en prie *you're welcome*

salut *hello*
comment ça va ? *how are you?*
ça va bien *I'm fine*
pardon *excuse me*
bienvenue *welcome*

TERMES ET EXPRESSIONS UTILES

grand *big*
petit *small*
bon marché *cheap*
cher *expensive*
ici *here*
beaucoup *much, many*
avant *before*
après *after*

aujourd'hui *today*
demain *tomorrow*
hier *yesterday*
toilettes *toilet*

banque *bank*
l'addition, le reçu *bill, check*
magasin *store*
sans plomb *lead-free (gas)*

QUESTIONS

où/où est... ? *where/where is...?*
comment ? *what?*
quoi ? (argot) *huh? (slang)*
combien ? *how much?*

PANNEAUX DE SIGNALISATION

entrée *entrance*
sortie *exit*
quai *platform*

interdiction de camper *no camping*
stationnement interdit *no parking*

QUELQUES PHRASES UTILES

Je suis touriste
I am a tourist
Parlez-vous français ?
Do you speak French?
Je ne parle pas anglais
I don't speak English
Je (ne) comprends (pas)
I (don't) understand

HÉBERGEMENT

hôtel *hotel*
auberge de jeunesse *youth hostel*
chambre *room*

ALIMENTATION

restaurant *restaurant*
en-cas *snack*
œufs *eggs*
pommes de terre *potatoes*
frites *French fries (chips)*
pain *bread*

fromage	*cheese*
légume	*vegetable*
fruit	*fruit*

BOISSONS

eau	*water*
lait	*milk*
bière	*beer*
vin	*wine*

TRANSPORTS

autobus	*bus*
avion	*plane*
train	*train*
billet	*ticket*
aller et retour	*return ticket*
aller simple	*one-way ticket*
gare ferroviaire	*train station*
gare routière	*bus station*
décapotable	*ragtop*

DIRECTIONS

à gauche	*left*
à droite	*right*
tout droit	*straight ahead*

CHIFFRES

1	*one*
2	*two*
3	*three*
4	*four*
5	*five*
6	*six*
7	*seven*
8	*eight*
9	*nine*
10	*ten*
11	*eleven*
12	*twelve*
13	*thirteen*
14	*fourteen*
15	*fifteen*
16	*sixteen*
17	*seventeen*
18	*eighteen*
19	*nineteen*
20	*twenty*
21	*twenty-one*
30	*thirty*
40	*forty*
50	*fifty*
60	*sixty*
70	*seventy*
80	*eighty*
90	*ninety*
100	*a/one hundred*
500	*five hundred*
1 000	*a/one thousand*

GLOSSAIRE

Le vocabulaire culinaire est répertorié dans le chapitre *À table* (p. 48).

AAA – American Automobile Association, également appelée "Triple A".

Amtrak – compagnie nationale de chemins de fer consacrée au transport de voyageurs.

Arts & Crafts – signifiant "arts et artisanat", cette expression désigne un courant qui s'est développé aux États-Unis dans l'architecture et le design dès le début du XXe siècle. Mettant l'accent sur le travail artisanal et la fonctionnalité, il s'est posé en réaction à la mauvaise qualité des objets fabriqués industriellement.

ATM – *Automated Teller Machine* ; distributeur automatique de billets (DAB).

ATV – *All-Terrain Vehicles* ; véhicules tout-terrain, utilisés pour le transport sur des routes non goudronnées ; voir aussi *OHV*.

backpacker – randonneur partant camper pour plusieurs jours ; plus rarement, un jeune voyageur à petit budget.

bluegrass – musique populaire traditionnelle des Appalaches qui s'est développée dans les États du Kentucky et du Tennessee.

BYOB – *"Bring Your Own Booze"*, amenez votre propre alcool ; mention figurant sur certaines invitations à des fêtes.

Cajun – déformation d'"Acadien" ; désigne les habitants de la Louisiane dont les ancêtres francophones ont émigré d'Acadie (Canada) au XVIIIe siècle.

camper – un type de caravane.

carded – adjectif signifiant que vous avez dû présenter votre carte d'identité pour entrer dans un bar, acheter de l'alcool ou des cigarettes.

carpetbaggers – opportunistes du Nord venus s'installer dans le Sud après la guerre de Sécession.

CDW – *Collision Damage Waiver* (couverture des dégâts matériels) ; assurance proposée avec la location d'une voiture.

chamber of commerce – COC, chambre de commerce ; association d'entreprises locales qui fournit souvent des renseignements touristiques sur la région.

Chicano/Chicana – homme/femme d'origine mexicano-américaine.

chickee – plateformes en bois construites au-dessus de l'eau.

Civil War – guerre civile (ou guerre de Sécession) opposant, de 1861 à 1865, les États confédérés du Sud aux États du Nord et qui aboutit à l'abolition de l'esclavage en 1865.

coach class – classe économique dans les trains et les avions.

coed – *coeducational* ; terme désignant un endroit ouvert aux femmes et aux hommes. Il est utilisé, par exemple, pour les dortoirs des auberges de jeunesse.

conch (prononcer conque, comme en français) – mollusque rose, fruit de mer ; surnom des habitants historiques de Key West (les nouveaux arrivés sont appelés Freshwater Conchs).

coquina – calcaire coquillé de la Floride ayant servi notamment à l'édification de nombreux bâtiments de St Augustine

coral Reef – récif corallien

cot – lit de camp.

country and western – un mélange de musique folk du sud et de l'ouest des États-Unis.

cracker – pionnier ; dans le sud des États-Unis, terme péjoratif désignant un Blanc sans le sou.

CVB – Convention and Visitors Bureau ; bureau instauré par de nombreuses municipalités afin de promouvoir le tourisme et d'assister les visiteurs.

DEA – Drug Enforcement Agency ; instance fédérale chargée de l'application des lois antidrogue.

Deep South – désigne généralement les États de Louisiane, du Mississippi et de l'Alabama.

Deer Refuge– réserve naturelle de cerfs.

diner – restaurant typique des États-Unis, généralement installé dans des bâtiments préfabriqués, et proposant des plats bon marché (œufs, pancakes, burgers, salades, sandwichs...).

docent – guide ou gardien dans un musée ou une galerie.

dog, to ride the – voyager dans les bus de la société Greyhound.

downtown – le centre-ville, quartier central des affaires ; direction centre-ville (dans un bus par exemple).

Dubya – surnom de George W. Bush, le 43e président des États-Unis, en référence à la manière dont on prononce l'initiale "W" dans le sud des États-Unis.

efficiency – petit appartement meublé doté d'une cuisine, souvent proposé pour des locations de courte durée.

Emancipation – en référence à l'*Emancipation Proclamation*, par laquelle Abraham Lincoln, en 1863, déclarait libres tous les esclaves de la Confédération ; en 1865, le 13e amendement de la Constitution des États-Unis abolissait officiellement l'esclavage.

entrée – plat principal d'un repas.

flag stop – endroit où les bus ne s'arrêtent que si vous leur faites signe.

flatwood – forêt de pins.

foldaway – lit de camp dans un hôtel.

general delivery – poste restante.

Generation X – la jeunesse désœuvrée des années 1980, à laquelle ont succédé les Générations Y et Z.

GLBT – Gay, Lesbien, Bisexuel, Transgenre ; tous les non-hétéros.

grits – gruau de maïs.

hammock – boisements typiques du sud de la Floride, associant des essences tropicales, des palmiers et des arbres semi-caducs et à feuilles persistantes, comme le chêne.

hip-hop – musique rap ; le terme fait aussi référence à la culture noire et urbaine.

Hispanic – d'origine latino-américaine (synonyme de *Latino/Latina*)

HI-USA – *Hostelling International USA* ; auberges de jeunesse américaines membres de Hostelling International, une association faisant elle-même partie de l'IYHF (International Youth Hostel Federation).

hookup – dans les campings, branchement qui permet aux caravanes de bénéficier de l'électricité, de l'eau courante, et du système d'évacuation des eaux usées ; dans certaines situations, désigne une rencontre romantique.

Intracoastal Waterway – voie navigable de la côte Est, permettant la navigation de plaisance en toute sécurité, notamment pendant la période des ouragans (automne)

IMAX – salles de cinéma spécialisées avec écran géant.

interstate – autoroute commune à plusieurs États, qui fait partie du système national des autoroutes.

Jim Crow laws – lois instaurées dans le Sud, après la guerre de Sécession, qui visaient à limiter le droit de vote et les droits civiques des Noirs ; "Jim Crow" : ancienne expression péjorative désignant un Noir.

Key – île, notamment dans l'archipel des Keys.

Latino/Latina – homme/femme originaire d'Amérique latine (synonyme d'*Hispanic*).

LDW - *Loss Damage Waiver* (couverture de la perte du véhicule) ; assurance proposée avec la location d'une voiture.

live oak – chêne vert à feuilles persistantes, originaire du Sud. Son bois est utilisé pour la construction des bateaux.

Marine Sanctuary – réserve sous-marine.

melt – sandwich au fromage fondu.

Mojito – cocktail à base de sucre, de rhum, de citron vert et de menthe écrasée.

National Recreation Area (NRA) – zones géographiques gérées par le National Park Service et présentant un intérêt écologique important. Elles ont été modifiées par l'action des hommes.

National Register of Historic Places – liste de sites historiques établie par le National Park Service ; l'altération de ces sites est étroitement surveillée.

NHS – National Historic Site.

NM – National Monument.

NOW – National Organization for Women ; association de défense des droits des femmes.

NPS – National Park Service ; division du ministère de l'Environnement chargée de l'administration des parcs nationaux et de leurs monuments.

NWR – National Wildlife Refuge ; réserve naturelle de faune et de flore.

OHV/ORV – *Off-Highway Vehicle/Off-Road Vehicle* ; véhicule tout-terrain.

outfitter – société fournissant des équipements divers, assurant le transport ou employant des guides pour des activités sportives, telles que la pêche, le canoë, le rafting ou la randonnée.

panhandle – bande de terre étroite se dégageant du territoire principal d'un État (le *panhandle* de la Floride, par exemple). Signifie littéralement "queue de poêle". Désigne également l'action de faire l'aumône.

pickup – camionnette ouverte à l'arrière.

po'boy – gros sandwich.

pow wow – rassemblement indien.

preserve– zone protégée.

raw bar – comptoir de restaurant où l'on sert des fruits de mer crus.

redneck – terme péjoratif désignant les membres de la classe populaire du sud des États-Unis.

Refuge– réserve naturelle.

RV – *Recreational Vehicle* ; camping-car ou caravane.

snowbirds – terme désignant les riches retraités (généralement des Canadiens fuyant la rudesse de l'hiver canadien) qui passent tous les hivers au soleil dans le sud des États-Unis.

soul food – cuisine traditionnelle des Noirs américains du Sud (l'andouille, le jarret de porc et le chou par exemple).

spring – source, cascade.

Spring Break – vacances universitaires de printemps, durant lesquelles les étudiants s'adonnent à toutes sortes de débordements festifs et ingurgitent des quantités astronomiques d'alcool.

Spring Breakers – étudiants en Spring Break.

State Park– parc régional (ici de l'État de Floride).

stick, stick shift – boîte de vitesses manuelle/voiture à transmission manuelle.

strip mall – ensemble de sociétés ou de magasins installés autour d'un parking.

Surfside – petite localité des environs de Miami (Rien à voir avec un spot de surf !).

Swamp Sanctuary – marais protégé.

USAF – United States Air Force ; armée de l'air américaine.

USCIS – US Citizenship & Immigration Services, service rattaché au ministère de la Sécurité intérieure, chargé de l'immigration, de l'attribution des visas et de la naturalisation des étrangers.

USFS – United States Forest Service ; département du ministère de l'Agriculture chargé des forêts fédérales.

USGS – United States Geological Survey ; agence du ministère de l'Intérieur responsable, notamment, de l'établissement des cartes topographiques de l'ensemble du pays.

Wildlife Refuge – réserve naturelle pour la faune.

Yucas – "Young Urban Cubans Americans" – Jeunes Cubains-Américains urbains.

En coulisses

VOS RÉACTIONS ?

Vos commentaires nous sont très précieux et nous permettent d'améliorer constamment nos guides. Notre équipe lit toutes vos lettres avec la plus grande attention. Nous ne pouvons pas répondre individuellement à tous ceux qui nous écrivent, mais vos commentaires sont transmis aux auteurs concernés. Tous les lecteurs qui prennent la peine de nous communiquer des informations sont remerciés dans l'édition suivante, et ceux qui nous fournissent les renseignements les plus utiles se voient offrir un guide.

Pour nous faire part de vos réactions, prendre connaissance de notre catalogue et vous abonner à notre newsletter, consultez notre site Internet : **www.lonelyplanet.fr**

Nous reprenons parfois des extraits de notre courrier pour les publier dans nos produits, guides ou sites web. Si vous ne souhaitez pas que vos commentaires soient repris ou que votre nom apparaisse, merci de nous le préciser. Notre politique en matière de confidentialité est disponible sur notre site Internet.

À NOS LECTEURS

Merci à tous les voyageurs qui ont utilisé la dernière édition de ce guide et qui nous ont écrit pour nous faire part de leurs conseils, de leurs suggestions et de leurs anecdotes : Ingrid Baeumler, Walter Dellazoppa, Jessica Duchamp-Mazzucchelli, Stéphane Jollivet, Christèle Lehoguais, Anaïs Schröder, Béa Shamatoo, Julie Trégouët, Michel Vaslin

UN MOT DES AUTEURS

Adam Karlin

Merci à Lauren Keith et Trisha Ping, à mes coauteurs pour la Floride, à Matt Sheehan et Max pour leur hospitalité, à Richard Goodman et aux membres de l'atelier d'écriture pour leurs retours sur les répartitions, à mes parents pour ce qu'ils sont, et à Rachel et Sanda, les meilleures camarades de plage qu'on puisse rêver.

Kate Armstrong

Merci à La'Vell Brown pour sa baguette magique, son enthousiasme, sa science et sa connaissance de Disney World, et pour avoir transformé la Bête que j'étais en une vraie Cendrillon. Merci à Cory O'Born de Visit Orlando, à Nathalia Romano et Ashlynn Webb d'Universal Orlando, à Jessica Savage du Greater Fort Lauderdale Convention & Visitors Bureau ; et à Chris pour son adaptabilité, sa patience et pour tout le reste (sauf me prendre la main dans le Poudlard Express). Enfin, merci à Lauren Keith et Trisha Ping pour leur compréhension.

Ashley Harrell

Merci à nos éditrices Lauren and Trisha, à mes coauteurs Adam, Kate et Regis, pour leur soutien. À Josie, Nora et Ashley Guttuso pour m'avoir invitée au fort. À Tiffany Grandstaff pour la mise à niveau. À Alex Pickett pour simplement exister. À Trevor, Malissa et Soraya Aaronson, ma famille de substitution. À Tom Francis pour être finalement venu. À Alanna Bjork, pour avoir gardé mon chien, et pour sa cabane confortable. À Beanie Guez qui m'a écrasée au palet, et à Elodie Guez qui a apporté le vin (et les verres). À Andy Lavender pour être venu à Sarasota, et pour le reste.

Regis St Louis

Beaucoup de gens m'ont aidé, et je remercie les guides des parcs nationaux, mes hôtes, les serveurs des restaurants, les barmen et baristas qui ont partagés conseils et informations dans tout le Sud de la Floride. Un grand merci à Adam Karlin qui a fait un travail extraordinaire sur les éditions précédentes. Je voudrais aussi remercier Cassandra et nos filles,

Magdalena et Genevieve, qui ont rendu le voyage à Miami d'autant plus passionnant.

Photo de couverture : Fort Lauderdale Beach, Pietro Canali/4Corners©

REMERCIEMENTS

Pour nous avoir autorisés à utiliser leur contenu, nous remercions :

Peel MC, Finlayson BL & McMahon TA pour la carte climatique adaptée d'Updated World Map of the Köppen-Geiger Climate Classification, *Hydrology and Earth System Sciences*, 11, 1633-1644 (2007).

À PROPOS DE CET OUVRAGE

Cette quatrième édition en français du guide *Floride* est la traduction-adaptation de la 8e édition du guide Lonely Planet *Florida* en anglais. Elle a été rédigée par Adam Karlin, Kate Armstrong, Ashley Harrell et Regis St Louis. Les auteurs de l'édition précédente étaient Adam Karlin, Jennifer Rasin Denniston, Paula Hardy et Benedict Walker ; la 6e édition avait été rédigée par Jeff Campbell, Jennifer Rasin Denniston, Adam Karlin et Emily Matchar.

Traduction
Florence Delahoche, Vincent Guilly, Véronique Mondon et Antoine Thibault

Direction éditoriale
Didier Férat

Coordination éditoriale
Juliette Stephens

Responsable pré-presse
Jean-Noël Doan

Maquette
Marie Dautet

Cartographie
Nicolas Chauveau

Couverture
Laure Wilmot

Remerciements à Angélique Adagio, Claude Albert, Marie Lavallée, Michel MacLeod, Christiane Mouttet et Sarah Shahin pour leur contribution au texte, ainsi qu'à François Capelani pour son aide sur Miami. Merci à Jacqueline Menanteau pour sa relecture attentive, ainsi qu'à Sarah Arfaoui et Olympe Richez pour leur travail de préparation, et à Basile Mariton pour le référencement. Merci aussi à Carole Haché pour le coup de pouce final et à toute l'équipe parisienne, notamment Dominique Bovet et Dominique Spaety pour leur soutien. Enfin, merci à Darren O' Connell, Elizabeth Nguyen, Chris Love, Jacqui Saunders, Glenn van der Knijff et Claire Murphy du bureau australien, et à Clare Mercer, Joe Revill, Sarah Nicholson, Luan Angel et Becky Henderson du bureau de Londres.

Index

Références des cartes
Références des photos

C

D

E

Références des cartes
Références des photos

Légende des cartes

À voir

- Plage
- Réserve ornithologique
- Temple bouddhiste
- Château/palais
- Église/cathédrale
- Temple confucéen
- Temple hindou
- Mosquée
- Temple jaïn
- Synagogue
- Monument
- Musée/galerie/édifice historique
- Ruines
- Sentō (bain public)
- Temple shintoïste
- Temple sikh
- Temple taoïste
- Cave/vignoble
- Zoo
- Autre site

Activités, cours et circuits organisés

- Bodysurfing
- Plongée/snorkeling
- Canoë/kayak
- Cours/circuits organisés
- Ski
- Snorkeling
- Surf
- Piscine/baignade
- Randonnée
- Planche à voile
- Autres activités

Où se loger

- Hébergement
- Camping

Où se restaurer

- Restauration

Où prendre un verre

- Bar
- Café

Où sortir

- Salle de spectacle

Achats

- Magasin

Renseignements

- Banque
- Ambassade/consulat
- Hôpital/centre médical
- Accès Internet
- Police
- Bureau de poste
- Centre téléphonique
- Toilettes
- Office du tourisme
- Autre adresse pratique

Géographie

- Plage
- Refuge/gîte
- Phare
- Point de vue
- Montagne/volcan
- Oasis
- Parc
- Col
- Aire de pique-nique
- Cascade

Agglomérations

- Capitale (pays)
- Capitale (région/État/province)
- Grande ville
- Petite ville/village

Transports

- Aéroport
- Poste frontière
- Bus
- Téléphérique/funiculaire
- Piste cyclable
- Ferry
- Métro
- Monorail
- Parking
- Station-service
- Station de métro
- Taxi
- T-Bane/Station T-Bane (norvégien)
- Gare/chemin de fer
- Tramway
- Tube Station (anglais)
- U-Bahn (allemand)
- Autre moyen de transport

Les symboles recensés ci-dessus ne sont pas tous utilisés dans ce guide

Routes

- Autoroute à péage
- Voie rapide
- Nationale
- Route secondaire
- Petite route
- Chemin
- Route non goudronnée
- Route en construction
- Place/rue piétonne
- Escalier
- Tunnel
- Passerelle
- Promenade à pied
- Promenade à pied (variante)
- Sentier

Limites et frontières

- Pays
- État/province
- Frontière contestée
- Région/banlieue
- Parc maritime
- Falaise
- Rempart

Hydrographie

- Fleuve/rivière
- Rivière intermittente
- Canal
- Étendue d'eau
- Lac asséché/salé/intermittent
- Récif

Topographie

- Aéroport/aérodrome
- Plage/désert
- Cimetière (chrétien)
- Cimetière (autre)
- Glacier
- Marais
- Parc/forêt
- Site (édifice)
- Terrain de sport
- Mangrove

Regis St Louis

Miami, Archipels des Keys et Key West, Everglades Regis a grandi dans une petite ville du Midwest américain, où il a nourri de grands rêves de voyage et développé très tôt une fascination pour les langues étrangères et les cultures du monde. Il a passé sa jeunesse à apprendre le russe et quelques langues latines, ce qui lui a beaucoup servi dans ses voyages autour du monde. Regis a collaboré à plus de 50 titres pour Lonely Planet, avec des destinations sur six continents. Ses voyages l'ont mené des monts du Kamtchatka à des villages isolés des îles mélanésiennes et à de grandioses paysages urbains. Quand il ne voyage pas, il vit à La Nouvelle-Orléans. Suivez-le sur www.instagram.com/regisstlouis.

LES GUIDES LONELY PLANE

Une vieille voiture déglinguée, quelques dollars en poche et goût de l'aventure, c'est tout ce dont Tony et Maureen Wheel eurent besoin pour réaliser, en 1972, le voyage d'une vi rallier l'Australie par voie terrestre via l'Europe et l'Asie. retour après un périple harassant de plusieurs mois, et fo de cette expérience formatrice, ils rédigèrent sur un c de table leur premier guide, *Across Asia on the Cheap*, se vendit à 1 500 exemplaires en l'espace d'une semai Ainsi naquit Lonely Planet, dont les guides sont aujourd'hui traduits en 13 langues.

NOS AUTEURS

Adam Karlin

Coordinateur, Nord-est de la Floride, Panhandle Adam est un écrivain pour Lonely Planet sans véritable domicile fixe. Né à Washington, D.C., il a grandi s la côte du Maryland ; il explore le monde et écrit sur ses voyages depuis l'âge 17 ans. Ce qui est selon lui une façon de vivre diablement intéressante. Et très amusante. Il vient de lire deux belles citations, empruntées à l'Italie, antique e moderne : *"Tutto il mondo e paese"* (le monde n'est qu'un village) et *"Ambul pro deus"* (marcher pour Dieu). Si vous croisez Adam sur la route, arrêtez-vous pour boire un v et partager une anecdote avec lui. Il a aussi écrit les sections *Préparer son voyage*, *Comprendr Pratique*.

Kate Armstrong

Sud-est de la Floride, Orlando et Walt Disney World® Kate a passé l'essentie de sa vie d'adulte à voyager et à vivre dans diverses parties du monde. Journaliste de voyage indépendante à plein temps, elle a contribué à une quarantaine de guides Lonely Planet et de publications spécialisées, et est publiée régulièrement en Australie et dans le monde entier. Elle a écrit plus livres et des ouvrages éducatifs pour enfants. Apprenez-en plus sur elle su www.katearmstrongtravelwriter.com et @nomaditis.

Ashley Harrell

Tampa Bay et le sud-ouest de la Floride, Space Coast Après une brève pé à vendre au porte-à-porte des promotions pour des centres de balnéothé dans le sud de la Floride, Ashley a décidé qu'elle préférait écrire. Elle a été l'école de journalisme, a convaincu un journal de l'embaucher, et s'est mis couvrir la nature, le crime et le tourisme, parfois réunis en un seul papier. A par les contes et l'inconnu, elle a beaucoup voyagé et beaucoup déménage minuscule appartement new-yorkais à un grand ranch californien et à une cabane dans la jur du Costa-Rica, où elle a commencé à écrire pour Lonely Planet. Ses voyages se sont ensuite plus exotiques et plus lointains, et l'arrivée de son chèque de paie la fait encore rire.

PAGE 579 AUTEURS (suite)

Floride

4e édition

Traduit et adapté de l'ouvrage *Florida, 8th edition, January 2018*

Dépôt légal Avril 2018

ISBN 978-2-81617-064-1

Imprimer par Grafica Veneta, Trebaseleghe, Italie

En Voyage Éditions | un département place des éditeurs